多沙河流洪水演进与冲淤演变数学模型研究及应用

江恩惠　赵连军　张红武　著

黄 河 水 利 出 版 社

内 容 提 要

本书论述了多沙河流洪水演进与冲淤演变数学模型的研究及应用情况，共分三篇三十章。第一篇介绍了多沙河流水沙运动基本规律的研究成果，包括泥沙级配、泥沙沉速、泥沙起动、水流流速与紊动强度沿垂线分布、含沙量与悬沙组成沿垂线及河宽分布、动床阻力、水流挟沙力、多沙河流河床变形方程的修正与泥沙连续方程的完善、悬沙与床沙交换基本方程与计算方法、冲积性河流河床综合稳定性指标等；第二篇介绍了模型的建立与验证结果，包括准二维水沙数学模型与平面二维水沙数学模型的建模原理，模型在黄河下游典型洪水与典型系列年、黄河上中游干支流河道冲淤、黄河水利委员会系统模型比试等中的检验与测试结果等；第三篇介绍了模型在治黄中的应用情况，包括黄河下游河道洪水演进预报与汛期实时作业预报、小浪底水库运用方式研究与水库调水调沙试验运用、黄河下游河道洪峰异常增值机理研究、黄河下游河道与滩区综合治理方略研究、渭河东庄水库运用方式研究等。

本书是一部涉及河流动力学、河床演变学、河流模拟技术等学科的科技专著，可供广大治黄工作者、河流泥沙研究人员及大专院校相关专业师生参考使用。

图书在版编目(CIP)数据

多沙河流洪水演进与冲淤演变数学模型研究及应用／江恩惠，赵连军，张红武著. —郑州：黄河水利出版社，2008.1

ISBN 978-7-80734-179-6

Ⅰ.多… Ⅱ.①江… ②赵… ③张… Ⅲ.①黄河-河道淤积-数学模型-研究 ②黄河-河道冲刷-数学模型-研究 Ⅳ.TV882.1

中国版本图书馆 CIP 数据核字(2007)第 171565 号

出 版 社：黄河水利出版社

地址：河南省郑州市金水路 11 号　　邮政编码：450003

发行单位：黄河水利出版社

发行部电话：0371-66022940　　传真：0371-66022620

E-mail：hhslcbs@126.com

承印单位：河南省瑞光印务股份有限公司

开本：787 mm×1 092 mm　1／16

印张：32.5

字数：790 千字　　印数：1-1 000

版次：2008 年 1 月第 1 版　　印次：2008 年 1 月第 1 次印刷

书号：ISBN 978-7-80734-179-6/TV・494　　定价：105.00 元

序 一

近年来，以计算水动力学、河流泥沙运动力学、河床演变学等学科为基础的河流泥沙数学模型，得到了长足的发展，成为预测冲积性河流水流泥沙运动及河床演变的重要工具，其与实体模型相互补充、相互印证，解决了实际工程中的诸多难题。而且，因其具有运行成本低廉、不受工作场地及工作环境制约等优势，发展前景十分广阔。

黄河是世界著名的多沙河流，其输沙量之大居世界之冠，特别是黄河下游河道的淤积抬升，形成了举世闻名的“地上悬河”，造成河势的游荡不定，给防洪安全带来了巨大压力。黄河数学模型的研究始于 20 世纪 50 年代，当时以经验模型开发为主。在 20 世纪 80 年代末，随着数值计算方法的改进与计算机速度的提升，黄河水动力学模型得到了迅速发展，许多模型在工程实践中得到应用。但由于泥沙运动基本理论的研究进展相对缓慢，模型的预测精度并不令人满意。

《多沙河流洪水演进与冲淤演变数学模型研究及应用》一书，是本书作者带领其攻坚小组十多年努力攻关的结晶。众所周知，像黄河这样的多沙河流，大量泥沙的搬运与输移，使得这些河流的水资源开发利用、水利水电工程建设、防洪安全等都成了世界性难题。多沙河流数学模型的研究无疑对河道防洪、水库调度及河流综合治理与开发具有重要的积极意义。

本书作者在水利部创新项目“黄河下游平面二维泥沙数学模型”、“黄河下游实用水位预报方法的研究与开发”和黄河水利委员会治黄重点项目“黄河下游泥沙数学模型的研究”等研究成果的支持下，在系统总结现有黄河泥沙数学模型研发与应用经验的基础上，立足黄河，针对多沙河流水沙运动的特殊性，开展了多沙河流水沙运动基本规律和数值模拟技术的深入研究，其内容涉及泥沙级配的调整变化、浑水沉速、泥沙起动、水流挟沙力(输沙模式)、动床阻力、床沙与悬移质泥沙交换规律、含沙量及其组成沿垂向与横向分布规律、河床综合稳定性指标等多项水沙运动基本理论方面的技术难题。以上述研究成果为依托，构建的适应于多沙河流的准二维水动力学泥沙数学模型，实现了模型研发与水沙运动基本理论研究的结合，特别是该模型通过引入附加系数 K_1 及泥沙非饱和系数 f_1，完善了河床变形方程和泥沙连续方程，使其更适用于黄河的河流特性。

尤其值得一提的是，该模型不仅在黄河干支流治理规划、小浪底水库运用方式研究、小浪底水库调水调沙等治黄实践中广泛应用，而且在河道冲淤演变与洪水演进预报中的许多预测结果也得到了黄河实测资料的印证。同时，该模型还能对黄河水沙演进过程中出现的一些异常现象进行较好的模拟和预报，因此得到了同行专家的高度评价。

本书从研究手段、论证过程到结论都有不少独到之处。书中的某些探索研究，对促进学术发展、引导后续工作也有很大的借鉴作用。此外，书中的许多基本理论研究成果对黄河水沙输移规律研究、水沙调控与河道治理方案研究及动床模型相似律研究等都有很好的参考价值。

目前，黄河水利委员会正积极开展“三条黄河”建设。水沙数学模型预测预报系统是“数字黄河”的核心构件。该书的出版，不仅对“数字黄河”建设具有重要的借鉴作用，而且对“原型黄河”与“模型黄河”建设也具有积极的指导意义。

李国英

2007年1月19日

序　二

黄河的多沙，在造就了广阔的黄淮海大平原的同时也引起下游河道的持续淤积抬升，成为著名的“地上悬河”。特别是近二十年来，受自然气候和人类活动的综合影响，进入黄河下游的水量减少的更多，沙量相对更大，“二级悬河”态势日益加剧，给防洪安全带来了巨大压力。为深入研究黄河下游河道的冲淤演变规律、科学预测河道未来发展趋势，早在 20 世纪 50 年代，有些学者就开始研制以经验模型为主体的泥沙数学模型；20 世纪 80 年代以后，水动力学泥沙数学模型得到了迅速发展，并在治黄实践中得到应用。但因黄河来沙量巨大，水沙组合与河床演变十分复杂，而挟沙水流特别是高含沙水流泥沙输移与演变机理研究还不成熟，许多模型应用于黄河以后，预测结果很难满足生产要求，直接影响了其实用价值。

《多沙河流洪水演进与冲淤演变数学模型研究及应用》一书，是本书作者对黄河水沙数学模型理论研究、模型构建、整体验证与推广应用等方面技术成果的系统总结。该模型在研制与不断完善的过程中，始终注重相关泥沙运动基本理论的探讨，立足模型的通用性和实用性，坚持开发与应用相结合。在广泛吸纳已有模型经验的基础上，大胆引用泥沙研究的最新成果，完善模型的功能，提高模型计算精度。

在泥沙运动基本理论方面，本书作者主要开展了多沙河流河床变形方程的修正与泥沙连续方程的完善、附加系数 K_1 及泥沙非饱和系数 f_1 通用表达式的建立、流速和含沙量及悬沙组成沿垂线分布规律、泥沙起动流速、水流紊动强度沿垂线分布规律、高含沙水流挟沙力、多沙河流动床阻力、多沙河流悬沙与床沙级配、非均匀沙清水与浑水沉速、悬移质泥沙与床沙交换基本方程及计算方法、含沙量与悬沙组成沿河宽分布规律、冲积性河流河床综合稳定性指标等研究。这些成果，不仅对黄河数学模型开发提供了重要参考，也极大地促进了河流泥沙动力学学科的发展。

模型构建完成后，一维模型通过了黄河下游 1982 年大水少沙年、1988 年中水多沙年和 1977 年、1992 年、1996 年各具代表性的高含沙洪水年等典型洪水和 1960 ~ 1965 年三门峡水库下泄清水期、1999 ~ 2002 年小浪底水库下泄清水期、河道发生大幅度冲淤交替变化的 1976 ~ 1995 年等系列年，黄河宁夏河段 1993 ~ 1999 年、渭河下游 1990 ~ 1995 年及咸阳到三门峡大坝 1994 ~ 1999 年等系列年的系统验证，验证结果与实测值吻合良好，表明该模型的可靠性。二维模型也通过了初步的检验。

在模型应用方面，本书作者采用“河道洪水演进与河床冲淤演变非恒定流泥沙数学模型”，成功开展了黄河下游 1997 年汛期洪水演进预测与 1998 年汛期洪水实时作业预报计算，模拟结果与汛期实测结果基本一致，为当年汛期黄河防洪决策提供了技术支持，开展的黄河 2002 年、2004 年调水调沙方案计算结果也被后来实测资料印证，为小浪底水库调水调沙方案制定提供了决策依据。此外，该模型在宁蒙河道冲淤演变预测、下游滩区治理、南水北调沁河改道方案论证、小浪底水库与泾河东庄水库运用方式研究等项目中也体现了其应用价值。

该模型的前身“河道洪水演进与河床冲淤演变非恒定流泥沙数学模型”，先后参加了1998 年、2001 年、2002 年由水利部国际合作与科技司、黄河水利委员会组织的黄河数学模型大比试，取得了优异成绩，获得同行专家的高度评价。评议专家认为：该模型关键技术问题和参数的处理方法有其独特之处，基本可以达到模拟洪水演进的目的，计算结果合理，黄河水利委员会今后应重点改进和发展此模型，以提高洪峰水位和洪水传播时间预报的准确性。特别是 2002 年专家评议结果指出，该模型理论基础强，功能全面，模拟预测精度高，可作为未来黄河河道水沙数学模型整合的基础。

该书内容丰富，模型理论基础扎实，关键技术参数处理独特，可预测性强，计算结果贴近黄河实际情况，研究成果已经得到了广泛的应用。相信该书的出版，不仅能够丰富河流泥沙动力学与多沙河流模拟技术的学科内容，而且还给今后黄河及其他数学模型模拟技术与水平的进一步提高起到巨大的推动作用，同时也会对黄河治理开发方案的科学制定和治黄实践的理论与技术水平的提高做出应有的贡献。

陈效国

2007.4.26

前　言

我国幅员辽阔，河流众多，水资源丰富。但由于气候和流域地质构造的差异，河流的径流与输沙量也明显不同。北方的河流，多数流经干旱、半干旱的沙漠、沙地、黄土高原地区，流域内水土流失量较大。特别是黄河流域，很多支流的含沙量极高，汛期经常发生高含沙洪水，使得黄河成为世界瞩目的多沙河流。大量泥沙的输移及沉积给多沙河流水资源的开发利用及水利水电工程建设与安全运行带来了诸多困难。

近半个多世纪以来，随着流体力学、数值计算方法的发展和计算机计算速度的提高，河流泥沙数学模型的研究也有了很大进步，并在许多河流治理开发工作中得到了广泛应用。目前，数学模型已成为河流治理规划与水利水电工程开发建设中不可或缺的研究手段之一。由于泥沙基本理论的发展相对滞后，特别是多沙河流泥沙运移规律研究还很不成熟，虽然国内外开发的河流泥沙数学模型非常多，但运用于像黄河这样的多沙河流时，计算结果与实际情况往往相差较大，计算精度难以满足生产要求。

20 世纪 80 年代末、90 年代初，随着国民经济的复苏，黄河水利委员会(以下简称黄委会)也开始加大治黄实践的力度。1987 年 4 月国土规划研究中心在郑州召开了黄河下游河道发展前景及战略对策座谈会，讨论的课题包括：黄河下游河道整治目标、整治河道加大泄洪排沙能力、利用干流水库调水调沙减少河道淤积等；1987 年 10 月中国科学院地理所和黄委会又在郑州召开了中美黄河下游防洪措施学术讨论会；1988 年 5 月水利部再次在郑州召开了治黄规划座谈会，全国政协副主席钱正英、水利部部长杨振怀等参加了会议。在这些大背景下，黄委会决定加快黄河下游防洪重点河段花园口至东坝头游荡性河道整治的步伐。

众所周知，由于黄河问题的复杂性，黄河实体模型一直是黄河泥沙研究的重要手段之一。因此，黄委会责成黄河水利科学研究院建设“黄河下游花园口至东坝头河段动床模型”，开展相关的河道整治方案的比选、河道整治对输水输沙的影响、河道整治工程对包括高含沙洪水在内的各种典型洪水的适应性等方面的试验研究。

长期以来，许多泥沙界的老前辈开展了大量的动床模型相似律与模拟技术的研究，但高含沙洪水的准确模拟一直是困扰科技人员的技术难题。黄委会时任黄河水利科学研究院河道整治研究室主任、花园口至东坝头河道整治项目负责人的张红武教授带领项目组全体成员，迎难而上，抓住问题的关键，开展了大量的理论研究、概化模型试验研究和相关的应用基础研究，提出了一套系统的“黄河高含沙洪水模型相似律”，指导了当时的花园口至东坝头河道模型试验的研究工作，首次实现了真正意义上的黄河高含沙洪水模拟。该成果获得了 1998 年水利部科技进步二等奖，目前已被黄河泥沙模型乃至全国其他大江大河实体模型试验与研究广泛引用，为泥沙学科的发展发挥了重要作用。

反思实体模型相似律的研究过程和当时泥沙数学模型研究现状，我们认为黄河泥沙数学模型要想取得成功，关键在于泥沙模块计算的准确与否。由此，项目组在黄委会治黄科研专项项目“黄河游荡性河道冲淤变形及洪水演进数值模拟”(合同编号：94Z05)、“黄河花园口至夹河滩河段汛期洪水数值模拟预测”(合同编号：95Z03)、黄河防汛项目“黄河花园口至高村河段洪水数学模型计算”、“黄河花园口至高村河段数学模型 1997 年洪水预测计算”、“黄河铁谢至孙口河段洪水演进泥沙数学模型研究”等项目的资助下，借鉴“黄河高含沙洪水模型相似律”的研究经验，针对数学模型中许多泥沙输移模拟计算中的关键技术问题开展专项攻关，修正和完善了多沙河流河床变形方程与泥沙连续方程、建立了附加系数 K_1 及泥沙非饱和系数 f_1 通用表达式，并对流速、含沙量及悬沙组成沿垂线分布规律、泥沙起动流速、水流紊动强度沿垂线分布规律、高含沙水流挟沙力、多沙河流动床阻力、含沙量与悬沙组成沿河宽分布规律、冲积性河流河床综合稳定性指标等许多基本问题开展了深入探讨，提出了相关的符合黄河实际的理论和经验公式。项目组将这些研究成果先后引入模型，不断丰富模型功能，提高其模拟预测精度，最终完成了“河道洪水演进与冲淤演变准二维泥沙数学模型”的开发与研制。采用大量黄河干、支流与典型洪水及典型系列年实测资料对模型进行系统检验，结果表明，无论是一般洪水还是高含沙洪水，该模型均能成功复演其水沙演进传播与造床过程，计算的沿程水位变化、洪峰与沙峰传播过程、河道冲淤量时空分布与实测结果基本一致。继而，项目组又完成了黄委会治黄专项、水利部创新项目“黄河下游平面二维泥沙数学模型研究”与开发(合同编号：97Z01、SZ9857)。

此后，项目组又在国家自然基金重大项目“江河泥沙灾害形成机理及其防治研究”(项目编号：59890200)、国家自然科学基金委员会和黄委会联合基金资助重点项目“黄河下游河道整治约束机制及调控效应”(项目编号：50339020)、“八五”国家重点攻关科技攻关项目“黄河下游河道演变基本规律”(项目编号：85-926-02-01)、“九五”国家重点攻关科技攻关项目“黄河中下游河道防洪减淤运用关键技术研究”(项目编号：98-928-02-01)、水利部科技创新项目“黄河下游实用水位预报方法的研究与开发”(项目编号：SZ9860)、水利部“94·8”计划技术创新与转化项目“黄河高含沙洪水‘揭河底’机理研究”(项目编号：CT200517)、水利部科技创新项目“黄河下游河道均衡输沙关系与游荡性河道整治理论”(项目编号：XDS2007-11)及其他黄委会重点项目的资助下，我们又完成了多沙河流悬沙与床沙级配、非均匀沙清水与浑水沉速、悬移质泥沙与床沙交换基本方程及计算方法的研究，不断完善了“河道洪水演进与冲淤演变准二维泥沙数学模型”的功能，使计算精度进一步提高，并不断将该模型的使用范围逐步扩大到整个黄河下游、黄河上中游干流及其支流。

“河道洪水演进与冲淤演变准二维泥沙数学模型”，先后参加了黄委会组织的 1988 年、2001 年、2002 年的数学模型比试，取得优异成绩，获得同行专家的高度评价。采用该模型开展的 1997 年、1998 年、1999 年、2002 年汛期洪水演进预测与 1998 年汛期实时作业预报，计算结果与汛期洪水表现吻合很好，为当年汛期防洪调度提供了重要参考。

在 2002 年、2004 年黄河调水调沙过程中，采用该模型开展的多方案计算，为调水调沙方案制定与效果评估提供了技术支持，许多计算成果也被后来黄河下游实测资料所印证。此外，该模型在小浪底水库运用方式研究、泾河东庄水库运用方式研究、黄河下游河道综合治理及黄河上中游干、支流开发等方面开展了大量计算研究，提出了很多宝贵成果，取得了巨大经济效益与社会效益。

《多沙河流洪水演进与冲淤演变数学模型研究及应用》是项目组成员近十年来在数学模型研发与应用方面研究成果系统总结，是项目组全体人员劳动成果与智慧的结晶，本书共分三篇三十章。第一章至第十三章为第一篇，主要介绍了水沙运动基本理论研究成果；第十四章至第十九章为第二篇，主要介绍了水沙数学模型的建立与验证情况；第二十章至第三十章为第三篇，主要介绍了准二维非恒定流水沙数学模型在黄河干、支流治理与开发中的应用成果。

参加该项研究的人员除本书作者外，韦直林、刘雪梅、谈广鸣、张清、陈书奎、赵新建、曹永涛、马怀宝、董其华、黄鸿海、余欣、郑春梅、刘建明、张俊华、李涛、陈大宏、黄远东、尚红霞、刘月兰、郑邦民、张林忠、王艳平、陈新峰、张淑英、郑国栋、李书霞、刘燕、夏修杰、冯顺新、许雨新、顾霜妹、万强、刘杰、李小平、冯小香、崔占峰、李春玲、吴腾等也参加了相关的研究工作。

书中引用了许多相关参考文献，在此谨向这些文献的作者表示感谢。

鉴于多沙河流水沙输移与模拟技术的复杂性，书中有些内容仍有待今后的工作中进一步完善或补充。同时，由于作者学识水平、文笔能力有限，错漏之处难免，敬请读者批评指正。

作　者

2007 年 3 月

目　录

第二篇　模型的建立与验证

第三篇　模型在黄河治理与开发中的应用

绪 论

我国河流众多、水资源丰富，但其中很多河流，由于流域水土流失严重与泥沙的侵蚀、输移及沉积给水资源的开发利用及水利水电工程建设带来了不少问题。河流泥沙数学模型建立在流体力学、泥沙运动力学、数值计算方法等学科基础之上，因而数学模型的发展水平不仅取决于求解相关方程的计算方法和计算机的计算能力，更重要的是，取决于泥沙学科基本理论的研究进展。在几十年的发展进程中，一些优秀的数值计算方法、格式在应用过程中被保留和继承下来，同时又有一些新方法、新格式不断被引入，加上计算机技术的快速提高，极大地促进了泥沙数学模型的发展。然而，由于泥沙学科的特殊性，目前仍有许多基本问题严重制约着泥沙数学模型技术水平的提高。特别是对多沙河流，由于其来水来沙过程与河道冲淤演变的复杂性，使得一些在清水河流或少沙河流应用效果较好的模型，在多沙河流的应用中受到很大制约。

近年来，随着我国经济的迅猛发展，国家对水利工程建设的投资大幅度提高，有些多沙河流上已经兴建或正在规划建设一些大中型水库，使得河流的水资源得到了有效的利用，同时发挥了明显的防洪、减淤等综合效益。但是，水利枢纽工程的建设改变了自然条件下的水沙过程，因此河流自身的演变特性也随之作出了调整，从而出现了许多新的问题。如果对这些新问题没有提前预知，可能会面临被动局面。同时，为充分发挥水利枢纽的综合效益，必须实时针对枢纽兴建后上下游新的边界条件，对水库的运用方式进行完善与调整，预测不同的水库调度方式下，枢纽上下游河道的演变情况，提前做好必要的防范措施。

黄河干流小浪底水库投入运用后，进入下游河道的沙量显著减少，河道的冲淤演变特性也发生了明显改变。小浪底水库调水调沙运用是解决黄河下游河床不抬高的重要手段之一，其运用方式及效果急需采用数学模型计算进行检验预测。为保证黄河大堤不决口，采用三门峡水库与小浪底水库联合调洪调度运用来防御黄河下游大洪水，不同洪水水沙过程在黄河下游河道演进中有着不同的表现，因此水库联合调洪调度方式及下游河道洪水水沙演进过程、洪水位表现、河道冲淤演变过程等也需通过数学模型进行预测计算。在目前黄河水资源急剧匮乏的情况下，水资源的合理分配是解决黄河下游不断流的主要措施，通过数学模型计算分析黄河下游沿程引水量的分配方式也显得尤为重要，引水对河道冲淤的影响也需要采用数学模型计算进行研究。水沙数学模型是“数字黄河”工程的重要组成部分，在防洪、减淤和水资源管理、水质监测等方面具有广阔的应用前景。随着科技的发展，河流泥沙数学模型在国内外得到了广泛应用。数学模型的优越性在于能开展长时期长河段和不同水沙组合及河床边界条件的泥沙冲淤变形研究和洪水演进预报，并具有周期短、投资少的优势。因此，开发建立能够准确模拟多沙河流水沙运动及河床冲淤演变的数学模型，为河流防洪防凌、治理规划及综合开发利用研究提供可靠的技术手段，具有重要意义。

多沙河流水沙数学模型研究不仅是控制方程的数值解法与可视化的研究，还包括多沙河流水沙输移及河床演变规律的研究，后者对提高模型的预测预报精度更为重要。与一般河流的数学模型相比，多沙河流水沙数学模型的研究要复杂得多，建立具有较强适应性和可预测性的模型更加困难。其主要原因还是人们对多沙河流洪水特别是高含沙洪水水流运动及输沙机理的认识不足，建立数学模型缺少一些关键性理论成果和清晰的物理图形。为此，我们除了尽量收集并利用现有天然河流资料外，还有针对性地开展了一些黄河下游动床模型试验，观测黄河下游洪水演进、造床过程及其他相关详细资料，弥补原型资料的不足，同时大力开展多沙河流水沙运动基本规律的研究，使模型中每个参数的计算表达式都建立在理论论证的基础上，以提高泥沙数学模型的理论水平与预测预报精度。

第一节　我国多沙河流状况

图 0-1 为我国输沙量模数分布情况[1]。从图中可以看出，我国土壤侵蚀最严重的地区是黄河中游的黄土高原、永定河和西辽河流域，其输沙量模数 M >1 000 t/(km^2·a)，而陕北的皇甫川、窟野河、无定河、延河流域，输沙量模数达 10 000 ~ 20 000 t/(km^2·a)，相当于地面每年普遍冲刷 6 ~ 12 mm 的厚度。

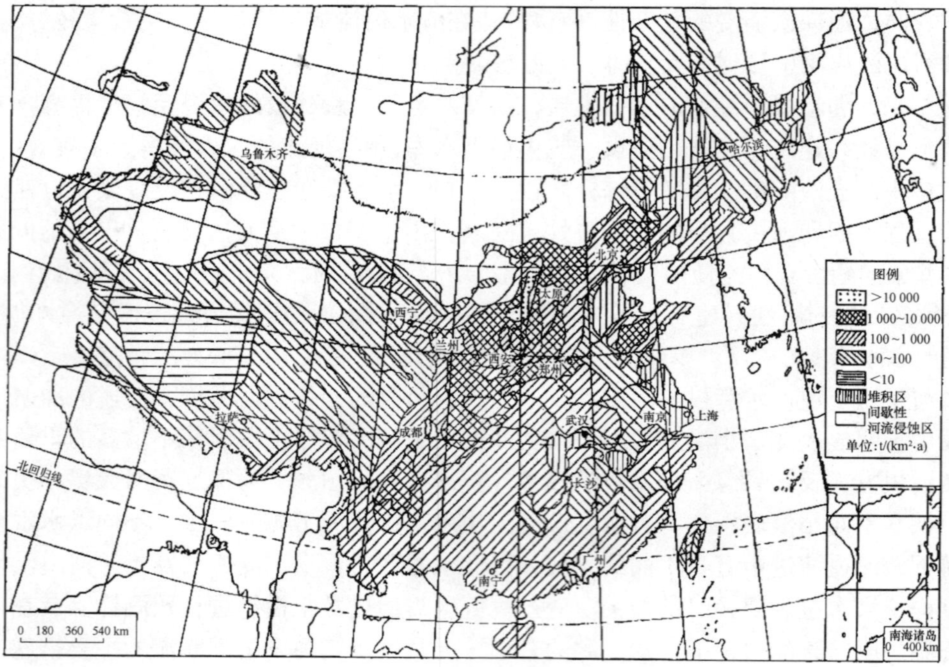

图 0-1　中国输沙量模数分布图

泥沙随水流汇集到河流之中，使得河水挟沙运移。从河流来沙量分布情况看(见表 0-1)，我国北方，特别是黄河干支流，含沙量较高。黄河为世界瞩目的多沙河流，其挟沙量居世界之冠。

黄河不仅输沙量大，更突出的表现为水少沙多、水沙异源、水沙时间分布不均衡、汛期与非汛期泥沙粗细差异大等特征[2]。据陕县站(即三门峡站)1919~1985 年资料统计，其多年平均水量 464 亿 m^3，不及长江的 1/20，而沙量却高达 15.6 亿 t，为长江的 3 倍。黄河上游河口镇(头道拐)以上区间面积占全流域的 49%，水量占总水量的 54%，而来沙量仅占总沙量的 9%；中游河口镇至龙门区间面积占全流域的 17.5%，水量占总水量的 14%，沙量却

表 0-1　国内外一些河流的水量和沙量

国名	河名	流域面积(km^2)	站名	水量		沙量			说明
				年平均流量(m^3/s)	年平均水量(亿 m^3)	年平均含沙量(kg/m^3)	年平均沙量(亿 t)	输沙模数[$t/(km^2·a)$]	
孟加拉	布拉马普特拉河	666 000	河口	12 190	3 840	1.89	7.26	1 090	
孟加拉	恒河	955 000	河口	11 750	3 710	3.92	14.51	1 525	
印度	科西河	62 200	楚特拉	1 810	570	3.02	1.72	2 770	恒河支流
巴基斯坦	印度河	969 000	柯特里	5 500	1 750	2.49	4.35	450	
缅甸	伊洛瓦底江	430 000	普朗姆	13 550	4 270	0.70	2.99	693	
越南	红河	119 000	河内	3 900	1 230	1.06	1.30	1 090	
美国	密西西比河	3 220 000	河口	17 820	5 610	0.56	3.12	97	
美国	科罗拉多河	637 000	大峡谷	155	49	27.5	1.35	212	
巴西	亚马孙河	5 770 000	河口	181 000	57 100	0.06	3.63	63	
埃及	尼罗河	2 978 000	格弗拉	2 830	892	1.25	1.1	37	
中国	黄河	688 384	陕县	1 470	464	33.6	15.6	2 260	
中国	渭河	106 498	华县	272	85.8	49.3	4.23	3 970	黄河支流
中国	泾河	43 195	张家山	49.2	15.5	172	2.67	6 180	黄河支流
中国	无定河	29 662	白家川	44.7	14.0	128	1.82	6 090	黄河支流
中国	窟野河	8 645	温家川	24.7	7.8	169	1.32	15 300	黄河支流
中国	长江	1 700 000	大通	29 200	9 211	0.52	4.78	280	
中国	永定河	49 000	三家店	45	14.2	44.2	0.82	1 673	
中国	珠江	329 725	梧州	7 210	2 270	0.34	0.718	218	珠江干流西口

占总沙量的 55%；龙门至潼关区间来水量占总水量的 22%，来沙量占总沙量的 34%；三门峡以下的伊河、洛河、沁河来水量占总水量的 11%，来沙量仅占总沙量的 2%。因此，上游是黄河水量的主要来源区，中游是黄河泥沙的主要来源区。在黄河中游，泥沙的粒径组成在空间分布上表现出明显的分带性，从西北至东南，中值粒径从大于 0.045 mm 逐步降到 0.015 mm 左右。黄河水沙存在着长时段的丰、枯相间的周期性变化，丰、枯水段和丰、枯水年交替出现，且来沙多少并不完全与来水丰枯同步，丰水年并不一定是多沙年，反之枯水年不一定是少沙年，水沙的搭配视暴雨降落地区的不同而不同。黄河水沙年际变化也很大，年内分配不均匀。年沙量的变幅大于年水量的变幅，水沙量主要集中在汛期(7 ~ 10 月)，沙量的集中更甚于水量，汛期水、沙量分别占年水、沙量的 60%和 85%。汛期又集中于几场暴雨洪水，高度集中的泥沙形成浓度极大的高含沙量洪水，支流常有 1 000 ~ 1 500 kg/m^3 的高含沙量洪水，干流三门峡站 1977 年 8 月出现含沙量高达 933 kg/m^3 的洪水。汛期泥沙主要由暴雨从流域表面挟带下来，泥沙粒径较细，并经过沿程的调整，总的趋势是沿程变细。悬移质中值粒径多年平均约为上游河口镇站 0.02 mm，中游龙门站 0.031 mm，下游花园口站 0.02 mm、利津站 0.018 mm；而非汛期泥沙则多来自河床冲刷，粒径较粗，约为河口镇站 0.022 mm，龙门站 0.04 mm，花园口站 0.035 mm，利津站 0.026 mm。

对于多沙河流而言，由于来沙量较大，河道变形剧烈。同时，河道演变受来水来沙条件变化的影响非常大，在有利水沙条件下，能够塑造出有利于泄洪排沙的河道形态，而遇到不利水沙条件，河道形态也会急剧恶化，特别是在长期小水作用下，河道淤积萎缩十分严重。如黄河流域自 20 世纪 80 年代中期起，随着上游大型水库的调节、清水来源区的水资源日益得到开发及两岸工农业用水的大幅度增加，进入下游的水量明显减少，漫滩洪水出现的几率降低，汛期挟带的大量泥沙主要在主河槽内落淤，河道严重萎缩。“92·8”及“96·8”洪水期花园口水文站先后出现有水文记载以来的最高洪水位，其中“96·8”洪水在花园口的洪峰流量为 7 600 m^3/s，接近该站多年平均值，仅相当于中常洪水，而下游河道洪水位表现异常偏高，洪水漫滩行洪，大部分堤防长期偎水，使险工及控导工程出险 5 729 坝次，严重出险有 100 多处，控导工程有 1 200 多道坝垛漫顶，滩区 107 万群众、343 万亩❶耕地受灾。这期间，在河流径流量日益减少的作用下，黄河内蒙古河段及黄河一级支流渭河下游也发生了严重萎缩，给防洪防凌带来了巨大压力。

第二节　多沙河流数学模型研究历史回顾

多沙河流黄河泥沙计算方法研究起步较早，早在 20 世纪 50 年代已有许多学者通过计算来解决黄河的实际问题，但由于泥沙问题极其复杂和泥沙学科发展速度的制约，相对于少沙河流而言，泥沙数学模型发展较为缓慢。

计算方法是数学模型的基础和核心，因而初期多沙河流数学模型研究主要以泥沙计算方法为主要目标。1955 年，黄河规划委员会[3]在进行流域规划时开展三门峡水库淤积计算，此时已不再采用过去假定泥沙全部淤积在死库容内的算法，而是根据苏联扎马林(Е.А.Замарин)的输沙能力公式，用泥沙平衡方程计算每一时段库内各段的淤积量，确定泥沙在水库内的淤积位置。由于断面逐时在淤积，所以计算时假定直径小于 0.025 mm 的泥沙属胶质颗粒，不下沉，泥沙颗粒分布为均匀变化。假定泥沙的淤积是先粗粒后细粒，在计算各断面的沉降速度时，先假定一个淤积量，求出此淤积量占入库总沙量的百分数，根据入库泥沙的颗粒分析曲线，除去落淤的粗沙部分，计算其余部分的沉速值，待最后求得淤积量后，再校对原假定的淤积百分数是否正确，如此反复试算。计算一定时段的平均水力半径与流速时，需先假定一个淤积厚度，即假定一个平均过水面积，计算水力半径及流速，然后由最后求得的淤积量校对原假定的淤积厚度是否正确，如此反复试算。同时，还假定入库处的淤积量为零，泥沙在第一河段的淤积形状为角柱形，以后各段的淤积形状为棱柱形，泥沙在横向上淤成一平面。所以，第一河段末端断面的淤积厚度可以确定，然后根据此厚度及第二河段的淤积体积，可以求得第二河段末端断面的淤积厚度，以下各断面按此类推，最终求得整个库区的淤积量和泥沙淤积位置。该方法当时在黄河流域规划制定中发挥了重要作用。但应该承认，此方法不仅计算过程烦琐，而且方法本身也存在很多问题，如计算时假定库水面是水平的，没有考虑回水影响，也没有考虑库水位降低时所发生的冲刷作用，还假定全断面过水而求得断面平均流速。而实际上，回水影响将导致部分泥沙要淤得更高一些，水库水位降低时，库内泥沙会被冲成一条深槽，泥沙入库后可能在库

❶ 1 亩=10 000/15 m^2=666.6 m^2。

底自成一股泥流，断面上部有时为死水，有时有效过水面积很小。

1958 年，根据黄河下游河道整治规划的要求，黄河下游研究组对下游河床变形进行了粗算[4]，其后苏联专家罗辛斯基根据中苏技术合作协定来华指导工作，又介绍了详细的计算方法，提出了细算法与粗算法两种方法。

细算法首先将河道形状大致相同的河段划分为一个河段，把其中一个横断面简化为简单的几何图形代表该河段的断面形状，把支流汇入口及引水口放在每个河段的上端或下端，这样就把天然河道复杂的不均匀流简化为均匀流计算了。在计算水面线时，假定河床不发生冲淤，而在河床冲淤计算时，则假定水面线不变，为避免由假定引起误差过大，计算中规定每次冲淤厚宽为 0.5、1.0 m 或 1/4 水深。同时，还认为❶：在冲刷或淤积过程中，含沙量沿程恢复饱和的距离很短，每一河段的出口含沙量即为水流的挟沙能力。河床的纵向变形及横向变形是同时进行和互相影响的，计算中根据野外实测资料和模型试验成果，假定在自由段冲刷时，水流不漫滩，仅冲刷主槽，漫滩后，主槽与滩地的冲刷深度相等。在壅水段淤积时，假定主槽与滩地平行淤积，滩槽高差保持不变，每一河段内河床的冲刷或淤积平行于原来的河床。其次，根据泥沙的来源不同，把泥沙粒径大于 0.03 mm 者作为造床质，泥沙粒径小于 0.03 mm 者作为非造床质，在冲刷计算中仅计算造床质的挟沙能力，在每一个计算时段中将造床质的冲刷增加一个相当于非造床质的含量。在淤积计算中，造床质及非造床质分别按挟沙能力计算。造床质挟沙能力的计算，是根据罗辛斯基的建议，采用秦厂水文站的实测$(v/H^{0.2}) \sim S$关系曲线(v 为平均流速、H 为水深、S 为含沙量)代表孟津至东坝头的水流挟沙能力，以泺口水文站的实测$(v/H^{0.2}) \sim S$ 关系曲线代表东坝头至河口的水流挟沙能力。$(v/H^{0.2}) \sim S$ 为双包曲线，上包线用于计算淤积，下包线用于计算冲刷。计算时用水流连续方程、水流运动方程、泥沙平衡方程，逐时段联立求解，反复试算，非常麻烦。粗算法则假定两枢纽间的断面形状相等，即自由段与壅水段各定一个断面，根据计算任务选用不同河道宽度。壅水段与自由段的交点(即回水末端)为水库正常壅水位与自由段正常水深线的交点。含沙量沿程恢复饱和的距离较长，冲刷一直发展到枢纽的回水末端。自由段的计算方法与细算法相同，壅水段淤积计算，则根据经验方法计算淤积总量，不考虑淤面位置。

不论粗算法还是细算法，计算中都需要采用许多假定和简化，也考虑了不同地质条件下的河床纵向变形计算方法以及含沙量沿程恢复饱和问题。罗辛斯基计算方法计算的总冲淤量与实际情况比较接近，具有一定的正确性，不过滩地和主槽的冲淤量与实际相差甚远，而且在天然情况下，河槽在横向是有摆动的，这些问题在计算中尚无法解决。

1962 年，三门峡水库因库区严重淤积而改变运用方式后，下游河道发生严重淤积，要求定性的指出河床横向变形及纵向变形发展的趋势，而现有的计算方法已如上所述，挟沙能力公式是在河床比较稳定的状态下求得的，在计算时假定在一定时段，河段内水流能够达到挟沙饱和状态，并通过烦琐的水力计算来解决影响挟沙能力因素的变化，而不能如实地反映不恒定流挟沙能力在河床冲淤过程中不断调整的客观规律。许多学者对挟沙能力调整的内在机理进行了研究，但阐明黄河下游河床自动调整作用的机理仍是一个亟待解决的问题。由于拦洪水库下游河床仍属往复变形性质，河床水力要素的变化性质与建库前有相

❶ 黄河水利科学研究所. 黄河下游河床纵向变形计算方法的研究. 1959.

似之处，河床水力要素与流量间存在一定的关系，因此用流量作为综合反映影响挟沙能力调整的来水条件，建立起 $Q_s=KQ^n$(Q_s 为输沙率；K 为反映边界条件的参数；Q 为流量；n 为指数，黄河下游 n=2~2.05)的关系。黄河水利委员会水利科学研究所(以下简称黄委会水科所)在麦乔威、赵业安、潘贤娣等[5]分析下游各站实测资料中发现：黄河下游在来沙偏大时，输沙率也大；来沙偏小时，输沙率也小。这说明河床组成特性具有对挟沙能力进行调整的作用，河床的冲淤变化取决于上游来沙量与水流挟沙能力间的对应关系，河床发生冲淤变化的同时，水流的水力条件与河床组成也发生了相应的变化：淤积状态下，河床细化，临界粒径减小；冲刷状态下，床沙粗化，临界粒径增大，从而使水流挟沙能力也发生相应的变化，河床和水流通过自动调整过程来建立新的平衡关系。为反映这一调整过程，建立了如下公式

$$Q_s = KQ^{\alpha} S_{上}^{\beta}$$

式中：Q_s 为输沙率；K 为反映河床边界条件的参数；Q 为流量；$S_{上}$为上站造床质含沙量；α 、β 为指数，$\alpha > 1$，$\beta < 1$，$\alpha + \beta \approx 2$。

在滩槽泥沙交换作用方面，麦乔威、赵业安、潘贤娣等[5]把两水文站间的河段细分为若干个小河段，假定在每个小河段的首端滩槽含沙量符合正常的横向分布，经过这一小河段滩槽的泥沙强烈掺混，使这一小河段末端的滩槽含沙量又恢复到正常的横向分布，并假定通过掺混后每一个小河段进口滩槽含沙量成一定的比例，滩地挟沙能力关系与主槽的关系相同。将滩地水力泥沙因子代入滩地挟沙能力的公式，可以求得小河段的滩地出口含沙量及滩地的冲淤量。第一个小河段的滩地冲淤量求得后，把第一个小河段的出口输沙率进行掺混，求得第二个小河段的进口输沙率，然后求出第二个小河段的滩地出口输沙率及冲淤量。以此类推，可求得两水文站间各小河段的滩地冲淤量。两站间主槽冲淤量，等于河段下端水文站造床质输沙量与经过各小河段横向掺混后的来沙量之差。利用这个方法验算了三门峡水库修建前及防洪排沙运用后的黄河下游实测资料，得到了比较满意的结果。

1970 年，三门峡水库泥沙问题基本经验总结时，水电部第十一工程局勘测设计科研院在总结三门峡水库运用经验的基础上，特别是近几年水库蓄水运用及改建过程中的资料，进行了水库运用方案的泥沙冲淤计算[6]，计算方法从分析水库的冲淤现象入手，找出水库泥沙冲淤计算的基本关系——壅水淤积排沙关系，即

$$Q_{s_{出}} / Q_{s_{入}} = -0.441g\left(V/Q_{三}\right)/ J^{1/2} + 0.82$$

式中：$Q_{s_{出}}$ 为出库输沙率；$Q_{s_{入}}$ 为入库输沙率；V 为壅水位以下库容；$Q_{三}$ 为三门峡水库出库流量；J 为潼关至坝前水面比降。

沿程冲刷(淤积)输沙能力关系即为

$$Q_s = CgQ^2 J^2 \left[\frac{S}{Q} + K\right]^n$$

式中：Q_s 为时段输沙率(潼坫河段采用潼关实测值，长河段采用三门峡的实测值)；Q 为时段入库(潼关)流量；J 为时段河段比降；S/Q 为时段来沙系数；C =1.055×10^5；n=1.75；K=0.02。

溯源冲刷输沙能力关系即为

$$Q_s = 250Q^2 J^2$$

式中：Q_s为时段出库输沙率；Q为时段出库流量；J为时段坝前比降。

计算时首先要做计算起始剖面，划分计算时段及准备各种工作曲线等各种准备工作，然后再进行计算。不漫滩的计算程序：首先根据时段进库水沙条件，按沿程冲淤关系计算时段冲（淤）平衡比降$J_{冲}$（$J_{淤}$），对比河床剖面比降$J_{原}$，判断是否发生冲刷或淤积：若$J_{原}<J_{冲}$，则发生沿程冲刷；若$J_{原}>J_{冲}$，则发生沿程淤积。以河床原始比降与冲（淤）平衡比降的平均值计算冲(淤)量，使河床冲(淤)的体积等于计算的冲(淤)量，即为本时段冲(淤)后之河床。当遇到前期三角洲顶点时(河床剖面出现跌坎)，这时发生的二级溯源冲刷，冲刷比降采用河床原比降按河长加权平均的值，由该平均比降计算冲刷量，沿着平均比降平行下切，其量等于计算的冲刷量。如在下游遇到冲刷基面，二级溯源冲刷受阻，这时的冲刷量是由冲刷形态来决定的。当水流到达坝前段，坝前基面大于前期河床平均高程时则发生壅水淤积，反之则发生溯源冲刷。壅水淤积按壅水淤积关系计算，按水库正常运用顶坡比降汛期为1.7‱，非汛期为1.4‱，前坡比降以三角洲顶点联至前一时段坝址处河床剖面最低点铺沙，如淤积减少的库容大于原库容的 1/3，要修正淤积量，使算得的淤积量与本时段库容损失量相等。溯源冲刷则根据上河段来水来沙条件，假定一个冲刷比降，使该比降的冲刷量等于该比降的河床剖面与原河床剖面之间的冲刷量，计算按溯源冲刷关系进行。漫滩的淤积计算，按下式计算滩槽淤积量分配，即

$$\frac{W_{s_C}}{W_{s(1-41)}} \sim f\left(\frac{A_C}{A_s}\right)\left(H_{m史}-Z_{C2}\right)$$

式中：W_{s_C}为时段滩淤量；$W_{s(1-41)}$为时段潼关以下淤积量；A_C为时段最高水位与前期滩面交点下面积；A_s为前期潼关以下槽面积；$H_{m史}$为时段坝前史家滩最高水位；Z_{C2}为黄淤 2 号断面前期滩面高程。

1972 年黄河水利委员会(简称黄委会)规划设计大队在《三门峡水库排沙能力分析》一文中根据三门峡水库滞洪及蓄水运用时的排沙资料得出水库排沙比(以出库含沙量与入库含沙量之比$S_{出}/S_{入}$表示)与时段内平均库水位下的库容与出库流量之比，入库流量和入库悬沙沉速之积与出库流量之比等复合因素有关，并建立关系$\frac{S_{出}}{S_{入}}(\%)=f\left(\frac{Q_{入}V}{Q_{出}},g\frac{W}{Q_{出}}\right)$。计算时先确定起始库容曲线、划分时段，然后按时段和水库排沙复合因素关系求出排沙比，逐时段计算滞洪及蓄水运用时的排沙能力。水库降水泄空的排沙能力计算：首先确定起始河床纵断面，然后进行起冲水位计算，从三门峡水库降水泄空资料得知起冲水位，即

$$H_{起冲}=H_{床面}+2h_0$$

式中：$H_{起冲}$为坝前史家滩断面日平均起冲水位；$H_{床面}$为史家滩断面平均河床高程；h_0为开始冲刷时的日平均流量要求的正常水深。

若库水位未达到起冲水位，仍按蓄水运用排沙关系计算，并根据新的淤积确定新的河床纵剖面。当库水位达到起冲水位后(10d 左右)，其排沙量采用泄空后空库敞泄排沙关系计算结果的 2 倍。空库敞泄排沙问题，根据水流输沙的一般原理，考虑三门峡水库的实际情况，泄流规模逐步增大，但仍有一定限度，根据上游来沙、河床淤积物等的影响，得出潼关至大坝库段的排沙关系式，即

$$Q_{s出} = \alpha \left(\frac{S}{Q}\right)_{入}^{n} (Q_i)^m$$

$$\alpha = f\left(\Delta W_s,\ D_{床沙}\right)$$

式中：$Q_{s出}$为三门峡出库输沙率；α为前期河床冲淤量和河床质的函数；$\left(\frac{S}{Q}\right)_{入}$为上游来沙系数；$Q_i$为出库流量与水面比降之积；$n$=0.7；$m$随泥沙粒径而变(7～8月，有时9月$m$=2；10月~翌年6月，$m$=1.5)。

计算时首先确定起始纵断面，划分计算时段，根据第一时段的水库流量确定要求的新河床纵剖面，根据入库水沙情况确定来沙系数、泥沙粒径、出库流量(根据泄流规模)和比降，计算前期河床淤积量，然后按上述排沙关系进行计算。

1974年，水利部批准给黄委会水科所添置TQ–16计算机一台，黄委会水科所与清华大学水利工程系合作，在过去分析计算的基础上，进一步分析，提出黄河中下游干流河道冲淤计算方法，并由黄委会水科所编制BCY程序，在TQ–16机上计算了13个方案，称之为经验数学模型，为1976年在郑州召开的黄河小浪底、桃花峪水库工程规划技术审查会议提供了成果。

1975～1977年，在进行治黄规划过程中，为研究各种规划方案对黄河下游的减淤作用，黄委会及其有关科研、设计部门的科技人员，使用两种河道冲淤计算的经验模型开展了大量的计算工作，麦乔威、李保如两位学者进行了总结[7]。其中，在规划方案的初步比较阶段，由于方案较多，工作量很大，使用的是李保如提出的框算模型，只考虑影响输沙能力的最主要因素(来水、来沙)，计算时段分汛期和非汛期两个时段，计算中龙门以下干流河段划分为四个河段。对于问题比较复杂和初选的方案，则使用较为详细的经验模型。该模型与实测差别不大，且两种模型计算的结果也相差不多。

随着计算机技术的快速发展和广泛应用，大家不再把精力主要集中在简化控制方程并试图导出方程式的解析解方面，而可以直接进行数值计算。加上泥沙基本理论的研究，尤其是对黄河非平衡输沙和特有演变规律的认识取得了重要进展，20世纪70年代末与80年代，流域内各项计算工作都普遍开展起来。

1986年，黄委会水科所在已有方法基础上，增加各河段前期累计冲淤量及泥沙粒径粗细影响，用断面冲淤资料和输沙率资料进行改正，用多元回归分析法建立起新的计算关系，提出了黄河下游河道冲淤计算方法❶，并编出程序。此后，由于微机的发展，又移植成IBM机的程序，进行了小浪底、三门峡、龙门等水库对黄河下游减淤作用的计算，预估今后50年黄河下游河道年平均淤积量为3.71亿t，这一成果被黄委会规划设计院《小浪底规划报告》及黄委会《黄河治理开发规划报告》的下游防洪减淤规划中正式采用。1985～1987年刘月兰、韩少发、吴知等学者[8]在上述经验模型的基础上，根据不同河段汛期、非汛期输沙经验公式，引入水流连续方程、动量方程及泥沙平衡方程，建立了一套颇具特色的黄河下游河道冲淤计算模型。由于该模型建立在大量实测资料分析基础上，经过了1950～1984年长系列实测资料的验证，因此在黄河干支流工程规划及下游防洪规划中得到应用，发挥了很大的

❶ 黄河水利科学研究所. 黄河下游河道冲淤计算方法. 1986.

作用。同时，该方法还得到不断修正与补充，逐步形成一套由洪水演进到滩槽泥沙交换的一维扩展至准二维的计算方法。

1987 年，张启舜进一步完善了计算方法[9]，主槽按不平衡输沙计算，并考虑冲淤过程中挟沙力的调整和主槽的横向变形；滩地采用分段进行滩槽交换计算，还考虑洪水演进和河口的摆动，进行了下游 50 年冲淤计算，研究了有无小浪底水库和有无人造洪峰对黄河下游减淤作用的差异，以及各种方案 50 年后黄河下游的淤积状况和带来的问题。

1987～1990 年，武汉水利电力大学谢鉴衡、韦直林、魏良琰等同黄河水利科学研究院(以后简称黄科院)刘月兰、张启卫、张原锋等一起开展了黄河下游河道变动河床洪水演进与洪水位预报水动力学数学模型研究，韦直林先后撰写了两份科研报告，即“黄河下游洪水预报水动力学数学模型”[10]及“黄河下游河床变形长期预测数学模型初步研究”[11]，基本上代表了本阶段黄河下游数学模型的研究成果和水平。黄委会水科院在此基础上，对某些问题的处理及数值计算方法，进行了深入研究。其中，张启卫撰写的“黄河下游泥沙数学模型及小浪底水库对下游河道的冲淤影响”[12]，颇有代表性。

在这一时期，黄河数学模型研究的重点已经逐渐从以往的经验模型(或称水文模型)转向水动力学模型的开发上。尤其是对泥沙不平衡输沙规律取得的进展及其在数学模型中的大量应用，标志着泥沙数学模型已经发展到较高的研究水平。我们知道，河流泥沙的冲淤计算都是基于水流和泥沙的 4 个基本方程，由于对基本方程的简化和处理方式不同，得到的结果应不同。从工程应用的角度和对四个基本方程处理的主要差别考虑，可将河床纵向冲淤变形计算方法大致分为两类：第一类为分河段平衡输沙计算法，这一算法在国内外已得到广泛应用，黄河上以苏联罗辛斯基应用于黄河下游的计算方法为代表；第二类为分河段不平衡输沙计算法，其代表有窦国仁直接根据泥沙连续方程推导的不平衡输沙方程[13]和韩其为用积分二维扩散方程导出的不平衡输沙方程[14]以及张启舜用微分二维扩散方程导出的不平衡输沙方程[15]。

1987 年 6 月 1～10 日，国际泥沙培训中心为了解国际泥沙数学模型的最新进展，以配合三峡、小浪底等重大工程之需要，为中国培训人才，给中外学者提供学习交流机会，在联合国开发计划署(UNDP)、联合国教科文组织(UNESCO)和三峡工程开发总公司的资助下，聘请了法国索格利亚公司应用数学部主任 J.A.Cunge、美国密西西比大学水利计算中心主任 Sam S.Y.Wang、荷兰德尔伏特技术大学 M.DeVries 和西德汉诺威大学 K.P.Holz 等 4 位外籍教授，和林秉南、窦国仁、韩曾萃等共同为培训班授课，参加培训和讨论会的有来自美、法、西德、意、日、斯里兰卡等 8 个国家的 13 位教授，来自中国有关科研单位、设计单位、高等院校的高级工程师、教授、副教授、研究生等 76 人。会上有 15 位中外学者作了报告，谢鉴衡、魏良琰[16]在题为《河流泥沙数学模型的回顾与展望》的文章中扼要叙述了河流泥沙数学模型的发展概貌，分别对一维和二维数学模型的基本方程式，关键问题的处理以及计算方法等作了阐述和讨论，指出了已经取得的成就和尚待改进的地方，今后在继续研究长河段、长时期河床变形一维问题的同时，要大力研究短河段、短时段河床变形的二维、三维问题；在继续研究强输沙不平衡状态的河床急剧变形问题的同时，要大力研究弱输沙不平衡状态和准平衡状态的河床缓慢变形及自然变形问题，要研究一、二、三维模型的联合使用问题。从完善研究手段来说，首先要使数学模型能正确地模拟原河床的演变过程，那就要加强对天然以及受人工控制的各类河流泥沙运动规律的研究，要发展对平面、剖面二维以至三维恒定非均匀流的研究，以及非均质沙、非恒定流的研究，根据面对的问题建立起正确的计算模式。要使模型趋于完善，今后还需要加强流场及其变化特征的观测，需要改进天然河道的观测方法和量测设备，提高数据采集的精度，同时也需要在实验室内进行严格控制的必要的基本实验，以期获取大量实测资料来进行参数的验证和确定。

第三节　近期黄河泥沙数学模型的研究进展

进入 20 世纪 90 年代以后，随着黄河泥沙学科研究的不断进展，黄河数学模型进入了快速发展时期。“八五”期间在钱意颖的组织下，形成了三类模型：水文学模型、水文水动力学模型和水动力学模型[17]。

水文学模型以刘月兰、李松恒、张原锋[18]、涂启华、张俊华等的研究为代表。他们首先对实测资料进行了考证和修正，使河床冲淤量和泥沙颗分成果由于不同的观测方法引起的误差有所改正；区间来水来沙、库岸坍塌和灌溉引水引沙资料也经过了修正。在数学模型中改善了滩槽水沙分配的计算方法，以便使该模型可能随着来水来沙条件的变化而有所调整。

水文水动力学模型以张启舜、曹文洪[19]及岳德军[20]等的模型为代表。岳德军的模型在联解基本方程的同时引进了适应于天然资料的经验关系，有效地弥补了当时泥沙基本理论的局限性，初步形成了半经验半理论模型即水文水动力学数学模型。曹文洪在张启舜模型基础上，针对黄河来水来沙变幅大、河道冲淤变化迅速、有多级水库以及沿黄河两岸大量引水引沙等特点，进一步发展了半经验半理论模型即水文水动力学数学模型，该模型首先实现了自动记忆和提取的功能，可进行多系统连续计算，在程序技巧处理上向前迈进了一步，同时对影响水流挟沙能力的三个主要因素，即河床比降、河床断面形态及河床粒径变化等进行了调整。

水动力学模型理论基础较为完善，很多学者都建立了自己的模型。例如，韩其为[21]等应用数学模型研究了黄河下游的问题；刘月兰、张启卫[17]同韦直林合作建立的黄河下游模型成为目前应用较多的一些河道数学模型的基础；王士强等[22]建立了三门峡库区、小浪底库区及下游河道数学模型，对三门峡水库的改建、小浪底水库的调度运行所涉及的问题进行了研究；张仁、梁国亭[14]建立了禹门口至潼关河段泥沙数学模型；孙卫东[23]模拟了黄河中游水库泥沙的运行情况；张俊华、王艳平等[24]进行黄河水库泥沙数学模型计算时，采用张俊华等[25]提出的非恒定异重流运动方程后，成功地模拟小浪底等水库异重流的运动；张红艺、杨明等[26]利用所建立的高含沙数学模型研究了泾河高含沙水库问题。

在该阶段除广泛应用一维或准二维水沙数学模型进行长时段、长河段的计算外，黄河平面二维水沙数学模型也逐渐发展起来。例如，韦直林[27]采用有限元法建立了模型，研究了黄河下游洪水演进过程中河床冲淤和洪水位的变化过程；张世奇[28]用边界拟合坐标系和有限差分法，先后对黄河孤柏嘴至京广铁桥河段的冲淤规律及其相应的河道整治方案进行了数值计算研究，并以此为基础开发了黄河口数学模型；程晓陶、刘树坤[29]及薛云鹏以二维恒定流与不平衡输沙理论为基础，将显式有限差分法与有限体积法相结合，并引入张红武水流挟沙力公式，研制出黄河夹河滩至高村河段滩区水沙数学模型，并在黄河下游防汛工作中发挥很大作用；刘有录、季日臣[30]等建立了黄河上游兰州段的二维水沙数学模型，研究了河道整治的方案；杨国录[31]从平面二维流函数–涡量方程出发建立模型，对南水北调中线穿黄工程不同河道缩窄方案下的水沙运动进行了研究；李东风、张红武[32]在河口数学模型开发上取得较大进展；郑邦民[33]建立了平面二维泥沙数学模型，在方程的求解中采用了局部加密贴体坐标变换、交错网格上的 ADI 算法，并模拟了黄河北金堤分洪区洪水演进过程，得到了洪水全过程中滞洪区各处洪水波形和洪峰到达时间、淹没时间和深度、流速分布、冲淤分布；汤立群[34]建立了正交曲线坐标系下的二维 $k \sim \varepsilon$ 双方程紊流数学模型，并在赣江重点河段航道整治工程的方案计算中得到应用；马福喜[35]引入通度概念处理河道不规则边界，采用 ADI 算法求解沿水深平均方程，采用破开算子法求解悬移质不平衡输沙方程及河床变形方程，建立了平面二维河道水沙数学模型，利用该模型对水库下游及航道口附近的水沙及河床变形进行了模拟；陆永军、张庆华[36]考虑了悬移质不饱和输移、非均匀沙推移质输移及床沙级配的调整，采用控制体积法及动边界技术，对水流速度场、悬移质浓度场及河床变形进行数值模拟；谭维炎[37]1993 年采用有限体积法对杭州湾涌潮的生成、发展、上溯，直至消亡的全过程进行了二维数值模拟；魏素清等[38]建立了西七里海滞洪区数学模型，并进行了多方案的模拟计算，研究了西七里海滞洪区的诸多问题；夏军强、王光谦[39]、钟德钰、张红武[40]对黄河下游游荡性河段进行研究，建立了游荡型河道的平面二维数学模型，较好地模拟了河床的横向变形过程。

近几年，黄委会投入大量人力、物力，建立了由朱庆平、余欣[41]等科技人员组成的项目组，开发了基于 GIS 的黄河下游平面二维水沙数学模型。同时，王光谦、刘家宏[42]等，通过黄河数字流域模型的开发，把数学模型有效地应用到了整个黄河流域。

附带指出，龙毓骞等专家曾采用黄河资料对美国最通用的 HEC–6 模型进行了检验，认为这类模型尚难直接应用于黄河。此外，1986 年美国学者杨志达开发了 GSTARS 模型，参照我国经验进行修正后，对黄河某河段进行了验证计算，但被有关专家认为本模型只能“用于黄河模型不平衡输沙问题不是十分严重的顺直河段”[43]。最近，夏军强、周建军通过中荷战略科学联盟计划项目，采用 Delft 3D 软件模拟了花园口至辛寨河段的泥沙输移及地貌演变过程，还有些学者将海外常用的神经网络技术引用到黄河数学模型，这些都是很有意义的。再者，张小峰、钟德钰、方红卫、李义天、彭扬、窦希萍、蒋昌波、黄远东、夏军强等学者试图将国外三维模拟技术应用到黄河数学模型之中，但由于边界条件过于复杂，且人们对这种复杂边界条件下的水沙运动规律的了解甚少，因而在相当长时期内尚难以运用到实际工程之中。江恩惠[44]在美国密西西比大学访问期间，也曾利用 NCCHE2D 模型对黄河下游“82・8”洪水和“96・8”洪水在花园口至夹河滩河段的演进过程进行了模拟。该模型构架先进，计算方法合理，最吸引人的地方就是计算速度快，时间步长可以达到 15 min。其中“82・8”洪水的模拟过程非常顺利，而“96・8”洪水的模拟必须人为加大输沙能力才能反映其实际情况。

第四节　多沙河流模拟计算存在的主要问题

鉴于多沙河流来水来沙与河床演变规律的复杂性，现有许多数学模型在模拟水沙运动时，仍存在许多困难，主要原因是其在对多沙河流河床变形方程、水流挟沙能力、动床阻力、悬移质泥沙与床沙交换、河道断面形态调整等关键环节的处理上，有时缺乏理论基础，过于依赖经验。虽然各家模型参数都得到了部分实测资料的率定，但模型仍难适应复杂多变的来水来沙条件，对于一些异常现象的预测预报更是无能为力，大大影响了模型的可预测性。

就泥沙数学模型中的关键方程——河床变形方程来说，它是在假定近底含沙量与断面平均含沙量的比值 α_1 等于近底挟沙力与断面平均挟沙力比值 α_* 的基础上建立的，并将该比值定义为恢复饱和系数 α。α 在理论上是大于 1 的数值，而在实际计算取值时，模型取的 α 都远小于 1。因此，两系数相等的这一假设直接影响到不平衡输沙运动方程的物理背景。在少沙河流模拟计算中，泥沙引起的河床变形不大，泥沙运动相对接近平衡输沙状态，前人的上述假定在恢复饱和系数 α 经实测资料率定后，也许对计算结果影响不大，但在多沙河流计算中就自然暴露出严重缺陷和弱点。为此，谢鉴衡教授指出[13]：“应该承认，现阶段对黄河上的恢复饱和系数，无论理论认识或实际经验都甚感不足，有必要在这两方面作进一步的工作，用包括各种情况的实际资料率定这一系数，从而找到这一系数与影响因素的关系。”

挟沙力是判断河道冲淤状态的重要参数，该值计算的准确与否，对河道冲淤演变研究影响极大，虽然现有水流挟沙力公式较多，但绝大多数公式计算的高含沙水流挟沙力与实际相比有明显偏差。很难模拟河道大冲大淤及冲淤交替发展的过程，严重影响了河流泥沙的研究水平和利用数学模型解决工程问题的能力。

挟沙水流动床阻力的变化规律研究也是在黄河数学模型中不得不面对的难题。多沙河流中下游床沙组成较细，河床床面(沙波、沙垄等)随不同水流强度及含沙量变化较大，影响水流阻力的不仅仅是床面的粗糙程度，而且与床面形态密切相关，此时如何计算随水流强度及含沙量不断变化的阻力是一个挑战。

对于长河段的水沙输移，伴随着河道冲淤演变，床沙与悬沙组成调整幅度较大。泥沙组成的调整对河道冲淤影响很大，因此必须考虑床沙与悬沙的交换作用。通常采用的模拟床沙与悬沙交换的方法为分组挟沙力法。虽然许多学者提出了很多种计算分组挟沙力的方法，但很少有人对分组挟沙力计算公式采用实测资料进行验证，多为在一些假定或推理的前提下确定的各粒径组泥沙挟沙力的分配方式。目前，床沙与悬沙交换问题仍是制约数学模型发展水平的一个大难题。

对于冲积性河流，在河道冲淤演变的过程中，伴随着冲淤，河道断面形态也将随之做出调整，从而改变流速的横向分布与泥沙输移规律。这一问题不仅给一维和准二维模型模拟带来很大难度，对于平面二维模型来说也很难准确计算。

综上所述，对于数学模型的开发而言，面临的水沙运动基本规律的难题很多，每一个难题处理不恰当，将会影响整个模型的预测精度。利用野外资料反调的系数很不确定，往往是不同河流、不同河段、不同时期、不同流量级甚至不同的冲淤状态都需要反调系数，不仅增加了数学模型的应用难度，而且还影响到数学模型计算结果的可信度。

第五节　本书的主要内容和进展

本书共分三篇三十章。第一章至第十三章为第一篇，主要介绍了水沙运动基本理论研究成果；第十四章至第十九章为第二编，主要介绍了水沙数学模型的建立与验证情况；第二十章至第三十章为第三篇，主要介绍了准二维非恒定流水沙数学模型在黄河干支流治理开发中的应用成果。

第一章为天然河流泥沙级配研究。主要内容为：以泥沙在紊流场中运动时受力分析为基础，建立了悬移质泥沙、细颗粒床沙、粗颗粒床沙及卵石床沙级配的计算公式。

第二章为泥沙沉降规律研究。主要内容包括：①在悬移质泥沙级配研究的基础上，建立了非均匀沙清水混合沉速计算公式；②在对沙玉清浑水运动黏滞系数修正的基础上，以泥沙沉降过程中浑水连续律为理论基础建立了浑水泥沙群体沉速公式。

第三章为河道水流流速沿垂线分布规律。主要内容包括：①引入"紊流涡团模式"，建立了水流 Prandtl 掺长的表达式；②建立了卡门常数κ与涡团参数 e_n 与水流含沙量的关系式；③建立了一般挟沙水流与高含沙水流通用流速沿垂线分布公式。

第四章为泥沙起动流速与水流紊动强度沿垂线分布规律。主要内容包括：①阐述了泥沙起动模式及其起动时的受力情况，建立了单颗粒泥沙起动流速公式及天然非均匀沙起动流速确定方法；②建立了纵向紊动强度与垂向紊动强度沿垂线分布的计算公式。

第五章为河道挟沙水流含沙量沿垂线分布规律。主要内容为：引入由"紊流涡团模式"为理论基础导出的流速梯度沿垂线分布公式，建立了一般挟沙水流与高含沙水流通用的含沙量沿垂线分布公式，该公式克服了河底与水面含沙量出现不合理数值的缺陷。

第六章为多沙河流动床阻力变化规律。主要内容为：引入摩阻厚度的概念，并在天然河道糙率与含沙量关系分析的基础上，建立了全面反映床面形态、床沙组成及水流含沙量影响的河道动床糙率计算公式。

第七章为多沙河流水流挟沙力。主要内容为：在挟沙水流能耗图形分析的基础上，建立了一般挟沙水流与高含沙水流通用的水流挟沙力计算公式。

第八章为多沙河流河床变形方程与泥沙连续方程之完善。主要内容包括：①从异质粒子与紊流场的相互作用入手，引入泥沙非饱和系数 f_1 与附加系数 K_1，对多沙河流河床变形方程从理论上进行了完善，并对准二维泥沙数学模型的泥沙连续方程进行了改进；②提出了 f_1、K_1 及平衡含沙量分布系数 α_* 的通用计算公式。

第九章为多沙河流悬移质泥沙与床沙交换规律。主要内容包括：①从非恒定挟沙水流河床冲淤过程中任一粒径组泥沙质量守恒入手，建立了一维与平面二维床沙与悬沙交换基本方程；②从三维挟沙水流任一粒径组泥沙质量守恒入手，建立了三维悬移质泥沙平均粒径变化的基本方程。

第十章为河道挟沙水流悬沙组成沿垂线分布规律。主要内容包括：①建立了二度挟沙水流平衡状态下，悬沙平均粒径沿垂线分布与含沙量沿垂线分布的关系式；②建立了悬沙平均粒径与悬沙中值粒径沿垂线分布计算公式。

第十一章为多沙河流悬沙与床沙交换计算方法研究。主要内容包括：①分别针对冲刷和淤积状态，提出了冲淤物平均粒径计算公式；②提出了平衡冲淤物平均粒径与扬动泥沙平均粒径计算公式；③提出了冲淤物粒径二阶圆心矩的计算方法；④采用概化河道对悬移质泥沙与床沙交换计算方法的合理性进行了系统检验。

第十二章为悬移质含沙量与悬沙组成沿河宽分布规律。主要内容包括：①考虑悬沙组成对含沙量横向分布的影响，引入悬浮指标，建立了含沙量沿河宽分布计算公式；②建立了悬沙平均粒径与中值粒径沿河宽分布计算公式。

第十三章为冲积性河流河型成因与河床综合稳定性指标。主要内容包括：①通过一系列自然模型小河试验研究了水流与河床的相互作用，只要水流保持相应的强度，任何可动河床周界条件下都可能形成游荡型、分汊型(或过渡型)及弯曲型河流，如果水流强度一定，河型则取决于河床相应的稳定性；②游荡型河道通过工程整治可以转化成限制性弯曲型河道，但当河道处于超饱和输沙时，河道的稳定性将会降低，黄河下游游荡型河道向限制性弯曲型转化的条件为：有效控导工程总长度占河道长度的88%以上，每处控导工程在4km左右，且来水来沙条件较为有利；③提出了冲积河流河床综合稳定性指标计算公式。

第十四章为准二维非恒定流水沙数学模型及数值方法。主要阐述了准二维非恒定流水沙数学模型计算采用的控制方程、数值方法及主要参数的计算方法等。

第十五章为黄河下游典型洪水对准二维非恒定流水沙数学模型的验证。主要包括1988年洪水、1992年洪水、1977年洪水、1982年洪水及1996年洪水对模型的验证情况，结果表明，该模型能较好地复演不同类型洪水在黄河下游河道中的水沙传播、水位变化及河床冲淤变形等。

第十六章为黄河下游典型系列年对准二维非恒定流水沙数学模型的验证。主要内容包括三门峡水库下泄清水期的1960~1965年系列，小浪底水库下泄清水期的1999~2002年系列及黄河下游1986~1996年的长期枯水系列三个典型系列的验证情况，结果表明，无论河道处于持续冲刷、持续淤积或冲淤交替，模型均能够准确地模拟黄河下游河道冲淤过程、水位过程及冲淤量的沿程分布情况。

第十七章为准二维非恒定流水沙数学模型在黄委会模型比试中的检验。该模型自构建完成后，参加了黄委会组织的1998年数学模型比试、2001年第一次模型比试、2001年第二次模型比试与2002年小浪底水库调水调沙模型比试。模型现场比试结果表明，对于任何水沙与边界条件组合情况，计算的水沙演进传播过程、洪水位表现及河道冲淤演变时空分布情况均比较符合实际，能够满足黄河下游洪水演进预报与冲淤演变预测精度需求。

第十八章为准二维非恒定流水沙数学模型在黄河上中游干支流河道冲淤演变中的验证。主要内容包括宁夏河道1993~1999年系列的检验、渭河下游1990~1995年系列的检验、渭河咸阳—三门峡大坝河段1994~1999年系列的检验。结果表明，虽然该模型中的许多水沙要素计算公式及参数是针对黄河下游情况确定的，但由于这些公式与参数都建立在理论研究的基础上，具有通用性，同样适用于黄河上中游干支流等多沙河流，大大提高了数学模型的应用价值。

第十九章为黄河下游平面二维水沙数学模型研究。主要内容为：采用边界拟合坐标方法，对水流连续性方程与水流运动方程采用交替网络上的ADI方法进行离散求解，对泥沙连续方程采用控制体积法进行离散求解，并引入本书在泥沙连续方程、河床变形方程、高含沙水流挟沙力、河床糙率等方面的研究成果，建立了黄河下游平面二维水沙数学模型，而后采用1982年洪水对该模型进行了系统检验。结果表明，本模型计算的洪峰传播过程、水位变化过程、含沙量变化过程等均与实测结果吻合较好，流速场、洪水淹没水深及淹没范围、含沙量浓度场等也较符合实际。此外，还采用Visual C++语言研制开发了平面二维泥沙数学模型的可视化系统。

第二十章为黄河下游汛期洪水演进预测与实时作业预报。主要内容为：利用准二维非恒定流水沙数学模型开展了1996、1997、1998、1999、2002年汛期不同类型洪水的洪水演进预测计算与1998年汛期洪水实时作业预报计算，模型预测计算结果表明，在主河槽产生萎缩的河道边界条件下，洪水漫滩后运行缓慢，洪水在下游传播过程中，峰型变得十分肥胖，且可能由单峰变为多峰，峰现时间很不明显。模型预测计算的洪水位与洪水传播特性同汛期洪水表现基本一致，实时作业预报的洪水位与水沙传播过程与天然情况吻合较好。这些成果为当年汛期防洪决策提供了重要参考。

第二十一章为小浪底水库不同运用方案下黄河下游冲淤演变预测。主要内容包括：①采用1981、1995年两个一年设计水沙过程，开展了小浪底水库第一年运用方案比选研究，共进行了水库调控方式为205/5/2 000(205为起始运用水位205 m，5为水库调控库容5亿 m^3，2 000为出库调控流量为2 000 m^3/s)、205/8/2 600、210/8/2 600三个方案的计算，结果表明，三个方案相比，210/8/2 600方案减淤量最大，205/8/2 600次之，205/5/2 000减淤量最小；②采用1989年+1978～1979年、1978～1980年、1985～1987年、1991～1993年4个3年设计系列开展了小浪底水库前3年运用方式比选研究，小浪底水库运用方案分为调控流量与逐步抬高两个方案，计算结果表明，由于调控流量方案水库调节力度较大，黄河下游河道减淤量也较大；③以1997年为基准年，采用1975～1982年+1987～1996年+1971～1975年与1975～1996年+1974年两个设计23年系列开展了小浪底水库运用20年后黄河下游冲淤演变预测研究，小浪底水库运用方式分为调控流量方案与逐步抬高方案，模型计算预测2000年前黄河下游将淤积11.16亿～11.49亿 m^3，2000～2020年将冲刷3.87亿～7.50亿 m^3，河道减淤量为33.09亿～36.65亿 m^3，小浪底水库拦沙减淤比为1.95～2.12；④对小浪底水库正式运用一年(1999年10月～2000年10月)后的拦沙减淤效果进行了计算分析，得出小浪底水库拦沙减淤量为1.64亿 m^3，拦沙减淤比为1.6∶1左右。这些成果对小浪底水库运用方式的确定起到了重要参考。

第二十二章为黄河调水调沙试验下游河道冲淤演变预测，主要内容包括：①在2002年黄河首次调水调沙之前，开展了小浪底下泄流量2 600 m^3/s 下游河道冲淤计算，结果表明，如果小浪底出库含沙量小于20 kg/m^3，无论调水调沙时间为6 d或8 d，下游河道均会发生冲刷。当出库含沙量为10 kg/m^3 时，到达利津含沙量将恢复至22.5～22.7 kg/m^3，若出库含沙量为20 kg/m^3，到达利津含沙量将恢复至27.2～27.5 kg/m^3，这一结果与2002年调水调沙期实测结果基本一致；②计算研究认为，2002年9月小流量高含沙洪水期间，由于沿程大量引水，大部分泥沙随水流引出两岸大堤，使河道淤积量减少，共减淤0.038亿t；③在2004年调水调沙之前，开展了小浪底水库不同泄流历时下游河道洪水演进传播过程变形计算，得出，要保持洪峰峰型不发生严重坦化，保持河道的高效冲刷，小浪底水库下泄水量不宜小于5亿 m^3；④开展了艾山—利津河道不淤临界含沙量计算研究，得出，在特定流量下，不淤临界含沙量受悬沙组成的影响较大，对于中值粒径为0.02 mm的悬沙，临界不淤含沙量为41.71 kg/m^3，而悬沙中值粒径为0.05 mm时，仅有15.87 kg/m^3，计算结果也被2004年调水调沙期实测资料印证；⑤开展了2004年调水调沙人工爆破方案扰沙效果计算研究，得出，人工爆破下游河道减淤量为0.028 1亿 m^3 左右；⑥对2004年黄河下游调水调沙期黄河下游人工机械扰沙效果进行了计算分析，得出，扰起的泥沙只有31.3%被输送到利津以下，而大部分仍淤积在利津以上的河道内。

第二十三章为小浪底水库异重流排沙期黄河下游洪峰增值机理及其模拟。在对“04·8”、“05·7”、“06·8”洪水下游河道水沙演进传播特性分析的基础上，从理论上探讨了洪峰增值的机理，认为水库排出的异重流高含沙洪水在河道演进过程中，引起河道糙率变小，是导致洪峰增值的主要原因，并采用准二维非恒定流水沙数学模型对这一现象进行了复演，印证了本书提出的观点。

第二十四章为黄河下游滩区不同治理模式对河道冲淤演变影响研究。主要内容为：针对“宽河固堤”与“窄河固堤”两种黄河下游河道治理模式，考虑小浪底水库运用、古贤水库运用、碛口水库运用及无工程控制情况，开展了111年系列冲淤演变计算，得出，到2010年，黄河下游河道平滩流量的平均值可达5 200 m^3/s左右，到111年后，“宽河固堤”模式全下游淤积量为34.21亿m^3，“窄河固堤”模式淤积25.05亿m^3。从主槽淤积量来看，“窄河固堤”模式多淤了1.06亿m^3；从水位表现来看，花园口至孙口河段流量为15 000 m^3/s时的水位“窄河固堤”比“宽河固堤”平均高0.8 m左右。

第二十五章为黄河下游生产堤不同处置方案对河道演变影响研究。主要内容为：针对黄河下游现状生产堤、生产堤简单改造、生产堤破除及生产堤限制改造4个方案对下游河道冲淤演变影响进行了计算比较分析，得出，与现状生产堤方案相比，生产堤破除后黄河下游河道淤积量增大，生产堤简单改造与限制改造将会减小河道淤积量。

第二十六章为黄河下游人工淤滩形成相对窄深河槽对洪水演进影响预测。主要内容为：针对挖主槽淤堤河+村台、挖主槽淤控导工程背后+生产堤、挖主槽淤堤河+村台+控导工程背后+生产堤、挖主槽淤滩面至滩唇平四种方案，开展了东坝头至陶城铺河段挖槽淤滩后对河道洪水演进影响模拟计算，结果表明，与现状边界条件相比，人工挖槽淤滩将改善下游河槽过洪输沙能力、减少河道淤积、缩短洪水传播时间，对于前3个方案无论“82·8”、“96·8”洪水对洪峰流量影响不大，但方案4将使艾山以下河段洪峰流量增大较多，对防洪不利，此外，开展的东明南滩与徐码头河段挖槽淤滩两试点工程实施对洪水演进影响计算结果看，影响并不明显。

第二十七章为宁夏河段洪水演进与河道冲淤演变预测。主要内容为：①宁夏河段未来20年内河道冲淤演变预测；②现状与未来20年内最不利地形条件下，宁夏河段20年一遇洪水沿程水位表现预测计算。

第二十八章为泾河东庄水库运用对渭河下游及三门峡库区冲淤影响预测。计算研究采用的系列有1950～1974年翻番50年设计系列、1975～1997年翻番46年校核系列及由1950～1974年翻番50年系列概化出的咸阳站来水来沙偏丰，张家山站来水来沙偏丰4个系列，开展了三门峡水库运用方式为305/315(汛期坝前控制水位/非汛期坝前控制水位)、305/310、敞泄/310、敞泄/305四个方案的渭河下游及三门峡库区冲淤演变计算，结果表明：①不仅渭河干、支流来水来沙对渭河下游河道冲淤影响较大，而且三门峡坝前控制水位对渭河淤积也有较多影响；②东庄水库的修建对渭河下游河床淤积有直接影响，而对三门峡库区泥沙淤积及潼关高程影响不大；③三门峡水库运用方式对潼关高程及库区泥沙冲淤影响较大；④东庄水库运用前20年渭河下游减淤作用明显，后20年有明显增淤，其间减淤作用较小，但从整个系列来说仍为减淤；⑤东庄水库修建对抑制潼关高程的抬高甚至降低其高程有一定作用。

第二十九章为小江调水济渭对渭河及三门峡库区冲淤影响预测。主要内容为：开展了每年6~9月小江调水济渭300、600 m^3/s两种流量级，进入渭河过程分为每日平均引入、通过水库调节集中至3天1 500 m^3/s引入及结合泾河来沙情况引入三种济渭方式，结果表明：①小江调水济渭后，渭河下游减淤效果明显，在相同引水流量下，结合泾河来沙情况济渭方案效果最佳；②通过 3 亿 m^3 库容的水库调节，在 1986 ~ 1997 年枯水系列条件下可使渭河下游接近冲淤平衡。

第三十章为南水北调中线沁河改道方案河道溯源冲刷计算。计算结果表明，沁河改道后，其上游河道发生明显的溯源冲刷，达到平衡时，河道冲刷量将接近 100 万 m^3 左右，改道口处深泓点最大冲刷深度为 4.3 m 左右，改道口以上河道平均纵比降由 0.5‰演变为 0.68‰。

参考文献

[1] 张瑞瑾，谢鉴衡，王明甫，等. 河流泥沙动力学[M]. 北京：水利电力出版社，1989.

[2] 赵文林. 黄河泥沙[M]. 郑州：黄河水利出版社，1996.

[3] 麦乔威. 三门峡水利枢纽的泥沙研究[J]. 新黄河，1955(11) :23-26.

[4] 刘善建，麦乔威. 黄河下游治理与开发的过程中所遭遇到的泥沙问题[J]. 泥沙研究，1959(4) :17-21.

[5] 麦乔威，赵业安，潘贤娣，等. 多沙河流拦洪水库下游河床演变计算方法[J]. 黄河建设，1965(3) :28-34.

[6] 焦恩泽. 三门峡潼关以下库区泥沙冲淤的基本规律总结[C] //三门峡水库运用经验总结项目组.黄河三门峡水利枢纽运用研究文集. 郑州：河南人民出版社，1994:62-98.

[7] 麦乔威，李保如. 龙门以下干流河道冲淤计算方法[C] //李保如. 李保如河流研究文选. 北京：水利电力出版社，1994:150-173.

[8] 刘月兰，韩少发，吴知. 黄河下游河道冲淤计算方法[J]. 泥沙研究, 1987(3) :30-42.

[9] 张启舜，岳建平. 平原游荡河流泥沙演进的数学模拟——小浪底水库对黄河下游减淤作用的计算方法[R]. 北京：中国水利水电科学研究院, 1984.

[10] 韦直林，谢鉴衡，等. 黄河下游洪水预报水动力学数学模型[R]. 武汉：武汉水利电力学院，1990.

[11] 韦直林，谢鉴衡，等. 黄河下游河床变形长期预测数学模型初步研究[C] //黄河水沙变化研究基金会. 黄河水沙变化研究论文集(第 5 卷). 郑州：黄河水利出版社, 1993.

[12] 张启卫. 黄河下游泥沙数学模型及小浪底水库对下游河道的冲淤影响[C] // 黄委会水科院第四届青年学术讨论会论文集. 郑州：黄河水利科学研究所, 1992.

[13] 窦国仁. 潮汐水流中的悬沙运动及冲淤计算[J]. 水利学报，1963(4) :13-24.

[14] 韩其为. 非均匀悬移质不平衡输沙的研究[J]. 科学通报，1979(17) :32-42.

[15] 张启舜，张振秋，岳建平. 河流冲淤过程计算的数学模型[C] //第二次河流泥沙国际学术讨论会组织委员会. 第二次河流泥沙国际学术讨论会论文集. 北京：水利电力出版社，1983:43-48.

[16] 谢鉴衡，魏良琰. 河流泥沙数学模型的回顾与展望[J]. 泥沙研究，1987(3):1-13.

[17] 钱意颖，曲少军，曹文洪，等. 黄河泥沙冲淤数学模型[M]. 郑州：黄河水利出版社，1998.

[18] 刘月兰，李松恒，张原锋，等. 黄河下游输沙率修正方法和应用浅探[R]. 郑州：黄河水利科学研究院，1993.

[19] 张启舜，曹文洪，等. 水库冲淤形态及其过程的计算[J]. 泥沙研究，1982(1):1-13.

[20] 岳德军. 引水引沙对黄河河道冲淤影响[J]. 人民黄河，1996(8) :29-31.

[21] 韩其为. 水库淤积[M]. 北京：科学出版社，2003.

[22] 王士强，谢树楠，等. 黄河中游水库和下游河道水动力学泥沙冲淤数学模型及方案计算[R] // “八五”

国家科技攻关子专题报告. 北京：清华大学水利水电工程系，1995.
[23] 孙卫东. 黄河水库泥沙冲淤数学模型及方案计算[R] //“八五”国家重点科技攻关子专题报告. 北京：中国水利水电科学研究院，1995.
[24] 张俊华，王艳平，赵连军. 准二维水库泥沙冲淤变形的数值模拟方法[J]. 泥沙信息，1996(3) :23-27.
[25] 张俊华，张红武，李远发，等. 水库泥沙模型异重流运动相似条件的研究[J]. 应用基础与工程科学学报，1997(3) :309-316.
[26] 张红艺，杨明，等. 高含沙水库泥沙运动数学模型的研究及应用[J]. 水利学报，2001(11) :20-25.
[27] 韦直林. 黄河下游水流泥沙平面二维数学模型研究[J]. 武汉水利电力学院学报，1990(6) :77-86.
[28] 张世奇，等. 孤柏嘴到郑州铁路桥河段河道整治方案的计算研究[R]. 北京：中国水利水电科学研究院，1994.
[29] 刘树坤，宋玉山，程晓陶，等. 黄河滩区及分滞洪区风险分析和减灾对策[M]. 郑州：黄河水利出版社，1999.
[30] 刘有录，季日臣. 黄河兰州段水流泥沙运动的数值模拟[R]. 兰州：兰州铁道学院水利科学研究所，1998.
[31] 杨国录. 河流数学模型[M]. 北京：海洋出版社，1993.
[32] 李东风，张红武，钟德钰, 等. 黄河河口水沙运动的二维数学模型[J]. 水利学报，2004(6) :1-6.
[33] 郑邦民，槐文信，齐鄂荣. 洪水水力学[M]. 武汉：湖北科学技术出版社，2000.
[34] 汤立群. 河流及流域泥沙数学模型的研究及应用[D]. 南京：河海大学，1999.
[35] 马福喜. 三维自由表面强紊动水流数值模拟[D]. 南京：河海大学，1992.
[36] 陆永军，张华庆. 平面二维河床变形的数值模拟[J]. 水动力学研究与进展:A 辑，1993,8(3): 273-284.
[37] 谭维炎. 计算浅水动力学——有限体积法的应用[M]. 北京：清华大学出版社，1998.
[38] 魏素清，魏坟琴，等. 蓄滞洪区二维数学模型的应用[M] //李义天. 河流模拟理论与实践. 武汉：武汉水利电力大学出版社，1998 :46-51.
[39] 王光谦，张红武，夏军强. 游荡型河流演变及模拟[M]. 北京：科学出版社，2005.
[40] 钟德钰，张红武. 考虑环流横向输沙及河岸变形的平面二维扩展数学模型[J]. 水利学报，2004(7) :14-19.
[41] 王光谦，刘家宏. 数字流域模型[M]. 北京：科学出版社，2005.
[42] 朱庆平，余欣，姜乃迁. 关于黄河数学模型系统建设的思考[J]. 人民黄河，2005(3) :42-43.
[43] 龙毓骞，梁国亭，吴保生，等. 用黄河资料对输沙能力公式的验证之二[C]. //龙毓骞. 龙毓骞论文选集. 郑州：黄河水利出版社，2006 :191-200.
[44] Jiang Enhui, Wu Weiming, Wang Sam S Y.Calculation of flow and sediment transport in the lower Yellow River using CCHE2Dfvm model[C]. Salt Lake City: The 2004 World Water and Environmetal Resources Congress: Critical Transitions in Water and Environmetal Resources Management, 2004.

第一篇　水沙运动基本理论研究

第一章　天然河流泥沙级配研究

天然河流的河道是水流与河床相互作用的产物，水流作用于河床，使河床发生冲淤变化，变化后的河床反过来影响水流结构。河床形态的调整是通过泥沙运动来完成的，天然河流的泥沙一般为非均匀沙，泥沙组成直接影响河床调整的速度与演变规律。泥沙按其运动状态可分为悬移质、推移质和床沙。多沙河流的下游河段，一般为堆积性河道，床沙组成较细，以推移质方式运动的泥沙所占比例相对较少。

泥沙级配作为河流研究的重要条件，能否合理确定，对工程计算的预测结果至关重要。在工程实践中，一般用泥沙粒径的对数坐标作为横坐标，用小于某粒径的泥沙重量占总重量的百分数作为纵坐标，点绘级配曲线，来反映泥沙组成的粗细和沙样的非均匀程度。本章在总结前人研究成果的基础上，对天然河流悬移质泥沙与床沙级配的分布规律和计算方法开展了深入研究。

第一节　天然河流泥沙级配研究现状述评

为了能够利用数学公式表达泥沙级配的分布，人们通过实测资料分析发现[1,2]，天然河流泥沙粒径的对数值往往接近正态分布，于是提出了正态分布形式的泥沙级配计算公式

$$P\left(d_i\right)=\frac{1}{\sqrt{2\pi}\sigma}\int_{-\infty}^{\ln d_i}\mathrm{e}^{\frac{-(t-\ln d_{50})^2}{2\sigma^2}}\,\mathrm{d}\,t \tag{1-1}$$

式中：$P(d_i)$为小于某粒径 d_i 的泥沙所占的质量百分比；d_{50} 为中值粒径；σ为 $\ln d_i$ 的均方差，可表示为

$$\sigma=\ln\sqrt{d_{84.1}/d_{15.9}} \tag{1-2}$$

或

$$\sigma=\ln\sqrt{d_{75}/d_{25}} \tag{1-3}$$

如果泥沙级配曲线在半对数坐标纸上是正态分布，泥沙中值粒径 d_{50} 与平均粒径 d_{cp} 相等，且可用下式计算 d_{50}，即

$$d_{50}=\sqrt{d_{84.1}\cdot d_{15.9}} \tag{1-4}$$

或

$$d_{50}=\sqrt{d_{75}\cdot d_{25}} \tag{1-5}$$

在天然河流实测非均匀沙中，d_{50} 与 d_{cp} 两者并不相等，一般情况下，d_{50} 小于 d_{cp}，且泥沙级配越不均匀，两者相差越大。至于两者大小关系，熊治平[3]通过研究，建立了如下表达式，即

$$d_{cp} = d_{50}\,\mathrm{e}^{\frac{\sigma^2}{2}} \tag{1-6}$$

谢葆玲[4]认为天然泥沙级配曲线接近于 S 形曲线，故采用下式表达其分布形式

$$P\left(d_i\right) = \frac{1-P_0}{1+ad_i^b} + P_0 \tag{1-7}$$

式中：a、b 为待定参数；P_0 为级配曲线下限粒径对应的纵坐标值。熊治平[5]经进一步分析后，将式(1-7)化简为如下形式

$$P\left(d_i\right) = \frac{1}{1+\left(d_i / d_{50}\right)^b} \tag{1-8}$$

其中，b 可表示为

$$b = -0.48\lg^{-1}\sqrt{d_{75} / d_{25}} \tag{1-9}$$

或

$$b = -0.72\lg^{-1}\sqrt{d_{84.1} / d_{15.9}} \tag{1-10}$$

此外，熊治平[6]通过对若干特殊函数性质的分析，发现双曲正切函数的图形与泥沙级配曲线的形态更为类似，于是提出了描述泥沙级配曲线的双曲正切函数表达式

$$P\left(d_i\right) = 0.5\,\mathrm{th}\left[\varphi\lg\left(d_i / d_{50}\right)\right] + 0.5 \tag{1-11}$$

其中，φ为均匀性参数，可表示为

$$\varphi = 0.55\lg^{-1}\sqrt{d_{75} / d_{25}} \tag{1-12}$$

或

$$\varphi = 0.83\lg^{-1}\sqrt{d_{84.1} / d_{15.9}} \tag{1-13}$$

综上所述，3 种方法为经验方法，即用函数式来描述泥沙级配曲线。同时，将正切函数表达式代入式(1-11)，化简后，即可得到式(1-8)，因此式(1-8)与式(1-11)在形式上是完全相同的。采用上述方法进行级配计算时，除已知常用的粒径 d_{50} 外，还需已知 $d_{84.1}$、$d_{15.9}$(或 d_{75}、d_{25})，而这两个数据在实测资料中并没有直接给出，故计算过程变得复杂起来。同时，计算一条级配曲线需要三点的数值才能完成，显然大大影响了该类方法的应用价值。如果引入式(1-4)或式(1-5)的表达式进行计算，可使计算级配曲线的已知变量由三个变为两个。不过，若利用天然资料对式(1-4)、式(1-5)检验后发现(见图 1-1、图 1-2)：计算值与实测值仍有一定的差距，从而使计算的级配曲线与实测曲线存在较大偏差。

为从理论上探讨悬移质级配分布规律，一些学者认为悬移质泥沙组成的粗细与水流紊动的强弱程度有关，并从紊动流速服从正态分布入手，得出悬移质泥沙级配的理论关系式。该类方法有代表性的物理模式分为动力学观点和运动学观点。

动力学观点认为泥沙在水中的质量等于垂向紊动对颗粒的作用力，由此得到水流向上的脉动速度$|u_z|$和泥沙粒径 d 之间的关系为

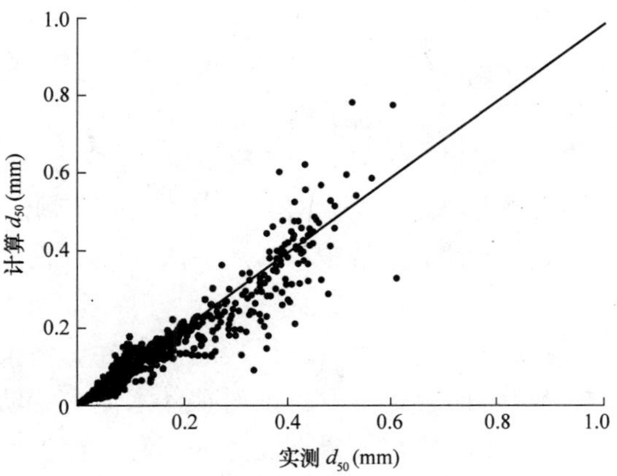

图 1-1　实测 d_{50} 与式(1-4)计算结果的比较

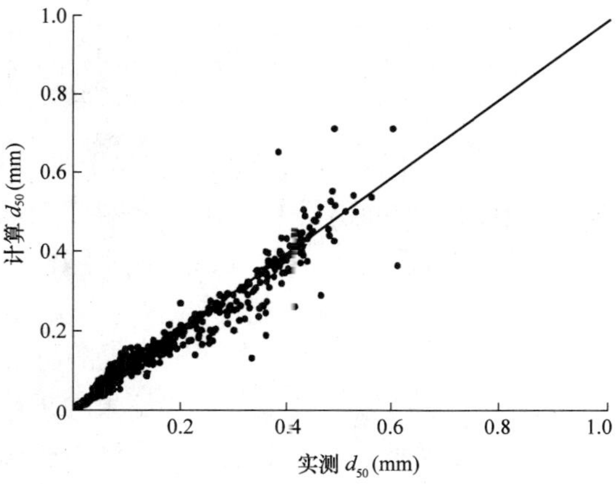

图 1-2　实测 d_{50} 与式(1-5)计算结果的比较

$$|u_z|^2 = \frac{4}{3C_L'} g\left(\frac{\gamma_s - \gamma}{\gamma}\right) d = k_1 d \tag{1-14}$$

式中：C_L' 为紊动上举力系数；γ_s、γ 分别为泥沙和水的容重；$k_1 = \frac{4}{3C_L'} g\left(\frac{\gamma_s - \gamma}{\gamma}\right)$。

运动学的观点认为，水流向上的脉动速度等于泥沙的沉降速度ω，从而可建立$|u_z|$与 d 的表达式

$$|u_z| = \omega = \frac{1}{18}\frac{\gamma_s - \gamma}{\gamma} g \frac{d^2}{\nu} = k_2 d^2 \tag{1-15}$$

式中：ν 为水流的运动黏滞系数；g 为重力加速度；$k_2 = \frac{1}{18}\cdot\frac{\gamma_s - \gamma}{\gamma}\cdot\frac{g}{\nu}$。

张红武[7]对上述两种观点推导得出的结果分析后认为，式(1-14)更能反映冲积河流的悬移质运动情况，并建立了悬移质泥沙级配计算公式

$$P(d_i) = 2\Phi\left(\frac{\sqrt{\beta_1 d_i}}{\sigma_v}\right) - 1 \tag{1-16}$$

式中：Φ为正态分布函数；σ_v 为纵向紊动强度的垂线平均值，σ_v=0.75u_*；u_*为摩阻流速。该公式形式简单，应用方便。

式(1-16)中的 β_1 可由下式计算

$$\beta_1 = 3.6 \frac{\gamma_s - \gamma}{\gamma} g \tag{1-17}$$

詹义正[8]经分析认为，因水流紊动作用而悬浮的泥沙，在垂向上除受到重力、紊动对颗粒作用的上举力外，还会受到由于泥沙的跟随性不同而可能出现的相对阻力的作用，导出如下悬移质级配计算公式

$$P(d_i) = \Phi\left(\frac{\psi(d_i)}{\sqrt{2}\sigma_v}\right) \tag{1-18}$$

式中的水流纵向紊动强度 σ_v 取为 $\sigma_v = u_*$，$\psi(d_i)$ 可表示为

$$\psi(d_i)=\sqrt{\left(\frac{12\nu}{5d_i}\right)^2+\frac{4}{15k}g\frac{\gamma_s-\gamma}{\gamma}d_i}-\frac{12}{5}\frac{\nu}{d_i} \tag{1-19}$$

对于式(1-19)中的系数 k，原作者建议由式(1-18)根据 d_{50} 反求，因此该公式应用起来较为复杂。此外，在公式推导过程中所引入的相对阻力与紊动上举力的关系及紊动上举力系数 C_L' 与泥沙静水沉降阻力系数 C_d 的关系，在学术上还值得探讨；公式建立过程中取 $C_d=24/Re_d+5$，还需采用实测资料进一步细致分析。

侯晖昌[9]的研究成果在理论上也颇有价值，甚至对后人的研究有很大的启发性，但推演过程中，数学错误较多，最终结果实用性很差。综合而言，由于目前对挟沙水流中紊动强度的分布规律研究还不很深入，因而影响到泥沙级配的研究效果。此外，悬移质泥沙对水流紊动强度的影响规律的认识各家有很大差别[10-12]，为此，在谈广鸣的指导下，李付军[13]开展了进一步研究。至于紊动上举力系数 C_L' 的研究成果更少，仅有的资料也是通过室内资料反求的，其取值人为性较强，加之天然河流来水来沙条件极为复杂，悬沙粒径的变化远滞后于水流条件的变化，河道水流很难长时段和长河段处于冲淤平衡状态。故上述理论公式计算的悬移质泥沙级配与实测资料误差较大。

冲积河流河床与水流的相互作用在很大程度上是通过床沙的运动来实现的。水流的紊动特性直接影响泥沙的运动，泥沙运动不断改变河床周界颗粒的粗细和排列等一系列状况，导致河床的不断调整，床沙级配也随之发生相应的变化。

在床沙级配的理论探讨方面，目前研究较少，有代表性的为张红武[14]的研究成果。张红武从泥沙起动的滚动和跃动模式入手，研究了紊动与床面颗粒组成的依存关系，分别建立了冲积河流上、下段床沙级配公式，并求出床面颗粒平均粒径 D_{cp} 与水流强度 u_* 的关系式，即

上段
$$D_{cp}=11.137\frac{u_*^2}{\frac{\gamma_s-\gamma}{\gamma}g} \tag{1-20}$$

下段
$$D_{cp}=0.336\,1\frac{u_*^2}{\frac{\gamma_s-\gamma}{\gamma}g} \tag{1-21}$$

应该承认，天然河流的床沙组成是河道水流长期作用的结果，其组成随水流结构变化调整的速度，相对于悬沙还要慢得多，因此采用式(1-20)、式(1-21)计算时，取河流的多年平均 u_* 计算床沙组成的平均情况是可以的，如计算床沙级配随水流的改变而迅速调整的过程，难免会带来一定的误差。

附带指出，Cessler J.[15]、董永华[16]、陆永军[17]、张绪进[18]、张红武[19]、张启卫[20]、崔侠[21]等学者对推移质级配曲线的计算方法进行了深入探讨，并建立了相应的计算公式，冷魁[22]针对上述研究成果专门进行了评述。上述公式中，除张红武公式外，其余均是把推移质级配同床沙级配建立关系，一般适用于粗沙质河床或卵石河床。由于天然河流本身的复杂性，很难同时取得来自天然河流的床沙与推移质泥沙级配同步资料，加之上述推移质公式在建立的过程中，仅考虑了水流条件和河床组成的影响，而对上游来沙的补给条件考虑较少，因此大大影响了非均匀推移质泥沙级配公式的计算精度。对于天然冲积河流的下

游河段而言，其一般为堆积性河道，以推移质运动的泥沙数量相对较少，如黄河下游，即使粒径较粗的花园镇断面，钻孔中也未见基岩出露，表层全部为沙土，在表层 15 m 以下才有砂砾石及卵石；而高村以下河段无论深层与表层均无砂砾，为亚黏土、黏土或细沙[23]，床沙组成极细，任何粒径组的泥沙都可能被水流冲起变成悬沙，推移质输沙量占总输沙量的比例不大，故在研究黄河下游河道悬沙与床沙级配调整规律时，暂可不考虑推移质运动的影响。

天然河流中悬移质泥沙的运动与水流紊动结构之间有极为密切的联系。水流中各种形式的涡体，对泥沙颗粒运动都起着显著的作用，天然河流的悬移质级配分布具有连续性，这就反映了悬移质组成与紊流场的依赖关系。

为从理论上探讨天然河流泥沙级配规律，赵连军等从水流与泥沙的相互作用关系入手，建立了悬移质泥沙、细颗粒床沙及粗颗粒床沙级配计算公式。

第二节　悬移质泥沙级配研究

根据动力学观点，悬浮于水体中的泥沙颗粒瞬时垂向受力平衡条件为

$$G=L \tag{1-22}$$

式中：G、L 分别为悬移质颗粒在水中所受的重力及紊动对颗粒作用的上举力，可分别表示为

$$G=\frac{\pi}{6}\left(\gamma_s-\gamma\right)d'^3 \tag{1-23}$$

$$L=C_L'\frac{\pi}{4}\rho d'^2\frac{u_z^2}{2} \tag{1-24}$$

上两式中，γ_s、γ 分别为泥沙及清水的容重；ρ 为清水密度；C_L' 为悬沙所受的紊动上举力系数；d' 为泥沙粒径；u_z 为垂向紊动速度，其中对泥沙起悬浮作用的只有 $u_z>0$ 的那部分紊动速度。

附带指出，式(1-22)是从混合流的角度出发的，没专门引入所谓的相对阻力，是考虑到瞬时平衡时，泥沙垂向运动速度为零，一般不应存在相对阻力。此外，即使存在相对阻力，也必须首先考虑相对阻力与紊动上举力的关系，再通过求 C_L'，近似反映其他未知因素的影响。C_L' 严格考虑是十分困难的，因为泥沙瞬时平衡的垂向速度难以求出。

将式(1-23)、式(1-24)代入式(1-22)，整理得

$$u_z=\sqrt{\frac{4}{3}\frac{1}{C_L'}\frac{\gamma_s-\gamma}{\gamma}g\cdot d'} \tag{1-25}$$

由平衡条件可知，对于单位数量的 u_z 所悬浮的泥沙中，最大粒径为 d'，对于小于 d' 的泥沙，u_z 仍有可能使其悬浮。若将单位数量的 u_z 所起动的悬浮的泥沙的质量代表粒径定义为 d，并假定其与 d' 成正比，即

$$d'=k_1 d \tag{1-26}$$

式中：k_1 为系数。

参照文献[9]的研究成果，C_L' 的大小与泥沙粒径有关，因此可用如下无量纲形式表示，即

$$C_L'=k\left(d'/d_{cp}\right)^{n_1} \tag{1-27}$$

式中：d_{cp}为悬移质泥沙平均粒径；k、n_1分别为系数与指数。

将式(1-26)、式(1-27)代入式(1-25)，整理可得出

$$u_z = \sqrt{\frac{4}{3}\frac{k_1^{1-n_1}}{k}\frac{\gamma_s - \gamma}{\gamma} g d_{cp}^{n_1}} \cdot d^{\frac{1-n_1}{2}} \tag{1-28}$$

令 $\beta = \sqrt{\frac{4}{3}\frac{k_1^{1-n_1}}{k}\frac{\gamma_s - \gamma}{\gamma} g \cdot d_{cp}^{n_1}}$，$n = \frac{1-n_1}{2}$，式(1-28)可化简为

$$u_z = \beta d^n \tag{1-29}$$

因垂向紊动速度遵循正态分布，故可以写出 u_z 的概率分布

$$f(u_z) = \frac{2}{\sqrt{2\pi}\sigma_v}\exp\left(-\frac{u_z^2}{2\sigma_v^2}\right) \tag{1-30}$$

由式(1-29)、式(1-30)即可导得悬沙粒径 d 的分布密度函数

$$\psi(d) = \frac{2n}{\sqrt{2\pi}} d^{n-1}\frac{\beta}{\sigma_v}\exp(-\frac{\beta^2 d^{2n}}{2\sigma_v^2}) \tag{1-31}$$

对悬沙粒径分布密度函数求数学期望值，即可求得悬沙平均粒径 d_{cp} 为

$$d_{cp} = \frac{2^{\frac{1}{2n}}}{\sqrt{\pi}}(\frac{\sigma_v}{\beta})^{\frac{1}{n}}\Gamma(\frac{n+1}{2n}) \tag{1-32}$$

由式(1-32)可求得

$$\frac{\beta}{\sigma_v} = \frac{\sqrt{2}\left[\Gamma(\frac{n+1}{2n})\right]^n}{\pi^{\frac{n}{2}}}\cdot\frac{1}{d_{cp}^n} \tag{1-33}$$

将式(1-33)代入式(1-31)，得

$$\psi(d) = \frac{2n}{\pi^{\frac{n+1}{2}}}\left[\Gamma(\frac{n+1}{2n})\right]^n \cdot \frac{d^{n-1}}{d_{cp}^n}\cdot\exp\left\{-(\frac{d}{d_{cp}})^{2n}\cdot\frac{\left[\Gamma(\frac{n+1}{2n})\right]^{2n}}{\pi^n}\right\} \tag{1-34}$$

于是即可得出小于某粒径 d_i 所占的比例为

$$P(d_i) = \frac{2n}{\pi^{\frac{n+1}{2}}}\left[\Gamma(\frac{n+1}{2n})\right]^n \cdot \int_0^{d_i/d_{cp}}(\frac{d}{d_{cp}})^{n-1}\cdot\exp\left\{-(\frac{d}{d_{cp}})^{2n}\cdot\frac{\left[\Gamma(\frac{n+1}{2n})\right]^{2n}}{\pi^n}\right\}\mathrm{d}(\frac{d}{d_{cp}}) \tag{1-35}$$

将式(1-35)进一步化简，得

$$P(d_i)=2\Phi\left\{\sqrt{2}(\frac{d_i}{d_{cp}})^n\cdot\left[\frac{\Gamma(\frac{n+1}{2n})}{\sqrt{\pi}}\right]^n\right\}-1 \tag{1-36}$$

当 d_i=d_{50} 时，$P(d_i)$=0.5，代入式(1-36)，并进一步化简可得出

$$\frac{d_{50}}{d_{cp}}=\left(0.477\ 3\right)^{\frac{1}{n}}\frac{\sqrt{\pi}}{\Gamma\left(\frac{n+1}{2n}\right)} \tag{1-37}$$

在天然河流悬沙的 d_{50}/d_{cp} 取值范围内，由式(1-37)可知，对于任一 d_{50}/d_{cp}，有唯一确定的 n 值与之对应。从计算方便考虑，采用函数拟合方法，可将式(1-37)近似转化为如下 n 值的函数表达式，即

$$n=0.42\left[\tan\left(1.49\frac{d_{50}}{d_{cp}}\right)\right]^{0.61}+0.143 \tag{1-38}$$

同时，将式(1-36)可化简为

$$P(d_i)=2\Phi\left[0.675(\frac{d_i}{d_{50}})^n\right]-1 \tag{1-39}$$

对于已知级配的悬移质泥沙，若采用悬移质泥沙粒径的均方差表征其非均匀程度进行公式推导，将会使推导过程及最终表达式变得非常复杂，为简单起见，我们采用悬移质泥沙粒径的二阶圆心矩来表征悬移质泥沙组成的非均匀程度，故可对悬沙粒径分布函数式(1-34)求粒径的二阶圆心矩，得

$$\xi_d=\int_0^{\infty}d^2\psi(d)\mathrm{d}(d)=\frac{2^{\frac{1}{n}}}{\sqrt{\pi}}(\frac{\sigma_v}{\beta})^{\frac{2}{n}}\Gamma(\frac{n+2}{2n}) \tag{1-40}$$

由式(1-40)与式(1-32)联解，得

$$\xi_d=d_{cp}^2\sqrt{\pi}\frac{\Gamma\left(\frac{n+2}{2n}\right)}{\left[\Gamma\left(\frac{n+1}{2n}\right)\right]^2} \tag{1-41}$$

同样采用函数拟合方法，在 n 的取值范围内，

$$\sqrt{\pi}\frac{\Gamma\left(\frac{n+2}{2n}\right)}{\left[\Gamma\left(\frac{n+1}{2n}\right)\right]^2}\approx 0.92\mathrm{e}^{\frac{0.54}{n^{1.1}}} \tag{1-42}$$

将式(1-42)代入式(1-41)，得

$$\xi_d=0.92\cdot\mathrm{e}^{\frac{0.54}{n^{1.1}}}\cdot d_{cp}^2 \tag{1-43}$$

式(1-43)与式(1-38)联解，可得

$$\frac{d_{50}}{d_{cp}}=0.671\arctan\left\{\left\{\frac{1.36}{\left[\ln\left(1.087\frac{\xi_d}{d_{cp}^2}\right)\right]^{0.91}}-0.34\right\}^{1.64}\right\} \tag{1-44}$$

由式(1-44)可知，对于变量 d_{50}、d_{cp}、ξ_d，已知任意两个，即可唯一确定第 3 个变量的值，也就是说，已知任意两个变量，悬沙级配曲线就可确定下来。

选用长江、辽河和黄河上、中、下游及其主要支流等大量实测资料对式(1-39)进行了验证(见图 1-3、图 1-4)，结果表明，式(1-39)能较准确计算天然河流中的悬移质泥沙级配，且适用的粒径范围较宽。

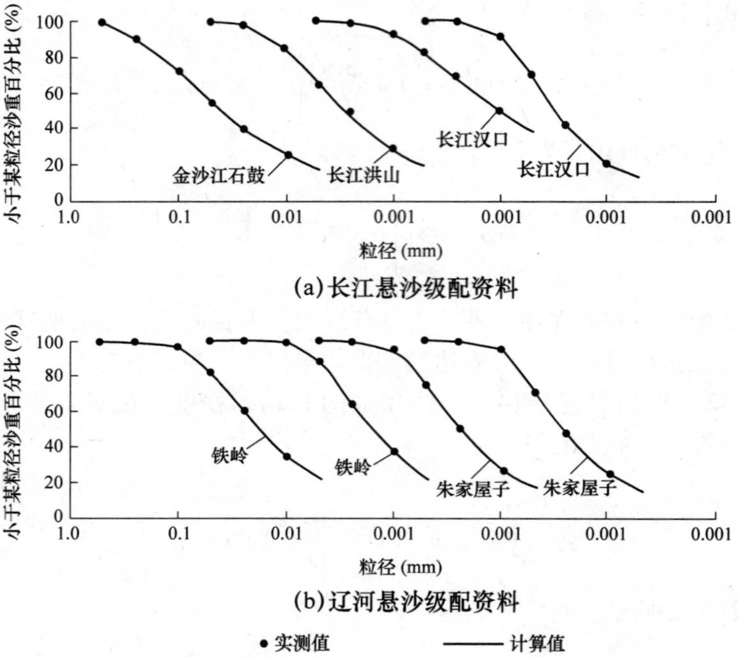

图 1-3　长江、辽河天然实测悬移质泥沙级配对式(1-39)的验证

通过实测资料分析发现，天然河流中 d_{50}/d_{cp} 的变化规律，不仅与悬移质泥沙中值粒径 d_{50} 的大小及温度等因素有关，而且还随含沙量的变化而变化。经量纲分析，d_{50}/d_{cp} 可表示为

$$\frac{d_{50}}{d_{cp}}=f\left(\frac{d_{50}^{1.5}\sqrt{g}}{\nu_m},S_V\right) \tag{1-45}$$

采用天然实测资料对式(1-45)进行回归计算，可确定出 d_{50}/d_{cp} 如下表达式

$$\frac{d_{50}}{d_{cp}}=\left(\frac{d_{50}^{1.5}\sqrt{g}}{\nu_m}\right)^{0.29}/\exp(5S_V^{1.5}) \tag{1-46}$$

式中：ν_m 为浑水运动黏滞系数。

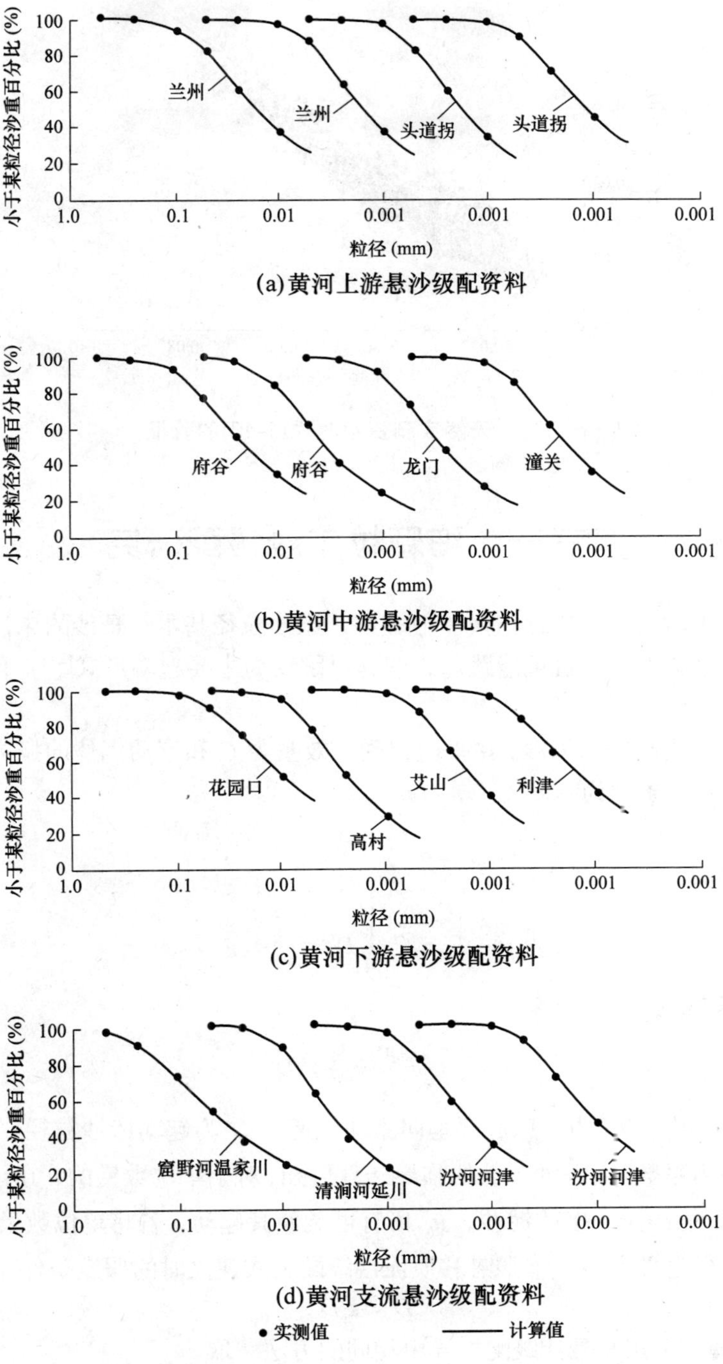

图 1-4　黄河天然实测悬移质泥沙级配对式(1-39)的验证

图 1-5 为实测资料对式(1-46)的验证结果，可见，无论粒径粗细，计算结果与实测值均吻合较好。因此，在只知道 d_{50} (或 d_{cp})的情况下，可采用式(1-46)近似求出 d_{cp} (或 d_{50})。

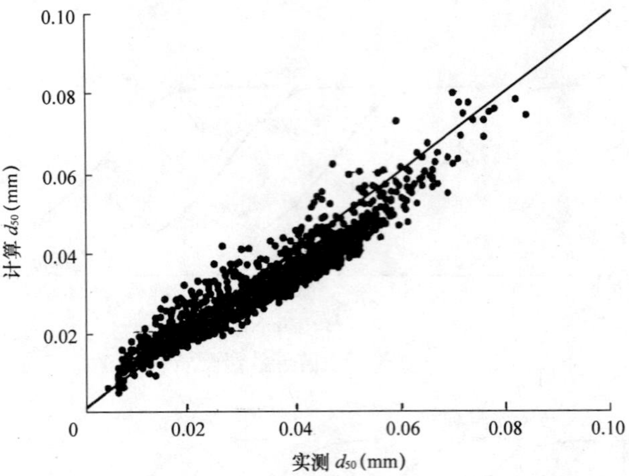

图 1-5 天然实测资料对式(1-46)的验证

第三节 细颗粒床沙级配研究

冲积河流的下游河段，床沙组成一般较细，床沙粒径基本与悬沙的床沙质同属一个范围，因此底沙一旦起动，随机可能跳起，即其以跳动为主要起动形式[24]，且同悬沙的相互交换几率非常大。

对于以跃动模式起动的床沙，在垂向仅受有效重力 G 和紊动涡体的掀力 F_L，故可得出决定颗粒沉浮的临界条件为

$$F_L = G \tag{1-47}$$

F_L 的表达式可以写为

$$F_L = C_L \frac{\pi}{4} D'^2 \rho \frac{u_{b_y}^2}{2} \tag{1-48}$$

有效重力 G 可表示为

$$G = \frac{\pi}{6}(\gamma_s - \gamma) D'^3 \tag{1-49}$$

式(1-48)、式(1-49)中，u_{b_y} 为河床底部垂向紊动流速；D' 为起动床沙粒径；C_L 为起动床沙所受的紊动上举力系数。由泥沙起动的临界条件可知，对于单位数量的 u_{b_y} 所起动的床沙中，最大粒径为 D'，对于小于 D' 的泥沙，u_{b_y} 仍有可能使其起动，若将单位数量的 u_{b_y} 起动的床沙的质量代表粒径定义为 D，参照悬移质泥沙级配公式建立时的假定条件，取

$$D' = k_1 D \tag{1-50}$$

对 C_L 的处理，采用与悬沙级配推导中相同的方法，取

$$C_L = k\left(\frac{D}{D_{cp}}\right)^{n_1} \tag{1-51}$$

因对床沙的起动产生上举力的只有 $u_{b_y} > 0$ 的紊动速度起作用，且 u_{b_y} 符合正态分布，故产生上举力的部分紊动速度 u_{b_y} 的概率分布函数为

$$f(u_{b_y})=\frac{2}{\sqrt{2\pi}\sigma_{b_y}}\exp(-\frac{u_{b_y}^2}{2\sigma_{b_y}^2}) \tag{1-52}$$

于是可推导出与悬沙级配曲线形式相类似的细沙河流床沙级配曲线计算公式，即

$$P(D_i)=2\Phi\left[0.675(\frac{D_i}{D_{50}})^n\right]-1 \tag{1-53}$$

$$n=0.42\left[\tan(1.49\frac{D_{50}}{D_{cp}})\right]^{0.61}+0.143 \tag{1-54}$$

同样，采用细颗粒床沙粒径的二阶圆心矩来表征该床沙组成的非均匀性，可导得

$$\xi_D=0.92\cdot e^{\frac{0.54}{n^{1.1}}}\cdot D_{cp}^2 \tag{1-55}$$

$$\frac{D_{50}}{D_{cp}}=0.671\arctan\left\{\left\{\frac{1.36}{\left[\ln\left(1.087\frac{\xi_D}{D_{cp}^2}\right)\right]^{0.91}}-0.34\right\}^{1.64}\right\} \tag{1-56}$$

采用黄河下游、渭河下游、长江下游及三门峡库区等大量实测床沙级配资料，对式(1-53)进行检验，结果绘于图 1-6。由此可见，计算床沙级配曲线与实测值颇为接近，表明式(1-53)能较好地计算冲积性河流下游河段及库区等细颗粒河床的的床沙级配。

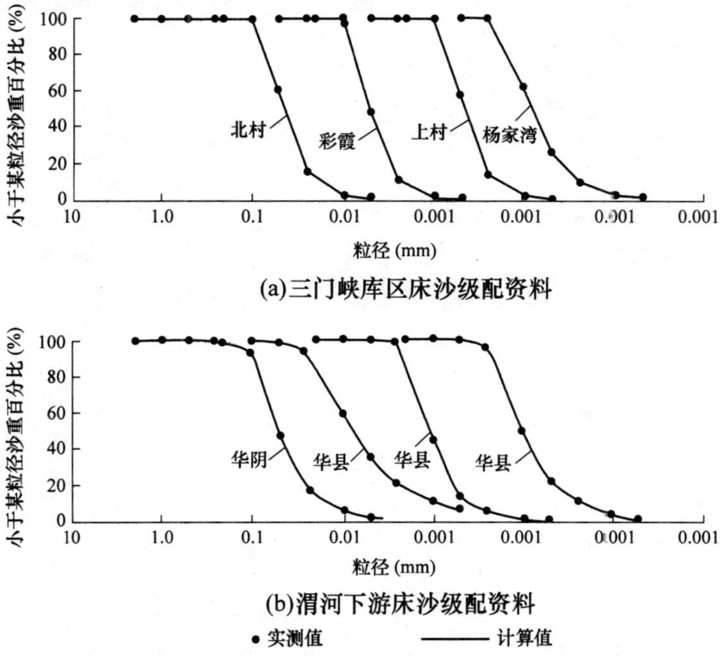

(a)三门峡库区床沙级配资料

(b)渭河下游床沙级配资料

图 1-6　天然实测细颗粒床沙级配资料对式(1-53)的验证

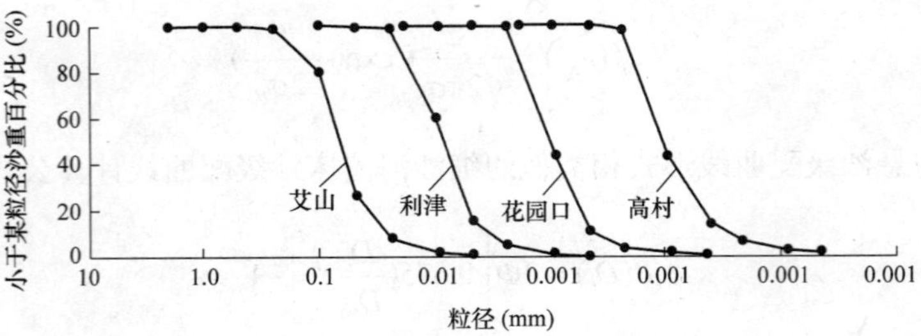

(c)黄河下游床沙级配资料

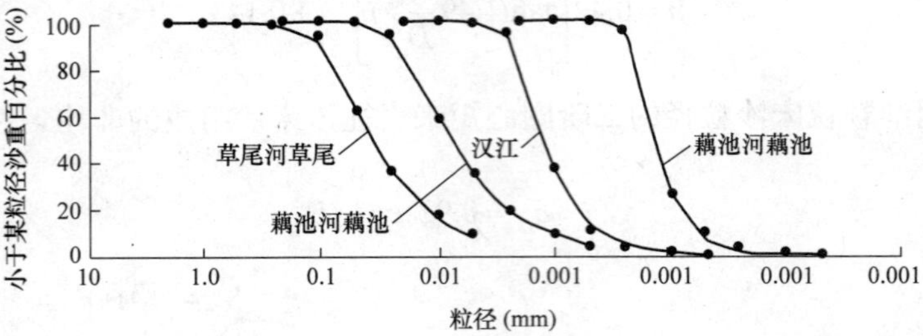

(d)长江下游床沙级配资料

续图 1-6

第四节　粗颗粒或卵石床沙级配研究

天然河流的中、上游河段，床沙组成一般为粗颗粒泥沙或卵石。粗颗粒泥沙或卵石的起动形式一般为滚动或滑动，根据上述两种运动形式临界起动时的受力情况，建立的床沙起动公式的基本形式可表示为[25]

$$|u_b| = \eta\sqrt{\frac{\rho_s - \rho}{\rho} gD'} \tag{1-57}$$

式中：u_b为临底纵向瞬时流速；η为系数；D'为床沙粒径。

单位数量$|u_b|$所起动的床沙中，最大粒径为D'，对于小于D'的泥沙，u_b仍有可能使其起动。参照上文的分析结果，仍假定单位数量的u_b起动的床沙代表粒径D与D'满足如下关系

$$D' = k_1 D \tag{1-58}$$

将式(1-58)代入式(1-57)，得

$$|u_b| = \eta\sqrt{k_1 \frac{\rho_s - \rho}{\rho} gD} \tag{1-59}$$

临底纵向瞬时流速分布符合正态分布，其分布密度函数为

$$f(u_b) = \frac{1}{\sqrt{2\pi}\sigma_{u_b}} \exp\left[-\frac{(u_b - \bar{u}_b)^2}{2\sigma_{u_b}^2}\right] \tag{1-60}$$

式中：$\bar{u}_b$ 及 σ_{u_b} 分别为临底纵向瞬时流速的时均值和均方差。

因无论 u_b 大于零或小于零，都对床沙的起动起作用，故推求床沙级配曲线时应分为 $u_b>0$ 与 $u_b<0$ 两部分完成。

若令

$$\frac{\bar{u}_b}{\sigma_{u_b}}=K \tag{1-61}$$

则 $u_b<0$ 的临底瞬时流速出现的概率为

$$\int_{-\infty}^{0}\frac{1}{\sqrt{2\pi}\sigma_{u_b}}\exp\left[-\frac{\left(u_b-\bar{u}_b\right)^2}{2\sigma_{u_b}^2}\right]\mathrm{d}u_b=\Phi(-K) \tag{1-62}$$

$u_b>0$ 的临底瞬时流速出现的概率为

$$\int_{0}^{\infty}\frac{1}{\sqrt{2\pi}\sigma_{u_b}}\exp\left[-\frac{\left(u_b-\bar{u}_b\right)^2}{2\sigma_{u_b}^2}\right]\mathrm{d}u_b=1-\Phi(-K) \tag{1-63}$$

令 $\beta=\eta\sqrt{k_1\frac{\rho_s-\rho}{\rho}g}$，则式(1-59)可化为

$$|u_b|=\beta D^{\frac{1}{2}} \tag{1-64}$$

当 $u_b>0$ 时，式(1-64)可写为

$$u_b=\beta D^{\frac{1}{2}} \tag{1-65}$$

由式(1-65)及式(1-60)可求出受 $u_b>0$ 的临底瞬时流速起动的床沙粒径分布函数为

$$\psi_1(D)=\frac{1}{1-\Phi(-K)}\cdot\frac{1}{2\sqrt{2\pi}}\frac{\beta}{\sigma_{u_b}}\cdot D^{-\frac{1}{2}}\exp\left[-\frac{\left(\frac{\beta}{\sigma_{u_b}}D^{\frac{1}{2}}-K\right)^2}{2}\right] \tag{1-66}$$

当 $u_b<0$ 时，式(1-64)可写为

$$u_b=-\beta D^{\frac{1}{2}} \tag{1-67}$$

于是，可求得受 $u_b<0$ 的临底瞬时流速起动的床沙粒径分布函数为

$$\psi_2(D)=-\frac{1}{\Phi(-K)}\frac{1}{2\sqrt{2\pi}}\frac{\beta}{\sigma_{u_b}}D^{\frac{1}{2}}\exp\left[-\frac{\left(\frac{\beta}{\sigma_{u_b}}D^{\frac{1}{2}}+K\right)^2}{2}\right] \tag{1-68}$$

由式(1-66)及式(1-68)可求导出床沙组成中，小于某床沙粒径 D_i 所占的比例为

$$P(D_i)=[1-\Phi(-K)]\int_0^{D_i}\psi_1(D)\mathrm{d}(D)+\Phi(-K)\int_{D_i}^0\psi_2(D)\mathrm{d}(D)$$

$$=\int_0^{D_i}\left[\frac{1}{2\sqrt{2\pi}}\cdot\frac{\beta}{\sigma_{u_b}}\cdot D^{-\frac{1}{2}}\mathrm{e}^{-\frac{\left(\frac{\beta}{\sigma_{u_b}}D^{\frac{1}{2}}-K\right)^2}{2}}+\frac{1}{2\sqrt{2\pi}}\frac{\beta}{\sigma_{u_b}}D^{-\frac{1}{2}}\mathrm{e}^{-\frac{\left(\frac{\beta}{\sigma_{u_b}}D^{\frac{1}{2}}+K\right)^2}{2}}\right]\mathrm{d}D \tag{1-69}$$

于是，得粒径的分布函数为

$$\psi(D)=\frac{1}{2\sqrt{2\pi}}\frac{\beta}{\sigma_{u_b}}\cdot D^{-\frac{1}{2}}\mathrm{e}^{-\frac{\left(\frac{\beta}{\sigma_{u_b}}D^{\frac{1}{2}}-K\right)^2}{2}}+\frac{1}{2\sqrt{2\pi}}\frac{\beta}{\sigma_{u_b}}D^{-\frac{1}{2}}\mathrm{e}^{-\frac{\left(\frac{\beta}{\sigma_{u_b}}D^{\frac{1}{2}}+K\right)^2}{2}} \tag{1-70}$$

对式(1-70)求数学期望值，即为床沙平均粒径 D_{cp}，为

$$D_{cp}=\frac{1}{2\sqrt{2\pi}}\frac{\beta}{\sigma_{u_b}}\int_0^{\infty}D^{\frac{1}{2}}\cdot\mathrm{e}^{-\frac{\left(\frac{\beta}{\sigma_{u_b}}D^{\frac{1}{2}}-K\right)^2}{2}}\mathrm{d}D+\frac{1}{2\sqrt{2\pi}}\frac{\beta}{\sigma_{u_b}}\int_0^{\infty}D^{\frac{1}{2}}\mathrm{e}^{-\frac{\left(\frac{\beta}{\sigma_{u_b}}D^{\frac{1}{2}}+K\right)^2}{2}}\mathrm{d}D \tag{1-71}$$

将式(1-71)进一步简化，可得

$$D_{cp}=\left(\frac{\sigma_{u_b}}{\beta}\right)^2\cdot\left(1+K^2\right) \tag{1-72}$$

同时，将式(1-69)化简为

$$P(D_i)=\Phi(\frac{\beta}{\sigma_{u_b}}D_i^{\frac{1}{2}}-K)+\Phi(\frac{\beta}{\sigma_{u_b}}D_i^{\frac{1}{2}}+K)-1 \tag{1-73}$$

将式(1-72)代入式(1-73)，得

$$P\left(D_i\right)=\Phi\left[\sqrt{1+K^2}\left(\frac{D_i}{D_{cp}}\right)^{0.5}-K\right]+\Phi\left[\sqrt{1+K^2}\left(\frac{D_i}{D_{cp}}\right)^{0.5}+K\right]-1 \tag{1-74}$$

当 $D_i=D_{50}$ 时，$P(D_{50})=0.5$，将其代入式(1-75)，得

$$\Phi\left[\sqrt{1+K^2}\cdot\left(\frac{D_{50}}{D_{cp}}\right)^{0.5}-K\right]+\Phi\left[\sqrt{1+K^2}\left(\frac{D_{50}}{D_{cp}}\right)^{0.5}+K\right]=1.5 \tag{1-75}$$

式(1-75)即为 K 与 D_{50}/D_{cp} 之间的函数关系，为计算方便，在天然床沙 D_{50}/D_{cp} 的取值范围内，K 值可近似采用如下公式近似计算，即

$$K=2.2\sqrt{\tan\left[\frac{\pi}{2}\cdot\left(\frac{D_{50}}{D_{cp}}\right)^3\right]} \tag{1-76}$$

分别采用沙质河床及卵石河床天然床沙级配实测资料对式(1-74)进行检验，结果绘于图 1-7、图 1-8，可见式(1-74)不仅适用于沙质河床，而且对床沙组成极粗的卵石河床也具有较高的计算精度，这也进一步表明天然河流床沙组成与长期河道水流的作用是密不可分的。

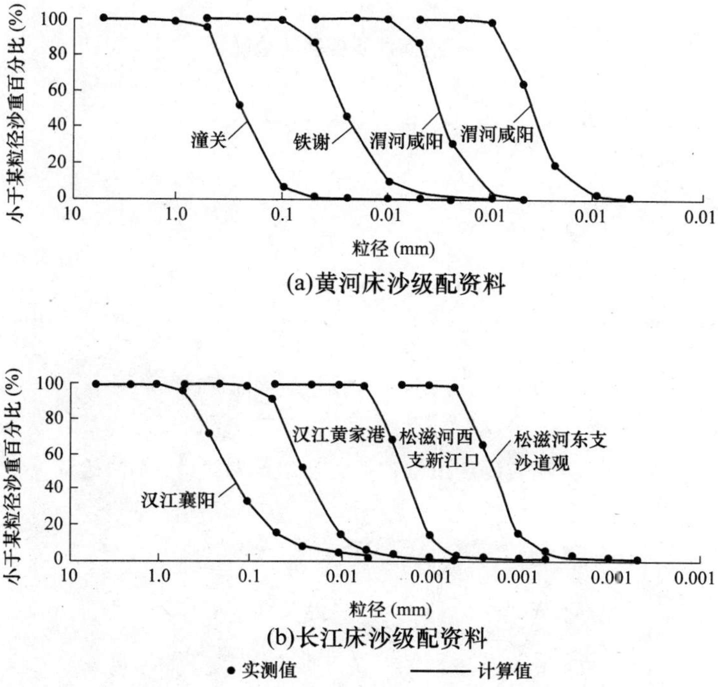

图 1-7　天然实测沙质河床床沙级配对式(1-74)的验证

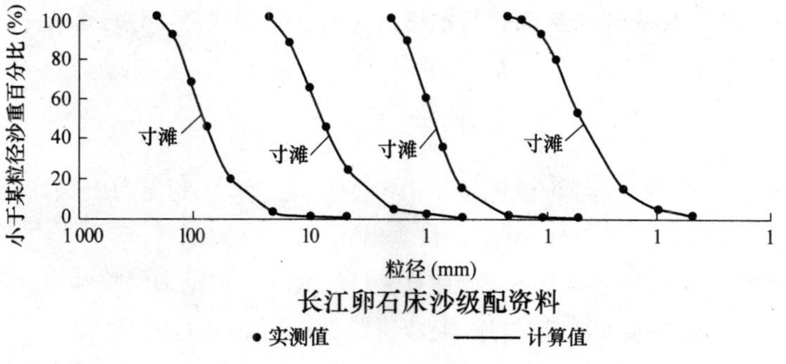

图 1-8　天然实测卵石河床床沙级配对式(1-74)的验证

式(1-74)不仅可以计算床沙级配，还可以计算推移质泥沙级配。采用天然实测沙质推移质及卵石推移质资料对式(1-74)进行验证(见图 1-9、图 1-10)，计算值与实测值也较为接近。

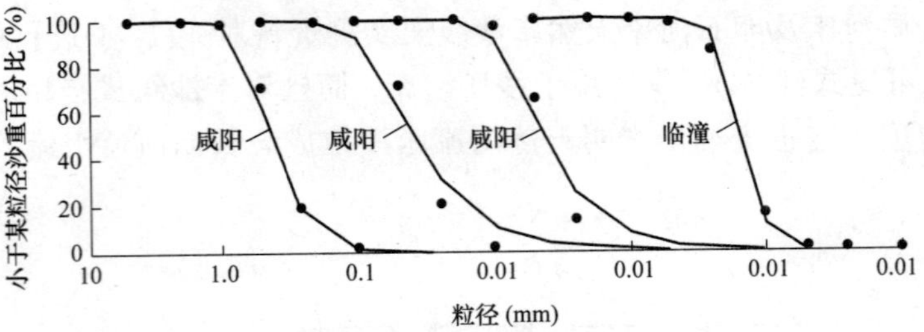

(a)渭河沙质推移质级配资料

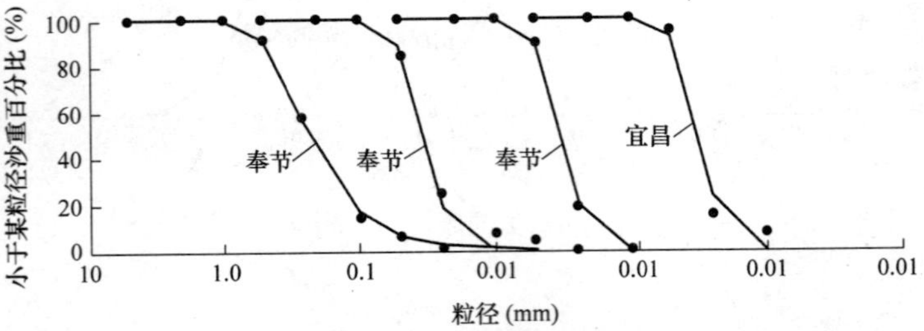

(b)长江沙质推移质级配资料

• 实测值 —— 计算值

图 1-9　天然实测沙质推移质泥沙级配对式(1-74)的验证

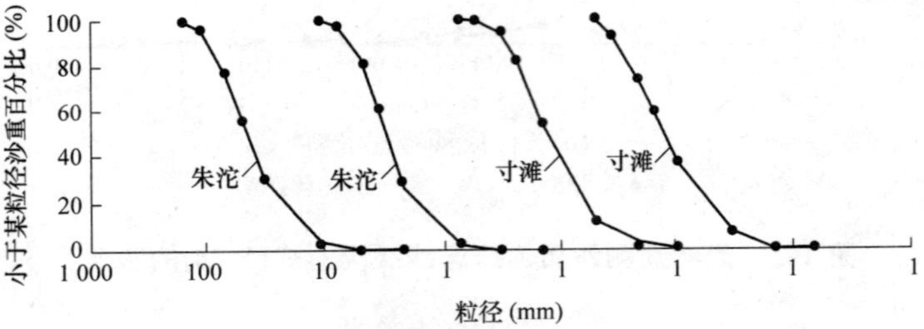

长江卵石推移质级配资料

• 实测值 —— 计算值

图 1-10　天然实测卵石推移质泥沙级配对式(1-74)的验证

参 考 文 献

[1] 张瑞瑾，谢鉴衡，王明甫，等. 河流泥沙动力学[M]. 北京：水利电力出版社，1989.

[2] 钱宁，万兆惠. 泥沙运动力学[M]. 北京：科学出版社，1983.

[3] 熊治平. 混合沙粒径的概率分布及几个问题商榷[J]. 武汉水利电力学院学报，1987(1) :37-47.

[4] 谢葆玲. 实验曲线函数关系式的确定[J]. 泥沙研究，1983(2) :64-66.

[5] 熊治平. 河流泥沙级配函数表达式及其检验[J]. 泥沙研究，1992(2) :76-83.

[6] 熊治平. 泥沙级配曲线函数关系式及床沙质与冲泻质分界粒径的确定[J]. 泥沙研究，1985(2) : 88-94.

[7] 张红武. 悬移质级配的理论计算[C] //黄委会水科所科学研究论文集. 第 1 集. 郑州：河南科学技术出版社，1989.

[8] 詹义正，陈立，李义天. 紊动与悬移质泥沙的组成[C] //第二届全国泥沙基本理论研究学术讨论会论文集. 北京：中国建材工业出版社，1995 :45-50.

[9] 侯晖昌. 河流动力学基本问题[M]. 北京：水利出版社，1982.

[10] Muller A. Turbulence Measurments Over A Movable Bed With Sediment Transport by Laser-Anemometry[C]. Stockholm: 15th Congress of Intern. Assoc. Hyd. Res.，1973.

[11] Elata C， A T Ippen. The Dynamics of Open Channel Flow with Supensions of Neutrally Buoyant Particles[R]. Cambrige, Mass: Tech. Rep. Hydrodynamics Laboratory， Massachusetts Inst. Tech，1961.

[12] 王兆印，任裕民，王兴奎. 宾汉体泥浆湍流的结构特征[J]. 水利学报，1992(12) :9-16.

[13] 李付军. 挟沙水流的紊动结构试验研究[D]. 武汉：武汉水利电力大学，1997.

[14] 张红武. 粗沙河床颗粒组成与水流强度的关系[C]. 北京：第八届亚太地区国际水力学会议，1992.

[15] Cessler J. Citical Shear stress of Seciment mixtures[C]. Paris: 14th congress of IAHR，1971,3:1-8

[16] 董永华. 非均匀推移质若干输沙规律的实验研究[D]. 武汉：武汉水利电力学院，1986.

[17] 陆永军，等. 非均匀沙推移质输沙率及其级配计算[J]. 水动力学研究与进展，1991(4) :46-105.

[18] 张绪进，等. 非均匀沙推移质级配研究[J]. 泥沙研究，1990(3) :48-55.

[19] 张红武. 粗颗粒推移质级配的理论计算[C] //丁留谦. 水利水电工程青年学术论文集. 北京：中国科学技术出版社，1992:113-125.

[20] 张启卫. 推移质级配的计算方法[J]. 泥沙研究，1990(4):41-18.

[21] 崔侠. 非均匀推移质泥沙级配的计算[J]. 武汉水利电力学院学报，1988(6):93-98.

[22] 冷魁. 非均匀推移质泥沙级配研究述评[J]. 水利电力科技，1992(3) :34-39.

[23] 钱宁，周文浩. 黄河下游河床演变[M]. 北京：科学出版社，1965.

[24] 张红武，马继业，张俊华，等. 河流桥渡设计[M]. 北京：中国建材工业出版社，1993.

[25] 张红武. 冲积河床糙率模拟问题的探讨[J]. 武汉水利电力学院学报，1986(3):92-99.

第二章 泥沙沉降规律研究

泥沙沉速反映着泥沙在与水流相互作用时对运动的抗拒能力。组成河床的泥沙沉速越大，则泥沙参与运动的倾向越小。泥沙沉速是泥沙的一个十分重要的特性，它是河道演变分析研究中经常涉及的参数。

第一节 单颗粒泥沙沉速

一、泥沙沉降特性

实践证明，泥沙颗粒在静水中下沉时的运动状态与沙粒雷诺数 $Re_d=\dfrac{\omega d}{\nu}$ 有关，式中 ω 和 d 分别为泥沙的沉速及粒径，ν 为水的运动黏滞性系数。当 Re_d 较小时(约小于 0.5)，泥沙颗粒基本上沿铅垂线下沉，附近的水体几乎不发生紊乱现象(见图 2-1)，这时的运动状态属于滞性状态。当 Re_d 较大时(约大于 1 000)，泥沙颗粒脱离铅垂线，以极大的紊动状态下沉，附近的水体产生强烈的绕动和涡动，这时的运动状态属于紊动状态。当 Re_d 介于 0.5 和 1 000 之间时，泥沙颗粒下沉时的运动状态为过渡状态[1]。

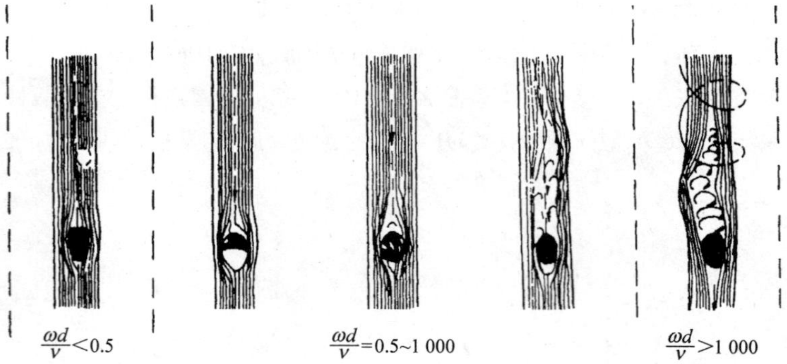

图 2-1 泥沙在静水中下沉时的运动状态

二、球体的沉速

单颗粒圆球在无限水体中等速下沉时，其沉降可看做对称绕流运动，则绕流阻力的一般表达式为

$$F=C_d\frac{\pi}{4}d^2\gamma\frac{\omega^2}{2g} \tag{2-1}$$

式中：C_d 为阻力系数，与沉降物体的形状、方位、表面粗糙度、水流紊动强度，特别是沙粒雷诺数有关。图 2-2 为球体及圆盘的 $C_d\sim Re_d$ 实验关系曲线。

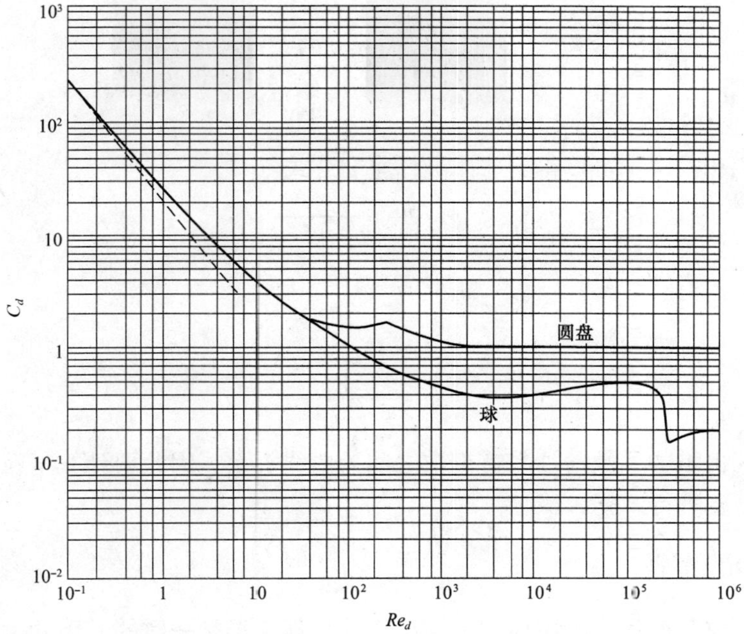

图 2-2　球体及圆盘的 $C_d \sim Re_d$ 关系曲线

1. 沉降滞流区($Re_d < 0.5$)

在 $Re_d < 0.5$ 左右的滞性状态，C_d 与 Re_d 呈直线关系。斯托克斯[1](G.G.Stokes)曾以黏滞性流体的一般性运动方程式作基础，忽略因水流质点的加速度引起的惯性条件下，从理论上导出了球体在滞流区内所受阻力的表达式

$$F = 3\pi\rho\nu d\omega \tag{2-2}$$

将式(2-2)代入式(2-1)，即可获得 C_d 与 Re_d 的关系式

$$C_d = \frac{24}{\dfrac{\omega d}{\nu}} \tag{2-3}$$

在等速下沉的条件下，阻力 F 应与球体在水中受到的有效重力 W 相等，W 的表达式为

$$W = (\gamma_s - \gamma)\frac{1}{6}\pi d^3 \tag{2-4}$$

取 $W=F$，联解式(2-2)及式(2-4)，便可得到滞流区的球体沉速公式，即斯托克斯公式

$$\omega = \frac{1}{18}\frac{\gamma_s - \gamma}{\gamma} g \frac{d^2}{\nu} \tag{2-5}$$

由于斯托克斯关于滞流区阻力表达式是在完全忽略惯性项的条件下导出的，因而仅适用于 Re_d 很小的情况。严格地说，仅在 $Re_d < 0.1$ 时才完全适合。

2. 沉降紊动区($Re_d > 1\,000$)

当 $Re_d > 1\,000$，球体下沉处于紊动状态，即位于紊流区时，阻力系数 C_d 与沙粒雷诺数 Re_d 无关，而接近一常数值 0.45。将此值代入式(2-3)求出 ν 的表达式，再代入式(2-5)，即可求出球体在紊流区的沉速公式

$$\omega = 1.72\sqrt{\frac{\gamma_s - \gamma}{\gamma} gd} \tag{2-6}$$

3．沉降过渡区($0.5 < Re_d < 1\ 000$)

联解式(2-1)和式(2-4)可以得到球体沉降速度公式

$$\omega = \sqrt{\frac{4}{3C_d}}\sqrt{\frac{\gamma_s - \gamma}{\gamma} gd} \tag{2-7}$$

或

$$C_d = \frac{4}{3}\frac{\frac{\gamma_s - \gamma}{\gamma} gd}{\omega^2} \tag{2-8}$$

由于过渡区内阻力系数与沙粒雷诺数之间为曲线关系，因此要计算某粒径球体的沉降速度，实际上需要进行试算。

三、泥沙的沉速

虽然泥沙颗粒与球体形状不同，但其沉降的物理图形是一致的。因此，球体在滞流区和紊流区的阻力规律应该同样适用于泥沙。只是由于泥沙的形状不规则，阻力表达式中的系数应该有所不同。

可以认为，泥沙颗粒沉降滞流区的阻力与 $\rho\nu d\omega$ 成比例，紊流区的阻力与 $\rho d^2\omega^2$ 成比例。已知阻力规律，即可以直接求得滞流区和紊流区泥沙的沉速公式。因此，许多学者将单颗粒泥沙沉速的研究重点放在了介于滞流区和紊流区之间的过渡区上。

1．张瑞瑾公式

张瑞瑾在研究泥沙的静水沉降问题时[2]，根据阻力叠加原则，认为在过渡区内下沉泥沙颗粒所受阻力 F 的表达式为

$$F = k_2\rho\nu d\omega + k_3\rho d^2\omega^2 \tag{2-9}$$

此处，k_2、k_3 都是无量纲系数，与泥沙的形态有关。

泥沙下沉时受到的有效重力 W 应为

$$W = k_1(\gamma_s - \gamma)d^3 \tag{2-10}$$

式中：k_1 为泥沙体积系数。

当泥沙颗粒等速下沉时，取 $W = F$ ，应有

$$k_1(\gamma_s - \gamma)d^3 = k_2\rho\nu d\omega + k_3\rho d^2\omega^2$$

上式为泥沙颗粒等速下沉介于滞流区与紊流区之间过渡区的动力平衡方程式。经过简单换算，并采用实测资料对其中的系数进行率定后，得出如下计算公式

$$\omega = \sqrt{\left(13.95\frac{\nu}{d}\right)^2 + 1.09\frac{\gamma_s - \gamma}{\gamma} gd} - 13.95\frac{\nu}{d} \tag{2-11}$$

虽然式(2-11)是以过渡区的情况为出发点推导出来的，但是它可以同时满足滞流区、紊流区以及过渡区的要求。原因是：由滞性状态到紊动状态的过渡是逐渐完成的，不是突然完成的。在式(2-11)中，如果温度不变(则ν不变)，当粒径增大时，属于滞性阻力的因素会逐渐减小，等到粒径d超过一定限度(临界值)时，则滞性因素将小到可以完全忽略不计，只有紊动阻力的因素起着决定作用；当粒径d减小时，情况便相反。

2. 沙玉清公式[3]

沙玉清在研究过渡区的沉降规律时，引进了两个判数，即沉速判数S_a和粒径判数φ。同时，S_a仅包含一个未知数ω，φ仅包含一个未知数d，且二者都是沙粒雷诺数Re_d的函数。这样，只要找出两个判数之间的函数关系，便可以根据d求出ω，或根据ω求出d。经过对球体沉降规律的分析，建立了过渡区球体两个判数之间的关系式

$$\left(\lg S_a + 3.665\right)^2 + \left(\lg\varphi - 5.777\right)^2 = 39 \tag{2-12}$$

$$S_a = \frac{\omega}{g^{1/3}\left(\dfrac{\gamma_s-\gamma}{\gamma}\right)^{1/3}\nu^{1/3}} = \left(\frac{4}{3}\frac{\dfrac{\omega d}{\nu}}{C_d}\right) \tag{2-13}$$

$$\varphi = \frac{g^{1/3}\left(\dfrac{\gamma_s-\gamma}{\gamma}\right)^{1/3} d}{\nu^{2/3}} = \frac{\dfrac{\omega d}{\nu}}{S_a} \tag{2-14}$$

对于天然河流泥沙，则应考虑形状因素的影响，对球体沉速判数加以修正。令

$$S_a' = KS_a \tag{2-15}$$

式中：S_a'为泥沙的沉速判数；K为沉速比率，根据泥沙的实测资料可以确定过渡区的K值为0.75，则可以得到过渡区泥沙的沉速公式

$$\left(\lg\frac{S_a'}{K} + 3.665\right)^2 + \left(\lg\varphi - 5.777\right)^2 = 39 \tag{2-16}$$

或

$$\left(\lg S_a' + 3.79\right)^2 + \left(\lg\varphi - 5.777\right)^2 = 39 \tag{2-17}$$

第二节　天然非均匀沙清水混合沉速

天然河流泥沙为非均匀沙。非均匀沙清水混合沉速，一般可采用如下公式计算，即

$$\omega_0 = \int_0^\infty \psi(d)\omega \mathrm{d}(d) \tag{2-18}$$

式中：ω_0为非均匀沙清水混合沉速；$\psi(d)$为天然非均匀沙粒径分布函数；ω为粒径为d的泥沙在清水中的沉速。

根据水利部发布的行业标准《河流泥沙颗粒分析规程》(SL42—92)的规定，当选用沉降分析法时，应按下列规定计算泥沙的沉降粒径：

(1)当粒径等于或小于 0.062 mm 时，采用斯托克斯公式(2-5)；

(2)当粒径为 0.062～2 mm 时，采用沙玉清的过渡区公式(2-12)。

将水利部发布的《河流泥沙颗粒分析规程》(SL42—92)中推荐的不同粒径 d 单颗粒泥沙沉速公式及天然悬移质泥沙粒径分布函数(见式(1-34))代入式(2-18)，可导得非均匀沙的静水混合沉速公式。因 d 的范围不仅包括滞流区，还包括紊流区与过渡区，需要分段积分才能计算，导致非均匀沙的静水混合沉速公式结构形式非常复杂，这里不再列出其详细表达式。我们对如此复杂的计算表达式，通过计算，绘制了不同 d_{cp} 下 ω_0/ω_p (ω_p 为粒径为 d_{cp} 的均匀沙清水沉速)与 d_{cp}/d_{50} 关系曲线，并结合函数拟合方法确定出如下简单形式近似计算式[4]

$$\omega_0 = 2.6(\frac{d_{cp}}{d_{50}})^{0.3}\omega_p \cdot \mathrm{e}^{-635 d_{cp}^{0.7}} \tag{2-19}$$

采用实测资料对式(2-19)验证表明(见图 2-3)，式(2-19)能准确计算不同级配非均匀沙的静水沉速，且该式形式简单，应用方便。

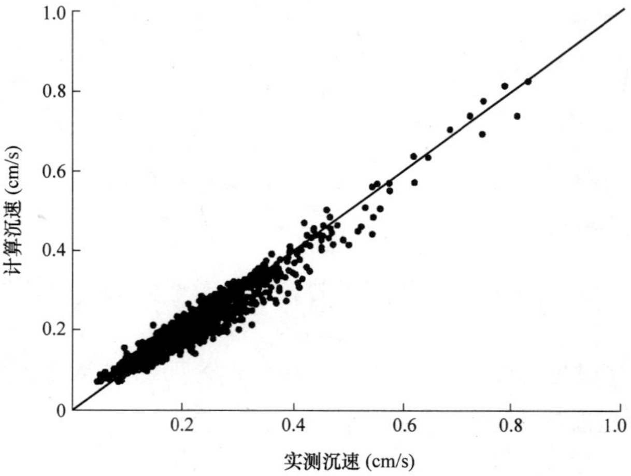

图 2-3　式(2-19)的计算值与实测值的比较

第三节　高含沙水流泥沙群体沉速

一、泥沙群体沉速研究现状

在多沙浑水中，泥沙颗粒的沉降特性远较清水及低含沙浑水中情况复杂，将发生很大变化。此时泥沙颗粒下沉不是彼此互不干扰以单颗粒形式下沉，而是彼此互有干扰，部分或全部颗粒成群下沉，其下沉速度称为群体沉速，确定群体沉速对于研究多沙水流的挟沙特性具有重要的意义。群体沉降与单颗粒沉降的不同之处就是需要考虑颗粒之间的相互影响，而正因为如此，使得泥沙的群体沉降特性远较单颗粒泥沙在清水中的情况复杂得多。

早在 20 世纪初，已有学者对颗粒的群体沉降特性进行过研究，例如 Coe H.S.及 Clevenger G.H.提出了颗粒沉速只是浓度函数的论点[5]，Kynoh G.J.以此观点为前提，给出了颗粒沉降过程的连续方程[6]。

$$\frac{\partial S_V}{\partial t}+\frac{\partial\left(\omega_s S_V\right)}{\partial h}=0 \tag{2-20}$$

式中：S_V为颗粒的体积浓度；ω_s为颗粒的沉速；t为时间；h为水深，向下为正。

1977年，Dixon D.C.提出了沉降理论[7]，他由自由沉降区的动量平衡关系式出发，略去惯性力项后，也得出了沉速只是浓度函数的结论。这也是许多理论研究或试验研究所采用的前提条件[8]。实际上，假定沉速只是浓度的函数相当于忽略沉降过程中的惯性力作用。

当浓度较低时，颗粒的群体沉降问题在理论上已经能够得以解决。Burgers J.M.[9]、Pyun C.W.及 Fixman M.[10]先后根据颗粒位置分布随机性，用概率统计方法考虑浓度的影响，但由于求和时遇到不收敛的问题，这一方法一直没有得到最后的结果。Batchelor G.K.从数学上解决了求和不敛的问题，得出了浓度影响沉速的理论公式[11]

$$\frac{\omega_s}{\omega_0}=1-6.55S_V \tag{2-21}$$

式中：ω_0为泥沙的清水沉速。

式(2-21)理论性较强。试验资料验证结果表明，在浓度$S_V\leqslant 0.02$时，式(2-21)可与实测资料吻合较好；而当浓度较高以后，式(2-21)的偏差便逐渐增大。

应用量纲分析的方法，并从高浓度时的沉降阻力类似渗流阻力的物理图形出发，Richardson J.F.与 Zaki W.N.得出了目前仍在广泛应用的群体沉速一般公式[12]

$$\frac{\omega_s}{\omega_0}=\left(1-S_V\right)^m \tag{2-22}$$

式中：m为随颗粒而变的待定指数。原作者认为，在层流区，m=4.65；在过渡区，m随雷诺数而变；当$Re_d>500$以后，m=2.39。

Maude A.D.和 Whitmore R.L.也导出了与式(2-22)相同形式的结果[13]，并根据实验资料，认为m是约等于5的指数。此外，郭慕孙及庄一安的研究表明[14]，m=4.91。大量试验验证的结果表明，只要恰当选取指数m值，式(2-22)即可在较大的浓度范围内与实测资料相吻合。例如夏震寰及汪岗两者取m=7时，计算结果同细颗粒泥沙的资料符合很好[15]。存在的问题是m值的选取尚无一定法则，仍依赖于试验资料率定。

应当指出，由式(2-22)的结构形式看，只有当$S_V=1$时，ω_s才为0，这显然不符合实际。因此，不少学者都曾对 Richardson 公式进行修正，例如 Michaels 和 Boler[16]、王尚毅[17]、Peirce Williams[16]等，修订过的公式形式为

$$\frac{\omega_s}{\omega_0}=\left(1-\beta S_V\right)^m \tag{2-23}$$

式中：β是取决于黏性泥沙种类和结构的系数。不同学者对式(2-23)中的m、β的取值尚有一定分歧，一般根据资料进行率定。例如王尚毅用塘沽泥做试验，给出m=2.5，β=5.0。

另一类型的群体沉速公式是以钱意颖、杨文海、赵文林等学者[18]为代表的，他们将群体沉降与清水沉降加以对比，认为后者的减小主要由于容重(浮力)、黏度(阻力)改变所致，从这个概念出发，得出如下分别适用于层流区、紊流区的群体沉速计算公式

$$\frac{\omega_s}{\omega_0}=\frac{\gamma_s-\gamma_m}{\gamma_s-\gamma}\exp\left(-4.57S_V\right) \tag{2-24}$$

$$\frac{\omega_s}{\omega_0}=\left(\frac{\gamma_s-\gamma_m}{\gamma_s-\gamma}\cdot\frac{\gamma}{\gamma_m}\right)^{1/2}/\exp\left\{\left[4.57\left(S_V-0.36\right)\right]+0.9\right\} \tag{2-25}$$

式中：γ_m为浑水重度，可由下式计算，即

$$\gamma_m=\gamma+\left(1-\frac{\gamma}{\gamma_s}\right)S \tag{2-26}$$

式中：γ及γ_s分别为清水及泥沙的比重；S为含沙量。

对于斯托克斯定律适用范围内的细颗粒，万兆惠曾进行过以下的分析[19]。

当泥沙在清水中沉降时，有

$$\left(\gamma_s-\gamma\right)\frac{\pi D^3}{6}=3\pi\mu D\omega_0 \tag{2-27}$$

式中：γ及μ分别为清水的比重和动力黏滞系数；ω_0为泥沙在清水中的沉速。

在体积含沙量为S_V的浑水中泥沙的沉降情况，与在清水中沉降相比，有以下几点不同：

(1)式(2-27)中的μ应改为浑水的动力黏滞系数μ_m；

(2)由于颗粒下沉引起水的回流，泥沙颗粒与周围水体的相对速度不等于颗粒的沉速ω_s，而是$\omega_s/\left(1-S_V\right)$；

(3)计算颗粒的有效质量时，式(2-27)中的γ应改为浑水的容重γ_m，有

$$\gamma_m=\gamma_s S_V+\gamma\left(1-S_V\right) \tag{2-28}$$

而

$$\gamma_s-\gamma_m=\left(\gamma_s-\gamma\right)\left(1-S_V\right) \tag{2-29}$$

因此

$$\left(\gamma_s-\gamma_m\right)\frac{\pi D^3}{6}=3\pi\mu_m D\frac{\omega_s}{1-S_V} \tag{2-30}$$

比较式(2-27)及式(2-30)，则有

$$\frac{\omega_s}{\omega_0}=\frac{\mu}{\mu_m}\left(1-S_V\right)^2 \tag{2-31}$$

相对黏度μ_m/μ，若采用日本森氏公式，即为

$$\frac{\mu_m}{\mu}=1+\frac{3}{\dfrac{1}{S_V}-\dfrac{1}{0.52}} \tag{2-32}$$

将式(2-32)代入式(2-31)，便得

$$\frac{\omega_s}{\omega_0}=\frac{\left(1-S_V\right)^2}{1+\dfrac{3}{\dfrac{1}{S_V}-\dfrac{1}{0.52}}} \tag{2-33}$$

沙玉清群体沉速公式也是我国提出较早、影响较大的公式[3]之一，其形式为

$$\frac{\omega}{\omega_0}=\left(1-\frac{S_V}{2\sqrt{d}}\right)^3 \tag{2-34}$$

式中：d为泥沙粒径，mm。

含有较多细颗粒的非均匀沙，由于在沉降过程中，将发生絮凝现象，并形成絮团和网状结构，其沉降过程和机理甚为复杂。20 世纪 70 年代末期，钱意颖[18]、张浩[20]等曾对这一问题进行过试验研究，观察到了类似的沉降现象。即：开始，当含沙量较低时，粗细颗粒分选沉降，互相制约；随着泥沙不断沉降，含沙量增加，细颗粒形成絮网结构，出现清、浑水交界面，粗颗粒在浑水中分选沉降；最后，当含沙量继续增加，整个浑水成为一个均匀絮液整体，粗细颗粒均不再分选下沉，清、浑水交界面下降速度也甚小，甚至接近于零，这时的浑水已成为充满网状结构的集成体了。

钱宁、万兆惠在综合分析各家研究成果的基础上，依据含沙量和物质组成(以黏性极限浓度S_{Vm}来反映)不同，将上述沉降过程划分为 3 个区[21]，即离散颗粒与粒散絮团制约沉降区、离散颗粒在絮网结构体中沉降区、絮网结构体作整体缓慢下沉区。

对于离散颗粒在絮团悬浮液中沉降的规律，夏震寰及汪岗通过试验研究，认为每个颗粒下沉时受到两方面的阻尼，一个是颗粒浓度的阻尼，另一个是絮团的阻尼。这两部分的阻尼作用可以叠加，从而获得如下形式的沉降公式[15]，即

$$\frac{\omega_s}{\omega_0}=\left(1-S_V'\right)^m\left(1-cS_V''\right)^{4.65} \tag{2-35}$$

式中：S_V'为粗颗粒的体积含沙量；S_V''为细颗粒的体积含沙量；c为絮团浓度与细颗粒浓度的比值。

原作者以粒径为 0.067 mm 的均匀沙作为粗颗粒，以小于 0.007 mm 的黄河花园口淤泥(中径为 0.001 1 mm)作为细颗粒，研究粗颗粒在细颗粒中的沉降，得到c=6.5，这时絮团中的水占 81%，细颗粒占 13%。此后，在夏震寰教授指导下，陈亦平提出的计算模式也是很有意义的[22]。

当离散颗粒在形成絮网结构的悬浮液中，由于这个问题的复杂性，钱宁、万兆惠认为，最好通过精确试验，建立固体颗粒沉降时阻力系数C_d与沙粒雷诺数Re_d的关系曲线，再反算固体颗粒的沉速。这样较为可靠，也更为简便。但这时的沙粒雷诺数应采用 Ansley 及 Smith 在 1967 年提出的宾汉体的有效沙粒雷诺数形式[21]，即

$$Re_d=\frac{\gamma_m\omega_s d}{g\left(\eta_s+\dfrac{7\pi\tau_B d}{24\omega}\right)} \tag{2-36}$$

式中：η_s为刚性系数；τ_B为宾汉切应力。

由式(2-36)看出，当为清水时，τ_B=0，式(2-36)即变为清水的沙粒雷诺数。

至于絮网结构体作整体缓慢下沉时的沉速，因粗细颗粒均不自由沉降，而是以清、浑水交界面的形式下沉，其沉速极慢。相对于单颗粒泥沙在清水中沉速而言，其可忽略不计。

费祥俊教授提出的非均匀沙平均沉速计算式也是很有意义的[23]，该式的形式为

$$\overline{\omega}=\frac{(\gamma_s-\gamma)(1-S_V)}{18\mu_m}\sum\Delta p_i d_i^2 \tag{2-37}$$

式中：Δp_i为第i组颗粒(对应粒径为d_i)所占全部颗粒质量百分比；μ_m为浑水动力黏滞系数，由费祥俊教授公式计算，应为[24]

$$\mu_m = \mu\left(1 - k\frac{S_V}{S_{Vm}}\right)^{-2.5} \tag{2-38}$$

式中：S_{Vm} 为极限含沙量；k 为系数。

对于黄河中下游含沙浑水，式(2-38)中的 S_{Vm} 及 k 值，都可根据已知悬沙级配组成，由如下二式求得，即

$$S_{Vm} = 0.92 - 0.26\lg\sum\frac{\Delta p_i}{d_i} \tag{2-39}$$

及

$$k = 1 + 2\left(\frac{S_V}{S_{Vm}}\right)^{0.3}\left(1 - \frac{S_V}{S_{Vm}}\right)^4 \tag{2-40}$$

二、泥沙群体沉速的计算

在研究的流段中，取一单位水体，并令由于颗粒的沉降而引起的同体积水体的向上运动速度为 v_e，则根据连续律应为

$$S_V\omega_s = (1 - S_V)(v_e - \omega_s) \tag{2-41}$$

解得

$$\omega_s = v_e(1 - S_V) \tag{2-42}$$

由式(2-42)可知，当 $S_V = 0$ 时(即清水或含沙量很小时)，$\omega_s = v_e = \omega_0$ (ω_0 为清水沉速)；但当水流为浑水时，其运动黏滞性系数 ν_m 不同于清水的动力黏滞性系数 μ ，这种差异是造成 v_e 小于清水沉速的原因。通过分析，可得出

$$v_e = \left(\frac{\nu}{\nu_m}\right)^n \omega_0 \tag{2-43}$$

式中：n 为指数。

将式(2-43)代入式(2-42)，得

$$\omega_s = \left(\frac{\nu}{\nu_m}\right)^n \omega_0(1 - S_V) \tag{2-44}$$

式(2-44)与式(2-31)[19]最大的区别在于公式中(1–S_V)的方次不是 2 而是 1，这是由于原作者假设了泥沙沉降所受的浮力为 $\gamma_m V_体$ ($V_体$ 为相应体积)造成的。严格地讲，只有颗粒细得能与水分子发生作用时，这种假设方能成立。从工程角度讲，该假设也只在具有相当含量的细如粉末的颗粒使整个流体接近于均质流的情况下才近似成立。应看到，不存在严重的絮凝现象时，颗粒相对于清水单独运动的机会往往更多。若为均匀沙，颗粒间是以等速运动沉降的；若为非均匀沙，粗细颗粒在垂向上的分布呈上细下粗的规律。显然周围颗粒直接施加浮力的可能是有限的，况且颗粒间的偶尔碰撞所导致的沉速降低并不意味着浮力的增大。因此，浑水内的浮力既不等于 $\gamma V_体$ ，也不等于 $\gamma_m V_体$ 。

为使群体沉速的公式计算结果可靠，须引入一个合理的黏滞系数比(即ν/ν_m)公式。由运动黏滞系数ν与动力黏滞系数μ的关系，可知

$$\frac{\nu}{\nu_m}=\frac{\mu}{\mu_m}\frac{\gamma_m}{\gamma}=\left(1+\frac{\gamma_s-\gamma}{\gamma}S_V\right)\frac{\mu}{\mu_m} \tag{2-45}$$

从现有的计算黏滞系数的公式来看，费祥俊公式[23]及沙玉清公式[3]较为适用，且形式简便。例如，沙玉清考虑了“滞限含沙率”的影响，得出了浑水运动黏滞系数计算公式为

$$\frac{\gamma_m}{\gamma}=1-\frac{S_V}{S_0} \tag{2-46}$$

式中：S_0为“滞限含沙率”。原作者认为，S_0应是泥沙径厚比d/δ_0(δ_0为分子水膜厚度，一般取为 0.000 1 mm)的函数，并采用的西北水利科学研究所(以后简称“西北水科所”)实测资料分析得出$S_0=2\sqrt{d}$。于是式(2-46)可表示为

$$\frac{\nu}{\nu_m}=1-\frac{S_V}{2\sqrt{d}} \tag{2-47}$$

为使式(2-47)有更大的适用范围，并保证计算结果的合理性，我们对式(2-47)所依据的西北水科所曹如轩的黄土资料及黄委会水科所实验资料(见图 2-4)进一步分析后(见图 2-5)，将式(2-47)表示为

$$\frac{\nu}{\nu_m}=\left(1-\frac{S_V}{2.25\sqrt{d_{50}}}\right)^{1.1} \tag{2-48}$$

式中：d_{50}为悬沙中径，mm。运动黏滞系数比公式为

$$\frac{\mu_m}{\mu}=\frac{1+\dfrac{\gamma_s-\gamma}{\gamma}S_V}{\left(1-\dfrac{S_V}{2.25\sqrt{d_{50}}}\right)} \tag{2-49}$$

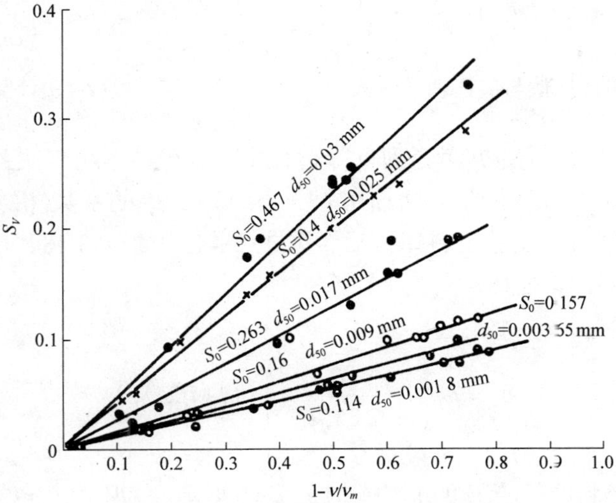

图 2-4　由黄委会水科所资料对滞限含沙率 S_0 的分析

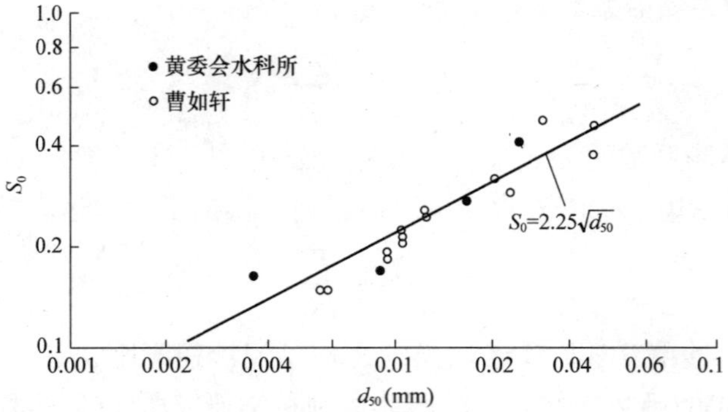

图 2-5 滞限含沙率 S_0 与 d_{50} 的关系

大量资料验证结果表明，式(2-48)及式(2-49)有很大的适用范围(见图 2-6 及图 2-7)。

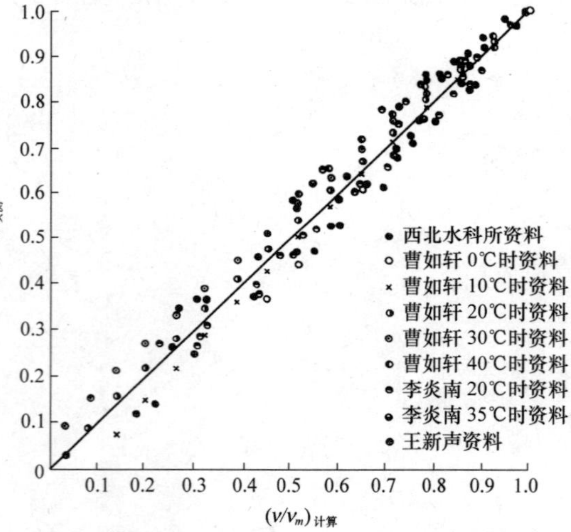

图 2-6 式(2-48)计算值与实测值的比较

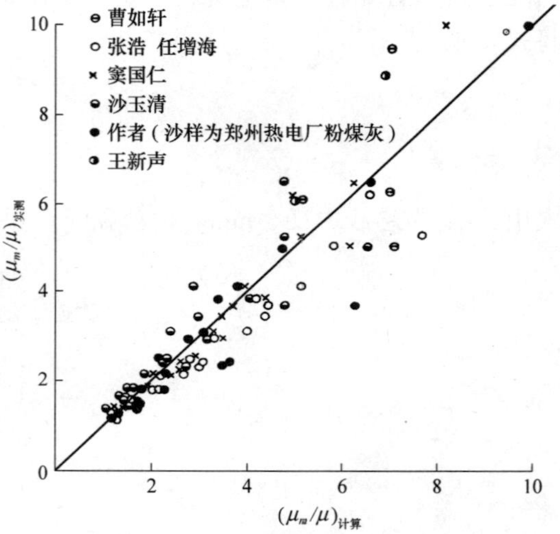

图 2-7 式(2-49)计算值与实测值的比较

将式(2-48)代入式(2-44)，并考虑到沉降过程中一部分清水将依附沙粒同时下沉[20]，根据一些实验结果，在式(2-44)中的 S_V 之前引入一个约为 1.25 的系数(相当于增加了泥沙的有效浓度)，再采用群体沉降实验资料率定后，取式(2-44)中的 n=3.18，计算精度和适用范围都令人满意(见图 2-8)，其公式形式为

$$\omega_s=\omega_0\left(1-\frac{S_V}{2.25\sqrt{d_{50}}}\right)^{3.5}\left(1-1.25S_V\right) \tag{2-50}$$

同时采用明兹资料及钱意颖的非均匀沙试验点据等，对公式(2-33)、郭慕孙和庄一安公式以及式(2-50)进行检验(见图 2-9~图 2-11)，结果表明，公式(2-50)确实有显著的改进。

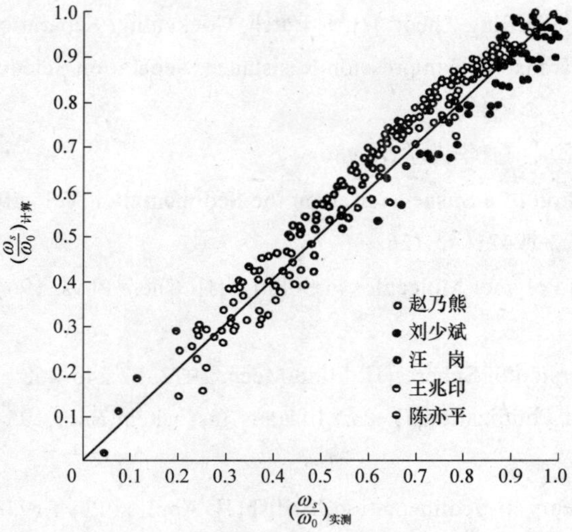

图 2-8　实测资料对式(2-50)的检验结果

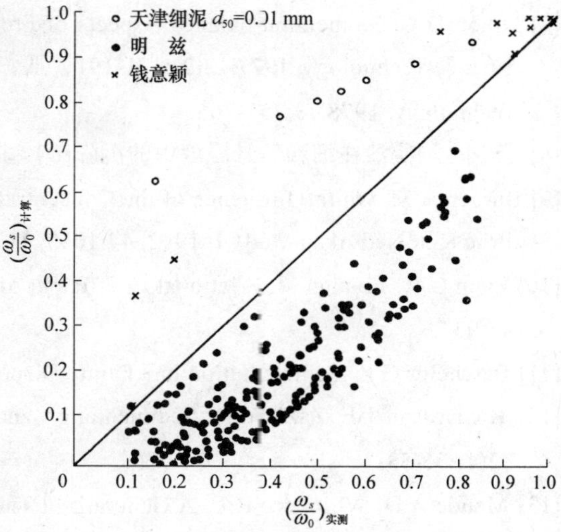

图 2-9　式(2-33)计算值与实测值的比较

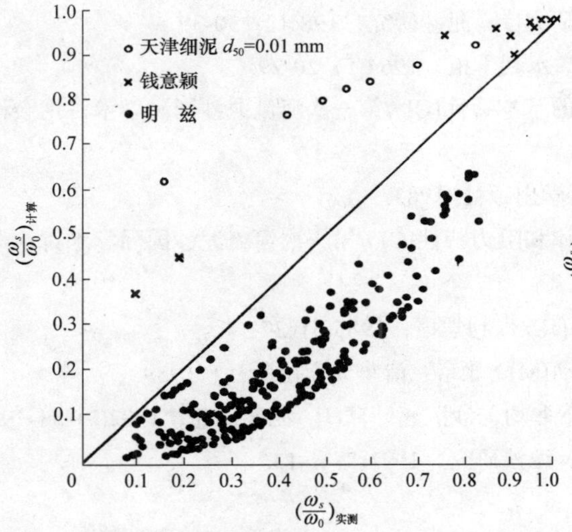

图 2-10　实测值与郭慕孙、庄一安公式计算值比较

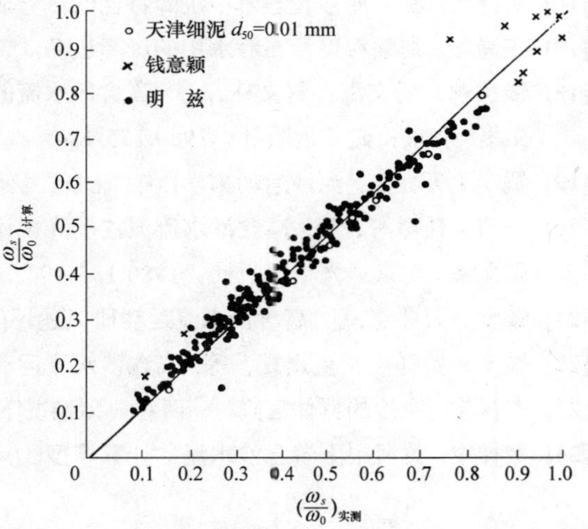

图 2-11　式(2-50)计算值与实测值的比较

参 考 文 献

[1] 张瑞瑾．河流泥沙动力学 [M]. 2 版．北京：中国水利水电出版社，1998.

[2] 张瑞瑾．河流动力学[M]．北京：中国工业出版社，1961.

[3] 沙玉清．泥沙运动学引论[M]．北京：中国工业出版社，1965.

[4] 赵连军，谈广鸣，韦直林．天然悬移质泥沙粒径分布及混合平均沉速的计算[J]．中国农村水利水电，2004(9) :40-42.

[5] Coe H S, Clevenger G H. Method for Determining the Capacities of Slime-settling Janks[J]. Transactions of the American Institution of Mining Engineers, 1916(5):355-384.

[6] Kynoh G J. A Theory of sedimentation[J]. Jrans Faraday Soc.,1952 (48):156-176.

[7] Dixon D C. Momentum-balance Aspects of Free Settling Theory[J]. I. Batch Thickening. Separation Science Technology, 1977,12(2):171-191； Ⅲ Transient Compression Resistance. Separation Science Technology, 1978,13:753-766.
[8] 汪岗. 均质沙在细颗粒悬浮液中的沉降[D]. 北京：清华大学，1980.
[9] Burgers J M. On the Influence of the Concentration of a Suspension upon the Sedimentation Velocity. Proc Kon Ned Akad Wet[C]. 1942, 44:1045, 1177-1942；45:126.
[10] Pyun C W, Fixman M. Frictional Coefficient of Polymer Molecules in Solution[J]. Chem Phys, 1964, 41:937.
[11] Batchelor G K. Sedimentation in a Dilute Dispersion of Spheres[J]. Fluid Mech, 1972, 52:245-268.
[12] Richardson I F, Zaki W N. Sedimentation and Fluidization[J]. Part Ⅰ.Trans Inst Chem Eng, 1954, 32(1):35-53.
[13] Maude A D, Whitmore R L. A Generalized Theory of Sedimentation, Brilish[J]. Applied Phys 1958, 9:477-481.
[14] 郭慕孙，庄一安. 垂直系统中均匀球体和流体的运动[M]. 北京：科学出版社，1963.
[15] 夏震寰，汪岗. 无黏性均质颗粒在细颗粒悬浮液中的沉降[J]. 泥沙研究，1982(1) :14-23.
[16] 黄建维. 黏性泥沙在静水中沉降特性的试验研究[J]. 泥沙研究，1981(2) :30-39.
[17] 王尚毅. 细颗粒泥沙在静水中的沉降运动[J]. 水利学报，1964(5) :20-29.
[18] 钱意颖，杨文海，赵文林，等. 高含沙水流的基本特性[C] //第一次河流泥沙国际学术讨论会论文集. 北京：光华出版社，1980:175-184.
[19] 钱宁，万兆惠. 泥沙运动力学[M]. 北京：科学出版社, 1983.
[20] 张浩，任增海，等. 高含沙水流泥沙沉降规律和阻力特性[C] //第一次河流泥沙国际学术讨论会论文集. 北京：光华出版社，1980:185-194.
[21] 钱宁，万兆惠,等. 高含沙水流运动研究述评[J]. 水利学报，1985(5) :27-34.
[22] 钱宁，费祥俊，夏震寰，等. 高含沙水流运动[M]. 北京：清华大学出版社，1989.
[23] 费祥俊. 泥沙的群体沉降——两种典型情况下非均匀沙沉速计算[J]. 泥沙研究，1992(3) :11-19.
[24] 费祥俊. 黄河中下游含沙水流的计算模型[J]. 泥沙研究，1991(2) :1-13.

第三章　河道水流流速沿垂线分布规律

动床挟沙水流是一种复杂的两相流运动，泥沙在水流的作用下发生运动，泥沙的存在反过来又影响水流运动，两者相互制约，相互影响。挟沙水流流速分布规律的研究是揭示一般水流和高含沙水流流动特性的关键。

第一节　河道水流流速沿垂线分布研究现状

水流中泥沙颗粒的含量达到一定程度后其流速分布与清水有很大不同。Einstein H.A 及钱宁 [1]、Barton J.R.及林秉南[2]、Vanoni V.A.及 Nomicos[3]、Elata 和 Ippen A.T.[4]等的试验表明，挟沙水流的流速分布规律在主流区仍符合对数分布，但卡门常数κ随含沙浓度或垂线浓度梯度的增加而减小。他们以主流区的流速分布斜率作为衡量标准，认为近底区流速分布偏离对数分布规律，且偏离范围随含沙量增加而加大。Coleman N.L. [5]在通过水槽试验和重新分析上述作者的资料后，认为在近底区卡门常数与含沙量无关，即与清水水流情况下的κ=0.4 相等，并认为流速分布的对数律只适用于近底区；在主流区，由于存在一个“尾流区”，其分布规律“偏离”对数律。这两种观点是相互矛盾的，即前者认为，在近底区挟沙水流流速分布“偏离”对数分布，而主流区流速分布仍然服从对数规律，只是卡门常数小于清水时的κ=0.4；后者强调近底区流速分布服从对数律，且κ=0.4，主流区流速分布“偏离”对数律。王兴奎[6]和倪晋仁[7]进一步研究认为，两者总观点并不排斥，在应用上各有优缺点，而且在表达流速分布上两者在很大程度上是一致的。不论基于何种方法都是对挟沙水流流速分布的近似描述。Coleman N.L.认为卡门常数κ不随泥沙浓度或理查逊数变化，据此他得出 Vanoni V.A.和 Nomicos、Einstein H.A.和钱宁等人最早提出的κ值变化是错误的。但是必须注意，Coleman N.L.所说的κ只对近底才有意义，而前者的κ值则是指主流区的κ，因此两个κ值衡量的区域并不一致，两者没有直接的对应比较，因而也就谈不上相互否定。在近底区，Coleman 认为流速分布仍可由对数律描述，且κ值与清水时一致；而前者认为在此区域内偏离变κ的对数律。因而在近底区两种模式并无本质区别。

一、倪晋仁、惠遇甲研究成果[7]

倪晋仁、惠遇甲用收集到的水槽试验资料进行了分析和比较后发现，虽然各家对两相流流速分布认识不同，但就实测结果本身来说，各家试验资料的变化趋势颇为一致。实测资料表明，作为两相混合体的浑水流速分布大都较清水流速分布更不均匀，根据实测资料，流速分布可归纳为两种类型，即Ⅰ型和Ⅱ型。所谓Ⅰ型分布，是指沿整个水深仍可用对数公式表达，但卡门常数κ值变小；Ⅱ型分布则是指主流区仍可用对数公式表达，且κ值变小，在近底区亦近似符合对数律，但两区的κ值有所不同，Ⅱ型分布在近底区其斜率与清水时的斜率大致一样或略小。由于资料数量及范围的限制，对出现这两种分布的条件还难以作出明确的判断，就所掌握的资料看来，Ⅱ型实测结果较多，但当颗粒较粗且浓度不高

时似乎Ⅰ型分布较多。根据对实测流速分布图形分析，上述的Ⅰ型和Ⅱ型流速分布基本上都能用以下数学形式表达，即

$$\begin{cases}\dfrac{u_m-u}{u_*}=\dfrac{1}{\kappa}\ln\dfrac{h}{z}+f\left(x_1,x_2,\cdots,x_i\right)\\ f\left(x_1,x_2,\cdots,x_i\right)\geqslant 0\quad(\kappa=0.4)\end{cases}\tag{3-1}$$

式中：u_m为水面最大流速；u为流速；u_*为水流摩阻流速；h为水深；z为测点处水深；x_i表示影响两相流流速分布的诸变量；$f\left(x_1,x_2,\cdots,x_i\right)$为两相流的尾流函数项。很显然，限于目前的水平，要从理论上解出$f\left(x_1,x_2,\cdots,x_i\right)$的具体表达式还存在困难，因此目前主要是根据实测资料进行分析。为了对两相流尾流函数所表示的物理意义有进一步认识，原作者曾就边界条件相同的清水与浑水二维恒定均匀流动，用对比的方法[8]对浑水流速分布进行了分析。结果表明，浑水水流的尾流函数项$f\left(x_1,x_2,\cdots,x_i\right)$是浓度分布$S(z)$、浓度梯度$h(\mathrm{d}S(z)/\mathrm{d}z)$和位置$z/h$的函数，即两相流流速分布关系式(3-1)可能具有如下形式，即

$$\begin{cases}\dfrac{u_m-u}{u_*}=\dfrac{1}{\kappa}\ln\dfrac{h}{z}+f\left[S(z),\dfrac{h\,\mathrm{d}S(z)}{\mathrm{d}z},\dfrac{z}{h}\right]\\ f\left[S(z),\dfrac{h\,\mathrm{d}S(z)}{\mathrm{d}z},\dfrac{z}{h}\right]\geqslant 0\quad(\kappa=0.4)\end{cases}\tag{3-2}$$

式(3-2)与实测资料符合较好，并便于将清水、均质两相流及存在浓度梯度的两相流流速分布统一处理[9]。从理论上讲，式(3-2)所表达的关系式比建立流速分布与平均浓度或平均理查逊数更为合理一些，它对于描述Ⅰ型和Ⅱ型的流速分布及概括现有的流速分布表达模式或概念是有益的。

原作者进一步对比分析后，将流速分布式表示为

$$\frac{u_m-u}{u_*}=\frac{1}{\kappa}\ln\frac{h}{z}+\frac{E_e-E_{e1}}{\gamma u_* J}\quad(\kappa=0.4)\tag{3-3}$$

式中：E_e、E_{e1}分别为水中某点及水面处因悬浮颗粒的存在而使能耗发生的改变量。

将式(3-3)用式(3-1)所采用的形式表达，即

$$f\left(x_1,x_2,\cdots,x_i\right)=\frac{E_e-E_{e1}}{\gamma u_* J}\tag{3-4}$$

因此，式(3-3)中的$\left(E_e-E_{e1}\right)/\gamma u_* J$就相当于式(3-1)中的“尾项”$f\left(x_1,x_2,\cdots,x_i\right)$。

在这里已能赋予“尾项”以清楚的物理意义，即该项反映的是因悬浮颗粒的存在而引起的能耗率沿线各点的改变值和在水面处改变值之差与摩阻功之比值。

不过也可以看出，要得到式(3-3)中的尾项的具体表达式还有许多困难，目前还只能结合实测资料加以确定。例如若分析均质流条件下的有关浑水流速分布资料，其尾项可由以下形式表达，即

$$f\left(x_1,x_2,\cdots,x_i\right)=\frac{1}{\kappa}S^{1/3}\cos\left(\frac{\pi z}{2h}\right)\quad(\kappa=0.4)\tag{3-5}$$

在非均质流时，沿垂线有浓度梯度存在，因此影响尾项的因素更复杂些。倪晋仁和惠遇甲通过理论讨论和对实测资料的分析，得到尾项的具体表达式为

$$f\left(x_1,x_2,\cdots,x_i\right)=\frac{S^{1/3}}{\kappa}\cos\left(\frac{\pi z}{2h}\right)+\left(1-\frac{z}{h}\right)R_i^{1/3} \tag{3-6}$$

式中：R_i 为理查逊数。于是又可将流速公式写为

$$\frac{u_m-u}{u_*}=\frac{1}{\kappa}\ln\frac{h}{z}+\frac{S^{1/3}}{\kappa}\cos\left(\frac{\pi z}{2h}\right)+\left(1-\frac{z}{h}\right)R_i^{1/3} \tag{3-7}$$

式(3-7)就是非均质流、均质两相流、清水水流情形下，均可应用的流速分布与悬浮颗粒浓度分布的关系式。式(3-7)说明，影响流速分布的是浓度分布、浓度梯度分布(用 R_i 分布反映)及沿水深所处的位置，三者缺一不可。

二、黄才安研究成果[10,11]

黄才安根据参考文献[12]的研究成果，将挟沙水流的剪切力 τ 分为两部分，即

$$\tau=\tau_f+\tau_s \tag{3-8}$$

式中：τ_f 为颗粒周围的液体发生变形后所产生的液体剪切力(即水流紊动切应力)，与连续的液相有关；τ_s 为泥沙颗粒相互碰撞、摩擦以后通过水流运动方向的动量交换所产生的颗粒剪切力，与分散的固相有关。

在距河床z处的挟沙水流紊动切应力 τ_f 类比清水的紊动切应力，参照Bagnold的研究成果，表示为

$$\tau_s=a\rho_s\left(\lambda d\right)^2\left(\frac{\mathrm{d}u}{\mathrm{d}z}\right)^2 \tag{3-9}$$

式中：$a=0.013$；λ 与泥沙浓度有关，根据Bagnold的研究，可表示为

$$\lambda=\frac{1}{\left(S_0/S\right)^{1/3}-1} \tag{3-10}$$

式中：S_0 为静止状态天然泥沙的最大体积浓度，可取S_0=0.6。

于是推求得出

$$\frac{\mathrm{d}u}{\mathrm{d}z}=\sqrt{\frac{u_*^2\left(1-z/h\right)}{{\kappa_1}^2z^2\left(1-z/h\right)+a\left(\rho_s/\rho_m\right)\lambda^2d^2}}=\frac{u_*}{\kappa_1 z}\sqrt{\frac{1}{1+A}} \tag{3-11}$$

其中

$$A=a\frac{\rho_s}{\rho_m}\left(\frac{\lambda d}{\kappa_1 z}\right)^2\frac{1}{1-z/h} \tag{3-12}$$

式中：κ_1 为主流区的卡门常数。

原作者引入挟沙水流的观点，得出了主流区 κ_1 的表达式

$$\kappa_1=\sqrt{\kappa_b^2-a\frac{\rho_s}{\rho}\left(\frac{\lambda d}{a}\right)^2\frac{1}{1-a/h}} \tag{3-13}$$

式中：a为近底层厚度；κ_b 为底部卡门常数。

对于式(3-11)，由于λ与水深有关，因此不能推求出流速分布的显式表达式，且式(3-11)

为一阶微分方程，不能求出其解析解，只能求得其数值解。因此，大大影响了其实用价值。

此外，对于浑水流速计算方法还有一些代表性成果，有的还涉及高含沙水流的流速分布。例如，清华大学[13]、武汉水利电力学院[14]分别提出的公式都与一定范围的资料相符合，在学术上很有价值。不过，就目前的研究水平而言，悬移质泥沙对水流流速分布的影响还不能完全从理论上定量描述，现有的公式主要是根据理论假定和一些实验室资料分析结果得到的，使用上有局限性，经验色彩也较浓厚。为使研究结果能较好地适用于黄河经常发生的高含沙紊流流速分布的实际情况，尚有必要进一步探索。

第二节　紊流涡团模式

紊流是自然界中普遍存在的又极其复杂的流动现象。即使在最简单的二维流动情况下也只有以 Prandtl 掺长模式[15]为基础求半经验的理论解，尽管人们早已发现掺长模式在物理基础上隐含着严重的缺陷，不少人曾试图采用一些新的模型取而代之，但实际上也唯有这个模式得到了广泛的应用。掺长模式的合理性和适用性在很大程度上取决于对 Prandtl 掺长的物理含义的理解。

张红武认为掺长主要表征涡体垂向运移过程中能够保持原有流动特征的距离，其大小应取决于所处流场的运动特性[16]。在各向异性的流区中，微团垂向运移中能够保持原有流动特征的距离要小些，而在远离边壁近似存在着局部各向同性涡体的流区中，这种距离可能大一些。为了进一步确定掺长的表达式，张红武引入“涡团模式”。认为在恒定、均匀二维紊动流场中，任一点都存在一个具有固定角速度 ϖ 的涡团（ϖ 对应的轴线为通过涡团中心且同流向垂直的水平轴 y），其当量直径等于此处涡体垂向运移过程中能够保持原有流动特征的距离，即掺长 l。于是仿照确定刚体转动动能的方法，可求出质量为 m 的涡团绕 y 轴转动的动能 W_m。

$$W_m=\frac{1}{2}k_1m\left(\frac{l}{2}\right)^2\varpi^2=\frac{k_1}{8}ml^2\varpi^2 \tag{3-14}$$

式中：k_1为转动惯量系数，若视涡团为球体，其k_1值等于0.4。

与掺长分布相应，涡团动能也具有上大下小的分布趋势，因而可以视后者与所在位置的势能 W_h 存在正比关系，即

$$W_m=k_2W_h=k_2mgz \tag{3-15}$$

式中：k_2 为比例系数。

由式(3-14)及式(3-15)，可解得

$$\frac{l}{h}=c_n\sqrt{\frac{z}{h}} \tag{3-16}$$

其中

$$c_n=\frac{1}{\varpi}\sqrt{\frac{8k_2g}{k_1h}} \tag{3-17}$$

可称 c_n 为涡团参数。当取 $c_n=0.15$ 时，与尼库拉兹的实测点据比较符合(见图 3-1)，由图 3-1 同时看出，现有的两家公式 $l=\kappa z$ 和 $l=\kappa z\sqrt{1-z/h}$（κ 为卡门常数）在广大流区中与实验资料偏离甚多。

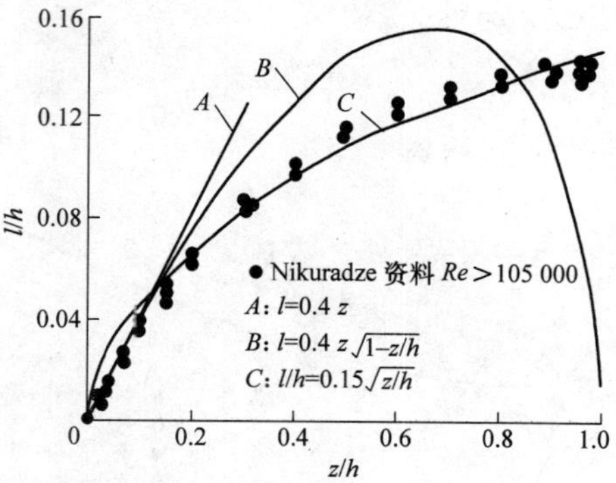

图 3-1　清水掺长公式与实测资料的比较

现有研究成果表明，“卡门常数 κ”并非常数。文献[17]称 κ 为万能参数，进一步利用苏联河流资料开展的系统研究成果表明，即使是清水或少沙河流，κ 值也是变化的(一般在 0.3～1.04 的范围内变化)，并认为除紊流理论尚不严密等原因外，天然河流过水断面形状的影响也是显著的。由式(3-17)可以看出，涡团参数 c_n 在天然河流中有一定的变化范围也是不足为奇的。作为初步研究，首先考虑水流含沙浓度对涡团参数的影响，因为相对于其他影响因素而言，含沙量的影响毕竟是主要的(实际上早在 1914 年莫依先柯就已指出[17]，垂线平均流速与水面流速之比值随含沙量变化而变化，表明当时已注意到悬移质含沙量对流速分布的影响)。侧重于天然河流资料(见图 3-2)，分析得到的涡团参数 c_n 与含沙量 S_V (以体积百分数计)的关系式为

$$c_n = 0.15\left[1 - 4.2\sqrt{S_V}\left(0.365 - S_V\right)\right] \tag{3-18}$$

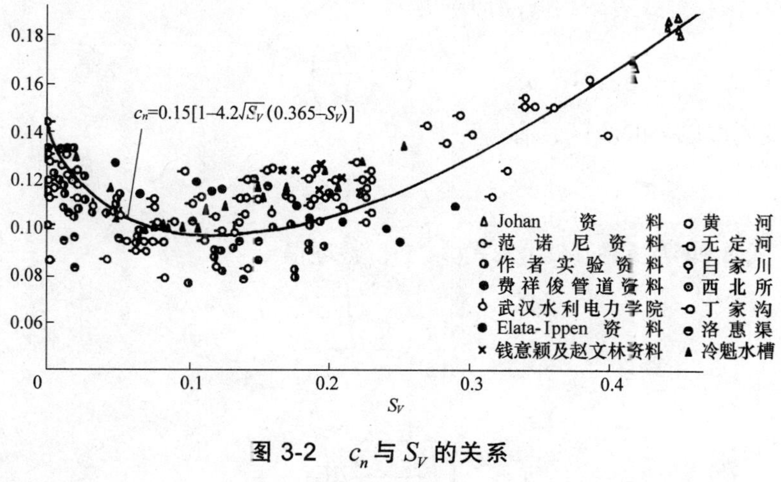

图 3-2　c_n 与 S_V 的关系

陈立等学者试图对式(3-16)进行修正[18]，将 c_n 与卡门常数 κ 的关系表示为

$$c_n = \kappa^2 \tag{3-19}$$

这在含沙量影响较小的条件下是成立的，否则偏差很大。为此，我们还点绘了卡门常数 κ 与含沙量 S_V 的关系图(见图3-3)，得出

$$\kappa = 0.4 - 1.68\sqrt{S_V}\left(0.365 - S_V\right) \tag{3-20}$$

由此看出，c_n 与 κ 存在如下定量关系

$$c_n = 0.375\kappa \tag{3-21}$$

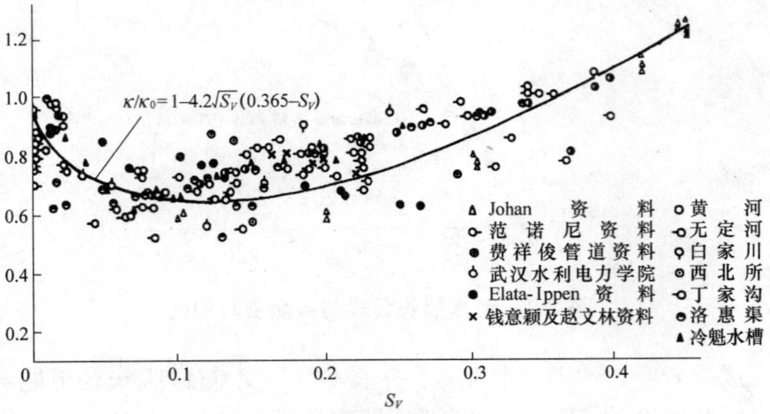

图 3-3　κ 与 S_V 的关系

第三节　河道挟沙水流流速沿垂线分布公式的建立

对于二维均匀流，切应力 τ 沿垂线的分布呈线性变化，即

$$\tau = \tau_0\left(1 - z/h\right) \tag{3-22}$$

式中：τ_0 为床面切应力，与摩阻流速 u_* 的关系式为

$$\tau_0 = \rho u_*^2 \tag{3-23}$$

由 Prandtl 掺长模式表示的紊动切应力为

$$\tau_2 = \rho l^2\left(\frac{\mathrm{d}u}{\mathrm{d}z}\right)^2 \tag{3-24}$$

在除黏性底层以外的流区，有

$$\tau_2 \approx \tau = \tau_0\left(1 - \frac{z}{h}\right) \tag{3-25}$$

将式(3-23)～式(3-24)及式(3-16)代入式(3-25)，整理得

$$\frac{\mathrm{d}u}{\mathrm{d}z} = \frac{u_*}{c_n}\sqrt{\frac{1-\dfrac{z}{h}}{zh}} \tag{3-26}$$

积分得

$$\begin{aligned} u &= \frac{u_*}{c_n}\int\sqrt{\frac{1-z/h}{z/h}}\,\mathrm{d}\left(\frac{z}{h}\right) \\ &= \left[\sqrt{\frac{z}{h}\left(1-\frac{z}{h}\right)} + \arcsin\sqrt{\frac{z}{h}} + c\right]\frac{u_*}{c_n} \end{aligned} \tag{3-27}$$

由水面处 $z/h = 1$ 时，$u = u_m$ 确定积分常数

$$c = \frac{c_n u_m}{u_*} - \frac{\pi}{2} \tag{3-28}$$

将式(3-28)代入式(3-27)，整理即得

$$\frac{u_m-u}{u_*}=\frac{\pi}{2c_n}-\frac{1}{c_n}\left[\sqrt{\left(1-\frac{z}{h}\right)\frac{z}{h}}+\arcsin\sqrt{\frac{z}{h}}\right] \tag{3-29}$$

大量清水资料验证结果表明，式(3-29)与试验点据构成的速度亏损曲线几乎完全重合[16]。此外，该式在近底流区也能近似适用，克服了对数流速分布公式中，当 z/h 很小时出现不合理数值的缺陷。

由式(3-29)可解出

$$u=u_m-\frac{\pi}{2c_n}u_*+\frac{u_*}{c_n}\left[\sqrt{\left(1-\frac{z}{h}\right)\frac{z}{h}}+\arcsin\sqrt{\frac{z}{h}}\right] \tag{3-30}$$

从河底至水面积分，即能求出垂线平均流速，即

$$\begin{aligned} v_{cp}&=\frac{1}{h}\int_0^h u\,\mathrm{d}z\\ &=u_m-\frac{\pi}{2c_n}u_*+\frac{u_*}{c_n}\int_0^1\sqrt{\left(1-\frac{z}{h}\right)\frac{z}{h}}\,\mathrm{d}\left(\frac{z}{h}\right)+\frac{u_*}{c_n}\int_0^1\arcsin\sqrt{\frac{z}{h}}\,\mathrm{d}\left(\frac{z}{h}\right)\\ &=u_m-\frac{\pi u_*}{8c_n} \end{aligned} \tag{3-31}$$

将 $u_*=v_{cp}\sqrt{g}/C$ (C 为谢才系数)代入式(3-31)，可将 u_m 表示为

$$u_m=v_{cp}\left(1+\frac{\pi}{8c_n}\frac{\sqrt{g}}{C}\right) \tag{3-32}$$

这就从理论上证明了莫依先柯“垂线平均流速与水面流速的比值随含沙量而变”的结论是正确的。将式(3-32)代入式(3-30)，可得

$$u=v_{cp}\left\{1-\frac{3\pi}{8c_n}\frac{\sqrt{g}}{C}+\frac{\sqrt{g}}{Cc_n}\left[\sqrt{\frac{z}{h}-\left(\frac{z}{h}\right)^2}+\arcsin\sqrt{\frac{z}{h}}\right]\right\} \tag{3-33}$$

或

$$\frac{u}{u_*}=\frac{C}{\sqrt{g}}-\frac{3\pi}{8c_n}+\frac{1}{c_n}\left[\sqrt{\frac{z}{h}-\left(\frac{z}{h}\right)^2}+\arcsin\sqrt{\frac{z}{h}}\right] \tag{3-34}$$

第四节　实验和天然资料对公式的检验

一、水槽实验结果及理论计算结果比较

实验水槽为黄科院 25 m 长的变坡玻璃水槽，宽 0.5 m，深 0.5 m，最大底坡比降可达 2.5%。含沙量垂线分布用吸管与比重瓶配合法量测；水流流速沿垂线分布采用 YRS 型高含沙测速仪诸点量测。沿程水位用黄科院专门改造的跟踪水位仪及计算机联合采集；进口流量用电磁流量计控制；水槽底面高程采用测淤仪确定。

模型沙为郑州热电厂粉煤灰。进行浑水实验时，在自动循环系统内逐渐加沙，直至水槽槽底开始有少许泥沙淤积，并且水体中平均含沙量保持不变为止，此时水流已处于淤积平衡状态，可以开展各项内容的测验工作。本水槽浑水实验各项水力泥沙因子见表 3-1。

表 3-1　水槽实验水力泥沙因子

组次	流量(L/s)	水深(cm)	流速(cm/s)	含沙量(kg/m³)	中径(mm)	比降(‰)	卡门常数 κ
YS–1	11.475	10.16	28.14	3.1	0.007 7	0.184	0.35
YS–2	18.36	8.99	50.21	9.78	0.010 2	0.62	0.35
YS–3	21.114	10.96	42.59	14.03	0.009 3	0.504	0.33
YS–4	22.95	10.98	45.22	20.87	0.009 6	0.511	0.32
YS–5	26.622	12.53	42.19	32.6	0.012 3	0.484	0.29
YS–6	26.622	12.26	44.04	38.13	0.012 6	0.558	0.32
YS–7	24.327	11.61	34.43	35.5	0.011 0	0.54	0.30
YS–8	24.786	11.88	41.51	38.3	0.011 8	0.512	0.30
YS–9	22.032	10.03	48.65	58.17	0.009 5	0.647	0.28
YS–10	24.786	11.05	48.87	59.83	0.011 0	0.579	0.27
YS–11	32.13	12.69	52.36	64.87	0.011 7	0.722	0.29
YS–12	30.294	13.01	51.27	70.67	0.010 8	0.58	0.30
YS–13	36.72	14.96	52.08	73.83	0.012 9	0.58	0.32
YS–14	37.638	11.28	63.5	92.73	0.013	1.326	0.29
YS–15	32.13	10.59	66.79	116.9	0.012 6	1.23	0.28
YS–16	30.294	12.41	49.87	122.9	0.014	0.673	0.28
YS–17	31.212	11.95	63.89	136.4	0.015 9	0.76	0.30
YS–18	31.212	11.94	63.61	140.0	0.016 6	0.73	0.30
YS–19	32.13	11.71	56.19	131.5	0.015 8	0.823	0.29
YS–20	39.474	14.41	74.28	138.7	0.023	0.74	0.30
YS–21	50.49	16.36	74.62	169.8	0.014	0.832	0.25
YS–22	35.802	8.95	82.88	181.7	0.034 4	2.163	0.26
YS–23	22.032	5.5	64.65	171.4	0.032 9	2.934	0.25
YS–24	33.966	9.76	94.13	323.7	0.016 8	1.484	0.24
YS–25	47.736	13.66	94.8	333.9	0.015 0	1.267	0.25
YS–26	37.638	12.9	49.27	263.4	0.014 9	0.889	0.25
YS–27	37.638	8.66	65.93	284.8	0.015 9	2.59	0.23
YS–28	22.95	7.91	70.1	307.8	0.026 4	1.32	0.24
YS–29	45.9	11.84	86.54	296.5	0.017 5	1.62	0.27
YS–30	46.818	9.07	109.62	321.4	0.027 7	3.29	0.25
YS–31	44.064	11.61	77.68	331.0	0.029 8	1.524	0.27
YS–32	35.802	11.83	72.53	355.1	0.017 8	1.154	0.26
YS–33	43.146	13.71	62.56	368.13	0.017 6	1.127	0.28
YS–34	46.818	12.56	70.3	384.0	0.037 6	1.43	0.25
YS–35	35.802	11.11	67.16	454.8	0.030 3	1.44	0.30
YS–36	39.474	12.21	60.72	472.4	0.030 0	1.45	0.28
YS–37	39.474	13.58	57.48	475.0	0.029 6	1.43	0.30
YS–38	45.9	8.17	97.02	501.4	0.033 0	2.78	0.32
YS–39	34.884	10.63	67.67	501.5	0.085 2	1.5	0.31
YS–40	42.228	10.89	75.91	521.5	0.075 9	2	0.27
YS–41	42.228	9.91	73.07	539.7	0.085 1	2.7	0.30
YS–42	28.458	9.38	67.38	527.3	0.085 1	1.5	0.29
YS–43	20.196	7.31	46.93	501.2	0.085 3	1.49	0.27
YS–44	13.77	7.26	31.04	435.7	0.085 3	1.385	0.27
YS–45	25.704	7.91	51.97	467.0	0.085 3	1.88	0.27

将各实验组次的水力泥沙因子代入式(3-34)，即可开展流速分布理论计算值同实验结果的比较。

清水时的比较结果见图 3-4，由此可以看出，式(3-34)在广大流区内同实测资料相符。

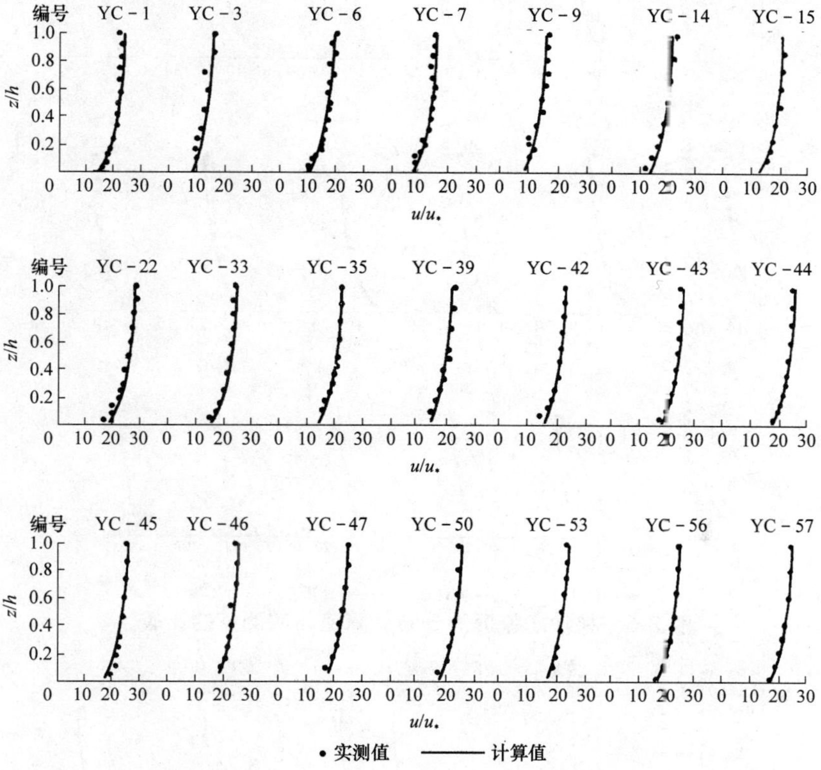

图 3-4 清水时流速分布计算值与实测值的比较

浑水时的比较结果见图 3-5，由该图可以看出，从含沙量较小的一般挟沙水流直到含沙量高达 500 kg/m^3 以上的高含沙紊流，我们给出的流速垂线分布的统一公式(3-34)都是适用的。

表 3-1 同时还列举了根据实测的流速分布资料推求的卡门常数 κ 值，不难看出，尽管含沙量变幅较大，但卡门常数仅在 0.23 ~ 0.35 之间变化，而且含沙量大于 100 kg/m^3 后，这些资料并没反映出卡门常数有所减小的规律。

二、天然河流测验资料对公式的验证

为同室内水槽实验结果相互印证，进一步检验上述流速统一公式，我们收集了大量的天然河道挟沙水流观测资料，其中包括 20 世纪 60 年代在黄河支流无定河上所进行的测验结果，这是一套相当完整的天然河道高含沙水流资料。钱宁等对这些资料分析后发现[13]，随着含沙量的增大，卡门常数一开始不断减小，但当含沙量超过一定限度后，卡门常数又转而逐渐回增。实测资料中有十条垂线，其平均含沙量大于八九百千克每立方米。这十条垂线中除一条 κ 值略小外，其余 κ 值均变化于 0.37~0.458 之间。

图 3-6 为采用黄河下游花园口等站挟沙水流流速分布资料对式(3-34)的验证结果，表明尽管游荡型河道的野外观测资料精度较低，但也能反映出计算与测验结果基本是相符的。

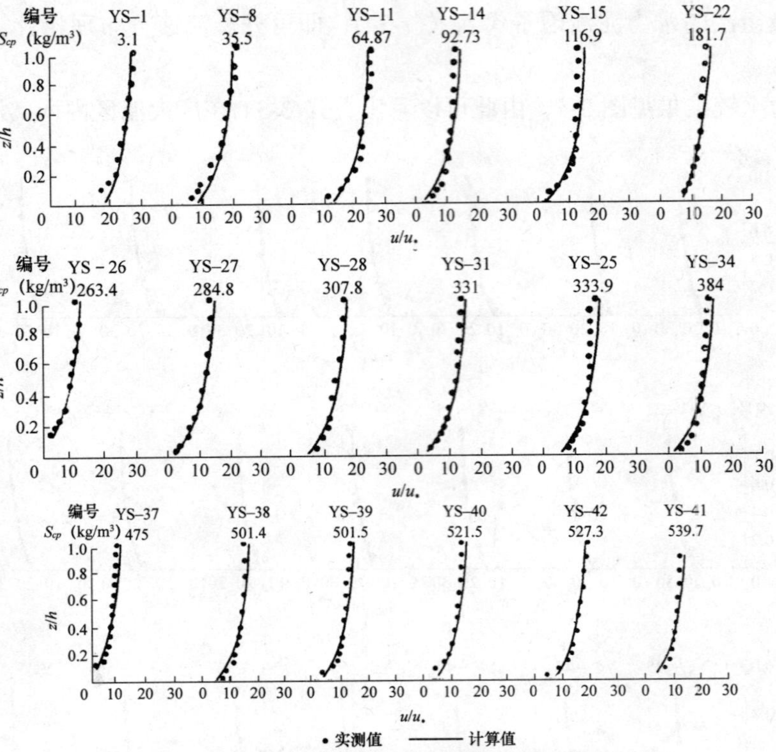

图 3-5 挟沙水流流速分布计算值与实测值的比较

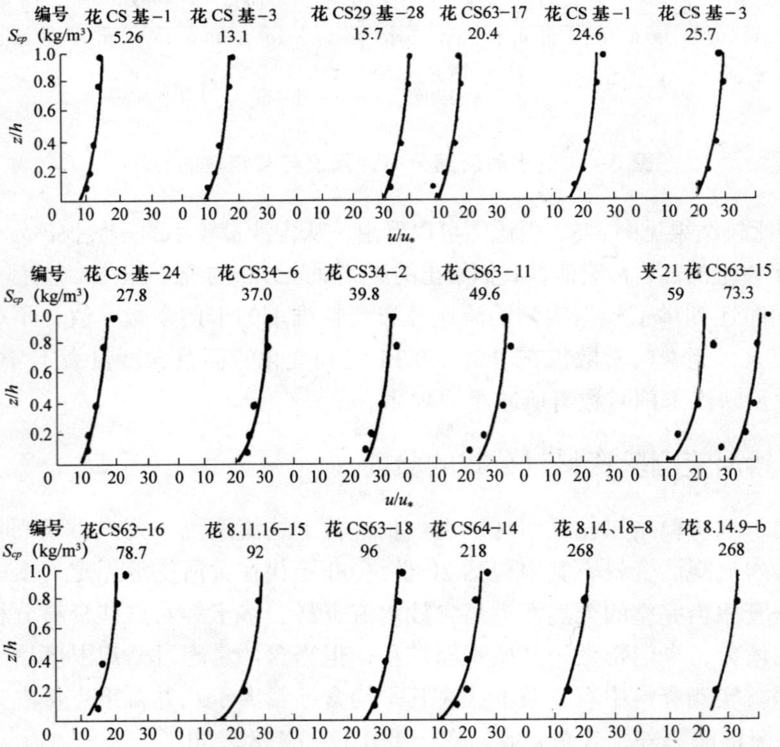

图 3-6 黄河下游游荡性河段流速测验结果与理论曲线的比较

图 3-7 及图 3-8 分别为无定河南河川站和丁家沟站，垂线流速分布测验值与式(3-34)相应计算曲线的部分对比结果。可以看出，野外测验结果与计算结果在很大的含沙量范围内都很接近。由图 3-6~图 3-8 都能发现，随着含沙量增大，流速分布变得愈来愈不均匀，但当含沙量超过 300 kg/m^3 时，流速分布向相反的趋势变化，反而变得愈来愈均匀了，特别是含沙量接近或超过 1 000 kg/m^3 时，其分布比清水流速分布还均匀，说明高含沙水流中涡团的掺混作用也相当显著。从这个角度可以认为，挟沙水流内部的能耗图形，随含沙量增减有着丰富的变化。就目前泥沙学科的研究水平而言，采用统一公式(3-34)，显然能够真实地描述出上述一般挟沙水流及高含沙紊流的流速分布变化规律。

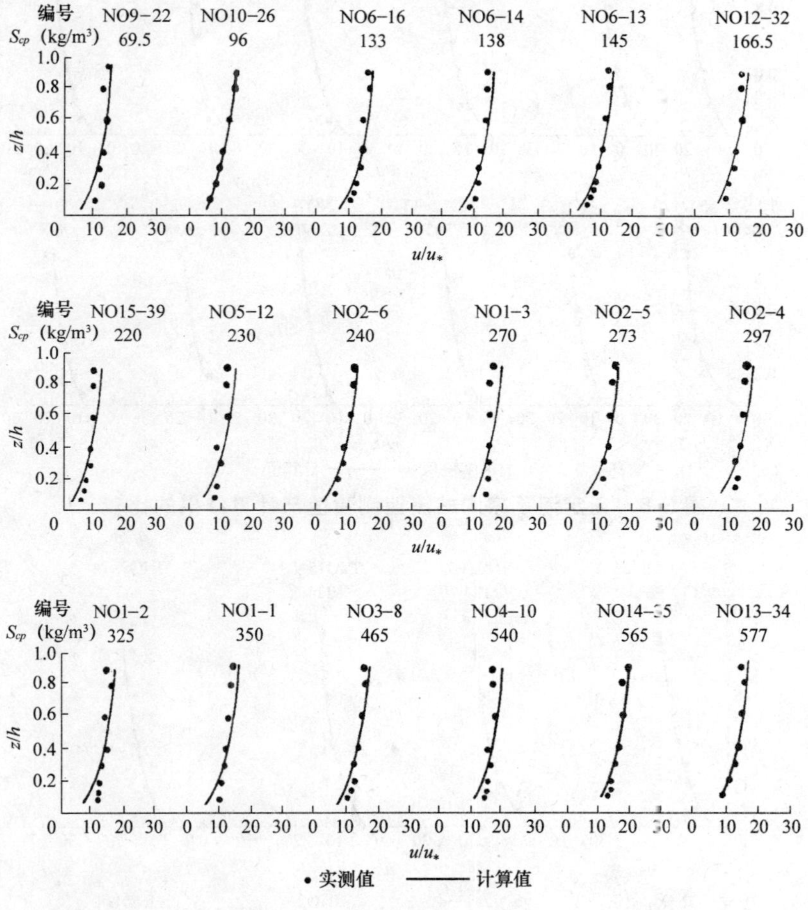

图 3-7　无定河南河川站流速测验值与计算结果的比较

我们的室内水槽实验结果同天然河道高含沙水流观测资料是一致的，即当含沙量很大时都显示不出所谓的流核厚度，表明本实验与天然河道的水流充分紊动，破坏了宾汉体水流的特有结构，宾汉切应力 τ_B 失去了产生的条件，此时的水流，即使含沙量很高，也仍属于牛顿流体。

此外，常见的卡门—普兰特尔对数流速分布公式，若采用我们给出的卡门常数修正公式(3-20)确定卡门常数，其计算结果与实测点据也相当符合(见图 3-9)。表明对数公式，也可反映“当含沙量超过一定限度以后，流速分布变得愈来愈均匀”的趋势。这能运用 Einstein

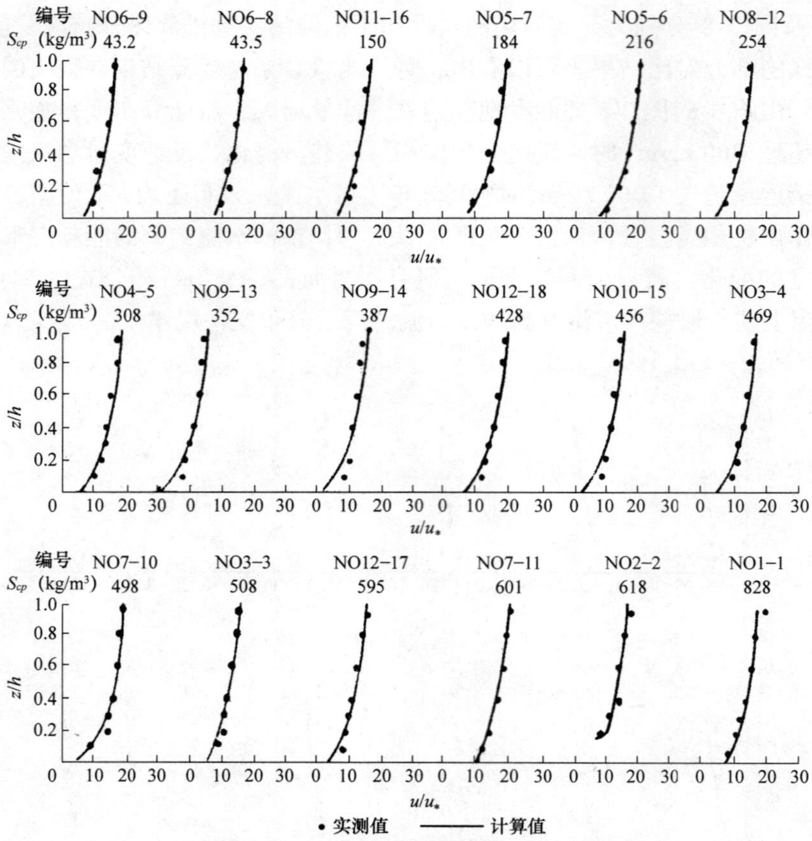

图 3-8 无定河丁家沟站流速测验值与计算结果的比较

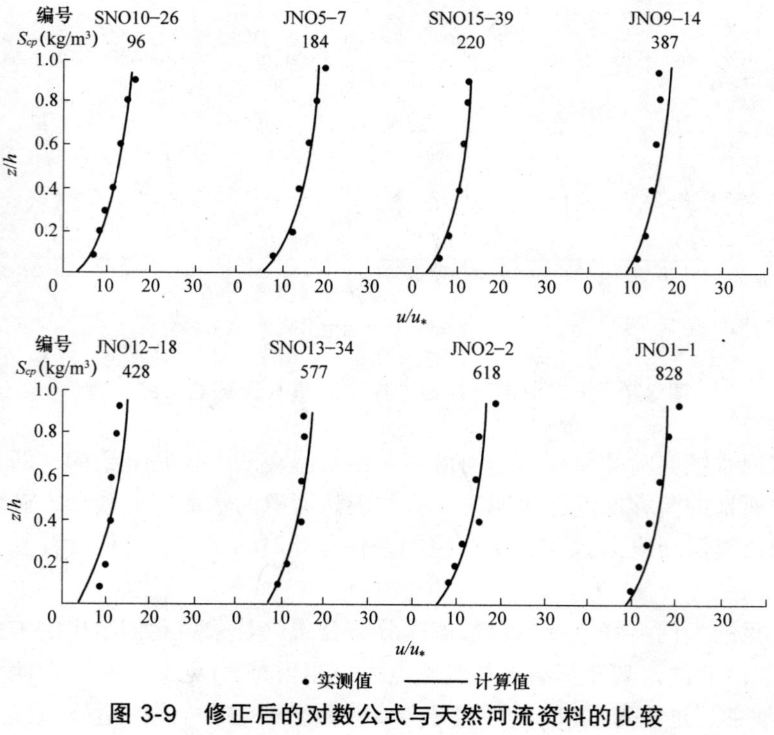

图 3-9 修正后的对数公式与天然河流资料的比较

及钱宁的研究结果[1]来阐释。他们认为卡门常数应与水流在单位时间内提供的势能中的悬浮功所占比值 E 有关，且随着含沙量的增加，带来 E 的加大和 κ 的减小；当含沙量超过一定限度以后，由于含沙量增加引起沉速大幅度减少和 κ 的回增。当含沙量更大时，泥沙沉速已减少到这样一个程度：垂线含沙量接近均匀分布，卡门常数就会趋近于清水水流的数值(实测资料还可能大于 0.4)。实际上，卡林斯基和夏震寰的实验也证明了这一论断，即虽然含沙量很大，但沉速很小，其 E 值不大，κ 值仍保持 0.4 左右。

参 考 文 献

[1] Einstein H A，Ning Chien. Effect of Heavy Sediment Concentration Near the Bed on the Velocity and Sediment Distribution[M]. Missouri River Div. Sediment Series. US Corps of Engers, 1955(8):76.

[2] Barton J R, P N Lin. Roughness of Alluvial Channels[R]. Report 55-JBR-2 Civil Engin. Dept. Colorado A. and M. College, 1995，43.

[3] Vanoni V A，G N Nomicos. Resistance Properties of Sediment-Laden Streams[J]. Trans., Amer. Sco. Civil Engers., 1960, 125:1140-1175.

[4] Ippen A T. The Interaction of Velocity Distribution and Suspended Load in Turbulent Streams[C]. Bangkok: Proc., Intern Symp. on River Mech., Asian Inst Tech. , 1961，4.

[5] Coleman N L. Velocity Profiles with Suspended Sediment[J]. Hydr. Research, 1981，19 (3).

[6] 王兴奎，府仁寿. 论悬沙水流的时均流速分布[C]//全国泥沙基本理论研究学术讨论会论文集. 北京：中国建材工业出版社，1992:47-56.

[7] 倪晋仁，惠遇甲. 浑水流速分布与尾流函数——兼论 Coleman 概念[J]. 泥沙研究，1987(1):77-81.

[8] 倪晋仁，惠遇甲. 浑水流速分布与悬移质浓度分布的关系[J]. 泥沙研究，1988(2):17-28.

[9] 倪晋仁，王光谦，张红武. 固液两相流基本理论及其最新应用[M]. 北京：科学出版社，1991.

[10] 黄才安，梅小文. 关于挟沙水流流速分布问题[J]. 长江科学院院报，2000(4) :15-17.

[11] 黄才安，黄润辉. 挟沙水流流速分布规律的再研究[C] //中国水利水电工程. 北京：海洋出版社，2004:53-61.

[12] Davis T R H. Lower flow regime bed-forms: rational classification[J]. Journal of the Hydraulics Division, 1982(3).

[13] 钱宁，费祥俊，夏震寰，等. 高含沙水流运动[M]. 北京：清华大学出版社，1989.

[14] 张瑞瑾, 谢鉴衡，王明甫，等. 河流泥沙动力学[M]. 北京：水利电力出版社，1989.

[15] L Prandtl, 等. 流体力学概论[M]. 郭永怀，等译. 北京：科学出版社，1984.

[16] 张红武. 河工模型变率及弯道环流的研究[D]. 郑州：黄河水利科学研究院，1986.

[17] T·B·热列兹拿柯夫. 河流水文测验方法在水力学基础上的论证[M]. 中华人民共和国水利部水文局，译. 北京：水利出版社，1956.

[18] 陈立，王明甫，詹义正. 紊流区高含沙水流的流变参数[C] //全国泥沙基本理论研究学术讨论会论文集. 第 1 卷. 北京：中国建材工业出版社，1992:26-32.

第四章　泥沙起动流速与水流紊动强度沿垂线分布规律

第一节　泥沙的起动流速

当水流作用于河床床面的沙粒或黏性土团粒的水动力达到某一数值后，若稍微再增大一点，将使沙粒或团粒由静止状态进入运动状态，即可认为已达到泥沙起动的临界条件。从理论上讲，起动临界条件是研究泥沙运动的前提，因而是河流力学基本理论研究的重要课题之一。从工程实践上讲，起动临界条件即是河床发生冲刷的条件，这是稳定渠道设计和河道治理中的一个重要依据。因此，从人们开始研究泥沙运动以来，泥沙起动的研究始终得到众多学者的重视。

如果仔细观察泥沙的起动过程，则可发现其现象的复杂性。在泥沙发生普遍运动以前，先有个别颗粒的颤动或抖动，然后在某些点，有少数颗粒离开原来的位置，运动了一段距离以后，又停下来。接着，又有新的泥沙颗粒发生运动。即使对于均匀泥沙颗粒，也不是动则全动，不动则全不动，而是那些处于最不稳定地位的沙粒最先起动。如果把注意力集中某一局部地区，可以发现一个时段内看不见泥沙运动，而在另一时段内又存在一些沙粒起动。所有这些现象都说明泥沙的起动具有随机性质。泥沙起动的随机性是由紊流脉动的随机性和泥沙颗粒形态、位置的随机性所决定的。

流速进一步增大，床面上运动的泥沙数目增多，运动的距离也加大。而且，除了滑动、滚动外，还出现了小距离的跳跃运动，并仍然可能有推移质和床沙交换的情形。倘若流速更大，则床面表层泥沙全部处于运动状态，泥沙跳跃的高度加大，被上升紊流漩涡卷起，进入水体之中，转化为悬移运动。

一、泥沙起动模式

泥沙起动的定量描述是极其困难的，因为颗粒的初始运动总是各种复杂作用力综合作用的结果。应该承认，即使是散粒体泥沙，目前也很难以一个模式较为完整地反映床面颗粒的运动状态。为此，下面根据 3 种具有一定代表性的情形，分别概化出相应的受力模式。

(一)滚动模式[1,2]

在床面颗粒较粗且水流强度不足以使它们悬浮的河段(这种情形往往发生在冲积河流的上游河段)，推移质一般以滚动为普遍的运动形式。此时，若水流强度降低，颗粒可能由滚动变为滑动，甚至静止，故以颗粒滚动的临界受力情况进行分析。河床沙粒受力如图 4-1 所示，作用在颗粒上的力有推移力 F_x、上举力 F_y、有效重力 W 以及垂向脉动流速产生的掀力 F_L。因受空间限制，垂向脉动流速相对于其他量小得多，为简化计，忽略 F_L。其余诸力表达式分别为

$$F_x = C_x a_1 d^2 \rho \frac{u_b^2}{2} \tag{4-1}$$

$$F_y = C_y a_2 d^2 \rho \frac{u_b^2}{2} \tag{4-2}$$

$$W = a_3 \left(\rho_s - \rho\right) g d^3 \tag{4-3}$$

式中：C_x、C_y分别为推移力及上举力系数；ρ_s、ρ分别为颗粒和水的密度；d为粒径；u_b为作用于颗粒的纵向瞬时流速；a_3为颗粒的体积系数；而a_1和a_2为F_x及F_y对应的颗粒有效作用面积系数，之所以加上“有效”二字，是考虑了颗粒所处的周围环境对相应力的作用面积的影响。

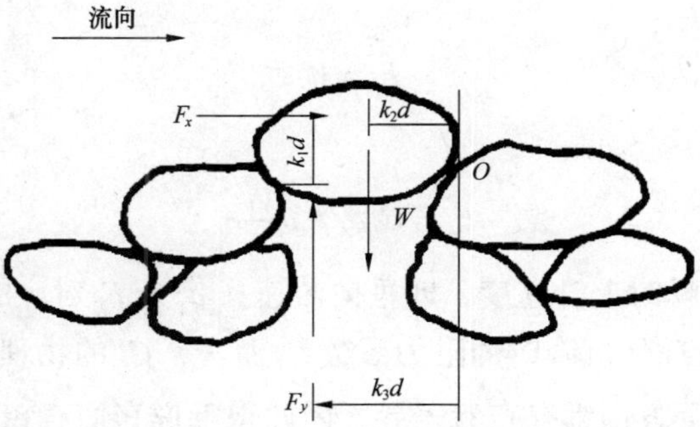

图 4-1　床面沙粒的受力情况

水流绕床面颗粒运动时，由于黏滞性作用，在边界附近引起非均匀流速场，或绕液体在流动轴线两侧不对称，这都会产生上举力。其实，推移力和上举力也可以看成是由于水流的不对称绕流所产生的阻力沿纵向和垂向的两个分力。

以k_1d、k_2d、k_3d表示F_x、F_y及W的相应力臂(绕图中的O点转动，k_1、k_2、k_3为力臂系数)，则颗粒由静止开始滚动的临界条件可表示为

$$k_1 d \cdot F_x + k_2 d \cdot F_y = k_3 d \cdot W \tag{4-4}$$

将式(4-1)~式(4-3)代入式(4-4)，得

$$u_b = \eta \sqrt{\frac{\rho_s - \rho}{\rho} g d} \tag{4-5}$$

其中

$$\eta = \left(\frac{2 k_3 a_3}{k_1 C_x a_1 + k_2 C_y a_2} \right)^{1/2} \tag{4-6}$$

参考谢鉴衡等[1]、李保如[3]及沙莫夫[1]关于起动流速公式所依据的大量资料，取相应的统计平均值η=1.30，则式(4-5)为

$$u_b = 1.30 \sqrt{\frac{\rho_s - \rho}{\rho} g d} \tag{4-7}$$

(二)跃动模式[2]

在冲积河流的下游段，沉积于床面的泥沙颗粒一般较细(这里不涉及黏性泥沙)，其粒径基本与悬沙中的床沙质同属一个范围。此处的底沙一旦起动，随机可能跳起，以跳跃为主要运动形式，且与悬沙存在着明显的相互交换。因此，该床面泥沙颗粒的运动可概括为：床面泥沙颗粒由于上举力和颗粒间碰撞的作用而起跳；当跳升超过一个粒径的高程之后，上下绕流接近对称，上举力可忽略，颗粒只是凭借惯性上升，直至最大高度。在后半个阶段中，颗粒可有不同的遭遇：或被路经此地的紊动涡体卷走，加入悬移运动的行列；或在重力作用下逐渐下沉，继续留在推移运动中。因此，我们即以泥沙颗粒在仅靠惯性继续上升后的受力情况进行分析。此时，垂向仅受有效重力 W 和紊动涡体的掀力 F_L 的作用，决定颗粒沉浮的临界条件为

$$F_L = W \tag{4-8}$$

F_L 的表达式为

$$F_L = C_L' a_4 d^2 \rho \frac{v_b^2}{2} \tag{4-9}$$

式中：v_b 为紊动涡体的瞬时上升速度，即垂向流速；a_4 为 F_L 对应的面积系数；C_L' 为掀力系数。相对于 C_x、C_y 及球体沉降时的阻力系数 C_d 而言，C_L' 的物理含义，在作用位置、相对运动形式及紊动特性等方面都存在着差异，因此很难说它们有较大的相似之处。由于试验手段的限制，迄今无人对 C_L' 进行过专门研究。可借鉴的仅有侯晖昌所总结的经验[4]，对于球体，C_L'=0.178 ~ 0.26。该系数与粒径大小呈反比(侯晖昌在处理有关床沙质的课题时，常取 C_L'=0.22)。这里的细颗粒跃动模式，取其上限值，这么做不影响方法的实质。将式(4-9)、式(4-3)代入式(4-8)，得

$$v_b^2 = \frac{2a_3}{a_4 C_L'}\left(\frac{\rho_s - \rho}{\rho}\right) gd \tag{4-10}$$

若视颗粒为球体，$a_3 = \frac{\pi}{6}$ 及 $a_4 = \frac{\pi}{4}$，可通过修正 C_L' 的途径消除由此引起的误差。即由于泥沙的形状不规则，阻力系数有所增大。依照张瑞瑾在研究泥沙沉降规律时的成果[2]：细沙阻力系数是相应粒径的球体的阻力系数的 1.422 倍，取 $C_L' = 1.422 \times 0.26 = 0.370$，则

$$v_b^2 = \beta_1 d \tag{4-11}$$

$$\beta_1 = 3.60 \frac{\rho_s - \rho}{\rho} g \tag{4-12}$$

(三)滑动模式及水下休止角

倘若单颗粒泥沙孤立于床面上，或散粒体粒度均匀，可以群体同时起动，则滑动起动是可能的。设某散粒体在紊流的作用下刚要沿床面运动时，它除受到水流推移力 F_x、上举力 F_y 及有效重力 W 的作用外，还要受到沿床面的摩擦力 F 的作用。

$$F = fN \tag{4-13}$$

式中：f 为水下摩擦系数，即 $f = \tan\varphi$，φ 为水下休止角；N 为床面反力。

考虑到散粒体位于床面时垂向脉动流速受到床面的制约，往往比纵向脉动流速小得

多，因而可以将紊动涡体导致的垂直床面的掀力忽略，故

$$N \approx W - F \tag{4-14}$$

则

$$F = \left(W - F_y\right)\tan\varphi \tag{4-15}$$

当颗粒处于起动的临界状态时，有

$$F_x - \left(W - F_y\right)\tan\varphi = 0 \tag{4-16}$$

如果

$$F_x - \left(W - F_y\right)\tan\varphi > 0 \tag{4-17}$$

则颗粒沿床面移动。

将式(4-1) ~ 式(4-3)代入式(4-17)，可得

$$C_x a_1 d^2 \rho \frac{u_b^2}{2} - \left[a_3\left(\rho_s - \rho\right) g d^3 - C_y a_2 d^2 \rho \frac{u_b^2}{2}\right]\tan\varphi > 0 \tag{4-18}$$

当临界起动之时，可以解得

$$u_b^2 = K_c \frac{\rho_s - \rho}{\rho} g d \tag{4-19}$$

式中

$$K_c = \frac{2a_3 \tan\varphi}{C_x a_1 + C_y a_2 \tan\varphi} \tag{4-20}$$

其中，水下休止角 φ 一般指静水时而言，即散粒体在静水中堆积成丘时，其斜坡与水平面之间的夹角。

张红武、江恩惠等[5]对天然沙石及其他类型沙的水下休止角也进行过专门性的试验研究，获得了一些试验关系曲线及其经验公式。

天然沙(d =0.061 ~ 9 mm)的公式为

$$\varphi = 27.92 + 5.65\lg d \tag{4-21}$$

试验中，关于级配对于水下休止角影响的方面，也得到了一些初步结论，即泥沙颗粒级配对水下休止角有一定的影响，不均匀系数愈大，休止角愈大。但当不均匀系数小于 1.5 后，所得水下休止角与均匀沙样的试验结果已无大的差异。

不难看出，由滑动模式推得的公式(4-19)与由滚动模式得出的公式(4-5)在形式上完全相同，只是其中的系数的物理含义有所差异。在水流作用下床面颗粒的运动往往是时而滑动时而滚动，甚至时而跃动。但是初始运动形式是滑动还是滚动在有些文献[6]得到的结论是：“总是滑动早于滚动。”其实这类证明多欠严密，因而不能过早定论。根据张红武[7]等的室内试验结果初步来看，泥沙颗粒起初运动为滑动还是滚动，取决于床面的光滑程度，即当床面很光滑时，颗粒滑动早于滚动(球形颗粒除外)，而当床面较为粗糙时，颗粒滚动早于滑动，且床面颗粒的运动形式多为滚动。

二、单颗粒泥沙起动流速公式

一般所谈的起动条件是从单个颗粒的起动得来的。但颗粒在床面的位置各不相同，而且水流的作用也呈随机性，因此对于整个床面而言，颗粒动与不动也具有显著的随机性。随机过程不可能存在一个明确的起动标志，因而，需要利用概率论的方法研究泥沙的起动。我国学者韩其为[8]对该课题的研究具有很高的水平。应该承认，由于问题的复杂性，应用随机的或概率的方法去研究泥沙运动中的课题也是非常困难的。因此，沿用确定性的传统分析方法得到的起动流速公式，仍为工程设计提供了必要的参考和依据。在我国最常使用的有如下几个起动流速公式。

(一)沙莫夫公式[1]

$$v_c = 1.14\sqrt{\frac{\gamma_s - \gamma}{\gamma} g d}\left(\frac{h}{d}\right)^{1/6} \tag{4-22}$$

(二)武汉水利电力学院公式(以 kg、m、s 为单位制)[1]

$$v_c = \left(\frac{h}{d}\right)^{0.14}\left(17.6\frac{\gamma_s - \gamma}{\gamma} d + 0.000\ 000\ 605\frac{10 + h}{d^{0.72}}\right)^{1/2} \tag{4-23}$$

(三)李保如公式(以 cm、s 为单位制)[9]

当 $\frac{d v_c}{\nu}\left(\frac{d}{R}\right)^{1/6} < 50$ 时，有

$$v_c = 55.8 d^{0.1} \nu^{0.158} R^{1/6} \tag{4-24}$$

当 $\frac{d v_c}{\nu}\left(\frac{d}{R}\right)^{1/6} = 50 \sim 300$ 时，有

$$v_c = 57.3 d^{1/3} R^{1/6} \tag{4-25}$$

当 $\frac{d v_c}{\nu}\left(\frac{d}{R}\right)^{1/6} = 300 \sim 1\ 200$ 时，有

$$v_c = 36.8 d^{0.774} \nu^{-0.294} R^{1/6} \tag{4-26}$$

当 $\frac{d v_c}{\nu}\left(\frac{d}{R}\right)^{1/6} > 1\ 200$ 时，有

$$v_c = 79.75 d^{1/3} R^{1/6} \tag{4-27}$$

(四)窦国仁公式[10]

$$v_c = 0.32\left(\ln 11\frac{h}{\Delta}\right)\left(\frac{\gamma_s - \gamma}{\gamma} g d + 0.19\frac{g h \delta + \varepsilon_k}{d}\right)^{1/2} \tag{4-28}$$

式中：δ 及 ε_k 根据交叉石英丝试验结果定为 $\delta = 0.213\times10^{-4}$ cm，$\varepsilon_k = 2.56$ m^3/s^2；当 $d \leqslant 0.5$ mm时，取 $\Delta = 0.5$ mm；当 $d > 0.5$ mm时，取 $\Delta = d$。

(五)沙玉清公式[11]

$$v_c = \left[0.43d^{3/4} + 1.1\frac{(0.7-\varepsilon)}{d}\right]^{1/2} h^{1/5} \tag{4-29}$$

式中：ε 为空隙率，其稳定值约为 0.4；d 以 mm 计；v_c 以 m/s 计。

(六)唐存本公式[12]

$$v_c = \frac{1}{1+m}\left(\frac{h}{d}\right)^m \left[3.2\frac{\gamma_s - \gamma}{\gamma}gd + \left(\frac{\gamma'}{\gamma'_c}\right)^{10}\frac{C_e}{\rho d}\right]^{1/2} \tag{4-30}$$

式中：γ' 及 γ'_c 分别为泥沙颗粒的干容重及稳定干容重；$C_e = 2.9\times10^{-4}$ g/cm；m 为指数，对于一般天然河道，取 $m = \dfrac{1}{6}$，而对于水槽试验，m 按下式计算

$$m = \frac{1}{4.7}\left(\frac{d}{h}\right)^{0.06} \tag{4-31}$$

所列各公式中，沙莫夫公式适用于 $d > 0.15$ mm 的较粗颗粒，由于形式简便，因而在解决粗沙河流的泥沙问题时应用较多。李保如公式中的 $\dfrac{dv_c}{\nu}\left(\dfrac{d}{R}\right)^{1/6}$ 是一个表征沙粒直径与壁区流层厚度比值或沙粒雷诺数的函数，考虑了壁区层流对床面沙粒的淹没影响，因此该式适用于黏结力的影响尚不占主导地位的细颗粒泥沙。尤其是该式经过了黄河河床质起动流速水槽试验资料的率定，对于黄河泥沙问题的研究具有较大的实际意义。其余几个公式，都是概括散粒体和黏性细颗粒泥沙的统一的起动流速公式，适用范围较广。

大量室内实测资料的检验表明，各个公式基本上都能与试验点据相符。由于泥沙起动的野外观测资料很难获取，因此哪个公式更能符合实际情况，迄今难以定论。从各个起动流速公式的推演过程来看，其中都引入了两个以上的需要实测资料率定的系数，调整这些系数，即不难使公式的计算结果与那些水槽实测资料相吻合。从而可知，现有的公式基本上都属于半理论、半经验的范畴。根据我们的经验可初步认为，现有公式用于天然河流(尤其是大江大河)，其计算结果往往过于偏小。既然如此，在实际工作中，也可以侧重考虑公式形式的简便性，直接找出所要求粒径范围的起动流速公式。例如，张红武[13]在研究细沙河床的局部冲刷问题时，参考一些公式的结构形式，并通过粗略的量纲分析，得到的细沙起动流速公式($d \leqslant 0.15$ mm)为

$$v_c = 3.5\left(\frac{\gamma_s - \gamma}{\gamma}g\right)^{2/9}\frac{\nu^{5/9}}{\sqrt{d}}h^{1/6} \tag{4-32}$$

式中之所以引入运动黏滞系数 ν，是考虑到水温对泥沙的起动也有一定的影响。我们在室内试验中观察到，对于同一种模型沙($d_{50} \leqslant 0.035\ 5$ mm)，其起动流速随水温的升高而减少，随水温的降低而增加。这一现象似可通过李保如的观点来解释。即，近壁层流层的厚度(一般表示为 $11.6\ \nu/u_*$)随水温的升高而减少(因为水温变化直接影响水的运动黏滞性系数，水温升高，则运动黏滞系数减少)，从而减少了壁区流层厚度对泥沙颗粒的淹没影响，起动流速即相应降低。而水温降低后，壁区流层厚度增加，起动流速亦相应增加。

在欧美国家，不少学者习惯引入起动拖曳力来表征泥沙起动的临界水流条件，而且最广泛应用的是 Shields 曲线[14]。应该指出，该曲线选取的坐标存在一定的问题，表面上看似乎具有一定的规律性，而实际上，横坐标即使是变化了 500 倍(从 2 增加到 1 000)纵坐标也至多变化 2 倍左右，只是比相同横坐标下的点群分散幅度大一些。显然 Shields 曲线的实用价值是有限的。

三、天然多沙河流泥沙的起动流速

上述各起动流速公式，仅是经过了室内水槽试验资料率定的，天然河流均为非均匀沙。大量分析研究表明[15]，取床沙代表粒径 d_{50} 或 d_{cp}，采用起动流速公式计算像黄河这样的多沙河流泥沙起动流速时，计算结果一般比实际情况偏小较多。在工程实践中，天然河流特别是多沙河流泥沙的起动流速，一般通过点绘河床不冲流速与床沙质含沙量的关系曲线，取曲线中含沙量等于零时的不冲流速作为起动流速。张红武[16]对文献[17]和文献❶给出的黄河下游河道与引黄渠系不冲流速与含沙量、水深及泥沙粗度等野外资料进行了分析，点绘了不冲流速与含沙量的关系(见图 4-2)。由此确定出黄河下游床沙起动流速为 0.74~0.84 m/s，远比上述各公式计算结果大。

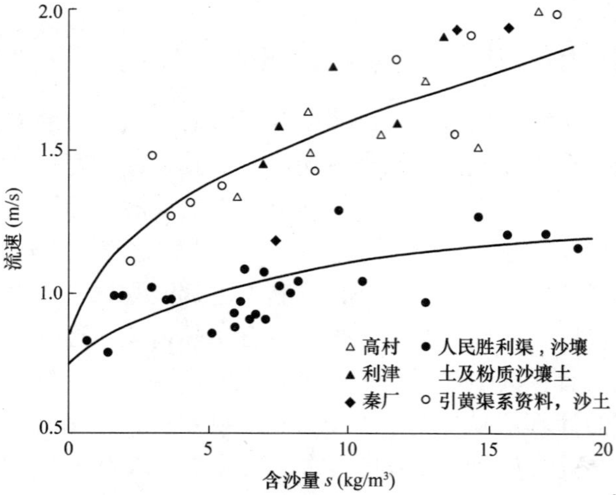

图 4-2　原型河床不冲流速与含沙量的关系

第二节　水流紊动强度沿垂线分布规律

脉动流速有大小、正负之分。人们通常用脉动流速的均方根来表示紊动强度。河流的纵、垂向紊动强度是紊流场中最主要的特征之一。对于水流紊动强度的分布规律，许多学者开展过研究。这里主要介绍张红武[18]的研究成果。

大量实测资料表明[1]，紊动流速沿 x、z 方向的分量 u_x' 、 u_z' 及掺长 l_1 为随机变量，则由 Prandtl 掺长理论得

❶ 黄河水利科学研究所. 引黄渠系不冲流速的初步分析. 1958.

$$\left|u_x'\right| = l_1 \frac{\mathrm{d}\overline{u}_x}{\mathrm{d}z} \tag{4-33}$$

$$\left|u_z'\right| = k_1 l_1 \frac{\mathrm{d}\overline{u}_x}{\mathrm{d}z} \tag{4-34}$$

由于脉动分速 u_x'、u_z' 均遵循高斯分布定律，故 $\left|u_x'\right|$、$\left|u_z'\right|$ 的分布为

$$f\left(\left|u_x'\right|\right) = \frac{2}{\sqrt{2\pi}\sigma_u} \exp\left(-\frac{u_x'^2}{2\sigma_u^2}\right) \tag{4-35}$$

$$f\left(\left|u_z'\right|\right) = \frac{2}{\sqrt{2\pi}\sigma_v} \exp\left(-\frac{u_z'^2}{2\sigma_v^2}\right) \tag{4-36}$$

式中：σ_u、σ_v 分别代表纵、垂向脉动流速的均方根，即紊动强度。由式(4-33)和式(4-35)得 l_1 的分布公式为

$$\Phi\left(l_1\right) = \frac{2\dfrac{\mathrm{d}\overline{u}_x}{\mathrm{d}z}}{\sqrt{2\pi}\sigma_u} \exp\left(-\frac{\left(\dfrac{\mathrm{d}\overline{u}_x}{\mathrm{d}z}\right)^2 l_1^2}{2\sigma_u^2}\right) \tag{4-37}$$

其数学期望

$$l_{1m} = \sqrt{\frac{2}{\pi}} \frac{\sigma_u}{\mathrm{d}\overline{u}_x/\mathrm{d}z} \tag{4-38}$$

同理，由式(4-34)及式(4-36)得

$$\Phi\left(l_1\right) = \frac{2k_1\dfrac{\mathrm{d}\overline{u}_x}{\mathrm{d}z}}{\sqrt{2\pi}\sigma_v} \exp\left(-\frac{k_1^2\left(\dfrac{\mathrm{d}\overline{u}_x}{\mathrm{d}z}\right)^2 l_1^2}{2\sigma_v^2}\right) \tag{4-39}$$

$$l_{1m} = \sqrt{\frac{2}{\pi}} \frac{\sigma_v}{k_1\,\mathrm{d}\overline{u}_x/\mathrm{d}z} \tag{4-40}$$

则由式(4-38)及式(4-40)得

$$\sigma_u = \frac{1}{k_1}\sigma_v \tag{4-41}$$

式(4-38)、式(4-40)之中的 l_{1m} 实际上与 Prantl 如下表达式中的 $\overline{l}_1$ 是同一个物理量，即

$$\tau_2 = k_1 k_2 \rho \overline{l}_1^{\,2} \left(\frac{\mathrm{d}\overline{u}_x}{\mathrm{d}z}\right)^2 \tag{4-42}$$

忽略黏性切应力后，将式(4-38)、式(4-40)、式(4-42)，并与二维均匀流切应力沿垂线分布表达式(3-22)与式(3-23)联解，可以分别解出

$$\sigma_u = \sqrt{\frac{\pi}{2k_1k_2}} \cdot \sqrt{1-\frac{z}{h}}u_* \tag{4-43}$$

$$\sigma_v = \sqrt{\frac{\pi k_1}{2k_2}} \cdot \sqrt{1-\frac{z}{h}}u_* \tag{4-44}$$

由式(4-41)可以看出，对于各向同性的紊流，$1/k_1=1$；对实际的紊流，一般属各向异性，则$1/k_1>1$。但随着相对水深z/h的增加，壁面的制约作用逐渐减弱，水流的紊动往往由各向异性逐步接近于各向同性，亦即k_1应随z/h而变。此外，在近壁流区，粗糙度Δ使纵向紊动强度减弱。同时，由于受连续性的制约，垂向紊动强度相应增大[19]，因此k_1应是z/h及z/Δ的函数。我们进一步分析该函数的具体形式，并采用 H. Reichardt 在矩形风洞中的测量结果[20]，确定有关的系数和指数，得出

$$\frac{1}{k_1} = 1.15\left(\frac{h}{z}\right)^{0.28}\left[1+\exp\left(-\frac{z}{\Delta}\right)\right]^{-1} \tag{4-45}$$

及

$$k_2 = 0.64 \tag{4-46}$$

将式(4-45)、式(4-46)代入式(4-43)及式(4-44)，即可得到同时适用于光滑及粗糙壁面的紊动强度分布，即纵向紊动强度

$$\sigma_u = 1.68\left(\frac{h}{z}\right)^{0.14}\sqrt{\frac{1-z/h}{1+\mathrm{e}^{-z/\Delta}}}u_* \tag{4-47}$$

及垂向紊动强度

$$\sigma_v = 1.461\left(\frac{z}{h}\right)^{0.14}\sqrt{\left(1+\mathrm{e}^{-z/\Delta}\right)\left(1-\frac{z}{h}\right)}u_* \tag{4-48}$$

式(4-47)和式(4-48)不仅得到了熊刚等国内学者的验证(采用二维激光流速仪在水槽中测验的结果[21])，而且同国外学者 Grass 采用氢气泡法获得的实验资料[22]也较为吻合(见图 4-3)，且形式简单。由于推导过程中，忽略了黏滞切应力，故上述公式只适应于黏性底层以外的流区。但由图 4-3 的验证结果表明，垂向紊动强度公式在靠近边壁的流区也能近似适用，这对我们研究紊流对位于壁面泥沙的相互作用，具有重要的实际意义。

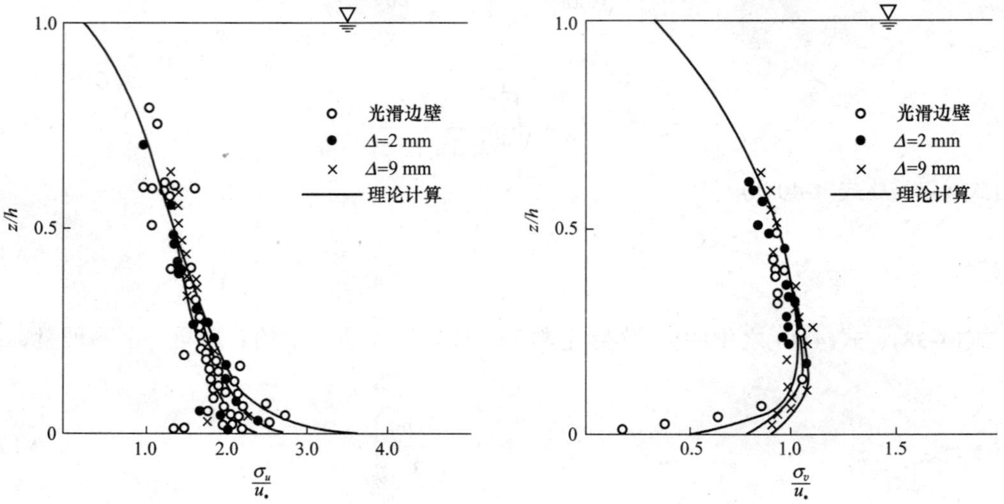

图 4-3 紊动强度分布公式及试验点据比较

参考文献

[1] 谢鉴衡．河流泥沙工程学(上册)[M]．北京：水利出版社，1981.

[2] 张红武．冲积河床糙率模拟问题的探讨[J]．武汉水利电力学院学报，1986 (3) :42-48.

[3] 李保如，等．推移质起动条件试验冲刷资料的分析[R]．南京：南京水利科学研究所，1954.

[4] 侯晖昌．河流动力学基本问题[M]．北京：水利出版社，1982.

[5] 张红武，江恩惠，白咏梅，等．黄河高含沙洪水模型的相似律[M]．郑州：河南科技出版社，1994.

[6] D·斯蒂芬森．堆石工程水力计算[M]．李开运，等译．北京：海洋出版社，1984.

[7] 张红武，王家寅．沙石及模型沙水下休止角的试验研究[J]．泥沙研究．1989 (3) :90-96.

[8] 韩其为，何明民．推移质扩散的随机模型及统计规律[J]．中国科学:A 辑，1980(4):396-408.

[9] 李保如．泥沙起动流速的计算方法[J]．泥沙研究，1964，4(1) :71-79.

[10] 窦国仁．泥沙运动理论[R]．南京：南京水利科学研究所，1963

[11] 沙玉清．泥沙动力学引论[M]．北京：中国工业出版社，1965.

[12] 唐存本．泥沙起动的规律[J]．水利学报，1963(2) :1-12.

[13] 张红武．河流力学选讲[R]．郑州：黄河水利科学研究所，1987.

[14] A Shields. Anwendung der Aehnlichkeitsmechanik und der Turbulenzforschung auf die Geschiebewegung Mitt[R]. Berlin：Preussische Versuchsanstanstalt für Wasserbau and Schiffbau. 1936.

[15] 张红武，江恩惠，陈书奎，等．黄河花园口至东坝头河道整治模型试验研究[M]．郑州：黄河水利出版社，2001.

[16] 张红武，等．黄河花园口至东坝头河道整治模型的设计[R]．郑州：黄河水利科学研究院，1990.

[17] 罗国芳，等．黄河下游不冲流速的初步分析[R]．郑州：黄河水利科学研究院，1958.

[18] 张红武，吕昕．弯道水力学[M]．北京：水利电力出版社，1993.

[19] 夏震寰．现代水力学(第三册 紊动力学)[M]．北京：高等教育出版社，1990.

[20] H Reichardt. Vollstanding Darstellung der turbelenten Geskhwincigkeitsverteilung in glatten Leitungen[J]. ZAMM, 1951, 31:208-219.

[21] 熊刚，戴光清，游勇．明渠水流湍流结构的试验研究[J]．气动实验与测量控制, 1991 , 5(3) :42-48.

[22] Grass A J . Structural features of turbulent flow ouer smooth and rough boundaries [J]. Fluid Mech, 1971, 50:233-255.

第五章 河道挟沙水流含沙量沿垂线分布规律

悬移质含沙量垂线分布规律的研究有很长历史，迄今为止，研究众多，而且从不同的角度出发，都获得了较好的结果。其中，最著名的是 Rouse H.根据扩散理论得出的公式[1]。含沙量沿垂线分布的确定，不仅直接关系到取水防沙工程的规划设计，而且也是据以推求悬移质输沙率的重要途径，因而成为研究悬移质运动的一个核心问题。

第一节 河道挟沙水流含沙量沿垂线分布研究现状

一般河渠水流均为紊流，泥沙之所以能够悬浮是由于水流紊动扩散及泥沙颗粒重力两种作用综合的结果，这就是颗粒扩散理论所依据的基本概念。实质上，扩散理论反映的是悬移质在水流中处于平衡状态时所应满足的连续方程或质量守恒方程，这一方程可用 Schmidt 方程表示[2]，即

$$\omega S_V + \varepsilon_s \frac{\mathrm{d}S_V}{\mathrm{d}z} = 0 \tag{5-1}$$

式中：ε_s为颗粒交换系数；S_V为按体积计的悬浮颗粒浓度；ω为颗粒在静止清水中的沉降速度。

因为$S_V = S / \gamma_s$，式(5-1)又可表示为

$$\omega S + \varepsilon_s \frac{\mathrm{d}S}{\mathrm{d}z} = 0 \tag{5-2}$$

式中：S为含沙量，kg/m^3。

为了求解式(5-2)，必须知道ε_s在浑水中的变化规律。解决这一问题的一个最简单的途径，是把泥沙紊动扩散与紊流动量交换(扩散)进行类比，从类比中确定ε_s的表达式，因为从物理本质上看，这两种现象有许多类似之处。例如，前者是具有不同含沙量的涡体因紊动掺混，进行泥沙交换，而在单位截面上产生泥沙扩散的现象；后者是具有不同动量的涡体通过紊动掺混，进行动量交换，而在单位截面上产生紊动附加切应力的情况。二者均可用费克定律写出它们的表达式

$$g_2 = -\varepsilon_s \frac{\mathrm{d}S}{\mathrm{d}z} \tag{5-3}$$

$$\tau = \varepsilon \frac{\mathrm{d}(\rho u)}{\mathrm{d}z} \tag{5-4}$$

式中：ρu为水流单位体积中具有的动量；ε为紊动运动黏性系数，也叫动量交换(扩散)系数。

从上述类比中可看出：ε_s与ε在本质上是十分近似的，它们都是紊动涡体所含特征量(如泥沙或动量)的扩散(或交换)系数。虽然传递动量和悬移质的涡体尺度和强度可能不一

致，但可假定二者相等或成比例，即令

$$\varepsilon_s = \beta\varepsilon \tag{5-5}$$

式中：β是一个比例系数，当$\beta=1$时，$\varepsilon_s=\varepsilon_0$。由式(3-4)可得

$$\varepsilon = \frac{\tau}{\rho\dfrac{\mathrm{d}u}{\mathrm{d}z}} \tag{5-6}$$

一、Rouse 公式

Rouse 公式在流速分布的处理上，采用了卡门–普兰特尔(Th.von.karman–L.Prandtl)[1]对数分布公式，由流速对数分布公式可求出

$$\frac{\mathrm{d}u}{\mathrm{d}z} = \frac{u_*}{\kappa z} \tag{5-7}$$

将式(5-7)及τ的表达式(3-22)代入式(5-6)，即得

$$\varepsilon = u_*\kappa z\left(1-\frac{z}{h}\right) \tag{5-8}$$

故

$$\varepsilon_s = \beta\varepsilon = \beta u_*\kappa z\left(1-\frac{z}{h}\right) \tag{5-9}$$

将式(5-9)在a与z的范围内积分(a为一较小值)，并令S_a为$y=a$处的时均含沙量，则得(取$\beta=1$)

$$S/S_a = \left(\frac{h-z}{z}\cdot\frac{a}{h-a}\right)^{\omega/\kappa} \tag{5-10}$$

很多学者的研究业已证明，如果颗粒较细且浓度较小，Rouse 公式与实测资料比较符合；但如果颗粒较细，浓度较大时，计算结果与实测资料有较大的偏差。总的来说，实测的浓度沿垂线的分布较 Rouse 公式计算的分布曲线更均匀些。人们将出现上述状况的原因，多归之于视悬移质扩散系数ε_s与流体紊动动量传递系数ε相等的假设。

Rouse公式存在的另两个缺陷，是计算的水面含沙量总为零和床面含沙量总为无穷大，这既与实际不符，又在理论上难以解释。造成这种缺陷的主要原因是，引用了对数型流速分布公式确定紊动扩散系数ε，即对数型流速分布公式本身在处理与流速梯度等有关的问题时，起到了不能令人满意的作用。正因为这样，有许多学者试图对 Rouse 公式进行修正。

二、张瑞瑾公式

张瑞瑾认为[3]，造成式(5-10)存在上述缺陷的最根本原因是采用卡门–普兰特尔对数流速分布公式确定与掺长有关的紊动扩散系数。为此，早在 1950 年，张瑞瑾就对 Rouse 公式进行了修改研究，他在推导二维恒定流的平衡情况下含沙量沿垂线分布的公式时，采用了直接从与尼库拉兹实测资料相符的掺长公式推导出来的王志德(音译)流速分布公式。王志德流速分布梯度表达式为

$$\frac{\mathrm{d}u}{\mathrm{d}\eta} = -\frac{2}{\kappa}u_*\sqrt{\eta}\left(\frac{1}{1-\eta^2}+\frac{1}{2.33+\eta^2}\right) \tag{5-11}$$

式中：$\eta=1-z/h$。

为了利用王志德流速分布公式推导相应的含沙量沿垂线分布公式，张瑞瑾先将式(5-7)与式(5-2)分别改写为

$$\varepsilon_{sy}=-\frac{u_*^2 h\eta}{\mathrm{d}u/\mathrm{d}\eta} \tag{5-12}$$

及

$$\omega S-\frac{\varepsilon_{sy}}{h}\frac{\mathrm{d}S}{\mathrm{d}\eta}=0 \tag{5-13}$$

由式(5-12)和式(5-13)，得

$$\omega S\frac{\mathrm{d}u}{\mathrm{d}\eta}+\eta u_*^2\frac{\mathrm{d}S}{\mathrm{d}\eta}=0 \tag{5-14}$$

再将根据王志德流速分布公式求出的流速梯度表达式代入式(5-14)，积分得

$$\frac{\kappa u_*}{\omega}\ln S=2\arctan\sqrt{\eta}+\ln\frac{1+\sqrt{\eta}}{1-\sqrt{\eta}}+\frac{\sqrt{2}}{a^{3/2}}\left[\ln\frac{\eta+\sqrt{2a\eta}+a}{\sqrt{a^2+\eta^2}}\right.$$

$$\left.+\arctan\left(1+\sqrt{\frac{2\eta}{a}}\right)-\arctan\left(1-\sqrt{\frac{2\eta}{a}}\right)\right]+C \tag{5-15}$$

若令η等于某定值η_a处的时均含沙量为某一定值 S_a，又令 $f(\eta)$代表式(5-15)等号右侧各项，则式(5-15)可简写为

$$\frac{\kappa u_*}{\omega}\ln\frac{S}{S_a}=f(\eta)-f(\eta_a) \tag{5-16}$$

或

$$\frac{S}{S_a}=\mathrm{e}^{\frac{\omega}{\kappa u_*}[f(\eta)-f(\eta_a)]} \tag{5-17}$$

式(5-17)即为张瑞瑾在 1950 年提出的二维恒定均匀流平衡情况下相对含沙量沿垂线分布的公式。该公式与 Rouse 公式相比，克服了后者在水面含沙量为零的缺点。但缺点是公式的形式复杂，使用不方便。

三、陈永宽公式

陈永宽在实测资料分析基础上，认为在含沙量较高的水流中，指数流速分布公式较对数流速分布公式更符合实际，于是根据扩散理论求得与指数流速分布公式相应的含沙量分布公式[4]。

指数流速分布公式的形式为

$$\frac{u}{u_{\max}}=\left(\frac{z}{h}\right)^m=\xi^m \tag{5-18}$$

式中：m 为指数；$\xi=z/h$。式(5-18)可转化为如下形式

$$\frac{u}{u_*}=(1+m)\frac{C}{\sqrt{g}}\xi^{m-1} \tag{5-19}$$

式中：C 为谢才系数。相应的流速梯度及水流动量传递系数的表达式为

$$\frac{\mathrm{d}u}{\mathrm{d}\xi}=\frac{C}{\sqrt{g}}u_* m(1+m)\xi^{m-1} \tag{5-20}$$

$$\varepsilon_m = \frac{\sqrt{g}}{C}\frac{hu_*}{m(1+m)}\xi^{1-m}(1-\xi) \tag{5-21}$$

假定 $\varepsilon_s = \varepsilon_m$，将式(5-21)代入方程(5-2)，解得含沙量沿垂线分布公式

$$\frac{S}{S_a} = \exp\left\{-\frac{\omega C}{u_*\sqrt{g}}[f(\xi) - f(\xi_a)]\right\} \tag{5-22}$$

其中

$$\begin{aligned} f(\xi) &= m(m+1)\int\frac{\xi^{m-1}}{1-\xi}\mathrm{d}\,\xi \\ &= -m(m+1)\xi^{m-1}\left[\ln(1-\xi)+(m-1)\xi\sum_{i=0}^{\infty}\frac{\xi^i}{(1+i)(m+i)}\right] \end{aligned} \tag{5-23}$$

式(5-23)中的级数是收敛的。实际应用时，只需取级数前数项即可。

由于 $f(\xi)$ 计算较麻烦，陈永宽另取 $\varepsilon_s = \varepsilon_{mpj}$（$\varepsilon_{mpj}$ 为 ε_m 的垂线平均值)求解扩散方程。ε_{mpj} 可通过积分式(5-21)而得

$$\varepsilon_{mpj} = \frac{hu_*\sqrt{g}}{Cm(m+1)(m-2)(m-3)} \tag{5-24}$$

将其代入方程(5-2)而得

$$\frac{S}{S_a} = \mathrm{e}^{-P(m^4-4m^3+m^2+6m)(\xi-\xi_a)} \tag{5-25}$$

式中，$P = \dfrac{\omega C}{u_*\sqrt{g}}$。当 $P<5$ 时，可略去高次项 m^4、m^3，于是得到简化公式

$$\frac{S}{S_a} = \mathrm{e}^{-P(m^2+6m)(\xi-\xi_a)} \tag{5-26}$$

验证表明：该式结构合理，能满足一般精度要求，特别是对于含沙量较高的情况，尤较奥布–劳斯公式为优。此外，式(5-26)计算水面含沙量不为 0，河底含沙量不为∞，从而避免了 Rouse 公式的两个缺点。

四、黄才安研究成果

黄才安将挟沙水流切应力分为两部分：水流紊动切应力和泥沙碰撞切应力。原作者认为[5]，两种切应力均会引起泥沙的扩散。其中紊动切应力引起的泥沙紊动扩散系数等同于水流动量交换系数，即

$$\varepsilon_s = \varepsilon_m = \frac{\tau_f}{\rho(1-S)\dfrac{\mathrm{d}u}{\mathrm{d}y}} \tag{5-27}$$

同样，颗粒碰撞也会引起泥沙在垂线方向的交换通量，泥沙颗粒碰撞切应力采用式(3-9)计算，类似于水流紊动扩散系数的求法，可得泥沙颗粒碰撞交换系数

$$\varepsilon_d = \frac{\tau_s}{\rho_s\dfrac{\mathrm{d}u}{\mathrm{d}y}} \tag{5-28}$$

泥沙的沉降通量 ω_s 与泥沙紊动扩散通量及泥沙碰撞通量之和平衡，得到

$$\omega_s+\left(\varepsilon_s+\varepsilon_d\right)\frac{\mathrm{d}S}{\mathrm{d}y}=0 \tag{5-29}$$

引入式(5-7)可得泥沙扩散方程式为

$$\omega_s+\left(\kappa u_* y\frac{1-y/h}{1-S}+au_*\frac{\rho_s}{\rho S}\frac{\lambda^2 d^2}{\kappa y}\right)\frac{\mathrm{d}S}{\mathrm{d}y}=0 \tag{5-30}$$

这就是原作者提出的泥沙浓度分布计算的模式。

五、倪晋仁研究成果

倪晋仁等近年来在研究固液两相流运动中有关悬移质含沙量分布问题时取得了一些新的成果[6]。这项成果主要表现在两个方面：一是悬移质含沙量垂线分布的类型及其力学机理；二是悬移质含沙量垂线分布公式的统一表达形式。

悬移质含沙量沿垂线分布的型式，长期以来人们一直将其视为自水面到河底的上稀下浓型(或上小下大型)。尽管这样的情况是自然界中的普遍现象，但是水槽、管道试验及天然河流实测中，含沙量沿垂线分布自水面向河底先由小到大，再由大到小，在距河底不远处达最大值的变化规律也时有所见。倪晋仁等人分别把这两种情况的分布称之为Ⅱ型和Ⅰ型，如图 5-1 所示。

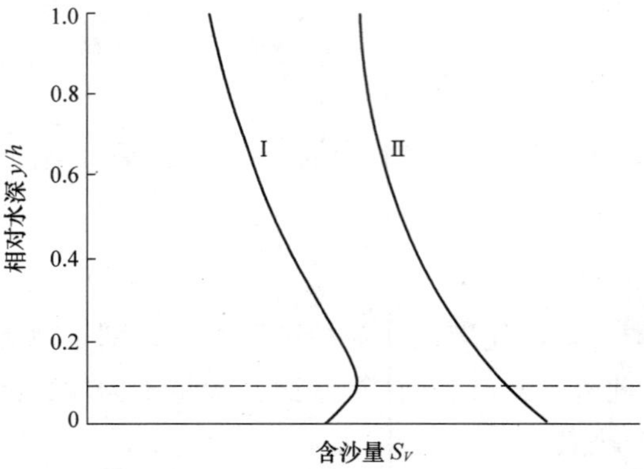

图 5-1　悬移质含沙量垂线分布Ⅰ型、Ⅱ型示意图

倪晋仁等研究发现，过去在研究悬移质含沙量分布时，往往把决定泥沙悬浮的主要因素垂向脉动流速 $|v'|$ 通过卡门–普兰特尔掺长理论假设转化成了流速分布，而这种转化本身存在明显的不合理性，以致带来所得含沙量分布公式因所选流速分布公式不同而不同的问题。他们不采用通常的这种转化，而直接从 v' 服从正态分布($|v'|$ 的概率分布可由 v' 的分布导出)的概率统计特性入手，给定相应的条件，从理论上证明了前述两种分布确实存在，经数学推导，得到能统括两种分布类型的含沙量分布表达式。原作者表明，实际情形中Ⅰ、Ⅱ两型分布的含沙量分布规律都可能存在。而出现Ⅰ型分布的原因，主要是受底面光滑度和颗粒粗细所影响。对于相同的两相流条件，底面愈光滑愈易出现Ⅰ型分布；在相同的底部条件下，颗粒愈粗愈易出现Ⅰ型分布。对于浓度不大的情况，Ⅰ型分布的极值位置一般在 $y/h<0.1$ 区域内。

关于Ⅱ型含沙量分布，过去的研究较多地把注意力集中在通过选用不同形式的流速分

布公式，代入扩散方程而得出相应的含沙量分布公式。倪晋仁等改变依据流速分布公式推求含沙量分布公式的做法，而直接从 v' 所服从的概率分布规律出发探求出含沙量分布统一公式。这样所得的含沙量分布公式，避开了卡门–普兰特尔掺长假说和掺长 l 及 $\mathrm{d}u/\mathrm{d}y$ 随含沙量变化规律不清楚的困难，同时利用了 $\sqrt{v'^2}$ 随含沙量的变化较为稳定的特性，从而免除了通常的两相流中卡门常数 κ 与悬浮指标修正系数 β 不确定的麻烦。

倪晋仁等获得的含沙量Ⅱ型分布的统一公式形式如下：

$$\int_{S_{Va}}^{S_V}\frac{\mathrm{d}S_V}{S_V\left(1-S_V\right)^a}=\int_a^h\frac{\sqrt{2\pi}\dfrac{\omega_0}{u_*}}{y\left(1-y/h\right)^n}\mathrm{d}y \tag{5-31}$$

式中：S_{Va} 为高程 a 处的含沙量(体积比计)；n 为反映固液两相特性对颗粒跳跃特征长度影响的指数；a 为考虑含沙量影响的沉速公式 $\omega=\omega_0\left(1-S_V\right)^a$ 中的指数。式(5-31)中右侧的 $\sqrt{2\pi}\times\dfrac{\omega_0}{u_*}$，其值正巧等于奥布–劳斯公式中的悬浮指标。

目前常见的含沙量分布公式都是在浓度较低情形下推演出来的。对于这种情况，$a\approx0$。通过分析，取不同的 n 值，由式(5-31)可得出各种各样的公式。例如当取 a=0，n=1 时，由式(5-31)便可得到奥布–劳斯公式。

有了统一形式的含沙量分布公式，一方面可以通过改变 n 值得出各种形式不相同的公式，另一方面可对现有各家公式的结构形式及优缺点进行统一比较，以便优选出结构最合理、与实际最为接近的公式来，这无疑会对含沙量分布问题的研究和应用带来很大方便。

此外，对于高含沙水流中悬沙浓度分布规律，也有一些学者进行过研究[7]。但由于天然河道水流，特别是高含沙水流中的悬移质运动特性远较室内试验复杂得多，现有成果远不能直接应用于黄河下游实际之中，因此尚有必要开展新的探讨。

第二节　河道挟沙水流含沙量垂线分布统一公式

为使含沙量分布公式在整个流区内都能适用，且能描述天然河流中一般含沙量和高含沙量沿水深的分布规律，张红武选用第三章给出的流速公式(3-34)求解扩散方程式(5-2)。首先由式(3-34)求导得

$$\frac{\mathrm{d}u}{\mathrm{d}z}=\frac{u_*}{c_n h}\sqrt{\frac{h-z}{z}} \tag{5-32}$$

将式(5-32)及式(3-22)和式(3-23)代入式(5-6)，即得

$$\varepsilon_s\approx\varepsilon=c_n u_*\sqrt{z\left(h-z\right)} \tag{5-33}$$

将式(5-33)代入式(5-2)，整理得

$$\frac{\mathrm{d}S}{S}=-\frac{\omega}{c_n u_*}\frac{\mathrm{d}z}{z\sqrt{\dfrac{h}{z}-1}} \tag{5-34}$$

将式(5-34)在 a 到 z 的范围内积分，则得

$$\begin{aligned}\ln\frac{S}{S_a}&=\frac{\omega}{c_n u_*}\int_a^z\frac{\mathrm{d}z}{z\sqrt{\frac{h}{z}-1}}\\&=\frac{2\omega}{c_n u_*}\arctan\sqrt{\frac{h}{z}-1}\Bigg|_a^z\\&=\frac{2\omega}{c_n u_*}\left[\arctan\sqrt{\frac{h}{z}-1}-\arctan\sqrt{\frac{h}{a}-1}\right]\end{aligned}\tag{5-35}$$

进一步可求出

$$S=S_a\exp\left[\frac{2\omega}{c_n u_*}\left(\arctan\sqrt{\frac{h}{z}-1}-\arctan\sqrt{\frac{h}{a}-1}\right)\right]\tag{5-36}$$

式(5-36)克服了 Rouse 公式在水面和河底部位出现的缺陷，即式(5-36)不仅在水面处适用，而且参考点 a 取得相当小时，含沙量仍不会出现等于无穷大的不合理现象。这在研究近壁含沙量的课题中，具有不可替代的作用。

应该承认，上述公式只能计算出相对含沙量 S/S_a 沿垂线的分布规律，运用它们求某点的含沙量，尚必须事先得知垂线上任意点 $z=a$ 处的含沙量 S_a 才行，这样一方面增加了分析中的麻烦，另一方面还限制了这类公式的使用范围。为此，曾有学者试图探讨直接求绝对含沙量沿垂线分布的途径，谢鉴衡及丁君松的研究具有较高的理论和实用价值，其研究方法是将相对含沙量分布中的参考点不选在河底，而选在含沙量等于垂线平均含沙量即已知水流挟沙力之处[8,9]。这样唯一存在的问题是，必须找到含沙量等于垂线平均含沙量处的相对水深值 η_{cp} 。于是，我们依照这两位教授的处理方法，先将式(5-36)改写为如下形式(取 $c_n=0.375$ ， $\eta=z/h$)

$$\begin{aligned}S&=S_{cp}\exp\left(-5.333\frac{\omega}{\kappa u_*}\arctan\sqrt{\frac{1}{\eta_{cp}}-1}\right)\cdot\exp\left(5.333\frac{\omega}{\kappa u_*}\arctan\sqrt{\frac{1}{\eta}-1}\right)\\&=A_1S_{cp}\exp\left(5.333\frac{\omega}{\kappa u_*}\arctan\sqrt{\frac{1}{\eta}-1}\right)\end{aligned}\tag{5-37}$$

式中： η_{cp} 为平均含沙量 S_{cp} 对应的相对水深值。

$$A_1=\exp\left(-5.333\frac{\omega}{\kappa u_*}\arctan\sqrt{\frac{1}{\eta_{cp}}-1}\right)\tag{5-38}$$

$$S_{cp}=\frac{1}{v_{cp}}\int_0^1 Su\,\mathrm{d}\eta\tag{5-39}$$

将上述含沙量分布表达式(5-37)及纵向流速分布公式(3-33)代入式(5-39)，则得

$$S_{cp}=A_1S_{cp}\int_0^1 f\left(\frac{\sqrt{g}}{c_nC},\eta\right)\exp\left(5.333\frac{\omega}{\kappa u_*}\arctan\sqrt{\frac{1}{\eta}-1}\right)\mathrm{d}\eta\tag{5-40}$$

其中

$$f\left(\frac{\sqrt{g}}{c_nC},\eta\right)=1-\frac{3\pi}{8c_n}\frac{\sqrt{g}}{C}+\frac{\sqrt{g}}{c_nC}\left(\sqrt{\eta-\eta^2}+\arcsin\sqrt{\eta}\right)\tag{5-41}$$

由式(5-41)可解出

$$A_1 = \left[\int_0^1 f\left(\frac{\sqrt{g}}{c_n C}, \eta\right) \exp\left(5.333 \frac{\omega}{\kappa u_*} \arctan\sqrt{\frac{1}{\eta} - 1}\right) \mathrm{d}\eta \right]^{-1} \tag{5-42}$$

将式(5-42)代入式(5-37)，即得

$$S = \frac{1}{N_0} S_{cp} \exp\left(5.333 \frac{\omega}{\kappa u_*} \arctan\sqrt{\frac{1}{\eta} - 1}\right) \tag{5-43}$$

其中

$$N_0 = \int_0^1 f\left(\frac{\sqrt{g}}{c_n C}, \eta\right) \exp\left(5.333 \frac{\omega}{\kappa u_*} \arctan\sqrt{\frac{1}{\eta} - 1}\right) \mathrm{d}\eta \tag{5-44}$$

第三节　含沙量沿垂线分布公式的分析与验证

一、与 Rouse 公式的比较

本章前文已经提到，大量资料表明，在颗粒较细且浓度较低的条件下，Rouse 公式是适用的，此时该公式基本上被视为经典公式。因此，我们首先将式(5-37)在一般挟沙水流条件下(此时 c_n、ω 都不再考虑含沙量的影响，可视为常数)同 Rouse 作一比较。为了给出相同的参数——“悬浮指标”（$\omega / \kappa u_*$），引入涡团参数 c_n 与 κ 的关系式(3-21)，则式(5-37)变为

$$\frac{S}{S_a} = \exp\left[5.33 \frac{\omega}{\kappa u_*} \left(\arctan\sqrt{\frac{h}{z} - 1} - \arctan\sqrt{\frac{h}{a} - 1}\right)\right] \tag{5-45}$$

垂线上相对参考点 a 同样取 0.05 h，则式(5-45)又可写为

$$\frac{S}{S_a} = \exp\left[5.33 \frac{\omega}{\kappa u_*} \left(\arctan\sqrt{\frac{h}{z} - 1} - 1.345\right)\right] \tag{5-46}$$

依式(5-46)及 Rouse 公式计算得出的含沙量分布图形如图 5-2 所示。

由图可见，式(5-45)与式(5-46)相比，我们的公式水面含沙量不一定为零，在临近水面处相对含沙量较 Rouse 公式为大，亦即前者克服了后者在水面含沙量为零的主要缺点。在其余部位，两条曲线相差不多，往往是上部我们的公式计算结果较 Rouse 公式的略小一些，而下部又较 Rouse 公式计算值略大一些。

二、实测资料的检验

作为统一公式，必须能适用于不同条件下的含沙量分布规律。采用我们水槽试验测得的资料及无定河等天然河道资料，对式(5-37)进行了系统的检验。为适应高含沙水流时的需要，公式中的涡团参数 c_n 及沉速 ω 应分别是采用式(3-18)及式(2-50)确定。

图 5-3 为式(5-37)与水槽资料的比较结果，表明两者基本一致。图 5-4 为采用无定河丁家沟资料对式(5-37)的部分验证结果。不难看出，式(5-37)具有很强的适应性，特别是能与天然高含沙紊流中的含沙量垂线分布相符合，这是相当难得的。

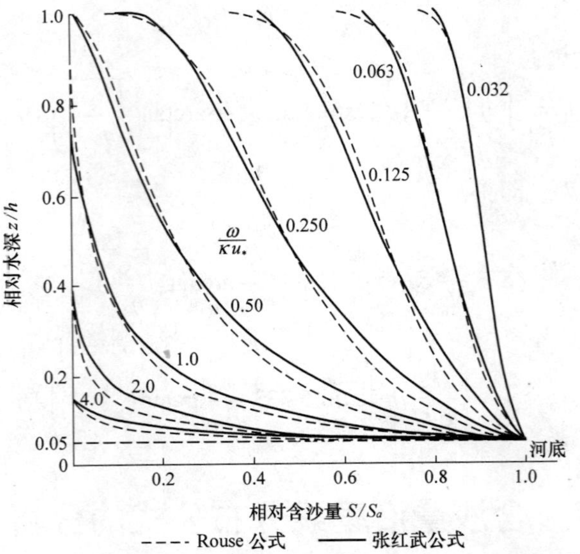

图 5-2　张红武含沙量垂线分布公式与 Rouse 公式的比较

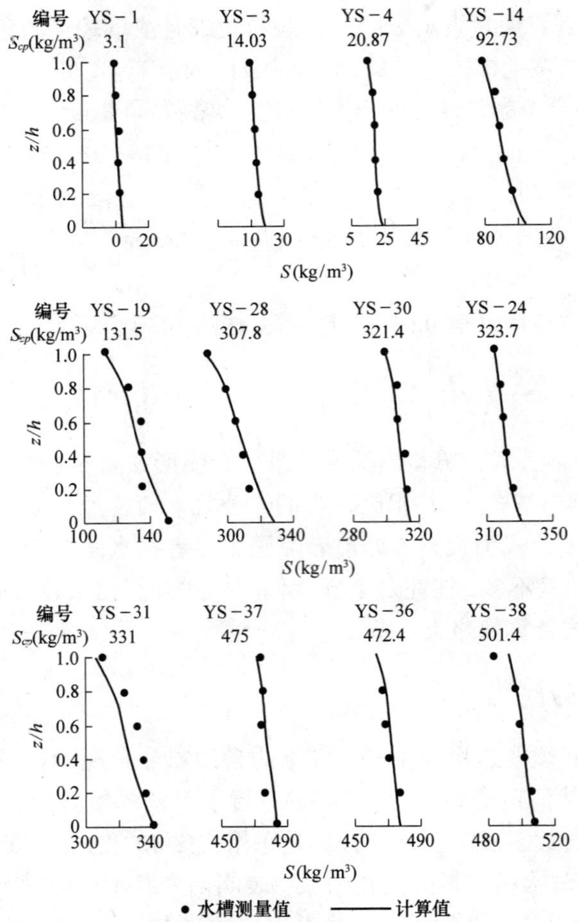

图 5-3　水槽资料对式(5-37)的验证

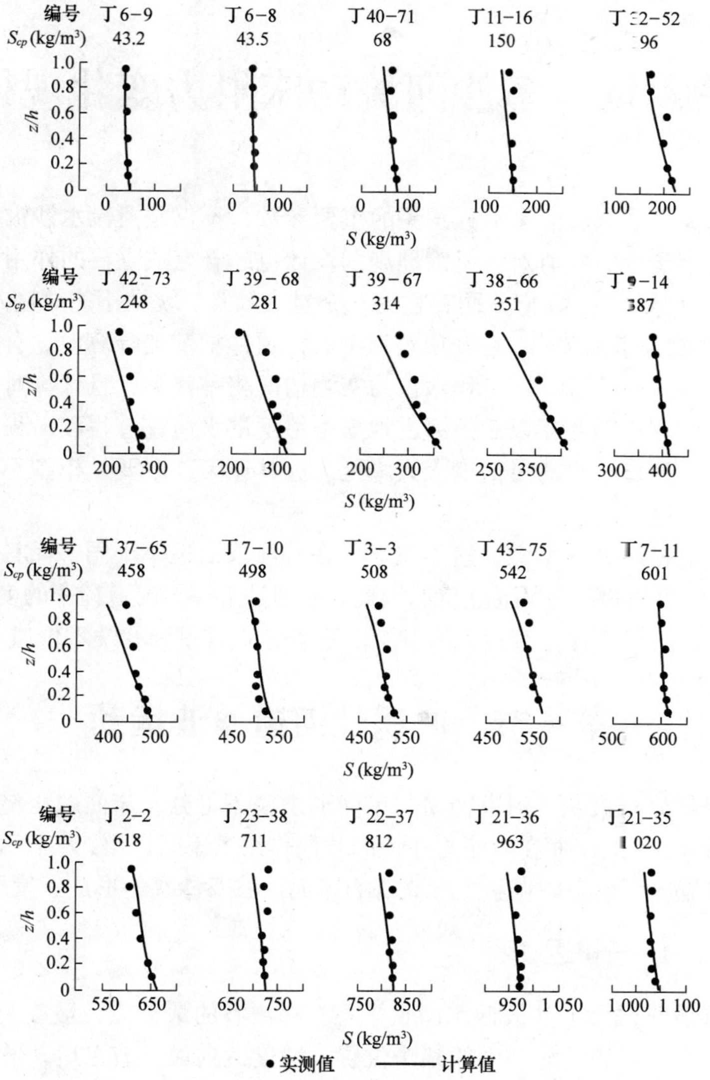

图 5-4 天然多沙河流中含沙量分布测验资料与计算曲线的比较

参 考 文 献

[1] Rouse H. Modern Conception of the Mechanics of Turbulence[J]. Trans.ASCE，1937,102:436-507.

[2] Graf W H. Hydraulics of Sediment Transport[M]. New York：Mc Graw-Hill Book Company, 1971.

[3] 张瑞瑾，谢鉴衡，王明甫，等. 河流泥沙动力学[M]. 北京：水利电力出版社，1989.

[4] 陈永宽. 悬移质含沙量沿垂线分布[J]. 泥沙研究，1984(1) :31-40.

[5] 黄才安. 水流泥沙运动基本规律[M]. 北京：海洋出版社，2004.

[6] 倪晋仁，王光谦，张红武. 固液两相流基本理论及其最新应用[M]. 北京：科学出版社，1991.

[7] 钱宁，费祥俊，夏震寰，等. 高含沙水流运动[M]. 北京：清华大学出版社，1989.

[8] 谢鉴衡. 河流泥沙工程学(上册)[M]. 北京：水利出版社，1981.

[9] 丁君松. 悬移质含沙量沿垂线分布的研究及其应用[J]. 武汉水利电力学院学报，1981，14(4) :44-45.

第六章　多沙河流动床阻力变化规律

河道糙率作为表征水流能量沿程损失的重要参数，不仅是河流水沙输移模拟中必须考虑的问题，而且该参数的取值对河道治理规划设计也起着至关重要的作用。美国对其 6 个主要数学模型评价时认为，它们共同存在的一个重大缺点，就是不能从输入数据(指河流进口水沙条件)来准确预报糙率[1]。在开展黄河下游河道冲淤演变计算时，有些模型虽然河道冲淤量计算值与实测值接近，但沿程水位与实测情况相差甚大，且计算时段越长，相差越远，从而导致模型计算到几年以后的河道地形条件下洪水演进过程和沿程水位表现等与实际情况相去甚远，计算结果的可信度大大降低。究其原因，主要是模型不能准确模拟黄河下游河道糙率变化过程。

黄河下游河道糙率并非常数，这不仅表现在各河段的糙率不同，而且即使对于同一断面，从滩地到主河槽的糙率变幅也很大。因此，从理论上探讨河道糙率的变化规律，以提高数学模型预测结果的可靠性，直接为治黄生产服务，具有重要的学术价值与实用价值。

第一节　冲积性河道沙波运动

大量实测资料分析表明，河道糙率与床面形态密不可分，床面越粗糙，糙率越大。对于冲积性河道而言，河道床面在水流与泥沙的共同作用下不断调整，从而引起河道动床阻力的变化。冲积河流床面形态的调整主要表现为床面沙波及沙垄的形成、发展、消退与运移。

一、沙波的形态和运动特性

图 6-1 为沙波纵剖面。沙波迎水面较平坦，在波谷的最低点，坡度为 0，自此往上，坡度逐渐增加，在波谷和波峰之间的某个位置，坡度达到最大值之后，坡度又逐渐减小，到达波峰顶处，坡度趋近于 0。背水面较陡峻，背水面因受到反向漩涡的推挡作用，坡度一般要比泥沙在水下的休止角稍陡一些。背水面的坡度变化与迎水面不同，在波峰处最大，此后逐渐减小，到坡底(波谷)处为 0。

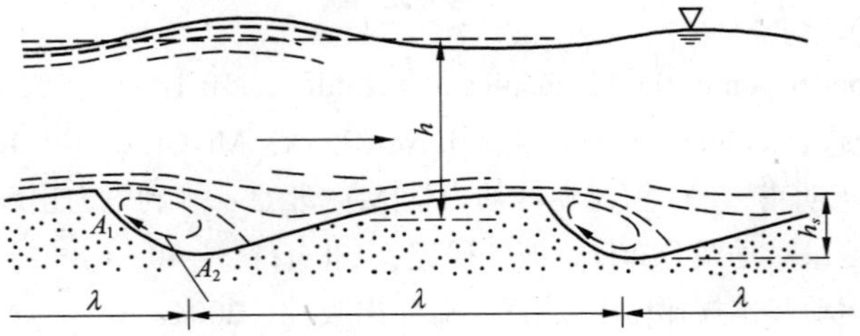

图 6-1　沙波纵剖面

沙波表面附近的水流流态和沙波的纵剖面形态紧密相关[2]。实际观测表明：沙波表面附近的水流速度不是均匀分布的，而是在波谷处最小，在波峰处最大。水流越过波峰后，常常发生离解现象，产生横轴环流，此时波谷背水面的水流速度将出现负值，而波谷以下迎水面上的水流速度仍为正值，正负流速之间的停滞点位于波谷底部附近。图 6-1 中的 A_1、A_2点实际上就是横轴环流的两个停滞点，在 A_1~A_2范围内，沙波表面附近的流速为负值。

沙波表面附近的水流流态决定了沙波表面的泥沙运动状态和沙波运动状态。流速大的地方，泥沙运动的快；流速较小的地方，泥沙运动的慢；流速小于泥沙起动流速时，泥沙将停止运动；流速为正值的地方，泥沙将向下游方向运动；流速为负值的地方，泥沙将向上游方向运动。水流的停滞点同样也是泥沙的停滞点。图 6-1 中从 A_2点向下游，即沙波的迎流坡坡面上，流速逐渐增加，泥沙的运动也逐渐增强，在波峰处达到最大值。越过波峰后，泥沙颗粒被横轴环流所挟持，并受到重力作用而在背流面坡面上 A_1、A_2两个停滞点之间沉积。也有部分粒径比较细的颗粒，越过迎流面后，直接跃进到下一个迎流面上继续运动。

上述迎、背流面泥沙运动的结果是：沙波的迎流面实际上为冲刷区，而沙波的背流面则是淤积区。冲刷区泥沙不断被冲刷带走，淤积区泥沙不断淤积，所造成的动态结果是整个沙波向下游整体爬行，如图 6-2 所示。如果来水来沙是恒定的，则沙波将以稳定而缓慢的速度向下游运动，沙波的尺度基本保持不变。

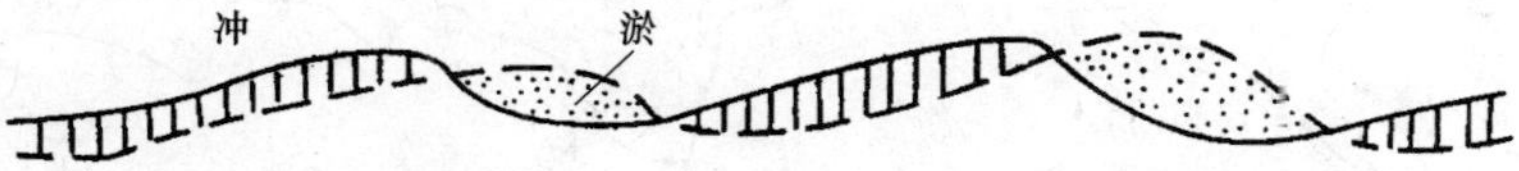

图 6-2　泥沙输移与沙波的运动

沙波的运动有两个重要现象：一是沙波对床沙的分选作用；二是沙波表面泥沙运动的间歇性。

从上游沿着迎水面带来的泥沙，当落入背水面的漩涡时，粗泥沙堆积在谷底；细泥沙在负流速作用下沿着背水面向上运动，越细的泥沙就越向上；这样就形成上细下粗的分层淤积，这就是沙波对床沙的分选作用。

底沙运动的间歇性表现在虽然每一颗运动的泥沙，其速度接近水流的运动速度，但当它落入波谷时就不再前进，要等到这些泥沙再次裸露，处于下一个沙波的迎水面上时才继续进入下一次沙波运移过程。因此，组成沙波的全部泥沙的平均运动速度，也就是沙波的运动速度，是很缓慢的。

关于沙波的分类，这里分别介绍按照平面形态和按照几何尺度的分类情况。从平面形态看，沙波是多种多样的，大致可分为四种类型：

(1)带状沙波。波峰线基本上成平行线，与水流方向垂直，或略显斜交。这种沙波在实验室及天然河流中出现的机会都很少，只是在平面二维水流中，沙波刚开始形成时，才可能出现。

(2)断续蛇曲状沙波。波峰线成不规则曲线，时断时续，大致与流向垂直。这类沙波是实验室中和天然河流中最常见的。

(3)新月形沙波(堆状沙波)。沙波的波长与波宽基本上相等，相邻的两行沙波是彼此交错的，呈鱼鳞状，排列整齐，故也称为沙鳞。波峰多凸向上游，宛如上弦月或下弦月。这种沙波也较常见。

(4)舌状沙波。与新月形沙波类似，只是波峰线凸向下游。

天然河道中的沙波几何尺度大小不一。从沙波的几何尺度来划分，主要存在以下种类：最小的一种叫做沙纹，波高 1 ~ 2 cm，波长几厘米到十几厘米，在天然河道的沙滩上可以经常看到；中等大小的沙波叫沙垄，尺度变幅很大，波高由不足 1 m 到 2 ~ 3 m，波长由几米至 100 m 以上不等，在天然河道的边滩上，这种沙垄也常可看到；最大的一种叫做沙丘或者沙滩，实际上是一种泥沙成型堆积体，天然河道顺直河段上枯水期露出的犬牙交错状边滩，就是这种泥沙成型堆积体，波高一般为几米，波长则长达几百米以至 1 000 m 以上。在天然河道中，上述几种沙波往往同时存在。沙纹爬行于沙垄之上，而沙垄则爬行于泥沙成型堆积体之上。

图 6-3 绘制了黄河下游花园口河段实测沙垄纵剖面图，沙垄的高度与水深有密切关系，一般水深大的河流沙垄高度大，水深小的河流沙垄高度小，黄河下游河道相对宽浅，沙垄高度一般在 1~2 m。图 6-4 点绘了黄河实测沙波高度与波长的关系图。由此可见，沙垄的波长随波高的增加而增大，两者成正比关系。

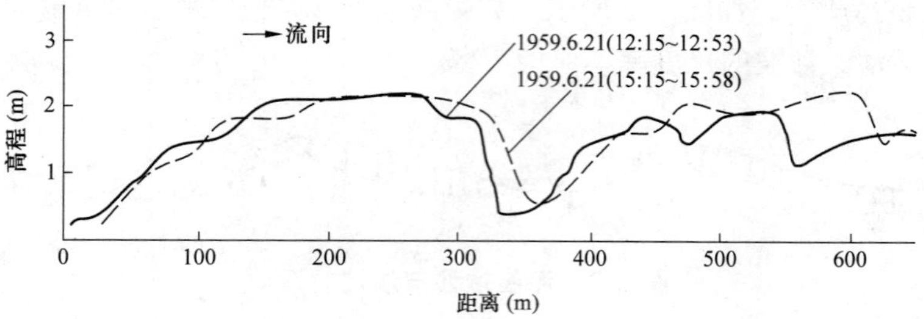

图 6-3　黄河下游花园口河段沙垄纵剖面图

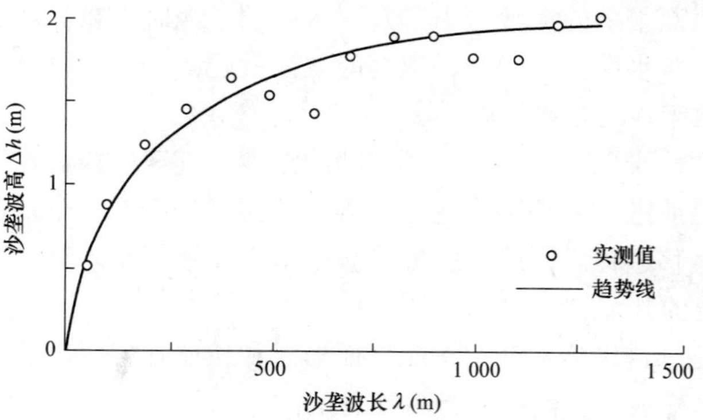

图 6-4　黄河下游花园口河段沙垄波长与波高的关系

二、沙波的形成及消长过程

观察表明，沙波有其产生、发展和消亡的过程，而这个过程与水流强度是息息相关的。

设想水流流经平整静止的河床床面(见图 6-5(a))[2]，在水流达到一定强度后，即达到泥沙的起动条件或者更大一些后，部分泥沙开始运动，此后不久，由于水流强度随机变化与分布，更主要是因为河床组成的不均匀，少量泥沙颗粒聚集在床面的某些部位，形成小丘，徐徐向前移动，并在移动的过程中加长，最后连接成为形状极不规则的沙纹(见图 6-5(b))。沙纹的尺度很小，与河道的几何尺度关系不大。随着水流强度的进一步加强，波高、波长均有增加，沙纹成长为沙垄(见图 6-5(c))。沙垄和沙纹不同，它受到河道几何尺度的影响，换句话说，在大小不同的河道里，沙垄所能达到的波高和波长均不一样。当沙垄发展到一定高度以后，如果水流强度继续增强，波峰后面的横轴环流在水流方向上所占的空间越来越长。这时，越过环流区被水流挟带到更下游的泥沙越来越多；即使沉积在环流区内，其离沙垄坡脚的距离越来越远。这两种趋势都导致沙垄的波高减小，波长加大，沙垄趋于衰减，最终河床再一次恢复平整(见图 6-5(d))。在此以后，如果水流强度继续增加，将再一次出现沙波，但此时的沙波已经是迎流面与背流面外形对称的驻波或逆行沙波(见图 6-5(e))。某些室内实验结果还表明，水流强度更进一步增加，还将使水面波破碎，以致出现急滩与深潭相间的类似山区河流的床面形态(见图 6-5(f))。

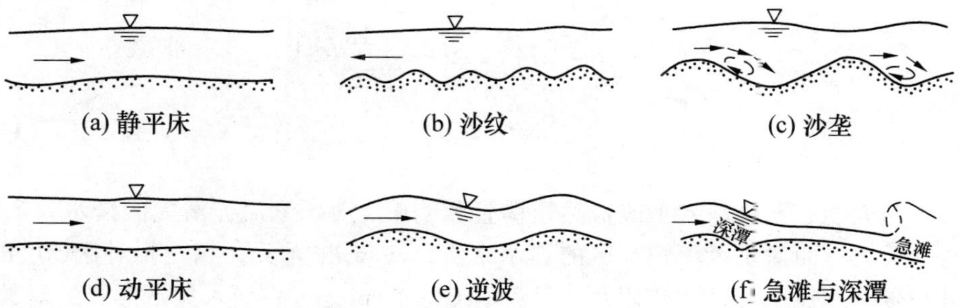

图 6-5　沙波发展过程图

从上面的叙述可以清楚地看出，随着水流强度的增加，沙波从产生、发展、消灭到再产生的过程。在天然河道中，这个过程并不是一个接一个依次发生的，而往往是同时存在好几种不同的床面形态，各自经历着不同的发展过程，这是由天然河道水力、泥沙因素在同一河道不同部位的分布不均匀性造成的。

第二节　动床阻力研究现状

水流的阻力损失是水力学及河流动力学研究的核心问题之一。长期以来，不少学者对这一课题开展过大量的专门研究。早在 20 世纪 30 年代，为了从机理上研究紊流阻力，J·尼库拉兹[3]采用人工粗糙管进行了著名实验，并建立了适用于管流清水的阻力系数公式：

光滑区

$$\frac{1}{\sqrt{\lambda}}=2\lg\left(Re\sqrt{\lambda}-0.8\right) \tag{6-1}$$

阻力平方区

$$\lambda=\frac{1}{\left[2\lg\left(3.7\,d/\Delta\right)\right]^{2}} \tag{6-2}$$

式中：Re 为水流雷诺数；λ 为达西–魏斯巴赫阻力系数；d 为圆管直径；Δ 为粗糙度。

随后，蔡克士大[4]采用人工粗糙明渠开展了实验研究，建立了适用于明渠清水的阻力系数公式：

光滑区

$$\frac{1}{\sqrt{\lambda}}=2\lg\left(Re\sqrt{\lambda}\right)+0.398 \tag{6-3}$$

阻力平方区

$$\lambda=\frac{1}{\left(2\lg\frac{11.55R}{\Delta}\right)^2} \tag{6-4}$$

式中：R 为水力半径。

尼库拉兹和蔡克士大对水流阻力研究作出了巨大贡献，但所采用的人工粗糙管或人工粗糙渠与自然管道或自然明渠的粗糙状况比较，有很大不同。1939 年 C F 柯列布鲁克[5]引入当量粗糙度 Δ，并建立了适用于自然粗糙管紊流 3 个区的阻力系数公式，即

$$\frac{1}{\sqrt{\lambda}}=1.74-2\lg\left(\frac{\Delta}{r_0}+\frac{18.7}{Re\sqrt{\lambda}}\right) \tag{6-5}$$

式中：r_0 为圆管半径。

以上研究表明，无论是人工或自然粗糙管和明渠，对于紊流光滑区的清水，λ 只与 Re 有关，与 Δ 无关；而对于紊流粗糙区的清水水流，λ 与 Re 无关，只是相对粗糙度的函数。

为进一步从理论上探讨水流阻力，冠利根(G H Keulegan)[6]引入如下形式的对数流速分布公式，即

$$\frac{u}{u_*}=5.75\lg\left(30.2\frac{z\chi}{\Delta}\right)+8.5 \tag{6-6}$$

式中：u_*为摩阻流速；u 为垂线测点流速；χ为 Δ/δ 的函数，当 $\Delta/\delta>10$ 时，$\chi=1$，当 $\Delta/\delta<0.25$ 时，$\chi=0.3\Delta u_*/\nu$，当 Δ/δ 介于 0.25~10 之间时，由文献[6]中的曲线图确定；δ 为近壁层流层厚度，ν 为液体运动黏滞系数。

对式(6-6)积分后可得出冠利根阻力系数公式，即

$$\frac{v}{u_*}=5.75\lg\left(12.27\frac{R\chi}{\Delta}\right) \tag{6-7}$$

式中：v 为平均流速。

窦国仁[7]通过理论探讨，建立了如下水流阻力系数计算公式：

管流紊流三区

$$\lambda=\frac{8}{\left(2.5\ln\frac{u_*r_0}{\nu}+B_*+5.8\right)^2} \tag{6-8}$$

明渠紊流三区

$$\lambda=\frac{2}{\left(2.5\ln\frac{u_*R}{\nu}+B_*+7.05\right)^2} \tag{6-9}$$

式中的 B_* 由参考文献[7]确定。

分析发现，上述各家公式在粗糙区主要是以相对光滑度R/Δ的对数形式表示，在光滑区采用的多是与Re有关的计算式表示，只是在系数取值上有所差异而已。

对于天然河流，多采用曼宁糙率n表示水流阻力的大小，糙率n实际上又是通过如下的谢才公式反求的，亦即

$$v=\frac{1}{n}R^{\frac{2}{3}}J^{\frac{1}{2}} \tag{6-10}$$

式中：J为比降。

阻力系数n与λ之间的关系可表示为

$$\frac{R^{1/6}}{n\sqrt{g}}=\sqrt{\frac{8}{\lambda}} \tag{6-11}$$

张有龄等学者[6]分析后还得出了如下天然动床河流糙率的计算公式

$$n=\frac{1}{A}D_{50}^{1/6} \tag{6-12}$$

式中：D_{50}为床沙中值粒径；A为系数，对于静平床而言，A的取值与床沙粒配、形状及排列状况有关。

王士强[8]的研究成果也很有代表性。他针对 Engelund(1966；1967)提出的低能态和高能态两种不同的动床阻力θ_*(无量纲床面剪切力)与θ_*'(无量纲沙粒剪切力)，开展了大量试验研究建立了如下动床阻力计算公式。

在低能态区(对天然河渠，过渡区也包括在内)

$$\lg\frac{\theta_*}{\theta_*'}=\lg K_1x-\lg K_2x^2+\lg K_3x^3 \tag{6-13}$$

$$x=\lg\left(\theta_*'/0.04\right) \tag{6-14}$$

$$\lg K_1=0.513-0.12\lg D_*-0.141\lg^2 D_* \tag{6-15}$$

$$\lg K_2=0.56-0.064\ 7\lg D_*-0.218\ 3\lg^2 D_* \tag{6-16}$$

$$\lg K_3=0.017-0.034\ 77\lg D_*-0.272\ 8\lg^2 D_* \tag{6-17}$$

$$D_*=\left[g\left(\gamma_s/\gamma-1\right)\nu^2\right]^{1/3}D_{50} \tag{6-18}$$

$$\theta_*=\gamma R_bJ/\left[\left(\gamma_s-\gamma\right)D\right]\text{或}\theta_*=\gamma hJ/\left[\left(\gamma_s-\nu\right)D\right] \tag{6-19}$$

$$\theta_*'=\gamma R_b'J/\left[\left(\gamma_s-\gamma\right)D\right]\text{或}\theta_*'=\gamma h'J/\left[\left(\gamma_s-\gamma\right)D\right] \tag{6-20}$$

在高能态区

当$\theta_*\leqslant 1$时，有

$$\theta_*=0.04\left(\theta_*'/0.04\right)^A \tag{6-21}$$

$$A = 1.4 / \lg\left(\theta_1' / 0.04\right) \tag{6-22}$$

$$\theta_1' = 0.68 + 0.32\exp\left(-0.1D_*\right) \tag{6-23}$$

当 $\theta_* > 1$ 时，有

$$\lg\theta_* = A\left[\lg\frac{\theta_*'}{\theta_1'} + \left(\lg\frac{\theta_*'}{\theta_1'}\right)^G\right] \tag{6-24}$$

$$G = 1 + 4.874\exp\left(-0.79D_*\right) \tag{6-25}$$

式(6-19)、式(6-20)中：D 为床沙代表粒径；R_b、R_b' 分别为整个床面和沙粒的水力半径；h、h' 分别为全部及与沙粒阻力有关的水深。当 $D_* > 80$ 以后，θ_* 与 θ_*' 的关系变化甚微，可按 $D_* = 80$ 计算。

应该承认，由于问题的复杂性，目前尚缺乏能直接适用于黄河各种复杂情况且形式较为简便的计算公式，为此，我们专门开展了适用于黄河高含沙水流运动特性的水流阻力系数及糙率计算方法探讨。

第三节　冲积性河道糙率公式的建立

具有自由表面，水深为 h 的明渠水流，垂线平均流速 v 可表示为

$$v = \frac{1}{h}\int_0^h u\,\mathrm{d}z = \frac{1}{h}\int_0^{\delta_*} u\,\mathrm{d}z + \frac{1}{h}\int_{\delta_*}^h u\,\mathrm{d}z = u_c + \frac{h-\delta_*}{h}u' \tag{6-26}$$

式中：h 为水深；δ_* 为专门引入的摩阻厚度，对于粗糙区，δ_* 取当量粗糙度 Δ，对于光滑区，δ_* 取黏性底层厚度 δ。δ 一般可由下式确定，即

$$\delta = k\frac{\nu}{u_*} \tag{6-27}$$

式中：k 为系数。对于系数 k 的取值各家略有不同，例如文献[3，4]取 5，文献[9]取 3.5，文献[10]经进一步细致分析后认为取 4 更为合理。

式(6-26)中

$$u_c = \frac{1}{h}\int_0^{\delta_*} u\,\mathrm{d}z \tag{6-28}$$

$$u' = \frac{1}{h-\delta_*}\int_{\delta_*}^h u\,\mathrm{d}z \tag{6-29}$$

在垂线测点流速计算公式的选择上，赵连军、张红武等[11]采用了本书提出的张红武流速分布公式(3-30)[12]，因该式克服了对数流速分布公式中当 z/h 很小时出现不合理数值的缺陷，还能反映出垂线流速分布随含沙量大小而变化的规律。

将式(3-30)代入式(6-29)积分，得

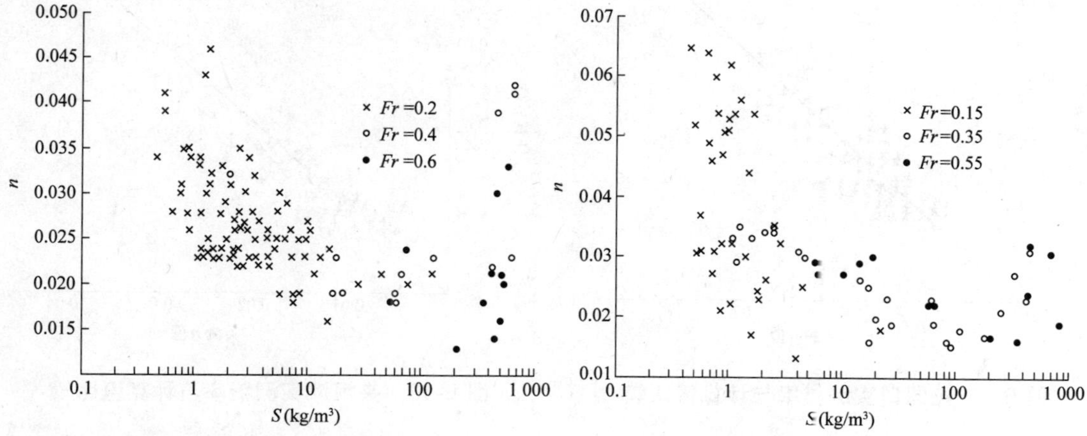

图 6-7　渭河下游不同水力条件下糙率随含沙量变化规律

第四节　冲积性河道糙率公式的检验

以相对光滑度 r_0/Δ 为参数，绘制了尼库拉兹实测点据与式(6-41)的计算曲线(见图 6-8)，计算结果与实验资料吻合较好。采用黄河花园口、夹河滩、高村、孙口各站大量实测资料，其中也包括了高含沙洪水期的资料(S =0.5 ~ 486 kg/m^3)，对糙率计算方法进行了系统的验证(见图 6-9 ~ 图 6-12)。其结果令人满意，相关系数都大于 0.83，因此式(6-41)可以较好地模拟黄河河道糙率变化规律。

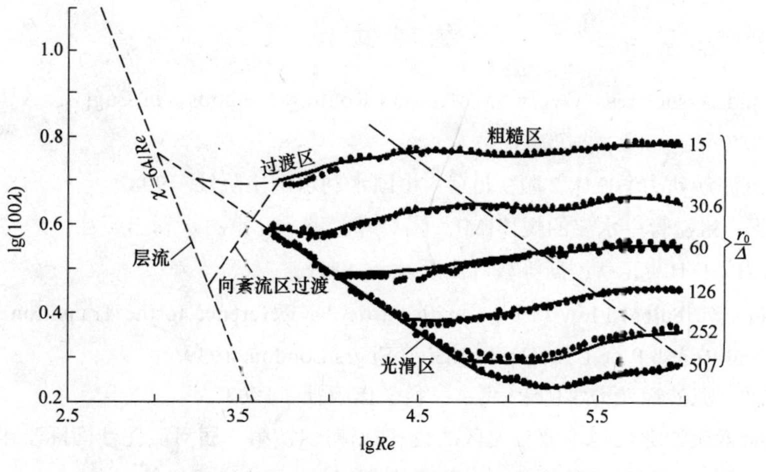

图 6-8　式(6-41)与尼库拉兹试验资料比较

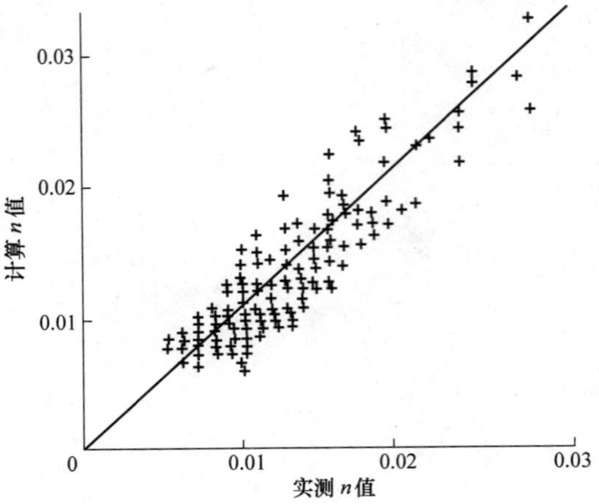

图 6-9　花园口实测糙率与计算值比较

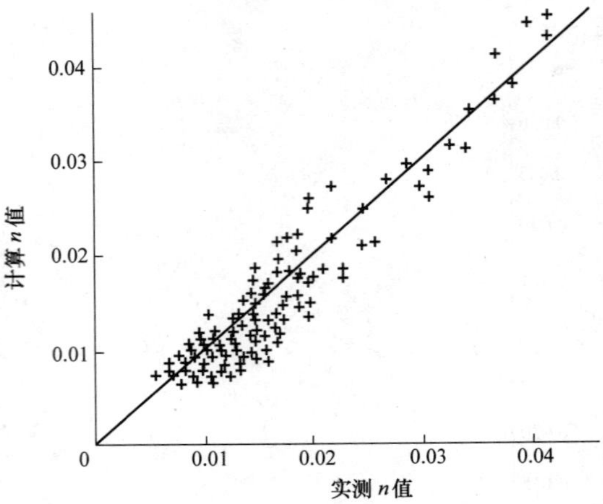

图 6-10　夹河滩实测糙率与计算值比较

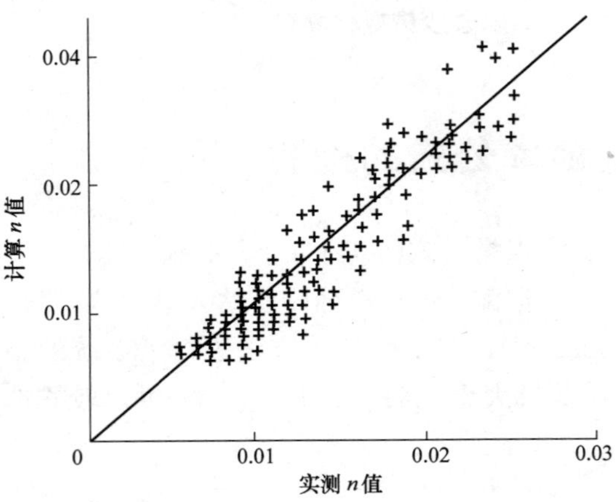

图 6-11　高村实测糙率与计算值比较

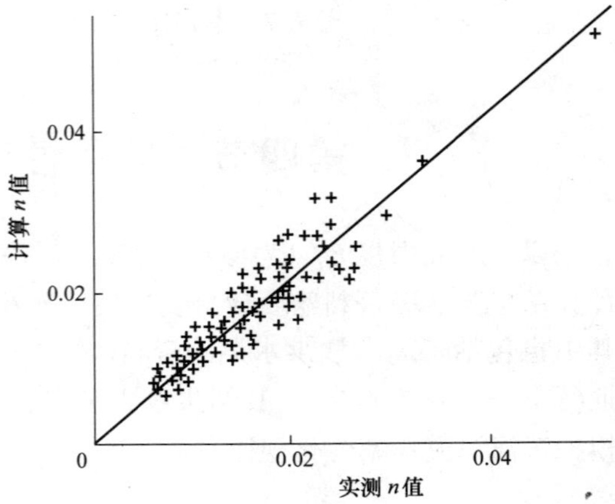

图 6-12　孙口实测糙率与计算值比较

参 考 文 献

[1] Simons, Li and Associates. Overview of Flood Routing Methods，in Eng[J]. Analysis of Fluvial Systems，1982.

[2] 张瑞瑾. 河流泥沙动力学[M]. 2 版. 北京：中国水利水电出版社, 1998.

[3] J・尼库拉兹. 粗糙管中水流的规律[M]. 张瑞瑾，译. 北京：水利出版社，1957.

[4] 徐正凡. 水力学[M]. 北京：高等教育出版社，1987.

[5] C F Colebrook.Turbulent Flow in Pipe, with Particular Reference to the Transition Region between the Smooth and Rough Pipe Laws[J]. Inst.Civil Engrs.London. 1939.

[6] 钱宁，万兆惠. 泥沙运动力学[M]. 北京：科学出版社，1983.

[7] 窦国仁. 河床紊流的随机理论及各流区的统一规律[C] //第一届河流泥沙国际学术讨论会论文集. 北京：光华出版社，1980:151-161.

[8] 王士强. 冲积河渠床面阻力试验研究[J]. 水利学报，1990(12):18-29.

[9] 周善生．水力学[M]．北京：人民教育出版社，1980.
[10] J·W·戴莱，DRT·哈里曼．流体动力学[M]．郭子中，等译．北京：人民教育出版社，1981.
[11] 赵连军，张红武．黄河下游河道水流摩阻特性的研究[J]．人民黄河，1997(9):17-20.
[12] 张红武．挟沙水流流速的垂线分布公式[J]．泥沙研究，1995(2):1-9.
[13] 徐正凡．水力学手册[M]．北京：水利电力出版社，1980.
[14] 江恩惠．黄河下游高含沙洪水数值模拟计算及运动机理研究[D]．武汉：武汉水利电力大学，1997.

第七章 多沙河流水流挟沙力

水流挟沙能力，是反映河床处于冲淤平衡状态下，水流挟带泥沙能力的综合性指标。水流挟沙能力是在河流治理规划设计中经常遇到的重要参数。鉴于挟沙水流水沙相互作用的复杂性，水流挟沙能力的研究一直是河流泥沙研究中最为棘手的课题之一。因此，该问题研究不仅具有重要理论意义，而且在天然河流治理与开发中也具有重要实用价值。

第一节 水流挟沙力研究现状

长期以来，国内外工程界和学术界的许多专家学者通过不同方式对水流挟沙能力问题进行了大量的研究。他们或从理论出发，或根据不同的河渠测验资料和实验室资料，提出了不少理论的、半经验的或经验的水流挟沙能力公式。远在两千多年前，我国西汉时期的张戎就开始从水流对泥沙作用的角度分析河床冲淤规律，由此提出以水攻沙的治河主张，并对水流挟带泥沙的能力随流速大小而变化的关系有所认识；1914 年西方学者吉尔贝特通过室内水槽实验，对水流输沙能力进行了系统的研究；20 世纪 40 年代末出现了著名的扎马林公式，主要用于渠系挟沙能力的计算问题；20 世纪 50 年代和 60 年代前期，出于河道建筑物的规划设计和理论分析的需要，国内许多学者对水流挟沙能力开展了大规模的研究，西方以爱因斯坦为先导[1]，他将河底含沙量与推移质输沙率联系起来，通过求单宽悬移质输沙率的方法分析水流挟沙能力问题；苏联以维里坎诺夫为代表，他从重力理论出发，认为浑水在单位时间的能量损失除用于克服阻力做功外，还用于悬浮泥沙做功，得到如下形式的公式[2]，即

$$S_* = k \cdot \frac{v^3}{gH\omega} \tag{7-1}$$

式中：S_*为水流挟沙能力；v 为断面平均流速；H 为断面平均水深；ω为泥沙平均沉速；k 为系数。若取 $\gamma_s = 2\,650\ \text{kg/m}^3$，$k = 0.345$，系数有点偏大，后来葛斯同斯基、罗辛斯基–库兹明都对系数 k 进行了修正。

在中国，20 世纪 50 年代以张瑞瑾和沙玉清为代表对水流挟沙能力进行了更深入的研究。张瑞瑾在收集整理了大量的长江、黄河及若干水库、渠道及室内水槽实验资料后，得到了如下著名的水流挟沙能力公式，即

$$S_* = k\left(\frac{v^3}{gR\omega}\right)^m \tag{7-2}$$

式中：R 为水力半径，对于宽浅河道可用平均水深 H 代替；k、m 分别为系数与指数。

据原作者分析，k 和 m 本身又是 $v^3/(gR\omega)$ 的函数，而不是常数，由此也可说明水流挟沙能力是相当复杂的，即使对含沙量较小的水流，也难以用较为简单的公式形式来描述。

沙玉清在收集了大量的资料后，首先分析出影响水流挟沙能力的主要因素，然后用多元回归分析的方法得到挟沙能力公式的一般形式为[3]

$$S_* = k\frac{D}{\omega^{4/3}}\left(\frac{v-v_c'}{\sqrt{R}}\right)^n \tag{7-3}$$

式中：D 为粒径；n 为指数，与佛汝德数 $Fr = v/\sqrt{gR}$ 有关，当 $Fr < 0.8$ 时，$n = 2$，当 $Fr > 0.8$ 时，$n = 3$；k 为挟沙系数，反映水流挟沙能力的饱和程度，正常饱和时，可取 $k = 200$，相应不淤保证率为 50%，高饱和时，可取 $k = 400$，相应不淤保证率为 15.9%，低饱和时，可取 $k = 91$，相应不淤保证率为 84.1%；v_c' 为挟动流速，原作者把它定义为水流挟动泥沙达到某种运动形式所具有的最低流速。当不淤平衡时，v_c' 应取止动流速 v_H 的值，即

$$v_c' = v_H = \sqrt{0.011 + 0.39D^{0.75}} \cdot R^{0.2} \tag{7-4}$$

当不冲平衡时，对较细粒径(D<0.08 mm)，v_c' 应取开动流速 v_k 值，则有

$$v_c' = v_k = \sqrt{1.1\frac{(0.7-\varepsilon)^4}{D} + 0.43D^{0.75}} \cdot R^{0.2} \tag{7-5}$$

式中：ε 为孔隙率。对较粗粒径，如为推移质运动，v_c' 应取开动流速值；如为悬移质运动，应取扬动流速 v_c 的值，即

$$v_c' = v_c = 0.812D^{0.4}\omega^{0.2}R^{0.2} \tag{7-6}$$

式中单位除粒径 D 及沉速以 mm、s 计外，其余均以 m、kg、s 为单位制。

另外，像苏联的布尔什堪公式、契库拉也夫公式、霍尔斯特公式、罗泊庆公式、阿巴尔扬次公式等；中国的范家骅公式、黄委会的引黄渠系公式、人民胜利渠公式、屈孟浩公式、麦乔威公式[4]等，这些公式的提出对水流挟沙能力的研究都起到了推动作用，特别是黄河上几家公式的推出，促进了对黄河泥沙的分析研究。

进入 20 世纪 70 年代，美籍华人杨志达从单位水流功率的理论入手，建立了包括沙质推移质的床沙质水流挟沙能力公式[5]，即

$$\lg S_* = a_1 + a_2\lg\frac{\omega D}{\nu} + a_3\lg\frac{u_*}{\omega} + \left(b_1 + b_2\lg\frac{\omega D}{\nu} + b_3\lg\frac{u_*}{\omega}\right)\cdot\lg\left(\frac{vJ}{\omega} - \frac{v_cJ}{\omega}\right) \tag{7-7}$$

式中：a_1、a_2、a_3、b_1、b_2、b_3 为系数，需根据河床形式而定，如对沙质河床，有：$a_1 = 5.435$、$a_2 = -0.286$、$a_3 = -0.457$、$b_1 = 1.799$、$b_2 = -0.409$、$b_3 = -0.314$；D 为中值粒径；v_c 为起动流速，可按下式计算，即

$$\frac{v_c}{\omega} = \frac{2.5}{\lg\left(\frac{u_*D}{\nu}\right) - 0.06} + 0.06 \qquad \left(当\ 1.2 < \frac{u_*D}{\nu} < 70\ 时\right) \tag{7-8}$$

$$\frac{v_c}{\omega} = 2.05 \qquad \left(当\ \frac{u_*D}{\nu} \geqslant 70\ 时\right) \tag{7-9}$$

上述挟沙能力公式由于理论本身的不成熟和采用的分析资料的局限性，使它们难于适

用于黄河的高含沙水流，曹如轩基于拜格诺能量转换的观点❶，将挟沙能力公式在黄河上的应用向高含沙水流推进了一步。曹如轩考虑到由于黄河上高含沙水流泥沙含量高和细颗粒的存在，改变了挟沙水流的流变、流动和输沙特性，使其挟沙能力问题较一般挟沙水流更为复杂，为此在水力因子 $v^3/(gR\omega)$ 的前面加上了相对重率项 $\gamma_m/\left(\gamma_s-\gamma_m\right)$，即

$$S_* = k\left(\frac{\gamma_m}{\gamma_s-\gamma_m}\frac{v^3}{gR\omega}\right)^m \tag{7-10}$$

式中：γ_m 为浑水重率。

由曹如轩的公式不难看出，随着水流含沙量 S 的变化将直接影响水流挟沙能力的大小。他改变了水流挟沙能力计算不考虑含沙量影响的局面，因而具有十分重要的意义。该公式问世后，已被人们广泛地应用到高含沙水流的挟沙能力计算中。近期，曹如轩在“揭河底”冲刷研究中[6]，选取饱和平衡输沙资料作为分析的基本资料，将其先前提出的公式改进为

$$S_* = 0.385\frac{\gamma_m}{\gamma_s-\gamma_m}\frac{v^3}{gh\omega_{ms}} \tag{7-11}$$

式中：ω_{ms} 为非均匀沙群体沉速。

公式中沉速计算，首先分流区计算各粒径组浑水沉速 ω_{ms} 和 $\overline{\omega}_m$，然后考虑黏性及沉降时相互影响的非均匀沙群体沉速为

$$\overline{\omega}_m = \sum p_i\overline{\omega}_{mi} \tag{7-12}$$

$$\overline{\omega}_{ms} = \overline{\omega}_m\left(1-S_V\right)^{4.91} \tag{7-13}$$

此公式在计算时，虽不分床沙质和冲泻质，而是全沙，但对不同河段不同时段的适应性并未反映出来。再者，原作者提出的非均匀沉速计算方法也值得探讨。式(7-13)两次考虑了 S_V 的影响，物理图形不太明确，而且尚难得到沉速资料的印证。

20 世纪 80 年代以来，水流挟沙能力的研究又进一步活跃起来，李昌华、吴德一、窦国仁、乐培九、张红武等从能量的观点，建立了一些挟沙能力公式。例如，张红武 20 世纪 80 年代初得到的公式形式为

$$S_* = 0.14\left(\frac{v^3}{gh\omega}\ln\frac{h}{6D_{50}}\right)^{0.6} \tag{7-14}$$

将公式引入了床沙中径 D_{50}（单位与 h 的单位一致），使计算精度及对不同河床条件的适应性有所提高。文献[7]对各家公式比较后得到的结论是：扎马林和沙玉清两家挟沙能力公式比较接近于实际；黄河河渠挟沙能力公式次之；维里坎诺夫及引黄渠系挟沙能力公式最差。采用同样的资料，将式(7-14)与上述 3 家精度较高的公式进行了比较，见图 7-1，显然公式(7-14)更为符合实际。

窦国仁及王国兵[8]也对高含沙水流开展了深入研究，提出的形式为

$$S_* = \frac{k_s\gamma_s}{C^2}\left(1-\frac{\tau_B}{\tau_0}\right)\frac{\gamma_m}{\gamma_s-\gamma_m}.\frac{v^3}{R\omega} \tag{7-15}$$

---

❶ 曹如轩. 高含沙水流挟沙力探讨. 见：黄河泥沙研究报告选编(第 2 集). 1995.

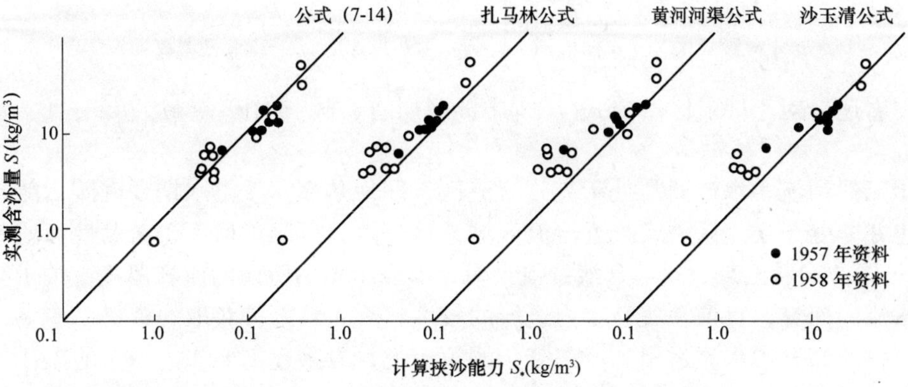

图 7-1　黄河土城子测验资料对有关公式的验证

式中：C 为谢才系数；τ_B 为宾汉极限剪切力；k_s 为系数，由实测资料确定为

$$k_s = 0.023\left(1+\alpha_s \frac{\gamma_s-\gamma}{\gamma}\frac{S}{\gamma_s}\right)^{5/8} \tag{7-16}$$

式中：系数α_s在黄河天然沙和电木粉两种情况下，分别取为 250 和 50。

该公式引进了宾汉极限剪切力，还试图通过某些参量及系数，尽量达到考虑含沙量对水流挟沙能力影响的目的，可以把公式适用范围延至高含沙水流，这是很有意义的。

舒安平[9]通过紊动能量的耗散途径，兼顾能耗效率，推导并建立了如下输沙能力公式

$$S_{V*} = K\sum p_i\left[\frac{\lg(\mu_r+0.1)}{K^2}\left(\frac{\int_m}{8}\right)^{3/2}\frac{\gamma_m}{\gamma_s-\gamma_m}\cdot\frac{v^3}{gR\omega}\right]^m \tag{7-17}$$

式中：μ_r、$\int_m$ 分别为相对浑水黏滞性系数、浑水阻力系数。公式中的系数及指数据 135 组平衡输沙水槽试验资料分析得到，K=0.355，m=0.72。

舒安平公式的主体结构仍沿用了武汉水利电力学院公式的结构，其沉速计算适用于一般表达式，不同区域用不同的阻力系数与雷诺数的关系确定参数，沉速的计算还考虑了含沙量的影响及浑水容重差$(\rho_s-\rho_m)/\rho_m$的影响，水流挟沙能力的计算中还考虑了阻力系数及黏滞系数，同时也能用于高含沙水流挟沙能力的计算。龙毓骞[10]对舒安平公式检验后指出，该公式“计算结果显著偏小”。实际上，该公式的缺陷主要是许多变量的经验处理都是在与相对黏度 μ_r 有关的前提下进行的，这不仅在概念上勉强，而且使用时也不大方便。此外，该式直接与浑水阻力系数$\int_m$成正比的做法(即 $S_*\propto\int_m^{1.08}\approx\int_m$)，显然与实际是相悖的，何况原作者给出的$\int_m$的表达式与天然河流资料也出入较大。

陈立、周宜林❶认为黄河下游游荡性河段宽阔的滩地上，漫滩水流在局部地区处于层流区域或接近于层流区，因此陈立、周宜林考虑有流核的高含沙紊流，从分析水流紊动能量方程入手得到下述公式

❶ 陈立，王明甫，周宜林，等. 漫滩高含沙水流的水流结构及滩槽冲淤演变规律. 见：“八五”科技攻关报告. 1995.

$$S_{V*}=\left[\frac{1}{\kappa}\sqrt{1-\frac{\tau_{BT}}{\tau_m}-\frac{\rho_0}{\rho_m}\frac{\eta_{rT}^{0.1}}{\kappa_0}}\right]\ln\left(\frac{Y_0}{D_{65}}-\frac{Y_0}{H}\right)\left(\frac{\int}{8}\right)^{3/2}\frac{\rho_m}{\rho_s-\rho_m}\cdot\frac{v^3}{gY_0\omega} \tag{7-18}$$

原作者还针对不同流区给出式(7-18)中涉及所有参数，如τ_{BT}、η_{rT}、κ、$\int$、ω的计算公式。

对于天然河流，水流通常处于充分紊流区，即使是高含沙洪水期，漫滩后滩地的高含沙水流也并非处于层流区域或接近层流区域，这一点，可从黄河下游游荡性河段垂线流速分布图(见图 3-6)看出来，即当含沙量很大时，都显示不出所谓的流核厚度。关于有流核的高含沙水流的研究，目前在实验室内进行的较多，真正从野外获取的资料并不多，所以直接把有流核的高含沙水流运用到流态复杂的黄河上，看来还需要作进一步的工作。就公式本身来论，参数较多，实际操作起来颇感不便。至于流层是否有挟沙能力，目前还不太清楚。

刘兴年[11]运用张瑞瑾的“制紊”假说，并考虑含沙量对黏度的影响，得出如下公式，即

$$S_{V*}=k\left(\frac{\gamma_m}{\gamma_s-\gamma_m}\cdot\frac{u^3}{gR\omega}\right)^m\left(1+\frac{\gamma_s-\gamma_m}{\gamma_m}S_V\right)^m\mu_r^m \tag{7-19}$$

式中：k、m分别为待定系数与指数；μ_r为浑水相对黏度。

式(7-19)与武汉水利电力学院公式相比，只是多了体积含沙量和与体积含沙量有直接关系的黏滞性系数μ_r相结合的系数$\left(1+\frac{\gamma_s-\gamma_m}{\gamma_m}S_V\right)^m\mu_r^m$，因此通过资料回归出相应的系数与指数，可以使计算值与实测值有较好的相关关系。但公式推导过程中的一些假设，如清水在单位时间内的能量损失、浑水在单位时间内的能量损失显然是很粗糙的。

刘峰[12]借助悬浮功与浑水紊动功能消弱的关系，试图考虑泥沙级配对水流挟沙能力的影响，推导出下面形式的水流挟沙能力公式，即

$$S_*=\gamma_sS_V=k\gamma_s\left(\frac{D_{50}^2}{D_{25}D_{75}}\right)^\alpha\left[\frac{u^3}{\kappa gR\omega_s\frac{\gamma_s-\gamma_m}{\gamma_m}}\ln\left(\frac{h}{6D_{50}}\right)\right]^\beta \tag{7-20}$$

式中：D_{25}是指比D_{25}粒径小的泥沙占全部泥沙质量的 25%；D_{75}指比D_{75}粒径小的泥沙占全部泥沙质量的 75%；D_{50}指中值粒径；ω_s是泥沙的浑水沉速。

从原作者的公式推导过程来看，存在着一定的问题，假如在假定清、浑水阻力系数与其他因子有关的处理过程中原函数中不含无量纲数$\frac{h}{6D_{50}}$，但最后表达式中却出现了$\ln\left(\frac{h}{6D_{50}}\right)$，不免有些牵强。另外，公式中以$\frac{D_{50}^2}{D_{25}D_{75}}$作为反应泥沙粒径级配对水流挟沙能力的影响参数，也是值得思考的。该参数只是突出了D_{50}的作用，假定D_{50}不变，当D_{25}、D_{75}变化，且$D_{25}D_{75}$为一常数时，即使级配变化，该参数也只是一常数，并不能反应泥沙级配的影响，所以刘峰公式仅对泥沙粒径级配有所反映而已，并未能真实地反映泥沙粒径级配

对水流挟沙能力的影响。

此外，我们还对黄河上较有影响的麦乔威公式、李昌华公式[13]、王兆印公式[14]、爱因斯坦公式等进行了初步的研究，他们均有自己的优缺点。特别是这些公式中都没有考虑高含沙水流的影响。至于有的黄河干支流的挟沙能力公式，只是经过讨论分析，找出主要影响因素，用无量纲组合和回归分析得到的经验性或半经验性公式，在河流力学有关理论研究仍未得到完全解决的情况下，只能在一定程度上解决生产实际问题。

为比较分析，舒安平[15]及江恩惠[16]先后在黄河上、中、下游干支流的窟野河、兰州、无定河、洛惠渠、潼关、大禹渡、花园口、孙口、艾山、利津等河段选取近300组1959～1988年实测的较可靠的水沙资料，对在黄河影响较大、且有代表性的几家挟沙能力公式进行验证。这些资料具有级配宽、含沙量范围广(1.4～873 kg/m^3)、资料可靠等特点，水流基本处于输沙平衡状态。

表7-1中列举了部分公式的验证的结果，相关系数大于0.5的有武汉水利电力学院公式、曹如轩公式、乐培九公式、李昌华公式、杨志达公式、王兆印公式等。图7-2列举了其中几家公式的验证结果，表明含沙量较大后公式偏差很大，必须进行更为深入的研究。

表7-1　挟沙能力相关系数验证计算

公式来源	相关系数	均方差
沙玉清	0.3	1.00
杨志达	0.55	0.88
李昌华	0.56	0.87
窦国仁	0.48	0.92
王兆印	0.52	0.90
曹如轩	0.56	0.87
武汉水利电力学院	0.5	0.91
乐培九	0.7	0.76

注：表中，张瑞瑾、曹如轩、王兆印三家公式是在点绘相应的挟沙能力关系的基础上，又通过回归分析确定了公式中的系数 k 和指数 m，然后再参加验证和比较的。

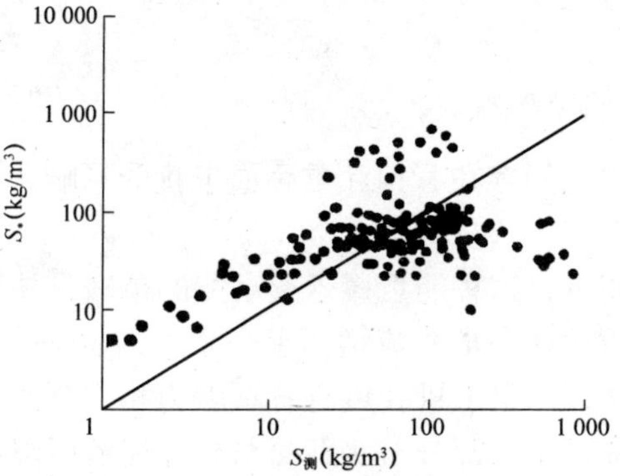

(a)曹如轩公式

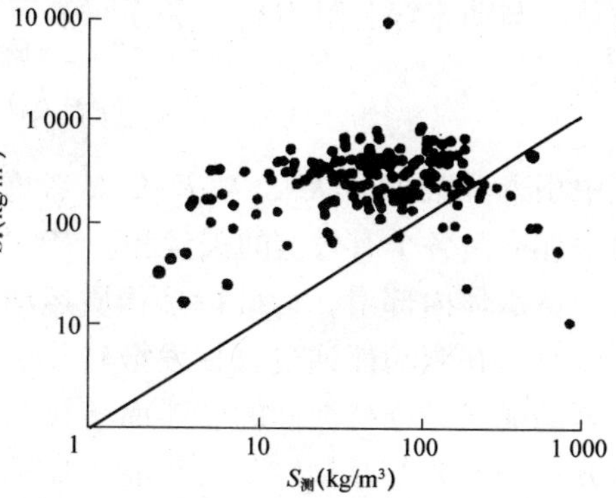

(b)沙玉清公式

图7-2　各水流挟沙能力公式验证

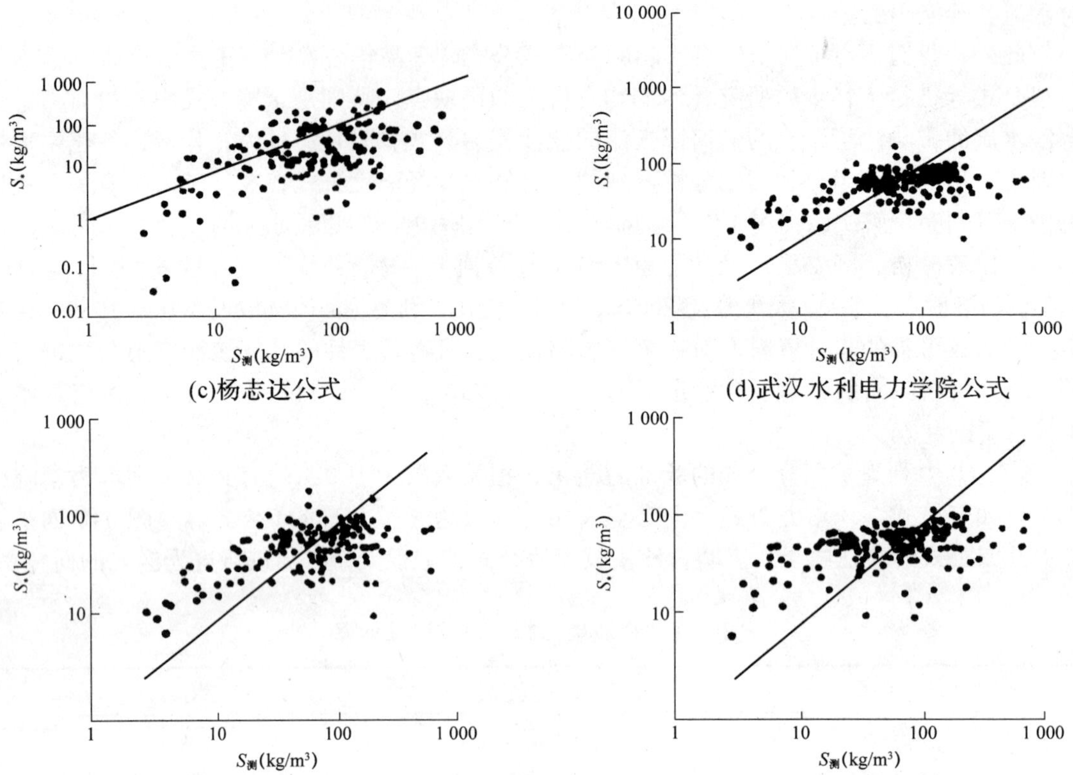

(c)杨志达公式　(d)武汉水利电力学院公式

(e)李昌华公式　(f)窦国仁公式

续图 7-2

第二节　挟沙水流能耗图形及床沙质挟沙能力

一、挟沙水流的能耗图形[17]

研究水流输沙特性，需对其能耗图形有较为清晰的认识，冲积河流从边界情况看，主要存在沙粒阻力 τ'、沙波阻力 τ''、推移阻力 τ_d 及河岸阻力 τ_n。根据阻力叠加原理，这些阻力单元与动床综合阻力 τ_f 的关系可表示为

$$\tau_f = K_1\tau' + K_2\tau'' + K_3\tau_d + K_4\tau_n \tag{7-21}$$

式中引入系数 K_1、K_2、K_3 及 K_4 是考虑到诸阻力单元间存在着相互重叠或干扰的影响，阻力叠加应是各个有效值的矢量和。

从水体内部看，为维持悬移质运动也要消耗能量，这种能量属于紊动能的范畴，挟沙水流只是在紊动能通过黏性发散转化为热能的过程中较一般水流增添了一个新内容——部分紊动能通过维持泥沙的悬浮而转化为热能。因此，从量上讲，可将各项阻力相应分成三部分：一部分与直接转化为热能的那部分能量相应；第二部分与实际参与悬浮泥沙所消耗的那部分能量相应；第三部分与余下的那部分没有参与悬浮泥沙的能量相应。亦即将式(7-10)右端诸项都分为三部分(以下标 1、2、3 表示)，若再按各部分归类，则该式又可写

成

$$\tau_f=\left(\tau_1'+\tau_1''+\tau_{d1}+\tau_{n1}\right)+\left(\tau_3'+\tau_3''+\tau_{d3}+\tau_{n3}\right)+\left(\tau_2'+\tau_2''+\tau_{d2}+\tau_{n2}\right) \tag{7-22}$$

式(7-22)右边第三项从量上讲等于悬浮泥沙消耗的紊动能所对应的阻力τ'''。若再将前两项以τ_s表示，式(7-22)即为

$$\tau_f=\tau_s+\tau''' \tag{7-23}$$

在恒定均匀挟沙水流之中，若沿水流方向任取一单位流段来研究，则单位时间内体积为$A\times1$的浑水中的清水在不存在泥沙的情况下从高处流到低处所具有的能量E_1，可表示为

$$E_1=\gamma\left(1-S_V\right)AvJ_0 \tag{7-24}$$

式中：γ为水流比重；S_V为以体积百分数表示的含沙量；J_0表示上述清水当流速为v时所对应的水流比降，它是为研究问题方便而引入的当量能坡。至于相应的浑水中的清水从高处流到低处为克服阻力所消耗的能量E_2可表示为

$$E_2=\tau_f\left(1-S_V\right)\frac{A}{R}v \tag{7-25}$$

式中：R为水力半径。

根据能量平衡原理，应有E_1=E_2，因此由式(7-23)～式(7-25)，可得

$$\gamma\left(1-S_V\right)AvJ_0=\tau_s\left(1-S_V\right)\frac{A}{R}v+\tau'''\left(1-S_V\right)\frac{A}{R}v \tag{7-26}$$

不难看出，式(7-26)中右边第二项为单位时间流段里的清水维持泥沙悬浮所消耗的能量，在量值上等于维里坎诺夫的悬浮功E_s。

对二度恒定均匀流的单位浑水水体而言，紊动从平均水流运动中取得的能量就是水流在当地所消耗的能量。令W_s表示单位挟沙水体单位时间内在当地消耗的能量，则W_s可表示为

$$W_s=\tau_b\frac{\mathrm{d}u}{\mathrm{d}z} \tag{7-27}$$

式中：$\mathrm{d}u/\mathrm{d}z$代表水深z处单位浑水水体中心处的流速梯度；τ_b为单位浑水水体的切应力。

根据W_s的含义，显然它应包括该点处的单位水体内通过各种途径所消耗的全部能量。悬浮泥沙耗能仅是当地耗能所包含的将紊动能转化为热能的一种途径，它与通过其他途径消耗的能量的归宿完全相同，于是可列出二度流的能量平衡方程式为

$$\tau_b\frac{\mathrm{d}u}{\mathrm{d}z}=W_d+Q_h \tag{7-28}$$

式中：W_d为相应条件下悬浮泥沙所消耗的能量；Q_h代表通过黏性作用及其他途径转化为热量的那部分能量消耗。

二、床沙质挟沙能力公式的推导

悬移质中的床沙质挟沙能力公式，在国内影响最大的首推武汉水利电力学院公式，而

且其他各家的公式，一般都能转化为与该公式类同的形式[18]。这个公式是张瑞瑾等学者在维里坎诺夫公式的基础上，进一步分析大量资料得到的。此后，张瑞瑾教授按照悬移质具有制紊作用的观点，对公式的建立作了阐释。由于其中引入了几个尚无充分根据的假设和处理，因此公式仍被归于经验或半经验公式之列[19]，为此，我们由上述一度流的能耗图形，可以作一论证。

悬浮功 E_s 的表达形式为

$$E_s=(\gamma_s-\gamma)S_V A\omega_s \tag{7-29}$$

式中：γ_s 为泥沙比重；ω_s 为泥沙群体沉速。

根据连续律，由式(2-44)给出如下计算公式

$$\omega_s=\left(\frac{\nu}{\nu_m}\right)^n(1-S_V)\omega_0 \tag{7-30}$$

式中：ν、ν_m 分别为清水及浑水时的运动黏滞系数。

将式(7-29)取代式(7-26)右边第二项，并将式(7-30)代入，即得

$$\gamma v J_0=\frac{\tau_s}{R}v+(\gamma_s-\gamma)S_V\omega_0\left(\frac{\nu}{\nu_m}\right)^n \tag{7-31}$$

依照水力学公式，τ_s 及 J_0 可表示为

$$\tau_s=\frac{f_s'}{4}\gamma\frac{v^2}{2g} \tag{7-32}$$

$$J_0=\frac{f_0'}{4R}\cdot\frac{v^2}{2g} \tag{7-33}$$

式中：f_0'、f_s' 分别为 J_0 及 τ_s 所对应的阻力系数。

将式(7-32)、式(7-33)代入式(7-31)，整理即得

$$S_V=\frac{1}{8\left(\frac{\nu}{\nu_m}\right)^n\frac{\gamma_s-\gamma}{\gamma}}(f_0'-f_s')\frac{v^3}{gR\omega_0} \tag{7-34}$$

若只考虑床沙质，可引入两个用来区别全沙的比例系数 β_1 和 β_2，取 $S_V=\beta_1 S_*/\gamma_s$、$\omega_0=\beta_2\omega$，不难将式(7-34)转换为

$$S_*=\frac{\gamma_s}{8\beta_1\beta_2\frac{\gamma_s-\gamma}{\gamma}\left(\frac{\nu}{\nu_m}\right)^n}(f_0'-f_s')\frac{v^3}{gR\omega} \tag{7-35}$$

式中：S_* 代表不冲不淤临界情况下的床沙质含沙量；ω 为与其床沙质相应的代表沉速。

由式(7-35)可看出，$v^3/(gR\omega)$ 之前的量与 ω 有关，参考张瑞瑾处理此类问题的方式，令

$$\frac{\gamma_s(f_0'-f_s')}{8\beta_1\beta_2\frac{\gamma_s-\gamma}{\gamma}\left(\frac{\nu}{\nu_m}\right)^n}=a_1S_V^{a_2}=a_1\left(\frac{\beta_1}{\gamma_s}\right)^{a_2}S_*^{a_2} \tag{7-36}$$

代入式(7-35)，整理可得

$$S_* = K\left(\frac{v^3}{gR\omega}\right)^m \tag{7-37}$$

式中：$K = \left[a_1\left(\frac{\beta_1}{\gamma_s}\right)^{a_2}\right]^{\frac{1}{1-a_2}}$； $m = \frac{1}{1-a_2}$。

显然式(7-37)即是武汉水利电力学院挟沙能力公式，这就又一次论证了该公式在理论上是成立的。从上述论证过程看，仅采用了一个假设式(7-36)，且由于该式中的 f_s' 并不代表浑水中单位床面对水流的阻力 τ_f 的全部阻力系数，因此这一处理与现存的观点和试验结果都无直接冲突。

第三节　水流挟沙能力通用公式

水流含沙后其物理性质和紊动结构有所改变，从而影响到水流能量损失、流速和含沙量分布。因此，为得到既适用于一般水流又适用于高含沙水流的挟沙能力公式，需要从上述二度流能耗图形出发，考虑泥沙存在对水流的影响。

仿照物理学常用的方法，将式(7-28)改写为

$$\eta\tau_b\frac{\mathrm{d}u}{\mathrm{d}z} = W_d \tag{7-38}$$

式中：η 为比例系数，代表单位体积浑水在单位时间内就地消耗的能量中悬浮泥沙耗能所占份数。

在不冲不淤相对平衡情况下，悬浮泥沙消耗的能量 W_d 应该等于浑水悬浮泥沙所做的功 A_s，即

$$W_d = A_s = (\gamma_s - \gamma_m)S_V\omega_s \tag{7-39}$$

式中：S_V 为距河床为 z 的流层中以体积百分数表示的时均含沙量；γ_m 为浑水重度。对于二度流，τ_b 可表达为

$$\tau_b = \gamma_m(h-z)J \tag{7-40}$$

引入卡门–普兰特尔对数流速分布公式，求导得

$$\frac{\mathrm{d}u}{\mathrm{d}z} = \frac{u_*}{\kappa}\frac{1}{z} \tag{7-41}$$

式中：κ 为卡门常数，对于挟沙水流，可由式(3-20)计算。

将式(7-39)～式(7-41)代入式(7-38)，并整理得

$$S_V = \eta\frac{h-z}{z}.\frac{Ju_*}{\kappa\omega_s\frac{\gamma_s-\gamma_m}{\gamma_m}} \tag{7-42}$$

对式(7-42)两边沿垂线积分，取积分区间为$[\delta,h]$(δ 为推移层厚度)，并视κ、γ_m、ω 仅

为水体平均含沙量 S 的函数，即

$$\int_{\delta}^{h} S_V \,\mathrm{d}z = \frac{Ju_*}{\kappa\omega_s \dfrac{\gamma_s-\gamma_m}{\gamma_m}} \int_{\delta}^{h} \eta \frac{h-z}{z} \mathrm{d}z \tag{7-43}$$

对于式(7-43)右端，在区间(δ ,h)上，$(h-z)/z$ 不变号且可积，η 为 z 的连续函数，则根据积分的第一中值定理，至少存在一个小于 h 而大于 δ 的数 c，使得

$$\int_{\delta}^{h} \eta \frac{h-z}{z} \mathrm{d}z = \eta_* \int_{\delta}^{h} \frac{h-z}{z} \mathrm{d}z = \eta_* \left(h\ln\frac{h}{\delta} - h + \delta \right) \tag{7-44}$$

式中：$\eta_* = \eta(c)$。由于 $h \gg \delta$，因此

$$\int_{\delta}^{h} \eta \frac{h-z}{z} \mathrm{d}z = \eta_* h \ln\frac{h}{\mathrm{e}\delta} \tag{7-45}$$

根据前人研究，推移层厚度 $\delta = (1\sim3)D_{50}$，此处取 $\delta = 2.207D_{50}$，使 $\mathrm{e}\delta = 6D_{50}$。并且

$$\frac{S_*}{\gamma_s} = \frac{1}{h}\int_{\delta}^{h} S_V \,\mathrm{d}z \tag{7-46}$$

由式(7-43) ~ 式(7-45)代入式(7-46)，又可推演出

$$S_* = \gamma_s \eta_* \frac{Ju_*}{\kappa\omega_s \dfrac{\gamma_s-\gamma_m}{\gamma_m}} \ln\left(\frac{h}{6D_{50}}\right) \tag{7-47}$$

将 $J = fv^2/(8Rg)$ 及 $u_* = \sqrt{(f/8)}v$ 代入式(7-47)，得

$$S_* = \gamma_s \frac{f^{3/2}\eta_*}{8^{3/2}\kappa \dfrac{\gamma_s-\gamma_m}{\gamma_m}} \frac{v^3}{gR\omega_s} \ln\left(\frac{h}{6D_{50}}\right) \tag{7-48}$$

式中：f 为挟沙水流阻力系数。

对于式(7-48)中的 f 和 η_*，由推导过程看，主要反映浑水水流阻力系数和挟沙效率系数的影响，根据目前研究水平，将它们暂且放在一起处理。经分析认为，$f^{3/2}\eta_*$ 不仅与清水阻力系数 f_0 和含沙量 S_V 有关,而且还与水流佛汝德数 $v^2/(gh)$ (代表紊动强度)及代表相对重力作用的因子 $\dfrac{\gamma_s-\gamma_m}{\gamma_m}\dfrac{\omega_s}{v}$ 有关，亦即

$$f^{3/2}\eta_* = f\left(f_0, S_V, \frac{v^2}{gh}, \frac{\gamma_s-\gamma_m}{\gamma_m}\frac{\omega_s}{v} \right) \tag{7-49}$$

$$f^{3/2}\eta_* = 0.021\,35(0.002\,2 + S_V)^{0.62} \left[\frac{v^3}{\kappa g h \omega_s \dfrac{\gamma_s-\gamma_m}{\gamma_m}} \ln\left(\frac{h}{6D_{50}}\right) \right]^{-0.38} \tag{7-50}$$

将式(7-50)代入式(7-48)，整理即得包括全部悬沙的挟沙能力公式(对于冲积河流，取 $R \approx h$)，有

$$S_* = 2.5\left[\frac{\left(0.002\,2+S_V\right)v^3}{\kappa\dfrac{\gamma_s-\gamma_m}{\gamma_m}gh\omega_s}\ln\left(\frac{h}{6D_{50}}\right)\right]^{0.62} \qquad (7\text{-}51)$$

式(7-51)单位采用 kg、m、s 为单位制，其中群体沉速可由式(2-50)计算。

第四节　挟沙能力公式的检验与分析

一、挟沙能力公式的检验

图 7-3 为采用黄河、长江、渭河、辽河等国内外河流资料对式(7-51)进行的验证结果。可以看出，该公式不仅适用于一般挟沙水流，而且适用于高含沙紊流。再者，式(7-51)计算的是全悬移质挟沙能力，不需人为地对床沙质及冲泻质加以区划，在工程上有更重要的实际意义。

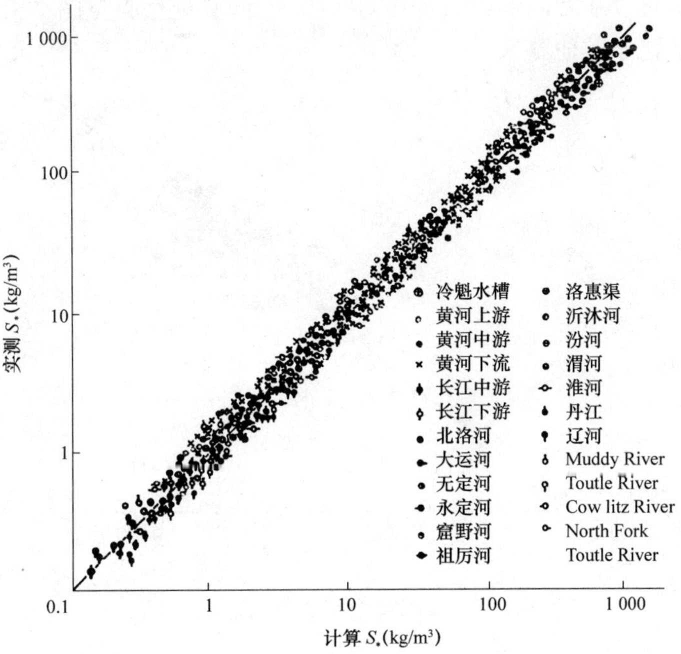

图 7-3　水流挟沙能力公式的验证

另外，舒安平[14]及江恩惠[16]的验证结果表明，依公式(7-51)的计算值与实测值的符合程度明显优于现有其他各家公式，其相关系数都大于 0.90。图 7-4 为舒安平对各家公式验证及比较的结果。由此可以看出，除公式(7-51)与实际情况非常接近外，其余 6 家公式都存在着共同的缺点，即两端偏离较远，而且除杨志达公式外，剩下 5 种公式变化趋势也相近，低含沙水流挟沙能力计算值偏大，而高含沙水流时正好相反。究其原因，舒安平指出，主要是这些公式未能反映高含沙水流的特点，或者是公式推导过程中假定 S_V 为小量所致。

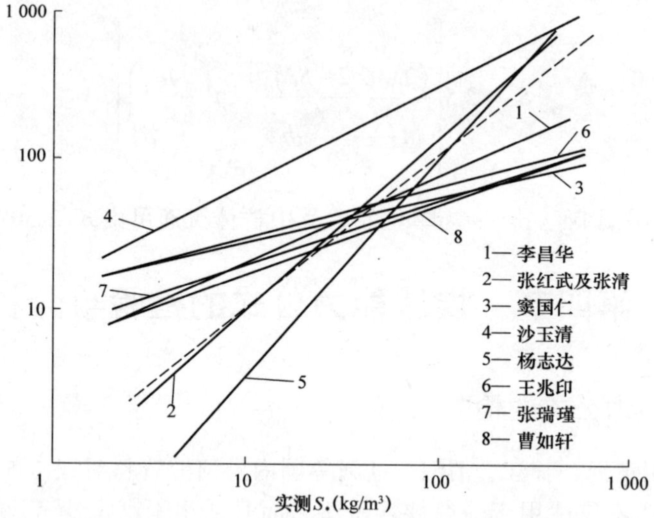

图 7-4　舒安平对各水流挟沙能力公式的验证与比较

江恩惠采用与图 7-2 相同的原型资料对式(7-51)的验证结果见图 7-5。由此可直观地看出张红武公式明显优于其他各家。

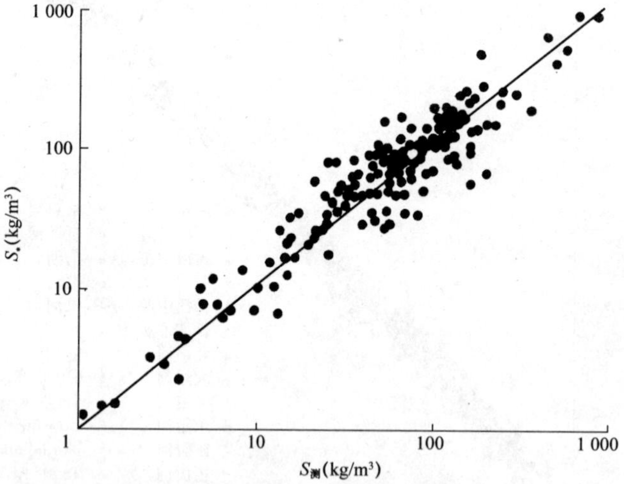

图 7-5　式(7-51)与实测资料的比较

二、分析与讨论

赵业安[20]在开展“八五”国家重点科技攻关项目“黄河下游河道演变基本规律”研究中，选用了 30 组天然实测资料对陈立–周宜林公式、刘兴年公式及式(7-51)进行了检验，结果绘于图 7-6～图 7-8。现将这 30 组资料列于表 7-2。朱太顺、王艳平[21]对上述 30 组实测资料分析认为，这 30 组资料并不都是冲淤平衡时的资料，并对这些资料的河道冲淤特性进行了分析。此外，朱太顺、王艳平还采用过 30 组资料对曹如轩公式、刘峰公式进行了检验，结果绘于图 7-9、图 7-10。

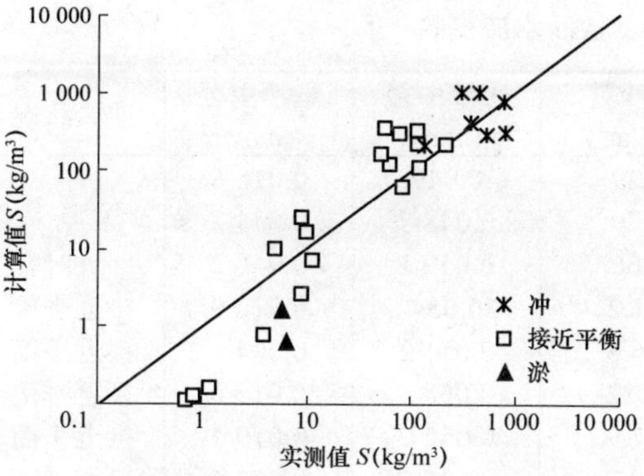

图 7-6　陈立–周宜林公式的 30 组资料验证

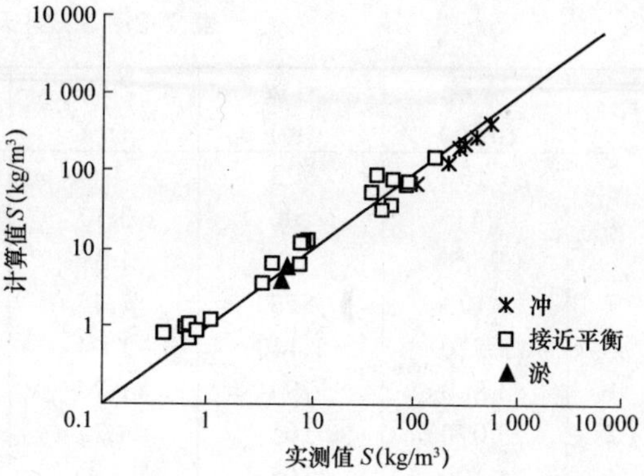

图 7-7　刘兴年公式的 30 组资料验证

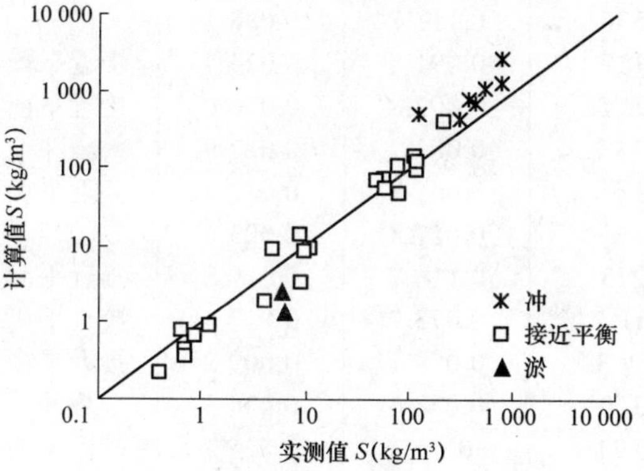

图 7-8　公式(7-51)的 30 组资料验证

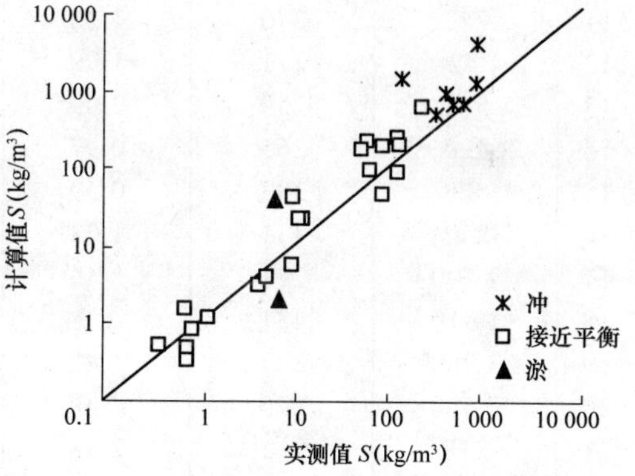

图 7-9　曹如轩公式的 30 组资料验证

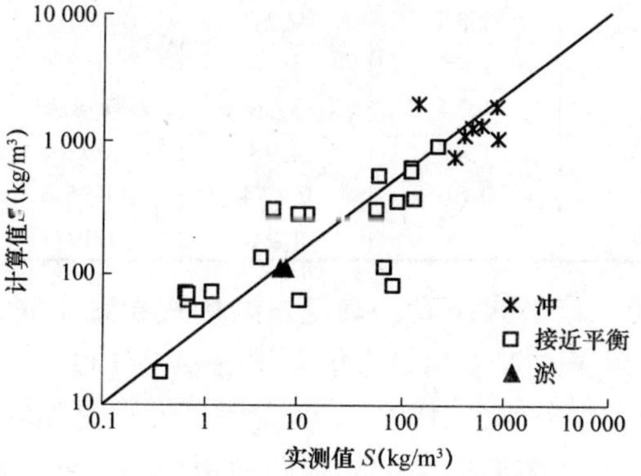

图 7-10　刘峰公式的 30 组资料验证

由图 7-6 ~ 图 7-10 对比分析发现，曹如轩公式计算较实测值有些偏大；陈立–周宜林公式低含沙时计算值偏小很多，高含沙时的点群分布不合理；刘兴年公式对于一般挟沙能力水流符合很好，只是在高含沙时计算值明显偏小；刘峰公式计算的点群较为分散，而且高含沙时计算值偏小；张红武公式(见公式(7-51))验证结果较为理想，特别是高含沙洪水显著冲刷的点据，都位于 45° 线以上，因而是合理的。

表 7-2　30 组天然实测挟沙水流资料

序号	流量 (m^3/s)	河宽 (m)	水深 (m)	含沙量 (kg/m^3)	床沙中径 (mm)	悬沙中径 (mm)	冲淤状况
1	3 130	923	1.6	129	0.049	0.018 8	冲
2	241	58	3.17	776	0.048 7	0.033 2	冲
3	95.5	52	1.39	766	0.059 1	0.046 2	冲
4	1 173	573	1.45	11.2	0.054	0.012 9	接近平衡
5	3 570	1 440	1.04	56.6	0.051 2	0.004 1	接近平衡
6	3 880	794	1.74	82.2	0.058 4	0.015 0	接近平衡
7	5 070	505	4.22	77.9	0.052 2	0.019 1	接近平衡
8	5 100	305	6.1	117	0.025 7	0.007 5	接近平衡
9	1 120	271	1.73	299	0.089 2	0.022 7	微冲
10	2 040	281	2.33	114	0.109 2	0.019 1	接近平衡
11	742	270	1.28	536	0.111 7	0.038 1	微冲
12	1 420	271	1.99	119	0.091 8	0.024 4	接近平衡
13	571	259	2.09	9.25	0.092 8	0.026 0	接近平衡
14	420	265	0.97	438	0.083 7	0.022 9	微冲
15	89	333	0.59	0.68	0.061 8	0.023 1	接近平衡
16	252	431	1.03	6.63	0.057 8	0.003 6	淤
17	2 290	271	2.46	213	0.116 7	0.019 8	接近平衡
18	1 910	431	1.9	61.3	0.073 9	0.017 4	接近平衡
19	3 980	807	1.82	50.3	0.059 1	0.009 2	接近平衡
20	2 760	270	3.0	370	0.088 6	0.034 3	微冲
21	218	212	2.33	0.71	0.047	0.025 7	接近平衡
22	3.34	18	0.74	0.404	0.054 7	0.006 6	接近平衡
23	30	73	1.06	0.73	0.064 5	0.007 4	接近平衡
24	1 180	545	1.45	10.28	0.058 9	0.022 6	接近平衡
25	1 090	271	1.85	9.27	0.101 5	0.039 0	接近平衡
26	480	298	1.75	5.88	0.052 4	0.024 2	淤
27	432	292	1.74	3.96	0.005 31	0.019 6	接近平衡
28	723	273	1.47	4.98	0.091 1	0.032 9	接近平衡
29	17.5	45	0.86	0.874	0.055 6	0.046 5	接近平衡
30	247	264	1.5	1.21	0.091	0.048 7	接近平衡

此外，从上面介绍的几家公式来看，其基本结构式大致相同，尤以张红武公式最具代表性。自公式(7-51)1992 年正式发表后，清华大学舒安平(1994)、武汉水利电力大学陈立和周宜林(1995)、四川联合大学刘兴年(1995)、西安理工大学曹如轩(1995)等采用类似研究路线和处理手法，相继给出了结构形式相近的试图适用于高含沙水流的挟沙能力公式。从已有的对各家挟沙能力公式的验证结果及本文验证情况来看，大部分学者的公式都有很大的局限性，开展黄河泥沙研究我们推荐采用张红武公式。该公式不仅适用于一般挟沙水流，而且适用于高含沙紊流，再者式(7-51)所计算的为全悬移质挟沙能力，不需人为地对床沙质及冲泻质加以区划，这不仅便于使用，而且还自动反映了各种粗细泥沙对水流挟沙能力的影响，这一点可以从式(2-50)中得到反映，式中 ω_s 系非均匀沙的平均沉速，较好地描述了群体沉速随含沙量及泥沙级配而变化的定量关系。因此，式(7-51)已反映了泥沙级配的影响。

进一步对公式(7-51)结构分析后发现，其之所以与实测资料符合较好，正是因为该公式通过考虑含沙量的存在对于水流摩阻特性、挟沙效率系数以及泥沙沉降特性等因素的影响，进而把握了水流挟沙能力(此时不仅是清水水流挟沙，还可能是浑水挟沙)的大小。图 7-11 为采用公式(7-51)计算的不同含沙量时水流挟沙能力 S_* 与 $v^3/(gh\omega_0)$ 的关系图。由图 7-11 可以看出，同一横坐标 $v^3/(gh\omega_0)$ 的条件下，挟沙能力 S_* 随含沙量 S 增加而增加，这正与黄河下游河道水流特别是高含沙洪水的具有“多来多排”的特性相同(实际上无论是哪条河流，都具有“多来多排、少来少排”的挟沙特性)。早在 20 世纪 60 年代，麦乔威、赵业安、潘贤娣等学者已给出了如下水流挟沙能力公式[22]，即

$$S_* = KQ^{a-1}S_{上}^{\beta} \tag{7-52}$$

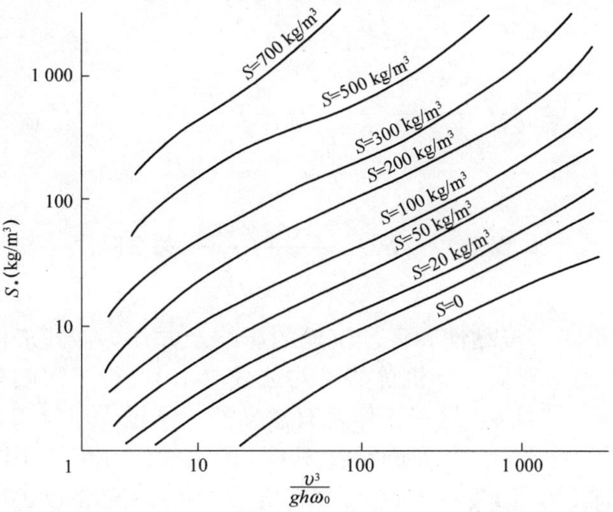

图 7-11　不同含沙量时 S_* 与 $\dfrac{v^3}{gh\omega_0}$ 的关系

式(7-52)与实际资料比较符合，其主要原因就是引入了上站的含沙量 $S_{上}$。$S_{上}$与本河段的含沙量 S 有密切关系(成正比关系)，显然式(7-52)确实间接地反映了含沙量的存在对水流的影响，因而式(7 52)具有较大的使用价值。

由图 7-11 中 S=500 kg/m^3 的曲线可以看出，$v^3/(gh\omega_0)$ 较大时(相当于主流所位于的深槽区)，水流挟沙能力远大于 500 kg/m^3，表明此时深槽将处于强烈的冲刷状态，甚至出现所谓的“揭河底”现象(如果河床淤积物具有黏性片状的话)。

由上述分析表明，公式(7-51)确实能够反映出高含沙洪水“多来多排”及所谓的“揭河底”等挟沙特性，这在现有的水流挟沙能力公式中是少见的。

自从曹如轩教授将武汉水利电力学院公式(见式(7-2))修正为 $S_* \sim \dfrac{\gamma_s-\gamma_m}{\gamma_m}.\dfrac{v^3}{gh\omega}$ 的关系以后，人们为了使它更适合于高含沙水流，都希望通过对沉速 ω 的修正来弥补各自公式在使用中的不足。图 7-12 是我们采用与图 7-2 相同的资料点绘的 $S_* \sim \dfrac{\gamma_s-\gamma_m}{\gamma_m}.\dfrac{v^3}{gh\omega}$ 关系图。由此发现，虽然对群体沉速 ω 已进行修正，也考虑了相对重率 $(\gamma_s-\gamma_m)/\gamma_m$ 的影响，可使 S<50 kg/m^3 的点群关系有所改进，但 S>50 kg/m^3，特别是 S>80 kg/m^3 后，点群关系很乱，表明采用

式(7-10)的结构形式，无论对ω如何修正都远远不能达到实际应用的程度。

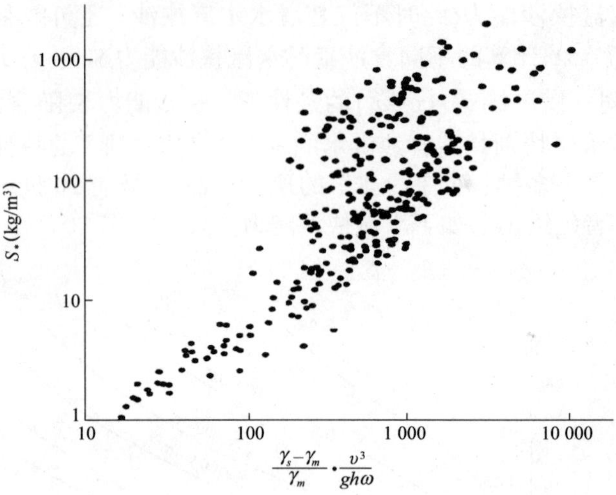

图 7-12 $S_* \sim \dfrac{\gamma_s-\gamma_m}{\gamma_m}\cdot\dfrac{v^3}{gh\omega}$ 关系图

文献[23]从含沙量对水流黏性和泥沙沉速的影响及非均匀沙代表沉速的计算等角度，采用大量黄河资料，利用现代计算机优势，对公式(7-10)进行了回归分析，确定了挟沙系数 k=0.451 5，指数 m=0.741 4。这一工作是有意义的，不过尚应指出，尽管原作者给出了相关关系较好的计算输沙率 $G_{s计}$ 与实测输沙率 $G_{s测}$ 的比较图，但决不能说明修正处理后的公式能与实际情况相符合。因为 $G_s = QS$，含沙量 S 一般比流量 Q 的数量级小，因此在对数纸上点绘 $G_{s计} \sim G_{s测}$ 关系图，其点群走向往往被纵、横坐标都含有的 Q 所左右，自然掩盖了水流挟沙能力公式验证的真实效果。为进一步说明这一问题，在图 7-13 中点绘了挟沙能力和输沙率比较示例。不难看出，尽管在左图中水流挟沙能力计算值与实测值相差较多，但是，右图中输沙率的比较结果却比较满意。另一方面，原作者以来沙系数 S/Q 高达 6 倍的变幅来判别输沙平衡与否的做法，显然与实际偏差甚远。

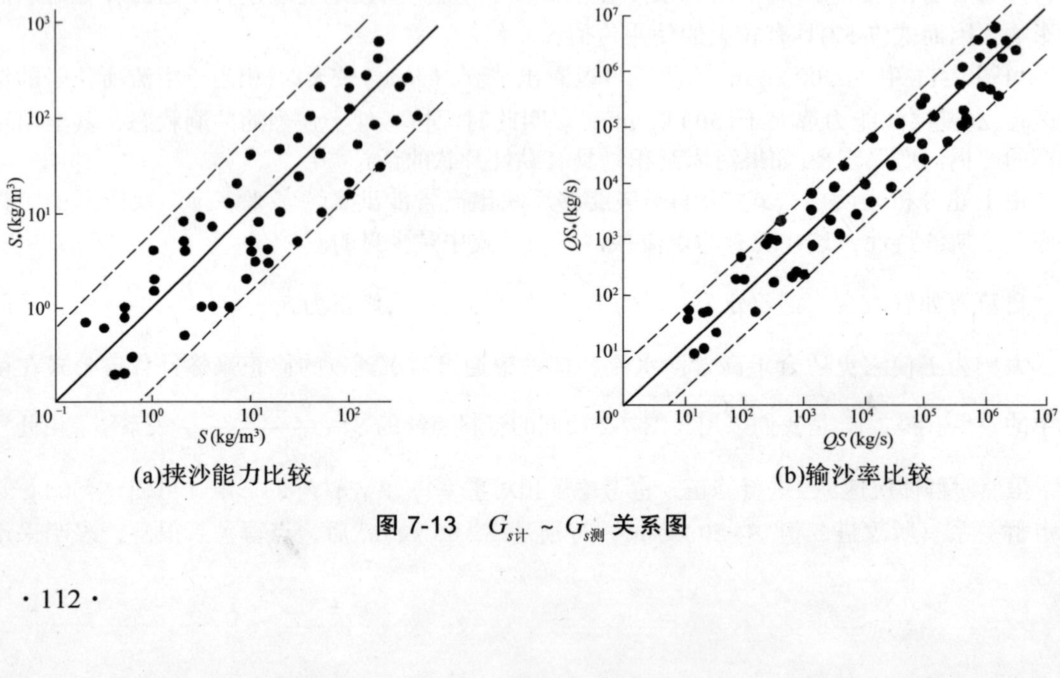

(a)挟沙能力比较　　(b)输沙率比较

图 7-13 $G_{s计} \sim G_{s测}$ 关系图

应该承认，由文献[24]给出的点群关系看，明显比上述修正武汉水利电力学院公式的方法更有效。

根据我们的体会，对于粗沙、少沙河流(特别是仅有单一河槽的顺直河段)，通过划分床沙质及冲泻质，确实方便了生产课题的解决，而对于那些多沙河流，特别是宽滩型河段，滩面水流强度极小，由我们的研究结果知，冲泻质分界粒径 d_c 同水流强度成正比，故在滩地上所相应的 d_c 也极小(≈0)，亦即河槽中的冲泻质，在河滩上具有造床作用，何况滩地淤积后，滩槽关系发生变化，进而影响整个河道的造床过程。再者，正是那些极细沙，往往通过增加水流黏性而致使泥沙沉速减小，随之水流挟沙能力显著增大。因此，在开展多沙河流(特别是有高含沙洪水出现的河段)河床冲淤计算时，不需再人为地区划冲泻质和床沙质。

参考文献

[1] H A 爱因斯坦. 明渠水流的挟沙能力[M]. 钱宁, 译. 北京：水利出版社，1956.

[2] 张瑞瑾，谢鉴衡，王明甫，等. 河流泥沙动力学[M]. 北京：水利电力出版社，1989.

[3] 沙玉清. 泥沙运动的基本规律[J]. 泥沙研究，1956, 1(2):1-55.

[4] 麦乔威，赵苏理. 黄河水流挟沙力问题初步研究[J]. 泥沙研究，1958(2) :1-39

[5] Yong C T.Incipient Motion and Sediment Tromspart ASCE[J]. of Hydraulic Engr，1973，99(HY 10).

[6] 曹如轩，程文，等. 高含沙洪水揭河底初探[J]. 人民黄河，1997，19(2): 1-5.

[7] 黄河水利科学研究所. 黄河下游土城子测验段实测资料分析[J]. 泥沙研究，1959(1): 43-46.

[8] 窦国仁，王国兵. 小浪底枢纽泥沙模型设计及验证试验报告[R]. 南京：南京水利科学研究院，1991.

[9] 舒安平. 高含沙水流及输沙机理的研究[D]. 北京：清华大学水利水电工程系, 1994.

[10] 龙毓骞，梁国亭，吴保生. 输沙能力公式验证[R]. 郑州：黄河水利科学研究院，1994.

[11] 赵业安，刘兴年，等. 黄河下游河道演变基本规律[M]. 郑州：黄河水利出版社，1998.

[12] 刘峰. 水流挟沙能力机理试验研究[D]. 武汉：武汉水利电力大学河流工程系，1995.

[13] 李昌华. 明渠水流挟沙能力初步研究[J]. 水利水运科学研究，1980(3): 76-83.

[14] 王兆印，曾庆华. 非牛顿体固液两相流的试验研究[J]. 泥沙研究，1990(3): 1-12.

[15] 舒安平. 水流挟沙力公式的验证与评述[J]. 人民黄河，1993(1): 7-9.

[16] 江恩惠. 黄河水流挟沙能力计算方法的研究现状[C] //黄河水利科学研究院. 黄河水利科学研究院第四届青年学术讨论会论文集. 郑州：黄河水利科学研究院，1992: 11-17.

[17] 张红武，张清. 冲积河流的水流挟沙力[C] //丁留谦. 水利水电工程青年学术论文集. 北京：中国科学技术出版社，1992: 227-281.

[18] 倪晋仁，王光谦，张红武. 固液两相流基本理论及其最新应用[M]. 北京：科学出版社，1991.

[19] 钱宁，万兆惠. 泥沙运动力学[M]. 北京：科学出版社，1983.

[20] 赵业安，周文浩，费祥俊，等. 黄河下游河道演变基本规律[M]. 郑州：黄河水利出版社，1998.

[21] 朱太顺，王艳平. 黄河水流挟沙能力公式的述评[C] //第十一届全国水动力学研讨会文集. 北京：海洋出版社，1997: 131-137.

[22] 麦乔威，赵业安，潘贤娣. 多沙河流拦洪水库下游河床演变方法计算[J]. 黄河建设，1965(3): 28-34.

[23] 吴保生，龙毓骞. 黄河水流输沙能力公式的若干修正[J]. 人民黄河，1993(7): 1-4.

[24] 白永峰，王明甫. 高含沙水流挟沙能力公式的探讨[J]. 水力发电，1993(8):17-19.

第八章　多沙河流河床变形方程与泥沙连续方程之完善

对于冲淤幅度较大的河流而言，河床变形方程及其中有关参数的合理取值或计算，是模型模拟成功的基本保证。目前，大多数模型采用谢鉴衡主编的《河流模拟》[1]一书中提出的河床变形方程。大量计算实践表明，即使对于少沙河流，理论上应大于 1 的泥沙恢复饱和系数α的取值一般取值都小于 1，对于多沙河流α取值还要小得多；该河床变形方程直接应用于像黄河这样的多沙河流，计算结果误差一般较大。本章从多沙河流异质粒子与紊流场的相互作用等方面入手，对河床变形方程进行了探讨和改进。

第一节　泥沙恢复饱和系数理论值讨论

谢鉴衡主编的《河流模拟》[1]一书中，在引入泥沙同紊流脉动完全跟随、紊动扩散作用是支持泥沙悬浮的唯一力量及水平扩散对河床变形影响较小等一系列假设条件后，得出如下河床变形基本方程式

$$\omega_b \overline{S}_b + \varepsilon_y \left(\frac{\partial \overline{S}}{\partial z} \right)_b = \gamma_0 \frac{\partial Z_b}{\partial t} \tag{8-1}$$

式中：ω_b 为河底泥沙沉速；$\overline{S}_b$ 为河底水流时均含沙量；ε_y 为泥沙扩散系数；$\left(\frac{\partial \overline{S}}{\partial z} \right)_b$ 为河底水流含沙量沿垂线分布梯度；γ_0 为淤积物干容重；Z_b 为河底高程。

当输沙处于平衡状态时，床面形状将不发生变化。这时有 $\partial Z_b / \partial t = 0$ 。与此同时，床面附近的含沙量 $\overline{S}_b$ 应等于饱和含沙量 S_{b*}，而由式(8-1)可得

$$\varepsilon_y \left(\frac{\partial \overline{S}}{\partial z} \right)_b = -\omega_b S_{b*} \tag{8-2}$$

假定这一规律在输沙不平衡状态下即 $\overline{S}_b \neq S_{b*}$ 时仍然成立，则河床变形方程(8-1)就成为

$$\omega_b \left(\overline{S}_b - S_{b*} \right) = \gamma_0 \frac{\partial Z_b}{\partial t} \tag{8-3}$$

上述假定等价于当输沙由平衡状态转为不平衡状态时河底含沙量梯度不变。这自然是很粗略的，鉴于一维及平面二维连续方程和运动方程都是对断面平均或水深平均的因变量所建立的方程，于是令断面或水深上的平均沉速 ω 取代近底沉速 ω_b，并引入

$$\alpha_1 = \overline{S}_b / S \tag{8-4}$$

$$\alpha_2 = S_{b*} / S_* \tag{8-5}$$

式中：S_*是断面或水深上的平均挟沙能力，即饱和平衡时的平均含沙量。这样，河床变形方程变为

$$\omega\left(\alpha_1 S-\alpha_2 S_*\right)=\gamma_0 \frac{\partial Z_b}{\partial t} \tag{8-6}$$

大多数数学模型在系数α_1、α_2的处理上，取

$$\alpha=\alpha_1=\alpha_2 \tag{8-7}$$

于是式(8-6)可写为

$$\alpha\omega\left(S-S_*\right)=\gamma_0 \frac{\partial Z_b}{\partial t} \tag{8-8}$$

式(8-8)中的α即为人们通常所称的泥沙恢复饱和系数。

根据式(8-4)、式(8-5)，α从理论上讲，应该是大于1的系数。而在天然河流冲淤计算时，为使模型计算河道冲淤情况与天然河道接近，大多数模型取α小于1，特别是对像黄河这样的多沙河流而言，α的取值远小于1，这种理论与实际相矛盾的根源所在一直未得到很好的解释[2]。张红武、江恩惠[3]认为，式(8-8)在建立的过程中，所做的若干假定条件，在浓度低、泥沙细及床面变化幅度较小等情况下，模拟结果还可以近似符合实际[2,3]。但对于黄河这样的多沙河流而言，因含沙量大，泥沙粒径变幅大(尤其是高含沙洪水期泥沙往往很粗)，河床局部的纵横底坡并不很小，上述假定条件与实际情况相差甚远。为此谢鉴衡指出[2]："应该承认，现阶段对黄河上的恢复饱和系数，无论理论认识或实际经验都甚感不足，有必要在这两方面作进一步的工作，用包括各种情况的实际资料率定这一系数，从而找到这一系数与影响因素的关系。"因此，针对多沙河流，特别是高含沙水流，开展河床变形方程理论改进工作，具有重要的理论和实用价值。

第二节　多沙河流河床变形方程的改进

设床面的内法线方向为n，由于冲淤作用，边界是可动的，与浑水对流速度相比，分子扩散速度很小[4,5]，故忽略掉泥沙的分子扩散速度，泥沙与浑水运动速度的差别在于泥沙运动还多出一项泥沙沉降速度ω(此外ω为时均值)[6]。于是，在床面上方泥沙的法线方向运动速度v_s应等于浑水法向速度v_n与泥沙静水沉速ω在法线上的投影之和，即

$$v_s=v_n-\omega\cos\left(n,z\right) \tag{8-9}$$

河床与挟沙水流的界面外侧存在法向速度$\tilde{v}_n$，该界面内侧有法向速度$\tilde{v}_n-v_s=[\tilde{v}_n+\omega\cos(n,z)]$，设内侧的含沙量为$S_b$，外侧泥沙的容重$\gamma_0$即床沙的干容重，由质量守恒定律，穿过界面的泥沙通量应满足

$$S_b\left[\tilde{v}_n-v_n+\omega\cos\left(n,z\right)\right]=\gamma_0\tilde{v}_n \tag{8-10}$$

设界面几何形状的隐式方程可以写为

$$f=z-Z_b\left(x,y,t\right)=0 \tag{8-11}$$

式中：Z_b是界面上点的高度，由流体力学知识知道，可动边界上一点的法向速度为

$$\tilde{v}_n = -\frac{\dfrac{\partial f}{\partial t}}{\sqrt{\left(\dfrac{\partial f}{\partial x}\right)^2 + \left(\dfrac{\partial f}{\partial y}\right)^2 + \left(\dfrac{\partial f}{\partial z}\right)^2}} = \frac{\dfrac{\partial Z_b}{\partial t}}{\sqrt{1 + \left(\dfrac{\partial Z_b}{\partial x}\right)^2 + \left(\dfrac{\partial Z_b}{\partial y}\right)^2}} \tag{8-12}$$

为考虑紊流脉动所引起的泥沙扩散，控制体与河床之间界面就不应当正好取在床面上，而是取在床面上方稍微离开床面一点距离的地方，在那里仍旧可以保持充分发展紊流的特性[4]。若将式(8-10)时均化(视河底附近泥沙沉速 ω_b 为时均值)，故

$$\overline{S}_b\left(\tilde{v}_n - \overline{v}_n\right) - k_1\overline{S_b'v_n'} + \overline{S}_b\omega_b\cos\left(n,z\right) = \gamma_0\tilde{v}_n \tag{8-13}$$

按照一般对流运动的可动边界条件[1]，应有

$$\tilde{v}_n = \overline{v}_n \tag{8-14}$$

于是式(8-13)变为

$$-\overline{S_b'v_n'} + \overline{S}_b\omega_b\cos\left(n,z\right) = \gamma_0\tilde{v}_n \tag{8-15}$$

式中：$-\overline{S_b'v_n'}$ 可认为是泥沙由于紊流脉动的作用而在单位面积界面上的通量。这里假设泥沙对紊流脉动是完全跟随的，即泥沙的脉动速度等于清水的脉动速度。为消除这个假设带来的影响，可以在前面引入一个修正系数 k_1。若再采取类似于费克定律，用时均值表示紊流扩散通量的 3 个分量[3]分别为

$$-\left(\varepsilon_x\frac{\partial\overline{S}}{\partial x}\right)_b,\quad -\left(\varepsilon_y\frac{\partial\overline{S}}{\partial y}\right)_b,\quad -\left(\varepsilon_z\frac{\partial\overline{S}}{\partial z}\right)_b$$

为适应含沙浓度较大及泥沙颗粒较粗的实际情况，尽管反映泥沙存在所产生的附加作用，在目前将其影响尚不能表达出确切形式的条件下，仍需要引进相应的修正系数 k_{2x}、k_{2y}、k_{2z}。因此，应将式(8-15)中的 $-\overline{S_b'v_n'}$ 项由如下关系取代，有

$$k_1k_{2x}\left(\varepsilon_x\frac{\partial\overline{S}}{\partial x}\right)_b\cos\left(n,x\right) + k_1k_{2y}\left(\varepsilon_y\frac{\partial\overline{S}}{\partial y}\right)_b\cos\left(n,y\right) + k_1k_{2z}\left(\varepsilon_z\frac{\partial\overline{S}}{\partial z}\right)_b\cos\left(n,z\right)$$

令 $k_x = k_1k_{2x}$，$k_y = k_1k_{2y}$，$k_z = k_1k_{2z}$，于是式(8-15)被改写为

$$k_x\left(\varepsilon_x\frac{\partial\overline{S}}{\partial x}\right)_b\cos(n,x) + k_y\left(\varepsilon_y\frac{\partial\overline{S}}{\partial y}\right)_b\cos(n,y) + k_z\left(\varepsilon_z\frac{\partial\overline{S}}{\partial z}\right)_b\cos(n,z) + \overline{S}_b\omega_b\cos(n,z) = \gamma_0\tilde{v}_n \tag{8-16}$$

由式(8-11)，可知三个方向中余弦 $\cos\left(n,x\right)$、$\cos\left(n,y\right)$、$\cos\left(n,z\right)$ 可表示为

$$\left(-\frac{\partial Z_b}{\partial x},-\frac{\partial Z_b}{\partial y},1\right)\Bigg/\sqrt{1+\left(\frac{\partial Z_b}{\partial x}\right)^2+\left(\frac{\partial Z_b}{\partial y}\right)^2}$$

亦即

$$\cos(n,x)=-\frac{\dfrac{\partial Z_b}{\partial x}}{\sqrt{1+\left(\dfrac{\partial Z_b}{\partial x}\right)^2+\left(\dfrac{\partial Z_b}{\partial y}\right)^2}} \tag{8-17}$$

$$\cos(n,y)=-\frac{\dfrac{\partial Z_b}{\partial y}}{\sqrt{1+\left(\dfrac{\partial Z_b}{\partial z}\right)^2+\left(\dfrac{\partial Z_b}{\partial y}\right)^2}} \tag{8-18}$$

$$\cos(n,z)=\frac{1}{\sqrt{1+\left(\dfrac{\partial Z_b}{\partial x}\right)^2+\left(\dfrac{\partial Z_b}{\partial y}\right)^2}} \tag{8-19}$$

将式(8-17)～式(8-19)及式(8-12)代入式(8-16)，则得

$$\overline{S}_b\omega_b+k_z\left(\varepsilon_z\frac{\partial\overline{S}}{\partial z}\right)_b-k_x\left(\varepsilon_x\frac{\partial\overline{S}}{\partial x}\right)_b\frac{\partial Z_b}{\partial x}-k_y\left(\varepsilon_y\frac{\partial\overline{S}}{\partial y}\right)_b\frac{\partial Z_b}{\partial y}=\gamma_0\frac{\partial Z_b}{\partial t} \tag{8-20}$$

限于目前的研究水平，式(8-20)中水平扩散项实际上是很难确定的[7]，为简化计算，将沿水平扩散对河床变形的影响项直接与河床变形项相联系，即令

$$k_x\left(\varepsilon_x\frac{\partial S}{\partial x}\right)_b\frac{\partial Z_b}{\partial x}+k_y\left(\varepsilon_y\frac{\partial\overline{S}}{\partial y}\right)_b\frac{\partial Z_b}{\partial y}=k_3\gamma_0\frac{\partial Z_b}{\partial t} \tag{8-21}$$

式中：k_3为比例系数，代入式(8-20)，得

$$(1+k_3)\gamma_0\frac{\partial Z_b}{\partial t}=\overline{S}_b\omega_b+k_z\left(\varepsilon_z\frac{\partial\overline{S}}{\partial z}\right)_b \tag{8-22}$$

若认为河底泥沙扩散量主要取决于水流挟沙条件，与含沙量饱和时的下沉量成如下关系，即

$$\left(\varepsilon_z\frac{\partial\overline{S}}{\partial z}\right)_b=-k_4\omega_b S_{b*} \tag{8-23}$$

式中：S_{b*}为饱和平衡条件下的河底含沙量；k_4为比例系数，它的引入，可避免以往常采取假定“河底泥沙扩散量直接等于$\omega_b S_{b*}$”所带来的争议，故式(8-22)变为

$$(1+k_3)\gamma_0\frac{\partial Z_b}{\partial t}=\overline{S}_b\omega_b-k_zk_4\omega_b S_{b*} \tag{8-24}$$

假设河底泥沙沉速 ω_b 同水体中的泥沙平均沉速ω存在如下关系

$$\omega_b = k_5\omega \tag{8-25}$$

式中：k_5为比例系数，有

$$\frac{(1+k_3)}{k_5}\gamma_0\frac{\partial Z_b}{\partial t} = \omega\left(\overline{S}_b - k_z k_4 S_{b*}\right) \tag{8-26}$$

考虑到$\overline{S}_b$、S_{b*}在实际中不易确定，为方便应用，以垂线平均含沙量S及垂线平均水流挟沙力S_*来代替为宜。于是令

$$\alpha_1 = \overline{S}_b / S \tag{8-27}$$

$$\alpha_* = S_{b*} / S_* \tag{8-28}$$

式中：α_*为平衡含沙量分布系数。

则式(8-26)变为

$$\frac{(1+k_3)}{k_5}\gamma_0\frac{\partial Z_b}{\partial t} = \omega\left(\alpha_1 S - k_z k_4 \alpha_* S_*\right) = k_z k_4 \alpha_* \omega\left(\frac{\alpha_1}{\alpha_* k_z k_4}S - S_*\right) \tag{8-29}$$

整理，即得

$$\gamma_0\frac{\partial Z_b}{\partial t} = \frac{k_z k_4 k_5}{(1+k_3)}\alpha_*\omega\left(\frac{\alpha_1}{\alpha_* k_z k_4}S - S_*\right) \tag{8-30}$$

令

$$K_1 = \frac{k_z k_4 k_5}{(1+k_3)} \tag{8-31}$$

$$f_1 = \frac{\alpha_1}{k_z k_4 \alpha_*} \tag{8-32}$$

故河床变形方程式变为

$$\gamma_0\frac{\partial Z_b}{\partial t} = K_1\alpha_*\omega\left(f_1 S - S_*\right) \tag{8-33}$$

式中：f_1主要是同α_1、α_*有关的系数，可称其为泥沙非饱和系数；K_1主要为考虑紊流脉动在水平方向产生的扩散作用及泥沙存在产生的附加影响而引入的修正系数，暂称为附加系数。

第三节　准二维数学模型泥沙连续方程的修正

设过水断面面积为A，断面冲淤调整面积为A_0，水面宽为B，含沙量为$\overline{S}$的浑水流速为$\overline{u}$。并令过水断面自由面上向两旁分流量或由两旁向河道的汇流量为q_L，相应的含沙量为S_L，由此，文献[1]给出了如下积分形式的泥沙连续方程，即

$$\frac{\partial}{\partial t}\int_A \overline{S}\,\mathrm{d}A + \frac{\partial}{\partial x}\int_A \overline{Su}\,\mathrm{d}A + \int_B \gamma_0\frac{\partial Z_b}{\partial t}\mathrm{d}b + S_L q_L = 0 \tag{8-34}$$

这个方程也适合于任何形式的河道断面。对于简单断面，求出式(8-34)的积分，得出用断面平均参数表示的微分方程

$$\frac{\partial}{\partial t}(AS)+\frac{\partial}{\partial x}(AvS)+\gamma_0\frac{\partial A_0}{\partial t}+S_L q_L=0 \tag{8-35}$$

而对于黄河下游河道断面，其形态十分复杂，不同断面的主槽宽度和滩槽高差各不相同。洪水过程中断面上不同部位的水沙因子及冲淤变形也差异很大。为反映黄河下游河道断面形态的调整过程，需根据断面实测情况划分为若干个子断面(见图 8-1)。于是可引入下角标 i 及 j，其中 i 代表断面号，$i=1，2,\cdots$，N_1 (N_1 为计算河段的断面总数)；j 代表子断面号，$j=1，2，\cdots$，N_2 (N_2 为各断面划分的子断面数)。为便于计算，j 的大小拟根据诸子断面河床高程值的大小依次确定。亦即，河床高程最低的子断面号 j 为 1，最高的取 j 为 N_2。于是式(8-34)中的积分式可分别表示为

$$\int_A \overline{S}\,\mathrm{d}A=\sum_{j=1}^{m}A_{ij}S_{ij} \tag{8-36}$$

$$\int_A \overline{Su}\,\mathrm{d}A=A_i v_i S_i \tag{8-37}$$

$$\int_B \gamma_0\frac{\partial Z_b}{\partial t}\mathrm{d}b=\gamma_0\sum_{j=1}^{m}b_{ij}\frac{\partial Z_{b_{ij}}}{\partial t} \tag{8-38}$$

式中：m 为水位以下的子断面数；b_{ij} 为子断面宽度。

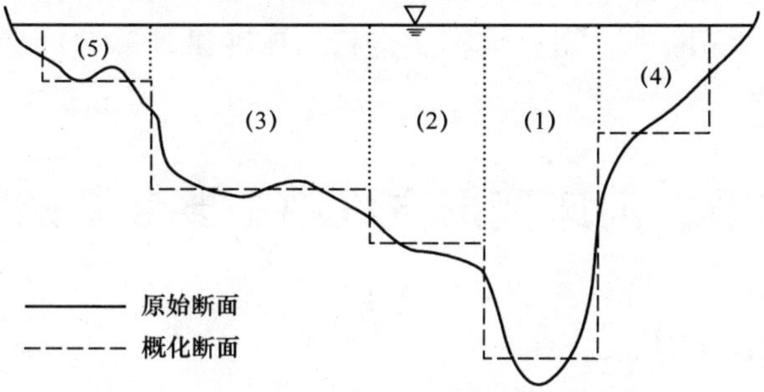

图 8-1　断面概化示意图

对于子断面而言，河床变形方程式(8-33)可表示为

$$\frac{\partial Z_{b_{ij}}}{\partial t}=\frac{1}{\gamma_0}K_{1ij}\alpha_{*ij}\omega\left(f_{1ij}S_{ij}-S_{*ij}\right) \tag{8-39}$$

将式(8-39)代入式(8-38)，得

$$\int_B \gamma_0\frac{\partial Z_b}{\partial t}\mathrm{d}b=\omega\sum_{j=1}^{m}K_{1ij}\alpha_{*ij}b_{ij}\left(f_{1ij}S_{ij}-S_{*ij}\right) \tag{8-40}$$

将式(8-36)、式(8-37)及式(8-40)代入式(8-34)，即求得本数学模型将采用的泥沙连续方程式，即

$$\frac{\partial}{\partial t}\left(\sum_{j=1}^{m}A_{ij}S_{ij}\right)+\frac{\partial}{\partial x}\left(A_i v_i S_i\right)-S_L q_L+\omega\sum_{j=1}^{m}K_{1ij}\alpha_{*ij}b_{ij}\left(f_{1ij}S_{ij}-S_{*ij}\right)=0 \tag{8-41}$$

式中的全断面面积(设断面水位为 Z_i)为

$$A_i=\sum_{j=1}^{m}A_{ij}=\sum_{j=1}^{m}b_{ij}h_{ij}=\sum_{j=1}^{m}b_{ij}\left(Z_i-Z_{b_{ij}}\right) \tag{8-42}$$

全断面流速为

$$v_i=Q_i/A_i \tag{8-43}$$

全断面含沙量为

$$S_i=\sum_{j=1}^{m}Q_{ij}S_{ij}/Q_i \tag{8-44}$$

各子断面流量(n_{ij} 为子断面糙率)为

$$Q_{ij}=\frac{Q_i A_{ij}h_{ij}^{2/3}}{n_{ij}\sum_{j=1}^{m}\left(A_{ij}h_{ij}^{2/3}/n_{ij}\right)} \tag{8-45}$$

由此可以看出，各子断面上各物理量均只考虑其平均值，再按一定的表达式与断面平均值建立关系，在每一子断面上用一维模式进行河床冲淤计算，同所谓的“准二维模型”较为接近。

第四节　河床变形方程中主要参数的计算

一、附加系数 K_1 的确定

在上述河床变形方程及泥沙连续方程中出现的附加系数 K_1，目前还只能当做一个综合修正系数来处理，由于引入该系数的主要目的是来反映紊流脉动在水平方向产生的扩散作用及泥沙存在产生的附加影响。因此，它应与泥沙粗度(以泥沙沉速 ω 表示)、水流流速 v 及水力摩阻特性(以摩阻流速 u_* 表示)有关。进一步讲，K_1 应是由 ω 、v、u_* 组成的无量纲综合变量的函数，由黄河动床模型相似律的研究结果[8]，引入附加系数并没有增加新的相似指示数，且附加系数比尺 $\lambda_{K_1}=1$，因此这个无量纲综合数的比尺等于 1，由此给出的比尺关系也应与悬移质泥沙悬移相似条件相一致。于是首先令无量纲综合数的形式为 $u_*^{n'}/\left(\omega v^{n''}\right)$，当其比尺等于 1 时，可得

$$\lambda_{u_*}^{n'}=\lambda_{\omega}\lambda_{v}^{n''} \tag{8-46}$$

式中：λ_{u_*} 为摩阻流速比尺；λ_{ω} 为沉速比尺；λ_v 为流速比尺。

一般情况下，悬移相似条件为

$$\lambda_{\omega} = \lambda_{v}\left(\frac{\lambda_{h}}{\lambda_{L}}\right)^{3/4} \tag{8-47}$$

式中：λ_h 为垂直比尺；λ_L 为水平比尺。

将上式及 $\lambda_{u_*}=\lambda_v\sqrt{\lambda_h/\lambda_L}$ 代入式(8-46)，整理得

$$\lambda_{v}^{n'}\left(\frac{\lambda_{h}}{\lambda_{L}}\right)^{\frac{n'}{2}} = \lambda_{v}^{1+n''}\left(\frac{\lambda_{h}}{\lambda_{L}}\right)^{3/4} \tag{8-48}$$

式(8-48)左右端欲相等，相应比尺的指数必须相同，故可列出

$$\begin{cases} n' = 1 + n'' \\ \dfrac{n'}{2} = \dfrac{3}{4} \end{cases} \tag{8-49}$$

解得指数 n'=1.5，n''=0.5，所以

$$K_1 = f\left(\frac{u_*^{1.5}}{v^{0.5}\omega}\right) \tag{8-50}$$

再由实体模型试验结果及初步的数值计算看，这个无因次综合数对 K_1 的影响很敏感，故先将 K_1 的形式表示为

$$K_1 = K'''\kappa^{n_2}\left(\frac{u_*^{1.5}}{v^{0.5}\omega}\right)^{n_3} \tag{8-51}$$

式中：K'''、n_2、n_3 分别为待定常系数和常指数。κ 为深水卡门常数，采用式(3-20)计算。

为确定这些系数和指数，先将式(8-33)表示为

$$K_1 = \frac{\gamma_0}{\alpha_*\omega}\frac{\Delta Z_b}{\Delta t}\frac{1}{f_1 S - S_*} \tag{8-52}$$

河床冲淤变幅较小时，$f_1\approx1$，根据实体模型中河床冲淤变幅较小的资料，由式(8-52)求出 K_1，并分析它与无因次综合数 $u_*^{1.5}/\left(\omega v^{0.5}\right)$ 的关系，求得式(1-41)中的 K'''=1/2.65，n_2=4.65，n_3=1.14，亦即

$$K_1 = \frac{1}{2.65}\kappa^{4.65}\left(\frac{u_*^{1.5}}{v^{0.5}\omega_s}\right)^{1.14} \tag{8-53}$$

图 8-2 为采用另外一些模型试验资料对式(8-53)的验证结果，表明在目前情况下，所确定的 K_1 与实际资料较为接近。

二、平衡含沙量分布系数 α_* 的计算

α_* 为河底处于冲淤平衡状态下，底部含沙量与垂线平均含沙量的比值，可采用平衡状

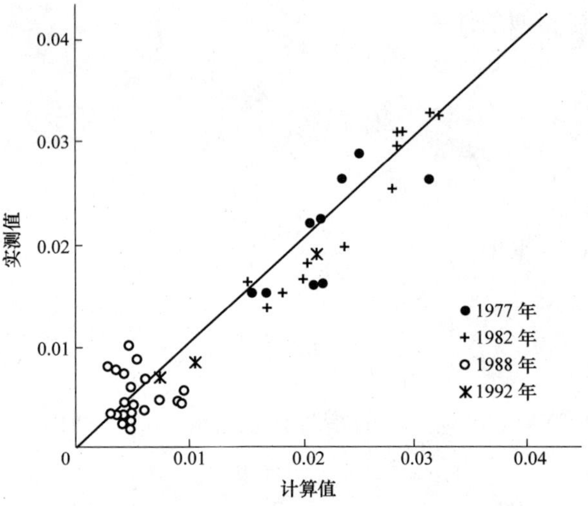

图 8-2　对式(8-53)的验证

态下含沙量沿垂线分布公式(5-43)计算。该式突出的优点之一就是克服了河底附近含沙量值计算不合理的现象。

但式(5-43)建立的重点理论基础为二度水流紊流区。因此，为避开层流边界层的影响，参照已有研究成果，在进行河底含沙量计算时，取临底的相对比深 η_b =0.001(相当于水深为 1 ~ 4 m 时，临底水深取 1 ~ 4 mm)，得出 α_* 的如下计算公式

$$\alpha_* = \frac{1}{N_0}\exp\left(8.21\frac{\omega}{\kappa u_*}\right) \tag{8-54}$$

式中：N_0 采用式(5-44)计算。

进一步考虑式(5-43)发现，实际上即使 η_b 由 0.005 变为 0.000 001，减小 5 000 倍，式(8-54)中悬浮指标 $\frac{\omega}{\kappa u_*}$ 前的系数之间的差别仍小于 5%，因此对 η_b 取值的人为差异产生的影响很小。

三、非饱和系数 f_1 的计算

f_1 代表了非平衡条件下，含沙量沿垂线分布梯度与平衡条件下含沙量沿垂线分布梯度的比值。当河道含沙量 S 等于水流挟沙力 S_* 时，f 等于 1；当河道处于淤积状态，即 $S > S_*$ 时，因河道的冲淤是通过临底区域泥沙交换实现的。河床淤积时，临底区域下落到床面的泥沙量大于从床面冲起的泥沙量，此时的临底含沙量也应大于相同垂线平均含沙量平衡状态下的临底含沙量，因此 f_1 应大于 1；反之，当河床冲刷时，f_1 应小于 1。

f_1 变化的实际物理图形非常复杂，且影响因素很多，从河流泥沙动力学目前的研究水平很难得出 f_1 的具体表达式，因此我们从实际应用角度出发，结合 f_1 数值变化理论分析，找出如下 f_1 的表达式

$$f_1 = \left(\frac{S}{S_*}\right)^{n_4} \tag{8-55}$$

式中：n_4 为大于 0 的指数。

进一步研究发现，指数 n_4 并非常数，也随 S/S_* 的变化而变化。采用实体模型试验资料初步率定得出 n_4 的如下表达式：

$$n_4=\frac{0.1}{\arctan\left(\frac{S}{S_*}\right)} \tag{8-56}$$

将式(8-56)代入式(8-55)可得出 f_1 的计算表达式为

$$f_1=\left(\frac{S}{S_*}\right)^{0.1/\arctan\left(\frac{S}{S_*}\right)} \tag{8-57}$$

根据后来采用黄河洪水与长系列年资料的验证结果看，通过这种方式建立的 f_1 表达式具有通用性，克服了许多数学模型系数不能运用的缺陷，从而提高了泥沙数学模型的理论水平和可预测性，大大增加了其实用价值。

参 考 文 献

[1] 谢鉴衡. 河流模拟[M]. 北京：水利电力出版社，1990.

[2] 谢鉴衡. 江河演变与治理研究[M]. 武汉：武汉大学出版社，2004.

[3] 江恩惠，张红武，等. 黄河下游泥沙数学模型的研究[R]. 郑州：黄河水利科学研究院, 1995.

[4] 夏震寰. 现代水力学[M]. 第三册紊动力学. 北京：高等教育出版社，1990.

[5] 倪晋仁，王光谦，张红武. 固液两相流基本理论及其最新应用[M]. 北京：科学出版社，1991.

[6] 梁在潮，刘士和，张红武，等. 多相流与紊流相干结构[M]. 武汉：华中理工大学出版社，1994.

[7] Wang Guangqian，Fei Xiangjun.The Kinetic Model for Granular Flow[C]. Beijng：Proceedings of the Fourth International Symposiumon River Sedimentations，1989: 1459-1467.

[8] 张红武，江恩惠，白咏梅，等. 黄河高含沙洪水模型的相似律[M]. 郑州：河南科学技术出版社, 1994.

第九章　多沙河流悬移质泥沙与床沙交换规律

冲积性河流是水流与河床相互作用的产物，水流作用于河床，使河床发生冲淤变化，变化后的河床反过来影响水流的结构。河床形态的调整是通过泥沙运动来完成的，天然河流的泥沙一般为非均匀沙，泥沙组成直接影响河床调整的速度与演变规律。

挟沙水流在运行过程中，不仅河床发生冲淤变化，而且悬移质泥沙同床沙(或推移质)时刻进行着不同程度的交换，结果使悬沙和床沙组成不断调整，其交换和调整强度与水流的紊动结构及河道的冲淤特性等有极为密切的关系。一般情况下，悬移质泥沙组成比床沙细，当河道发生冲刷时，部分较细颗粒的床沙被水流冲起变为悬移质，悬移质泥沙和床沙均发生不同程度的粗化，而河道发生淤积时，悬移质泥沙中相对较粗的泥沙落淤在河床上变为床沙，悬沙和床沙又均会发生细化。同时，由于同一断面，床沙及悬移质泥沙组成沿河宽分布并不均匀，因此即使整个断面处于冲淤平衡状态，全断面平均悬沙级配也仍可能发生调整变化。

冲积河流中床沙和悬移质泥沙交换调整作用普遍存在，在某种条件下往往非常明显。例如，1961 年 8 月，黄河三门峡水库处于拦沙运用初期，上游潼关站月均悬沙平均粒径 d_{cp} 为 0.029 mm，经过三门峡水库的拦淤调整，出库泥沙月均平均粒径 d_{cp} 仅为 0.01 mm，而下游河道由于沿程普遍发生冲刷，到花园口、夹河滩、高村，月均平均粒径 d_{cp} 分别粗化为 0.015 mm、0.017 mm、0.021 mm；又如 1977 年黄河下游发生了高含沙洪水，河道淤积非常严重，花园口 7 月份月均平均粒径 d_{cp} 为 0.042 mm，而到孙口时，月均平均粒径 d_{cp} 细化为 0.020 mm。

悬移质泥沙和床沙级配及其交换规律的研究，作为河流泥沙动力学中重要的基本课题之一，一直被许多学者关注，并取得了卓有成效的研究进展，但由于问题本身的复杂性，各家研究成果在理论上与应用上尚有较大的局限性，且往往与天然实测情况有很大出入。悬移质泥沙和床沙级配及其交换规律研究，不仅对河床演变分析、河流泥沙数学模型研究等具有重要实用价值，而且对河流泥沙运动力学学科的发展也颇有意义。

第一节　悬移质泥沙与床沙交换计算研究现状

近年来，悬沙与床沙交换规律的研究在理论上取得了很大进展，在生产实践中也发挥了重要作用。归纳而言，现有方法一般为将悬移质泥沙和床沙分成若干组，通过计算分组挟沙能力实现悬沙与床沙的交换作用，从而求出悬沙与床沙级配的变化规律，只是各家求分组挟沙能力的方法不同，有代表性的有以下几种。

一、韩其为早期方法[1]

韩其为于 1979 年提出了由悬移质级配求分组挟沙能力的方法。首先，假定含沙量级配与挟沙能力级配相同，且各组泥沙独自保持平衡而不相互影响，在此基础上建立了如下级配计算公式：

淤积时

$$P_i = P_{0i} \frac{(1-\lambda)^{(\frac{\omega_i}{\omega_{zh}})^\beta}}{1-\lambda} \tag{9-1}$$

$$R_i = \frac{P_{0i}}{\lambda}\left[1-(1-\lambda)^{(\omega_i/\omega_{zh})^\beta}\right] \tag{9-2}$$

$$\sum_{i=1}^{n} P_{0i}(1-\lambda)^{(\omega_i/\omega_{zh})^\beta} = 1 \tag{9-3}$$

式中：P_{0i}、P_i 分别为进口与出口断面悬移质泥沙级配；R_i 为河段床沙级配；ω_i 为粒径组的泥沙沉速；ω_{zh} 为有效沉速，由式(9-3)反求；λ为淤积百分比，可写为

$$\lambda = \frac{S_0 - S}{S_0} \tag{9-4}$$

式中：S_0、S 分别为进口与出口断面含沙量；β 为小于 1 的修正指数，根据一些实测资料，对沉沙条渠、河道型水库和天然河道采用 0.75，对湖泊型水库和胃状放淤区采用 0.5。

冲刷时

$$P_i = \frac{1}{1-\lambda}\left\{P_{0i} - \frac{\lambda}{\lambda_*} R_{0i}\left[1-(1-\lambda_*)^{\left(\frac{\omega_{zh}}{\omega_i}\right)^\beta}\right]\right\} \tag{9-5}$$

$$\sum_{i=1}^{n} R_{0i} \frac{1-(1-\lambda_*)^{(\frac{\omega_{zh}}{\omega_i})^\beta}}{\lambda_*} = 1 \tag{9-6}$$

$$R_i = R_{0i} \frac{(1-\lambda_*)^{(\frac{\omega'_{zh}}{\omega_i})^\beta}}{1-\lambda_*} \tag{9-7}$$

$$\frac{\sum_{i=1}^{n} R_{0i}(1-\lambda_*)^{(\frac{\omega'_{zh}}{\omega_i})^\beta}}{1-\lambda_*} = 1 \tag{9-8}$$

式中：R_{0i} 为初始河床级配；ω'_{zh} 为有效沉速，ω_{zh} 与 ω'_{zh} 可分别由式(9-6)、式(9-8)反求；λ_* 为冲刷百分比，原作者取λ_*为

$$\lambda_* = \frac{\Delta z}{\Delta z + 1} \tag{9-9}$$

式中：Δz 为冲刷厚度。

上述模式在早期的泥沙数学模型中得到了应用。按照这种模式，当河床冲刷时，各粒径组的泥沙均冲刷；当河床淤积时，各粒径组泥沙均淤积。而天然河道中的实际情况是，河床发生冲淤变形时，某些粒径的泥沙发生淤积，而另一些粒径组的泥沙则可能发生冲刷，床沙与悬移质泥沙不断交换。

二、HEC–6模型方法[2]

HEC–6 模型是以床沙级配推求分组挟沙能力，其基本思路为：先求每一粒径组泥沙的可能挟沙能力，即这一粒径组含沙量占 100%的水流挟沙能力，而实际挟沙能力则是此粒径组在床沙中所占百分比与上述可能水流挟沙能力的乘积。

若全沙与各粒径组泥沙挟沙能力采用如下简单形式计算，即

$$S_* = K\left(\frac{v^3}{gh\omega}\right)^m \tag{9-10}$$

于是，可导得

$$\frac{P_{*i}}{P_{bi}} = \left(\frac{\omega}{\omega_i}\right)^m \tag{9-11}$$

式中：v 为流速；h 为水深；ω、ω_i 分别为混合沙平均沉速与第 i 粒径组泥沙沉速；S_* 为挟沙能力；P_{*i}、P_{bi} 分别为挟沙能力级配与床沙级配；m 为指数；K 为系数。

由式(9-11)可知，只有当 $\omega_i = \omega$ 时，才有 $P_{*i} = P_{bi}$；当 $\omega_i > \omega$ 时，$P_{*i} < P_{bi}$；反之，$\omega_i < \omega$ 时，$P_{*i} > P_{bi}$，而且床沙级配与挟沙能力级配总不相等。这在定性上是合理的，只是该方法的前提假定在理论上值得商榷，特别是多沙河流，其悬移质泥沙级配不完全取决于床沙组成。

三、李义天方法[3]与胡海明[4]方法

李义天同时考虑了水流条件与床沙组成对挟沙能力的影响，通过理论分析建立了输沙平衡状态下床沙质级配与床沙级配之间的关系为

$$P_i = P_{bi}\frac{\dfrac{1-A_i}{\omega_i}\left(1-\mathrm{e}^{-\frac{6\omega_i}{\kappa u_*}}\right)}{\sum\limits_{i=1}^{m} P_{bi}\dfrac{1-A_i}{\omega_i}\left(1-\mathrm{e}^{-\frac{6\omega_i}{\kappa u_*}}\right)} \tag{9-12}$$

$$A_i = \frac{\omega_i}{\dfrac{\sigma_v}{\sqrt{2\pi}}\mathrm{e}^{-\frac{\omega_i^2}{2\sigma_v^2}} + \omega_i \Phi\left(\dfrac{\omega_i}{\sigma_v}\right)} \tag{9-13}$$

式中：P_i、P_{bi} 分别为床沙质与床沙级配；ω_i 为第 i 粒径组泥沙沉速；u_* 为摩阻流速；κ 为卡门常数；m 为粒径分组数；σ_v 为垂向紊动强度，原作者取 $\sigma_v = u_*$。

在已知床沙级配的条件下，根据式(9-12)计算出悬沙中床沙质级配后，再由全沙挟沙能力乘以挟沙能力级配 P_i 即可得出分组挟沙能力，进一步采用非饱和输沙模型计算河段内的冲淤，而后根据冲淤结果调整床沙级配作为下一时段的计算依据。

当河床淤积时，原作者取床沙级配为淤积物级配，当河床冲刷时，床沙级配表示为

$$P_i = \left(H_i - \Delta z_i\right)/\left(H_c - \Delta z\right) \tag{9-14}$$

式中：H_c、H_i 分别为冲刷开始时参与冲刷的床沙总厚度及相应的第 i 粒径组泥沙厚度；Δz、Δz_i 分别为冲刷总厚度及相应第 i 粒径组泥沙的冲刷厚度。河床在冲淤交替状态下，床沙级配取在冲淤过程结束后冲刷与淤积的泥沙混合平均。

胡海明也遵循上述研究思路，进一步细化，首先建立了平衡状态下推移质级配与床沙级配的如下关系，即

$$P_{bi}=\frac{A_i}{A}P_{0i} \tag{9-15}$$

其中

$$A_i=\frac{\dfrac{0.37u}{\sqrt{2\pi}}\mathrm{e}^{-\frac{1}{2}\left[\frac{1}{0.37}\left(\frac{u_{ci}}{u}-1\right)\right]^2}+(u-u_{ci})\left\{1-\Phi\left[\dfrac{1}{0.37}\right]\left(\dfrac{u_{ci}}{u}-1\right)\right\}}{\dfrac{0.37u}{\sqrt{2\pi}}\mathrm{e}^{-\frac{1}{2}\left[\frac{1}{0.37}\left(\frac{u_{ci}}{u}-1\right)\right]^2}+(u_{ci}-u)\Phi\left[\dfrac{1}{0.37}\left(\dfrac{u_{ci}}{u}-1\right)\right]} \tag{9-16}$$

$$A=\sum_{j=1}^{m}A_iP_{0i} \tag{9-17}$$

式中：m 为介于起动临界粒径与床沙质和冲泻质分界粒径之间的粒径分组数；P_{bi}、P_{0i} 分别为推移质与床沙中第 i 粒径组泥沙所占百分比。

而后引入 Lane 含沙量沿垂线分布公式，建立了悬移质挟沙能力级配与推移质级配的如下关系，即

$$P_{Si}=\frac{\dfrac{1-B_i}{\omega_i}\left(\mathrm{e}^{\frac{-6\omega_i}{\kappa u_* h}}-\mathrm{e}^{\frac{-6\omega_i}{\kappa u_*}}\right)}{\sum\limits_{i=1}^{n}\dfrac{1-B_i}{\omega_i}P_{bi}\left(\mathrm{e}^{\frac{-6\omega_i a}{\kappa u_* h}}-\mathrm{e}^{\frac{-6\omega_i}{\kappa u_*}}\right)}P_{bi} \tag{9-18}$$

$$B_i=\frac{\omega_i}{\dfrac{\sigma'_v}{2\pi}\mathrm{e}^{\frac{-\omega_i^2}{2\sigma_v'^2}}+\omega_i\Phi\left(\dfrac{\omega_i}{\sigma'_v}\right)}$$

式中：n 为介于扬动临界粒径与床沙质和冲泻质分界粒径之间的粒径分组数；P_{Si} 为悬移质挟沙能力级配中第 i 粒径组泥沙所占的百分比；a 为床面层厚度；σ'_v 为垂向脉动流速的均方根，$\sigma'_v=0.1u$。

其计算思路为首先由已知床沙级配采用式(9-15)计算推移质级配，而后采用式(9-18)计算悬移质挟沙能力级配。由于 Lane 含沙量沿垂线分布公式只适用于少沙河流的细沙，故在大多数天然情况下，由于床沙并不十分细，胡海明方法有较大的局限性。

四、杨国录方法[5]

杨国录在进行分组挟沙能力计算时，除考虑水流条件与床沙组成对挟沙能力级配的影响外，还着重考虑了推移质运动的影响，建立了如下挟沙能力级配与床沙粒配的关系表达式[6]

$$P_{*i}=\frac{a_c(\frac{P_{bi}P_{1i}}{\omega_i P_{2i}})}{a_{ci}\sum_{i=1}^{n}(\frac{P_{bi}P_{1i}}{\omega_i P_{2i}})} \tag{9-19}$$

其中

$$a_c=\frac{\sum_{i=1}^{n}(\frac{P_{bi}P_{1i}}{\omega_i P_{2i}})}{\sum_{i=1}^{n}(\frac{P_{bi}P_{1i}}{a_{ci}\omega_i P_{2i}})} \tag{9-20}$$

式中：n 为泥沙级配分组数；P_{bi} 为床沙中参与交换的泥沙中第 i 粒径组泥沙所占的百分比；P_{1i}、P_{2i} 分别为第 i 粒径组泥沙由悬移质转变为床沙和由床沙转变为悬移质状态的概率；ω_i 为第 i 粒径组泥沙的沉速；a_c、a_{ci} 分别为全沙及第 i 粒径组泥沙河底含沙量与断面平均含沙量的比例系数。

五、韦直林方法[7]

韦直林在进行分组挟沙能力计算时，认为水体中的泥沙有两个来源：一是由上游随水流而来；另一个是由水流的紊动扩散作用从床面上扩散上来，挟沙能力级配应与这两个泥沙级配的来源有关，即按如下步骤计算分组挟沙能力：

(1)假定来流为清水，此时分组挟沙能力的试算式为

$$S'_{*i}=P_{ui}\cdot K(\frac{v^3}{gh\omega_i})^m \quad (i\geqslant i_d) \tag{9-21}$$

(2)综合考虑上述试算值和上游来水的各组含沙量，取各组所占的比例为其挟沙能力粒配，即

$$P_i=\frac{S'_{*i}+S_i}{\sum_{i\geqslant i_d}(S'_{*i}+S_i)} \quad (i\geqslant i_d) \tag{9-22}$$

式中：S_i 为每组的含沙量。

(3)采用张瑞瑾[8]的断面挟沙能力公式计算混合沙的总挟沙能力，即

$$S_*=K(\frac{v^3}{gh\omega})^m \tag{9-23}$$

(4)分组挟沙能力采用如下公式计算

$$S_{*i}=P_iS_* \quad (i\geqslant i_d) \tag{9-24}$$

对于冲泻质，将挟沙能力的概念加以延伸，采用下式计算

$$S'_{*i}=P_{*i_d}\cdot\omega_i/\omega_{id} \qquad (i<i_d) \tag{9-25}$$

$$S''_{*i}=P_{ui}H_u\gamma'_s/(\omega_i\cdot\delta t) \qquad (i<i_d) \tag{9-26}$$

$$S_{*i}=\begin{cases}S'_{*i} & (\text{当}S'_{*i}<S''_{*i}\text{且}i<i_d\text{时})\\ S''_{*i} & (\text{当}S'_{*i}\geqslant S''_{*i}\text{且}i<i_d\text{时})\end{cases} \tag{9-27}$$

式(9-21)~式(9-27)中：P_{ui}、H_u分别为河床表层泥沙级配及表层厚度；ω_i、ω分别为第i粒径组泥沙及混合沙平均沉速；S_{*i}为分组挟沙能力；i_d为床沙质最小粒径组的编号；P_i为挟沙能力级配；δt为时段历时。

在床沙级配调整方面，韦直林将河床物质概化为表、中、底三层，规定在每一计算时段内，各层间的界面都固定不变，泥沙交换限制在表层内进行，中层及底层暂时不受影响。在时段末，根据床面的冲刷或淤积，往上或往下移动表层和中层，保持这两层的厚度不变，而令底层厚度随冲淤厚度的大小而变化。

六、韩其为最新研究成果[9]

最近，韩其为在以往成果深入总结的基础上，对挟沙能力级配问题进行了新的分析与探讨，并提出了如下几条定理。

(1)对于中、低含沙量水流，非均匀沙分组挟沙能力可由均匀沙挟沙能力表示出，即

$$S_{*i} = P_{*4,i}S_{*} = P_{1,i}S_{*}(i) \tag{9-28}$$

在强平衡条件下

$$S_{*i} = P_{*4,i}S_{*} = P_{1,i,1}S_{*}(i) \tag{9-29}$$

式中：$P_{*4,i}$为挟沙能力级配；$P_{1,i}$为有效床沙级配；$P_{1,i,1}$为实际的床沙级配；$S_{*}(i)=S_{*}(\omega_i)$为粒径d_i的均匀沙挟沙能力。

(2)非均匀沙(总)挟沙能力。

$$S_{*} = \sum P_{1,i}S_{*}(i) \tag{9-30}$$

(3)在强平衡条件下，用含沙量级配计算(总)挟沙能力，与用床沙级配计算的总挟沙能力应是相同的。

(4)在强平衡条件下，悬移质与实际床沙级配$P_{1,i,1}$不是独立的，它们完全对应，知道一种级配后即可由一种级配确定另一种级配，即

$$P_{1,i,1} = P_{4,i}\frac{S_{*}(\omega_{*})}{S_{*}(i)} = \frac{P_{4,i}\omega_i^m}{\sum P_{4,i}\omega_i^m} \tag{9-31}$$

$$P_{4,i} = P_{1,i,1}\frac{S_{*}(i)}{S_{*}(\omega_{*})} = \frac{\dfrac{P_{1,i,1}}{\omega_i^m}}{\sum\dfrac{P_{1,i,1}}{\omega_i^m}} \tag{9-32}$$

式中：ω_i为分组沙沉速；$P_{4,i}$为悬移质级配；m为张瑞瑾挟沙能力公式$S_{*}(i)=K[v^3/(gh\omega)]^m$中的指数。

(5)在输沙强平衡条件下，床沙级配$P_{1,i,1}$等于挟带该组粒径的泥沙的水量百分数K_i。

在水流中取一单位水柱(底面积为1单位，高为水深h的水体)挟有n组泥沙，其粒径分别为d_1、d_2、…、d_n。然后在某一组泥沙G_{*i}周围划分出一块水体，使其水量为Q_i，使

其含沙量恰为 $S_*(i)$，分组挟沙能力即为

$$S_{*i}=\frac{G_{*i}}{\sum Q_i}=\frac{G_{*i}}{Q_i}\frac{Q_i}{\sum Q_i}=S_*(i)K_i \tag{9-33}$$

(6)对于不平衡输沙，挟沙能力级配与水量百分数的关系即式(9-33)，$S_{*i}=K_iS_*(i)$ 仍然正确，但是式(9-29)在一般条件下是不正确的。因此，在不平衡输沙时，挟沙能力级配不能仅由床沙级配决定，必须由悬移质级配参与。

(7)在一般条件下，挟沙能力应表示为

$$S_*=K_1S+K_2S_*(\omega_{*1})=K_1S+(1-K_1)S_*(\omega_{*1}) \tag{9-34}$$

式中：S 为含沙量；$S_*(\omega_{*1})$为在交换过程中由床沙转为的挟沙能力；K_1、K_2 分别为 S 及 $S_*(\omega_{*1})$ 所占的水量百分数，且

$$K_1+K_2=1 \tag{9-35}$$

(8)当将泥沙按粒径分组后，分组挟沙能力及总挟沙能力为

$$S_{*i}=P_{*4,i}S_*(\omega_*)=K_{1,i}S_*(i)+K_{2,i}S_*(i) \tag{9-36}$$

$$S_*=\sum K_{1,i}S_*(i)+\sum K_{2,i}S_*(i) \tag{9-37}$$

$$\sum K_{1,i}=K_1 \tag{9-38}$$

$$\sum K_{2,i}=K_2=(1-K_1) \tag{9-39}$$

式中：$K_{1,i}$、$K_{2,i}$ 分别为挟带第 i 组泥沙的挟沙能力 $S_*(i)$ 的水量百分数。

(9)在不平衡输沙时，与挟沙能力级配相应，按照式(9-38)存在有效床沙级配，有效床沙级配 $P_{1,i}$ 就等于水量百分数 K_i，即

$$P_{1,i}=K_i \tag{9-40}$$

(10)若悬移质含沙量全部转为挟沙能力，床沙全部可悬，则分组挟沙能力、挟沙能力、挟沙能力级配及有效床沙级配为

$$P_{*4,i}S_*(\omega_*)=P_{4,i}S+[1-\frac{S}{S_*(\omega)}]P_{*4,i}S_*(\omega_{*i}) \tag{9-41}$$

$$S_*(\omega_*)=S+[1-\frac{S}{S_*(\omega)}]S_*(\omega_{*i}) \tag{9-42}$$

$$P_{*4,i}=P_{*4,i}\frac{S}{S_*(\omega_*)}+[1-\frac{S}{S_*(\omega)}]\frac{S_*(\omega_{*i})}{S_*(\omega)}P_{*4,i,1}=\frac{S}{S_*(\omega_*)}P_{4,i}+[1-\frac{S}{S_*(\omega_*)}]P_{*4,i,1} \tag{9-43}$$

$$P_{1,i}=\frac{P_{*4,i}S_*(\omega_*)}{S_*(i)}=\frac{P_{4,i}S}{S_*(i)}+[1-\frac{S}{S_*(\omega)}]P_{1,i,1}=\frac{S}{S_*(\omega)}P'_{1,i,1}+[1-\frac{S}{S_*(\omega)}]P_{1,i,1} \tag{9-44}$$

并且有

$$\sum P_{*4,i}=1 \tag{9-45}$$

$$\sum P_{1,i}=1 \tag{9-46}$$

式中：$P_{1,i,1}$ 为床沙级配；$P_{*4,i,1}$ 为与床沙级配对应的挟沙能力级配；$S_*(\omega_*)$ 为(总)挟沙能力；$P'_{1,i,1}$ 为悬移质含沙量淤积下的淤积物级配，即

$$P_{*4,i,1}=\frac{S_*(i)}{S_*(\omega_{*1})}P_{1,i,1} \tag{9-47}$$

$$S_*(\omega_*)=\sum P_{1,i}S_*(i)=\frac{1}{\sum \frac{P_{*4,i}}{S_*(i)}} \tag{9-48}$$

$$S_*(\omega_{*1})=\sum P_{1,i,1}S_*(i) \tag{9-49}$$

$$S_*(\omega)=[\sum \frac{P_{4,i}}{S_*(i)}]^{-1} \tag{9-50}$$

$$P'_{1,i,1}=\frac{S_*(\omega)}{S_*(i)}P_{4,i} \tag{9-51}$$

该研究成果，是韩其为通过对挟沙能力级配长期思考与探索后总结出来的，该成果无疑为我们增强挟沙能力级配认识及今后对该问题的继续研究有极大的参考价值。

此外，曲少军、张启卫[10]、王士强[11]、孙卫东[12]、张俊华、王艳平[13]、乐培九[14]、窦国仁[15]等许多学者对分组挟沙能力计算方法进行了探讨，谈广鸣、张小峰[16]还专门针对库区干支流异重流的挟沙能力级配计算方法深入研究，这些研究成果在数学模型计算中都颇有应用价值。但应该承认，水沙运行过程中，各粒径组泥沙是相互干扰的，不仅细颗粒泥沙对粗颗粒泥沙的悬浮有很大影响，而且粗颗粒泥沙同样也会直接影响细颗粒泥沙的输移量，且含沙量越大相互影响的作用越强，这种相互作用在天然实测资料分析中容易得到反映，但其影响机理由于极为复杂，很难用数学表达式确切描述，故人为地将其分组后不考虑相互干扰分别计算，显然与实际物理图形出入较大。现有许多模型对悬移质泥沙进行床沙质与冲泻质的划分，这对少沙河流来说是可以的，而对于像黄河这样的多沙细沙河流而言，细颗粒所占的百分比较大，而这一部分对水流的流变特性及挟沙特性影响尤为显著[17]，因此只计算床沙质挟沙能力就不能准确反映黄河的冲淤特性。还值得一提的是，在采用分组挟沙能力进行泥沙级配调整计算时，其计算工作量与泥沙分组数成正比关系，泥沙分为几组，将解几次泥沙连续方程。如果泥沙分组数较少，不仅较难准确反映出泥沙级配的调整过程，而且每粒径组泥沙的平均沉速较难确定，直接影响了计算精度；如果分组过多，计算工作量会大大增加。因此，进一步研究悬沙与床沙级配及交换规律有着重要的实际意义。

我们通过对许多河流的泥沙级配分析发现，天然河流的泥沙组成是长期水流分选作用的结果，这种分选作用与水流的紊动密切相关。赵连军[18, 19]从泥沙颗粒在紊动水流条件下的受力分析入手，建立了由泥沙特征粒径描述的结构形式相同的悬移质泥沙级配计算公式

(如式(1-38)、式(1-39)、式(1-43))及细颗粒床沙级配计算公式(如式(1-53)、式(1-54)、式(1-55))。由泥沙级配计算公式可知，对于变量 d_{50} 、 d_{cp} 、 ξ_d(或 D_{50} 、 D_{cp} 、 ξ_D)，已知任意两个，泥沙级配曲线就可确定下来。该泥沙级配计算公式通过大量天然实测资料验证，计算值与实测值基本吻合。于是我们可以设想，不采用分组挟沙能力方法，而寻找一种新的方法，首先计算出河床冲淤变形引起的悬沙 d_{cp} 、 d_{50} 或 ξ_d 的变化及床沙 D_{cp} 、 D_{50} 或 ξ_D 的变化，再根据级配公式来计算泥沙级配的变化，可大大提高计算速度和计算精度。按照这一思路，我们开展了悬移质泥沙与床沙粒径变化基本方程的探讨[20]。

第二节　一维非恒定挟沙水流悬沙与床沙交换粒径变化基本方程

一、悬沙和床沙交换过程中悬沙粒径变化基本方程

如图 9-1 所示，取 1—2 之间的 δx 微段，Q 为流量，S 为含沙量，A 为过水面积，$\psi(d)$ 为悬移质泥沙粒径分布函数，δt 为时间微段，ρ' 为冲淤物干容重，A_0 为横断面冲淤面积，$\psi_c(d)$ 为冲淤物粒径分布函数，q_L 、 S_L 、 $\psi_L(d)$ 分别为侧向入流单宽流量、含沙量、入流悬沙粒径分布函数。则 δt 时段内，δx 河段上粒径为 d_i 的泥沙净流入量 P_1 为[21]

$$\begin{aligned} P_1 &= \left\{QS\psi(d_i)+\frac{1}{2}\frac{\partial\left[QS\psi(d_i)\right]}{\partial t}\delta t\right\}\delta t-\left\{QS\psi(d_i)+\frac{\partial\left[QS\psi(d_i)\right]}{\partial x}\delta x\right. \\ &\quad \left.+\frac{1}{2}\frac{\partial\left[QS\psi(d_i)\right]}{\partial t}\delta t+\frac{1}{2}\frac{\partial}{\partial x}\left(\frac{\partial\left[QS\psi(d_i)\right]}{\partial t}\delta t\right)\delta x\right\}\delta t \\ &= -\frac{\partial\left[QS\psi(d_i)\right]}{\partial x}\delta x\delta t-\frac{1}{2}\frac{\partial^2\left[QS\psi(d_i)\right]}{\partial x\partial t}\delta x\delta t^2 \end{aligned} \tag{9-52}$$

微段 δx 内泥沙增加总量中粒径为 d_i 的泥沙所占的量 P_2 为

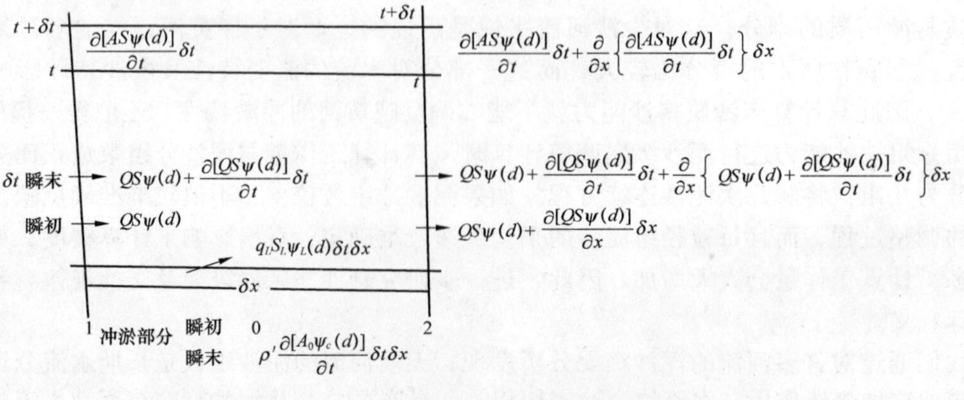

图 9-1　一维悬沙与床沙交换示意图

$$P_2=\left\{\frac{\partial\left[AS\psi\left(d_i\right)\right]}{\partial t}\delta t+\frac{1}{2}\frac{\partial^2\left[AS\psi\left(d_i\right)\right]}{\partial x\partial t}\delta x\delta t\right\}\delta x \tag{9-53}$$

侧向入流与河床冲淤使粒径为 d_i 的泥沙增加量 P_3 为

$$P_3=q_LS_L\psi_L(d_i)\delta t\delta x-\rho'\frac{\partial\left[A_0\psi_c(d_i)\right]}{\partial t}\delta x\delta t \tag{9-54}$$

由沙量守恒原理，可知

$$P_1+P_3=P_2 \tag{9-55}$$

将式(9-52)～式(9-54)代入式(9-55)，两边同时除以 $\delta x\delta t$，并忽略微小量，整理得

$$\frac{\partial\left[QS\psi\left(d_i\right)\right]}{\partial x}+\frac{\partial\left[AS\psi\left(d_i\right)\right]}{\partial t}+\rho'\frac{\partial\left[A_0\psi_c\left(d_i\right)\right]}{\partial t}-q_LS_L\psi_L\left(d_i\right)=0 \tag{9-56}$$

式(9-56)两边乘以 d_i，得

$$\frac{\partial\left[QSd_i\psi(d_i)\right]}{\partial x}+\frac{\partial\left[ASd_i\psi(d_i)\right]}{\partial t}+\rho'\frac{\partial\left[A_0d_i\psi_c(d_i)\right]}{\partial t}-q_LS_Ld_i\psi_L(d_i)=0 \tag{9-57}$$

式(9-57)两边对 d 积分，积分区间为 $0\to\infty$，于是可得

$$\int_0^\infty\frac{\partial\left[QSd\psi\left(d\right)\right]}{\partial x}\mathrm{d}\left(d\right)+\int_0^\infty\frac{\partial\left[ASd\psi\left(d\right)\right]}{\partial t}\mathrm{d}\left(d\right)+\rho'\int_0^\infty\frac{\partial\left[A_0d\psi_c\left(d\right)\right]}{\partial t}\mathrm{d}\left(d\right)$$

$$-\int_0^\infty q_LS_Ld\psi_L\left(d\right)\mathrm{d}\left(d\right)=0 \tag{9-58}$$

式(9-58)可化为

$$\frac{\partial\left[QS\int_0^\infty d\psi\left(d\right)\mathrm{d}\left(d\right)\right]}{\partial x}+\frac{\partial\left[AS\int_0^\infty d\psi\left(d\right)\mathrm{d}\left(d\right)\right]}{\partial t}+\rho'\frac{\partial\left[A_0\int_0^\infty d\psi_c\left(d\right)\mathrm{d}\left(d\right)\right]}{\partial t}$$

$$-q_LS_L\int_0^\infty d\psi_L\left(d\right)\mathrm{d}\left(d\right)=0 \tag{9-59}$$

因

$$\int_0^\infty d\psi(d)\mathrm{d}(d)=d_{cp}\qquad\text{(悬沙平均粒径)}$$

$$\int_0^\infty d\psi_c(d)\mathrm{d}(d)=d_c\qquad\text{(冲淤物平均粒径)}$$

$$\int_0^\infty d\psi_L(d)\mathrm{d}(d)=d_L\qquad\text{(侧向入流泥沙平均粒径)}$$

代入式(9-59)可化简为

$$\frac{\partial(QSd_{cp})}{\partial x}+\frac{\partial(ASd_{cp})}{\partial t}+\rho'\frac{\partial(A_0d_c)}{\partial t}-q_LS_Ld_L=0 \tag{9-60}$$

式(9-60)可进一步转化为

$$d_{cp}\left[\frac{\partial(QS)}{\partial x}+\frac{\partial(AS)}{\partial t}+\rho'\frac{\partial A_0}{\partial t}-q_LS_L\right]+QS\frac{\partial d_{cp}}{\partial x}+AS\frac{\partial d_{cp}}{\partial t}$$

$$+\rho'\frac{\partial(A_0d_c)}{\partial t}-\rho'd_{cp}\frac{\partial A_0}{\partial t}+(d_{cp}-d_L)q_LS_L=0 \tag{9-61}$$

一维非恒定挟沙水流泥沙连续方程可写为

$$\frac{\partial(QS)}{\partial x}+\frac{\partial(AS)}{\partial t}+\rho'\frac{\partial A_0}{\partial t}-q_L S_L=0 \tag{9-62}$$

将式(9-62)代入式(9-61)，化简得

$$QS\frac{\partial d_{cp}}{\partial x}+AS\frac{\partial d_{cp}}{\partial t}+\rho'\frac{\partial(A_0 d_c)}{\partial t}-\rho' d_{cp}\frac{\partial A_0}{\partial t}+(d_{cp}-d_L)q_L S_L=0 \tag{9-63}$$

式(9-60)或式(9-63)即为一维非恒定流悬沙平均粒径变化方程，采用该式可计算任一时刻任一断面的悬沙平均粒径变化过程。

由式(1-39)可知，要想准确计算出悬移质泥沙级配的变化过程，除需求解出 d_{cp} 的变化过程外，还需求出 d_{50} 的变化过程，因 d_{50} 的变化微分方程式数学推导较为复杂，而 ξ_d 的推导相对容易一些，且已知 d_{cp} 与 ξ_d 可由式(1-44)求出 d_{50}，故从研究 ξ_d 的变化规律入手来求解悬沙级配的变化规律。

对式(9-56)两边乘以 d_i^2，并积分化简可得

$$\frac{\partial\left[QS\int_0^{\infty}d^2\psi(d)\mathrm{d}(d)\right]}{\partial x}+\frac{\partial\left[AS\int_0^{\infty}d^2\psi(d)\mathrm{d}(d)\right]}{\partial t}+\rho'\frac{\partial\left[A_0\int_0^{\infty}d^2\psi_c(d)\mathrm{d}(d)\right]}{\partial t}$$
$$-q_L S_L\int_0^{\infty}d^2\psi_L(d)\mathrm{d}(d)=0 \tag{9-64}$$

因 $\int_0^{\infty}d^2\psi(d)\mathrm{d}(d)=\xi_d$ （悬沙粒径的二阶圆心矩）

$\int_0^{\infty}d^2\psi_c(d)\mathrm{d}(d)=\xi_c$ （冲淤物粒径的二阶圆心矩）

$\int_0^{\infty}d^2\psi_L(d)\mathrm{d}(d)=\xi_L$ （侧向入流泥沙粒径的二阶圆心矩）

则式(9-64)可化为

$$\frac{\partial(QS\xi_d)}{\partial x}+\frac{\partial(AS\xi_d)}{\partial t}+\rho'\frac{\partial(A_0\xi_c)}{\partial t}-q_L S_L\xi_L=0 \tag{9-65}$$

将式(9-65)积分展开后与式(9-62)联解，可化为

$$QS\frac{\partial\xi_d}{\partial x}+AS\frac{\partial\xi_d}{\partial t}+\rho_0'\frac{\partial(A_0\xi_c)}{\partial t}-\rho'\xi_d\frac{\partial A_0}{\partial t}+(\xi_d-\xi_L)q_L S_L=0 \tag{9-66}$$

根据进口断面悬沙粒径级配过程求得进口 ξ_d 过程后，即可依据式(9-65)或式(9-66)计算出任一时刻任一断面的悬沙粒径二阶圆心矩的变化过程，从而可以确定悬沙级配变化规律。

二、床沙与悬沙交换过程中床沙粒径变化基本方程

取横断面上单位宽度的部分流体，设 δt 时段床沙混合层厚度为 H_c，$\psi(D)$ 为床沙粒径分布函数，D_{cp} 为床沙平均粒径。

对于粒径为 D_i 的泥沙沙量：

瞬初 $$H_c\psi(D_i)=x_1 \tag{9-67}$$

瞬末 $$H_c\psi(D_i)+\frac{\partial}{\partial t}[H_c\psi(D_i)]\delta t=x_2 \tag{9-68}$$

冲淤部分
$$\frac{\partial Z}{\partial t}\psi_c(D_i)\delta t = x_3 \tag{9-69}$$

由沙量守恒：$x_2 - x_1 = x_3$，将式(9-67)~式(9-69)代入并对式两边同除以δt，可化简为

$$\frac{\partial}{\partial t}\left[H_c\psi_c(D_i)\right] = \frac{\partial Z}{\partial t}\psi_c(D_i) \tag{9-70}$$

式(9-70)两边乘以D_i，得

$$\frac{\partial}{\partial t}\left[H_c D_i\psi_c(D_i)\right] = \frac{\partial Z}{\partial t}D_i\psi_c(D_i) \tag{9-71}$$

式(9-71)两边对D积分，积分区间取为$0\to\infty$，于是可得

$$\frac{\partial}{\partial t}(H_c D_{cp}) = \frac{\partial Z}{\partial t}d_c \tag{9-72}$$

将式(9-72)进一步化简为

$$H_c\frac{\partial D_{cp}}{\partial t} + D_{cp}\frac{\partial H_c}{\partial t} = \frac{\partial Z}{\partial t}d_c \tag{9-73}$$

因
$$\frac{\partial H_c}{\partial t} = \frac{\partial Z}{\partial t} \tag{9-74}$$

故
$$\frac{\partial D_{cp}}{\partial t} = \frac{d_c - D_{cp}}{H_c}\frac{\partial Z}{\partial t} \tag{9-75}$$

同时，对式(9-70)两边乘以D_i^2，并对D积分，化简后可得

$$\frac{\partial \xi_D}{\partial t} = \frac{\xi_c - \xi_D}{H_c}\frac{\partial Z}{\partial t} \tag{9-76}$$

式中：ξ_D为床沙粒径的二阶圆心矩。式(9-75)、式(9-76)即为床沙粒径及粒径二阶圆心矩的变化方程。

第三节　平面二维非恒定挟沙水流悬沙与床沙交换粒径变化基本方程

如图9-2所示，取底面积为$\delta x\delta y$、水深为h的柱体单元，并约定x轴方向为水流方向，y轴方向为沿河宽方向。公式建立前，首先作如下假定：①忽略垂向加速度；②水流为不可压缩体；③各粒径组泥沙与水流有良好的跟随性。u为沿x轴方向的水流运动速度；v为沿y轴方向的水流运动速度；h为水深；S为含沙量；ε_{sx}为沿x轴方向的悬移质泥沙扩散系数；ε_{sy}为沿y轴方向的悬移质泥沙扩散系数；$\psi(d)$为悬沙粒径分布函数；Z_s为冲淤厚度；d_{cp}为悬沙平均粒径；d_c为冲淤物平均粒径。

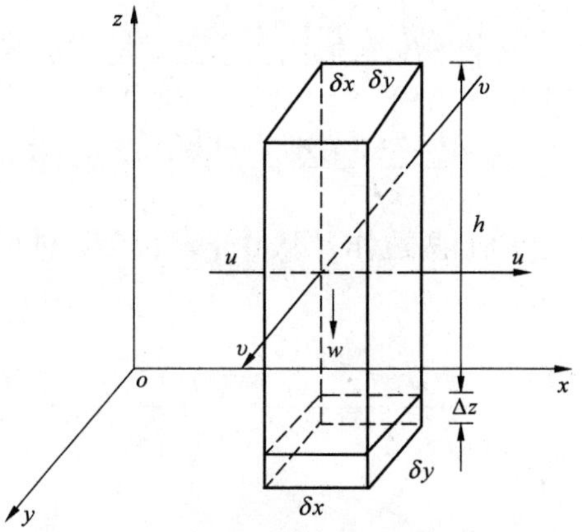

图9-2　平面二维悬沙与床沙交换示意图

在单位时间内，分别沿 x 轴和 y 轴方向流入体积单元的悬移质中粒径为 d_i 的泥沙质量为[20]

$$\left\{uhS\delta y\psi(d_i)-h\delta y\varepsilon_{sx}\frac{\partial[S\psi(d_i)]}{\partial x}\right\}-\frac{\partial}{\partial x}\left\{uhS\delta y\psi(d_i)-h\delta y\varepsilon_{sx}\frac{\partial[S\psi(d_i)]}{\partial x}\right\}\frac{\delta x}{2}$$
$$+\left\{vhS\delta x\psi(d_i)-h\delta x\varepsilon_{sy}\frac{\partial[S\psi(d_i)]}{\partial y}\right\}-\frac{\partial}{\partial y}\left\{vhS\delta x\psi(d_i)-h\delta x\varepsilon_{sy}\frac{\partial[S\psi(d_i)]}{\partial y}\right\}\frac{\delta y}{2}$$

单位时间内流出体积单元的悬移质中粒径为 d_i 的泥沙质量为

$$\left\{uhS\delta y\psi(d_i)-h\delta y\varepsilon_{sx}\frac{\partial[S\psi(d_i)]}{\partial x}\right\}+\frac{\partial}{\partial x}\left\{uhS\delta y\psi(d_i)-h\delta y\varepsilon_{sx}\frac{\partial[S\psi(d_i)]}{\partial x}\right\}\frac{\delta x}{2}$$
$$+\left\{vhS\delta x\psi(d_i)-h\delta x\varepsilon_{sy}\frac{\partial[S\psi(d_i)]}{\partial y}\right\}+\frac{\partial}{\partial y}\left\{vhS\delta x\psi(d_i)-h\delta x\varepsilon_{sy}\frac{\partial[S\psi(d_i)]}{\partial y}\right\}\frac{\delta y}{2}$$

则进出体积单元悬移质中粒径为 d_i 的泥沙质量差为

$$-\frac{\partial[uhS\psi(d_i)]}{\partial x}\delta x\delta y-\frac{\partial[vhS\psi(d_i)]}{\partial y}\delta x\delta y+\frac{\partial}{\partial x}\left\{h\varepsilon_{sx}\frac{\partial[S\psi(d_i)]}{\partial x}\right\}\delta x\delta y+\frac{\partial}{\partial y}\left\{h\varepsilon_{sy}\frac{\partial[S\psi(d_i)]}{\partial y}\right\}\delta x\delta y \tag{9-77}$$

对于粒径为 d_i 的泥沙质量差，一部分储存在体积单元内，为

$$\frac{\partial hS\psi(d_i)}{\partial t}\delta x\delta y \tag{9-78}$$

另一部分淤积在河床上(或由河床冲刷补给)，为

$$\rho'\frac{\partial[Z_s\psi_c(d_i)]}{\partial t}\delta x\delta y \tag{9-79}$$

根据沙量守恒原理，并进一步简化，可得

$$\frac{\partial[uhS\psi(d_i)]}{\partial x}+\frac{\partial[vhS\psi(d_i)]}{\partial y}-\frac{\partial}{\partial x}\left\{h\varepsilon_{sx}\frac{\partial[S\psi(d_i)]}{\partial x}\right\}-\frac{\partial}{\partial y}\left\{h\varepsilon_{sy}\frac{\partial[S\psi(d_i)]}{\partial y}\right\}$$
$$+\frac{\partial[hS\psi(d_i)]}{\partial t}+\rho'\frac{\partial[Z_s\psi_c(d_i)]}{\partial t}=0 \tag{9-80}$$

式(9-80)两边乘以 d_i，得

$$\frac{\partial[uhSd_i\psi(d_i)]}{\partial x}+\frac{\partial[vhSd_i\psi(d_i)]}{\partial y}-\frac{\partial}{\partial x}\left\{h\varepsilon_{sx}\frac{\partial[Sd_i\psi(d_i)]}{\partial x}\right\}-\frac{\partial}{\partial y}\left\{h\varepsilon_{sy}\frac{\partial[Sd_i\psi(d_i)]}{\partial y}\right\}$$
$$+\frac{\partial[hSd_i\psi(d_i)]}{\partial t}+\rho'\frac{\partial[Z_sd_i\psi_c(d_i)]}{\partial t}=0 \tag{9-81}$$

对式(9-81)两边作 d 从 $0\to\infty$ 积分，同时根据积分性质化简后，得

$$\frac{\partial(uhSd_{cp})}{\partial x}+\frac{\partial(vhSd_{cp})}{\partial y}-\frac{\partial}{\partial x}\left[h\varepsilon_{sx}\frac{\partial(Sd_{cp})}{\partial x}\right]-\frac{\partial}{\partial y}\left[h\varepsilon_{sy}\frac{\partial(Sd_{cp})}{\partial y}\right]+\frac{\partial(hSd_{cp})}{\partial t}+\rho'\frac{\partial(Z_sd_c)}{\partial t}=0 \tag{9-82}$$

式(9-82)可进一步化为

$$
d_{cp}\left[\frac{\partial(uhS)}{\partial x}+\frac{\partial(vhS)}{\partial y}-\frac{\partial}{\partial x}(h\varepsilon_{sx}\frac{\partial S}{\partial x})-\frac{\partial}{\partial y}(h\varepsilon_{sy}\frac{\partial S}{\partial y})+\frac{\partial(hS)}{\partial t}+\rho'\frac{\partial Z_s}{\partial t}\right]
$$

$$
+uhS\frac{\partial d_{cp}}{\partial x}+vhS\frac{\partial d_{cp}}{\partial y}-h\varepsilon_{sx}\frac{\partial S}{\partial x}\frac{\partial d_{cp}}{\partial x}-\frac{\partial}{\partial x}(hS\varepsilon_{sx}\frac{\partial d_{cp}}{\partial x})-h\varepsilon_{sy}\frac{\partial S}{\partial y}\frac{\partial d_{cp}}{\partial y}
$$

$$
-\frac{\partial}{\partial y}(hS\varepsilon_{sy}\frac{\partial d_{cp}}{\partial y})+hS\frac{\partial d_{cp}}{\partial t}+\rho'\frac{\partial(Z_s d_c)}{\partial t}-\rho' d_{cp}\frac{\partial Z_s}{\partial t}=0 \tag{9-83}
$$

将平面二维非恒定挟沙水流泥沙连续方程

$$
\frac{\partial(uhS)}{\partial x}+\frac{\partial(vhS)}{\partial y}-\frac{\partial}{\partial x}(h\varepsilon_{sx}\frac{\partial S}{\partial x})-\frac{\partial}{\partial y}(h\varepsilon_{sy}\frac{\partial S}{\partial y})+\frac{\partial(hS)}{\partial t}+\rho'\frac{\partial Z_s}{\partial t}=0 \tag{9-84}
$$

代入式(9-83)，得

$$
uhS\frac{\partial d_{cp}}{\partial x}+vhS\frac{\partial d_{cp}}{\partial y}-h\varepsilon_{sx}\frac{\partial S}{\partial x}\frac{\partial d_{cp}}{\partial x}-\frac{\partial}{\partial x}(hS\varepsilon_{sx}\frac{\partial d_{cp}}{\partial x})-h\varepsilon_{sy}\frac{\partial S}{\partial y}\frac{\partial d_{cp}}{\partial y}
$$

$$
-\frac{\partial}{\partial y}(hS\varepsilon_{sy}\frac{\partial d_{cp}}{\partial y})+hS\frac{\partial d_{cp}}{\partial t}+\rho'\frac{\partial(Z_s d_c)}{\partial t}-\rho' d_{cp}\frac{\partial Z_s}{\partial t}=0 \tag{9-85}
$$

式(9-85)即为平面二维非恒定挟沙水流悬移质泥沙粒径变化方程。同样，对式(9-80)两边乘以 d_i^2，并对 d 从 $0\to\infty$ 积分化简可得悬移质泥沙粒径二阶圆心矩变化方程

$$
\frac{\partial(uhS\xi_d)}{\partial x}+\frac{\partial(vhS\xi_d)}{\partial y}-\frac{\partial}{\partial x}[h\varepsilon_{sx}\frac{\partial(S\xi_d)}{\partial x}]-\frac{\partial}{\partial y}[h\varepsilon_{sy}\frac{(S\xi_d)}{\partial y}]+\frac{\partial(hS\xi_d)}{\partial t}+\rho'\frac{\partial(Z_s\xi_c)}{\partial t}=0 \tag{9-86}
$$

或

$$
uhS\frac{\partial \xi_d}{\partial x}+vhS\frac{\partial \xi_d}{\partial y}-h\varepsilon_{sx}\frac{\partial S}{\partial x}\frac{\partial \xi_d}{\partial x}-\frac{\partial}{\partial x}(hS\varepsilon_{sx}\frac{\partial \xi_d}{\partial x})-h\varepsilon_{sy}\frac{\partial S}{\partial y}\frac{\partial \xi_d}{\partial y}
$$

$$
-\frac{\partial}{\partial y}(hS\varepsilon_{sy}\frac{\partial \xi_d}{\partial y})+hS\frac{\partial \xi_d}{\partial t}+\rho'\frac{\partial(Z_s\xi_c)}{\partial t}-\rho'\xi_d\frac{\partial Z_s}{\partial t}=0 \tag{9-87}
$$

平面二维非恒定挟沙水流床沙与悬沙交换过程中床沙粒径的变化，仍可采用一维中所推导出的式(9-75)、式(9-76)计算。

第四节　三维挟沙水流悬移质泥沙平均粒径变化基本方程

如图 9-3 所示，取水、沙两相流中一个位置固定的微小正六面体 $\delta x\delta y\delta z$，设形心 m 的坐标为(x,y,z)；y 轴沿垂线向上，m 处的时均含沙量为 S(以质量表示)；混合泥沙的平均沉速为 $\overline{\omega}$；沿 x,y,z 三轴向的时均流速的投影分别为 u、v、w；悬沙扩散系数 ε_s 在三轴向的投影分别为 ε_{sx}、ε_{sy}、ε_{sz}。

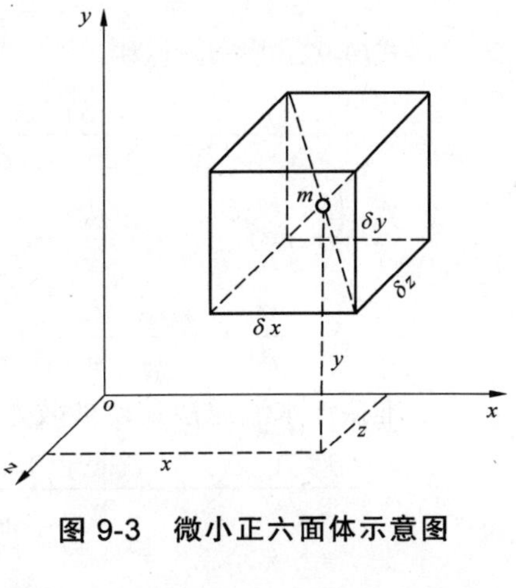

图 9-3　微小正六面体示意图

在公式建立前首先作如下两个假定：①水流为不可压缩体；②各粒径泥沙与水流有良好的跟随性。

若将悬沙粒径分布函数表示为 $\psi(d)$，在微小时段 δt 内，自六面体中垂直于 x 轴的上游面进入六面体的悬移质中，粒径为 d_i 的泥沙质量为[20]

$$\left\{uS\psi(d_i)-\frac{1}{2}\frac{\partial[uS\psi(d_i)]}{\partial x}\delta x\right\}\delta y\delta z\delta t-\left\{\varepsilon_{sx}\frac{\partial[S\psi(d_i)]}{\partial x}\right.$$

$$\left.-\frac{1}{2}\frac{\partial}{\partial x}\left\{\varepsilon_{sx}\frac{\partial[S\psi(d_i)]}{\partial x}\right\}\delta x\right\}\delta y\delta z\delta t \tag{9-88}$$

同时，自六面体中垂直于 x 轴的下游面离开六面体的悬移质中，粒径为 d_i 的泥沙质量为

$$\left\{uS\psi(d_i)+\frac{1}{2}\frac{\partial[uS\psi(d_i)]}{\partial x}\delta x\right\}\delta y\delta z\delta t-\left\{\varepsilon_{sx}\frac{\partial[S\psi(d_i)]}{\partial x}\right.$$

$$\left.+\frac{1}{2}\frac{\partial}{\partial x}\left\{\varepsilon_{sx}\frac{\partial[S\psi(d_i)]}{\partial x}\right\}\delta x\right\}\delta y\delta z\delta t \tag{9-89}$$

式(9-88)与式(9-89)之差为

$$\left\{-\frac{\partial[uS\psi(d_i)]}{\partial x}+\frac{\partial}{\partial x}\left\{\varepsilon_{sx}\frac{\partial[S\psi(d_i)]}{\partial x}\right\}\right\}\delta x\delta y\delta z\delta t \tag{9-90}$$

由此，可得在 δt 时段中进出六面体的悬沙中 d_i 泥沙总差值。同时应注意到，在 y 方向(垂向)多一个重力作用，故应多一项 $\frac{\partial[\omega_i S\psi(d_i)]}{\partial y}$ (ω_i 为 d_i 对应的沉速)。因此，总差值应等于在微小时段 δt 内六面体中的悬移质泥沙中粒径为 d_i 的泥沙量增量 $\frac{\partial[S\psi(d_i)]}{\partial t}\delta x\delta y\delta z\delta t$，由此进一步简化，得

$$-\frac{\partial[uS\psi(d_i)]}{\partial x}-\frac{\partial[vS\psi(d_i)]}{\partial y}-\frac{\partial[wS\psi(d_i)]}{\partial z}+\frac{\partial[\omega_i S\psi(d_i)]}{\partial y}+\frac{\partial}{\partial x}\left\{\varepsilon_{sx}\frac{\partial[S\psi(d_i)]}{\partial x}\right\}$$

$$+\frac{\partial}{\partial y}\left\{\varepsilon_{sy}\frac{\partial[S\psi(d_i)]}{\partial y}\right\}+\frac{\partial}{\partial z}\left\{\varepsilon_{sz}\frac{\partial[S\psi(d_i)]}{\partial z}\right\}=\frac{\partial[S\psi(d_i)]}{\partial t} \tag{9-91}$$

对式(9-91)两边乘以 d_i，并对 d 从 $0\to\infty$ 积分，得

$$-\frac{\partial(uSd_{cp})}{\partial x}-\frac{\partial(vSd_{cp})}{\partial y}-\frac{\partial(wSd_{cp})}{\partial z}+\frac{\partial}{\partial y}[S\int_0^\infty \omega d\psi(d)\mathrm{d}(d)]+\frac{\partial}{\partial x}[\varepsilon_{sx}\frac{\partial(Sd_{cp})}{\partial x}]$$

$$+\frac{\partial}{\partial y}[\varepsilon_{sy}\frac{\partial(Sd_{cp})}{\partial y}]+\frac{\partial}{\partial z}[\varepsilon_{sz}\frac{\partial(Sd_{cp})}{\partial z}]=\frac{\partial(Sd_{cp})}{\partial t} \tag{9-92}$$

将式(9-92)进一步化为

$$d_{cp}\left\{-\frac{\partial(uS)}{\partial x}-\frac{\partial(vS)}{\partial y}-\frac{\partial(wS)}{\partial z}+\frac{\partial(\overline{\omega}S)}{\partial y}+\frac{\partial}{\partial x}(\varepsilon_{sx}\frac{\partial S}{\partial x})+\frac{\partial}{\partial y}(\varepsilon_{sy}\frac{\partial S}{\partial y})+\frac{\partial}{\partial z}(\varepsilon_{sz}\frac{\partial S}{\partial z})-\frac{\partial S}{\partial t}\right\}$$

$$-uS\frac{\partial d_{cp}}{\partial x}-vS\frac{\partial d_{cp}}{\partial y}-wS\frac{\partial d_{cp}}{\partial z}-d_{cp}\frac{\partial(\overline{\omega}S)}{\partial y}+\frac{\partial}{\partial y}[S\int_0^\infty \omega d\psi(d)\mathrm{d}(d)]+\frac{\partial}{\partial x}(S\varepsilon_{sx}\frac{\partial d_{cp}}{\partial x})+\varepsilon_{sx}\frac{\partial S}{\partial x}\frac{\partial d_{cp}}{\partial x}$$

$$+\frac{\partial}{\partial y}(S\varepsilon_{sy}\frac{\partial d_{cp}}{\partial y})+\varepsilon_{sy}\frac{\partial S}{\partial y}\frac{\partial d_{cp}}{\partial y}+\frac{\partial}{\partial z}(S\varepsilon_{sz}\frac{\partial d_{cp}}{\partial z})+\varepsilon_{sz}\frac{\partial S}{\partial z}\frac{\partial d_{cp}}{\partial z}-S\frac{\partial d_{cp}}{\partial t}=0 \tag{9-93}$$

三维挟沙水流泥沙紊动扩散方程为

$$-\frac{\partial(uS)}{\partial x}-\frac{\partial(vS)}{\partial y}-\frac{\partial(wS)}{\partial z}+\frac{\partial(\overline{\omega}S)}{\partial y}+\frac{\partial}{\partial x}(\varepsilon_{sx}\frac{\partial S}{\partial x})+\frac{\partial}{\partial y}(\varepsilon_{sy}\frac{\partial S}{\partial y})+\frac{\partial}{\partial z}(\varepsilon_{sz}\frac{\partial S}{\partial z})-\frac{\partial S}{\partial t}=0 \tag{9-94}$$

将式(9-94)代入式(9-93)，得

$$-uS\frac{\partial d_{cp}}{\partial x}-vS\frac{\partial d_{cp}}{\partial y}-wS\frac{\partial d_{cp}}{\partial z}-d_{cp}\frac{\partial(\overline{\omega}S)}{\partial y}+\frac{\partial}{\partial y}[S\int_0^{\infty}\omega d\psi(d)\mathrm{d}(d)]+\frac{\partial}{\partial x}(S\varepsilon_{sx}\frac{\partial d_{cp}}{\partial x})$$
$$+\varepsilon_{sx}\frac{\partial S}{\partial x}\frac{\partial d_{cp}}{\partial x}+\frac{\partial}{\partial y}(S\varepsilon_{sy}\frac{\partial d_{cp}}{\partial y})+\varepsilon_{sy}\frac{\partial S}{\partial y}\frac{\partial d_{cp}}{\partial y}+\frac{\partial}{\partial z}(S\varepsilon_{sz}\frac{\partial d_{cp}}{\partial z})+\varepsilon_{sz}\frac{\partial S}{\partial z}\frac{\partial d_{cp}}{\partial z}-S\frac{\partial d_{cp}}{\partial t}=0 \quad (9\text{-}95)$$

式(9-95)即为三维挟沙水流悬移质泥沙平均粒径变化方程。

参 考 文 献

[1] 韩其为. 非均匀沙悬移质不平衡输沙的研究[J]. 科学通报，1979(17): 804-808.
[2] Feldman A D. HEC Models for water Resources system simulation; Theory and Experience[R]. California: The Hydroulic Engineering Center，1981:297-389.
[3] 李义天. 冲积河道平面变形计算初步研究[J]. 泥沙研究，1988(1) :34-44.
[4] 胡海明. 平衡状态下非均匀沙级配的分析研究[J]. 泥沙研究，1995(3) :27-32.
[5] 杨国录. 河流数学模型[M]. 北京：海洋出版社，1993.
[6] Yang Guolu. Mathematical model of river[M]. Beijing: Oceanpress, 1993.
[7] 韦直林. 黄河下游水库、河道泥沙数学模型的研究及方案计算[R] //“八五”国家重点科技攻关子专题报告. 武汉：武汉水利电力大学，1995.
[8] 谢鉴衡. 河流泥沙工程学(上册)[M]. 北京：水利出版社，1981.
[9] 韩其为. 论挟沙能力级配[C] //第六届全国泥沙基本理论研究学术讨论会论文集. 郑州：黄河水利出版社，2005:3-20.
[10] 曲少军，张启卫，高际平. 黄河泥沙数学模型的研究及方案计算[R] //“八五”国家重点科技攻关子专题报告. 郑州：黄河水利科学研究院，1995.
[11] 王士强，谢树楠，等. 黄河中游水库和下游河道水动力学泥沙冲淤数学模型及方案计算[R] //“八五”国家科技攻关子专题报告. 北京：清华大学水利水电工程系，1995.
[12] 孙卫东. 黄河水库泥沙冲淤数学模型及方案计算[R] //“八五”国家重点科技攻关子专题报告(85-926-02-04-06). 北京：中国水利水电科学研究院，1995.
[13] 张俊华，王艳平，赵连军. 准二维水库泥沙冲淤变形的数值模拟方法[J]. 泥沙信息，1996(3):23-27.
[14] 乐培九. 非均匀沙悬移质不平衡输沙[M]. 天津：交通部天津水运工程科学研究所，1991.
[15] 窦国仁，等. 河道二维全沙数学模型的研究[J]. 水利水运科学研究，1987(2):1-12.
[16] 谈广鸣，张小峰. 库区干支流异重流入汇运动分析计算[C] //第二届全国泥沙基本理论研究学术讨论会论文集. 北京：中国建材工业出版社，1995:139-146.
[17] 费祥俊. 浆体与粒状物料输送水力学[M]. 北京：清华大学出版社，1994.
[18] 赵连军，吴香菊，王原. 悬移质泥沙级配的计算方法[C] //第十二届全国水动力学研讨会论文集. 北京：海洋出版社，1998:455-460.
[19] 赵连军，谈广鸣，韦直林，等. 天然河流床沙级配的计算[J]. 武汉大学学报：工学版，2005(2) :25-29.
[20] 赵连军. 冲积河流悬移质泥沙和床沙级配及其交换规律研究[D]. 武汉：武汉大学，2001.
[21] 赵连军，谈广鸣，韦直林，等. 黄河下游河道悬移质泥沙与床沙交换计算研究[J]. 水科学进展，2005(2) :155-163.

第十章　河道挟沙水流悬沙组成沿垂线分布规律

悬移质泥沙组成的粗细对河道的输沙能力有非常大的影响，泥沙组成越粗，河道在同一水流条件下的输沙能力越小。从多沙河流中引水时，一般都同时会带有大量泥沙。在取水工程设计时，如果防治措施不得当，所引水流中的泥沙较粗，可能会引起渠道大量淤积，特别是泥沙在引水渠道口门处大量淤积，将直接导致渠道引水、输水能力降低，甚至影响工程使用寿命，因此应认真研究悬移质泥沙粒径沿垂线分布规律，谨慎设置取水口高程，在提高引水保证率的同时，尽量减少所引水流中粗颗粒泥沙的含量。

第一节　悬沙组成沿垂线分布研究现状

天然河流中的悬移质泥沙为非均匀沙，在垂线上，不仅含沙量分布不均匀，存在上小下大的分布规律，而且悬移质泥沙组成分布也差异较大，存在上细下粗的分布规律。

目前，关于悬移质泥沙组成沿垂线分布的研究成果较少，且这些成果多为对悬移质泥沙组成沿垂线分布开展的一些定性研究，或对泥沙沿垂线上细下粗的分布原因的解释。

熊治平[1，2]在假定每一粒径组泥沙与全沙均符合同一含沙量沿垂线分布公式的前提下，分别以含沙量沿垂线分布的罗斯(H.Rouse)公式与维里坎诺夫公式为基础建立了相应的悬移质泥沙级配沿垂线分布公式，如由罗斯公式为基础建立的悬移质泥沙级配沿垂线分布公式形式为：

$$\frac{p_i}{p_{ai}}=(\frac{\eta_a}{1-\eta_a})^{\delta_i}(\frac{1-\eta}{\eta})^{\delta_i} \tag{10-1}$$

式中：p_i 为垂线上某一点第 i 粒径组泥沙级配；p_{ai} 为水深为 a 处第 i 粒径组泥沙级配；η 为垂线上某一点处相对水深；η_a 为垂线上 a 点处相对水深；δ_i 为第 i 粒径组泥沙的有效悬浮指标，为第 i 粒径组泥沙的悬浮指标与全沙悬浮指标之差。

熊治平的研究成果很具有启发性，但由于问题的复杂性，原作者并没有给出有效悬浮指标的确切计算方法，因此在实际应用中受到了限制。同时应该承认，挟沙水流悬移质中各粒径组泥沙的悬浮是相互干扰的，特别是细颗粒泥沙的含量对粗颗粒泥沙的悬浮影响较大，含沙量越高，颗粒之间的干扰作用越强。因此，每一粒径组泥沙与全沙是否符合同一含沙量沿垂线分布公式在理论上还有待进一步研究。

当然，悬沙平均粒径沿垂线分布与含沙量沿垂线分布存在极为密切的关系，故此本文拟从三维挟沙水流悬移质泥沙平均粒径变化基本方程出发，研究悬沙平均粒径沿垂线分布与含沙量沿垂线分布之间的关系，从而建立悬沙平均粒径沿垂线分布公式。

第二节　悬沙平均粒径沿垂线分布规律与含沙量沿垂线分布规律的关系

在二维恒定均匀流情况下，当河床冲淤平衡时，三维含沙水流悬移质泥沙平均粒径变

化基本方程式(9-95)[3]可简化为

$$-d_{cp}\frac{\partial(\overline{\omega}S)}{\partial y}+\frac{\partial}{\partial y}[S\int_0^{\infty}\omega d\psi(d)\mathrm{d}(d)]+\frac{\partial}{\partial y}\left(\varepsilon_{sy}S\frac{\partial d_{cp}}{\partial y}\right)+\varepsilon_{sy}\frac{\partial S}{\partial y}\frac{\partial d_{cp}}{\partial y}=0 \tag{10-2}$$

对于低含沙水流，当悬沙粒径较细时，泥沙沉速可用斯托克斯公式(2-5)计算。

若将式(10-2)中第二项的积分部分定义为A，将式(2-5)代入式(10-2)，整理得

$$A=k\int_0^{\infty}d^3\psi(d)\mathrm{d}(d) \tag{10-3}$$

其中

$$k=\frac{1}{18}\frac{\gamma_s-\gamma}{\gamma}g\frac{1}{v} \tag{10-4}$$

将悬沙粒径分布函数式(1-34)代入式(10-3)，并进一步简化，得

$$A=k\pi d_{cp}^3\frac{\Gamma(\frac{3+n}{2n})}{\left[\Gamma(\frac{1+n}{2n})\right]^3} \tag{10-5}$$

式中：n采用式(1-38)计算。

同时，根据积分第一中值定理，在[0，∞)内，存在一点d_{ξ}，使

$$A=\int_0^{\infty}\omega d\psi(d)\mathrm{d}(d)=d_{\xi}\int_0^{\infty}\omega\psi(d)\mathrm{d}(d)=d_{\xi}\overline{\omega} \tag{10-6}$$

对于$\overline{\omega}$，将式(1-34)代入式(10-6)，可求得

$$\overline{\omega}=k\sqrt{\pi}d_{cp}^2\frac{\Gamma(\frac{2+n}{2n})}{\left[\Gamma(\frac{n+1}{2n})\right]^2} \tag{10-7}$$

由式(10-5)~式(10-7)，可得

$$d_{\xi}=\sqrt{\pi}d_{cp}\frac{\Gamma(\frac{3+n}{2n})}{\Gamma(\frac{2+n}{2n})\cdot\Gamma(\frac{1+n}{2n})} \tag{10-8}$$

若令

$$f(n)=\sqrt{\pi}\frac{\Gamma(\frac{3+n}{2n})}{\Gamma(\frac{2+n}{2n})\cdot\Gamma(\frac{1+n}{2n})} \tag{10-9}$$

$$d_{\xi}=f(n)d_{cp} \tag{10-10}$$

则其中$f(n)$采用函数拟合方法，可用下式近似计算

$$f(n)=0.92\mathrm{e}^{\frac{0.78}{n^{1.1}}} \tag{10-11}$$

将式(10-6)、式(10-10)代入式(10-2)，同时考虑到 d_{50}/d_{cp} 在垂线分布上变化不大，故 n 沿垂线变化也较小，可取 $\frac{\partial\left[f(n)\right]}{\partial y}=0$，于是式(10-2)可简化为

$$-d_{cp}\frac{\partial(\overline{\omega}S)}{\partial y}+f(n)d_{cp}\frac{\partial(\overline{\omega}S)}{\partial y}+f(n)\overline{\omega}S\frac{\partial d_{cp}}{\partial y}+\varepsilon_{sy}\frac{\partial d_{cp}}{\partial y}\frac{\partial S}{\partial y}+\frac{\partial}{\partial y}\left(\varepsilon_{sy}S\frac{\partial d_{cp}}{\partial y}\right)=0 \tag{10-12}$$

式(10-12)进一步可化为

$$\left[f(n)-1\right]d_{cp}\frac{\partial(\overline{\omega}S)}{\partial y}+\left[f(n)-1\right]\overline{\omega}S\frac{\partial d_{cp}}{\partial y}+\frac{\partial d_{cp}}{\partial y}\left(\overline{\omega}S+\varepsilon_{sy}\frac{\partial S}{\partial y}\right)+\frac{\partial}{\partial y}\left(\varepsilon_{sy}S\frac{\partial d_{cp}}{\partial y}\right)=0 \tag{10-13}$$

由泥沙扩散方程可知，在二维恒定均匀流冲淤平衡情况下，有

$$\overline{\omega}S+\varepsilon_{sy}\frac{\partial S}{\partial y}=0 \tag{10-14}$$

将式(10-14)代入式(10-13)，整理得

$$\frac{\partial\left\{\left[f(n)-1\right]d_{cp}\overline{\omega}S\right\}}{\partial y}+\frac{\partial}{\partial y}(\varepsilon_{sy}S\frac{\partial d_{cp}}{\partial y})=0 \tag{10-15}$$

可进一步化为

$$[f(n)-1]d_{cp}\overline{\omega}+\varepsilon_{sy}\frac{\partial d_{cp}}{\partial y}=0 \tag{10-16}$$

式(10-14)与式(10-16)联立，可得

$$\frac{\partial d_{cp}}{d_{cp}}=[f(n)-1]\frac{\partial S}{S} \tag{10-17}$$

式(10-17)即为垂线上任一点悬沙平均粒径与含沙量之间的函数关系式；对式(10-17)积分，可得

$$\frac{d_{cpy}}{d_{cpa}}=(\frac{S_y}{S_a})^{[f(n)-1]} \tag{10-18}$$

式中：d_{cpy}、d_{cpa} 分别是水深为 y 与 a 处的测点悬沙平均粒径；S_y、S_a 分别是水深为 y 与 a 处的测点含沙量。

第三节 悬沙粒径沿垂线分布公式的建立

在含沙量沿垂线分布规律研究方面，张红武提出的式(5-45)颇具代表性，其以紊动涡团模式为理论基础[4]，克服了水面含沙量为零的主要缺点，且对于低含沙水流及高含沙水流计算精度均较高[5]。

将式(5-45)代入式(10-18)，可得

$$\frac{d_{cpy}}{d_{cpa}}=\exp\left\{5.333[f(n)-1]\cdot\frac{\omega_s}{\kappa u_*}(\arctan\sqrt{\frac{1}{\eta}-1}-\arctan\sqrt{\frac{1}{\eta_a}-1})\right\} \tag{10-19}$$

应该承认，式(10-19)只能计算相对平均粒径沿垂线的分布规律，运用它求某点的平均粒径，尚需事先得知垂线上任意点 $y=a$ 处的平均粒径 d_{cpa} 才行，这样一方面增加了分析中的麻烦，另一方面还限制了这类公式的使用范围。为此，我们试图将相对平均粒径的参考点选在等于垂线平均粒径 d_{cp} 处，使计算简单化。这样做唯一存在问题是，必须找到测点平均粒径等于垂线平均粒径处的相对水深值 η_{dp}。参照丁君松[6]在处理含沙量沿垂线分布规律的做法，于是可将式(10-19)改写为

$$d_{cpy}=N_d d_{cp}\exp\left\{5.333[f(n)-1]\frac{\omega_s}{\kappa u_*}\arctan\sqrt{\frac{1}{\eta}-1}\right\} \tag{10-20}$$

式中

$$N_d=\exp\left\{-5.333[f(n)-1]\frac{\omega_s}{\kappa u_*}\arctan\sqrt{\frac{1}{\eta_{dp}}-1}\right\} \tag{10-21}$$

垂线平均粒径 d_{cp} 可采用下式计算

$$d_{cp}=\frac{1}{v_{cp}S_{cp}}\int_0^1 u\cdot S\cdot d_{cpy}\mathrm{d}(\eta) \tag{10-22}$$

式中：v_{cp} 为垂线平均流速；u 为垂线测点流速，可采用张红武公式(3-33)计算；同时，引入以垂线平均含沙量为参考点的形式，即采用含沙量沿垂线分布计算公式(5-43)。将式(10-20)、式(3-33)、式(5-43)代入式(10-22)，可解得

$$N_d=\frac{\int_0^1 f\left(\frac{\sqrt{g}}{\kappa C},\eta\right)\cdot\exp\left(5.333\frac{\omega_s}{\kappa u_*}\arctan\sqrt{\frac{1}{\eta}-1}\right)\mathrm{d}(\eta)}{\int_0^1 f(\frac{\sqrt{g}}{\kappa C},\eta)\cdot\exp\left[5.333f(n)\frac{\omega_s}{\kappa u_*}\arctan\sqrt{\frac{1}{\eta}-1}\right]\mathrm{d}(\eta)} \tag{10-23}$$

式中：C 为谢才系数；

$$f(\frac{\sqrt{g}}{\kappa C},\eta)=1-\frac{\pi\sqrt{g}}{\kappa C}+\frac{2.667\sqrt{g}}{\kappa C}[\sqrt{\eta-\eta^2}+\arcsin\sqrt{\eta}] \tag{10-24}$$

其中，因 d_{50}/d_{cp} 沿垂线变化很小，故可近似建立如下 d_{50} 沿垂线分布公式

$$d_{50y}=N_d d_{50}\exp\left\{5.333[f(n)-1]\frac{\omega_s}{\kappa u_*}\arctan\sqrt{\frac{1}{\eta}-1}\right\} \tag{10-25}$$

采用大量既包括泥沙组成较粗，也包括泥沙组成较细的黄河实测资料对式(10-20)、式(10-25)进行验证，结果绘于图 10-1、图 10-2，计算的平均粒径与中值粒径沿垂线的分布与实测分布吻合较好。式(10-20)、式(10-25)不仅能较准确计算悬沙平均粒径及中值粒径沿垂线公布规律，而且不存在水面悬沙平均粒径及中值粒径为零和底部平均粒径及中值粒径

为无穷大的现象，因此具有重要的理论意义与实用价值。

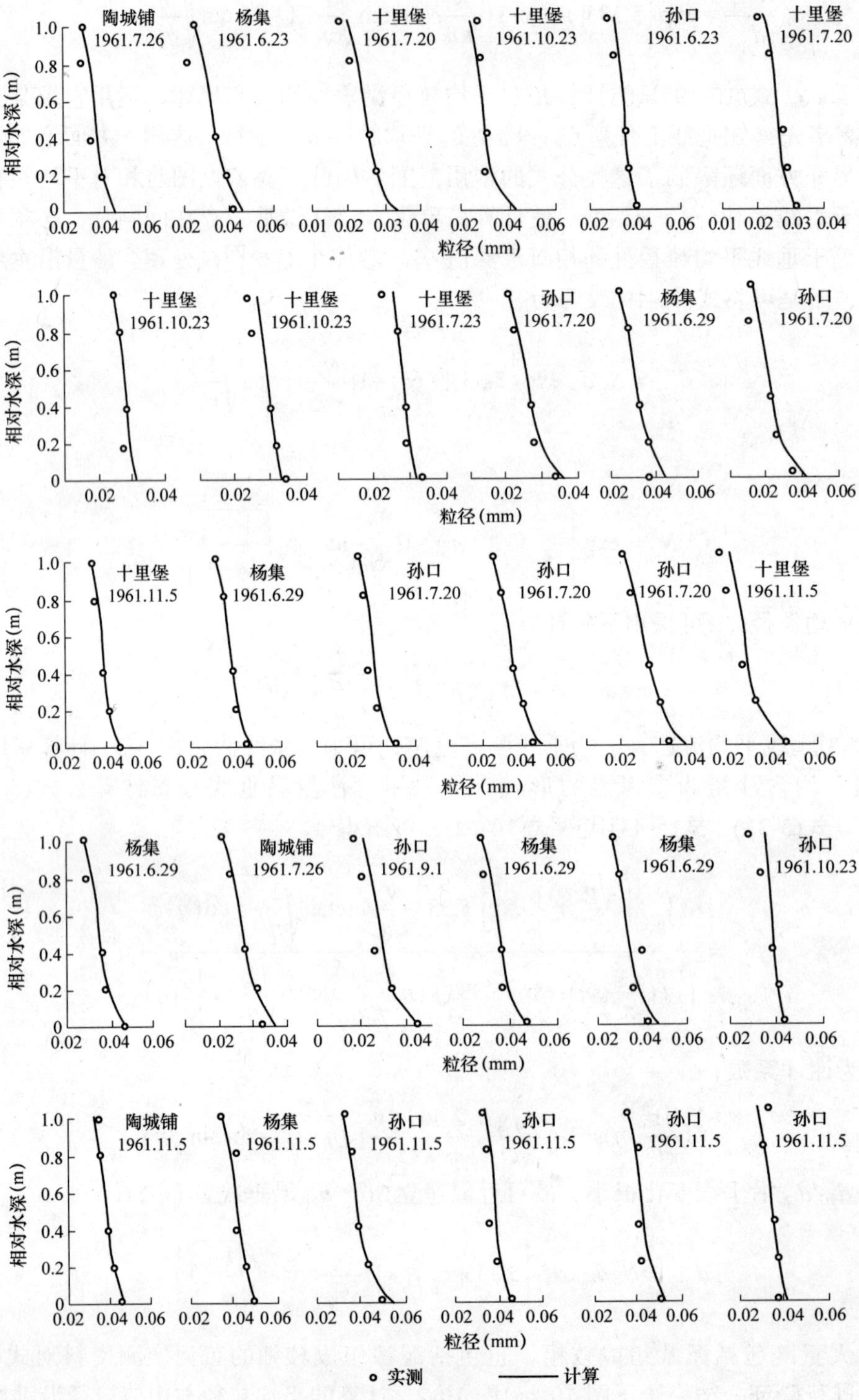

图 10-1 式(10-20)计算值与实测值的比较

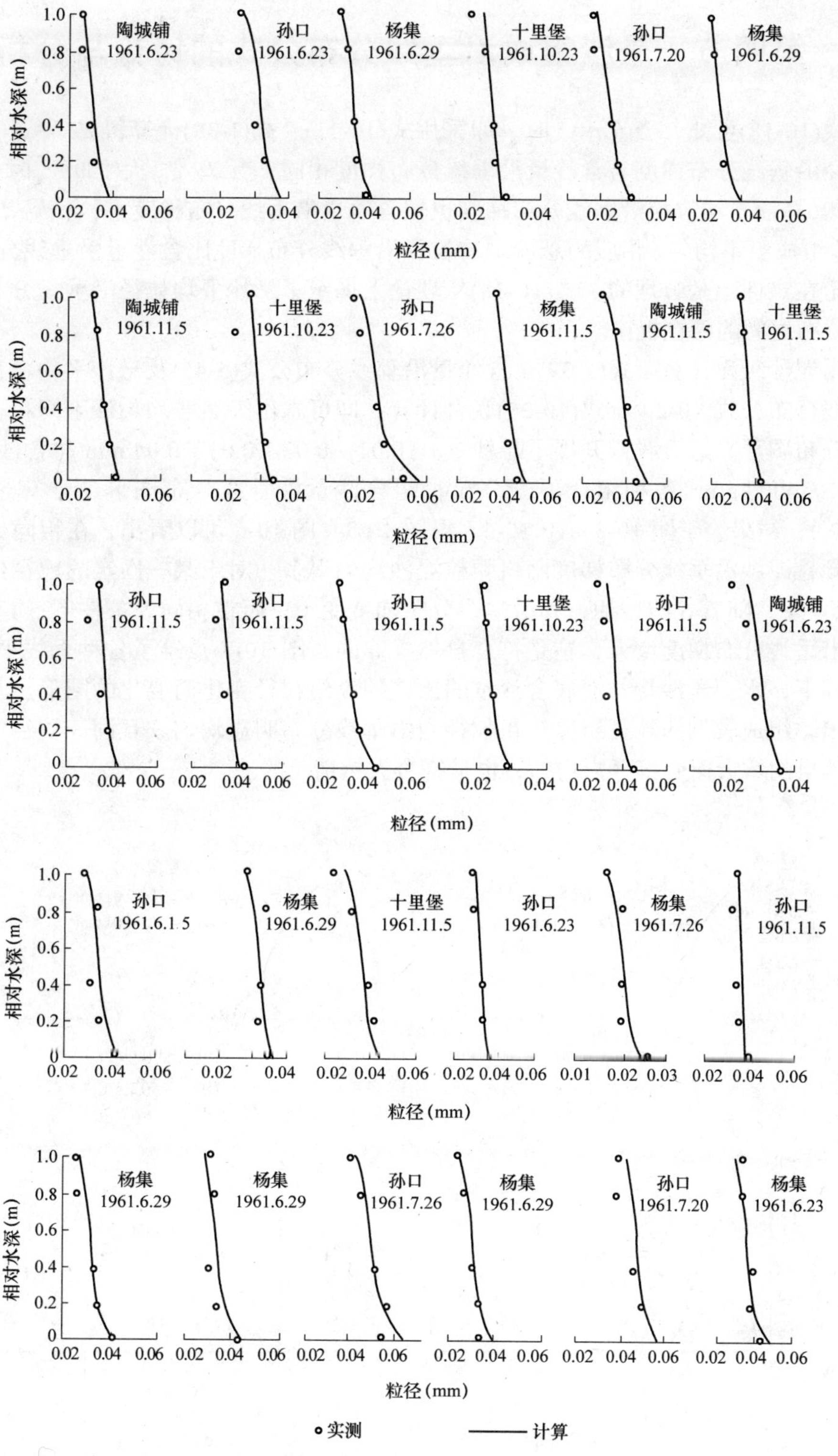

图 10-2　式(10-25)计算值与实测值的对比

第四节　悬沙组成沿垂线分布公式的讨论与分析

由式(10-18)可知，当$f(n)$=2时，即采用式(10-11)、式(1-38)计算得d_{50}/d_{cp}=0.85时悬沙平均粒径沿垂线分布梯度与含沙量沿垂线分布梯度相同；当d_{50}/d_{cp}大于0.85时，悬沙组成更为均匀，悬沙平均粒径沿垂线分布梯度也较含沙量沿垂线分布梯度小；当d_{50}/d_{cp}小于0.85时，悬沙组成更不均匀，相应的悬沙平均粒径沿垂线分布梯度比含沙量沿垂线分布梯度大。这些结论在定性上是合理的。式(10-18)从理论上揭示了悬沙平均粒径沿垂线分布与含沙量沿垂线分布之间的内在规律。

采用泥沙级配计算公式(1-39)、含沙量沿垂线分布公式(5-45)及悬沙平均粒径与中值粒径沿垂线分布公式(10-20)、式(10-25)联合计算，即可求出天然非均匀沙不同粒径组泥沙沿垂线的分布图形。这里我们开展了悬沙d_{cp} = 0.01、0.02、0.03、0.04 mm与含沙量S = 20、50、100、400 kg/m^{3}各种组合下的分粒径组含沙量沿垂线分布图形，计算过程中，取d_{50}/d_{cp}=0.9，结果绘于图10-3～图10-6。由图10-3～图10-6可以看出，在相同d_{cp}、S条件下，细颗粒泥沙沿垂线分布梯度比粗颗粒泥沙均匀得多。对于某一固定的粒径组，在相同的d_{cp}条件下，随着S的增加，其沿垂线分布梯度变小；而在相同S条件下，随着d_{cp}的增大，其沿垂线分布梯度增大，这是符合自然规律的。图10-7点绘了各种垂线平均d_{cp}与S组合条件下，水面含沙量与河底含沙量的比值随S组粒径变化而变化的图形。从中能更清楚地看出，组成较细的粒径组比较粗粒径组沿垂线分布明显均匀，且同一粒径组沿垂线分布随含沙量的增大而变得更为均匀，也是符合天然情况的。

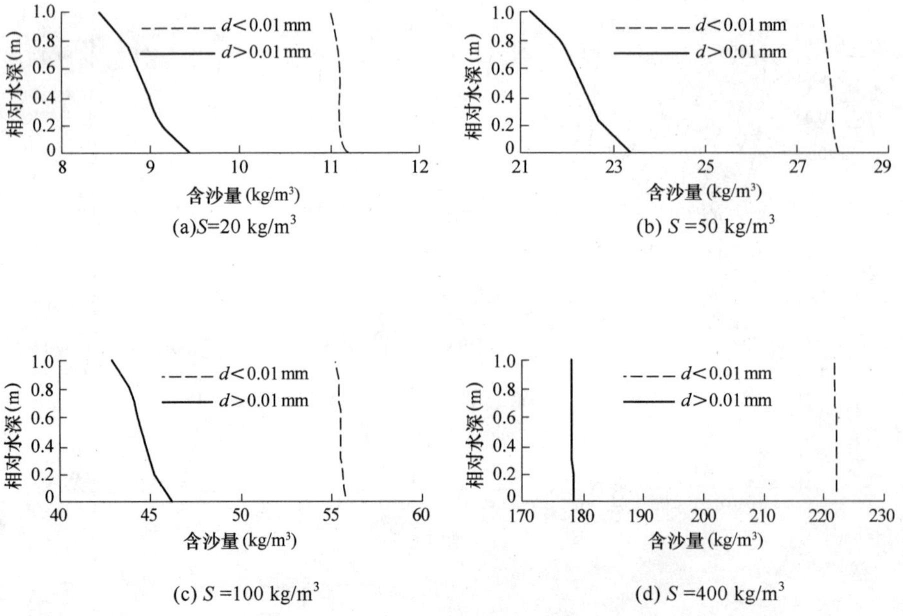

图10-3　d_{cp}=0.01 mm条件下分粒径组含沙量沿垂线分布

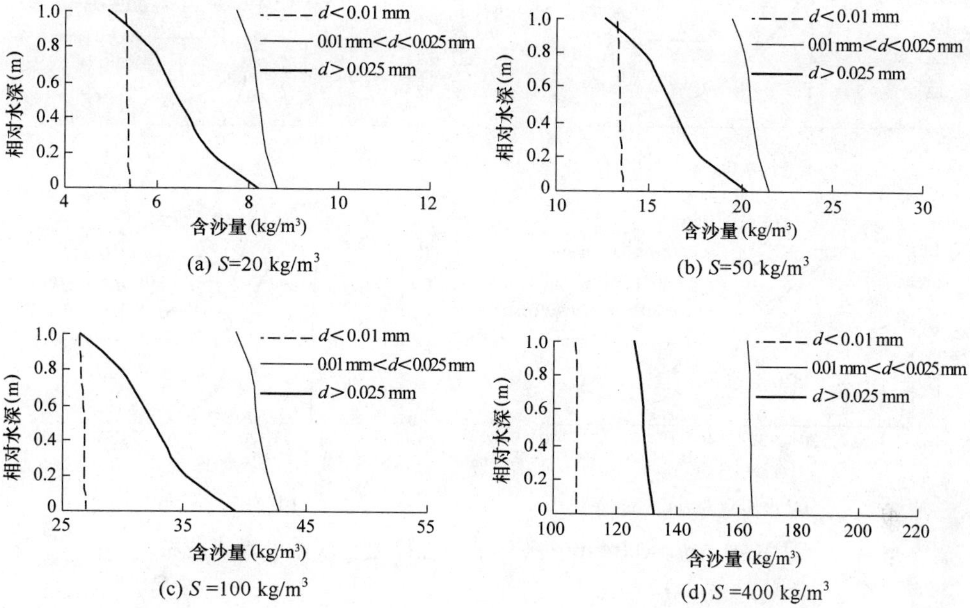

图 10-4　d_{cp} =0.02 mm 条件下分粒径组含沙量沿垂线分布

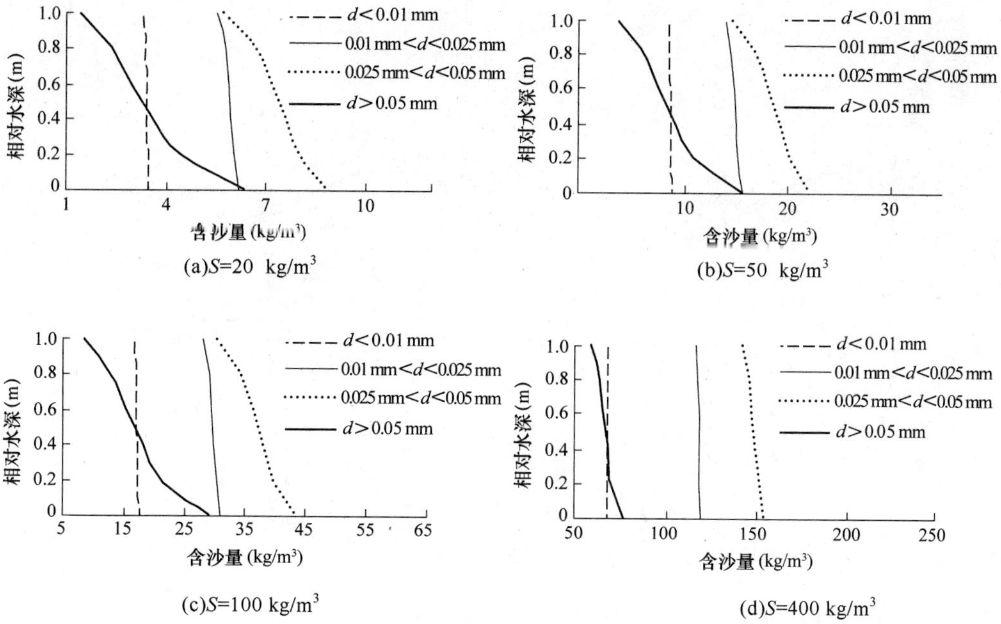

图 10-5　d_{cp} =0.03 mm 条件下分粒径组含沙量沿垂线分布

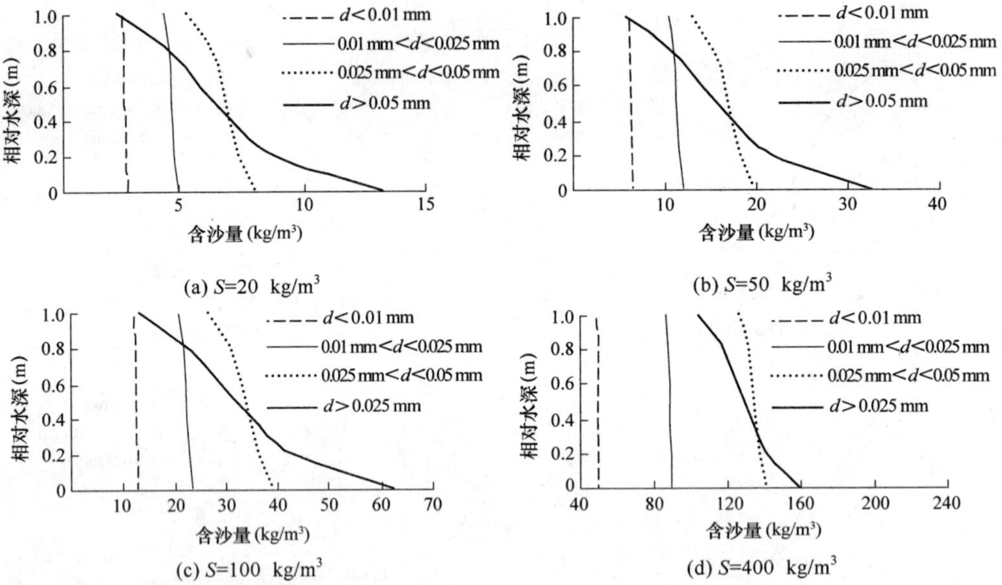

图 10-6 d_{cp}=0.04 mm 条件下分粒径组含沙量沿垂线分布

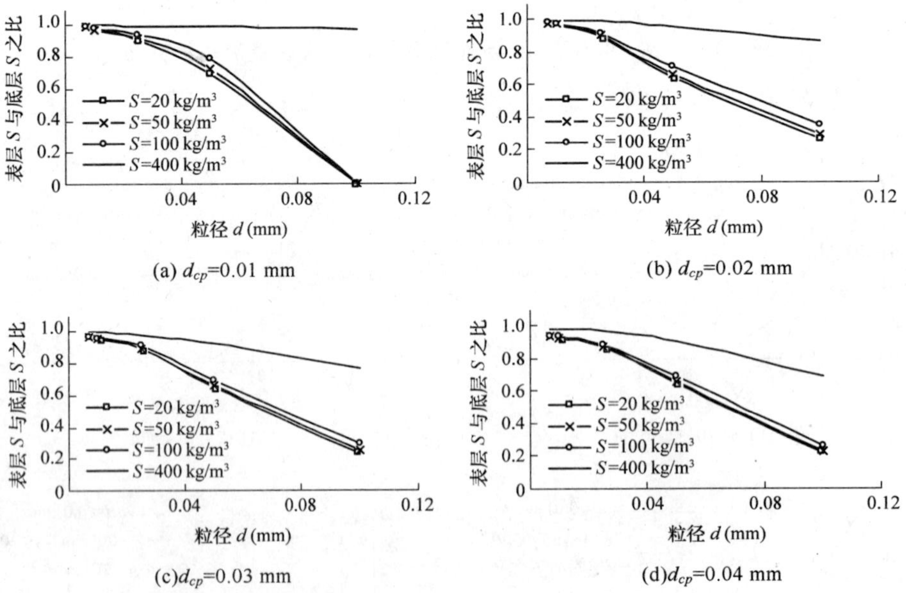

图 10-7 表层含沙量与底层含沙量比值随粒径变化

参考文献

[1] 熊治平. 悬沙级配沿垂线分布问题[J]. 泥沙研究, 1986(2):51-56.

[2] 熊治平. 悬移质泥沙级配沿垂线分布公式探求[J]. 武汉水利电力大学学报，1999，32(3):51-54.

[3] Zhao Lianjun，Tan Guangming，Wei Zhilin，et al. Research on the Vertical Distribution of Average Grain-Size of Suspended Load[C] //Proceedings of the Ninth International Symposium on River

Sedimentation. Bei Jing：Tsinghua University Press，2004.
[4] 张红武，江恩惠，白咏梅，等. 黄河高含沙洪水模型的相似律[M]. 郑州：河南科技出版社，1994.
[5] 张红武，马继业，等. 河流桥渡设计[M]. 北京：中国建材工业出版社，1993.
[6] 丁君松. 悬移质含沙量沿垂线分布的研究及其应用[J]. 武汉水利电力学院学报，1981(4):44-45.

第十一章　多沙河流悬沙与床沙交换计算方法研究

要实现第九章建立的悬移质泥沙与床沙交换粒径变化基本方程封闭可解，还需对其中的有关要素的变化规律与计算方法开展分析与研究。

第一节　冲淤物平均粒径 d_c 的变化规律研究

悬移质泥沙和床沙交换的过程中，当河床冲刷时，悬沙中较粗颗粒还可能会落淤在床面上，而河道淤积时，床面上也有部分细颗粒由床面被水流冲起；当冲淤平衡时，仍有部分悬沙与床沙不停地进行着交换，只是落淤的悬沙与冲起的床沙的质量与粒径大小相等。

由第九章第二、三节的研究成果可知，推求悬沙与床沙的变化集中反映在冲淤物平均粒径 d_c 的确定上。定性上分析，d_c 应介于悬沙的平均粒径 d_{cp} 与受此刻水流作用能够扬起变为悬沙的那部分混合沙平均粒径 d_f 之间。当冲淤平衡时，冲淤物平均粒径可定义为平衡冲淤物平均粒径，采用 d_{ph} 表示。下面我们分别从淤积与冲刷两个过程推导 d_c 的表达式[1]。

一、淤积时 d_c 的变化规律

进一步分析可知，河床发生淤积时，d_c 应介于 d_{cp} 与 d_{ph} 之间。当淤积强度较小时，d_c 接近于 d_{ph}；当淤积强度较大时，d_c 接近于 d_{cp}。于是可初步确定 d_c 满足如下关系式，即

$$d_c = md_{cp} + (1-m)d_{ph} \tag{11-1}$$

式中：m 为介于 0～1 之间的权重系数，其取值大小应与相对淤积强度有关。若令初始单位面积柱体中水体的含沙量为 S，水深为 h，则水体中含有的泥沙总量为 Sh；河床淤积后，淤在河床上泥沙的厚度为 ΔZ，则淤积泥沙质量为 $\Delta Z\rho'$（ρ' 为淤积物干容重)，于是可将 m 表示为如下形式

$$m = \left(\frac{\Delta Z\rho'}{Sh}\right)^k \tag{11-2}$$

式中：k 为指数。进一步可求出河床淤积后水体中剩余部分泥沙的平均粒径为

$$d' = \frac{Shd_{cp} - \Delta Z\rho' d_c}{Sh - \Delta Z\rho'} \tag{11-3}$$

将式(11-1)、式(11-2)代入式(11-3)后，整理得

$$d' = \frac{d_{cp} - \dfrac{\Delta Z\rho'}{Sh}\left\{\left(\dfrac{\Delta Z\rho'}{Sh}\right)^k \cdot d_{cp} + \left[1-\left(\dfrac{\Delta Z\rho'}{Sh}\right)^k\right]d_{ph}\right\}}{1-\dfrac{\Delta Z\rho'}{Sh}} \tag{11-4}$$

在含沙量不太高的情况下，悬沙淤积时分选作用较明显，当$\Delta Z\rho' \to Sh$时，应有$d' \to 0$，于是对式(11-4)求极限，即可导出k与d_{cp}及d_{ph}的关系式，即

$$k = \frac{d_{cp}}{d_{ph} - d_{cp}} \tag{11-5}$$

将式(11-2)、式(11-5)代入式(11-1)，即可得出淤积时d_c的计算公式，即

$$d_c = \left(\frac{\Delta Z\rho'}{Sh}\right)^{\frac{d_{cp}}{d_{ph}-d_{cp}}} d_{cp} + \left[1 - \left(\frac{\Delta Z\rho'}{Sh}\right)^{\frac{d_{cp}}{d_{ph}-d_{cp}}}\right] d_{ph} \tag{11-6}$$

二、冲刷时d_c的变化规律

当河床处于冲刷状态时，d_c应介于d_{ph}与d_f之间。冲刷强度较小时，d_c接近于d_{ph}；当河床发生强烈冲刷时，d_c接近于d_f。采用上述类似的方法，可确定d_c的计算式为

$$d_c = m'd_f + (1 - m')d_{ph} \tag{11-7}$$

式中的m'为介于0～1之间的系数，其取值大小与相对冲刷强度有关。

在具体计算时，当$d_f \leqslant d_{ph}$时，表明能从床面悬起的泥沙变为悬移质的几率相等，故取d_c=d_f；当d_f>d_{ph}时，在能够由床面悬起的混合沙中，细颗粒泥沙进入水流中变为悬移质的几率大于粗颗粒，故实际进入水体中变为悬移质的混合沙的平均粒径d_c小于d_f，此时选用式(11-7)计算。

对于单位面积的河床而言，若将床沙与水流直接接触分选层，即最大可能冲刷层，定义为直接交换层，该层的泥沙平均粒径应为d_f，厚度为H_c'，当河床实际冲刷厚度为$|\Delta Z|$时，可把式(11-7)中的m'表示为

$$m' = \left(\frac{|\Delta Z|}{H_c'}\right)^{k'} \tag{11-8}$$

式(11-8)中的k'为指数。于是可计算出冲刷后直接交换层内剩余部分床沙的平均粒径为

$$D' = \frac{H_c'd_f - |\Delta Z|d_c}{H_c' - |\Delta Z|} \tag{11-9}$$

当河床发生强烈冲刷时，$|\Delta Z| \to H_c'$，则D'应接近于床沙组成中的极粗部分床沙粒径D''。于是将式(11-7)代入式(11-9)并对其求极限可求得k'的表达式为

$$k' = \frac{D'' - d_f}{d_f - d_{ph}} \tag{11-10}$$

将式(11-8)、式(11-10)代入式(11-7)，得

$$d_c=\left(\frac{|\Delta Z|}{H_c'}\right)^{\frac{D''-d_f}{d_f-d_{ph}}}\cdot d_f+\left[1-\left(\frac{|\Delta Z|}{H_c}\right)^{\frac{D''-d_f}{d_f-d_{ph}}}\right]\cdot d_{ph} \tag{11-11}$$

对河床变形方程(8-26)，可进一步转化为

$$\Delta Z=k_1\delta t\rho'\omega_c(k_2S_b-S_{b*}) \tag{11-12}$$

式中：k_1、k_2 为系数；δt 为时间微段；ω_c 为冲淤物混合沙平均沉速；S_b、S_{b*} 分别为河底含沙量及河底饱和含沙量。

当河床冲刷时，其河床冲刷深度为

$$|\Delta Z|=k_1\delta t\rho'\omega_c(S_{b*}-k_2S_b) \tag{11-13}$$

对于直接交换层厚度 H_c'，可认为是在此时刻水流条件下，不考虑水体中悬移质泥沙对河床冲刷的抑制减弱作用时的最大可能河床冲刷深度，于是由式(11-7)可得

$$H_c'=k_1\delta t\rho'\omega_fS_{b*} \tag{11-14}$$

式中：ω_f 为扬动泥沙混合平均沉速。

式(11-13)与式(11-14)相除，可得

$$\frac{|\Delta Z|}{H_c'}=\frac{\omega_c}{\omega_f}(1-k_2\frac{S_b}{S_{b*}}) \tag{11-15}$$

对于 S_b 与 S_{b*}，参照文献[2]的处理，以垂线平均含沙量 S 及垂线平均水流挟沙力 S_* 来代替计算，于是令

$$S_b=a_1S \tag{11-16}$$

$$S_{b*}=a_*S_* \tag{11-17}$$

将式(11-16)、式(11-17)代入式(11-15)，得

$$\frac{|\Delta Z|}{H_c'}=\frac{\omega_c}{\omega_f}(1-k_2\frac{a_1}{a_*}\frac{S}{S_*}) \tag{11-18}$$

式中：系数 $k_2\frac{a_1}{a_*}$ 正是第八章所提出的泥沙非饱和系数 f_1，其计算表达式为式(8-57)。

式(11-18)中的 ω_c 与 ω_f，可采用非均匀沙混合沉速公式(2-19)计算(含沙量对 ω_c 与 ω_f 的影响在两者相除中可以约掉)，于是将式(2-19)代入式(11-18)，得

$$\frac{|\Delta Z|}{H_c'}=\frac{\omega_{cp}}{\omega_{fp}}\cdot(\frac{d_c}{d_{50c}}\cdot\frac{d_{50f}}{d_f})^{0.3}\,\mathrm{e}^{635(d_f^{0.7}-d_c^{0.7})}\cdot(1-f_1\frac{S}{S_*}) \tag{11-19}$$

式中：d_{50c}、d_{50f} 分别为冲淤物及扬动泥沙的中值粒径；ω_{cp}、ω_{fp} 分别为粒径为 d_c、d_f 的均匀沙的清水沉速。

因 $(\frac{d_c}{d_{50c}}\cdot\frac{d_{50f}}{d_f})^{0.3}$ 为一接近于 1 的数值，于是可将式(11-19)进一步化简为

$$\frac{|\Delta Z|}{H_c'}=\frac{\omega_{cp}}{\omega_{fp}}\mathrm{e}^{635(d_f^{0.7}-d_c^{0.7})}(1-f_1\frac{S}{S_*}) \tag{11-20}$$

由式(11-11)与式(11-20)联解，即可求出冲刷时的冲淤物粒径 d_c，但该式需要试算完成。

因 d_c 介于 d_{ph} 与 d_f 之间，可采用简单的二分法求得 d_c 的解。

河床遭受强烈冲刷后剩余部分床沙的平均粒径 D'' 的取值，要根据河床的床沙组成情况确定。就黄河下游河道而言，在三门峡下泄清水期，铁谢断面床沙中值粒径发生粗化，最粗为建库前床沙中值粒径平均值的 3.4 倍，官庄峪至利津河段粗化为建库前的 1.4 ~ 2.6 倍[3](因越往下游，由于沿程含沙量不断恢复，不可能达到强烈冲刷)。黄科院开展的黄河下游渡槽槽墩局部冲刷模型试验研究结果表明[4,5]，当河床遭受大洪水冲刷后，床沙中值粒径粗化为初期的 1.5 ~ 2.5 倍，故在进行计算时，对于黄河铁谢至官庄峪河段，取 $D''=\left(2.5\sim3.5\right)D_{cp}$，对官庄峪以下河段取 $D''=\left(2\sim2.5\right)D_{cp}$。

三、平衡冲淤物粒径 d_{ph} 的计算

当河床处于冲淤平衡时，冲淤物平均粒径视为此时河底悬沙平均粒径，可采用河床冲淤平衡状态下推求的含沙平均粒径沿垂线分布公式(10-20)计算。在确定相对水深时，参照第八章平衡含沙量分布函数的处理方法，取 $y/h=0.001$（相当于水深为 1 ~ 4 m 时，临底水深取 1 ~ 4 mm），式(11-20)可化为

$$d_{ph}=N_d\cdot d_{cp}\cdot\exp\left\{8.21\left[f\left(n\right)-1\right]\frac{\omega}{\kappa u_*}\right\} \tag{11-21}$$

四、扬动泥沙平均粒径 d_f 的计算

因目前对泥沙扬动流速的研究较少，且不成熟，在进行 d_f 计算时，为安全起见，从清水冲刷考虑，仿照文献[6]的研究思路，首先采用悬浮指标概念推求能够由床沙扬起的最大泥沙粒径 $d_{f\max}$，而后结合床沙级配曲线即可求出扬起泥沙的平均粒径 d_f 及中值粒径 d_{50f}。

与 $d_{f\max}$ 对应的悬浮指标可写为

$$\frac{\omega_{\max}}{\beta\kappa u_*}=Z \tag{11-22}$$

式中：$\omega_{\max}$ 为最大扬动粒径泥沙的沉速；κ 为卡门常数；Z 为悬浮指标。由式(11-22)可导得

$$\omega_{\max}=\beta Z\kappa u_* \tag{11-23}$$

引入如下形式的水流阻力公式，有

$$v=A(h/D_{cp})^{1/6}\sqrt{hJ} \tag{11-24}$$

式中：v 为断面平均流速；J 为河床比降；A 为系数。

将摩阻流速表达式 $u_*=\sqrt{ghJ}$ 及式(11-24)代入式(11-23)，可导出 $\omega_{\max}$ 的表达式为

$$\omega_{\max}=\frac{\beta Z\kappa v\sqrt{g}}{A}(\frac{D_{cp}}{h})^{1/6} \tag{11-25}$$

对于天然河流，特别是黄河下游河道悬沙中的最大粒径，其沉速一般处于过渡区，可采用如下冈恰洛夫过渡区公式[7]计算，即

$$\omega=\beta'\frac{g^{2/3}}{\nu^{1/3}}(\frac{\gamma_s-\gamma}{\gamma})^{2/3}d \tag{11-26}$$

式中：β' 为系数。

将式(11-25)与式(11-26)联解，可得

$$d_{f\max}=K(\frac{\gamma}{\gamma_s-\gamma}\frac{1}{g})^{2/3}(\frac{D_{cp}}{h})^{1/6}\nu^{1/3}v \tag{11-27}$$

其中

$$K=\frac{\beta}{\beta'}\frac{Z\kappa\sqrt{g}}{A} \tag{11-28}$$

为确定式(11-27)中 K 值的大小，我们收集了三门峡下泄清水期黄河铁谢与官庄峪两测站部分实测资料(含沙量均在 5 kg/m^3 以下)，经初步率定(见图 11-1)，取 K=0.8。于是式(11-27)可写为

$$d_{f\max}=0.8(\frac{\gamma}{\gamma_s-\gamma}\frac{1}{g})^{2/3}(\frac{D_{cp}}{h})^{1/6}\nu^{1/3}v \tag{11-29}$$

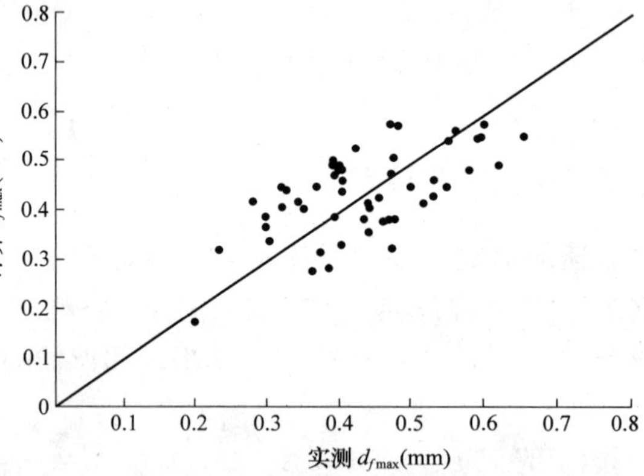

图 11-1　$d_{f\max}$ 计算值与实测值的对比

第二节　冲淤物粒径二阶圆心矩 ξ_c 的变化规律研究

对于冲淤物粒径二阶圆心矩 ξ_c 的变化规律，理论上分析比较困难。但 d_c、d_{50c} 与 ξ_c 三者之间仍符合泥沙级配公式导出的泥沙粒径函数关系式(1-44)，于是可从分析 d_{50c} 的变化规律入手，求出 d_{50c} 后，ξ_c 也就随之确定了。

悬沙在随着河床冲刷和淤积而发生粗化和细化的过程中，d_{50} 的变化规律定性上与 d_{cp} 是一致的，为此可采用探讨 d_{cp} 变化规律时得出的公式形式近似作为 d_{50} 变化规律的计算公式。将平衡冲淤物中值粒径及扬动混合沙的中值粒径分别记为 d_{50ph}、d_{50f}，则：

河床淤积时

$$d_{50c}=\left(\frac{\Delta Z\rho'}{Sh}\right)^{\frac{d_{50}}{d_{50ph}-d_{50}}}d_{50}+\left[1-\left(\frac{\Delta Z\rho'}{Sh}\right)^{\frac{d_{50}}{d_{50ph}-d_{50}}}\right]d_{50ph} \tag{11-30}$$

河床冲刷时

(1)当 $d_{50f} < d_{50ph}$ 时，有

$$d_{50c} = d_{50f} \tag{11-31}$$

(2)当 $d_{50f} > d_{50ph}$ 时，有

$$d_{50c} = \left(\frac{|\Delta Z|}{H_c}\right)^{\frac{D''_{50}-d_{50f}}{d_{50f}-d_{50ph}}} \cdot d_{50f} + \left[1 - \left(\frac{|\Delta Z|}{H_c}\right)^{\frac{D''_{50}-d_{50f}}{d_{50f}-d_{50ph}}}\right] \cdot d_{50ph} \tag{11-32}$$

式(11-32)中的 d_{50ph} 采用如下公式计算

$$d_{50ph} = N_d d_{50} \exp\left\{8.21[f(n)-1]\frac{\omega}{\kappa u_*}\right\} \tag{11-33}$$

对于 D''_{50} 的取值，在进行多沙河流如黄河下游河道冲淤计算时，铁谢至官庄峪河段可取 $D''_{50} = (2.5 \sim 3.5) D_{50}$，官庄峪以下河段可取 $D''_{50} = (2 \sim 2.5) D_{50}$。

第三节 混合层厚度 H_c 及床沙粒径调整计算方法

由于问题的复杂性，目前对混合层厚度 H_c 的计算尚无成熟的方法，且各家差别较大，如韩其为[8]取 $\Delta Z + 1\,\text{m}$，钱宁[9]取 2.5 ~ 3 m，卡里姆(M.F.Karim)[10]取沙波高度的一半，胡海明、李义天[11]也对该问题进行了深入探讨。我们在混合层厚度 H_c 的确定与床沙级配调整方面，仿照了韦直林的处理方法[12]，将河床物质概化为表、中、底三层，每层的厚度分别记为 H_u、H_m、H_b，每层的床沙平均粒径分别记为 D_u、D_m、D_b，每层的床沙中值粒径分别记为 D_{50u}、D_{50m}、D_{50b}，每层床沙粒径的二阶圆心矩分别记为 ξ_u、ξ_m、ξ_b，规定在每一计算时段内，各层间的界面都固定不变，泥沙交换限制在表层内进行，中层及底层暂时不受影响。在时段末，根据床面的冲刷或淤积，往下或往上移动表层和中层，保持这两层的厚度不变，而令底层厚度随冲淤厚度的大小而变化。显然，上文所提出的直接交换层应包含在表层之内。

在进行床沙级配调整计算时，取混合层厚度为表层厚度，即

$$H_c = H_u \tag{11-34}$$

在计算时段末，表层底面以上部分泥沙平均粒径及粒径的二阶圆心矩的变化规律可由式(9-75)、式(9-76)求出，分别记为 D'_u、ξ'_u。采用右上角标(0)表示变量修改前的数值，各层的平均粒径及粒径的二阶圆心矩由下式计算。

一、对于淤积情况

表层：

$$D_u = D'_u \tag{11-35}$$

$$\xi_u = \xi'_u \tag{11-36}$$

中层：

若$\Delta Z > H_m$，则新的中层位于原表层底面之上，有

$$D_m = D_u' \tag{11-37}$$

$$\xi_m = \xi_u' \tag{11-38}$$

否则

$$D_m = \frac{\Delta Z \cdot D_u' + \left(H_m - \Delta Z\right) D_m^{(0)}}{H_m} \tag{11-39}$$

$$\xi_m = \frac{\Delta Z \cdot \xi_u' + \left(H_m - \Delta Z\right) \xi_m^{(0)}}{H_m} \tag{11-40}$$

底层：

(1)新底层的厚度为

$$H_b = H_b^{(0)} + \Delta Z \tag{11-41}$$

(2)当$\Delta Z > H_m$时，有

$$D_b = \left[\left(\Delta Z - H_m\right) \cdot D_u' + H_m \cdot D_m^{(0)} + H_b^{(0)} D_b^{(0)}\right] / H_b \tag{11-42}$$

$$\xi_b = \left[\left(\Delta Z - H_m\right) \cdot \xi_u' + H_m \cdot \xi_m^{(0)} + H_b^{(0)} \xi_b^{(0)}\right] / H_b \tag{11-43}$$

(3)当$\Delta Z \leqslant H_m$时，有

$$D_b = \frac{\Delta Z \cdot D_m^{(0)} + H_b^{(0)} \cdot D_b^{(0)}}{H_b} \tag{11-44}$$

$$\xi_b = \frac{\Delta Z \cdot \xi_m^{(0)} + H_b^{(0)} \cdot \xi_b^{(0)}}{H_b} \tag{11-45}$$

二、对于冲刷情况

表层：

$$D_u = \frac{(h_u - |\Delta Z|) D_u' + |\Delta Z| D_m^{(0)}}{H_u} \tag{11-46}$$

$$\xi_u = \frac{(h_u - |\Delta Z|) \xi_u' + |\Delta Z| \xi_m^{(0)}}{H_u} \tag{11-47}$$

中层：

$$D_m = \frac{(H_m - |\Delta Z|) D_m^{(0)} + |\Delta Z| D_b^{(0)}}{H_m} \tag{11-48}$$

$$\xi_m = \frac{(H_m + |\Delta Z|) \xi_m^{(0)} + |\Delta Z| \xi_b^{(0)}}{H_m} \tag{11-49}$$

底层：

$$H_b = H_b^{(0)} - |\Delta Z| \tag{11-50}$$

$$D_b = D_b^{(0)} \tag{11-51}$$

$$\xi_b = \xi_b^{(0)} \tag{11-52}$$

在求出 D_u、D_m、D_b 及 ξ_u、ξ_m、ξ_b 后，即可根据式(1-53)、式(1-56)求出各层床沙级配。

第四节 悬移质泥沙与床沙交换规律计算方法的检验

对于多沙河流泥沙数学模型而言，悬移质不平衡输沙的模拟是建模中的难题。为检验本书提出的在不平衡输沙条件下悬移质泥沙与床沙交换计算方法，我们首先开展了概化河道的定性分析计算，而后选用黄河下游典型洪水对其进行了系统检验。

概化河道长度为 100 km，宽为 200 m，纵比降为 1‱，初始河床床沙平均粒径 D_{cp} 为 0.125 mm，中值粒径 D_{50} 为 0.1 mm，本次计算暂没有考虑床沙级配调整后对河床糙率的影响，取河床糙率为 0.012。计算选用恒定流，流量为 530 m^3/s，初始水深为 2 m，基本保证计算初始时刻为均匀流。

一、淤积时悬移质泥沙与床沙粒径调整规律检验结果

为了检验该方法在淤积状态下计算结果的合理性，选取进口含沙量 S=100 kg/m^3，悬沙平均粒径 d_{cp}=0.04 mm，悬沙中值粒径 d_{50}=0.032 mm，由于水流含沙量明显大于挟沙能力，处于超饱和状态，使得整个计算河段普遍淤积。

(一)悬沙粒径变化规律

图 11-2 为淤积状态下沿程不同断面悬移质泥沙 d_{cp}、d_{50} 及 d_{50}/d_{cp} 随时间变化过程计算结果。由此可见，随着泥沙的淤积，悬沙 d_{cp} 与 d_{50} 沿程逐渐变小，而 d_{50}/d_{cp} 沿程逐渐增大，表明在悬沙细化的过程中，由于落淤的泥沙以粗颗粒为多，使悬沙级配变得更趋于均匀。当计算历时 1 d 时，距进口 30、60、90 km 处悬沙 d_{cp} 分别为：0.035 2、0.032 1、0.029 8 mm，d_{50} 分别为 0.029 7、0.027 8、0.026 2 mm，d_{50}/d_{cp} 分别为：0.844、0.866、0.879。从相等距离河段细化程度看，上游大于下游。随着计算历时的增长，纵比降因河床自上而下的不断淤高而增大，水流挟沙能力增强，悬沙细化作用有减小的趋势。d_{50}/d_{cp} 也略有减少。当计算历时达 100 d 时，距进口 30、60、90 km 处悬沙 d_{cp} 分别增至 0.036 4、0.033 7、0.031 6 mm，d_{50} 分别增至 0.030 1、0.028 5、0.027 1，d_{50}/d_{cp} 分别减至 0.827、0.846、0.858。

(二)床沙级配变化规律

图 11-3 绘制了淤积状态下不同时刻沿程床沙 D_{cp}、D_{50} 及 D_{50}/D_{cp} 分布计算结果，床沙组成随着河床的淤积而不断细化。在淤积历时较短时，由于上游河段淤积量明显大于下游，床沙细化首先从上游开始，而后随着淤积历时的增长，D_{cp} 及 D_{50} 分布曲线中的最小值由上向下逐渐发展。当计算历时达 100 d 时，沿程床沙 D_{cp} 及 D_{50} 分布曲线已呈上大下小之趋势。从 D_{50}/D_{cp} 的变化规律看，在淤积的前期，由于大量悬沙的落淤，使床沙组成变得更不均匀，D_{50}/D_{cp} 变小，而后随着淤积量的增大，淤积物在床沙中所占的比重显著增多，D_{50}/D_{cp} 开始增大，床沙级配又变得相对均匀起来。

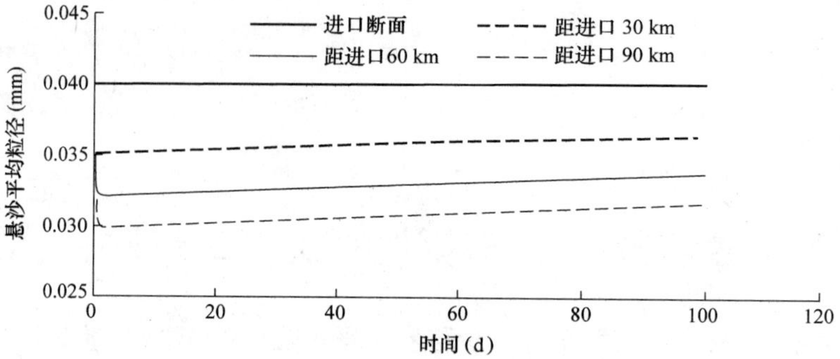

(a)悬沙平均粒径 d_{cp} 随时间变化过程

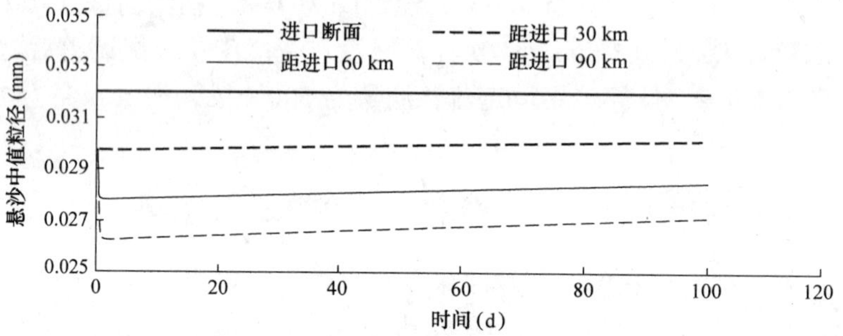

(b)悬沙平均粒径 d_{50} 随时间变化过程

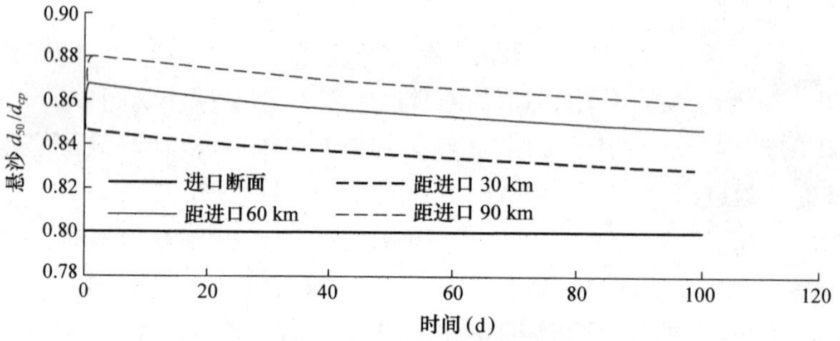

(c)悬沙平均粒径 d_{50}/d_{cp} 随时间变化过程

图 11-2　淤积状态下沿程不同断面悬移质泥沙 d_{cp}、d_{50} 及 d_{50}/d_{cp} 随时间变化过程

二、冲刷时悬移质泥沙与床沙粒径调整规律检验结果

选取进口含沙量 S=1 kg/m^3，悬沙平均粒径 d_{cp}=0.015 mm，悬沙中值粒径 d_{50}=0.012 mm，由于水流含沙量小于水流挟沙能力，整个计算河段普遍发生冲刷，悬沙与床沙粒径变化过程计算结果绘于图 11-4、图 11-5。

(一)悬沙粒径变化规律

随着河床的沿程冲刷，悬沙 d_{cp} 与 d_{50} 沿程不断增大，而 d_{50}/d_{cp} 却逐渐变小，表明悬沙

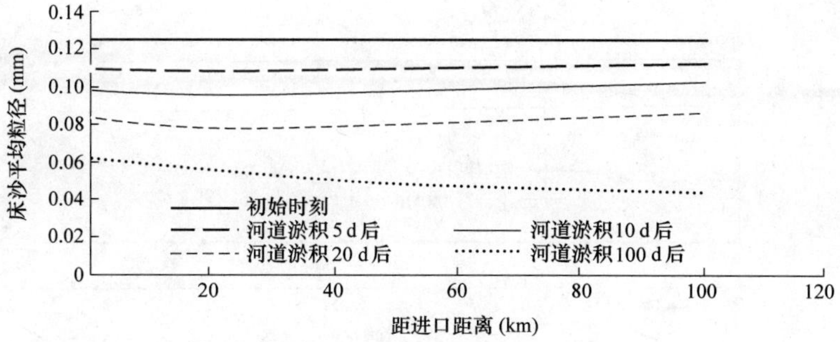

(a)河床淤积状态下床沙 D_{cp} 的变化

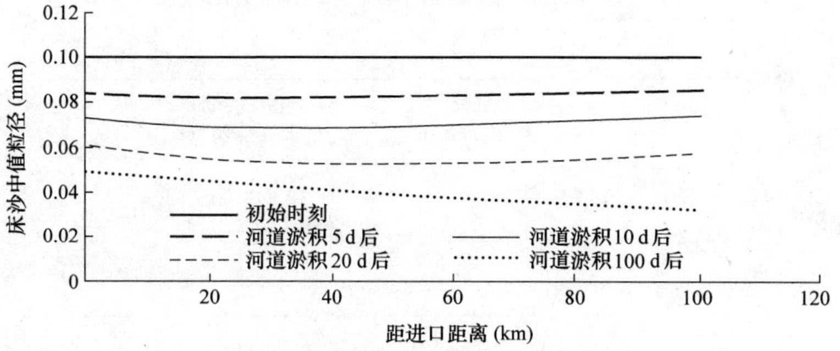

(b)河床淤积状态下床沙 D_{50} 的变化

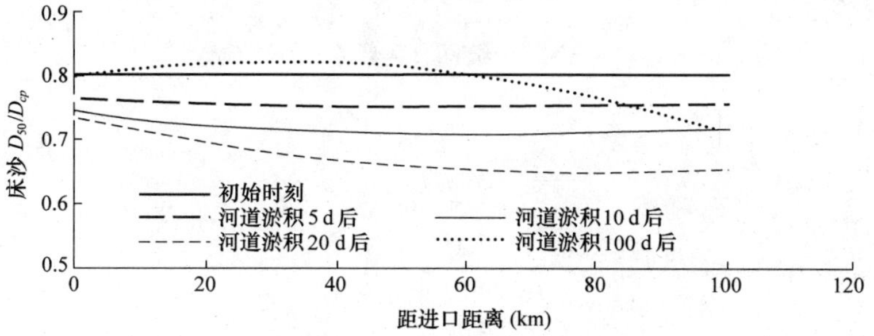

(c)河床淤积状态下床沙 D_{50}/D_{cp} 的变化

图 11-3　淤积状态下不同时刻沿程床沙 D_{cp}、D_{50} 及 D_{50}/D_{cp} 分布

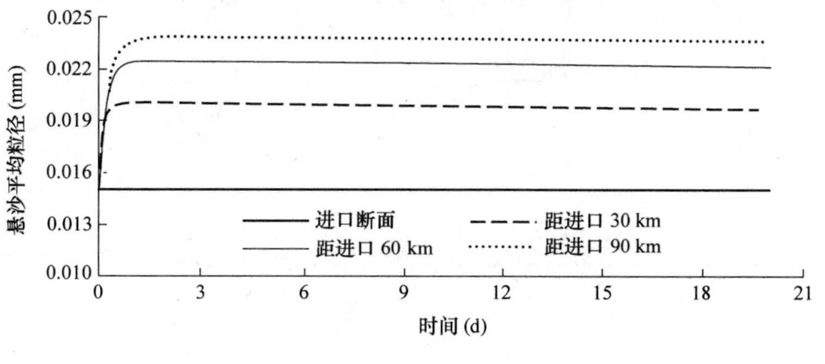

(a)河床冲刷状态下悬沙 d_{cp} 的变化

图 11-4　冲刷状态下沿程不同断面悬移质泥沙 d_{cp}、d_{50} 及 d_{50}/d_{cp} 随时间变化过程

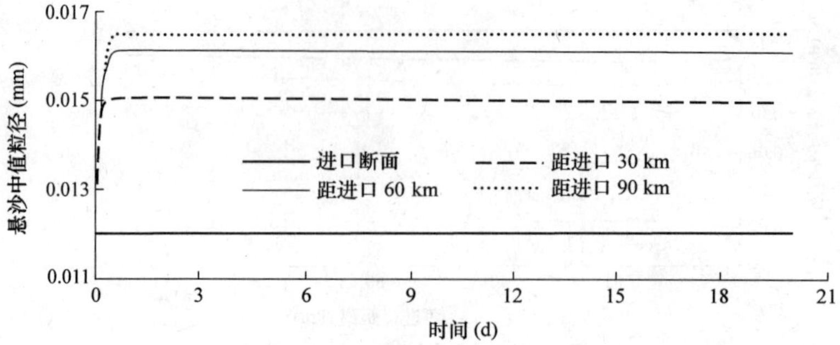

(b)河床冲刷状态下悬沙 d_{50} 的变化

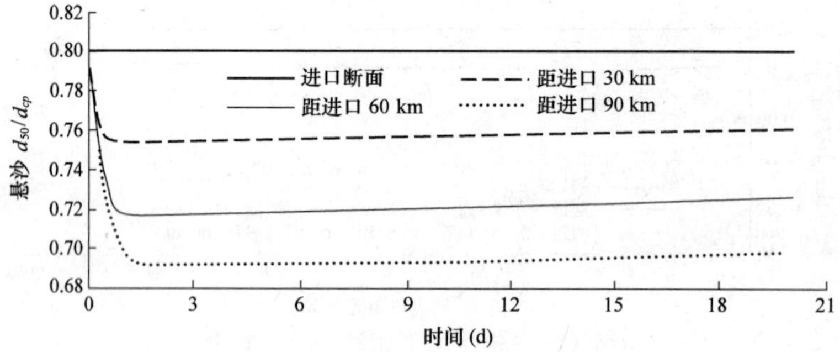

(c)河床冲刷状态下悬沙 d_{50}/d_{cp} 的变化

续图 11-4

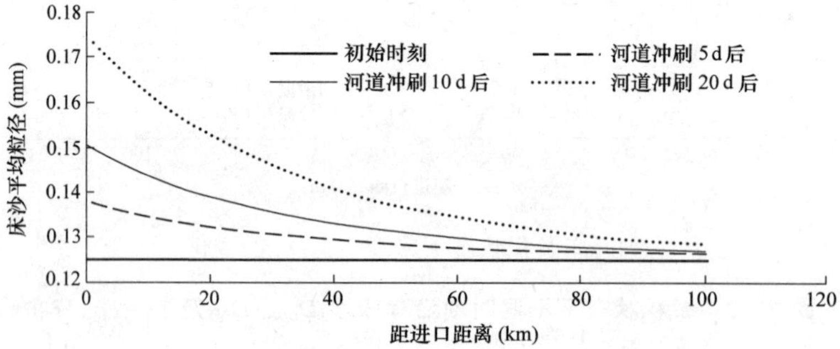

(a)河床淤积冲刷状态下床沙 D_{cp} 的变化

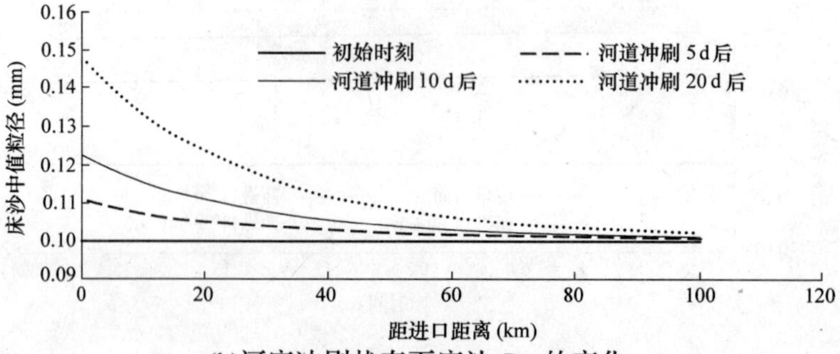

(b)河床冲刷状态下床沙 D_{50} 的变化

图 11-5 冲刷状态下不同时刻沿程床沙 D_{cp}、D_{50} 及 D_{50}/D_{cp} 分布

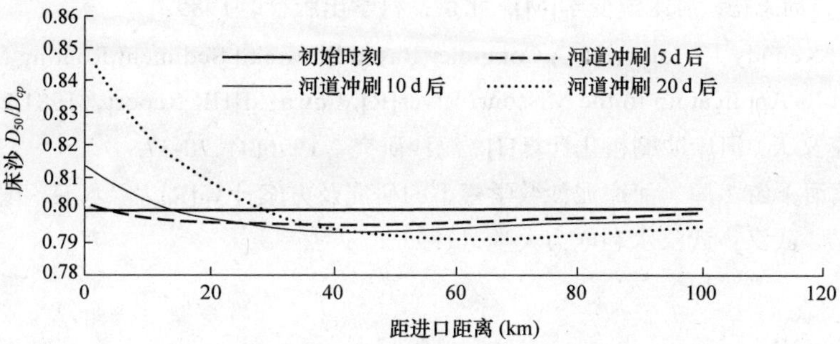

(c)河床冲刷淤积状态下床沙 D_{50}/D_{cp} 的变化

续图 11-5

组成随着河床的冲刷变得越来越不均匀。从悬沙粗化沿程变化趋势看，上游河段悬沙粗化程度明显大于下游河段，随着冲刷历时的增长，河床纵比降不断变小，水流挟沙能力有所降低，悬沙粗化程度有减小的趋势，而 d_{50}/d_{cp} 略有增大。

(二)床沙粒径变化规律

由于河床冲刷从上游开始，故上游床沙粗化程度明显大于下游，且随着冲刷历时的增长，床沙粗化也不断发展，沿程 D_{cp} 与 D_{50} 均有不同程度的增大。从 D_{50}/D_{cp} 的变化规律看，当河床冲刷强度较小时，床沙中的部分细颗粒被冲起，D_{50}/D_{cp} 变小，床沙级配组成变得更不均匀，随着冲刷的不断发展，越来越多的细颗粒被冲起后，床沙级配组成变得反而均匀起来，D_{50}/D_{cp} 又有所增大。

(三)悬沙与床沙粒径调整计算结果合理性分析

由上述计算结果可以看出，无论是河床处于淤积或冲刷状态，悬移质泥沙与床沙交换及粒径与级配调整模拟结果都是符合实际泥沙运动基本规律的。采用该方法来模拟悬沙和床沙交换及粒径与级配调整规律，可计算出悬移质泥沙与床沙淤积细化及冲刷粗化的变化趋势，且泥沙级配组成的变化过程也能很好地反映出来。

参 考 文 献

[1] 赵连军，谈广鸣，韦直林，等. 黄河下游河道悬移质泥沙与床沙交换计算研究[J]. 水科学进展，2005(2) :155-163.

[2] 张红武. 黄河下游洪水模型相似律的研究[D]. 北京：清华大学，1995.

[3] 潘贤娣，赵业安，李勇，等. 三门峡水库修建后黄河下游河道演变[C] //三门峡水库运用经验总结项目组. 黄河三门峡水利枢纽运用研究文集. 郑州：河南人民出版社, 1994: 99-159.

[4] 张红武，李保如，等. 南水北调中线穿黄渡槽所在河段河床演变及选线问题的初步研究[R]. 郑州：黄河水利科学研究院，1992.

[5] 赵连军，张红武，董年虎，等. 南水北调中线工程孤柏嘴渡槽方案槽墩局部冲刷模型试验报告[R]. 郑州：黄河水利科学研究院，1996.

[6] 李义天. 河道平面二维泥沙数学模型研究[R]. 武汉：武汉水利电力大学，1986.

[7] Гонаров В Н. ОсновыI динамики русловыIх потоков. Гидрометеоиздат，ленитрад，1954.

[8] 谢鉴衡. 河流模拟[M]. 北京：水利电力出版社，1990.

[9] 钱宁，张仁，周志德. 河床演变学[M]. 北京：科学出版社，1989.

[10] Karim M F , Kenndy J F Ialluvial. A Computer Based Flow and Sediment Routing Model for Alluvial Streams and Its Applicatuin to the Missouri River[R]. Lowa：IIHR Report，1981,250.

[11] 胡海明，李义天. 河床冲刷粗化计算[J]. 泥沙研究，1996(4) :70-77.

[12] 韦直林. 黄河下游水库、河道泥沙数学模型的研究及方案计算[R] // "八五"国家重点科技攻关子专题报告. 武汉：武汉水利电力大学，1995.

第十二章　悬移质含沙量与悬沙组成沿河宽分布规律

冲积河流河道一般是由主槽和广阔的滩地组成的复式河槽，当洪水漫滩后不仅滩地流速与主槽流速相差较大，而且悬移质含沙量及悬沙级配沿横向分布也变得更不均匀，从而引起主槽与滩地完全不同的冲淤变化过程。因此，开展悬移质含沙量和悬沙级配沿横向分布规律研究对冲积河流河床演变与河道整治及数学模型计算等都具有重要意义。

第一节　悬移质含沙量沿河宽分布研究现状

早在 1965 年，麦乔威、赵业安、潘贤娣等学者[1]就提出了滩槽泥沙交换模式。其思想为，把两个水文站间的较长河段划分为横向交换的若干小河段，并假定通过掺混后每一个小河段进口滩、槽含沙量成一定的比值。刘月兰等[2]通过对黄河实测资料分析也认为漫滩洪水滩地含沙量与主槽含沙量成正比，比例系数在高村以上宽浅河道取为 1/2。上述两种方法结构简单，方便实用，但考虑因素较少。

为了进一步探讨滩槽掺混区含沙量横向分布规律，周宜林，陈立等[3]从恒定均匀流纵向处于输沙平衡状态时的扩散方程入手，并采用待定系数方法得出了如下计算式

$$S_s(z)=\begin{cases} A_{sm}\sum\limits_{n=1}^{\infty}C'_{sm\cdot n}\left(\dfrac{z}{b_m}\right)^n+B_{sm}\sum\limits_{n=0}^{\infty}C''_{sm\cdot n}\left(\dfrac{z}{b_m}\right) & (-b_m\leqslant z\leqslant 0)\\ A_{sf}\sum\limits_{n=1}^{\infty}C'_{sf\cdot n}\left(\dfrac{z}{b_f}\right)^n+B_{sf}\sum\limits_{n=0}^{\infty}C''_{sf\cdot n}\left(\dfrac{z}{b_f}\right) & (0\leqslant z\leqslant b_f)\end{cases} \tag{12-1}$$

式中：$C'_{sm\cdot n}$、$C''_{sm\cdot n}$、$C'_{sf\cdot n}$、$C''_{sf\cdot n}$分别按下式递推计算得到

$$C_{sm\cdot n}=-\frac{n-1}{n}\mathrm{e}_{sm}C_{sm(n-1)}+\frac{a_{sm}}{n(n-1)}C_{sm(n-2)} \tag{12-2}$$

$$C_{sf\cdot n}=\frac{n-1}{n}\mathrm{e}_{sf}C_{sf(n-1)}+\frac{a_{sf}}{n(n-1)}C_{sf(n-2)} \tag{12-3}$$

式中：$n\geqslant 2$；

$$a_{sm}=\beta\omega\left(1-\mathrm{e}_{sm}\right)b_m^2\kappa_0\Big/\left(0.134\sqrt{gH_mJ}H_m^2\kappa\right) \tag{12-4}$$

$$a_{sf}=\beta\omega\left(1-\mathrm{e}_{sf}\right)b_f^2\kappa_0\Big/\left(0.134\sqrt{gH_fJ}H_f^2\kappa\right) \tag{12-5}$$

$$C'_{sm\cdot 0}=C'_{sf\cdot 0}=C''_{sm\cdot 1}=C''_{sf\cdot 1}=0 \tag{12-6}$$

$$C'_{sm\cdot 1}=C'_{sf\cdot 1}=C''_{sm\cdot 0}=C''_{sf\cdot 0}=1 \tag{12-7}$$

$$A_{sm}=A_{sf}=\left(S_m E''_{sf}-S_f E''_{sm}\right)/G_s \tag{12-8}$$

$$B_{sm}=B_{sf}=\left(S_m E'_{sf}-S_f E'_{sm}\right)/G_s \tag{12-9}$$

$$G_s=E''_{sf}E'_{sm}-E'_{sf}E''_{sm} \tag{12-10}$$

上述诸式中，z 为横向坐标；b_m、b_f 分别为主槽、滩地掺混宽度；ω 为悬沙沉速；β 为系数；κ_0、κ 分别为清水及浑水卡门常数；H_m、H_f 分别为主槽、滩地水深；J 为比降。上述方法在理论上很有意义，计算结果与原作者的室内概化模型试验结果比较吻合，但该方法较为复杂，应用起来不太方便。此外，胡春宏等[4]也进行了类似的室内概化模型试验研究。但应该指出，类似于黄河下游游荡性河道的冲积性河流，滩地上存在着明显大于河床纵比降的横比降，水流上滩伊始，侧向流速往往较大，根据实体模型试验结果，漫滩水流侧向流速可大于 1.5 m/s，因此含沙量横向分布及传递图形难免与室内模型试验情况相差较大。

因此，许多学者试图建立含沙量沿横向分布公式，以取代滩槽含沙量交换的具体计算。例如，韦直林[5]、张启卫[6]在数学模型计算中，将断面划分成若干子断面，并提出了计算子断面含沙量的如下经验关系式

$$\frac{S_{ij}}{S_i}=\frac{Q_i S_{*i}^a}{\sum\limits_{j=1}^{m}\left(Q_{ij}S_{*ij}^a\right)}\cdot\left(\frac{S_{*ij}}{S_{*i}}\right)^a \tag{12-11}$$

式中：S_{ij}、S_{*ij}、Q_{ij} 分别为子断面含沙量、水流挟沙能力及流量；S_i、S_{*i}、Q_i 分别为断面平均含沙量、水挟沙能力及流量；m 为子断面数；a 为指数，由实测资料求得。高幼华等[7]根据实测资料也点绘出子断面含沙量与断面含沙量的如下经验关系

$$\frac{S_{ij}}{S_i}=1.2\left(\frac{H_i}{H_{ij}}\right)^{0.167}\cdot\left(\frac{v_{ij}}{v_i}\right)^{0.6} \tag{12-12}$$

式中：H_{ij}、v_{ij} 分别为子断面水深、流速；H_i、v_i 分别为子断面平均水深、流速。以上两公式结构形式都比较简单，但进一步分析发现，其仍不能较好地模拟挟沙水流情况，特别是应用于高含沙水流计算时更难反映含沙量的横向分布图形。

此外，刘炳义[8]、王士强[9]等学者的研究成果也颇有特色。

第二节　悬移质含沙量沿河宽分布规律

像黄河下游的宽浅河道，水深及阻力沿河宽分布并不均匀，从而引起泥沙输移过程中，含沙量沿河宽分布存在明显差别，导致同一断面不同部位冲淤特性差别很大。通过对大量黄河实测资料分析发现，含沙量横向分布规律不仅与水力因子、含沙量大小有关，还与悬沙组成密切相关。悬沙组成越细，含沙量的横向分布越均匀。为此，除引入含沙量因子外，还引入悬浮指标 $\omega/\kappa u_*$ 来反映悬沙组成的粗细，建立了含沙量横向分布公式，即

$$\frac{S_{ij}}{S_i}=C_1\left(\frac{h_{ij}}{h_i}\right)^{\left(0.1-1.6\frac{\omega_s}{\kappa u_*}+1.3S_{Vi}\right)}\left(\frac{v_{ij}}{v_i}\right)^{\left(0.2+2.6\frac{\omega_s}{\kappa u_*}+S_{Vi}\right)} \tag{12-13}$$

式中：v_i、v_{ij} 分别为断面平均及任意点的流速；h_i、h_{ij} 分别为断面平均及任意点的水深；u_* 为断面平均摩阻流速；C_1 为 1 左右的断面形态系数，由沙量守恒可求得。

$$C_1 = \frac{Q_i}{\int_a^b q_{ij}\left(\frac{h_{ij}}{h_i}\right)^{\left(0.1-1.6\frac{\omega_s}{\kappa u_*}+1.3S_{Vi}\right)}\left(\frac{v_{ij}}{v_i}\right)^{\left(0.2+2.6\frac{\omega_s}{\kappa u_*}+S_{Vi}\right)}\mathrm{d}y} \tag{12-14}$$

式中：q_{ij}为断面任一点单宽流量；y为横向坐标；a、b分别为断面河宽两端点起点距($b > a$)。式(12-13)、式(12-14)中的ω_s、κ分别采用式(2-50)或式(3-20)计算。

采用黄河下游河道150多组实测资料对式(12-13)进行验证，断面平均水流含沙量范围3～480 kg/m^3，其中，既包括漫滩洪水资料，又包括非漫滩洪水资料。结果绘于图12-1～图12-3。可见，式(12-13)不仅能较准确地计算出非漫滩洪水含沙量沿横向分布规律，而且还能计算出漫滩洪水主槽、滩地及掺混区的含沙量沿横向的分布规律。该式既适用于一般挟沙水流，又适用于高含沙水流，且公式考虑因素比较全面，应用方便。

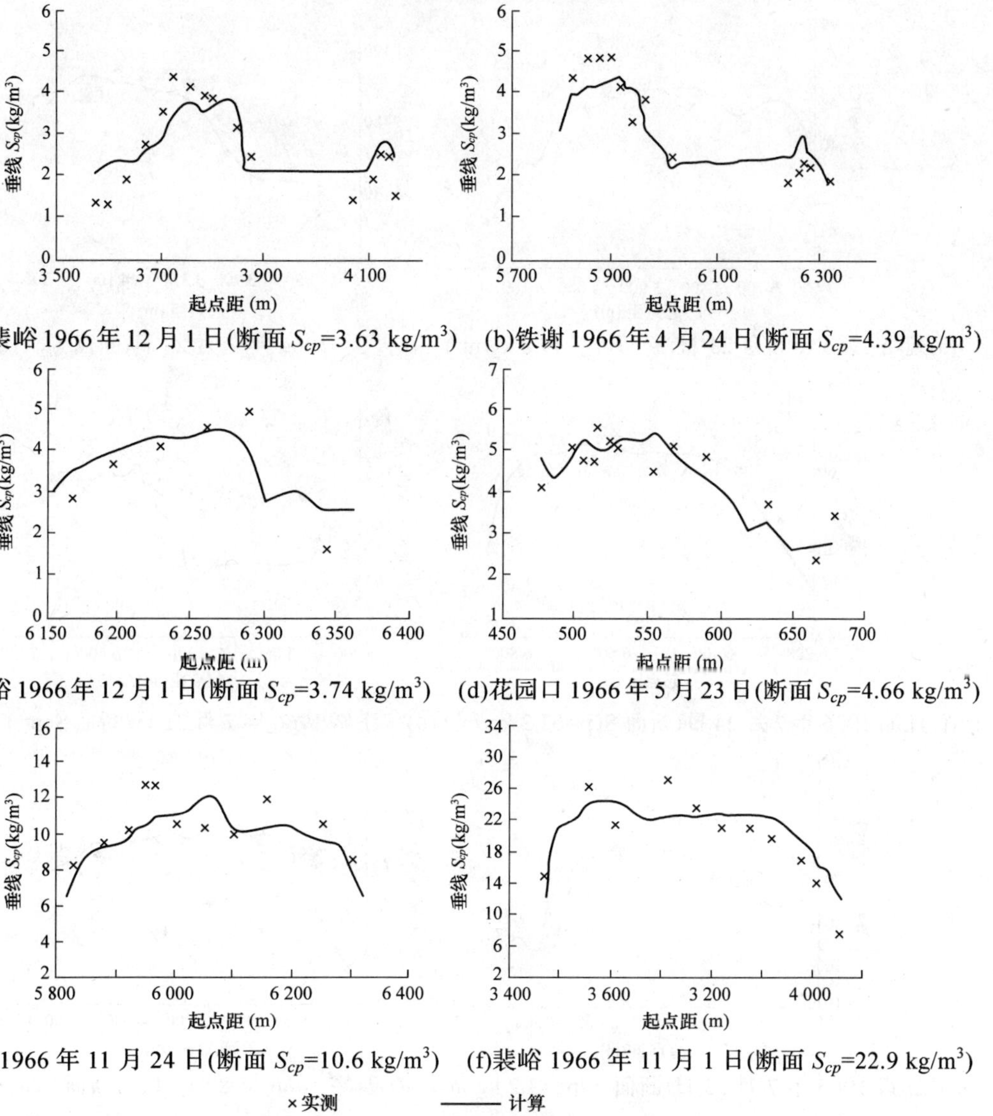

(a)裴峪1966年12月1日(断面S_{cp}=3.63 kg/m^3)　(b)铁谢1966年4月24日(断面S_{cp}=4.39 kg/m^3)

(c)官庄峪1966年12月1日(断面S_{cp}=3.74 kg/m^3)　(d)花园口1966年5月23日(断面S_{cp}=4.66 kg/m^3)

(e)铁谢1966年11月24日(断面S_{cp}=10.6 kg/m^3)　(f)裴峪1966年11月1日(断面S_{cp}=22.9 kg/m^3)

图12-1　低含沙水流资料对式(12-13)的验证

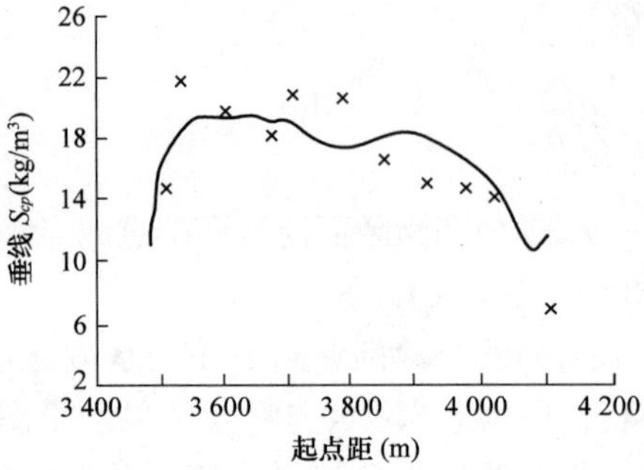

(g)裴峪 1966 年 10 月 21 日(断面 S_{cp}=18.6 kg/m^3)

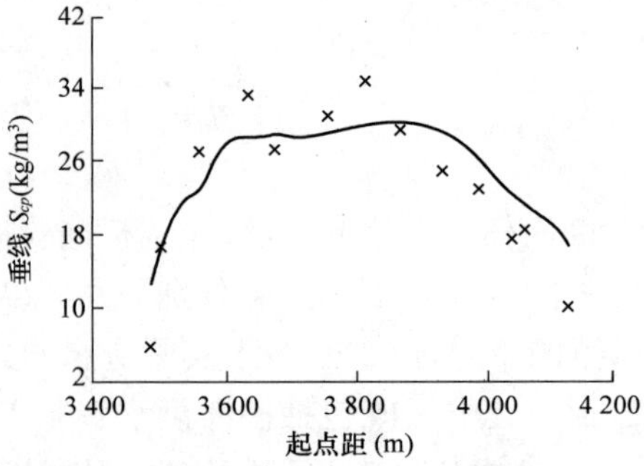

(h)官庄峪 1966 年 10 月 7 日(断面 S_{cp}=28.3 kg/m^3)

续图 12-1

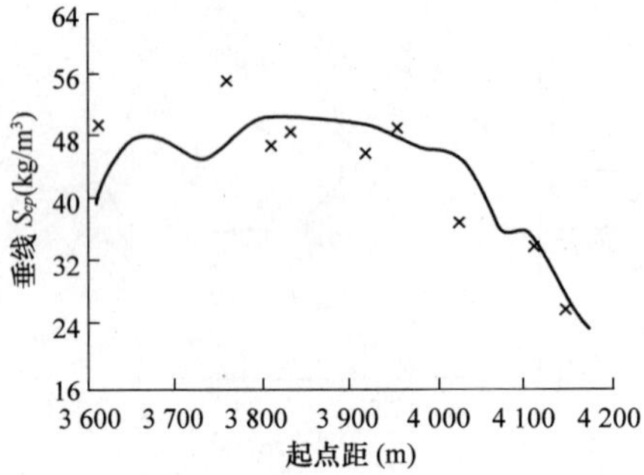

(a)裴峪 1966 年 8 月 23 日(断面 S_{cp}=49.8 kg/m^3)

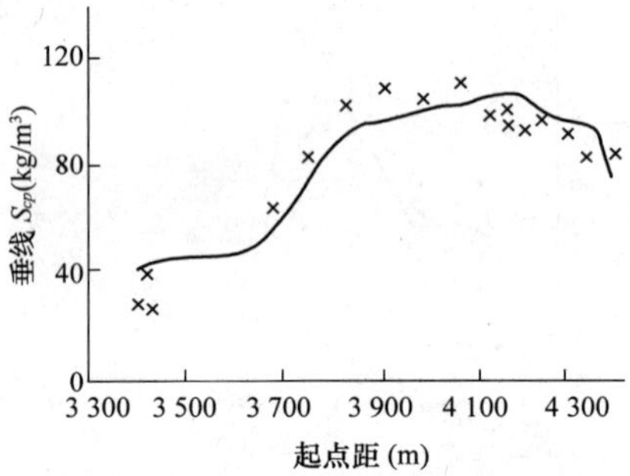

(b)裴峪 1966 年 7 月 23 日(断面 S_{cp}=100 kg/m^3)

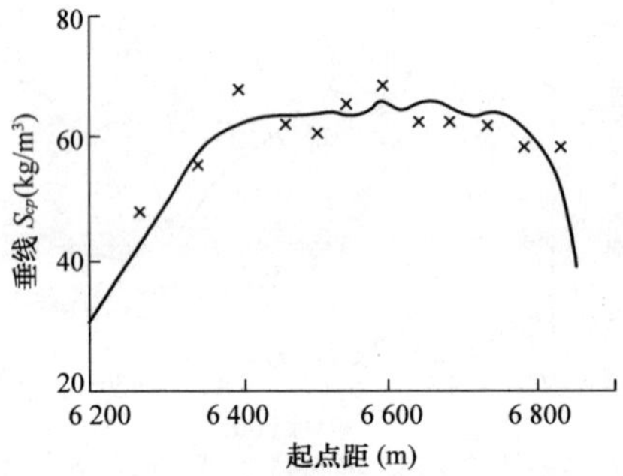

(c)官庄峪 1966 年 7 月 24 日(断面 Scp=62.2 kg/m^3)

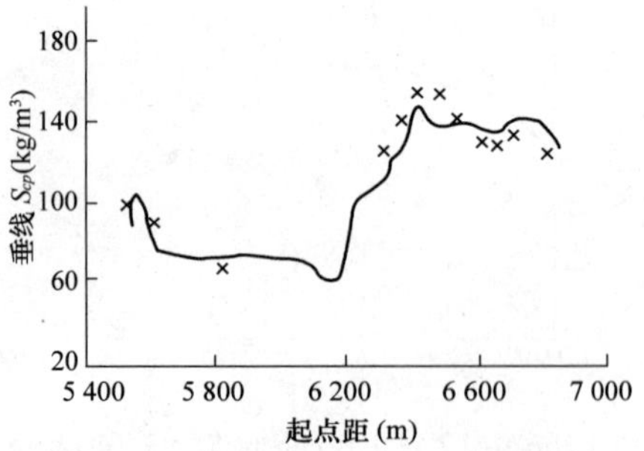

(d)官庄峪 1966 年 7 月 21 日(断面 Scp=135.0 kg/m^3)

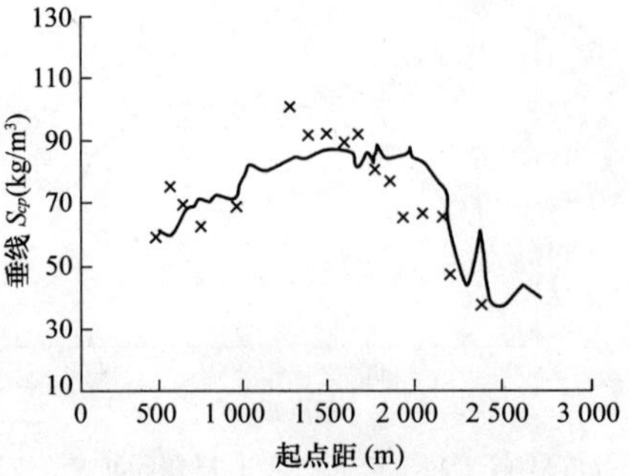

(e)花园口 1966 年 7 月 23 日(断面 Scp=83.2 kg/m^3)

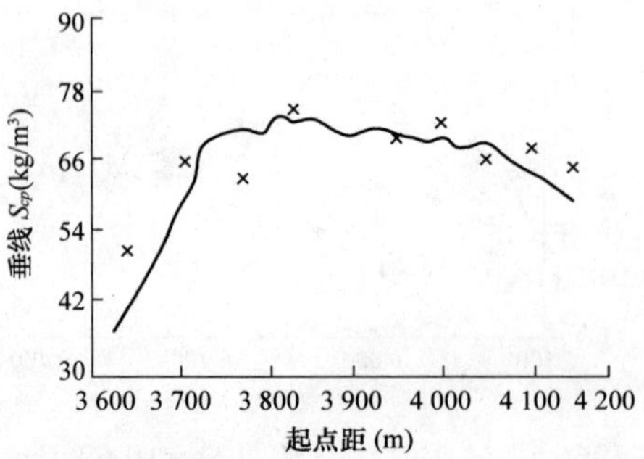

(f)裴峪 1966 年 8 月 14 日(断面 Scp=67.4 kg/m^3)

× 实测　　—— 计算

图 12-2　中常含沙水流资料对式(12-13)的验证

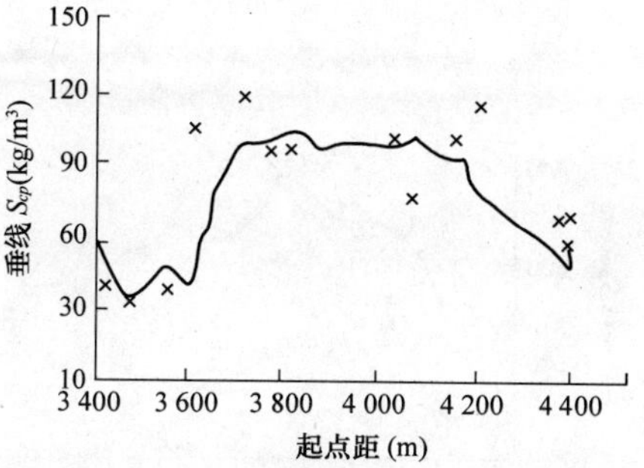

(g)裴峪 1966 年 7 月 20 日(断面 S_{cp}=97.8 kg/m^3)

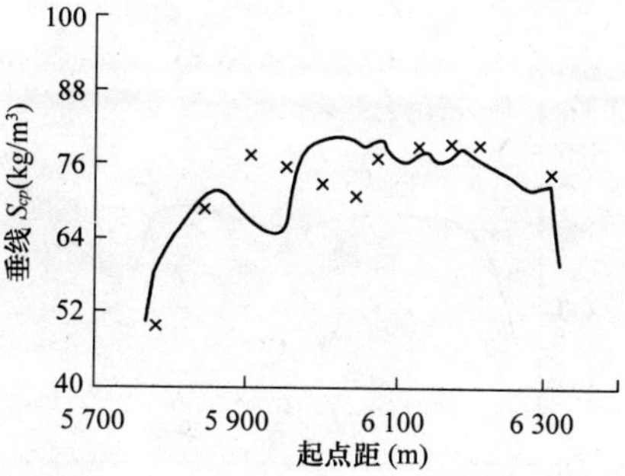

(h)铁谢 1966 年 8 月 14 日(断面 S_{cp}=78.0 kg/m^3)

续图 12-2

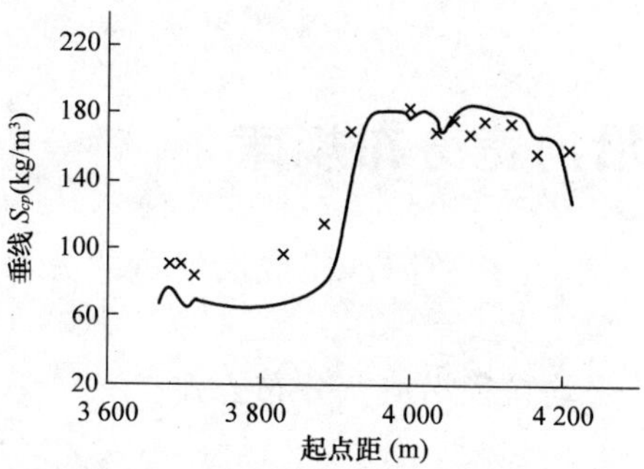

(a)裴峪 1966 年 7 月 3 日(断面 S_{cp}=170.0 kg/m^3)

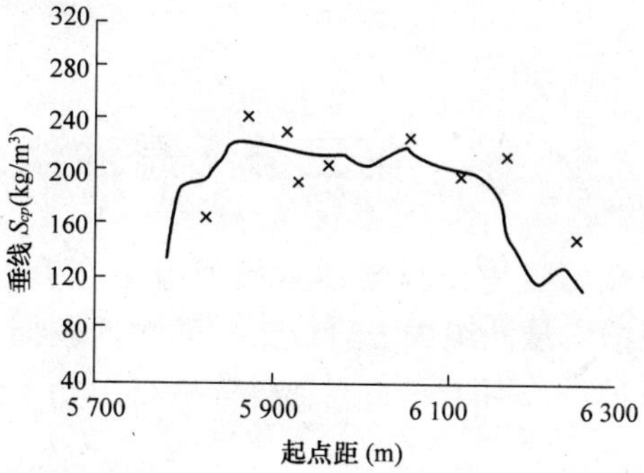

(b)铁谢 1966 年 7 月 2 日(断面 S_{cp}=206.0 kg/m^3)

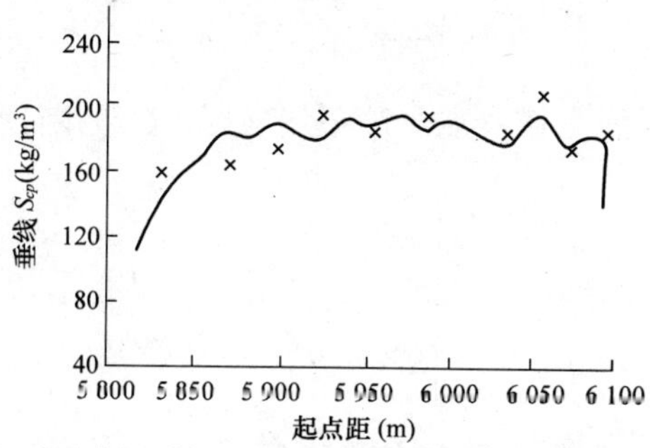

(c)铁谢 1966 年 7 月 3 日(断面 S_{cp}=181.0 kg/m^3)

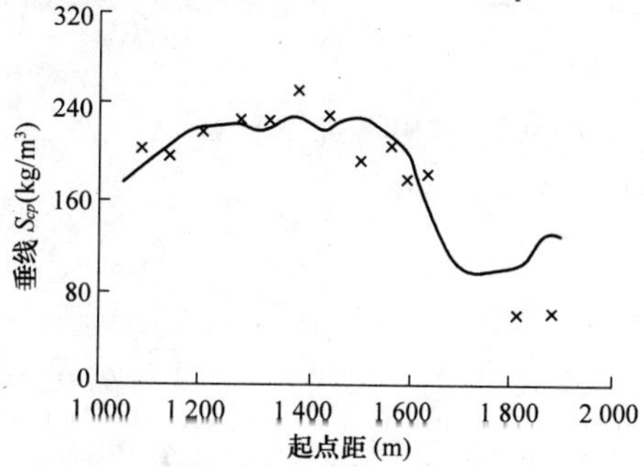

(d)夹河滩 1973 年 9 月 1 日(断面 S_{cp}=214.0 kg/m^3)

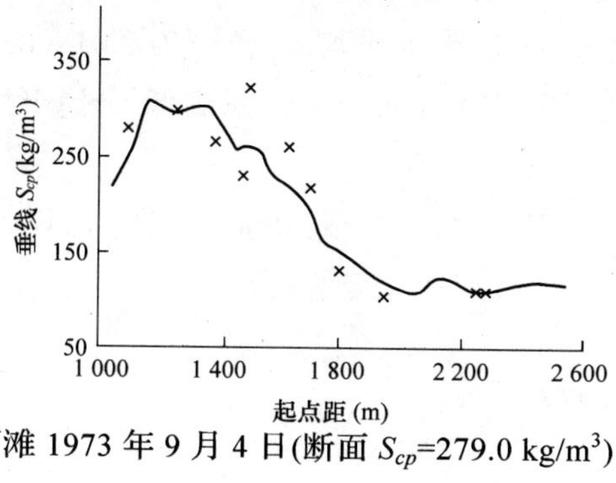

(e)夹河滩 1973 年 9 月 4 日(断面 S_{cp}=279.0 kg/m^3)

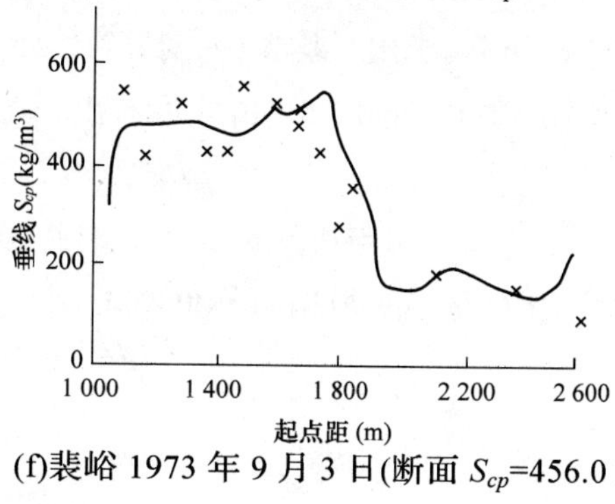

(f)裴峪 1973 年 9 月 3 日(断面 S_{cp}=456.0 kg/m^3)

× 实测　　—— 计算

图 12-3　高含沙水流资料对式(12-13)的验证

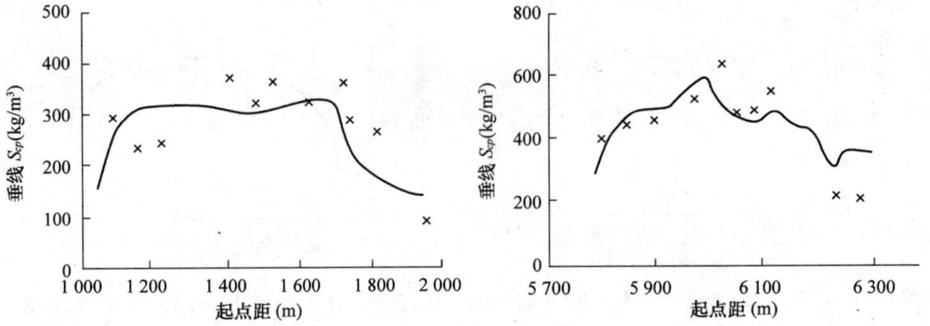

(g)夹河滩 1973 年 9 月 3 日(断面 S_{cp}=294.0 kg/m³)　(h)铁谢 1966 年 7 月 20 日(断面 S_{cp}=480.0 kg/m³)

续图 12-3

第三节　悬沙组成沿河宽分布规律

天然河流中不仅含沙量沿河宽分布存在差异，悬移质泥沙组成沿河宽的分布也不均匀，主槽内悬沙组成一般较粗，而滩地较细。

通过对黄河下游实测资料分析得出如下悬沙平均粒径沿河宽分布公式

$$\frac{d_{cpij}}{d_{cpi}} = C_2(\frac{S_{ij}}{S_i})^{0.6}(\frac{v_{ij}}{v_i})^{0.1} \tag{12-15}$$

式中：d_{cpi} 为断面平均悬沙平均粒径；d_{cpij} 为断面上任一点悬沙平均粒径。C_2 为断面形态系数，由沙量守恒可求得

$$C_2 = \frac{Q_i S_i}{\int_a^b \left[q_{ij} S_{ij} (\frac{S_{ij}}{S_i})^{0.6} (\frac{v_{ij}}{v_i})^{0.1} \right] \mathrm{d}y} \tag{12-16}$$

采用黄河下游 1966 年铁谢—辛寨实测悬沙级配资料，并根据文献[10]提出的悬沙级配修正方法修正后，求出平均粒径，对式(12-15)进行验证，断面平均 d_{cp} 范围为 0.01 ~ 0.06 mm，结果绘于图 12-4 ~ 图 12-6。由此可看出，无论悬沙粒径粗细及含沙量高低，计算结果均令人满意。

在水流紊动作用与泥沙扩散作用的共同影响下，悬沙 d_{50}/d_{cp} 沿河宽变化很小，于是可得出悬沙中值粒径 d_{50} 沿横向分布公式

$$\frac{d_{50ij}}{d_{50i}} = C_2(\frac{S_{ij}}{S_i})^{0.6}(\frac{v_{ij}}{v_i})^{0.1} \tag{12-17}$$

式中：d_{50i} 为断面平均悬沙中值粒径；d_{50ij} 为断面任一点悬沙中值粒径。

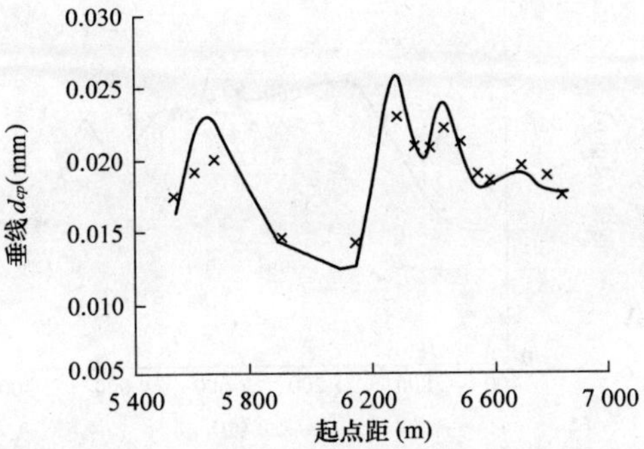

(a)官庄峪 1966 年 7 月 23 日(断面 d_{cp}=0.019 7 mm)

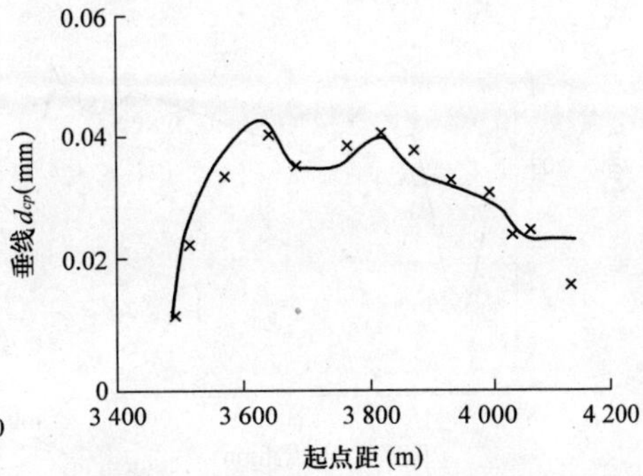

(b)裴峪 1966 年 10 月 7 日(断面 d_{cp}=0.036 1 mm)

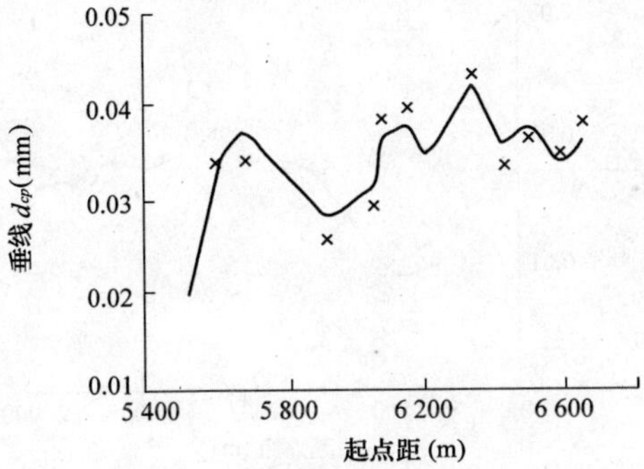

(c)官庄峪 1966 年 11 月 1 日(断面 d_{cp}=0.035 4 mm)

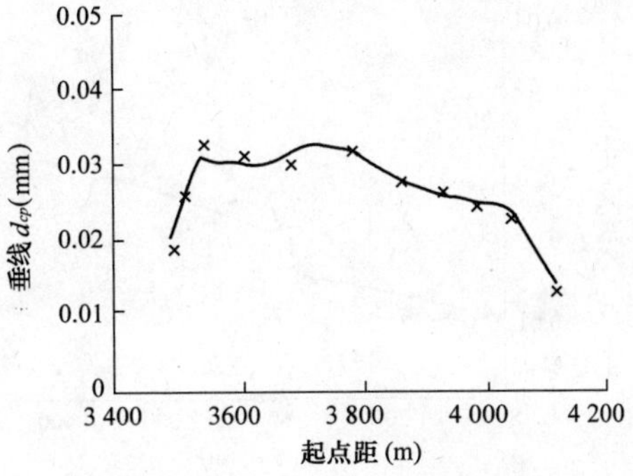

(d)裴峪 1966 年 10 月 21 日(断面 d_{cp}=0.029 5 mm)

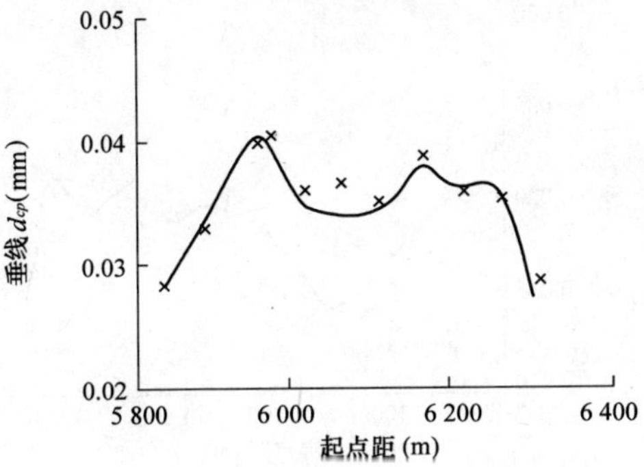

(e)铁谢 1966 年 11 月 24 日(断面 d_{cp}=0.035 7 mm)

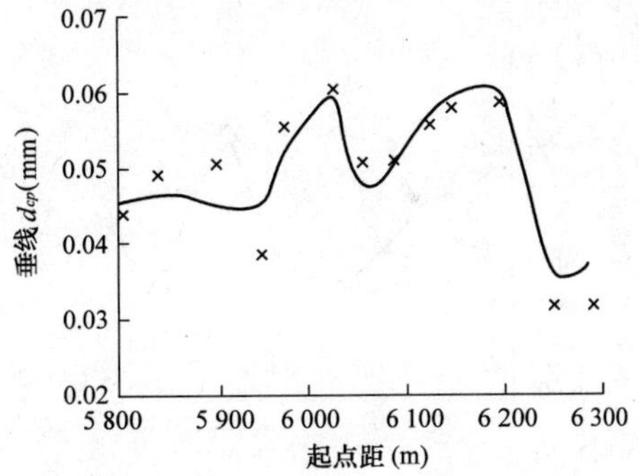

(f)铁谢 1966 年 7 月 20 日(断面 d_{cp}=0.050 9 mm)

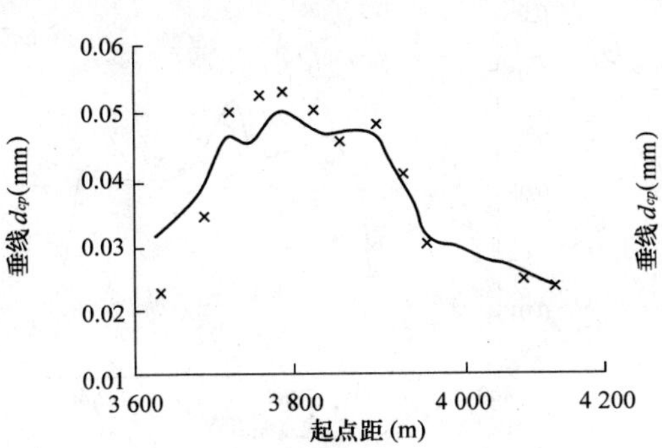

(g)铁谢 1966 年 4 月 24 日(断面 d_{cp}=0.045 0 mm)

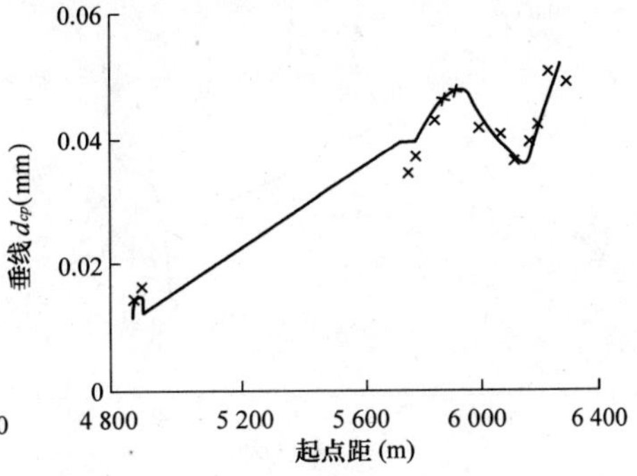

(h)铁谢 1966 年 10 月 21 日(断面 d_{cp}=0.042 2 mm)

× 实测　　—— 计算

图 12-4　实测资料对式(12-15)的验证(1)

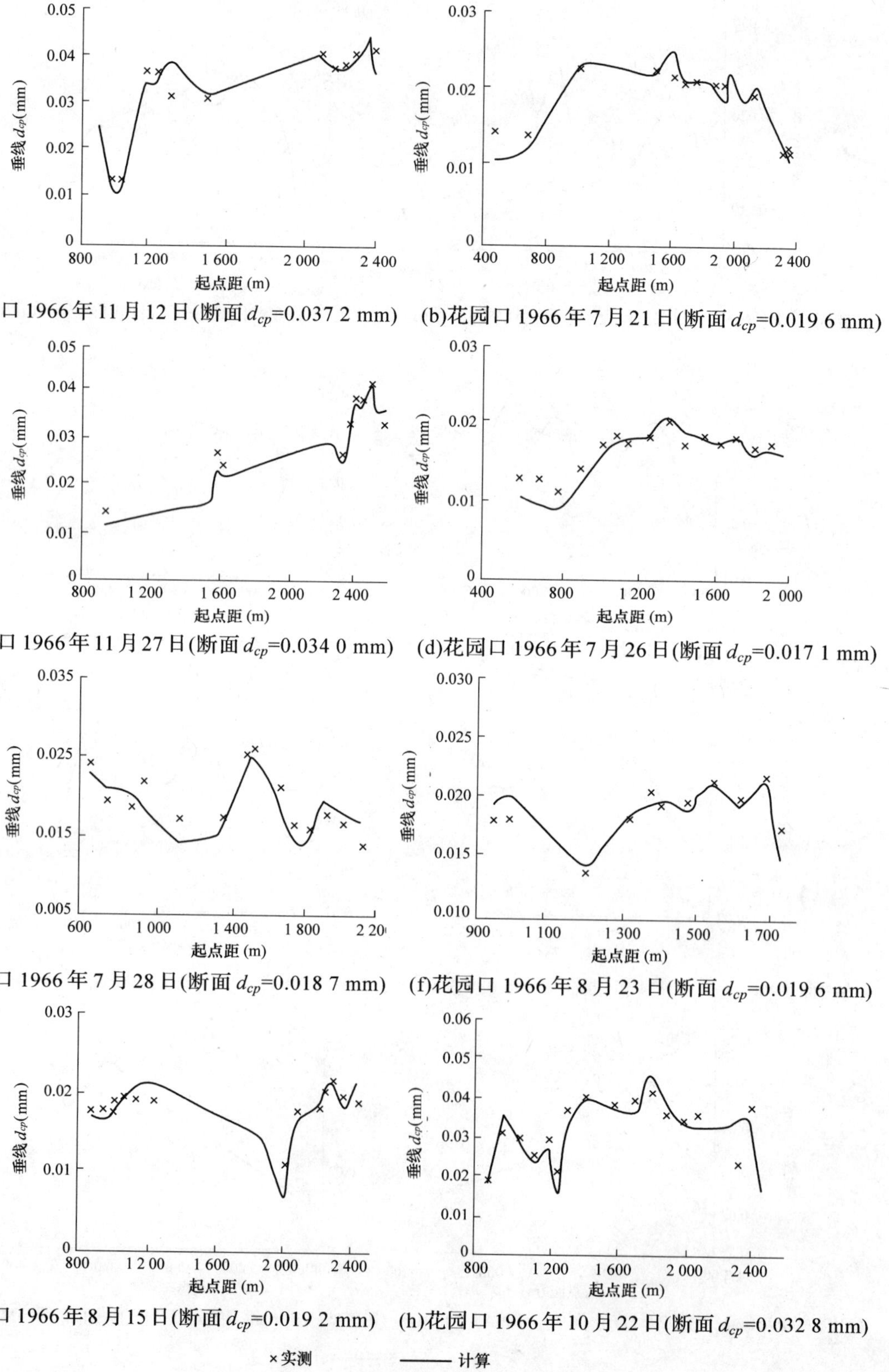

图 12-5 实测资料对式(12-15)的验证(2)

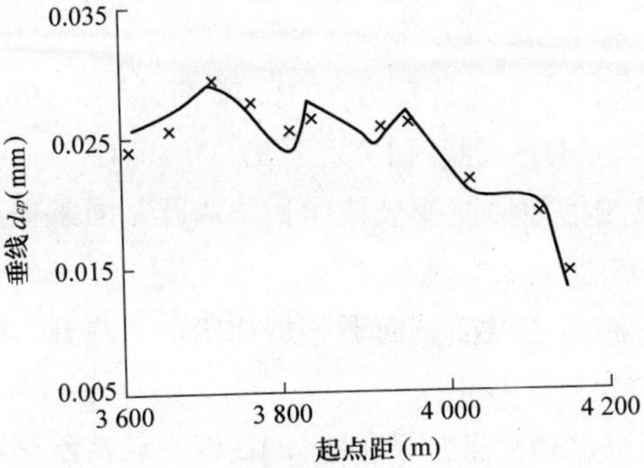

(a)裴峪 1966 年 8 月 23 日(断面 d_{cp}=0.026 0 mm)

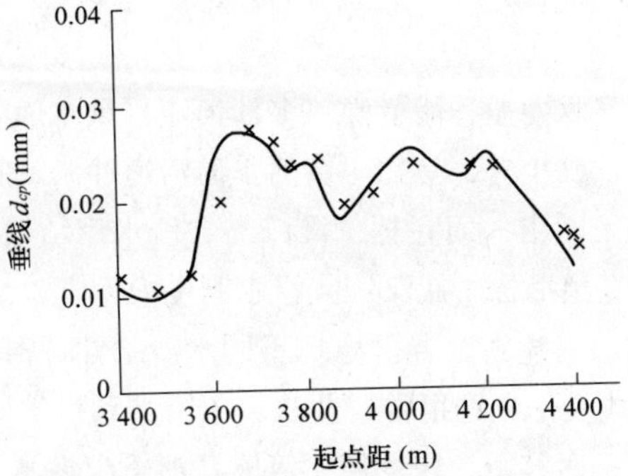

(b)裴峪 1966 年 7 月 20 日(断面 d_{cp}=0.022 7 mm)

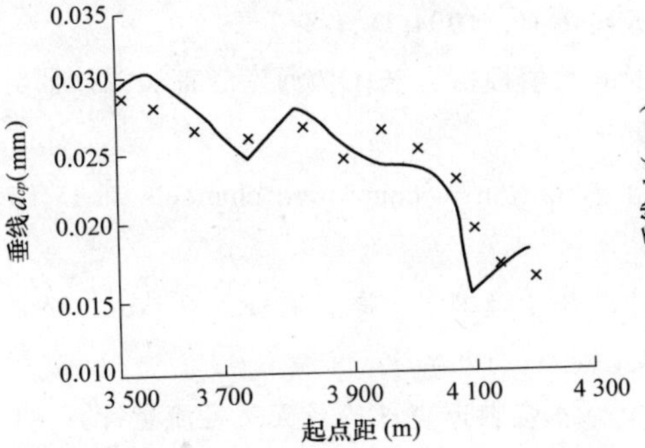

(c)裴峪 1966 年 9 月 19 日(断面 d_{cp}=0.025 3 mm)

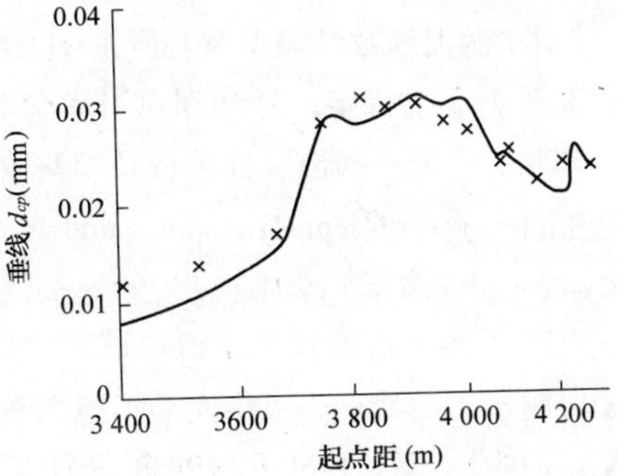

(d)裴峪 1966 年 7 月 21 日(断面 d_{cp}=0.025 5 mm)

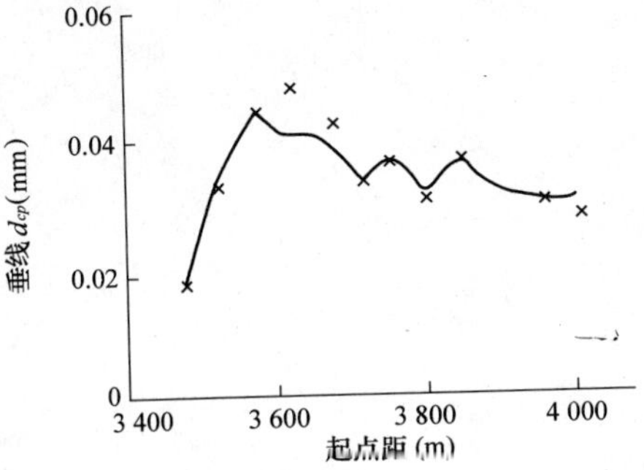

(e)裴峪 1966 年 11 月 12 日(断面 d_{cp}=0.036 2 mm)

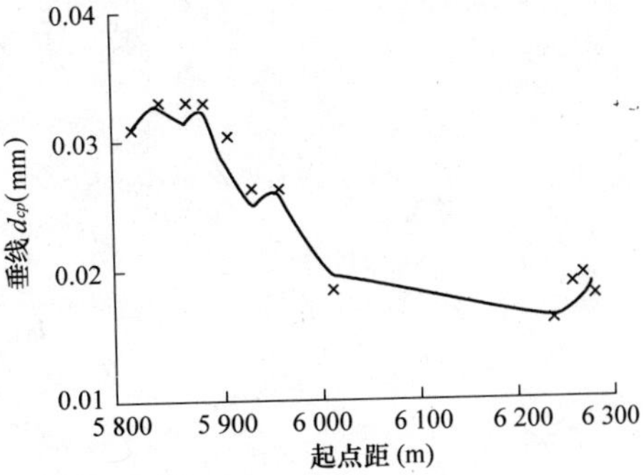

(f)铁谢 1966 年 4 月 24 日(断面 d_{cp}=0.030 3 mm)

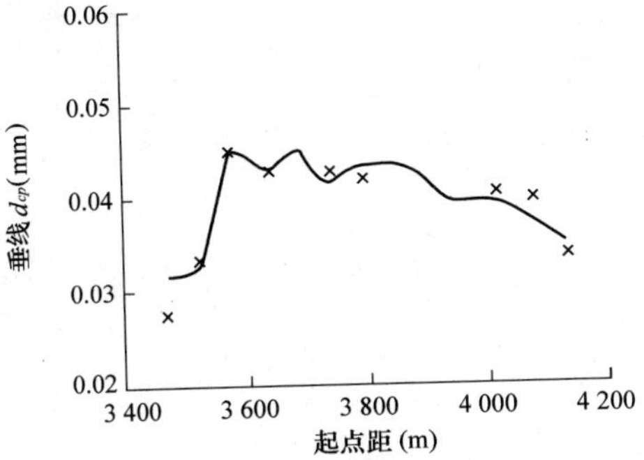

(g)裴峪 1966 年 11 月 15 日(断面 d_{cp}=0.039 8 mm)

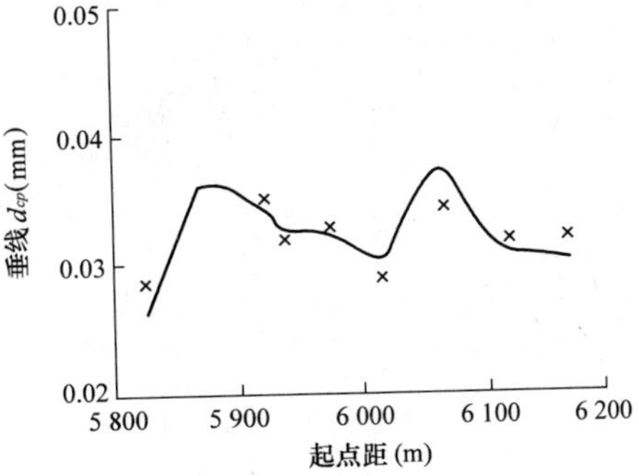

(h)铁谢 1966 年 7 月 2 日(断面 d_{cp}=0.032 8 mm)

图 12-6　实测资料对式(12-15)的验证(3)

参 考 文 献

[1] 麦乔威，赵安业，潘贤娣．多沙河流拦洪水库下游河床演变计算方法[J]．黄河建设，1965(3).

[2] 刘月兰，韩少发，吴知．黄河下游河道冲淤计算方法[J]．泥沙研究，1987(3): 30-42.

[3] 陈立，王明甫，周宜林．漫滩高含沙水流结构及滩槽冲淤演变规律[R]//"八五"国家重点科技攻关子专题报告．武汉：武汉水利电力大学，1995.

[4] 胡春宏，朱建新，吉祖稳．不同水沙条件黄河下游河道纵横剖面调整规律[R]//"八五"国家重点科技攻关子专题报告．北京：中国水利科学研究院，1995.

[5] 韦直林，谢鉴衡，魏良琰，等．黄河下游洪水预报水动力学数学模型[R]武汉：武汉水利水电学院；郑州：黄河水利科学研究院，1990.

[6] 张启卫. 黄河下游泥沙数学模型及其应用[J]．人民黄河，1994(1) :4-8.

[7] 高幼华，张红武，马怀宝．冲积河流河床变形的数值模拟方法[C]//河南省首届泥沙研究讨论会论文集．郑州：黄河水利出版社，1995: 34-39.

[8] Liu B Y. Study on sediment Transports and Bed Evolution in compound channels ph D Thcsis[M]. Kyoto: Kyoto University，1991.

[9] 王士强，等．黄河中游水库及下游河道泥沙冲淤数学模型机方案计算[R]//"八五"国家重点科技攻关子专题报告．北京：清华大学水利水电工程系，1995.

[10] 张民琪，王国士，等．1950 ~ 1990 年黄河水文基本资料审查评价及天然径流量计算[R]．郑州：黄河水利委员会水文局，1997.

第十三章　冲积性河流河型成因与河床综合稳定性指标

不同河型的河流或河段在河床形态、水沙运动及河床演变方面遵循不同的规律，对人类生产活动的影响各有不同，治理方略及工程措施也存在很大的差异。游荡性河段河道“宽、浅、散、乱”，主流摆动不定，洪水期河势变化更为剧烈，因而对防洪安全、堤岸及河道整治工程防护、两岸取水等极为不利。游荡型河道治理，往往涉及河型转化问题。如果游荡型河道能改变游荡特性，成为相对比较稳定的河型，无疑对国民经济的可持续发展和两岸广大人民安居乐业意义重大；否则，如果游荡如故，或虽有所减弱，但仍保持游荡特性，则采用的治理措施就必须充分考虑游荡河型的特点[1]。因此，探索冲积河流具有不同河型的原因及游荡河型的转化，研究河道综合稳定性判别指标，在理论上和治黄实践中都具有重要意义。

第一节　冲积性河流河型成因与稳定性指标研究现状

关于河型成因的研究，许多地貌学家和水利科学家试图以地貌界限假说、极值假说、稳定性理论及随机理论等方面来解释河型的成因。但由于问题的复杂性，又由于水流及泥沙基本理论尚欠完善，影响了这些结论的合理性。

尹学良[2]研究认为来水来沙条件决定河型。关于游荡型河流的成因，钱宁[3]认为，河床的堆积抬高和两岸的不受约束，是造成黄河下游游荡性河型形成的基本原因。

关于河型成因的实验研究。早在1945年，J F Friedkin就利用室内模型小河对弯曲型河流的形成和演变进行了实验研究[4]，塑造出的模型小河仅相当于顺直型河流中主流流路的弯曲。20世纪60年代初，长江科学院河流室及尹学良分别采用植草护滩及在大水中加入黏土的办法，把边滩固定下来，从而在实验室中塑造出真正的弯曲型河流[5]。1972年Schumm和Khan采用类似办法，也复制出一条弯曲模型小河。

1989年，倪晋仁[6]采用不同的初始边界及水沙条件，塑造出不少模型小河，对河型成因进行研究。其结果表明：在任何边界及初始坡降条件下，由初始顺直开始发展的河流，都无一例外地或迟或早经过流路弯曲直至形成边滩交错的弯曲型河流的发展阶段，在这个阶段以后，如果边滩稳定发育，则保持弯曲型河流，否则河流切滩形成游荡型河流。

此外，李保如[7]、谢鉴衡、张仁、金德生、屈孟浩等都进行过有关河型方面的试验研究，获得了较大的进展。

在河床演变研究中，不少情况要求对河流的稳定性作出评估，而这种评估对于认识一条河流又是十分必要的。此外，为进一步从定量上判断河型，也必须找出能够反映水流与河床泥沙相互作用大小的稳定性指标。

苏联国立水文研究所根据苏联河流(以平原河流为主)的统计分析资料，提出了下列的

河相系数[1]

$$\frac{\sqrt{B}}{H}=\zeta \tag{13-1}$$

这个公式的河宽 B 和平均水深 H 是相应于与河漫滩齐平的流量而言。这个系数ζ的大小与河型有一定的关系。

钱宁指出[5]，表示河槽挟沙能力的指标可以反映一个处在准平衡状态下的河流的相对稳定性。因为影响水流挟沙能力的最重要的水力指标为$\frac{\gamma_s-\gamma}{\gamma}D_{50}/(Hi)$，故而称之为河床的纵向稳定系数$\varphi_h$，即

$$\varphi_h=\frac{\gamma_s-\gamma}{\gamma}\frac{D_{50}}{Hi} \tag{13-2}$$

式中：i 为河床比降；D_{50} 为床沙中径；γ_s、γ 分别为泥沙及水流的容重。

我们采用大量天然河流及模型小河的资料分析发现，河相系数ζ及河床纵向稳定系数φ_h并不足以区分不同的河型。

为反映横向稳定特性，谢鉴衡[1]提出如下形式的横向稳定系数，即

$$\varphi_b=\frac{Q^{0.5}}{i^{0.2}B} \tag{13-3}$$

另外,谢鉴衡还建议采用下式反映河床的综合稳定性，即

$$\Theta=\frac{D_{50}}{Hi}\left(\frac{Q^{0.5}}{i^{0.2}B}\right)^2 \tag{13-4}$$

式中：Q 为平滩流量；B 为相应河宽。原作者指出，利用式(13-4)尚不能给出一般河流通用的游荡河段与过渡段的分界 Θ 值，因而使用上有一定的局限性。

钱宁及周文浩[3]通过系统的研究后，提出了如下形式的游荡性指标，即

$$Z_u=\left(\frac{Hi}{D_{35}}\right)^{0.6}\left(\frac{B_{\max}}{B}\right)^{0.3}\left(\frac{B}{H}\right)^{0.45}\left(\frac{Q_{\max}-Q_{\min}}{Q_{\max}+Q_{\min}}\right)^{0.6}\left(\frac{\Delta Q}{0.5TQ}\right) \tag{13-5}$$

式中：D_{35} 为床沙中以质量计 35%较之为小的粒径；$B_{\max}$ 为历年最高水位下的水面宽；$Q_{\max}$、$Q_{\min}$ 分别为汛期最大及最小日平均流量；ΔQ 为一次洪峰中流量变幅；T 为洪水历时，以 d 计。

式(13-5)表示的游荡指标包括的影响因素全面，并提出：$Z_u>5$ 为游荡性河段；$Z_u<2$ 为非游荡性河段；Z_u=2～5 为过渡性河段。我们分析后认为[8]，自然界河流形态极其复杂，一些洪峰变差甚大的或宽滩型河流仍属非游荡型，因而在式(13-5)中所出现的洪峰陡度 $\Delta Q/(0.5TQ)$、流量变幅$(Q_{\max}-Q_{\min})/(Q_{\max}+Q_{\min})$及河漫滩相对宽度 $B_{\max}/B$ 这三个组合变值的作用是微小的。从黄河下游的情况看，汛期最小日平均流量 $Q_{\min}$ 对于河床的游荡性几乎没有什么影响，至于洪峰陡度，其影响也相对不大。

不过，游荡指标 Z_u 表达式中的另两个组合变值，即 Hi/D_{35} 及 B/H，是较合适的。钱宁等指出[5]，前者代表河床物质的相对可动性，间接反映河流的来沙量和冲淤幅度；后者就是河槽的宽深比，反映了河岸对主流摆动的约束性。两者组合起来，显然应比单用河相系数ζ或者河床纵向稳定系数φ_h更能符合实际情况。

此外，姚爱峰、刘建军[9]还提出了如下形式的综合稳定性指标

$$S_t = \left(\frac{\lambda_\omega}{\lambda_b}\right)^{3.11} \left(\frac{S}{S_*}\right)^{1.71} \left(\frac{1}{C_v}\right)^{0.95} \left(\frac{H}{B}\right)^{3.42} \left(\frac{1}{i}\right)^{0.81} \tag{13-6}$$

式中：λ_ω/λ_b 为来沙中冲泻质含量与床沙质含量的比值；S/S_*为含沙量与水流挟沙能力的比值；C_v为洪峰流量变差系数。该式考虑的因素较全面，特别是引入水流挟沙能力，必然涉及不少重要的水力泥沙因子，颇有独到之处，其研究具有较大的理论意义。但此式所需已知要素较多，计算时还出现了一些差错，有关的指数亦随之有误，因此实用上受到了一定程度的限制。

此外，还有李保如[10]、明宗富[1]、尤联元及洪笑天[11]等学者也对河流稳定性指标进行过研究。

第二节　冲积性河流河型成因试验研究

为探索游荡型河流的成因，张红武、江恩惠、赵连军等制作了一系列模型小河。试验采用的模型沙材料分别有电厂粉煤灰(容重γ_s=21.07 kN/m^3)、煤屑及煤粉(γ_s=14.21 kN/m^3)、塑料沙(γ_s=10.29 kN/m^3)及天然沙(γ_s=25.97 kN/m^3)等。粒径范围很宽，先后已塑造出大小不同种类的模型小河 30 多条，本章将介绍其中的部分模型小河的试验结果，在此基础上研究冲积河流河型的成因问题。表 13-1 列出了河型试验主要模型的有关情况。

表 13-1　7 个模型小河试验条件及其初始条件

模型名称	模型沙	模型沙容重(kN/m^3)	床沙中径(mm)	模型长度(m)	初始槽宽(cm)	初始槽深(cm)	流量(L/s)	河床密实状况	模拟对象
模型 A	电厂粉煤灰	21.07	0.042	130	300	5	100	自然密实	黄河游荡性河段
模型 B	塑料沙	10.29	0.22	15	10	1	0.13	水浸密实	黄河游荡性河段
模型 C	电厂粉煤灰	21.07	0.042	10	15	1	0.25	自然密实	弯曲性河段
模型 D	塑料沙	10.29	1.0	8	5	0.8	0.02	水浸密实	弯曲性河段
模型 E	电厂粉煤灰	21.07	0.035	100	70	10	50	自然密实	过渡性河段
模型 F	塑料沙	10.29	1.0	8	5	0.8	0.032	水浸密实	过渡性河段
模型 G	煤　屑	14.21	3.52	30	66.7	2.5	3.6	水浸密实	山区游荡性河流

模型小河 A 施放流量为 100 L/s，水流在初始河槽中运行 20 min 后，模型上段出现河湾，每过 30 min，自上而下、左右相间形成 5 个河弯。但 3 h 后，随着河床淤积抬高，水流另辟新流路，汊道与心滩形成。小河边滩很不稳定，往往由于滩岸坍塌，串沟夺溜而变成主槽，主流流路摆动频繁，10 多小时后，具有“宽、浅、散、乱”特点的游荡性小河开始形成，在平面上具有宽窄相间的形态。如图 13-1 所示。

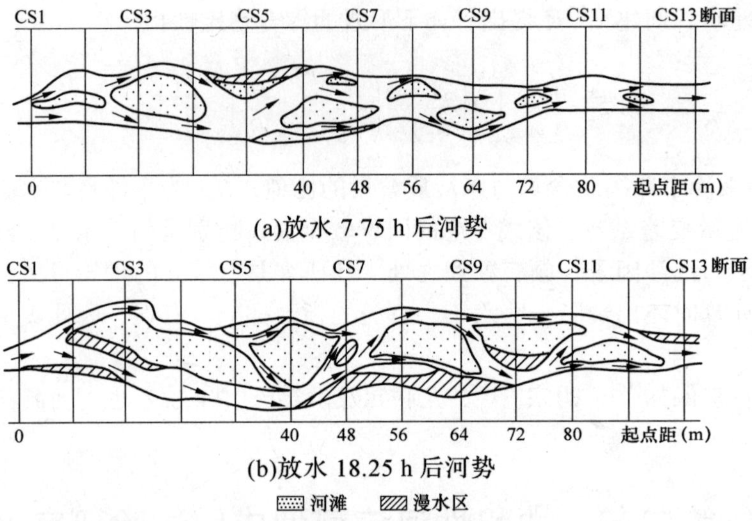

图 13-1 游荡性模型小河河势变化图(模型 A)

模型 B 的模型沙为塑料沙，河床的活动性极强，放水后时间不长，河床平面形态已面目全非，不久即形成一条典型的游荡性小河(见图 13-2)。

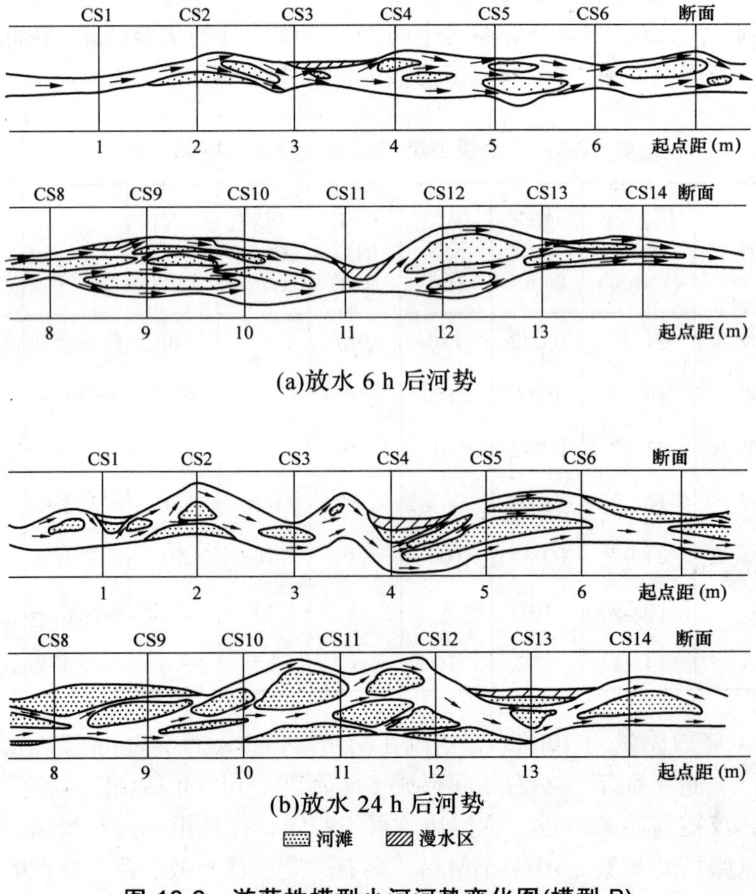

图 13-2 游荡性模型小河河势变化图(模型 B)

模型C的床沙组成与模型A相同，进口流量减小到250 mL/s。因水流强度减小，小河演变过程较为缓慢，放水达十几天后，在小河两岸逐渐形成交错分布的边滩，且边滩稳定发育，流路弯曲程度不断增强，1个多月后发展为曲直相间的弯曲性小河，52 d后更为典型(见图13-3)。

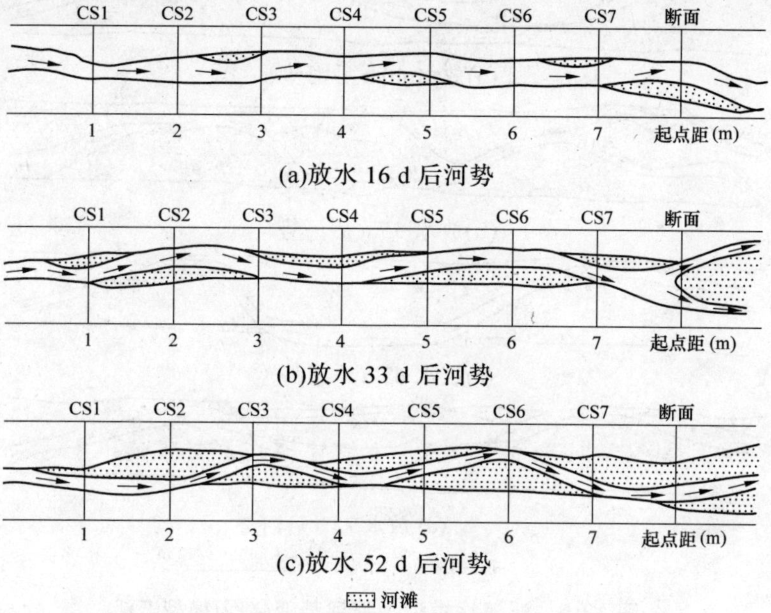

(a)放水16 d后河势

(b)放水33 d后河势

(c)放水52 d后河势

图13-3　弯曲性模型小河河势变化图(模型C)

模型D采用根本无什么黏性可言的粗颗粒塑料沙作为模型床沙。进口流量为20 mL/s，水流强度相当微弱，最后也能形成一个弯曲的模型小河(见图13-4)。

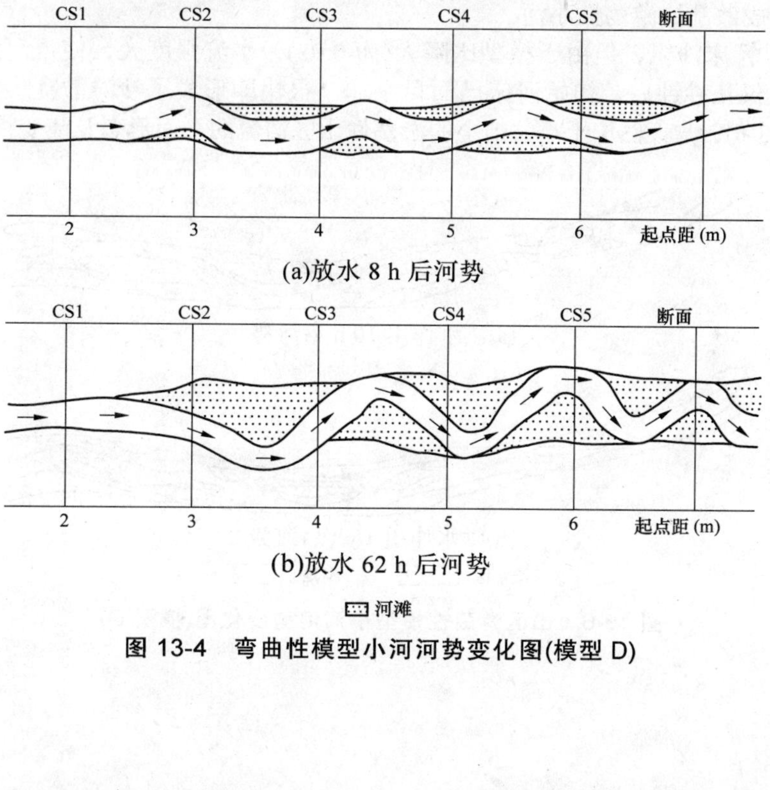

(a)放水8 h后河势

(b)放水62 h后河势

图13-4　弯曲性模型小河河势变化图(模型D)

模型 E 在经水流自然造床作用后，模型小河的水流较为集中，河床上沙洲较少，多呈单股河道状态，具有弯曲的外形，主流的位置却不固定，平面和断面形态时常变化，复演了过渡性河段的演变特性，模型 E 造床试验后期河势的变化如图 13-5 所示。

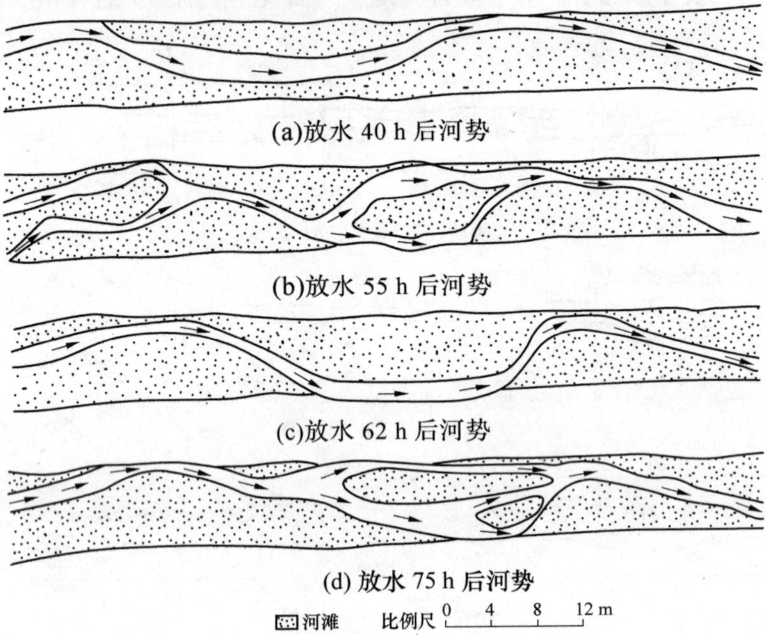

图 13-5　过渡性模型小河河势变化图(模型 E)

模型 F 的床沙及初始河床边界条件与模型 D 相同，只是将进口流量加大至 32 mL/s 左右。因水流强度的增强，模型小河的河槽不再如模型 D 那样稳定，也没有模型 B 那样“宽、浅、散、乱”，其演变规律与模型 E 类似，形成一过渡性小河。实际上，把进口流量再增大一些即可形成散乱的游荡性小河。

模型 G 尽管床沙粗，但由于模型比降大(为 0.02)，水流强度大，使得河床相对稳定性小，水流作用仅几秒钟后，初始河床已面目全非。很快即形成了沙滩散乱、汊道交织的模型小河(见图 13-6)，与天然位于小盆地上的游荡性山区河流的平面形态及演变特性颇为相近。

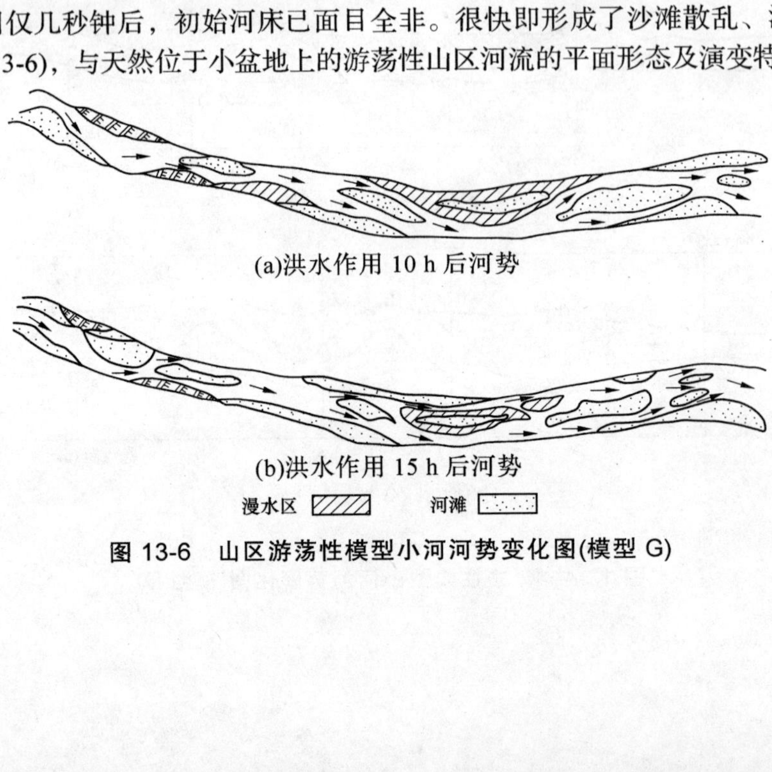

图 13-6　山区游荡性模型小河河势变化图(模型 G)

其他多组试验都复演了上述规律，综合分析上述试验结果可以得出如下结论[12]：不同河型都是水流与河床泥沙相互作用的结果。只要水流保持相应的强度，任何可动河床周界条件下都可能形成游荡型、分汊型及弯曲型河流。如果水流强度一定，河型则取决于河床相应的稳定程度。

第三节 游荡性河段河型转化试验研究

游荡型河流虽然以主流迁徙不定为特点，但对于某一特定的河段来说，主槽摆幅的大小与该河段河身的宽窄及岸线的外形有密切的关系。凡是岸线为凸出的山嘴、抗冲的胶泥嘴或人工建筑物所控制，主流的摆幅就会受到限制，而在没有控制物的河段，主流的摆幅就要大得多。因此，人们试图通过控导工程的兴建来控导主流，稳定河势，塑造出稳定的窄深河槽，促使河型的转化。

关于游荡型河道中加入控制节点对河型转化的研究，倪晋仁[6]在他制作的游荡性小河中加入较密的节点，发现并不能改变游荡河型，而只能是在顺应游荡型河流的总趋势下限制河势的摆幅并使游荡强度减弱，这一结论是在试验所使用的控制节点长度较短的条件下获得的，就黄河的情况而言，这类单一节点起不到控导主溜、稳定河势的作用。

近年来，随着大量护滩控导工程的兴建，黄河下游游荡性河段的河势变化受到了一定的控制。但因工程密度、长度有限，对主溜的约束较差。

为进一步研究游荡河型的变化，本报告以黄河下游游荡性河段为模拟对象，专门开展了通过河道整治工程措施促使河型转化的自然河工模型试验。

一、河型转化模型概况及自然造床试验

本试验在长 15 m、宽 1.4 m、深 0.5 m 的水槽中进行。模型沙选用容重很小、活动性极强的塑料沙，中值粒径 D_{50}=0.22 mm，容重γ_s=10.29 kN/m^3。在模型上首先开展了无工程条件下的自然造床试验，亦即上文模型 B 的试验，由试验过程及图 13-2 可看出，模型小河明显表现出游荡型河道“宽、浅、散、乱”的特性。模型小河河道曲折系数为 1.03，与黄河花园口至高村河段的河道特性非常接近，保证了模型河型与原型相似。

根据模型小河的特征值与原型特征值对比，并进一步采用李保如自然河工模型相似律[7]开展计算，得出的模型比尺见表 13-2。

表 13-2 游荡河型转化试验自然模型比尺

比　尺	效值	依据
水平比尺λ_L	6 000	$\lambda_L=B_p/B_m$
垂直比尺λ_h	250	$\lambda_h=H_p/H_m$
流速比尺λ_v	15.8	重力相似条件
流量比尺λ_Q	23 720 000	$\lambda_Q=\lambda_v\lambda_L\lambda_h$
比降比尺λ_J	0.042	$\lambda_J=\lambda_h/\lambda_L$
糙率比尺λ_n	0.51	水流阻力相似条件
床沙粒径比尺λ_D	0.45	$\lambda_D=D_{50p}/D_{50m}$
含沙量比尺λ_s	6.0	$\lambda_s\approx\lambda_{s*}=S_{*p}/S_{*m}$

注：足标“p”、“m”分别表示原型及模型值。

在上述游荡性模型小河上，设置控导工程，观察河势变化情况，参照文献[13]研究成果，整治工程的平面形式采用凹入型。工程位置线采用连续弯曲型，分迎流段、导流段、送流段三段。迎流段采用直线型，以适应上游流路变化；送流段弯曲半径约为 0.9 m；导流段是控导主流、挑流出湾的主要部位，采用较小的弯曲半径，取弯曲半径为 0.5 m，相当于黄河原型工程半径为 3 000 m。采用长 1.7 cm 的三合板模拟河道工程上的下挑丁坝，丁坝间距为 1.7 cm。形成了“以坝护弯，以弯导流”的工程布局。

本试验针对清水冲刷、中水中沙、中水丰沙及大洪水漫滩等几种情况来研究游荡型河道整治控导工程对河型转化的影响，先后开展了 10 个组次的模型试验，各试验组次情况见表 13-3。

表 13-3　控导工程促使河型转化的试验组次情况

试验组次编号	模型流量(mL/s)	原型流量(m^3/s)	进口含沙量(kg/m^3)	试验历时(h)	模型工程总长度(m)	备注
N–1	130	3 084	0	9	3.1	在模型 B 试验地形上布设工程，模拟工程密度较小时的情况
N–2	90	2 135	0	46	12	重铺地形，模拟工程密度较大时的情况
N–3	90	2 135	0	88	13.4	在 N–2 组次地形上，对部分工程调整或加长
N–4	130	3 084	0	27	13.4	在 N–3 组次地形上，增大放水流量
N–5	130	3 084	0	166	14	在 N–4 组次地形上，对部分工程调整或加长
N–6	170	4 032	0	407	15	在 N–5 组次地形上，对部分工程调整或加长，并增大放水流量
N–7	230	5 456	0	265	15	在 N–6 组次地形上，增大放水流量
N–8	230	5 456	4.4	16	15	在 N–7 组次基础上，进口加沙，模拟中水中沙情况
N–9	230	5 456	13.2	8	15	在 N–8 组次基础上，进口加沙量增大，模拟中水丰沙情况
N–10	290	6 879	3.0	7	15	在 N–9 组次基础上，进口加沙量减小，增大放水流量，模拟河槽严重淤积萎缩后发生漫滩大洪水情况

二、有控导工程时的试验结果

(一)N–1 组次试验结果

在模型 B 造床后的河道弯顶处布置整治工程，每道工程长度为 0.2 ~ 0.5 m，两岸工程总长度为 3.1 m，研究工程布设密度较小时对河型转化的影响。放水历时 2 h 时，各工程靠溜较好(见图 13-7)，但随着时间加长，大量工程的着溜点开始下挫，河势下败，甚至工程失控，模型小河河道曲折系数为 1.05，又变成“宽、浅、散、乱”的游荡性小河(见图 13-8)。

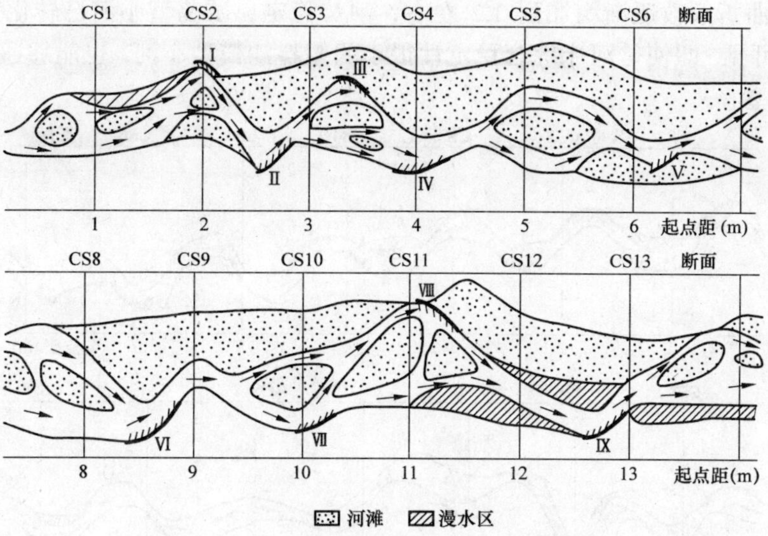

图 13-7 N–1 组次试验放水 2 h 后河势

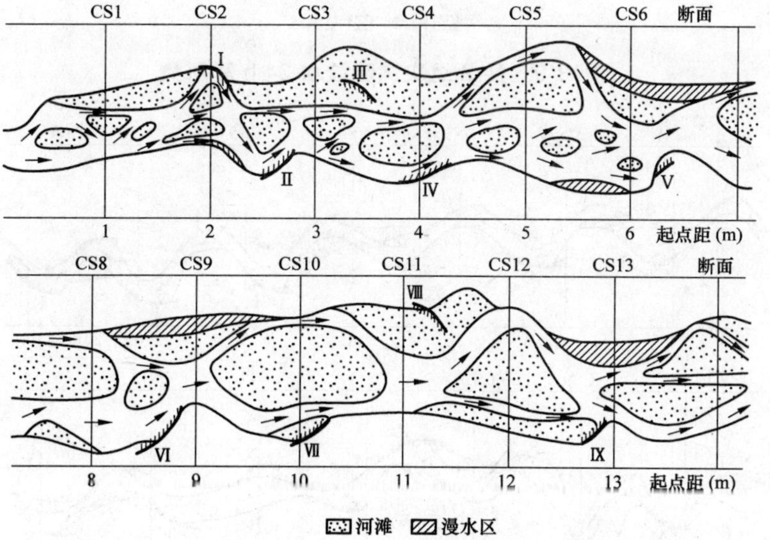

图 13-8 N–1 组次试验放水 7 h 后河势

(二)工程加密调整试验

为研究上述水流条件下，控导工程促使河型转化的布局方案，重新铺作初始地形，初始河槽尺寸与上述试验相同。参照黄河下游河道整治经验❶，每道工程长度为 0.5 ~ 0.7 m，部分工程在放水过程中根据河势变化略有调整或加长，最后总工程长度由最初的 12m 增加到 13.5 m。模型放水流量为 90 ~ 130 mL/s，模拟原型流量为 2 000 ~ 3 000 m^3/s 时的中小洪水冲刷情况。

图 13-9 ~ 图 13-12 分别为试验组次 N–2 ~ N–5 的河势图。可见，随着工程长度的加长，密度的增加，上下工程配套较好，使水流变得集中，主河槽不断刷深，比降减小，滩槽高

❶ 胡一三. 黄河下游的河道整治工程. 见：黄河下游防洪论文集.1980.

差增大。河道曲折系数逐渐增加到 1.2 左右，河势稳定，游荡型小河已转化为限制性弯曲型小河。由此可见，即使是河床综合稳定性很小的塑料沙模型小河，也能够通过工程措施，改变其游荡河型。

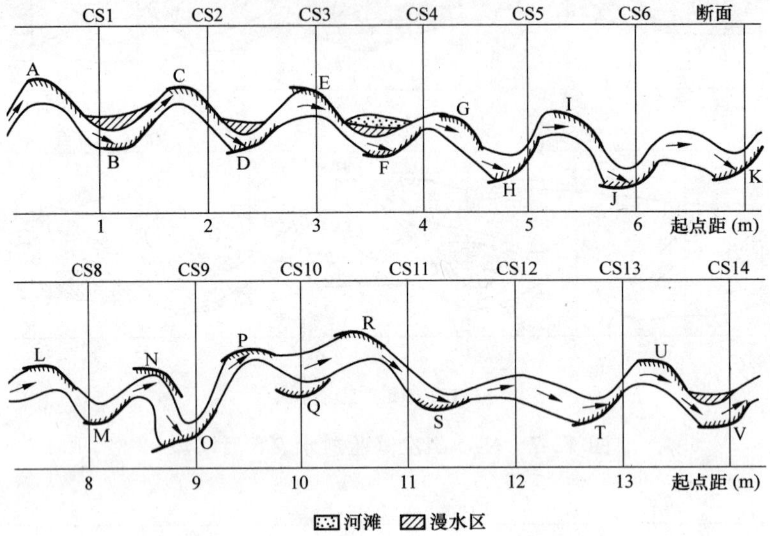

图 13-9　N–2 组次试验放水 24 h 后河势

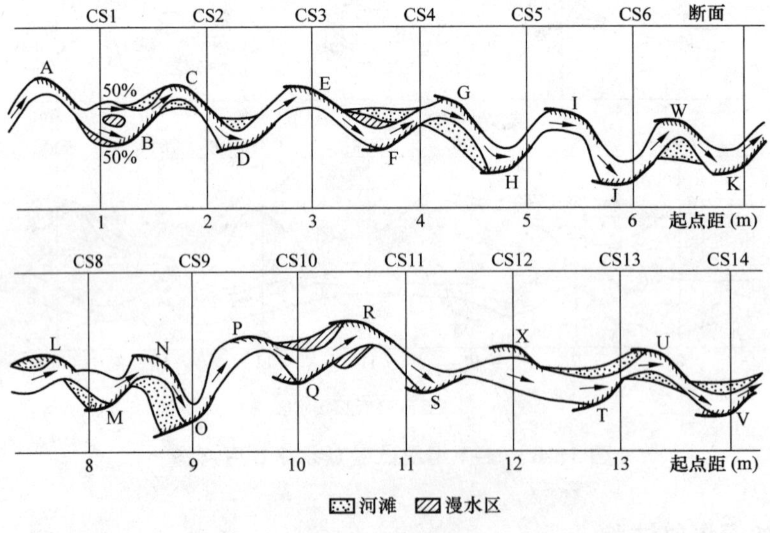

图 13-10　N–3 组次试验放水 64 h 后河势

(三)N–6 ~ N–7 组次试验结果

在 N–5 组次基础上，把流量增加到 170 ~ 230 mL/s，模拟原型流量为 4 000 ~ 5 500 mL/s 的中常洪水冲刷情况。试验初期水面较宽，部分嫩滩上水，局部主流下挫较多，相应对工程略微调整、加长，使工程总长度为 15 m，约占河道长度的 88%。试验看出，随着河槽的冲深，水流又变得更为集中，滩槽高差进一步加大。由试验组次 N–6 ~ N–7 的河势图(见图 13-13、图 13-14)不难看出，模型小河仍为限制性弯曲型小河。

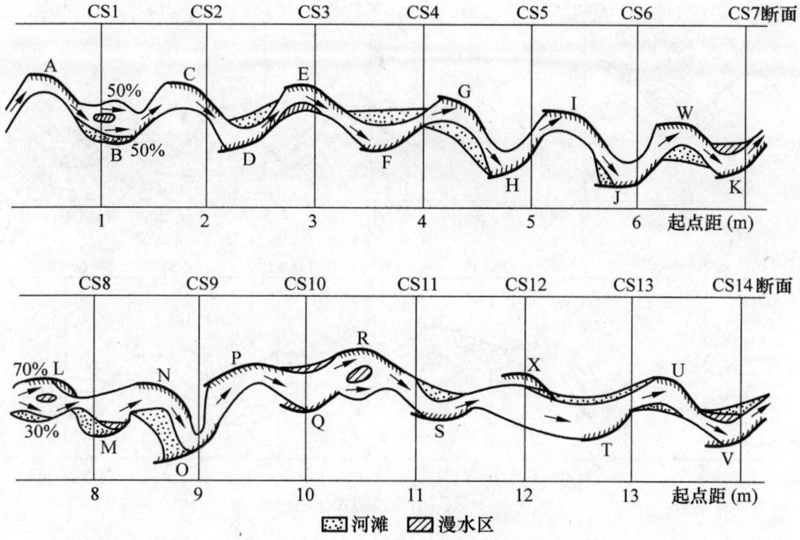

图 13-11　N–4 组次试验放水 26 h 后河势

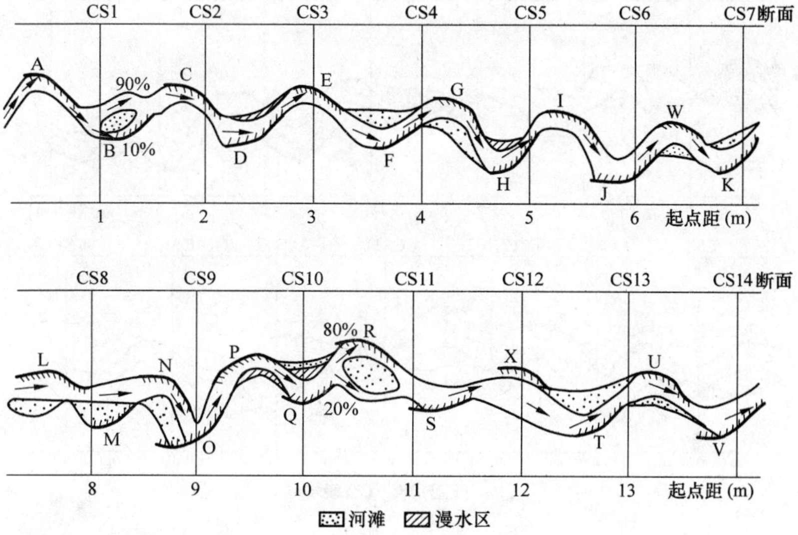

图 13-12　N–5 组次试验放水 151 h 后河势

(四)N–8 组次试验情况

在 N–7 组次试验基础上，不改变流量及工程布置条件，通过进口加沙使河槽处于微冲微淤状态。平均含沙量约为 4.4 kg/m^3，相当于原型含沙量约为 26 kg/m^3，以模拟黄河下游河道中水中沙时的演变状况。

在模型小河下段，因河道相对较宽，比降较缓，水流流速较小，挟沙能力小，淤积较多，部分洪水上滩。除此以外，其他河段河势变化不大，整个小河仍为限制性弯曲型小河(见图 13-15)。

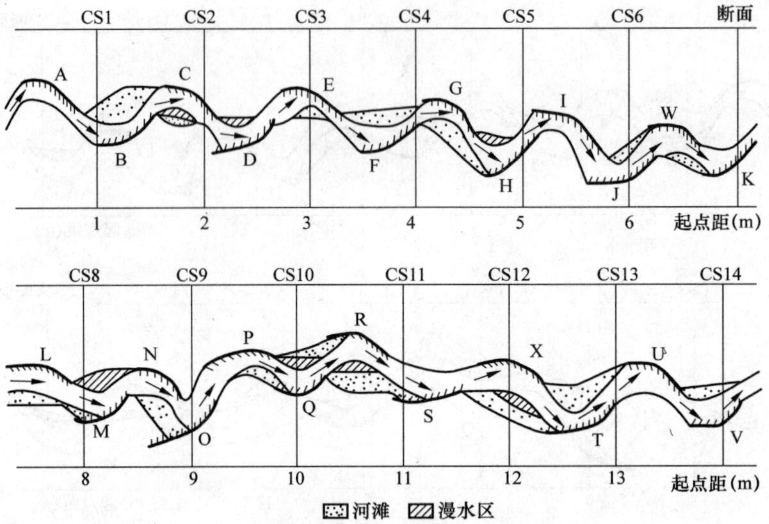

图 13-13　N–6 组次试验放水 384 h 后河势

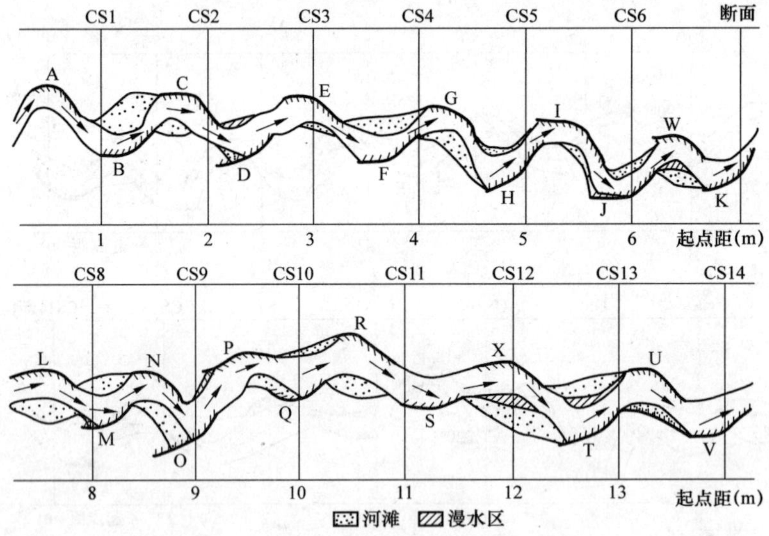

图 13-14　N–7 组次试验放水 264 h 后河势

(五)N–9 组次试验情况

流量及工程等条件保持不变，只是将进口含沙量增加到 13.2 kg/m^3，相当于原型的含沙量约为 80 kg/m^3，来模拟黄河下游河道中水丰沙条件下的河势变化情况。

此时，进口含沙量已明显超过模型的水流挟沙能力，亦即模型水流处于超饱和状态，因此大量泥沙在主槽内淤积，河床抬高，使滩槽高差显著减小，河道萎缩，过流能力大大降低，漫滩水量逐渐增多。特别是在河槽进一步淤高后，工程送流不力，滩地漫溢水量剧增，大量工程被漫滩水包围，在 G 工程下首形成串沟，过流量占总流量的 15%，而且大有夺溜之势。只是因工程密度较大，主流仍被工程控制在主槽内。由模型小河的河势图(见图 13-16)，可求得河道曲折系数减小至 1.1 左右，河槽宽度增加，河内已有沙滩出露，河道的稳定性下降，显然河型已发生变化。

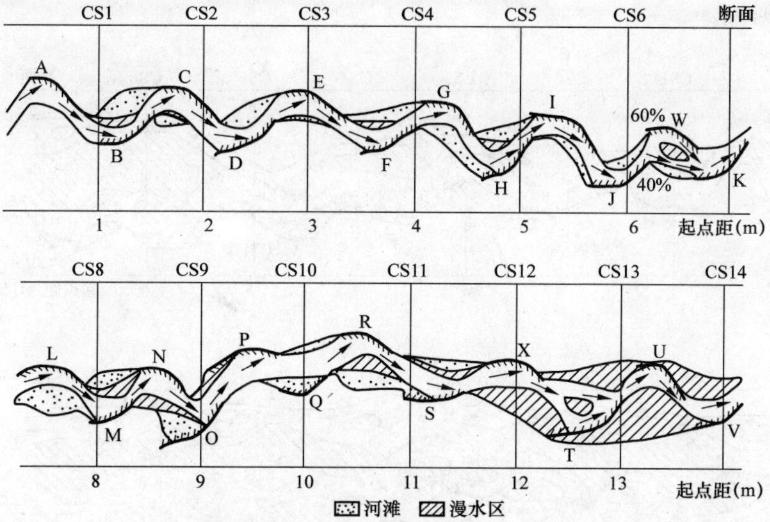

图 13-15　N–8 组次试验放水 16 h 后河势

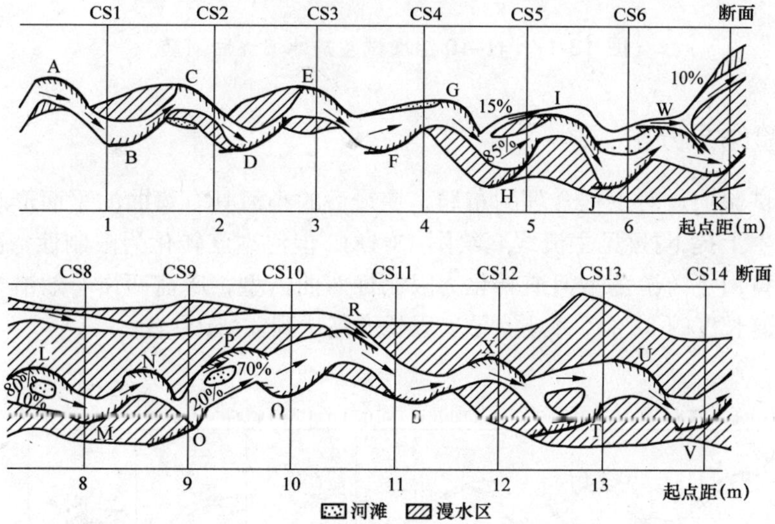

图 13-16　N–9 组次试验放水 7 h 后河势

(六)N–10 组次试验情况

在 N–9 组次试验地形基础上，进口加沙量减小，增大放水流量，模拟河槽严重淤积萎缩后发生大水小沙型洪水漫滩时的河势演变情况。

因河槽行洪能力较低，虽洪水含沙量较小，但较深河槽也不能很快塑造形成大量洪水、漫滩。随放水历时的增长，在进口 C 工程以下也形成一串沟，分流比约为 20%，流至下游与 G 工程下首的老串沟汇合形成新支河，且以前汇入主河槽的流路逐渐被淤积堵塞，新生河槽不断发展壮大，分流比竟达到 40%，新槽中有心滩出露，沙滩密布。右岸河滩也有串沟形成。原河槽流量不足总流量的一半，且其内多处有沙洲出露。图 13-17 是放水历时 6 h 后河势图，可见此时河型又转化为游荡型，且发现模型小河在短时间内很难恢复到限制性弯曲型河道。

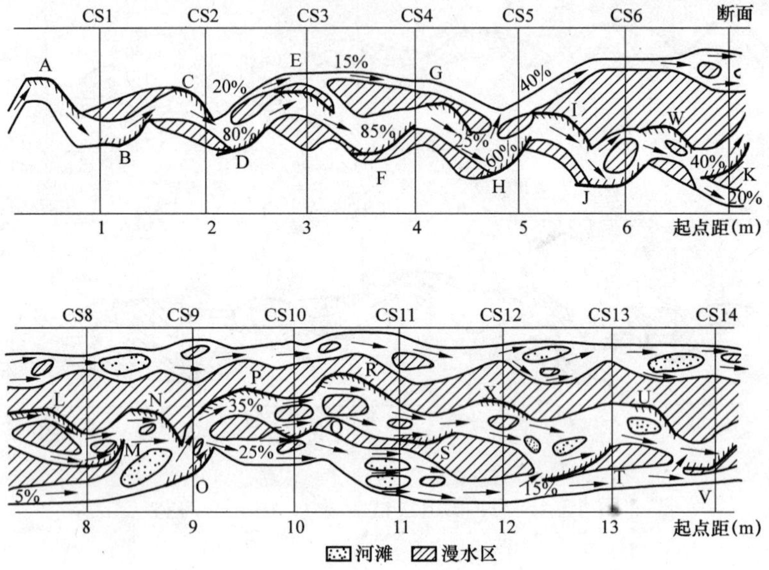

图 13-17　N–10 组次试验放水 6 h 后河势

三、试验结果分析

上述模型试验通过对工程合理的布局，使最后的小河具有弯曲的平面形态，虽主流仍随流量变化发生上提下挫(见主流线套绘图 13-18)，但河型已转化为限制性弯曲型河道。由试验可得出：黄河下游游荡型河道转化为限制性弯曲河型，所需两岸有效治导工程总长度至少占河段河道长度的 88%，每处控导工程长度需达到 4 km 左右。

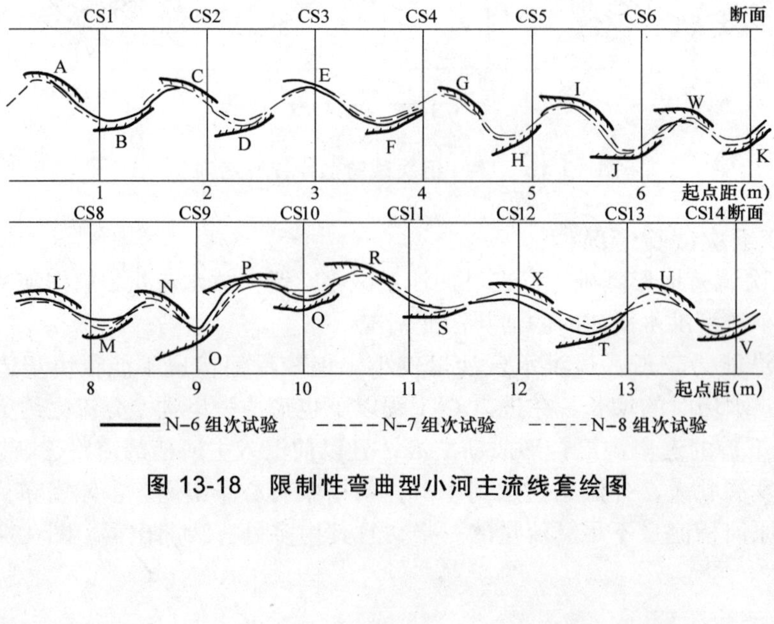

图 13-18　限制性弯曲型小河主流线套绘图

而实际中，黄河下游游荡型河道现有有效工程的长度较短，密度较小，且有些控导工程布局不合理。因此，即使是来水来沙条件较为有利，转化为弯曲型河道也是不可能的。

由试验可知，对于限制性弯曲型小河，当上游来水来沙条件发生变化时，其稳定特性仍会发生变化。其中，少沙洪水对河槽塑造是有利的，通过河槽的不断冲深，滩槽高差增加，有利于向弯曲河型的进一步发展；而使河床冲淤平衡的中沙洪水，可促使边滩加速形成，对弯曲河型的发展影响不大；但如果是丰沙洪水，特别是在小水带大沙的情况下，因主河槽被淤积萎缩，减弱了限制性弯曲型河流的稳定性，河型又会转化为非稳定河型；如遭遇漫滩大洪水，漫滩水冲刷可能形成新河，使河型又转化为游荡型。因河槽的冲淤状况也是影响河道稳定性的重要因素。

对于冲积河流中的自然弯曲型河段来说，当上游来沙过多时，也会使河型向过渡型或分汊型转化。下面的模型小河 H 和 H′就说明了这一点。

模型小河 H 是在长 10 m、宽 1.4 m 的水槽中进行的。模型沙选用郑州热电厂粉煤灰，床沙中径 D_{50}=0.042 mm。进口施放流量 Q=350 mL/s 的清水，经 10 d 后塑造成一典型的弯曲型小河(见图 13-19)。此后，在进口加沙，使小河水流一直处于超饱和状态。随着河床大量淤积(见图 13-20)，实际上，对于弯曲型模型小河 H，当进口清水流量增加到某一数值时，河型也会发生转化。

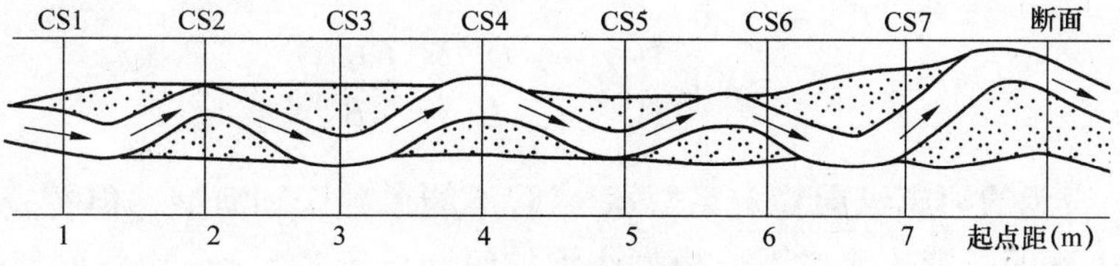

放水 10 d 后河势

河滩

图 13-19　弯曲型模型小河平面图(模型 H)

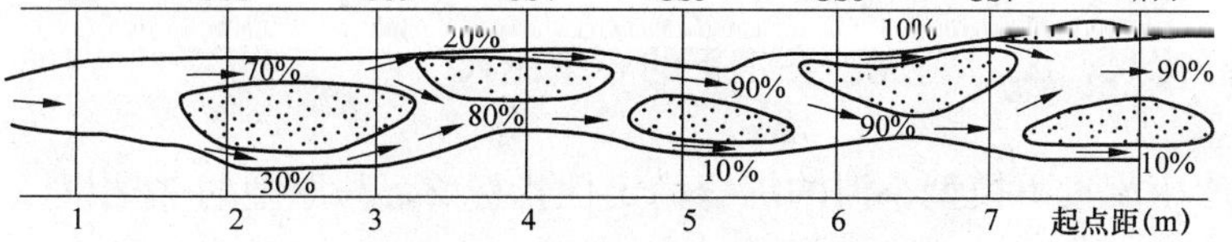

在模型 H 基础上加沙放水 2d 后河势

河滩

图 13-20　分汊型模型小河平面图(模型 H′)

由此可知，黄河下游游荡性河段实现河型转化，需在一个较长时期内，于两岸合理布设治导工程的同时，尽可能通过上游水库调节协调水沙关系，增强河道的稳定性。

第四节　河床综合稳定性指标研究

在上述研究的基础上，再通过模型小河的进一步观察认为，不论何种可动的河床组成或水沙组合，冲积河流的河型主要取决于河床的纵向稳定性和横向稳定性。如果河床的纵向稳定性和横向稳定性小，即为游荡性河段，否则为非游荡性河段。借鉴前人研究的合理结果，张红武等[12]归纳分析后，以如下两式分别表示河床的纵向和横向稳定特征，即

$$X_* = \frac{1}{i}\left(\frac{\frac{\gamma_s-\gamma}{\gamma}D_{50}}{H}\right)^{\alpha} \tag{13-7}$$

$$Y_* = \left(\frac{H}{B}\right)^{\beta} \tag{13-8}$$

指标 Y_* 与钱宁、周文浩确定的有关组合变量类同，反映河岸对主流摆动的约束性。河床纵向稳定指标 X_*，与常见的形式有一定差别，最主要是河床比降的指数与组合变量 $(\frac{\gamma_s-\gamma}{\gamma}D_{50})/H$ 分离开，其目的是要突出河床比降对于河型变化的作用。

进一步对式(13-7)中的指数进行对比分析，将其分别取为 1/2 和 1/4，采用天然沙的小河资料绘制了 X_* 与 i 之间的点群分布图，发现前者还不足以改变弯曲型与游荡型点据混为一团的状况，后者区划河型的效果也没有当指数取 1/3 时理想。

将 X_*、Y_* 组合起来，构成河流的综合稳定性指标 Z_w，即

$$Z_w = X_*Y_*\frac{1}{i}\left(\frac{\gamma_s-\gamma}{\gamma}\frac{D_{50}}{H}\right)^{1/3}\left(\frac{H}{B}\right)^{\beta} \tag{13-9}$$

由式(13-2)表示的河床纵向稳定系数 φ_h 尽管不能单独区划河型，但在表述河床纵向稳定性方面还是正确的。造床流量下，模型小河的纵向稳定系数 φ_{hm} 应与原型的 φ_h 相同，由此导出如下比尺关系式

$$\lambda_D = \frac{\lambda_h\lambda_J}{\lambda_{\frac{\gamma_s-\gamma}{\gamma}}} \tag{13-10}$$

式中：λ_J 为比降比尺；$\lambda_{\frac{\gamma_s-\gamma}{\gamma}}$ 为泥沙在水下的容重比尺。

如果要求造床流量下模型小河的综合稳定性指标 Z_{wm} 与原型的 Z_w 相同，则得

$$\lambda_D = \frac{\lambda_h\lambda_J^{3-3\beta}}{\lambda_{\frac{\gamma_s-\gamma}{\gamma}}}$$

正确的综合稳定性指标 Z_w 的形式，导得的比尺关系式不应与式(13-10)矛盾，因此上式中 λ_J 的指数应该等于 1，即 $3-3\beta=1$，解得：$\beta=2/3$，亦即 Z_w 应表示为

$$Z_w = \frac{1}{i}\left(\frac{\gamma_s-\gamma}{\gamma}\frac{D_{50}}{H}\right)^{1/3}\left(\frac{H}{B}\right)^{\beta} = \frac{\left(\frac{\gamma_s-\gamma}{\gamma}D_{50}H\right)^{1/3}}{iB^{2/3}} \tag{13-11}$$

图 13-21 中点绘了大量天然河道及模型小河的 X_* 及 Y_* 的点群分布图。图中符号所代表

的河段(包括模型小河)有关的资料列于表 13-2～表 13-5。不难看出，无论是细沙河床还是粗沙河床，甚至沙卵石河床，也无论是清水还是一般挟沙水流甚至是高含沙水流，其点据都根据不同的河型分布在不同的区域中。进一步分析后发现点群遵循如下规律：

游荡型 $Z_w=X_*Y_*<5$ (13-12)

弯曲型 $Z_w=X_*Y_*>15$ (13-13)

分汊型 $5\leqslant X_*Y_*\leqslant 15$ (13-14)

图中绘出了分别以 $X_*Y_*=5$ 和 $X_*Y_*=15$ 代表的游荡型与分汊型及分汊型与弯曲型的河型分界线。清楚地看出，游荡型点据分布在非稳定区(内区)，弯曲型点据分布在稳定区(外区)，分汊型点据则介于其中(次稳定区)。乘积 X_*Y_* 确实具有区划河型的作用，因此也可作为河型区划指标，亦即河型判数。

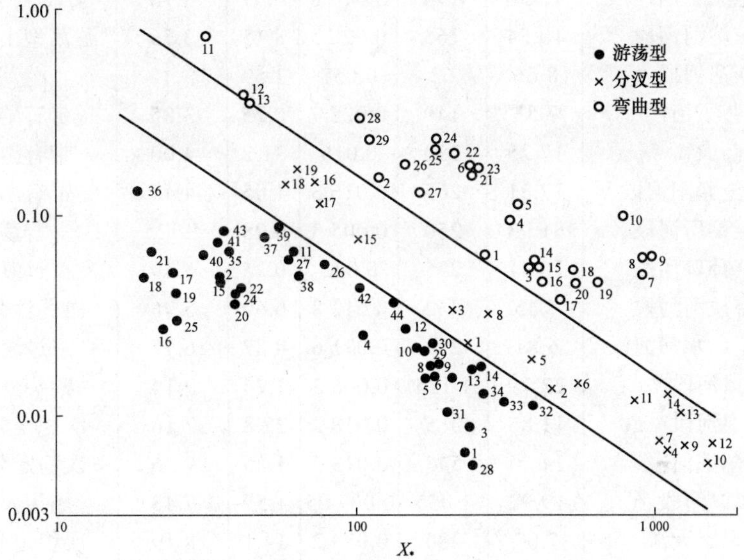

图 13-21　不同河型的稳定性点群分布

表 13-4～表 13-7 列出了天然河段及模型小河的 Z_w 值，Z_w 随河型呈规律性变化。

在模型 A 造床试验结束后，求得它的 Z_w=1.46，与表 13-4 中列出的黄河下游花园口至夹河滩河段的稳定性指标接近。在模型 A 地形基础上，尽量不改变模型进口流量、含沙量、悬移质及床沙级配等条件，只是把模型尾部水位抬高，比降由原来的 2.66‰(河床比降)变为 2.0‰(此时为水面比降)左右，继续放水后很快发现，模型小河有的汊流淤堵，流路有所规顺，经过重新塑造过的模型小河已没有明显的游荡性，河宽由初始的 6.49 m 减小到 2.67 m；水深由初始的 5.2 cm 增加到 10.3 cm，河床比降约为 1.85‰，Z_w 变为 4.06，河床相对较为稳定。表明河床综合稳定性指标，对于模型小河平面形态的影响是比较敏感的。

由于以式(13-11)表达的河床综合稳定性指标具有四个优点：①量纲和谐；②同时反映了河床的纵向和横向稳定特征；③能适用于不同河床组成及来水来沙条件的河流；④能同时适用于不同河型的原型和模型，因此它有很大的价值，张红武、江恩惠等在河工模型相似律研究时，也以它作为确定河型相似条件的依据[12]。

表 13-4　天然河流的河床综合稳定性指标

名称	$\sqrt{B}/H$	X_*	Y_*	φ_h	Z_w	河型	符号
黄河花园口至夹河滩河段	38.04	235	0.006 1	0.53	1.45	著名游荡型	●1
洛河寻峪沟沟口	9.54	35	0.046	4.46	1.65	游荡型山区河流	●2
黄河夹河滩至高村河段	27.22	243	0.008 2	0.39	2.00	游荡型	●3
永定河卢沟桥至梁各庄河段	10.58	105	0.023 5	0.28	2.42	游荡型	●4
黄河包头河段	14.14	175	0.014 2	0.38	2.50	游荡型	●5
渭河威阳至泾河口河段	16.58	187	0.014 7	1.65	2.97	游荡型	●6
昆马力克西大桥	18.94	212	0.014 1	26.8	2.99	游荡型	●7
塔里木河	16.64	181	0.016 5	0.24	3.01	游荡型	●8
汉江黄家港至太平店河段	17.30	190	0.016 8	0.67	3.15	游荡型	●9
长江上源沱沱河河段	10.54	165	0.020 5	8.15	3.36	游荡型山区河流	●10
圣克鲁斯河河段	8.66	62	0.057	1.59	3.47	游荡型	●11
黄河贺家营子河段	7.53	149	0.025 7	0.25	3.85	带有游荡型	●12
托什干西大桥	17.25	250	0.016	31.2	4.00	带有游荡型	●13
汉江太平店至囊阳河段	17.31	265	0.016 3	1.05	4.46	带有游荡型	●14
黄河赵沟至秦厂河段	61.93	250	0.005 3	0.98	1.325	游荡型	●28
黄河高村至孙口河段	10.41	235	0.022	0.25	5.19	过渡型	×1
布拉马普特拉河河段	7.45	452	0.012 8	0.60	5.96	游荡性分汊型	×2
渭河泾河口至赤水河河段	6.81	213	0.031 6	0.87	6.77	过渡型	×3
长江团风河段	22.79	1 125	0.006 3	1.74	7.14	鹅头分汊型	×4
黄河中卫河段	11.85	385	0.018 2	27.8	7.16	次稳定分汊型	×5
松花江哈尔滨河段	14.24	543	0.013 5	1.25	7.36	次稳定分汊型	×6
长江陆溪口河段	19.92	1 055	0.007 05	1.59	7.48	鹅头分汊型	×7
黄河兰州崔家大滩	7.07	280	0.029 2	14.1	8.19	次稳定分汊型	×8
长江马鞍山河段	20.49	1 280	0.006 5	1.88	8.37	顺直分汊型	×9
长江贵池河段	24.96	1 550	0.005 5	3.33	8.70	微弯分汊型	×10
长江界牌河段	11.77	860	0.011 5	1.01	10.05	顺直分汊型	×11
长江八卦洲	18.27	1 590	0.006 8	2.13	10.95	鹅头分汊型	×12
长江牧鹅洲	13.71	1 218	0.010 3	2.61	12.65	微弯分汊型	×13
长江天兴洲	12.01	1 140	0.012	2.38	13.83	微弯分汊型	×14
黄河艾山至泺口河段	3.90	267	0.057	0.19	15.26	限制性弯曲型	○1
淮河河湾至息县河段	2.24	120	0.135	0.08	16.33	弯曲型	○2
渭河赤水河至三河口河段	4.45	390	0.052	0.71	20.41	弯曲型	○3
汉江仙桃河段	2.20	330	0.087	0.23	28.90	弯曲型	○4
涡河	3.29	350	0.103	0.28	36.21	弯曲型	○5
颖河	1.86	250	0.160	0.18	40.30	弯曲型	○6
长江上荆江	2.77	915	0.046	0.74	42.49	弯曲型	○7
长江下荆江	2.55	945	0.050	0.77	53.37	弯曲型	○8
长江牌洲湾	2.24	982	0.055	0.59	5.419	弯曲型	○9
淮河洪河至正阳关河段	3.06	785	0.089	0.50	68.86	弯曲型	○10

表 13-5　前人开展的模型小河的综合稳定性指标

名称	$\sqrt{B}/H$	X_*	Y_*	φ_h	Z_w	河型	符号
李保如 1#模型	51.64	35	0.046	0.66	1.60	游荡型	●15
李保如 2#模型	129.1	23	0.025 3	0.83	0.59	游荡型	●16
屈孟浩模型 a	52.37	25	0.048 5	1.08	1.15	游荡型	●17
屈孟浩模型 b	54.07	20	0.046 1	0.65	0.93	游荡型	●18
屈孟浩模型 c	67.13	25	0.038	0.91	0.98	游荡型	●19
屈孟浩模型 d	114.5	42	0.028 5	1.62	0.74	游荡型	●20
勾韵兰模型	51.03	21	0.062	0.65	1.37	游荡型	●21
谢鉴衡 40#模型	100.1	42	0.040	3.74	1.69	游荡型	●22
谢鉴衡 41#模型	107.3	40	0.0323	3.19	1.31	游荡型	●23
谢鉴衡 42#模型	109.8	40	0.0292	2.84	1.13	游荡型	●24
万兆惠模型	155.4	25	0.028	1.81	0.72	游荡型	●25
刘有录模型	30.75	80	0.053 6	0.24	3.8	游荡型	●26
夹河滩至高村河段模型	55.90	60	0.057	0.55	3.22	游荡型	●27
金德春模型 a	64.36	100	0.069	11.2	7.07	分汊型	×15
金德春模型 b	5.66	32	1.73	0.92	24.4	弯曲型	○11
金德春模型 c	15.41	42	0.346	2.31	16.0	弯曲型	○12
唐日长模型	11.18	45	0.339	1.18	15.7	弯曲型	○13

表 13-6　天然高含沙洪水时河流的综合稳定性指标

名称	$\sqrt{B}/H$	X_*	Y_*	φ_h	Z_w	河型	符号
黄河花园口河段“92·8”高含沙	18.44	269	0.012 2	0.94	3.28	游荡型	●34
黄河夹河滩河段“92·8”高含沙	14.16	178	0.020	0.23	3.56	游荡型	●29
黄河夹河滩河段“92·8”高含沙	13.23	181	0.021	0.26	3.80	游荡型	●30
黄河夹河滩河段“92·8”高含沙	30.51	206	0.009 6	0.35	1.98	游荡型	●31
黄河花园口河段“92·8”高含沙	23.09	392	0.010 4	2.92	4.08	游荡型	●32
黄河花园口河段“92·8”高含沙	21.86	317	0.011 2	1.40	3.55	游荡型	●33
黄河龙门河段(1977 年高含沙)	4.74	403	0.054 5	23.55	21.96	弯曲型	○14
黄河龙门河段(1977 年高含沙)	5.21	416	0.051	30.43	21.22	弯曲型	○15
黄河龙门河段(1977 年高含沙)	6.73	414	0.043	29.97	17.80	弯曲型	○16
黄河龙门河段(1977 年高含沙)	9.15	480	0.035	46.73	16.80	弯曲型	○17
渭河临潼河段(1977 年高含沙)	5.02	539	0.050 7	19.19	27.33	弯曲型	○18
渭河临潼河段(1977 年高含沙)	7.48	654	0.042	30.47	27.47	弯曲型	○19
渭河临潼河段(1977 年高含沙)	7.88	556	0.042	19.86	23.35	弯曲型	○20
北洛河朝邑河段(1973 年高含沙)	2.67	249	0.150	0.68	37.35	弯曲型	○21
北洛河朝邑河段(1973 年高含沙)	2.13	222	0.185	0.44	41.07	弯曲型	○22
北洛河朝邑河段(1973 年高含沙)	2.86	263	0.158	0.88	41.55	弯曲型	○23

表 13-7 张红武、江恩惠、赵连军等模型小河的综合稳定性指标

名称	$\sqrt{B}/H$	X_*	Y_*	φ_h	Z_w	河型	符号
塑料沙模型 1#小河	102.0	40.74	0.072	0.69	2.92	游荡型	●35
塑料沙模型 2#小河	27.45	18.82	0.128	0.1	2.41	游荡型	●36
塑料沙模型 3#小河	62.17	48.82	0.069	0.41	3.38	游荡型	●37
塑料沙模型 4#小河	144.1	68.87	0.044	1.13	3.03	游荡型	●38
塑料沙模型 5#小河	80.91	54.59	0.085	0.80	4.63	游荡型	●39
塑料沙模型 6#小河	109.1	30.49	0.058	0.45	1.76	游荡型	●40
塑料沙模型 7#小河	83.27	34.70	0.069	0.43	2.41	游荡型	●41
塑料沙模型 8#小河	153.9	106.7	0.040	1.75	4.29	游荡型	●42
塑料沙模型 9#小河	64.54	35.68	0.081	0.37	2.90	游荡型	●43
塑料沙模型 10#小河	198.9	131.0	0.035	2.67	4.65	游荡型	●44
电厂粉煤灰模型 1#CS1	44.50	69.02	0.129	3.89	8.87	分汊型	×16
电厂粉煤灰模型 1#CS2	56.97	73.16	0.104	4.63	7.59	分汊型	×17
电厂粉煤灰模型 1#CS3	33.59	55.54	0.121	2.03	6.72	分汊型	×18
电厂粉煤灰模型 1#CS4	33.24	58.01	0.134	2.31	7.77	分汊型	×19
塑料沙模型 11#小河 CS1	29.96	179.8	0.207	4.71	37.2	弯曲型	○24
塑料沙模型 11#小河 CS2	31.29	178.8	0.193	4.63	34.5	弯曲型	○25
电厂粉煤灰模型 2#CS1	34.94	141.9	0.165	6.43	23.4	弯曲型	○26
电厂粉煤灰模型 2#CS2	54.41	162.6	0.120	9.67	19.5	弯曲型	○27
电厂粉煤灰模型 3#CS1	22.70	108.40	0.260	2.50	28.2	弯曲型	○28
电厂粉煤灰模型 3#CS2	30.49	117.0	0.205	9.61	24.0	弯曲型	○29

参考文献

[1] 谢鉴衡，丁君松，王运辉．河床演变及整治[M]．北京：水利电力出版社，1990.

[2] 尹学良．河型成因研究[J]．水利学报，1993(4):1-11.

[3] 钱宁，周文浩．黄河下游河床演变[M]．北京：科学出版社，1965.

[4] Friedkin J F. A Laboratory Study of Meandering of Alluvial Rivers[R]. Rep. Missisaippi River Comm. U. S. Waterway Exp. sta. 1945.

[5] 钱宁，张仁，周志德．河床演变学[M]．北京：科学出版社，1989.

[6] 倪晋仁．不同边界条件下河型成因的试验研究[D]．北京：清华大学，1989.

[7] 李保如．自然河工模型试验[C]//水利科学研究所科学研究论文集.第 2 集(水文、河渠)．北京：中国工业出版社，1963:60-68.

[8] 张红武，等．不同河型冲积河流的模拟方法[C]．北京：I.G.U. 亚太区域地理大会，1990.

[9] 姚爱峰，刘建军．冲积平原河流成因分析研究[D]．武汉：武汉水利电力大学，1994.

[10] 李保如．河流纵比降及纵剖面的计算方法[C] //李保如河流研究文选．北京：水利电力出版社，1994.

[11] 尤联元，洪笑天，陈志清．影响河型发育几个主要因素的初步探讨[C] //第二次河流泥沙国际学术讨论会论文集．北京：水利电力出版社，1983:662-672.

[12] 张红武，江恩惠，白咏梅，等．高含沙洪水模型的相似律[M]．郑州：河南科学技术出版社，1994.

第二篇　模型的建立与验证

第十四章 准二维非恒定流水沙数学模型及数值方法

在前文第一章至第十三章水沙运动与河道演化基本规律研究的基础上，开发研制了准二维泥沙数学模型。本章主要介绍该模型所采用的水沙运动基本方程的数值解法及有关参数的计算方法。

第一节 准二维非恒定流水沙数学模型基本方程

一、控制方程

模型计算选用的描述水流与泥沙运动的基本方程分述如下。

水流连续方程为

$$\frac{\partial A_i}{\partial t}+\frac{\partial Q_i}{\partial x}-q_{Li}=0 \tag{14-1}$$

水流运动方程为

$$\frac{\partial Q_i}{\partial t}+\frac{\partial}{\partial x}(\alpha_{1i}\frac{Q_i^2}{A_i})-\alpha_{2i}\frac{Q_i}{A_i}q_{Li}+gA_i(\frac{\partial Z_i}{\partial x}+\frac{Q_i^2}{K_i^2})=0 \tag{14-2}$$

泥沙连续方程(即式(8-41))为

$$\frac{\partial}{\partial t}(A_iS_i)+\frac{\partial(A_iv_iS_i)}{\partial x}+\sum_{j=1}^{m}K_{1ij}\alpha_{*ij}f_{1ij}b_{ij}\omega_{sij}\left(f_{1ij}S_{ij}-S_{*ij}\right)-S_{Li}q_{Li}=0 \tag{14-3}$$

河床变形方程(即式(8-39))为

$$\frac{\partial Z_{b_{ij}}}{\partial t}-\frac{K_{1ij}\alpha_{*ij}}{\rho'}\omega_{sij}(f_{1ij}S_{ij}-S_{*ij})=0 \tag{14-4}$$

悬沙粒径变化方程(即式(9-60)、式(9-65))为

$$\frac{\partial(QSd_{cp})}{\partial x}+\frac{\partial(ASd_{cp})}{\partial t}+\rho'\frac{\partial(A_0d_c)}{\partial t}-q_LS_Ld_L=0 \tag{14-5}$$

$$\frac{\partial(QS\xi_d)}{\partial x}+\frac{\partial(AS\xi_d)}{\partial t}+\rho'\frac{\partial(A_0\xi_c)}{\partial t}-q_LS_L\xi_L=0 \tag{14-6}$$

床沙粒径变化方程(即式(9-75)、式(9-76))为

$$\frac{\partial D_{cp}}{\partial t}=\frac{d_c-D_{cp}}{H_c}\frac{\partial Z}{\partial t} \tag{14-7}$$

$$\frac{\partial \xi_D}{\partial t}=\frac{\xi_c-\xi_D}{H_c}\frac{\partial Z}{\partial t} \tag{14-8}$$

式(14-1) ~ 式(14-8)中：角标 i 为断面号；角标 j 为子断面号，m 为子断面数；Q 为流量；A 为过水面积；t 为时间；x 为沿流程坐标；Z 为水位；K 为断面流量模数；α_1 为动量修正系

数；α_2为侧向入流动量修正系数；α_*为平衡含沙量分布系数；q_L、S_L分别为河段单位长度侧向入流量及相应的含沙量；ω_s为泥沙浑水沉速；b为断面宽度；Z_b为断面平均河床高程。

二、模型中主要参数的计算方法

(一)河床变形方程中参数f_1、K_1、α_*、ω_s的计算

泥沙非饱和系数f_1采用式(8-57)计算，即

$$f_1=\left(\frac{S}{S_*}\right)^{0.1/\arctan(\frac{S}{S_*})} \tag{14-9}$$

附加系数K_1采用式(8-53)计算，即

$$K_1=\frac{1}{2.65}\kappa^{4.65}\left(\frac{u_*^{1.5}}{v^{0.5}\omega_s}\right)^{1.14} \tag{14-10}$$

平衡含沙量分布系数α_*采用式(8-54)计算，即

$$\alpha_*=\frac{1}{N_0}\exp\left(8.21\frac{\omega_s}{\kappa u_*}\right) \tag{14-11}$$

式(14-11)中的浑水卡门常数κ采用式(3-20)计算，即

$$\kappa=0.4-1.68\sqrt{S_V}\left(0.365-S_V\right) \tag{14-12}$$

浑水沉速ω_s采用式(2-50)计算，即

$$\omega_s=\omega_0\left[\left(1-\frac{S_V}{2.25\sqrt{d_{50}}}\right)^{3.5}\left(1-1.25S_V\right)\right] \tag{14-13}$$

式(14-13)中的非均匀沙清水沉速ω_0采用式(2-19)计算，即

$$\omega_0=2.6\left(\frac{d_{cp}}{d_{50}}\right)^{0.3}\omega_p\cdot \mathrm{e}^{-635d_{cp}^{0.7}} \tag{14-14}$$

(二)水流挟沙力S_*的计算

以往的许多数学模型很难适合于多沙河流，特别是像黄河的高含沙洪水，即使是一般洪水，经率定调整后的恢复饱和系数也远小于 1。这种理论与实际相悖的主要根源在于模型中引用的水流挟沙力公式计算的S_*偏小，从而$|S-S_*|$在黄河经常出现的多沙或高含沙水流条件下明显偏大，为使河床淤积量不致过大，只有将与$|S-S_*|$相乘的恢复饱和系数取得更小一些。因此，根据第七章的研究结果，为保证本文所构建的数学模型能较好的模拟像黄河这样的多沙河流的输水输沙规律，本模型采用张红武公式水流挟沙力公式(7-51)计算，即

$$S_*=2.5\left[\frac{\left(0.0022+S_V\right)v^3}{\kappa\dfrac{\gamma_s-\gamma_m}{\gamma_m}gh\omega_s}\ln\left(\frac{h}{6D_{50}}\right)\right]^{0.62} \tag{14-15}$$

(三)动床阻力的计算

在开展黄河下游河道冲淤演变计算时，有些模型虽然河道冲淤量计算值与实测值接近，但沿程水位与实测情况相差甚大，且计算时段越长相差越远，从而导致模型计算到一定时间之后(几年后)的河道地形条件下，洪水演进过程和沿程水位表现等与实际情况相比已面目全非，这样的结果可信度很低。究其原因，主要是模型不能准确模拟河道糙率的变化调整过程。大量资料分析发现，河道的糙率并非常数，它不仅表现为各河段糙率的不同，即使同一断面，由于河道冲淤变形剧烈，特别是河道遭受持续冲刷后，床沙组成与床面形态变化较大，从而引起糙率发生很大的调整。为使本模型计算既能反映水力泥沙因子的变化对摩阻特性的影响，又能反映天然河道中各种附加糙率的影响，采用第六章研究结果公式(6-41)计算，即

$$n=\frac{c_n\delta_*}{\sqrt{g}h^{5/6}}\left\{0.49(\frac{\delta_*}{h})^{0.77}+\frac{3\pi}{8}(1-\frac{\delta_*}{h})\left[\sin(\frac{\delta_*}{h})^{0.2}\right]^5\right\}^{-1} \tag{14-16}$$

河滩上，摩阻厚度δ_*即为当量粗糙度，可根据滩地植被等情况，由水力学计算手册查得。而在主槽内，采用式(6-42)，即

$$\delta_* = D_{50}\{1+10^{\left[8.1-13Fr^{0.5}(1-Fr^3)\right]}\} \tag{14-17}$$

式(14-16)中的浑水涡团参数 c_n 采用式(3-18)计算，即

$$c_n=0.15\left[1-4.2\sqrt{S_V}\left(0.365-S_V\right)\right] \tag{14-18}$$

(四)冲淤物平均粒径 d_c 的计算

淤积时，d_c 采用式(11-6)计算，得

$$d_c=\left(\frac{\Delta Z\rho'}{Sh}\right)^{\frac{d_{cp}}{d_{ph}-d_{cp}}}d_{cp}+\left[1-\left(\frac{\Delta Z\rho'}{Sh}\right)^{\frac{d_{cp}}{d_{ph}-d_{cp}}}\right]d_{ph} \tag{14-19}$$

冲刷时，采用如下方法计算，得

当 $d_f<d_{ph}$ 时，有

$$d_c=d_f$$

当 $d_f>d_{ph}$ 时，d_c 采用式(11-11)计算，得

$$d_c=\left(\frac{|\Delta Z|}{H_c'}\right)^{\frac{D''-d_f}{d_f-d_{ph}}}d_f+\left[1-\left(\frac{|\Delta Z|}{H_c}\right)^{\frac{D''-d_f}{d_f-d_{ph}}}\right]d_{ph} \tag{14-20}$$

平衡冲淤物粒径 d_{ph} 采用式(11-21)计算，得

$$d_{ph}=N_d d_{cp}\exp\left\{8.21\left[f(n)-1\right]\frac{\omega}{\kappa u_*}\right\} \tag{14-21}$$

(五)冲淤物粒径二阶圆心矩ξ_c 的计算

要想计算冲淤物粒径二阶圆心矩ξ_c，首先开展 d_{50c} 的计算，而后依据 d_c、d_{50c} 与ξ_c 三者之间函数关系式(1-44)，确定ξ_c的值。

淤积时，d_{50c} 采用式(11-30)计算，得

$$d_{50c}=\left(\frac{\Delta Z\rho'}{Sh}\right)^{\frac{d_{50}}{d_{50ph}-d_{50}}}d_{50}+\left[1-\left(\frac{\Delta Z\rho'}{Sh}\right)^{\frac{d_{50}}{d_{50ph}-d_{50}}}\right]d_{50ph} \tag{14-22}$$

冲刷时，d_{50c} 采用如下方法计算：

(1)当 $d_{50f}<d_{50ph}$ 时，采用式(11-31)计算，有

$$d_{50c}=d_{50f}$$

(2)当 $d_{50f}>d_{50ph}$ 时，采用式(11-32)计算，有

$$d_{50c}=\left(\frac{|\Delta Z|}{H_c}\right)^{\frac{D''_{50}-d_{50f}}{d_{50f}-d_{50ph}}}d_{50f}+\left[1-\left(\frac{|\Delta Z|}{H_c}\right)^{\frac{D''_{50}-d_{50f}}{d_{50f}-d_{50ph}}}\right]d_{50ph} \tag{14-23}$$

式(14-23)中的 $d_{50\,ph}$ 采用式(11-33)计算

$$d_{50\,ph}=N_d d_{50}\exp\left\{8.21[f(n)-1]\frac{\omega}{\kappa u_*}\right\} \tag{14-24}$$

对于扬动泥沙平均粒径 d_f 与中值粒径 d_{50f} 的计算，需依据能够由床沙扬起的最大泥沙粒径 $d_{f\max}$，结合床沙级配曲线求出 d_f 及 d_{50f}。$d_{f\max}$ 采用式(11-29)计算

$$d_{f\max}=0.8\left(\frac{\gamma}{\gamma_s-\gamma}\frac{1}{g}\right)^{2/3}\left(\frac{D_{cp}}{h}\right)^{1/6}\nu^{1/3}v \tag{14-25}$$

(六)悬移质含沙量沿河宽分布的计算

该模型采用式(12-13)计算悬移质含沙量沿河宽分布的分布规律，即

$$\frac{S_{ij}}{S_i}=C_1\left(\frac{h_{ij}}{h_i}\right)^{(0.1-1.6\frac{\omega_s}{\kappa u_*}+1.3S_{Vi})}\left(\frac{v_{ij}}{v_i}\right)^{(0.2+2.6\frac{\omega_s}{\kappa u_*}+S_{Vi})} \tag{14-26}$$

其中，C_1 采用式(12-14)计算，即

$$C_1=\frac{Q_i}{\int_a^b q_{ij}\left(\frac{h_{ij}}{h_i}\right)^{(0.1-1.6\frac{\omega_s}{\kappa u_*}+1.3S_{Vi})}\left(\frac{v_{ij}}{v_i}\right)^{(0.2+2.6\frac{\omega_s}{\kappa u_*}+S_{Vi})}\mathrm{d}y} \tag{14-27}$$

(七)黄河下游悬沙组成沿河宽分布的计算

模型计算中分别采用式(12-15)、式(12-17)模拟天然河流中悬沙 d_{cp} 及 d_{50} 沿河宽的分布规律，即

$$\frac{d_{cpij}}{d_{cpi}}=C_2\left(\frac{S_{ij}}{S_i}\right)^{0.6}\left(\frac{v_{ij}}{v_i}\right)^{0.1} \tag{14-28}$$

$$\frac{d_{50ij}}{d_{50i}}=C_2\left(\frac{S_{ij}}{S_i}\right)^{0.6}\left(\frac{v_{ij}}{v_i}\right)^{0.1} \tag{14-29}$$

式中，C_2 采用式(12-16)计算，得

$$C_2=\frac{Q_iS_i}{\int_a^b\left[q_{ij}S_{ij}\left(\frac{S_{ij}}{S_i}\right)^{0.6}\left(\frac{v_{ij}}{v_i}\right)^{0.1}\right]\mathrm{d}y} \tag{14-30}$$

(八)河槽在冲淤过程中河宽变化规律的模拟

河道随来水来沙的变化不断地进行自身调整，这种调整不仅反映在纵向形态的调整，而且横向形态的变化也非常剧烈。通过对黄河下游实测资料分析与实体模型试验的仔细观察发现，河槽处于冲刷状态时，河床在冲深下切的同时，由于弯道环流等作用的影响，还伴随着河槽两岸的塌滩，河槽将发生一定程度的展宽，如在三门峡下泄清水时[1]，黄河下游河道断面展宽非常大；而河道发生淤积时，因主河槽内靠近滩边的水流流速较小，水流挟沙能力小，淤积强度明显大于主流区，使得河槽在淤高抬升的过程中伴随着河宽缩窄。当洪水漫滩行洪之后，滩槽之间的水沙交换规律变得更为复杂，河槽横向的变化也更为显著。目前，黄河下游河道水沙数学模型一般通过划分子断面来区分滩槽，因子断面划分数目有限，很难模拟断面形态的变化规律，在进行长时段连续冲刷或淤积系列计算时，难免造成误差累积，最终导致计算结果的失真。

本书构建的数学模型根据计算河段特定的河相关系均衡调整原理，模拟河槽宽度变化的过程。模拟河段内各横断面宽度修正值，除受到给定河岸条件的限制外(例如受到抗冲河岸、山嘴及河道整治工程等的限制)，还要随着河流造床过程而自动调整。本模型选用张红武河床综合稳定性指标式(13-11)作为河相关系均衡调整准则计算河道断面宽度的调整变化，即

$$Z_w = \frac{\left(\dfrac{\gamma_s - \gamma}{\gamma} D_{50} H\right)^{1/3}}{iB^{2/3}} \tag{14-31}$$

第二节　准二维非恒定流水沙数学模型数值方法

一、数值离散格式

模型采用非耦合解法，即先求解水流连续方程和水流运动方程，得出有关水力要素后，再求解泥沙连续方程和河床变形方程，推求河床冲淤变形结果，再计算悬移质泥沙的 d_{cp}、d_ξ与床沙的 D_{cp}、D_ξ，如此交替进行。

方程(14-1)、方程(14-2)、方程(14-3)、方程(14-5)、方程(14-6)采用四点隐式差分格式离散。四点隐格式即 Preissmann 格式[2]，这是对邻近四点平均(或加权平均)的向前差分格式。对 t 的微商取相邻结点上向前时间差商的平均值，对 x 的微商则取相邻两层向前空间差商的平均值或加权平均值。如图 14-1 所示。对于网格中的 M 点，令

$$f(M) = \frac{(1-\theta)(f_i^n + f_{i+1}^n) + \theta(f_i^{n+1} + f_{i+1}^{n+1})}{2} = f_{(i+1)/2}^{n+\theta} \tag{14-32}$$

$$\frac{\partial f(M)}{\partial t} = \frac{f_i^{n+1} + f_{i+1}^{n+1} - f_i^n - f_{i+1}^n}{2\Delta t} \tag{14-33}$$

$$\frac{\partial f(M)}{\partial x} = \frac{\theta(f_{i+1}^{n+1} - f_i^{n+1}) + (1-\theta)(f_{i+1}^n - f_i^n)}{\Delta x_i} \tag{14-34}$$

其中，f 为任一函数，f_i^n 为 $f(x_i,t_n)$；θ 为权因子，其值为小于或等于 1 的正数。

式(14-4)、式(14-7)、式(14-8)采用有限差分格式离散。

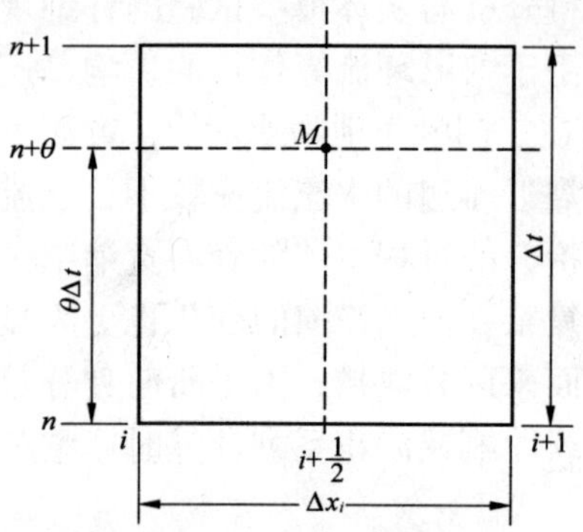

图 14-1　差分网格示意

二、水流方程的求解

为了求解方便，先将式(14-1)和式(14-2)变形为

$$B\frac{\partial Z_{si}}{\partial t}+\frac{\partial Q_i}{\partial x}=q_{Li} \tag{14-35}$$

$$\frac{\partial Q_i}{\partial t}+gA_i\frac{\partial Z_{si}}{\partial x}+gA_i\frac{|Q_i|}{K_i^2}Q_i=-\frac{\partial}{\partial x}\left(\alpha_{1i}\frac{Q_i^2}{A_i}\right)+\alpha_{2i}u_iq_{Li} \tag{14-36}$$

离散的结果为

$$D_{i1}Q_i^{n+1}+D_{i2}Z_{si}^{n+1}+D_{i3}Q_{i+1}^{n+1}+D_{i4}Z_{si+1}^{n+1}=D_{i5} \tag{14-37}$$

$$E_{i1}Q_i^{n+1}+E_{i2}Z_{si}^{n+1}+E_{i3}Q_{i+1}^{n+1}+E_{i4}Z_{si+1}^{n+1}=E_{i5}\quad (i=1,\ 2,\ \cdots,\ n) \tag{14-38}$$

其中

$$D_{i1}=-\frac{2\cdot\Delta t\cdot\theta}{\Delta x_i} \tag{14-39}$$

$$D_{i3}=-D_{i1} \tag{14-40}$$

$$D_{i2}=\theta\cdot B_i^{n+1}+(1-\theta)B_i^n \tag{14-41}$$

$$D_{i4}=\theta\cdot B_{i+1}^{n+1}+(1-\theta)B_{i+1}^n \tag{14-42}$$

$$D_{i5}=a_{mi}+\left(2\cdot\Delta t\cdot q_{Li}^{n+1}+B_i^{n+1}\cdot Z_{si}^n+B_{i+1}^{n+1}\cdot Z_{si+1}^n\right)\cdot\theta \tag{14-43}$$

$$a_{mi}=\left[B_i^n\cdot Z_{si}^n+B_{i+1}^n\cdot Z_{si}^n+2\cdot\Delta t\left(\frac{Q_i^n-Q_{i+1}^n}{\Delta x_i}+q_{Li}^n\right)\right]\cdot(1-\theta) \tag{14-44}$$

$$E_{i1}=1+g\cdot\Delta t\cdot\theta\left(\frac{A|Q|}{K^2}\right)_i^{n+1} \tag{14-45}$$

$$E_{i3}=1+g\cdot\Delta t\cdot\theta\left(\frac{A|Q|}{K^2}\right)_{i+1}^{n+1} \tag{14-46}$$

$$E_{i2}=-\Delta t\cdot g\cdot\theta\left(A_{i+1}^{n+1}+A_i^{n+1}\right)/\Delta x_i \tag{14-47}$$

$$E_{i4}=-E_{i2} \tag{14-48}$$

$$E_{i5}=Q_{mi}-2\cdot\Delta t\cdot\theta\left\{\frac{\left(\alpha_1Q^2/A\right)_{i+1}^{n+1}-\left(\alpha_1Q^2/A\right)_i^{n+1}}{\Delta x_i}-(\alpha_2u)_i^{n+1}\cdot q_{Li}^{n+1}\right\} \tag{14-49}$$

$$Q_{mi} = Q_i^n + Q_{i+1}^n + 2 \cdot \Delta t \cdot (1-\theta) \left\{ \frac{g}{2} \left[\frac{\left(A_i^n + A_{i+1}^n\right)\left(Z_{si}^n - Z_{si+1}^n\right)}{\Delta X_i} \right. \right.$$

$$\left. \left. - \left(\frac{AQ^2}{K^2} \right)_i^n - \left(\frac{AQ^2}{K^2} \right)_{i+1}^n \right] - \left(\alpha_1 Q^2 / A\right)_{i+1}^n + \left(\alpha_1 Q^2 / A\right)_i^n + (\alpha_2 u)_i^n \cdot q_{Li}^n \right\} \tag{14-50}$$

式中：上角标 n 为时段号；下角标 i 为断面号；$i_{\max}$ 为总断面数。

给定边界条件

$$Q_1^{n+1} = Q_1\left(t_{n+1}\right) \tag{14-51}$$

$$Z_{si_{\max}}^{n+1} = f\left(Q_{i_{\max}}^{n+1}\right) \tag{14-52}$$

代数方程的个数与未知数个数正好相等，问题完备。

关系式(14-52)右边可以具体表示为分级线性插值函数[3]，即

$$Z_{si_{\max}}^{n+1} = C_1 \cdot Q_{i_{\max}}^{n+1} + C_2 \tag{14-53}$$

当 $Q_{(k)} \leqslant Q_{i_{\max}}^{n+1} < Q_{(k+1)}$ 时

$$C_1 = \frac{Z_{(k+1)} - Z_{(k)}}{Q_{(k+1)} - Q_{(k)}} \tag{14-54}$$

$$C_2 = Z_{(k)} - C_1 \cdot Q_{(k)} \tag{14-55}$$

式中：$Q_{(k)}$ 和 $Z_{(k)}$ 分别为插值基点的流量和水位。

方程组式(14-37)和式(14-38)加上边界条件式(14-51)和式(14-52)可以写成如下的矩阵形式：

$$\begin{bmatrix}
1 & 0 & 0 & 0 & 0 & 0 & \cdots & 0 & 0 & 0 & 0 & 0 & 0 & \cdots & 0 & 0 & 0 & 0 & 0 \\
D_{11} & D_{12} & D_{13} & D_{14} & 0 & 0 & \cdots & 0 & 0 & 0 & 0 & 0 & 0 & \cdots & 0 & 0 & 0 & 0 & 0 \\
E_{11} & E_{12} & E_{13} & E_{14} & 0 & 0 & \cdots & 0 & 0 & 0 & 0 & 0 & 0 & \cdots & 0 & 0 & 0 & 0 & 0 \\
0 & D_{21} & D_{22} & D_{23} & D_{24} & 0 & \cdots & 0 & 0 & 0 & 0 & 0 & 0 & \cdots & 0 & 0 & 0 & 0 & 0 \\
0 & E_{21} & E_{22} & E_{23} & E_{24} & 0 & \cdots & 0 & 0 & 0 & 0 & 0 & 0 & \cdots & 0 & 0 & 0 & 0 & 0 \\
\vdots & \vdots & \vdots & \vdots & \vdots & \vdots & & \vdots & \vdots & \vdots & \vdots & \vdots & \vdots & & \vdots & \vdots & \vdots & \vdots & \vdots \\
0 & 0 & 0 & 0 & 0 & 0 & \cdots & 0 & D_{i1} & D_{i2} & D_{i3} & D_{i4} & 0 & \cdots & 0 & 0 & 0 & 0 & 0 \\
0 & 0 & 0 & 0 & 0 & 0 & \cdots & 0 & E_{i1} & E_{i2} & E_{i3} & E_{i4} & 0 & \cdots & 0 & 0 & 0 & 0 & 0 \\
\vdots & \vdots & \vdots & \vdots & \vdots & \vdots & & \vdots & \vdots & \vdots & \vdots & \vdots & \vdots & & \vdots & \vdots & \vdots & \vdots & \vdots \\
0 & 0 & 0 & 0 & 0 & 0 & \cdots & 0 & 0 & 0 & 0 & 0 & 0 & \cdots & 0 & D_{i-1,1} & D_{i-1,2} & D_{i-1,3} & D_{i-1,4} \\
0 & 0 & 0 & 0 & 0 & 0 & \cdots & 0 & 0 & 0 & 0 & 0 & 0 & \cdots & 0 & E_{i-1,1} & E_{i-1,2} & E_{i-1,3} & E_{i-1,4} \\
0 & 0 & 0 & 0 & 0 & 0 & \cdots & 0 & 0 & 0 & 0 & 0 & 0 & \cdots & 0 & 0 & 0 & C_1 & 1
\end{bmatrix}
\times
\begin{bmatrix}
Q_1^{n+1} \\ Z_{s1}^{n+1} \\ Q_2^{n+1} \\ Z_{s2}^{n+1} \\ Q_3^{n+1} \\ \vdots \\ Z_{si}^{n+1} \\ Q_{i+1}^{n+1} \\ \vdots \\ Z_{si_{\max-1}}^{n+1} \\ Q_{i_{\max}}^{n+1} \\ Z_{si_{\max}}^{n+1}
\end{bmatrix}
=
\begin{bmatrix}
Q_1\left(t_{n+1}\right) \\ D_{15} \\ E_{15} \\ D_{25} \\ E_{25} \\ \vdots \\ D_{i5} \\ E_{i5} \\ \vdots \\ D_{i_{\max-1,5}} \\ E_{i_{\max-1,5}} \\ C_2
\end{bmatrix}
\tag{14-56}$$

式(14-56)的系数矩阵和右端向量含有未知量，因而需作迭代处理。在迭代运算中，该

方程被线性化了，很容易通过消元将系数矩阵变为三对角阵，然后用追赶法求解。

用 $\hat{Y}$ 表示 n+1 时刻的未知向量，将式(14-56)写成

$$\hat{Y} = F(\hat{Y}) \tag{14-57}$$

用带括号的下角标表示迭代次数，我们的迭代方式为

$$\hat{Y}_{(2j)} = F(\hat{Y}_{(2j-1)}) \tag{14-58}$$

如果

$$\max|\hat{Y}_{(2j)} - \hat{Y}_{(2j-1)}| < \delta \tag{14-59}$$

则迭代结束，转入下一时刻的计算。否则令

$$\hat{Y}_{(2j+1)} = (\hat{Y}_{(2j)} + \hat{Y}_{(2j-1)})/2 \tag{14-60}$$

重复迭代，直到式(14-59)得到满足为止。其中 δ 为一精度控制数。

在做任一时刻的迭代计算时，取上一时刻的结果作为该时刻迭代的初始值。

三、泥沙方程的求解

每一个时刻的流量和水位等水流因子计算出来后，接着计算这个时刻上的泥沙分布和河床变形。

对于沿程各断面的含沙量，采用显格式求解，其离散格式为

$$S_i^{n+1} = \frac{C_{i2}S_{i-1}^{n+1} - C_{i3}S_i^n + C_{i4}S_{i-1}^n + C_{i5}}{C_{i1}} \tag{14-61}$$

其中

$$C_{i1} = \frac{\theta}{\Delta x}Q_i^{n+1} + \frac{1}{2\Delta t}A_i^{n+1} + \frac{\theta}{2}C_{m\ i}^{n+1} \tag{14-62}$$

$$C_{i2} = \frac{\theta}{\Delta x}Q_{i-1}^{n+1} - \frac{1}{2\Delta t}A_{i-1}^{n+1} - \frac{\theta}{2}C_{m\ i-1}^{n+1} \tag{14-63}$$

$$C_{i3} = \frac{1-\theta}{\Delta x}Q_i^n - \frac{1}{2\Delta t}A_i^n + \frac{1-\theta}{2}C_{m\ i}^n \tag{14-64}$$

$$C_{i4} = \frac{1-\theta}{\Delta x}Q_{i-1}^n + \frac{1}{2\Delta t}A_{i-1}^n - \frac{1-\theta}{2}C_{m\ i-1}^n \tag{14-65}$$

$$C_{i5} = \frac{1}{2}[\theta(C'^{n+1}_{mi-1} + C'^{n+1}_{mi}) + (1-\theta)(C'^n_{mi-1} + C'^n_{mi})] + (q_L S_L)_i^{n+1} \tag{14-66}$$

$$C_m = \sum_{j=1}^{m} K_{1ij}a_{*ij}f_{1ij}b_{ij}\omega_{ij}P_{ij} \tag{14-67}$$

$$C'_m = \sum_{j=1}^{m} K_{1ij}a_{*ij}b_{ij}\omega_{ij}S_{*ij} \tag{14-68}$$

给出边界条件 $S_1^{n+1} = S_1(t_{n+1})$，即可求出各断面 $n+1$ 时刻的平均含沙量。再将断面平均含沙量分配到各个子断面上，各个子断面的河床变形方程(5-4)即可离散为

$$Z_{bij}^{n+1}=Z_{bij}^{n}+\Delta t\frac{K_{1ij}\alpha_{*ij}}{\rho'}\omega_{ij}(f_{1ij}S_{ij}^{n+1}-S_{*ij}^{n+1}) \tag{14-69}$$

式(14-69)计算结果即为$n+1$时刻河床冲淤变形后的高程。

四、悬沙和床沙粒径变化方程的求解

式(14-5)经离散后可化为

$$d_{cp\,i}^{n+1}=\frac{F_{i2}d_{cp\,i-1}^{n+1}-F_{i3}d_{cp\,i}^{n}+F_{i4}d_{cp\,i-1}^{n}+F_{i5}}{F_{i1}} \tag{14-70}$$

其中

$$F_{i1}=\frac{\theta}{\Delta x}(QS)_i^{n+1}+\frac{1}{2\Delta t}(AS)_i^{n+1} \tag{14-71}$$

$$F_{i2}=\frac{\theta}{\Delta x}(QS)_{i-1}^{n+1}-\frac{1}{2\Delta t}(AS)_{i-1}^{n+1} \tag{14-72}$$

$$F_{i3}=\frac{1-\theta}{\Delta x}(QS)_i^{n}-\frac{1}{2\Delta t}(AS)_i^{n} \tag{14-73}$$

$$F_{i4}=\frac{1-\theta}{\Delta x}(QS)_{i-1}^{n}+\frac{1}{2\Delta t}(AS)_{i-1}^{n} \tag{14-74}$$

$$F_{i5}=\frac{\rho'}{2}[\theta(F_{m\,i-1}^{n+1}+F_{m\,i}^{n+1})+(1-\theta)(F_{m\,i-1}^{n}+F_{m\,i}^{n})]+(q_L S_L d_L)_i^{n+1} \tag{14-75}$$

$$F_m=\frac{1}{\Delta t}\sum_{j=1}^{m}d_{cij}\Delta z_{ij}b_{ij} \tag{14-76}$$

式(14-6)经离散后可化为

$$\xi_{di}^{n+1}=\frac{F_{i2}\xi_{d\,i-1}^{n+1}-F_{i3}\xi_{d\,i}^{n}+F_{i4}\xi_{d\,i-1}^{n}+F_{i6}}{F_{i1}} \tag{14-77}$$

其中

$$F_{i6}=\frac{\rho'}{2}[\theta(F_{m\,i-1}'^{n+1}+F_{m\,i}'^{n+1})+(1-\theta)(F_{m\,i-1}'^{n}+F_{m\,i}'^{n})]+(q_L S_L \xi_L)_i^{n+1} \tag{14-78}$$

$$F_m'=\frac{1}{\Delta t}\sum_{j=1}^{m}\xi_{cij}\Delta z_{ij}b_{ij} \tag{14-79}$$

给出边界条件$d_{cp1}^{n+1}=d_{cp1}(t_{n+1})$、$\xi_{d1}^{n+1}=\xi_{d1}(t_{n+1})$，即可求出各断面$n+1$时刻的$d_{cp}$与$\xi_d$。

式(14-7)、式(14-8)可分别离散为

$$D_{cpij}^{n+1}=D_{cpij}^{n}+(\frac{\Delta Z}{H_c+0.5\Delta Z})(d_{cij}^{n+1}-D_{cpij}^{n}) \tag{14-80}$$

$$\xi_{dij}^{n+1}=\xi_{dij}^{n}+(\frac{\Delta Z}{H_c+0.5\Delta Z})(\xi_{cij}^{n+1}-\xi_{dij}^{n}) \tag{14-81}$$

对比可知，式(14-5)、式(14-6)及式(14-7)、式(14-8)的结构形式与式(14-3)、式(14-4)基本相同，且此在程序编制上不会造成过多麻烦。采用第九章与第十一章提出的悬沙与床沙交换模拟方法计算不仅理论上更加完善，而且在计算工作量上仅相当于将泥沙分为三组，

其结果却相当于将泥沙分成若干组的计算结果，采用该方法不必担心将泥沙级配分组过多而工作量过分增大的不良后果，因此具有重要的实用价值。

参 考 文 献

[1] 潘贤娣，赵业安，李勇，等. 三门峡水库修建后黄河下游河道演变[C]//三门峡水库运用经验总结项目组. 黄河三门峡水利枢纽运用研究文集. 郑州：河南人民出版社，1994: 99-159.

[2] 谢鉴衡. 河流模拟[M]. 北京：水利电力出版社，1990.

[3] 韦直林，赵良奎，付小平. 黄河泥沙数学模型研究[J]. 武汉水利电力大学学报，1997(5): 21-25.

第十五章　黄河下游典型洪水对准二维非恒定流水沙数学模型的验证

为检验本书构建的多沙河流水沙数学模型的适用性，作者选用了黄河下游 1977、1982、1988、1992、1996 年 5 场水沙组合及洪水演进特征颇具代表性的典型洪水，对模型的计算精度进行了系统的验证。随模型开发完善的过程，验证的因素逐步增加，其中 1988 年和 1992 年洪水的验证结果相对简单，验证的河段也较短。

第一节　1988 年洪水的验证

一、原型及计算概况

1988 年属典型的中水丰沙年，其特点表现为洪峰连续出现，中水历时长，来沙量大[1]。8 月 9 日之后，短短的十几天内，下游连续 4 次洪水，花园口流量大于 5 000 m^3/s 的天数较多，最大洪峰流量为 7 000 m^3/s，相应的含沙量为 51.4 kg/m^3，来沙系数 S/Q=0.007 34，而且由于洪水主要来自中游，最大含沙量达 211 kg/m^3。

模型验证河段取为花园口—夹河滩(二)之间的游荡性河段，计算时段取为洪水期的 8 月 6~26 日。计算初始地形采用 1988 年汛前实测大断面资料，对于每个大断面按高程变化情况概化为若干个子断面。出口边界条件采用夹河滩(二)水位流量关系控制。

采用输沙率法分析计算时段内花园口—夹河滩河段淤积 0.92 亿 t。由于淤积严重，洪峰期水位偏高，与 1982 年同流量情况相比，沿河水位普遍偏高 0.2 ~ 0.4 m，致使 6 000 m^3/s 的洪水大部分河段漫滩，洪水传播历时比正常情况滞后 10 个多小时。

二、数学模型验证结果

图 15-1、图 15-2 分别为夹河滩洪峰、沙峰传播过程验证结果。由此看来，无论洪峰还是沙峰，其峰形及传播过程与原型都是非常相似的，仅在局部存在一些误差，夹河滩流量

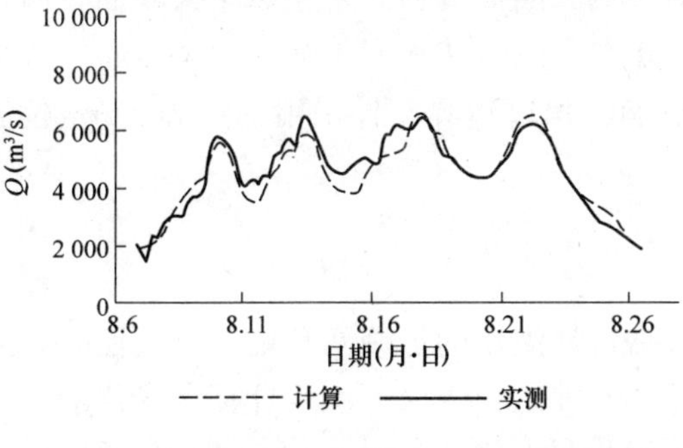

图 15-1　1988 年洪水夹河滩洪峰传播过程验证

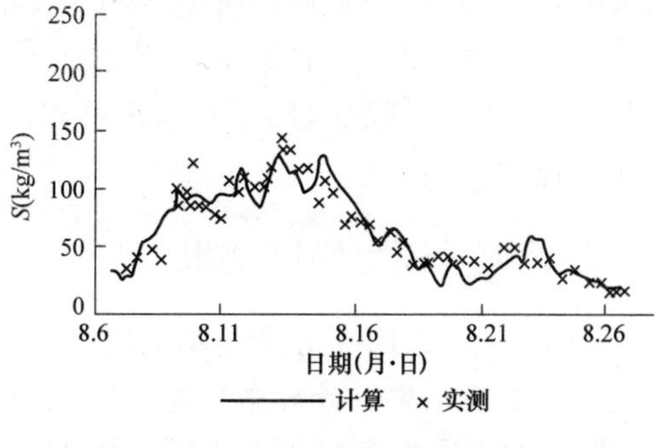

图 15-2　1988 年洪水夹河滩沙峰传播过程验证

计算结果平均误差 2.5%，最大误差为 8%；夹河滩含沙量计算结果平均误差为 3.0%，最大误差为 7.5%。图 15-3 为洪峰期本河段最高洪水位计算与实测结果对比图，最大误差为 0.25 m。该模型较好地模拟出了洪水水沙演进传播过程。

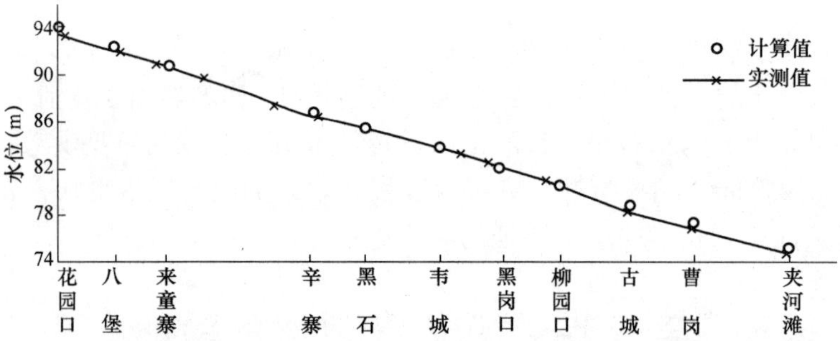

图 15-3　1988 年洪水沿程最高洪水位验证结果

第二节　1992 年洪水的验证

一、原型及计算概况

1992 年 8 月 16 日，黄河花园口水文站出现了流量为 6 260 m^3/s 的高含沙洪水[2]，洪水位(94.42 m)比 1982 年花园口流量为 15 300 m^3/s 时的洪水位还高 0.34 m，引起了广泛的关注。本次高含沙洪水花园口最大流量(6 260 m^3/s)和最大含沙量(535 kg/m^3)不同步，沙峰在前、洪峰在后，这种不利的水沙搭配造成了花园口—夹河滩河段的严重淤积，仅 8 月 5~19 日，河道淤积量就达 1.92 亿 t(输沙率法计算)，从冲淤横向分布看，本河段的淤积主要在边滩上，淤积厚度达 1.2 m 左右。从洪水前后中水流量水位和断面变化看，主槽并没有发生严重淤积[2]。由于洪峰洪水位表现较高，洪水大量漫滩，洪峰传播历时加长，花园口—夹河滩洪峰传播时间长达 32 h。

模型验证计算河段取为花园口—夹河滩。为尽量准确反映洪峰前期地形，计算时段取为 8 月 5~19 日，计算初始地形采用 1992 年汛前实测大断面资料，对于每个大断面按高程变化情况概化子断面。计算时段内包括了前期 10 d 左右三门峡水库 1 000 ~ 2 000 m^3/s 流量排沙过程，进而能反映出其对河道冲淤演变的影响。出口边界条件采用夹河滩(二)水位流量关系控制。

二、数学模型验证结果

图 15-4、图 15-5 分别为本河段 1992 年 8 月高含沙洪水的洪峰及沙峰传播过程的验证情况。从验证结果看计算结果与实际情况较接近。特别是“92 · 8”洪水计算洪峰传播时间为 31.5 h，与原型实际相当接近。图 15-6 点绘了沿程最高洪水位计算值与实测值的比较，两者也吻合的比较好。

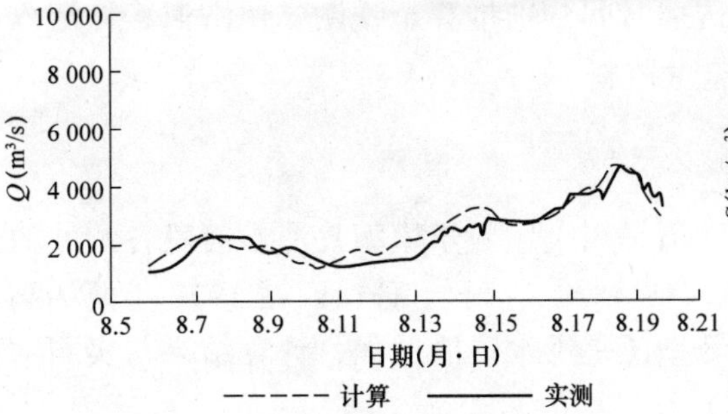

图 15-4　1988 年洪水夹河滩洪峰传播过程验证

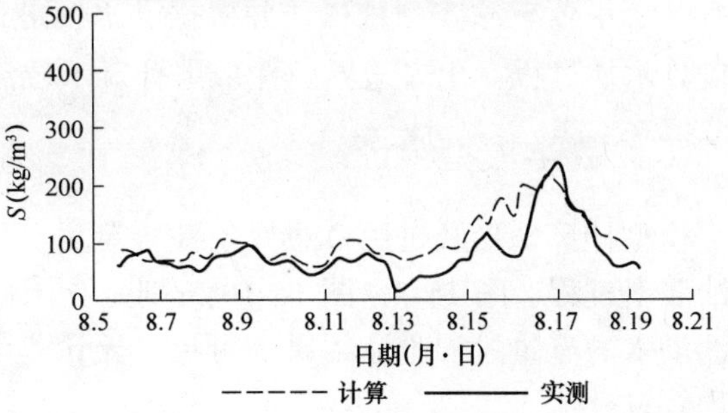

图 15-5　1988 年洪水夹河滩沙峰传播过程验证

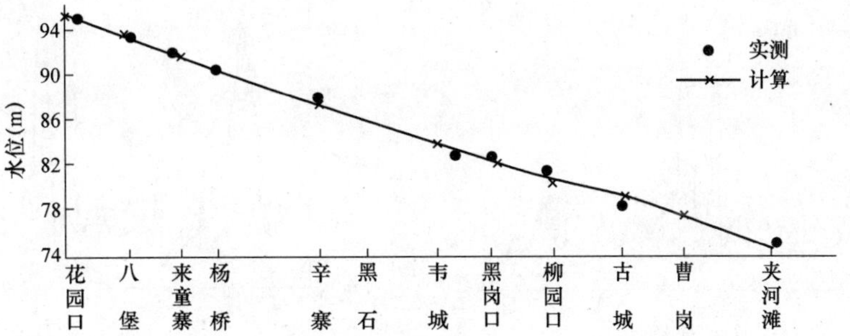

图 15-6　1988 年洪水沿程最高洪水位验证结果

第三节　1977 年洪水的验证

一、原型及计算概况

1977 年是典型的丰沙年[3]，三门峡年水量仅 307 亿 m^3，年沙量却高达 20.8 亿 t，且主要集中在 7、8 月连续出现的两场高含沙洪水。7 月份洪水主要来自渭河、北洛河、延水等支流，小浪底最大流量为 8 100 m^3/s，最大含沙量为 535 kg/m^3；8 月份洪水主要来自龙门以上偏关河至秃尾河之间的降雨，小浪底最大流量为 10 100 m^3/s，最大含沙量高达 941 kg/m^3。两场高含沙洪水的悬沙组成均较粗，且 8 月份洪水尤为突出。

7、8 月两场高含沙洪水在黄河下游河道中均产生了槽冲滩淤，由于滩地淤积量远远大于主槽冲刷量，因而整个河道表现为严重淤积，且淤积部位主要发生在高村以上的宽浅游荡性河段，占黄河下游总淤积量的 80%以上。洪水过后，边滩淤高、主槽刷深，塑造出相对窄深的断面形态。因此，在整个洪水过程中水位变化比较剧烈。

模型验证计算河段取为铁谢—孙口河段，初始地形采用 1977 年汛前实测大断面资料，对于每个大断面按高程变化情况概化为 10～15 个子断面。模型计算时段取为 7 月 3 日 0 时~7 月 18 日 0 时与 7 月 25 日 0 时~9 月 3 日 0 时，共 55 d。在进口及伊洛河、沁河两支流入汇的流量、含沙量、悬沙平均粒径(采用文献[4]提出的方法修正)过程分别采用小浪底、黑石关、小董三站实测过程，并根据洪水演进传播时间分别推算至铁谢、伊洛河、沁河入黄口处水沙过程。出口边界条件采用孙口水位流量控制。

二、数学模型验证结果

模型计算地形及进出口边界条件给定后，即可采用上述数学模型复演本河段各测站的水沙演变过程。图 15-7 ~ 图 15-10 分别是花园口、夹河滩、高村、孙口四站 1977 年两场高含沙洪水的流量过程验证结果。可见，无论是峰型还是洪水传播过程，计算结果与实测结果均较符合。

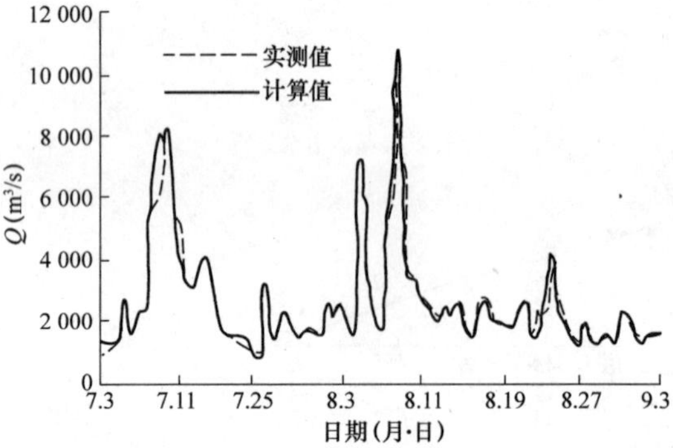

图 15-7　1977 年洪水花园口站洪峰流量过程验证

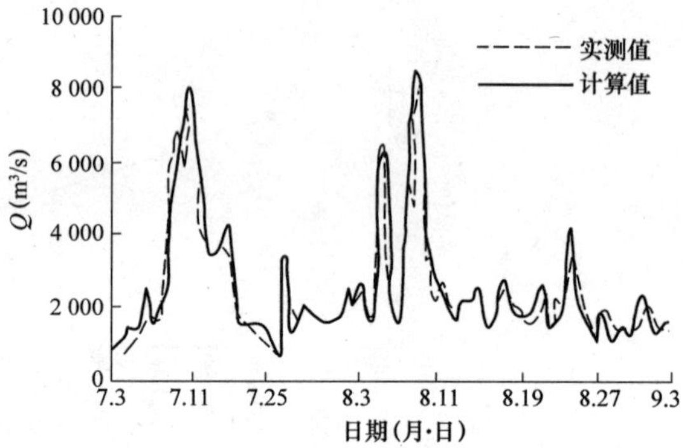

图 15-8　1977 年洪水夹河滩站洪峰流量过程验证

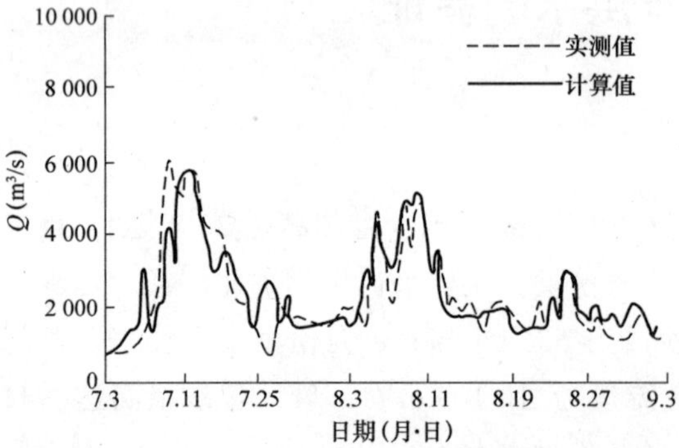

图 15-9　1977 年洪水高村站洪峰流量过程验证

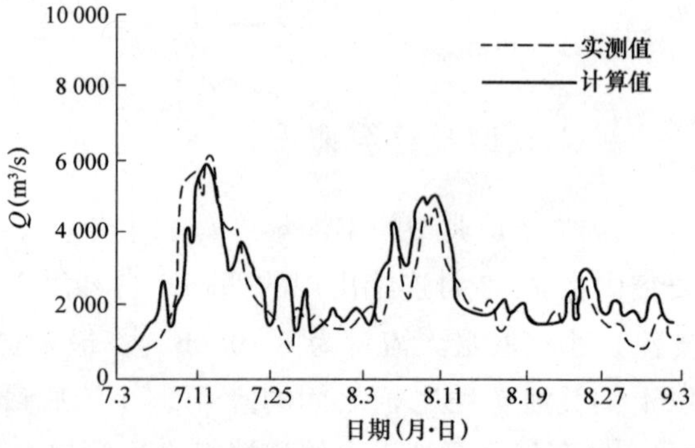

图 15-10　1977 年洪水孙口站洪峰流量过程验证

图 15-11 ~ 图 15-14 点绘了两场洪水沿程各断面最高洪水位计算结果，表 15-1 列举了该河段主要断面最高洪水位计算值。与实测值相比，沿程各测站最高洪水位的计算值与实测值误差基本位于目前野外水位观测精度的范围内。

采用 1977 年汛后与汛前实测大断面所计算得出的实测冲淤量结果(见表 15-2)及花园口、夹河滩、高村、孙口四站的含沙量过程(见图 15-12 ~ 图 15-15)与模型计算结果比较，发现该模型能较好地模拟高含沙洪水的运行规律和河床变形过程。

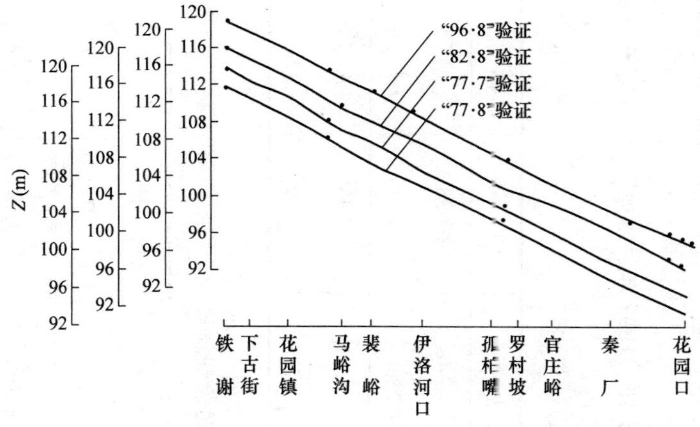

(a)铁谢—花园口

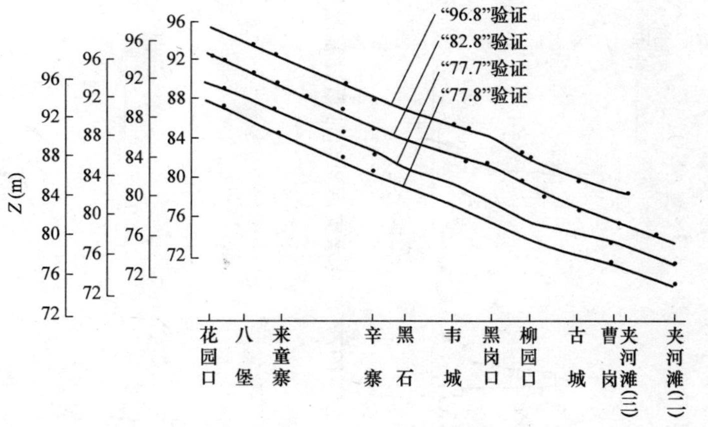

(b)花园口—夹河滩

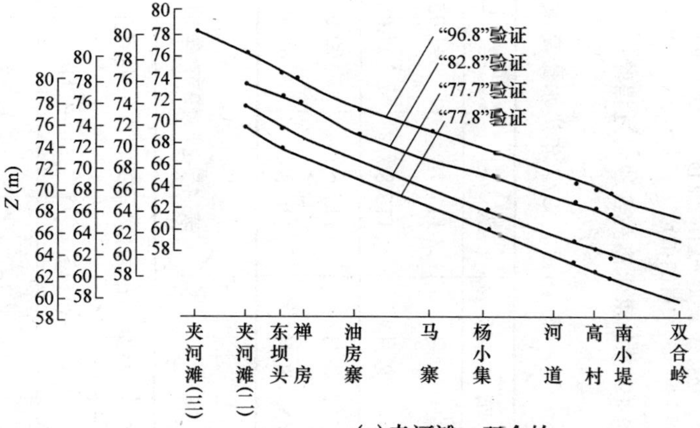

(c)夹河滩—双合岭

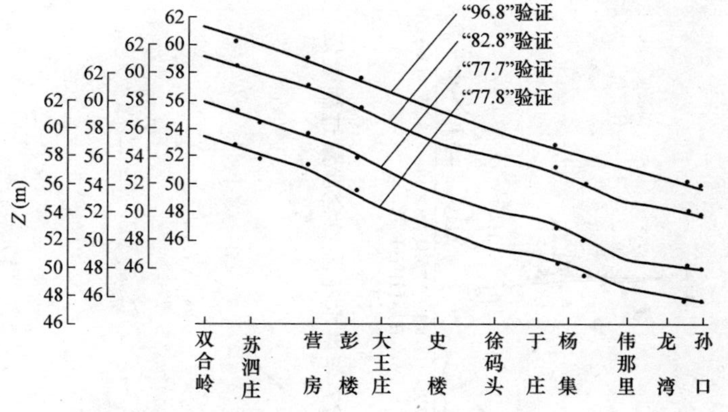

(d)双合岭—孙口

· 实测值　——— 计算值

图 15-11　洪峰期沿程各站最高洪水位验证结果

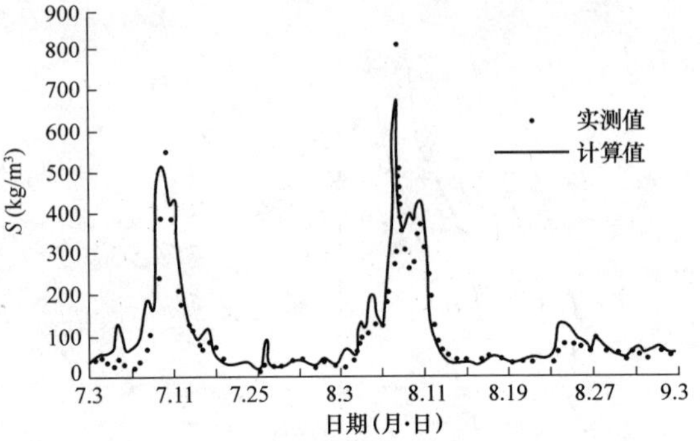

图 15-12　1977 年洪水花园口含沙量过程验证

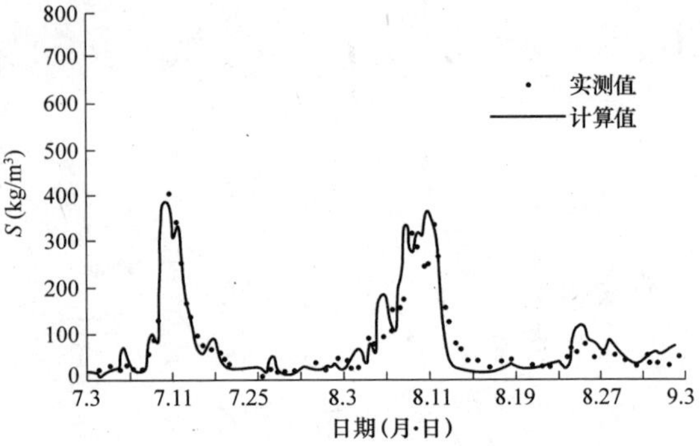

图 15-13　1977 年洪水夹河滩含沙量过程验证

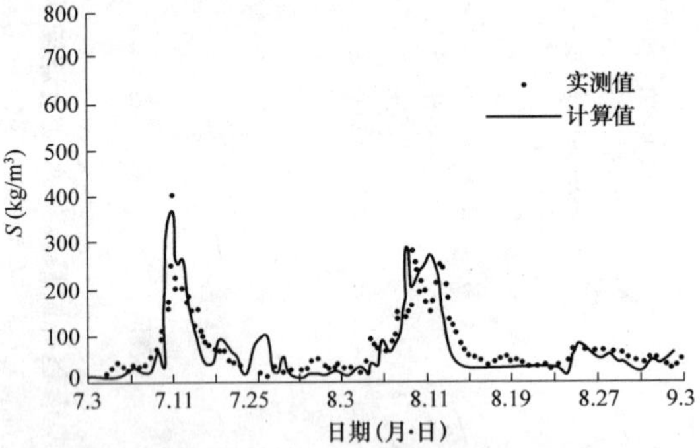

图 15-14　1977 年洪水高村含沙量过程验证

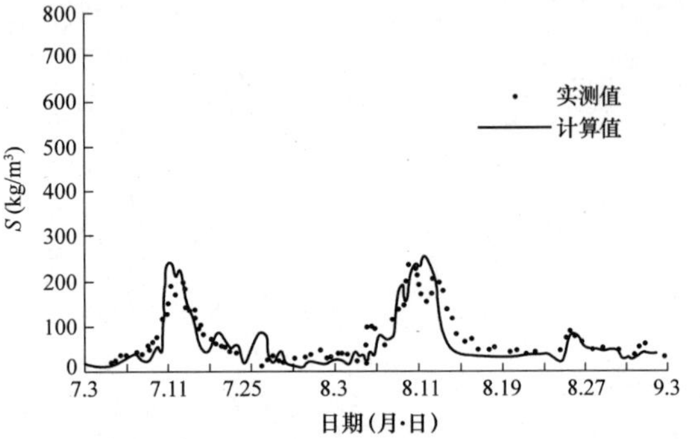

图 15-15　1977 年洪水孙口含沙量过程验证

表 15-1　1977 年洪水最高洪水位计算值与实测值比较　(单位：m)

测站		铁谢	花园口	夹河滩	高村	孙口
最高洪水位计算值	7 月	117.78	92.95	75.48	62.38	47.72
	8 月	117.80	93.08	75.41	62.15	47.50
最高洪水位实测值	7 月	117.66	92.92	75.53	62.40	47.74
	8 月	117.63	93.15	75.43	62.30	47.44

表 15-2　1977 年洪水冲淤量验证结果　(单位：亿 m^3)

河段	铁谢—花园口	花园口—夹河滩	夹河滩—高村	高村—孙口	铁谢—孙口
计算冲淤量	+0.11	+3.21	+1.94	+0.39	+5.65
实测冲淤量(断面法)	+0.10	+3.14	+1.89	+0.38	+5.51

图 15-16～图 15-19 点绘了模型计算夹河滩站 7、8 两月洪水期 d_{cp} 及 d_{50} 过程与实测过程的对比结果。由此可以看出，悬沙 d_{cp} 与 d_{50} 的大小及过程也与实测值较为接近，进而说明，该模型采用的悬沙与床沙交换规律模拟计算方法是符合天然河流实际情况的。

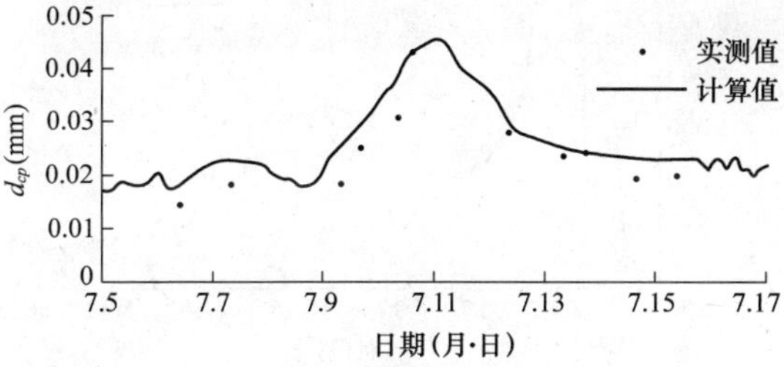

图 15-16　1977 年 7 月夹河滩悬沙 d_{cp} 验证

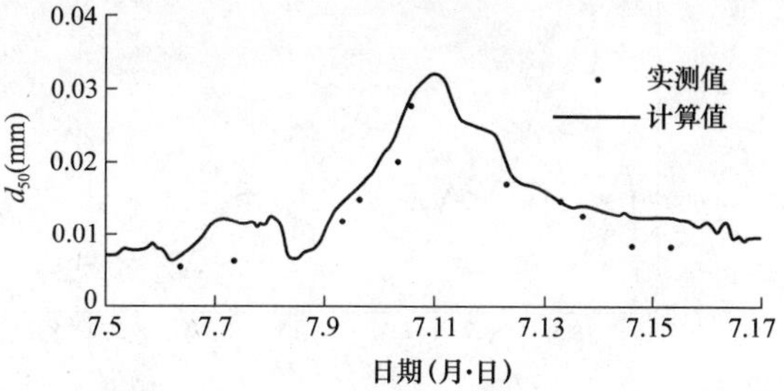

图 15-17　1977 年 7 月夹河滩悬沙 d_{50} 验证

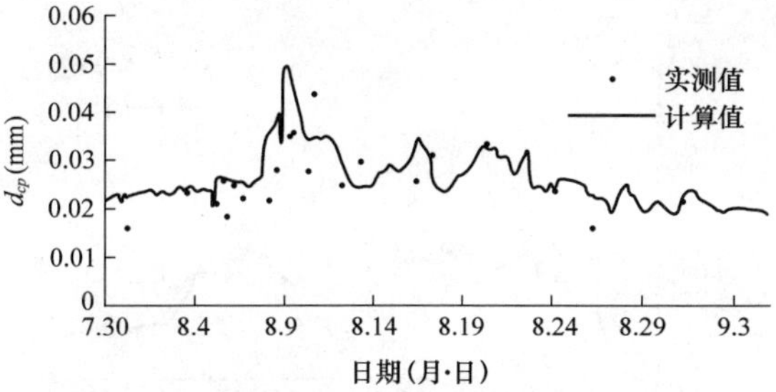

图 15-18　1977 年 8 月夹河滩悬沙 d_{cp} 验证

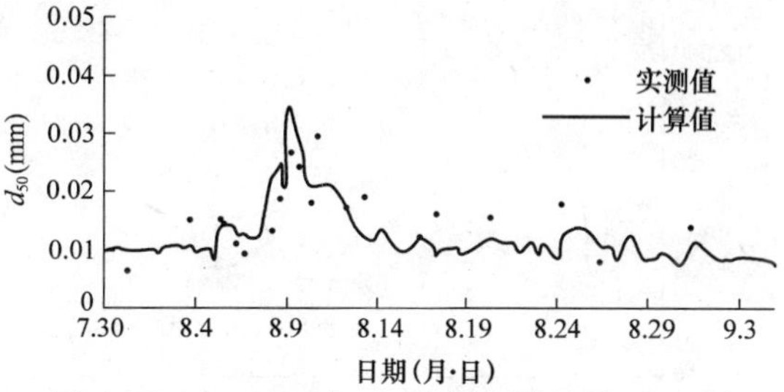

图 15-19　1977 年 8 月夹河滩悬沙 d_{50} 验证

第四节　1982 年洪水的验证

一、原型及计算概况

受 1982 年 9 号台风影响，黄河三花间干支流自 1982 年 7 月 29 日开始普降大雨，局部暴雨，伊洛河、沁河并涨。同时三门峡以上及区间来水量较大，黄河小浪底、伊洛河黑石关与沁河武陟站相继出现 9 340、4 110、4 240 m^3/s 的洪峰，而后在下游花园口相遇形成了黄河下游三门峡枢纽修建以来最大的一次洪水[5]。该场洪水特点是，伊洛河、黄河、沁河并涨，峰高量大、涨势猛、含沙量小，且悬沙组成细，为典型的大水少沙型洪水。

模型验证计算河段为铁谢—孙口。计算初始地形采用 1982 年汛前实测大断面资料。进口及支流入汇条件采用小浪底、黑石关、小董三站实测过程并考虑洪水传播时间分别推出铁谢、伊洛河、沁河入黄口过程。出口边界条件采用 1982 年孙口站汛期水位流量关系控制。模型验证时段为 7 月 30 日 0 时~8 月 27 日 0 时，共 28 d。采用输沙率法计算本时段该河段的冲淤量为淤积 0.99 亿 m^3，利用 1982 年汛前与汛后大断面实测资料计算冲淤量为冲刷 0.13 亿 m^3。此两种方法计算结果有差异，而对于黄河下游这样的大冲大淤河道而言，当属微冲微淤。

二、数学模型验证结果

模型计算的花园口、夹河滩、高村、孙口洪峰流量分别为 15 100、14 630、12 930、10 300 m^3/s，与实测值 15 300、14 500、13 000、10 100 m^3/s 非常接近，而且洪峰传播过程(见图 15-20～

图 15-23)与传播时间(见表 15-3)也与实测结果基本一致。

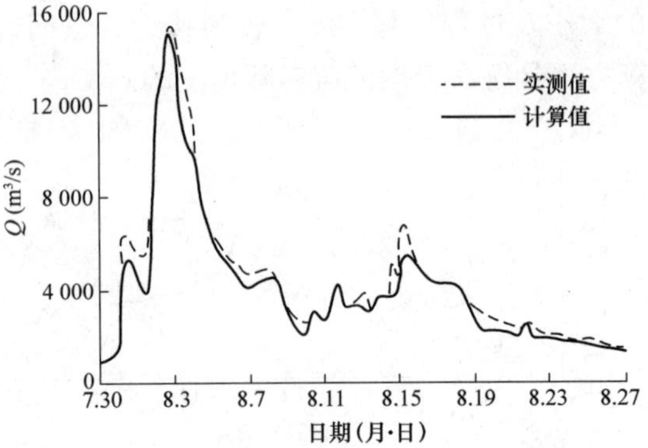

图 15-20　1982 年洪水花园口洪峰流量过程验证

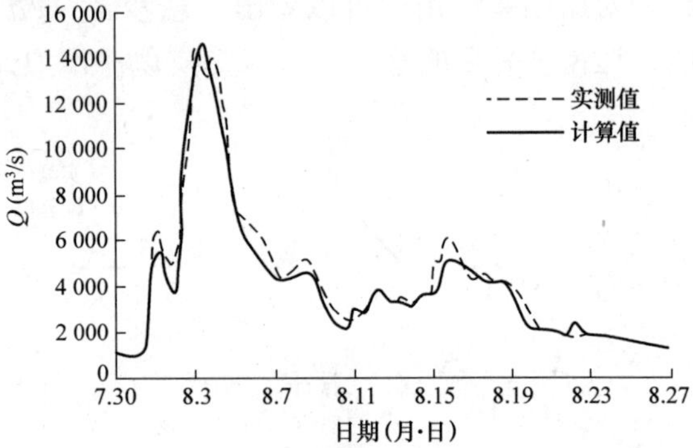

图 15-21　1982 年洪水夹河滩洪峰流量过程验证

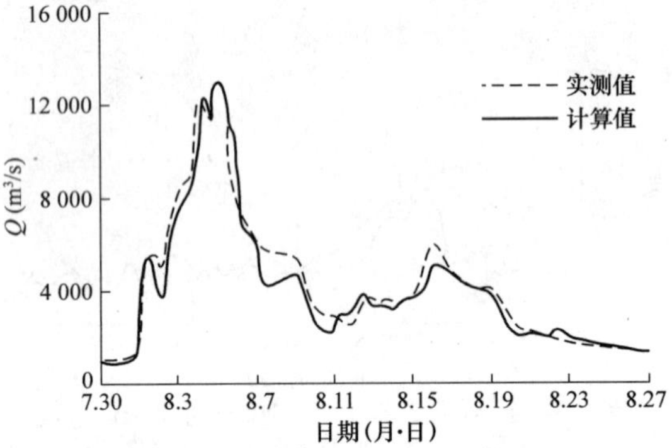

图 15-22　1982 年洪水高村洪峰流量过程验证

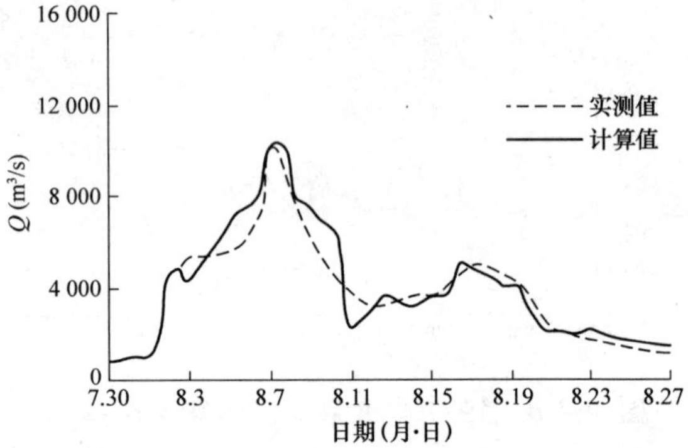

图 15-23　1982 年洪水孙口洪峰流量过程验证

表 15-3　1982 年洪水洪峰传播时间对比　(单位：h)

河段	铁谢—花园口	花园口—夹河滩	夹河滩—高村	高村—孙口	铁谢—孙口
计算值	14.5	10	43	49.5	117
实测值	13	9	46	48	116

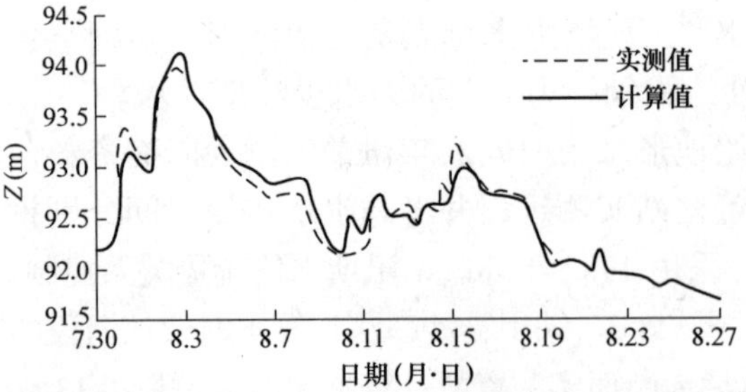

图 15-24　1982 年洪水花园口站水位过程验证

图 15-24 绘制了花园口站水位过程验证结果。可见，整个洪水期水位过程与实测值相差不大。计算的铁谢、花园口、夹河滩、高村、孙口最高洪水位分别为117.98、94.10、75.55、63.99、49.65 m，与实测值 118.11、93.99、75.60、64.13、49.60 m 比较接近，且沿程最高洪水位(见图 15-11)与实测结果吻合较好。

图 15-25 ~ 图 15-28 为洪水期含沙量传播过程。本场洪水水多沙少，含沙量传播过程与实测结果略有出入，其原因是多方面的，其中与原型资料观测精度有一定的关系。表 15-4 列举了冲淤量计算结果，本河段共淤积 0.35 亿 m^3，介于断面法与输沙率法计算结果之间，仍属微冲微淤特性。

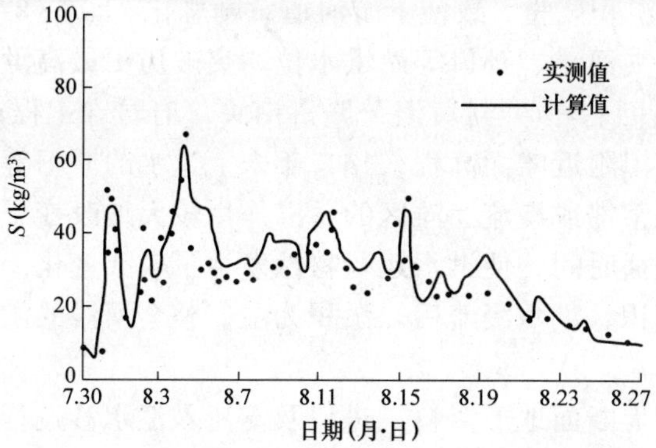

图 15-25 1982 年洪水花园口含沙量过程验证

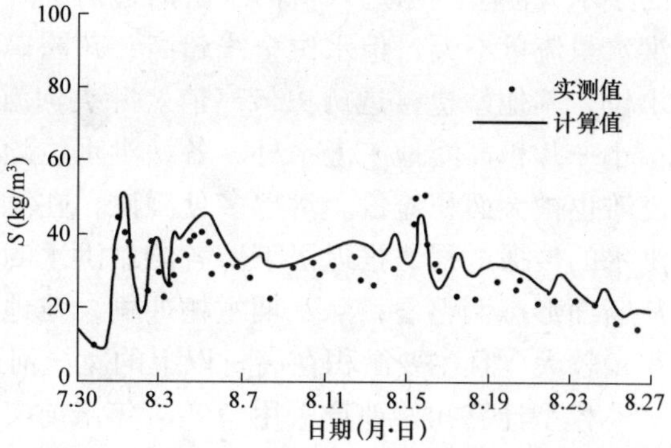

图 15-26 1982 年洪水夹河滩含沙量过程验证

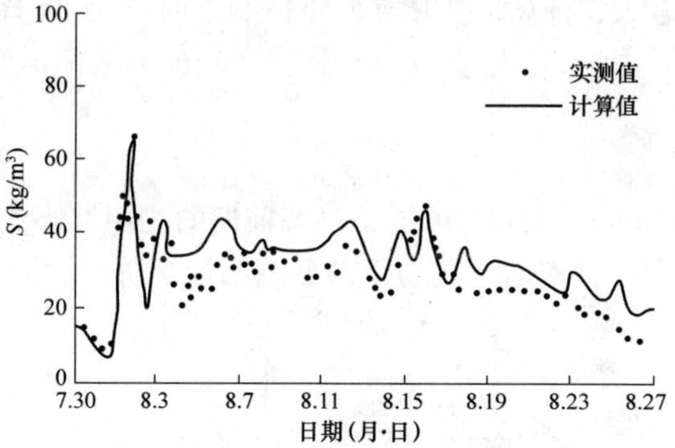

图 15-27 1982 年洪水高村含沙量过程验证

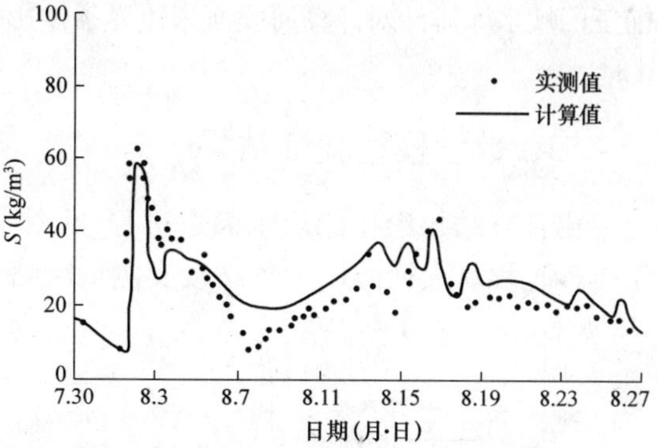

图 15-28 1982 年洪水孙口含沙量过程验证

表 15-4 1982 年洪水冲淤量对比 (单位：亿 m^3)

河段		铁谢—花园口	花园口—夹河滩	夹河滩—高村	高村—孙口	铁谢—孙口
计算值		+0.41	−0.25	−0.16	+0.35	+0.35
实测值	断面法	+0.38	−0.33	−0.54	+0.36	−0.13
	输沙率法	+0.36	+0.06	−0.01	+0.58	+0.99

第五节 1996 年洪水的验证

一、原型及计算概况

受 1996 年 7 月 8 号台风的影响，黄河中游山陕区间和三门峡—花园口区间分别于 7 月 31 日~8 月 1 日和 8 月 2~4 日普降中、大雨，局部地区降大到暴雨。黄河小浪底站、伊洛河黑石关站、沁河武陟站均在 8 月 2 ~ 7 日出现洪水，洪水传播序递叠加形成花园口站第一号洪峰。8 月 8 ~ 9 日山陕区间又降暴雨，黄河中游峡谷区吴堡、龙门、潼关水文站相继出现 9 600、11 200、7 500 m^3/s 的尖瘦型洪峰，传播至下游形成黄河下游第 2 号洪峰。以上两场洪水洪峰传播到孙口河段叠加为一峰，于 8 月下旬进入渤海[6]。

1986 年以后，由于汛期进入黄河下游的水量明显偏枯，而来沙量变化不大，这样长期的小水大沙型洪水进入黄河下游河道后，河槽淤积严重，致使下游河道急剧恶化。“96·8”洪水虽流量不大，但水位全线超高，花园口、夹河滩、孙口等站洪水位均突破历史最高洪水位，其他站也接近历史最高值。除夹河滩断面右岸(开封黄河公路桥南头，府君寺工程)很小一片稍高滩地未上水外，各站洪水位均高出附近滩面高程，141 年未上过水的原阳等高滩也被大面积淹没。洪水多处漫滩，在滩区蓄滞或漫流，滩区的蓄滞作用较大地改变了洪水的传播过程，推迟了下游各测站洪水的传播时间，使洪水运行特性发生了较大变化。从断面形态调整看，涨水期主槽冲刷，滩地淤积，洪水漫滩后以淤积为主，整个河段的淤积量较大，且主要淤积在高村以上的宽浅河道。

模型计算初始地形采用 1996 年汛前实测大断面地形资料。进口及支流入汇水沙过程分别采用小浪底、黑石关、小董 3 站实测过程并按洪水传播时间分别推算出铁谢、伊洛河、沁河入黄口过程。出口边界条件采用 1996 年孙口站汛期水位流量关系控制。考虑 7 月中旬洪峰前三门峡水库排沙对计算河段河床边界条件影响较大，计算时段取为 7 月 15 日 0 时~8 月 24 日 0 时。

二、数学模型验证结果

由计算结果绘出的洪水演进过程(见图 15-29 ~ 图 15-32)可知，洪峰前期的三门峡小流量排沙过程从夹河滩以下各站较实测情况略偏大，且滞后。这与下游各测站计算所取的初

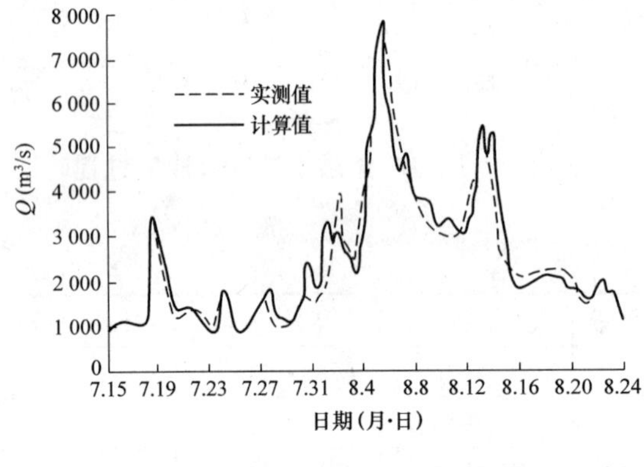

图 15-29　1996 年洪水花园口洪峰流量过程验证

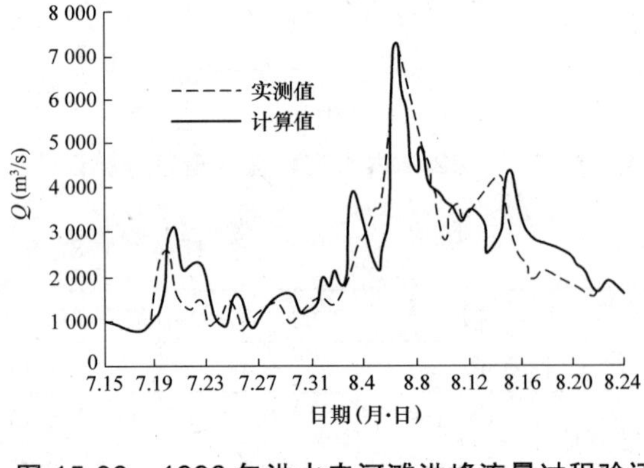

图 15-30　1996 年洪水夹河滩洪峰流量过程验证

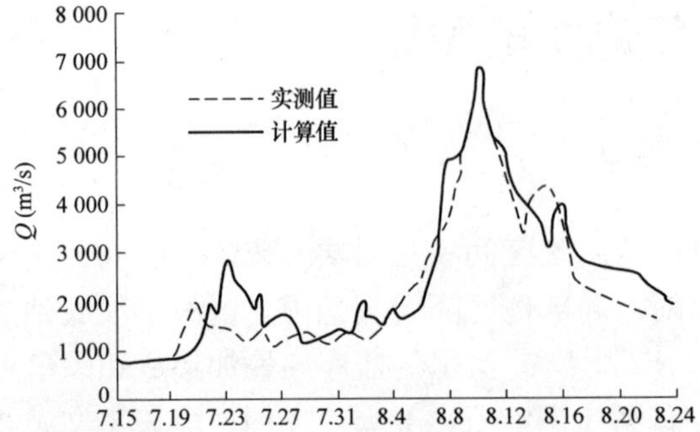

图 15-31　1996 年洪水高村洪峰流量过程验证

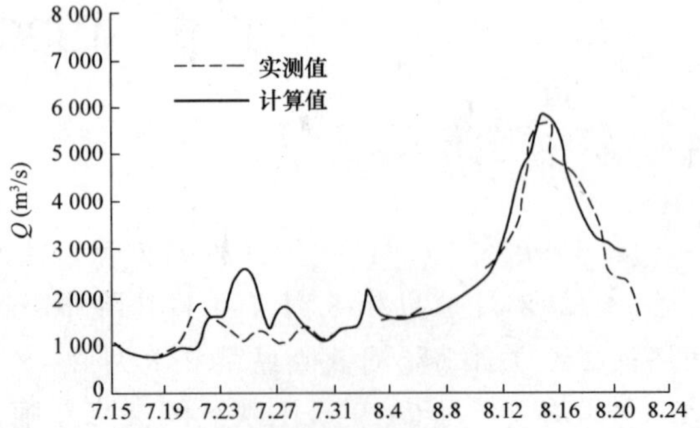

图 15-32　1996 年洪水孙口洪峰流量过程验证

始流量有关。由表 15-5 列举的数据可知，在 7 月 15 日 0 时，夹河滩以下各测站流量很小，到孙口站流量只有 78 m^3/s。因模型验证主要模拟大洪水期的水沙演进情况，虽初始值给的偏大，但对洪峰期洪水演进影响极小。

模型计算的花园口最大洪峰流量 7 770 m^3/s，到达夹河滩、高村、孙口站后洪峰流量分别为 7 250、6 840、5 850 m^3/s，与实测值 7 860、7 170、6 810、5 680 m^3/s 非常接近，且峰型与洪水传播时间(见表 15-6)也与实测情况相差无几。

表 15-5　模型选定初始流量与原型实测值对比　　(单位：m^3/s)

测站	铁谢(小浪底)	花园口	夹河滩	高　村	孙　口
模型选用初始流量	750	750	750	750	750
原型实测初始流量	758	726	730	507	78

表 15-6　1996 年洪水洪峰传播时间对比　　(单位：h)

河　段	铁谢—花园口	花园口—夹河滩	夹河滩—高村	高村—孙口	铁谢—孙口
计算值	33	27.5	82	117.5	260
实测值	31	26.7	79.3	120	257

图 15-33 为洪水期花园口站实测水位过程线与计算值的比较图。计算结果与实测值较为吻合。模型计算的铁谢、花园口、夹河滩、高村、孙口最高洪水位为 118.85、94.77、78.32、64.02、49.68 m，与实测值 118.98、94.73、78.34、63.87、49.66 m 比较接近，且沿程各测站水位与实测值比较，误差一般为±20 cm 之内(见图 15-11)。

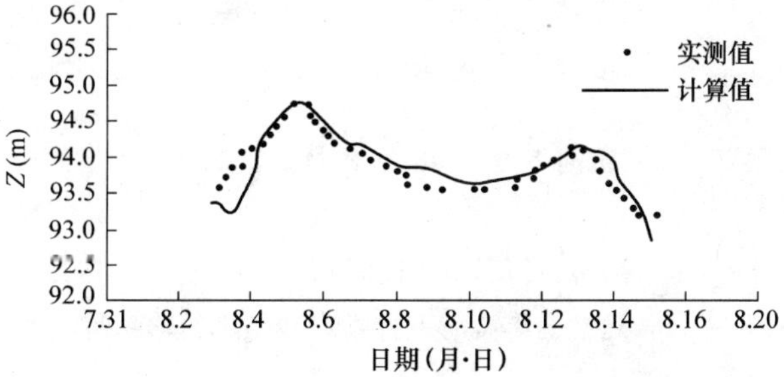

图 15-33　1996 年洪水花园口站水位过程线比较

因该场洪水漫滩范围大，滩地滞洪作用强，洪水运行缓慢，水流挟沙能力较小，河床淤积量大。表 15-7 列举了淤积量计算结果，图 15-34 ~ 图 15-37 为花园口、夹河滩、高村、孙口四站计算含沙量过程与实测值比较图。对比可知，本模型能较好地模拟在现行严重萎缩的河道中洪水演进及河床冲淤特性。

表 15-7　1996 年洪水冲淤量对比　　(单位：亿 m^3)

河　段	铁谢—花园口	花园口—夹河滩	夹河滩—高村	高村—孙口	铁谢—孙口
计算值	+1.65	+1.70	+1.52	+0.12	+4.99
实测值(断面法)	+1.55	+1.48	+1.62	+0.01	+4.66

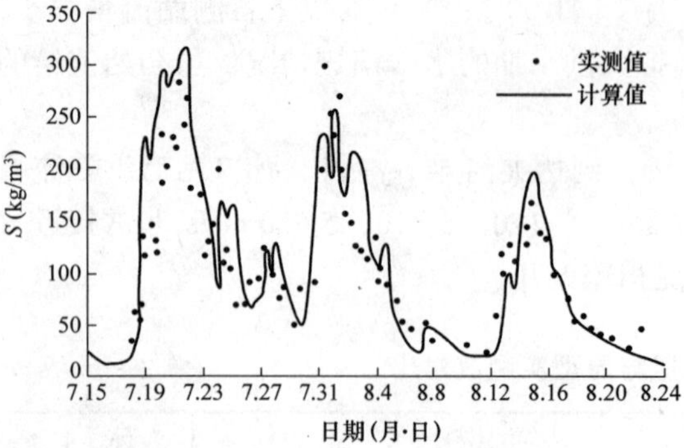

图 15-34　1996 年洪水花园口含沙量过程验证图

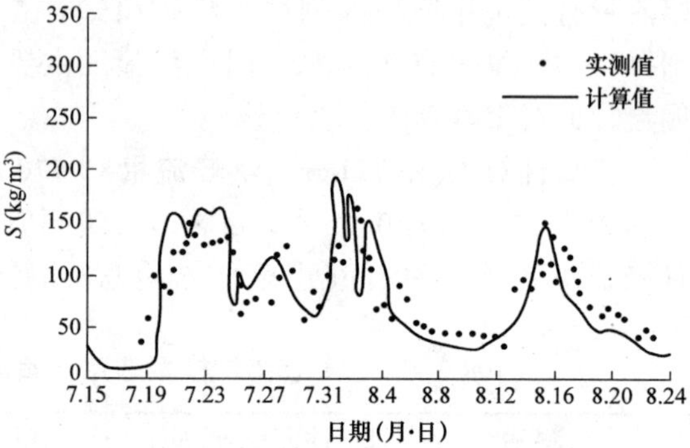

图 15-35　1996 年洪水夹河滩含沙量过程验证

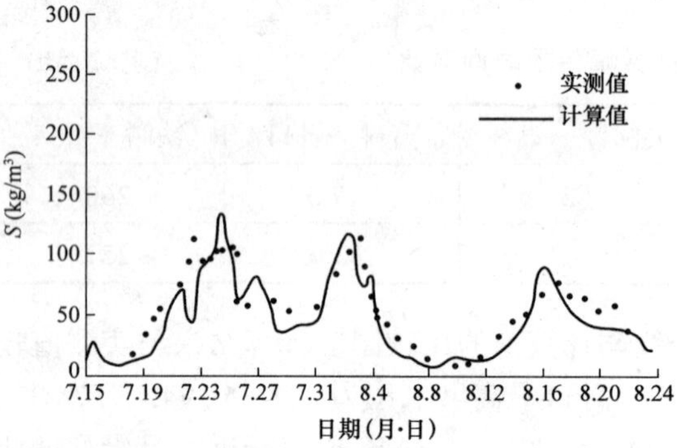

图 15-36　1996 年洪水高村含沙量过程验证

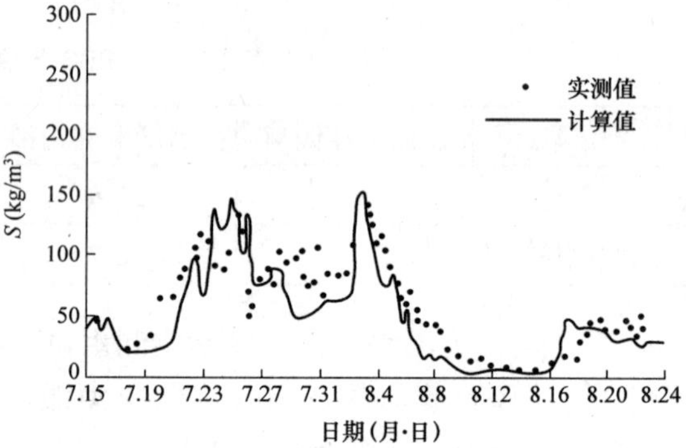

图 15-37　1996 年洪水孙口含沙量过程验证

参 考 文 献

[1] 胡一三，陈六连，曾日新，等. 黄河下游 1988 年 8 月洪水期河势工情简析及重大险情抢护[J]. 人民黄河，1989(5):19-22.

[2] 庞致功. “92 · 8”高含沙洪水对河南黄河段防洪的影响[J]. 人民黄河, 1993(8).

[3] 齐璞，赵业安，樊左英, 等. 一九七七年黄河下游高含沙洪水的输移与演变分析[R]. 郑州：黄河水利科学研究院，1984.

[4] 张民琪，王国土，等. 1950～1990 年黄河水文基本资料审查评价及天然径流量计算[R]. 郑州：黄河水利委员会水文局, 1997.

[5] 李保如，王恺忱，屈孟浩，等. 一九八二年八月洪水调查报告[R]. 郑州：黄河水利委员会，1982.

[6] 胡一三，曹常胜. 黄河下游“96 · 8”洪水及河势工情[J]. 人民黄河，1997(5).

第十六章　黄河下游典型系列年对准二维非恒定流水沙数学模型的验证

为进一步检验本数学模型在长时段水沙系列作用下对长河段的适应性和计算精度，使其真正成为预测河流水沙演进及河床冲淤变化的有效手段，我们选用了目前黄河下游河道数学模型模拟计算中难度较大的两个冲刷系列(1960～1965 年三门峡水库下泄清水期与 1999～2002 年小浪底水库下泄清水期)与河道发生大幅度冲淤交替变化的 1976～1995 年系列进行了验证计算。

第一节　三门峡水库下泄清水期水沙系列的验证

一、水沙概况

三门峡水库自建成并投入运用后，大大改变了进入下游河道的水沙过程。表 16-1 列举了验证时段内进入下游河道的来水来沙量。

表 16-1　三门峡水库下泄清水期下游来水来沙量统计

时段(年·月)	小浪底			黑石关			小浪底+黑石关			花园口		
	水量(亿 m^3)	沙量(亿 t)	含沙量(kg/m^3)	水量(亿 m^3)	沙量(亿 t)	含沙量(kg/m^3)	水量(亿 m^3)	沙量(亿 t)	含沙量(kg/m^3)	水量(亿 m^3)	沙量(亿 t)	含沙量(kg/m^3)
1960.9~1961.6	182.1	0.07	0.38	9.9	0.08	8.08	192.0	0.15	0.78	141.1	1.03	7.30
1961.7~1961.10	289.8	1.39	4.80	12.5	0.09	7.20	302.3	1.48	4.90	294.1	2.71	9.21
1961.11~1962.6	261.8	0.63	2.41	11.3	0.02	1.77	273.1	0.65	2.38	282.4	1.92	6.80
1962.7~1962.10	202.3	2.57	12.70	17.0	0.17	10.00	219.3	2.74	12.49	235.2	3.19	13.56
1962.11~1963.6	401.3	2.17	5.41	22.2	0.07	3.15	423.5	2.24	5.29	244.8	2.31	9.44
1963.7~1963.10	262.0	4.50	17.18	19.4	0.18	9.28	281.4	4.68	16.63	308.8	5.75	18.62
1963.11~1964.6	252.0	2.70	10.71	30.4	0.12	3.95	282.4	2.82	9.99	305.7	2.68	8.77
1964.7~1964.10	437.2	8.74	19.99	53.6	0.38	7.09	490.8	9.12	18.58	517.7	11.89	22.97
1964.11~1965.6	242.3	7.33	30.25	31.1	0.04	1.29	273.4	7.37	26.96	288.5	5.02	17.40
1960.9~1965.6	2 530.8	30.1	11.89	207.4	1.15	5.54	2 738.2	31.25	11.41	2 618.3	36.50	13.94

1960 年 9 月 ~ 1962 年 3 月为三门峡水库蓄水运用期，除洪水期以异重流排出少量细颗粒泥沙外，其他时间均下泄清水[1]。1962 年 3 月 ~ 1973 年 10 月，水库改为滞洪排沙运用，但在 1964 年 10 月以前，由于水库泄流能力小，滞洪作用大，水库继续拦沙，出库沙量仍较小。其中，1960 年 9 月 ~ 1964 年 10 月，小浪底站来水量为 2 288.5 亿 m^3，沙量为 22.77 亿 t，平均含沙量仅有 9.95 kg/m^3。加上支流来水来沙及小浪底—花园口河段河道的冲刷，花园口站来水量为 2 329.8 亿 m^3，来沙量为 31.48 亿 t，平均含沙量也仅有 13.5 kg/m^3。进入黄河下游的水多沙少，特别是又遇到 1964 年丰水年，造成了整个下游河道的持续强烈冲刷[2]，其中铁谢—官庄峪河段累计冲刷 7.2 亿 t，花园口—高村河段累计冲刷 13.1 亿 t，全黄河下游共冲刷 23.1 亿 t。

从 1964 年 10 月底开始，大量前期淤积在三门峡水库中的泥沙被冲刷出库，形成小水带大沙的不利局面，到 1965 年 6 月，小浪底站来水量共 242.3 亿 m^3，来沙量 7.33 亿 t，平均含沙量高达 30.25 kg/m^3；花园口站来水量为 288.5 亿 m^3，来沙量 5.02 亿 t，平均含沙量 17.4 kg/m^3，且悬沙粒径偏粗。同时，由于前期床沙已发生了明显粗化，糙率增大，水流挟沙能力减小，河道开始回淤。其中铁谢—官庄峪河段淤积 1.3 亿 t，花园口—高村河段淤积 2.4 亿 t。

二、模型计算概况

受天然河道实测资料的限制，同时考虑期间花园口水利枢纽存在的影响，模型验证分两个河段进行，上段为铁谢—官庄峪河段，下段为花园口—高村河段。模型计算进口水沙过程及悬沙组成分别采用小浪底、花园口两站实测过程，同时选取黑石关站水沙过程及悬沙组成作为伊洛河入黄水沙条件。初始地形资料采用 1960 年汛后实测大断面，对于每一个大断面，根据滩槽变化情况概化为 12 ~ 15 个子断面，各断面的初始床沙组成利用 1960 年汛后实测资料按河段间距内插。模型末端水位分别采用官庄峪与高村断面不同时期的水位流量关系确定。

三、模型验证结果

图 16-1 ~ 图 16-3 为铁谢—官庄峪、花园口—夹河滩、夹河滩—高村 3 河段随时间累计冲淤量过程计算值与原型实测值的比较结果。图 16-4 ~ 图 16-6 为沿程累计冲淤过程计算值

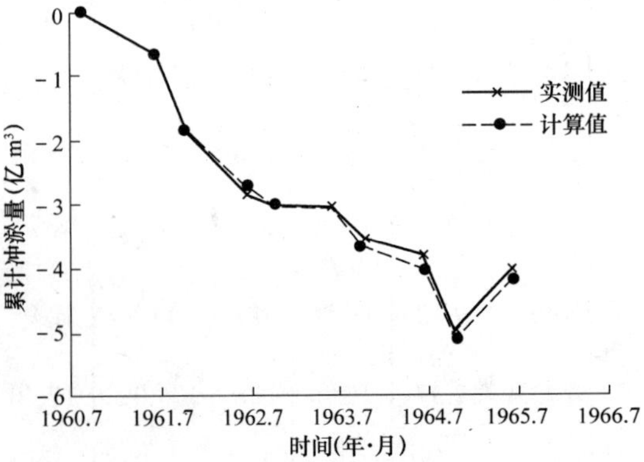

图 16-1　铁谢—官庄峪冲淤过程的验证

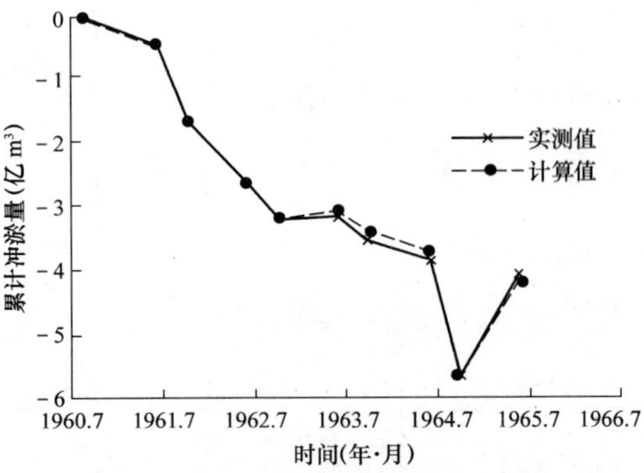

图 16-2　花园口—夹河滩冲淤过程的验证

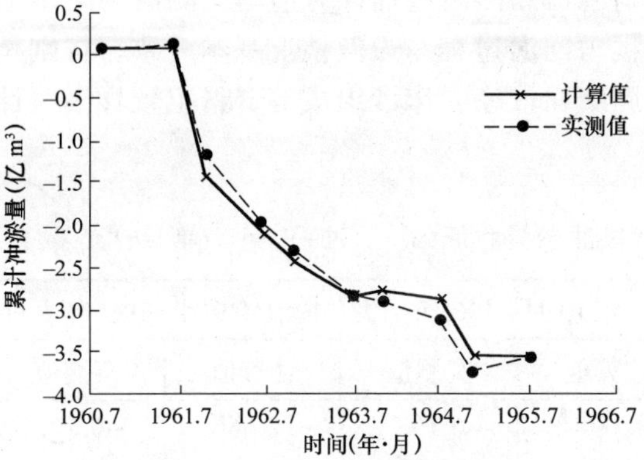

图 16-3　夹河滩—高村冲淤过程的验证

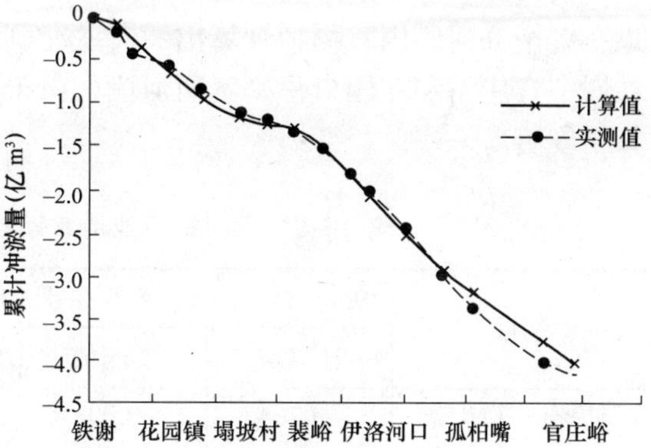

图 16-4　铁谢—官庄峪冲淤量沿程累计验证

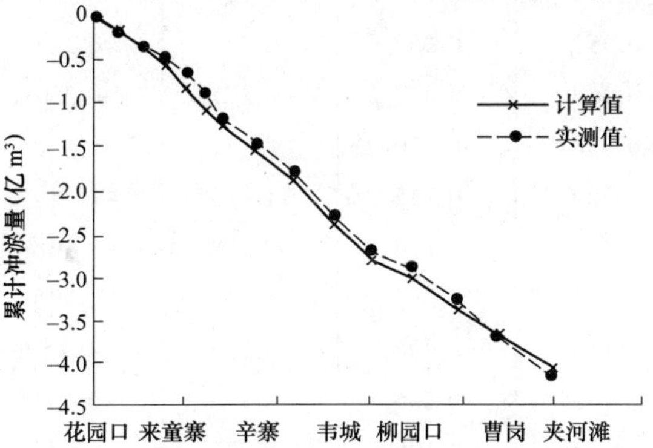

图 16-5　花园口—夹河滩冲淤量沿程累计验证

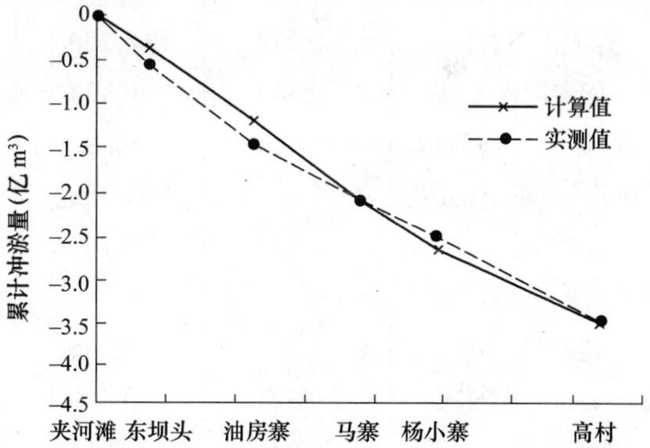

图 16-6　夹河滩—高村冲淤量沿程累计验证

与实测过程的对比。表 16-2 列举出了不同时段三个河段模型计算冲淤量与实测值的对比，计算的冲刷量分别为 4.026 亿、4.032 亿、3.559 亿 m^3，与实测值 4.193 亿、4.126 亿、3.559 亿 m^3 非常接近。同时还发现，该模型不仅较准确地模拟了河道连续冲刷期的河床变形过程，而且冲刷停止后的河道回淤过程，计算结果与实测结果也吻合得较好。

表 16-2　三门峡下泄清水期不同时段冲淤量计算值与实测值的对比　(单位：亿 m^3)

时段(年・月)	铁谢—官庄峪		花园口—夹河滩		夹河滩—高村	
	计算值	实测值	计算值	实测值	计算值	实测值
1960.9 ~ 1961.6	–0.650	–0.659	–0.410	–0.446	0.003	0.043
1961.7 ~ 1961.10	–1.226	–1.193	–1.220	–1.182	–1.456	–1.260
1961.11 ~ 1962.6	–0.994	–0.884	–0.991	–0.989	–0.665	–0.810
1962.7 ~ 1962.10	–0.173	–0.325	–0.565	–0.571	–0.320	–0.308
1962.11 ~ 1963.6	–0.005	–0.021	0.083	0.149	–0.421	–0.517
1963.7 ~ 1963.10	–0.507	–0.595	–0.395	–0.314	0.049	–0.063
1963.11 ~ 1964.6	–0.277	–0.361	–0.327	–0.320	–0.066	–0.211
1964.7 ~ 1964.10	–1.193	–1.101	–1.825	–1.970	–0.668	–0.606
1964.11 ~ 1965.6	0.999	0.946	1.618	1.517	–0.015	0.172
1960.9 ~ 1965.6	–4.026	–4.193	–4.032	–4.126	–3.559	–3.559

表 16-3 为计算河段内沿程各分河段的冲刷过程和回淤过程计算值与实测值的对比结果，各个分河段内，模拟计算出的河道冲刷过程与回淤过程与天然情况基本一致，特别是铁谢—官庄峪和花园口—辛寨两河段，由于实测断面较密，床沙组成等资料也较详细，计算精度更高一些。

表 16-3　三门峡下泄清水期各河段冲淤量验证(淤+、冲–)　　(单位：亿 m^3)

河段	1960 年 9 月 ~ 1964 年 10 月		1964 年 10 月 ~ 1965 年 6 月		1960 年 9 月 ~ 1965 年 6 月	
	计算值	实测值	计算值	实测值	计算值	实测值
铁谢—花园镇	–0.764	–0.701	0.098	0.108	–0.666	–0.593
花园镇—扣马	–0.379	–0.348	0.064	0.071	–0.315	–0.277
扣马—塌坡村	–0.309	–0.370	0.081	0.086	–0.228	–0.284
塌坡村—裴峪	–0.261	–0.302	0.133	0.114	–0.128	–0.188
裴峪—东寺湾	–0.278	–0.290	0.057	0.067	–0.221	–0.223
东寺湾—神堤	–0.344	–0.333	0.067	0.072	–0.277	–0.261
神堤—伊洛河口	–0.313	–0.280	0.050	0.060	–0.263	–0.220
伊洛河口—孤柏嘴	–1.313	–1.488	0.200	0.145	–1.113	–1.343
孤柏嘴—石槽	–0.735	–0.766	0.177	0.158	–0.558	–0.608
石槽—官庄峪	–0.329	–0.260	0.072	0.065	–0.257	–0.195
花园口—吴 5	–0.289	–0.246	0.114	0.096	–0.175	–0.15
吴 5—来童寨	–0.593	–0.489	0.195	0.165	–0.398	–0.324
来童寨—三刘寨	–0.941	–0.904	0.234	0.199	–0.707	–0.705
三刘寨—辛寨	–0.351	–0.355	0.081	0.062	–0.270	–0.293
辛寨—黑石	–0.399	–0.370	0.060	0.031	–0.339	–0.339
黑石—韦城	–0.729	–0.720	0.235	0.258	–0.494	–0.462
韦城—黑岗口	–0.745	–0.821	0.349	0.369	–0.396	–0.452
黑岗口—柳园口	–0.280	–0.241	0.092	0.077	–0.188	–0.164
柳园口—古城	–0.428	–0.435	0.097	0.078	–0.331	–0.357
古城—曹岗	–0.407	–0.482	0.069	0.062	–0.338	–0.420
曹岗—夹河滩	–0.488	–0.581	0.092	0.121	–0.396	–0.46
夹河滩—东坝头	–0.508	–0.645	0.055	0.092	–0.453	–0.553
东坝头—油房寨	–0.889	–0.963	0.010	0.039	–0.869	–0.924
油房寨—马寨	–0.821	–0.791	0.079	0.121	–0.792	–0.670
马寨—杨小寨	–0.497	–0.437	–0.030	0.001	–0.577	–0.436
杨小寨—高村	–0.739	–0.895	–0.129	–0.081	–0.868	–0.976
铁谢—官庄峪	–5.025	–5.138	0.999	0.946	–4.026	–4.192
花园口—夹河滩	–5.650	–5.644	1.618	1.518	–4.032	–4.126
夹河滩—高村	–3.454	–3.731	–0.015	0.172	–3.559	–3.559
花园口—高村	–9.104	–9.375	1.603	1.690	–7.591	–7.685

第二节 小浪底水库下泄清水期水沙系列的验证

一、水沙概况

模型验证选用的时段为 1999 年 11 月～2002 年 10 月，表 16-4 列举了该时段内黄河下游来水来沙情况。这 3 年为黄河典型的枯水系列，加之小浪底水库的蓄水拦沙，下游年均来水量仅为 179.24 亿 m^3，年均沙量为 0.347 亿 t。由于黄河下游两岸干旱，引水灌溉用水量较大，加之滩区灌溉用水及自然蒸发渗漏，到达利津的年均水量仅为 47.66 亿 m^3，沿程水量耗散占进入下游总水量的 73.4%。

模型验证计算时段内，黄河下游无大洪水发生。2002 年汛期，黄委会开展了调水调沙试验，花园口最大洪峰流量也仅有 3 170 m^3/s。从水沙运行情况看，除 2002 年汛期调水调沙期间局部河段少量洪水上滩外，其余时间水流均在主槽内运行。

表 16-4 1999 年 11 月～2002 年 10 月黄河下游来水来沙量统计

时段	小浪底		黑石关+小董		小+黑+小		利津	沿程耗散	
	水量(亿 m^3)	沙量(亿 t)	水量(亿 m^3)	沙量(亿 t)	水量(亿 m^3)	沙量(亿 t)	水量(亿 m^3)	水量(亿 m^3)	占来水量百分比(%)
1999 年非汛期	102.41	0.000	3.13	0.000	105.54	0.000	20.92	84.62	80.2
2000 年汛期	38.42	0.043	11.48	0.004	49.89	0.047	18.73	31.17	62.5
2000 年非汛期	123.50	0.000	8.54	0.015	132.05	0.015	45.68	86.37	65.4
2001 年汛期	42.03	0.230	4.46	0.010	46.49	0.240	13.07	33.42	71.9
2001 年非汛期	107.76	0.013	5.06	0.000	112.81	0.013	15.11	97.71	86.6
2002 年汛期	86.87	0.727	4.08	0.000	90.95	0.727	29.49	61.46	67.6
年平均	166.99	0.338	12.25	0.010	179.24	0.347	47.66	131.58	73.4

注："小+黑+小"指"小浪底+黑石关+小董"。

二、模型计算概况

模型验证计算河段为铁谢—利津河段。采用小浪底站实测水沙过程(调水调沙期间为洪水要素资料，其余时间为日平均资料)及悬沙组成作为进口边界条件。伊洛河、沁河入黄水沙过程分别采用黑石关、小董站实测资料，初始地形采用黄河下游 1999 年汛后实测大断面控制，并将每一个大断面概化为 12～15 个子断面。末端水位采用利津站水位流量关系控制。

1999 年汛后，铁谢—利津河段进行了 31 个实测大断面床沙级配的详细观测，依此并结合断面间距内插确定全下游初始床沙组成。

由于计算时段内水量耗散较大，且无详细的滩区引水与自然渗漏蒸发资料，只考虑黄河两岸沿程引水使水量很难达到平衡，且该时段内进入黄河下游的水量又非常小，使得这部分差额水量占的比例相对较大，如果计算过程中不考虑这部分耗损水量势必会对河道冲淤量的准确模拟产生较大影响。为此，我们将这部分水量损失均匀分配到各河段内(2002年汛期调水调沙期，全下游均没有引水除外)作为已知的分流条件参与计算。

三、模型验证结果

从这3年的总体情况看，黄河下游表现为全程冲刷，冲刷量在沿程分布上表现为夹河滩以上河道冲刷量较大，占总冲刷量的92%，而夹河滩以下河段处于微冲状态。从河道冲刷距离的发展过程看，第一年冲刷至夹河滩附近，第二年冲刷至高村附近，第三年，特别是经过2002年汛期的调水调沙后，艾山以下河道也发生了明显冲刷。

2002年汛前，黄河下游又进行了详细的床沙级配观测，此时的床沙组成与1999年汛后相比发生了粗化，特别是高村以上宽河道床沙粗化比较明显，而高村以下由于淤积的主要是上游冲起的床沙，加之床面上原有的细沙被水流带走，床面组成也略有粗化，但不显著。

表16-5列出了黄河下游分河段、分时段模型计算冲淤量结果，3年全下游冲刷量计算值为2.803亿 m^3，与实测值2.842亿 m^3 非常接近。图16-7点绘了全下游河道冲刷过程模型计算值与原型实测过程，图16-8～图16-13为分河段模型计算冲淤量与原型实测冲淤量的对比，图16-14为2002年汛前黄河下游主槽表层床沙平均粒径计算值与原型实测值的比较。对上述结果分析可知，模型计算的黄河下游河道冲淤演变过程与冲淤分布与实测情况吻合较好，床沙冲刷粗化过程及床沙与悬沙交换过程也比较符合实际，计算精度完全可以满足生产要求。

表16-5　模型计算黄河下游冲淤量与实测值的比较　　(单位：亿 m^3)

时段		铁—花	花—夹	夹—高	高—孙	孙—艾	艾—利	铁—利
1999年非汛期	实测值	−0.695	−0.290	0.058	0.082	−0.017	0.200	−0.662
	计算值	−0.647	−0.196	0.052	0.100	−0.009	0.244	−0.455
2000年汛期	实测值	−0.006	−0.195	−0.006	0.035	0.024	−0.067	−0.215
	计算值	−0.066	−0.183	−0.002	0.028	0.011	−0.046	−0.258
2000年非汛期	实测值	−0.314	−0.283	−0.117	−0.032	−0.015	0.104	−0.657
	计算值	−0.434	−0.414	−0.092	−0.018	−0.010	0.027	−0.940
2001年汛期	实测值	−0.146	−0.035	−0.005	0.093	0.000	−0.098	−0.191
	计算值	−0.081	−0.050	−0.011	0.060	−0.004	−0.044	−0.130
2001年非汛期	实测值	−0.144	−0.272	−0.026	−0.008	0.011	−0.013	−0.452
	计算值	−0.130	−0.202	−0.051	−0.041	0.026	−0.059	−0.457
2002年汛期	实测值	−0.141	−0.080	−0.018	−0.177	−0.027	−0.222	−0.665
	计算值	−0.093	−0.065	−0.022	−0.137	−0.018	−0.227	−0.562
合计	实测值	−1.446	−1.155	−0.114	−0.007	−0.024	−0.096	−2.842
	计算值	−1.450	−1.111	−0.126	−0.009	−0.003	−0.105	−2.803

注：“铁”指“铁谢”；“花”指“花园口”；“夹”指“夹河滩”；“高”指“高村”；“孙”指“孙口”；“艾”指“艾山”；“利”指“利津”。

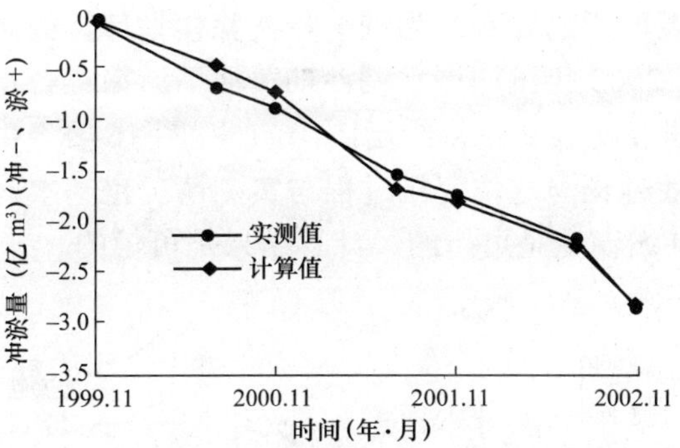

图 16-7　铁谢—利津河段冲淤量验证结果

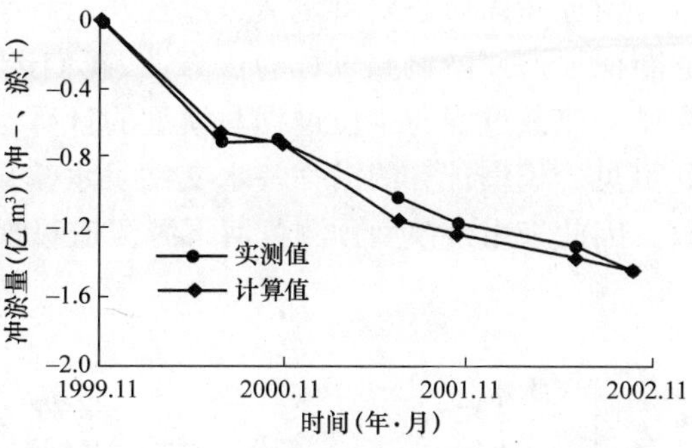

图 16-8　铁谢—花园口河段冲淤量验证结果

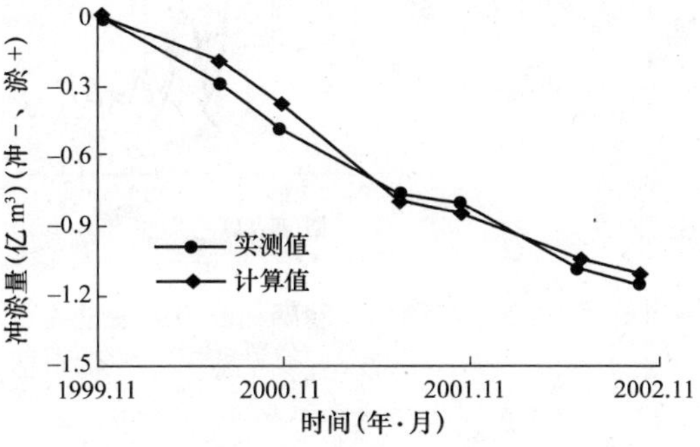

图 16-9　花园口—夹河滩河段冲淤量验证结果

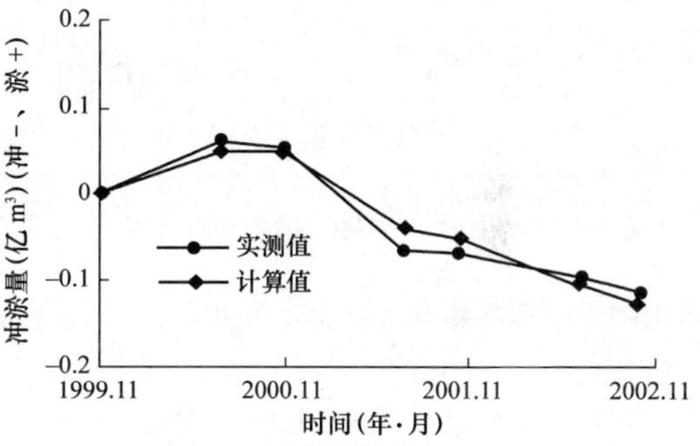

图 16-10　夹河滩—高村河段冲淤量验证结果

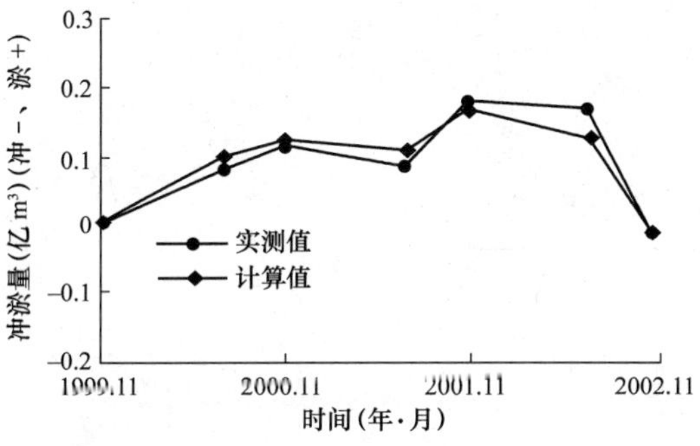

图 16-11　高村—孙口河段冲淤量验证结果

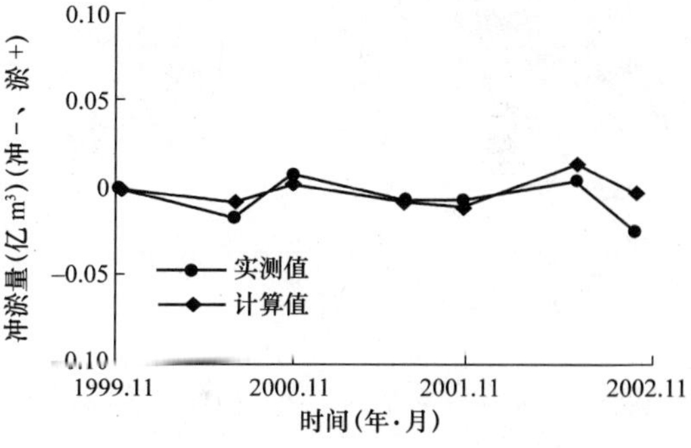

图 16-12　孙口—艾山河段冲淤量验证结果

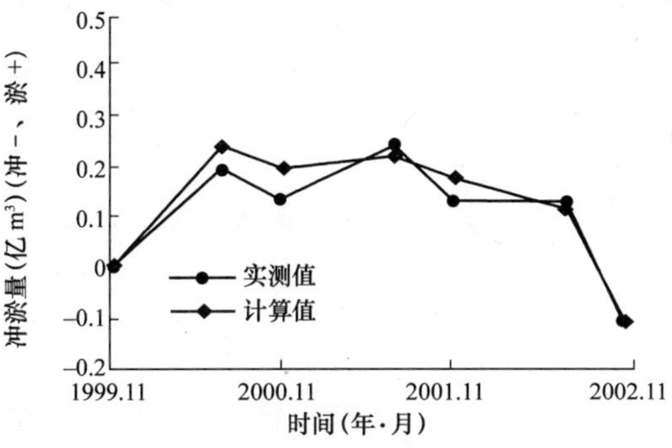

图 16-13　艾山—利津河段冲淤量验证结果

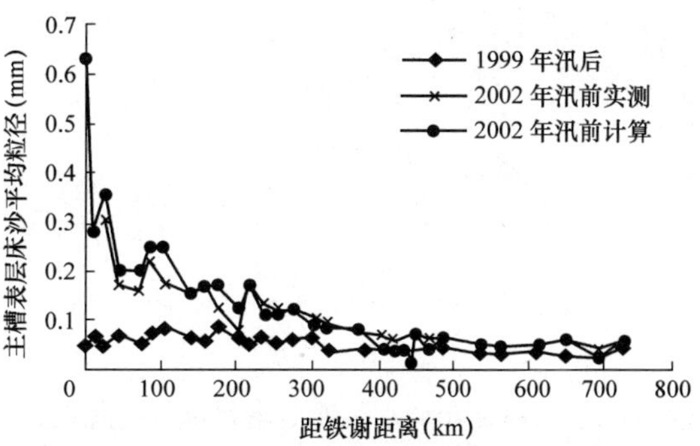

图 16-14　2002 年汛前主槽表层 D_{cp} 验证结果

河道断面形态对洪水演进过程及沿程水位表现影响较大。为进一步检验模型计算的河道断面形态冲淤调整过程的可靠性，我们选用了2002年汛期调水调沙期黄河下游沿程各水文站的流量过程与水位过程与模型的计算结果进行比较，结果绘于图16-15～图16-28。由此可见，模型计算的沿程各水文站洪水演进传播过程与水位变化过程与实测情况也基本一致，因此采用该模型预测黄河下游河道纵横向冲淤演变是可行的，计算结果是可信的。

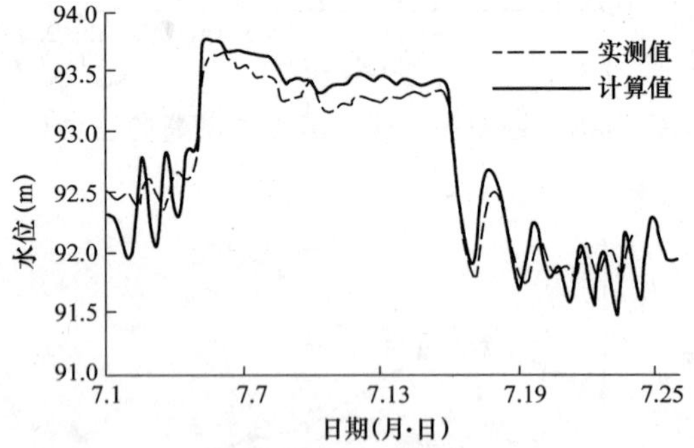

图 16-15　2002 年调水调沙期花园口水位过程验证

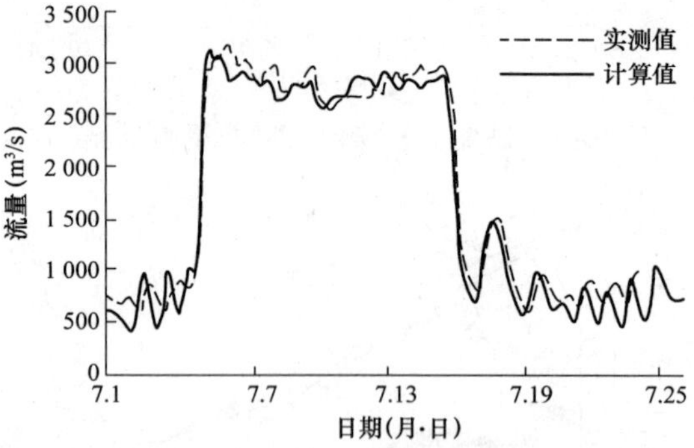

图 16-16　2002 年调水调沙期花园口流量过程验证

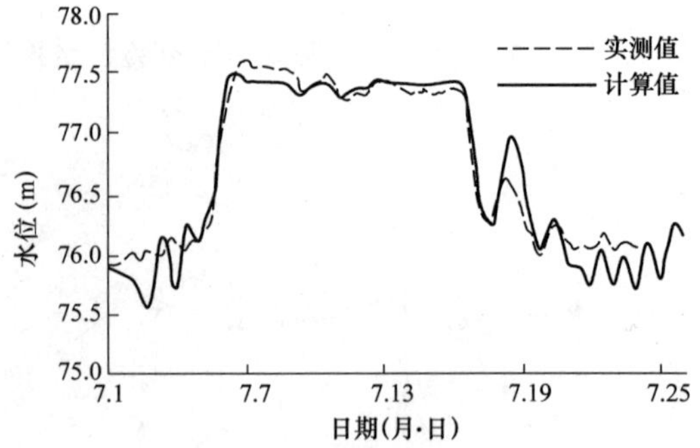

图 16-17　2002 年调水调沙期夹河滩水位过程验证

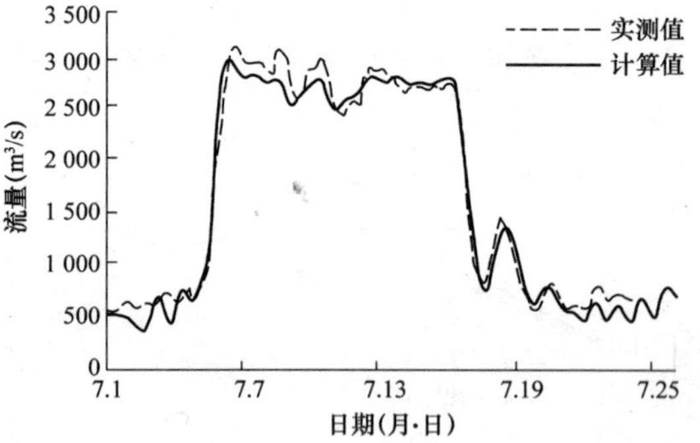

图 16-18　2002 年调水调沙期夹河滩流量过程验证

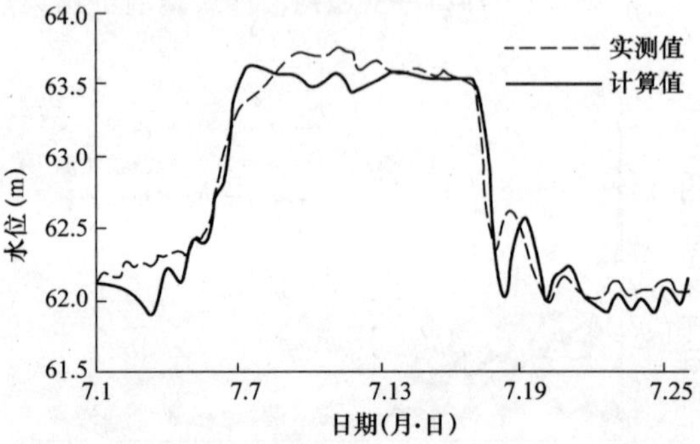

图 16-19　2002 年调水调沙期高村水位过程验证

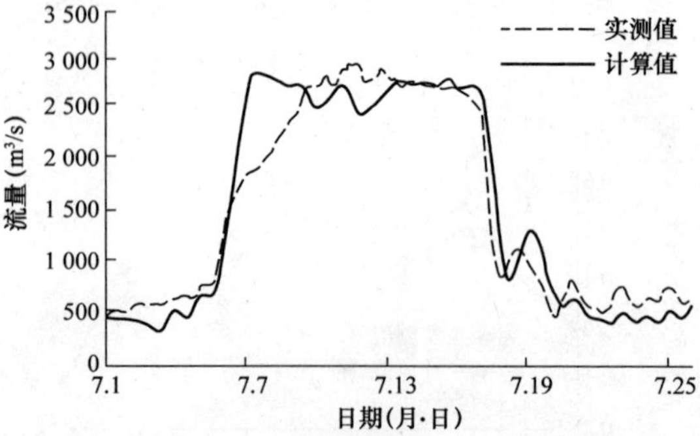

图 16-20　2002 年调水调沙期高村流量过程验证

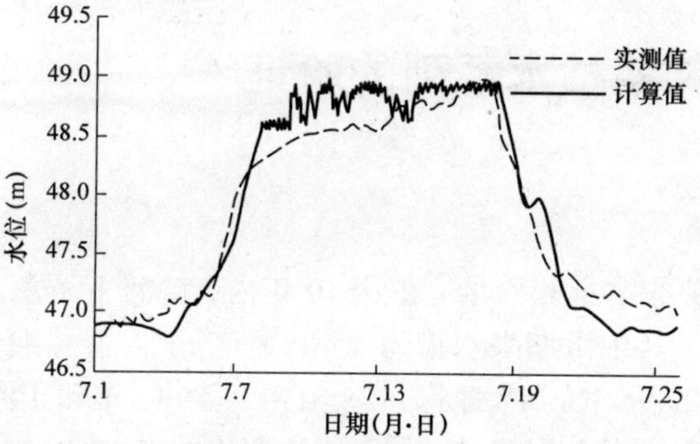

图 16-21　2002 年调水调沙期孙口水位过程验证

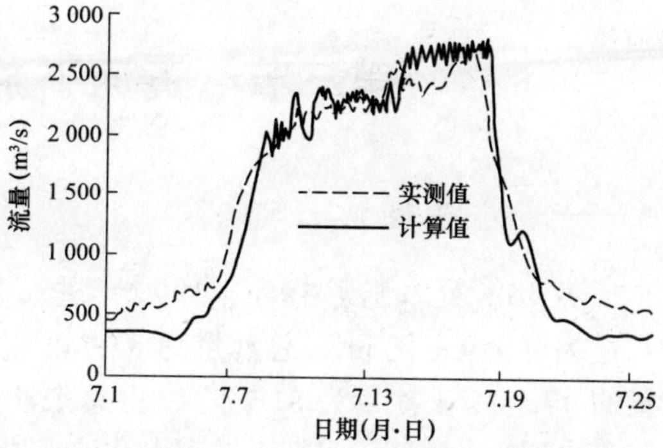

图 16-22　2002 年调水调沙期孙口流量过程验证

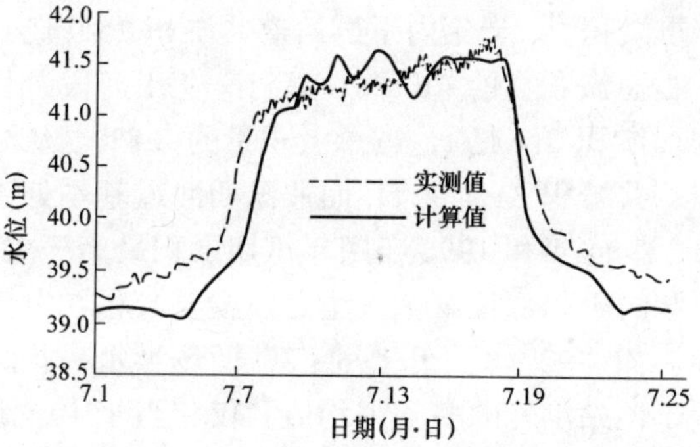

图 16-23　2002 年调水调沙期艾山水位过程验证

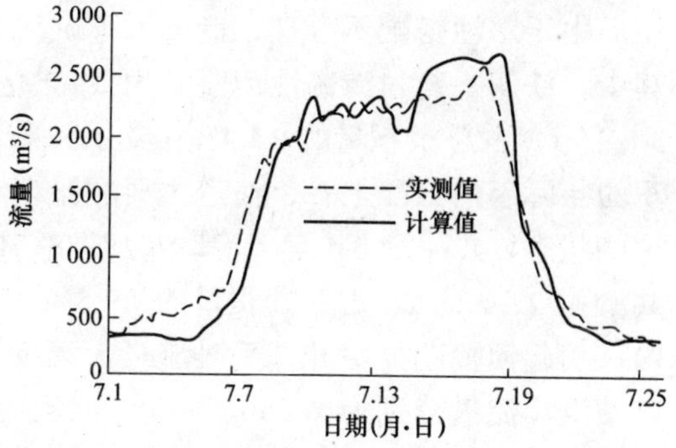

图 16-24　2002 年调水调沙期艾山流量过程验证

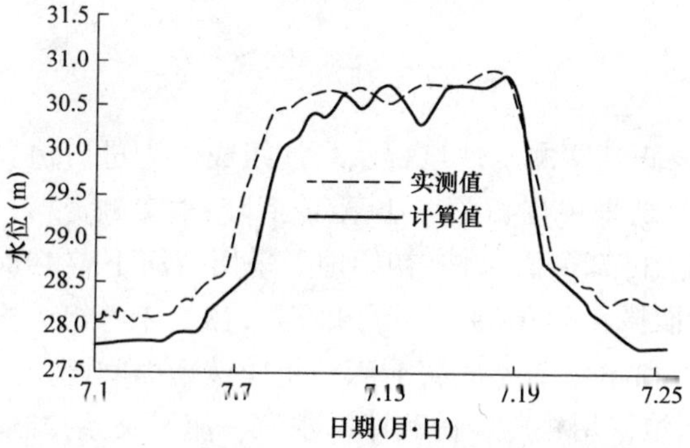

图 16-25　2002 年调水调沙期泺口水位过程验证

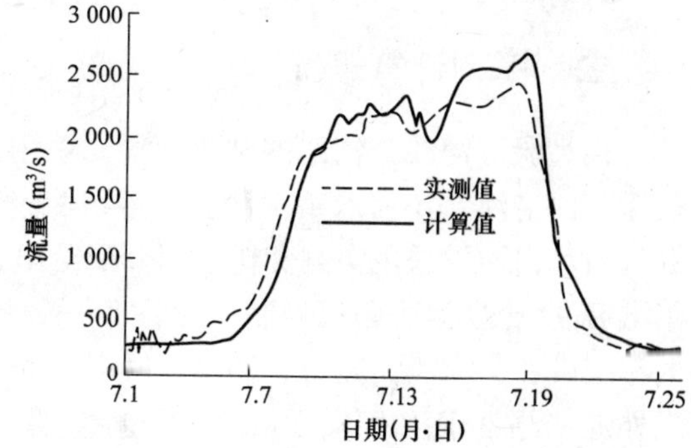

图 16-26　2002 年调水调沙期泺口流量过程验证

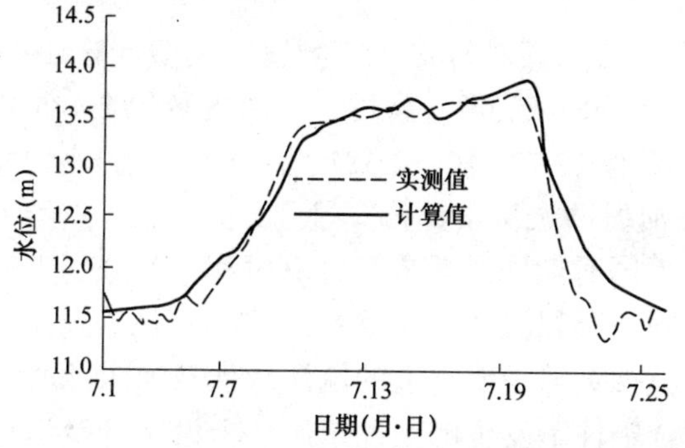

图 16-27　2002 年调水调沙期利津水位过程验证

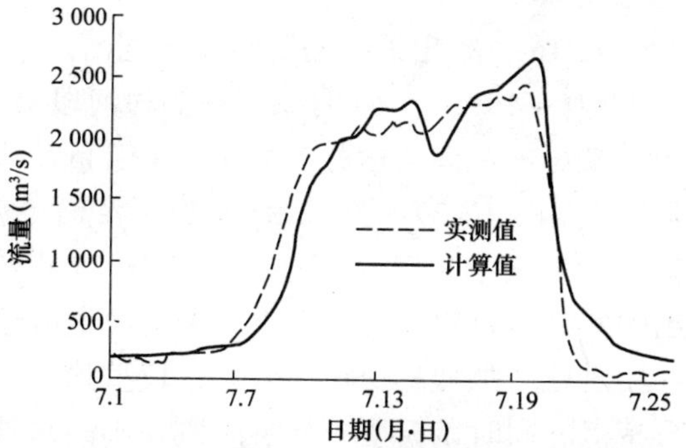

图 16-28　2002 年调水调沙期利津流量过程验证

第三节　黄河下游长期枯水系列的验证

一、水沙概况

表 16-6 列举出了 1986 ~ 1996 年进入下游的水量和沙量。在这 10 年内，黄河下游总来水量为 2 979.6 亿 m^3，总沙量为 85.742 亿 t，其中汛期来水量为 1 404.8 亿 m^3，占总来水量的 47.1%，来沙量为 81.7 亿 t，占总来沙量的 95.3%。特别是 1988、1992、1994 年和 1996 年为典型的丰沙年，汛期小浪底水文站平均含沙量均超过 80 kg/m^3，平均来沙量为 48.6 亿 t，占总来沙量的 56.6%。

由于水沙搭配不合理，造成了下游河道严重淤积[2]，十年内下游河道共淤积 25.0 亿 t。其中，铁谢—高村游荡性河段淤积 19.2 亿 t，占总淤积量的 76.8%；高村—艾山河段淤积 3.6 亿 t，占总淤积量的 14.4%；艾山—利津河段淤积 2.2 亿 t，占总淤积量的 8.8%。从淤积的年际年内分配上看，河道主要在汛期淤积，共淤积 31.4 亿 t，而非汛期河道基本处于冲刷状态，共冲刷 6.4 亿 t。其中，1988、1992、1994 年和 1996 年四年汛期淤积最为严重，共淤积 22.4 亿 t，占总淤积量的 89.5%。从泥沙的淤积部位看，大量泥沙主要淤积在主槽内，引起河槽明显抬升，平滩流量大幅度下降。如“92・8”、“96・8”两场洪水，花园口站洪峰流量分别为 6 260、7 600 m^3/s，接近于该站洪峰的多年平均值，仅相当于中常洪水，花园口站却先后出现有水文记载以来的最高水位，洪水漫滩范围及传播时间也明显增大，洪水造成的经济损失巨大。

二、模型计算概况

模型验证河段为铁谢—利津河段。采用小浪底站实测水沙过程及悬沙组成作为进口边界条件。伊洛河、沁河入黄水沙及泥沙级配过程分别采用黑石关、小董(或武陟)站实测资料，沿黄引水引沙量采用实测资料沿程分配给出，作为已知分流条件。初始地形采用黄河下游 1986 年汛后 92 个实测大断面控制，并将每一个大断面概化为 12 ~ 15 个子断面。初始床沙组成根据花园口、夹河滩、高村、孙口、艾山、泺口、利津等 7 站的实测床沙组成按断面间距内插或外延，个别断面依照实际情况略加调整。末端水位采用相应年份利津站水位—流量关系控制。

三、模型验证结果

表 16-7 给出了铁谢至利津不同河段不同时段冲淤量计算值与实测值。模型计算 1986 年 11 月 ~ 1996 年 10 月铁谢—高村河段共淤积 13.588 亿 m^3，高村—艾山共淤积 2.445 亿 m^3，艾山—利津河段共淤积 1.654 亿 m^3，与实测值 13.707 亿、2.581 亿、1.571 亿 m^3 均非常接近。图 16-29 ~ 图 16-35 点绘了黄河下游各河段冲淤量累计计算过程，图 16-36 点绘了全下游冲淤量累计计算过程，图 16-37 点绘了不同时期冲淤量累计计算过程，与分别点绘出的实测结果对比可以看出，无论河道处于冲刷、淤积或冲淤交替状态，即使是遇到大沙年河道处于强烈淤积状态时，该模型均能准确模拟黄河下游河道的输沙特性及河床冲淤变形特点。同时该模型对下游河道在不同水沙组合条件下发生的上冲下淤、上淤下冲及沿程冲刷或淤积等特性的模拟也能达到理想精度。

表 16-6　1986 ~ 1996 年黄河下游来水来沙量统计

时段(年·月)	小浪底		黑石关		小董		小浪底+黑石关+小董	
	来水量(亿 m^3)	来沙量(亿 t)	来水量(亿 m^3)	来沙量(亿 t)	来水量(亿 m^3)	来沙量(亿 t)	来水量(亿 m^3)	来沙量(亿 t)
1986.11 ~ 1987.6	121.52	0.246	11.24	0.036 9	0.64	0.001 0	133.4	0.284
1987.7 ~ 1987.10	81.78	2.487	8.28	0.020 7	0.69	0.000 6	90.75	2.508
1987.11 ~ 1988.6	127.60	0.115	7.23	0.001 0	0.30	0	135.14	0.116
1988.7 ~ 1988.10	186.77	15.222	16.11	0.060 0	11.10	0.056 9	213.99	15.34
1988.11 ~ 1989.6	171.80	0.267	13.12	0.001 3	1.25	0	186.17	0.269
1989.7 ~ 1989.10	200.45	7.781	14.91	0.034 8	1.55	0.004 7	216.92	7.820
1989.11 ~ 1990.6	214.54	0.306	15.42	0.002 8	2.56	0.001 3	232.52	0.31
1990.7 ~ 1990.10	134.31	6.800	6.72	0.002 4	1.33	0.000 7	142.36	6.803
1990.11 ~ 1991.6	182.84	2.190	7.47	0.001 0	0.22	0	190.52	2.191
1991.7 ~ 1991.10	59.88	2.431	2.52	0.001 9	0.001	0	62.40	2.433
1991.11 ~ 1992.6	116.61	0.541	2.50	0	0.041	0	119.14	0.541
1992.7 ~ 1992.10	124.86	11.175	6.54	0.005 2	1.48	0.002 4	132.88	11.183
1992.11 ~ 1993.6	154.55	0.096	10.74	0.000 1	0.33	0.000 3	165.63	0.097
1993.7 ~ 1993.10	133.97	5.466	6.93	0.003 0	3.04	0.007 9	143.94	5.477
1993.11 ~ 1994.6	142.58	0.105	9.38	0.002 2	2.42	0.000 9	154.37	0.108
1994.7 ~ 1994.10	128.62	11.141	7.02	0.006 9	1.19	0.001 1	136.83	11.149
1994.11 ~ 1995.6	133.14	0	3.96	0	0.41	0	137.51	0
1995.7 ~ 1995.10	112.14	8.120	2.63	0.006 7	3.28	0.006 0	118.04	8.132
1995.11 ~ 1996.6	116.94	0.088	2.87	0	0.59	0	120.40	0.088
1996.7 ~ 1996.10	120.98	10.801	15.41	0.036 8	10.30	0.053 0	146.70	10.891
1986.11 ~ 1996.6	2 765.89	85.381	171.00	0.223 6	42.71	0.136 6	2 979.6	85.742

表 16-7　1986 ~ 1996 年系列铁谢—利津河段计算冲淤量与实测结果的比较　(单位：亿 m^3)

时段(年·月)	铁谢—高村		高村—艾山		艾山—利津		铁谢—利津	
	计算值	实测值	计算值	实测值	计算值	实测值	计算值	实测值
1986.11 ~ 1987.6	−0.238	−0.269	0.032	0.034	0.164	0.096	−0.042	−0.139
1987.7 ~ 1987.10	0.944	0.945	−0.086	0.020	−0.058	0.013	0.800	0.978
1987.11 ~ 1988.6	−0.355	−0.413	0.081	0.042	0.149	0.103	−0.125	−0.268
1988.7 ~ 1988.10	2.792	3.103	0.523	0.586	0.034	0.034	3.349	3.723
1988.11 ~ 1989.6	0.780	−0.732	−0.011	−0.096	0.242	0.248	−0.549	−0.600
1989.7 ~ 1989.10	0.723	0.510	−0.077	−0.007	−0.068	−0.055	0.578	0.448
1989.11 ~ 1990.6	−0.907	−1.061	0.125	0.014	0.228	0.249	−0.555	−0.798
1990.7 ~ 1990.10	1.687	1.586	0.274	0.214	−0.013	−0.069	1.948	1.731
1990.11 ~ 1991.6	−0.949	−0.939	−0.040	−0.131	0.242	0.262	−0.747	−0.808
1991.7 ~ 1991.10	1.276	1.103	0.063	0.11	−0.028	−0.006	1.311	1.207
1991.11 ~ 1992.6	−0.534	−0.289	0.064	0.075	0.162	0.172	−0.308	−0.042
1992.7 ~ 1992.10	3.572	3.427	0.436	0.552	0.106	0.028	4.113	4.007
1992.11 ~ 1993.6	−1.045	−0.704	−0.049	−0.193	0.265	0.379	−0.828	−0.518
1993.7 ~ 1993.10	0.612	0.407	0.260	0.269	−0.037	0.055	0.836	0.731
1993.11 ~ 1994.6	−0.974	−0.800	−0.155	−0.158	0.339	0.277	−0.790	−0.681
1994.7 ~ 1994.10	3.262	3.239	0.059	0.111	0.022	0.029	3.342	3.379
1994.11 ~ 1995.6	−1.039	−1.065	0.269	0.382	0.287	0.244	−0.484	−0.439
1995.7 ~ 1995.10	1.814	1.505	−0.093	−0.050	−0.034	−0.093	1.687	1.362
1995.11 ~ 1996.6	−0.721	−0.475	0.126	0.089	0.083	0.102	−0.511	−0.284
1996.7 ~ 1996.10	4.450	4.649	0.646	0.718	−0.423	−0.497	4.664	4.870
1986.11 ~ 1996.6	13.588	13.707	2.445	2.581	1.654	1.571	17.688	17.859

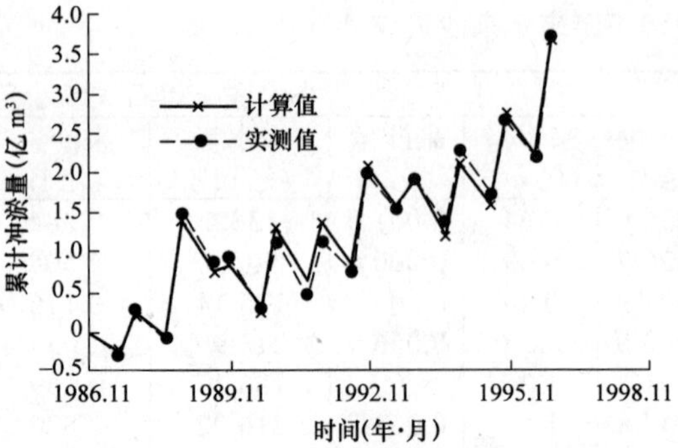

图 16-29　铁谢—花园口冲淤过程验证

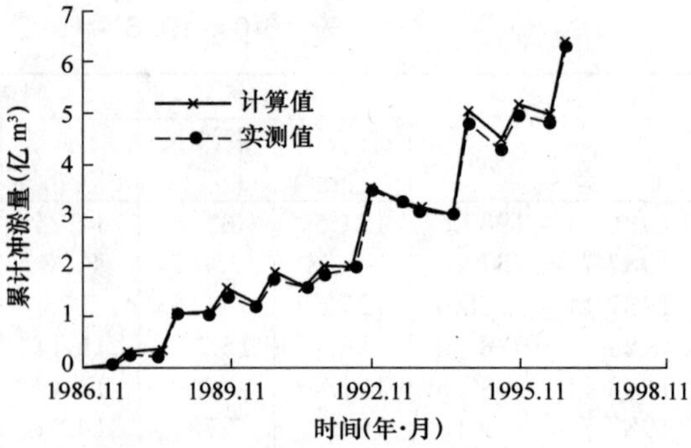

图 16-30　花园口—夹河滩冲淤过程验证

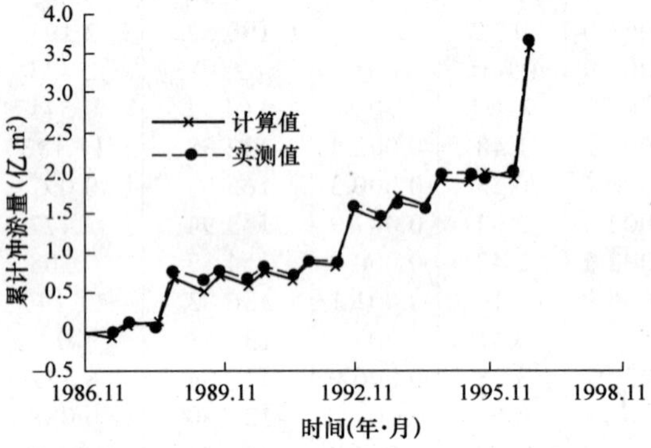

图 16-31　夹河滩—高村冲淤过程验证

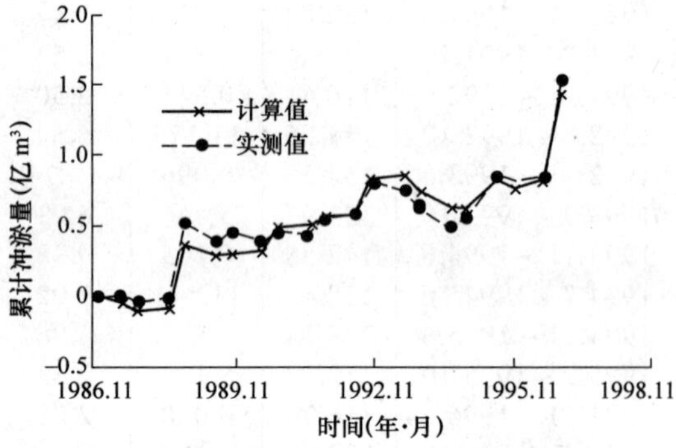

图 16-32　高村—孙口冲淤过程验证

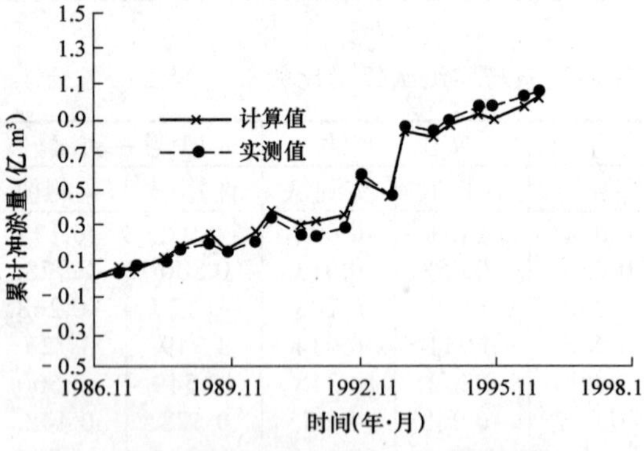

图 16-33　孙口—艾山冲淤过程验证

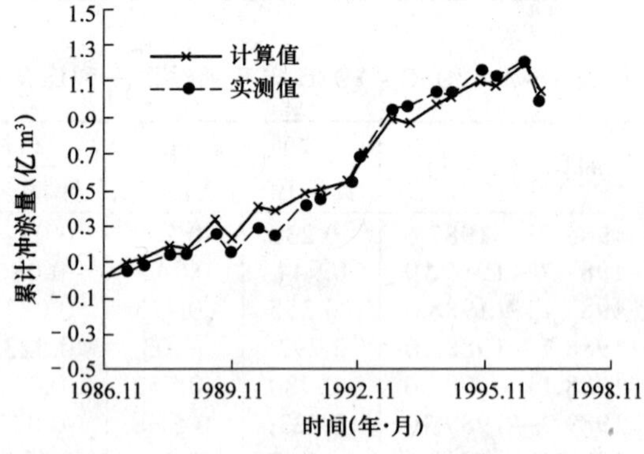

图 16-34　艾山—泺口冲淤过程验证

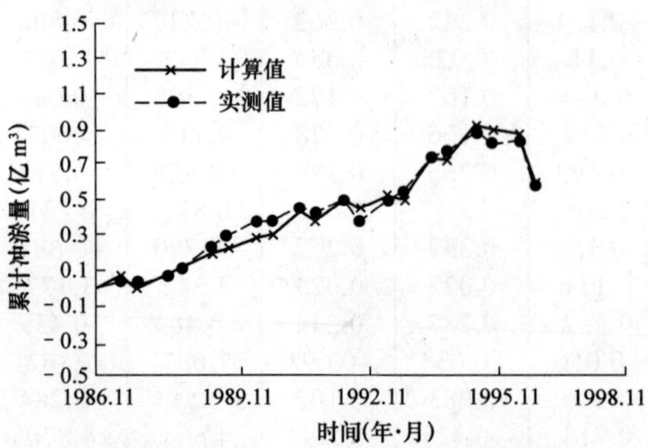

图 16-35　泺口—利津冲淤过程验证

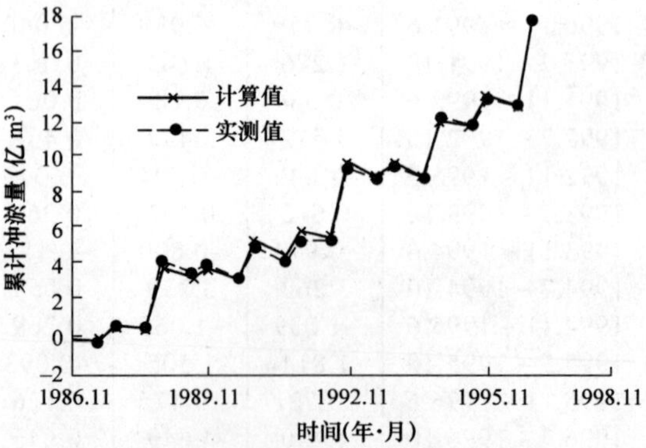

图 16-36　黄河全下游冲淤过程验证

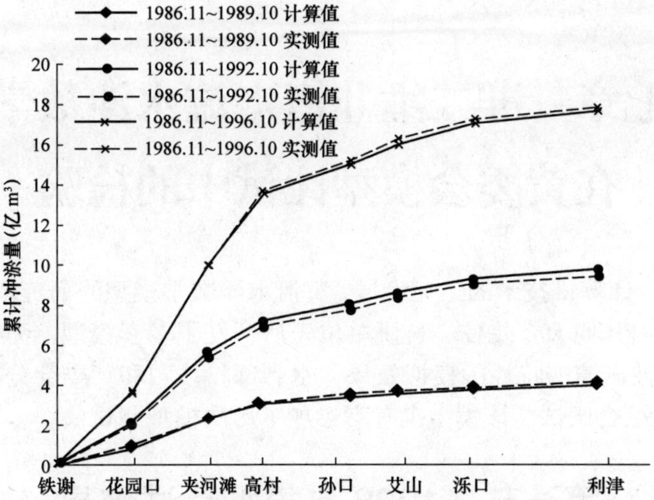

图 16-37　黄河全下游冲淤量沿程累计过程的验证

参 考 文 献

[1] 潘贤娣，赵业安，李勇，等. 三门峡水库修建后黄河下游河道演变[C]//三门峡水库运用经验总结项目组. 黄河三门峡水利枢纽运用研究文集. 郑州：河南人民出版社，1994:99-159.

[2] 姚传江，龙毓骞，等. 黄河下游断面法冲淤量分析与评价[R].郑州：黄河水利科学研究院，2002.

第十七章　准二维非恒定流水沙数学模型在黄委会模型比试中的检验

近些年来，随着计算机技术的迅速发展，黄河水沙数学模型的研究取得了突破性进展。黄委会系统内和国内其他大专院校、科研单位先后开发了多套模型。为检验每套模型对黄河洪水演进、河床冲淤演变特性的模拟效果，水利部科技司和黄委会分别于1998、2000、2002年组织了多次综合比试。该模型也有幸参加了历次模型测试。

第一节　1998年模型比试结果

1998年5月，水利部科技司和黄委会共同举办了第一届“黄河洪水演进和洪水预报学术研讨会”，黄委会水文局、黄河水利科学研究院、黄委会河务局、武汉水利电力大学及中国水利科学研究院等单位参加了该项学术活动。会议期间，各单位根据会务组给定的花园口进口流量、含沙量过程，采用了两种不同初始地形条件，进行了洪水演进预测计算的现场比试。

一、模型计算概况

根据会务组的要求，模型计算河段为花园口—孙口河段，会务组在给定洪峰流量为14 500 m^3/s的水沙条件后，要求分别采用1996年汛前地形和1997年汛后地形进行2个组次的洪水演进计算。其中，1996年汛前地形条件下开展的洪水预测计算，洪峰前增加了“96·8”洪水峰前花园口实测小流量高含沙过程对初始河槽的塑造，出口水位采用孙口站“96·8”洪水水位—流量关系控制；1997年汛后地形条件下开展的洪水预测计算的出口水位，采用孙口站“97·8”洪水水位—流量关系结合1997年防洪设计水位[1]控制。因给定洪峰过程资料不包括落峰时段，为使洪峰演进过程更符合实际，我们在峰后顺延5天落峰期水沙资料。

二、洪水演进现场比试结果

1998年5月8日上午我们向专家组汇报模型概况及功能后，由会务组组织抽题，确定了水沙条件，立即进行了现场比试计算，并向专家组提交了计算结果。

(一)1996年汛前地形条件下洪水演进现场演示计算结果

洪水预测计算成果见表17-1和图17-1。因近年来黄河下游河道急剧萎缩，加之汛前三门峡水库小流量排沙的影响，主槽淤积严重，过洪能力降低。洪水到来之后，必将大量上滩行洪，演进过程中洪峰流量大幅度削减。洪水从花园口传播到夹河滩、高村、孙口时，洪峰流量与花园口相比削减幅度分别为15.9%、31.0%和43.4%。“82·8”洪水(花园口洪峰流量为15 300 m^3/s)洪峰流量由花园口传播到夹河滩、高村、孙口的削减幅度仅有5.2%、

15.0%、34.0%。二者相比，前者大于后者，是符合当前实际的。同样，洪水由花园口传播到孙口的时间为 105.75 h，与“82·8”洪水实测结果相比增加了 6.75 h。

表 17-1　1996 年汛前地形条件下洪水演进现场比试主要成果

<table>
<tr><td>测站</td><td>花园口</td><td colspan="2">夹河滩</td><td colspan="2">高村</td><td>孙口</td></tr>
<tr><td>洪峰流量(m^3/s)</td><td>14 500</td><td colspan="2">12 200</td><td colspan="2">10 000</td><td>8 200</td></tr>
<tr><td>洪峰传播时间(h)</td><td colspan="2">20</td><td colspan="2">30.25</td><td colspan="2">55.5</td></tr>
<tr><td>冲淤量(亿 m^3)</td><td colspan="2">+1.5</td><td colspan="2">+0.8</td><td colspan="2">–0.05</td></tr>
</table>

计算结果表明，沿程洪水位表现较高(见表 17-2)，花园口、夹河滩、高村水位分别高达 95.16、78.67、64.48 m，比 1982 年洪水普遍高出 1 m 以上。

图 17-2 为该场洪水含沙量沿程变化情况。因该场洪水含沙量偏丰，洪水过后，河道发生了明显的淤积，泥沙主要淤积在高村以上的宽浅河道，花园口—高村的河道淤积量为 2.3 亿 m^3，洪水进入高村以下较为窄深河道后，由于漫滩洪水归槽的稀释作用，加之悬沙级配的细化，高村—孙口的河道略有冲刷，冲刷量为 0.05 亿 m^3。

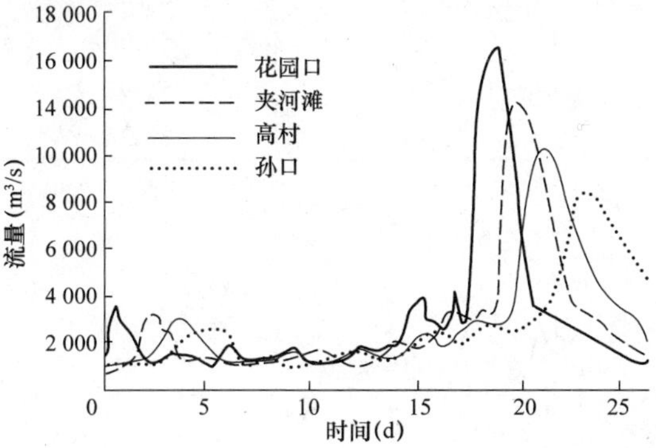

图 17-1　1996 年汛前地形现场比试流量过程

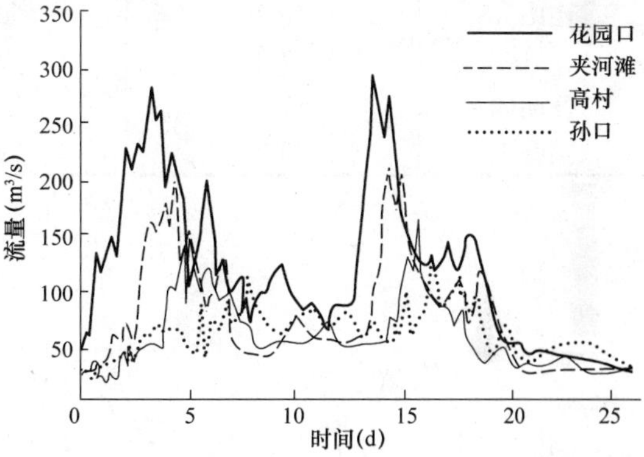

图 17-2　1996 年汛前地形现场比试含沙量传播过程

(二)1997 年汛后地形条件下洪水演进现场比试结果

黄河下游河道经过 1996 年洪水的严重淤积，河槽进一步抬升。本组次计算结果与上组次结果相对比，下游河道防洪压力有所加大，主要表现为沿程洪水位普遍抬升，滩地进水量明显增加，洪峰流量沿程进一步削减，传播时间延长。其中，花园口、夹河滩、高村最高洪水位为 95.36、78.76、64.55 m，与上组次相比分别抬高 0.2、0.09、0.07 m，沿程各测站水位表现(见表 17-2)普遍比上一组次计算结果偏高 0.01 ~ 0.25 m。

由于漫滩水量进一步增加，洪峰在向下游传播过程中变得更为肥胖(见图 17-3)。洪水由花园口传播到夹河滩的洪峰流量为 12 200 m^3/s，与上组次计算结果相同，而到达高村和孙口洪峰流量削减至 9 900、7 800 m^3/s，分别比上组次减小了 100、400 m^3/s(见表 17-3)，且洪峰由花园口传播至孙口时间为 109.5 h，与上组次相比增加了 3.75 h。

图 17-4 为本场洪水含沙量沿程变化计算结果。整个下游河道呈现淤积态势，淤积部位主要集中在高村以上，淤积量为 1.54 亿 m^3，高村—孙口河段仅淤积 0.07 亿 m^3。

表 17-2　洪水演进现场比试沿程水位计算结果　　(单位：m)

测站	1996 年汛前地形	1997 年汛后地形		
	最高洪水位	峰前 Q=5 000 m³/s	峰前 Q=7 000 m³/s	最高洪水位
花园口	95.15	94.26	94.51	95.36
双井	93.65	93.01	93.25	93.80
赵口	89.60	88.74	88.98	89.76
九堡	88.34	87.44	87.67	88.51
黑岗口	84.25	83.80	84.05	84.50
古城	80.05	79.45	79.76	80.21
曹岗	78.82	78.17	78.45	78.86
夹河滩(三)	78.67	77.93	78.38	78.76
禅房	74.56	73.92	74.05	74.67
大留寺	71.72	71.05	71.20	71.80
石头庄	69.89	69.09	69.30	69.90
于林	67.73	66.89	67.20	67.87
高村	64.48	63.86	64.15	64.55
南上延	63.92	63.40	63.65	63.97
连山寺	60.85	60.24	60.42	61.05
彭楼	57.87	57.33	57.56	58.00
韩胡同	51.95	51.51	51.75	51.97
梁路口	50.25	49.86	50.14	50.26

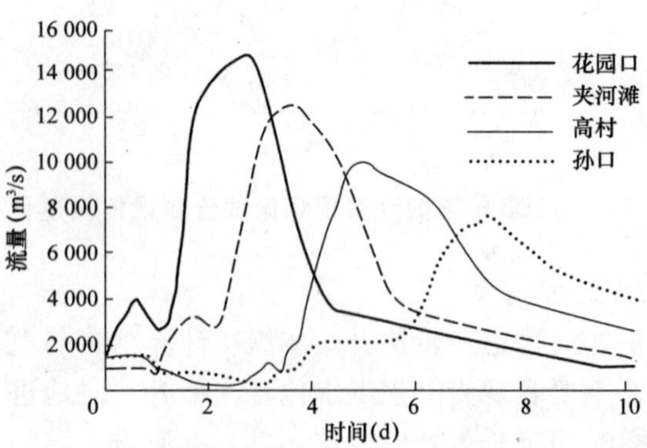

图 17-3　1997 年汛后地形现场比试流量过程

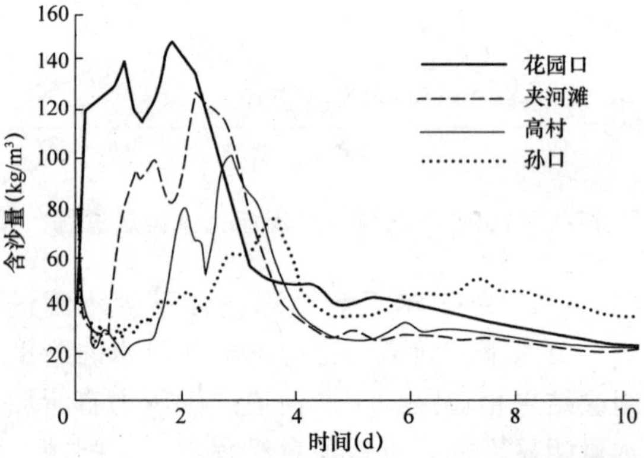

图 17-4　1997 年汛后地形现场比试含沙量传播过程

表 17-3　1997 年汛后地形条件下洪水演进现场比试计算成果

<table>
<tr><td>测站</td><td colspan="2">花园口</td><td colspan="2">夹河滩</td><td colspan="2">高村</td><td colspan="2">孙口</td></tr>
<tr><td>洪峰流量(m³/s)</td><td colspan="2">14 500</td><td colspan="2">12 200</td><td colspan="2">9 900</td><td colspan="2">7 800</td></tr>
<tr><td>洪峰传播时间(h)</td><td colspan="3">21.25</td><td colspan="2">31.5</td><td colspan="3">56.75</td></tr>
<tr><td>冲淤量(亿 m³)</td><td colspan="3">+0.64</td><td colspan="2">+0.9</td><td colspan="3">+0.07</td></tr>
</table>

三、1998 年洪水演进现场比试专家评价结果

对不同类型洪水预测计算结果分析发现，洪水在给定初始边界条件下均表现出洪水位高、洪峰传播速度慢、河道淤积等特性，而且不同的来水来沙条件和初始边界条件，沿程洪水位表现及洪水演进传播过程、河床冲淤变形等，定量存在一定差别。

洪水演进现场比试结束后，专家组经过认真评议，认为：洪水演进过程计算比较合理，模型不仅演算出下游各站的水位、流量、含沙量过程，还能计算沿程的水位变化、河道冲淤量等，为防汛决策提供很多有用的信息，模型功能较多，运算速度快。该模型整体评价第一。

第二节　2001 年第一次模型比试结果

为摸清黄河数学模型研究进展状况，2001 年黄河水利委员会国际合作与科技局(以后简称"黄委会国科局")先后组织了两次黄河数学模型现场检验计算。本节主要介绍第一次模型比试计算情况，第二次模型比试结果在下一节详细介绍。

一、模型比试计算概况

根据测试专家组要求，模型计算河段为铁谢—利津，初始地形由 2000 年汛后实测大断面控制。初始床沙级配采用 2000 年汛后各水文站断面实测床沙级配内插或外延确定。出口边界条件采用 2000 年利津站水位流量关系控制。该模型对每个河道断面，根据高程变化情况概化为 12 ~ 15 个子断面。

在模型比试现场，组织方以抽签方式取得计算水沙条件后，立即投入模型比试计算。模型比试结束后方知来水来沙条件为 1960 ~ 1962 年实测过程。计算初始条件即以该系列年相应的小浪底、黑石关、小董站的流量、含沙量、悬沙级配及沿程引水引沙资料作为模型进口、支流入汇及侧向分流分沙实测结果分别给出。

二、模型计算结果与 1960 ~ 1962 年实测结果的对比

表 17-4 列举了 1960 ~ 1962 年铁谢—利津河段实测冲淤量。3 年内，铁谢—利津河段共冲刷了 9.877 亿 m^3，其中铁谢—花园口、花园口—高村、高村—艾山、艾山—利津四河段分别冲刷 3.760 亿、4.977 亿、0.154 亿、0.986 亿 m^3，占总冲刷量的 38.1%、50.4%、1.5%、10.0%。其中，1960 年汛期，由于三门峡水库还没有开始拦沙运用，黄河下游仍表现为淤积，共淤积泥沙 1.683 亿 m^3。本次数学模型计算的冲淤量及分布情况列于表 17-5。图 17-5 ~ 图 17-12 点绘了不同时段模型计算冲淤量沿程分布与 1960 ~ 1962 年实测资料的比较结果。由此可以看出，同样是 1960 ~ 1962 年水沙过程，在 2000 年汛后地形条件下，三年内铁谢—利津河段共冲刷了 5.159 亿 m^3，铁谢—花园口、花园口—高村、高村—艾山、艾山—利津 4 河段分别冲刷 0.953 亿、2.126 亿、1.174 亿、0.906 亿 m^3，占总冲刷量的 18.5%、41.2%、22.8%、17.5%。其中，第一年汛期黄河下游淤积 1.055 亿 m^3，而后全河段以持续冲刷为主。

将本次数学模型计算结果与 1960 ~ 1962 年黄河下游河道实测冲淤量对比可知，两者定性上表现一致，均为 1960 年汛期淤积，而后基本处于持续冲刷状态，且高村以上宽河道

冲淤量大于下游窄河道。定量上，本次冲刷量明显较小，仅为 1960 ~ 1962 年实测值的 52.2%；从冲淤量沿程分布比例看，两者也存在明显差别，高村以上宽河道冲刷量所占比例由 88.5% 降至 59.7%，高村—艾山河段由 1.5%增至 22.8%，艾山—利津河段由 10.0%增大到 17.5%。

表 17-4　1960~1962 年黄河下游实测冲淤量(淤+、冲–)　(单位：亿 m^3)

年份		小浪底—花园口	花园口—夹河滩	夹河滩—高村	高村—孙口	孙口—艾山	艾山—泺口	泺口—利津	小浪底—利津
1960	汛期	0.161	0.150	0.350	0.363	0.199	0.013	0.447	1.683
	非汛期	–0.883	–0.285	0.162	0.146	0.048	–0.039	0.098	–0.753
1961	汛期	–1.956	–1.778	–1.355	0.245	–0.308	–0.335	–0.064	–5.551
	非汛期	–0.667	–0.209	–0.766	–0.252	0.145	0.091	–0.462	–2.120
1962	汛期	–0.331	–0.638	–0.275	–0.324	–0.091	–0.383	–0.547	–2.589
	非汛期	–0.084	0.148	–0.481	–0.260	–0.065	0.183	0.012	–0.547
1960~1962		–3.760	–2.612	–2.365	–0.082	–0.072	–0.470	–0.516	–9.877

表 17-5　2000 年汛后地形条件下数学模型计算结果(淤+、冲–)　(单位：亿 m^3)

年份		小浪底—花园口	花园口—夹河滩	夹河滩—高村	高村—孙口	孙口—艾山	艾山—泺口	泺口—利津	小浪底—利津
1960	汛期	0.395	0.322	0.143	0.063	0.053	0.068	0.011	1.055
	非汛期	–0.289	–0.129	–0.028	0.003	0.019	0.027	0.008	–0.389
1961	汛期	–0.33	–0.398	–0.192	–0.102	–0.078	–0.141	–0.173	–1.414
	非汛期	–0.414	–0.624	–0.324	–0.351	–0.171	–0.187	–0.208	–2.279
1962	汛期	–0.299	–0.384	–0.232	–0.3	–0.134	–0.163	–0.16	–1.672
	非汛期	–0.016	–0.154	–0.126	–0.146	–0.03	0.008	0.004	–0.46
1960~1962		–0.953	–1.367	–0.759	–0.833	–0.341	–0.388	–0.518	–5.159

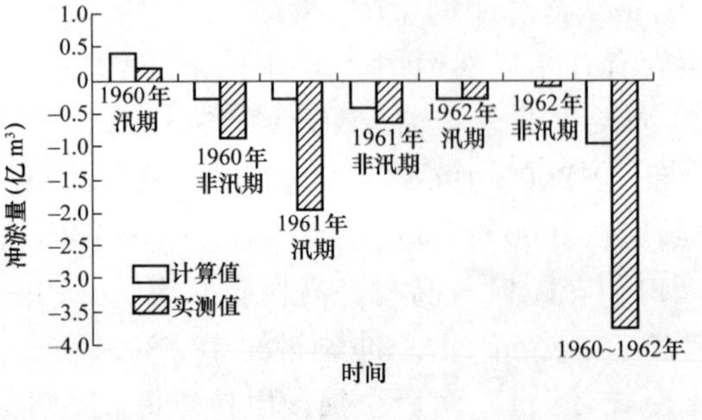

图 17-5　小浪底—花园口河段计算值与实测值比较

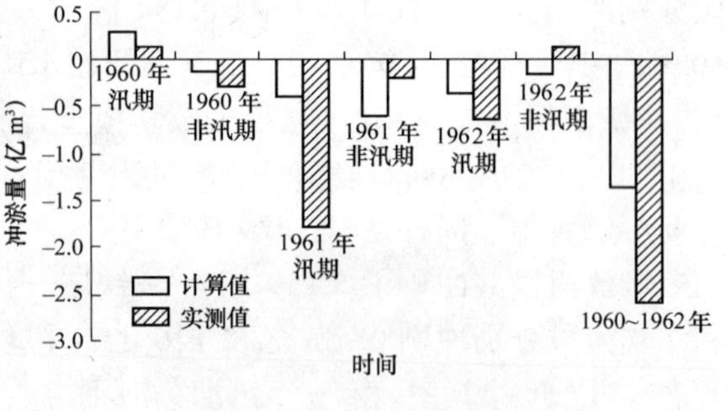

图 17-6　花园口—夹河滩河段计算值与实测值比较

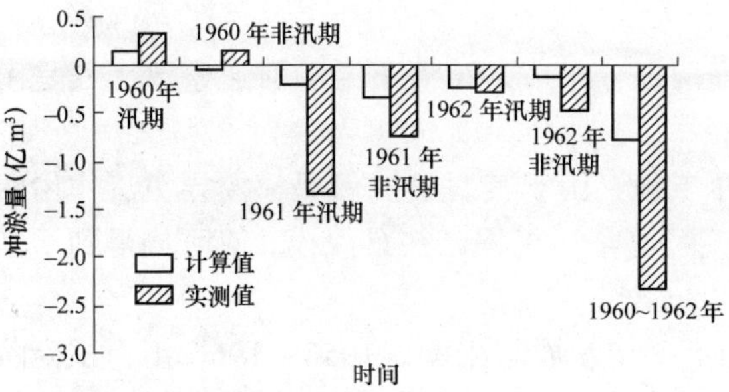

图 17-7 夹河滩—高村河段计算值与实测值比较

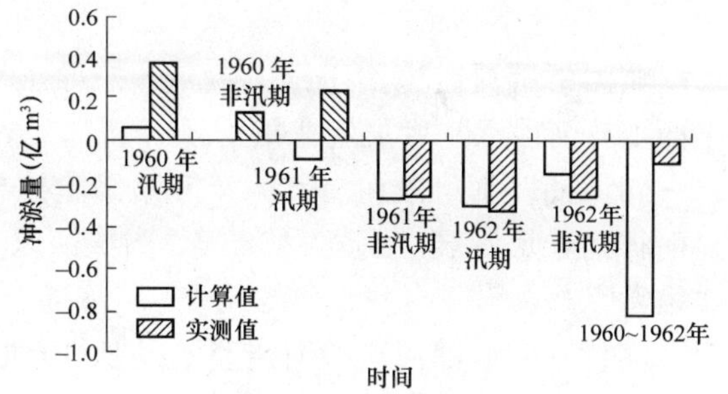

图 17-8 高村—孙口河段计算值与实测值比较

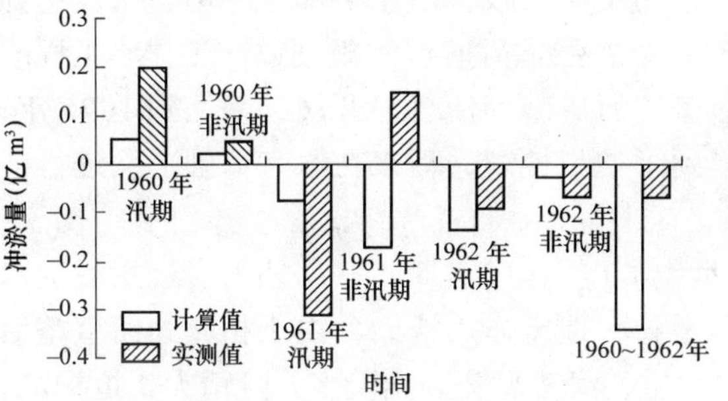

图 17-9 孙口—艾山河段计算值与实测值比较

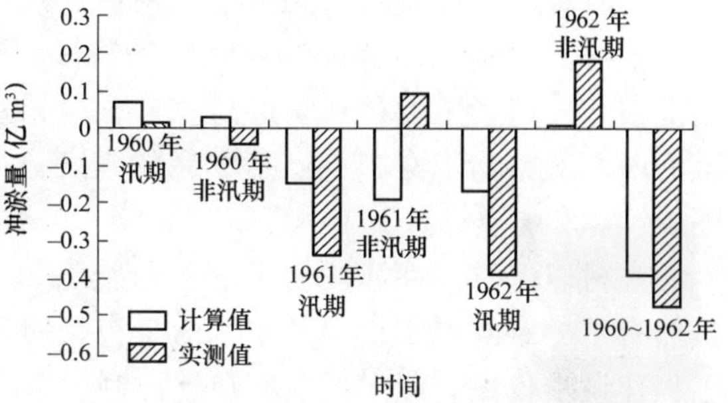

图 17-10 艾山—泺口河段计算值与实测值比较

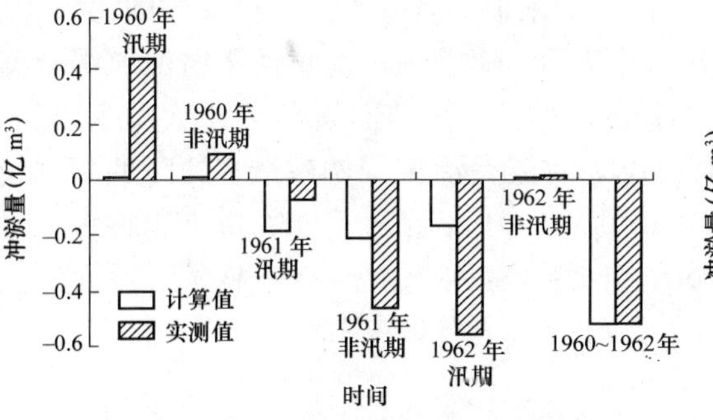

图 17-11 泺口—利津河段计算值与实测值比较

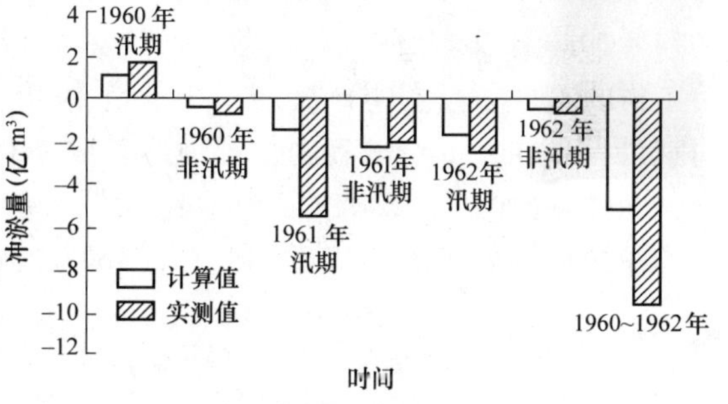

图 17-12 小浪底—利津河段计算值与实测值比较

三、河床边界条件变化及对河道冲淤演变影响

在相同水沙条件下，黄河下游表现出不同的冲淤过程与分布状态，显然与河道边界条件的变化密不可分。

(一)黄河下游河床边界条件变化

河道边界条件的变化，既包括人类活动引起的河槽及滩地边界条件的变化，又包括河道自身冲淤演变引起的断面形态的改变。当河道边界条件与上游来水来沙条件相适应时，有利于河道的排洪输沙，反之亦然。

伴随着上游来水来沙变化及河道整治力度的加大，黄河下游的河床边界条件发生了一些新的调整，主要表现在以下几个方面。

1. 河道整治工程

黄河下游河道整治工程由险工和控导工程两部分组成。黄河下游的河道整治工程是由下而上分河段逐步发展起来的[2]。

陶城铺以下河段在 1950 年开始修建控导工程。由于其对护滩保堤、控导主流作用明显而得到长足发展。截至 1958 年，陶城铺以下河道整治工程已初具规模，使河势得到了基本控制[3]。

高村—陶城铺河段的河道整治是从 1958 年逐步发展起来的，1958 ~ 1966 年为试验阶段。随着三门峡水库的建设和投入运用，下游河道发生强烈冲刷，塌滩严重，引起河势出现较大变化[4]。为稳定河势，减少塌滩，河道管理部门在河道内修建了一些控导护滩工程，但受当时经济条件制约，工程均采用树、泥、草为主要材料，后来全部被冲垮，未能达到预期目的。1966 ~ 1974 年为系统整治阶段，该时期加强了河道整治规划设计工作，工程改用乱石和柳料为主要材料，经过试修，效果显著，河道整治便普遍开展起来。到 1975 年，该河段河道整治工程布点已基本完成，河势得到了初步控制，后来在原有基础上又进行了逐步续建和完善[5]。

高村以上游荡性河段的河道整治始于 20 世纪 60 年代中后期。三门峡水库运用后洪水虽然有了一定的控制，但是中水流量持续时间增长，造床作用增大，由于相应的河道整治工程建设步伐没有跟上，主溜缺乏控制，塌滩严重，河势恶化，出险多，险情大，抢护难，防守十分被动[6]。为此，在重点整治高村—陶城铺河段的同时，高村以上也不断修建控导护滩工程，该时段共修建各种坝垛 444 道。1974 年继续加大河道整治力度，当年就修建了 13 处控导工程 176 道坝垛。但自此以后，受国家投资的限制，河道整治工程修建的比较少，1974 ~ 1989 年 15 年间共修建坝垛 665 道。1990 年以后，随着国家对黄河下游河道综合整治工作的重视，投资明显增加，特别是 1998 年长江、嫩江、松花江相继发生大洪水以后，国家进一步加大了对水利的投资力度，成为有史以来河道整治工程修建最多的时期。据统计，1990 ~ 2001 年共修建了 833 道坝垛，其中 1998 ~ 2001 年修建了 455 道坝，很多控导工程长度已达几千米❶(见图 17-13)。截至 2001 年底，黄河下游白鹤—高村游荡性河段

图 17-13　黄河下游典型护滩控导工程布局

❶ 黄河防总办公室. 黄河防汛资料汇编(2001 年). 2001.

共有险工和控导工程 110 处，工程长度 305.2 km，裹护长度 261.3 km，坝垛 2 830 道，对控制河势发挥了重要作用；其中，在规划治导线上的工程共有 59 处，工程长度 210.2 km，占河道长度的 70.3%。目前，高村以上游荡性河段仍在继续进行河道整治，以控制对防洪威胁较大的“横河”、“斜河”的发生[7]。

2. 生产堤

1938 年以前，黄河下游滩区群众已在滩区修筑了不少民埝，1947 年黄河归故后，滩区居民为保护生产又修补并增修了一些民埝。修筑民埝后，大堤长期不靠河，民埝至大堤之间洪水漫滩落淤的机会大大减少，造成这部分滩地越来越低洼，长此以往，造成滩区排水困难，影响生产的长远发展，而且一旦遇到较大洪水，民埝溃决，洪水直冲大堤，十分危险。如 1933 年兰考四明堂决口，1935 年鄄城董庄决口等，都是由民埝溃决引起的。因此，为了确保黄河下游防洪安全，新中国成立以前即提出了废除民埝(新中国成立后改称为生产堤)的治河方针，有关部门规定“新修民埝必须禁止，旧有民埝必须废除”，加之 20 世纪 50 年代初期接连发生大洪水，滩区淹没损失惨重，至 1954 年大水之后，民埝基本上被全部冲毁或废除。

1957 年黄河干流开始规划修建三门峡水库。由于当时对黄河泥沙问题认识不足[8]，片面地认为在三门峡水利枢纽建成后，黄河防洪问题能基本解决，而比较担心的是清水下泄后河道冲刷引起河势的剧烈变化，因此计划加快河道整治，设想把下游河槽逐步变窄，变成一条规顺弯曲性河道。下游陶城铺以上河道较宽，滩区面积大，为了让滩区群众能安居乐业，稳定发展农业生产，从 1958 年汛后开始，提倡下游在“防小水，不防大水”的原则下修筑生产堤。当时生产堤顶宽 5 m，高度高出 1958 年当地最高洪水位 0.5 m。据 1959 年年底统计，河南滩区修建生产堤长 322 km，山东菏泽至长清河段修筑生产堤长 161.2 km。生产堤修建后，对于保护当时滩区农业生产起到了积极作用，但由于缩窄了河道过洪断面，大水时壅高水位，削弱了滞洪滞沙能力。

1959 年以后，根据当时河道情况及认识，明确提出生产堤预留口门，要求每段生产堤留一个进水口和一个出水口。生产堤防御标准为花园口站流量 10 000 m^3/s，超过这一标准时，根据“舍小救大，缩小灾害”的原则，有计划地自下而上或自上而下分片开放滩区分滞洪水。1964 年要求全河预留口门 72 处，其中位山以上河段 51 处，位山以下河段 21 处。

1960 年汛后~1964 年汛后，三门峡水库以拦沙运用为主，下游河道普遍发生冲刷。东坝头以上河段因河道整治工程少，河势游荡多变，“横河”、“斜河”时有发生，塌滩掉村现象经常出现，生产堤被冲刷崩塌得时断时续，起不到挡水作用[9]。东坝头以下受三门峡水库下泄清水的影响相对较小，河势变化不大，生产堤保留得较为完整。

1964 年汛后以来，三门峡水库滞洪排沙运用，下游河道又开始不断淤积，河南段的河道整治工程也逐步修建。1969 ~ 1973 年，黄河枯水多沙，加之三门峡水库增建、改建的泄流工程相继投入使用，下游河道出现了更为严重的淤积。由于下游存在生产堤，洪水漫滩几率相对减少，泥沙大部分淤积在两岸生产堤之间，因此逐渐形成了“二级悬河”，生产堤的危害性也暴露得越来越充分。1973 年黄委会在黄河下游治理工作会议上提出了《关于废除黄河下游滩区生产堤实施的初步意见》，国务院国发[1974]27 号文对黄河下游治理工作会议的报告批示中指出：“从全局和长远利益考虑，黄河下游滩区应迅速废除生产堤，修筑避水台，实行‘一水一麦’，一季留足群众全年口粮”[10]。1974 年汛后，滩区大力修筑避水台，当年计划修避水台 1 520 万 m^3，计划破生产堤 153.67 km，占总长的 1/5。

由于种种原因，之后十余年间该政策未能得到很好的落实，破除生产堤的工作一直进展不大。直到 1987 年防汛工作实行行政首长负责制以后，生产堤破除工作才取得了突破性进展。按要求，1987 年应破口门长度 104 km，实破口门 100 km。但在破除口门过程中依然存在许多问题，如大部分口门所处地势较高，且留有底坎，平均高出当地滩面 0.5 m 左右，有的仅破除了新修的生产堤，没破老生产堤，还时有堵复现象发生。由于破除长度仅占生产堤总长度的 1/5，加上破除口门的位置不当，阻水现象仍较严重。

1993 年全下游有生产堤 527 km，破除 264 km，达到了破除 1/2 以上的要求。1993 年以后，不时出现个别地方有生产堤堵复和新修现象。

3. 滩区耕种情况

由于近几年上游来水量偏少，河道整治工程修建后，河势逐步有所稳定，河道出现大量的嫩滩，两岸群众从自身利益出发，很快就开垦为耕地种植，甚至种植了大量的高秆作物，许多地方还种植了大量的片林。在滩唇附近的嫩滩内种植大豆、玉米等稠密的农作物，明显减小了主槽的过流面积，增大了河道行洪的阻力，进一步降低了河道的排洪和输沙能力，一方面造成主槽进一步落淤，另一方面使水流行进速度缓慢，非常不利于排洪，给防洪造成了很大的被动，同时也进一步加剧了河槽的淤积速度。根据文献[11]的研究结果，目前黄河下游滩地糙率较 20 世纪 60 ~ 80 年代有明显增大。1996 年洪水期间，特别是在洪水漫滩初期，许多滩地糙率超过 0.05，有些滩地达 0.1 以上；随着流量的增加，水深增大，各种农作物阻水作用减弱，加之河床的淤积，糙率略有减小。

(二)河床边界条件变化对河道演变影响成因分析

1. 河道严重淤积，河槽萎缩，平滩流量减小，大大降低了洪水的冲刷能力

1960 ~ 2000 年，三门峡水库经历了蓄水拦沙、滞洪排沙、蓄清排浑三个运用阶段，虽然小浪底水库 1999 年汛后已投入运用，但由于上游来水量较小，对河道的冲刷作用仍然较小。因此，在这 40 年内，除三门峡水库蓄水拦沙与滞洪排沙初期的 1961 ~ 1964 年及丰水少沙的 1982 ~ 1985 年，河道处于持续冲刷状态外，其他年份多表现为持续淤积。40 年内，铁谢—利津河段共淤积泥沙 33.55 亿 m^3，其中铁谢—高村、高村—艾山、艾山—利津分别淤积了 16.5 亿、10.90 亿、6.15 亿 m^3。特别是 1986 年以来，进入黄河下游的水量明显减少，漫滩洪水出现的几率降低，汛期挟带的大量泥沙主要在主河槽内落淤。1985 年汛后 ~ 2000 年汛后，黄河下游河道共淤积泥沙 22.11 亿 m^3，其中主槽淤积了 20.52 亿 m^3，占总淤积量的 92.8%。河道严重萎缩，使平滩流量大幅度削减。三门峡水库运用前，黄河下游河道平滩流量为 6 000 m^3/s 左右，而 2000 年汛后还不足 3 000 m^3/s。在模型计算时段内，花园口日均流量大于 3 000 m^3/s 的天数为 100 天，水量为 336.8 亿 m^3，这些水在 1960 年汛前地形条件下，主要在主槽内运行，而在 2000 年汛后地形条件下将有一部分水量漫滩行洪，使得洪水冲刷塑槽能力大幅度降低，同时，由于目前滩地植被茂盛，糙率较大，必将造成一定程度的淤积。此外，滩地上大量生产堤的存在，导致漫滩水流归槽时间大大拖延滞后，使其不能及时与后续洪水连接，影响了滩槽水沙交换后归槽水流的冲刷效果。

2. 河道整治工程的修建，抑制了河槽的横向展宽，减少了河道冲刷量

20 世纪 60 年代初，黄河下游河道整治工程以险工为主，工程数量很少。三门峡下泄清水时，河道在冲刷的同时坍塌展宽也十分明显，尤其在高村以上宽河道表现的更为突出，

如花园口—高村河段1964年汛后二滩之间的河槽平均宽度比1960年汛后增加了1.14 km，其中二滩之间河槽过水面积的增加量中，因河道展宽引起的过水面积增加约占70%。从20世纪60年代末到20世纪70年代初，随着人们对河道演变规律及河道整治措施研究的不断深入，开始在黄河下游有计划、有步骤地修建险工、控导护滩工程等河道整治工程，并对已建工程进行加长加固，以控导主流，稳定河势。截至1999年底，黄河下游共有各类险工207处，坝、垛和护岸6 259道，工程长度394 km；控导护滩工程204处，坝、垛3 793道，工程长度346 km；滚河防护工程94处，防护坝301道。大量河道整治工程的修建，使主流摆幅大幅度减小，河势较为稳定[12]，河槽在冲刷的同时，横向展宽受到工程抑制，坍塌作用减弱，因主流摆动引起河道冲刷能力的降低，河道纵比降减小量与冲刷量的比例值增大，冲刷量减少。

3. *边界条件与含沙量沿程恢复过程的变化引起冲刷量沿程分布发生了改变*

在1960年河道边界条件下，一方面由于高村以上河段冲刷量较大，含沙量沿程恢复较快，当水流进入高村—艾山河段时，水流具有的冲刷能力大幅度降低；另一方面，位山拦河枢纽(1963年破除)还没有破除[13]，仍具有一定的阻水作用，使水流挟沙能力降低，因此高村—艾山河段冲刷量较少，在艾山以下河段，河道窄深，水流挟沙能力有所增大，河道又发生了明显冲刷。在2000年地形条件下，受河道整治工程的约束，水流含沙量在高村以上河段并没有充分恢复，而且也没有了位山拦河枢纽的影响，但高村—艾山河段仍会发生一定程度的冲刷，导致该河段冲刷量比1960～1962年实测情况大，也是符合实际的。

第三节　2001年第二次模型比试结果

一、模型比试计算概况

在2001年第一次模型比试检验计算结束之后，黄委会国科局根据有关领导部署，又开展了第二次模型比试，组织方要求模型开展洪水演进预测与系列年冲淤演变两个方案的计算。洪水演进模拟计算河段为花园口—利津，系列年冲淤演变计算河段为铁谢—利津。

组织方要求参加比试的数学模型，在比试当日上午给出水沙过程后开始计算，计算结束后立即将计算结果提交国科局，下午由模型操作者向专家汇报模型结构及计算结果，由专家对模型及其计算结果的准确性与可靠性进行评价。在此之前一周，组织者提供黄河下游河道断面资料，以便进行断面概化，但资料中仅有断面名称、起点距、高程，并不知道是哪一年地形。洪水演进计算当日提供的为花园口流量、含沙量过程及利津站水位—流量关系。初始床沙级配取近期汛期平均情况。

系列年计算当日提供的水沙条件有小浪底站实测水沙过程及悬沙组成，黑石关、小董站水沙过程及沿黄引水量。黑石关、小董站级配按小浪底级配给定。利津水位采用相应年份利津站水位—流量关系控制。

计算结束后，方告知计算初始地形为1994年汛前(5月份测量)地形和流量、含沙量过程。洪水演进预测计算为1994年8月洪水过程，系列年冲淤演变计算水沙过程为1994年7月～1997年6月的实测过程。

二、洪水演进预测计算结果

对于 1994 年 8 月洪水过程，组织方仅对花园口最大洪峰流量进行了修改，将其由 6 300 m^3/s 改为 6 500 m^3/s，给出的花园口水沙过程时段为 8 月 6 日 12 时~8 月 12 日 10 时(会务组为保密起见，所提供的花园口水沙过程，对时间项的月、日进行了修改，但对测验具体时间的时、分没有修改，过程也没有变化)，模型计算历时延长至 8 月 18 日 0 时。

模型计算采用的花园口洪水期流量过程与天然实测过程对比结果绘于图 17-14。由图 17-14 可以看出，顺延时段内花园口的实际情况又出现了新的洪峰，最大洪峰流量为 3 640 m^3/s，从而使计算采用的落峰期流量比实测流量明显偏小，偏小的最大值近 2 000 m^3/s。此次模型验证计算相当于一次黄河下游河道洪水演进预报计算。

表 17-6 给出了黄河下游各水文测站模型计算初始河道基流及模型计算出的最大洪峰流量与天然实测值的对比情况，图 17-15 ~ 图 17-20 点绘了各水文站模型计算流量过程与实测过程的对比结果。由此可以看出，模型计算的黄河下游各测站洪峰流量和洪水演进传播过程与实测值较为吻合，计算结果可以满足生产要求。但进一步细致分析发现，除在计算时段后期，由于模型采用的花园口实测流量较实测值偏小较多导致各测站计算流量比实测值明显偏小外，模型计算的黄河下游主要水文测站的洪峰流量与实测流量相比也略有偏大，偏大值为 80 ~ 440 m^3/s，特别是夹河滩站涨峰与洪峰期流量较实测值偏大相对明显。分析认为主要有如下几个方面的原因：①模型给定的花园口洪峰流量比实测值偏大，导致沿程洪峰流量计算结果偏大，这种影响在上游河段表现得更为明显；②河道初始基流比实测情况偏大，尤其是高村以上河段河道基流偏大较多，从而导致河槽蓄洪滞洪的能力降低；③在 7 月份，花园口发生了 5 170 m^3/s 的洪水过程，且在落峰期水流含沙量较大，河道淤积，特别是夹河滩以上河段主槽淤积严重，花园口 7 月初 3 000 m^3/s 水位为 93.27 m，8 月初升至 93.36 m，升高了 0.09 m；夹河滩 7 月初 2 000 m^3/s 水位为 76.07 m，8 月初升至 76.10 m，升高了 0.03 m。主河槽淤积导致平滩流量减小，洪峰期漫滩行洪水量增大，滩地蓄洪滞洪作用增强，故此天然实测洪峰削减较大；④模型计算时没有考虑沿程水量蒸发、渗漏及引水(主要是涨峰期引水)的影响。

表 17-6　1994 年 8 月洪水模型计算初始河道基流及最大洪峰流量与天然实测值的比较

测站		花园口	夹河滩	高村	孙口	艾山	泺口	利津
初始基流流量(m^3/s)	采用值	925	1 000	1 000	1 000	1 000	1 000	1 000
	实测值	925	600	466	716	690	688	782
最大洪峰流量(m^3/s)	计算值	6 500	4 680	3 690	3 540	3 500	3 410	3 410
	实测值	6 300	4 240	3 510	3 420	3 420	3 320	3 180

表 17-7 给出了黄河下游各水文测站模型计算最高洪水位与天然实测值的对比情况，可见，模型计算的各测站最高洪水位与实测结果比较接近，完全满足黄河下游长河段洪水演进预报的要求，且模型计算出的水位变化过程(见图 17-21 ~ 图 17-22)、含沙量变化过程(见图 17-23)及河道冲淤演变过程也与实测情况符合较好。由此可见，该模型对黄河全下游河道的洪水水沙演进、水位变化及河床冲淤演变具有较高的模拟精度。

表 17-7　1994 年 8 月洪水模型计算最高洪水位与天然实测值的比较　　(单位：m)

测站	花园口	夹河滩	高村	孙口	艾山	泺口	利津
计算值	94.08*	76.86	62.92	48.27	41.45	31.00	14.30
实测值	94.17	76.90	62.84	48.32	41.19	30.81	14.08

注：带*的数据为会务组给定值。

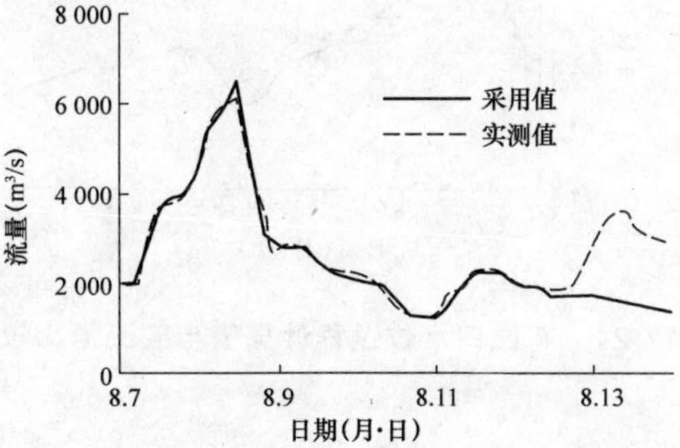

图 17-14　花园口流量过程采用值与实测值比较

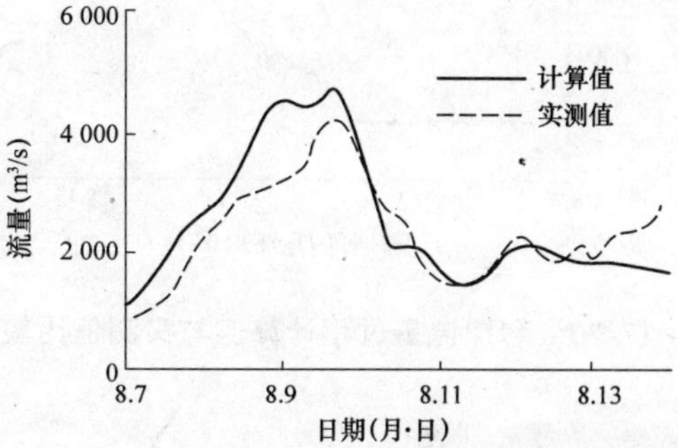

图 17-15　夹河滩流量过程计算值与实测值比较

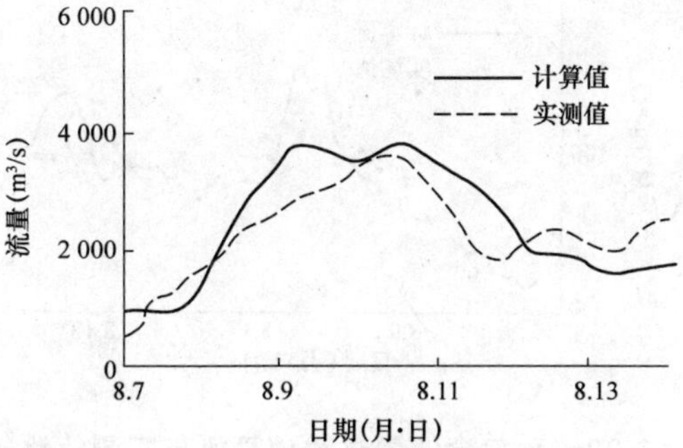

图 17-16　高村流量过程计算值与实测值比较

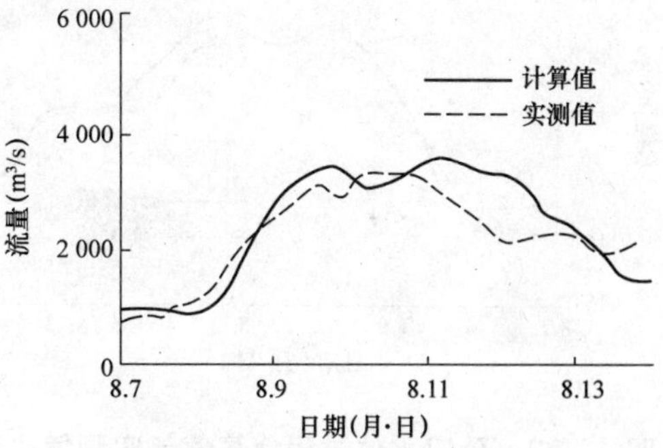

图 17-17　孙口流量过程计算值与实测值比较

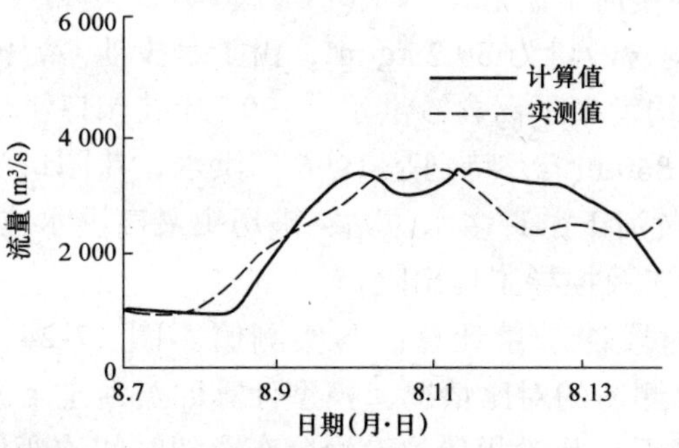

图 17-18　艾山流量过程计算值与实测值比较

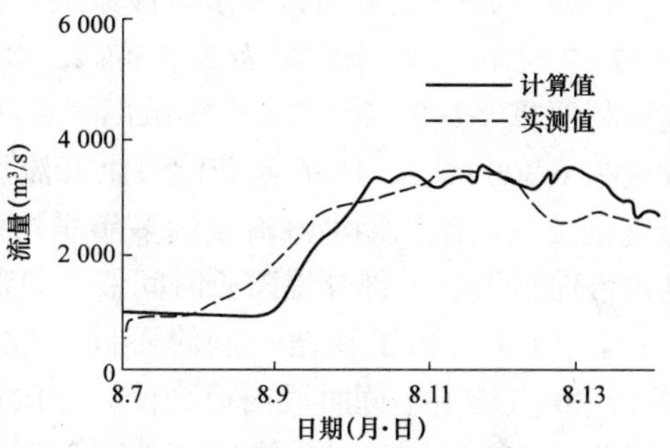

图 17-19　泺口流量过程计算值与实测值比较

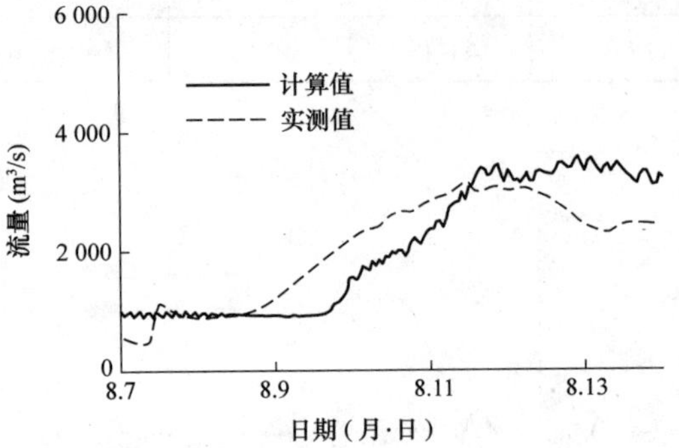

图 17-20　利津流量过程计算值与实测值比较

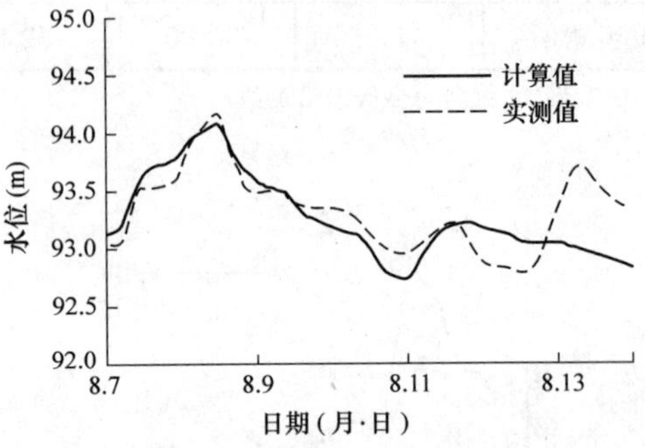

图 17-21　花园口水位过程计算值与实测值比较

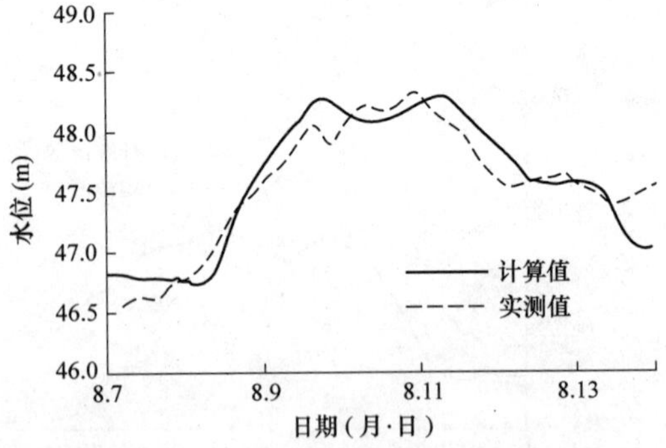

图 17-22　孙口水位过程计算值与实测值比较

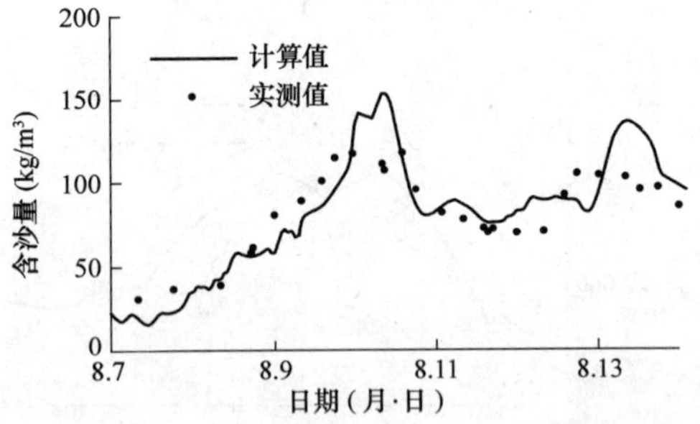

图 17-23　孙口含沙量过程计算值与实测值比较

三、系列年河道冲淤演变的检验

1994~1996 年系列为少水多沙系列。该系列黄河下游总来水量(小浪底+黑石关+小董)为 773.7 亿 m^3，总来沙量为 30.3 亿 t，水流平均含沙量为 39.2 kg/m^3，由于水少沙多，河道淤积严重。1994 年、1996 年汛期，黄河下游均发生了高含沙洪水。1994 年花园口洪峰流量为 6 300 m^3/s，1996 年花园口洪峰流量为 7 860 m^3/s，特别是 1996 年洪水，花园口洪峰流量接近该站汛期洪峰流量的多年平均值，而黄河下游许多水位站突破历史最高洪水位，洪水漫滩行洪，大部分堤防长时间偎水，部分险工及控导工程出险。

表 17-8 给出了铁谢—利津不同河段不同时段冲淤量计算值与实测值。图 17-24 ~ 图 17-30 点绘了不同时段内模型计算冲淤量与实测值的对比情况。模型计算的黄河全下游共淤积 8.658 亿 m^3，与实测值 8.25 亿 m^3 非常接近，从淤积量的沿程分布及随时间的变化过程来看(见图 17-24 ~ 图 17-30)，计算结果与实测结果也吻合得较好。

表 17-8　1994～1996 年水沙系列黄河下游冲淤量验证结果(淤+、冲–)　(单位：亿 m^3)

年份			小浪底—花园口	花园口—夹河滩	夹河滩—高村	高村—孙口	孙口—艾山	艾山—泺口	泺口—利津	小浪底—利津
1994	汛期	计算	0.968	1.848	0.245	0.287	–0.001	–0.010	0.159	3.495
		实测	1.095	1.933	0.377	0.077	0.034	–0.001	0.034	3.549
	非汛期	计算	–0.541	–0.572	–0.168	0.194	0.087	0.124	0.135	–0.741
		实测	–0.645	–0.663	–0.016	0.357	0.081	0.141	0.110	–0.635
1995	汛期	计算	0.692	0.486	0.122	0.235	0.015	0.028	0.142	1.720
		实测	0.984	0.772	–0.103	–0.053	–0.008	–0.046	–0.049	1.497
	非汛期	计算	–0.487	–0.634	–0.134	–0.038	0.057	0.131	0.131	–0.974
		实测	–0.792	–0.570	–0.461	0.263	0.027	0.096	0.135	–1.302
1996	汛期	计算	1.657	2.219	1.611	0.686	–0.120	–0.123	–0.139	5.791
		实测	1.654	1.606	1.752	0.640	–0.097	–0.292	0.175	5.438
	非汛期	计算	–0.430	–0.446	0.067	0.059	0.022	0.047	0.047	–0.634
		实测	–0.646	–0.389	0.281	0.061	–0.036	0.180	0.252	–0.297
1994~1996		计算	1.859	2.901	1.744	1.422	0.059	0.197	0.475	8.658
		实测	1.650	2.689	1.830	1.345	0.001	0.078	0.657	8.250

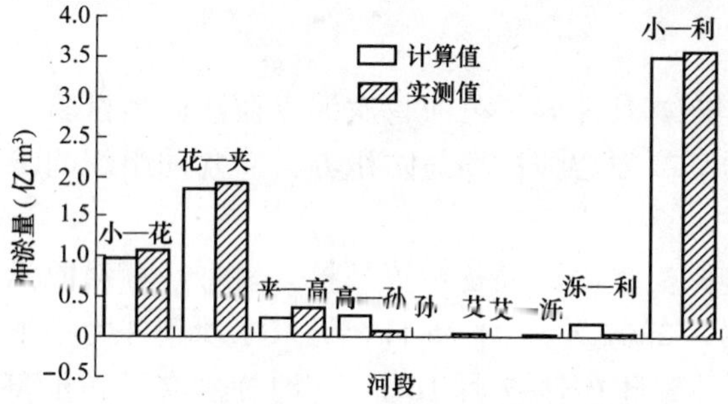

图 17-24　1994 年汛期模型计算值与实测值的比较

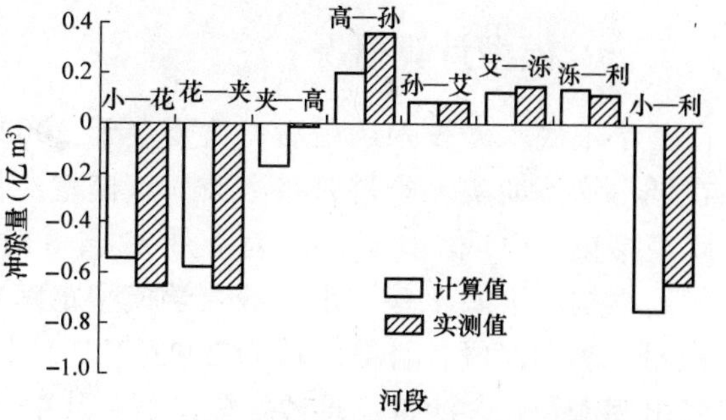

图 17-25　1994 年非汛期模型计算值与实测值的比较

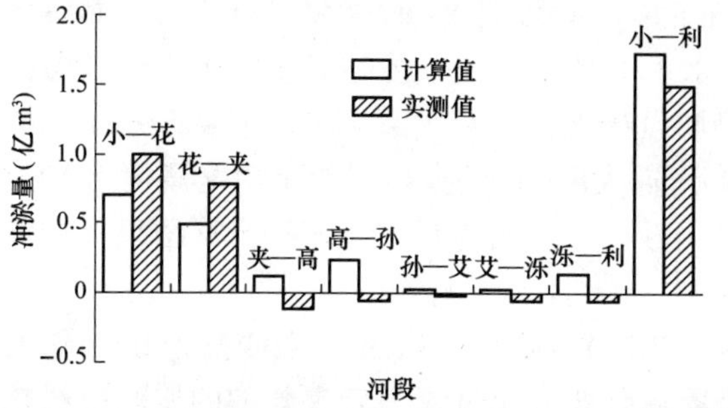

图 17-26　1995 年汛期模型计算值与实测值的比较

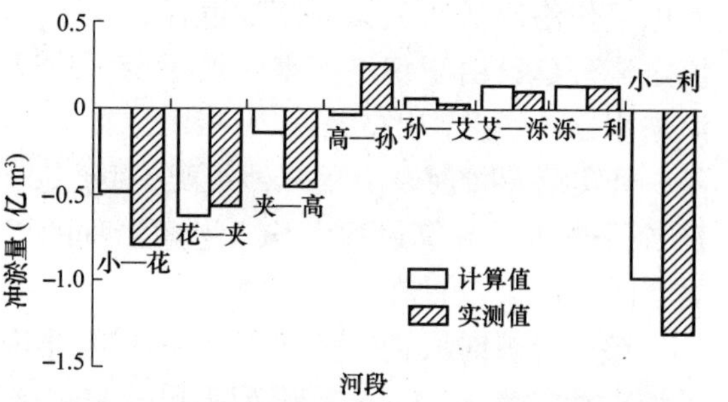

图 17-27　1995 年非汛期模型计算值与实测值的比较

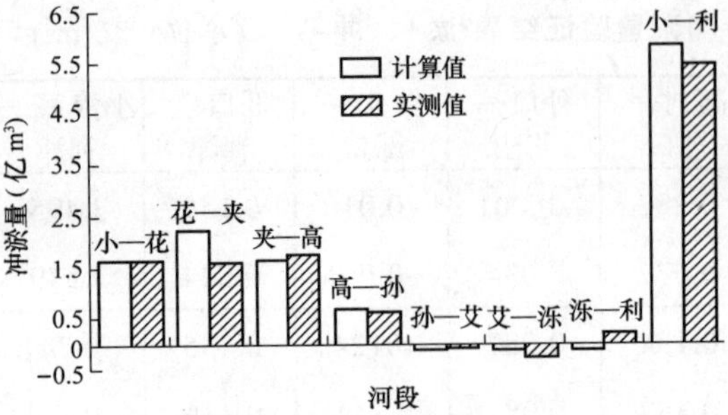

图 17-28 1996 年汛期模型计算值与实测值的比较

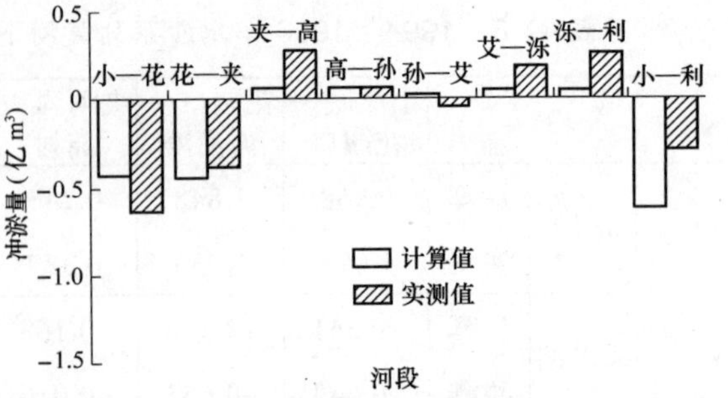

图 17-29 1996 年非汛期模型计算值与实测值的比较

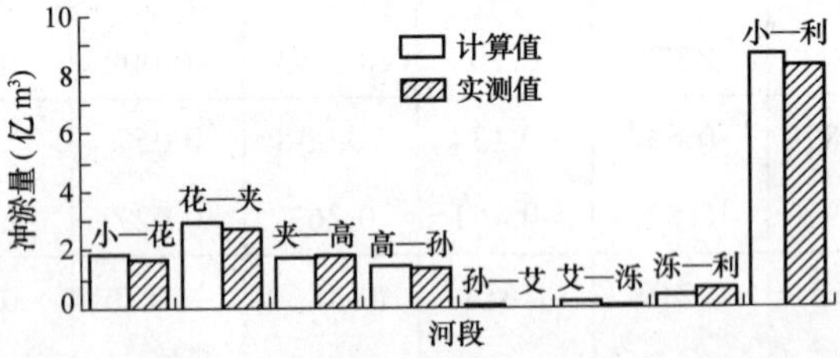

图 17-30 1994～1996 年模型计算值与实测值的比较

(注：图 17-24~图 17-30 中，“小—花”指“小浪底—花园口”；“花—夹”指“花园口—夹河滩”；“夹—高”指“夹河滩—高村”；“高—孙”指“高村—孙口”；“孙—艾”指“孙口—艾山”；“艾—泺”指“艾山—泺口”；“泺—利”指“泺口—利津”；“小—利”指“小浪底—利津”。后同)

第四节 2002 年小浪底水库调水调沙期间模型比试结果

一、模型计算概况

小浪底水库投入运用后，黄委会于 2002 年 7 月开展了黄河首次调水调沙原型试验。在调水调沙期实测资料公布之前，该模型参加了黄委会国科局与防汛办公室共同组织的跟踪模拟模型比试。比试时间为 7 月 22 日 8 时。

根据小浪底水库调水调沙数学模型跟踪模拟模型比试预备会议精神，模型计算河段为铁谢—利津河段，计算时段为 2002 年 7 月 3 日~2002 年 7 月 26 日，进口水沙条件为小浪底出库流量、含沙量及悬沙级配过程，其中 7 月 3 日 0 时~7 月 16 日 24 时为水文局初步整编资料，7 月 17 日 0 时~7 月 20 日 24 时采用日平均流量、8 时含沙量(未整编)，7 月 21 日 0 时~7 月 25 日 24 时取日平均流量 800 m^3/s、含沙量 2 kg/m^3 的恒定流过程。支流入汇主要考虑了伊洛河黑石关站的流量过程，7 月 3 日 0 时~7 月 20 日 24 时采用报汛资料，而后按恒定流外延；由于伊洛河来沙量很少，故以清水入汇计算。因小董站流量很小，未考虑沁河来水来沙情况。出口条件为利津站 2002 年汛期设计水位流量关系。河床边界条件为 2002 年 5 月实测大断面及沿程床沙级配，对于每一个河道大断面，根据高程变化情况概化为 12～15 个子断面。计算过程中均未考虑沿程的引水引沙。计算结束后，立即将计算结果提交黄委会防汛办公室封存。

整个计算时段内，黄河下游来水量(小浪底+黑石关)为 35.4 亿 m^3，来沙量为 0.33 亿 t，平均含沙量为 9.3 kg/m^3。模型采用的来水来沙量及后期水沙过程与后来整编的实测资料略有出入，但相差不大。

二、模型比试计算结果及其分析

在给定进口水沙过程与出口水位—流量关系后，即可采用数学模型预测黄河下游沿程流量、含沙量传播及水位变化过程。图 17-31 ~ 图 17-44 分别为调水调沙期沿程主要水文站的流量、水位过程计算值和实测值的对比图。从图中可以看出，涨峰和平峰期各站流量、水位计算值和实测值较接近，落峰期各站流量、水位计算值比实测值大，且越往下游，偏差越明显。分析其原因，主要是在调水调沙后期，黄河下游两岸因干旱而大量引水，而模型计算时并没有考虑沿程两岸引水，从而导致落峰流量偏大，水位也相应偏高。

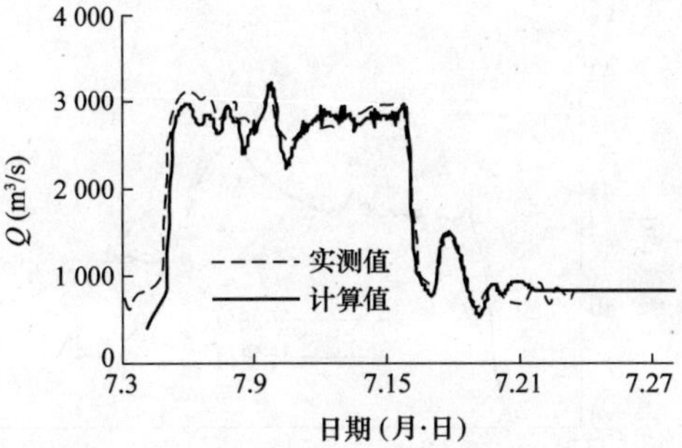

图 17-31　花园口流量过程计算结果

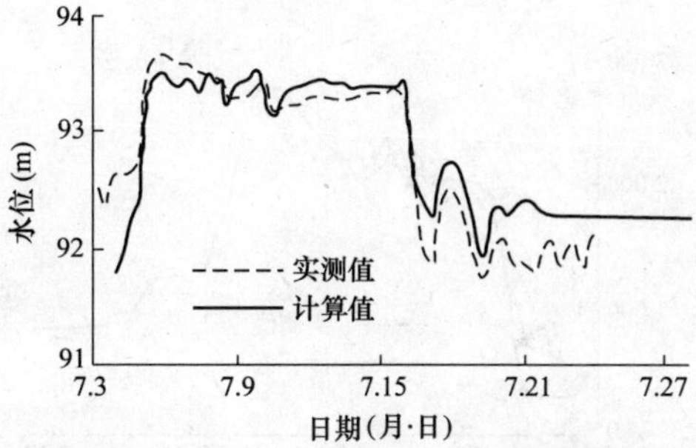

图 17-32　花园口水位过程计算结果

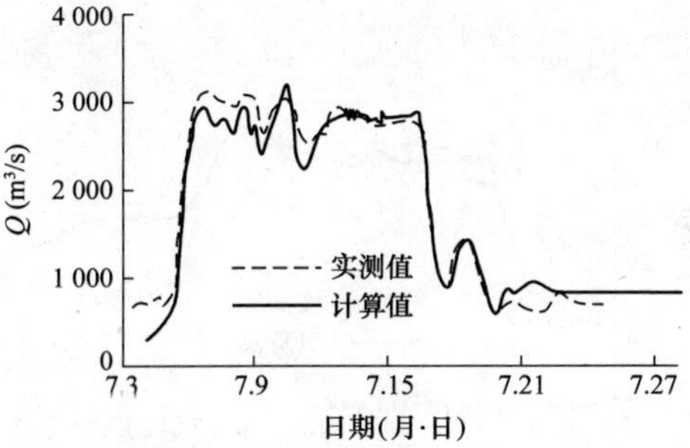

图 17-33　夹河滩流量过程计算结果

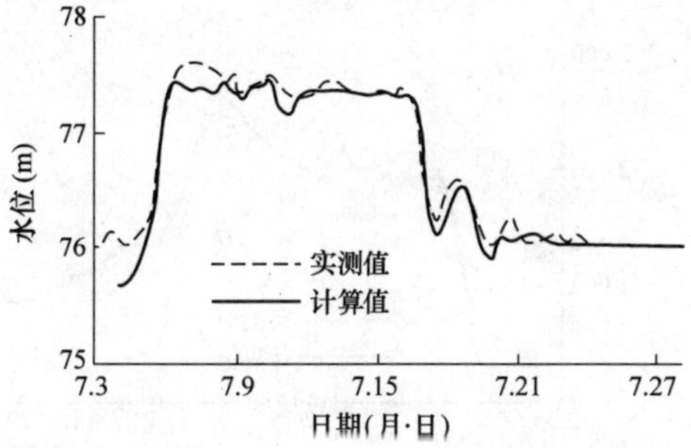

图 17-34　夹河滩水位过程计算结果

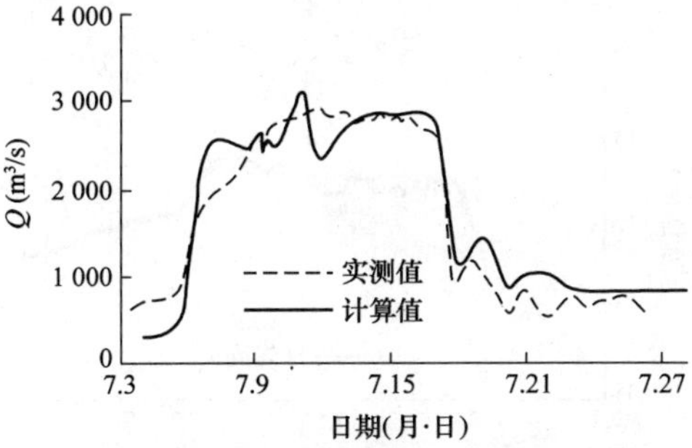

图 17-35　高村流量过程计算结果

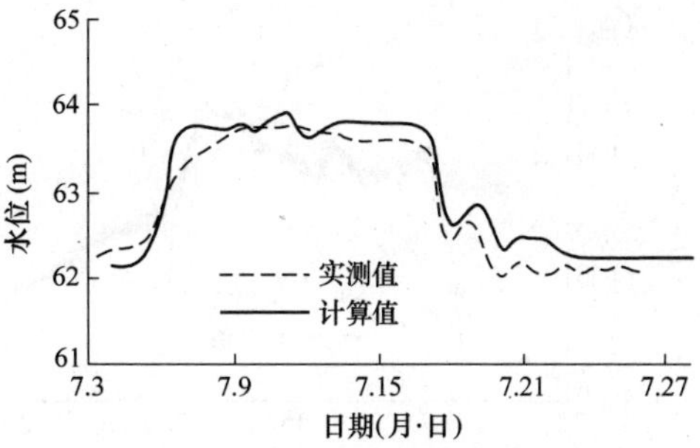

图 17-36　高村水位过程计算结果

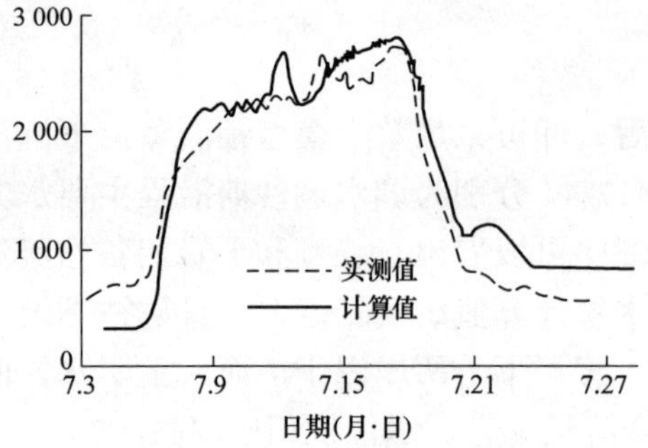

图 17-37　孙口流量过程计算结果

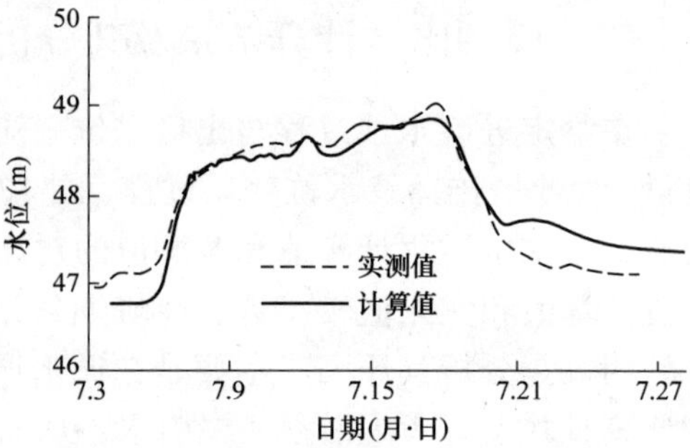

图 17-38　孙口水位过程计算结果

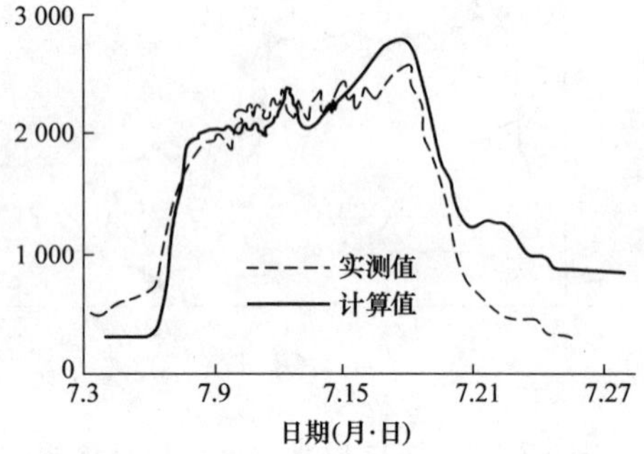

图 17-39　艾山流量过程计算结果

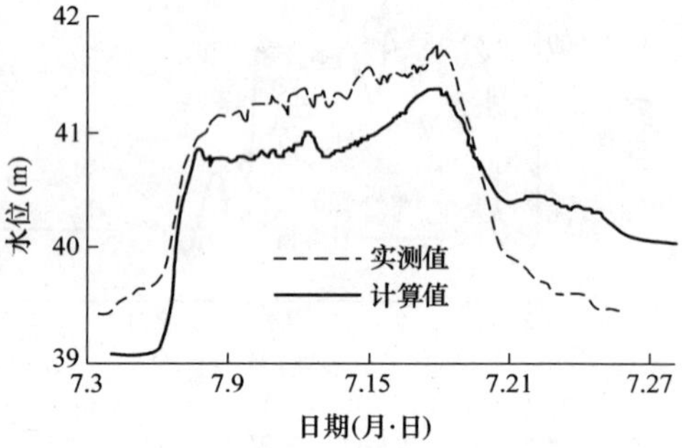

图 17-40　艾山水位过程计算结果

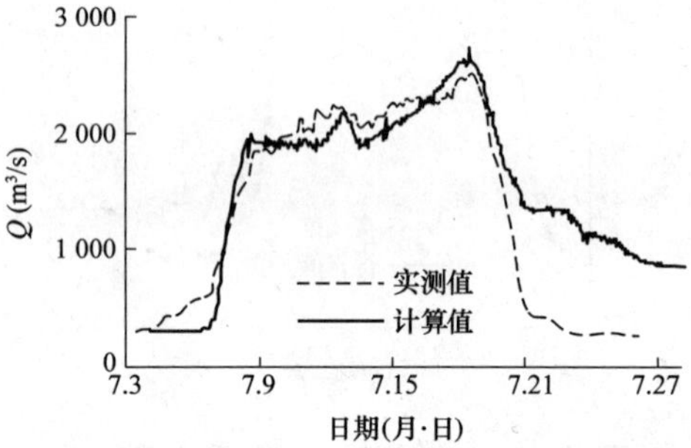

图 17-41　泺口流量过程计算结果

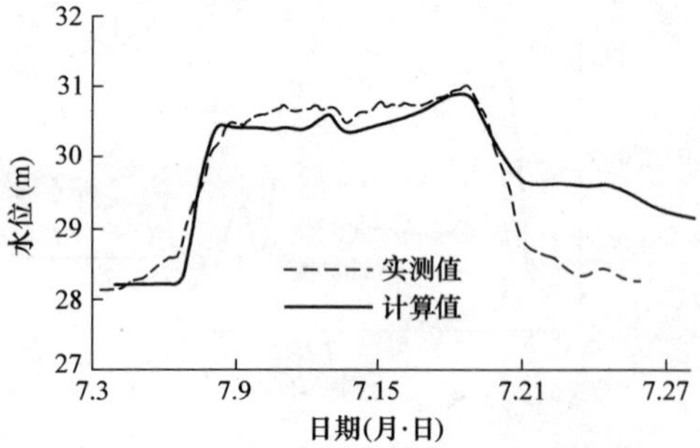

图 17-42　泺口水位过程计算结果

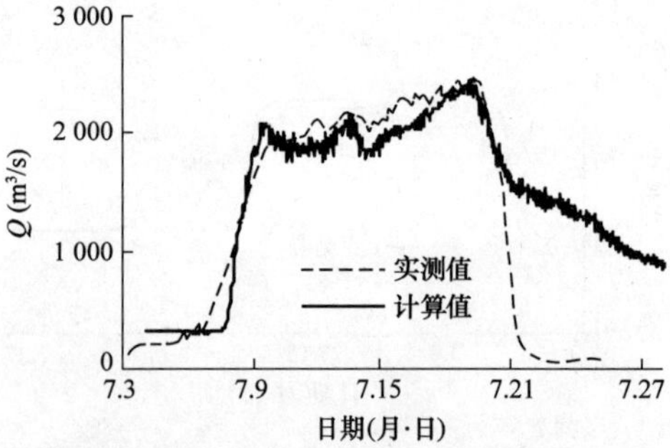

图 17-43　利津流量过程计算结果

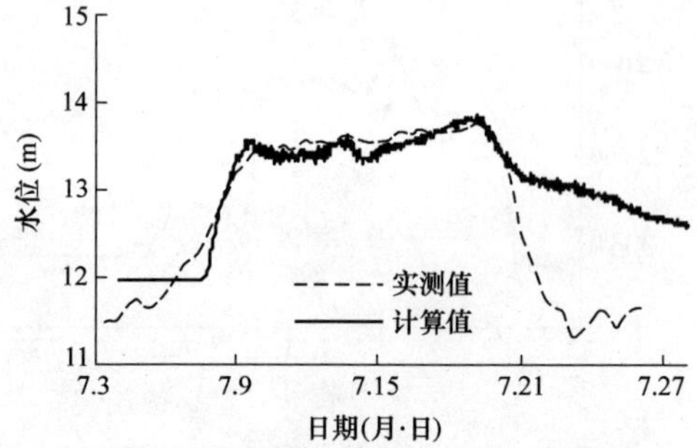

图 17-44　利津水位过程计算结果

图 17-45～图 17-51 绘制了调水调沙期沿程主要水文站的含沙量过程计算值和实测值比较情况。除落峰期因计算流量偏大导致含沙量计算值偏高外，涨峰和平峰期含沙量计算过程与实测过程基本一致，完全满足生产要求。表 17-9 列举了沿程累计冲淤量计算结果，图 17-52 点绘了冲淤量沿程分布计算结果与实测资料的比较情况。模型计算的调水调沙期铁谢—利津河段共冲刷泥沙 1 969.8 万 m^3，其中铁谢—高村冲刷 1 580.8 万 m^3，占总冲刷量的 80.3%；高村—孙口河段为微淤，淤积量为 107.0 万 m^3；孙口—利津河段为微冲，冲刷了 496.1 m^3。从冲淤量计算值与实测值对比情况来看，无论总量上还是沿程分布上，对于黄河下游这样冲淤幅度较大的河流而言，计算结果较符合实际，且模型较好地模拟出了黄河下游自上而下“冲刷—淤积—冲刷”的调整过程。

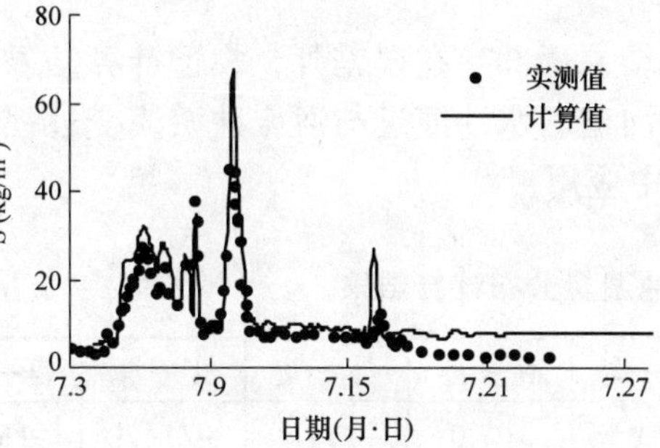

图 17-45　花园口含沙量过程计算结果

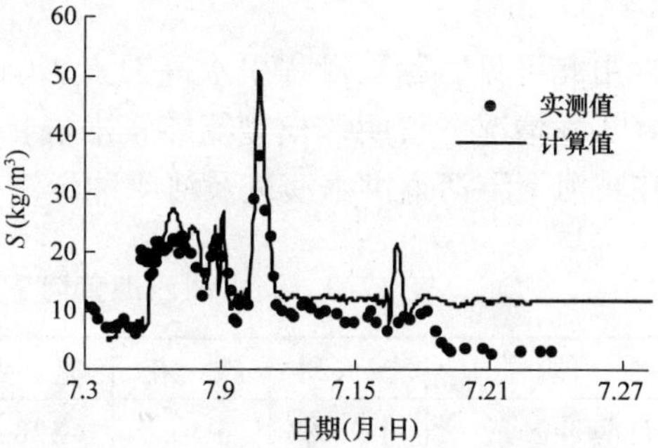

图 17-46　夹河滩含沙量过程计算结果

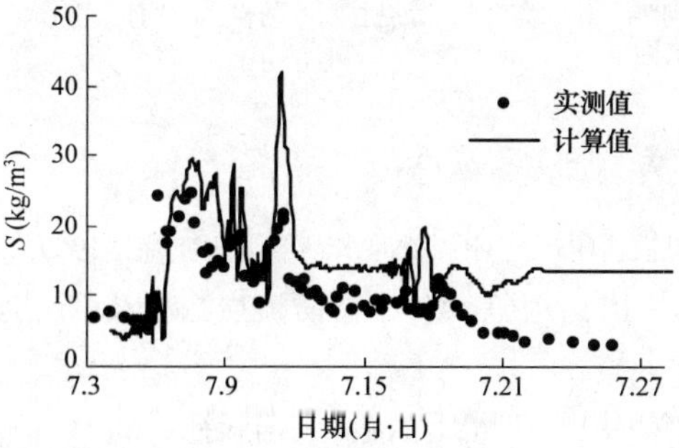

图 17-47　高村含沙量过程计算结果

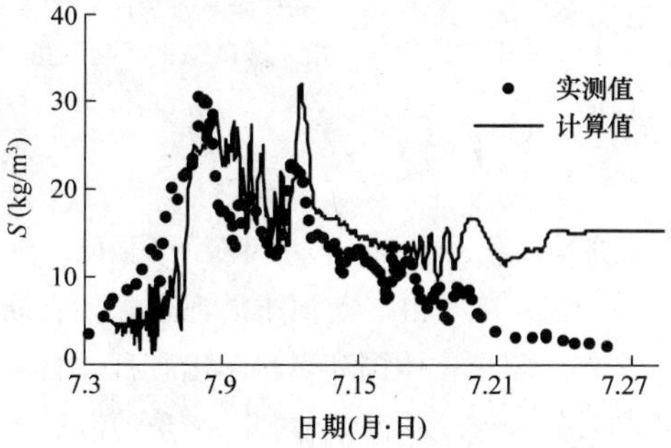

图 17-48　孙口含沙量过程计算结果

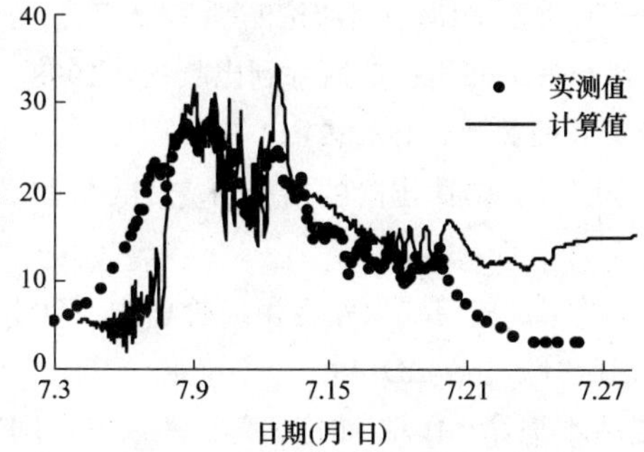

图 17-49　艾山含沙量过程计算结果

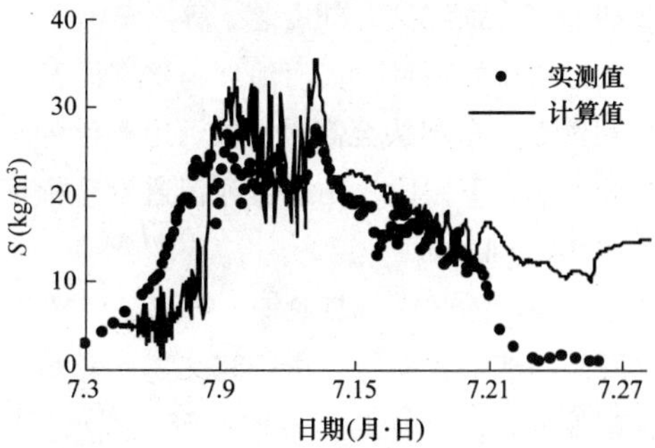

图 17-50　泺口含沙量过程计算结果

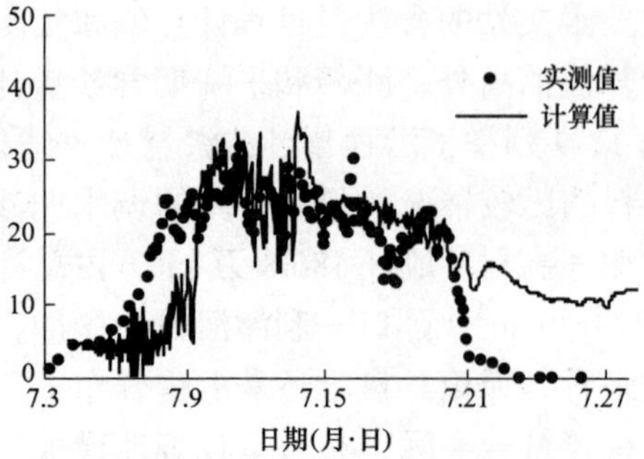

图 17-51　利津含沙量过程计算结果

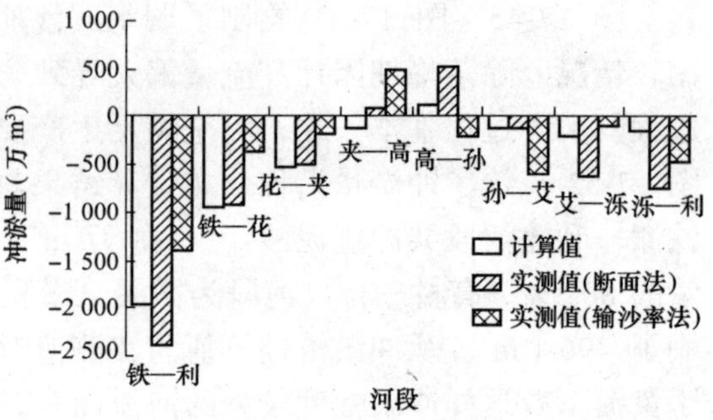

图 17-52　黄河下游沿程冲淤量分布计算结果

由此可见，除受沿程引水等因素影响，计算结果局部存在误差外，模型计算结果基本符合实际情况。说明该模型能够较准确复演天然河道的水沙演进与河床冲淤演变过程，可以在黄河下游河道洪水演进及河床冲淤演变预测中应用。

表 17-9　调水调沙期黄河下游沿程冲淤量分布计算结果　　(单位：万 m^3)

河段	铁—利	铁—花	花—夹	夹—高	高—孙	孙—艾	艾—泺	泺—利
计算冲淤量	–1 969.8	–940.1	–528.8	–111.9	107.0	–131.4	–214.4	–150.3
实测(断面法)	–2 385.7	–935.7	–507.1	78.6	507.1	–121.4	–642.9	–764.3
冲淤量(输沙率法)	–1 414.3	–364.3	–178.6	492.9	–200.0	–600.0	–107.1	–457.1

注：“铁”指“铁谢”；“花”指“花园口”；“夹”指“夹河滩”；“高”指“高村”；“孙”指“孙口”；“艾”指“艾山”；“泺”指“泺口”；“利”指“利津”，余同。

参考文献

[1] 曲少军，申冠卿，等. 1997 年黄河下游防洪设计水位成果报告[R]. 郑州：黄河水利科学研究院，1997.

[2] 胡一三，徐福龄. 黄河下游河道整治在防洪中的作用[C] //中美黄河下游防洪措施学术讨论会论文集. 北京：中国环境科学出版社，1989.

[3] 廖义伟，等. 黄河下游“二级悬河”成因及治理对策[M]. 郑州：黄河水利出版社，2003.

[4] 潘贤娣，赵业安，李勇，等. 三门峡水库修建后黄河下游河道演变[C]//三门峡水库运用经验总结项目组. 黄河三门峡水利枢纽运用研究文集. 郑州：河南人民出版社，1994:99-159.

[5] 胡一三，张红武，刘贵芝，等. 黄河下游游荡性河段河道整治[M]//赵沛伦，等. “八五”国家重点科技攻关项目“黄河治理与水资源开发利用”系列专著. 郑州：黄河水利出版社，1998.

[6] 刘贵芝. 东坝头至高村河段河道整治的经验教训[J]. 人民黄河，1992(2):13-16.

[7] 李希宁，王银山. 山东黄河河道发生横河、斜河的原因及其防御出险的措施研究[J]. 人民黄河，1990(4): 42-44.

[8] 温善章，陈升辉，赵业安. 黄河三门峡工程回顾与评价[C]//三门峡水库运用经验总结项目组. 黄河三门峡水利枢纽运用研究文集. 郑州：河南人民出版社，1994:37-48.

[9] 赵业安，周文浩，费祥俊，等. 黄河下游河道演变基本规律[M]//赵沛伦，等. “八五”国家重点科技攻关项目“黄河治理与水资源开发利用”系列专著. 郑州：黄河水利出版社，1998.

[10] 耿明全，赵勇，张柏山. 黄河下游滩区生产堤加高加固利弊分析研究[R]. 郑州：河南黄河河务

局, 2004.

[11] 李勇，苏运启，等. 黄河下游河道近年来阻力特性变化及对防洪的影响[R]. 郑州：黄河水利科学研究院, 1999.

[12] Wu Baosheng，Ma Jiming，Zhang Baishan, et al. Morphological Response to River Training in the Lower Yellow River. In：Proceedings 1st International Yellow River Forum on River Basin Management[M]. Volume Ⅱ. Zhengzhou：The Yellow River Conservancy Publishing House，2003.

[13] 陈枝霖，陈升辉，李国英，等. 三门峡工程的历史回顾及国民经济评价[C]//三门峡水库运用经验总结项目组. 黄河三门峡水利枢纽运用研究文集. 郑州：河南人民出版社，1994:11-36.

第十八章　准二维非恒定流水沙数学模型在黄河上中游干支流河道冲淤演变中的验证

为检验该模型对黄河上中游河段水沙演进及河道冲淤演变的模拟效果，为进一步拓展该模型在黄河上中游宁蒙河段、北干流河段等其他干支流中应用，利用一些横向课题项目研究的机会，开展了黄河宁夏河段、渭河下游及咸阳到三门峡大坝之间该模型的验证计算。验证结果与各河段实测资料吻合良好，说明该模型完全可以推广到黄河上中游干支流中应用。

第一节　准二维水沙数学模型在宁夏河段河道冲淤演变中的验证

一、宁夏河道及模型计算概况

黄河在甘肃境内穿行于山区峡谷，进入宁夏平原后就显著开阔。沿黄两岸平原地区土地辽阔，是宁夏社会经济发展的精华所在地，宁夏77%以上的粮食产量和96%以上的工业产值来源于沿黄灌区，因而宁夏经济和社会发展素有“唯黄河而存在，唯黄河而发展，唯黄河而兴旺”之说。

宁夏平原河道坡降平缓，因受泥沙冲淤变化的影响，部分河段河势摆动频繁，两岸城镇、村庄、农田、灌溉渠系及铁路、公路、通讯和供电设施经常遭受洪水、凌汛危害[1]。刘家峡、龙羊峡水库相继建成并投入运用，对黄河上中游河段防洪、防凌减灾发挥了重要作用。同时，由于水库汛期蓄水调节，改变了黄河的来水来沙条件，宁夏河段汛期出现大水的几率减小，造成了河道淤积加重[2]。特别是在仁存渡以下，龙羊峡、刘家峡水库改变了以往河道冲淤基本平衡的状况，造成河槽淤积，主流摆动频繁，河道沙洲众多[3]。各河段枯水期均有分流串沟现象[4]。由于洪水灾害突出，防洪设施薄弱，沿河地区始终面临着严重的洪水威胁，经济发展亦受到了制约。

为检验该模型对黄河宁夏河段水沙演进特点的模拟效果，将模型推广到黄河上游宁蒙河段开展洪水演进及冲淤演变预测，我们按照长系列河床变形模拟计算的需要和要求，开展了1993年7月1日~1999年6月30日下河沿至石嘴山河段实测水沙系列年的验证计算。计算初始地形采用1993年实测断面资料。为了反映原型断面不同部位的调整过程，计算中将实测断面概化为若干个子断面。考虑到青铜峡水电站的影响，本次计算分青铜峡上、下两个河段分别计算。

表18-1列举了宁夏黄河数学模型验证时段内原型水量、沙量、最大流量、最大含沙量等特征值。由此不难看出，近几年，来水来沙情况属枯水系列。年最大日均流量为1 640 m^3/s，最大日均含沙量为189.7 kg/m^3。相比较而言，1993年水量最大，全年流量大于1 000 m^3/s的天数为68天，此后水量呈逐年递减趋势。来沙量以1995年最大，达1.59亿t。

表 18-1　1993~1998 年水文年水沙参数统计

时间	时段	水量 (亿 m^3)	沙量 (亿 t)	流量大于 1 000 m^3/s 的天数(d)	备注
1993 年 7 月~ 1994 年 6 月	汛期	102.87	0.50	66	年最大日平均流量为 1 640 m^3/s，最大日平均含沙量为 41.1 kg/m^3
	非汛期	122.83	0.16	2	
	全年	225.70	0.65	68	
1994 年 7 月~ 1995 年 6 月	汛期	84.09	1.11	17	年最大日平均流量为 1 480 m^3/s，最大日平均含沙量为 100.0 kg/m^3
	非汛期	120.01	0.07	0	
	全年	204.09	1.18	17	
1995 年 7 月~ 1996 年 6 月	汛期	70.89	1.41	6	年最大日平均流量为 1 380 m^3/s，最大日平均含沙量为 189.7 kg/m^3
	非汛期	97.76	0.18	1	
	全年	168.65	1.59	7	
1996 年 7 月~ 1998 年 6 月	汛期	58.18	1.48	5	年最大日平均流量为 1 150 m^3/s，最大日平均含沙量为 166.0 kg/m^3
	非汛期	66.64	0.04	0	
	全年	124.82	1.52	5	
1997 年 7 月~ 1998 年 6 月	汛期	47.65	0.70	1	年最大日平均流量为 1 010 m^3/s，最大日平均含沙量为 182.0 kg/m^3
	非汛期	70.92	0.09	0	
	全年	118.58	0.79	1	
1998 年 7 月~ 1999 年 6 月	汛期	50.85	0.32	1	年最大日平均流量为 1 030 m^3/s，最大日平均含沙量为 95.2kg/m^3
	非汛期	81.86	0.09	0	
	全年	132.71	0.41	1	

二、模型验证计算结果

表 18-2 ~ 表 18-3 分别列举了计算河段内冲淤量实测值与计算值对比结果，并示于图 18-1~图 18-2。由此可以看出，无论下河沿—青铜峡库尾段还是青铜峡—石嘴山河段，河床冲淤变形计算都同实测资料颇为相近，又由于黄河水沙数学模型水位计算精度直接影响到河床冲淤变形的模拟，从而表明本数学模型可以用来预测黄河宁夏河段河床冲淤变化趋势和洪水水位变化。

表 18-2　下河沿至白马河段数学模型验证计算结果

断面号	断面名称	断面间距 (km)	累计河长 (km)	计算冲淤量 (万 m^3)	实测冲淤量 (万 m^3)
2	赵家营子—李营	4.65	4.65	96.60	106.78
3	迎水二队—高滩	3.45	8.10	161.26	159.93
4	大板湾七队—枣林	2.09	10.19	158.00	149.33
5	新墩	3.52	13.71	168.22	186.89
6	雍庄—杨滩	5.84	19.55	134.44	139.70

续表 18-2

断面号	断面名称	断面间距 (km)	累计河长 (km)	计算冲淤量 (万 m^3)	实测冲淤量 (万 m^3)
7	莫家楼—申滩	3.02	22.57	101.62	77.83
8	新庙—刘湾八队	3.42	25.99	78.87	97.16
10	跃进渠口—永丰八队	5.33	31.32	64.61	110.98
11	铁路桥	8.65	39.97	–7.09	–60.36
12	永兴堡—陆家桥	3.89	43.86	–100.67	–109.05
13	郭庄—马滩	4.31	48.17	–176.27	–110.60
14	黄羊湾—清水河口	3.04	51.21	–200.59	–156.64
16	金沙沟口—康滩林场	3.75	54.96	–229.01	–242.34
17	赵家庄—田滩七队	2.89	57.85	–233.91	–233.76
18	中宁黄河大桥	5.28	63.13	–280.40	–257.41
19	黄庄六队—营盘滩码头	7.84	70.97	–319.77	–326.47
20	黎营—朱滩	5.44	76.41	–315.37	–325.87
21	胡麻滩—下滩三队	6.35	81.76	–380.49	–400.86
22	白马断面	6.90	88.66	–487.97	–482.02

注：数学模型计算同模型相应条件下的试验进行过比较，其冲淤过程及冲淤量均相差不多。

表 18-3　青铜峡至石嘴山河段数学模型验证计算结果

断面号	断面名称	断面间距 (km)	累计河长 (km)	计算冲淤量 (万 m^3)	实测冲淤量 (万 m^3)
2	水管所	2.70	2.70	64.93	15.54
3	蔡家河口	3.45	6.15	202.88	80.35
4	秦坝关	3.00	9.15	267.90	225.95
5	柳条滩	4.55	13.70	235.01	235.72
6	古城	6.20	19.90	158.08	–24.78
7	叶盛	8.60	28.50	171.12	79.68
8	仁存渡	7.55	36.05	244.87	161.90
9	一排口	7.25	43.30	504.36	246.29
10	东河	3.50	46.80	640.67	339.07
11	黄家圈	4.65	51.45	786.67	472.11
12	东升桥	4.50	55.95	1 041.29	932.39
13	临河	6.25	62.20	1 202.69	1 340.05
14	横城	7.15	69.35	1 254.84	1 268.89
15	通昌渡	20.50	89.85	2 299.88	1 941.25
16	关渠十队	6.50	96.35	2 680.84	2 435.44

续表 18-3

断面号	断面名称	断面间距(km)	累计河长(km)	计算冲淤量(万 m^3)	实测冲淤量(万 m^3)
17	京星	6.20	102.55	3 005.76	2 930.48
18	永兴六队	4.63	107.18	3 269.91	3 214.98
19	高仁镇	7.75	114.93	3 707.71	3 548.62
20	白台子	3.15	118.08	3 877.05	3 680.99
21	东来点	8.50	126.58	4 447.78	4 481.98
22	马太沟	5.68	132.26	5 054.51	5 219.7
23	陶乐渡	10.13	142.39	5 708.75	5 844.43
24	五堆子	6.08	148.47	5 691.55	5 553.18
25	三颗柳	10.40	158.87	5 600.00	5 275.40
26	红崖子	2.50	161.37	5 580.75	5 195.37
27	都思兔河	9.43	170.08	5 248.29	5 372.02
28	惠农农场	5.38	176.18	5 297.55	5 298.94
29	黄河大桥	15.1	191.28	4 938.82	4 644.5

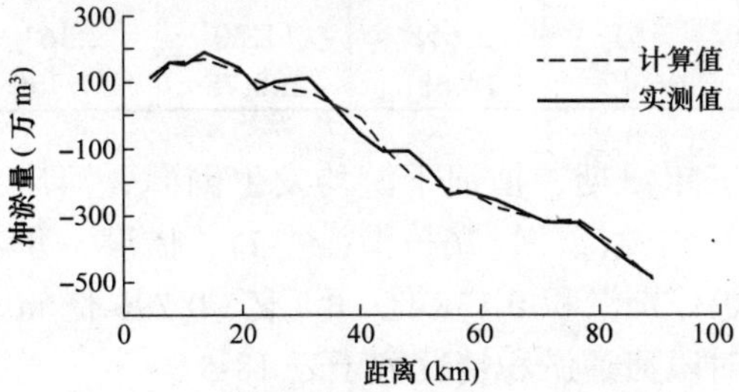

图 18-1 下河沿至白马河段数学模型验证计算结果

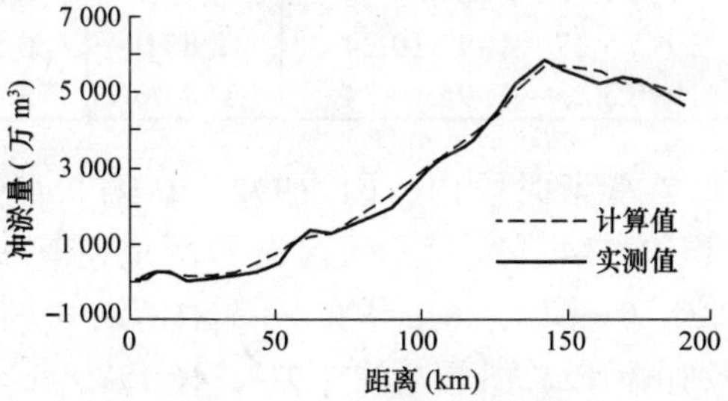

图 18-2 青铜峡至石嘴山河段数学模型验证计算结果

第二节 准二维水沙数学模型在渭河下游河段河道冲淤演变中的验证

一、渭河下游河道及验证计算概况

渭河是黄河最大的支流，干流全长 818 km。自咸阳(铁桥)至渭河口为下游，河道长约 210 km，于潼关附近汇入黄河。入黄口高程，在三门峡水库修建前为 323 m，三门峡水库建成蓄水运用后，最高曾达 329 m，三门峡水库两次改建后，相对稳定在 326 ~ 327 m 之间。渭河属不对称水系，其下游两岸支流分布南多北少。北岸支流源远流长，有泾河、石川河和北洛河。其中，最大支流泾河长 455 km，流域面积 45 421 km^2，集水面积大，穿行于水土流失区，来沙量大。南岸的支流短而多，包括有沣、灞、浐、零、沋、赤水、遇仙、石堤、罗汶、苟峪、方山、葱峪、罗夫、柳叶、长涧、蒲峪等大小支流，多为间歇性河流。

模型验证河段取为咸阳至陈村，计算时段采用 1990 年 5 月 23 日 ~ 1995 年 10 月 24 日。模型进口采用咸阳站实测流量含沙量及悬沙级配过程，泾河入汇过程采用张家山站实测流量含沙量及悬沙级配过程，南山支流流入水量入汇按多年平均值控制。

在表 18-4 列举了计算时段内本河段来水来沙情况，咸阳站来水量为 158.00 亿 m^3，来沙量为 3.492 亿 t，泾河张家山站来水量为 66.42 亿 m^3，来沙量为 14.688 亿 t，华县站水量为 280.78 亿 m^3，悬移质输沙量为 17.309 亿 t。

表 18-4　1990 年 5 月 ~ 1995 年 10 月渭河下游水量、沙量统计

时段(年・月・日)	咸阳		张家山		华县	
	水量(亿 m^3)	沙量(亿 t)	水量(亿 m^3)	沙量(亿 t)	水量(亿 m^3)	沙量(亿 t)
1990.5.23 ~ 1990.9.23	22.95	0.666	8.47	1.826	38.55	1.942
1990.9.24 ~ 1991.5.25	21.87	0.109	7.56	0.450	34.74	0.712
1991.5.26 ~ 1991.9.19	12.55	0.465	6.36	1.664	23.52	2.068
1991.9.20 ~ 1992.5.19	9.02	0.050	2.029	0.004	13.35	0.080
1992.5.20 ~ 1992.9.8	13.36	1.112	9.79	3.35	26.45	4.513
1992.9.9 ~ 1993.5.9	25.69	0.135	5.21	0.026	43.33	0.333
1993.5.10 ~ 1993.9.22	22.70	0.360	5.98	1.191	36.16	1.391
1993.9.23 ~ 1994.5.22	14.70	0.013	4.43	0.044	23.09	0.132
1994.5.23 ~ 1994.11.10	8.71	0.353	8.13	3.455	20.82	3.744
1994.11.11 ~ 1995.5.26	3.561	0.003	1.15	0.000 2	9.59	0.035
1995.5.27 ~ 1995.10.24	2.881	0.227	7.31	2.658	11.20	2.361
1990.5.23 ~ 1995.10.24	158.00	3.492	66.42	14.688	280.78	17.309

在验证时段内，因 1992、1994、1995 年三年汛期，渭河下游均发生倒灌，河床共淤积 1.734 亿 m^3，河道淤积严重，其中咸阳—临潼(渭淤 26—渭淤 37)、临潼—华县(渭淤 10—渭淤 26)、华县—陈村(渭淤 6—渭淤 10)分别淤积 0.138 亿、0.8 亿、0.796 亿 m^3，分别占河段总淤积量的 7.9%、46.1%、46%。分时段河道淤积情况列于表 18-5。

表 18-5　1990 年 5 月 ~ 1995 年 10 月渭河下游河道淤积量统计　　(单位：亿 m^3)

时段(年・月・日)	咸阳—临潼	临潼—华县	华县—陈村	咸阳—陈村
1990.5.23 ~ 1990.9.23	0.041 8	0.099 3	0.113 1	0.254 2
1990.9.23 ~ 1991.5.25	–0.023 5	–0.010 3	0.022 7	–0.011 1
1991.5.25 ~ 1991.9.19	–0.009	0.018 4	–0.014 7	–0.005 3
1991.9.19 ~ 1992.5.19	0.032 1	0.000 2	0.002 9	0.035 2
1992.5.19 ~ 1992.9.8	0.014 0	0.248 4	0.279 4	0.541 8
1992.9.8 ~ 1993.5.9	0.004 0	–0.071 2	–0.105 4	–0.172 6
1993.5.9 ~ 1993.9.22	0.006 9	–0.110 6	–0.109 1	–0.212 8
1993.9.22 ~ 1994.5.22	–0.0018	–0.049 8	–0.009 3	–0.060 9
1994.5.22 ~ 1994.11.10	0.042 0	0.281 4	0.375 5	0.698 9
1994.11.10 ~ 1995.5.26	–0.013 1	–0.039 5	–0.031 8	–0.084 4
1995.5.26 ~ 1995.10.24	0.044 3	0.433 7	0.273 1	0.751 1
1990.5.23 ~ 1995.10.24	0.137 7	0.800 0	0.796 4	1.734 1

表 18-6、表 18-7 统计了咸阳、张家山两站不同水沙出现的天数，由此可见，下游河道淤积严重的另一个原因是水沙搭配不合理，小水带大沙的几率较大，尤其是泾河入渭水流含沙量非常大，张家山站流量介于 100~300 m^3/s 的平均含沙量达 270 kg/m^3 左右，当流量大于 300 m^3/s 时，含沙量平均值已超过 440 kg/m^3。

表 18-6　1990～1995 年咸阳站水沙情况统计

时段 (年·月·日)	$Q\leqslant100\ m^3/s$			$100\ m^3/s<Q\leqslant300\ m^3/s$			$300\ m^3/s<Q\leqslant600\ m^3/s$			$600\ m^3/s<Q\leqslant1\ 000\ m^3/s$			$Q>1\ 000\ m^3/s$		
	天数 (d)	平均流量 (m^3/s)	平均含沙量 (kg/m^3)	天数 (d)	平均流量 (m^3/s)	平均含沙量 (kg/m^3)	天数 (d)	平均流量 (m^3/s)	平均含沙量 (kg/m^3)	天数 (d)	平均流量 (m^3/s)	平均含沙量 (kg/m^3)	天数 (d)	平均流量 (m^3/s)	平均含沙量 (kg/m^3)
1990.5.23～1990.9.23	30	50.74	7.65	75	177.05	22.94	13	446.54	30.69	5	750.2	39.43	1	2 200	58.2
1990.9.24～1991.5.25	152	60.91	0.09	82	153.82	5.54	10	344.5	15.96	0	0	0	0	0	0
1991.5.26～1991.9.19	76	48.54	19.79	29	189.3	44.07	10	411.2	38.42	2	619.5	52.46	0	0	0
1991.9.20～1992.6.30	262	41.04	3.44	23	138.57	50.20	0	0	0	0	0	0	0	0	0
1992.7.1～1992.9.8	31	52.32	33.29	31	177.65	59.74	5	392.4	32.11	2	666	280.8	1	1 540	213.0
1992.9.9～1993.5.9	144	57.54	0.24	80	170.99	3.66	18	390.6	12.66	1	739	20.30	0	0	0
1993.5.10～1993.9.22	27	78.41	8.97	90	147.14	6.80	15	400.8	23.62	2	775.5	46.42	2	1 675	28.06
1993.9.23～1994.5.22	195	54.37	0	46	132.9	2.13	1	303	6.60	0	0	0	0	0	0
1994.5.23～1994.11.10	143	35.44	18.15	28	163.32	62.32	1	437	70.94	0	0	0	0	0	0
1994.11.11～1995.6.30	229	16.70	0.26	3	146.3	6.83	0	0	0	0	0	0	0	0	0
1995.7.1～1995.10.24	111	23.41	80.03	5	119	92.44	0	0	0	0	0	0	0	0	0
1992.7.1～1995.6.30	769	40.99	5.33	278	156.67	17.68	40	393.62	20.77	5	724.4	127.28	3	1 630	86.3
1990.5.23～1995.10.24	1 400	42.39	8.40	492	160.0	20.35	73	398.72	24.67	12	717.25	78.25	4	1 773	77.58

表 18-7　1990 ~ 1995 年张家山站水沙情况统计

时段(年·月·日)	$Q\leqslant 100m^3/s$			$100\ m^3/s<Q\leqslant 300\ m^3/s$			$300\ m^3/s<Q\leqslant 600\ m^3/s$			$600\ m^3/s<Q\leqslant 1\ 000\ m^3/s$			$Q>1\ 000\ m^3/s$		
	天数(d)	平均流量(m^3/s)	平均含沙量(kg/m^3)	天数(d)	平均流量(m^3/s)	平均含沙量(kg/m^3)	天数(d)	平均流量(m^3/s)	平均含沙量(kg/m^3)	天数(d)	平均流量(m^3/s)	平均含沙量(kg/m^3)	天数(d)	平均流量(m^3/s)	平均含沙量(kg/m^3)
1990.5.23 ~ 1990.9.23	95	36.20	98.13	22	169.64	202.90	6	333.5	380.7	1	631	407	0	0	0
1990.9.24 ~ 1991.5.25	232	27.50	5.28	10	175.1	166.4	2	307.5	318.4	0	0	0	0	0	0
1991.5.26 ~ 1991.9.19	95	28.31	98.67	18	143.1	234.2	3	389.7	467.1	1	927	552.3	0	0	0
1991.9.20 ~ 1992.6.30	282	10.77	23.23	2	171	498.2	0	0	0	0	0	0	0	0	0
1992.7.1 ~ 1992.9.8	47	28.83	107.8	16	179.7	218.2	3	380.0	373.5	2	928	511.3	2	1 450	486.6
1992.9.9 ~ 1993.5.9	240	22.96	0.97	3	174.7	46.41	0	0	0	0	0	0	0	0	0
1993.5.10 ~ 1993.9.22	123	31.09	56.41	10	168.6	232.2	2	331	219.6	1	752	627.7	0	0	0
1993.9.23 ~ 1994.5.22	240	20.33	7.75	2	126	51.89	0	0	0	0	0	0	0	0	0
1994.5.23 ~ 1994.11.10	150	21.69	180.2	16	158.6	382.6	4	378.8	682.1	1	998	677	1	1 100	666
1994.11.11 ~ 1995.6.30	232	6.37	4.11	0	0	0	0	0	0	0	0	0	0	0	0
1995.7.1 ~ 1995.10.24	97	27.16	142.8	14	183.6	406.82	2	377.5	492.7	3	785	544.6	0	0	0
1992.7.1 ~ 1995.6.30	1 032	19.76	49.13	47	167.55	276.90	9	368.58	483.7	4	901.5	581.4	3	1 333	535.9
1990.5.23 ~ 1995.10.24	1 833	20.99	54.07	114	166.82	269.95	22	357.15	442.9	9	835.4	551.7	3	1 333	535.9

初始地形采用 1990 年汛前渭河下游实测大断面，进口流量及含沙量过程采用咸阳站实测流量、含沙量过程，泾河来水来沙选用张家站实测水沙过程控制，咸阳、张家山、华县区间的支流来水来沙量因实测资料较少，故水量及沙量由上述三站水沙平衡求出，沿河段均匀加入，模型末端水位采用陈村站实测水位—流量关系控制。

二、模型验证结果

表 18-8 列举了模型计算冲淤量结果，图 18-3 ~ 图 18-14 为该河段冲淤量计算值与冲淤量实测值对比情况，计算值与实测值颇为相近，从而表明本数学模型可用于预测东庄水库修建后渭河下游河道的冲淤变化趋势。

表 18-8　1990 年 5 月 ~ 1995 年 10 月渭河下游河道冲淤量模型验证结果　　(单位：亿 m^3)

时段(年·月·日)	咸阳—临潼	临潼—华县	华县—陈村	咸阳—陈村
1990.5.23 ~ 1990.09.23	0.044 4	0.086 4	0.101 3	0.232 2
1990.9.23 ~ 1991.5.25	–0.028 1	–0.014 2	0.030 1	–0.012 2
1991.5.25 ~ 1991.9.19	–0.002 8	0.020 6	–0.017 7	0.000 1
1991.9.19 ~ 1992.5.19	0.019 2	–0.001 0	0.012 6	0.030 8
1992.5.19 ~ 1992.9.8	0.019 4	0.270 4	0.271 1	0.560 9
1992.9.8 ~ 1993.5.9	0.006 4	–0.115 5	–0.093 1	–0.202 2
1993.5.9 ~ 1993.9.22	0.011 6	–0.109 5	–0.085 3	–0.183 2
1993.9.22 ~ 1994.5.22	–0.009 3	–0.019 5	0.013 4	–0.015 4
1994.5.22 ~ 1994.11.10	0.048 2	0.273 3	0.362 4	0.683 9
1994.11.10 ~ 1995.5.26	–0.012 8	–0.012 1	–0.008 1	–0.033 0
1995.5.26 ~ 1995.10.24	0.043 5	0.427 4	0.228 1	0.698 9
1990.5.23 ~ 1995.10.24	0.139 8	0.806 2	0.814 8	1.760 8

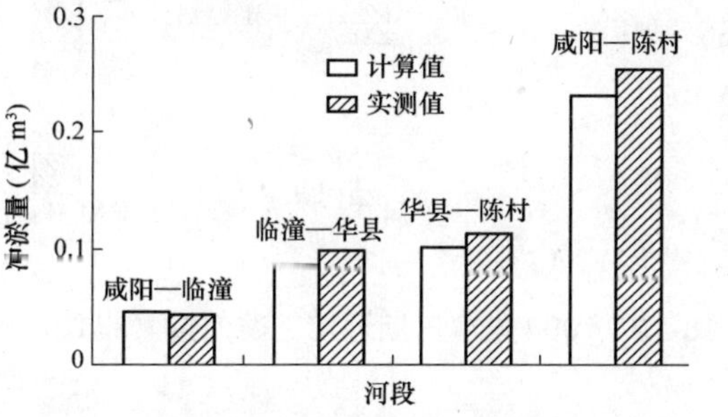

图 18-3　1990 年汛期渭河下游河道淤积量对比

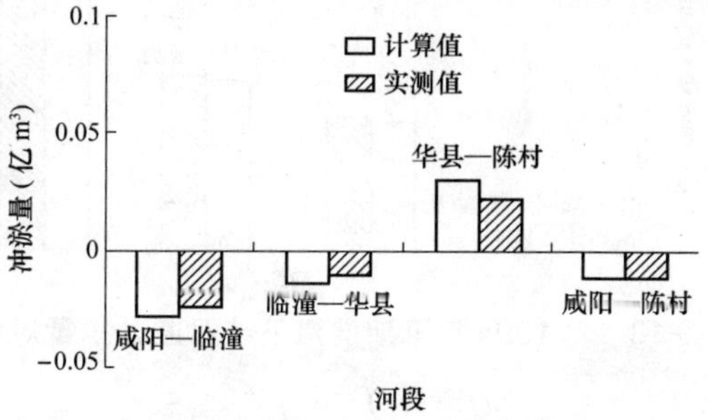

图 18-4　1990 年非汛期渭河下游河道淤积量对比

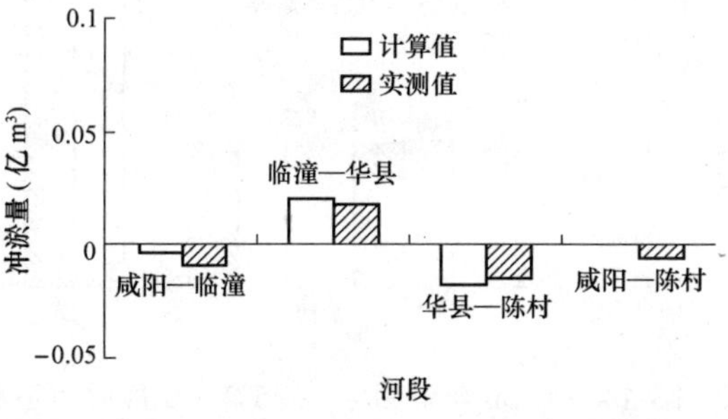

图 18-5　1991 年汛期渭河下游河道淤积量对比

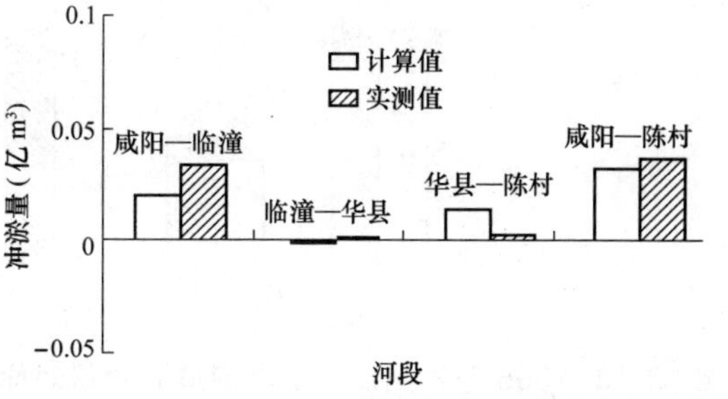

图 18-6　1991 年非汛期渭河下游河道淤积量对比

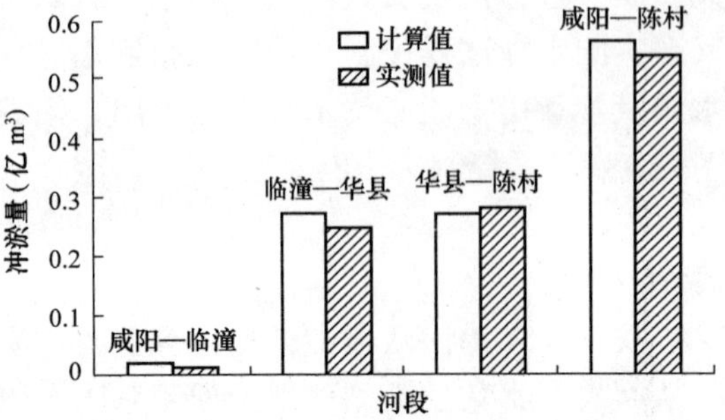

图 18-7　1992 年汛期渭河下游河道淤积量对比

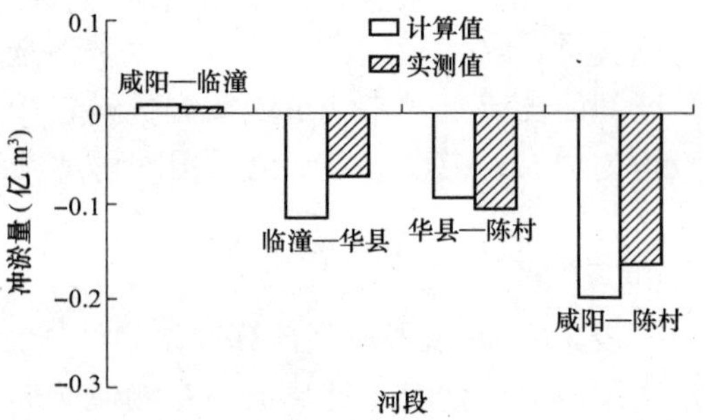

图 18-8　1992 年非汛期渭河下游河道淤积量对比

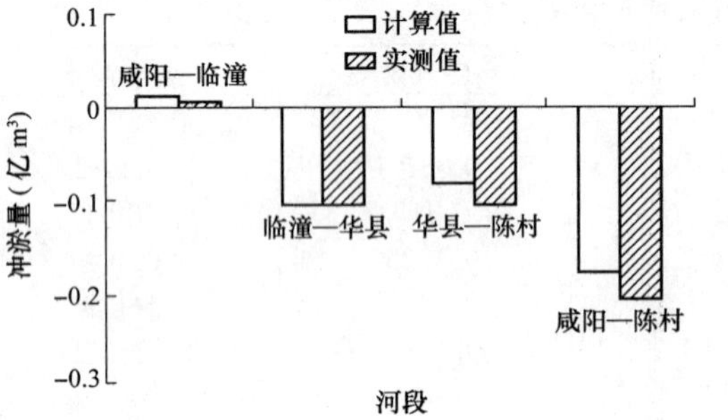

图 18-9　1993 年汛期渭河下游河道淤积量对比

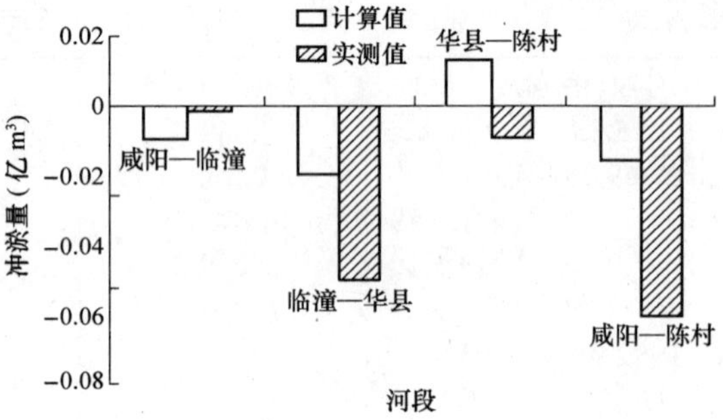

图 18-10　1993 年非汛期渭河下游河道淤积量对比

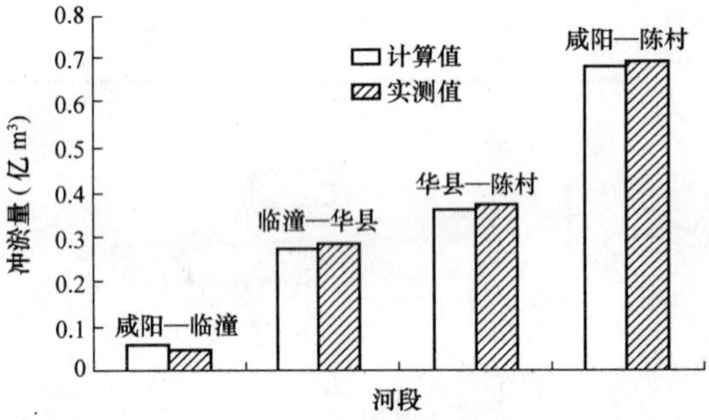

图 18-11　1994 年汛期渭河下游河道淤积量对比

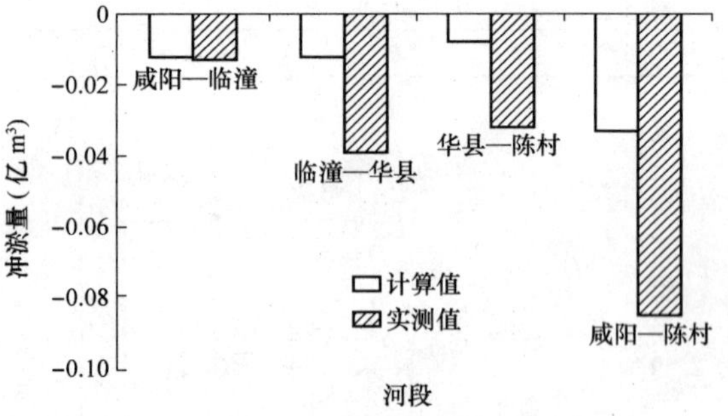

图 18-12　1994 年非汛期渭河下游河道淤积量对比

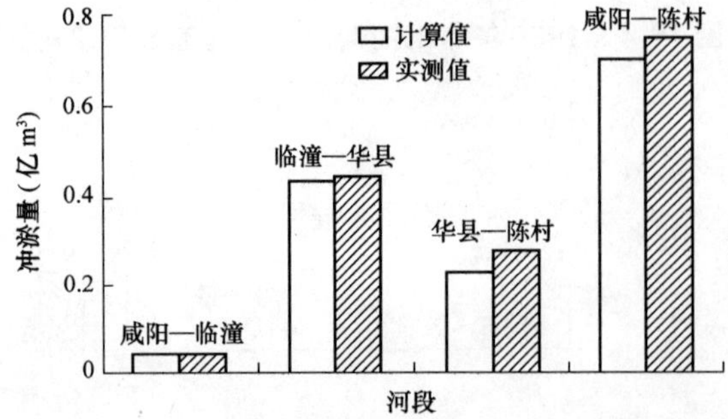

图 18-13　1995 年汛期渭河下游河道淤积量对比

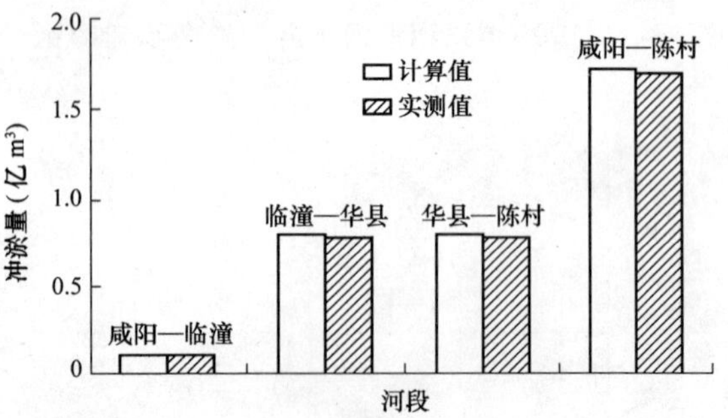

图 18-14　1990 年 5 月～1995 年 10 月渭河下游河道淤积量对比

第三节　准二维水沙数学模型在咸阳—三门峡大坝河段冲淤演变中的验证

一、咸阳—三门峡大坝河段原型及验证计算概况

本次模型验证计算所选取的河段为渭河咸阳至三门峡大坝，以渭河咸阳站来水来沙过程作为模型计算进口边界条件，泾河张家山、北洛河洑头、黄河龙门及南山支流的来水来沙过程作为支流入汇边界条件，出口边界采用三门峡坝前水位控制。

模型验证时段为 1994 年 10 月~1999 年 10 月，共 5 年，起始河床断面采用 1994 年汛后实测大断面资料。这段时间内，三门峡入库水量为 1 064 亿 m^3，入库沙量为 38.5 亿 t。

二、模型验证计算结果

图 18-15 ~ 图 18-23 点绘了不同河段冲淤量随时间累计过程的验证结果。表 18-9 列举了分河段与分时段模型计算冲淤量与实测冲淤量的比较。计算得 5 年内咸阳至三门峡大坝区间共淤积泥沙 1.63 亿 m^3，与实测值 1.39 亿 m^3 接近。分河段比较结果也较为满意，例如咸阳—潼关河段共淤积 0.955 亿 m^3，潼关—三门峡坝淤积 0.677 亿 m^3，分别与相应的实测值 0.864 亿、0.522 亿 m^3 相近。且从验证结果也可看出，整个淤积过程与实测情况符合较好，1999 年汛后潼关高程为 328.16 m，同原型值 328.12 m 颇为相近。因此，可采用该数学模型预测东庄水库修建后咸阳至三门峡大坝段冲淤变化情况。

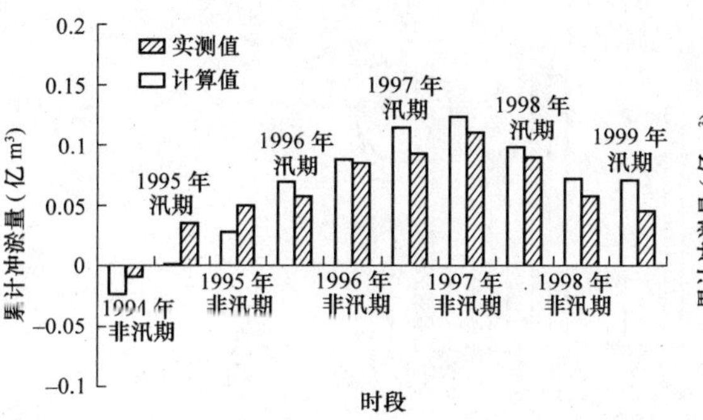

图 18-15　渭淤 37—渭淤 26 河段冲淤量验证

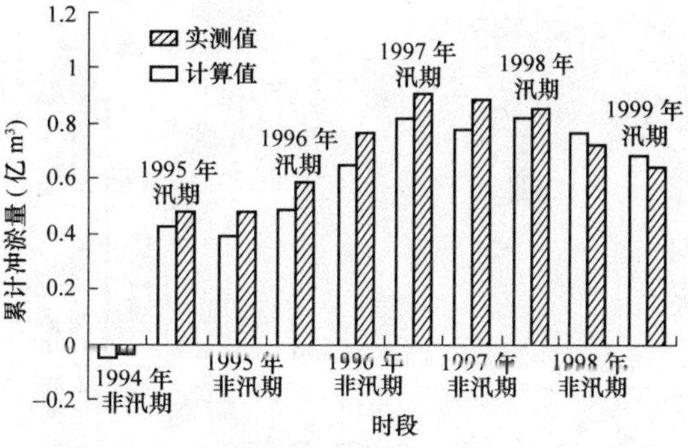

图 18-16　渭淤 26—渭淤 10 河段冲淤量验证

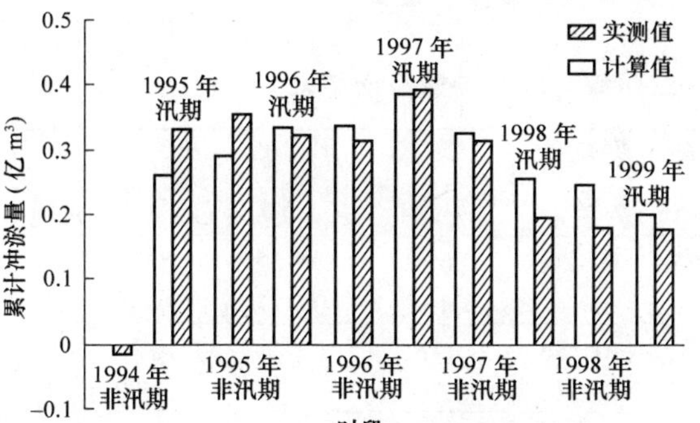

图 18-17　渭淤 10—潼关河段冲淤量验证

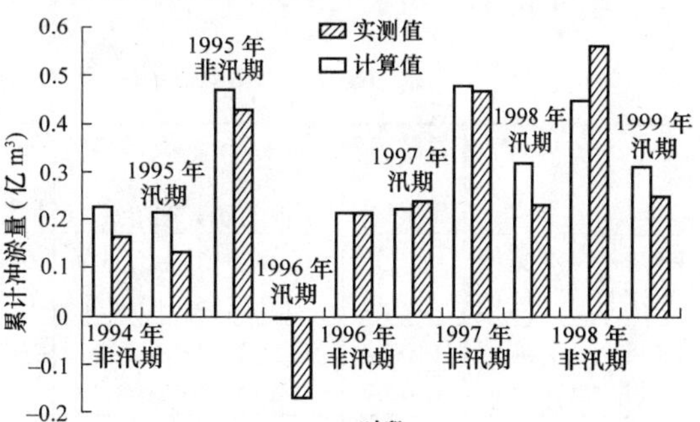

图 18-18　潼关—黄淤 31 河段冲淤量验证

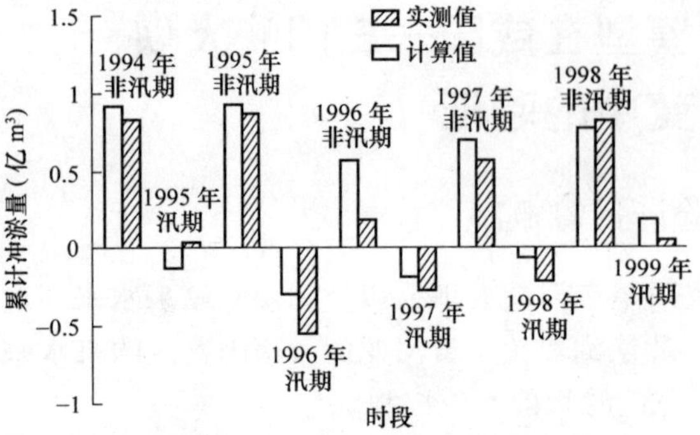

图 18-19　黄淤 31—黄淤 22 河段冲淤量验证

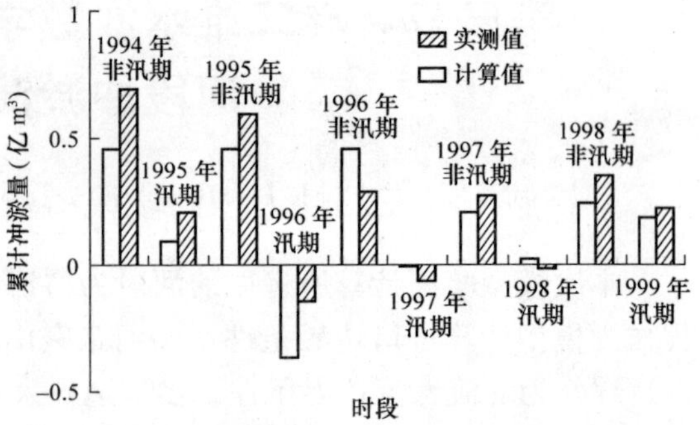

图 18-20　黄淤 22—大坝河段冲淤量验证

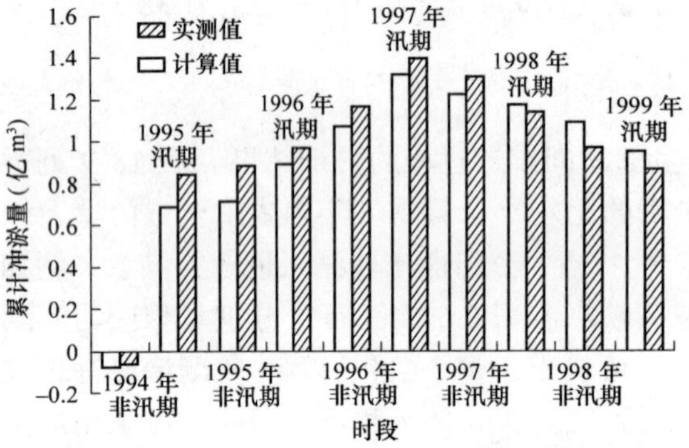

图 18-21　渭淤 37—潼关河段冲淤量验证

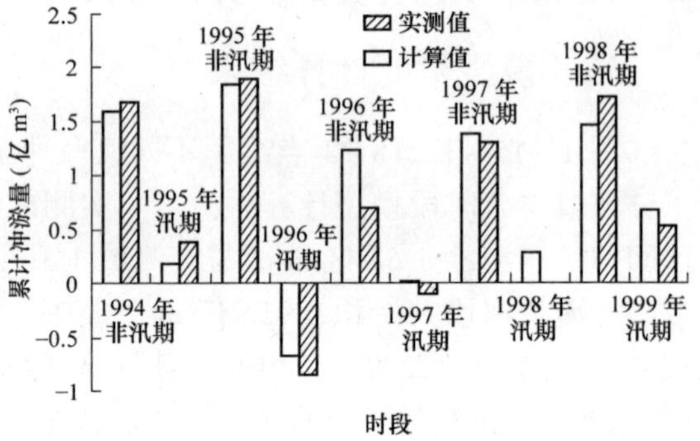

图 18-22　潼关—大坝河段冲淤量验证

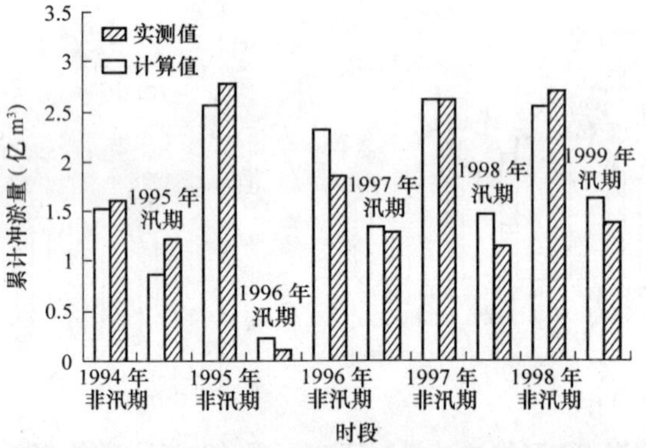

图 18-23　渭淤 37—大坝河段冲淤量验证

表 18-9　1994~1999 年咸阳—三门峡河段冲淤量验证结果　　(单位：亿 m³)

时段		渭淤 37—渭淤 26	渭淤 26—渭淤 10	渭淤 10—潼关	潼关—黄淤 31	黄淤 31—黄淤 22	黄淤 22—大坝	渭淤 37—潼关	潼关—大坝	渭淤 37—大坝
1994 年非汛期	实测值	–0.009	–0.040	–0.016	0.163	0.826	0.692	–0.065	1.681	1.616
	计算值	–0.024	–0.052	–0.001	0.228	0.917	0.454	–0.077	1.599	1.522
1995 年汛期	实测值	0.044	0.517	0.346	–0.032	–0.786	–0.487	0.907	–1.305	–0.398
	计算值	0.026	0.476	0.264	–0.012	–1.044	–0.363	0.766	–1.419	–0.653
1995 年非汛期	实测值	0.015	0.004	0.024	0.299	0.821	0.391	0.043	1.511	1.554
	计算值	0.026	–0.032	0.027	0.255	1.050	0.363	0.021	1.668	1.689

续表 18-9

时段		渭淤 37—渭淤 26	渭淤 26—渭淤 10	渭淤 10—潼关	潼关—黄淤 31	黄淤 31—黄淤 22	黄淤 22—大坝	渭淤 37—潼关	潼关—大坝	渭淤 37—大坝
1996 年汛期	实测值	0.008	0.105	–0.033	–0.598	–1.405	–0.736	0.080	–2.739	–2.659
	计算值	0.041	0.096	0.044	–0.478	–1.220	–0.817	0.181	–2.515	–2.334
1996 年非汛期	实测值	0.028	0.178	–0.008	0.385	0.730	0.429	0.198	1.544	1.742
	计算值	0.019	0.163	0.003	0.224	0.858	0.822	0.185	1.904	2.089
1997 年汛期	实测值	0.006	0.143	0.079	0.020	–0.459	–0.350	0.228	–0.789	–0.561
	计算值	0.027	0.169	0.051	0.005	–0.750	–0.468	0.248	–1.212	-0.965
1997 年非汛期	实测值	0.019	–0.019	–0.079	0.230	0.842	0.333	–0.079	1.405	1.326
	计算值	0.009	–0.043	–0.061	0.257	0.893	0.214	–0.096	1.364	1.269
1998 年汛期	实测值	–0.021	–0.034	–0.119	–0.237	–0.778	–0.283	–0.174	–1.298	–1.472
	计算值	–0.026	0.045	–0.072	–0.162	–0.757	–0.182	–0.053	–1.101	–1.154
1998 年非汛期	实测值	–0.033	–0.127	–0.013	0.333	1.029	0.359	–0.173	1.721	1.548
	计算值	–0.026	–0.053	–0.009	0.129	0.823	0.221	–0.089	1.173	1.084
1999 年汛期	实测值	–0.011	–0.085	–0.005	–0.312	–0.768	–0.129	–0.101	–1.209	–1.310
	计算值	–0.001	–0.084	–0.045	–0.136	–0.590	–0.059	–0.130	–0.785	–0.915
1994~1999 年	实测值	0.046	0.642	0.176	0.251	0.052	0.219	0.864	0.522	1.386
	计算值	0.070	0.684	0.201	0.311	0.180	0.186	0.955	0.677	1.632

参 考 文 献

[1] 黄河流域及西北片水旱灾害编委会. 黄河流域水旱灾害[M]. 郑州：黄河水利出版社，1996.

[2] 赵业安，侯素珍. 80 年代黄河上游宁蒙河道的冲淤简况[J]. 人民黄河，1992(4):20-23.

[3] 程秀文，钱意颖，傅崇进，等. 黄河上游水沙变化及宁蒙河段河道冲淤演变分析[C]//汪岗，范昭. 黄河水沙变化研究文集. 第 1 卷. 郑州：黄河水利出版社，2002:372-397.

第十九章　黄河下游平面二维水沙数学模型研究

平面二维水沙数学模型作为重要的研究与预测手段之一，近几年得到了许多学者的广泛关注。它的优势在于能够给出计算域内任一点的水流流态及河床冲淤变化，与一维或准二维水沙数学模型相比功能上有很大程度的增强。相对于河工模型试验而言，平面二维水沙数学模型不受缩尺及模型变态的影响，对于不同水沙组合及边界条件的水沙演进及河床变形预测，具有周期短、投资少的优点。因此，在水利部创新项目和治黄重大项目的支持下，我们开展黄河下游河道平面二维水沙数学模型的研究。

为模拟预测洪水演进过程中，滩槽水沙分布及其交换规律、流场变化、河床冲淤分布等，以水流、泥沙运动力学和河床演变基本规律为基础，并引入我们在泥沙运动基本方程、河床糙率、高含沙水流挟沙力等方面的最新研究成果，采用边界拟合坐标方法，构建了黄河下游平面二维水沙数学模型，并研制开发了模型可视化系统。

第一节　黄河下游平面二维水沙数学模型的构建

一、基本方程

(一)直角坐标系下水流运动控制方程组

水流运动的控制方程包括水流连续性方程和动量方程[1]。

水流连续性方程

$$\frac{\partial Z}{\partial t}+\frac{\partial}{\partial x}(hu)+\frac{\partial}{\partial y}(hv)=0 \tag{19-1}$$

水流动量方程(忽略风应力与哥氏力)

$$\frac{\partial u}{\partial t}+u\frac{\partial u}{\partial x}+v\frac{\partial u}{\partial y}+g\frac{\partial Z}{\partial x}+g\frac{\sqrt{u^2+v^2}}{C^2h}u=\nu_t\left(\frac{\partial^2 u}{\partial x^2}+\frac{\partial^2 u}{\partial y^2}\right) \tag{19-2}$$

$$\frac{\partial v}{\partial t}+u\frac{\partial v}{\partial x}+v\frac{\partial v}{\partial y}+g\frac{\partial Z}{\partial y}+g\frac{\sqrt{u^2+v^2}}{C^2h}v=\nu_t\left(\frac{\partial^2 v}{\partial x^2}+\frac{\partial^2 v}{\partial y^2}\right) \tag{19-3}$$

式中：Z 为水位；h 为水深；u 和 v 分别为 x、y 方向的垂线平均流速；g 为重力加速度；C 为谢才系数；ν_t 为紊动黏性系数。

(二)坐标变换关系基本方程

为了克服边界复杂及计算域长宽尺度相差悬殊所引起的困难，利用美国学者J.F.Thompson 提出的边界拟合坐标方法，将物理平面上的不规则区域变换到计算平面上的规则区域，并将水流的边界条件准确地引用到计算网格上，从而在正交曲线坐标系下求解水沙运动方程。

平面直角坐标系下任意形状的计算区域，通过边界拟合坐标，可转化为新坐标系下的规则区域[2]。新旧坐标采用：$\xi=\xi(x,y),\eta=\eta(x,y)$ 函数关系联系起来，并假定变换关系满足 Possion 方程(椭圆形方程)与 Dirichllet 边界条件。

Possion 方程

$$\frac{\partial^2\xi}{\partial x^2}+\frac{\partial^2\xi}{\partial y^2}=P(\xi,\eta,x,y) \tag{19-4}$$

$$\frac{\partial^2\eta}{\partial x^2}+\frac{\partial^2\eta}{\partial y^2}=Q(\xi,\eta,x,y) \tag{19-5}$$

Dirichllet 边界条件

$$\begin{pmatrix}\xi\\ \eta\end{pmatrix}=\begin{bmatrix}D_1\\ \eta_1(x,y)\end{bmatrix}\qquad ((x,y)\in\Gamma_1)$$

$$\begin{pmatrix}\xi\\ \eta\end{pmatrix}=\begin{bmatrix}\xi_1(x,y)\\ C_1\end{bmatrix}\qquad ((x,y)\in\Gamma_2)$$

$$\begin{pmatrix}\xi\\ \eta\end{pmatrix}=\begin{bmatrix}D_2\\ \eta_2(x,y)\end{bmatrix}\qquad ((x,y)\in\Gamma_3)$$

$$\begin{pmatrix}\xi\\ \eta\end{pmatrix}=\begin{bmatrix}\xi_2(x,y)\\ C_2\end{bmatrix}\qquad ((x,y)\in\Gamma_4)$$

新旧坐标的变换关系

$$\xi=\xi(x,y) \tag{19-6}$$

$$\eta=\eta(x,y) \tag{19-7}$$

式中：P、Q 是与ξ、η、x、y 有关的某一函数，称为疏密因子，反映了(ξ,η)平面上等值线在(x,y)平面上的疏密程度，适当选择 P、Q 函数，可使坐标变换为正交变换。根据水流势函数与流函数的性质及水流等势线与等流线的正交性[3]，考虑恒定均匀流流场，可推导出正交曲线网格的转换方程为

$$C_\eta^2x_{\xi\xi}+C_\xi^2x_{\eta\eta}+J^2(x_\xi P+x_\eta Q)=0 \tag{19-8}$$

$$C_\eta^2y_{\xi\xi}+C_\xi^2y_{\eta\eta}+J^2(y_\xi P+y_\eta Q)=0 \tag{19-9}$$

式中：C_ξ、C_η 为正交曲线坐标系下的拉梅系数，$C_\xi=\sqrt{x_\xi^2+y_\xi^2}$，$C_\eta=\sqrt{x_\eta^2+y_\eta^2}$，$x_\xi=\partial x/\partial\xi, y_\xi=\partial y/\partial\xi, x_\eta=\partial x/\partial\eta, y_\eta=\partial y/\partial\eta$，Jacobi 系数 $J=\sqrt{C_\xi C_\eta}$，采用 20 世纪 80 年代荷兰 Delft Hydrolics 提出的 P、Q 计算公式，即 $P=-1/C_\xi\partial(\ln K)/\partial\xi$，$Q=1/C_\eta\partial(\ln K)/\partial\eta$，$K=\sqrt{C_\xi/C_\eta}$。

利用 P 与 Q 求解(ξ,η)，在数学上类似于求解势流问题。只要给定边界上的ξ与η分布，便可解椭圆边界问题，获得贴体正交网格。生成网格后，在$\xi\sim\eta$平面内计算水流，$x\sim y$ 平面中流速分量 u、v 和 $\xi\sim\eta$ 平面中流速分量 u_ξ、v_η 之间的几何变换关系为

$$u_\xi=\frac{1}{C_\xi}(u\frac{\partial x}{\partial\xi}+v\frac{\partial y}{\partial\xi}) \tag{19-10}$$

$$v_\eta = \frac{1}{C_\eta}\left(u\frac{\partial x}{\partial \eta} + v\frac{\partial y}{\partial \eta}\right) \tag{19-11}$$

经过坐标变换之后，原来复杂的物理平面就转换到了规则的计算平面，根据计算要求的精度还可以加密网格，为书写方便，下文中的 u_ξ、v_η 仍采用 u、v 表示。

(三)正交曲线坐标 $\xi \sim \eta$ 平面上的二维水流控制方程

首先将式(19-1) ~ 式(19-3)化为矢量形式的基本方程，然后通过矢量分析和张量计算，可得到正交曲线坐标系下的二维水流控制方程。

连续性方程为

$$\frac{\partial z}{\partial t} + \frac{1}{C_\xi C_\eta}\frac{\partial}{\partial \xi}(huC_\eta) + \frac{1}{C_\xi C_\eta}\frac{\partial}{\partial \eta}(hvC_\xi) = 0 \tag{19-12}$$

动量方程为

$$\begin{aligned}&\frac{\partial u}{\partial t} + \frac{u}{C_\xi}\frac{\partial u}{\partial \xi} + \frac{v}{C_\eta}\frac{\partial u}{\partial \eta} + \frac{u}{C_\xi}\frac{v}{C_\eta}\frac{\partial C_\xi}{\partial \eta} - \frac{v^2}{C_\xi C_\eta}\frac{\partial C_\eta}{\partial \xi} + g\frac{\sqrt{u^2+v^2}}{C^2 h}u + \frac{g}{C_\xi}\frac{\partial z}{\partial \xi} \\ &= \nu_t\left[\frac{1}{C_\xi^2}\frac{\partial^2 u}{\partial \xi^2} + \frac{1}{C_\eta^2}\frac{\partial^2 u}{\partial \eta^2} + A_1\frac{\partial u}{\partial \xi} + A_2\frac{\partial u}{\partial \eta} + Bu + C_1\frac{\partial v}{\partial \xi} + C_2\frac{\partial v}{\partial \eta} + Dv\right]\end{aligned} \tag{19-13}$$

$$\begin{aligned}&\frac{\partial v}{\partial t} + \frac{u}{C_\xi}\frac{\partial v}{\partial \xi} + \frac{v}{C_\eta}\frac{\partial v}{\partial \eta} + \frac{u}{C_\xi}\frac{v}{C_\eta}\frac{\partial C_\eta}{\partial \xi} - \frac{u^2}{C_\xi C_\eta}\frac{\partial C_\xi}{\partial \eta} + g\frac{\sqrt{u^2+v^2}}{C^2 h}v + \frac{g}{C_\eta}\frac{\partial z}{\partial \eta} \\ &= \nu_t\left[\frac{1}{C_\xi^2}\frac{\partial^2 v}{\partial \xi^2} + \frac{1}{C_\eta^2}\frac{\partial^2 v}{\partial \eta^2} + A_1\frac{\partial v}{\partial \xi} + A_2\frac{\partial v}{\partial \eta} + Bv - C_1\frac{\partial u}{\partial \xi} - C_2\frac{\partial u}{\partial \eta} - Du\right]\end{aligned} \tag{19-14}$$

其中

$$A_1 = \frac{1}{C_\xi^2 C_\eta}\frac{\partial C_\eta}{\partial \xi} - \frac{1}{C_\xi^3}\cdot\frac{\partial C_\xi}{\partial \xi}$$

$$A_2 = \frac{1}{C_\xi C_\eta^2}\frac{\partial C_\xi}{\partial \eta} - \frac{1}{C_\eta^3}\cdot\frac{\partial C_\eta}{\partial \eta}$$

$$C_1 = \frac{2}{C_\xi^2 C_\eta}\frac{\partial C_\xi}{\partial \eta}$$

$$C_2 = -\frac{2}{C_\xi C_\eta^2}\frac{\partial C_\eta}{\partial \xi}$$

$$B = \frac{1}{C_\xi^2}\frac{\partial^2}{\partial \xi^2}(\ln C_\eta) + \frac{1}{C_\eta^2}\frac{\partial^2}{\partial \eta^2}(\ln C_\xi) - \frac{1}{C_\xi^3 C_\eta}\cdot\frac{\partial C_\xi}{\partial \xi}\cdot\frac{\partial C_\eta}{\partial \xi} - \frac{1}{C_\xi C_\eta^3}\frac{\partial C_\xi}{\partial \eta}\frac{\partial C_\eta}{\partial \eta}$$

$$D = \frac{1}{C_\xi C_\eta}\left(\frac{\partial^2 \ln C_\xi}{\partial \xi \partial \eta} - \frac{\partial^2 \ln C_\eta}{\partial \xi \partial \eta}\right)$$

式中：u、v 分别为 ξ、η 方向流速分量。

(四)正交曲线坐标系下的泥沙运动基本方程

1. 泥沙连续性方程

$$\frac{\partial(hS)}{\partial t}+\nabla(hS\vec{v})=\varepsilon\nabla^2(hS)+\alpha_*\omega_s K_1(S_*-f_1 S) \tag{19-15}$$

假定泥沙扩散系数 ε 为常数，并应用水流连续性方程 $(\partial z/\partial t+\nabla(h\vec{v})=0)$，可得到正交曲线坐标系下的泥沙连续性方程为

$$\begin{aligned}&\frac{\partial(C_\xi C_\eta hS)}{\partial t}+\frac{\partial(C_\eta uhS)}{\partial\xi}+\frac{\partial(C_\xi vhS)}{\partial\eta}\\&=\frac{\partial}{\partial\xi}(\varepsilon\frac{C_\eta}{C_\xi}\cdot\frac{\partial hS}{\partial\xi})+\frac{\partial}{\partial\eta}(\varepsilon\cdot\frac{C_\xi}{C_\eta}\cdot\frac{\partial hS}{\partial\eta})+C_\xi C_\eta\alpha_*\omega_s K_1(S_*-f_1 S)\end{aligned} \tag{19-16}$$

式中：$\vec{v}$ 为水流速度矢量；ω_s 为泥沙沉速；α_* 为平均含沙量恢复系数，K_1 为附加系数，f_1 为非饱和系数；S_* 为水流挟沙力。分别采用式(2-50)、式(8-54)、式(8-53)、式(8-57)及式(7-3)计算。

2. 河床变形方程

河床变形采用式(8-8)计算。动床阻力采用式(6-41)计算。

二、定解条件

初始条件和边界条件共同构成了水沙数学模型的定解条件。

(一)初始条件

对于给定的计算区域，给出计算初始时刻的地形、水位、流速和含沙量等物理量的初始值。

(二)边界条件

对于入流边界，给出流量和含沙量过程；对出口边界，给定水位—流量关系；对固壁边界，水流取壁面法向速度 $\vec{v}_n=0$ (无穿透条件)，而切向水流速度 $\vec{v}_\tau\neq 0$ (有滑移条件)。

三、基本方程的离散和求解

(一)水流控制方程的离散及数值解法[5]

正交曲线坐标系下的水流方程较直角坐标系下控制方程要复杂得多。为了书写方便，把控制方程中每一项受几何因素制约的部分及部分已知时段的计算变量均纳入系数中去，这样控制方程化为：

连续性方程

$$\frac{\partial Z}{\partial t}+a_1\frac{\partial u}{\partial\xi}+a_2 u+a_3\frac{\partial v}{\partial\eta}+a_4 v=0 \tag{19-17}$$

动量方程

$$\begin{aligned}&\frac{\partial u}{\partial t}+b_1\frac{\partial u}{\partial\xi}+b_2\frac{\partial u}{\partial\eta}+b_3 uv-b_4 v^2+b_5\frac{\partial z}{\partial\xi}+b_6 u\\&=\nu_t\left[c_1\frac{\partial^2 u}{\partial\xi^2}+c_2\frac{\partial^2 u}{\partial\eta^2}+c_3\frac{\partial u}{\partial\xi}+c_4\frac{\partial u}{\partial\eta}+c_5 u+c_6\frac{\partial v}{\partial\xi}+c_7\frac{\partial v}{\partial\eta}+c_8 v\right]\end{aligned} \tag{19-18}$$

$$\frac{\partial v}{\partial t}+b_1\frac{\partial v}{\partial \xi}+b_2\frac{\partial v}{\partial \eta}+b_4uv-b_3u^2+b_7\frac{\partial z}{\partial \eta}+b_6v$$

$$=\nu_t\left[c_1\frac{\partial^2 v}{\partial \xi^2}+c_2\frac{\partial^2 v}{\partial \eta^2}+c_3\frac{\partial v}{\partial \xi}+c_4\frac{\partial v}{\partial \eta}+c_5v-c_6\frac{\partial u}{\partial \xi}-c_7\frac{\partial u}{\partial \eta}-c_8u\right] \tag{19-19}$$

为了保证计算的稳定性，减小波动，采用交错网格上剖开算子法对方程(19-12)、方程(19-13)、方程(19-14)按ξ、η方向进行离散，用 ADI 方法分解成两组方程。

沿ξ方向的方程为

$$\frac{\partial z}{\partial t}+\frac{1}{C_\xi C_\eta}\frac{\partial}{\partial \xi}(huC_\eta)=0 \tag{19-20}$$

$$\frac{\partial u}{\partial t}+\frac{u}{C_\xi}\frac{\partial u}{\partial \xi}+\frac{u}{C_\xi}\frac{v}{C_\eta}\frac{\partial C_\xi}{\partial \eta}-\frac{v^2}{C_\xi C_\eta}\frac{\partial C_\eta}{\partial \xi}+g\frac{\sqrt{u^2+v^2}}{C^2h}u+\frac{g}{C_\xi}\frac{\partial z}{\partial \xi}$$

$$=\nu_t\left[\frac{1}{C_\xi^2}\frac{\partial^2 u}{\partial \xi^2}+A_1\frac{\partial u}{\partial \xi}+Bu+C_1\frac{\partial v}{\partial \xi}\right] \tag{19-21}$$

$$\frac{\partial v}{\partial t}+\frac{u}{C_\xi}\frac{\partial v}{\partial \xi}+b_4uv=\nu_t\left[\frac{1}{C_\xi^2}\frac{\partial^2 v}{\partial \xi^2}+A_1\frac{\partial v}{\partial \xi}-C_1\frac{\partial u}{\partial \xi}-Du\right] \tag{19-22}$$

对应于式(19-17) ~ 式(19-19)应分解为

$$\frac{\partial z}{\partial t}+a_1\frac{\partial u}{\partial \xi}+a_2u=0 \tag{19-23}$$

$$\frac{\partial u}{\partial t}+b_1\frac{\partial u}{\partial \xi}-b_4v^2+b_5\frac{\partial z}{\partial \xi}+b_6u=\nu_t\left[c_1\frac{\partial^2 u}{\partial \xi^2}+c_3\frac{\partial u}{\partial \xi}+c_5u+c_6\frac{\partial v}{\partial \xi}\right] \tag{19-24}$$

$$\frac{\partial v}{\partial t}+b_1\frac{\partial v}{\partial \xi}+b_4uv=\nu_t\left[c_1\frac{\partial^2 v}{\partial \xi^2}+c_3\frac{\partial v}{\partial \xi}-c_6\frac{\partial u}{\partial \xi}-c_8u\right] \tag{19-25}$$

沿η方向的方程为

$$\frac{\partial z}{\partial t}+\frac{1}{C_\xi C_\eta}\frac{\partial}{\partial \eta}(hvC_\xi)=0 \tag{19-26}$$

$$\frac{\partial v}{\partial t}+\frac{v}{C_\eta}\frac{\partial v}{\partial \eta}+\frac{u}{C_\xi}\frac{v}{C_\eta}\frac{\partial C_\eta}{\partial \xi}-\frac{u^2}{C_\xi C_\eta}\frac{\partial C_\xi}{\partial \eta}+g\frac{\sqrt{u^2+v^2}}{c^2h}v+\frac{g}{C_\eta}\frac{\partial z}{\partial \eta}$$

$$=\nu_t\left[\frac{1}{C_\eta^2}\frac{\partial^2 v}{\partial \eta^2}+A_2\frac{\partial v}{\partial \eta}+Bv-C_2\frac{\partial u}{\partial \eta}\right] \tag{19-27}$$

$$\frac{\partial u}{\partial t}+\frac{v}{C_\eta}\frac{\partial u}{\partial \eta}=\nu_t\left[\frac{1}{C_\eta^2}\frac{\partial^2 u}{\partial \eta^2}+A_2\frac{\partial u}{\partial \eta}+C_2\frac{\partial v}{\partial \eta}+Dv\right] \tag{19-28}$$

对应于式(19-17) ~ 式(19-19)应分解为

$$\frac{\partial z}{\partial t}+a_3\frac{\partial v}{\partial \eta}+a_4v=0 \tag{19-29}$$

$$\frac{\partial u}{\partial t}+b_2\frac{\partial u}{\partial \eta}+b_3uv=\nu_t\left[c_2\frac{\partial^2 u}{\partial \eta^2}+c_4\frac{\partial u}{\partial \eta}+c_7\frac{\partial v}{\partial \eta}+c_8 v\right] \tag{19-30}$$

$$\frac{\partial v}{\partial t}+b_2\frac{\partial v}{\partial \eta}-b_3u^2+b_7\frac{\partial z}{\partial \eta}+b_6 v=\nu_t\left[c_2\frac{\partial^2 v}{\partial \eta^2}+c_4\frac{\partial v}{\partial \eta}+c_5 v-c_7\frac{\partial u}{\partial \eta}\right] \tag{19-31}$$

对方程组进行离散，为了保持计算的稳定性，采用交替网格计算(见图 19-1)。求解过程由四个分步完成：在时间 t 由 $n\to n+\frac{1}{2}$ 前半个时间步内，ξ 方向，①用隐格式差分离散方程(19-23)、方程(19-24)，求解 $z^{n+\frac{1}{2}}$、$u^{n+\frac{1}{2}}$；②用对流迎风显格式离散方程(19-25)，求解 $v^{n+\frac{1}{2}}$；在时间 t 由 $n\to n+\frac{1}{2}$ 后半个时间步内，η 方向；③用隐格式差分离散方程(19-29)、方程(19-30)，求解 $z^{n+\frac{1}{2}}$、v^{n+1}；④用对流迎风显格式离散方程(19-31)，求解 u^{n+1}。具体求解过程如下：

(1)前半步，在 ξ 方向，时间 t 由 $n\to n+\frac{1}{2}$，用隐格式离散方程(19-23)、方程(19-24)，求解 $z^{n+\frac{1}{2}}$、$u^{n+\frac{1}{2}}$。离散采用时间前差，空间中心差(边界处以前差或后差代替中心差)，离散后的方程(19-23)、方程(19-24)为

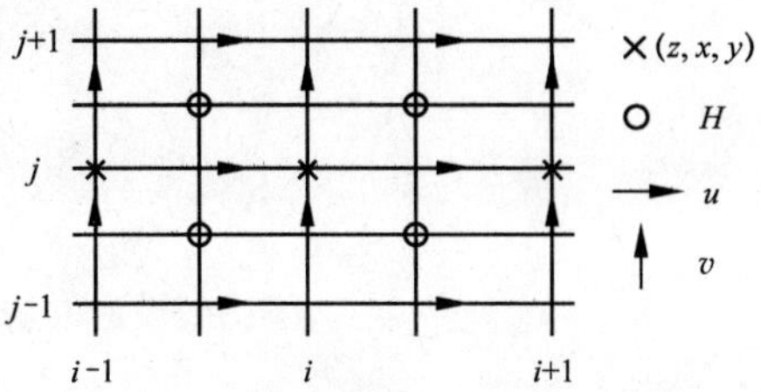

图 19-1　计算结点要素布置图

$$\frac{z_{i,j}^{n+\frac{1}{2}}-z_{i,j}^{n}}{\Delta t}+a_{1i,j}\frac{u_{i+\frac{1}{2},j}^{n+\frac{1}{2}}-u_{i-\frac{1}{2},j}^{n+\frac{1}{2}}}{\Delta \xi}+a_{2i,j}\overline{u}_{i,j}^{n}=0 \tag{19-32}$$

$$\begin{aligned}
&\frac{u_{i+\frac{1}{2},j}^{n+\frac{1}{2}}-u_{i+\frac{1}{2},j}^{n}}{\Delta t}+\left(b_{1i+\frac{1}{2},j}-\nu_t c_{3i+\frac{1}{2},j}\right)\frac{u_{i+\frac{3}{2},j}^{n}-u_{i-\frac{1}{2},j}^{n}}{2\Delta \xi}-b_{4i+\frac{1}{2},j}\left(\overline{\overline{v}}_{i+\frac{1}{2},j}^{n}\right)^2\\
&+b_{5i+\frac{1}{2},j}\frac{z_{i+1,j}^{n+\frac{1}{2}}-z_{i,j}^{n+\frac{1}{2}}}{\Delta \xi}+\left(b_{6i+\frac{1}{2},j}-\nu_t c_{5i+\frac{1}{2},j}\right)u_{i+\frac{1}{2},j}^{n+\frac{1}{2}}\\
&=\nu_t\left(c_{1i+\frac{1}{2},j}\frac{u_{i+\frac{3}{2},j}^{n}-2u_{i+\frac{1}{2},j}^{n}+u_{i-\frac{1}{2},j}^{n}}{\Delta \xi^2}+c_{6i+\frac{1}{2},j}\frac{\overline{\overline{v}}_{i+\frac{3}{2},j}^{n}-\overline{\overline{v}}_{i-\frac{1}{2},j}^{n}}{2\Delta \xi}\right)
\end{aligned} \tag{19-33}$$

式中：$\overline{u}_{i,j}^{n}=\frac{1}{2}\left(u_{i+\frac{1}{2},j}^{n}+u_{i-\frac{1}{2},j}^{n}\right)$；$\overline{\overline{v}}_{i+\frac{1}{2},j}^{n}=\frac{1}{4}\left(v_{i+1,j+\frac{1}{2}}^{n}+v_{i+1,j-\frac{1}{2}}^{n}+v_{i,j+\frac{1}{2}}^{n}+v_{i,j-\frac{1}{2}}^{n}\right)$；系数 $a_{1i,j}$、$a_{2i,j}$ 计算中取 $\overline{h}_{i,j}^{n}=\frac{1}{4}\left(h_{i-\frac{1}{2},j-\frac{1}{2}}^{n}+h_{i-\frac{1}{2},j+\frac{1}{2}}^{n}+h_{i+\frac{1}{2},j-\frac{1}{2}}^{n}+h_{i+\frac{1}{2},j+\frac{1}{2}}^{n}\right)$；系数 $b_{1i+\frac{1}{2},j}$、$b_{5i+\frac{1}{2},j}$、$b_{4i+\frac{1}{2},j}$、$b_{6i+\frac{1}{2},j}$、$c_{1i+\frac{1}{2},j}$、$c_{3i+\frac{1}{2},j}$、$c_{5i+\frac{1}{2},j}$、$c_{6i+\frac{1}{2},j}$ 计算中取

$$\overline{C}_{\xi_{i+\frac{1}{2},j}}=\frac{1}{2}\left(C_{\xi_{i,j}}+C_{\xi_{i+1,j}}\right)$$

$$\overline{C}_{\eta_{i+\frac{1}{2},j}}=\frac{1}{2}\left(C_{\eta_{i,j}}+C_{\eta_{i+1,j}}\right)$$

经过整理，式(19-32)、式(19-33)可以化成如下代数方程

$$A_{i-\frac{1}{2}}u_{i-\frac{1}{2},j}^{n+\frac{1}{2}}+B_i z_{i,j}^{n+\frac{1}{2}}+C_{i+\frac{1}{2}}u_{i+\frac{1}{2},j}^{n+\frac{1}{2}}=D_i \tag{19-34}$$

$$A_i z_{i,j}^{n+\frac{1}{2}}+B_{i+\frac{1}{2}}u_{i+\frac{1}{2},j}^{n+\frac{1}{2}}+C_{i+1}z_{i+1,j}^{n+\frac{1}{2}}=D_{i+\frac{1}{2}} \tag{19-35}$$

$$A_{i-\frac{1}{2}}=-\frac{\Delta t}{\Delta\xi}a_{1i,j}$$

$$B_i=1$$

$$C_{i+\frac{1}{2}}=\frac{\Delta t}{\Delta\xi}a_{1i,j}$$

$$D_i=z_{i,j}^n-\Delta t\cdot a_{2i,j}\overline{u}_{i,j}^n$$

$$A_i=-\frac{\Delta t}{\Delta\xi}b_{5i+\frac{1}{2},j}$$

$$B_{i+\frac{1}{2}}=1+\Delta t\cdot b_{6i+\frac{1}{2},j}-\Delta t\cdot\nu_t c_{5i+\frac{1}{2},j}$$

$$C_{i+1}=\frac{\Delta t}{\Delta\xi}b_{5i+\frac{1}{2},j}$$

$$D_{i+\frac{1}{2}}=u_{i+\frac{1}{2},j}^n-\frac{\Delta t}{2\Delta\xi}\left(b_{1i+\frac{1}{2},j}-\nu_t c_{3i+\frac{1}{2},j}\right)\cdot\left(u_{i+\frac{3}{2},j}^n-u_{i-\frac{1}{2},j}^n\right)+\Delta t\cdot b_{4i+\frac{1}{2},j}\left(\overline{v}_{i+\frac{1}{2},j}^n\right)^2$$

$$+\Delta t\cdot\nu_t\left\{c_{1i+\frac{1}{2},j}\frac{u_{i+\frac{3}{2},j}^n-2u_{i+\frac{1}{2},j}^n+u_{i-\frac{1}{2},j}^n}{\Delta\xi^2}+c_{6i+\frac{1}{2},j}\frac{\overline{v}_{i+\frac{3}{2}}^n-\overline{v}_{i-\frac{1}{2},j}^n}{2\Delta\xi}\right\}$$

结合上下游边界条件，方程组(19-34)、方程组(19-35)构成一个三对角矩阵，可以利用标准的追赶法解之。下面用递推公式求之，为此令

$$z_{i,j}^{n+\frac{1}{2}}=-F_i u_{i+\frac{1}{2},j}^{n+\frac{1}{2}}+G_i \tag{19-36}$$

$$u_{i-\frac{1}{2},j}^{n+\frac{1}{2}}=-F_i^* z_{i,j}^{n+\frac{1}{2}}+G_i^* \tag{19-37}$$

$$F_i=\frac{C_{i+\frac{1}{2}}}{B_i-A_{i-\frac{1}{2}}F_i^*} \tag{19-38}$$

$$G_i = \frac{D_i - A_{i-\frac{1}{2}} G_i^*}{B_i - A_{i-\frac{1}{2}} F_i^*} \tag{19-39}$$

$$F_{i+1}^* = \frac{C_{i+1}}{B_{i+\frac{1}{2}} - A_i F_i} \tag{19-40}$$

$$G_{i+1}^* = \frac{D_{i+\frac{1}{2}} - A_i G_i}{B_{i+\frac{1}{2}} - A_i F_i} \tag{19-41}$$

联系边界条件，可以确定 F_i、G_i、F_i^*、G_i^* 的值，并解出网格结点上的 $z^{n+\frac{1}{2}}$、$u^{n+\frac{1}{2}}$ 值。根据求出的 $z^{n+\frac{1}{2}}$、$u^{n+\frac{1}{2}}$ 可以利用式(19-25)，求出 $v^{n+\frac{1}{2}}$ 的值。一般用显式求解，这里用对流迎风格式，即：

当 $\left(b_{1i,\,j+\frac{1}{2}} - \nu_t c_{3i,\,j+\frac{1}{2}}\right) < 0$ 时，有

$$\frac{v^{n+\frac{1}{2}}_{i,\,j+\frac{1}{2}} - v^n_{i,\,j+\frac{1}{2}}}{\Delta t} + \left(b_{1i,\,j+\frac{1}{2}} - \nu_t c_{3i,\,j+\frac{1}{2}}\right) \frac{v^n_{i+1,\,j+\frac{1}{2}} - v^n_{i,\,j+\frac{1}{2}}}{\Delta \xi} + b_{4i,\,j+\frac{1}{2}} \bar{u}^{n+\frac{1}{2}}_{i,\,j+\frac{1}{2}} v^{n+\frac{1}{2}}_{i,\,j+\frac{1}{2}}$$
$$= \nu_t \left(c_{1i,\,j+\frac{1}{2}} \frac{v^n_{i+1,\,j+\frac{1}{2}} - 2v^n_{i,\,j+\frac{1}{2}} + v^n_{i-1,\,j+\frac{1}{2}}}{\Delta \xi^2} - c_{6i,\,j+\frac{1}{2}} \frac{\bar{u}^{n+\frac{1}{2}}_{i+1,\,j+\frac{1}{2}} - \bar{u}^{n+\frac{1}{2}}_{i-1,\,j+\frac{1}{2}}}{2\Delta \xi} - c_{8i,\,j+\frac{1}{2}} \bar{u}^{n+\frac{1}{2}}_{i,\,j+\frac{1}{2}} \right) \tag{19-42}$$

当 $\left(b_{1i,\,j+\frac{1}{2}} - \nu_t c_{3i,\,j+\frac{1}{2}}\right) > 0$ 时，有

$$\frac{v^{n+\frac{1}{2}}_{i,\,j+\frac{1}{2}} - v^n_{i,\,j+\frac{1}{2}}}{\Delta t} + \left(b_{1i,\,j+\frac{1}{2}} - \nu_t c_{3i,\,j+\frac{1}{2}}\right) \frac{v^n_{i,\,j+\frac{1}{2}} - v^n_{i-1,\,j+\frac{1}{2}}}{\Delta \xi} + b_{4i,\,j+\frac{1}{2}} \bar{u}^{n+\frac{1}{2}}_{i,\,j+\frac{1}{2}} v^{n+\frac{1}{2}}_{i,\,j+\frac{1}{2}}$$
$$= \nu_t \left(c_{1i,\,j+\frac{1}{2}} \frac{v^n_{i+1,\,j+\frac{1}{2}} - 2v^n_{i,\,j+\frac{1}{2}} + v^n_{i-1,\,j+\frac{1}{2}}}{\Delta \xi^2} - c_{6i,\,j+\frac{1}{2}} \frac{\bar{u}^{n+\frac{1}{2}}_{i+1,\,j+\frac{1}{2}} - \bar{u}^{n+\frac{1}{2}}_{i-1,\,j+\frac{1}{2}}}{2\Delta \xi} - c_{8i,\,j+\frac{1}{2}} \bar{u}^{n+\frac{1}{2}}_{i,\,j+\frac{1}{2}} \right) \tag{19-43}$$

式中：$\bar{u}^{n+\frac{1}{2}}_{i,\,j+\frac{1}{2}} = \frac{1}{4}\left(u^{n+\frac{1}{2}}_{i+\frac{1}{2},\,j+1} + u^{n+\frac{1}{2}}_{i+\frac{1}{2},\,j} + u^{n+\frac{1}{2}}_{i-\frac{1}{2},\,j+1} + u^{n+\frac{1}{2}}_{i-\frac{1}{2},\,j}\right)$；系数 $b_{1i,\,j+\frac{1}{2}}$、$b_{4i,\,j+\frac{1}{2}}$、$c_{1i,\,j+\frac{1}{2}}$、$c_{3i,\,j+\frac{1}{2}}$、$c_{6i,\,j+\frac{1}{2}}$、$c_{8i,\,j+\frac{1}{2}}$ 的计算中，有

$$\bar{C}_{\xi_{i,\,j+\frac{1}{2}}} = \frac{1}{2}\left(C_{\xi_{i,j}} + C_{\xi_{i,j+1}}\right)$$

$$\bar{C}_{\eta_{i,\,j+\frac{1}{2}}} = \frac{1}{2}\left(C_{\eta_{i,j}} + C_{\eta_{i,j+1}}\right)$$

由式(19-42)解出 $v_{i,j+\frac{1}{2}}^{n+\frac{1}{2}}$，可得当 $\left(b_{1i,j+\frac{1}{2}}-\nu_t c_{3i,j+\frac{1}{2}}\right)<0$ 时，有

$$v_{i,j+\frac{1}{2}}^{n+\frac{1}{2}}=\left[v_{i,j+\frac{1}{2}}^{n}-\Delta t\left(b_{1i,j+\frac{1}{2}}-\nu_t c_{3i,j+\frac{1}{2}}\right)\frac{v_{i+1,j+\frac{1}{2}}^{n}-v_{i,j+\frac{1}{2}}^{n}}{\Delta\xi}+\Delta t\nu_t\left(c_{1i,j+\frac{1}{2}}\frac{v_{i+1,j+\frac{1}{2}}^{n}-2v_{i,j+\frac{1}{2}}^{n}+v_{i-1,j+\frac{1}{2}}^{n}}{\Delta\xi^2}\right.\right.$$
$$\left.\left.-c_{6i,j+\frac{1}{2}}\frac{\bar{u}_{i+1,j+\frac{1}{2}}^{n+\frac{1}{2}}-\bar{u}_{i-1,j+\frac{1}{2}}^{n+\frac{1}{2}}}{2\Delta\xi}-c_{8i,j+\frac{1}{2}}\bar{\bar{u}}_{i,j+\frac{1}{2}}^{n+\frac{1}{2}}\right)\right]\Bigg/\left(1+\Delta t b_{4i,j+\frac{1}{2}}\bar{\bar{u}}_{i,j+\frac{1}{2}}^{n+\frac{1}{2}}\right) \tag{19-44}$$

由式(19-43)，可得当 $\left(b_{1i,j+\frac{1}{2}}-\nu_t c_{3i,j+\frac{1}{2}}\right)>0$ 时，有

$$v_{i,j+\frac{1}{2}}^{n+\frac{1}{2}}=\left[v_{i,j+\frac{1}{2}}^{n}-\Delta t\left(b_{1i,j+\frac{1}{2}}-\nu_t c_{3i,j+\frac{1}{2}}\right)\frac{v_{i,j+\frac{1}{2}}^{n}-v_{i-1,j+\frac{1}{2}}^{n}}{\Delta\xi}+\Delta t\nu_t\left(c_{1i,j+\frac{1}{2}}\frac{v_{i+1,j+\frac{1}{2}}^{n}-2v_{i,j+\frac{1}{2}}^{n}+v_{i-1,j+\frac{1}{2}}^{n}}{\Delta\xi^2}\right.\right.$$
$$\left.\left.-c_{6i,j+\frac{1}{2}}\frac{\bar{u}_{i+1,j+\frac{1}{2}}^{n+\frac{1}{2}}-\bar{u}_{i-1,j+\frac{1}{2}}^{n+\frac{1}{2}}}{2\Delta\xi}-c_{8i,j+\frac{1}{2}}\bar{\bar{u}}_{i,j+\frac{1}{2}}^{n+\frac{1}{2}}\right)\right]\Bigg/\left(1+\Delta t b_{4i,j+\frac{1}{2}}\bar{\bar{u}}_{i,j+\frac{1}{2}}^{n+\frac{1}{2}}\right) \tag{19-45}$$

(2)后半步，在 η 方向，时间 t 由 $n+1/2$ 到 $n+1$，求解方程(19-29)、方程(19-30)。比较方程(19-29)、方程(19-30)和方程(19-23)、方程(19-24)，就会发现，两组方程结构完全相同，只须将方程组中的 u 换为 v，ξ 换为 η 即可。因此，方程(19-29)、方程(19-30)的离散与求解方法与方程(19-23)、方程(19-24)完全相同，同样在形式上，只需将脚标 i、j 互换，$n+1/2$ 换为 $n+1$，n 换为 $n+1/2$ 即可。

同理，用隐格式离散方程(19-29)、方程(19-30)，求解 z^{n+1}、v^{n+1}，得

$$\frac{z_{i,j}^{n+1}-z_{i,j}^{n+\frac{1}{2}}}{\Delta t}+a_{3i,j}\frac{v_{i,j+\frac{1}{2}}^{n+1}-v_{i,j-\frac{1}{2}}^{n+1}}{\Delta\eta}+a_{4i,j}\bar{v}_{i,j}^{n+\frac{1}{2}}=0 \tag{19-46}$$

$$\frac{v_{i,j+\frac{1}{2}}^{n+1}-v_{i,j+\frac{1}{2}}^{n+\frac{1}{2}}}{\Delta t}+\left(b_{2i,j+\frac{1}{2}}-\nu_t c_{4i,j+\frac{1}{2}}\right)\frac{v_{i,j+\frac{3}{2}}^{n+\frac{1}{2}}-v_{i,j+\frac{1}{2}}^{n+\frac{1}{2}}}{2\Delta\eta}-b_{3i,j+\frac{1}{2}}\left(\bar{\bar{u}}_{i,j+\frac{1}{2}}^{n+\frac{1}{2}}\right)^2+b_{7i,j+\frac{1}{2}}\frac{z_{i,j+1}^{n+1}-z_{i,j}^{n+1}}{\Delta\eta}$$
$$+\left(b_{6i,j+\frac{1}{2}}-\nu_t c_{5i,j+\frac{1}{2}}\right)v_{i,j+\frac{1}{2}}^{n+1}=\nu_t\left(c_{2i,j+\frac{1}{2}}\frac{v_{i,j+\frac{3}{2}}^{n+\frac{1}{2}}-2v_{i,j+\frac{1}{2}}^{n+\frac{1}{2}}+v_{i,j-\frac{1}{2}}^{n+\frac{1}{2}}}{\Delta\eta^2}-c_{7i,j+\frac{1}{2}}\frac{\bar{\bar{u}}_{i,j+\frac{3}{2}}^{n+\frac{1}{2}}-\bar{\bar{u}}_{i,j-\frac{1}{2}}^{n+\frac{1}{2}}}{2\Delta\eta}\right. \tag{19-47}$$

式中

$$\overline{v}_{i,j}^{n+\frac{1}{2}}=\frac{1}{2}\left(v_{i,j+\frac{1}{2}}^{n+\frac{1}{2}}+v_{i,j-\frac{1}{2}}^{n+\frac{1}{2}}\right)$$

$$\overline{u}_{i,j+\frac{1}{2}}^{n+\frac{1}{2}}=\frac{1}{4}\left(u_{i+\frac{1}{2},j+1}^{n+\frac{1}{2}}+u_{i-\frac{1}{2},j+1}^{n+\frac{1}{2}}+u_{i+\frac{1}{2},j}^{n+\frac{1}{2}}+u_{i-\frac{1}{2},j}^{n+\frac{1}{2}}\right)$$

系数 $a_{3i,j}$、$a_{4i,j}$ 计算中

$$\overline{h}_{i,j}^{n}=\frac{1}{4}\left(h_{i-\frac{1}{2},j-\frac{1}{2}}^{n}+h_{i-\frac{1}{2},j+\frac{1}{2}}^{n}+h_{i+\frac{1}{2},j-\frac{1}{2}}^{n}+h_{i+\frac{1}{2},j+\frac{1}{2}}^{n}\right)$$

系数 $b_{2i,j+\frac{1}{2}}$、$b_{3i,j+\frac{1}{2}}$、$b_{6i,j+\frac{1}{2}}$、$b_{7i,j+\frac{1}{2}}$、$c_{2i,j+\frac{1}{2}}$、$c_{4i,j+\frac{1}{2}}$、$c_{5i,j+\frac{1}{2}}$、$c_{7i,j+\frac{1}{2}}$ 计算中

$$\overline{C}_{\xi_{i,j+\frac{1}{2}}}=\frac{1}{2}\left(C_{\xi_{i,j}}+C_{\xi_{i,j+1}}\right);\quad \overline{C}_{\eta_{i,j+\frac{1}{2}}}=\frac{1}{2}\left(C_{\eta_{i,j}}+C_{\eta_{i,j+1}}\right)。$$

经过整理，式(19-46)、式(19-47)可以化成如下代数方程

$$A_{j-\frac{1}{2}}v_{i,j-\frac{1}{2}}^{n+1}+B_j z_{i,j}^{n+1}+C_{j+\frac{1}{2}}v_{i,j+\frac{1}{2}}^{n+1}=D_j \tag{19-48}$$

$$A_j z_{i,j}^{n+1}+B_{j+\frac{1}{2}}v_{i,j+\frac{1}{2}}^{n+1}+C_{j+1}z_{i,j+1}^{n+1}=D_{j+\frac{1}{2}} \tag{19-49}$$

其中

$$A_{j-\frac{1}{2}}=-\frac{\Delta t}{\Delta\eta}a_{3i,j}$$

$$B_j=1$$

$$C_{j+\frac{1}{2}}=\frac{\Delta t}{\Delta\eta}a_{3i,j}$$

$$D_j=z_{i,j}^{n+\frac{1}{2}}-\Delta t\cdot a_{4i,j}\overline{v}_{i,j}^{n+\frac{1}{2}}$$

$$A_j=-\frac{\Delta t}{\Delta\eta}b_{7i,j+\frac{1}{2}}$$

$$B_{j+\frac{1}{2}}=1+\Delta t\cdot b_{6i,j+\frac{1}{2}}-\Delta t\cdot\nu_t c_{5i,j+\frac{1}{2}}$$

$$C_{j+1}=\frac{\Delta t}{\Delta\eta}b_{7i,j+\frac{1}{2}}$$

$$D_{j+\frac{1}{2}}=v_{i,j+\frac{1}{2}}^{n+\frac{1}{2}}-\frac{\Delta t}{2\Delta\eta}\left(b_{2i,j+\frac{1}{2}}-\nu_t c_{4i,j+\frac{1}{2}}\right)\cdot\left(v_{i,j+\frac{3}{2}}^{n+\frac{1}{2}}-v_{i,j-\frac{1}{2}}^{n+\frac{1}{2}}\right)+\Delta t\cdot b_{3i,j+\frac{1}{2}}\left(\overline{u}_{i,j+\frac{1}{2}}^{n+\frac{1}{2}}\right)^2$$

$$+\Delta t\cdot\nu_t\left\{c_{2i,j+\frac{1}{2}}\frac{v_{i,j+\frac{3}{2}}^{n+\frac{1}{2}}-2v_{i,j+\frac{1}{2}}^{n+\frac{1}{2}}+v_{i,j-\frac{1}{2}}^{n+\frac{1}{2}}}{\Delta\eta^2}+c_{6i,j+\frac{1}{2}}\frac{\overline{u}_{i,j+\frac{3}{2}}^{n+\frac{1}{2}}-\overline{u}_{i,j-\frac{1}{2}}^{n+\frac{1}{2}}}{2\Delta\eta}\right\}$$

结合上下游边界条件，方程(19-48)、方程(19-49)同样构成一个三对角矩阵，我们仍用递推公式求之。令

$$z_{i,j}^{n+1} = -F_j v_{i,j+\frac{1}{2}}^{n+1} + G_j \tag{19-50}$$

$$v_{i,j+\frac{1}{2}}^{n+1} = -F_j^* z_{i,j}^{n+1} + G_j^* \tag{19-51}$$

$$F_j = \frac{C_{j+\frac{1}{2}}}{B_j - A_{j-\frac{1}{2}} F_j^*} \tag{19-52}$$

$$G_j = \frac{D_j - A_{j-\frac{1}{2}} G_j^*}{B_j - A_{j-\frac{1}{2}} F_j^*} \tag{19-53}$$

$$F_{j+1}^* = \frac{C_{j+1}}{B_{j+\frac{1}{2}} - A_j F_j} \tag{19-54}$$

$$G_{j+1}^* = \frac{D_{j+\frac{1}{2}} - A_j G_j}{B_{j+\frac{1}{2}} - A_j F_j} \tag{19-55}$$

联系边界条件，可以确定 F_j、G_j、F_j^*、G^* 的值，并解出网格结点上的 z^{n+1}、v^{n+1} 值。根据求出的 z^{n+1}、v^{n+1} 可以利用式(19-30)求出 u^{n+1} 的值。这里仍用对流迎风格式求解，即：

当 $\left(b_{2i+\frac{1}{2},j} - \nu_t c_{4i+\frac{1}{2},j}\right) < 0$ 时，有

$$\frac{u_{i+\frac{1}{2},j}^{n+1} - u_{i+\frac{1}{2},j}^{n+\frac{1}{2}}}{\Delta t} + \left(b_{2i+\frac{1}{2},j} - \nu_t c_{4i+\frac{1}{2},j}\right) \frac{u_{i+\frac{1}{2},j+1}^{n+\frac{1}{2}} - u_{i+\frac{1}{2},j}^{n+\frac{1}{2}}}{\Delta \eta} + b_{3i+\frac{1}{2},j} u_{i+\frac{1}{2},j}^{n+1} \bar{v}_{i+\frac{1}{2},j}^{n+1}$$
$$= \nu_t \left(c_{2i+\frac{1}{2},j} \frac{u_{i+\frac{1}{2},j+1}^{n+\frac{1}{2}} - 2u_{i+\frac{1}{2},j}^{n+\frac{1}{2}} + u_{i+\frac{1}{2},j-1}^{n+\frac{1}{2}}}{\Delta \eta^2} - c_{7i+\frac{1}{2},j} \frac{\bar{v}_{i+\frac{1}{2},j+1}^{n+1} - \bar{v}_{i+\frac{1}{2},j-1}^{n+1}}{2\Delta \eta} - c_{8i+\frac{1}{2},j} \bar{v}_{i+\frac{1}{2},j}^{n+1} \right) \tag{19-56}$$

当 $\left(b_{2i+\frac{1}{2},j} - \nu_t c_{4i+\frac{1}{2},j}\right) > 0$ 时，有

$$\frac{u_{i+\frac{1}{2},j}^{n+1} - u_{i+\frac{1}{2},j}^{n+\frac{1}{2}}}{\Delta t} + \left(b_{2i+\frac{1}{2},j} - \nu_t c_{4i+\frac{1}{2},j}\right) \frac{u_{i+\frac{1}{2},j}^{n+\frac{1}{2}} - u_{i+\frac{1}{2},j-1}^{n+\frac{1}{2}}}{\Delta \eta} + b_{3i+\frac{1}{2},j} u_{i+\frac{1}{2},j}^{n+1} \bar{v}_{i+\frac{1}{2},j}^{n+1}$$
$$= \nu_t \left(c_{2i+\frac{1}{2},j} \frac{u_{i+\frac{1}{2},j+1}^{n+\frac{1}{2}} - 2u_{i+\frac{1}{2},j}^{n+\frac{1}{2}} + u_{i+\frac{1}{2},j-1}^{n+\frac{1}{2}}}{\Delta \eta^2} - c_{7i+\frac{1}{2},j} \frac{\bar{v}_{i+\frac{1}{2},j+1}^{n+1} - \bar{v}_{i+\frac{1}{2},j-1}^{n+1}}{2\Delta \eta} - c_{8i+\frac{1}{2},j} \bar{v}_{i+\frac{1}{2},j}^{n+1} \right) \tag{19-57}$$

式中：

$$\overline{v}_{i+\frac{1}{2},j}^{n+1}=\frac{1}{4}\left(v_{i+1,j+\frac{1}{2}}^{n+1}+v_{i,j+\frac{1}{2}}^{n+1}+v_{i+1,j-\frac{1}{2}}^{n+1}+v_{i,j-\frac{1}{2}}^{n+1}\right)$$

系数$b_{2i+\frac{1}{2},j}$、$b_{3i+\frac{1}{2},j}$、$c_{2i+\frac{1}{2},j}$、$c_{4i+\frac{1}{2},j}$、$c_{7i+\frac{1}{2},j}$、$c_{8i+\frac{1}{2},j}$的计算中，有

$$\overline{C}_{\xi_{i+\frac{1}{2},j}}=\frac{1}{2}\left(C_{\xi_{i,j}}+C_{\xi_{i+1,j}}\right)$$

$$\overline{C}_{\eta_{i+\frac{1}{2},j}}=\frac{1}{2}\left(C_{\eta_{i,j}}+C_{\eta_{i+1,j}}\right)$$

由式(19-56)解出$u_{i+\frac{1}{2},j}^{n+1}$，可得当$\left(b_{2i+\frac{1}{2},j}-\nu_t c_{4i+\frac{1}{2},j}\right)<0$时，有

$$u_{i+\frac{1}{2},j}^{n+1}=\left[u_{i+\frac{1}{2},j}^{n+\frac{1}{2}}-\Delta t\left(b_{2i+\frac{1}{2},j}-\nu_t c_{3i+\frac{1}{2},j}\right)\frac{u_{i+\frac{1}{2},j+1}^{n+\frac{1}{2}}-u_{i+\frac{1}{2},j}^{n+\frac{1}{2}}}{\Delta\eta}+\Delta t\nu_t\left(c_{2i+\frac{1}{2},j}\frac{u_{i+\frac{1}{2},j+1}^{n+\frac{1}{2}}-2u_{i+\frac{1}{2},j}^{n+\frac{1}{2}}+u_{i+\frac{1}{2},j-1}^{n+\frac{1}{2}}}{\Delta\eta^2}\right.\right.$$
$$\left.\left.-c_{7i+\frac{1}{2},j}\frac{\overline{v}_{i+\frac{1}{2},j}^{n+1}-\overline{v}_{i+\frac{1}{2},j-1}^{n+1}}{2\Delta\eta}-c_{8i+\frac{1}{2},j}\overline{v}_{i+\frac{1}{2},j}^{n+1}\right)\right]\Big/\left(1+\Delta t b_{3i+\frac{1}{2},j}\overline{v}_{i+\frac{1}{2},j}^{n+1}\right) \tag{19-58}$$

由式(19-57)可得当$\left(b_{2i+\frac{1}{2},j}-\nu_t c_{4i+\frac{1}{2},j}\right)>0$时，有

$$u_{i+\frac{1}{2},j}^{n+1}=\left[u_{i+\frac{1}{2},j}^{n+\frac{1}{2}}-\Delta t\left(b_{2i+\frac{1}{2},j}-\nu_t c_{3i+\frac{1}{2},j}\right)\frac{u_{i+\frac{1}{2},j+1}^{n+\frac{1}{2}}-u_{i+\frac{1}{2},j}^{n+\frac{1}{2}}}{\Delta\eta}+\Delta t\nu_t\left[c_{2i+\frac{1}{2},j}\frac{u_{i+\frac{1}{2},j+1}^{n+\frac{1}{2}}-2u_{i+\frac{1}{2},j}^{n+\frac{1}{2}}+u_{i+\frac{1}{2},j-1}^{n+\frac{1}{2}}}{\Delta\eta^2}\right.\right.$$
$$\left.\left.-c_{7i+\frac{1}{2},j}\frac{\overline{v}_{i+\frac{1}{2},j}^{n+1}-\overline{v}_{i+\frac{1}{2},j-1}^{n+1}}{2\Delta\eta}-c_{8i+\frac{1}{2},j}\overline{v}_{i+\frac{1}{2},j}^{n+1}\right]\right]\Big/\left(1+\Delta t b_{3i+\frac{1}{2},j}\overline{v}_{i+\frac{1}{2},j}^{n+1}\right) \tag{19-59}$$

这样一来，通过前后两个半时段四个分步，就完成了沿ξ、η方向，时间t从n时刻到$n+1$时刻一个完整时段的流场计算，如此随着时间的递增，交替向前滚进，在适当的定解条件下，即可完成平面二维非恒定流场计算。

(二)泥沙输移方程的离散及数值解法

采用控制体积法[6]求解泥沙连续性方程(19-16)，在正交曲线坐标系下布置如图 19-2 所

示的控制体积，将方程(19-16)在控制体积内积分，并代入水流连续方程，得到同时满足水流连续方程的离散形式，即

$$a_p S_p = a_E h_e S_E + a_W h_w S_W + a_N h_n S_N + a_S h_s S_S + b \tag{19-60}$$

其中

$$a_E = D_e A(|P_e|) + \max(-F_e, 0),\ a_W = D_w A(|P_w|) + \max(F_w, 0)$$

$$a_N = D_n A(|P_n|) + \max(-F_n, 0),\ a_S = D_s A(|P_s|) + \max(F_s, 0)$$

$$a_P = h_e a_E + h_w a_W + h_n a_N + h_s a_S - S'_P \Delta\xi\Delta\eta + C_\xi C_\eta h_p^0 \Delta\xi\Delta\eta / \Delta t$$

$$b = S'_c \Delta\xi\Delta\eta + C_\xi C_\eta S_p^0 h_p^0 \Delta\xi\Delta\eta / \Delta t$$

式中：F、D 分别表示对流强度和扩散率。

$$P = F / D,\quad A(P) = \max[0, (1 - 0.1P^5)]$$

$$F_e = (uC_\eta)_e \Delta\eta,\quad F_w = (uC_\eta)_w \Delta\eta,\quad F_n = (vC_\xi)_e \Delta\xi,\quad F_s = (vC_\xi)_s \Delta\xi$$

$$D_e = \left(\Gamma \frac{C_\eta}{C_\xi}\right)_e \frac{\Delta\eta}{\Delta\xi_e},\quad D_w = \left(\Gamma \frac{C_\eta}{C_\xi}\right)_w \frac{\Delta\eta}{\Delta\xi_w},\quad D_n = \left(\Gamma \frac{C_\xi}{C_\eta}\right)_n \frac{\Delta\xi}{\Delta\eta_n},\quad D_s = \left(\Gamma \frac{C_\xi}{C_\eta}\right)_s \frac{\Delta\xi}{\Delta\eta_s}$$

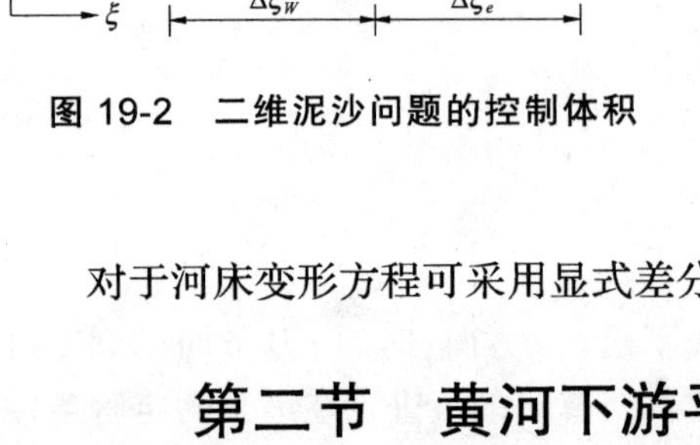

图 19-2　二维泥沙问题的控制体积

u_e、u_w、v_n、v_s 分别为控制体垂直面上的速度，Γ_e、Γ_w、Γ_n、Γ_s 为控制面上紊动扩散系数，C_ξ、C_η 布置在主网格点上，动量网格点上 C_ξ、C_η 采用相邻自然网格点线性插值，$\Delta\xi_e$、$\Delta\xi_w$、$\Delta\eta_n$、$\Delta\eta_s$ 为相邻节点距离，h_p^0、S_p^0 分别是上一时刻 P 点之水深和泥沙浓度，Δt 为时间步长。

$$S'_p = -C_\xi C_\eta \alpha_* \omega K_1 f_1 < 0 \quad \text{(满足负坡线性化条件)}$$

$$S'_c = C_\xi C_\eta \alpha_* \omega K_1 S_*$$

对于河床变形方程可采用显式差分离散，离散方程形式简单，此处从略。

第二节　黄河下游平面二维水沙数学模型的验证

为检验上述提出的黄河下游河道平面二维数学模型的适用性，我们选用 1982 年洪水，针对花园口至夹河滩河段进行了验证计算。

一、原型概况及计算条件

受 1982 年 9 号台风影响，黄河三花区间干支流自 1982 年 7 月 29 日开始普降大雨，局部暴雨，伊洛河、沁河并涨。同时，三门峡以上及区间来水量较大，黄河小浪底、伊洛河黑石关与沁河武陟站相继出现 9 340、4 110、4 240 m^3/s 的洪峰，而后在下游花园口相遇形成了黄河下游三门峡枢纽修建以来最大的一次洪水[7]，洪峰流量高达 15 300 m^3/s。该场洪水特点是，伊河、洛河、黄河、沁河并涨，峰高量大，涨势猛，含沙量小，且悬沙组成细，为典型的大水少沙型洪水。

模型验证时段为 7 月 31 日 0 时～8 月 7 日 0 时，共 7 d。

模型进口采用花园口站实测流量、含沙量过程，出口水位采用夹河滩站实测水位过程控制，并假定出口断面各网格为同水位值。

在假定进口断面各网格具有相同的水位与相同糙率及相同水面比降的条件下，采用谢才公式可求得网格结点的流速分布为

$$v_{1,j} = C_1 h_{1,j}^{2/3} \tag{19-61}$$

其中，系数 C_1 可表示为

$$C_1 = \frac{Q_1}{\frac{1}{2}\sum_{j=1}^{j_{\max}} B_{1,j}\left(h_{1,j}^{5/3} + h_{1,j+1}^{5/3}\right)} \tag{19-62}$$

式中：Q_1 为进口流量；$B_{1,j}$ 为进口网格宽度；$h_{1,j}$ 为进口节点水深。

进口各网格含沙量采用含沙量沿河宽分布公式(12-13)计算。

二、计算网格的生成

为节省机器内存和计算时间，本次验证计算所生成的网格仅有 1982 年洪水高滩以下上水部分的地形边界，初始地形采用 1982 年汛前实测大断面及我们开展河工模型验证试验时内插的诸多小断面，网格节点数 16×100 个(沿河宽为 16，沿水流方向为 100)，具体参照图 19-3。

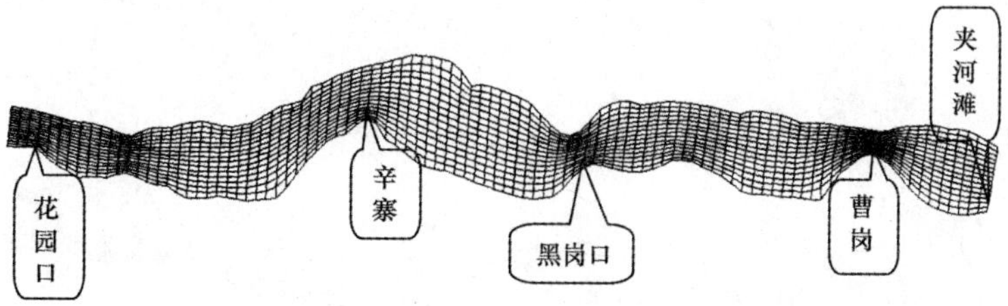

图 19-3　计算区域网格平面布置

三、模型验证结果

在给定 1982 年花园口站实测流量、含沙量过程及夹河滩水位—流量关系后，即可开

展平面二维模型洪水水沙演进及河床冲淤变化验证计算工作。图 19-4 绘制了夹河滩站流量过程计算结果，与实测值对比发现，无论洪峰形态及洪水传播时间等均与实测结果接近。图 19-5 为洪峰前期计算流场图，可见整个计算域内流场定性上也与实际较为吻合。图 19-6 为 8 月 2 日 8 时计算流场，此时正处于涨峰期，花园口流量已涨至 11 200 m^3/s，夹河滩流量也增至 7 160 m^3/s，与图 19-5 相比，计算域内流速明显增大，且上游增加的幅度明显大于下游。到 8 月 2 日 20 时，花园口站流量已涨至 15 300 m^3/s，夹河滩站流量也涨至 11 600 m^3/s，此时流速场(见图 19-7)与前期流场相比，流速又有不同程度的增大，为与实测资料对比，图 19-7 中套绘了天然河道汛期河势主流线，由此可以看出，计算主流线与天然河道主流线吻合较好，此后花园口流量开始缓慢减小，夹河滩流量仍在增加，8 月 3 日 20 时，花园口流量降至 11 700 m^3/s，夹河滩流量为 14 000 m^3/s，花园口计算流速值有所降低(见图 19-8)，夹河滩站流速仍略有增大。洪峰过后，计算域内流速均有不同程度的降低，图 19-9 为落峰后 8 月 5 日 12 时流场计算结果，此时花园口流量为 5 800 m^3/s，夹河滩流量为 6 850 m^3/s，此时流速与洪峰期相比有大幅度的降低，且主流线与 1982 年汛后勾绘的天然河道主流线也基本一致。图 19-10 为洪峰期计算区域内洪水淹没水深分布结果，从中可以看出，水深随流量的增大而增加的规律，计算结果定性上与天然河流情况基本一致。

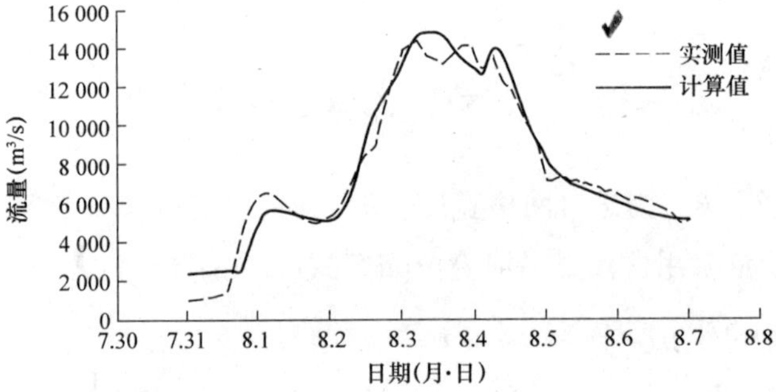

图 19-4　1982 年夹河滩站洪水流量过程验证结果

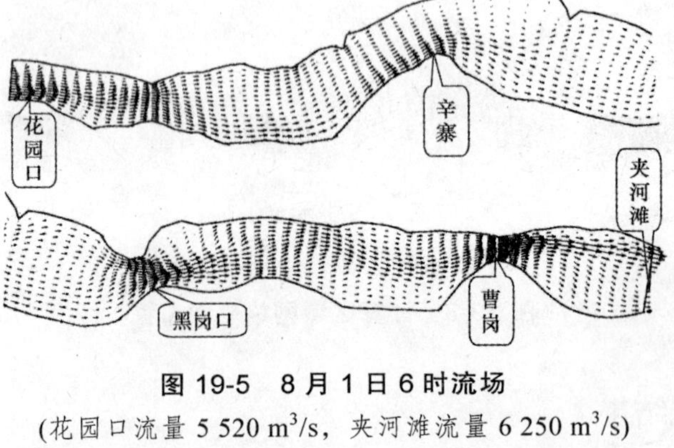

图 19-5　8 月 1 日 6 时流场

(花园口流量 5 520 m^3/s，夹河滩流量 6 250 m^3/s)

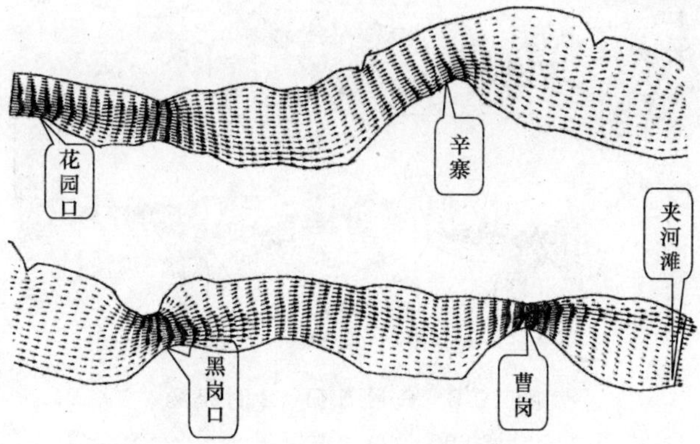

图 19-6　8 月 2 日 8 时流场

(花园口流量 11 200 m^3/s，夹河滩流量 7 160 m^3/s)

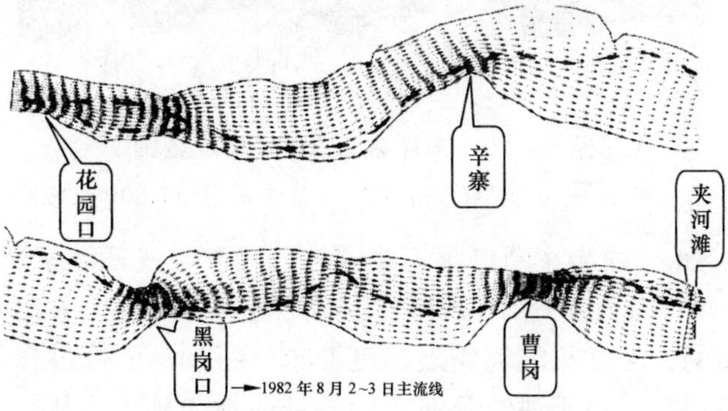

图 19-7　8 月 2 日 20 时流场

(花园口流量 15 300 m^3/s，夹河滩流量 11 600 m^3/s)

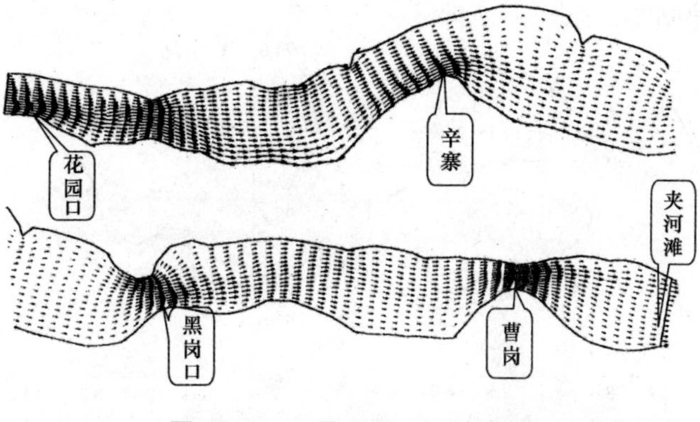

图 19-8　8 月 3 日 20 时流场

(花园口流量 11 700 m^3/s，夹河滩流量 14 000 m^3/s)

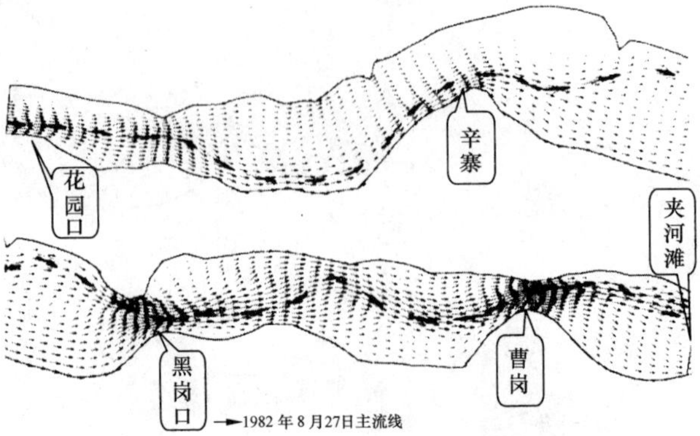

图 19-9　8 月 5 日 12 时流场

(花园口流量 5 800 m^3/s，夹河滩流量 6 850 m^3/s)

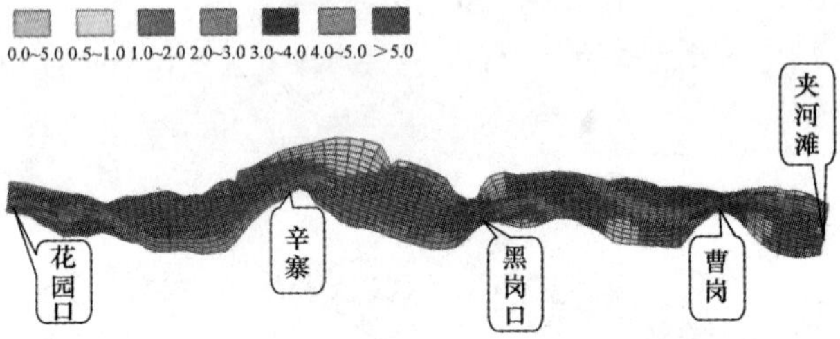

图 19-10　8 月 2 日 20 时淹没范围

(花园口流量 15 300 m^3/s，夹河滩流量 11 600 m^3/s)

图 19-11 ~ 图 19-20 分别为花园口闸、花园口、马渡、杨桥、辛寨、大张庄、黑岗口、曹岗、府君寺(二)、欧坦等水位站水位计算值与实测值的比较，由此可以看出，在整个洪水演进过程中，水位的计算结果能够满足精度要求，特别是涨峰过程、水位的计算值与实测值更为接近，而落峰期，由于河势及河床演变规律极为复杂，从而使个别测站水位的计算值与实测值偏差有所增大。

图 19-21 为夹河滩站含沙量过程计算值与实测值的比较结果，从整体上看两者吻合较好，从而保证了河床变形的计算精度。图 19-22 为 8 月 2 日 16 时含沙量浓度场分布图，与流速及淹没水深计算结果对比可以发现，一般流速及水深大的区域含沙量均较高，这也与天然实测资料的规律基本一致。

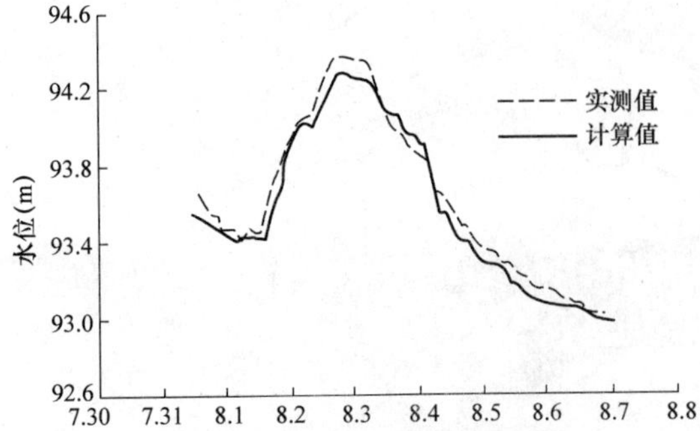

图 19-11　花园口闸洪水位验证结果

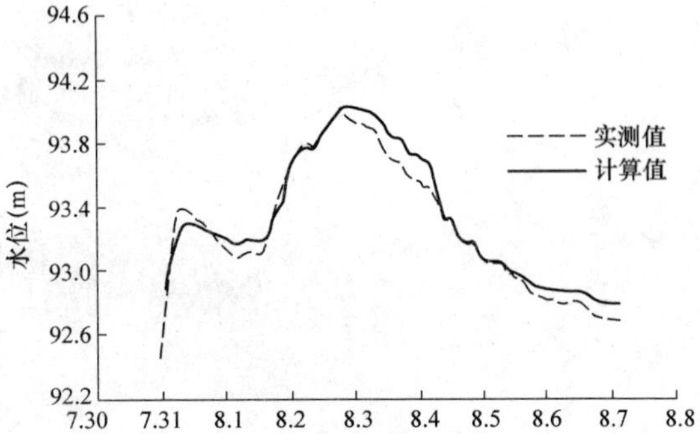

图 19-12　花园口洪水位验证结果

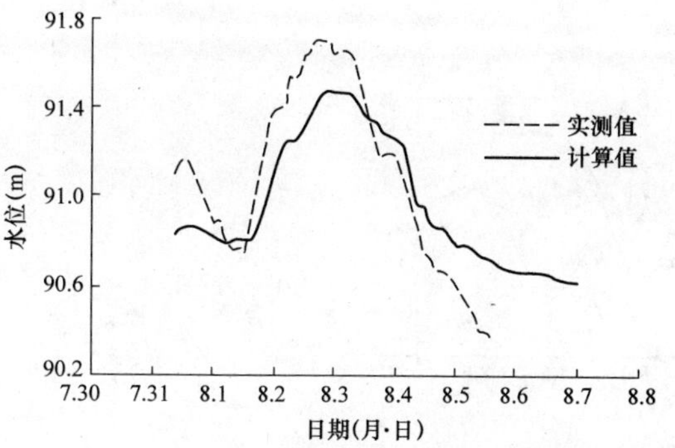

图 19-13 马渡洪水位验证结果

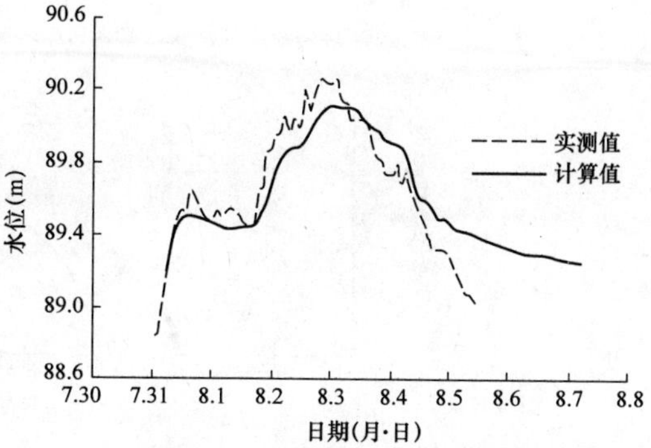

图 19-14 杨桥洪水位验证结果

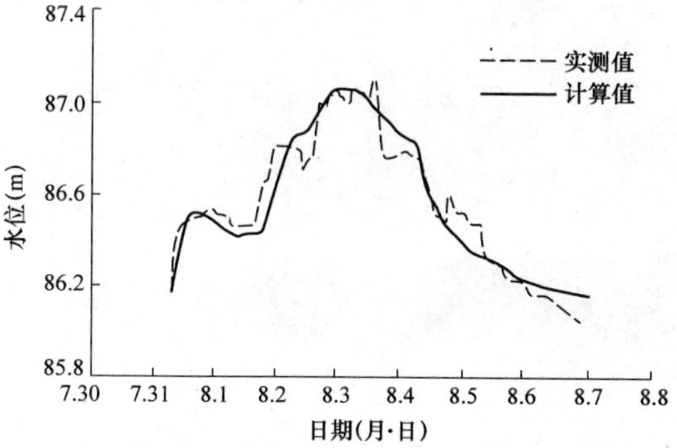

图 19-15 辛寨洪水位验证结果

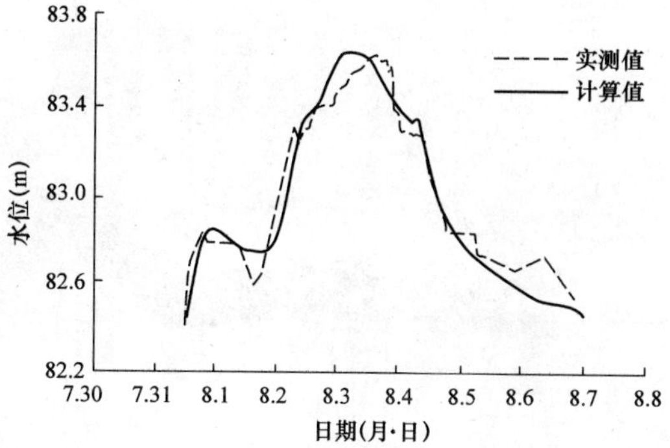

图 19-16 大张庄洪水位验证结果

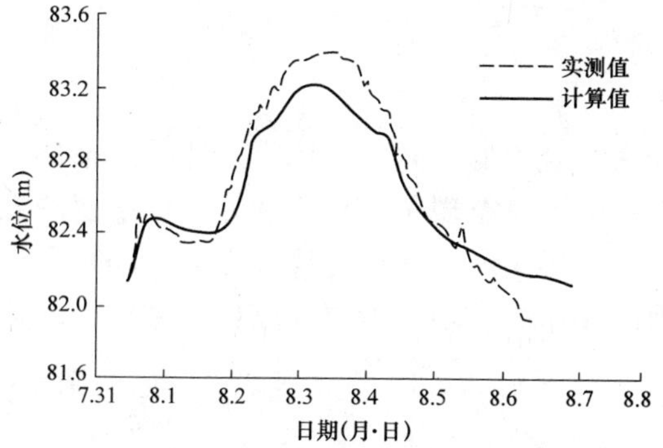

图 19-17 黑岗口洪水位验证结果

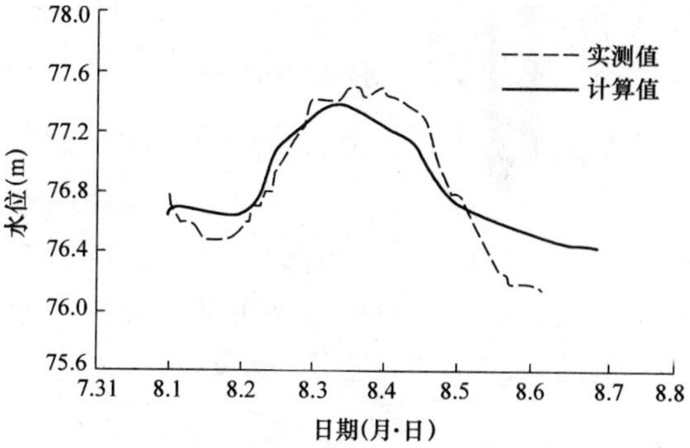

图 19-18 曹岗洪水位验证结果

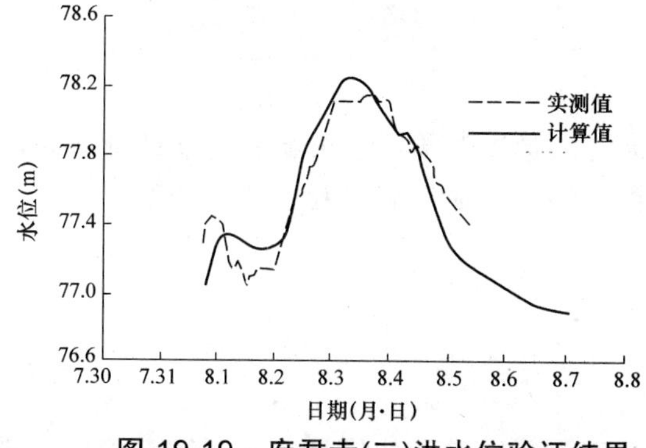

图 19-19 府君寺(二)洪水位验证结果

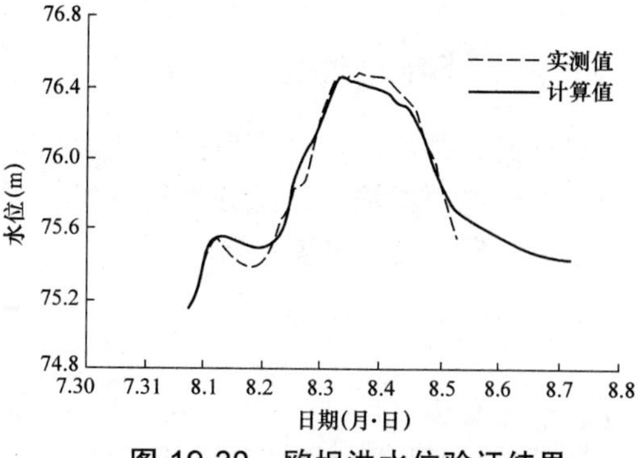

图 19-20 欧坦洪水位验证结果

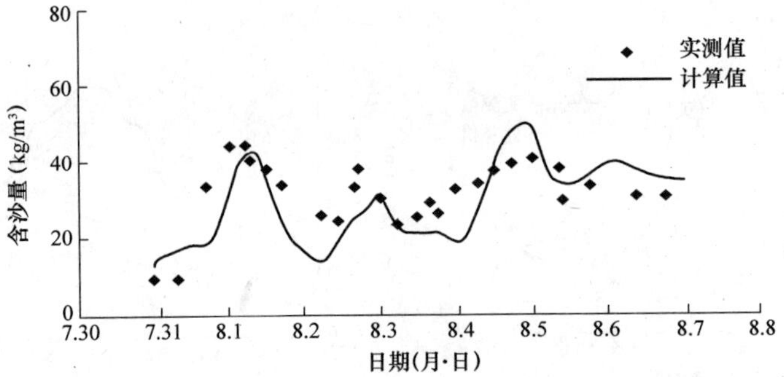

图 19-21　1982 年洪水夹河滩站含沙量验证结果

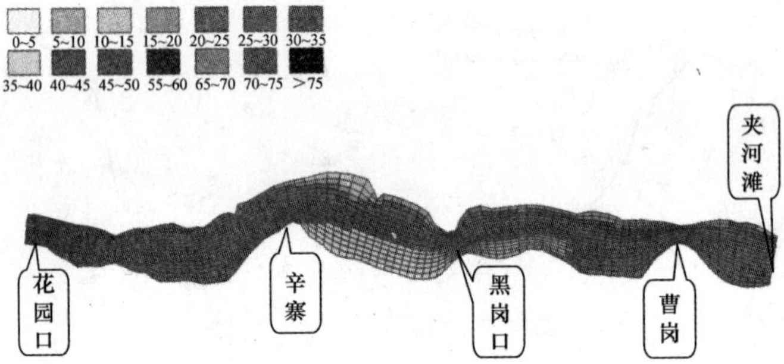

图 19-22　8 月 2 日 16 时含沙量浓度场

四、模型目前存在的问题

黄河下游来水来沙条件的复杂性，河道冲淤演变规律的复杂性及边界条件的复杂性，都为数学模型的模拟计算带来了极大的困难。因目前还没有现实可行的计算河势演变的理论与方法，故险工对水流运动及河道冲淤演变规律的影响还不能充分反映出来，同时受计算机容量影响，计算网格不可能划分的太密，因而滩岸的崩塌后退与河道自然截弯、切滩及主流的横向摆动问题均较难确切模拟。

第三节　黄河下游平面二维水沙数学模型可视化系统开发

一、系统开发概况

当平面二维水沙数学模型计算结束后，有大量的数据结果需要分析，为使研究人员能直观、方便地观看输出结果并进行分析，需要相应的图形显示。为此，我们开发了黄河下游二维水沙数学模型可视化系统。

二、系统总体设计

(一)开发模式

该系统采用原型开发模式，即尽快构造一个实际系统的简化模型，供开发者和用户进行交流，以便准确地获得用户的需求，然后采用逐步求精法使原型逐步完善。

(二)软件开发方法

目前常用的软件开发方法有两种：一是传统的结构化开发方法，二是近几年发展的面向对象的开发方法。由于面向对象的开发方法具有良好的封装性、可维护性和可重用性，是目前较为先进和流行的开发方法。因此，该软件主要采用面向对象的开发方法。

(三)开发环境

采用面向对象的 VisualC++6.0 作为软件开发环境。VisualC++是一个功能强大的可视化开发环境，主要包括文本编辑器、资源编辑器、工程创建工具、Debugger 调试器等。用户可以在集成开发环境中创建工程、打开工程，建立、打开和编辑文件，编译、链接、运行、调试应用程序。它成功地把面向对象和事件驱动这两个概念结合起来。

(四)需求分析结果

通过采用原型开发模式，最后确定需求分析结果。确定该软件主要应有 4 大功能模块：文件管理模块、绘图模块、显示模块、交互修改模块。各功能模块应具有的功能见图 19-23。

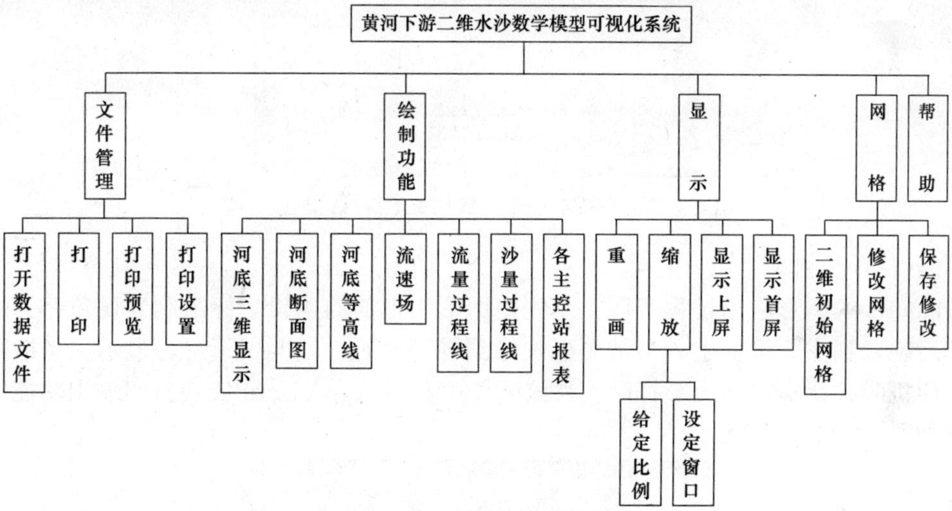

图 19-23　系统主要功能

三、详细设计与功能实现

(一)文件管理

主要具有打开任意数据文件、打印各类图形、打印设置和打印预览等功能。各种功能均通过对话框对其进行选择或设置，各类对话框与标准 Windows 应用程序的相应对话框风格与用法完全一致，为用户的使用创造了方便。下面主要介绍打开任意数据文件和打印各类图形的实现机理。

1. 打开任意数据文件

在 VC 中打开数据文件一般有三种方法：序列化方式、CFile 类和 C++输入流。在该软件中将后两种方式结合起来，用 CFile 类及相关函数获取数据文件的名称及路径，用 C++输入流读取数据。获取数据文件的名称及路径的具体编码如下：

```
CStringfilename1;
ifstreamfpline;
CfileDialog
dlg1(TRUE, NULL, NULL, OFN_HIDEREADONLY|OFN_OVERWRITEPROMPT,
      "www(*.dat)|*.dat|all(*.*)|*.*||", NULL);
if(dlg1.DoModal()==IDCANCEL)
return;
filename1=dlg1.GetPathName();
          fpline.open(filename1);
if(!fpline)
    cerr<<"\nUnable to open'pline.txt'for input.";
```

打开数据文件对话框如图 19-24 所示。

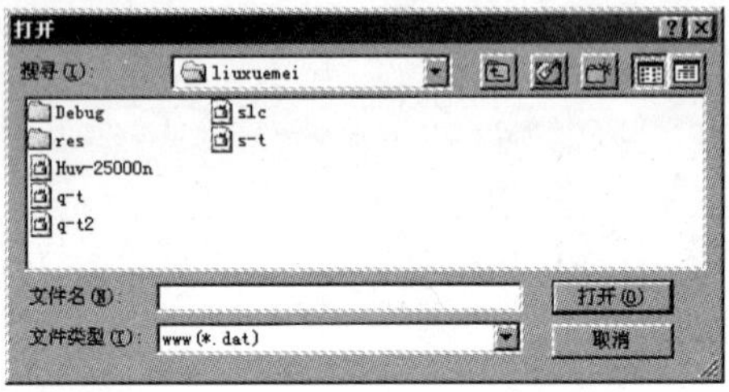

图 19-24　打开数据文件对话框

2. 打印各类图形

Windows 的图形输出过程实际上是先把图形用当前的逻辑坐标绘制到设备无关的窗口中，然后映像到实际设备上。当把图形映像到屏幕上时，就实现了屏幕显示，当把图形映像到打印机时，就实现了图形打印。在该软件中利用 AppWizard 实现打印输出功能。打印对话框如图 19-25 所示。

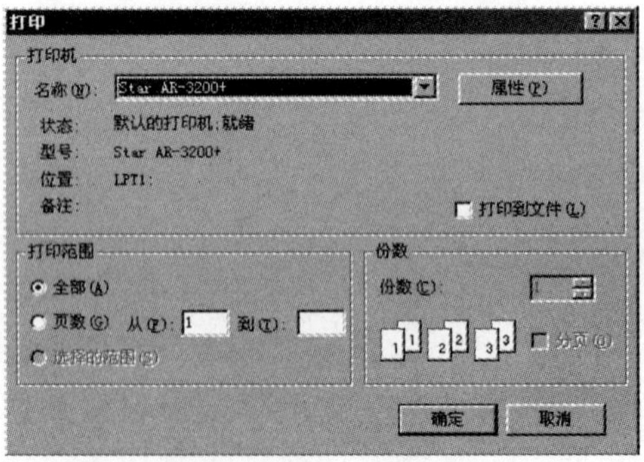

图 19-25　打印对话框

(二)绘制功能

在该软件中，为完成各类绘制功能，我们定义了 6 个分类：初始网格类、三维显示类、流速场类、等值线类、过程线类、淹没范围类。每个分类中主要有读取数据、计算比例、绘制图形、显示数值等成员函数。其他的绘图功能如沙量浓度场、沙量过程线等通过定义不同的类对象和类继承来实现。

绘图操作主要用 MFC 的类 CDC。CDC 为对象提供了对设备描述表进行操作的成员函数，以及对与窗口客户有关的显示描述表进行操作的成员函数。CDC 类实际上是把普通 C 语言的与绘图有关的函数通过类封装到一起，通过定义 CDC 类的对象，可以利用 CDC 类的所有成员函数完成与绘图有关的大部分操作。

下面简要介绍各绘图功能的算法。

(1)河底高程三维图形显示。

采用轴测变的方式实现。将数据文件给出的所有点绕 Z 轴旋转一个角度θ_x，再绕 X 轴旋转一个角度 θ_y，然后向 XOZ 坐标面作正投影。变换矩阵如下

$$T=\begin{bmatrix}\cos\theta_z & \sin\theta_z & 0 & 0\\ -\sin\theta_z & \cos\theta_z & 0 & 0\\ 0 & 0 & 1 & 0\\ 0 & 0 & 0 & 1\end{bmatrix}\begin{bmatrix}1 & 0 & 0 & 0\\ 0 & \cos\theta_x & -\sin\theta_x & 0\\ 0 & \sin\theta_x & \cos\theta_x & 0\\ 0 & 0 & 0 & 1\end{bmatrix}\begin{bmatrix}1 & 0 & 0 & 0\\ 0 & 0 & 0 & 0\\ 0 & 0 & 1 & 0\\ 0 & 0 & 0 & 1\end{bmatrix}$$

$$=\begin{bmatrix}\cos\theta_z & 0 & -\sin\theta_z\sin\theta_x & 0\\ -\sin\theta_z & 0 & -\cos\theta_z\sin\theta_x & 0\\ 0 & 0 & \cos\theta_x & 0\\ 0 & 0 & 0 & 1\end{bmatrix}$$

(2)淹没范围可视化。

将水深分为 7 个级段，每个级段用一种颜色表示，通过计算每格四个顶点的平均水深，然后在格中填充相应的颜色来实现。

(3)流速场可视化(具有动态显示功能)。

这是属于二维矢量场的可视化问题。为了同时反映流速的大小和方向，采用箭头的方式反映流速。将数据文件给出的每个点的两个流速分量，转化为二维箭头，箭头的长度示意流速的模长，箭头的方向表示流速的方向。为了更形象地模拟水流的运动，将其设计成动态显示。

(4)河床断面图。

可交互给出断面号绘制断面图，如图 19-26 所示，自动生成坐标轴及相应刻度。

图 19-26　输入断面号对话框

(5)初始网格的显示与修改。

该系统不仅可以显示初始网格，而且可对初始网格进行交互修改，由鼠标拖动修改点的 X、Y 坐标，由对话框给出选定点的 Z 坐标，可将计算结果保存在数据文件中。

(6)河底等高线及沙量浓度场的可视化。

这是属于二维标量场的可视化问题。对于二维标量场，其数据往往是定义在某一网格面上的，根据不同网格类型、等值线分布特点及精度要求的不同，等值线抽取方法也各有

不同。大体分为网格序列法和网格无关法，网格序列法的基本思想是按网格单元排列次序，逐个处理每一单元，寻找每一单元内相应的等值线段，在处理完所有单元后，就自然生成了该网格中的等值线分布。网格无关法通过给定等值线的起始点，或先求出其起始点，利用该点附近的局部几何性质，计算该等值线的下一点，然后利用已经求出的新点，重复计算下一点，直至到达区域边界或回到原始起始点；网格无关法适用于等值线分布较均匀，其穿过的单元数只占整个网格单元的较小部分(10%以下)的情况。网格序列法适用面较广，但对于四边形网格，马鞍点二义性的解决很复杂，需通过求双曲线两条渐进线交点处的函数值或其他一些变通方法来解决。

该系统研究了一种基于网格序列法的新方法，避开了马鞍点二义性的问题，通过规定等值线的走向，使其他一些算法中的繁琐的等值线追踪变得相对简单，并提高了等值线的精度。

(7)流量、沙量、水位过程线。

可打开任意的数据文件绘制相应的过程线，自动生成坐标轴及相应刻度。

(8)自动生成各主控站的流量、沙量、水位报表。

(三)显示功能

对于初始网格、等值线、流速场、淹没范围这类小比例图，均具有无级放大、移动、恢复上屏、恢复首屏、重画全屏等功能。

1. 图形缩放

可通过对话框交互给出显示比例缩放，如图 19-27 所示。也可直接在屏幕上开窗口定义放大区域。

图 19-27　输入缩放比例对话框

开窗口定义放大区域方法：先点击鼠标左键给出一个角点，随鼠标的移动出现一个拖动窗口，再点击鼠标左键给出另外一个角点，则两个角点所确定的矩形区域放大到整个屏幕上。假定这两个对角点左下点坐标为 mPointOrign，右上角的屏幕 point，实现放大功能就是使 mPointOrign 点成为屏幕的左下点，即计算出 mPointOrign 的实际坐标作为(startx，starty)，并且调整比例 blc 使方框内的区域能显示到屏幕内。因为该系统在横向和纵向上用相同比例放缩，所以算法要保证放大倍数变化较小的方向正好填满显示屏。

要实现放大，就要计算出 mPointOrign 的实际坐标作为图形屏幕左下点的坐标(startx，starty)：

startx=startx+mPointOrign.x*blc;

starty=starty+(ScreenHigh–mPointOrign.y)*blc;

还要确定图形的放大倍数。

横向放大倍数为：

bl1=(float)ScreenWide/(point.x–mPointOrign.x);

纵向放大倍数为：

bl2=(float)ScreenHigh/(point.y–mPointOrign.y);

取绝对值较小的一个作为放大倍数：

bl1=min(abs(bl1)，abs(bl2));

得到放大后的比例：

blc=blc/bl1;

用调整后的 startx，starty，blc 重新绘制图形时，就实现了屏幕的放大功能。

2. 移动显示和滚动显示

可通过滚动条实现滚动显示。也可通过在屏幕上给出移动矢量来移动图形，方法是：点击鼠标左键给出移动矢量的第一点，随鼠标移动出现一个拖动线，再点击鼠标左键给出移动矢量的第二点，则图形按所给的移动矢量移动。图形移动的实现方法与图形放大类似，不同的只是 startx 和 starty 变化，比例尺 blc 不变。

3. 显示上屏及首屏

在把图形移动或放大后，常需把屏幕再恢复到上屏或首屏，或显示前若干屏。要实现这个功能，就要记录下每一屏幕的状态，并时刻跟踪着当时的状态。在该图形系统中，每一屏幕的状态由三个参数控制：本屏左下角原点的实际横坐标 startx，实际纵坐标 starty，和本屏的显示比例 blc，只要记录下这三个参数，就可记录下这一屏的状态。该系统可连续显示前 50 幅画面或显示首屏。

四、可视化系统的辅助功能

(一)各种量的精确显示

图形显示直观、形象，但也有它的缺点，即无法提供各种量的精确数值。为弥补这个缺点，该系统将直观图形和精确数字表达有机结合起来，利用状态行精确显示各种量的数值。比如，在显示流速时，随着鼠标的移动，在状态行上会随机显示离光标最近的点的编号和两个流速分量；在显示淹没范围时，随着鼠标的移动，在状态行上会随机显示离光标最近的点的编号和水深；在显示各种过程线时，在状态行上会显示时间和流量、沙量等，这种精确数值的显示功能无疑为用户提供了更强有力的洞察与分析手段。

此外，考虑到该系统用户要操作的数据文件较多，为提醒用户当前所操作的数据文件，在状态行上随机显示所打开的数据文件的路径与名称。

(二)有效地避免了用户的误操作

由于该系统涉及的数据文件较多，为了更好地引导用户工作，采用了菜单变灰技术。在一些菜单不能运行或运行没有意义的情况下，将这些菜单变成不可运行状态，对用户来说是一种较好的选择。

(三)更为直接、友好的提示信息

为了使用户更好地使用该系统，采用了每日提示的方法，即每次启动该系统都会出现一个 Tipofthedays 对话框，提示给用户使用该软件需注意的一些事项。

(四)生动的系统简介

为了使对该系统不了解的用户能快速了解和使用该系统，我们作了一个较为生动的系统简介，使用户免除了查阅文档资料等手续，为用户提供了方便。该系统简介用 PowerPoint 制作，再用 VisualC++中的 ShellExecute()函数调用。

五、系统测试

为确保该系统能正常运行，采用了两种测试方法：黑盒测试法和白盒测试法。黑盒测试法是测试系统的每个功能是否达到了预期的要求。白盒测试法是测试系统的内部活动是否正常进行。

六、系统的环境需求

Windows95 或 Windows98•VisualC++6.0，32MB 以上内存，若看系统简介，还需装有 PowerPoint97。

参考文献

[1] 谢鉴衡. 河流模拟[M]. 北京：水利电力出版社，1990.

[2] J F Thompson .Numerical Grid Generation[M] .North Holland，1982.

[3] Willemse J B T M. Solving the shallow ware equations with an orthogonal coordinate transformation[J]. Delft Hydraulics Communication，1986，356.

[4] 赵连军，江恩惠，张红武，等. 黄河铁谢至孙口河段洪水演进泥沙数学模型研究[R]. 郑州：黄委水利科学研究院，1998.

[5] 栗苏文，李荣. 分汊河段二维非恒定流场模拟[M] //李义天. 河流模拟理论与实践. 武汉：武汉水利电力大学出版社，1998.

[6] 汤立群. 河流及流域泥沙数学模型的研究及应用[D]. 南京：河海大学, 1999.

[7] 李保如，王恺忱，屈孟浩，等. 1982 年 8 月洪水调查报告[R]. 郑州：黄河水利委员会，1982.

第三篇　模型在黄河治理与开发中的应用

第二十章　黄河下游汛期洪水演进预测与实时作业预报

黄河下游洪水陡涨陡落，含沙量高，洪水期河床冲淤变化剧烈，同流量水位变幅很大，特别是，洪水漫滩以后，受滩区地貌、植被和其他建筑物的影响，滩地具有强大的滞洪沉沙作用，从而致使洪峰演进过程复杂，给下游汛期防洪决策带来了很大困难。因此，近十年来，我们采用开发研制的准二维水沙数学模型开展了大量汛期洪水演进预测计算或实时作业预报，为黄河下游防洪决策提供了科学的技术支撑。

第一节　1996 年汛期洪水演进预测

一、模型计算概况

模型计算初始地形条件采用 1995 年汛后实测大断面，对每个断面概化为 8～10 个子断面。模拟河段为花园口—高村，水沙过程采用“82・8”洪水花园口实测资料，出口边界条件采用 1996 年汛前高村水位流量关系控制。

二、“82・8”型洪水预测计算结果

图 20-1、图 20-2 分别为洪峰及沙峰演进的计算过程。因计算初始河道边界条件未考虑三门峡水库汛前排出的“小水大沙”洪水过程对河道造成严重淤积萎缩的影响，且“82・8”型洪水含沙量小、悬沙粒径细，洪水在下游河道演进的初期，河槽就受到冲刷，过洪能力增强，主流相对集中，洪峰由花园口到达夹河滩的历时为 16.75 h，这与文献[1]在相同河床边界及水沙条件下的实体模型试验结果 16.5 h 非常接近，比 1982 年洪水实际增长 7.75 h。洪峰由夹河滩—高村的演进时间与 1982 年实际情况相比也增长较多。

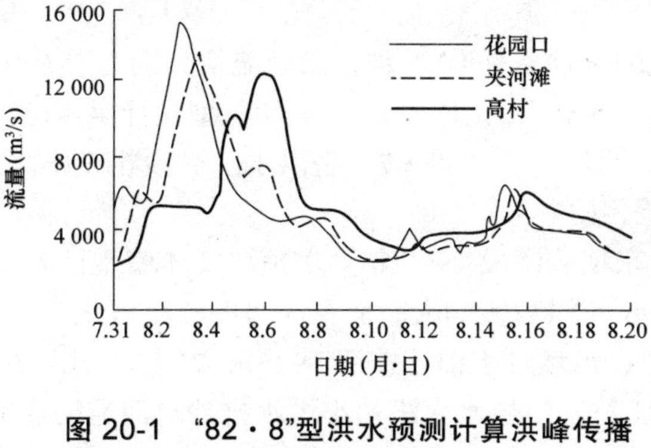

图 20-1　“82・8”型洪水预测计算洪峰传播

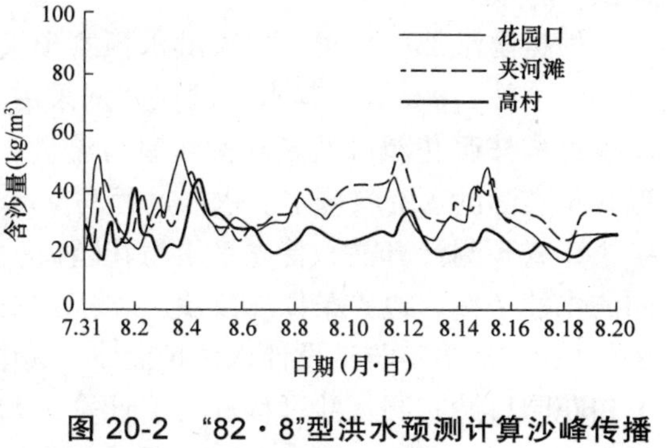

图 20-2　“82・8”型洪水预测计算沙峰传播

1995 年汛后，因黄河下游河道主槽萎缩特别严重，大洪水到来后，洪水必将很快漫滩

行洪，而现状滩地秋作物及其他植被枝繁叶茂，其滞洪削峰作用必定会明显增强，演进过程中峰型也会越来越胖。本次预测计算夹河滩站和高村站的最大洪峰流量分别为 14 000 m^3/s 及 12 400 m^3/s，均比 1982 年实测值小，与花园口流量相比，分别削减了 8.5%、19%。

由洪峰期沿程各站水位计算结果(图 20-3)查得花园口基本断面的洪水位为 95.6 m，比 1982 年高出 1 m 左右，夹河滩(二)站洪水位为 76.26 m，较 1982 年高出 0.84 m。计算的最终冲淤量为花园口—夹河滩河段冲淤量 0.34 亿 m^3，夹河滩—高村河段淤积量 0.73 亿 m^3。上述花园口—夹河滩河段各参数计算结果与文献[1]的试验结果基本一致。

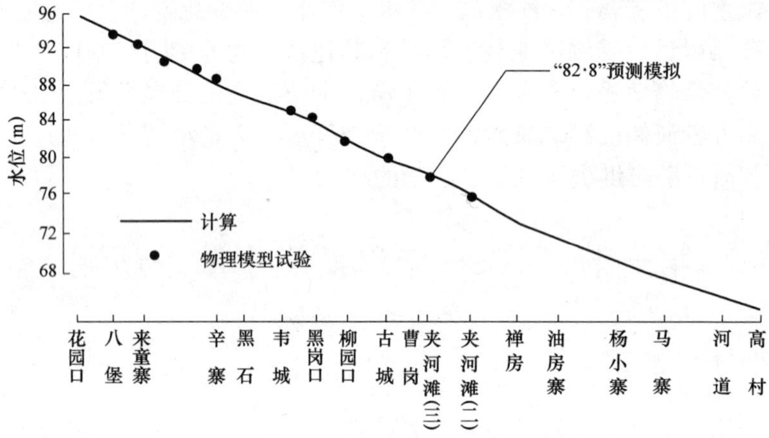

图 20-3 数学模型计算过程最高洪水位与实体模型试验结果的比较

第二节 1997 年汛期洪水演进预测

一、模型计算概况

根据 1997 年汛前黄河防汛会议精神和黄委会有关领导的部署，我们对当年汛期黄河下游可能出现的洪水进行了模拟预测，预报了花园口—高村这一重点防洪河段可能出现洪水的表现，并与花园口—东坝头河段实体模型试验结果相互补充、相互印证，为防汛决策提供参考依据。

根据防汛部门要求，本次洪水预测预报的水沙条件有 3 种，洪峰流量分别为 7 600、15 300、22 170 m^3/s，其水沙过程分别采用"96·8"型洪水、"82·8"型设计洪水(其含沙量过程按照花园口站多年输沙率与流量关系设计)、"58·7"型洪水。悬沙粗度根据最近几年实际洪水资料确定。水沙过程与文献❶相同。

正式预测计算前，首先采用与花园口—东坝头河段 1997 年洪水预演实体模型试验❶相同的水沙条件、边界条件(初始地形按照 1996 年汛后实测大断面及河势图资料概化，高村水位采用 1997 年防洪设计水位控制[2]。其中，每场洪水前还按照 1996 年 7 月 15 日～7 月下旬花园口站实测水沙过程进行了计算，以反映三门峡水库汛初小洪水排沙对河道的影响)

❶ 江恩惠，陈书奎，张红武. 1997 年汛期花园口至东坝头河段洪水预演试验报告. 1997.

进行了预计算，计算结果同模型试验情况非常接近，进一步说明了本数学模型的适用性。

正式预测计算的初始地形按照 1997 年汛前实测大断面、河势图等资料概化。尾部高村水位采用 1997 年防洪设计水位控制[2]。

二、数学模型计算与实体模型的比较

表 20-1 ~ 表 20-3 为数学模型计算的沿程最高洪水位、洪水传播时间、河段冲淤量与花园口—东坝头河段模型试验资料的比较结果，表明计算与试验结果接近，两者结合后确实可以起到相互补充、相互印证的作用。

表 20-1　沿程最高洪水位数学模型计算与实体模型试验结果比较　(单位：m)

测站	Q_{max}=7 600 m^3/s		Q_{max}=15 300 m^3/s		Q_{max}=22 170 m^3/s	
	数学模型计算值	实体模型试验值	数学模型计算值	实体模型试验值	数学模型计算值	实体模型试验值
花园口	94.87	94.90	95.41	95.40	95.53	95.45
双井	93.70	93.74	93.96	93.89	94.00	93.90
马渡	92.50	92.84	92.84	92.88	93.00	92.90
赵口	89.63	89.72	90.18	90.35	90.35	90.38
九堡	88.33	88.30	88.91	88.97	88.99	89.00
黑岗口	84.20	84.25	84.48	84.45	84.70	84.53
曹岗	78.54	78.60	78.89	78.85	79.25	79.18
夹河滩(三)	78.36	78.40	78.68	78.74	79.04	79.06

表 20-2　洪水传播时间数学模型计算与实体模型试验结果的比较　(单位：h)

组次	数学模型计算值	实体模型试验值
Q_{max}=7 600 m^3/s	35.25	34.28
Q_{max}=15 300 m^3/s	22.00	19.72
Q_{max}=22 170 m^3/s	18.75	18.50

注：取花园口—夹河滩河段为模型。

表 20-3　河段冲淤量数学模型计算与实体模型试验结果的比较　(单位：亿 m^3)

组次	数学模型计算值	实体模型试验值
Q_{max} = 7 600 m^3/s	1.70	1.50
Q_{max} =15 300 m^3/s	0.65	0.50
Q_{max} =22 170 m^3/s	0.50	0.46

注：河段取花园口—夹河滩河段。

三、洪峰流量为 7 600 m^3/s 的 1997 年汛期洪水预测结果

将“96 · 8”型洪水水沙过程和 1997 年汛前地形及高村水位输入后，即可预测 1997 年

汛前现状地形条件下出现"96·8"型洪水后花园口—高村河段的洪水表现。表 20-4 列举了沿程各测站峰前不同流量级洪水位及洪峰期最高洪水位值。由于数模计算未考虑洪水前三门峡水库出现小洪水排沙现象，因此花园口—夹河滩河段洪水位预测值普遍较"96·8"洪水低 0.12～0.50 m。其中，花园口、夹河滩(三)站最高洪水位为 94.48、78.01 m，较"96·8"洪水实测值分别低 0.25、0.33 m。而夹河滩—高村河段因汛前地形回淤较多，个别测站水位表现较高，其中石头庄水位为 69.28 m，较"96·8"洪水实测值高 0.24 m。

表 20-4　洪峰流量为 7 600 m^3/s 的洪水峰前及最高洪水位计算结果　(单位：m)

测站	Q=3 000 m^3/s	Q=4 000 m^3/s	Q=5 000 m^3/s	最高洪水位
花园口	93.61	93.96	94.09	94.48
双井	92.43	92.65	92.86	93.29
马渡	91.56	91.73	91.86	92.18
赵口	88.52	88.69	88.83	89.12
九堡	87.22	87.36	87.48	87.85
黑岗口	82.91	83.25	83.47	83.80
古城	78.74	78.98	79.18	79.50
曹岗	77.48	77.69	77.88	78.21
夹河滩(三)	77.23	77.46	77.65	78.01
禅房	73.29	73.44	73.56	73.80
大留寺	70.47	70.74	70.95	71.10
石头庄	68.72	68.97	69.16	69.28
于林	66.33	66.64	66.80	67.17

图 20-4 为该河段主要测站流量传播过程。表 20-5 列举了该图对应测站的最大洪峰流量。当洪水漫滩后，因滩地的滞蓄与分流作用，洪峰流量沿程均有不同程度的削减，洪峰传播至夹河滩(三)站及高村站的流量分别为 7 050、6 150 m^3/s，同花园口流量相比分别削减了 7%与 19%。

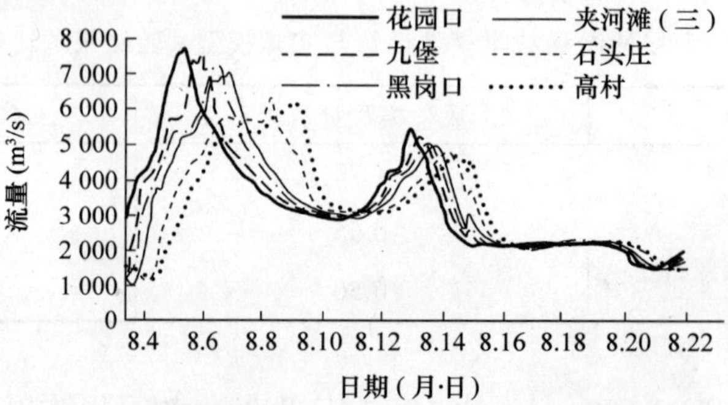

图 20-4　洪峰流量为 7 600 m^3/s 的流量传播过程

表 20-5　沿程最大洪峰流量　　(单位：m^3/s)

测站	Q_{max} =7 600 m^3/s	Q_{max} =15 300 m^3/s	Q_{max} =22 170 m^3/s
花园口	7 600	15 300	22 170
九堡	7 500	15 100	21 700
黑岗口	7 300	14 600	19 900
夹河滩(三)	7 050	14 300	19 400
石头庄	6 350	13 500	17 700
高村	6 150	12 300	16 000

图 20-5 为花园口、夹河滩站水位过程线。花园口—夹河滩(三)站的洪峰传播时间约为 30 h，与“96・8”洪水比较接近，夹河滩(三)至高村站的洪峰传播时间为 54.8 h，较“96・8”洪水缩短 20 多小时。

图 20-6 为计算河段沙峰传播过程图，由此可求出各测站最大含沙量结果(见表 20-6)。洪水过后，整个河段均发生淤积。由洪水前后计算断面对比可知，花园口—夹河滩(三)站之间淤积 0.70 亿 m^3，夹河滩(三)站—高村河段淤积 0.61 亿 m^3，且大量泥沙落淤在滩地。

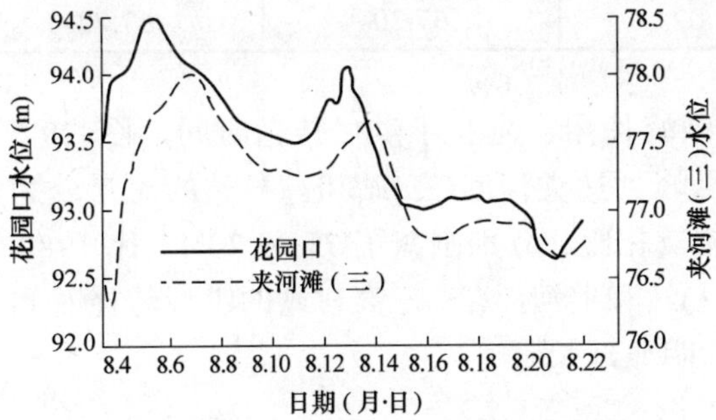

图 20-5　洪峰流量为 7 600 m^3/s 的洪水位过程线

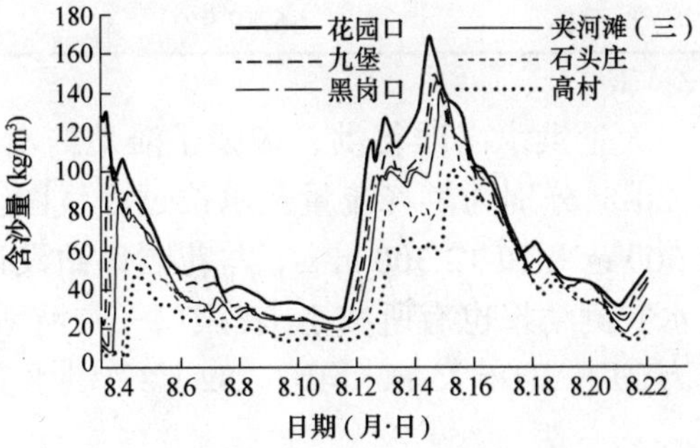

图 20-6　洪峰流量为 7 600 m^3/s 的含沙量传播过程

表 20-6　沿程最大含沙量　　(单位：kg/m^3)

测站	Q_{max} =7 600 m^3/s	Q_{max} =15 300 m^3/s	Q_{max} =22 170 m^3/s
花园口	168	113	141
九堡	149	120	146
黑岗口	146	115	136
夹河滩(三)	141	120	143
石头庄	126	121	152
高村	101	110	142

四、洪峰流量为 15 300 m^3/s 的洪水预测结果

因 1997 年下游河道汛前河槽较小，再加上对应的设计含沙量过程明显比“82・8”洪水偏大，洪水位普遍表现较高(见表 20-7)。花园口、夹河滩(三)站最高洪水位为 95.07、78.55 m，比 1982 年洪水实测水位分别高出 1.08、1.03 m。

表 20-7 洪峰流量为 15 300 m^3/s 的洪水峰前水位及最高水位计算结果 (单位：m)

测站	Q =6 000 m^3/s	Q =8 000 m^3/s	Q =10 000 m^3/s	最高洪水位
花园口	94.23	94.49	94.70	95.07
双井	93.05	93.27	93.47	93.79
马渡	91.92	92.12	92.30	92.60
赵口	89.00	89.18	89.35	89.68
九堡	87.71	87.90	88.07	88.49
黑岗口	83.56	83.75	83.92	84.30
古城	79.28	79.50	79.70	80.15
曹岗	77.96	78.24	78.48	78.68
夹河滩(三)	77.73	78.05	78.31	78.55
禅房	73.64	73.86	73.96	74.31
大留寺	71.06	71.26	71.43	71.66
石头庄	69.23	69.36	69.47	69.80
于林	66.89	67.02	67.20	67.72

大量洪水漫滩行洪，增强了滩地的滞洪削峰作用，延长了洪峰传播时间。图 20-7、图 20-8 分别为洪峰流量及水位过程线图。洪峰到达夹河滩(三)站和高村站的流量分别为 14 300 m^3/s 和 12 300 m^3/s，与花园口站设计流量相比，分别削减了 7%和 20%，比 1982 年洪水实测结果也有所减小。花园口—夹河滩(三)站和夹河滩(三)—高村站的洪峰传播时间分别为 21 h 和 30.75 h，均比“82・8”洪水实际明显延长。

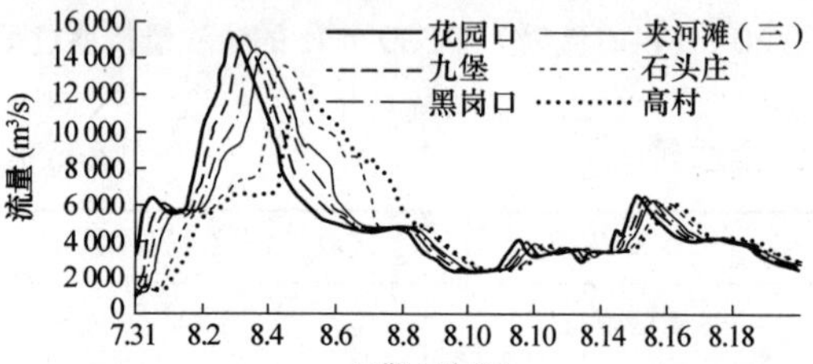

图 20-7 洪峰流量为 15 300 m^3/s 的流量传播过程

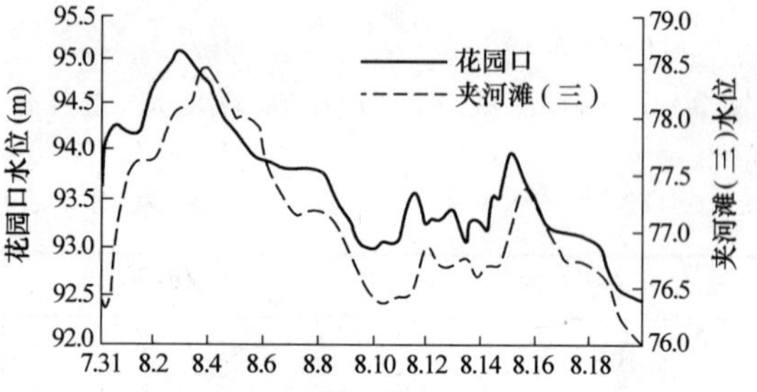

图 20-8 洪峰流量为 15 300 m^3/s 的洪水位过程线

图 20-9 为该河段沙峰传播过程，在表 20-6 中列出了相应的最大含沙量。在整个计算河段内，槽冲滩淤特性表现明显，滩地淤积量大于主槽冲刷量，因而河床还是出现了淤积。其中花园口—夹河滩(三)河段淤积泥沙 0.21 亿 m^3，夹河滩(三)—高村河段淤积 0.38 亿 m^3。

五、洪峰流量为 22 170 m^3/s 的洪水预测结果

近几年河道淤积严重，该场洪水峰高量大，洪峰期水位仍表现较高(见表 20-8)，花园口、夹河滩(三)站水位分别为 95.34、78.81 m，较当年实测值分别高出 1.52、2.39 m，沿程也普遍比当年实测值偏高较多。

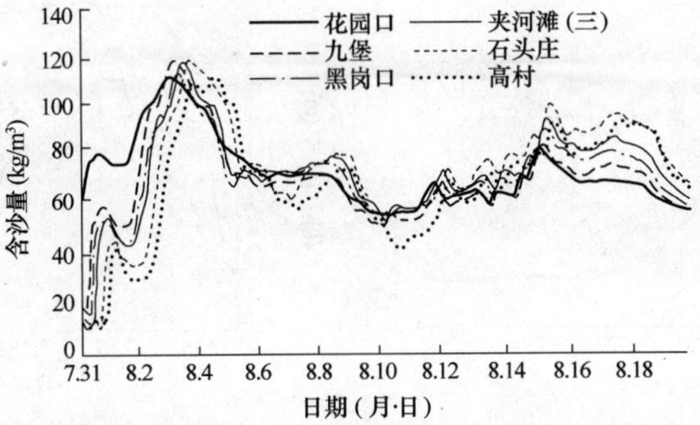

图 20-9　洪峰流量为 15 300 m^3/s 的含沙量传播过程

表 20-8　洪峰流量为 22 170 m^3/s 的洪水峰前水位及最高洪水位计算结果　　(单位：m)

测站	Q=9 000 m^3/s	Q=12 000 m^3/s	Q=14 000 m^3/s	最高洪水位
花园口	94.56	94.75	94.91	95.34
双井	93.34	93.50	93.62	94.03
马渡	92.17	92.33	92.45	92.85
赵口	89.27	89.48	89.59	90.00
九堡	88.02	88.24	88.34	88.80
黑岗口	83.80	83.95	84.09	84.60
古城	79.56	79.74	79.87	80.46
曹岗	78.37	78.55	78.65	78.98
夹河滩(三)	78.20	78.40	78.51	78.81
禅房	73.90	74.09	74.24	74.53
大留寺	71.30	71.50	71.65	71.92
石头庄	69.40	69.71	69.84	70.16
丁林	67.12	67.55	67.83	68.10

由于洪水期洪水位整体表现较高，洪水漫滩后，势必造成滩区大量滞蓄洪水，洪峰削减作用增强(见表 20-5)。洪峰流量由花园口传播至夹河滩(三)站削减为 19 400 m^3/s，减小了 12.5%，到达高村时仅有 16 000 m^3/s，为花园口流量的 72.2%。比 1958 年实测 17 900 m^3/s 减小 1 900 m^3/s。

图 20-10、图 20-11 为流量传播过程图及洪水位过程线。洪峰由花园口站传播至夹河滩(三)站的时间为 18 h，由夹河滩(三)站至高村站的洪峰传播时间 23 h，均比 1958 年实测增长 10 h 左右。

洪水期间，全河段主槽均发生了一定程度的冲刷，而漫滩洪水挟带的大量泥沙又在滩地落淤。图 20-12 为计算河段沙峰传播过程。由于水沙条件采用的花园口悬沙中径为 0.02 mm，比 1958 年实际偏细，使得花园口—夹河滩(三)河段冲刷 0.06 亿 m^3，而夹河滩(三)—高村河段淤积 0.48 亿 m^3。

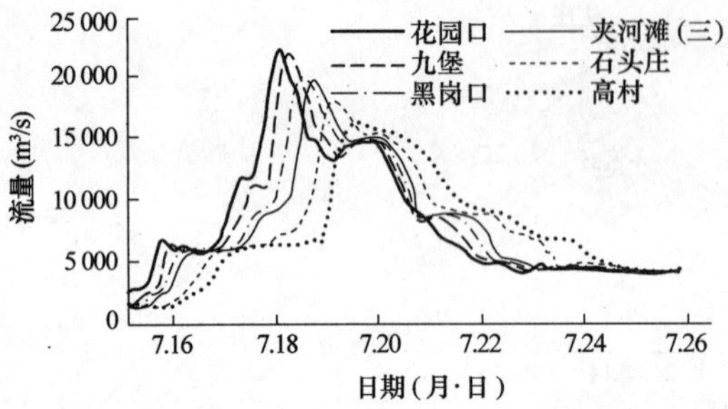

图 20-10 洪峰流量为 22 700 m^3/s 的流量传播过程

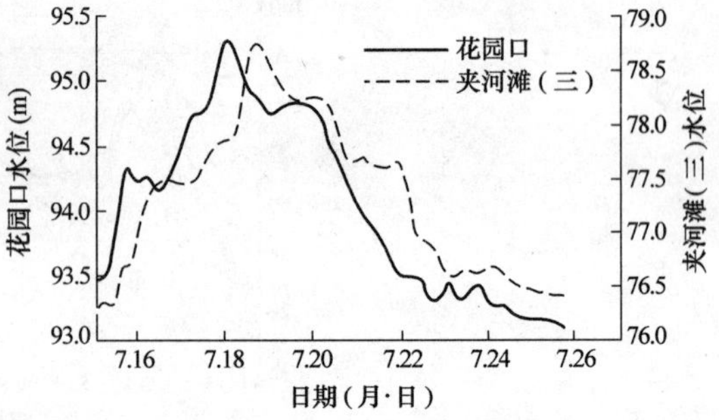

图 20-11 洪峰流量为 22 700 m^3/s 的洪水位过程

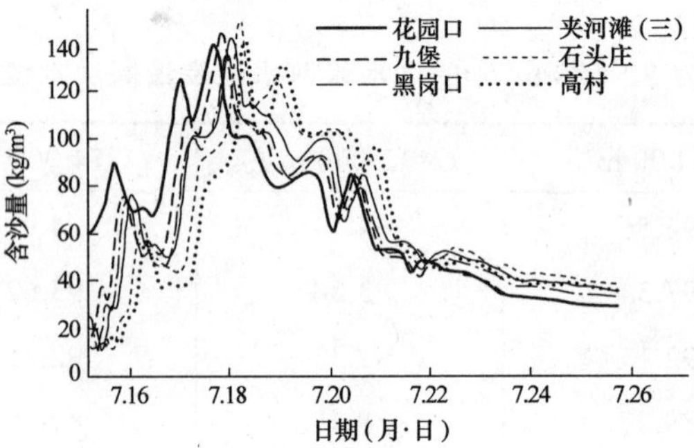

图 20-12 洪峰流量为 22 700 m^3/s 的含沙量传播过程

六、洪水演进预测结果可靠性评估

自 1986 年以后，黄河下游出现了长达近二十年的枯水少沙系列，主河槽淤积严重，河床高程明显升高，平滩流量减小，主槽排洪能力降低，河道横比降加大，“二级悬河”形势逐步加剧。由上述 3 种典型洪水的计算结果可知，洪水到来后必将大量漫滩行洪，滩地行洪水量显著增加，加之滩区情况极为复杂，大量洪水将长时间蓄滞于二滩或高滩，洪水位必将异常偏高。又因滩地植被茂盛，道路、生产堤纵横交错，糙率明显大于主槽，也因此加大了滩区吞吐水量的能力，因而尽管主槽流速并没有减小，却使得洪水的峰现时间仍大为延长，高水位持续时间也明显增长，洪峰也在沿途传播的过程中发生较大的变形和削减。同时，由上述计算结果也可看出，不同的水沙组合同一流量级下的洪水水位及水沙演进特性与河床冲淤演变定量上也有一定的区别，更增加了黄河下游洪水演进预报的复杂性。由此可见，现状河道边界条件下下游河道洪水演进状况对防洪安全极为不利。

1997 年 8 月，黄河花园口站发生了洪峰流量为 3 860 m^3/s 的洪水，对应洪水位为 93.93 m，涨峰期 3 000 m^3/s 时洪水位为 93.62 m；洪水演进至夹河滩站时洪峰流量为 3 090 m^3/s，对应洪水位为 77.22 m，涨峰期 3 000 m^3/s 时洪水位为 77.18 m。

采用表 20-4 中数据可内插出模型预测流量为 3 860 m^3/s 时花园口水位为 93.91 m，流量为 3 090 m^3/s 时夹河滩水位为 77.24 m。

1997 年汛前模型预测水位与 1997 年汛期实测水位对比可知，前者花园口水位仅偏低 0.01 ~ 0.02 m，夹河滩水位仅偏高 0.02 ~ 0.04 m，模型计算精度较高，能够满足黄河下游汛期防洪预报的要求。

第三节　1998 年汛期洪水演进预测

一、模型计算概况

根据黄委会领导 1998 年汛前指示精神和专家组的建议，我们在 1998 年汛期洪水到来之前开展了洪峰流量分别为 7 340 m^3/s 和 15 300 m^3/s 两场洪水的预测计算。两组洪水的流量、含沙量过程与文献[3]中实体模型试验水沙过程相同。预测计算河段为花园口—孙口河段。

模型计算初始地形根据 1998 年汛前实测大断面资料概化。为保证数学模型准确计算孙口断面的水位变化过程，将计算河段延长到孙口下游 26.18 km 的邵庄断面。末端水位采用邵庄断面 1998 年黄委会防汛办公室提供的防洪设计水位控制[4]。

二、洪峰流量为 7 340 m^3/s 的洪水预测结果

随着小浪底水利工程的截流，水库已经具备了一定的滞洪能力。专家组决定选用峰形较胖的 1968 年 10 月 7~27 日花园口站实测流量过程作为第一组洪水预测计算的进口水流条件，其含沙量过程按照花园口站多年输沙率和流量关系设计，悬沙中值粒径为 0.016 ~ 0.02 mm。

表 20-9 列举了计算河段沿程各测站主要水文要素预测计算结果，花园口、夹河滩、高村、孙口最高洪水位分别为 94.45、78.21、63.85、49.30 m，与“96・8”洪水位相比分别偏低 0.28、0.13、0.02、0.36 m，沿程各测站水位与“96・8”洪水位相比有高有低(见表 20-10)。

表 20-9　洪峰流量为 7 340 m^3/s 的洪水预测主要水文要素计算

测站	花园口	夹河滩	高村	孙口
洪峰流量(m^3/s)	7 340	6 830	5 900	5 610
洪峰传播时间(h)	28.25	72.5	91	
冲淤量(亿 m^3)	+0.2	+0.07	+0.21	

表20-10　洪峰流量为7 340 m^3/s的洪水沿程水位预测结果　（单位：m）

测站	涨峰期 Q=3 500 m^3/s	涨峰期 Q=4 500 m^3/s	最高洪水位
花园口	94.00	94.12	94.45
双井	92.94	93.24	93.50
赵口	88.86	89.07	89.40
九堡	87.60	87.79	88.11
黑岗口	83.50	83.70	84.11
古城	79.42	79.60	79.74
曹岗	78.00	78.21	78.38
夹河滩(三)	77.55	77.92	78.21

续表 20-10

测站	涨峰期 Q=3 500 m³/s	涨峰期 Q=4 500 m³/s	最高洪水位
禅房	73.39	73.56	73.98
大留寺	71.22	71.36	71.57
石头庄	69.22	69.36	69.55
于林	66.70	66.82	67.02
高村	63.46	63.57	63.85
南上延	62.84	62.95	63.25
连山寺	60.33	60.45	60.76
彭楼	56.73	56.96	57.25
韩胡同	50.87	51.06	51.37
梁路口	49.20	49.38	49.58
孙口	48.68	48.93	49.30

图 20-13 为沿程主要水文站洪峰流量传播过程。洪水漫滩后，滩地削峰滞洪作用明显，到达夹河滩、高村、孙口时，洪峰流量分别削减了 7.0%、20.0%、24.0%，同时由于滩地的蓄水滞洪作用，洪水传播速度也明显减慢，其中洪峰由花园口传播到孙口的时间为 191.75 h，比洪峰正常传播时间明显加长，但与含沙量偏丰及汛前有小洪水排高含沙的“96 · 8”洪水的传播时间 226 h 相比，缩短了 34.25 h。

图 20-14 为沿程主要测站含沙量传播过程，因该场洪水含沙量为一般含沙量过程，河道淤积不大，花园口—孙口河段共淤积 0.48 亿 m³。

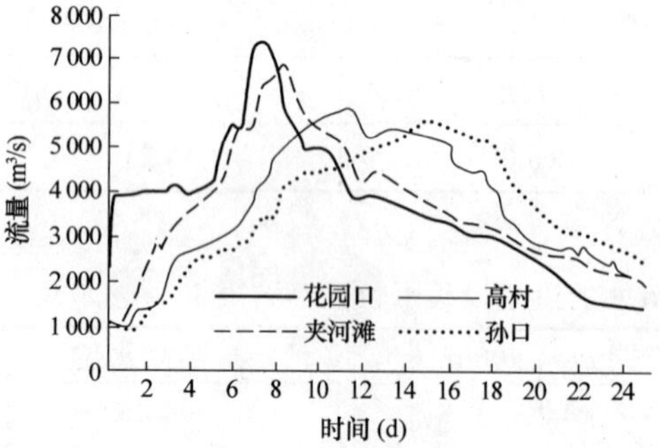

图 20-13 洪峰流量为 7 340 m³/s 的洪水流量过程

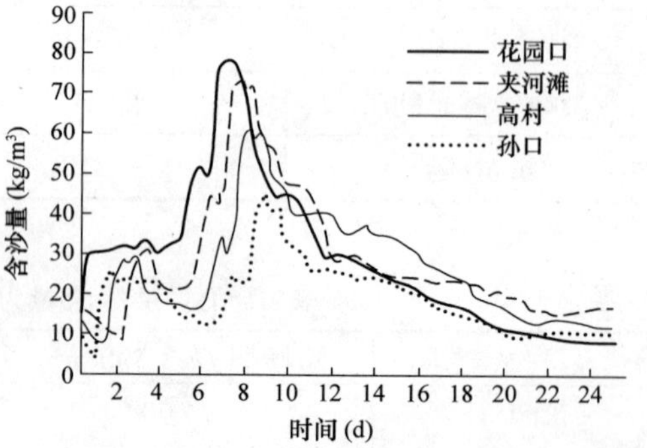

图 20-14 洪峰流量为 7 340 m³/s 的洪水含沙量过程

三、洪峰流量为 15 300 m³/s 的洪水预测结果

本组次计算进口流量、含沙量过程采用“82 · 8”洪水实测过程，悬沙级配采用近年来黄河下游悬沙级配控制。表 20-11 列举了沿程主要测站峰前不同流量级水位及洪峰期最高洪水位。花园口、夹河滩、高村最高洪水位分别为 95.25、78.56、64.39 m。

表 20-11　洪峰流量为 15 300 m^3/s 的洪水沿程水位预测计算结果　（单位：m）

测站	涨峰期 Q=6 000 m^3/s	涨峰期 Q=8 000 m^3/s	最高洪水位
花园口	94.27	94.56	95.25
双井	93.04	93.29	93.78
赵口	89.16	89.42	89.84
九堡	87.88	88.15	88.57
黑岗口	83.90	84.16	84.69
古城	79.62	79.81	80.16
曹岗	78.24	78.54	78.82
夹河滩(三)	77.96	78.27	78.56
禅房	73.92	74.18	74.72
大留寺	71.37	71.65	72.11
石头庄	69.43	69.68	70.17
于林	66.98	67.22	67.69
高村	63.83	64.10	64.39
南上延	63.29	63.43	63.88
连山寺	60.55	60.98	61.32
彭楼	57.25	57.64	57.95
韩胡同	51.37	51.65	51.85
梁路口	49.75	50.10	50.28
孙口	49.17	49.55	49.71

在洪水的演进过程中，洪峰流量沿程也发生了一定程度的削减(见表 20-12)，与花园口流量相比，洪峰传播到夹河滩、高村、孙口分别削减了 7%、21%、41%。图 20-15 为沿程水文站洪峰传播过程，计算的洪峰由花园口传播到孙口的时间为 107 h。

表 20-12　洪峰流量为 15 300 m^3/s 的洪水预测主要水文要素计算

测站	花园口	夹河滩	高村	孙口
洪峰流量(m^3/s)	15 300	14 260	12 130	9 060
洪峰传播时间(h)	21	30	56	
冲淤量(亿 m^3)	–0.41	–0.03	+0.12	

因该场洪水含沙量较小，整个计算河段内，槽冲滩淤现象十分明显。图 20-16 为含沙量传播过程计算结果。花园口—夹河滩河段发生了一定程度的冲刷，而高村—孙口河段略有淤积，整个计算河段内共冲刷 0.32 亿 m^3。

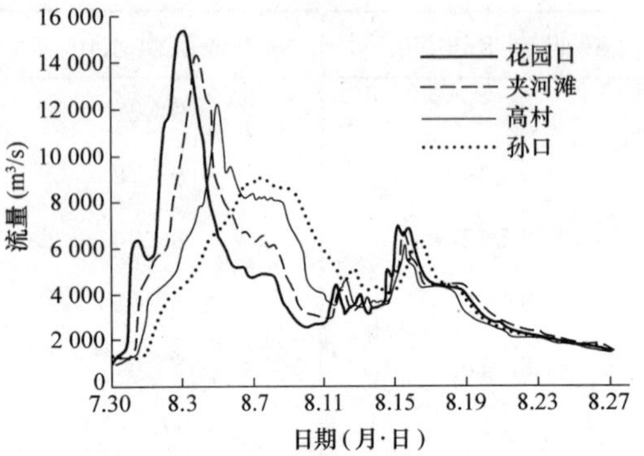

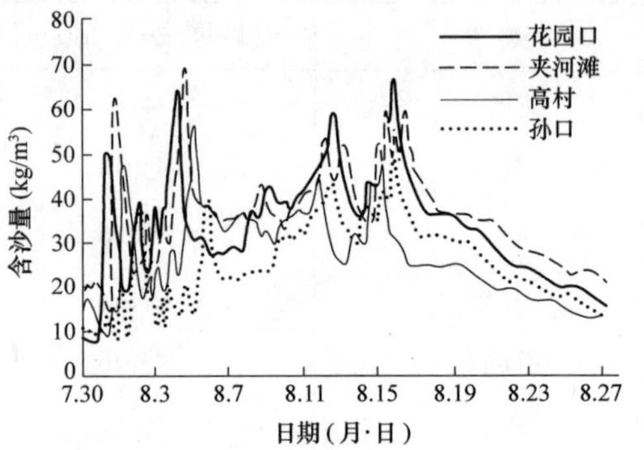

图 20-15　洪峰流量为 15 300 m^3/s 的洪水流量过程　图 20-16　洪峰流量为 15 300 m^3/s 的洪水含沙量过程

第四节　1998 年汛期洪水演进实时作业预报

一、实时作业预报计算概况

1997 年汛期洪水位预测计算成功后，该数学模型受到了有关部门的高度重视，并组织参加 1998 年汛期黄河下游河道洪水演进实时作业预报计算。模型计算的初始地形采用 1998 年汛前实测大断面控制，计算河段为花园口—邵庄，出口边界条件采用邵庄 1998 年汛期设计水位流量关系控制[4]。

1998 年 7 月上旬，黄河中游地区普降中到大雨。7 月 12 日山陕区间北部出现局部暴雨，黄河干支流分别涨水，并通过三门峡库区和小浪底水库围堰的调洪，加之三花区间来水的汇合，于 7 月 16 日 13 时形成花园口第 1 号洪峰[5]，洪峰流量为 4 700 m^3/s。

二、模型实时作业预报结果

当花园口洪峰出现后，该模型立即投入了紧张的实时作业预报工作。当时小浪底水库正在建设过程中，受其影响，通过三门峡水库调度后演进到花园口的落峰期流量、含沙量过程很难准确预测。而水动力学数学模型预测计算的沿程流量与洪水位时间是统一的。因此，必须给出花园口落峰过程，才能计算出下游各站的洪峰流量、峰现时间、洪水位等要素。为此，我们参照花园口站历史资料拟定了一个落峰流量、含沙量过程线，从时间序列上补齐了实时作业首次预报的进口边界条件。并采用天然河道最新测报资料修正落峰过程，分别于 7 月 17 日 8 时、7 月 18 日 8 时开展了两次实时修正预报。每次预报拟定的花园口流量过程与实测过程对比结果汇于图 20-17。实时预报主要洪水要素结果列于表 20-13。

实时预报结果与天然实测结果对比可知，花园口站落峰过程的拟定精度对其下游河道洪水演进过程预报精度有直接影响，它不仅影响下游站洪峰流量，对沿程水位表现、洪水传播过程、河道冲淤等影响也比较明显，且越往下游，影响越大。一般若拟定的落峰偏胖，往往造成下游各测站洪峰流量偏大。洪峰流量的预报值偏大或偏小又会直接影响最高洪水位预报值的偏高或偏低。

表 20-13　1998 年汛期洪水实时作业预报主要洪水要素计算

测站	7 月 16 日 15 时预报			7 月 17 日 8 时预报			7 月 18 日 8 时预报			实测结果		
	洪峰流量(m^3/s)	最高洪水位(m)	洪水传播时间(h)	洪峰流量(m^3/s)	最高洪水位(m)	洪水传播时间(h)	洪峰流量(m^3/s)	最高洪水位(m)	洪水传播时间(h)	洪峰流量(m^3/s)	最高洪水位(m)	洪水传播时间(h)
夹河滩	4 550	77.70	23	4 150	77.80	22	4 070	77.69	20	4 050	77.79	19
高村	4 110	63.72	51	3 632	63.59	50	3 210	63.47	49	3 020	63.40	49
孙口	3 650	48.70	104	3 030	48.46	115	2 620	48.50	93	2 600	48.52	80

从实时预报结果看，7 月 16 日 15 时首次预报成果，因落峰过程拟定值比后来的天然实测结果偏胖较多，导致夹河滩、高村与孙口洪峰流量预报值不同程度的略有偏大，与之相应，水位也有些偏高；但随着 7 月 17 日和 7 月 18 日花园口入口站落峰过程根据实测过程的不断修正，高村与孙口两站预报的洪峰流量与天然情况越来越接近，洪水位的预报误差也越来越小，预报精度越来越高。

在实时作业预报过程中，我们发现，当时条件下夹河滩—孙口河段的平滩流量较小，部分洪水漫二滩行洪。而该场洪水洪量不大，受滩地滞洪的影响，下游测站洪峰被逐渐削平，最大洪峰流量表现很不明显，如 7 月 18 日 8 时预报的孙口洪水过程，2 500 m^3/s 左右流量持续时间近 4 天(见图 20-18)，这一结果与天然实测情况非常相似。

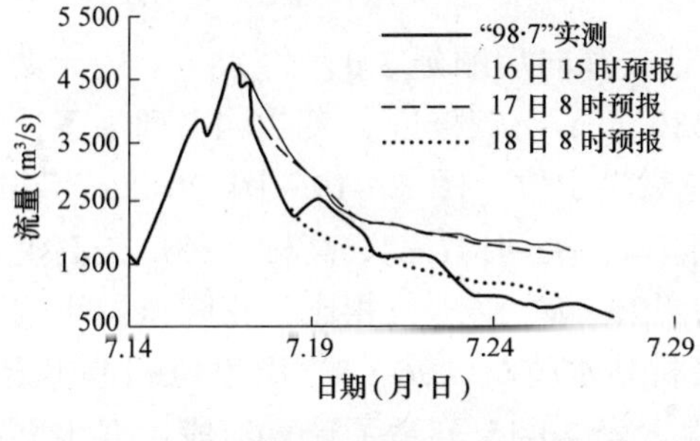

图 20-17　1998 年实时预报拟定花园口流量过程

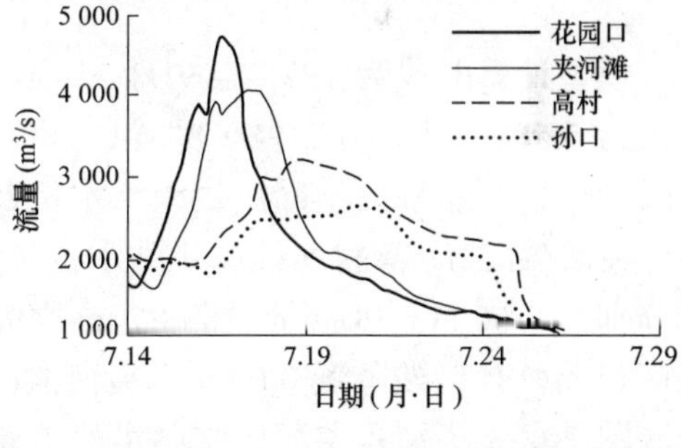

图 20-18　7 月 18 日 8 时预报流量传播过程

黄河下游河道洪水演进过程，不仅与进口的水沙过程有关，而且受实际边界条件影响也非常大。进入汛期后，由于受人类活动影响，部分生产堤扒堵频繁，边界条件变化无常，致使在洪水流量不大的情况下，就有部分洪水漫滩行洪，被蓄滞在滩地上，大大削减了洪峰。而生产堤破口情况如果不能在实时演进预报作业期间及时得到，对洪峰流量预报结果将会有重要影响。此外，洪水期沿程引水(“98・7”洪水到来之前，黄河下游两岸较为干旱)及实时防洪抢险等对洪水演进过程也会有一定的影响。

从黄河下游河道防汛角度看，该模型预报速度很快，预报结果符合实际，且可随时修正及时预测洪水演进过程中出现的一些特殊现象，为防洪决策提供可靠的参考数据，预报精度完全能够满足防洪调度要求。

第五节　1999 年汛期洪水演进预测

一、模型计算概况

1999 年是我国历史上极为重要的一年，澳门回归祖国和建国五十年庆典举世瞩目，党中央国务院及国家防汛抗旱总指挥部办公室对当年黄河防汛工作提出了更高的要求。同年 6 月，国家主席江泽民、国务院副总理温家宝等国家领导人亲自考察黄河，并做了重要指示，为此黄委会有关领导做了重要部署，要求我们采用“黄河下游洪水演进预报数学模型”，对当年汛期可能出现的洪水进行模拟预报。

根据黄河防汛部门要求，本次洪水预报计算水沙条件有 3 类，洪峰流量为 7 580 m^3/s 的“75 年”型洪水、洪峰流量为 15 000 m^3/s 的“54 年”型洪水、洪峰流量为 22 300 m^3/s 的“58 年”型洪水；流量过程采用当年花园口(秦厂)站实测洪水过程，其中“75 年”型洪水与“54 年”型洪水含沙量过程参照花园口站多年平均输沙率与流量关系设计，“58 年”型洪水含沙量过程采用当年实测含沙量结果。悬沙粗度根据最近几年实际洪水资料确定，具体水沙条件设计见文献[6]、[7]。

模型预测计算河段为花园口—邵庄，洪水预报计算初始地形条件按照 1999 年汛前花园口—邵庄实测大断面控制，并对每一个大断面概化为 12 ~ 15 个子断面。初始床沙组成按近几年花园口、夹河滩、高村、孙口断面的实测资料平均值内插或外延求得，并对个别断面根据实际情况略加调整。末端水位采用 1997 年邵庄设计水位流量关系控制[8]。

二、洪峰流量为 7 580 m^3/s 的洪水演进预测计算结果

模型计算时段为 1975 年 9 月 28 日~10 月 22 日，并向后顺延 3 d，共 28 d，最大洪峰流量为 7 580 m^3/s，与“96 · 8”洪水洪峰流量 7 680 m^3/s 比较接近。表 20-14 列举了计算河段沿程各测站峰前不同流量级洪水位及洪峰期最高洪水位，图 20-19 ~ 图 20-22 为花园口、夹河滩(三)、高村、孙口 4 站水位过程线。花园口、夹河滩(三)、高村、孙口最高洪水位分别为 94.6 m、78.36 m、63.87 m、49.57 m，与“96 · 8”洪水位相比，花园口站水位降低 0.13 m，孙口站降低 0.09 m，夹河滩(三)站与高村站水位与“96 · 8”洪水位相差不大。

图 20-23 为沿程主要水文站洪峰流量传播过程，表 20-15 列举了计算河段主要水文站水文要素预报计算结果，由此可以看出，洪水漫滩后，滩地削峰滞洪作用明显，洪峰传播至夹河滩(三)、高村、孙口时分别削减了 3%、13.2%、21.8%。同时，由于滩地植被茂盛，糙率及蓄水滞洪作用均非常大，洪水演进速度明显减慢，其中洪峰由花园口传播至孙口的时间为 209.3 h，比正常洪峰传播时间明显加长很多，但与“96 · 8”洪水的传播时间 226 h 相比，缩短了 16.7 h，同时峰型在沿程传播的过程中也逐渐变得更为肥胖，花园口站大于 5 000 m^3/s 的流量持续时间为 154.2 h，而传播至孙口，增加至 333.2 h，且最大洪峰流量变得很不明显，致使山东河道高水位长时间居高不下，孙口站高于 49.20 m 的水位持续时间长达 415.3 h，因此防洪形势十分严峻。

图 20-24 为计算河段主要测站含沙量传播过程图，因该场洪水含沙量为一般含沙量过程，河道淤积不太严重，花园口—孙口河段总淤积量为 0.28 亿 m^3，其中淤积主要发生在

花园口—高村河段，淤积泥沙 0.44 亿 m^3，而高村—孙口河段河道冲刷 0.16 亿 m^3。

表 20-14　洪峰流量为 7 580 m^3/s 洪水沿程峰前不同流量级洪水位及最高洪水位　（单位：m）

测站	涨峰期 Q =3 500 m^3/s	涨峰期 Q =4 500 m^3/s	最高洪水位
花园口	93.99	94.12	94.6
双井	92.79	93.02	93.48
马渡	91.82	92.08	92.58
赵口	88.95	89.13	89.52
辛寨	87.66	87.79	88.18
大张庄	84.09	84.3	84.87
黑岗口	83.31	83.57	84.11
古城	78.86	79.27	79.79
曹岗	78.11	78.35	78.48
夹河滩(三)	77.62	77.86	78.36
禅房	73.32	73.54	73.96
大留寺	71.26	71.39	71.6
石头庄	69.19	69.39	69.57
于林	66.55	66.75	67.04
高村	63.42	63.64	63.87
南小堤	62.93	63.13	63.36
连山寺	60.35	60.48	60.8
彭楼	56.55	56.72	57
韩胡同	50.86	51.07	51.45
梁路口	49.12	49.32	49.72
孙口	48.65	49.07	49.57

表 20-15　洪峰流量 7 580 m^3/s 洪水预报主要水文要素计算

测站	花园口	夹河滩(三)	高村	孙口
洪峰流量(m^3/s)	7 580	7 360	6 580	5 930
洪峰传播时间(h)	32.8	72.4		104.1
冲淤量(亿 m^3)	0.15	0.29		–0.16

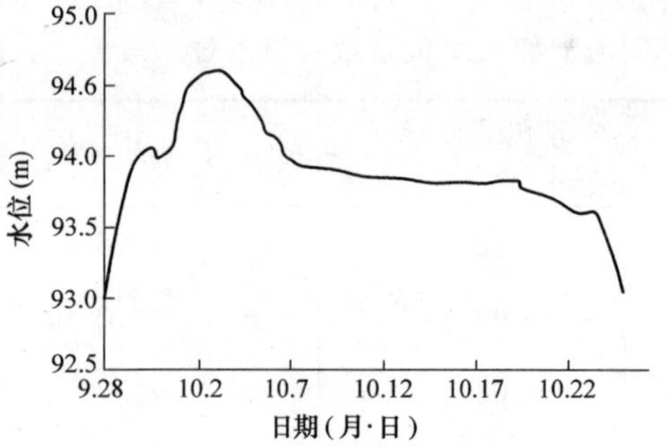

图 20-19　7 580 m^3/s 洪水花园口水位过程

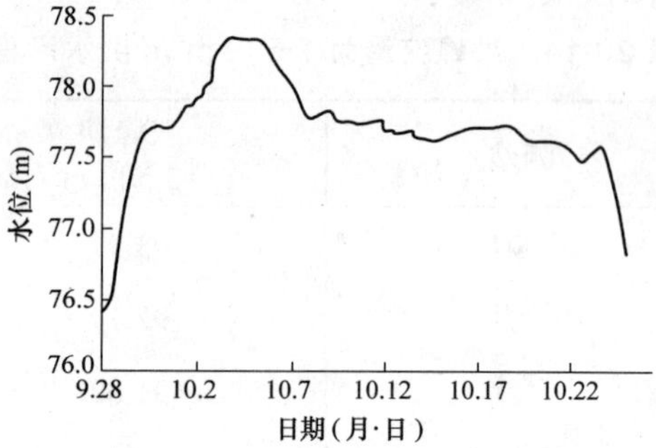

图 20-20　7 580 m^3/s 洪水夹河滩(三)水位过程

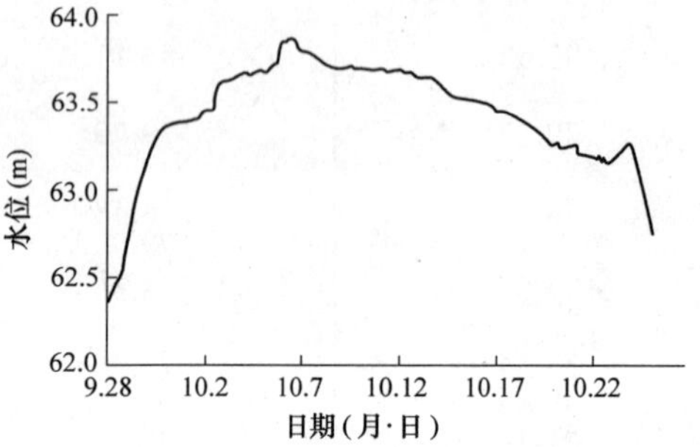

图 20-21　7 580 m^3/s 洪水高村水位过程

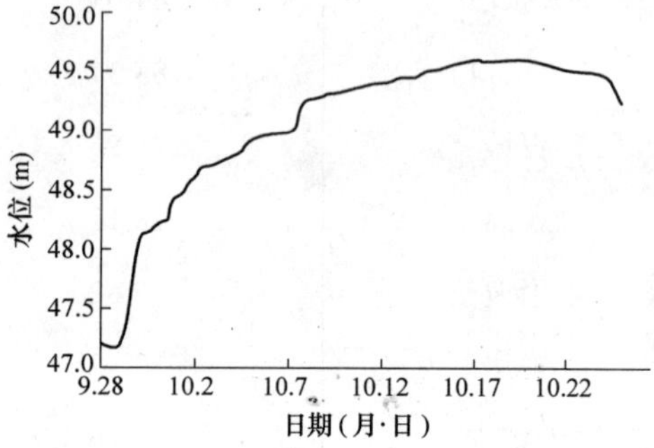

图 20-22　7 580 m^3/s 洪水孙口水位过程

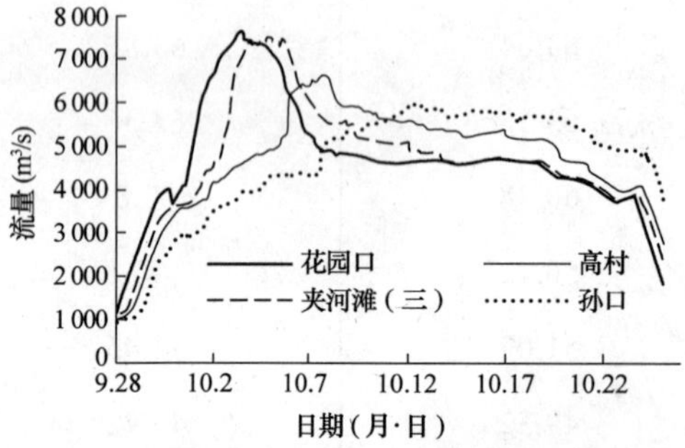

图 20-23　7 580 m^3/s 洪水流量过程

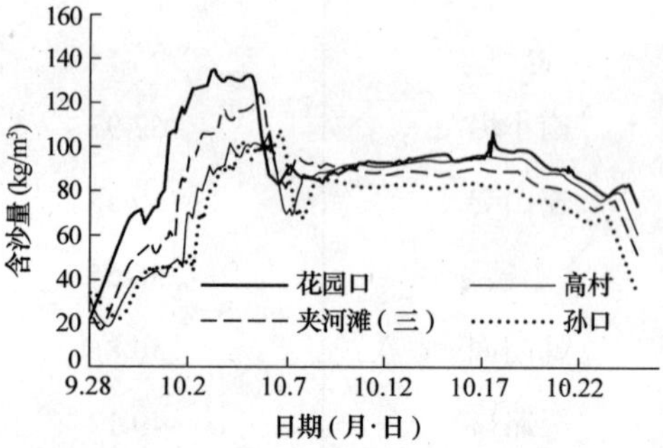

图 20-24　7 580 m^3/s 洪水含沙量过程

三、洪峰流量为 15 000 m^3/s 的洪水演进预测结果

模型计算洪峰过程选用花园口站实测的 1954 年 8 月 3~17 日，并向后顺延 5 d 共 20 d，最大洪峰量为 15 000 m^3/s。在此时段内，大于 8 000 m^3/s 的洪峰共出现了 3 次。表 20-16 列举了沿程主要测站峰前不同流量级水位及洪峰期最高洪水位，图 20-25 ~ 图 20-28 为花园口、夹河滩(三)、高村、孙口 4 个水文站水位过程线。花园口、夹河滩(三)、高村、孙口站最高洪水位分别高达 95.36、78.70、64.40、50.15 m。

表 20-16　洪峰流量为 15 000 m^3/s 洪水沿程峰前不同流量级洪水位及最高洪水位　(单位：m)

测站	涨峰期 Q=6 000 m^3/s	涨峰期 Q =8 000 m^3/s	最高洪水位
花园口	94.34	94.58	95.36
双井	93.19	93.39	93.76
马渡	92.31	92.46	92.86
赵口	89.23	89.52	89.99
辛寨	87.99	88.18	88.67
大张庄	84.70	84.92	85.28
黑岗口	83.68	83.97	84.43
古城	79.49	79.79	80.36
曹岗	78.42	78.57	79.04
夹河滩(三)	77.96	78.19	78.70
禅房	73.88	74.19	74.60
大留寺	71.48	71.77	72.27
石头庄	69.41	69.66	70.12
于林	67.01	67.20	67.49
高村	63.81	64.10	64.40
南小堤	63.34	63.64	63.87
连山寺	60.59	60.94	61.29
彭楼	57.01	57.37	57.61
韩胡同	51.54	51.85	52.05
梁路口	49.78	50.16	50.33
孙口	49.56	50.04	50.15

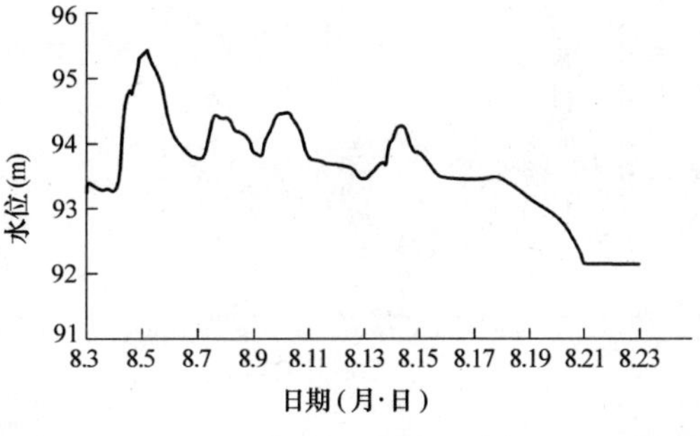

图 20-25　15 300 m^3/s 的洪水花园口水位过程

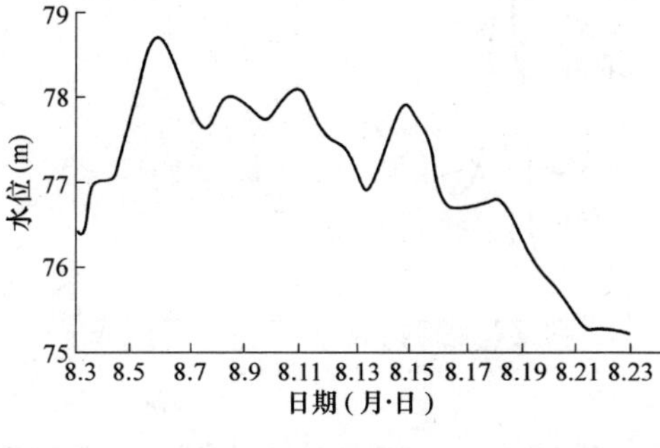

图 20-26　15 300 m^3/s 的洪水夹河滩(三)水位过程

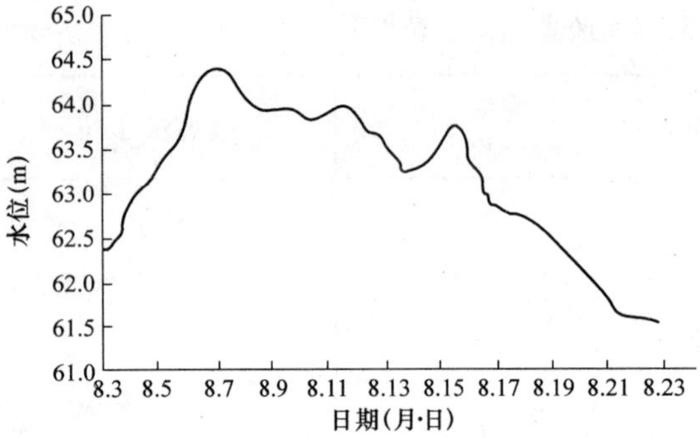

图 20-27　15 300 m^3/s 的洪水高村水位过程

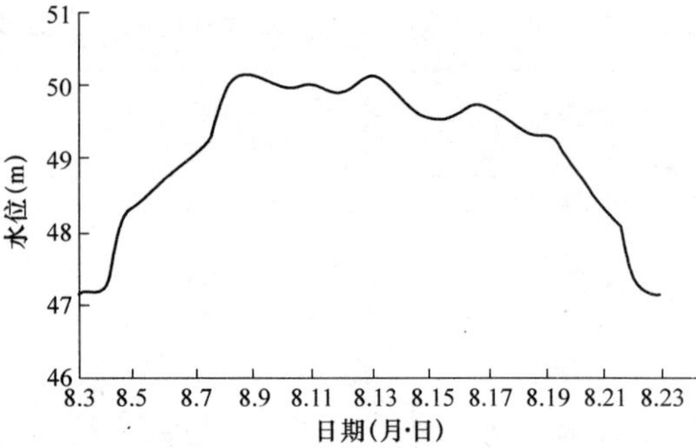

图 20-28　15 300 m^3/s 的洪水孙口水位过程

图 20-29 为沿程主要水文站洪峰流量传播过程，表 20-17 为计算河段水文站主要水文要素统计结果。因该场洪水峰高量大，加之当时主河槽严重淤积萎缩，大量洪水漫滩行洪，引起洪峰过程变形明显，传播到达夹河滩(三)、高村、孙口站时，洪峰流量分别减少了 3 170 、5 180、6 120 m^3/s，削减率分别为 21.1%、34.5%、40.8%。滩地的大量蓄洪削峰作用也引起了洪峰传播变形较大，花园口站大于 6 000 m^3/s 流量的洪水持续历时为 162.6 h，到达孙口洪峰传播时间增加到 245.2 h。由花园口传播到孙口的时间为 104.5 h，大洪水持续时间沿程不断增大，孙口站大于 49.50 m 的高水位持续时间长达 242.5 h，为黄河下游防洪带来了巨大压力。

表 20-17　洪峰流量为 15 000 m^3/s 的洪水预报计算主要水文要素

测站	花园口	夹河滩(三)	高村	孙口
洪峰流量(m^3/s)	15 000	11 830	9 820	8 880
洪峰传播时间(h)	18.8	29.5	56.2	
冲淤量(亿 m^3)	–0.29	0.24	0.09	

图 20-30 为含沙量传播过程。因该场洪水含沙量较小，整个计算河段内表现为槽冲滩淤。就河段而言，花园口—夹河滩(三)河段冲刷了 0.29 亿 m^3，而夹河滩(三)—孙口表现为淤积，共淤 0.33 亿 m^3，全河段冲淤接近平衡。

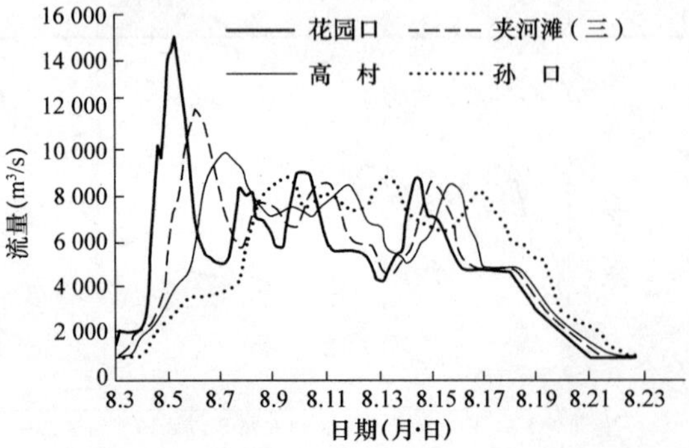

图 20-29　15 300 m^3/s 的洪水流量过程

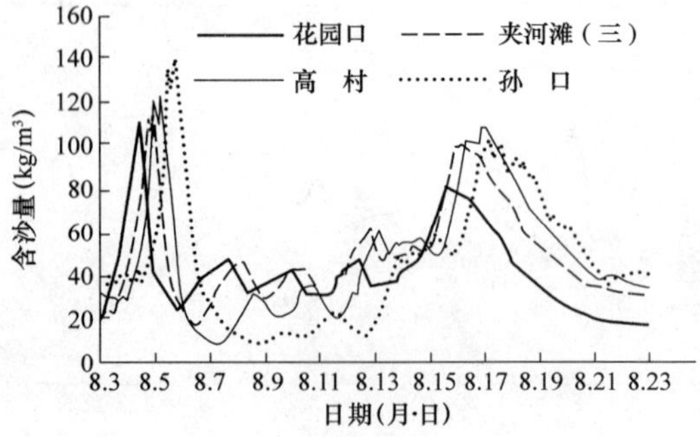

图 20-30　15 300 m^3/s 的洪水含沙量过程

四、洪峰流量为 22 300 m^3/s 洪水演进预测结果

模型计算洪峰过程选择原型花园口站实测的 1958 年 7 月 12~23 日，共 12 d，最大洪峰流量为 22 300 m^3/s。图 20-31 ~ 图 20-34 为花园口、夹河滩(三)、高村、孙口 4 站计算水位过程线。因近年河道淤积抬升严重，洪峰期水位仍表现较高(见表 20-18)。花园口、夹河滩(三)、高村、孙口 4 站最高洪水位分别高达 95.61、79.23、64.67、51.18 m，且落峰后比峰前同流量水位有不同程度的降低。

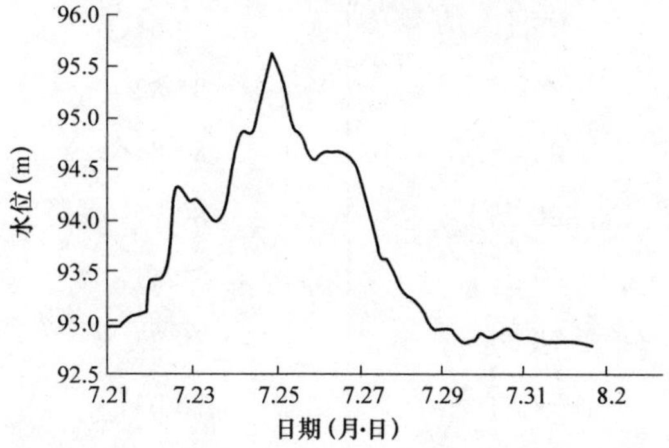

图 20-31　22 300 m^3/s 的洪水花园口水位过程

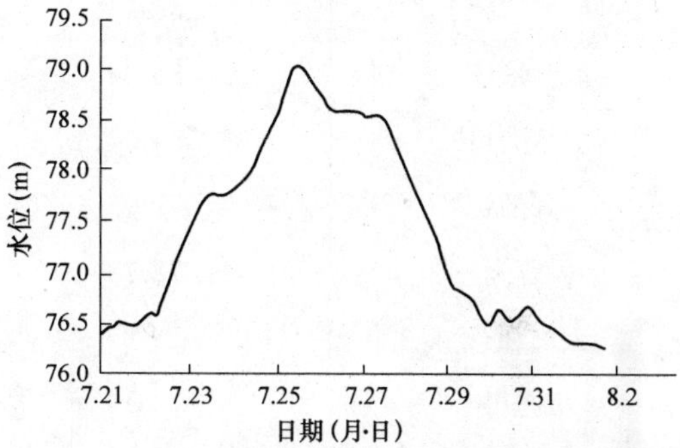

图 20-32　22 300 m^3/s 的洪水夹河滩(三)水位过程

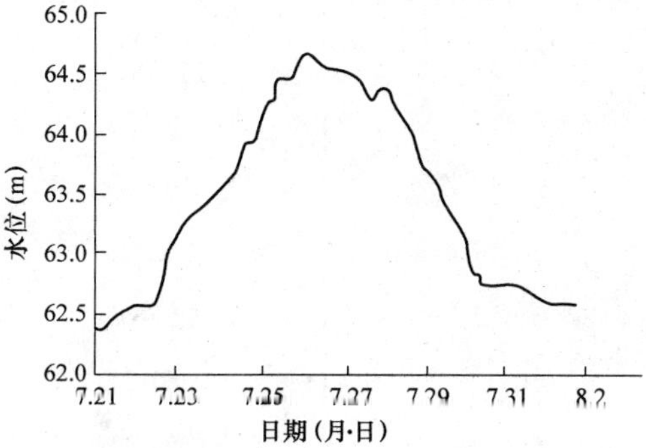

图 20-33　22 300 m^3/s 的洪水高村水位过程

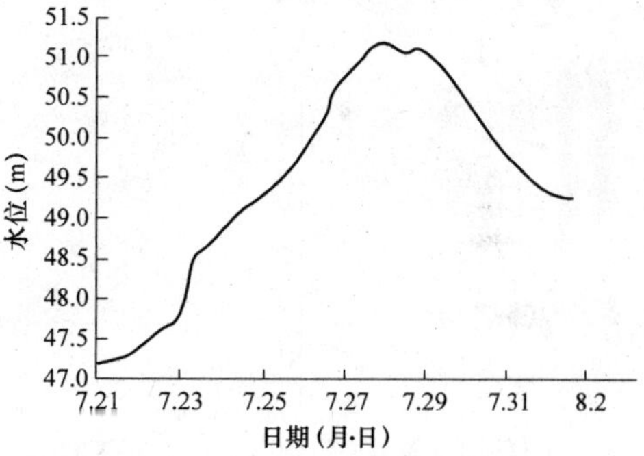

图 20-34　22 300 m^3/s 的洪水孙口水位过程

洪水期洪水位表现较高，且长时间居高不下，大量洪水漫滩行洪，洪峰削减作用增强(见表 20-19)。图 20-35 为洪峰流量传播过程图，洪峰流量由花园口传播至夹河滩(三)、高村、孙口时，分别削减了 3 300、5 900、7 400 m^3/s，削减率为 14.8%、26.5%、33.2%，孙口站大于 50.00 m 的高水位持续时间长达 106.6 h。同时，洪峰变形明显，大于 7 000 m^3/s 的历时，孙口站比花园口站增加了 16.4 h，洪水传播时间也明显增长，洪峰由花园口传播至孙口的时间为 92.2 h，比 1958 年实测值增长了 32.2 h。

洪水期间，全河段主槽均发生了一定程度的冲刷，而漫滩洪水挟带的大量泥沙又在滩地落淤。图 20-36 为计算河段含沙量传播过程。从河道冲淤的总体情况看表现为淤积，共淤积 1.19 亿 m^3。从淤积沿程分布看，花园口—夹河滩(三)河段淤积较少，而夹河滩(三)以下河段淤积较多。

表 20-18　洪峰流量为 22 300 m^3/s 洪水沿程峰前不同流量级洪水位及最高洪水位　(单位：m)

测站	涨峰期 Q=6 000 m^3/s	涨峰期 Q =8 000 m^3/s	最高洪水位
花园口	94.67	94.92	95.61
双井	93.51	93.74	94.14
马渡	92.53	92.64	93.09
赵口	89.62	89.86	90.34
辛寨	88.21	88.41	88.81
大张庄	85.04	85.27	85.82
黑岗口	84.04	84.46	84.85
古城	79.95	80.26	80.79
曹岗	78.73	79.01	79.41
夹河滩(三)	78.29	78.56	79.23
禅房	74.34	74.58	75.04
大留寺	72.19	72.36	72.66
石头庄	69.98	70.26	70.61
于林	67.49	67.66	67.80
高村	64.25	64.47	64.67
南小堤	63.69	63.95	64.21
连山寺	61.23	61.48	61.64
彭楼	58.57	57.79	58.20
韩胡同	52.07	52.37	52.62
梁路口	50.46	50.79	51.26
孙口	50.25	50.62	51.18

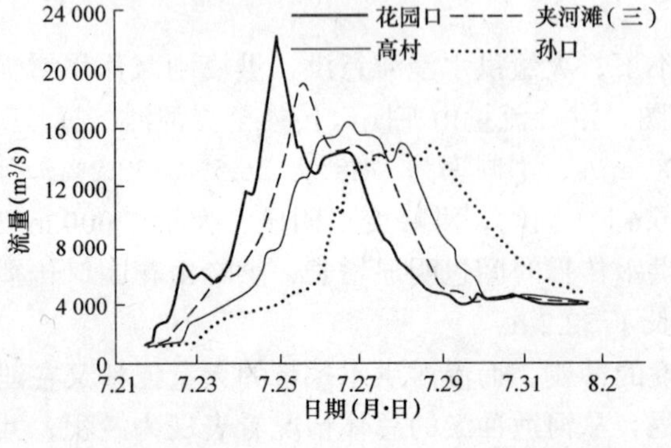

图 20-35　22 300 m^3/s 的洪水流量过程

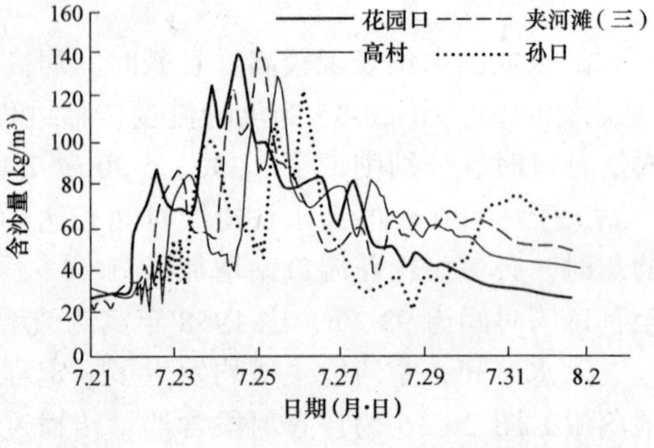

图 20-36　22 300 m^3/s 的洪水含沙量过程

表 20-19　洪峰流量为 22 300 m^3/s 的洪水预报主要水文要素计算

<table>
<tr><th>测站</th><th colspan="3">花园口</th><th colspan="3">夹河滩(三)</th><th colspan="3">高村</th><th colspan="3">孙口</th></tr>
<tr><td>洪峰流量(m^3/s)</td><td colspan="3">22 300</td><td colspan="3">19 000</td><td colspan="3">16 400</td><td colspan="3">14 900</td></tr>
<tr><td>洪峰传播时间(h)</td><td colspan="4">17.9</td><td colspan="4">25.5</td><td colspan="4">48.8</td></tr>
<tr><td>冲淤量(亿 m^3)</td><td colspan="4">0.14</td><td colspan="4">0.52</td><td colspan="4">0.53</td></tr>
</table>

第六节　2002 年汛期洪水演进预测

一、模型计算概况

本次洪水演进预测，计算水沙条件有两类，分别是洪峰流量 7 860 m^3/s 的“96 · 8”型洪水和洪峰流量 15 300 m^3/s 的“82 · 8”型洪水。流量过程采用当年花园口站实测洪水过程，考虑到小浪底水库已投入运用，含沙量过程参照 1961 ~ 1964 年花园口站输沙率与流量关系线设计，悬沙中值粒径取为 0.015 mm。

模型计算河段为花园口—邵庄，洪水预报计算初始地形条件按照 2001 年汛后花园口—邵庄实测大断面控制，横断面概化为 12 ~ 15 个子断面。初始床沙组成按照近几年花园口、夹河滩、高村、孙口断面的实测资料平均值内插或外延，并对个别断面根据实际情况略加调整。末端水位采用 2001 年洪水水位流量关系结合“2001 年黄河下游河道排洪能力设计”[9]报告提供的资料分析确定。

二、“96 · 8”型洪水演进预测结果

模型计算时段为 1996 年 8 月 1~11 日，并向后顺延 5 d，共计 16 d，最大洪峰流量为 7 860 m^3/s。表 20-20 列举了计算河段沿程各测站流量为 5 000 m^3/s 涨峰期洪水位及洪峰期的最高洪水位。由于本次水沙系列含沙量较小，加之 2000 年小浪底拦沙运用后，河道受到了不同程度的冲刷。花园口、夹河滩(三)、高村、孙口站最高洪水位分别为 94.43、78.07、63.08、49.37 m，与实际“96 · 8”洪水位相比，花园口、夹河滩(三)、孙口水位分别偏低 0.30、0.27、0.29 m，而高村水位却升高 0.20 m。

图 20-37 为沿程主要水文站洪峰流量传播过程，表 20-21 列举了计算河段主要水文站水文要素预报结果。由此可以看出，洪水漫滩后，滩地削峰滞洪作用明显，洪峰传播至夹河滩(三)、高村、孙口时峰值分别削减了 8.5%、12.2%、14.3%。同时，由于滩地蓄水滞洪作用及滩区植被的加糙效应非常大，洪水演进速度明显减慢，花园口—夹河滩(三)、夹河滩(三)—高村、高村—孙口三河段河道最大蓄水量分别达 2.95 亿、5.89 亿、8.56 亿 m^3。洪峰由花园口传播至孙口的时间为 191 h，比正常洪峰传播时间明显加长很多，但与实际“96 · 8”洪水相比，由于目前河道平滩流量较 1996 年当年的大，且来流含沙量较小，上游河道发生冲刷，洪水的传播时间缩短 35 h。同时，峰型在沿程传播的过程中也逐渐变得更为肥胖，致使山东河道高水位长时间居高不下，因此防洪形势仍不容乐观。

图 20-38 为计算河段主要测站含沙量传播过程，因该场洪水含沙量较小，且悬沙平均

粒径组成较细，河道普遍发生冲刷，花园口至孙口共冲刷 0.5 亿 m^3，花园口—夹河滩(三)、夹河滩(三)—高村、高村—孙口三河段分别冲刷 0.27 亿、0.18 亿、0.05 亿 m^3。

表 20-20 "96・8"型洪水沿程主要测站洪峰流量及洪水位计算结果

测站	涨峰期洪水位(m) (Q=5 000 m^3/s)	最高洪水位(m)	最大洪峰流量 (m^3/s)
花园口	93.95	94.43	7 860
双井	92.71	93.11	7 770
赵口	88.71	89.06	7 660
辛寨	87.59	87.89	7 510
大张庄	83.94	84.36	7 470
黑岗口	83.07	83.52	7 380
古城	79.26	79.55	7 270
夹河滩(三)	77.78	78.07	7 190
禅房	73.53	74.00	7 140
大留寺	71.39	71.67	7 110
石头庄	69.67	69.87	7 050
于林	66.59	67.02	7 000
高村	63.76	64.08	6 900
南小堤	63.03	63.32	6 810
连山寺	60.54	60.75	6 270
彭楼	57.09	57.24	6 170
梁路口	49.42	49.65	5 890
孙口	49.15	49.37	5 810

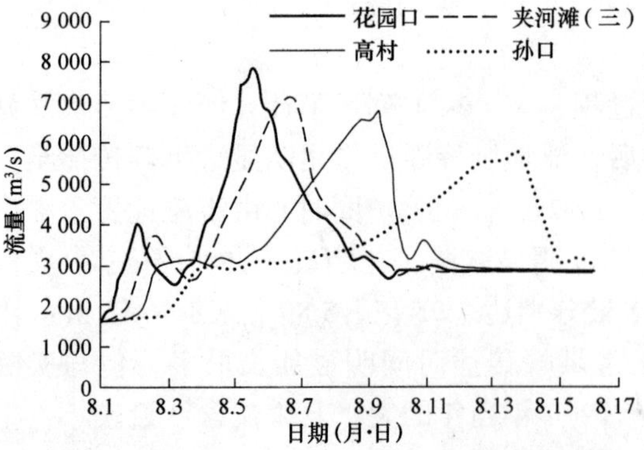

图 20-37 "96・8"型洪水洪峰传播过程

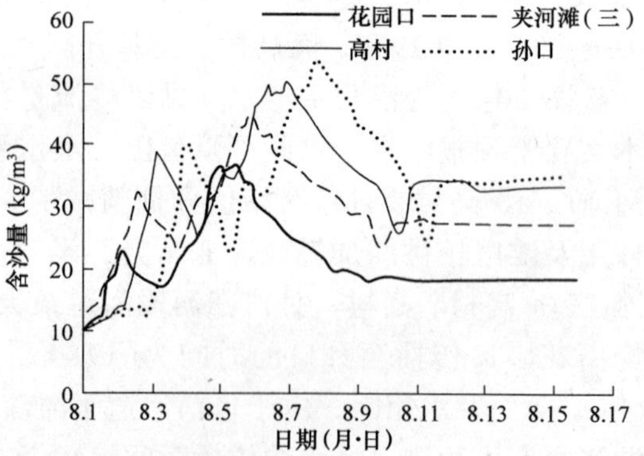

图 20-38 "96・8"型洪水含沙量传播过程

表 20-21　“96 · 8”型洪水预报主要水文要素计算

测站	花园口	夹河滩(三)	高村	孙口
洪峰流量(m^3/s)	7 860	7 190	6 900	5 810
相对于花园口削峰率(%)	0	8.5	12.2	14.3
最大含沙量(kg/m^3)	37.32	45.04	50.40	54.28
洪峰到达时间(m^3)	0	24	90	191
冲淤量(亿 m^3)		−0.27	−0.18	−0.05
河道最大蓄水量(亿 m^3)		2.95	5.89	8.56

三、“82 · 8”型洪水预测结果

模型计算洪峰过程为花园口站实测的 1982 年 7 月 30 日~8 月 10 日，并向后顺延 5 d 共 17 d，最大洪峰量为 15 300 m^3/s。表 20-22 列举了沿程主要测站涨峰期 Q=9 000 m^3/s 时洪水位及洪峰期最高洪水位，花园口、夹河滩(三)、高村、孙口站最高洪水位分别为 94.98、78.73、64.62、50.29 m。

表 20-22　“82 · 8”型洪水沿程主要测站洪峰流量及洪水位计算结果

测站	涨峰期洪水位 Q=9 000 m^3/s	最高洪水位(m)	最大洪峰流量(m^3/s)
花园口	94.58	94.98	15 300
双井	93.25	93.54	15 150
赵口	89.31	89.75	14 990
辛寨	88.05	88.56	14 830
大张庄	84.55	85.18	14 700
黑岗口	83.77	84.37	14 500
古城	79.72	80.22	14 380
夹河滩(三)	78.27	78.73	14 270
禅房	74.23	74.57	13 890
大留寺	71.82	72.13	13 480
石头庄	69.97	70.13	13 150
于林	67.25	67.64	12 970
高村	64.36	64.62	12 700
南小堤	63.54	63.76	12 670
连山寺	61.11	61.28	12 000
彭楼	57.55	57.71	11 000
梁路口	50.34	50.41	9 530
孙口	50.21	50.29	9 300

图 20-39 为沿程主要水文站洪峰流量传播过程，表 20-23 为计算河段主要水文站水文要素统计结果。因该场洪水峰高量大，花园口—夹河滩(三)、夹河滩(三) —高村、高村—孙口三河段河道最大蓄水量分别达 7.41 亿、9.62 亿、15.33 亿 m^3，洪峰由花园口传播至夹河滩(三)、高村、孙口站时，洪峰流量分别减少了 1 030、2 600、6 000 m^3/s，削减率分别为 6.7%、17.0%、39.2%。洪峰由花园口传播至孙口时间为 117h，比 1982 年洪水传播时间延长了 14 h。滩地的大量蓄洪削峰作用也引起了洪峰变形较大，花园口站大于 6 000 m^3/s 流量的洪水持续历时为 89 h，传播到孙口增加到 114 h，为黄河下游防洪带来了巨大压力。

表 20-23　计算河段主要水文站水文要素统计结果

测站	花园口	夹河滩(三)	高村	孙口
洪峰流量(m^3/s)	15 300	14 270	12 700	9 300
相对于花园口削峰率(%)	0	6.7	17.0	39.2
最大含沙量(kg/m^3)	59.48	71.91	83.43	93.34
洪峰到达时间(h)	0	22	60	117
冲淤量(亿 m^3)	–0.44	–0.31	–0.12	
河道最大蓄水量(亿 m^3)	7.41	9.62	15.33	

图 20-40 为含沙量传播过程。因该场洪水含沙量较小，整个计算河段内表现为冲刷，总冲刷量为 0.87 亿 m^3。分河段而言，花园口—夹河滩(三)河段冲刷了 0.44 亿 m^3，夹河滩(三)—高村冲刷了 0.31 亿 m^3，高村—孙口冲刷了 0.12 亿 m^3。

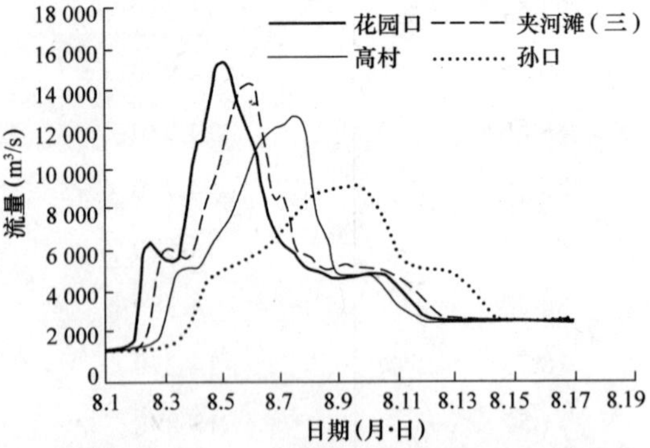

图 20-39　"82 · 8"型洪水洪峰传播过程

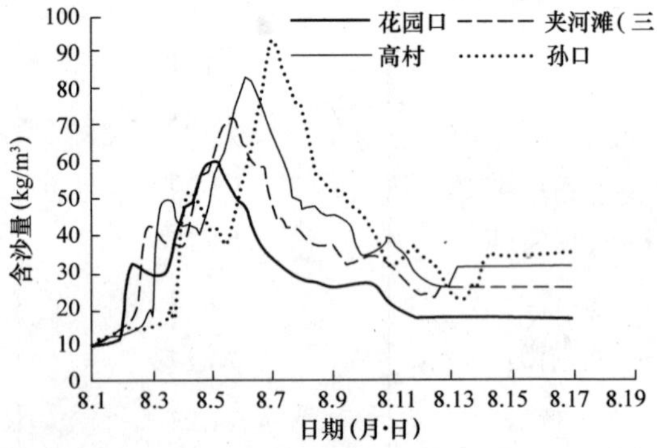

图 20-40　"82 · 8"型洪水含沙量传播过程

参 考 文 献

[1] 江恩惠，陈书奎，张红武，等. 1996 年汛期黄河花园口至东坝头河段洪水预演试验报告[R].郑州：黄河水利科学研究院，1996.

[2] 曲少军，刘月兰，等. 1997 年黄河下游防洪设计水位成果报告[R]. 郑州：黄河水利科学研究院，1997.

[3] 江恩惠，张红武，等. 1998 年汛期黄河花园口至东坝头河段洪水预报试验报告[R]. 郑州：黄河

水利科学研究院，1998.
[4] 李勇，申冠卿，等. 1998 年黄河下游防洪设计水位成果报告[R]. 郑州：黄河水利科学研究院，1998.
[5] 吕光圻，朱庆平，等. 黄河“98・7”洪水初步分析[R]. 郑州：黄河水利委员会水文局，1998.
[6] 江恩惠，张红武，等.1999 年汛期花园口至东坝头河段洪水预报试验报告[R]. 郑州：黄河水利科学研究院，1999.
[7] 刘海凌，董年虎，等. 小浪底至苏泗庄河段 1999 年汛期洪水预报模型试验报告[R]. 郑州：黄河水利科学研究院，1999.
[8] 李勇，申冠卿，等. 一九九九年黄河下游河道排洪能力设计[R]. 郑州：黄河水利科学研究院；黄委会河务局防汛处，1999.
[9] 曲少军，等. 2001 年黄河下游河道排洪能力设计[R]. 郑州：黄河水利科学研究院，2001.

第二十一章　小浪底水库不同运用方案下黄河下游冲淤演变预测

在小浪底水库投入运用之前，为预测黄河下游河道冲淤演变过程，分析小浪底拦沙减淤效果，确定不同时期小浪底水库运用方式，以便发挥其最大效益，我们开展了不同运用时段的数学模型分析计算，预测不同典型水沙系列条件下，小浪底水库运用对黄河下游冲淤演变的影响。

第一节　小浪底水库拦沙运用第一年下游河道冲淤演变预测

一、模型计算概况

小浪底水库建成后，将改变进入下游的水沙条件，河道亦将随之产生相应的调整。小浪底水库第一年运用预测计算，按相关部门给定的 1981 年及 1995 年两个典型年和水库不同运用方式组合了 8 种水沙组合方案。给定的 3 种运用方式为：①起始运用水位 205 m，调控库容 5 亿 m^3，调控流量 2 000 m^3/s(简写为 205/5/2 000)；②起始运用水位 205 m，调控库容 8 亿 m^3，调控流量 2 600 m^3/s(简写为 205/8/2 600)；③起始运用水位 210 m，调控库容 8 亿 m^3，调控流量 2600m^3/s(简写为 210/8/2 600)，共组合 6 个方案。同时，为分析减淤作用，还开展了无小浪底水库调节的方案对比。典型年各方案不同流量级出现天数见表 21-1。以 1999 年汛后实测大断面为初始地形边界条件，进行黄河下游铁谢—利津河段的冲淤计算。

表 21-1　典型年不同方案各级流量出现天数　(单位：d)

典型年	方案	最大流量(m^3/s)	$Q\geqslant4\ 000\ m^3/s$	$4\ 000\ m^3/s>Q\geqslant2\ 600\ m^3/s$	$2\ 600\ m^3/s>Q\geqslant2\ 000\ m^3/s$	$2\ 000\ m^3/s>Q\geqslant800\ m^3/s$	$Q<800\ m^3/s$
1981 年	205/5/2 000	4 000	15	35	13	151	151
	205/8/2 600	4 000	18	37	2	157	151
	210/8/2 600	4 000	20	35	2	157	151
	无小浪底	7 230.6	12	46	15	121	171
1995 年	205/5/2 000	4 000	2	8	25	115	215
	205/8/2 600	4 000	5	17	0	159	184
	210/8/2 600	4000	5	17	0	160	183
	无小浪底	4 419.3	1	7	11	94	252

二、预测计算结果及分析

对设计的 1981、1995 年典型水沙条件下无小浪底现状方案进行模拟计算，铁谢—利津河段年淤积量分别为 0.78 亿、2.28 亿 t。从冲刷量及减淤量统计结果看(见表 21-2)，同一典型年水沙条件下，210/8/2 600 方案冲刷量最大，205/5/2 000 方案最小，205/8/2 600 方案居中。而且，1981 典型年水量较丰，冲刷量及减淤量明显大于 1995 典型年。

表 21-2　典型年下游各河段冲淤量及减淤量统计　　(单位：亿 t)

河段			铁谢—花园口	花园口—高村	高村—艾山	艾山—利津	铁谢—利津
1981 年	现状冲淤量		0.185	0.567	0.035	−0.009	0.778
	205/5/2 000	冲淤量	−1.848	−2.067	−0.626	−0.231	−4.772
		减淤量	2.033	2.634	0.661	0.222	5.55
	205/8/2 600	冲淤量	−1.867	−2.077	−0.691	−0.261	−4.896
		减淤量	2.052	2.644	0.726	0.252	5.674
	210/8/2 600	冲淤量	−1.909	−2.118	−0.721	−0.294	−5.042
		减淤量	2.094	2.685	0.756	0.285	5.82
1995 年	现状冲淤量		0.946	1.047	0.24	0.047	2.28
	205/5/2 000	冲淤量	−0.92	−1.123	−0.358	−0.091	−2.492
		减淤量	1.866	2.17	0.598	0.138	4.772
	205/8/2 600	冲淤量	−0.972	−1.127	−0.376	−0.175	−2.65
		减淤量	1.918	2.174	0.616	0.222	4.93
	210/8/2 600	冲淤量	−1.007	−1.151	−0.377	−0.177	−2.712
		减淤量	1.953	2.198	0.617	0.224	4.992

由分组泥沙冲淤量统计结果看，相同的河床组成条件下，水流强度大，则中、粗沙所占总冲刷量的比例增加。1981 年水流强度大，冲刷能力强，计算的冲刷量中的细沙与中、粗沙的比例约为 1∶1，而 1995 年两者之比大于 2∶1。

本模型选用了张红武河床综合稳定性指标作为河相关系，进而根据均衡调整原理模拟了河槽宽度的变化。由计算结果可以看出，1981 年与 1995 年两个典型年相比，主槽展宽及冲深幅度(见表 21-3)，前者均大于后者。而同一典型年，205/5/2 000、205/8/2 600 及 210/8/2 600 三方案相比呈递增的趋势。平滩流量随主槽下切展宽而相应增大。

表 21-3　两个典型年下游河道主槽平均高程冲刷深度统计　　(单位：m)

河段		铁谢—花园口	花园口—高村	高村—艾山	艾山—利津
1981 年	205/5/2 000	0.55	0.37	0.27	0.16
	205/8/2 600	0.56	0.37	0.28	0.16
	210/8/2 600	0.57	0.38	0.28	0.17
1995 年	205/5/2 000	0.30	0.21	0.13	0.05
	205/8/2 600	0.32	0.21	0.14	0.08
	210/8/2 600	0.33	0.21	0.24	0.08

根据对进入山东河段各级流量出现的天数统计结果可知，流量小于 500 m^3/s 的天数大

幅度下降，流量大于 2 000 m^3/s 的天数增加且持续时间延长，这对河道冲刷和保持黄河下游及河口地区生态环境是有利的。同时，看出由于河南宽河段的调蓄作用，流量为 500 ~ 2 000 m^3/s 出现的天数与现状方案相比无大的改变。

第二节 小浪底水库拦沙运用前三年黄河下游河道冲淤演变预测

一、模型计算概况

计算水沙条件选用了丰水丰沙及枯水枯沙等 4 个不同水沙代表系列，每个系列均包括了水库运用初期 1 ~ 3 年的水沙条件，并进行了小浪底水库两种运用方案下游河道冲淤的对比计算。方案 1 及方案 2 是在水库蓄水运用的基础上，分别采用调控流量运用方式(调控流量 2 600 m^3/s，调控库容 5 亿 m^3)及逐步抬高运用方式。为分析小浪底水库对下游河道的减淤作用，还进行了现状方案(无小浪底水库)的计算。模型计算初始地形采用 1999 年汛后实测大断面，模拟计算河段为铁谢—利津河段。

二、1989 年+1978 ~ 1979 年系列计算

采用 1989 年+1978 ~ 1979 年 3 年水沙过程，计算结果分别代表水库运用初期 1 ~ 3 年下游河道的冲淤变化情况。计算结果见表 21-4。计算结果表明，在小浪底水库运用初期，全下游河道均产生冲刷，冲刷过程自上而下发展，冲刷量呈沿程衰减趋势，且随着时间的延续冲刷强度有所减弱。相应的铁谢—高村河段冲刷量计算结果与我们“小浪底—苏泗庄河道模型”试验结果一致。对比不同方案计算结果，可看出小浪底水库不同调节方式在下游河道的反应不同。方案 1 水库调节幅度大，出库沙量略小，对下游河道的冲刷效果强，减淤量大于方案 2。同时看出由于两方案水库初期均处于拦沙阶段，因而两者的减淤量的差别也是有限的。

表 21-4 小浪底水库不同运用方式黄河下游冲淤量 (单位：亿 m^3)

河段		铁谢—花园口	花园口—夹河滩	夹河滩—高村	高村—孙口	孙口—艾山	艾山—泺口	泺口—利津	艾山—利津	铁谢—利津
冲淤量	现状	1.047	1.831	1.605	0.867	0.377	0.350	0.207	0.557	6.283
	方案 1	–3.945	–2.786	–1.096	–0.969	–0.361	–0.371	–0.110	–0.481	-9.637
	方案 2	–3.846	–2.760	–1.169	–0.770	–0.253	–0.282	–0.076	–0.358	-9.157
减淤量	方案 1	4.992	4.618	2.701	1.835	0.737	0.721	0.316	1.037	15.92
	方案 2	4.893	4.592	2.774	1.637	0.630	0.632	0.283	0.915	15.44

三、3 个连续水沙系列计算结果对比分析

表 21-5 统计了 1978 ~ 1980 年、1985 ~ 1987 年、1991 ~ 1993 年 3 个连续水沙系列各方

案出库水沙量。由此可以看出，1978 ~ 1980 年系列水、沙量均较大；1985 ~ 1987 系列水量居中而沙量最小；1991 ~ 1993 年系列水量最小但沙量居中。小浪底水库调节后，出库沙量大幅度下降，特别是大于 0.025 m 的中、粗沙大部分被拦截在库区。

表 21-6 给出了 3 个系列的计算结果。对于同一系列不同水库运用方案，表现出与表 21-4 相近的规律，且发现同一种调节方案，下游冲刷量与来水量成正比关系；同一水沙系列，调控流量方案的冲刷量略大于逐步抬高方案。

表 21-5　不同系列各方案出库流量

系列	方案	水量(亿 m^3)	沙量(亿 t)			
			全沙	<0.025	0.025 ~ 0.05	>0.05
1978 ~ 1980 年	现状	977.17	26.20	12.46	6.54	7.20
	方案 1	974.24	3.77	3.44	0.29	0.04
	方案 2	975.15	5.25	4.61	0.52	0.12
1985 ~ 1987 年	现状	862.25	15.96	8.41	4.23	3.32
	方案 1	864.67	2.42	2.28	0.13	0.01
	方案 2	863.32	2.86	2.65	0.19	0.02
1991 ~ 1993 年	现状	789.56	21.26	11.39	5.49	4.38
	方案 1	790.88	3.51	3.13	0.33	0.05
	方案 2	789.27	4.89	4.16	0.59	0.14

表 21-6　3 个连续系列方案下游冲淤计算　(单位：亿 m^3)

系列	项目	方案	铁谢—花园口	花园口—夹河滩	夹河滩—高村	高村—艾山	艾山—利津
1978 ~ 1980 年	冲淤量	无水库	1.328	2.331	1.42	1.572	0.812
		方案 1	–2.93	–2.241	–1.004	–1.192	–0.454
		方案 2	–2.537	–1.182	0.936	–0.982	–0.308
	减淤量	方案 1	4.257	4.551	2.424	2.762	1.265
		方案 2	3.865	4.122	2.356	2.553	1.119
1985 ~ 1987 年	冲淤量	无水库	0.782	1.437	0.949	1.030	0.593
		方案 1	–2.611	–2.023	–0.933	–1.180	–0.397
		方案 2	–2.500	–1.768	–0.782	–0.815	–0.377
	减淤量	方案 1	3.393	3.460	1.882	2.210	0.990
		方案 2	3.282	3.205	1.731	1.845	0.970
1991 ~ 1993 年	冲淤量	无水库	1.012	1.654	1.170	1.039	0.469
		方案 1	–1.940	–1.434	–0.730	–0.836	–0.271
		方案 2	–1.642	–1.002	–0.503	–0.511	–0.217
	减淤量	方案 1	2.952	3.088	1.900	1.875	0.740
		方案 2	2.654	2.656	1.673	1.640	0.686

第三节　小浪底水库运用二十年黄河下游河道冲淤演变预测

一、计算方案概况

本次计算基准年为 1997 年，规划水平年为 2010 年和 2020 年。小浪底出库水沙过程分为两个 23 年系列，分别代表未来的 1997～2020 年。系列Ⅰ为 1975～1982 年+1987～1996 年+1971～1975 年水沙系列，系列Ⅱ为 1975～1996 年+1974 年水沙系列。同时，考虑到小浪底水库不同运用方式的差别及减淤效果分析，每一个系列又分为 3 个不同运用方案，其中方案 1 为调控流量方案，方案 2 为逐步抬高方案，方案 3 为无小浪底水库现状方案。

调控流量方案调控上限流量为 2 600 m^3/s，调控库容为 8 亿 m^3，起始运行水位 210 m。具体调节操作方法为：①当小浪底入库流量小于 2 600 m^3/s，且潼关和三门峡平均流量均小于 2 500 m^3/s 时，出库流量只凑泄花园口流量 800 m^3/s，同时小浪底出库流量不小于 600 m^3/s；②当潼关、三门峡平均流量大于 2 500 m^3/s，且水库可调节水量大于等于 4 亿 m^3 时，水库凑泄花园口流量大于或等于 2 600 m^3/s；③当水库可调水量达到 8 亿 m^3，水库凑泄花园口等于或大于 2 600 m^3/s；④当花园口断面过流量可能超过下游平滩流量时，小浪底水库开始蓄洪调节，尽量控制下游河道不漫滩。

逐步抬高方案拟定的是 7～9 月主汛期以调水调沙为主的小浪底水库运用方式。其调节要求为：①来水流量小于 400 m^3/s，水库补水，泄流 400 m^3/s；②来水流量为 400～800 m^3/s 时，水库按来水泄流；③来水流量为 800～2 000 m^3/s 时，水库蓄水，泄流 800 m^3/s；④来水流量为 2 000～8 000 m^3/s 时，水库全部泄放不调节；⑤当蓄水量大于 3 亿 m^3 时，按 5 000 m^3/s 下泄，直至预留 2 亿 m^3 蓄水库容为止；⑥来水大于 8 000 m^3/s，水库转入滞洪运用，泄流 8 000 m^3/s。

表 21-7、表 21-8 统计了两个不同水沙系列不同运用方案小浪底来水来沙量，表 21-9 统计了两个水沙系列伊洛河、沁河的来水来沙量。系列Ⅰ中 3 个方案的总来水量(小浪底+黑石关+小董)分别为 7 946.44 亿、7 943.74 亿、7 986.44 亿 m^3，总来沙量为 131.58 亿、122.22 亿、227.81 亿 t；系列Ⅱ中 3 个方案的总来水量分别为 7 493.76 亿、7 490.46 亿、7 521.16 亿 m^3，总来沙量分别为 107.41 亿、101.90 亿、202.53 亿 t。由此可以看出，对于来水量而言，系列Ⅰ比系列Ⅱ平均多出 457.1 亿 m^3，同一个系列不同方案水量相差不大；对于来沙量来说，相同方案，系列Ⅰ比系列Ⅱ分别多出 24.17 亿、20.32 亿、25.28 亿 t，系列Ⅰ中的方案 1 比方案 2 多 9.36 亿 t，系列Ⅱ中的方案 1 比方案 2 多 5.51 亿 t。

同一个水沙系列，3 个方案的前 3 年(1997～1999 年)是相同的，均为无小浪底水库现状工程条件下的水沙过程，方案 1 与方案 2 的第 4～7 年进入下游的水沙过程也完全相同，都为调控流量方案，从第 8 年开始，两方案出库水沙过程才有明显的变化。

表 21-10 统计了 6 个方案小浪底水文站来沙的细、中、粗沙所占的比例。可见，两种小浪底水库运用方式的拦粗排细作用都比较明显，且逐步抬高方案效果会更好一些。同时，通过小浪底水库调节运用后，小浪底+黑石关+小董流量大于 2 600 m^3/s 的天数也明显增多(见表 21-11)。

模型计算初始地形采用 1997 年汛后实测的 92 个大断面，并将每个大断面概化为 12～

15个子断面，每个断面的初始床沙级配采用20世纪90年代以后花园口、夹河滩、高村、孙口、艾山、泺口、利津等7站的实测平均值，按河段间距内插或外延，并对个别断面根据实际情况略加调整。黄河两岸引水量根据相关部门提供的引水资料[1](见表21-12)分不同河段按断面间距分配，各断面的引水含沙量采用数学模型计算的各断面平均含沙量。

表21-7　系列Ⅰ不同方案小浪底出库水量沙量统计

方案	时段(年)		总水量(亿 m^3)	总沙量(亿 t)				年平均水量(亿 m^3)	年平均沙量(亿 t)			
				全沙	细沙	中沙	粗沙		全沙	细沙	中沙	粗沙
方案1	1997～2000	汛期	706.3	41.40	16.69	10.48	14.22	235.4	13.80	5.56	3.49	4.74
		非汛期	517.3	0.35	0.24	0.03	0.09	172.4	0.12	0.08	0.01	0.03
		全年	1 223.6	41.75	16.93	10.51	14.31	407.9	13.92	5.64	3.50	4.77
	2000～2010	汛期	1 440.4	27.87	20.13	3.95	3.79	144.0	2.79	2.01	0.40	0.38
		非汛期	1 785.2	0.11	0.08	0.005	0.022	178.5	0.01	0.01	0.000 5	0.002
		全年	3 225.5	27.98	20.21	3.96	3.81	322.6	2.80	2.02	0.40	0.38
	2010～2020	汛期	1 274.0	59.86	35.89	13.19	10.77	127.4	5.99	3.59	1.32	1.08
		非汛期	1 619.5	0.18	0.15	0.006	0.028	161.9	0.02	0.01	0.000 6	0.003
		全年	2 893.5	60.04	36.04	13.2	10.80	289.3	6.00	3.60	1.32	1.08
	1997～2020	全年	7 342.6	129.77	73.18	27.67	28.92	319.2	5.64	3.18	1.20	1.26
方案2	1997～2000	汛期	706.3	41.40	16.69	10.48	14.22	235.4	13.80	5.56	3.49	4.74
		非汛期	517.3	0.35	0.24	0.03	0.09	172.4	0.12	0.08	0.01	0.03
		全年	1 223.6	41.75	16.93	10.51	14.31	407.9	13.92	5.64	3.50	4.77
	2000～2010	汛期	1 454.6	24.25	19.23	2.71	2.32	145.5	2.43	1.92	0.27	0.23
		非汛期	1 769.4	0.019 5	0.019 1	0.000 1	0.000 3	176.9	0.001 95	0.001 91	0.000 01	0.000 03
		全年	3 224.1	24.27	19.25	2.71	2.32	322.4	2.43	1.92	0.27	0.23
	2010～2020	汛期	1 284.7	54.20	34.60	10.32	9.29	128.5	5.42	3.46	1.03	0.93
		非汛期	1 607.5	0.18	0.15	0.006	0.03	160.7	0.02	0.01	0.000 6	0.003
		全年	2 892.2	54.39	34.74	10.33	9.31	289.2	5.44	3.47	1.03	0.93
	1997～2020	全年	7 339.9	120.41	70.92	23.54	25.94	319.1	5.24	3.08	1.02	1.13
方案3	1997～2000	汛期	706.3	41.40	16.69	10.48	14.22	235.4	13.80	5.56	3.49	4.74
		非汛期	517.3	0.35	0.24	0.03	0.09	172.4	0.12	0.08	0.01	0.03
		全年	1 223.6	41.75	16.93	10.51	14.31	407.9	13.92	5.64	3.5	4.77
	2000～2010	汛期	1 608.7	85.53	45.30	20.78	19.43	160.9	8.55	4.53	2.08	1.94
		非汛期	1 624.6	0.63	0.29	0.09	0.25	162.5	0.06	0.03	0.01	0.02
		全年	3 233.3	86.16	45.6	20.87	19.68	323.3	8.62	4.56	2.09	1.97
	2010～2020	汛期	1 440.4	96.86	51.74	23.55	21.58	144.0	9.69	5.17	2.35	2.16
		非汛期	1 485.3	1.20	0.62	0.14	0.45	148.5	0.12	0.06	0.01	0.04
		全年	2 925.7	98.07	52.36	23.68	22.02	292.6	9.81	5.24	2.37	2.20
	1997～2020	全年	7 382.6	226.0	114.90	55.06	56.01	321.0	9.82	5.00	2.39	2.44

表 21-8 系列Ⅱ不同方案小浪底出库水量沙量统计

方案	时段(年)		总水量(亿 m^3)	总沙量(亿 t)				年平均水量(亿 m^3)	年平均沙量(亿 t)			
				全沙	细沙	中沙	粗沙		全沙	细沙	中沙	粗沙
方案1	1997～2000	汛期	592.6	36.98	14.70	9.00	13.27	197.5	12.33	4.90	3.00	4.42
		非汛期	491.4	0.47	0.23	0.06	0.19	163.8	0.16	0.08	0.02	0.06
		全年	1 084.0	37.45	14.93	9.07	13.46	361.3	12.48	4.98	3.02	4.49
	2000～2010	汛期	1 326.0	16.76	12.95	1.75	2.05	132.6	1.68	1.30	0.18	0.20
		非汛期	1 820.4	0.085	0.073	0.003	0.01	182.0	0.008 5	0.007 3	0.000 3	0.001 1
		全年	3 146.4	16.84	13.03	1.75	2.06	314.6	1.68	1.30	0.18	0.21
	2010～2020	汛期	1 151.5	51.20	31.70	9.58	9.91	115.1	5.12	3.17	0.96	0.99
		非汛期	1 457.8	0.08	0.07	0.003	0.009	145.8	0.008 4	0.007 3	0.000 3	0.000 9
		全年	2 609.3	51.29	31.78	9.59	9.92	260.9	5.13	3.18	0.96	0.99
	1997～2020	全年	6 839.7	105.58	59.73	20.41	25.44	297.4	4.59	2.60	0.89	1.11
方案2	1997～2000	汛期	592.6	36.98	14.7	9.00	13.27	197.5	12.33	4.90	3.00	4.42
		非汛期	491.4	0.47	0.23	0.06	0.19	163.8	0.16	0.08	0.02	0.06
		全年	1 084.0	37.45	14.93	9.07	13.46	361.3	12.48	4.98	3.02	4.49
	2000～2010	汛期	1 332.8	15.92	13.03	1.50	1.38	133.3	1.59	1.30	0.15	0.14
		非汛期	1 813.5	0.012	0.012	0.000 03	0.000 05	181.3	0.001	0.001 2	0.000 003	0.000 005
		全年	3 146.2	15.93	13.04	1.50	1.38	314.6	1.59	1.30	0.15	0.14
	2010～2020	汛期	1 162.1	46.60	30.97	7.55	8.08	116.2	4.66	3.10	0.75	0.81
		非汛期	1 444.0	0.10	0.084	0.003	0.008	144.4	0.009 6	0.008 4	0.000 3	0.000 8
		全年	2 606.2	46.69	31.05	7.55	8.09	260.6	4.67	3.11	0.76	0.81
	1997～2020	全年	6 836.4	100.07	59.02	18.12	22.92	297.2	4.35	2.57	0.79	1.00
方案3	1997～2000	汛期	592.6	36.98	14.7	9.0	13.27	197.5	12.33	4.90	3.00	4.42
		非汛期	491.4	0.47	0.23	0.06	0.19	163.8	0.16	0.08	0.02	0.06
		全年	1 084.0	37.45	14.93	9.07	13.46	361.3	12.48	4.98	3.02	4.49
	2000～2010	汛期	1 596.2	72.58	38.58	16.41	17.58	159.6	7.26	3.86	1.64	1.76
		非汛期	1 556.4	0.99	0.46	0.10	0.42	155.6	0.099	0.05	0.01	0.04
		全年	3 152.7	73.57	39.04	16.52	18.01	315.3	7.36	3.90	1.65	1.80
	2010～2020	汛期	1 248.3	88.85	48.69	18.7	21.46	124.8	8.89	4.87	1.87	2.15
		非汛期	1 382.1	0.83	0.46	0.08	0.29	138.2	0.083	0.05	0.01	0.03
		全年	2 630.4	89.68	49.15	18.78	21.75	263.0	8.97	4.92	1.88	2.17
	1997～2020	全年	6 867.1	200.70	103.12	44.37	53.21	298.6	8.73	4.48	1.93	2.31

表 21-9　不同规划水沙系列支流来水来沙量统计

系列	时段(年)		黑石关 总来水量(亿m^3)	黑石关 总来沙量(亿t)	黑石关 年平均来水量(亿m^3)	黑石关 年平均来沙量(亿t)	小董 总来水量(亿 m^3)	小董 总来沙量(亿 t)	小董 年平均来水量(亿m^3)	小董 年平均来沙量(亿t)
系列Ⅰ	1997～2000	汛期	53.57	0.214	17.86	0.071	23.17	0.139	7.72	0.046
		非汛期	25.18	0.016	8.39	0.005	3.92	0.002	1.31	0.000 8
		全年	78.74	0.231	26.25	0.077	27.09	0.141	9.03	0.047
	2000～2010	汛期	118.01	0.557	11.80	0.056	32.72	0.218	3.27	0.022
		非汛期	79.67	0.027	7.97	0.003	7.28	0.006	0.73	0.000 6
		全年	197.68	0.584	19.77	0.058	40.00	0.224	4.00	0.022
	2010～2020	汛期	107.56	0.302	10.76	0.030	46.55	0.279	4.65	0.028
		非汛期	93.51	0.044	9.35	0.004	12.72	0.008	1.27	0.000 8
		全年	201.06	0.346	20.11	0.035	59.26	0.287	5.93	0.029
	1997～2020	汛期	279.14	1.074	12.14	0.047	102.44	0.636	4.45	0.028
		非汛期	198.35	0.087	8.62	0.004	23.91	0.016	1.04	0.000 7
		全年	477.49	1.160	20.76	0.050	126.35	0.653	5.49	0.028
系列Ⅱ	1997～2000	汛期	53.57	0.214	17.86	0.071	23.17	0.139	7.72	0.046
		非汛期	25.18	0.016	8.39	0.005	3.92	0.002	1.31	0.000 8
		全年	78.74	0.231	26.25	0.077	27.09	0.141	9.03	0.047
	2000～2010	汛期	175.96	0.874	17.60	0.087	33.83	0.197	3.38	0.020
		非汛期	102.54	0.075	10.25	0.008	9.97	0.008	1.00	0.000 8
		全年	278.50	0.949	27.85	0.095	43.80	0.206	4.38	0.021
	2010～2020	汛期	90.24	0.148	9.02	0.015	34.66	0.137	3.47	0.014
		非汛期	90.81	0.018	9.08	0.002	10.22	0.003	1.02	0.000 3
		全年	181.05	0.166	18.10	0.017	44.88	0.140	4.49	0.014
	1997～2020	汛期	319.77	1.236	13.90	0.054	91.66	0.474	3.99	0.021
		非汛期	218.53	0.110	9.50	0.005	24.11	0.013	1.05	0.000 6
		全年	538.29	1.346	23.40	0.059	115.77	0.487	5.03	0.021

表 21-10 不同水沙系列及不同方案小浪底水文站来沙组成 (%)

系列	方案	时段(年·月)	细沙	中沙	粗沙
Ⅰ	1	2000.7 ~ 2010.6	72.2	14.2	13.6
		2010.7 ~ 2020.6	60.0	22.0	18.0
	2	2000.7 ~ 2010.6	79.3	11.2	9.5
		2010.7 ~ 2020.6	63.9	19.0	17.1
	3	2000.7 ~ 2010.6	52.9	24.2	22.9
		2010.7 ~ 2020.6	53.4	24.1	22.5
Ⅱ	1	2000.7 ~ 2010.6	77.4	10.4	12.2
		2010.7 ~ 2020.6	62.0	18.7	19.3
	2	2000.7 ~ 2010.6	81.9	9.4	8.7
		2010.7 ~ 2020.6	66.5	16.2	17.3
	3	2000.7 ~ 2010.6	53.1	22.4	24.4
		2010.7 ~ 2020.6	54.8	20.9	24.3

表 21-11 不同水沙系列及不同方案小浪底+黑石关+小董流量大于 2 600 m^3/s 的天数统计

(单位：d)

系列	方案	2000 年 7 月 ~ 2010 年 6 月	2010 年 7 月 ~ 2020 年 6 月	2000 年 7 月 ~ 2020 年 6 月
Ⅰ	方案 1	529	360	889
	方案 2	474	206	680
	方案 3	212	154	366
	方案 1–方案 2	55	154	209
Ⅱ	方案 1	462	300	762
	方案 2	395	209	604
	方案 3	227	109	336
	方案 1–方案 2	67	91	158

表 21-12 规划黄河下游引水量统计 (单位：m^3/s)

时段		铁谢—花园口	花园口—高村	高村—艾山	艾山—利津	铁谢—利津
7 月	上旬	31.2	78.7	108.2	208.2	426.3
	中旬	17.3	43.7	60.1	115.7	236.8
	下旬	20.8	52.5	72.1	138.8	284.2
8 月	上旬	27.7	70	96.2	185.1	379.0
	中旬	20.8	52.5	72.1	138.8	284.2
	下旬	20.8	52.5	72.1	138.8	284.2
9 月	上旬	26.9	68.0	93.5	180	368.4
	中旬	26.9	68.0	93.5	180	368.4
	下旬	26.9	68.0	93.5	180	368.4
10 月	上旬	17.3	43.7	60.1	115.7	236.8
	中旬	20.2	51.1	70.3	135.2	276.8
	下旬	20.2	51.1	70.3	135.2	276.8
11 月		15.4	38.8	53.4	102.8	210.4
12 月		23.1	58.3	80.2	154.3	315.9
1 月		11.5	29.1	40.1	77.1	157.8
2 月		26.9	68.0	93.5	180	368.4
3 月		57.7	145.8	200.5	385.8	789.8
4 月		61.6	155.5	213.8	411.3	842.2
5 月		42.4	106.9	147	283	579.3
6 月		30.8	77.7	106.9	205.7	421.1
汛期引水量(亿 m^3)		2.45	6.18	8.50	16.35	33.48
非汛期引水量(亿 m^3)		7.05	17.81	24.49	47.12	96.47
全年引水量(亿 m^3)		9.50	23.99	32.99	63.47	129.95

二、利津站水位的确定

对于水动力学模型而言，出口边界条件必须是已知的，一般情况采用出口断面的水位流量关系确定。但对于本次长系列的规划计算而言，因计算时间较长，水沙组成比较复杂，河道的冲淤幅度较大，故利津断面的河床变形较大，变形后的水位流量关系与初始水位流量关系差别较大，因此对利津站水位流量关系变化的研究预测是十分必要的。

该问题的研究一直受到许多治黄科技工作者的高度重视，并提出了许多现实可行的办法，如通过实测资料分析预估出计算若干年后不同流量水位的抬升幅度，直接叠加，这种方法简单，但精度不高；还有的通过分析艾山—利津河段冲淤量与利津站水位流量关系变化的规律，确定未来利津站的水位，但这种方法点绘的点群关系散乱，相关性差。

我们通过对大量实测资料与实体模型资料分析发现，任何一个测站的水位都与其相邻站的水位关系较为密切。为此从考虑保证计算结果精度的角度出发，采用利津断面上游相邻的张家滩断面水位直接顺延的办法，即令张家滩断面水位为 Z_1，利津断面水位为 Z_0，张家滩断面至利津断面间距为 Δx，则 Z_0 可采用如下表达式计算，即

$$Z_0 = Z_1 - J\Delta x \tag{21-1}$$

式中：J 为张家滩断面到利津断面的水面比降，其取值大小与该河段的冲淤及涨落水过程有关，取值范围为 0.8‱ ~ 1.1‱。

在具体计算时，首先采用 1997 年汛后利津站水位流量关系控制利津水位，计算一段时间后(如一个汛期)，再引用式(21-1)计算利津站水位，这样就首先保证了张家滩断面水位的可靠性，从而才能使推求出的利津站的水位达到理想精度。通过引入式(21-1)，同样封闭了水流连续方程和水流运动方程。由计算结果分析发现，该方法计算出的利津站水位比较光滑，且与实际情况较为符合。

三、方案计算结果

表 21-13、表 21-14 分别统计了系列Ⅰ、系列Ⅱ6 个方案的最终计算结果，为比较方便，并求出了方案 1、方案 2 的减淤量及沿程与随时间变化的分配情况。

在无小浪底水库的现状条件下，系列Ⅰ方案 3 的全下游淤积量为 42.846 亿 m^3，年均淤积量为 1.863 亿 t，其中铁谢—花园口、花园口—高村、高村—艾山、艾山—利津 4 河段年均淤积量分别为 0.390 亿、1.066 亿、0.275 亿、0.132 亿 m^3，分别占全下游总淤积量的 20.9%、57.2%、14.8%、7.1%。在年际分配上，前三年因包含有 1977 年大沙年，淤积量较大，年均淤积 3.83 亿 m^3，占总淤积量的 26.8%。2000 年 7 月 ~ 2010 年 6 月这十年内水量偏丰而沙量偏少，淤积量较小，年均淤积量为 1.401 亿 m^3，占总淤积量的 32.7%。而后十年即 2010 年 7 月 ~ 2020 年 6 月，因水量偏枯且沙量偏多，淤积量又有所增大，年均淤积量为 1.735 亿 m^3，占总淤积量的 40.5%。

系列Ⅱ方案 3 因来沙量相对较少，淤积量与系列Ⅰ相比要小一些，全下游共淤积 37.637 亿 m^3，年均淤积 1.636 亿 m^3，四河段年均淤积量分别为 0.359 亿、0.930 亿、0.240 亿、0.106 亿 m^3，分别占全下游淤积量的 22.0%、56.8%、14.7%、6.5%。淤积量的年际分配为 1997 年 7 月 ~ 2000 年 6 月年均淤积 3.720 亿 m^3，占总淤积量的 29.6%，2000 年 7 月 ~ 2010 年 6 月年均淤积 1.300 亿 m^3，占总淤积量的 34.4%，2010 年 7 月 ~ 2020 年 6 月年均淤积 1.354 亿 m^3，占总淤积量的 36.0%。

表 21-13　系列Ⅰ小浪底不同运用方案规划水平年成果

项目	方案	时段(年·月)	铁谢—花园口	花园口—高村	高村—艾山	艾山—利津	铁谢—利津
冲淤量(亿 m^3)	1	1997.7～2000.6	2.883	6.626	1.335	0.650	11.494
		2000.7～2010.6	−3.177	−5.168	−0.732	−0.342	−9.418
		2010.7～2020.6	1.201	2.722	0.998	0.628	5.549
		2000.7～2020.6	−1.976	−2.446	0.266	0.286	−3.869
		1997.7～2020.6	0.907	4.179	1.601	0.936	7.624
	2	1997.7～2000.6	2.883	6.626	1.335	0.650	11.494
		2000.7～2010.6	−3.971	−5.770	−1.083	−0.487	−11.311
		2010.7～2020.6	1.625	3.017	0.939	0.435	6.016
		2000.7～2020.6	−2.346	−2.753	−0.144	−0.052	−5.295
		1997.7～2020.6	0.538	3.872	1.191	0.598	6.199
	3	1997.7～2000.6	2.883	6.626	1.335	0.650	11.494
		2000.7～2010.6	3.331	7.901	1.829	0.945	14.006
		2010.7～2020.6	2.750	9.992	3.154	1.450	17.346
		2000.7～2020.6	6.081	17.893	4.983	2.395	31.352
		1997.7～2020.6	8.964	24.519	6.318	3.045	42.846
减淤量(亿 m^3)	1	2000.7～2010.6	6.508	13.069	2.561	1.287	23.424
		2010.7～2020.6	1.549	7.270	2.156	0.822	11.797
		2000.7～2020.6	8.057	20.339	4.717	2.109	35.221
	2	2000.7～2010.6	7.302	13.671	2.912	1.432	25.317
		2010.7～2020.6	1.125	6.975	2.215	1.015	11.330
		2000.7～2020.6	8.427	20.646	5.127	2.447	36.647
各时段减淤量占全时段的百分比(%)	1	2000.7～2010.6	80.8	64.3	54.3	61.0	66.5
		2010.7～2020.6	19.2	35.7	45.7	39.0	33.5
		2000.7～2020.6	100	100	100	100	100
	2	2000.7～2010.6	86.7	66.2	56.8	58.5	69.1
		2010.7～2020.6	13.3	33.8	43.2	41.5	30.9
		2000.7～2020.6	100	100	100	100	100
各河段减淤量占全下游的百分比(%)	1	2000.7～2010.6	27.8	55.8	10.9	5.5	100
		2010.7～2020.6	13.1	61.6	18.3	7.0	100
		2000.7～2020.6	22.9	57.7	13.4	6.0	100
	2	2000.7～2010.6	28.8	54.0	11.5	5.7	100
		2010.7～2020.6	9.9	61.6	19.5	9.0	100
		2000.7～2020.6	23.0	56.3	14.0	6.7	100

表 21-14　系列Ⅱ小浪底不同运用方案规划水平年成果

项目	方案	时段(年·月)	铁谢—花园口	花园口—高村	高村—艾山	艾山—利津	铁谢—利津
冲淤量(亿 m^3)	1	1997.7～2000.6	2.844	5.998	1.654	0.663	11.159
		2000.7～2010.6	–3.986	–5.459	–1.491	–0.692	–11.628
		2010.7～2020.6	1.582	2.272	0.854	0.310	5.019
		2000.7～2020.6	–2.404	–3.187	–0.637	–0.382	–6.609
		1997.7～2020.6	0.441	2.811	1.017	0.281	4.550
	2	1997.7～2000.6	2.844	5.998	1.654	0.663	11.159
		2000.7～2010.6	–4.256	–5.837	–1.861	–0.657	–12.610
		2010.7～2020.6	1.793	2.715	0.548	0.060	5.115
		2000.7～2020.6	–2.463	–3.122	–1.313	–0.597	–7.495
		1997.7～2020.6	0.382	2.875	0.341	0.066	3.664
	3	1997.7～2000.6	2.844	5.998	1.654	0.663	11.159
		2000.7～2010.6	2.499	6.613	2.600	1.242	12.953
		2010.7～2020.6	2.923	8.782	1.276	0.542	13.524
		2000.7～2020.6	5.422	15.395	3.876	1.784	26.477
		1997.7～2020.6	8.266	21.393	5.530	2.447	37.637
减淤量(亿 m^3)	1	2000.7～2010.6	6.485	12.072	4.091	1.934	24.581
		2010.7～2020.6	1.341	6.510	0.422	0.232	8.505
		2000.7～2020.6	7.826	18.582	4.513	2.166	33.086
	2	2000.7～2010.6	6.755	12.450	4.461	1.899	25.563
		2010.7～2020.6	1.130	6.076	0.728	0.482	8.409
		2000.7～2020.6	7.885	18.517	5.189	2.381	33.972
各时段减淤量占全时段的百分比(%)	1	2000.7～2010.6	82.9	65.0	90.6	89.3	74.3
		2010.7～2020.6	17.1	35.0	9.4	10.7	25.7
		2000.7～2020.6	100	100	100	100	100
	2	2000.7～2010.6	85.7	67.2	86.0	79.8	75.2
		2010.7～2020.6	14.3	32.8	14.0	20.2	24.8
		2000.7～2020.6	100	100	100	100	100
各河段减淤量占全下游的百分比(%)	1	2000.7～2010.6	26.4	49.1	16.6	7.9	100
		2010.7～2020.6	15.8	76.5	5.0	2.7	100
		2000.7～2020.6	23.7	56.2	13.6	6.5	100
	2	2000.7～2010.6	26.4	48.7	17.5	7.4	100
		2010.7～2020.6	13.4	72.2	8.7	5.7	100
		2000.7～2020.6	23.2	54.5	15.3	7.0	100

从表 21-13 可以看出，系列Ⅰ的方案 1 计算的全下游淤积量共 7.624 亿 m^3，4 河段淤积量分别占全下游淤积量的百分比为 11.9%、54.8%、21.0%、12.3%。在计算的 23 年中，2000 年 7 月～2010 年 6 月 10 年间，因小浪底水库拦沙量大，出库沙量较小，下游河道沿程普遍发生冲刷，共冲刷了 9.418 亿 m^3，4 河段冲刷量分别占全下游冲刷量的 33.7%、54.9%、7.8%、3.6%。2010 年 7 月～2020 年 6 月 10 年间河道回淤 5.55 亿 m^3。从 2000 年 7 月～2020 年 6 月 20 年情况看，铁谢—花园口和花园口—高村河段仍表现为冲刷，分别冲刷了 1.976 亿 m^3 和 2.446 亿 m^3，而高村—艾山河段和艾山—利津河段表现为淤积，分别淤积了 0.266 亿 m^3 和 0.286 亿 m^3。

系列Ⅰ方案 2 计算黄河全下游共淤积 6.199 亿 m^3，4 个河段分别占全下游总淤积量的 8.7%、62.5%、19.2%、9.6%。其中，2000 年 7 月～2010 年 6 月 10 年全下游共冲刷 11.311 亿 m^3，4 河段分别占总冲刷量的 35.1%、51.0%、9.6%、4.3%；2010 年 7 月～2020 年 6 月 10 年全下游回淤 6.016 亿 m^3。从 2000 年 7 月～2020 年 6 月 20 年的情况来看，全下游普遍表现为冲刷，共冲刷了 5.295 亿 m^3，4 个河段冲刷量分别占总冲刷量的 44.3%、52.0%、2.7%、1%。

系列Ⅱ方案 1 计算全下游共淤积 4.55 亿 m^3，4 个河段占总淤积量的百分比依次为 9.7%、61.8%、22.3%、6.2%。其中，2000 年 7 月～2010 年 6 月 10 年中，全下游共冲刷 11.628 亿 m^3，4 河段分别占 34.3%、46.9%、12.8%、6.0%。而后 10 年，全下游又回淤了 5.019 亿 m^3。从 2000 年 7 月～2020 年 6 月的统计结果看，全下游共冲刷 6.609 亿 m^3，4 河段分别占 36.4%、48.2%、9.6%、5.8%。

系列Ⅱ方案 2 计算全下游共淤积 3.664 亿 m^3，4 个河段分别占 10.4%、78.5%、9.3%、1.8%。其中，2000 年 7 月～2010 年 6 月 10 年中，全下游河道共冲刷 12.610 亿 m^3，4 个河段分别占 33.7%、46.3%、14.8%、5.2%，而后 10 年全下游共淤积 5.115 亿 m^3。故此，2000 年 7 月～2020 年 6 月全下游共冲刷了 7.495 亿 m^3，4 河段分别占 32.9%、41.6%、17.5%、8.0%。

四、计算结果分析

图 21-1～图 21-3 为系列Ⅰ方案 1 和方案 2 在黄河下游河南、山东河段及全下游累计减淤量过程线，图 21-4～图 21-6 为系列Ⅱ方案 1 和方案 2 在黄河下游河南、山东河段及全下游累计减淤量过程线。表 21-15 统计了不同河段的拦沙减淤比。从河道的减淤情况来看，系列Ⅰ方案 1 总减淤量 35.221 亿 m^3，拦沙减淤比为 1.95，高村以上河段拦沙减淤比为 2.42，艾山以下河段拦沙减淤比(即小浪底水库拦沙量与艾山以下河段减淤量的比值，不考虑河南河段的调整作用)为 32.59。其中，2000 年 7 月～2010 年 6 月 10 年的减淤量占总减淤量的 66.5%，拦沙减淤比为 1.77；后 10 年拦沙减淤比为 2.30。

系列Ⅰ方案 2 的总减淤量为 36.647 亿 m^3，拦沙减淤比为 2.06，高村以上河段和艾山以下河段拦沙减淤比分别为 2.59、30.8。其中，2000 年 7 月～2010 年 6 月 10 年的减淤量占总减淤量的 69.1%，拦沙减淤比为 1.75；后 10 年的拦沙减淤比为 2.75。

系列Ⅱ方案 1 的总减淤量 33.086 亿 m^3，拦沙减淤比为 2.05，高村以上河段与艾山以下河段拦沙减淤比分别为 2.57、31.37。其中，2000 年 7 月～2010 年 6 月的减淤量占总减淤量的 74.3%，拦沙减淤比为 1.65；后 10 年的拦沙减淤比为 3.22。

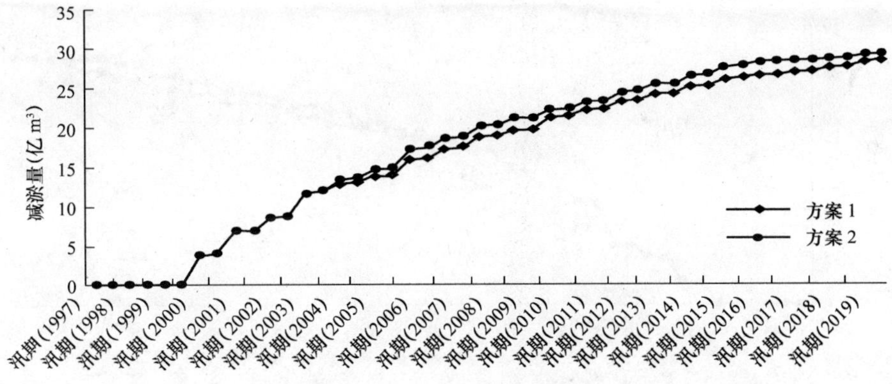

图 21-1　系列Ⅰ铁谢—高村河段历年累计减淤量过程

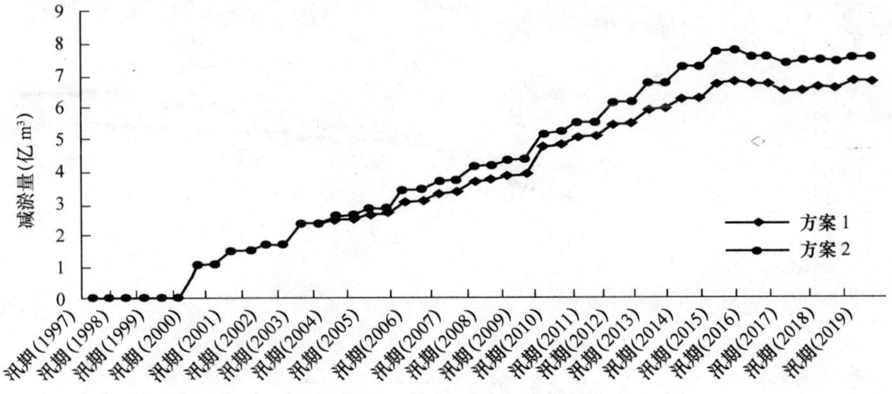

图 21-2　系列Ⅰ高村—利津河段历年累计减淤量过程

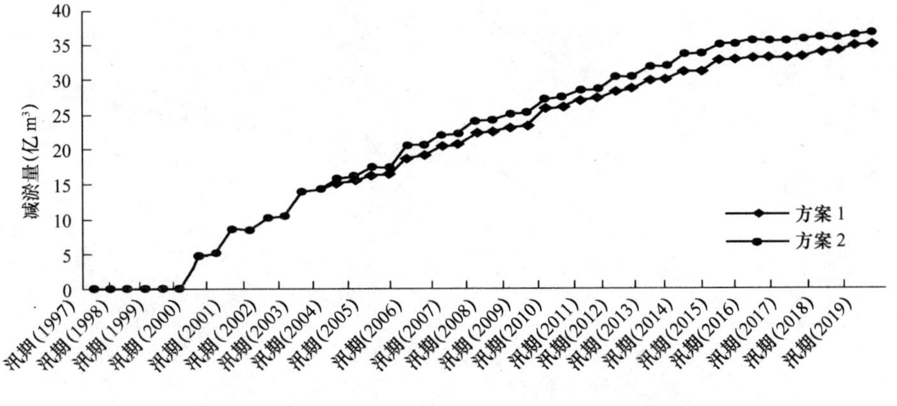

图 21-3　系列Ⅰ铁谢—利津河段历年累计减淤量过程

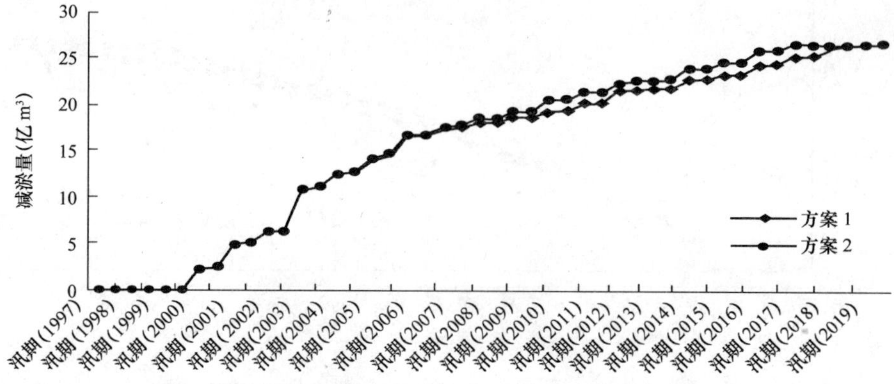

图 21-4　系列Ⅱ铁谢—高村河段历年累计减淤量过程

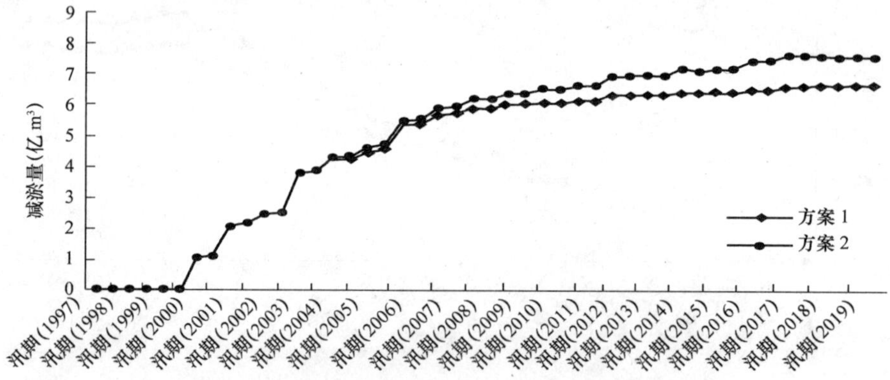

图 21-5　系列Ⅱ高村—利津河段历年累计减淤量过程

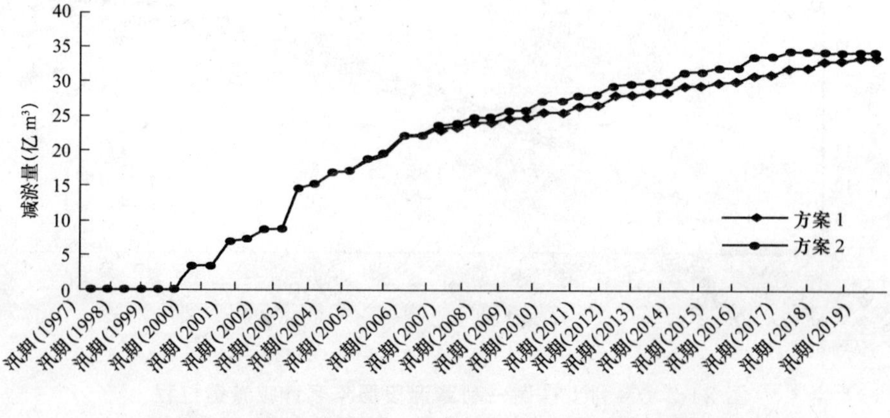

图 21-6　系列Ⅱ铁谢—利津河段历年累计减淤量过程

表 21-15 系列Ⅰ、系列Ⅱ小浪底不同运用方案拦沙减淤比统计

系列	方案	时段	铁谢—利津	铁谢—高村	高村—艾山	艾山—利津
Ⅰ	1	2000.7~2010.6	1.77	2.12	16.23	32.29
		2010.7~2020.6	2.3	3.08	12.61	33.06
		2000.7~2020.6	1.95	2.42	14.57	32.59
	2	2000.7~2010.6	1.75	2.11	15.18	30.87
		2010.7~2020.6	2.75	3.85	14.09	30.74
		2000.7~2020.6	2.06	2.59	14.71	30.8
Ⅱ	1	2000.7~2010.6	1.65	2.18	9.91	20.95
		2010.7~2020.6	3.22	3.49	64.98	118.2
		2000.7~2020.6	2.05	2.57	15.05	31.37
	2	2000.7~2010.6	1.61	2.14	9.23	21.7
		2010.7~2020.6	3.65	4.27	42.18	63.71
		2000.7~2020.6	2.12	2.72	13.85	30.2

系列Ⅱ方案 2 的总减淤量为 33.972 亿 m^3，拦沙减淤比为 2.12，高村以上河段与艾山以下河段拦沙减淤比分别为 2.72、30.2。其中，2000 年 7 月 ~ 2010 年 6 月的减淤量占总减淤量的 75.2%，拦沙减淤比 1.61；后 10 年拦沙减淤比为 3.65。

由上述分析可知，小浪底运用 23 年后，全下游共累积淤积 3.664 亿 ~ 7.624 亿 m^3，河道冲淤的沿程分配为，高村以上河段冲淤幅度较大，而艾山以下河段冲淤幅度相对较小。冲淤量从年际分配上表现为，2000 年 7 月 ~ 2010 年 6 月，全下游普遍冲刷了 9.418 亿 ~ 12.610 亿 m^3，后 10 年又回淤了 5.019 亿 ~ 6.016 亿 m^3。减淤效果在沿程分配上表现为：减淤量在高村以上最大，占了全下游减淤量的 77.7% ~ 80.6%，艾山以下河段仅占 6% ~ 7%，拦沙减淤比在高村以上河段为 2.42 ~ 2.72，而艾山以下河段高达 30.2 ~ 32.59。减淤量的年际分配上表现为 2000 年 7 月 ~ 2010 年 6 月减淤效果较好，拦沙减淤比为 1.61 ~ 1.77，减淤量占总减淤量的 66.5% ~ 75.1%。

第四节 小浪底水库正式运用一年后下游河道减淤效果分析

一、计算概况

为深入分析 1999 年 10 月 ~ 2000 年 10 月小浪底水库正式拦沙运用一年后对下游河道的减淤效果，我们采用准二维泥沙数学模型进行了计算分析。模型计算河段为铁谢—利津河段，初始地形选用 1999 年汛后实测大断面资料。末端水位选用 1999 ~ 2000 年利津站设计水位流量关系控制，支流来水来沙过程选用伊洛河的黑石关站及沁河武陟站实测水沙过程，沿程引水引沙选用黄河下游 1999 年 10 月 ~ 2000 年 10 月实测引水引沙量分不同河段均匀扣除。

二、计算结果与分析

首先，我们选用小浪底水库出库 1999 年 10 月～2000 年 10 月水沙过程作为进口边界条件开展了黄河下游河道冲淤量验证计算，计算结果列于表 21-16。铁谢—利津河段计算冲刷量为 0.86 亿 m^3，与实测值 0.848 亿 m^3 非常接近，且沿程各河段冲淤量分配也与实测结果基本一致。

表 21-16 黄河下游河道冲淤量验证结果 (单位：亿 m^3)

河段		白—花	花—夹	夹—高	高—孙	孙—艾	艾—泺	泺—利	白—利
冲淤量	实测值	–0.734	–0.448	0.047	0.133	0.006	0.110	0.038	–0.848
	计算值	–0.746	–0.439	0.051	0.109	0.028	0.123	0.014	–0.860

注："白"指"白鹤"；"花"指"花园口"；"夹"指"夹河滩"；"高"指"高村"；"孙"指"孙口"；"艾"指"艾山"；"泺"指"泺口"；"利"指"利津"，表 21-17 与此同。

在不考虑小浪底水库的拦沙作用的情况下，以三门峡出库水沙过程作为模型进口水沙条件，开展了无小浪底水库条件下的黄河下游河道冲淤计算，铁谢—利津河段计算淤积量为 0.799 亿 m^3，分河段淤积量列于表 21-17。

表 21-17 无小浪底水库条件下冲淤量计算结果 (单位：亿 m^3)

河段	白—花	花—夹	夹—高	高—孙	孙—艾	艾—泺	泺—利	白—利
冲淤量	0.244	0.182	0.115	0.092	0.037	0.088	0.041	0.799

由上述计算结果分析可知，小浪底水库拦沙运用后，1999 年 10 月～2000 年 10 月黄河下游河道共减淤 1.64 亿 m^3，若河道淤积物干容重取 1.40 t/m^3，则减淤量为 2.306 亿 t；如果小浪底水库拦沙量按 3.372 亿 t(沙量平衡法)考虑，拦沙减淤比为 1.46∶1；如果拦沙量按 3.815 亿 m^3(断面法)计算，库区淤积物干容重取 1.05 t/m^3，则拦沙减淤比为 1.74∶1。从减淤量沿程分布看，黄河下游河道减淤主要集中在高村以上宽河道，共减淤 1.676 亿 m^3，而高村以下河段，基本不受小浪底下泄清水的影响。

参考文献

[1] 赵连军，江恩惠，张红武，等. 利用非恒定流泥沙数学模型预测黄河下游河道的冲淤变化[R]. 郑州：黄河水利科学研究院，1999.

第二十二章　黄河调水调沙试验下游河道冲淤演变预测

第一节　2002 年黄河首次调水调沙方案计算

一、计算概况

小浪底水库建成后，人工调控黄河干流水沙过程的能力大幅度增加。小浪底水库“调水调沙”已成为长期减小下游河道淤积的重要措施之一。

2002 年 5、6 月份，黄河上中游来水较近几年同期偏丰，在基本保证黄河下游用水的前提下，适当控制水库下泄流量，为当年调水调沙试验预留了一定的水量。7 月 4 日 9 时，小浪底水库水位已达 236.42 m，水库蓄水量 43.5 亿 m^3，具备了调水调沙试验的条件[1]。

本次调水调沙是黄河首次调水调沙试验，试验的目标主要包括三个方面：一是寻求试验条件下黄河下游河道泥沙不淤积的临界流量和临界时间；二是使下游河道(特别是艾山—利津河段)不淤积或尽可能冲刷；三是检验河道整治成果，验证数学模型和实体模型，深化对黄河水沙规律的认识。

正式调水调沙试验之前，为了分析预测不同水沙组合对黄河下游河道冲淤影响，给调水调沙预案制定提供技术支撑，我们采用本准二维水沙数学模型开展了分析研究。

模型计算初始地形采用 2001 年汛后地形，计算河段为铁谢—利津；计算过程，不考虑沁河、伊洛河支流的来水来沙。

二、计算方案拟定

为了能详细模拟调水调沙过程在全下游的水沙演进与河道冲淤演变情况，模型计算时段取为 20 d，小浪底水库调水调沙期下泄流量为 2 800 m^3/s，调水调沙历时分别为 6 d 和 8 d，小浪底水库出库含沙量分别为 10、20 kg/m^3，沿程引水引沙分为无引水方案、引水 90 m^3/s、引水 200 m^3/s 三种情况，共组合了 24 个计算方案。在非调水调沙期间，小浪底水库下泄流量为 500 m^3/s 的清水，沿程引水量为 310 m^3/s。

调水调沙期引水 90 m^3/s 方案下游引水流量分配情况为：花园口—夹河滩引水 20 m^3/s；夹河滩—高村引水 20 m^3/s；高村—孙口引水 20 m^3/s；孙口—艾山引水 10 m^3/s；艾山—泺口引水 10 m^3/s；泺口—利津引水 10 m^3/s。

调水调沙期引水 200 m^3/s 方案下游引水流量分配情况为：花园口—夹河滩引水 50 m^3/s；夹河滩—高村引水 40 m^3/s；高村—孙口引水 40 m^3/s；孙口—艾山引水 20 m^3/s；艾山—泺口引水 30 m^3/s；泺口—利津引水 20 m^3/s。

非调水调沙期下游引水流量沿程分配情况为：花园口以上引水 50 m^3/s；花园口—夹河

滩引水 55 m^3/s；夹河滩—高村引水 55 m^3/s；高村—孙口引水 35 m^3/s；孙口—艾山引水 35 m^3/s；艾山—泺口引水 40 m^3/s；泺口—利津引水 40 m^3/s。

由于沿程引水在调水调沙期与非调水调沙期并非一致，而洪水在下游河道演进过程中将发生较大变形，为保证沿程引水过程与预期的效果一致，我们首先开展了调水调沙期与非调水调沙期均不引水的方案计算，确定出各个断面最大的 6 d 或 8 d 流量，作为调水调沙期引水的时间，而后开展正式的方案计算。

三、模型预测结果及其分析

现将各方案模型计算冲淤量结果列于表 22-1，调水调沙期各测站平均含沙量列于表 22-2。由表 22-1、表 22-2 中的数据分析可以看出，对于调水调沙期小浪底出库含沙量为 10、20 kg/m^3 时，无论调水调沙天数是 6 d 还是 8 d，也无论是哪种引水方案，黄河下游均发生冲刷，而其中小浪底出库含沙量为 10 kg/m^3 的无引水方案，洪水演进到利津，含沙量将恢复至 22.5 kg/m^3；当出库含沙量为 20 kg/m^3 的无引水方案，到利津含沙量将恢复至 27.2 kg/m^3。

表 22-1　调水调沙期各方案黄河下游冲淤量计算成果

方案	调水调沙天数(d)	调水期含沙量(kg/m^3)	冲淤量(亿 t)							
			小—利	小—花	花—夹	夹—高	高—孙	孙—艾	艾—泺	泺—利
无引水方案	6	10	–0.192	–0.075	–0.049	–0.029	–0.013	–0.010	–0.007	–0.008
		20	–0.112	–0.047	–0.030	–0.019	–0.003	–0.007	–0.003	–0.003
	8	10	–0.251	–0.090	–0.063	–0.038	–0.018	–0.014	–0.013	–0.015
		20	–0.147	–0.054	–0.038	–0.025	–0.004	–0.009	–0.008	–0.009
引水方案 1	6	10	–0.185	–0.074	–0.048	–0.027	–0.012	–0.010	–0.008	–0.007
		20	–0.107	–0.046	–0.028	–0.017	–0.002	–0.006	–0.005	–0.003
	8	10	–0.244	–0.089	–0.062	–0.036	–0.017	–0.014	–0.014	–0.014
		20	–0.143	–0.053	–0.036	–0.023	–0.004	–0.009	–0.009	–0.008
引水方案 2	6	10	–0.184	–0.074	–0.048	–0.027	–0.012	–0.010	–0.008	–0.006
		20	–0.108	–0.046	–0.028	–0.018	–0.002	–0.006	–0.004	–0.003
	8	10	–0.243	–0.089	–0.061	–0.036	–0.017	–0.013	–0.013	–0.013
		20	–0.143	–0.053	–0.036	–0.024	–0.005	–0.009	–0.008	–0.008

注：“小”指“小浪底”；“利”指“利津”；“花”指“花园口”；“夹”指“夹河滩”；“高”指“高村”；“孙”指“孙口”；“艾”指“艾山”；“泺”指“泺口”。后同。

表 22-2　调水调沙期各方案黄河下游沿程含沙量计算成果　(单位：kg/m^3)

方案	调水调沙天数(d)	小浪底	花园口	夹河滩	高村	孙口	艾山	泺口	利津
无引水方案	6	10	13.7	16.7	18.4	19.3	20.2	21.2	22.5
		20	21.8	23.5	24.6	24.8	25.4	26.2	27.2
	8	10	13.7	16.7	18.5	19.4	20.3	21.3	22.6
		20	21.9	23.6	24.7	24.9	25.5	26.3	27.4
引水方案 1	6	10	13.7	16.7	18.4	19.4	20.3	21.2	22.5
		20	21.8	23.5	24.7	24.9	25.5	26.3	27.3
	8	10	13.7	16.8	18.5	19.5	20.3	21.4	22.7
		20	21.9	23.6	24.8	25.0	25.6	26.4	27.5
引水方案 2	6	10	13.7	16.7	18.5	19.5	20.3	21.3	22.6
		20	21.8	23.5	24.7	25.0	25.6	26.4	27.4
	8	10	13.7	16.8	18.6	19.6	20.4	21.4	22.7
		20	21.9	23.6	24.9	25.2	25.7	26.5	27.5

对于相同的小浪底出库含沙量与调水调沙历时，不同引水方案相比，引水情况下，河道冲刷量小于不引水情况的；但是由于下游引水量仅占小浪底出库流量的 7%，因此对河道冲淤演变的影响不明显。同时，也可以看出，2002 年调水调沙试验，如果含沙量为 20 kg/m^3 左右时，黄河下游将不会发生淤积。

2002 年 7 月 4~15 日，黄河开展了首次调水调沙试验[1]。这期间，小浪底水文站的水量为 26.06 亿 m^3，输沙量 0.319 亿 t，平均含沙量为 12 kg/m^3。从调水调沙后实测资料分析来看，丁字路口平均含沙量恢复至 23.8 kg/m^3。模型预测计算结果与实测值非常接近。

第二节　2002 年 9 月小流量排沙期间下游沿程引水对河道演变影响研究

一、2002 年 9 月小浪底排沙与下游河道演变概况

小浪底水库于 2002 年 9 月 5 日 16 时 ~ 11 日 10 时开启排沙洞排沙，整个过程水库泄水 3.38 亿 m^3，排沙 0.339 亿 t，排沙历时 138 h，平均下泄流量 500 m^3/s，实测出库悬移质泥沙平均粒径为 0.011 ~ 0.014 mm，d_{50} 为 0.006 ~ 0.007 mm。排沙期瞬时出库最大流量 1 480 m^3/s，出库最大含沙量 282 kg/m^3。然而，利津站最大流量仅 64 m^3/s，最大含沙量 67.9 kg/m^3。沙峰在孙口—泺口区间演进历时最长，达 168 h。排沙期间沿程流量和含沙量过程变化见图 22-1、图 22-2。

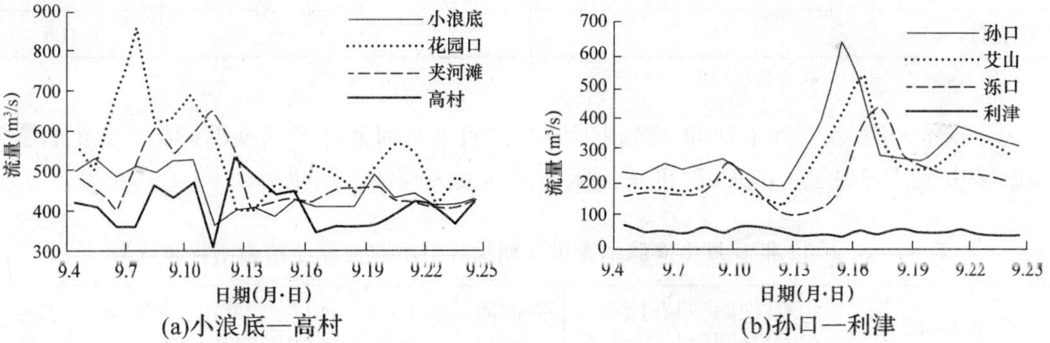

(a)小浪底—高村　　(b)孙口—利津

图 22-1　2002 年小浪底水库排沙期间下游流量过程

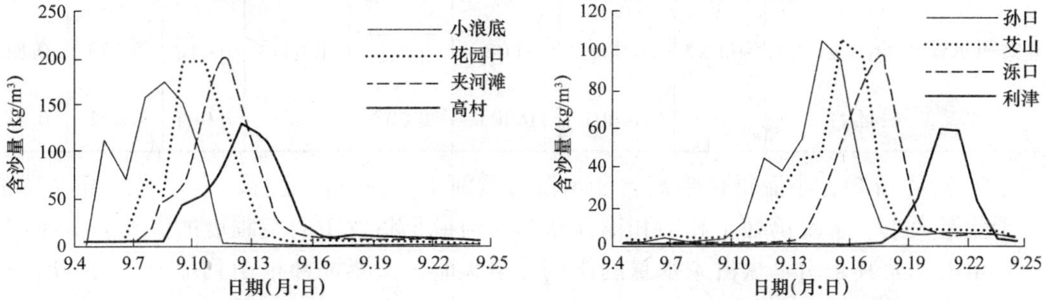

(a)小浪底—高村　　(b)孙口—利津

图 22-2　2002 年小浪底水库排沙期间下游含沙量过程

二、2002 年 9 月沿程引水对河道冲淤演变的影响

经统计分析，水沙运行过程中，黄河两岸引水量为 3.27 亿 m^3，引沙量为 0.21 亿 t，特别是泺口—利津河段引水量最大，为 1.36 亿 m^3。沿程引水引沙量及按沙量平衡法计算下游各河段冲淤量[2]见表 22-3。该时段内，利津以上共淤积 0.108 亿 t，其中花园口以上冲刷 0.064 亿 t，花园口以下均为淤积，夹河滩—高村河段淤积量较多，达 0.089 亿 t；高村—孙口河段及泺口—利津河段次之，分别淤积 0.031 亿 t 和 0.024 亿 t。

表 22-3　2002 年 9 月排沙期间沙量平衡法冲淤量计算结果

站名	输沙量(亿 t)	平均含沙量(kg/m^3)	河段引水量(亿 m^3)	河段引沙量(亿 t)	河段冲淤量(亿 t)
小浪底	0.332				
小黑武	0.332	97.43			
花园口	0.396	96.93		0.00	–0.064
夹河滩	0.352	98.28	0.31	0.03	0.013
高村	0.211	83.75	0.57	0.05	0.089
孙口	0.137	64.32	0.58	0.04	0.031
艾山	0.115	58.22	0.34	0.02	0.001
泺口	0.095	54.88	0.11	0.01	0.013
利津	0.008	38.10	1.36	0.06	0.024
合计				0.210	0.108

注：表中数据是根据日平均资料统计出来的。

为了研究“02・9”洪水期间，黄河下游两岸引水对河道冲淤演变的影响，我们首先利用该数学模型，开展了“02・9”洪水河床冲淤演变的验证，结果见表 22-4。

表 22-4　2002 年 9 月小浪底水库排沙期沿程引水对河道冲淤影响计算成果

河段	铁谢—花园口	花园口—夹河滩	夹河滩—高村	高村—孙口	孙口—艾山	艾山—泺口	泺口—利津	铁谢—利津
考虑引水计算冲淤量(亿 t)	–0.067	0.002	0.077	0.037	0.013	0.012	0.017	0.091
不考虑引水计算冲淤量(亿 t)	–0.067	0.001	0.08	0.04	0.021	0.016	0.038	0.129
引水减淤量(亿 t)	0	–0.001	0.003	0.003	0.008	0.004	0.021	0.038

由表 22-4 可知，小流量挟带高含沙水流在黄河下游河道内运行，尽管泥沙组成很细，但由于流量太小，水流仍处于超饱和输沙状态，河道仍将发生一定程度的淤积。黄河两岸的大量引水，尤其是引水量占来水量的比例非常大时，大量泥沙被引到堤外，河槽内输移的泥沙总量也大为减少，从河道冲淤角度看反倒是减淤的。

作为对比，在考虑两岸不引水的情况下，模型计算铁谢—利津河段共淤积 0.129 亿 t(见

表 22-4)，与考虑引水的验证结果相比，沿程大量引水引沙使全下游共减淤 0.038 亿 t，引水量最大的泺口—利津河段减淤量也最大，为 0.021 亿 t，占 55%。花园口—夹河滩河段引水量占来水量的比例较小，引水导致水流输沙能力的降低，河道略有增淤，增淤量为 0.001 亿 t。

第三节 2004 年调水调沙小浪底水库不同泄流历时下游河道洪水演进变形预测

一、计算概况

2004 年是黄河调水调沙试验的第 3 年，为充分利用黄河水资源，使其发挥最大的综合效益，并达到下游河道最佳冲刷效果，我们开展了小浪底水库不同泄量情况，下游河道洪水演进过程变形预测。

模型计算初始地形为 2004 年汛前地形。设定小浪底水库泄流量为 2 600 m^3/s，基流为 800 m^3/s，共开展了泄量为 3 亿、5 亿、7 亿 m^3，相应泄流历时 32、53、75 h 三个方案计算。

二、计算结果及分析

表 22-5、表 22-6 统计了 3 个方案黄河下游各水文站最大洪峰流量及大于 2 000 m^3/s 流量历时的情况，图 22-3 ~ 图 22-5 绘制了不同方案洪水传播过程。由此可知，对于小浪底水库泄量为 3 亿 m^3 方案，洪峰过程坦化非常严重，洪水到达高村附近时，最大洪峰流量减小至 2 250 m^3/s，削峰率达 13.5%；到达利津时，最大洪峰流量削减至 2 060 m^3/s，削峰率达 20.8%，利津站大于 2 000 m^3/s 的历时为 11 h，仅为小浪底出库大于 2 000 m^3/s 历时的 34.4%。小浪底泄量为 5 亿 m^3 方案，洪峰过程坦化情况要比 3 亿 m^3 方案好得多。洪水到达利津附近时，洪峰流量仍可维持在 2 400 m^3/s 左右，且流量大于 2 000 m^3/s 的历时比小浪底出库过程减少了 22.6%。小浪底泄量为 7 亿 m^3 方案，全下游洪峰几乎没有坦化，流量大于 2 000 m^3/s 的历时仅比小浪底出库过程少了 14.7%。

表 22-5 最大洪峰流量 (单位：m^3/s)

方案	小浪底	花园口	夹河滩	高村	孙口	艾山	泺口	利津
3 亿 m^3	2 600	2 600	2 580	2 250	2 180	2 150	2 110	2 060
5 亿 m^3	2 600	2 600	2 600	2 540	2 470	2 450	2 410	2 380
7 亿 m^3	2 600	2 600	2 600	2 600	2 600	2 600	2 580	2 570

表 22-6 $Q>2\ 000\ m^3/s$ 洪水持续时间 (单位：h)

方案	小浪底	花园口	夹河滩	高村	孙口	艾山	泺口	利津
3 亿 m^3	32	28	26	25	22	20	17	11
5 亿 m^3	53	50	49	48	46	47	45	41
7 亿 m^3	75	73	72	71	70	69	67	64

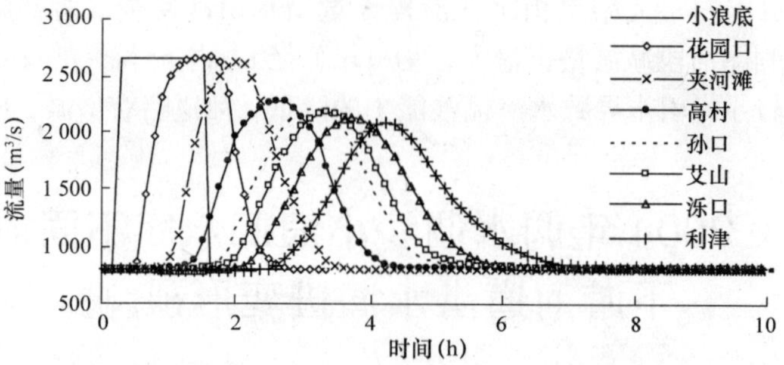

图 22-3　小浪底泄流量 3 亿 m^3 方案黄河下游洪水演进过程

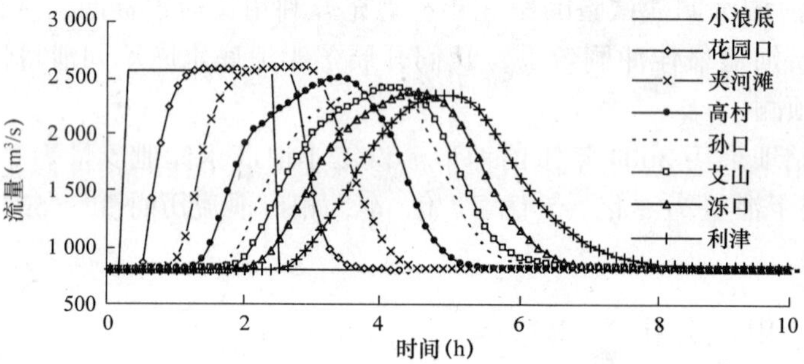

图 22-4　小浪底泄流量 5 亿 m^3 方案黄河下游洪水演进过程

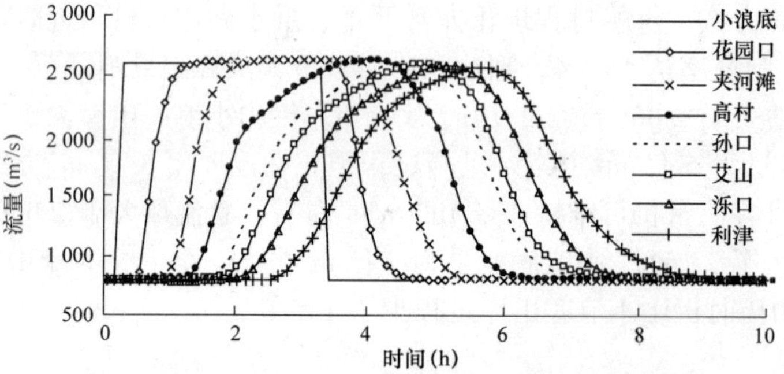

图 22-5　小浪底泄流量 7 亿 m^3 方案黄河下游洪水演进过程

因此，从有利于下游河道输沙的角度出发，小浪底水库下泄流量不应小于 5 亿 m^3，相对而言，7 亿 m^3 方案较好，对河道的冲刷能力最强。

第四节　不同流量下艾山以下河道不淤临界含沙量研究

一、研究背景

2004 年汛前黄河下游各河段平滩流量为：花园口以上 4 000 m^3/s 左右，花园口—夹河滩 3 500 m^3/s 左右，夹河滩—高村 3 000 m^3/s 左右，高村—艾山 2 500 m^3/s 左右，艾山以下大部分为 3 000 m^3/s 左右。其中，彭楼—陶城铺河段大部分断面平滩流量小于 2 600 m^3/s，徐码头和雷口断面平滩流量分别只有 2 260 m^3/s 和 2 390 m^3/s，是黄河下游排洪输沙的卡口河段。

彭楼—陶城铺河段也是黄河下游“二级悬河”最严重的部分河段。其中，彭楼—杨集约 45 km 长的河段平滩水位与临河滩面悬差及滩地横比降均较大，杨集—孙口约 27 km 长的河段左岸平滩水位与临河滩面悬差最大，孙口—陶城铺约 36 km 长的河段左岸滩地横比降最大，达 1.7‱左右。

2004 年调水调沙试验的主要任务之一就是通过水库群的水沙联合调度和人工泥沙扰动，使下游河道发生连续冲刷，以尽快恢复河槽尤其是徐码头和雷口两处约 30 km 卡口河段的过流能力，改善不利的防洪局面。

卡口河段通过人工扰沙，将使部分床沙变为悬沙，改变了该河段自然状态下的水流含沙量与悬沙组成。人工扰动起来的泥沙是否能够顺利通过艾山以下窄河道排入渤海，是广大治黄工作者十分关心的问题之一。为此，我们开展了不同流量下艾山以下窄河道临界不淤含沙量的研究。

模型计算河段为艾山—利津，计算初始地形为 2004 年汛前地形。考虑到通过人工扰沙，卡口河段的过洪能力将会有所恢复，因此将艾山流量定为 2 500、2 600、2 700、2 800 m^3/s 4 个流量级，艾山含沙量 S 为 5、10、15、20、25、30、35、40、45、50、55、60 kg/m^3 共 12 个量级，悬沙平均粒径取为 0.015、0.02、0.025、0.03、0.035、0.04、0.045、0.05、0.055、0.06 mm 共 10 个量级 480 种组合的分析计算。

二、模型计算结果与分析

将利津含沙量与艾山含沙量的差值定义为含沙量恢复值。当含沙量恢复值大于 0 时，艾山—利津河段将发生冲刷，当此值小于 0 时，艾山—利津河段将发生淤积，该值等于 0 时，对应的艾山含沙量即为不淤含沙量。图 22-6 点绘了流量为 2 600 m^3/s 时艾山含沙量与含沙量恢复值的关系。由此可以看出，悬沙组成对临界含沙量的影响很大，对于平均粒径为 0.015 mm 的细沙而言，即使含沙量达到 60 kg/m^3，艾山—利津河段也不会发生冲刷。当悬沙平均粒径为 0.02 mm 时，艾山—利津河段不淤临界含沙量为 41.71 kg/m^3。当悬沙平均粒径粗到 0.03 mm 时，艾山—利津河段临界不淤含沙量降为 21.35 kg/m^3。对于更粗的泥沙如悬沙平均粒径达到 0.05 mm 时，临界不淤含沙量仅为 15.87 kg/m^3。

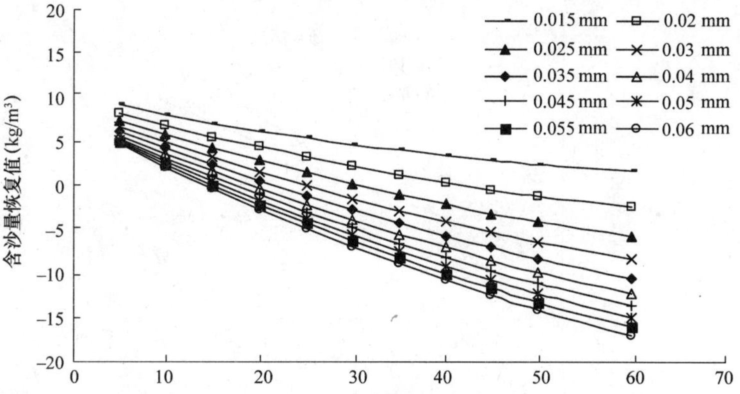

图 22-6　艾山含沙量与含沙量恢复值的关系

表 22-7 统计了 4 种不同流量下艾山—利津河段临界不淤含沙量计算成果。由此可以看出，由于艾山以下河道平滩流量达到 3 000 m³/s 左右，本次计算拟定的 4 个流量级都不会漫滩。因此，对于相同的悬沙组成随着流量的增加，其临界不淤含沙量也随之增大。对于悬沙平均粒径为 0.02 mm 的较细泥沙，流量由 2 500 m³/s 增大到 2 800 m³/s 时，临界不淤含沙量由 40.18 kg/m³ 增大到 45.15 kg/m³，增大了 12.3%；平均每增加 10 kg/m³ 含沙量，临界不淤含沙量增大 4.1%。对于悬沙平均粒径为 0.05 mm 的粗沙，流量由 2 500 m³/s 增大到 2 800 m³/s，临界不淤含沙量由 15.50 kg/m³ 增大至 16.59 kg/m³，增大了 7%；平均每增加 10 kg/m³ 含沙量，临界不淤含沙量增大 2.3%。

表 22-7　不同流量下艾山—利津河段临界不淤含沙量计算成果　(单位：kg/m³)

粒径(mm)	含沙量(kg/m³)			
	Q=2 500 m³/s	Q =2 600 m³/s	Q =2 700 m³/s	Q =2 800 m³/s
0.02	40.18	41.71	43.44	45.15
0.025	29.53	30.46	31.42	32.39
0.03	24.15	24.81	25.49	26.20
0.035	20.80	21.35	21.90	22.44
0.04	18.51	18.96	19.41	19.86
0.045	16.82	17.21	17.61	18.00
0.05	15.50	15.87	16.23	16.59
0.055	14.52	14.83	15.16	15.49
0.06	13.76	14.06	14.35	14.64

2004 年 6 月下旬~7 月份，黄委会开展了在下游河道辅以人工扰沙措施的黄河调水调沙试验[3]。该试验分两个阶段进行，两阶段艾山平均流量约为 2 600 m³/s，在雷口—孙口河段实施人工扰沙措施后，到达艾山的平均含沙量约为 12 kg/m³，悬沙平均粒径约为 0.045 mm。到达利津的平均含沙量约为 14.8 kg/m³。现将原型试验利津含沙量与艾山含沙量的关系与模型计算结果对比情况绘于图 22-7。由此可以看出，两者非常接近。

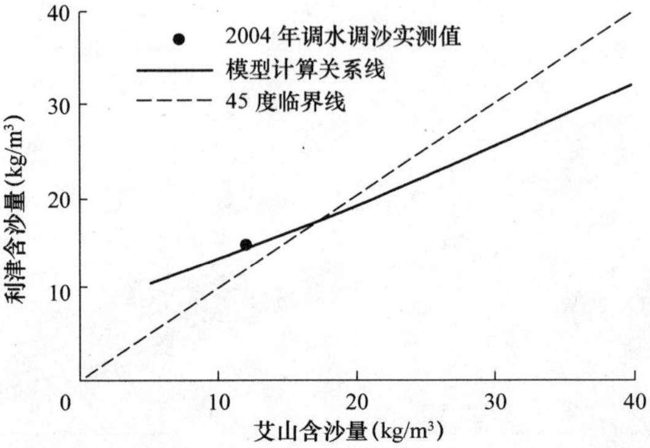

图 22-7　模型计算艾山和利津含沙量关系与实测情况的比较

第五节　2004 年黄河调水调沙下游人工爆破扰沙方案效果研究

一、黄河下游人工爆破扰沙方案设计概述

在 2004 年黄河调水调沙人工扰沙方案设计时，武汉大学韦直林提出了黄河下游人工爆破扰沙的设想。

爆破扰动输沙的基本原理是，利用爆破可在短时间内释放出巨大的能量，结合水库调度，通过周密设计的水下爆破，炸出一条窄深的沟槽，同时将掀起的河床淤沙混入水流中，增加水流的悬沙含量，形成“最佳的过流断面、最佳的平面形态和最佳的水沙搭配”，以达到最大的输沙效率。在下游河道通过对局部卡口河段的疏导，改善全下游河道的行洪输沙条件，提高整体效益，以取得事半功倍的效果。

根据对下游河道平滩流量和二级悬河沿程分布现状[3]分析，扰动部位的确定主要依据平滩流量大小，将徐码头和梁集附近河段作为人工爆破扰沙的重点河段。

为确保人工爆破不危害现有大堤与河道工程安全，爆破扰沙位置布设在两弯道联接的过渡河段，爆破宽度约为主槽宽度的 1/2，尽量增加主流水深，爆破位置远离大堤和河道整治工程(安全距离不小于 500 m)，不易爆破的河段采用挖泥船扰动措施。设计的整体方案如图 22-8。计划爆破扰动的河段，主槽长度 90.15 km，适宜爆破的长度 34.32 km，共选择布置了 17 处爆破子河段(见图 22-8，表 22-8)。

预估每个爆破子河段爆起泥沙量见表 22-8。17 处爆破子河段，共计爆起泥沙量约 0.196 亿 m^3，河床淤沙干密度按 1.4 t/m^3 算，则约为 0.274 亿 t。

为论证实施爆破后沙峰的传播过程，我们利用数学模型开展了详细的计算分析工作。

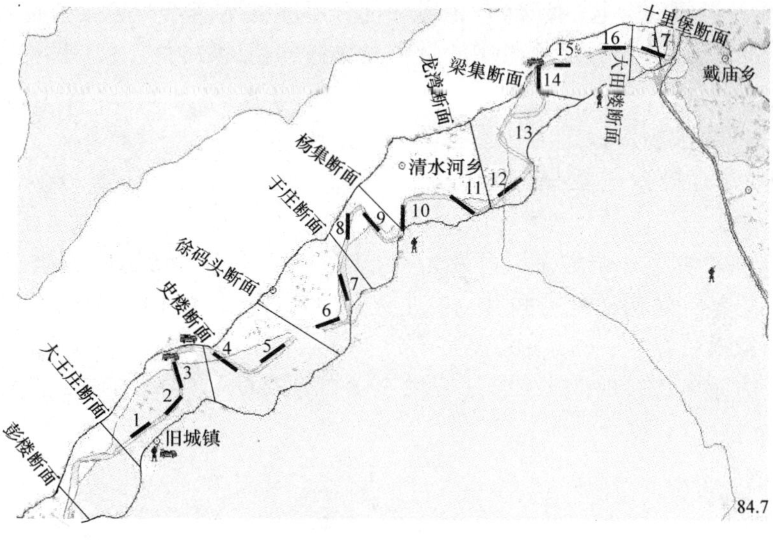

图 22-8　黄河下游人工爆破扰沙位置布置

表 22-8　爆破位置范围统计

编号	爆破位置	爆破范围(m)			爆破土方量(万 m^3)
		长	宽	深	
No.1	大王庄—史楼	2 000	200	3	120.0
No.2		1 040	200	3	62.4
No.3		1 130	200	3	67.8
No.4	史楼—徐码头	2 230	200	3	133.8
No.5		2 790	200	3	167.4
No.6	徐码头—于庄	2 870	200	3	172.2
No.7		2 110	200	3	126.6
No.8	于庄—杨集	2 140	220	3	141.2
No.9		2 340	220	3	154.4
No.10	杨集—伟那里	1 050	150	3	47.2
No.11		2 170	180	3	117.1
No.12	伟那里—龙湾	3 580	200	3	214.8
No.13		1 930	300	3	173.7
No.14	孙口—梁集	950	230	3	65.55
No.15		840	100	3	25.20
No.16	梁集—雷口	2 260	120	3	81.36
No.17	雷口—十里堡	2 890	100	3	86.70
合计		34 320			1 957.41

本次模型计算河段为铁谢—利津河段，进口水沙过程按小浪底水库下泄流量 2 500 m^3/s，含沙量 10 kg/m^3 控制，不考虑沁河、伊洛河来水，并且不考虑洪水沿程衰减的长历时恒定流过程。考虑到爆起的泥沙有相当一部分不能被水流带走，会立即沉淀在附近，在模型计算时，将爆破引起的水流净增沙量按总爆破沙量的25%考虑，即净增 0.068 6 亿 t，折合 0.049 亿 m^3。

计算河段的爆破顺序假定为：①徐码头—于庄、②史楼—徐码头、③雷口—十里堡、④梁集—雷口、⑤孙口—梁集、⑥伟那里—龙湾、⑦杨集—伟那里、⑧于庄—杨集、⑨大王庄—史楼。

数学模型共计算了 3 个方案，分别为不爆破方案、爆破 3 d 方案与爆破 5 d 方案。

爆破 3 d 方案的爆破时间安排为：第 1 天 8 时引爆①、12 时引爆②；次日 8 时引爆③，后面每隔 6 h 依次引爆④、⑤、⑥、⑦、⑧、⑨；

爆破 5 d 方案的爆破时间安排为：第 1 天 8 时引爆①、12 时引爆②；次日 8 时引爆③，后面每隔 12 h 依次引爆④、⑤、⑥、⑦、⑧、⑨。

二、计算结果

在起爆的瞬间，爆破河段水体含沙量陡增，较粗泥沙快速落淤后，较细泥沙悬浮于水中形成一陡涨陡落的沙峰。图 22-9 ~ 图 22-12 点绘了孙口、艾山、泺口、利津 4 个测站

3 个计算方案含沙量过程的比较情况，图 22-13、图 22-14 分别给出了爆破 3 d 方案与爆破 5 d 方案的含沙量演进传播过程。由此可以看出沙峰在向下游传播的过程中峰值衰减，且峰值越大，其衰减幅度越大，而在非沙峰期含沙量会沿程有所增加。例如，第一河段起爆后，孙口断面沙峰值约为 106.9 kg/m^3，该沙峰传播至利津断面其峰值降至 76.9 kg/m^3；最后一河段起爆后，艾山断面沙峰值为 35.21 kg/m^3，传播至利津断面衰减至 30.71 kg/m^3；在非沙峰期，含沙量由孙口断面大约 17 kg/m^3 增加至 20 kg/m^3 左右。

各方案河道冲淤量统计结果见表 22-9，全下游均处于冲刷状态。不爆破方案、爆破 3 d 方案及爆破 5 d 方案，铁谢—利津河段冲刷量分别为 0.213 7 亿、0.186 2 亿、0.185 6 亿 m^3。其中，爆破 3 d 方案少冲了 0.027 5 亿 m^3，爆破 5 d 方案少冲了 0.028 1 亿 m^3，若加入人工爆破冲起的泥沙 0.049 亿 m^3，则爆破 3 d 方案全下游减淤 0.021 5 亿 m^3，爆破 5 d 方案全下游减淤 0.020 9 亿 m^3，爆破 3 d 方案减淤量略大于爆破 5 d 方案。

表 22-9　爆破扰沙不同方案分河段冲淤量　　(单位：亿 m^3)

河段	铁—利	铁—花	花—夹	夹—高	高—孙	孙—艾	艾—泺	泺—利
不爆破	−0.213 7	−0.103 4	−0.047 9	−0.006 3	0.015 3	−0.010 5	−0.028 8	−0.032 2
爆破 3 d	−0.186 2	−0.103 4	−0.047 9	−0.006 3	0.017 7	−0.003 3	−0.021 3	−0.021 8
爆破 5 d	−0.185 6	−0.103 4	−0.047 9	−0.006 3	0.017 8	−0.003 2	−0.021 1	−0.021 5
3 d 减少冲刷量	0.027 5	0.000 0	0.000 0	0.000 0	0.002 5	0.007 1	0.007 5	0.010 4
5 d 减少冲刷量	0.028 1	0.000 0	0.000 0	0.000 0	0.002 5	0.007 2	0.007 7	0.010 7

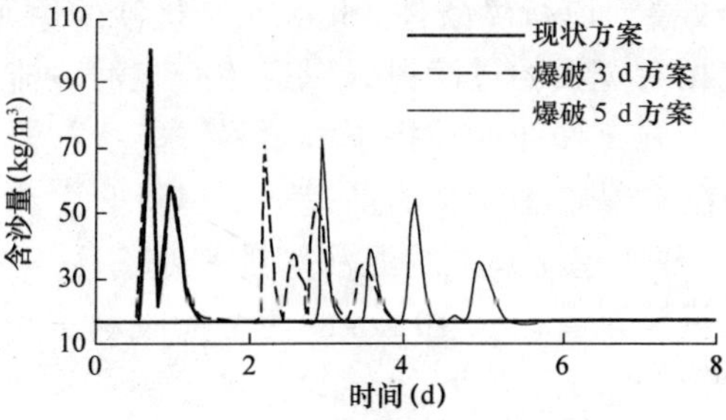

图 22-9　孙口断面含沙量过程

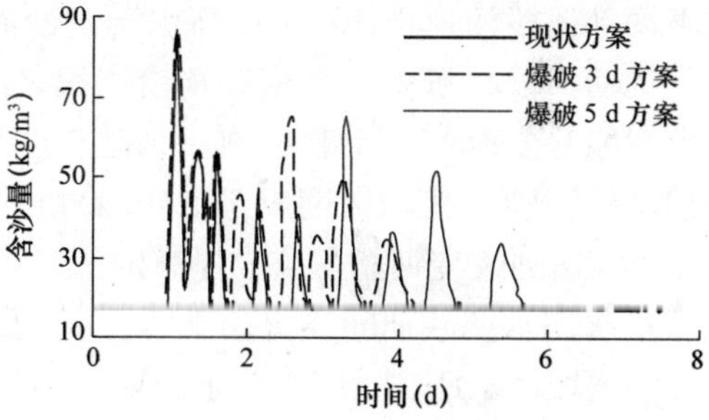

图 22-10　艾山断面含沙量过程

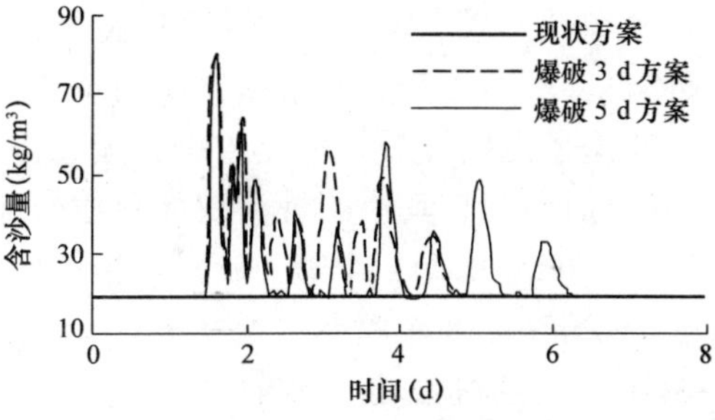

图 22-11　泺口断面含沙量过程

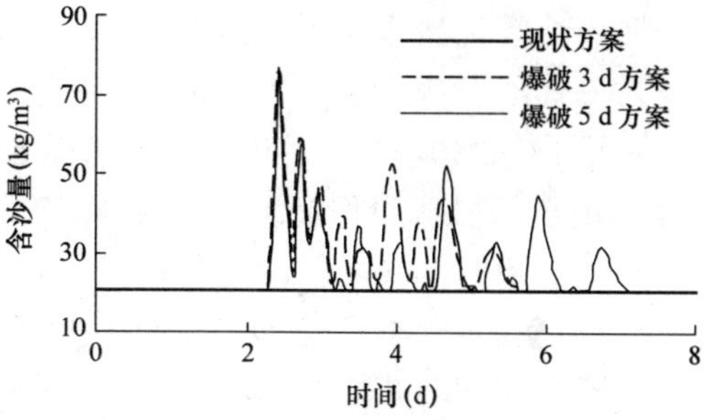

图 22-12　利津断面含沙量过程

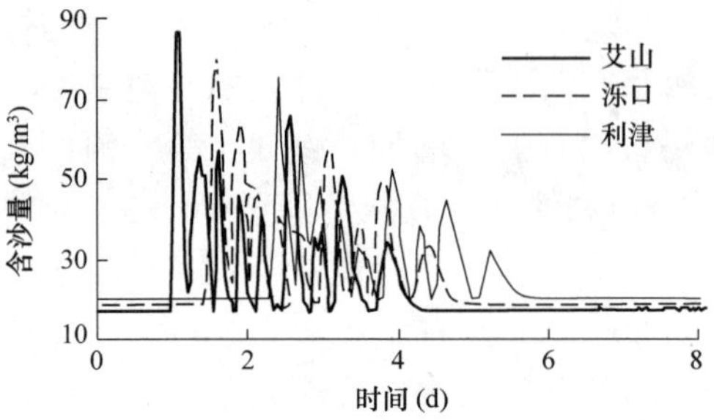

图 22-13　爆破 3 d 方案含沙量传播过程

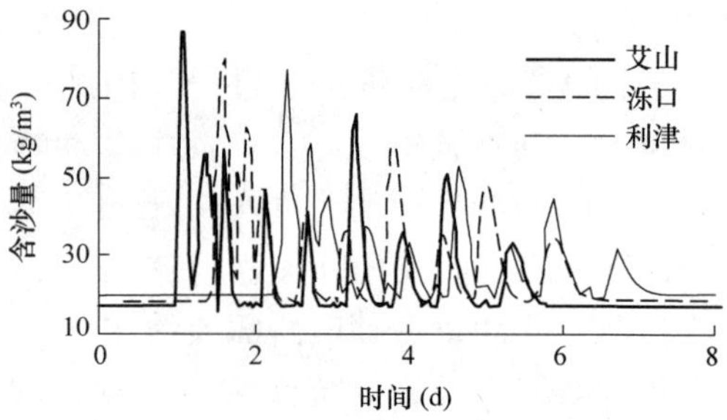

图 22-14　爆破 5 d 方案含沙量传播过程

实施人工爆破后，虽然全下游河道是减淤的，但减淤量在空间分布上表现为高村—艾山河段减淤而艾山—利津河段增淤。爆破 3 d 方案高村—艾山河段减淤 0.039 4 亿 m^3，艾山—利津河段增淤 0.017 9 亿 m^3；爆破 5 天方案高村—艾山河段减淤 0.039 3 亿 m^3，艾山—利津河段增淤 0.018 4 亿 m^3。因此，人工爆破扰沙，在总体减淤的情况下，相当于扰起泥沙量的 37%由高村—孙口河段搬移到了其下游的艾山—利津河段。

第六节　2004 年黄河调水调沙试验人工扰沙减淤效果分析

一、2004 年黄河调水调沙试验人工扰沙概况

在 2004 年黄河第 3 次调水调沙试验期间，采用了人工干预措施，将下游卡口河段(平滩流量小，河道过流能力低)的河床泥沙扰动起来，使主槽加深，局部河段河床纵比降增大，改善局部河段河道形态，来提高水流输沙能力和改善河道行洪条件。此次人工扰沙的原则：一是扰动河段尽量安排在相邻整治工程之间河道相对宽浅的过渡段，以避免险工河段流速过大对船只安全产生不利影响；二是在确保有利于施工作业的前提下，要尽可能扰起深层的细颗粒泥沙，扰动深度应不低于 1.0 m；三是在确保施工安全的前提下，尽量向主流速区靠近，达到改变河槽形态、提高河道过流能力、并使起动起来的泥沙尽量多地输往下游。

本次调水调沙期间将史楼至于庄长 20 km 和梁集至雷口长 10 km 的两个河段确定为人工扰沙河段。6 月 22 日 12 时下游两个河段全线开始扰动。

本次扰动共分两个阶段：第一阶段为 6 月 22 日 12 时 ~ 30 日 8 时，计 188 h；第二阶段为 7 月 7 日 7 时 ~ 13 日 6 时，计 143 h。两个阶段总计 331 h。

河南河段扰沙作业平台共计 11 个，包括 80t 自动驳船 2 艘，安装三门峡库区拆卸的水文局射流扰沙设备，配备 20 个高压喷头；200 t 双体自动驳船 1 艘，浮桥双体压力舟 5 条，每艘布置 LGS250–35–1 两相流潜水渣浆泵 4 台；120 型挖泥船 2 艘；民船 1 艘，配射流枪 12 个。山东河段扰沙作业平台共计 15 个，包括 2 艘自航驳船，其中 1 艘为双体自航驳船，安装库区拆卸的水文局射流扰沙设备，水泵出水量 1 200 m^3/h，12 个喷头；1 艘为单体自航驳船，安装 6 台小机泵组，每台小机泵组出水量 100 m^3/h，8 个喷头。2 艘移动承压舟，其中 1 艘安装三门峡枢纽局射流设备，1 艘安装 136 kW 柴油机带动 10EPN–30 大机泵，配 18 个喷管 18 个喷头，出水量 1 200 m^3/h。11 艘浮桥浮体组合式工作平台，安装高压射流设备，每艘安装 2 台 90 kW 发电机作供电电源，6 台小机泵组，每台小机泵组出水能力

100 m³/h，一个喷管 8 个喷头。

参照船舶数量和生产能力，重点扰动河段分 5 段，其中河南局 3 段，山东局 2 段。第 1 段位于郭集工程至吴老家工程之间，自吴老家工程以上 200 m 开始，向上扰动 2 000 m，布置 3 个工作平台。第 2 段位于吴老家工程至苏阁险工之间，自苏阁险工以上 500 m 开始，向上扰动 2 500 m，布置 5 个工作平台。第 3 段位于苏阁险工至杨楼工程之间，自杨楼工程以上 200 m 开始，向上扰动 2 500 m，布置 3 个工作平台。第 4 段位于影唐险工至大田楼断面之间，自影唐险工以下 500 m 开始，向下扰动 2 500 m，布置 6 个工作平台。第 5 段位于大田楼断面至国那里险工之间，自国那里险工以上 200 m 开始，向上扰动 2 500 m，布置 9 个工作平台。

根据两个河段投入的设备数量和性能，不考虑由于扰动增加的冲刷量，计算实际扰起的泥沙量为 164.1 万 m³。其中，徐码头河段扰沙 93.8 万 m³，雷口河段扰沙 70.3 万 m³。扰沙河段平滩流量约增加了 500 m³/s，使两河段不利的边界条件得到改善。

二、调水调沙期黄河下游来水来沙及河道冲淤概况

2004 年黄河第 3 次调水调沙试验，共分为 2 个阶段。现将黄河下游各站每阶段起止时间列于表 22-10。

表 22-10　2004 年调水调沙试验下游主要测站起止时间统计

项目		小浪底	花园口	夹河滩	高村	孙口	艾山	泺口	利津
第 1 阶段	起始时间 (月·日 T 时:分)	6.19T 9:18	6.20T 0:00	6.20T 12:00	6.20T 22:00	6.21T 6:00	6.21T 12:00	6.21T 16:00	6.22T 4:00
	结束时间 (月·日 T 时:分)	6.29T 1:12	6.30T 2:00	6.30T 16:00	7.1T 6:00	7.2T 0:00	7.2T 6:00	7.3T 20:00	7.4T 6:00
	历时(h)	231.9	242	244	248	258	258	292	296
	最大流量 (m³/s)	3 300	2 970	2 830	2 800	2 760	2 830	2 760	2 730
第 2 阶段	起始时间 (月·日 T 时:分)	7.3T 20:24	7.4T 16:00	7.5T 4:00	7.5T 15:00	7.6T 0:00	7.6T 6:06	7.6T 12:30	7.7T 4:00
	结束时间 (月·日 T 时:分)	7.13T 9:00	7.14T 2:00	7.15T 4:00	7.15T 17:36	7.16T 12:00	7.16T 17:54	7.17T 20:00	7.19T 2:00
	历时(h)	228.6	236	240	242.6	252.0	251.8	271.5	288
	最大流量 (m³/s)	3 020	2 950	2 900	2 970	2 960	2 950	2 950	2 950
中段	历时(h)	115.2	110	108	105	96	96.1	64.5	64
合计	历时(h)	575.7	588	592	595.6	606	605.9	628	648

第 1 阶段，小浪底水库清水下泄，小浪底水文站水量 23.01 亿 m³，沙量为 0，伊洛河和沁河同期来水 0.24 亿 m³，小黑武水量 23.25 亿 m³，沙量为 0；第 2 阶段，小浪底水库异重流排沙，小浪底水文站水量 21.72 亿 m³，沙量为 0.044 亿 t，平均含沙量 2.03 kg/m³，伊洛河和沁河同期来水 0.54 亿 m³，小黑武水量 22.27 亿 m³，沙量为 0.044 亿 t，平均含沙量

1.98 kg/m^3；中间段，小浪底水文站水量 2.06 亿 m^3，沙量为 0，伊洛河和沁河同期来水 0.31 亿 m^3，小黑武水量共 2.38 亿 m^3。

整个调水调沙试验期间，小浪底水文站历时 575.7 h，水量 46.80 亿 m^3，沙量 0.044 亿 t，平均含沙量 0.94 kg/m^3。伊洛河和沁河同期来水 1.098 亿 m^3，小黑武水量 47.89 亿 m^3，沙量 0.044 亿 t，平均含沙量 0.92 kg/m^3。

根据下游各河段实测逐日引水引沙资料统计，2004 年调水调沙期间全下游实测引水量 2.30 亿 m^3，引水量主要集中在花园口以上、花园口—夹河滩和高村—孙口河段，分别占总引水量的 21.2%、41.4%和 21.1%。实测引沙量 117.69 万 t。

根据实测水沙资料，考虑各河段实测引沙量，第 1 阶段小浪底—利津河段冲刷 0.266 亿 m^3(泥沙干容重按 1.4 t/m^3)，第 2 阶段小浪底—利津河段冲刷 0.202 亿 m^3，采用输沙率法计算，中间段小浪底—利津河段冲刷 0.006 亿 m^3。整个调水调沙期间下游河道小浪底—利津河段冲刷 0.475 亿 m^3。

从整个调水调沙试验过程看，黄河下游各河段均为冲刷，其中小浪底—高村、高村—利津河段分别冲刷 0.226 亿、0.249 亿 m^3，分别占总冲刷量的 47.5%和 52.5%。小浪底—花园口、高村—孙口、泺口—利津河段冲刷相对较多，冲刷量分别为 0.121 亿、0.088 亿 m^{3}和 0.107 亿 m^3，分别占总冲刷量的 25.4%、18.5%和 22.6%。实施人工扰动的高村—孙口、孙口—艾山两河段冲刷量分别为 0.088 亿 m^{3}和 0.053 亿 m^3。

三、2004 年黄河调水调沙试验河道冲淤计算与人工扰沙效果分析

数模计算初步表明，本次扰沙使高村以下河道多冲刷 45.1 万 m^3，约占扰沙总量的 27.5%，即约有 1/4 的泥沙可以远距离输移。

为进一步分析黄河下游人工扰沙减淤效果，我们采用该准二维数学模型开展了分析计算。模型计算河段为铁谢—利津，各采用小浪底、黑石关及小董实测流量含沙量过程作为进口及侧向入流条件。沿程引水引沙各河段按时间平均侧向分流条件给定。

首先开展的是人工扰沙条件下河道洪水演进与河道冲淤演变计算。在计算过程中，对人工扰沙的处理，仅将两个阶段人工扰起的沙量取扰沙时段的平均值，在扰沙河段内，按侧向入沙方式给定，并且不考虑人工扰沙对河道形态调整的影响。

图 22-15～图 22-28 给出了黄河下游主要测站模型计算流量及含沙量过程与实测资料的对比结果，表 22-11 给出了各河段冲淤量计算结果。由此可以看出，虽然沿黄引水与人工扰沙处理的较为粗糙，但模型计算结果基本能够满足该问题分析的要求。加入人工扰沙量后，模型计算的铁谢—利津河段共冲刷泥沙 0.463 亿 m^3，与天然实测值 0.475 亿 m^{3}比较接近。

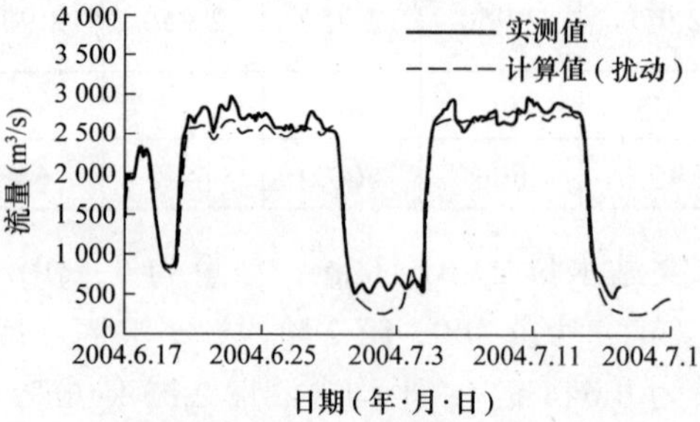

图 22-15　花园口流量过程对比

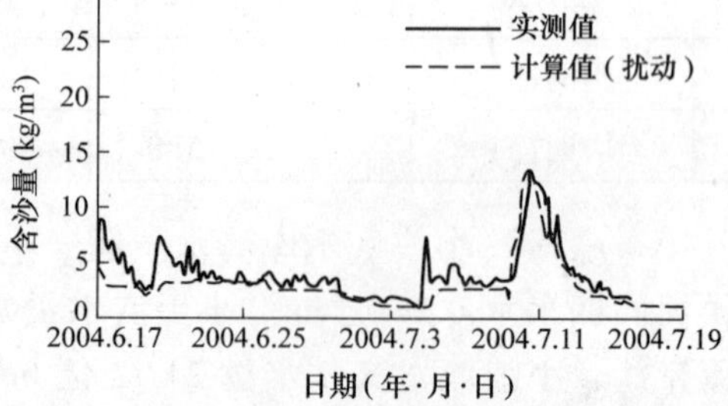

图 22-16　花园口含沙量过程对比

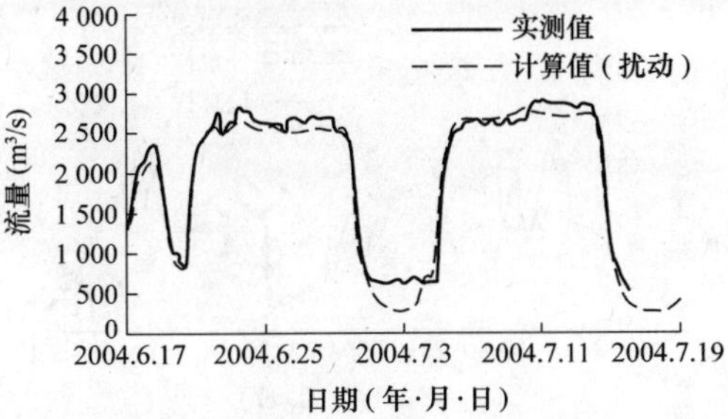

图 22-17　夹河滩流量过程对比

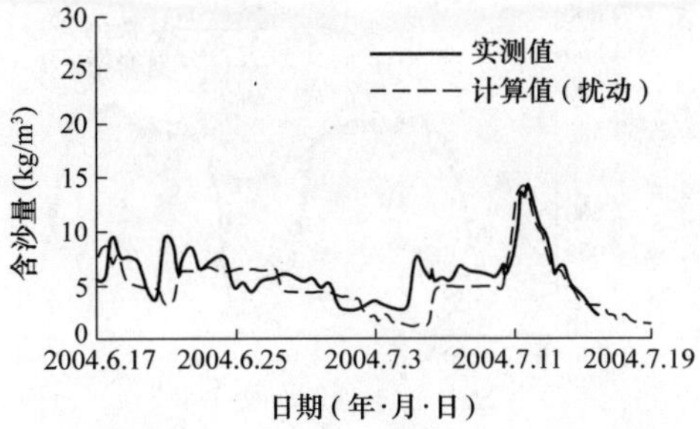

图 22-18　夹河滩含沙量过程对比

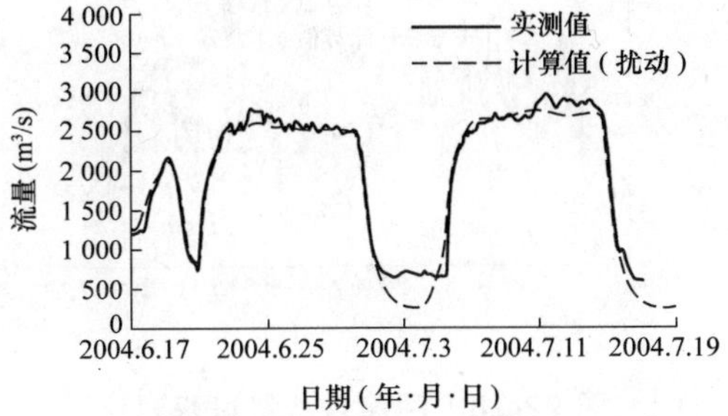

图 22-19　高村流量过程对比

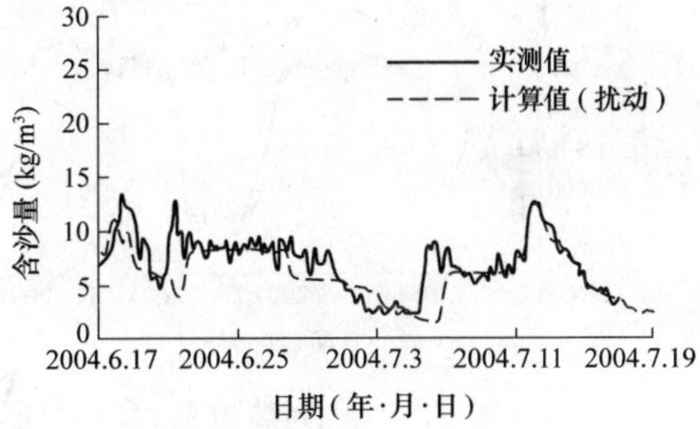

图 22-20　高村含沙量过程对比

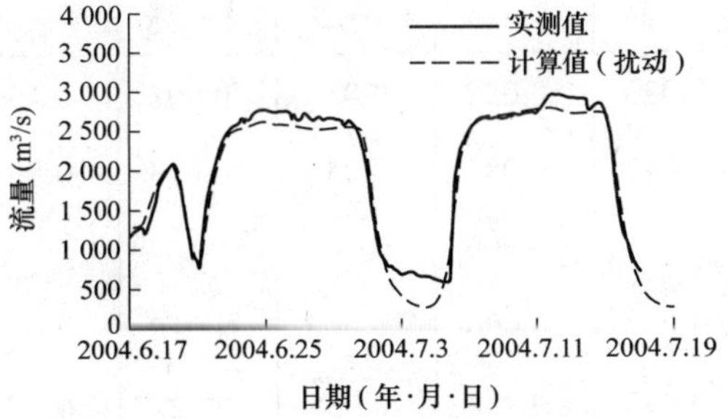

图 22-21　孙口流量过程对比

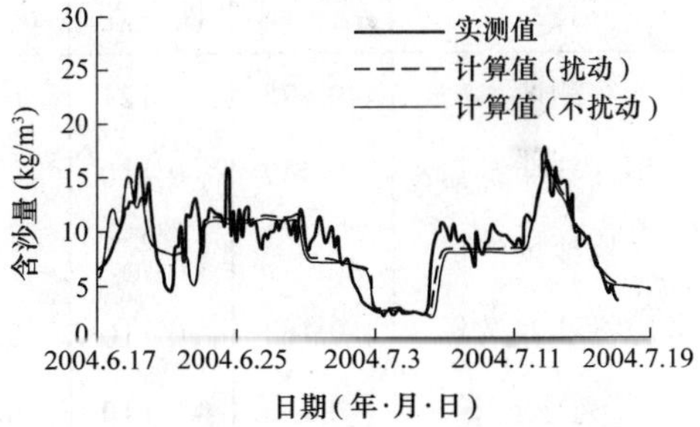

图 22-22　孙口含沙量过程对比

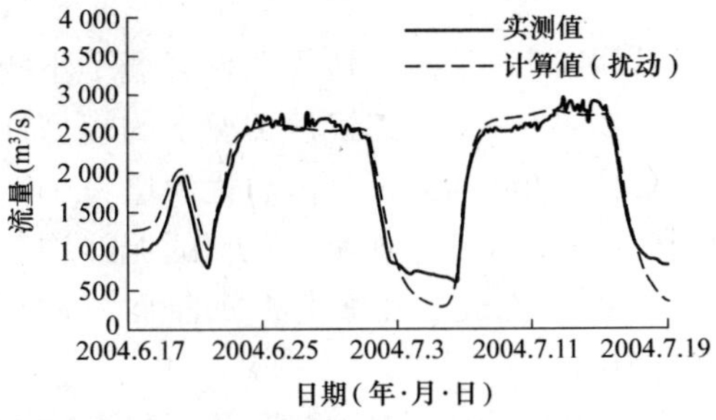

图 22-23　艾山流量过程对比

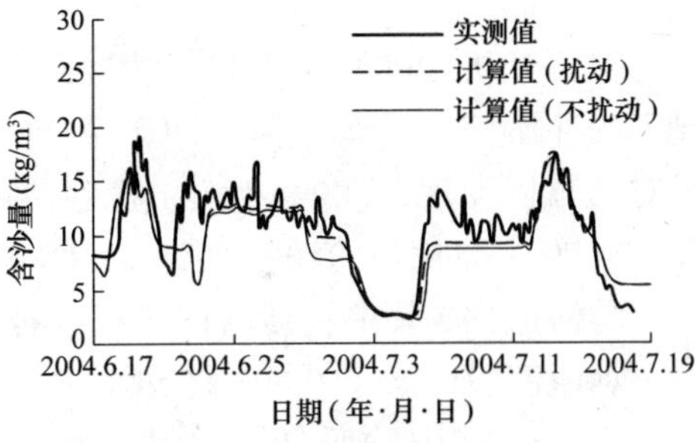

图 22-24　艾山含沙量过程对比

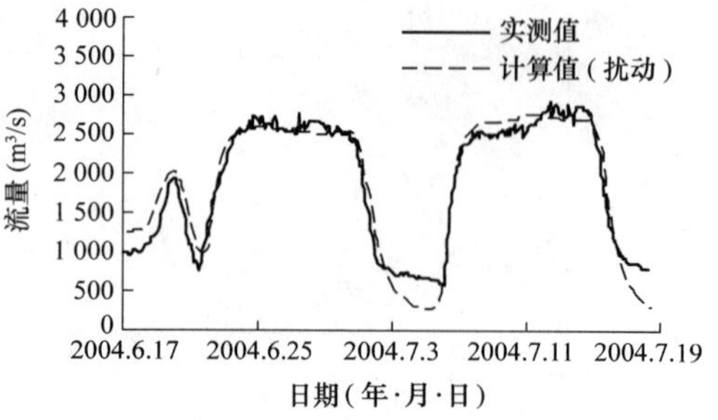

图 22-25　泺口流量过程对比

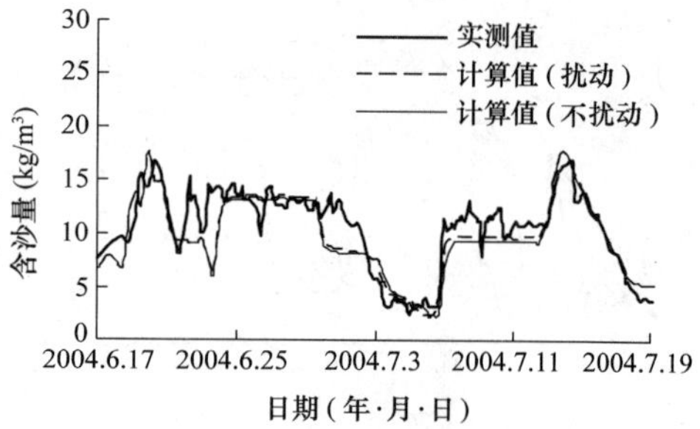

图 22-26　泺口含沙量过程对比

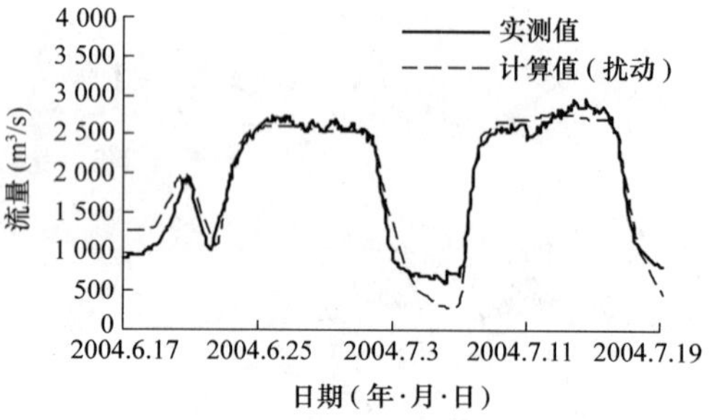

图 22-27　利津流量过程对比

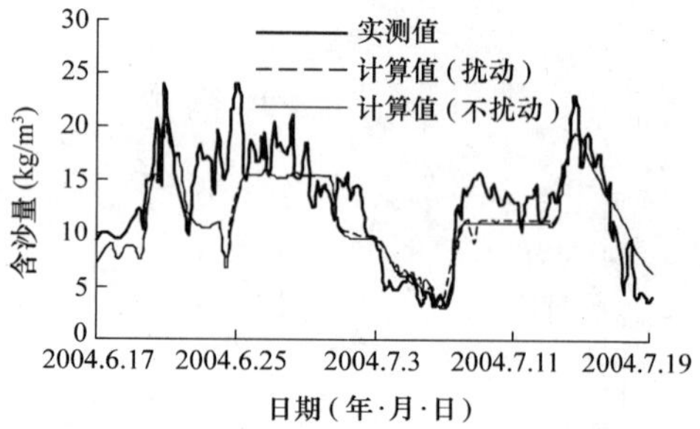

图 22-28　利津含沙量过程对比

表 22-11　黄河第 3 次调水调沙河道冲淤量计算成果　(单位：亿 m^3)

河段	铁—利	铁—花	花—夹	夹—高	高—孙	孙—艾	艾—泺	泺—利
实测值	−0.475	−0.121	−0.072	−0.033	−0.088	−0.053	−0.001	−0.107
模型计算冲淤量	−0.447	−0.110	−0.083	−0.047	−0.087	−0.033	−0.018	−0.069
扰沙量					−0.009	−0.007		
考虑扰沙冲淤量	−0.463	−0.110	−0.083	−0.047	−0.096	−0.040	−0.018	−0.069
不扰动	−0.458	−0.110	−0.083	−0.047	−0.088	−0.035	−0.022	−0.073
扰沙效果	0.005	0	0	0	0.008	0.005	−0.004	−0.004

注："利"指"利津"；"铁"指"铁谢"。

为对比分析 2004 年人工扰沙减淤效果，我们以相同的水沙与边界条件开展了不扰沙情况下的冲淤演变计算。河道冲淤量计算结果见表 22-11，与人工扰沙情况下的模型计算结果对比分析发现，2004 年人工扰沙使黄河下游减淤 0.005 亿 m^3，占总扰沙量 0.016 亿 m^3 的 31.3%，即扰起的泥沙只有 31.3%被输送到利津以下入海，而另 68.7%的泥沙均淤积在了下游河道内，其中扰沙河段高村—孙口回淤了 0.003 亿 m^3，占总扰沙量的 18.7%左右；艾山—利津河段回淤了 0.008 亿 m^3，占总扰沙量的 50%。

由孙口、艾山、泺口、利津 4 站人工扰沙与不扰沙含沙量对比情况看(见图 22-22、图 22-24、图 22-26、图 22-28)人工扰沙使河道含沙量有所增大，但增幅有限。

参 考 文 献

[1] 水利部黄河水利委员会. 黄河首次调水调沙试验[M]. 郑州：黄河水利出版社，2003.

[2] 李勇，曲少军，孙赞盈，等. 小浪底水库排泄坝前小漏淤沙及短历时高含沙洪水时下游河道冲淤影响的初步研究[R]. 郑州：黄河水利科学研究院，2005.

[3] 水利部黄河水利委员会. 黄河第三次调水调沙试验[M]. 郑州：黄河水利出版社，2005.

第二十三章　小浪底水库异重流排沙期黄河下游洪峰增值机理及其模拟

小浪底水库自 1999 年汛后运用以来，为黄河下游河道防洪、减淤灌溉及黄河健康生命的修复与维持发挥了重要作用。同时，水库的调节改变了进入下游河道的自然水沙过程，引发了一些新的现象。如 2004、2005、2006 年小浪底水库异重流排出高含沙过程后，黄河下游均出现了洪峰增值的变异现象。

一般情况下，在河道槽蓄滞洪作用下，洪水演进过程中洪峰流量沿程逐渐减小，且峰型越尖瘦，削峰幅度越大；即使对于峰型较肥胖的洪水，虽然沿程削峰幅度相对较小，但一般不会出现峰值增加现象。小浪底水库异重流排沙期洪峰增值的变异现象给水库调度与下游防洪带来了诸多困难，因此开展洪峰增值机理研究，具有重要的学术价值与应用意义。

第一节　黄河下游洪峰异常增值现象及其不利影响

一、小浪底水库异重流高含沙洪水排沙期黄河下游洪峰变异现象

2004 年 8 月 22 日 20 时，小浪底水库下泄流量为 1 500 m^3/s，水流含沙量仅有 1.06 kg/m^3；至 23 日 0 时，水库开始异重流排沙，流量变化不大；0 时 12 分，含沙量增至 94.9 kg/m^3；3 时 12 分，流量增加到 2 530 m^3/s，含沙量增大到 253 kg/m^3；30 日 12 时，异重流排沙结束。在整个排沙过程中，小浪底出库最大洪峰流量为 2 690 m^3/s，最大出库含沙量为 343 kg/m^3，期间沁河、伊洛河流量之和仅有 200 m^3/s 左右，而洪水演进到花园口站，峰型发生了明显变异，洪峰流量大幅度增加，实测最大洪峰流量高达 3 990 m^3/s，峰值增加 1 100 m^3/s(见图 23-1)。

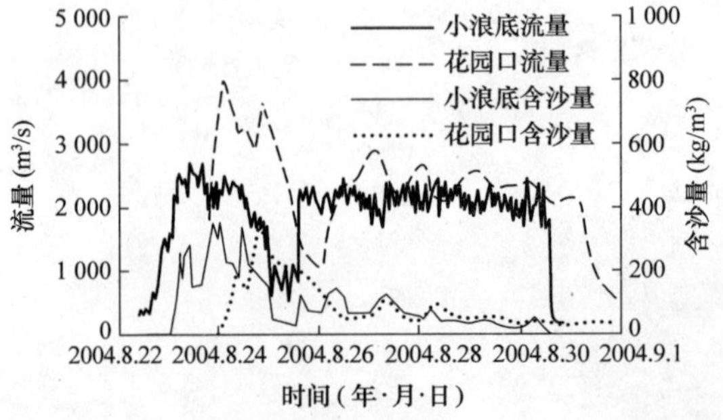

图 23-1　“04 · 8”洪水小浪底、花园口水沙过程

2005 年 7 月上旬，小浪底水库再次异重流排沙运用。7 月 5 日 18 时 30 分 ~ 7 月 6 日 0 时，出库流量基本维持在 2 050 ~ 2 570 m³/s，含沙量仅有 3 ~ 4 kg/m³；2 时开始异重流排沙，出库含沙量为 21.1 kg/m³；8 时含沙量增加到 128 kg/m³；10 时达到最大含沙量 139 kg/m³。排沙流量基本维持在 2 000 ~ 2 500 m³/s，最大流量为 2 530 m³/s，伊洛河、沁河入汇流量之和仅有 50 m³/s 左右，花园口洪峰流量却高达 3 530 m³/s，峰值增加 950 m³/s(见图 23-2)。

2006 年 8 月 2 日 12 时 ~ 3 日 1 时，小浪底水库下泄流量为 1 170 ~ 1 720 m³/s 的清水过程，此后开始异重流排沙，最大下泄含沙量为 302 kg/m³。最大流量为 2 090 m³/s，沁河、伊洛河来流量之和仅有 110 m³/s 左右，花园口最大流量为 3 360 m³/s，洪峰增加了 1 160 m³/s(见图 23-3)。

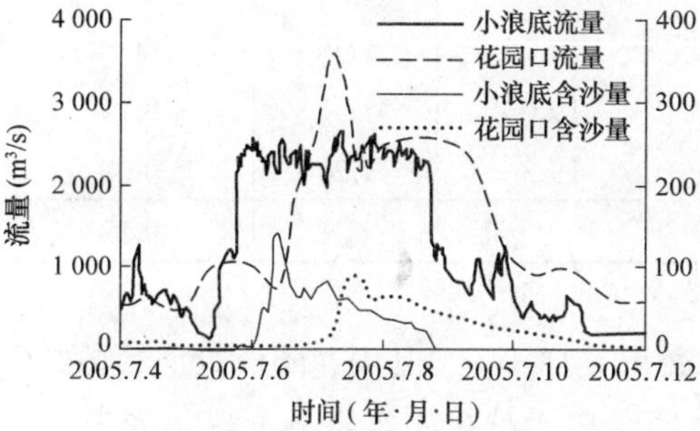

图 23-2 “05·7”洪水小浪底、花园口水沙过程

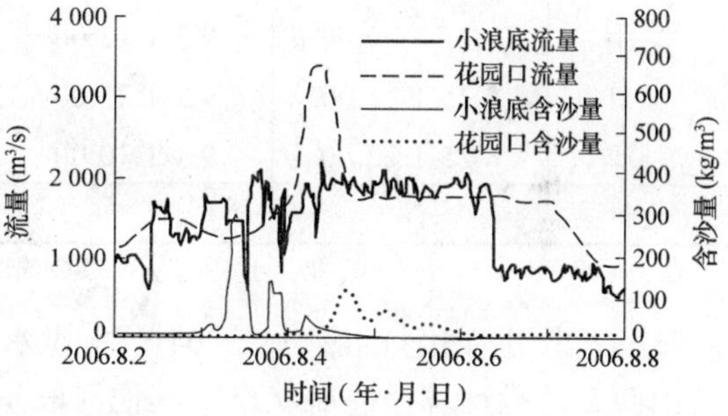

图 23-3 “06·8”洪水小浪底、花园口水沙过程

2004 ~ 2006 年 3 次洪峰变异过程期间小花间来流量均不大。综合分析小浪底水库 3 次异重流排沙期河道与洪水演进情况，有如下几个特点：

(1)异重流排沙之前的下游河道，大部分时间处于持续清水冲刷，即使前期的调水调沙有部分泥沙排出，水流含沙量也很低，水流挟沙处于次饱和状态；

(2)异重流排沙前的 6 ~ 14 h，有平均流量大于 1 400 m³/s 清水下泄过程；

(3)异重流高含沙洪水排沙出库时，含沙量增加很快，增大到 100 kg/m³ 以上仅需 3 ~ 6 h，2004 年、2006 年含沙量增大到 250 kg/m³ 以上，分别仅用时 5 h 和 8 h；

(4)小浪底出库异重流悬沙组成很细，d_{50} 在 0.01 mm 左右，有时小于 0.008 mm；

(5)下游河道峰型变异后，洪峰增值部分峰型非常尖瘦，花园口大于 3 000 m³/s 的洪水历时仅有 6 ~ 12 h；

(6)峰型变异后，洪峰传播超前，沙峰传播滞后，且花园口最大峰现时间在沙峰起涨点附近。

二、“04·8”与“05·7”洪水期间河道冲淤演变

(一)“04·8”洪水河道冲淤演变

因“04·8”洪水前后无实测断面资料，因此采用输沙率法计算河道冲淤量。考虑到洪峰和沙峰不同步的情况，在进行输沙率法冲淤计算时，将“04·8”洪水两个阶段作为一个整体，用等历时法计算冲淤量。表 23-1 是按照等历时 9.5 d 并考虑洪水传播时间统计的“04·8”洪水各水文站实测径流量、输沙量和河段间的冲淤量[1]。

表 23-1　“04·8”洪水下游各河段冲淤量(不考虑引水引沙量)

站名	开始时间 (月·日 T 时:分)	结束时间 (月·日 T 时:分)	历时 (d)	径流量 (亿 m^3)	输沙量 (亿 t)	河段冲淤量 (亿 t)
小浪底	8.22 T 08:00	8.31 T 20:00	9.5	13.67	1.42	
黑石关	8.22 T 08:00	8.31 T 20:00	9.5	0.85		
武陟	8.22 T 08:00	8.31 T 20:00	9.5	0.47		
小+黑+武			9.5	14.99	1.42	
花园口	8.23 T 14:00	9.2 T 02:00	9.5	16.66	1.53	–0.11
夹河滩	8.24 T 02:00	9.2 T 14:00	9.5	16.66	1.41	0.11
高村	8.24 T 10:00	9.2 T 22:00	9.5	16.40	1.40	0.02
孙口	8.24 T 18:00	9.3 T 06:00	9.5	15.52	1.31	0.09
艾山	8.25 T 00:00	9.3 T 12:00	9.5	19.77	1.49	–0.18
泺口	8.25 T 11:00	9.3 T 23:00	9.5	19.03	1.38	0.11
利津	8.25 T 22:00	9.4 T 10:00	9.5	19.30	1.29	0.09
合计						0.13

注：“小+黑+武”中“小”指“小浪底”；“黑”指“黑石关”；“武”指“武陟”。

不考虑引水引沙的影响，“04·8”洪水全下游淤积 0.13 亿 t，其中花园口以上和孙口—艾山两个河段计算呈冲刷状态，其他河段呈淤积状态。由于缺少引水实测资料，表中没有计算引沙量，这使计算淤积量存在一定的“偏大”可能。尽管如此，就进入下游的总沙量 1.42 亿 t 而言，全下游淤积 0.13 亿 t，仅占来沙量的 9.2%，相对淤积量不大。

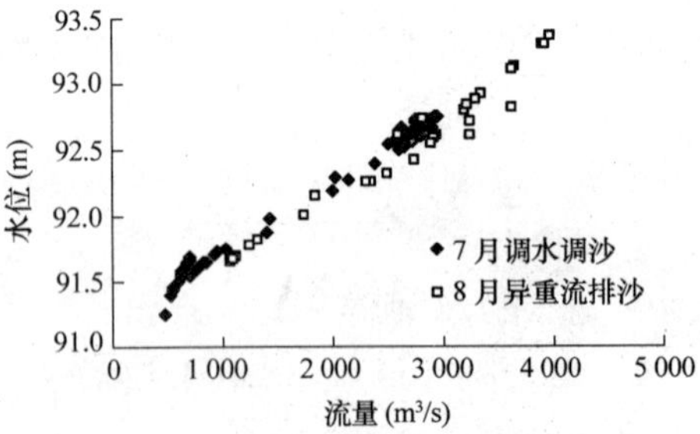

图 23-4　“04·8”洪水前及洪水期花园口水位流量关系对比

图 23-4 点绘了花园口站 7 月调水调沙期与“04·8”洪水期水位流量关系比较结果。可见，“04·8”洪水期同流量水位普遍较调水调沙时偏低 0.1～0.15 m。

(二) “05·7”洪水河道冲淤演变

根据日均水沙资料将“05·7”洪水历时定为 8 d，采用输沙率法计算黄河下游冲淤量。小浪底站的水量为 8.41 亿 m^3，输沙量为 0.314 亿 t，平均流量为 1 217 m^3/s，平均含沙量为 37.36 kg/m^3，洪水的来沙系数为 0.031。本次洪水过程中黑石关站的最大流量为 175 m^3/s，平均流量为 56 m^3/s，来水量为 0.384 亿 m^3；沁河来水很少，武陟站的最大流量只有 9.2 m^3/s，来水量为 0.014 亿 m^3。根据日均资料统计的下游其他各站的水沙特征值见表 23-2[2]。

“05·7”洪水在下游河道的排沙比为 83%，下游河道发生微淤，淤积量为 0.054 亿 t。本场洪水的淤积，主要发生在花园口以上和泺口以下两个河段，分别淤积了 0.021 亿 t 和 0.037 亿 t，花园口—夹河滩河段发生了冲刷，冲刷量为 0.028 亿 t，冲淤分布图见图 23-5。与“04·8”洪水相比，全下游的淤积量略小于“04·8”洪水的 0.066 亿 t，但排沙比却低于“04·8”洪水的 95%。

从花园口站“05·7”洪水期与 6 月份调水调沙期水位流量关系对比图看(见图 23-6)，

"05 · 7"洪水期同流量水位普遍低于汛前调水调沙期 0.2 m 左右。

表 23-2 "05 · 7"洪水黄河下游输沙率法冲淤量计算结果

站名	开始时间(月·日)	结束时间(月·日)	历时(d)	水量(亿 m^3)	沙量(亿 t)	平均流量(m^3/s)	平均含沙量(kg/ m^3)	冲淤量(亿 t)
小浪底	7.3	7.10	8	8.41	0.314	1 217	37.36	
黑石关	7.3	7.10	8	0.384	0.000 1	56	0.22	
武陟	7.3	7.10	8	0.014	0.000	4	0.00	
花园口	7.3	7.10	8	9.24	0.294	1 337	31.79	0.021
夹河滩	7.5	7.12	8	9.19	0.322	1 330	34.99	–0.028
高村	7.6	7.13	8	8.99	0.312	1 301	34.65	0.010
孙口	7.7	7.14	8	8.72	0.308	1 261	35.27	0.004
艾山	7.8	7.15	8	9.20	0.293	1 331	31.87	0.015
泺口	7.8	7.15	8	9.67	0.297	1 400	30.72	–0.004
利津	7.9	7.16	8	9.22	0.260	1 334	28.25	0.037
合计								0.054

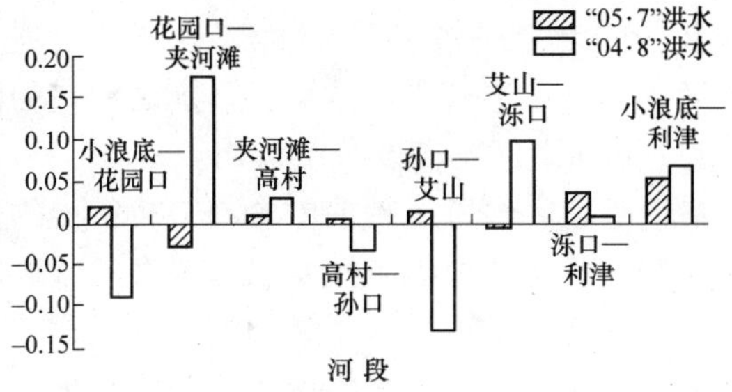

图 23-5 黄河下游"05 · 7"洪水和"04 · 8"洪水冲淤分布对比

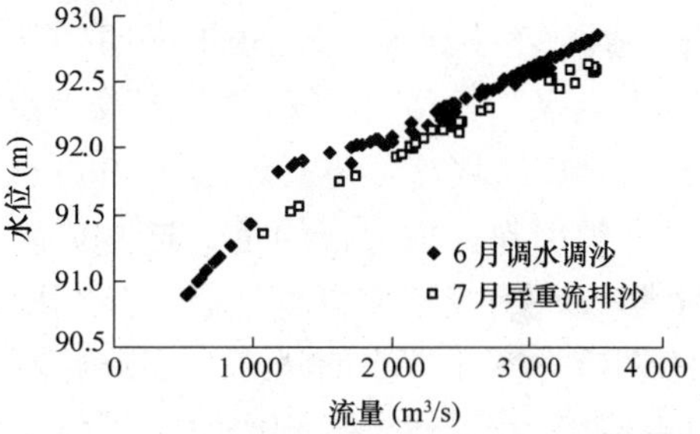

图 23-6 "05 · 7"洪水前及洪水期花园口水位流量关系对比

三、洪峰异常增值给黄河下游防洪与小浪底水库调度带来的不利影响

黄河下游河道洪水演进中洪峰流量的异常急剧增大，给防洪决策与小浪底水库调度运用带来了诸多困难，主要表现在如下两方面：

(一)异重流排沙期小浪底出库水沙过程难以确定

为了综合处理黄河泥沙，实现黄河可持续发展，当小浪底入库过程为高含沙洪水且预报花园口洪峰流量小于 4 000 m^3/s 时，如果在库区内形成异重流，为减少库区淤积，以延长水库使用寿命，在确保下游不漫滩与河道不发生大量淤积的情况下，水库要实施异重流排沙，充分利用下游河道排洪输沙能力，输送尽可能多的泥沙入海。根据以往认识，确定的异重流排沙流量，一般为考虑沁河、伊洛河加水后，黄河下游各断面最小平滩流量。因河道具有滞洪削峰作用，这种调控方式应该具有一定的安全性。

但由于黄河下游洪水演进在局部河段会出现类似于“04·8”、“05·7”及“06·8”洪水的洪峰流量急剧增大的异常现象，使本来不漫滩洪水可能发生漫滩。对于“04·8”洪水，如果小浪底出库流量按凑泄花园口 3 000 m^3/s 下泄，下游各站洪峰流量极可能进一步增大，出现大于 4 000 m^3/s 的洪水过程，黑岗口以下河段将有可能出现洪水漫滩，造成人为淹没损失。即使小浪底出库流量不变，如果出库含沙量再有所增大，或前期河道边界条件有所变化，花园口及其以下河道的洪峰流量是否还会增加、增加多少，至少目前为止还没有哪位学者和专家下过定论。

实际上，“04·8”洪水洪峰增值异常现象出现后，引起了黄委会有关方面的重视，因此在小浪底水库 2005 年异重流排沙期间，将出库流量控制在 2 400 m^3/s 以内，基本保证了花园口洪峰流量不会超过“04·8”洪水。这是我们在对洪峰增值原因认识不足情况下的一种保守处理方式。这种处理方式一定不是最优的，它是以牺牲充分发挥河道输沙能力为代价的。

从“04·8”与“05·7”两场异重流排沙洪水在下游河道演进中的表现看，随着洪水演进传播距离的加长，沙峰与洪峰逐渐分离，且越往下游，沙峰滞后于洪峰的时间差越大。这样的水沙演进过程对河道的输沙十分不利。如何改变这种不利局面，目前尚无良策。

(二)遇大洪水时小浪底出库水沙过程难以调控

依据目前黄河中下游洪水调度方案，当预报花园口洪峰流量介于 8 000 ~ 10 000 m^3/s 和花园口洪峰流量大于 10 000 m^3/s 的 10 年一遇“上大洪水”、100 年一遇“上大洪水”、5 年一遇“下大洪水”、10 年一遇“下大洪水”、20 年一遇“下大洪水”、5 年一遇“上下较大洪水”、10 年一遇“上下较大洪水”时，通过小浪底水库的调控，加之河道的滞洪削峰，孙口洪峰流量不会超过 10 000 m^3/s，东平湖滞洪区不需要分洪运用。

应该引起人们重视的是，这些成果都是基于小浪底水库运用前的资料分析得出的，这些资料反映的或是纯自然状态或是在以往水库对天然水沙过程特别是含沙量及悬沙级配过程的调节力度非常小的状态。小浪底水库运用后，增强了对进入下游河道水沙过程的调节力度，使其与天然过程相比发生了较大的改变。在新的水沙搭配情况下，如果出现类似于“04·8”洪水那样的洪峰异常增值现象，那么现在的黄河中下游洪水调度方案很难保证孙口及其以下洪峰流量不超过 10 000 m^3/s，即使预报花园口洪峰流量小于等于 8 000 m^3/s 的洪水也可能导致孙口及其以下洪峰流量超过 10 000 m^3/s，东平湖滞洪区将不得不分洪运用，这不仅增大了洪水期的防洪压力，也增加了很多不必要的淹没损失。

因此，在新的形势下，发生上述洪水时，对现有防洪调度方案如何调整，小浪底如何调控出库水沙过程，避免或减小下游河道洪峰的异常增值，是目前亟需解决的重大生产性科技难题之一。

第二节　黄河下游河道洪峰异常增值机理探讨

一、洪峰异常增值机理分析

天然河道中的洪峰演进过程，主要受上游来流条件、河道前期水流条件、河道形态及水流与河道之间的相互作用关系等方面的影响。要从理论上揭示异重流高含沙洪水峰型变异机理，需从水流运动基本方程入手开展研究。

对于一维非恒定渐变流，其运动基本方程组如下。

水流连续方程为

$$\frac{\partial A}{\partial t}+\frac{\partial Q}{\partial x}=0 \tag{23-1}$$

水流运动方程为

$$\frac{\partial Q}{\partial t}+\frac{\partial\left(Q^2/A\right)}{\partial x}+gA\frac{\partial Z_s}{\partial x}+g\frac{Q^2n^2B^{4/3}}{A^{7/3}}=0 \tag{23-2}$$

式中：A 为过水面积；Q 为流量；Z_s 为水位；n 为河道糙率；B 为河宽；g 为重力加速度；t 为时间；x 为流程坐标。

式(23-1)、式(23-2)可进一步转化为

$$\frac{\partial Q}{\partial t}+gA\frac{\partial h_w}{\partial x}+\frac{Q}{A}\frac{\partial Q}{\partial x}+g\frac{Q^2n^2B^{4/3}}{A^{7/3}}=0 \tag{23-3}$$

式(23-3)中的 h_w 为总水头，其表达式为

$$h_w=Z_s+\frac{1}{2g}\left(\frac{Q^2}{A^2}\right) \tag{23-4}$$

由于水流运动基本方程组为非线性，无解析解，这只能定性分析各要素之间的相互关系。对式(23-3)两边求时间 t 的偏导，得

$$\begin{aligned}&\frac{\partial^2 Q}{\partial t^2}+\frac{Q}{A}\frac{\partial^2 Q}{\partial x\partial t}+gA\frac{\partial^2 h_w}{\partial x\partial t}+\frac{1}{A}\frac{\partial Q}{\partial t}\frac{\partial Q}{\partial x}-\frac{Q}{A^2}\frac{\partial A}{\partial t}\frac{\partial Q}{\partial x}+g\frac{\partial A}{\partial t}\frac{\partial h_w}{\partial x}\\&+\frac{2gQn^2B^{4/3}}{A^{7/3}}\frac{\partial Q}{\partial t}+\frac{gQ^2}{A^{7/3}}\frac{\partial\left(n^2B^{4/3}\right)}{\partial t}-\frac{7gQ^2n^2B^{4/3}}{3A^{10/3}}\frac{\partial A}{\partial t}=0\end{aligned} \tag{23-5}$$

将式(23-1)、式(23-3)进一步转化为

$$\frac{\partial A}{\partial t}=-\frac{\partial Q}{\partial x} \tag{23-6}$$

$$\frac{\partial Q}{\partial t}=-gA\frac{\partial h_w}{\partial x}-\frac{Q}{A}\frac{\partial Q}{\partial x}-g\frac{Q^2n^2B^{4/3}}{A^{7/3}} \tag{23-7}$$

将式(23-6)、式(23-7)代入式(23-5)后，整理、化简得

$$\begin{aligned}&\frac{\partial^2 Q}{\partial t^2}+\frac{Q}{A}\frac{\partial^2 Q}{\partial x\partial t}+gA\frac{\partial^2 h_w}{\partial x\partial t}+\frac{2gQn^2B^{4/3}}{A^{7/3}}\frac{\partial Q}{\partial t}+\left[\frac{4}{3}g\frac{Q^2n^2B^{4/3}}{A^{10/3}}-2g\frac{\partial h_w}{\partial x}\right]\frac{\partial Q}{\partial x}\\&+\frac{2gnQ^2B^{2/3}}{A^{7/3}}\frac{\partial\left(nB^{2/3}\right)}{\partial t}=0\end{aligned} \tag{23-8}$$

式(23-8)进一步可化为

$$\frac{\partial^2 Q}{\partial t^2}+\frac{Q}{A}\frac{\partial^2 Q}{\partial x\partial t}+gA\frac{\partial^2 h_w}{\partial x\partial t}+\frac{2gQn^2B^{4/3}}{A^{7/3}}\frac{\partial Q}{\partial t}+\left[\frac{4}{3}g\frac{Q^2n^2B^{4/3}}{A^{10/3}}-2g\frac{\partial h_w}{\partial x}\right]\frac{\partial Q}{\partial x}$$
$$+\frac{2gnQ^2B^{4/3}}{A^{7/3}}\frac{\partial n}{\partial t}+\frac{4gn^2Q^2B^{1/3}}{3A^{7/3}}\frac{\partial B}{\partial t}=0 \tag{23-9}$$

式(23-9)反映了$\frac{\partial Q}{\partial t}$、$\frac{\partial n}{\partial t}$、$\frac{\partial B}{\partial t}$ 3 个时间偏导数与$\frac{\partial Q}{\partial x}$之间的相互关系，式(23-9)中的前 3 项及 4～7 项偏导数前的函数式的大小与来流及当前水流条件有关，且 4～7 项偏导数前的函数值均大于 0。

由式(23-8)可知，通常情况下，在洪水涨峰阶段，$\frac{\partial Q}{\partial t}>0$，而受河道槽蓄的作用，$\frac{\partial nB^{2/3}}{\partial t}\geqslant 0$，$\frac{\partial Q}{\partial x}<0$，洪水向下游传播时表现出洪峰流量减小，峰型坦化。

异重流高含沙洪水演进中洪峰增值的发生，只能是在$\frac{\partial Q}{\partial t}>0$时，出现了$\frac{\partial Q}{\partial x}>0$现象。在$\frac{\partial Q}{\partial t}>0$时发生$\frac{\partial Q}{\partial x}>0$，只有$\frac{\partial nB^{2/3}}{\partial t}<0$。在 n 和 B 两者变量中，至少一个变量的时间偏导数小于 0，才会出现$\frac{\partial nB^{2/3}}{\partial t}<0$的现象。

若$\frac{\partial n}{\partial t}<0$，则表现为洪水涨峰阶段河道发生了减阻现象。由于天然河道均为“V”型或“U”型断面，随着水位的抬升、河道变宽，因此在涨峰阶段若发生$\frac{\partial B}{\partial t}<0$，有如下两种情况，一是在洪水涨峰阶段河道发生了严重冲刷下切，且下切幅度超过水位抬升幅度；二是河道在涨峰阶段出现严重的贴边淤积。

此外，还需说明的是，在涨峰阶段，即$\frac{\partial Q}{\partial t}>0$时，即使发生了$\frac{\partial n}{\partial t}<0$，是否出现$\frac{\partial Q}{\partial x}>0$的现象，还取决于河道前期水流条件，即式(23-9)中的 1～3 项及 4～7 项偏导数前的函数值的大小。当$\left|\frac{\partial n}{\partial t}\right|$较小时，受河道槽蓄作用的影响，也不会发生洪峰增值现象；或即使发生，量值也很小，难以引起人们的注意。同时，洪峰增值现象的出现，有可能是在涨峰的某一阶段出现了$\frac{\partial Q}{\partial x}>0$，不一定是整个涨峰过程；下游某一断面表现出洪峰增值，不一定是其上游全部河段均发生$\frac{\partial n}{\partial t}<0$。

综上所述，造成洪峰增值的原因，可能是在涨峰过程中出现了$\frac{\partial n}{\partial t}<0$的现象，或在涨峰过程中发生了$\frac{\partial B}{\partial t}<0$。同时，洪峰增值量的大小还与前期河道槽蓄水量多少有关，虽然其不是内因，但其是洪峰增值水量的来源，是洪峰增值的必要条件，对增值幅度的影响很大。

二、小浪底水库异重流高含沙洪水排沙后黄河下游峰型变异成因分析

(一)小浪底水库异重流高含沙洪水排沙时河道糙率变化

河道糙率是描述河流自身特征的重要参数之一。它是反映边壁粗糙和其他一些因素(如河道不顺直、沿程断面有变化、流量大小)对水流阻力影响的一个综合量[3]。对于少沙粗沙河流，河道冲淤调整幅度较小，在某一特定河段、特定流量下，河道糙率一般变化不大；而对于诸如黄河下游这样的多沙河流，在水流与泥沙的共同作用下，较容易发生糙率变化。

小浪底(二)站河段为山区性河道，任何水沙条件，该河段冲淤与河势变化很小。小浪底出口水沙过程首先作用于该河段，而后再影响其下游河道。图 23-7 点绘了小浪底(二)站 2004、2005 年清水冲刷期与异重流排沙期河道糙率的对比情况。由此可以明显看出，水库排出异重流极细沙高含沙洪水后，河道糙率明显减小。清水冲刷期河道糙率一般大于 0.03，而异重流高含沙洪水期一般小于 0.03。对于 2 000 ~ 3 000 m^3/s 这一流量级而言，清水冲刷期平均值为 0.032，而异重流高含沙洪水期仅有 0.027 5，减小了 15%。

同时，我们点绘了 2004 年与 2005 年花园口站河道糙率的变化情况，见图 23-8。花园口站 2004 年异重流排沙期的糙率实测资料为洪峰增值后落峰期的资料，涨峰期无实测糙率资料，因此无法确切说明涨峰阶段是否发生了糙率变小现象，从洪峰增值落峰期河道糙率与清水冲刷期河道糙率对比发现，没有明显糙率变小现象。2005 年异重流排沙期糙率与清水冲刷期相比，有减小趋势。

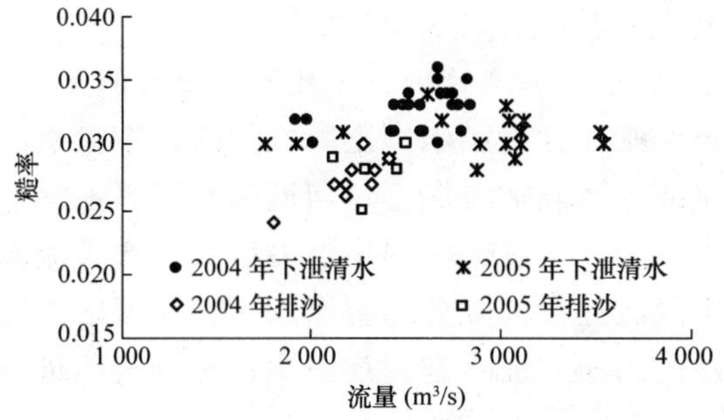

图 23-7　小浪底(二)站排沙前与排沙期糙率变化

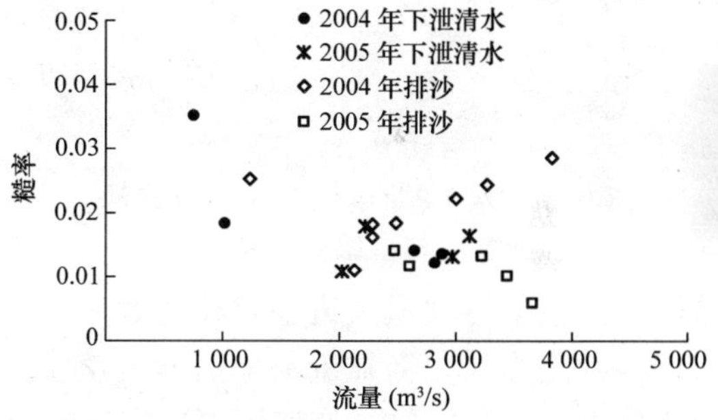

图 23-8　花园口站排沙前与排沙期糙率变化

早在 20 世纪 50 年代，张瑞瑾教授已十分关注水流含沙量对河道糙率的影响问题，他研究发现，河道糙率系数 n 随含沙量的增大而减小，并提出著名的“制紊假说”[4]。此外，苏联的 E·J·瓦斯普[5]、我国侯晖昌[6]、钱宁、万兆惠[7]等学者都对高含沙极细沙减阻问题开展过大量分析与研究。

依照本书第六章阐述的关于动床阻力的研究成果及本书中提出的计算公式(6-41)分析可知，影响动床糙率变化的主要因素为床沙粒径、床沙床面形态(或水流条件)、水流含沙量等。此外，河道断面形态及河岸周界情况也会影响动床阻力。

通过对小浪底(二)站与花园口站河道糙率的变化情况分析认为，异重流排出极细沙高含沙洪水后，随着泥沙的演进传播，花园口以上河道应该发生了糙率减小现象，且上游河道的 $\left|\frac{\partial n}{\partial t}\right|$ 大于下游河道。对于减阻原因，主要应包括如下 4 个方面。

1. *床沙与悬沙交换导致沙粒阻力变小*

异重流排沙之前，河道遭受了较长时期的冲刷，床沙发生了明显粗化(见表 23-3)，特别是官庄峪以上河段床沙粗化非常严重。异重流排出的悬沙组成非常细。挟沙水流在演进过程中，无论河道发生冲刷或淤积，床沙与悬沙必定进行交换调整，极细的异重流悬沙将填充粗颗粒床沙之间的空隙，使床面变得更为光滑，实现沙粒阻力的减小。例如，在“04 ·8”洪水期间，随着河床的淤积，床沙细化后，河床糙率明显减小(见图 23-9)。

表 23-3　小浪底水库运用后黄河下游床沙平均粒径变化

时间	铁谢	花园镇	马峪沟	伊洛河口	官庄峪	秦厂	花园口	辛寨	韦城	夹河滩
1999 年汛后	0.053 7	0.069 8	0.049 9	0.075 6	0.052	0.083 2	0.089 4	0.065 9	0.056 2	0.064 4
2004 年 7 月	0.330	0.561	0.298	0.361	0.184	0.186	0.168	0.141	0.160	0.138

2. *流量的不断增大导致床面形态阻力的变小*

对于小浪底异重流排高含沙时，2 500 m^3/s 左右的洪水量级，花园口站涨水期佛汝德数在 0.3 ~ 0.4 之间，正是促使床面形态由大尺度沙垄(或沙波)向动平床转化的量级。随着流量的增大，沙垄(或沙波)尺度将逐渐变小；且沙垄(或沙波)运动速度不断增大，也相对减小了沙垄(或沙波)对水流的摩阻。

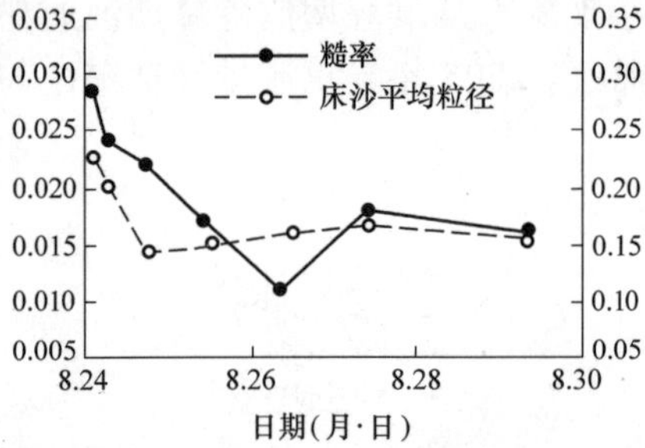

图 23-9　“04 · 8”洪水期花园口床沙粒径与糙率变化关系

3. *高含沙水流的输移导致河岸阻力的变小*

异重流高含沙洪水排出库之前的长期清水冲刷，使部分河段嫩滩塌落，河道两岸周界在平面上凹凸不平，无疑会使河岸阻力增大。异重流高含沙洪水在下游河道演进输移的过程中，由于水流流速沿河宽分布很不均匀，主流区流速大，挟沙能力大，而靠近河岸区域流速小，挟沙能力小，泥沙在河岸淤积，特别是凹进部位淤积量大，最终结果使河岸周界变得较为光滑，减小了河岸阻力。

4. *悬移质泥沙对水流紊动结构的影响及黏性底层厚度的加大导致河道阻力变小*

天然河道中的水流为紊流。水与泥沙物理特性差别较大，悬移质泥沙在输移时，必将对水流的紊动结构产生较大影响，从而改变水流自身的能量耗散图形。由于悬沙对水流紊动结构是通过两者接触产生影响的，影响程度与两者接触面积密切相关，因此水流自身能量耗散过程的改变程度不仅受含沙量大小的影响，悬沙组成的影响也将非常突出。同时，水流挟带泥沙后，将使水体的黏度增大，使黏性底层(或叫层流附面层)增厚，一方面，将造成河道的当量粗糙度减小，甚至可能发生由粗糙面紊流向光滑面紊流的转化，减小了河道阻力；另一方面，因黏性底层内水流为层流运动，能量耗散较小，黏性底层增厚也将引起垂线平均的阻力损失减小。

(二)小浪底水库异重流高含沙洪水排沙时下游河道河宽变化

小浪底(二)断面河段为山区性河道，在下泄清水期与异重流排沙期，同流量河宽没有变化，该断面大于 1 000 m^3/s 流量的河宽为 320 ~ 325 m。

花园口断面河宽下泄清水期与异重流排沙期有所不同。2004 年 6 ~ 7 月的下泄清水期，流量为 2 500 ~ 3 000 m^3/s 时水面宽为 630 ~ 748 m；而在“04 · 8”异重流排沙期间，流量自 1 810 m^3/s 起的涨峰期至大于 3 280 m^3/s 以上的落峰期，河宽为 332 ~ 575 m，比下泄清水期同流量河宽小了 250 m 左右。2005 年 6 月花园口断面流量为 2 500 ~ 3 000 m^3/s 的河宽为 440 ~ 500 m，流量在 3 170 m^3/s 以上河宽增至 800 ~ 815 m；“05 · 7”异重流排沙期间，2 100 ~ 3 640 m^3/s 流量的河宽为 450 ~ 470 m，与 6 月份 2 500 ~ 3 000 m^3/s 流量时的河宽相当，但大于 3 200 m^3/s 以上流量的洪峰期水面宽与 6 月份相比减少了 350 m 左右。

但从“04 · 8”、“05 · 7”洪水涨峰期花园口断面宽度变化(见表 23-4)来看，随着流量的增加，水位逐渐升高，水面不断变宽，没有出现 $\frac{\partial B}{\partial t}<0$ 的现象。

表 23-4　“04 · 8”、“05 · 7”洪水涨水期花园口站河宽变化统计

项目	测验日期(月 · 日)	起止时间(h:min)	流量(m^3/s)	河宽(m)	水位(m)
“04 · 8”洪水	8.23	17:12 ~ 18:12	1 810	332	92.1
	8.23	20:30 ~ 22:12	3 190	395	92.92
	8.24	2:12 ~ 3:48	3 840	575	93.21
“05 · 7”洪水	7.6	14:18 ~ 15:00	1 470	425	91.64
	7.6	18:06 ~ 18:54	2 100	500	91.93
	7.7	4:48 ~ 6:00	3 640	500	92.53

由此可见，“04 · 8”、“05 · 7”洪水期间，同流量河宽比清水下泄时小，只是导致前者 $\frac{\partial B}{\partial t}$ 比后者小，但 $\frac{\partial B}{\partial t}$ 仍大于 0，因此 $\frac{\partial B}{\partial t}$ 的变化不是导致“04 · 8”、“05 · 7”异重流高含沙洪水洪峰增值的直接原因，而其只是对峰型维持起到了一定的作用。

(三)小浪底水库异重流高含沙洪水排沙后黄河下游峰型变异成因综合评价

依据上述研究成果可以看出，小浪底水库排出的异重流高含沙洪水在下游河道演进传播时，导致河道糙率变小，即发生了 $\frac{\partial n}{\partial t}<0$，是引起峰型变异的直接原因；在涨峰过程中没有出现明显的 $\frac{\partial B}{\partial t}<0$ 的现象，河宽变化只是对变异峰型的维持起到了一定的作用；异重流排沙前的基流条件为洪峰增值提供了水量来源。

第三节　“04 · 8”、“05 · 7”洪水洪峰异常增值模拟计算

一、“04 · 8”洪水洪峰异常增值的模拟计算

“04 · 8”模拟计算的初始地形为 2004 年汛前地形。采用小浪底(二)、伊洛河黑石关、沁河小董水沙过程作为模型进口与旁侧入流边界条件。模型计算的黄河下游各水文站流量过程与含沙量过程与实测值的对比结果见图 23-10 ~ 图 23-23。由此可见，该模型能够成功模拟异重流高含沙洪水在下游河道演进过程中发生洪峰增值的变异现象。

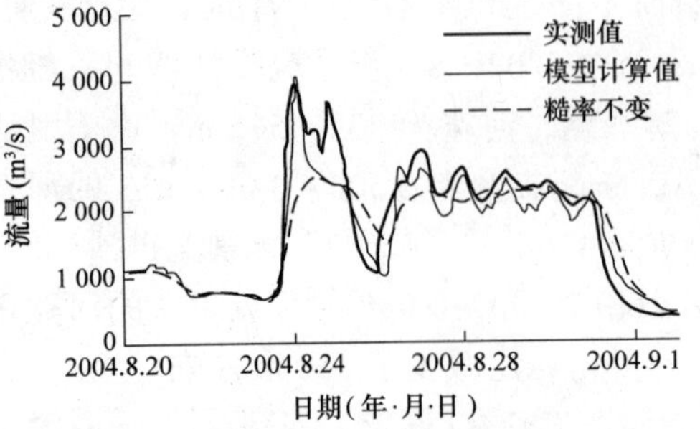

图 23-10 "04 · 8"洪水花园口流量过程比较

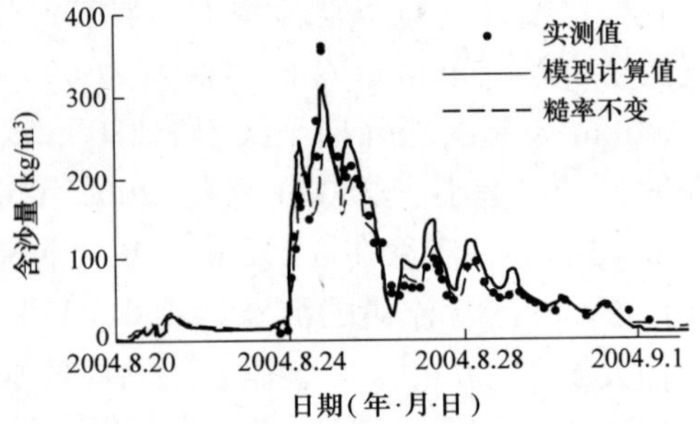

图 23-11 "04 · 8"洪水花园口含沙量过程比较

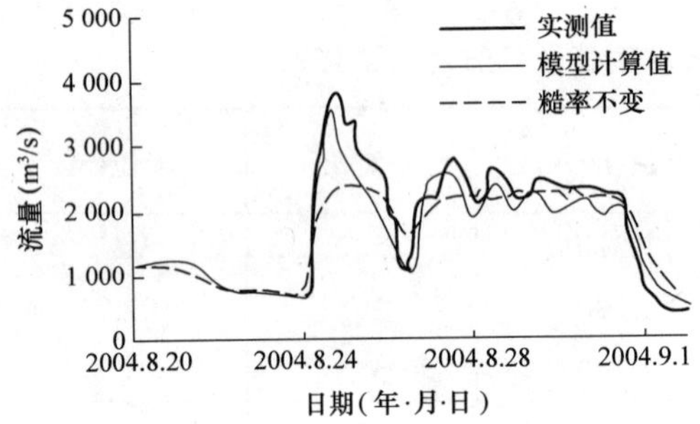

图 23-12 "04 · 8"洪水夹河滩流量过程比较

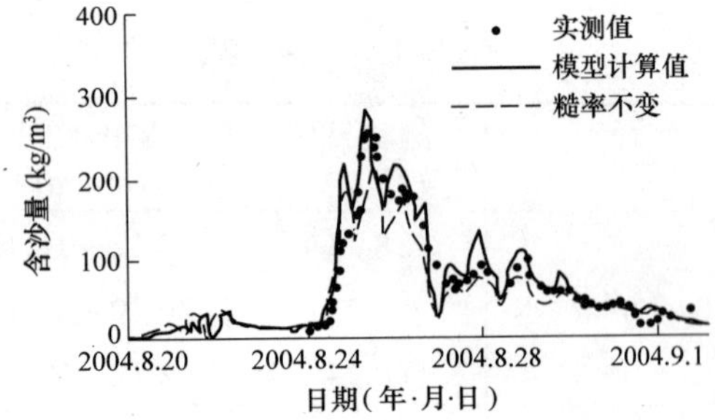

图 23-13 "04 · 8"洪水夹河滩含沙量过程比较

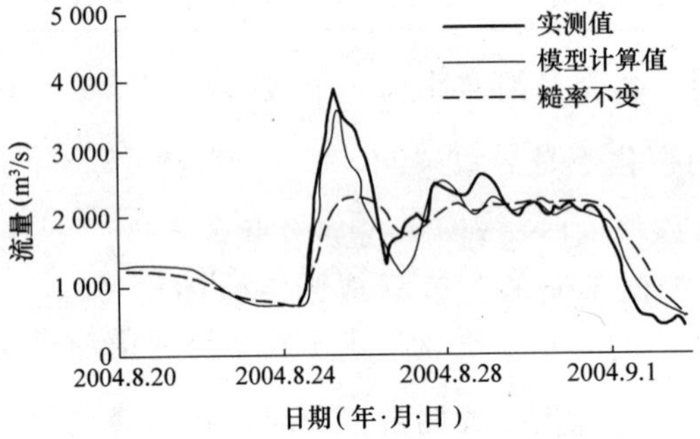

图 23-14 "04 · 8"洪水高村流量过程比较

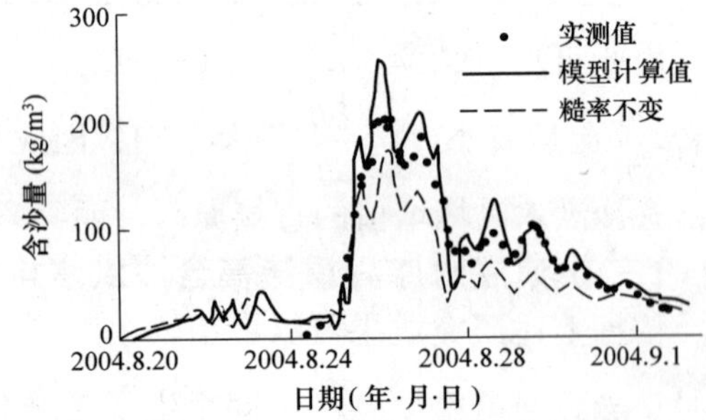

图 23-15 "04 · 8"洪水高村含沙量过程比较

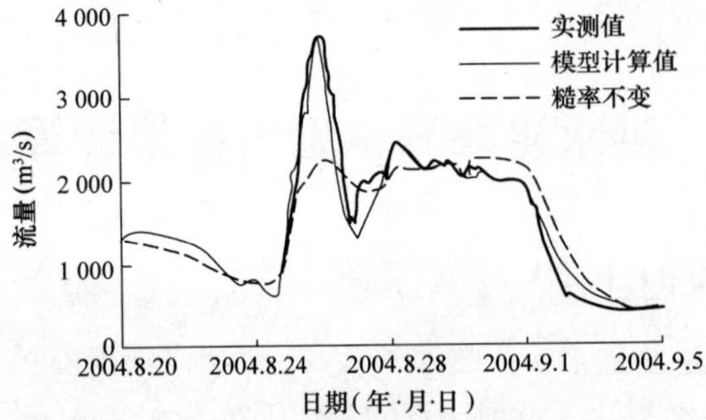

图 23-16 "04 · 8"洪水孙口流量过程比较

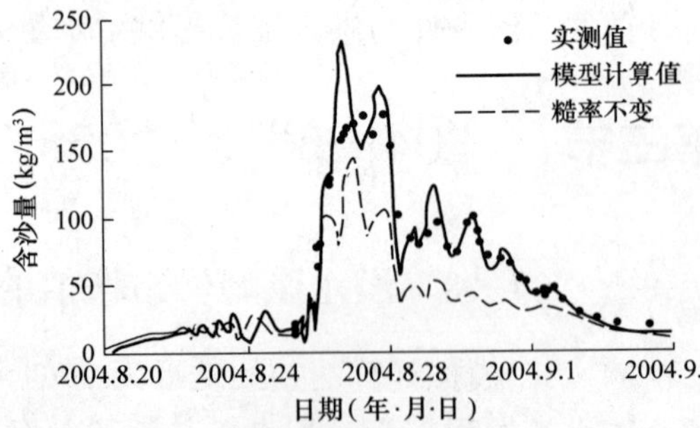

图 23-17 "04 · 8"洪水孙口含沙量过程比较

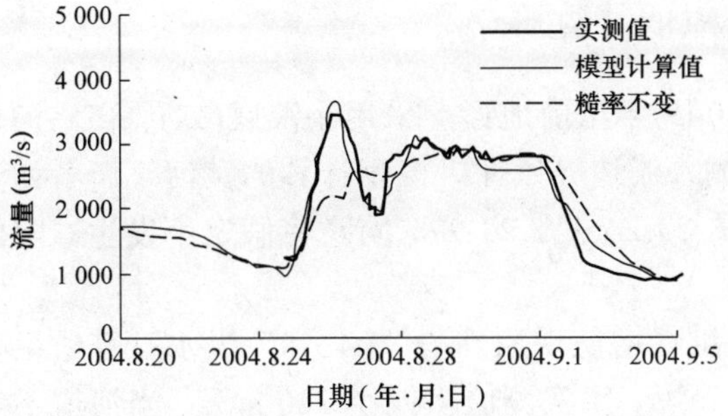

图 23-18 "04·8"洪水艾山流量过程比较

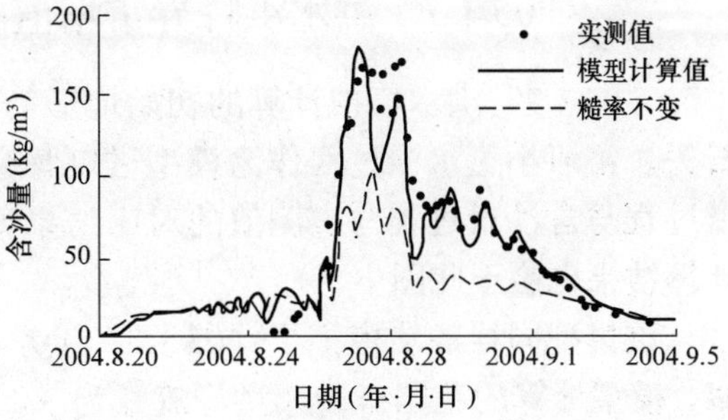

图 23-19 "04·8"洪水艾山含沙量过程比较

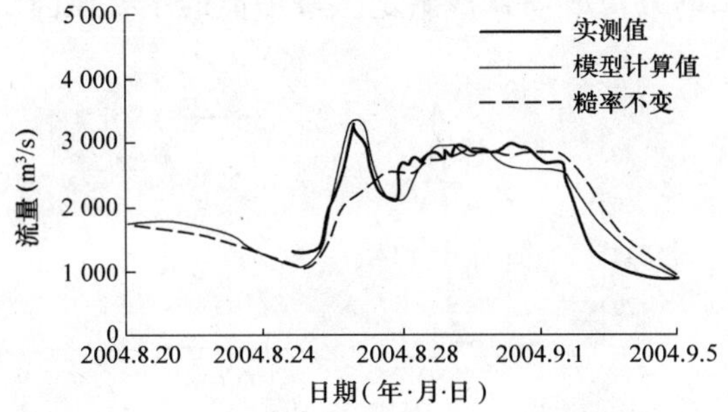

图 23-20 "04·8"洪水泺口流量过程比较

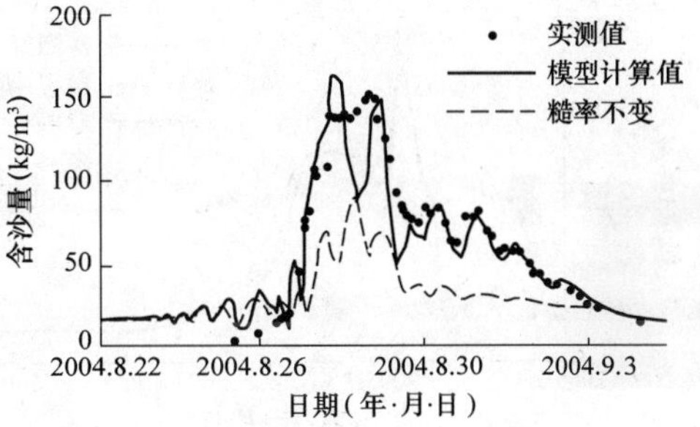

图 23-21 "04·8"洪水泺口含沙量过程比较

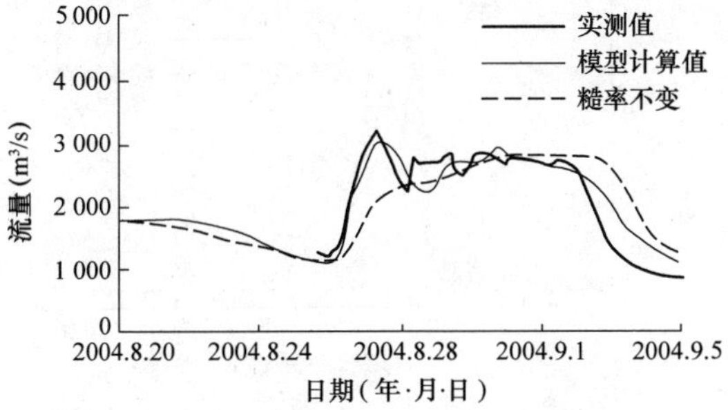

图 23-22 "04·8"洪水利津流量过程比较

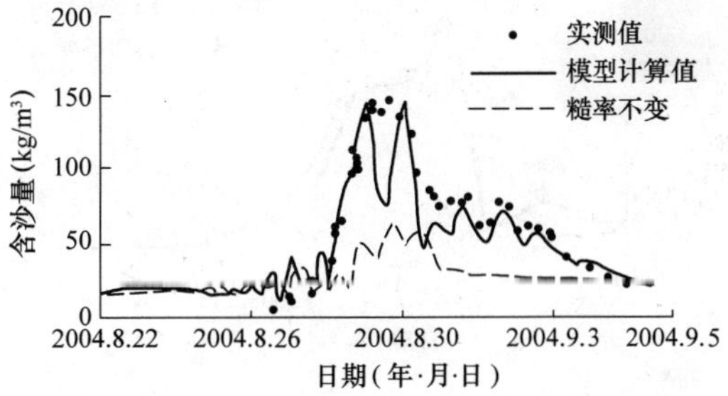

图 23-23 "04·8"洪水利津含沙量过程比较

同时，由于式(6-41)不能反映悬沙级配对动床阻力的影响，而小浪底水库排出的异重流高含沙洪水悬沙组成比自然条件下细得多，因此模型计算的最大洪峰流量为 3 740 m^3/s，比实测值略偏小 250 m^3/s。

此外，将式(3-18)中的涡团参数 c_n 取为清水时的 0.15，不再考虑含沙量对其的影响。同时，在式(6-42)摩阻厚度 δ_* 计算时，D_{50} 取为初始床沙值，也不再考虑床沙级配调整对糙率的影响，来反映不发生糙率变化情况，采用相同的水沙过程进行计算，得出的花园口流量含沙量过程与模型检验结果相比(见图 23-10 ~ 图 23-11)，洪峰流量明显减小，不再出现洪峰增值的变异现象，且含沙量过程与验证结果相比也偏小较多，河道淤积量明显增大。

二、“05·7”洪水洪峰异常增值的模拟计算

“05·7”洪水模拟计算的初始地形为 2005 年汛前地形。采用小浪底(二)、伊洛河黑石关、沁河小董水沙过程作为模型进口与旁侧入流边界条件。模型计算的黄河下游各站流量过程与含沙量过程与实测值的对比结果见图 23-24 ~ 图 23-37，同时将假定不发生减阻的计算结果也绘于此图中。

该模型同样成功模拟了“05·7”洪水的洪峰增值现象。与“04·8”洪水计算结果类似，模型计算的花园口最大洪峰流量为 3 430 m^3/s，比实测值略偏小 220 m^3/s。当河道不发生减阻时，下游各站也不再出现洪峰增值的变异现象，河道淤积量增加。

“04·8”、“05·7”洪水的成果模拟及其与不减阻情况下洪水演进过程的对比，从而进一步证明，河道糙率变小是引起水库排出的异重流高含沙洪水洪峰增值的主要原因。

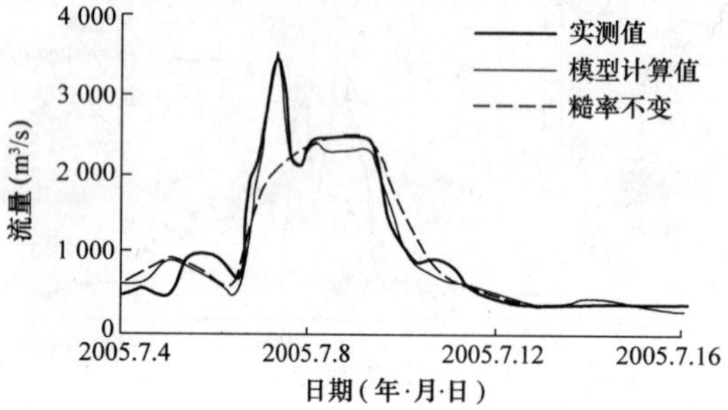

图 23-24 “05·7”洪水花园口流量过程比较

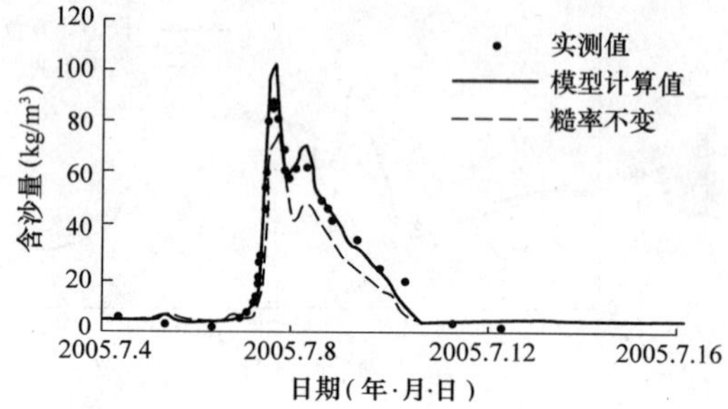

图 23-25 “05·7”洪水花园口含沙量过程比较

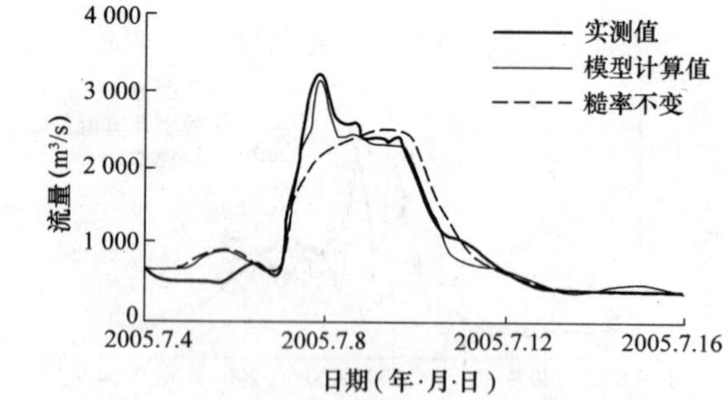

图 23-26 “05·7”洪水夹河滩流量过程比较

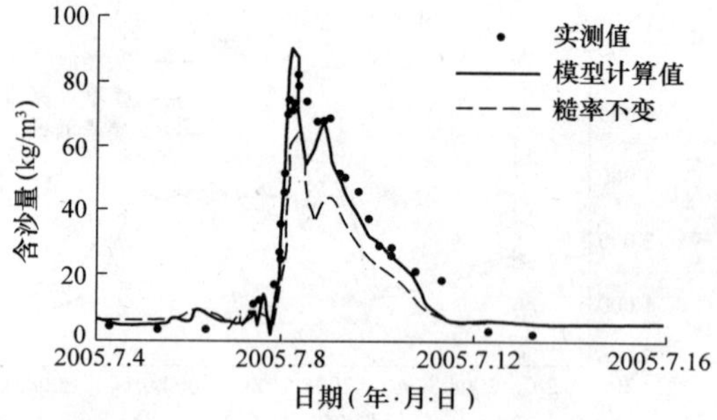

图 23-27 “05·7”洪水夹河滩含沙量过程比较

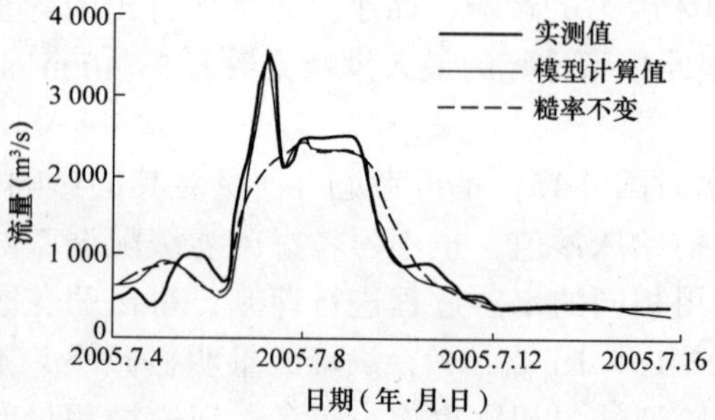

图 23-28 “05·7”洪水高村流量过程比较

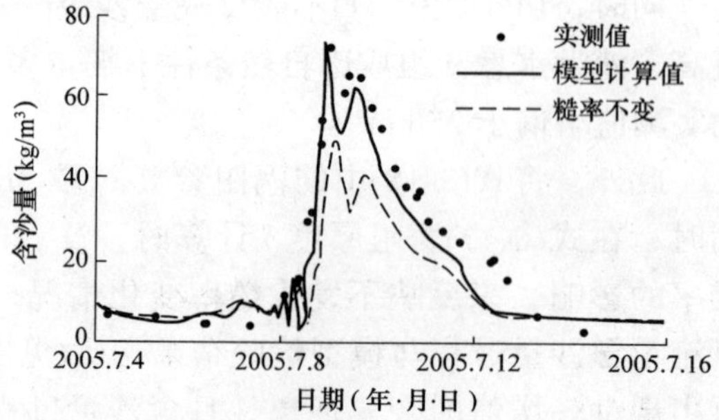

图 23-29 “05·7”洪水高村含沙量过程比较

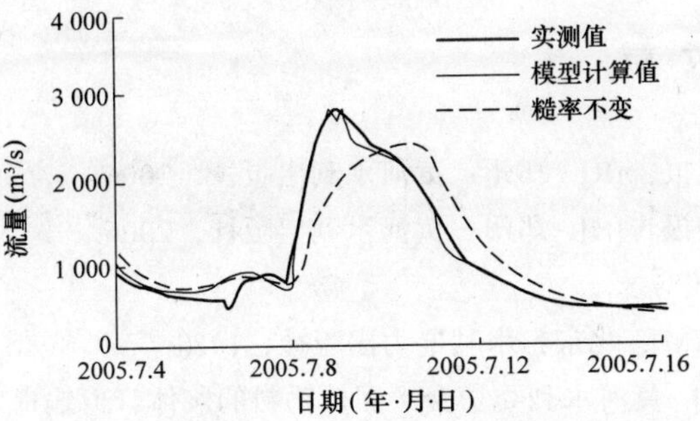

图 23-30 “05·7”洪水孙口流量过程比较

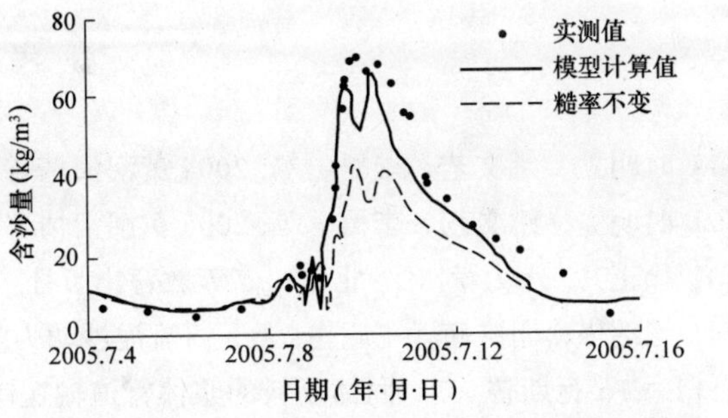

图 23-31 “05·7”洪水孙口含沙量过程比较

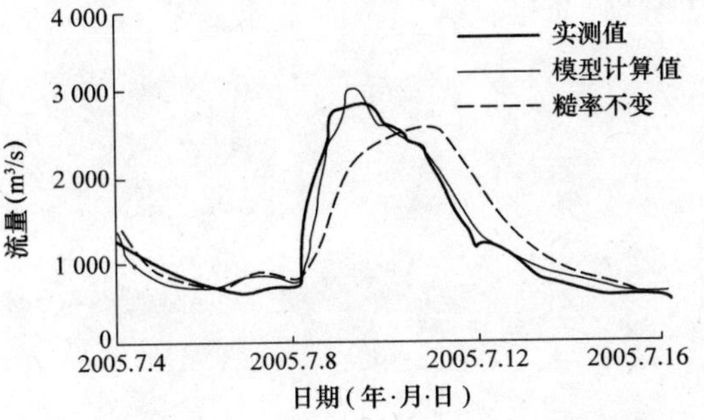

图 23-32 “05·7”洪水艾山流量过程比较

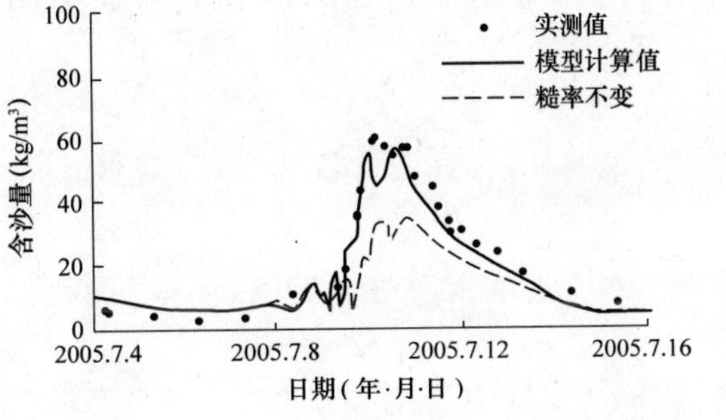

图 23-33 “05·7”洪水艾山含沙量过程比较

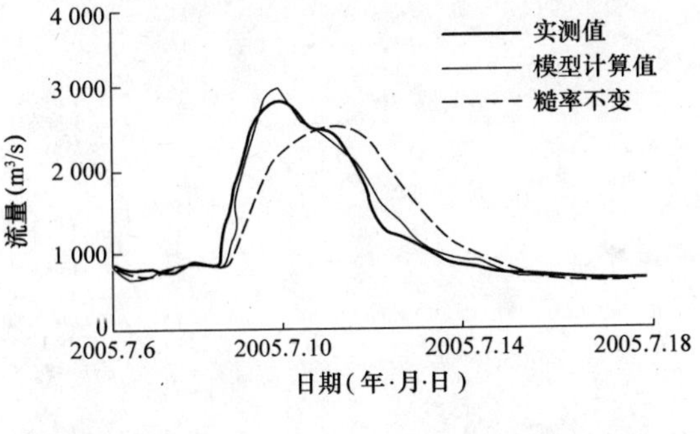

图 23-34 “05·7”洪水泺口流量过程比较

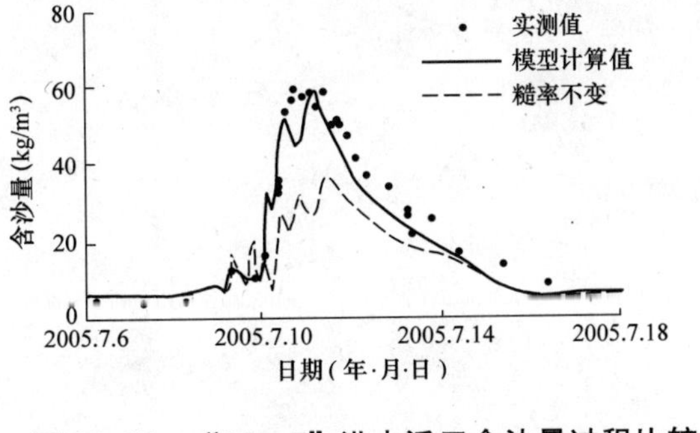

图 23-35 “05·7”洪水泺口含沙量过程比较

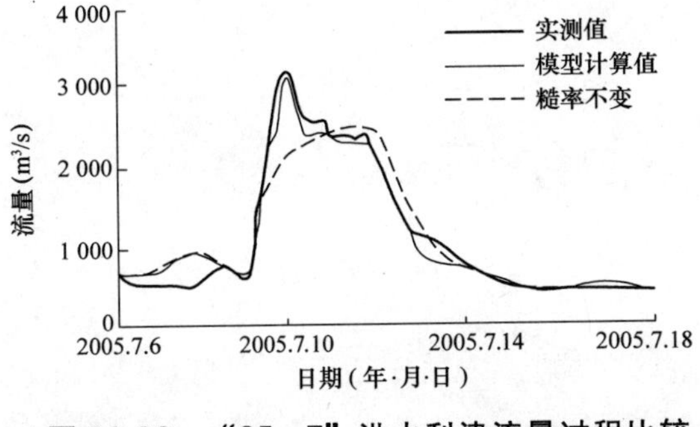

图 23-36 “05·7”洪水利津流量过程比较

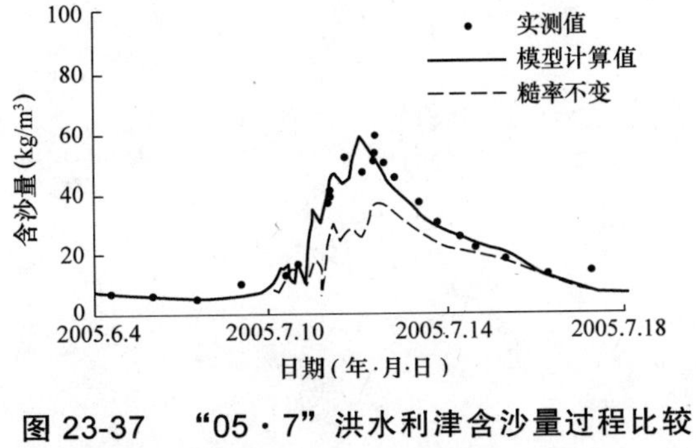

图 23-37 “05·7”洪水利津含沙量过程比较

参 考 文 献

[1] 时明立，姚文艺，李勇，等. 2004 黄河河情咨询报告[R]. 郑州：黄河水利出版社，2006.
[2] 时明立，姚文艺，李勇，等. 2005 黄河河情咨询报告[R]. 郑州：黄河水利出版社，2006.
[3] 徐正凡. 水力学[M]. 北京：高等教育出版社，1987.
[4] 张瑞瑾，谢鉴衡，王明甫，等. 河流泥沙动力学[M]. 北京：水利电力出版社，1984.
[5] E・J・瓦斯普，等. 固体物料的浆体管道输送[M]. 黄河水利委员会“固体物料的浆体管道输送”翻译组译. 北京：水利出版社，1980.
[6] 侯晖昌. 减阻力学[M]. 北京：科学出版社，1984.
[7] 钱宁，万兆惠. 泥沙运动力学[M]. 北京：科学出版社，1983.

第二十四章　黄河下游滩区不同治理模式对河道冲淤演变影响研究

第一节　黄河下游滩区治理模式与模型计算概况

一、研究背景

50 多年来，国家投入了大量人力、物力、财力，在黄河中下游修建了一系列防洪工程，初步建成了“上拦下排、两岸分滞”的防洪工程体系，再加上严密的人防、通信设施等防洪非工程措施的共同作用，下游防洪取得了 60 年伏秋大汛不决口的伟大成就，扭转了历史上频繁决口改道的险恶局面，保证了黄淮海平原经济社会的稳定发展。

黄河下游大堤之间的河道是黄河下游行洪、蓄洪、沉沙的天然场所，同时又是滩区约 181 万人繁衍生息的土地，近 20 年来河槽淤积严重，平滩流量大幅度降低，3 000 ~ 4 000 m^3/s 的小洪水，在不少河段漫滩行洪，加之目前黄河下游“二级悬河”态势严峻，滩区居民的生命与财产安全时刻受到洪水的威胁，这极大地抑制了区域经济的发展，影响整个黄淮海平原乃至中国经济社会的稳定[1]。

随着小浪底水库的投入运用，进入黄河下游河道的水沙条件将发生较大变化，不仅下游发生大洪水的几率大幅度减小，而且在一定时期内有效地控制河道的淤积抬升。如果规划的干流古贤、碛口水库及支流沁河河口村水库能在近期建成并投入运用，将使黄河下游发生大洪水的几率及河道淤积抬升速度进一步减小，若再辅以河道整治及调水调沙等其他必要的人工措施，主河槽的平滩流量与现在相比将有明显的增大，并能在一较长时期内得以有效维持。面对这些有利情势，抓住有利时机，探讨新的黄河下游滩区治理模式并逐步实施，全面开展滩区安全建设，使广大滩区居民生命财产得到安全保障，越来越受到各级领导及治黄专家的高度重视。为此，我们在黄河下游综合治理重大科研项目(国内公开竞标)和黄河防洪基础研究项目的资助下，利用该数学模型开展了黄河下游滩区不同治理模式河道冲淤演变和“宽河固堤”与“窄河固堤”两种不同治理战略思路对黄河下游未来河道冲淤演变的预测与研究工作。

二、计算边界条件

模型计算河段为铁谢—西河口。初始地形及初始床沙级配采用 2003 年汛后大断面及床沙组成资料；进口边界条件为小浪底出库水沙过程；支流伊洛河、沁河作为旁侧入流汇入；沿程引水采用 1998 年设计引水过程(见表 24-1)，以旁侧出流的方式分大河段均匀引出；出口水位流量关系采用西河口 2004 年设计水位流量关系控制。

表 24-1 黄河下游分河段设计引水过程

月	旬	引水流量(m^3/s)								
		铁—花	花—夹	夹—高	高—孙	孙—艾	艾—泺	泺—利	利以下	全下游
1	上	17.3	20.0	23.7	24.6	35.5	49.2	66.5	5.5	242.3
	中	6.9	8.0	9.5	9.8	14.2	19.7	26.6	2.2	96.9
	下	10.4	12.0	14.2	14.8	21.3	29.5	39.9	3.3	145.4
2	上	32.3	37.4	44.2	45.9	66.3	91.8	124.1	10.2	452.3
	中	24.2	28.1	33.2	34.4	49.7	68.9	93.1	7.7	339.2
	下	24.2	28.1	33.2	34.4	49.7	68.9	93.1	7.7	339.2
3	上	43.3	50.1	59.3	61.5	88.9	123.1	166.4	13.7	606.3
	中	69.2	80.2	94.7	98.4	142.1	196.8	266.0	21.9	969.2
	下	60.6	70.2	82.9	86.1	124.4	172.3	232.9	19.1	848.6
4	上	46.2	53.4	63.2	65.6	94.7	131.2	177.3	14.6	646.2
	中	73.9	85.5	101.1	104.9	151.6	209.9	283.7	23.3	1 033.9
	下	64.6	74.8	88.4	91.8	132.6	183.6	248.3	20.4	904.6
5	上	38.1	44.1	52.1	54.1	78.2	108.2	146.3	12.0	533.1
	中	44.5	51.5	60.8	63.2	91.3	126.4	170.8	14.0	622.5
	下	44.5	51.5	60.8	63.2	91.3	126.4	170.8	14.0	622.5
6	上	41.5	48.1	56.8	59.0	85.3	118.1	159.6	13.1	581.5
	中	23.1	26.7	31.6	32.8	47.4	65.6	88.7	7.3	323.1
	下	27.7	32.1	37.9	39.4	56.8	78.7	106.4	8.7	387.7
7	上	31.2	36.1	42.6	44.3	63.9	88.5	119.7	9.8	436.2
	中	17.3	20.0	23.7	24.6	35.5	49.2	66.5	5.5	242.3
	下	20.8	24.0	28.4	29.5	42.6	59.0	79.8	6.6	290.8
8	上	27.7	32.1	37.9	39.4	56.8	78.7	106.4	8.7	387.7
	中	20.8	24.0	28.4	29.5	42.6	59.0	79.8	6.6	290.8
	下	20.8	24.0	28.4	29.5	42.6	59.0	79.8	6.6	290.8
9	上	26.9	31.2	36.8	38.3	55.3	76.5	103.4	8.5	376.9
	中	26.9	31.2	36.8	38.3	55.3	76.5	103.4	8.5	376.9
	下	26.9	31.2	36.8	38.3	55.3	76.5	103.4	8.5	376.9
10	上	17.3	20.0	23.7	24.6	35.5	49.2	66.5	5.5	242.3
	中	20.2	23.4	27.7	28.7	41.5	57.5	77.7	6.4	283.2
	下	20.2	23.4	27.7	28.7	41.5	57.5	77.7	6.4	283.2
11	上	11.5	13.4	15.8	16.4	23.7	32.8	44.3	3.6	161.5
	中	18.5	21.4	25.3	26.2	37.9	52.5	70.9	5.8	258.5
	下	16.2	18.7	22.1	23.0	33.2	45.9	62.1	5.1	226.2
12	上	17.3	20.0	23.7	24.6	35.5	49.2	66.5	5.5	242.3
	中	27.7	32.1	37.9	39.4	56.8	78.7	106.4	8.7	387.7
	下	24.2	28.1	33.2	34.4	49.7	68.9	93.1	7.7	339.2
年引水量(亿 m^3)		9.5	11	13	13.5	19.5	27	36.5	3	133

三、计算水沙系列

模型计算初始时刻为2004年7月1日，计算终止时刻为2115年6月30日，共计111个水文年，其中包括了小浪底水库拦沙运用(2004～2019年)、古贤水库运用(2020～2054年)、碛口水库运用(2055～2099年)及小浪底水库、古贤水库和碛口水库拦沙库容均已淤满且中游淤地坝也失去拦沙作用的无枢纽、无淤地坝拦沙效果(2100～2114年)共4种水沙系列。

本次计算采用的下游设计水沙条件，2020年前采用《黄河流域河流防洪规划》设计水沙成果；接下来的60年则采用《古贤水利枢纽项目建议书》设计水沙成果。对于小浪底出库水沙情况，分别针对小浪底水库调水调沙与不调水调沙提供了两个过程。

(一)小浪底水库调水调沙水沙过程

1. 小浪底水库运用期2004～2019年

《黄河流域河流防洪规划》在分析黄河近期水沙变化和以往研究工作的基础上，考虑规划水平年人类活动的影响，遵循沙量均值接近水土保持发挥作用后(1970年以来)的长系列均值。水沙系列不仅反映丰平枯水沙情况，而且具有自然连续性并有完整的实测资料。兼顾经济性和安全性的原则，选择1978～1982年+1987～1996年+1971～1975年系列作为设计水沙条件。

2004～2019年为小浪底水库拦沙运用期间，相应的水沙系列为1982年+1987～1996年+1971～1975年，其中1982年+1987～1996年为小浪底水库运用方式研究采用的基本系列，另加1971～1975年5年特殊水沙系列，现将各年水沙量列于表24-2。

表24-2 小浪底水库运用期2004～2019年水沙系列水沙量统计

时间(年)	水量(亿 m^3)				沙量(亿 t)			
	小浪底	黑石关	小董	小+黑+小	小浪底	黑石关	小董	小+黑+小
2004	337.4	40.2	13.3	390.9	2.16	0.27	0.13	2.56
2005	241.2	15.9	1.0	258.2	1.19	0.02	0.00	1.21
2006	369.5	30.0	12.3	411.7	6.45	0.01	0.06	6.52
2007	370.4	30.1	4.1	404.6	4.92	0.04	0.01	4.96
2008	319.1	13.0	1.5	333.6	1.43	0.00	0.00	1.43
2009	206.3	5.1	0.1	211.4	1.12	0.00	0.00	1.12
2010	310.4	17.6	1.9	329.9	6.62	0.01	0.00	6.63
2011	264.4	16.1	5.8	286.3	1.86	0.01	0.01	1.87
2012	262.0	11.0	1.6	274.5	5.07	0.01	0.00	5.07
2013	260.7	5.2	3.9	269.8	3.04	0.01	0.01	3.05
2014	213.7	31.8	12.1	257.5	4.78	0.04	0.05	4.87
2015	285.0	18.4	13.6	317.0	4.17	0.05	0.11	4.32
2016	240.8	15.0	2.1	258.0	1.32	0.03	0.01	1.36
2017	337.7	21.3	6.9	365.8	10.04	0.05	0.04	10.14
2018	270.1	23.1	2.1	295.3	5.17	0.06	0.00	5.23
2019	444.0	48.6	9.9	502.5	9.45	0.10	0.04	9.59
年平均	295.8	21.4	5.8	322.9	4.30	0.04	0.03	4.37

注："小+黑+小"指"小浪底+黑石关+小董"，后同。

在今后小浪底水库运用的16年中，年均来水量322.9亿m^3，年均来沙量为4.37亿t；年内最大来水量502.5亿m^3(2019年)，年内最大来沙量10.14亿t(2017年)；年内最小来水量211.4亿m^3(2009年)，年内最小来沙量为1.12亿t(2009年)。因此，本系列的特点是年代新，且避开了20世纪80年代的丰水枯沙序列。

2. 古贤水库运用期2020～2054年

《古贤水利枢纽项目建议书》采用2010年水平人类活动的影响(黄河正常年份供水370亿m^3的分配方案，水土保持措施年均减少入黄泥沙5亿t及龙羊峡、刘家峡等大型水库调节)对黄河水沙进行了分析计算。

古贤水库2020年投入运用，拦沙期35年。其设计水沙系列为1950～1984年，其中1950～1974年为小浪底水库招标阶段的水沙系列。表24-3统计了各年水沙量，在古贤水库拦沙运用的35年中，年均来水量370.2亿m^3，年均来沙量为6.91亿t；年内最大来水量656.9亿m^3(2034年)，年内最大来沙量为16.37亿t(2051年)；年内最小来水量222.5亿m^3(2050年)，年内最小来沙量为1.02亿t(2044年)。

3. 碛口水库运用期2055～2099年

古贤水库拦沙期结束后，碛口水库2055年投入运用，拦沙期45年。其设计水沙系列仍然采用1950～1997年+1919～1930年。2055～2099年对应的水沙系列为1950～1994年，其中1950～1974年为小浪底水库招标阶段的水沙系列，为平水偏枯沙系列。在碛口水库拦沙运用的45年中，年均来水量352.7亿m^3，年均来沙量为7.97亿t(见表24-4)；年内最大来水量657.4亿m^3(2069年)，年内最大来沙量为28.90亿t(2069年)；年内最小来水量222.2亿m^3(2099年)，年内最小来沙量为0.93亿t(2070年)。

4. 2100～2114年

2100～2114年，小浪底水库、古贤水库和碛口水库拦沙库容均已淤满，中游淤地坝也失去拦沙作用，此时为无水利枢纽及淤地坝拦沙作用下的来水来沙条件。预测计算采用了如下两个水沙系列。

1)2100～2114年水沙系列Ⅰ

2100～2114年水沙系列Ⅰ为1959～1973年系列，这15年年均来水量375.8亿m^3，年均来沙量为11.82亿t(见表24-5)；年内最大来水量659.5亿m^3(2105年)，最大来沙量为25.50亿t(2105年)；最小来水量217.9亿m^3(2113年)，最小来沙量为3.24亿t(2106年)。

2)2100～2114年水沙系列Ⅱ

2100～2114年水沙系列Ⅱ为1975年+1950～1963年系列，这15年年均来水量371.0亿m^3，年均来沙量为10.40亿t(见表24-6)；与2100～2114年水沙系列Ⅰ相比，年均水量减少了4.8亿m^3，年均沙量减少了1.42亿t。该系列年内最大来水量503.9亿m^3(2100年)，最大来沙量为21.63亿t(2109年)；最小来水量237.3亿m^3(2108年)，最小来沙量为5.07亿t(2111年)。

5. 其他考虑因素

1)考虑了西线供水

古贤水库计算方案，采用645 m正常蓄水位高水位起调方案。西线一期供水20亿m^3，20亿m^3均安排在汛期均匀下泄。

2)小浪底水库的调水调沙

考虑小浪底水库调水调沙的作用，其调控原则为：调水调沙历时按 15 d 计；控制花园口临界流量 2 600 m^3/s，平均含沙量小于 20 kg/m^3。试验结束后，花园口流量不大于 800 m^3/s。

表 24-3　古贤水库运用期 2020～2054 年水沙系列水沙量统计

时间(年)	水量(亿 m^3)				沙量(亿 t)			
	小浪底	黑石关	小董	小+黑+小	小浪底	黑石关	小董	小+黑+小
2020	289.9	14.8	11.1	315.8	4.62	0.02	0.05	4.70
2021	330.6	11.5	8.0	350.2	4.67	0.01	0.05	4.73
2022	283.9	17.2	4.5	305.6	5.95	0.06	0.02	6.02
2023	239.1	24.8	12.3	276.3	5.47	0.25	0.13	5.84
2024	353.6	42.6	21.8	418.0	6.90	0.53	0.23	7.65
2025	395.7	31.7	16.8	444.3	6.64	0.17	0.10	6.91
2026	280.1	35.8	24.7	340.6	10.62	0.38	0.29	11.29
2027	213.6	20.0	7.3	240.9	1.33	0.22	0.02	1.58
2028	398.4	63.5	23.8	485.7	14.06	0.91	0.24	15.20
2029	354.6	5.7	4.2	364.6	10.20	0.00	0.03	10.23
2030	241.7	13.2	4.0	258.9	2.02	0.02	0.03	2.07
2031	399.2	13.3	8.1	420.6	1.47	0.02	0.05	1.54
2032	323.2	22.5	23.8	369.4	3.62	0.08	0.13	3.84
2033	397.3	36.6	26.7	460.6	4.40	0.24	0.03	4.67
2034	563.8	73.1	20.0	656.9	11.02	0.73	0.44	12.19
2035	219.4	23.3	1.9	244.6	1.89	0.21	0.02	2.11
2036	411.5	11.1	10.0	432.6	13.83	0.02	0.11	13.96
2037	582.1	18.3	11.7	612.1	10.71	0.06	0.06	10.83
2038	417.8	23.1	11.0	451.9	3.45	0.07	0.05	3.57
2039	246.0	10.5	4.3	260.9	2.82	0.01	0.02	2.86
2040	289.9	12.0	6.2	308.1	13.86	0.02	0.05	13.94
2041	273.4	9.5	14.0	296.9	1.61	0.01	0.12	1.74
2042	225.3	6.1	3.2	234.5	2.07	0.00	0.02	2.09
2043	247.6	11.8	7.0	266.4	7.44	0.04	0.03	7.51
2044	225.6	13.3	3.0	241.9	1.00	0.02	0.01	1.02
2045	466.5	39.9	15.0	521.4	7.86	0.21	0.05	8.12
2046	418.9	14.4	14.3	447.7	15.08	0.03	0.07	15.19
2047	249.0	9.2	9.9	268.0	4.19	0.01	0.05	4.25
2048	310.8	9.6	6.5	327.0	11.55	0.04	0.03	11.61
2049	321.5	12.2	4.2	337.9	4.77	0.02	0.02	4.81
2050	202.6	14.4	5.5	222.5	4.04	0.04	0.03	4.11
2051	434.2	12.7	5.1	451.9	16.33	0.03	0.02	16.37
2052	329.7	33.7	8.1	371.4	2.23	0.20	0.02	2.46
2053	460.0	43.1	7.6	510.7	7.58	0.18	0.02	7.78
2054	379.2	53.7	7.8	440.7	8.70	0.20	0.03	8.93
年平均	336.5	23.1	10.7	370.2	6.69	0.15	0.08	6.91

表 24-4 碛口水库运用期 2055～2099 年水沙系列水沙量统计

时间(年)	水量(亿 m³)				沙量(亿 t)			
	小浪底	黑石关	小董	小+黑+小	小浪底	黑石关	小董	小+黑+小
2055	287.0	14.8	11.1	312.9	6.05	0.02	0.05	6.12
2056	330.9	11.5	8.0	350.5	7.71	0.01	0.05	7.78
2057	286.4	17.2	4.5	308.2	6.47	0.06	0.02	6.54
2058	236.5	24.8	12.3	273.7	11.12	0.25	0.13	11.49
2059	354.4	42.6	21.8	418.8	9.04	0.53	0.23	9.79
2060	394.2	31.7	16.8	442.7	8.01	0.17	0.10	8.28
2061	281.0	35.8	24.7	341.5	14.92	0.38	0.29	15.59
2062	208.6	20.0	7.3	235.8	1.78	0.22	0.02	2.03
2063	399.0	63.5	23.8	486.4	18.19	0.91	0.24	19.33
2064	343.5	5.7	4.2	353.4	16.82	0.00	0.03	16.85
2065	248.7	13.2	4.0	265.9	1.34	0.02	0.03	1.40
2066	400.5	13.3	8.1	421.9	7.01	0.02	0.05	7.08
2067	323.4	22.5	23.8	369.7	6.11	0.07	0.13	6.31
2068	398.6	36.6	26.7	461.9	6.07	0.24	0.03	6.34
2069	564.3	73.1	20.0	657.4	27.72	0.73	0.44	28.90
2070	217.8	23.3	1.9	243.0	0.71	0.21	0.02	0.93
2071	409.3	11.1	10.0	430.4	11.08	0.02	0.11	11.20
2072	581.2	18.3	11.7	611.2	15.24	0.06	0.06	15.35
2073	416.7	23.1	11.0	450.8	11.68	0.07	0.05	11.80
2074	240.9	10.5	4.3	255.7	2.83	0.01	0.02	2.86
2075	286.4	12.0	6.2	304.6	18.67	0.02	0.05	18.75
2076	280.5	9.5	14.0	304.0	2.88	0.01	0.12	3.00
2077	218.2	6.1	3.2	227.5	3.01	0.00	0.02	3.04
2078	251.8	11.8	7.0	270.5	12.32	0.04	0.03	12.39
2079	226.8	13.3	3.0	243.1	1.74	0.02	0.01	1.77
2080	462.5	39.9	15.0	517.4	7.90	0.21	0.05	8.16
2081	429.3	14.4	14.3	458.1	5.73	0.03	0.07	5.84
2082	240.6	9.2	9.9	259.7	14.63	0.01	0.05	14.69
2083	308.1	9.6	6.5	324.3	7.99	0.04	0.03	8.05
2084	316.9	12.2	4.2	333.3	4.89	0.02	0.02	4.94
2085	204.7	14.4	5.5	224.6	2.11	0.04	0.03	2.18
2086	440.1	12.7	5.1	457.8	12.71	0.03	0.02	12.76
2087	332.4	33.7	8.1	374.2	1.36	0.20	0.02	1.58
2088	459.4	43.1	7.6	510.1	6.32	0.18	0.02	6.52
2089	376.7	53.7	7.8	438.2	8.06	0.20	0.03	8.28
2090	370.9	25.3	7.8	404.0	1.84	0.09	0.02	1.94
2091	229.1	12.5	2.7	244.2	1.80	0.03	0.00	1.83
2092	211.0	10.1	2.2	223.3	2.72	0.01	0.01	2.74
2093	320.4	24.1	12.2	356.7	13.38	0.09	0.08	13.55
2094	410.1	30.1	4.1	444.3	4.29	0.04	0.01	4.33
2095	258.7	13.0	1.5	273.2	2.02	0.00	0.00	2.02
2096	156.0	5.1	0.1	161.2	1.63	0.00	0.00	1.63
2097	313.9	17.6	1.9	333.4	11.73	0.01	0.00	11.73
2098	250.1	16.1	5.8	272.1	4.39	0.01	0.01	4.40
2099	209.7	11.0	1.6	222.2	6.43	0.01	0.00	6.44
年平均	321.9	21.6	9.2	352.7	7.79	0.12	0.06	7.97

表 24-5 无工程控制 2100～2114 年系列Ⅰ水沙量统计

时间(年)	水量(亿 m^3)				沙量(亿 t)			
	小浪底	黑石关	小董	小+黑+小	小浪底	黑石关	小董	小+黑+小
2100	343.6	5.7	4.2	353.5	16.49	0.00	0.03	16.52
2101	251.1	13.2	4.0	268.3	5.02	0.02	0.03	5.07
2102	402.5	13.3	8.1	423.9	10.41	0.02	0.05	10.49
2103	323.8	22.5	23.8	370.1	5.86	0.07	0.13	6.06
2104	398.8	36.6	26.7	462.1	7.27	0.24	0.03	7.55
2105	566.5	73.1	20.0	659.5	24.32	0.73	0.44	25.50
2106	208.8	23.3	1.9	234.0	3.01	0.21	0.02	3.24
2107	423.4	11.1	10.0	444.5	21.59	0.02	0.11	21.72
2108	582.1	18.3	11.7	612.1	18.92	0.06	0.06	19.04
2109	417.8	23.1	11.0	451.9	11.91	0.07	0.05	12.04
2110	242.5	10.5	4.3	257.3	7.69	0.01	0.02	7.72
2111	287.2	12.0	6.2	305.4	17.63	0.02	0.05	17.70
2112	282.0	9.5	14.0	305.5	8.13	0.01	0.12	8.25
2113	208.6	6.1	3.2	217.9	3.77	0.00	0.02	3.79
2114	252.1	11.8	7.0	270.9	12.57	0.04	0.03	12.64
年平均	346.1	19.3	10.4	375.8	11.64	0.10	0.08	11.82

表 24-6 无工程控制 2100～2114 年系列Ⅱ水沙量统计

时间(年)	水量(亿 m^3)				沙量(亿 t)			
	小浪底	黑石关	小董	小+黑+小	小浪底	黑石关	小董	小+黑+小
2100	445.4	48.6	9.9	503.9	11.15	0.10	0.04	11.30
2101	287.6	14.8	11.1	313.4	7.52	0.02	0.05	7.60
2102	333.1	11.5	8.0	352.7	7.17	0.01	0.05	7.23
2103	276.9	17.2	4.5	298.7	6.26	0.06	0.02	6.33
2104	247.3	24.8	12.3	284.4	10.54	0.25	0.13	10.92
2105	358.4	42.6	21.8	422.8	17.71	0.53	0.23	18.46
2106	394.2	31.7	16.8	442.8	7.95	0.17	0.10	8.22
2107	272.2	35.8	24.7	332.7	12.82	0.38	0.29	13.50
2108	210.0	20.0	7.3	237.3	4.89	0.22	0.02	5.14
2109	411.3	63.5	23.8	498.7	20.51	0.91	0.24	21.65
2110	343.6	5.7	4.2	353.5	16.49	0.00	0.03	16.52
2111	251.1	13.2	4.0	268.3	5.02	0.02	0.03	5.07
2112	402.5	13.3	8.1	423.9	10.41	0.02	0.05	10.49
2113	323.8	22.5	23.8	370.1	5.86	0.07	0.13	6.06
2114	398.8	36.6	26.7	462.1	7.27	0.24	0.03	7.55
年平均	330.4	26.8	13.8	371.0	10.11	0.20	0.10	10.40

(二)小浪底水库不调水调沙水沙过程

小浪底水库不调水调沙水沙系列为2004～2019年小浪底水库运用系列+2020～2054年古贤水库运用系列+2055～2099年碛口水库运用系列+2100～2114年无工程控制系列Ⅰ共111年水沙系列。这时期小浪底水库不采用调水调沙运用，因而每年进入下游的水沙过程与调水调沙相比有明显差别。但在每年水沙量统计上，除2006年不调水调沙与调水调沙相比，进入下游水量前者比后者大8.2亿m^3、沙量前者比后者大1.61亿t外，其余年份差别很小，大部分年份没有差别，个别年份两者差别水量在0.7%以内、沙量在0.4%以内。从111年情况看，不调水调沙进入下游的水量较调水调沙多了8.8亿m^3，沙量多了1.59亿t。

四、黄河下游滩区治理模式

(一)“宽河固堤”方案

“宽河固堤”方案没有考虑修建桃花峪水库。认为，虽然下游的防洪工程体系已初步建成，小浪底水库也建成投入，进入黄河下游的稀遇洪水可得到有效的控制，但是当前黄河下游防洪面临的形势依然严峻。水土保持措施减少中小洪水的作用是明显的，但减少大洪水的作用不明显。黄河上中游洪水经过干支流水库调节后，花园口断面100年一遇和1 000年一遇洪峰流量仍分别达到15 700 m^3/s和22 600 m^3/s，且预见期短，对黄河下游堤防仍有较大的威胁。另外，从历次大洪水所产生不同程度的淤滩刷槽作用的事实看，“宽滩”的沉沙作用对提高主槽过洪能力是很必要的。所以，今后仍需保持下游“宽河固堤”的格局，发挥“宽河”滞洪淤沙和调节河槽的作用。加之我们已经有了在多沙河流修建平原水库的教训，因而本方案没有考虑修建桃花峪水库。河槽宽度仍为现状河槽宽度。

(二)“窄河固堤”方案

该方案主要考虑修建桃花峪水库。设计部门认为，虽然桃花峪水库库容较小，但对黄河下游陡涨陡落的洪水特性而言，通过它的滞洪调节，仍可把黄河下游设防标准提高到10 000年一遇，花园口设防流量降低到15 000 m^3/s；进入下游的洪水得到了有效的控制，为黄河下游河道实现“窄河固堤”提供了前提条件。由于下游河道部分河段现状堤距较宽，在只控制15 000 m^3/s洪水的前提下，可缩窄下游部分河段，塑造窄深河槽，以利于“束水攻沙”，减小河槽的严重淤积，进而彻底解放两岸广大滩区，让滩区群众享受与周边相近的社会经济发展条件。

窄河堤线的拟定原则为：

(1)由于现状宽河段主要位于孙口以上河段和艾山以下的长平滩河段，本次主要缩窄以上两河段的河道；

(2)窄河堤线布置参考河道内现状生产堤和控导工程的分布，两岸宽度控制在3.0 km左右；

(3)推估现有堤距能否满足设计流量的行洪要求，新堤间宽度应满足不产生壅水的最小河宽；

(4)由河势摆幅分析衡量窄河堤距在无工程控制河势的情况下，不致过窄使大堤经常出现险情或过宽而占用过多的耕地；

(5)对窄河河道弯曲度过大的河段要考虑裁弯取直；

(6)各水平年窄河河道的过洪能力达到15 000 m^3/s。

根据以上窄河堤线和堤距的布置原则，规划窄河堤线总长 1 410 km，其中利用原大堤 768 km，利用原生产堤或控导工程 252 km，新修 290 km。各河段堤距及解放的滩区面积见表 24-7。

表 24-7　黄河下游窄河主槽及滩地宽度

河段	主槽		窄河滩地		解放滩区面积 (km^2)
	宽度(m)	面积(km^2)	宽度(m)	面积(km^2)	
桃花峪—夹河滩	3 138	224.1	9 526	653.3	829
夹河滩—高村	1 106	80	3 981	289	507
高村—孙口	839	99	2 302	272	351
孙口—艾山	869	55	3 486	223	17
艾山—泺口	611	62	1 293	132	229
泺口—利津	552	93	2 319	389	
利津—西河口	694	33	2 396	114	
全下游		646		2 072	1 933

窄河大堤的布置范围：铁谢—大玉兰河段南岸以邙山及险工、控导工程为界，北岸以小浪底水库移民安置区所修的堤防为界；大玉兰—陶城铺、艾山—水牛赵河段充分利用现有的护滩控导工程与生产堤，并将其连接；黄庄—艾山、大庞庄—CS7 断面均以现状两岸大堤为堤距。

窄河河道内有 21.4 万人左右，需安排外迁。分析窄河河道的平面形态，需对 30km 长的河段进行裁弯取直。窄河与现有河段相比，可解放滩区面积 1 933 km^2，使 159.6 万人免遭经常受灾的危害。

(三)人工疏浚措施

为保证黄河下游河槽长期保持一定的过洪能力，按照规划，当计算至 2020 年、2054 年、2099 年及 2114 年时，如有断面主槽过洪能力达不到 4 000 m^3/s，对该断面主槽以平均下降的形式进行人工疏浚，并将从主槽中挖出的泥沙平铺到滩地上，直至整个下游河道(铁谢—西河口)各断面主槽过洪能力均能达到 4 000 m^3/s。

第二节　小浪底水库调水调沙运用计算结果及其分析

一、2004～2019 年小浪底水库运用水沙系列计算结果

现将宽河方案与窄河方案冲淤量计算结果分别列于表 24-8、表 24-9，由于小浪底水库的拦沙运用，进入下游的沙量明显减少，黄河下游河道两方案总体上均表现为冲刷。

宽河方案黄河下游共冲刷泥沙 3.533 亿 m^3(见表 24-8)，其中高村以上宽河道冲刷了 2.263 亿 m^3，占总冲刷量的 64.1%。从冲淤量的时间分布看，2010 年前，因小浪底水库拦沙作用更显著，全下游均表现为冲刷，共冲刷了 2.968 亿 m^3，占 16 年冲刷量的 84%，而

后10年，小浪底水库排沙量逐渐增大，加之前期床沙粗化，河道糙率增大，各河段的输沙能力有所调整，冲刷仅发生在花园口—艾山河段，共冲刷了0.926亿m^3，花园口以上及艾山以下河段略有淤积。冲淤量在滩槽分布上表现为滩淤槽冲，主槽共冲刷了4.650亿m^3，其中2010年前冲刷了3.994亿m^3，占85.9%，随着主槽的不断下切，平滩流量增大，上滩水量逐渐减少，加之来水含沙量并不太高，滩地淤积量不大，共淤积1.17亿m^3，泥沙主要淤积在孙口以上滩地比较宽的地段，占滩地淤积量的94.5%，且滩地淤积主要发生在2010年之前，共淤积了1.026亿m^3，占滩地淤积量的91.9%，后十年在滩地上落淤的泥沙很少。虽然全下游发生了明显冲刷，但到2020年汛前，仍有些断面的主槽过洪能力达不到4 000 m^3/s，对部分河段还需要人工疏浚，总疏浚量为0.717亿m^3。主槽疏浚将主要集中在艾山以下河段，该河段疏浚量占全下游疏浚量的71.8%。主槽疏浚以后，河道的断面形态也随之调整，与计算初始地形相比，主槽将冲刷(主槽的疏浚量也作为河床变形量看待)5.366亿m^3，滩地将淤积1.833亿m^3。

表24-8　宽河固堤方案2004～2019年冲淤量计算结果

时段(年)		部位	各河段冲淤量(亿m^3)								
			铁—花	花—夹	夹—高	高—孙	孙—艾	艾—泺	泺—利	利—西	铁—西
2004～2009		全断面	−1.063	−0.454	−0.277	−0.127	−0.344	−0.275	−0.375	−0.052	−2.968
		主槽	−1.096	−0.704	−0.531	−0.565	−0.355	−0.281	−0.409	−0.053	−3.994
		滩地	0.032	0.251	0.254	0.438	0.011	0.006	0.034	0.000	1.026
2010～2014		全断面	−0.380	−0.357	−0.331	−0.189	−0.153	−0.164	−0.144	0.019	−1.700
		主槽	−0.382	−0.364	−0.339	−0.247	−0.154	−0.165	−0.148	0.018	−1.782
		滩地	0.002	0.007	0.008	0.058	0.001	0.001	0.004	0.000	0.082
2014～2019		全断面	0.609	0.066	−0.076	0.072	0.041	0.052	0.275	0.095	1.135
		主槽	0.607	0.064	−0.076	0.071	0.041	0.052	0.273	0.095	1.126
		滩地	0.002	0.002	0.000	0.001	0.000	0.000	0.002	0.000	0.009
疏浚量		全断面	0.000	0.000	0.000	0.000	0.000	0.000	0.000	0.000	0.000
		主槽	−0.021	−0.040	0.000	−0.079	−0.062	−0.111	−0.381	−0.023	−0.717
		滩地	0.021	0.040	0.000	0.079	0.062	0.111	0.381	0.023	0.717
2004～2019	疏浚前	全断面	−0.834	−0.745	−0.684	−0.244	−0.455	−0.388	−0.244	0.061	−3.533
		主槽	−0.871	−1.004	−0.947	−0.742	−0.468	−0.395	−0.284	0.060	−4.650
		滩地	0.037	0.259	0.262	0.498	0.012	0.007	0.040	0.001	1.117
	疏浚后	全断面	−0.834	−0.745	−0.684	−0.244	−0.455	−0.388	−0.244	0.061	−3.533
		主槽	−0.892	−1.044	−0.947	−0.820	−0.530	−0.506	−0.665	0.037	−5.366
		滩地	0.058	0.299	0.262	0.576	0.074	0.118	0.421	0.024	1.833

注：文中“铁—西”指“铁谢—西河口”河段。

表 24-9　窄河固堤方案 2004～2019 年冲淤量计算结果

时段(年)	部位	各河段冲淤量(亿 m^3)								
		铁—花	花—夹	夹—高	高—孙	孙—艾	艾—泺	泺—利	利—西	铁—西
2004～2009	全断面	−1.065	−0.481	−0.356	−0.343	−0.345	−0.277	−0.369	−0.054	−3.291
	主槽	−1.095	−0.704	−0.532	−0.575	−0.359	−0.285	−0.416	−0.055	−4.022
	滩地	0.031	0.223	0.176	0.232	0.014	0.008	0.046	0.000	0.731
2010～2014	全断面	−0.380	−0.357	−0.336	−0.211	−0.153	−0.165	−0.145	0.019	−1.728
	主槽	−0.382	−0.364	−0.341	−0.247	−0.154	−0.166	−0.149	0.019	−1.784
	滩地	0.002	0.007	0.006	0.035	0.001	0.001	0.004	0.000	0.056
2014～2019	全断面	0.609	0.066	−0.078	0.072	0.041	0.051	0.275	0.095	1.130
	主槽	0.607	0.064	−0.078	0.071	0.041	0.051	0.273	0.094	1.122
	滩地	0.002	0.002	0.000	0.001	0.000	0.000	0.002	0.000	0.008
疏浚量	全断面	0.000	0.000	0.000	0.000	0.000	0.000	0.000	0.000	0.000
	主槽	−0.013	−0.026	0.000	−0.036	−0.056	−0.078	−0.383	−0.025	−0.617
	滩地	0.013	0.026	0.000	0.036	0.056	0.078	0.383	0.025	0.617
2004～2019 疏浚前	全断面	−0.836	−0.772	−0.770	−0.483	−0.457	−0.391	−0.239	0.059	−3.889
	主槽	−0.871	−1.004	−0.952	−0.751	−0.472	−0.400	−0.291	0.059	−4.684
	滩地	0.036	0.232	0.182	0.268	0.015	0.009	0.052	0.001	0.795
2004～2019 疏浚后	全断面	−0.836	−0.772	−0.770	−0.483	−0.457	−0.391	−0.239	0.059	−3.889
	主槽	−0.884	−1.030	−0.952	−0.788	−0.528	−0.477	−0.674	0.034	−5.301
	滩地	0.049	0.258	0.182	0.305	0.071	0.086	0.435	0.026	1.412

窄河方案黄河下游共冲刷了 3.889 亿 m^3，较宽河方案多冲刷 0.356 亿 m^3，其中高村以上宽河道冲刷了 2.378 亿 m^3，占总冲刷量的 61.1%，比宽河方案减小了 3.0%。其中，2010 年前，共冲刷了 3.291 亿 m^3，占 16 年冲刷量的 84.6%，而后 10 年，冲刷 0.598 亿 m^3。从冲淤量滩槽分布上看，这 16 年主槽共冲刷了 4.684 亿 m^3，仅比宽河方案多冲了 0.034 亿 m^3，而滩地淤积少淤 0.795 亿 m^3，比宽河方案少淤 0.473 亿 m^3。由此可见，相对于宽河方案，窄河方案的减淤作用主要是因滩地的缩窄使泥沙淤积区域变小，从而导致滩地淤积量明显减小，而主槽则变化不大。到 2020 年汛前，为保证全下游主槽均能达到 4 000 m^3/s 的过洪能力，需疏浚泥沙 0.617 亿 m^3。因该方案滩地面积较小，对于同样疏浚量与宽河方案相比，滩地铺沙厚度与滩唇升高值均大，因此对于主槽达到 4 000 m^3/s 的过洪能力的同样要求，窄河方案河槽疏浚量比宽河方案略小，2020 年汛前地形条件下小 0.1 亿 m^3。实施疏浚以后，与计算初始地形相比，主槽将冲刷 5.301 亿 m^3，滩地将淤积 1.412 亿 m^3。

表 24-10、表 24-11 分别给出了 2010 年汛前、2020 年汛前黄河下游主要断面不同流量级水位计算结果。与计算初始时刻相比，随着河道的冲淤调整，各断面同流量水位也发生了变化。对于宽河方案，绝大部分断面 2010 年汛前、2020 年汛前同流量水位有不同程度的下降，花园口(基本断面)、夹河滩(二)、高村、孙口、艾山、泺口、利津 7 断面 3 000 m^3/s 水位 2010 年汛前分别降至 93.59、74.01、62.08、48.18、42.06、31.13、13.85 m；2020 年汛前分别为 93.75、73.61、61.77、47.71、42.03、30.86、14.24 m。窄河方案与宽河方案相

表 24-10　2010 年汛前黄河下游主要断面各流量级水位计算结果

断面	宽河固堤方案不同流量级水位(m)					窄河固堤方案不同流量级水位(m)				
	3 000 m^3/s	4 000 m^3/s	10 000 m^3/s	15 000 m^3/s	20 000 m^3/s	3 000 m^3/s	4 000 m^3/s	10 000 m^3/s	15 000 m^3/s	20 000 m^3/s
铁谢	115.15	115.65	117.83	118.98	119.84	115.15	115.65	117.83	118.98	119.84
裴峪	107.55	108.06	109.82	110.77	111.50	107.55	108.06	109.82	110.77	111.49
官庄峪	99.06	99.53	101.19	101.91	102.47	99.06	99.53	101.20	101.95	102.54
秦厂	96.79	97.16	98.71	99.42	99.93	96.79	97.16	98.71	99.49	100.11
花园口	93.59	94.05	95.61	96.25	96.74	93.59	94.05	95.74	96.59	97.30
柳园口	80.53	81.01	82.54	83.16	83.65	80.53	81.02	82.60	83.35	83.98
夹河滩	74.01	74.55	76.20	76.88	77.43	74.02	74.55	76.26	77.03	77.68
杨小寨	66.49	66.94	68.41	68.97	69.43	66.49	66.93	68.51	69.30	70.00
高村	62.08	62.56	64.26	65.12	65.81	62.08	62.55	64.41	65.50	66.40
苏泗庄	59.34	59.82	61.15	61.77	62.29	59.32	59.80	61.59	62.62	63.51
孙口	48.18	48.69	50.60	51.58	52.47	48.17	48.68	50.74	51.91	52.93
南桥	42.84	43.59	46.41	47.89	49.12	42.83	43.58	46.42	47.94	49.22
艾山	42.06	42.82	45.48	46.87	48.00	42.05	42.82	45.50	46.95	48.14
泺口	31.13	31.85	34.26	35.60	36.72	31.12	31.84	34.26	35.60	36.72
刘家园	26.40	27.16	29.19	30.32	31.26	26.39	27.15	29.20	30.32	31.27
道旭	17.54	18.18	20.22	21.46	22.54	17.53	18.17	20.21	21.45	22.55
利津	13.85	14.47	16.81	17.97	18.87	13.84	14.47	16.80	17.96	18.87
一号坝	11.13	11.62	13.50	14.41	15.11	11.13	11.62	13.50	14.40	15.11

表 24-11　2020 年汛前黄河下游主要断面各流量级水位计算结果

状况	断面	宽河固堤方案不同流量级水位(m)					窄河固堤方案不同流量级水位(m)				
		3 000 m^3/s	4 000 m^3/s	10 000 m^3/s	15 000 m^3/s	20 000 m^3/s	3 000 m^3/s	4 000 m^3/s	10 000 m^3/s	15 000 m^3/s	20 000 m^3/s
主槽疏浚前	铁谢	115.35	115.85	117.95	119.07	119.90	115.35	115.85	117.95	119.07	119.90
	裴峪	107.51	108.00	109.74	110.70	111.43	107.51	108.00	109.74	110.70	111.43
	官庄峪	99.49	99.94	101.45	102.11	102.65	99.49	99.94	101.46	102.17	102.75
	秦厂	97.18	97.54	98.99	99.62	100.12	97.18	97.54	99.00	99.72	100.33
	花园口	93.75	94.21	95.71	96.33	96.81	93.74	94.21	95.87	96.70	97.39
	柳园口	79.70	80.21	82.04	82.79	83.31	79.70	80.21	82.04	82.88	83.53
	夹河滩	73.61	74.14	75.97	76.69	77.23	73.60	74.14	76.01	76.81	77.45
	杨小寨	65.52	65.99	67.88	68.61	69.12	65.51	65.98	67.90	68.81	69.58
	高村	61.77	62.30	64.04	64.93	65.63	61.77	62.29	64.30	65.41	66.32
	苏泗庄	59.03	59.47	61.18	61.78	62.30	59.02	59.46	61.48	62.52	63.40
	孙口	47.71	48.23	50.33	51.38	52.30	47.70	48.22	50.41	51.63	52.69
	南桥	42.83	43.58	46.39	47.86	49.08	42.83	43.57	46.39	47.90	49.16
	艾山	42.03	42.80	45.45	46.83	47.95	42.02	42.79	45.46	46.89	48.07
	泺口	30.86	31.62	34.05	35.41	36.53	30.86	31.61	34.05	35.40	36.53
	刘家园	26.47	27.20	29.24	30.37	31.32	26.46	27.20	29.25	30.38	31.33
	道旭	17.92	18.51	20.50	21.74	22.84	17.92	18.50	20.50	21.75	22.84
	利津	14.24	14.87	17.12	18.26	19.17	14.24	14.86	17.12	18.26	19.16
	一号坝	11.47	11.97	13.77	14.64	15.34	11.47	11.96	13.77	14.64	15.34
主槽疏浚后	铁谢	115.35	115.84	117.95	119.07	119.90	115.35	115.84	117.95	119.07	119.90
	裴峪	107.51	107.99	109.74	110.70	111.43	107.51	107.99	109.74	110.70	111.43
	官庄峪	99.49	99.93	101.44	102.11	102.64	99.49	99.93	101.46	102.17	102.74
	秦厂	97.18	97.53	98.98	99.61	100.11	97.18	97.53	98.99	99.71	100.32
	花园口	93.56	94.03	95.63	96.27	96.76	93.65	94.12	95.83	96.67	97.37
	柳园口	79.70	80.20	82.04	82.79	83.31	79.70	80.20	82.04	82.88	83.53
	夹河滩	73.61	74.13	75.97	76.69	77.23	73.60	74.12	76.01	76.81	77.45
	杨小寨	65.52	65.98	67.88	68.61	69.12	65.51	65.97	67.90	68.81	69.57
	高村	61.70	62.21	64.01	64.91	65.61	61.74	62.25	64.28	65.39	66.30
	苏泗庄	59.01	59.44	61.14	61.76	62.28	59.01	59.44	61.45	62.50	63.38
	孙口	47.68	48.18	50.29	51.34	52.26	47.68	48.18	50.37	51.60	52.65
	南桥	42.48	43.21	46.18	47.70	48.94	42.49	43.21	46.19	47.74	49.03
	艾山	41.74	42.51	45.32	46.75	47.89	41.75	42.50	45.33	46.81	48.02
	泺口	30.72	31.47	33.93	35.28	36.42	30.71	31.44	33.92	35.29	36.42
	刘家园	26.20	26.93	29.13	30.26	31.22	26.22	26.94	29.14	30.27	31.23
	道旭	17.22	17.85	20.21	21.52	22.67	17.23	17.84	20.19	21.50	22.62
	利津	14.19	14.80	17.08	18.20	19.11	14.19	14.79	17.06	18.18	19.06
	一号坝	11.37	11.85	13.71	14.60	15.31	11.37	11.84	13.71	14.60	15.30

比，对于 3 000、4 000 m^3/s 流量级水位，一般窄河方案略低，但两者差别仅在 0.02 m 之内；但对于 10 000、15 000、20 000 m^3/s 这样的大流量级来说，窄河方案水位明显偏高，其中花园口—孙口河段偏高的最多，2010 年汛前达 0.06 ~ 1.22 m，2020 年汛前达 0.00 ~ 1.10 m；差别最大的为苏泗庄断面，对这三个大流量级而言，2010 年汛前窄河方案比宽河方案分别高出 0.44、0.85、1.22 m；2020 年汛前窄河方案比宽河方案分别高出 0.30、0.74、1.10 m。

至 2010 年汛前，模型计算宽河方案与窄河方案全下游平均平滩流量为 5 179、5 178 m^3/s，但至 2020 年汛前，个别断面主槽过洪能力仍达不到 4 000 m^3/s。为了保证 2020 年汛前全下游主槽均能达到 4 000 m^3/s 的过洪能力，需对主槽进行疏浚后，全下游流量为 3 000、4 000 m^3/s 时的水位平均降低了 0.11 ~ 0.13 m，最大下降值为 0.70 m，流量为 10 000、15 000、20 000 m^3/s 时的水位平均降低了 0.05 ~ 0.06 m，最大下降值为 0.31 m。各断面水位降低情况详见表 24-11。

二、2020 ~ 2054 年古贤水库运用水沙系列计算结果

在这 35 年内，由于古贤水库拦沙，进入黄河下游河道的沙量较少，年均沙量仅有 6.91 亿 t，而年均水量比 2004 ~ 2019 年系列大 47.3 亿 m^3，黄河下游总体上仍表现为冲刷，宽河固堤与窄河固堤两方案冲淤量计算结果列于表 24-12、表 24-13。

宽河固堤方案 2020 ~ 2054 年全下游共冲刷 2.928 亿 m^3，其中高村以上宽河道冲刷 1.925 亿 m^3，占总冲淤量的 65.7%。从冲淤量滩槽分布看，主槽共冲刷 4.592 亿 m^3，滩地淤积 1.664 亿 m^3。此时全黄河下游主槽基本都能达到 4 000 m^3/s 以上的过洪能力。2004 ~ 2054 年(包括疏浚)全下游共冲刷 6.461 亿 m^3，其中主槽共冲刷 9.960 亿 m^3，滩地共淤积 3.499 亿 m^3。

窄河固堤方案 2020 ~ 2054 年全下游共冲刷 3.433 亿 m^3，比宽河固堤多冲刷 0.505 亿 m^3。其中主槽冲刷 4.686 亿 m^3，比宽河固堤多冲刷 0.094 亿 m^3；滩地淤积 1.253 亿 m^3，比宽河固堤少淤积 0.411 亿 m^3。该方案至 2055 年汛前，全下游主槽都能达到 4 000 m^3/s 的过洪能力。2004 ~ 2054 年(包括疏浚)全下游共冲刷 7.322 亿 m^3，比宽河固堤多冲刷 0.861 亿 m^3。其中主槽冲刷 9.991 亿 m^3，比宽河固堤多冲刷 0.031 亿 m^3；滩地淤积 2.669 亿 m^3，比宽河固堤少淤积 0.830 亿 m^3。

2055 年汛前两方案黄河下游主要断面不同流量级水位计算结果列于表 24-14。随着河槽的冲刷下切，各断面 2055 年汛前同流量水位也有所下降。花园口(基本断面)、夹河滩(二)、高村、孙口、艾山、泺口、利津 7 断面宽河固堤方案 3 000 m^3/s 水位 2055 年汛前分别降至 91.62、72.68、60.94、47.03、40.63、28.20、14.28 m，与 2020 年汛前相比，除利津水位抬升 0.09 m 外，其余各断面均有所下降，降低值为 0.65 ~ 2.52 m，窄河固堤方案 3 000 m^3/s 水位 2055 年汛前分别降至 91.62、72.69、60.98、47.02、40.62、28.20、14.28 m，与 2020 年汛前相比，除利津水位略有抬升外，其余各断面降低 0.66 ~ 2.51 m。两方案相比，2055 年汛前 3 000、4 000 m^3/s 两个小流量级水位差别较小，各断面差值仅在 0.04 m 以内，但对于大流量级来说，窄河方案水位比宽河方案偏高最大可达 1.00 m(苏泗庄断面 20 000 m^3/s 流量水位)。

表 24-12 宽河固堤方案 2020～2054 年冲淤量计算结果

时段(年)		部位	各河段冲淤量(亿 m^3)								
			铁—花	花—夹	夹—高	高—孙	孙—艾	艾—泺	泺—利	利—西	铁—西
2020～2024		全断面	0.829	0.813	0.306	0.007	0.086	0.343	–0.118	0.024	2.290
		主槽	0.787	0.609	0.270	–0.040	0.081	0.336	–0.119	0.023	1.946
		滩地	0.042	0.204	0.036	0.048	0.005	0.007	0.000	0.001	0.344
2025～2029		全断面	0.984	1.375	0.449	–0.016	0.339	0.256	0.059	0.027	3.473
		主槽	0.788	0.720	0.312	–0.039	0.301	0.225	0.057	0.025	2.388
		滩地	0.197	0.655	0.137	0.022	0.038	0.031	0.002	0.002	1.085
2030～2034		全断面	–1.149	–1.480	–0.904	–1.001	–0.074	–0.803	–0.701	–0.164	–6.276
		主槽	–1.157	–1.495	–0.913	–1.008	–0.117	–0.813	–0.703	–0.167	–6.373
		滩地	0.008	0.015	0.009	0.007	0.044	0.010	0.003	0.003	0.098
2035～2039		全断面	–0.480	–0.656	–0.456	–0.227	–0.143	–0.373	–0.161	0.050	–2.447
		主槽	–0.480	–0.656	–0.456	–0.230	–0.156	–0.373	–0.161	0.048	–2.466
		滩地	0.000	0.000	0.000	0.002	0.014	0.001	0.000	0.002	0.019
2040～2044		全断面	–0.787	–0.509	–0.210	0.048	–0.190	–0.144	0.047	0.039	–1.707
		主槽	–0.787	–0.509	–0.210	0.048	–0.190	–0.144	0.047	0.039	–1.707
		滩地	0.000	0.000	0.000	0.000	0.000	0.000	0.000	0.000	0.000
2045～2049		全断面	0.101	0.187	0.241	0.474	–0.036	0.263	0.445	0.122	1.797
		主槽	0.101	0.187	0.241	0.441	–0.037	0.263	0.437	0.108	1.741
		滩地	0.000	0.000	0.000	0.033	0.001	0.000	0.008	0.014	0.056
2050～2054		全断面	–0.341	–0.293	0.057	0.037	–0.038	0.139	0.389	–0.007	–0.058
		主槽	–0.341	–0.293	0.057	0.002	–0.039	0.139	0.374	–0.019	–0.121
		滩地	0.000	0.000	0.000	0.035	0.001	0.000	0.014	0.012	0.063
疏浚量		全断面	0.000	0.000	0.000	0.000	0.000	0.000	0.000	0.000	0.000
		主槽	0.000	0.000	0.000	0.000	0.000	0.000	–0.002	0.000	–0.002
		滩地	0.000	0.000	0.000	0.000	0.000	0.000	0.002	0.000	0.002
2020～2054	疏浚前	全断面	–0.844	–0.563	–0.518	–0.678	–0.056	–0.320	–0.041	0.092	–2.928
		主槽	–1.090	–1.437	–0.700	–0.826	–0.158	–0.368	–0.068	0.057	–4.592
		滩地	0.246	0.874	0.182	0.148	0.103	0.048	0.028	0.035	1.664
	疏浚后	全断面	–0.844	–0.563	–0.518	–0.678	–0.056	–0.320	–0.041	0.092	–2.928
		主槽	–1.090	–1.437	–0.700	–0.826	–0.158	–0.368	–0.070	0.057	–4.594
		滩地	0.246	0.874	0.182	0.148	0.103	0.048	0.029	0.035	1.666
2004～2054	疏浚前	全断面	–1.678	–1.308	–1.203	–0.922	–0.511	–0.708	–0.285	0.153	–6.461
		主槽	–1.982	–2.481	–1.647	–1.647	–0.688	–0.874	–0.734	0.094	–9.959
		滩地	0.304	1.173	0.444	0.724	0.177	0.166	0.449	0.060	3.497
	疏浚后	全断面	–1.678	–1.308	–1.203	–0.922	–0.511	–0.708	–0.285	0.153	–6.461
		主槽	–1.982	–2.481	–1.647	–1.647	–0.688	–0.874	–0.735	0.094	–9.960
		滩地	0.304	1.173	0.444	0.724	0.177	0.166	0.451	0.060	3.499

表 24-13　窄河固堤方案 2020～2054 年冲淤量计算结果

时段	部位	各河段冲淤量(亿 m^3)								
		铁—花	花—夹	夹—高	高—孙	孙—艾	艾—泺	泺—利	利—西	铁—西
2020～2024	全断面	0.834	0.775	0.305	−0.023	0.084	0.343	−0.121	0.023	2.218
	主槽	0.792	0.599	0.280	−0.052	0.083	0.335	−0.122	0.021	1.936
	滩地	0.041	0.176	0.025	0.029	0.002	0.008	0.001	0.002	0.283
2025～2029	全断面	0.954	1.158	0.421	−0.034	0.349	0.237	0.054	0.027	3.167
	主槽	0.785	0.714	0.320	−0.052	0.325	0.200	0.051	0.024	2.368
	滩地	0.168	0.444	0.101	0.018	0.024	0.036	0.004	0.003	0.799
2030～2034	全断面	−1.152	−1.481	−0.911	−0.988	−0.088	−0.822	−0.708	−0.163	−6.312
	主槽	−1.158	−1.493	−0.916	−0.994	−0.114	−0.831	−0.710	−0.166	−6.382
	滩地	0.006	0.013	0.005	0.006	0.026	0.009	0.003	0.003	0.071
2035～2039	全断面	−0.483	−0.651	−0.463	−0.212	−0.166	−0.377	−0.164	0.050	−2.466
	主槽	−0.483	−0.651	−0.463	−0.214	−0.173	−0.378	−0.165	0.048	−2.478
	滩地	0.000	0.000	0.000	0.002	0.007	0.000	0.000	0.002	0.012
2040～2044	全断面	−0.789	−0.506	−0.212	0.052	−0.200	−0.145	0.045	0.039	−1.717
	主槽	−0.789	−0.506	−0.212	0.052	−0.200	−0.145	0.045	0.039	−1.717
	滩地	0.000	0.000	0.000	0.000	0.000	0.000	0.000	0.000	0.000
2045～2049	全断面	0.096	0.189	0.245	0.457	−0.045	0.259	0.444	0.122	1.767
	主槽	0.096	0.189	0.245	0.435	−0.045	0.259	0.436	0.108	1.723
	滩地	0.000	0.000	0.000	0.022	0.000	0.000	0.008	0.014	0.044
2050～2054	全断面	−0.344	−0.292	0.063	0.007	−0.041	0.134	0.389	−0.007	−0.090
	主槽	−0.344	−0.292	0.063	−0.012	−0.041	0.134	0.374	−0.019	−0.136
	滩地	0.000	0.000	0.000	0.019	0.000	0.000	0.014	0.013	0.046
疏浚量	全断面	0.000	0.000	0.000	0.000	0.000	0.000	0.000	0.000	0.000
	主槽	0.000	0.000	0.000	0.000	0.000	0.000	−0.004	0.000	−0.004
	滩地	0.000	0.000	0.000	0.000	0.000	0.000	0.004	0.000	0.004
2020～2054 疏浚前	全断面	−0.886	−0.808	−0.550	−0.741	−0.107	−0.371	−0.062	0.092	−3.433
	主槽	−1.102	−1.441	−0.682	−0.836	−0.165	−0.425	−0.091	0.056	−4.686
	滩地	0.216	0.633	0.132	0.096	0.058	0.054	0.029	0.036	1.253
2020～2054 疏浚后	全断面	−0.886	−0.808	−0.550	−0.741	−0.107	−0.371	−0.062	0.092	−3.433
	主槽	−1.102	−1.441	−0.682	−0.836	−0.165	−0.425	−0.094	0.056	−4.690
	滩地	0.216	0.633	0.132	0.096	0.058	0.054	0.033	0.036	1.257
2004～2054 疏浚前	全断面	−1.721	−1.581	−1.321	−1.224	−0.564	−0.762	−0.300	0.151	−7.322
	主槽	−1.986	−2.471	−1.634	−1.624	−0.694	−0.902	−0.765	0.089	−9.987
	滩地	0.265	0.891	0.313	0.400	0.129	0.140	0.465	0.062	2.665
2004～2054 疏浚后	全断面	−1.721	−1.581	−1.321	−1.224	−0.564	−0.762	−0.300	0.151	−7.322
	主槽	−1.986	−2.471	−1.634	−1.624	−0.694	−0.902	−0.768	0.089	−9.991
	滩地	0.265	0.891	0.313	0.400	0.129	0.140	0.468	0.062	2.669

表 24-14　2055 年汛前黄河下游主要断面各流量级水位计算结果

状况	断面	宽河固堤方案不同流量级水位(m)					窄河固堤方案不同流量级水位(m)				
		3 000 m^3/s	4 000 m^3/s	10 000 m^3/s	15 000 m^3/s	20 000 m^3/s	3 000 m^3/s	4 000 m^3/s	10 000 m^3/s	15 000 m^3/s	20 000 m^3/s
主槽疏浚前	铁谢	116.56	117.06	119.06	120.03	120.87	116.57	117.08	119.07	120.03	120.88
	裴峪	107.33	107.80	109.57	110.57	111.35	107.33	107.79	109.57	110.57	111.34
	官庄峪	97.95	98.41	100.31	101.37	102.02	97.95	98.40	100.31	101.39	102.07
	秦厂	95.50	95.89	97.57	98.62	99.29	95.50	95.89	97.57	98.63	99.39
	花园口	91.62	92.12	94.17	95.42	96.11	91.62	92.12	94.18	95.44	96.30
	柳园口	78.71	79.21	81.18	82.21	82.83	78.72	79.22	81.19	82.22	82.94
	夹河滩	72.68	73.19	75.20	76.19	76.83	72.69	73.19	75.22	76.27	77.02
	杨小寨	64.11	64.67	66.96	68.06	68.72	64.14	64.70	67.01	68.21	69.09
	高村	60.94	61.48	63.46	64.48	65.24	60.98	61.52	63.59	64.80	65.79
	苏泗庄	57.91	58.49	60.52	61.32	61.92	57.95	58.53	60.77	61.94	62.92
	孙口	47.03	47.58	49.85	51.00	51.93	47.02	47.57	49.86	51.16	52.22
	南桥	42.07	42.68	45.49	47.10	48.33	42.05	42.66	45.48	47.10	48.37
	艾山	40.63	41.33	44.27	45.81	46.99	40.62	41.32	44.26	45.83	47.07
	泺口	28.20	28.85	31.08	32.25	33.09	28.20	28.85	31.08	32.25	33.09
	刘家园	24.44	25.01	27.71	28.83	29.69	24.43	25.01	27.70	28.83	29.69
	道旭	16.92	17.46	19.46	20.63	21.69	16.93	17.46	19.45	20.63	21.69
	利津	14.28	14.87	16.93	17.88	18.59	14.28	14.87	16.92	17.88	18.59
	一号坝	11.41	11.91	13.76	14.63	15.34	11.41	11.91	13.76	14.63	15.35
主槽疏浚后	铁谢	116.56	117.06	119.06	120.03	120.87	116.57	117.08	119.07	120.03	120.88
	裴峪	107.33	107.80	109.57	110.57	111.35	107.33	107.79	109.57	110.57	111.34
	官庄峪	97.95	98.41	100.31	101.37	102.02	97.95	98.40	100.31	101.39	102.07
	秦厂	95.50	95.89	97.57	98.62	99.29	95.50	95.89	97.57	98.63	99.40
	花园口	91.62	92.12	94.17	95.42	96.11	91.62	92.12	94.18	95.44	96.30
	柳园口	78.71	79.21	81.18	82.21	82.83	78.72	79.22	81.19	82.22	82.94
	夹河滩	72.68	73.19	75.20	76.19	76.83	72.69	73.19	75.22	76.27	77.02
	杨小寨	64.11	64.67	66.96	68.06	68.72	64.14	64.70	67.01	68.21	69.09
	高村	60.94	61.48	63.46	64.48	65.24	60.98	61.52	63.59	64.80	65.79
	苏泗庄	57.91	58.49	60.52	61.32	61.92	57.95	58.53	60.77	61.94	62.92
	孙口	47.03	47.58	49.85	51.00	51.93	47.02	47.57	49.86	51.16	52.22
	南桥	42.07	42.68	45.49	47.10	48.33	42.05	42.66	45.48	47.10	48.37
	艾山	40.63	41.33	44.27	45.81	46.99	40.62	41.32	44.26	45.84	47.07
	泺口	28.20	28.85	31.08	32.25	33.09	28.20	28.85	31.08	32.25	33.09
	刘家园	24.44	25.01	27.71	28.83	29.69	24.43	25.01	27.70	28.83	29.69
	道旭	16.91	17.44	19.45	20.63	21.68	16.91	17.44	19.44	20.64	21.68
	利津	14.28	14.87	16.93	17.88	18.59	14.28	14.87	16.92	17.88	18.59
	一号坝	11.41	11.91	13.76	14.63	15.34	11.41	11.91	13.76	14.64	15.35

三、2055～2099年碛口水库运用期水沙系列计算结果

碛口水库运用的45年内，黄河下游年均来水量为352.7亿m^3，年均来沙量为7.97亿t。宽河固堤与窄河固堤两方案冲淤量计算结果列于表24-15、表24-16。

宽河固堤方案2055～2099年全下游共淤积20.437亿m^3，年均淤积0.454亿m^3，其中主槽淤积11.733亿m^3，滩地淤积8.704亿m^3。由于河道的淤积，到2100年汛前，又有部分断面主槽过洪能力达不到4 000 m^3/s，需对主槽疏浚，全下游总疏浚量达0.838亿m^3，其中疏浚主要集中在孙口—泺口河段，该河段疏浚量占全下游疏浚量的72.4%。主槽疏浚以后，2004～2099年，全下游共淤积13.976亿m^3(包括疏浚)，其中主槽淤积了0.934亿m^3，滩地淤积了13.042亿m^3。

窄河固堤方案2055～2099年全下游共淤积16.610亿m^3，比宽河固堤方案少淤积3.827亿m^3，其中主槽淤积11.262亿m^3，比宽河固堤方案少淤积0.471亿m^3，滩地淤积5.348亿m^3，比宽河固堤方案少淤积3.356亿m^3。在2100年汛前，为保证下游全部断面的主槽过洪能力均达到4 000 m^3/s，需对主槽疏浚0.408亿m^3，比宽河固堤方案少疏浚0.430亿m^3。主槽疏浚以后，2004～2099年，全下游共淤积9.288亿m^3(包括疏浚)，比宽河固堤方案少淤积4.688亿m^3，其中主槽淤积0.863亿m^3，比宽河固堤方案少淤积0.071亿m^3，滩地淤积淤积8.425亿m^3，比宽河固堤方案少淤积4.617亿m^3。

2100年汛前两方案黄河下游主要断面不同流量级水位计算结果列于表24-17。随着河槽的淤积，各断面2100年汛前同流量水位也有所抬升。花园口(基本断面)、夹河滩(二)、高村、孙口、艾山、泺口、利津7断面宽河固堤方案3 000 m^3/s水位2099年汛前分别升至93.55、74.96、63.16、48.92、41.83、30.15、14.42 m；与2055年汛前(疏浚后)相比，各断面均有不同程度的抬升，升高值为0.14～2.28 m，窄河固堤方案3 000 m^3/s水位2099年汛前分别升至93.55、74.90、62.99、48.80、41.72、30.04、14.41 m，与2055年汛前(疏浚后)相比抬升了0.13～2.21 m。两方案相比，2099年汛前3 000、4 000 m^3/s两流量级水位窄河方案比宽河方案平均降低0.07 m；最大降低值也均为0.17 m，分别发生在高村断面和苏泗庄断面；10 000、15 000、20 000 m^3/s 3个大流量级水位窄河方案反而比宽河方案平均高0.05、0.15、0.28 m，最大值分别高0.29、0.60、0.89 m，均发生在苏泗庄断面。主槽疏浚后与疏浚前相比，宽河固堤方案全下游3 000 m^3/s与4 000 m^3/s水位均平均降低了0.09 m，最大下降值为0.42 m与0.39 m(南桥断面)；10 000、15 000、20 000 m^3/s按流量级水位平均降低了0.05、0.04、0.04 m，最大降低值为0.24、0.22、0.21 m(南桥断面)；窄河固堤方案全下游3 000 m^3/s与4 000 m^3/s水位都平均降低了0.05 m，最大降低值为0.36 m与0.33 m(南桥断面)；10 000、15 000、20 000 m^3/s流量级水位平均降低0.03、0.03、0.02 m，最大降低值为0.20、0.17、0.15 m(孙口断面)。

四、2100～2114年无工程控制水沙系列Ⅰ计算结果

2100～2114年无工程控制水沙系列Ⅰ年均来水量为375.8亿m^3，年均来沙量为11.82亿t，由于来沙较多，下游河道淤积严重。宽河固堤与窄河固堤两方案冲淤量计算结果列于表24-18、表24-19。

表 24-15　宽河固堤方案 2055～2099 年冲淤量计算结果

时段(年)	部位	各河段冲淤量(亿 m^3)								
		铁—花	花—夹	夹—高	高—孙	孙—艾	艾—泺	泺—利	利—西	铁—西
2055～2059	全断面	1.342	1.153	0.576	0.494	0.396	0.150	0.486	0.060	4.657
	主槽	1.331	1.153	0.576	0.494	0.393	0.150	0.464	0.058	4.619
	滩地	0.011	0.000	0.000	0.000	0.003	0.000	0.023	0.002	0.038
2060～2064	全断面	2.206	2.079	0.947	1.061	0.493	0.296	0.701	0.079	7.859
	主槽	1.931	1.687	0.775	0.732	0.415	0.296	0.593	0.071	6.499
	滩地	0.275	0.392	0.172	0.328	0.078	0.000	0.108	0.007	1.360
2065～2069	全断面	1.805	1.088	0.542	0.940	0.078	0.062	0.234	–0.078	4.670
	主槽	1.010	0.421	0.191	0.349	–0.009	0.060	0.126	–0.082	2.068
	滩地	0.794	0.666	0.351	0.591	0.086	0.001	0.108	0.004	2.603
2070～2074	全断面	0.872	0.529	0.208	0.987	–0.025	0.133	0.074	–0.007	2.771
	主槽	0.211	0.068	0.021	0.257	–0.071	0.132	0.006	–0.007	0.617
	滩地	0.661	0.461	0.188	0.730	0.046	0.001	0.068	0.000	2.155
2075～2079	全断面	0.078	0.104	0.144	0.554	0.047	0.221	0.155	0.056	1.359
	主槽	–0.047	0.071	0.137	0.330	0.047	0.221	0.155	0.056	0.970
	滩地	0.125	0.032	0.007	0.224	0.000	0.000	0.000	0.000	0.389
2080～2084	全断面	–0.292	–0.038	0.052	0.731	–0.024	0.092	–0.186	–0.047	0.288
	主槽	–0.350	–0.160	–0.026	0.012	–0.034	0.084	–0.228	–0.047	–0.750
	滩地	0.058	0.122	0.078	0.720	0.010	0.008	0.042	0.000	1.038
2085～2089	全断面	–0.265	–0.050	0.185	0.336	0.011	0.042	–0.160	–0.011	0.089
	主槽	–0.304	–0.182	0.018	–0.145	0.005	0.036	–0.169	–0.011	–0.753
	滩地	0.040	0.132	0.167	0.482	0.006	0.006	0.010	0.000	0.842
2090～2094	全断面	–0.515	–0.205	0.133	–0.023	0.039	0.013	–0.063	0.023	–0.598
	主槽	–0.520	–0.238	0.030	–0.135	0.031	0.008	–0.070	0.022	–0.872
	滩地	0.005	0.032	0.102	0.113	0.008	0.005	0.007	0.002	0.274
2095～2099	全断面	–0.580	–0.203	0.052	–0.072	0.049	0.023	0.026	0.046	–0.659
	主槽	–0.580	–0.203	0.049	–0.074	0.049	0.023	0.026	0.046	-0.665
	滩地	0.000	0.000	0.003	0.002	0.000	0.000	0.000	0.000	0.005
疏浚量	全断面	0.000	0.000	0.000	0.000	0.000	0.000	0.000	0.000	0.000
	主槽	–0.025	–0.012	–0.087	–0.075	–0.323	–0.284	–0.024	–0.009	–0.838
	滩地	0.025	0.012	0.087	0.075	0.323	0.284	0.024	0.009	0.838
2055～2099 疏浚前	全断面	4.650	4.455	2.839	5.010	1.063	1.030	1.268	0.121	20.437
	主槽	2.682	2.618	1.770	1.820	0.826	1.009	0.903	0.105	11.733
	滩地	1.969	1.837	1.069	3.190	0.237	0.021	0.366	0.016	8.704
2055～2099 疏浚后	全断面	4.650	4.455	2.839	5.010	1.063	1.030	1.268	0.121	20.437
	主槽	2.657	2.606	1.683	1.745	0.504	0.725	0.878	0.096	10.894
	滩地	1.993	1.849	1.156	3.265	0.560	0.305	0.390	0.025	9.542
2004～2099 疏浚前	全断面	2.972	3.147	1.636	4.088	0.552	0.322	0.983	0.274	13.976
	主槽	0.700	0.137	0.123	0.174	0.138	0.135	0.167	0.199	1.772
	滩地	2.273	3.011	1.513	3.914	0.414	0.187	0.816	0.075	12.203
2004～2099 疏浚后	全断面	2.972	3.147	1.636	4.088	0.552	0.322	0.983	0.274	13.976
	主槽	0.675	0.125	0.036	0.099	–0.185	–0.149	0.143	0.190	0.934
	滩地	2.297	3.022	1.600	3.989	0.737	0.471	0.841	0.084	13.042

表 24-16　窄河固堤方案 2055～2099 年冲淤量计算结果

时段(年)	部位	各河段冲淤量(亿 m^3)								
		铁—花	花—夹	夹—高	高—孙	孙—艾	艾—泺	泺—利	利—西	铁—西
2055～2059	全断面	1.342	1.155	0.581	0.485	0.394	0.151	0.492	0.060	4.660
	主槽	1.331	1.155	0.581	0.485	0.393	0.151	0.470	0.058	4.623
	滩地	0.011	0.000	0.000	0.000	0.001	0.000	0.022	0.002	0.037
2060～2064	全断面	2.187	1.952	0.897	0.894	0.466	0.292	0.720	0.081	7.489
	主槽	1.929	1.687	0.776	0.716	0.412	0.292	0.591	0.069	6.472
	滩地	0.258	0.265	0.120	0.178	0.054	0.000	0.129	0.012	1.017
2065～2069	全断面	1.661	0.857	0.412	0.641	0.045	0.061	0.267	–0.069	3.874
	主槽	1.010	0.425	0.187	0.328	–0.012	0.058	0.123	–0.078	2.040
	滩地	0.651	0.433	0.225	0.313	0.057	0.003	0.144	0.009	1.834
2070～2074	全断面	0.734	0.379	0.116	0.549	–0.058	0.122	0.071	–0.011	1.901
	主槽	0.209	0.069	0.007	0.226	–0.082	0.121	–0.012	–0.011	0.525
	滩地	0.525	0.310	0.109	0.323	0.024	0.001	0.082	0.000	1.376
2075～2079	全断面	0.054	0.096	0.133	0.391	0.045	0.217	0.152	0.054	1.143
	主槽	–0.047	0.072	0.130	0.317	0.044	0.217	0.151	0.054	0.939
	滩地	0.101	0.025	0.003	0.074	0.000	0.000	0.000	0.000	0.204
2080～2084	全断面	–0.304	–0.091	–0.009	0.174	–0.048	0.068	–0.229	–0.055	–0.494
	主槽	–0.350	–0.169	–0.043	–0.041	–0.052	0.063	–0.270	–0.055	–0.917
	滩地	0.046	0.078	0.034	0.215	0.003	0.005	0.041	0.000	0.423
2085～2089	全断面	–0.272	–0.108	0.080	–0.035	0.003	0.030	–0.170	–0.006	–0.479
	主槽	–0.303	–0.190	0.000	–0.169	0.000	0.026	–0.181	–0.007	–0.825
	滩地	0.031	0.082	0.080	0.134	0.003	0.005	0.011	0.001	0.346
2090～2094	全断面	–0.514	–0.229	0.051	–0.110	0.031	0.003	–0.064	0.025	–0.805
	主槽	–0.519	–0.247	0.012	–0.141	0.027	0.000	–0.071	0.023	–0.917
	滩地	0.005	0.018	0.040	0.031	0.004	0.003	0.008	0.003	0.112
2095～2099	全断面	–0.579	–0.212	0.032	–0.068	0.048	0.020	0.032	0.048	–0.679
	主槽	–0.579	–0.212	0.032	–0.069	0.048	0.020	0.032	0.048	–0.680
	滩地	0.000	0.000	0.000	0.000	0.000	0.000	0.000	0.000	0.001
疏浚量	全断面	0.000	0.000	0.000	0.000	0.000	0.000	0.000	0.000	0.000
	主槽	–0.025	–0.003	–0.020	–0.010	–0.216	–0.114	–0.012	–0.008	–0.408
	滩地	0.025	0.003	0.020	0.010	0.216	0.114	0.012	0.008	0.408
2055～2099 疏浚前	全断面	4.309	3.800	2.292	2.922	0.924	0.964	1.271	0.128	16.610
	主槽	2.681	2.589	1.680	1.653	0.778	0.947	0.832	0.101	11.262
	滩地	1.628	1.211	0.612	1.268	0.147	0.017	0.439	0.026	5.348
2055～2099 疏浚后	全断面	4.309	3.800	2.292	2.922	0.924	0.964	1.271	0.128	16.610
	主槽	2.656	2.585	1.660	1.643	0.562	0.833	0.820	0.093	10.854
	滩地	1.653	1.214	0.632	1.278	0.362	0.131	0.451	0.034	5.756
2004～2099 疏浚前	全断面	2.588	2.219	0.972	1.698	0.360	0.202	0.971	0.279	9.288
	主槽	0.695	0.118	0.046	0.030	0.084	0.045	0.064	0.190	1.271
	滩地	1.893	2.101	0.925	1.669	0.276	0.157	0.907	0.089	8.017
2004～2099 疏浚后	全断面	2.588	2.219	0.972	1.698	0.360	0.202	0.971	0.279	9.288
	主槽	0.670	0.114	0.026	0.019	–0.132	–0.069	0.052	0.183	0.863
	滩地	1.918	2.105	0.946	1.679	0.492	0.271	0.919	0.096	8.425

表 24-17　2100 年汛前黄河下游主要断面各流量级水位计算结果

状况	断面	宽河固堤方案不同流量级水位(m)					窄河固堤方案不同流量级水位(m)				
		3 000 m³/s	4 000 m³/s	10 000 m³/s	15 000 m³/s	20 000 m³/s	3 000 m³/s	4 000 m³/s	10 000 m³/s	15 000 m³/s	20 000 m³/s
主槽疏浚前	铁谢	119.39	119.87	121.88	122.84	123.60	119.39	119.87	121.88	122.84	123.59
	裴峪	109.56	109.99	111.64	112.50	113.20	109.55	109.98	111.62	112.46	113.12
	官庄峪	99.44	99.86	101.62	102.35	102.90	99.43	99.85	101.63	102.40	102.99
	秦厂	96.91	97.30	98.93	99.66	100.19	96.91	97.31	98.97	99.81	100.46
	花园口	93.55	94.02	95.85	96.52	97.01	93.55	94.01	95.95	96.86	97.58
	柳园口	80.95	81.41	82.80	83.41	83.91	80.92	81.38	82.93	83.70	84.34
	夹河滩	74.96	75.43	76.78	77.39	77.87	74.90	75.36	76.91	77.71	78.39
	杨小寨	67.17	67.65	68.78	69.34	69.81	67.02	67.54	69.07	69.94	70.70
	高村	63.16	63.63	65.17	65.96	66.59	62.99	63.48	65.31	66.34	67.21
	苏泗庄	59.34	59.95	61.50	62.17	62.74	59.18	59.78	61.86	62.98	63.93
	孙口	48.92	49.44	51.18	52.12	52.99	48.80	49.32	51.35	52.50	53.49
	南桥	43.29	43.90	46.65	48.09	49.29	43.18	43.79	46.57	48.07	49.32
	艾山	41.83	42.54	45.31	46.71	47.85	41.72	42.43	45.26	46.76	47.97
	泺口	30.15	30.79	33.10	34.51	35.57	30.04	30.68	32.97	34.39	35.49
	刘家园	25.86	26.41	28.77	30.04	30.45	25.75	26.29	28.69	29.59	30.42
	道旭	17.18	17.69	19.66	20.87	21.91	17.14	17.64	19.63	20.85	21.89
	利津	14.42	15.01	17.03	17.98	18.69	14.41	14.99	17.02	17.98	18.69
	一号坝	11.80	12.29	14.05	14.89	15.56	11.80	12.29	14.04	14.89	15.57
主槽疏浚后	铁谢	119.39	119.87	121.88	122.84	123.60	119.39	119.87	121.88	122.84	123.59
	裴峪	109.51	109.93	111.59	112.46	113.16	109.50	109.92	111.57	112.42	113.09
	官庄峪	99.44	99.86	101.62	102.35	102.90	99.43	99.85	101.63	102.40	102.99
	秦厂	96.91	97.30	98.93	99.66	100.19	96.91	97.30	98.97	99.81	100.46
	花园口	93.55	94.01	95.85	96.52	97.01	93.55	94.01	95.95	96.86	97.58
	柳园口	80.88	81.34	82.76	83.37	83.87	80.90	81.36	82.92	83.70	84.34
	夹河滩	74.93	75.38	76.76	77.37	77.85	74.90	75.36	76.91	77.71	78.39
	杨小寨	66.90	67.42	68.72	69.29	69.76	66.92	67.45	69.04	69.91	70.68
	高村	62.84	63.33	65.02	65.81	66.46	62.93	63.41	65.28	66.31	67.19
	苏泗庄	59.34	59.93	61.48	62.15	62.73	59.17	59.77	61.86	62.98	63.93
	孙口	48.68	49.22	50.94	51.90	52.78	48.61	49.11	51.15	52.33	53.34
	南桥	42.87	43.51	46.43	47.94	49.16	42.82	43.46	46.40	47.94	49.21
	艾山	41.72	42.42	45.24	46.67	47.82	41.63	42.34	45.20	46.71	47.93
	泺口	30.15	30.80	33.09	34.51	35.56	30.04	30.68	32.97	34.39	35.49
	刘家园	25.86	26.41	28.77	30.04	30.46	25.75	26.29	28.70	29.59	30.42
	道旭	17.14	17.63	19.62	20.84	21.89	17.10	17.60	19.60	20.83	21.87
	利津	14.42	15.00	17.03	17.98	18.69	14.40	14.98	17.02	17.98	18.69
	一号坝	11.76	12.25	14.00	14.85	15.53	11.76	12.25	14.01	14.85	15.53

表 24-18　宽河固堤方案 2100～2114 年无工程控制水沙系列Ⅰ冲淤量计算

时段(年)		部位	各河段冲淤量(亿 m^3)								
			铁—花	花—夹	夹—高	高—孙	孙—艾	艾—泺	泺—利	利—西	铁—西
2100～2104		全断面	0.989	1.180	0.684	0.458	0.262	0.305	0.275	0.056	4.209
		主槽	0.989	1.036	0.426	0.368	0.260	0.304	0.270	0.054	3.707
		滩地	0.000	0.144	0.258	0.090	0.002	0.001	0.005	0.002	0.503
2105～2109		全断面	2.840	5.225	3.191	1.508	0.469	0.422	0.366	0.015	14.035
		主槽	1.738	1.737	0.679	0.570	0.403	0.386	0.300	0.004	5.816
		滩地	1.102	3.488	2.512	0.938	0.066	0.036	0.066	0.011	8.219
2109～2114		全断面	1.780	1.993	0.790	0.509	0.263	0.337	0.360	0.084	6.117
		主槽	0.927	0.710	0.349	0.444	0.261	0.337	0.360	0.084	3.473
		滩地	0.853	1.283	0.441	0.064	0.002	0.000	0.000	0.000	2.644
疏浚量		全断面	0.000	0.000	0.000	0.000	0.000	0.000	0.000	0.000	0.000
		主槽	–1.422	–1.248	–0.781	–0.848	–0.638	–0.854	–0.381	–0.024	–6.195
		滩地	1.422	1.248	0.781	0.848	0.638	0.854	0.381	0.024	6.195
2100～2114	疏浚前	全断面	5.610	8.399	4.665	2.474	0.994	1.063	1.001	0.155	24.362
		主槽	3.655	3.483	1.454	1.382	0.924	1.027	0.930	0.142	12.996
		滩地	1.955	4.916	3.212	1.092	0.071	0.037	0.071	0.013	11.366
	疏浚后	全断面	5.610	8.399	4.665	2.474	0.994	1.063	1.001	0.155	24.362
		主槽	2.233	2.235	0.673	0.535	0.285	0.173	0.549	0.119	6.800
		滩地	3.377	6.164	3.992	1.940	0.709	0.891	0.452	0.037	17.561
2004～2114	疏浚前	全断面	8.582	11.547	6.301	6.562	1.546	1.386	1.984	0.429	38.337
		主槽	4.330	3.608	1.490	1.481	0.739	0.878	1.072	0.332	13.930
		滩地	4.252	7.938	4.812	5.081	0.807	0.508	0.912	0.097	24.408
	疏浚后	全断面	8.582	11.547	6.301	6.562	1.546	1.386	1.984	0.429	38.337
		主槽	2.908	2.360	0.709	0.633	0.101	0.024	0.691	0.309	7.735
		滩地	5.674	9.187	5.592	5.929	1.446	1.362	1.293	0.121	30.603

表 24-19　窄河固堤方案 2100～2114 年无工程控制水沙系列Ⅰ冲淤量计算

时段(年)		部位	各河段冲淤量(亿 m^3)								
			铁—花	花—夹	夹—高	高—孙	孙—艾	艾—泺	泺—利	利—西	铁—西
2100～2104		全断面	0.987	1.107	0.538	0.405	0.243	0.297	0.290	0.058	3.926
		主槽	0.987	1.032	0.419	0.372	0.242	0.296	0.284	0.055	3.688
		滩地	0.000	0.075	0.119	0.033	0.001	0.002	0.005	0.003	0.238
2105～2109		全断面	2.490	3.480	1.738	1.000	0.476	0.394	0.431	0.030	10.041
		主槽	1.737	1.721	0.653	0.578	0.406	0.352	0.329	0.011	5.786
		滩地	0.753	1.760	1.086	0.423	0.070	0.042	0.102	0.019	4.254
2109～2114		全断面	1.432	1.296	0.532	0.489	0.283	0.296	0.362	0.079	4.771
		主槽	0.926	0.714	0.343	0.456	0.278	0.295	0.362	0.079	3.454
		滩地	0.506	0.582	0.189	0.033	0.005	0.001	0.000	0.000	1.317
疏浚量		全断面	0.000	0.000	0.000	0.000	0.000	0.000	0.000	0.000	0.000
		主槽	–1.154	–0.886	–0.499	–0.509	–0.567	–0.582	–0.356	–0.022	–4.575
		滩地	1.154	0.886	0.499	0.509	0.567	0.582	0.356	0.022	4.575
2100～2114	疏浚前	全断面	4.910	5.884	2.809	1.895	1.002	0.988	1.082	0.168	18.737
		主槽	3.651	3.468	1.415	1.406	0.926	0.943	0.974	0.145	12.928
		滩地	1.259	2.416	1.394	0.488	0.076	0.045	0.108	0.023	5.809
	疏浚后	全断面	4.910	5.884	2.809	1.895	1.002	0.988	1.082	0.168	18.737
		主槽	2.496	2.582	0.916	0.898	0.359	0.361	0.618	0.123	8.353
		滩地	2.414	3.302	1.893	0.997	0.643	0.627	0.464	0.044	10.384
2004～2114	疏浚前	全断面	7.497	8.103	3.781	3.593	1.362	1.190	2.053	0.447	28.025
		主槽	4.320	3.582	1.441	1.426	0.794	0.874	1.026	0.327	13.792
		滩地	3.177	4.521	2.339	2.167	0.568	0.316	1.027	0.119	14.234
	疏浚后	全断面	7.497	8.103	3.781	3.593	1.362	1.190	2.053	0.447	28.025
		主槽	3.166	2.696	0.943	0.917	0.227	0.292	0.670	0.306	9.217
		滩地	4.331	5.407	2.838	2.676	1.135	0.898	1.383	0.141	18.809

宽河固堤方案 2100 ~ 2114 年全下游共淤积 24.362 亿 m^3，年均淤积 1.624 亿 m^3，其中主槽淤积 12.996 亿 m^3，滩地淤积 11.366 亿 m^3。由于河道淤积严重，在 2115 年汛前，许多断面的主槽过洪能力达不到 4 000 m^3/s，全下游总疏浚量达 6.195 亿 m^3，各河段疏浚量均较大。主槽疏浚以后，2004 ~ 2114 年，全下游共淤积泥沙 38.337 亿 m^3(包括疏浚)，其中主槽淤积 7.735 亿 m^3，滩地淤积了 30.603 亿 m^3。

窄河固堤方案 2100 ~ 2114 年全下游共淤积 18.737 亿 m^3，比宽河固堤方案少淤积 5.625 亿 m^3，其中主槽淤积 12.928 亿 m^3，比宽河固堤方案少淤积 0.068 亿 m^3，滩地淤积 5.809 亿 m^3，比宽河固堤方案少淤积 5.557 亿 m^3。在 2115 年汛前，为使下游全部断面的主槽过洪能力均达到 4 000 m^3/s，需对主槽疏浚 4.575 亿 m^3，比宽河固堤方案少疏浚 1.620 亿 m^3。主槽疏浚以后，2004 ~ 2114 全下游共淤积 28.025 亿 m^3(包括疏浚)，比宽河固堤方案少淤积 10.312 亿 m^3，其中主槽淤积 9.217 亿 m^3，比宽河固堤方案多淤积 1.482 亿 m^3，滩地淤积 18.809 亿 m^3，比宽河固堤方案少淤积 11.794 亿 m^3。

2115 年汛前两方案黄河下游主要断面不同流量级水位计算结果列于表 24-20。随着河道的大量淤积，各断面 2115 年汛前同流量水位也抬升较大。花园口(基本断面)、夹河滩(二)、高村、孙口、艾山、泺口、利津 7 断面宽河固堤方案 3 000 m^3/s 水位 2115 年汛前分别升至 96.44、76.95、64.42、49.91、43.37、31.39、15.07 m，比 2100 年汛前(疏浚后)升高 0.65 ~ 2.89 m，窄河固堤方案 3 000 m^3/s 水位 2115 年汛前分别升至 96.62、77.03、64.33、49.96、43.63、31.31、15.06 m，比 2100 年汛前(疏浚后)抬升 0.66 ~ 3.07 m。两方案相比，2115 年汛前 3 000、4 000 m^3/s 两流量级水位窄河方案比宽河方案平均分别高出 0.04、0.08 m，最大高出 0.26 m(艾山断面)、0.30 m(花园口断面)；10 000、15 000、20 000 m^3/s 三大流量级水位窄河方案比宽河方案平均分别高出 0.27、0.39、0.49 m，最大高出 0.94 m(苏泗庄断面)、1.39 m(苏泗庄断面)、1.75 m(苏泗庄断面)。主槽疏浚后与疏浚前相比，宽河固堤方案全下游 3 000 m^3/s 与 4 000 m^3/s 水位平均降低了 0.72、0.62 m，最大降低值为 1.30 m 与 1.34 m(南桥断面)，10 000、15 000、20 000 m^3/s 按流量级水位平均下降 0.38、0.31、0.27 m，最大下降值为 1.05、0.83、0.73 m(南桥断面)；窄河固堤方案全下游 3 000 m^3/s 与 4 000 m^3/s 水位平均下降 0.61、0.54 m，最大下降值为 1.47 m 与 1.45 m(南桥断面)，10 000、15 000、20 000 m^3/s 按流量级水位平均下降 0.35、0.28、0.25 m，最大下降值为 1.06、0.82、0.71 m(南桥断面)。

五、2100 ~ 2114 年无工程控制水沙系列Ⅱ计算结果

2100 ~ 2114 年无工程控制水沙系列Ⅱ与系列Ⅰ相比，年均水量少 4.8 亿 m^3，年均沙量少 1.42 亿 t。相应地，下游河道淤积量前者比后者小。宽河固堤与窄河固堤两方案冲淤量计算结果列于表 24-21、表 24-22。

宽河固堤方案 2100 ~ 2114 年水沙系列Ⅱ全下游共淤积 20.231 亿 m^3，比水沙系列Ⅰ少淤积 4.131 亿 m^3，其中主槽淤积 11.411 亿 m^3，比水沙系列Ⅰ少淤积 1.585 亿 m^3，滩地淤积 8.820 亿 m^3，比水沙系列Ⅰ少淤积 2.546 亿 m^3。在 2115 年汛前全下游各断面主槽过洪能力达不到 4 000 m^3/s 时主槽总疏浚量为 4.994 亿 m^3，比水沙系列Ⅰ少疏浚 1.201 亿 m^3。主槽疏浚以后，2004 ~ 2114 年水沙系列Ⅱ全下游共淤积 34.207 亿 m^3(包括疏浚)，其中主槽淤积 7.351 亿 m^3，滩地淤积 26.856 亿 m^3。

表 24-20　无工程控制水沙系列Ⅰ2115 年汛前黄河下游主要断面各流量级水位结果

状况	断面	宽河固堤方案不同流量级水位(m)					窄河固堤方案不同流量级水位(m)				
		3 000 m^3/s	4 000 m^3/s	10 000 m^3/s	15 000 m^3/s	20 000 m^3/s	3 000 m^3/s	4 000 m^3/s	10 000 m^3/s	15 000 m^3/s	20 000 m^3/s
主槽疏浚前	铁谢	122.31	122.62	123.88	124.67	125.35	122.30	122.61	123.87	124.66	125.34
	裴峪	111.86	112.22	113.56	114.34	114.98	111.79	112.11	113.31	114.02	114.61
	官庄峪	102.54	102.73	103.55	104.05	104.49	102.59	102.81	103.74	104.31	104.80
	秦厂	99.61	99.82	100.68	101.19	101.62	99.66	99.90	100.94	101.60	102.18
	花园口	96.44	96.62	97.39	97.85	98.25	96.62	96.92	98.16	98.93	99.58
	柳园口	82.93	83.17	84.08	84.60	85.03	83.02	83.31	84.49	85.19	85.79
	夹河滩	76.95	77.15	77.98	78.49	78.93	77.03	77.32	78.49	79.22	79.86
	杨小寨	68.76	68.96	69.73	70.21	70.64	68.85	69.17	70.40	71.18	71.88
	高村	64.42	64.76	66.06	66.76	67.32	64.33	64.78	66.44	67.43	68.30
	苏泗庄	61.06	61.31	62.28	62.89	63.44	61.04	61.48	63.22	64.28	65.19
	孙口	49.91	50.31	51.78	52.74	53.64	49.96	50.43	52.26	53.38	54.36
	南桥	44.52	45.14	47.64	49.03	50.21	44.76	45.38	47.86	49.28	50.49
	艾山	43.37	44.03	46.42	47.76	48.86	43.63	44.27	46.69	48.07	49.20
	泺口	31.39	32.01	34.33	35.55	36.53	31.31	31.92	34.25	35.47	36.46
	刘家园	26.86	27.45	29.22	30.17	30.98	26.83	27.42	29.25	30.20	31.01
	道旭	17.85	18.35	20.23	21.43	22.46	17.85	18.34	20.26	21.45	22.45
	利津	15.07	15.65	17.51	18.45	19.16	15.06	15.64	17.53	18.46	19.17
	一号坝	11.97	12.46	14.18	15.02	15.71	11.97	12.46	14.18	15.02	15.70
主槽疏浚后	铁谢	121.61	122.05	123.59	124.42	125.13	121.61	122.05	123.59	124.42	125.12
	裴峪	110.90	111.27	112.95	113.88	114.64	110.83	111.21	112.76	113.60	114.25
	官庄峪	101.54	101.88	103.15	103.71	104.18	101.91	102.24	103.45	104.03	104.53
	秦厂	98.54	98.90	100.17	100.78	101.26	98.59	98.97	100.43	101.20	101.85
	花园口	95.61	96.05	97.14	97.65	98.07	96.01	96.44	97.90	98.70	99.37
	柳园口	82.11	82.54	83.71	84.29	84.76	82.39	82.82	84.21	84.95	85.57
	夹河滩	76.30	76.71	77.77	78.32	78.78	76.55	76.94	78.27	79.02	79.67
	杨小寨	67.91	68.40	69.51	70.03	70.48	68.28	68.76	70.19	71.00	71.71
	高村	63.60	64.07	65.65	66.43	67.04	63.82	64.28	66.14	67.18	68.06
	苏泗庄	60.03	60.59	61.93	62.61	63.19	60.47	61.01	62.95	64.04	64.97
	孙口	49.01	49.49	51.24	52.24	53.16	49.28	49.76	51.78	52.94	53.94
	南桥	43.22	43.80	46.59	48.20	49.48	43.29	43.93	46.80	48.46	49.78
	艾山	42.28	43.00	45.85	47.35	48.57	42.53	43.26	46.13	47.68	48.95
	泺口	30.97	31.55	33.72	35.09	36.14	30.89	31.48	33.68	35.05	36.10
	刘家园	26.81	27.37	29.17	30.12	30.92	26.82	27.40	29.24	30.19	30.99
	道旭	17.62	18.08	19.95	21.17	22.23	17.58	18.05	19.98	21.20	22.26
	利津	14.98	15.56	17.45	18.38	19.09	14.99	15.57	17.49	18.43	19.14
	一号坝	11.86	12.36	14.08	14.92	15.61	11.85	12.35	14.09	14.94	15.62

表 24-21　宽河固堤方案 2100～2114 年无工程控制水沙系列Ⅱ冲淤量计算结果

时段(年)		部位	各河段冲淤量(亿 m^3)								
			铁—花	花—夹	夹—高	高—孙	孙—艾	艾—泺	泺—利	利—西	铁—西
2100～2104		全断面	1.097	1.115	0.584	0.471	0.256	0.314	0.308	0.075	4.219
		主槽	1.097	1.008	0.418	0.367	0.251	0.312	0.303	0.073	3.829
		滩地	0.000	0.107	0.166	0.104	0.004	0.002	0.005	0.002	0.390
2105～2109		全断面	1.603	3.120	1.953	0.912	0.366	0.376	0.396	0.064	8.789
		主槽	1.185	1.244	0.510	0.440	0.333	0.355	0.344	0.053	4.463
		滩地	0.417	1.876	1.444	0.472	0.033	0.021	0.053	0.011	4.326
2109～2114		全断面	1.821	2.629	1.344	0.616	0.285	0.278	0.252	–0.003	7.223
		主槽	0.901	0.782	0.319	0.356	0.264	0.267	0.235	–0.005	3.119
		滩地	0.920	1.847	1.025	0.260	0.021	0.011	0.017	0.002	4.104
疏浚量		全断面	0.000	0.000	0.000	0.000	0.000	0.000	0.000	0.000	0.000
		主槽	–1.190	–1.027	–0.642	–0.677	–0.517	–0.619	–0.310	–0.013	–4.994
		滩地	1.190	1.027	0.642	0.677	0.517	0.619	0.310	0.013	4.994
2100～2114	疏浚前	全断面	4.520	6.864	3.882	1.999	0.906	0.968	0.956	0.136	20.231
		主槽	3.183	3.034	1.247	1.163	0.848	0.934	0.882	0.121	11.411
		滩地	1.337	3.830	2.635	0.837	0.058	0.034	0.075	0.015	8.820
	疏浚后	全断面	4.520	6.864	3.882	1.999	0.906	0.968	0.956	0.136	20.231
		主槽	1.993	2.007	0.605	0.486	0.331	0.315	0.572	0.108	6.417
		滩地	2.528	4.857	3.276	1.513	0.575	0.653	0.385	0.028	13.814
2004～2114	疏浚前	全断面	7.493	10.011	5.518	6.087	1.458	1.290	1.939	0.409	34.207
		主槽	3.858	3.159	1.283	1.261	0.664	0.785	1.024	0.310	12.345
		滩地	3.635	6.852	4.235	4.826	0.795	0.505	0.915	0.099	21.862
	疏浚后	全断面	7.493	10.011	5.518	6.087	1.458	1.290	1.939	0.409	34.207
		主槽	2.668	2.132	0.641	0.585	0.146	0.167	0.714	0.298	7.351
		滩地	4.825	7.879	4.876	5.503	1.312	1.124	1.225	0.112	26.856

表 24-22　窄河固堤方案 2100～2114 年无工程控制水沙系列Ⅱ冲淤量计算结果

时段(年)		部位	各河段冲淤量(亿 m^3)								
			铁—花	花—夹	夹—高	高—孙	孙—艾	艾—泺	泺—利	利—西	铁—西
2100～2104		全断面	1.095	1.060	0.482	0.398	0.235	0.310	0.325	0.078	3.982
		主槽	1.095	1.003	0.410	0.370	0.234	0.307	0.317	0.074	3.810
		滩地	0.000	0.057	0.072	0.028	0.001	0.002	0.008	0.004	0.172
2105～2109		全断面	1.458	2.197	1.120	0.643	0.361	0.338	0.429	0.067	6.614
		主槽	1.183	1.228	0.489	0.442	0.324	0.314	0.347	0.049	4.376
		滩地	0.275	0.969	0.631	0.201	0.037	0.025	0.082	0.018	2.238
2109～2114		全断面	1.469	1.650	0.732	0.491	0.309	0.234	0.276	0.000	5.162
		主槽	0.903	0.782	0.307	0.366	0.283	0.219	0.245	–0.003	3.102
		滩地	0.567	0.868	0.425	0.125	0.026	0.015	0.031	0.004	2.060
疏浚量		全断面	0.000	0.000	0.000	0.000	0.000	0.000	0.000	0.000	0.000
		主槽	–0.996	–0.751	–0.416	–0.419	–0.477	–0.381	–0.285	–0.009	–3.735
		滩地	0.996	0.751	0.416	0.419	0.477	0.381	0.285	0.009	3.735
2100～2114	疏浚前	全断面	4.022	4.907	2.334	1.532	0.905	0.882	1.030	0.145	15.758
		主槽	3.181	3.013	1.206	1.178	0.841	0.841	0.908	0.119	11.287
		滩地	0.841	1.894	1.128	0.354	0.064	0.042	0.121	0.026	4.470
	疏浚后	全断面	4.022	4.907	2.334	1.532	0.905	0.882	1.030	0.145	15.758
		主槽	2.185	2.261	0.790	0.759	0.364	0.459	0.623	0.110	7.552
		滩地	1.838	2.645	1.544	0.773	0.541	0.423	0.406	0.035	8.205
2004～2114	疏浚前	全断面	6.610	7.126	3.306	3.230	1.265	1.084	2.001	0.424	25.046
		主槽	3.851	3.127	1.233	1.198	0.709	0.772	0.960	0.302	12.151
		滩地	2.759	3.999	2.074	2.032	0.556	0.313	1.040	0.123	12.895
	疏浚后	全断面	6.610	7.126	3.306	3.230	1.265	1.084	2.001	0.424	25.046
		主槽	2.855	2.376	0.817	0.779	0.232	0.390	0.675	0.293	8.416
		滩地	3.755	4.750	2.490	2.452	1.033	0.694	1.326	0.131	16.630

窄河固堤方案 2100～2114 年水沙系列Ⅱ全下游共淤积 15.758 亿 m^3，比水沙系列Ⅰ少淤积 2.979 亿 m^3，其中主槽淤积 11.287 亿 m^3，比水沙系列Ⅰ少淤积 1.641 亿 m^3，滩地淤积 4.470 亿 m^3，比水沙系列Ⅰ少淤积 1.339 亿 m^3。在 2115 年汛前全下游各断面主槽过洪能力达不到 4 000 m^3/s 时主槽总疏浚量为 3.735 亿 m^3，比水沙系列Ⅰ少疏浚 0.84 亿 m^3。主槽疏浚以后，2004～2114 年全下游共淤积 25.046 亿 m^3(包括疏浚)，其中主槽淤积 8.416 亿 m^3，滩地淤积 16.63 亿 m^3。

2115 年汛前水沙系列Ⅱ两方案黄河下游主要断面不同流量级水位计算结果列于表 24-23。与水沙系列Ⅰ相比，2115 年汛前主槽疏浚前 3 000、4 000、10 000、15 000、20 000 m^3/s 水位宽河固堤方案分别平均降低 0.19、0.18、0.16、0.15、0.15 m，窄河固堤方案分别平均降低 0.22、0.21、0.19、0.18、0.18 m；主槽疏浚后 3 000、4 000、10 000、15 000、20 000 m^3/s 水位宽河固堤方案分别平均降低 0.06、0.06、0.07、0.08、0.08 m，窄河固堤方案分别平均降低 0.12、0.12、0.12、0.13、0.13 m。

表 24-23　无工程控制水沙系列Ⅱ2115 年汛前黄河下游主要断面各流量级水位结果

状况	断面	宽河固堤方案不同流量级水位(m)					窄河固堤方案不同流量级水位(m)				
		3 000 m^3/s	4 000 m^3/s	10 000 m^3/s	15 000 m^3/s	20 000 m^3/s	3 000 m^3/s	4 000 m^3/s	10 000 m^3/s	15 000 m^3/s	20 000 m^3/s
主槽疏浚前	铁谢	121.81	122.18	123.49	124.28	124.96	121.80	122.17	123.48	124.27	124.95
	裴峪	111.59	111.95	113.33	114.11	114.76	111.55	111.87	113.09	113.80	114.40
	官庄峪	102.25	102.45	103.29	103.81	104.25	102.28	102.52	103.47	104.04	104.53
	秦厂	99.34	99.56	100.45	100.97	101.40	99.37	99.62	100.67	101.34	101.93
	花园口	96.22	96.42	97.20	97.68	98.08	96.33	96.63	97.89	98.66	99.31
	柳园口	82.70	82.94	83.87	84.41	84.85	82.75	83.05	84.24	84.94	85.54
	夹河滩	76.76	76.98	77.82	78.33	78.77	76.79	77.08	78.27	79.01	79.65
	杨小寨	68.54	68.76	69.55	70.04	70.47	68.52	68.86	70.12	70.91	71.62
	高村	64.21	64.57	65.89	66.63	67.19	64.09	64.54	66.22	67.23	68.09
	苏泗庄	60.88	61.16	62.15	62.77	63.32	60.80	61.26	63.02	64.08	65.00
	孙口	49.74	50.19	51.69	52.65	53.54	49.76	50.25	52.12	53.24	54.23
	南桥	44.39	45.00	47.52	48.91	50.08	44.59	45.20	47.71	49.13	50.34
	艾山	43.15	43.83	46.25	47.60	48.69	43.38	44.04	46.50	47.90	49.03
	泺口	31.21	31.82	34.14	35.40	36.38	31.11	31.72	34.05	35.31	36.31
	刘家园	26.83	27.39	29.19	30.14	30.95	26.77	27.32	29.20	30.16	30.96
	道旭	17.92	18.41	20.27	21.46	22.47	17.89	18.38	20.27	21.45	22.45
	利津	15.04	15.61	17.49	18.42	19.13	15.01	15.57	17.48	18.42	19.13
	一号坝	11.88	12.36	14.12	14.97	15.66	11.87	12.34	14.12	14.96	15.64
主槽疏浚后	铁谢	121.36	121.80	123.31	124.13	124.83	121.35	121.79	123.30	124.12	124.82
	裴峪	110.67	111.05	112.71	113.65	114.41	110.62	111.00	112.55	113.39	114.05
	官庄峪	101.30	101.65	102.92	103.50	103.97	101.61	101.94	103.19	103.78	104.29
	秦厂	98.38	98.75	100.00	100.61	101.09	98.41	98.79	100.24	101.00	101.64
	花园口	95.51	95.95	97.00	97.51	97.93	95.77	96.20	97.66	98.46	99.14
	柳园口	81.94	82.37	83.54	84.12	84.60	82.16	82.59	83.98	84.72	85.34
	夹河滩	76.18	76.58	77.64	78.18	78.64	76.34	76.74	78.07	78.83	79.48
	杨小寨	67.82	68.31	69.38	69.90	70.35	68.04	68.52	69.96	70.77	71.48
	高村	63.47	63.94	65.53	66.31	66.93	63.63	64.09	65.95	66.99	67.88
	苏泗庄	59.98	60.55	61.86	62.54	63.11	60.29	60.84	62.78	63.87	64.80
	孙口	49.00	49.48	51.24	52.25	53.17	49.21	49.70	51.71	52.88	53.89
	南桥	43.47	44.12	46.95	48.46	49.69	43.46	44.13	47.01	48.59	49.87
	艾山	42.54	43.24	45.96	47.38	48.53	42.66	43.37	46.15	47.65	48.86
	泺口	30.89	31.49	33.69	35.05	36.09	30.82	31.42	33.63	35.01	36.05
	刘家园	26.82	27.39	29.19	30.13	30.93	26.75	27.32	29.20	30.15	30.95
	道旭	17.65	18.12	19.99	21.21	22.27	17.62	18.10	20.00	21.23	22.28
	利津	14.97	15.55	17.44	18.37	19.08	14.97	15.55	17.46	18.40	19.12
	一号坝	11.82	12.31	14.07	14.93	15.62	11.81	12.31	14.07	14.92	15.61

第三节 小浪底水库不调水调沙运用计算结果及其分析

表 24-24、表 24-25 分别给出了小浪底水库不调水调沙时黄河下游河道冲淤量计算结果。

表 24-24 宽河固堤方案小浪底不调水调沙累计冲淤量计算结果

时段	部位	各河段冲淤量(亿 m^3)								
		铁—花	花—夹	夹—高	高—孙	孙—艾	艾—泺	泺—利	利—西	铁—西
2009 年	全断面	−0.935	−0.259	−0.161	0.033	−0.296	−0.214	−0.273	−0.039	−2.145
	主槽	−0.979	−0.580	−0.471	−0.486	−0.311	−0.222	−0.315	−0.039	−3.402
	滩地	0.043	0.321	0.309	0.519	0.015	0.008	0.042	0.001	1.257
2019 年	全断面	−0.696	−0.494	−0.527	0.005	−0.366	−0.276	−0.083	0.074	−2.363
	主槽	−0.746	−0.830	−0.848	−0.602	−0.383	−0.285	−0.136	0.073	−3.756
	滩地	0.050	0.336	0.321	0.607	0.017	0.009	0.053	0.001	1.394
2019 年疏浚量	全断面	0.000	0.000	0.000	0.000	0.000	0.000	0.000	0.000	0.000
	主槽	−0.033	−0.043	0.000	−0.095	−0.105	−0.152	−0.417	−0.019	−0.864
	滩地	0.033	0.043	0.000	0.095	0.105	0.152	0.417	0.019	0.864
疏浚后 2019 年	全断面	−0.696	−0.494	−0.527	0.005	−0.366	−0.276	−0.083	0.074	−2.363
	主槽	−0.780	−0.874	−0.848	−0.697	−0.488	−0.436	−0.552	0.054	−4.620
	滩地	0.083	0.380	0.321	0.702	0.122	0.161	0.470	0.020	2.258
2054 年	全断面	−1.439	−1.108	−1.039	−0.408	−0.289	−0.609	−0.412	0.140	−5.163
	主槽	−1.778	−2.491	−1.587	−1.389	−0.570	−0.842	−0.922	0.085	−9.495
	滩地	0.339	1.383	0.548	0.981	0.281	0.233	0.510	0.056	4.333
2054 年疏浚量	全断面	0.000	0.000	0.000	0.000	0.000	0.000	0.000	0.000	0.000
	主槽	0.000	0.000	0.000	0.000	0.000	0.000	0.000	0.000	0.000
	滩地	0.000	0.000	0.000	0.000	0.000	0.000	0.000	0.000	0.000
疏浚后 2054 年	全断面	−1.439	−1.108	−1.039	−0.408	−0.289	−0.609	−0.412	0.140	−5.163
	主槽	−1.778	−2.491	−1.587	−1.389	−0.570	−0.842	−0.922	0.085	−9.495
	滩地	0.339	1.383	0.548	0.981	0.281	0.233	0.510	0.056	4.333
2099 年	全断面	3.150	3.761	2.753	5.174	0.666	0.442	1.088	0.274	17.308
	主槽	1.006	0.244	0.235	0.238	0.119	0.193	0.200	0.202	2.438
	滩地	2.144	3.517	2.518	4.936	0.547	0.249	0.887	0.072	14.871
2099 年疏浚量	全断面	0.000	0.000	0.000	0.000	0.000	0.000	0.000	0.000	0.000
	主槽	−0.033	−0.029	−0.137	−0.065	−0.304	−0.294	−0.019	−0.009	−0.890
	滩地	0.033	0.029	0.137	0.065	0.304	0.294	0.019	0.009	0.890
疏浚后 2099 年	全断面	3.150	3.761	2.753	5.174	0.666	0.442	1.088	0.274	17.308
	主槽	0.973	0.214	0.099	0.173	−0.186	−0.101	0.181	0.193	1.547
	滩地	2.177	3.546	2.654	5.001	0.851	0.543	0.907	0.081	15.761
2114 年	全断面	8.867	12.245	7.580	7.810	1.714	1.591	2.239	0.450	42.496
	主槽	4.721	3.709	1.589	1.630	0.784	1.007	1.253	0.354	15.046
	滩地	4.147	8.536	5.992	6.180	0.930	0.584	0.985	0.096	27.450
2114 年疏浚量	全断面	0.000	0.000	0.000	0.000	0.000	0.000	0.000	0.000	0.000
	主槽	−1.497	−1.125	−0.603	−0.719	−0.709	−1.059	−0.485	−0.028	−6.224
	滩地	1.497	1.125	0.603	0.719	0.709	1.059	0.485	0.028	6.224
疏浚后 2114 年	全断面	8.867	12.245	7.580	7.810	1.714	1.591	2.239	0.450	42.496
	主槽	3.224	2.584	0.986	0.911	0.074	−0.052	0.768	0.326	8.823
	滩地	5.644	9.661	6.594	6.899	1.639	1.643	1.470	0.123	33.674

表 24-25　窄河固堤方案小浪底不调水调沙累计冲淤量计算结果

时段	部位	各河段冲淤量(亿 m^3)								
		铁—花	花—夹	夹—高	高—孙	孙—艾	艾—泺	泺—利	利—西	铁—西
2009 年	全断面	−0.937	−0.298	−0.264	−0.224	−0.298	−0.218	−0.265	−0.041	−2.545
	主槽	−0.979	−0.579	−0.473	−0.500	−0.316	−0.228	−0.324	−0.042	−3.440
	滩地	0.041	0.281	0.209	0.276	0.018	0.010	0.059	0.001	0.895
2019 年	全断面	−0.699	−0.534	−0.639	−0.289	−0.370	−0.280	−0.076	0.072	−2.815
	主槽	−0.746	−0.830	−0.856	−0.614	−0.389	−0.292	−0.146	0.071	−3.802
	滩地	0.048	0.296	0.217	0.325	0.020	0.012	0.070	0.001	0.988
2019 年疏浚量	全断面	0.000	0.000	0.000	0.000	0.000	0.000	0.000	0.000	0.000
	主槽	−0.028	−0.034	0.000	−0.051	−0.098	−0.117	−0.406	−0.018	−0.753
	滩地	0.028	0.034	0.000	0.051	0.098	0.117	0.406	0.018	0.753
疏浚后 2019 年	全断面	−0.699	−0.534	−0.639	−0.289	−0.370	−0.280	−0.076	0.072	−2.815
	主槽	−0.774	−0.864	−0.856	−0.666	−0.487	−0.409	−0.552	0.053	−4.556
	滩地	0.076	0.330	0.217	0.376	0.118	0.129	0.476	0.019	1.741
2054 年	全断面	−1.612	−1.396	−1.161	−0.804	−0.330	−0.606	−0.331	0.145	−6.096
	主槽	−1.915	−2.440	−1.538	−1.334	−0.537	−0.809	−0.855	0.087	−9.341
	滩地	0.304	1.044	0.377	0.530	0.207	0.203	0.524	0.058	3.245
2054 年疏浚量	全断面	0.000	0.000	0.000	0.000	0.000	0.000	0.000	0.000	0.000
	主槽	0.000	0.000	0.000	0.000	0.000	0.000	−0.001	0.000	−0.001
	滩地	0.000	0.000	0.000	0.000	0.000	0.000	0.001	0.000	0.001
疏浚后 2054 年	全断面	−1.612	−1.396	−1.161	−0.804	−0.330	−0.606	−0.331	0.145	−6.096
	主槽	−1.915	−2.440	−1.538	−1.334	−0.537	−0.809	−0.856	0.087	−9.342
	滩地	0.304	1.044	0.377	0.530	0.207	0.203	0.525	0.058	3.247
2099 年	全断面	2.489	2.660	1.584	2.219	0.500	0.364	1.180	0.281	11.278
	主槽	0.676	0.291	0.238	0.195	0.130	0.150	0.181	0.196	2.057
	滩地	1.813	2.369	1.347	2.024	0.370	0.214	0.999	0.085	9.221
2099 年疏浚量	全断面	0.000	0.000	0.000	0.000	0.000	0.000	0.000	0.000	0.000
	主槽	−0.033	−0.015	−0.039	−0.009	−0.191	−0.110	−0.005	−0.009	−0.412
	滩地	0.033	0.015	0.039	0.009	0.191	0.110	0.005	0.009	0.412
疏浚后 2099 年	全断面	2.489	2.660	1.584	2.219	0.500	0.364	1.180	0.281	11.278
	主槽	0.643	0.275	0.199	0.186	−0.061	0.040	0.176	0.187	1.644
	滩地	1.846	2.385	1.385	2.034	0.561	0.324	1.005	0.095	9.634
2114 年	全断面	7.691	8.985	4.316	3.968	1.499	1.363	2.341	0.448	30.610
	主槽	4.377	3.770	1.540	1.553	0.864	0.998	1.198	0.328	14.629
	滩地	3.314	5.214	2.775	2.415	0.634	0.365	1.143	0.120	15.981
2114 年疏浚量	全断面	0.000	0.000	0.000	0.000	0.000	0.000	0.000	0.000	0.000
	主槽	−1.217	−0.938	−0.481	−0.444	−0.578	−0.590	−0.332	−0.017	−4.597
	滩地	1.217	0.938	0.481	0.444	0.578	0.590	0.332	0.017	4.597
疏浚后 2114 年	全断面	7.691	8.985	4.316	3.968	1.499	1.363	2.341	0.448	30.610
	主槽	3.161	2.832	1.060	1.109	0.287	0.407	0.866	0.311	10.032
	滩地	4.530	6.153	3.256	2.859	1.212	0.956	1.475	0.137	20.578

宽河固堤方案未来 111 年内黄河下游将淤积 42.496 亿 m^3(包括疏浚量)，其中主槽淤积 8.823 亿 m^3，滩地淤积 33.674 亿 m^3；与调水调沙相比，全断面、主槽、滩地分别增淤 4.159 亿、1.088 亿、3.071 亿 m^3。为保证全下游各断面在 2020 年汛前、2055 年汛前、2100 年汛前及 2115 年汛前主槽过洪能力均达到 4 000 m^3/s，需对主槽疏浚 7.978 亿 m^3，比调水调沙方案多疏浚 0.226 亿 m^3。从增淤量的时间分布看，2010 年前增淤 0.823 亿 m^3，2010 ~ 2019 年增淤 0.347 亿 m^3，2020 ~ 2054 年增淤 0.128 亿 m^3，2055 ~ 2099 年增淤 2.034 亿 m^3，2100 ~ 2054 年增淤 0.827 亿 m^3。增淤量沿程分布为：铁谢—花园口 0.285 亿 m^3，花园口—夹河滩 0.698 亿 m^3，夹河滩—高村 1.279 亿 m^3，高村—孙口 1.248 亿 m^3，孙口—艾山 0.168 亿 m^3，艾山—泺口 0.207 亿 m^3，泺口—利津 0.255 亿 m^3，利津—西河口 0.021 亿 m^3。

窄河固堤方案未来 111 年内黄河下游将淤积 30.610 亿 m^3(包括疏浚量)，其中主槽淤积 10.032 亿 m^3，滩地淤积 20.578 亿 m^3；与调水调沙方案相比，全断面、主槽、滩地分别增淤 2.585 亿、0.815 亿、1.769 亿 m^3。2020 年汛前、2055 年汛前、2100 汛前及 2115 年汛前 4 次主槽疏浚量共 5.763 亿 m^3，比调水调沙方案多疏浚 0.159 亿 m^3。增淤量的时间分布为，2010 年前 0.746 亿 m^3，2010 ~ 2019 年 0.328 亿 m^3，2020 ~ 2054 年 0.152 亿 m^3，2055 ~ 2099 年 0.764 亿 m^3，2100 ~ 2054 年 0.595 亿 m^3。增淤量沿程分布为：铁谢—花园口 0.194 亿 m^3，花园口—夹河滩 0.882 亿 m^3，夹河滩—高村 0.535 亿 m^3，高村—孙口 0.375 亿 m^3，孙口—艾山 0.137 亿 m^3，艾山—泺口 0.173 亿 m^3，泺口—利津 0.288 亿 m^3，利津—西河口 0.001 亿 m^3。

第四节　主要结论

(1)小浪底水库拦沙运用到 2010 年汛前，黄河下游河道发生明显冲刷，宽河固堤方案与窄河固堤方案分别冲刷 2.968 亿 m^3 和 3.291 亿 m^3；主槽的过洪能力明显提高，两方案黄河下游平均平滩流量分别为 5 179、5 178 m^3/s，但个别断面过洪能力仍达不到 4 000 m^3/s。

(2)当 2100 ~ 2114 年无工程水沙系列为系列Ⅰ时，未来 111 年内，宽河固堤方案全下游将淤积 38.337 亿 m^3，其中 2004 ~ 2019 年冲刷 3.533 亿 m^3，2020 年 ~ 2054 年冲刷 2.928 亿 m^3，2055 ~ 2099 年淤积 20.437 亿 m^3，2100 ~ 2114 年淤积 24.361 亿 m^3；窄河固堤方案全下游淤积比宽河固堤方案少 10.312 亿 m^3，其中 2004 ~ 2019 年多冲 0.356 亿 m^3，2020 ~ 2054 年多冲 0.505 亿 m^3，2055 ~ 2099 年少淤 3.827 亿 m^3，2100 ~ 2114 年少淤 5.624 亿 m^3。从淤积量的滩槽分布看，两者的差别主要体现在滩地淤积量的差异上。

(3)伴随着河道的冲刷和淤积，各断面同流量水位也相应地降低和升高。同时期宽河固堤方案与窄河固堤方案相比，同一断面大洪水时的水位，一般后者比前者高，且有些断面差值比较大，最大者超过 1.00 m，对防洪是不利的。

(4)为保证全下游河道主槽均具有 4 000 m^3/s 的过洪能力，需在 2020 年汛前、2100 年汛前、2115 年汛前采用人工措施对主槽进行疏浚，宽河固堤方案总的疏浚量为 7.752 亿 m^3，窄河固堤方案总的疏浚量为 5.604 亿 m^3。

(5)2100 ~ 2114 年水沙系列Ⅱ与水沙系列Ⅰ相比，前者宽河固堤方案少淤积 4.131 亿 m^3，窄河固堤方案少淤积 2.979 亿 m^3，2115 年汛前各断面不同流量级水位前者也比后者低。

(6)若小浪底水库不采用调水调沙运用，与调水调沙相比，在未来 111 年内，宽河固堤方案全断面、主槽、滩地分别增淤 4.159 亿、1.088 亿、3.071 亿 m^3；为保证主槽达到 4 000 m^3/s 的过洪能力而对其疏浚的沙量增加 0.226 亿 m^3；窄河固堤方案全断面、主槽、滩地分别增淤 2.585 亿、0.815 亿、1.769 亿 m^3，主槽疏浚量将增加 0.159 亿 m^3。

参 考 文 献

[1] 廖义伟，等. 黄河下游“二级悬河”成因及治理对策[M]. 郑州：黄河水利出版社，2003.

第二十五章　黄河下游生产堤不同处置方案对河道演变影响研究

第一节　黄河下游生产堤处置方案与模型计算概况

一、研究背景

黄河下游大堤之间的河道是黄河下游行洪、蓄洪、沉沙的天然场所，同时又是滩区181万人繁衍生息的地方。为了减少黄河漫滩洪水对农作物的破坏，滩地居民修建了大量的生产堤，生产堤古已有之，近几十年发展尤快。对于由此引发的一系列问题，各方面极为关注。

生产堤俗称“民埝”。早期的“民埝”是用来挡水、保护生产(庄稼)不受小水淹没的土埂、子堤，日常不管理，小水守护、大水弃守，保生产不保财产和生命安全。由于修筑民埝后，大堤长期不靠河，民埝至大堤之间洪水漫滩落淤的机会少，这部分滩地越来越低洼，一旦遇较大洪水，民埝溃决，洪水将直冲大堤，十分危险，如1933年兰考四明堂决口，1935年鄄城董庄决口等，都是由民埝的溃决引起的。新中国成立后，黄河下游治理实行“宽河固堤”的方针，1950年黄河防汛总指挥部提出了“新修民埝必须禁止，旧有民埝必须废除”。1957年黄河干流开始修建三门峡水库，由于当时对黄河泥沙淤积问题认识不足，1958年汛后开始，提倡下游在“防小水，不防大水”的原则下修筑生产堤。1960～1969年，下游受三门峡水库清水下泄影响，东坝头以上河段塌滩掉村现象经常出现，生产堤垮塌入河现象也随处可见，断断续续的生产堤，起不到挡水作用，东坝头以下河势变化不大，生产堤相对比较齐全。1969年后，三门峡水库采用滞洪排沙运用方式，因生产堤的存在，泥沙大部分淤积在生产堤以内的主河槽里，“二级悬河”开始出现，生产堤的危害暴露的越来越明显。1973年黄委会提出了《关于废除黄河下游滩区生产堤实施的初步意见》，国务院以国发[1974]27号文对该意见做了批示，指出：“从全局和长远利益考虑，黄河下游滩区应迅速废除生产堤，修筑避水台，实行‘一水一麦’，一季留足群众全年口粮的政策”。1974年汛后，滩区大力修筑避水台，但由于对生产堤的危害认识不足，国务院的批示精神并未得到很好的贯彻和落实，1982年大洪水时，生产堤大部分被冲决，但洪水之后又被修复。1987年按破除长度占生产堤长度1/5的要求对生产堤进行破口，但大部分口门所处地势较高且留有底坎，或口门位置偏下，有的仅破前进生产堤，没破老生产堤，还时有堵复现象发生，阻水现象仍较严重。1992年，根据《中华人民共和国防汛条例》及国家防总下达给黄河防总的清障任务，要求下游彻底破除生产堤，标准是口门高程与当地滩面平，口门长度占生产堤总长度的1/2，“96·8”洪水时黄河下游绝大部分滩区进水，之后在控导工程之间抢修生产堤，有的还修有第2或第3道生产堤。2002年以来，为防止调水调沙水流漫滩淹没耕地，尤其2003年蔡集生产堤破口、堵复后，不少地方突击修建了部分生产堤，再加之2004年黄河第3次调水调沙控制水流漫滩，不少地方借堵截滩区串沟口门名义，汛前也突击修建了一些生产堤，使生产堤数量有明显增加。目前，黄河下游滩区生产堤主要分布在河南的开封、新乡、濮阳，山东的菏泽、济宁、济南、泰安等地市，自上而下一般堤距在3 500～700 m，多数已伸入黄河下游主槽行洪通道[1]。

黄河下游生产堤在保护两岸滩区生产方面起到了一定的作用，但其造成的不利影响也越来越突出，使黄河下游河道防洪形势更加严峻。小浪底水库投入运用后，进入黄河下游河道的水沙条件将发生较大的变化，河道的冲淤演变情况也将发生新的调整，新形势下如何妥善处理生产堤问题，受到了国家及地方各级领导及治黄专家的高度重视。在黄委会下游治黄重大战略研究项目(竞标项目)的资助下，我们采用数学模型开展了“生产堤对泥沙冲淤及行洪影响的数学模拟”研究，分析了不同生产堤处置方案对河道冲淤演变及洪水位的影响。

二、模型计算边界条件

模型计算河段为铁谢—西河口。初始地形及初始床沙级配采用2003年汛后大断面及床沙组成资料；进口边界条件为小浪底出库水沙过程；支流伊洛河、沁河作为旁侧入流汇入；沿程引水采用表24-1中列出的设计引水过程，以旁侧出流的方式分大河段均匀引出；出口水位流量关系采用西河口2004年设计水位流量关系控制。

三、模型计算水沙过程

本次预测计算采用的设计水沙条件，小浪底水库运用期2020年前采用《黄河流域河流防洪规划》设计水沙成果，水沙系列为1982年+1987～1996年+1971～1975年，每年水沙特征见表24-2；2020年后分别采用考虑古贤水库运用与无工程控制两个水沙系列，古贤水库运用为《古贤水利枢纽项目建议书》设计水沙成果，设计水沙系列为1950～1984年，每年水沙特征见表24-3。无工程控制水沙系列为1975年+1950～1963年，共15年，每年水沙特征见表24-6。

进入下游河道的水沙过程，考虑小浪底水库调水调沙运用，对于古贤水库运用的2020～2054年系列，还考虑了南水北调西线供水。水沙系列的详细情况参见第二十四章第一节内容。

四、模型计算方案

本次模型计算，主要开展了生产堤现状、简单改造、破除、限制改造4个方案，各方案生产堤边界情况列于表25-1。

表25-1　计算方案概况

方案	生产堤情况
现状生产堤	现状生产堤
简单改造生产堤	现状生产堤缺口堵复，使之连续，过洪能力达不到4 000 m^3/s的河段生产堤加高
破除生产堤	生产堤全部破除
限制改造生产堤	按过洪4 000 m^3/s标准调整堤距，两岸生产堤宽度：高村以上2.5 km；高村—孙口2.0 km；孙口—陶城铺1.5 km；陶城铺以下1.2 km

第二节　2004～2019 年小浪底水库运用计算结果

现将各方案冲淤量计算结果列于表 25-2，将 2010 年汛前、2020 年汛前黄河下游主要断面不同流量级水位计算结果列于表 25-3～表 25-6。由于小浪底水库的拦沙运用，进入下游的沙量明显减少，黄河下游河道各方案总体上均表现为冲刷，2010 年汛前、2020 年汛前同流量水位较目前有不同程度的下降。

表 25-2　不同方案小浪底水库运用 2004～2019 年冲淤量计算结果

方案	时段(年)	位置	分河段冲淤量(亿 m^3)								
			铁—花	花—夹	夹—高	高—孙	孙—艾	艾—泺	泺—利	利—西	铁—西
现状生产堤	2004～2009	全断面	−1.063	−0.454	−0.277	−0.127	−0.344	−0.275	−0.375	−0.052	−2.968
		主槽	−1.096	−0.704	−0.531	−0.565	−0.355	−0.281	−0.409	−0.053	−3.994
		滩地	0.032	0.251	0.254	0.438	0.011	0.006	0.034	0.000	1.026
	2004～2019	全断面	−0.834	−0.745	−0.684	−0.244	−0.455	−0.388	−0.244	0.061	−3.533
		主槽	−0.871	−1.004	−0.947	−0.742	−0.468	−0.395	−0.284	0.060	−4.650
		滩地	0.037	0.259	0.262	0.498	0.012	0.007	0.040	0.001	1.117
简单改造生产堤	2004～2009	全断面	−1.063	−0.463	−0.298	−0.374	−0.349	−0.276	−0.370	−0.053	−3.246
		主槽	−1.095	−0.704	−0.531	−0.575	−0.358	−0.283	−0.412	−0.053	−4.011
		滩地	0.032	0.241	0.232	0.201	0.008	0.007	0.042	0.000	0.765
	2004～2019	全断面	−0.834	−0.754	−0.710	−0.518	−0.461	−0.389	−0.240	0.061	−3.844
		主槽	−0.871	−1.004	−0.951	−0.750	−0.471	−0.397	−0.288	0.060	−4.671
		滩地	0.037	0.250	0.241	0.232	0.009	0.008	0.048	0.001	0.827
破除生产堤	2004～2009	全断面	−1.063	−0.452	−0.214	−0.098	−0.335	−0.274	−0.376	−0.052	−2.865
		主槽	1.095	0.704	−0.529	−0.562	−0.354	−0.280	−0.407	−0.052	−3.984
		滩地	0.032	0.252	0.316	0.464	0.019	0.006	0.031	0.000	1.120
	2004～2019	全断面	−0.834	−0.742	−0.621	−0.209	−0.444	−0.386	−0.245	0.062	−3.419
		主槽	−0.871	−1.003	−0.945	−0.738	−0.466	−0.392	−0.282	0.061	−4.636
		滩地	0.037	0.261	0.325	0.529	0.022	0.007	0.037	0.001	1.217
限制改造生产堤	2004～2009	全断面	−1.064	−0.485	−0.340	−0.313	−0.341	−0.275	−0.371	−0.052	−3.243
		主槽	−1.095	−0.703	−0.530	−0.572	−0.357	−0.282	−0.412	−0.053	−4.004
		滩地	0.031	0.218	0.189	0.259	0.016	0.007	0.041	0.000	0.762
	2004～2019	全断面	−0.835	−0.778	−0.756	−0.455	−0.452	−0.389	−0.240	0.061	−3.845
		主槽	−0.871	−1.002	−0.949	−0.748	−0.470	−0.397	−0.287	0.060	−4.663
		滩地	0.036	0.224	0.192	0.293	0.018	0.008	0.047	0.001	0.818

表 25-3　小浪底水库运用 2010 年汛前高村以上河段主要断面水位计算结果

断面	方案	不同流量水位(m)				
		3 000 m^3/s	4 000 m^3/s	10 000 m^3/s	15 000 m^3/s	20 000 m^3/s
裴峪	现状	107.55	108.06	109.82	110.77	111.50
	简单改造	107.55	108.06	109.82	110.77	111.50
	破除	107.55	108.06	109.82	110.77	111.50
	限制改造	107.55	108.06	109.82	110.77	111.50
官庄峪	现状	99.06	99.53	101.19	101.91	102.47
	简单改造	99.06	99.53	101.19	101.91	102.47
	破除	99.06	99.53	101.19	101.91	102.47
	限制改造	99.06	99.53	101.19	101.91	102.47
秦厂	现状	96.79	97.16	98.71	99.42	99.93
	简单改造	96.79	97.16	98.71	99.42	99.93
	破除	96.79	97.16	98.71	99.42	99.93
	限制改造	96.79	97.16	98.71	99.42	99.93
花园口 (基本断面)	现状	93.59	94.05	95.61	96.25	96.74
	简单改造	93.59	94.05	95.62	96.25	96.75
	破除	93.59	94.05	95.61	96.24	96.73
	限制改造	93.59	94.05	95.61	96.24	96.74
柳园口	现状	80.53	81.01	82.54	83.16	83.65
	简单改造	80.53	81.02	82.55	83.16	83.65
	破除	80.53	81.01	82.52	83.14	83.63
	限制改造	80.53	81.02	82.53	83.15	83.64
夹河滩(二)	现状	74.01	74.55	76.20	76.88	77.43
	简单改造	74.01	74.55	76.20	76.88	77.43
	破除	74.01	74.55	76.20	76.87	77.38
	科学改造	74.02	74.56	76.21	76.87	77.38
杨小寨	现状	66.49	66.94	68.41	68.97	69.43
	简单改造	66.49	66.94	68.45	69.01	69.47
	破除	66.49	66.94	68.31	68.85	69.29
	限制改造	66.49	66.94	68.39	68.95	69.40
高村	现状	62.08	62.56	64.26	65.12	65.81
	简单改造	62.08	62.56	64.31	65.17	65.86
	破除	62.08	62.56	64.23	65.08	65.69
	限制改造	62.08	62.55	64.30	65.14	65.75

表 25-4　小浪底水库运用 2010 年汛前高村以下河段主要断面水位计算结果

断面	方案	不同流量水位(m)				
		3 000 m^3/s	4 000 m^3/s	10 000 m^3/s	15 000 m^3/s	20 000 m^3/s
苏泗庄	现状	59.34	59.82	61.15	61.77	62.29
	简单改造	59.32	59.80	61.28	61.92	62.46
	破除	59.34	59.83	61.09	61.71	62.24
	限制改造	59.33	59.81	61.22	61.85	62.39
孙口	现状	48.18	48.69	50.60	51.58	52.47
	简单改造	48.17	48.68	50.61	51.59	52.49
	破除	48.18	48.69	50.51	51.47	52.35
	限制改造	48.18	48.68	50.54	51.50	52.38
南桥	现状	42.84	43.59	46.41	47.89	49.12
	简单改造	42.84	43.59	46.41	47.89	49.12
	破除	42.84	43.59	46.37	47.84	49.07
	限制改造	42.84	43.59	46.37	47.85	49.07
艾山	现状	42.06	42.82	45.48	46.87	48.00
	简单改造	42.06	42.82	45.48	46.87	48.00
	破除	42.06	42.83	45.46	46.84	47.96
	限制改造	42.06	42.82	45.46	46.84	47.96
泺口	现状	31.13	31.85	34.26	35.60	36.72
	简单改造	31.13	31.84	34.26	35.60	36.72
	破除	31.13	31.85	34.26	35.60	36.73
	限制改造	31.13	31.84	34.26	35.60	36.71
刘家园	现状	26.40	27.16	29.19	30.32	31.26
	简单改造	26.39	27.16	29.20	30.32	31.27
	破除	26.40	27.15	29.19	30.32	31.26
	限制改造	26.40	27.15	29.19	30.32	31.26
道旭	现状	17.54	18.18	20.22	21.46	22.54
	简单改造	17.53	18.18	20.21	21.46	22.56
	破除	17.54	18.18	20.22	21.46	22.56
	限制改造	17.54	18.18	20.21	21.45	22.54
利津	现状	13.85	14.47	16.81	17.97	18.87
	简单改造	13.85	14.48	16.80	17.96	18.88
	破除	13.85	14.48	16.81	17.97	18.89
	限制改造	13.85	14.48	16.80	17.96	18.87

表 25-5　小浪底水库运用 2020 年汛前高村以上河段主要断面水位计算结果

断面	方案	不同流量水位(m)				
		3 000 m^3/s	4 000 m^3/s	10 000 m^3/s	15 000 m^3/s	20 000 m^3/s
裴峪	现状	107.51	108.00	109.74	110.70	111.43
	简单改造	107.51	108.00	109.74	110.70	111.43
	破除	107.51	108.00	109.74	110.70	111.43
	限制改造	107.51	108.00	109.74	110.70	111.43
官庄峪	现状	99.49	99.94	101.45	102.11	102.65
	简单改造	99.49	99.94	101.45	102.11	102.65
	破除	99.49	99.94	101.45	102.11	102.65
	限制改造	99.49	99.94	101.45	102.11	102.65
秦厂	现状	97.18	97.54	98.99	99.62	100.12
	简单改造	97.18	97.54	98.99	99.62	100.12
	破除	97.18	97.54	98.99	99.62	100.12
	限制改造	97.18	97.54	98.99	99.62	100.12
花园口(基本断面)	现状	93.75	94.21	95.71	96.33	96.81
	简单改造	93.75	94.21	95.71	96.33	96.81
	破除	93.75	94.21	95.71	96.32	96.80
	限制改造	93.74	94.20	95.70	96.32	96.80
柳园口	现状	79.70	80.21	82.04	82.79	83.31
	简单改造	79.70	80.21	82.04	82.79	83.31
	破除	79.71	80.21	82.04	82.77	83.29
	限制改造	79.71	80.21	82.06	82.78	83.30
夹河滩(二)	现状	73.61	74.14	75.97	76.69	77.23
	简单改造	73.61	74.14	75.97	76.69	77.23
	破除	73.61	74.14	75.97	76.68	77.21
	限制改造	73.60	74.14	75.98	76.68	77.21
杨小寨	现状	65.52	65.99	67.88	68.61	69.12
	简单改造	65.51	65.98	67.89	68.63	69.15
	破除	65.52	65.99	67.84	68.50	69.00
	限制改造	65.51	65.98	67.90	68.59	69.10
高村	现状	61.77	62.30	64.04	64.93	65.63
	简单改造	61.77	62.29	64.06	64.96	65.66
	破除	61.78	62.30	63.98	64.87	65.51
	限制改造	61.77	62.29	64.04	64.93	65.57

表 25-6　小浪底水库运用 2020 年汛前高村以下河段主要断面水位计算结果

断面	方案	不同流量水位(m)				
		3 000 m^3/s	4 000 m^3/s	10 000 m^3/s	15 000 m^3/s	20 000 m^3/s
苏泗庄	现状	59.03	59.47	61.18	61.78	62.30
	简单改造	59.03	59.46	61.27	61.90	62.44
	破除	59.04	59.48	61.07	61.69	62.22
	限制改造	59.03	59.46	61.20	61.83	62.36
孙口	现状	47.71	48.23	50.33	51.38	52.30
	简单改造	47.70	48.22	50.34	51.39	52.32
	破除	47.71	48.23	50.26	51.27	52.19
	限制改造	47.71	48.23	50.28	51.30	52.21
南桥	现状	42.83	43.58	46.39	47.86	49.08
	简单改造	42.83	43.57	46.39	47.86	49.08
	破除	42.84	43.58	46.36	47.82	49.03
	限制改造	42.84	43.58	46.36	47.82	49.03
艾山	现状	42.03	42.80	45.45	46.83	47.95
	简单改造	42.02	42.79	45.45	46.83	47.94
	破除	42.03	42.80	45.44	46.80	47.91
	限制改造	42.03	42.79	45.43	46.80	47.91
泺口	现状	30.86	31.62	34.05	35.41	36.53
	简单改造	30.86	31.61	34.05	35.40	36.54
	破除	30.87	31.62	34.06	35.40	36.54
	限制改造	30.87	31.62	34.05	35.40	36.53
刘家园	现状	26.47	27.20	29.24	30.37	31.32
	简单改造	26.46	27.20	29.25	30.37	31.33
	破除	26.47	27.20	29.25	30.37	31.32
	限制改造	26.48	27.20	29.24	30.37	31.32
道旭	现状	17.92	18.51	20.50	21.74	22.84
	简单改造	17.92	18.51	20.50	21.74	22.86
	破除	17.92	18.51	20.50	21.73	22.85
	限制改造	17.94	18.51	20.50	21.74	22.84
利津	现状	14.24	14.87	17.12	18.26	19.17
	简单改造	14.24	14.86	17.12	18.26	19.18
	破除	14.24	14.87	17.13	18.25	19.17
	限制改造	14.26	14.87	17.12	18.25	19.17

现状方案黄河下游共冲刷了 3.533 亿 m^3，其中高村以上宽河道冲刷 2.263 亿 m^3，占总冲刷量的 64.1%。从冲淤量的时间分布看，2010 年前，因小浪底水库拦沙作用更显著，全下游均表现为冲刷，共冲刷了 2.968 亿 m^3，占 16 年冲刷量的 84%，而后 10 年，小浪底水库排沙量逐渐增大，加之前期床沙粗化，河道糙率增大，各河段的输沙能力有所调整，冲刷仅发生在花园口—艾山河段，共冲刷了 0.926 亿 m^3，花园口以上及艾山以下河段略有淤积。冲淤量在滩槽分布上表现为滩淤槽冲，主槽共冲刷了 4.650 亿 m^3。其中，2010 年前冲刷了 3.994 亿 m^3，占 85.9%，随着主槽的不断下切，平滩流量增大，上滩水量逐渐减少，加之来水含沙量并不高，滩地淤积量不大，淤积了 1.117 亿 m^3，泥沙主要淤积在孙口以上滩地比较宽的地段，占滩地淤积量的 94.5%，且滩地淤积主要发生在 2010 年之前，共淤积了 1.026 亿 m^3，占滩地淤积量的 91.9%，后 10 年在滩地上落淤的泥沙很少。随着河道的不断冲刷下切，同流量水位也不断下降，花园口(基本断面)、夹河滩(二)、高村、孙口、艾山、泺口、利津 7 断面 3 000 m^3/s 水位 2010 年汛前分别降至 93.59、74.01、62.08、48.18、42.06、31.13、13.85 m；2020 年汛前分别为 93.75、73.61、61.77、47.71、42.03、30.86、14.24 m。

当生产堤条件发生变化后，河道的冲淤演变规律也有所调整。与现状方案相比，破除生产堤方案河道冲刷量略有减少，减少了 0.114 亿 m^3，简单改造生产堤与限制改造生产堤方案均使河道冲刷量有所增加，分别增大 0.311 亿、0.312 亿 m^3，两者增大值非常接近。从冲刷量调整的沿程分配看，主要变化发生在“二级悬河”比较严重的夹河滩—孙口河段。在这一河段破除生产堤方案冲刷量减少了 0.099 亿 m^3，简单改造生产堤与限制改造生产堤方案冲刷量分别增大 0.299 亿、0.283 亿 m^3；限制改造生产堤方案与简单改造生产堤方案相比，前者高村以上冲刷量比后者大 0.072 亿 m^3，高村以下河段前者比后者小 0.071 亿 m^3。从冲淤量变化的滩槽分布看，主槽与滩地表现为同时增淤与减淤，全断面冲淤量的变化主要由滩地淤积量的变化引起，滩地淤积量的变化值占全断面冲刷量变化值的 95% ~ 97%。

与河道冲淤量变化相对应，各方案同流量水位表现也有所调整。因各方案主槽冲淤量变化不大，2010 年汛前与 2020 年汛前 3 000 ~ 4 000 m^3/s 流量水位变化幅度在±0.02 m 以内，变幅不大。但大洪水时，有些断面生产堤对河道行洪与洪水位的影响比较明显，各方案之间对比，2010 年汛前与 2020 年汛前 10 000 ~ 20 000 m^3/s 流量水位变化超过 0.10 m 的分别为杨小寨断面(2010 年汛前 0.14 ~ 0.18 m、2020 年汛前 0.06 ~ 0.15 m)、高村断面(2010 年汛前 0.08 ~ 0.17 m、2020 年汛前 0.08 ~ 0.15 m)、苏泗庄断面(2010 年汛前 0.19 ~ 0.22 m、2020 年汛前 0.20 ~ 0.22 m)、孙口断面(2010 年汛前 0.10 ~ 0.14 m、2020 年汛前 0.08 ~ 0.13 m)，最大变化幅度为 0.22 m。

第三节　2020 ~ 2054 年古贤水库运用计算结果

在这 34 年内，由于古贤水库拦沙，进入黄河下游河道的沙量仍较少，年均沙量仅有 6.91 亿 t，而年均水量比 2004 ~ 2019 年系列大 47.3 亿 m^3，黄河下游总体上仍表现为冲刷，各方案冲淤量计算结果列于表 25-7，2055 年汛前黄河下游主要断面不同流量级水位计算结果列于表 25-8、表 25-9，随着河槽的冲刷下切，各断面 2055 年汛前同流量水位也有所下降。

表 25-7　不同方案 2020～2054 年古贤水库运用冲淤量计算结果

方案	时段(年)	位置	分河段冲淤量(亿 m³)								
			铁—花	花—夹	夹—高	高—孙	孙—艾	艾—泺	泺—利	利—西	铁—西
现状生产堤	2020～2054	全断面	–0.816	–0.481	–0.347	–0.184	0.196	–0.349	–0.706	0.069	–2.617
		主槽	–1.095	–1.390	–0.551	–0.502	0.001	–0.452	–0.788	0.029	–4.748
		滩地	0.279	0.909	0.205	0.317	0.195	0.103	0.082	0.040	2.131
	2004～2054	全断面	–1.650	–1.225	–1.031	–0.428	–0.259	–0.736	–0.950	0.130	–6.150
		主槽	–1.966	–2.394	–1.498	–1.243	–0.467	–0.846	–1.072	0.089	–9.397
		滩地	0.316	1.168	0.467	0.815	0.208	0.110	0.123	0.041	3.247
简单改造生产堤	2020～2054	全断面	–0.823	–0.509	–0.359	–0.349	0.162	–0.350	–0.708	0.066	–2.871
		主槽	–1.101	–1.403	–0.552	–0.502	0.000	–0.453	–0.793	0.025	–4.779
		滩地	0.278	0.894	0.192	0.153	0.163	0.103	0.085	0.041	1.908
	2004～2054	全断面	–1.657	–1.263	–1.069	–0.867	–0.299	–0.739	–0.948	0.127	–6.715
		主槽	–1.971	–2.406	–1.503	–1.252	–0.471	–0.850	–1.081	0.085	–9.450
		滩地	0.315	1.144	0.433	0.385	0.172	0.111	0.133	0.042	2.735
破除生产堤	2020～2054	全断面	–0.827	–0.468	–0.294	–0.138	0.271	–0.327	–0.780	0.041	–2.522
		主槽	–1.097	–1.388	–0.552	–0.498	0.005	–0.463	–0.854	0.001	–4.846
		滩地	0.270	0.921	0.258	0.360	0.266	0.136	0.074	0.040	2.324
	2004～2054	全断面	–1.661	–1.209	–0.915	–0.347	–0.174	–0.713	–1.026	0.103	–5.941
		主槽	–1.968	–2.391	–1.497	–1.236	–0.461	–0.856	–1.136	0.062	–9.483
		滩地	0.307	1.182	0.582	0.889	0.287	0.143	0.110	0.041	3.541
限制改造生产堤	2020～2054	全断面	–0.832	–0.534	–0.424	–0.310	0.202	–0.315	–0.740	0.071	–2.882
		主槽	–1.100	–1.399	–0.556	–0.505	0.002	–0.453	–0.822	0.002	–4.831
		滩地	0.268	0.865	0.132	0.195	0.200	0.139	0.081	0.069	1.949
	2004～2054	全断面	–1.667	–1.313	–1.180	–0.765	–0.250	–0.704	–0.981	0.132	–6.727
		主槽	–1.971	–2.402	–1.504	–1.252	–0.468	–0.851	–1.109	0.062	–9.494
		滩地	0.304	1.089	0.324	0.488	0.218	0.147	0.128	0.070	2.767

表 25-8　古贤水库运用 2055 年汛前高村以上河段主要断面水位计算结果

断面	方案	不同流量水位(m)				
		3 000 m^3/s	4 000 m^3/s	10 000 m^3/s	15 000 m^3/s	20 000 m^3/s
裴峪	现状	107.35	107.81	109.58	110.58	111.35
	简单改造	107.34	107.80	109.58	110.58	111.35
	破除	107.34	107.80	109.58	110.58	111.35
	限制改造	107.34	107.80	109.58	110.58	111.35
官庄峪	现状	97.95	98.41	100.31	101.38	102.03
	简单改造	97.95	98.40	100.31	101.38	102.02
	破除	97.95	98.41	100.31	101.38	102.02
	限制改造	97.95	98.40	100.31	101.38	102.02
秦厂	现状	95.51	95.90	97.59	98.64	99.30
	简单改造	95.51	95.89	97.58	98.63	99.30
	破除	95.51	95.90	97.59	98.63	99.30
	限制改造	95.51	95.90	97.58	98.63	99.30
花园口(基本断面)	现状	91.66	92.16	94.21	95.45	96.13
	简单改造	91.64	92.15	94.20	95.44	96.12
	破除	91.66	92.16	94.21	95.44	96.12
	限制改造	91.65	92.15	94.20	95.44	96.12
柳园口	现状	78.79	79.30	81.26	82.26	82.87
	简单改造	78.78	79.29	81.25	82.26	82.87
	破除	78.79	79.30	81.26	82.26	82.85
	限制改造	78.78	79.28	81.25	82.26	82.86
夹河滩(二)	现状	72.82	73.33	75.33	76.27	76.90
	简单改造	72.81	73.32	75.33	76.27	76.89
	破除	72.82	73.33	75.33	76.27	76.87
	限制改造	72.81	73.32	75.34	76.28	76.87
杨小寨	现状	64.40	64.96	67.24	68.23	68.85
	简单改造	64.40	64.95	67.24	68.25	68.88
	破除	64.40	64.96	67.24	68.14	68.73
	限制改造	64.39	64.95	67.23	68.23	68.84
高村	现状	61.25	61.79	63.69	64.69	65.43
	简单改造	61.24	61.77	63.73	64.73	65.47
	破除	61.25	61.79	63.65	64.64	65.33
	限制改造	61.24	61.78	63.73	64.72	65.40

表 25-9　古贤水库运用 2055 年汛前高村以下河段主要断面水位计算结果

断面	方案	不同流量水位(m)				
		3 000 m³/s	4 000 m³/s	10 000 m³/s	15 000 m³/s	20 000 m³/s
苏泗庄	现状	58.31	58.89	60.75	61.48	62.07
	简单改造	58.31	58.89	60.88	61.63	62.23
	破除	58.31	58.90	60.71	61.43	62.02
	限制改造	58.29	58.88	60.84	61.57	62.16
孙口	现状	47.60	48.14	50.29	51.33	52.23
	简单改造	47.59	48.14	50.29	51.33	52.23
	破除	47.61	48.16	50.24	51.24	52.12
	限制改造	47.60	48.14	50.25	51.25	52.14
南桥	现状	42.53	43.14	45.88	47.37	48.58
	简单改造	42.52	43.13	45.88	47.36	48.57
	破除	42.54	43.14	45.85	47.32	48.53
	限制改造	42.53	43.14	45.86	47.32	48.53
艾山	现状	41.03	41.72	44.60	46.09	47.25
	简单改造	41.02	41.71	44.60	46.09	47.25
	破除	41.03	41.73	44.60	46.07	47.22
	限制改造	41.03	41.72	44.60	46.07	47.22
泺口	现状	28.12	28.81	31.03	32.20	33.09
	简单改造	28.11	28.80	31.01	32.18	33.06
	破除	28.08	28.77	30.98	32.15	33.02
	限制改造	28.10	28.79	31.00	32.17	33.03
刘家园	现状	24.29	24.90	27.74	28.73	29.58
	简单改造	24.29	24.89	27.74	28.73	29.58
	破除	24.23	24.84	27.69	28.69	29.54
	限制改造	24.26	24.86	27.71	28.72	29.56
道旭	现状	16.92	17.48	19.41	20.62	21.66
	简单改造	16.91	17.48	19.41	20.62	21.65
	破除	16.84	17.41	19.34	20.55	21.59
	限制改造	16.87	17.44	19.37	20.58	21.61
利津	现状	14.28	14.87	16.96	17.95	18.69
	简单改造	14.27	14.87	16.95	17.94	18.69
	破除	14.20	14.79	16.89	17.88	18.63
	限制改造	14.23	14.82	16.91	17.91	18.65

现状方案 2020 ~ 2054 年全下游共冲刷泥沙 2.617 亿 m^3，其中高村以上宽河道冲刷了 1.644 亿 m^3，占总冲淤量的 62.8%，孙口—艾山河段反而淤积了 0.196 亿 m^3，艾山—利津河段冲刷了 1.055 亿 m^3。冲淤量在滩槽分布上表现为滩淤槽冲，主槽共冲刷了 4.748 亿 m^3，由于该系列水量较丰，洪水上滩的几率有所增大，滩地淤积量较 2004 ~ 2019 年系列大，共淤积了 2.131 亿 m^3，泥沙也主要淤积在孙口以上滩地比较宽的地段，占滩地淤积量的 80.2%。由此，2004 ~ 2054 年，全下游共冲刷了 6.150 亿 m^3，其中主槽共冲刷了 9.397 亿 m^3，滩地共淤积了 3.247 亿 m^3。随着河道的不断冲刷下切，同流量水位也有明显下降，花园口(基本断面)、夹河滩(二)、高村、孙口、艾山、泺口、利津 7 断面 3 000 m^3/s 水位 2055 年汛前分别降至 91.66、72.82、61.25、47.60、41.03、28.12、14.28 m；与 2020 年汛前相比，除利津水位略有抬升外，其余各断面均有所下降，降低值为 0.11 ~ 2.74 m。

与现状方案相比，破除生产堤方案河道冲刷量减少了 0.095 亿 m^3，简单改造生产堤与限制改造生产堤方案河道冲刷量分别增大 0.254 亿、0.265 亿 m^3，不同生产堤方案造成的河道冲淤量的增减定性上与 2004 ~ 2019 年基本一致。从冲刷量沿程分配来看，随着河道冲淤演变的发展，各河段受生产堤影响引起的河道冲淤调整都逐渐体现出来，特别是破除生产堤方案，由于上游河道滩槽水沙交换作用的增强，使艾山以下在主槽的减淤作用显得更为突出，共减淤了 0.105 亿 m^3，从而使全下游主槽表现为减淤，共减淤了 0.099 亿 m^3；简单改造生产堤与限制改造生产堤方案冲刷量分别增大 0.254 亿、0.265 亿 m^3，这两个方案主槽与滩地表现为减淤，且滩地减淤量远大于主槽减淤量。2004 ~ 2054 年，与现状生产堤方案相比，破除生产堤方案共少冲了 0.209 亿 m^3，简单改造生产堤与限制改造生产堤方案分别多冲了 0.565 亿、0.577 亿 m^3。

各方案相比，2055 年汛前 3 000 ~ 4 000 m^3/s 流量水位除泺口及以下各断面变幅略有增大，在 0.04 ~ 0.08 m 外，其余断面水位变化幅度在±0.02m 以内。大洪水时，各方案之间 2055 年汛前 10 000 ~ 20 000 m^3/s 流量水位变化超过 0.10 m 的分别为杨小寨断面(0.01 ~ 0.15 m)、高村断面(0.08 ~ 0.14 m)、苏泗庄断面(0.17 ~ 0.21 m)、孙口断面(0.05 ~ 0.11 m)，最大变化幅度为 0.21 m。

第四节　2020 ~ 2034 年无工程控制计算结果

这 15 年进入黄河下游河道的沙量相对较多，年均来沙量达 10.4 亿 t，年均水量为 371.0 亿 m^3，黄河下游发生了大量淤积，各方案冲淤量计算结果列于表 25-10，2035 年汛前黄河下游主要断面各流量级水位计算结果列于表 25-11、表 25-12。随着河道的淤积，各断面 2035 年汛前同流量水位也有所抬升。

现状方案 2020 ~ 2034 年全下游共淤积了 23.57 亿 m^3，其中孙口以上河道淤积了 20.016 亿 m^3，占总冲淤量的 84.9%。冲淤量在滩槽分布上表现为滩槽均淤积，主槽淤积了 13.846 亿 m^3，占总淤积量的 58.7%，滩地淤积了 9.724 亿 m^3，占总淤积量的 41.2%。由此，2004 ~ 2034 年，全下游共淤积了 20.037 亿 m^3，其中主槽淤积了 9.196 亿 m^3，滩地淤积了 10.841 亿 m^3。随着河道的淤积，同流量水位也有明显抬升，花园口(基本断面)、夹河滩(二)、高村、孙口、艾山、泺口、利津 7 断面 3 000 m^3/s 水位 2035 年汛前分别为 96.02、75.98、63.90、49.78、43.01、30.87、15.29 m；与 2020 年汛前相比，除泺口仅升高了 0.01 m 外，其余各断面抬升较明显，升高值为 0.98 ~ 2.37 m。

表 25-10　不同方案 2020 ~ 2034 年无工程控制冲淤量计算结果

方案	时段(年)	位置	分河段冲淤量(亿 m^3)								
			铁—花	花—夹	夹—高	高—孙	孙—艾	艾—泺	泺—利	利—西	铁—西
现状生产堤	2020~2034	全断面	5.999	4.882	4.359	4.776	1.201	0.862	1.237	0.254	23.570
		主槽	4.061	2.689	1.993	2.044	1.012	0.820	1.003	0.225	13.846
		滩地	1.938	2.193	2.366	2.732	0.189	0.042	0.234	0.029	9.724
	2004 ~ 2034	全断面	5.164	4.138	3.674	4.532	0.745	0.474	0.993	0.316	20.037
		主槽	3.190	1.685	1.046	1.302	0.544	0.426	0.719	0.285	9.196
		滩地	1.975	2.453	2.628	3.230	0.202	0.049	0.274	0.030	10.841
简单改造生产堤	2020 ~ 2034	全断面	5.986	4.870	4.248	3.913	1.167	0.857	1.235	0.249	22.525
		主槽	4.060	2.688	1.990	2.034	1.011	0.816	0.996	0.219	13.814
		滩地	1.926	2.183	2.258	1.879	0.156	0.041	0.239	0.031	8.711
	2004 ~ 2034	全断面	5.152	4.117	3.538	3.395	0.706	0.467	0.995	0.310	18.681
		主槽	3.189	1.684	1.039	1.284	0.541	0.418	0.709	0.279	9.143
		滩地	1.963	2.433	2.499	2.112	0.165	0.049	0.287	0.032	9.538
破除生产堤	2020 ~ 2034	全断面	5.954	4.914	4.762	5.419	1.337	0.903	1.290	0.212	24.792
		主槽	4.059	2.687	1.980	2.094	1.038	0.849	1.044	0.181	13.933
		滩地	1.895	2.228	2.782	3.325	0.299	0.053	0.246	0.031	10.859
	2004 ~ 2034	全断面	5.120	4.172	4.142	5.210	0.893	0.517	1.045	0.274	21.373
		主槽	3.189	1.684	1.035	1.356	0.572	0.457	0.762	0.242	9.296
		滩地	1.932	2.488	3.107	3.854	0.321	0.060	0.283	0.032	12.077
限制改造生产堤	2020 ~ 2034	全断面	5.950	4.842	4.399	4.464	1.251	0.882	1.264	0.253	23.306
		主槽	4.058	2.690	1.987	2.058	1.027	0.833	1.023	0.205	13.881
		滩地	1.892	2.152	2.412	2.406	0.225	0.050	0.241	0.048	9.425
	2004 ~ 2034	全断面	5.115	4.064	3.643	4.009	0.799	0.494	1.024	0.314	19.462
		主槽	3.187	1.688	1.038	1.311	0.557	0.436	0.736	0.266	9.218
		滩地	1.928	2.376	2.605	2.698	0.242	0.058	0.288	0.049	10.243

表 25-11　无工程控制 2035 年汛前高村以上河段主要断面水位计算结果

断面	方案	不同流量水位(m)				
		3 000 m^3/s	4 000 m^3/s	10 000 m^3/s	15 000 m^3/s	20 000 m^3/s
裴峪	现状	110.59	110.99	112.40	113.19	113.84
	简单改造	110.59	110.99	112.40	113.19	113.84
	破除	110.62	111.03	112.46	113.22	113.85
	限制改造	110.62	111.03	112.46	113.22	113.85
官庄峪	现状	102.23	102.43	103.30	103.83	104.28
	简单改造	102.23	102.44	103.30	103.83	104.28
	破除	102.34	102.55	103.41	103.92	104.37
	限制改造	102.34	102.55	103.41	103.92	104.37
秦厂	现状	99.48	99.71	100.55	101.07	101.49
	简单改造	99.48	99.71	100.55	101.07	101.49
	破除	99.47	99.69	100.54	101.06	101.49
	限制改造	99.47	99.69	100.54	101.06	101.49
花园口(基本断面)	现状	96.02	96.17	96.88	97.37	97.77
	简单改造	96.02	96.24	96.87	97.35	97.76
	破除	96.02	96.32	97.21	97.67	98.06
	限制改造	96.01	96.32	97.21	97.67	98.06
柳园口	现状	81.46	81.88	82.98	83.55	84.02
	简单改造	81.46	81.88	82.98	83.55	84.03
	破除	81.46	81.86	82.96	83.53	84.00
	限制改造	81.46	81.87	82.97	83.54	84.01
夹河滩(二)	现状	75.98	76.26	77.23	77.78	78.23
	简单改造	75.98	76.24	77.23	77.78	78.23
	破除	75.98	76.24	77.20	77.74	78.19
	限制改造	76.00	76.26	77.22	77.76	78.22
杨小寨	现状	68.55	68.76	69.50	69.96	70.38
	简单改造	68.48	68.76	69.52	69.99	70.40
	破除	68.55	68.75	69.49	69.95	70.36
	限制改造	68.56	68.76	69.52	69.98	70.39
高村	现状	63.90	64.32	65.63	66.39	66.96
	简单改造	63.80	64.33	65.65	66.41	66.98
	破除	63.95	64.32	65.52	66.18	66.74
	限制改造	63.94	64.34	65.55	66.21	66.77

表 25-12　无工程控制 2035 年汛前高村以下河段主要断面水位计算结果

断面	方案	不同流量水位(m)				
		3 000 m^3/s	4 000 m^3/s	10 000 m^3/s	15 000 m^3/s	20 000 m^3/s
苏泗庄	现状	61.01	61.27	62.17	62.75	63.27
	简单改造	60.97	61.29	62.22	62.81	63.34
	破除	61.14	61.38	62.31	62.89	63.40
	限制改造	61.14	61.38	62.30	62.88	63.39
孙口	现状	49.78	50.16	51.54	52.47	53.35
	简单改造	49.68	50.17	51.56	52.49	53.36
	破除	49.80	50.13	51.48	52.40	53.26
	限制改造	49.81	50.15	51.49	52.41	53.27
南桥	现状	44.24	44.89	47.26	48.64	49.81
	简单改造	44.05	44.87	47.25	48.63	49.80
	破除	44.29	44.91	47.24	48.61	49.78
	限制改造	44.25	44.88	47.22	48.59	49.76
艾山	现状	43.01	43.69	46.04	47.37	48.45
	简单改造	42.81	43.68	46.03	47.36	48.44
	破除	43.06	43.70	46.04	47.37	48.44
	限制改造	43.02	43.67	46.02	47.34	48.42
泺口	现状	30.87	31.55	33.84	35.09	36.10
	简单改造	30.65	31.54	33.82	35.08	36.09
	破除	30.90	31.55	33.86	35.12	36.16
	限制改造	30.87	31.52	33.84	35.10	36.13
刘家园	现状	26.70	27.32	28.94	29.90	30.72
	简单改造	26.54	27.30	28.94	29.90	30.72
	破除	26.77	27.35	28.97	29.93	30.75
	限制改造	26.72	27.30	28.95	29.91	30.73
道旭	现状	18.08	18.56	20.31	21.47	22.48
	简单改造	17.93	18.56	20.31	21.46	22.48
	破除	18.14	18.59	20.34	21.48	22.50
	限制改造	18.12	18.58	20.34	21.49	22.50
利津	现状	15.29	15.89	17.72	18.67	19.40
	简单改造	15.13	15.87	17.71	18.66	19.40
	破除	15.27	15.82	17.70	18.65	19.38
	限制改造	15.29	15.86	17.73	18.68	19.41

2020～2034 年，与现状方案相比，破除生产堤方案河道淤积量增大了 1.220 亿 m^3，简单改造生产堤与限制改造生产堤方案河道淤积量分别减少了 1.045 亿、0.263 亿 m^3。从冲刷量沿程分配来看，冲淤量变化大的河段为夹河滩—艾山河段，冲淤量变化在滩槽分布上表现为以滩地淤积量变化为主。2004～2034 年，破除生产堤方案比现状方案河道淤积量增大了 1.336 亿 m^3，简单改造生产堤与限制改造生产堤方案比现状方案河道淤积量分别减少了 1.356 亿、0.575 亿 m^3。

由于河道的大量淤积，各流量级水位变化均发生了新的调整。各方案相比，2035 年汛前 3 000 m^3/s 流量水位最大变幅为 0.25 m(艾山断面、泺口断面)，4 000 m^3/s 流量水位最大变幅为 0.25 m(花园口断面)，大洪水时，10 000～20 000 m^3/s 流量水位花园口断面与高村断面变幅较大，分别为 0.30～0.34 m、0.13～0.24 m，最大变化幅度为 0.34 m。

第五节　主要结论

(1)本章针对现状生产堤、简单改造生产堤、破除生产堤、限制改造生产堤 4 个方案，对黄河下游河道冲淤演变规律进行了模拟计算。结果表明，从 2004 年起小浪底水库运用至 2019 年，黄河下游将冲刷 3.419 亿～3.845 亿 m^3；古贤水库运用的 2020～2054 年，黄河下游将冲刷 2.522 亿～2.882 亿 m^3；无工程控制的 2020～2034 年，黄河下游将淤积 22.525 亿～24.792 亿 m^3；因此，如 2019 年后古贤水库投入运用，2004~2054 年黄河下游将冲刷 5.942 亿～6.727 亿 m^3；若 2019 年后无新工程控制，2004~2034 年黄河下游将淤积 18.681 亿～21.373 亿 m^3。

(2)从冲淤量的滩槽分布看，小浪底水库运用的 2004～2019 年与古贤水库运用的 2020～2054 年主槽表现为冲刷；无工程控制的 2020～2034 年主槽表现为淤积；滩地在各水沙系列下均为淤积。伴随着河道的冲淤，各断面同流量水位也随之降、升，且降、升幅度较大。

(3)从各方案河道冲淤量与现状生产堤方案对比情况看，破除生产堤方案淤积量增大(或冲刷量减小)，小浪底水库运用到 2019 年后，古贤水库投入运用至 2054 年，淤积量增大(或冲刷量减小)0.209 亿 m^3，小浪底水库运用到 2019 年后无新工程控制至 2034 年，淤积量将增大 1.336 亿 m^3；简单改造生产堤与限制改造生产堤方案淤积量减小(或冲刷量增大)，小浪底水库运用到 2019 年后古贤水库投入运用，2004～2054 年淤积量分别减小(或冲刷量分别增大)0.565 亿 m^3 和 0.577 亿 m^3，若 2019 年后无工程控制，2004～2034 年，淤积量将分别减小 1.356 亿 m^3 和 0.575 亿 m^3。

(4)与河道的冲淤量变化相对应，各方案同流量水位表现也有所调整。各方案相比，大洪水时，小浪底水库运用至 2019 年各断面同流量水位最大变幅为 0.22 m(苏泗庄断面)，古贤水库运用至 2054 年各断面同流量水位最大变幅为 0.21 m(苏泗庄断面)，无工程控制至 2034 年各断面同流量水位最大变幅为 0.34 m(花园口断面)。各方案水位变幅表现为冲刷时小水水位变化不大，大水水位变化大；淤积时小水与大水水位变化均较大。

参 考 文 献

[1] 端木礼明，耿明全，赵勇，等. 黄河下游滩区生产堤利弊分析研究[R]. 郑州：河南黄河河务局，2004.

第二十六章　黄河下游人工淤滩形成相对窄深河槽对洪水演进影响预测

第一节　黄河下游人工淤滩模式与模型计算概况

一、研究背景

近 20 年来，由于气候和人类活动的影响，黄河下游来水来沙条件发生了很大变化。据统计 1986 年以来黄河下游年均来沙量虽然只有 6.6 亿 t，较多年均值减少了 1/2 以上，但淤积在下游河道中的泥沙多达 2.2 亿 t，其中 80%左右都淤在了主河槽内，主河槽淤积量为 20 世纪 50 年代的 2 倍以上，致使主槽过洪能力大大降低，其中东坝头—艾山河段尤为明显。由于主槽淤积，下游河道平滩流量已由 20 世纪 80 年代中期的 5 000 ~ 6 000 m^3/s 急剧下降到 90 年代末的不足 3 000 m^3/s。1999 年 10 月，小浪底水库投入运用，下泄清水，黄河下游河道发生持续冲刷，但由于来水量明显偏小，对主河槽的刷深仍然有限，平滩流量增大幅度缓慢。2002 年调水调沙期间，由于河势变动，部分河段滩唇被冲蚀后退之后，滩唇高程相对降低，平滩流量减小，造成流量超过 1 800 m^3/s 就漫滩的严重局面。2004 年调水调沙试验前，部分断面平滩流量仍小于 2 600 m^3/s，徐码头和雷口断面平滩流量仅 2 300 m^3/s，成为黄河下游排洪输沙的卡口河段。河槽行洪能力的降低，严重制约了调水调沙的正常进行。对于黄河下游主槽的不断淤积，“二级悬河”的不断发展，中小洪水形成“横河”、“斜河”造成下游堤防冲决、溃决的可能性日益增加。

针对黄河下游治理工作中存在的突出问题，黄委会分别召开了“黄河下游‘二级悬河’治理研讨会”、“黄河河口治理研讨会”和“黄河下游综合治理高层专家论坛”。在广泛征求国内外高层专家意见的基础上，黄委会开展了系列的治黄战略专题研究，提出了“1493”治黄新理念和以“河道不断流、污染不超标、堤防不决口、河床不抬高”“四不”为标志的维持黄河健康生命的战略目标。本项研究就是在此背景下，黄委会招标项目之一“人工淤滩形成相对窄深河槽分析与试验方案研究”中的部分研究内容。

人工淤滩形成相对窄深河槽的指导思想是降槽与淤滩相结合、主槽与滩地同步治理。众所周知，黄河下游滩地是行洪、滞沙、削峰的场所。小浪底水库建成以后，黄河下游仍有发生大洪水的可能，5 年一遇 ~ 10 年一遇洪水(6 350 ~ 8 920 m^3/s)发生漫滩的可能性依然存在。因此，人工淤滩形成相对窄深河槽，主要以改善“二级悬河”河道形态为主。

人工淤滩形成相对窄深河槽的技术路线是面对黄河下游泥沙淤积，通过挖河疏浚主槽、引洪放淤辅以人工加沙等措施，淤筑堤河、串沟、村台、坑塘洼地或放淤中水排洪河槽两侧、或控导工程背水侧滩地，形成相对窄深河槽，改善“二级悬河”现状，提高河道行洪能力，降低漫滩洪水顺堤行洪的几率，减轻洪水对堤防构成的威胁，保障滩区群众生命安全，实现人与自然协调发展和维持黄河健康生命的目的。

人工淤滩形成相对窄深河槽以后，将改变现有的河道边界条件，势必对淤滩河段及其上下游河道的洪水演进传播过程、水位表现及河道冲淤演变规律产生一定的影响。为此，我们利用该数学模型对其开展了研究。

二、计算概况

本次计算选用的初始地形为 2003 年汛后地形，计算河段为花园口—西河口，水沙过程采用了特大洪水“82·8”型洪水与中常洪水的“96·8”型洪水。计算进口水沙条件为天然实测水沙过程及悬沙组成，出口边界条件采用西河口 2004 年汛前设计水位流量关系控制。

第二节　东坝头—陶城铺河段人工淤滩形成相对窄深河槽对洪水演进影响预测

一、人工淤滩模式简介

黄河下游滩区由于客观原因，形成了唇高、滩低、堤根洼的特殊地形，滩区大水漫滩后，洪水很难自排。因此，通过人工淤滩，有计划地淤筑堤河、串沟、村台、坑塘洼地及中水河槽两侧或控导工程背水侧滩面，降低滩面横比降，减缓或消除“二级悬河”，使漫滩洪水能够自排入河。不同的淤筑部位和范围，不仅有淤筑量和淤筑后滩区形态的差别，而且对河道洪水演进有不同影响，因此人工淤滩模式按淤筑部位或范围区分，并分述如下[1]。

(一)全滩淤筑模式

全滩淤筑模式的方法，是在一个自然滩区内，以滩唇为最高控制点，首先淤高靠近大堤的滩面，逐渐向主槽方向进行，上段滩面淤到预定高程后，再淤下段的滩面。新淤筑的滩面纵比降，与河道纵比降相同。

(二)堤河淤筑模式

堤河是指由于河道横向淤积不均匀，滩唇淤积抬高速度较快，滩地及堤根落淤较少，大洪水时顺堤走溜冲刷和筑堤取土而形成靠近堤防临河坡堤根的低洼狭长地带。当洪水漫滩时，易沿堤河顺堤行洪，危及堤防安全。黄河下游滩区的堤河主要分布在东坝头—陶城铺之间，堤河长 309.1 km。采用人工淤滩方式，将堤河淤至与堤河附近滩面平，消除或减缓漫滩洪水顺堤行洪对黄河大堤的影响。堤河淤平后表层用耕土盖顶，以满足群众耕种需要。

堤河淤平后可以提高堤防抗渗能力，减缓顺堤行洪威胁，改善临河生态环境，具有显著的社会效益和经济效益。

(三)控导工程淤背模式

黄河下游控导工程修建于不同时期，由于受河道冲淤变化的影响，黄河下游各处控导工程设计水位所对应的设计流量发生了较大变化，总体上同水位下的流量趋于减少。当黄河下游发生漫滩洪水时，大多数控导工程因抢险道路淹没而处于“孤岛”状态，抢险人员和设备进场、撤离以及抢险料物的供应十分困难，特别是抢险作业场地狭小，无法满足抢大险的要求。

针对上述情况，在控导工程背水侧，淤筑宽 300 m，其长度与工程相等的带状淤筑体，起到加固控导工程的作用。同时，若有可能，还可以结合村台建设进行淤筑。

(四)淤滩固槽淤筑模式

将挖河泥沙淤筑到中水排洪河槽两侧，并将同岸的险工与控导工程、控导工程与控导工程连为一体，沿规划线路淤筑宽为 300 ~ 500 m 的条形带，达到淤滩固槽作用。

在黄河下游实现中水河槽整治的同时，滩区的生产堤将失去作用，取而代之的是黄河淤滩固槽工程，工程设防流量为 2000 年 4 000 m^3/s。黄河淤滩固槽工程与控导工程淤背区相连，组成黄河下游河道的第一道防线。作为行洪区，第一道防线主要防御中小洪水。遇到超过 4 000 m^3/s 的洪水，仍依靠黄河大堤防御洪水，整个滩区进水达到滞洪作用，届时滩区享受滞洪区政策，并得到相应补偿。

淤滩固槽工程以两岸围堤间距、设计排洪河槽宽度(2 000 ~ 2 500 m)为基础，局部进行调整，保留比较充分的宽度以确保中水流量(4 000 ~ 5 000 m^3/s)通过。

(五)村台淤筑模式

黄河下游滩区村庄较多，安全建设标准偏低，许多村庄很难搬迁到堤外，特别是大滩。要想解决其防洪保安全的问题，可在滩区中部，淤筑长若干千米，宽 300 ~ 500 m 的村台，将附近的村庄集中搬迁到村台上居住。

村台的设计防洪标准为 20 年一遇，相应黄河花园口站洪峰流量 12 370 m^3/s，台顶设计高程为设计洪水位加超高 1.0 m。新建村台台顶设计面积按 60 m^2/人计，村台周边增加 3 m 的安全宽度，边坡 1∶3.0，台顶和周边采用壤土包边盖顶，盖顶厚 0.5 m，包边水平宽 1.0 m。

(六)串沟淤堵模式

黄河历次洪水在漫滩行洪过程中冲成的大小串沟，有的直通临河堤根，有的则顺河槽或与河槽成斜交。据统计，黄河下游滩区有大的串沟 89 条，一般宽 100 ~ 300 m，深 0.5 ~ 2.0 m，总长 356 km。东坝头以下低滩区的串沟占很大比重。

在中水流量 4 000 ~ 5 000 m^3/s 以下发生串沟过水情况，应进行淤堵。由于串沟多属独立存在的沟槽，进行淤堵时就需根据串沟距河流距离、进退水条件分别规划设计，淤堵方式采用机械淤筑或引洪放淤方法进行。

考虑到实用性、经济性以及淤筑体的自然沉降，淤面高程定为高于邻近滩面 0.5 m，淤堵工程宽度按串沟实际宽度实施，长度以 500 m 为宜。

根据不同的淤滩模式，共确定了 5 种计算方案，详见表 26-1。在这 5 种方案中，除现状方案初始边界条件采用实测地形外,其余 4 个方案都根据淤滩的沙量对主槽进行了开挖。挖槽的具体措施为：根据 2003 年前黄委会关于黄河下游河道进一步整治的已有研究成果，首先对东坝头—高村河段主槽宽度不足 1 000 m、高村—陶城铺河段主槽宽度不足 800 m 的断面，将其主槽分别挖宽至河道整治河宽 1 000 m、800 m，而后对过洪能力仍不足 4 000 m^3/s 的断面，主槽再实施挖深。主槽挖宽与挖深的挖槽总量，分别根据人工淤滩量和淤滩河段各断面面积达到过洪能力不小于 4 000 m^3/s 两个因素控制。当主槽开挖量满足人工淤滩量时，即使有些断面主槽不满足过流 4 000 m^3/s 的要求，也不再开挖，如方案 2；当主槽开挖至各断面均能满足通过 4 000 m^3/s 的过流能力，而开挖量仍不够淤滩量时，主槽也不继续开挖，其他需要的淤滩沙量通过人工引洪淤滩方式达到，如方案 1、方案 3、方案 4。淤滩河段各断面均能达到 4 000 m^3/s 的过流能力要求时，主槽的总挖沙量为 1.478 亿 m^3。

表 26-1　模型计算方案初始地形调整概况

方案	挖槽、淤滩状况	淤滩量（亿 m^3）	挖槽量（亿 m^3）	引洪放淤量（亿 m^3）
现状方案	不挖主槽、不淤滩	0.000	0.000	0.000
方案 1	挖主槽、淤堤河+村台	1.786	1.478	0.308
方案 2	挖主槽、淤控导工程背后+生产堤	0.825	0.825	0.000
方案 3	挖主槽、淤堤河+村台+控导工程背后+生产堤	2.612	1.478	1.134
方案 4	挖主槽、淤滩至滩面与现滩唇平	26.594	1.478	25.116

二、“82·8”型洪水计算结果及其分析

模型计算选用的时段为 1982 年 7 月 30 日 0 时~8 月 29 日 0 时，共 30 d。该时段花园口总来水量 107.84 亿 m^3，总来沙量 3.22 亿 t，水流平均含沙量 29.85 kg/m^3，花园口最大洪峰流量 15 300 m^3/s。该场洪水洪峰高，洪量大，水流含沙量低，悬沙组成细，为典型的下大型洪水。

(一)现状方案计算结果

小浪底水库投入运用以来，虽然黄河下游发生了明显冲刷，但由于上游来水量较少，河道过洪能力仍然较小，河床较高，“82·8”型洪水的水位表现依然较高。表 26-2 列举了黄河下游主要水文站最高洪水位。其中，花园口站最高洪水位仍高达 95.26 m，夹河滩、高村、孙口、艾山、泺口、利津站的最高洪水位也分别达 78.77、65.18、50.89、44.93、34.03、16.53 m，均比 1982 年当时水位高出许多。

表 26-2　“82·8”型洪水最高洪水位计算成果　（单位：m）

项目	方案	花园口	夹河滩	高村	孙口	艾山	泺口	利津	西河口
最高洪水位	现状	95.26	78.77	65.18	50.89	44.93	34.03	16.53	10.55
	方案 1	95.26	78.77	64.85	50.60	44.97	34.07	16.60	10.61
	方案 2	95.26	78.77	65.08	50.83	44.97	34.08	16.62	10.62
	方案 3	95.26	78.77	64.86	50.65	45.04	34.12	16.64	10.64
	方案 4	95.26	78.77	65.02	51.08	45.68	34.63	17.05	10.85
与现状方案的差值	方案 1	0.00	0.00	–0.33	–0.29	0.04	0.04	0.07	0.06
	方案 2	0.00	0.00	–0.10	–0.06	0.04	0.05	0.09	0.07
	方案 3	0.00	0.00	–0.32	–0.24	0.11	0.09	0.11	0.09
	方案 4	0.00	0.00	–0.16	0.19	0.75	0.60	0.52	0.30

图 26-1 绘制了洪水沿程传播过程，表 26-3、表 26-4 分别给出了各水文站最大洪峰流量及洪水传播时间。该场洪水峰值高，洪水到来之后必将大量漫滩行洪。由于目前黄河下游河道“二级悬河”态势依然严峻，滩地滞洪能力强，使洪峰沿程削减非常大，洪水传播至夹河滩、高村、孙口、艾山、泺口、利津时，峰值分别削减至 13 930、11 620、9 560、9 080、8 860、8 690 m^3/s，与花园口相比，削峰率分别达 91.0%、75.9%、62.5%、59.3%、57.9%、56.8%。洪峰传播至夹河滩、高村、孙口、艾山、泺口、利津各站的时间分别为 29、54、111、133、166、207 h。

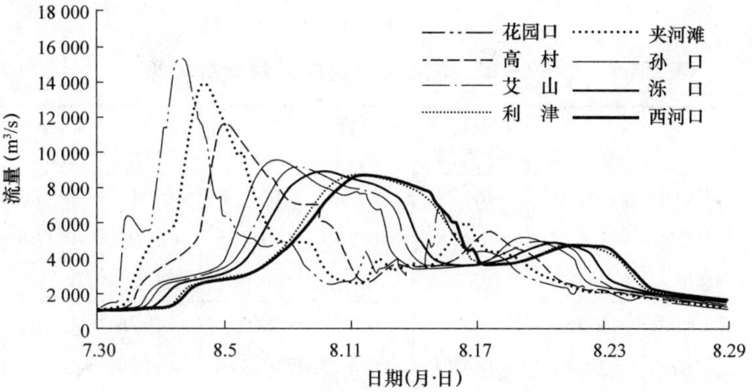

图 26-1 “82・8”型洪水现状方案洪峰流量传播过程

表 26-3 “82・8”型洪水最大洪峰流量计算成果 (单位：m^3/s)

方案	花园口	夹河滩	高村	孙口	艾山	泺口	利津
现状	15 300	13 930	11 620	9 560	9 080	8 860	8 690
方案 1	15 300	13 930	12 200	9 850	9 310	9 130	9 060
方案 2	15 300	13 930	11 920	9 690	9 260	9 110	9 080
方案 3	15 300	13 940	12 300	10 060	9 510	9 280	9 190
方案 4	15 300	13 940	13 350	12 120	11 540	10 990	10 600

表 26-4 “82・8”型洪水洪峰传播时间计算成果 (单位：h)

方案	花园口	夹河滩	高村	孙口	艾山	泺口	利津
现状	0	29	54	111	133	166	207
方案 1	0	29	52	96	118	159	197
方案 2	0	29	54	104	128	165	205
方案 3	0	29	52	94	114	154	191
方案 4	0	29	50	88	106	133	164

从洪水过后的河道冲淤情况看，虽然该场洪水含沙量较低，但由于洪水漫滩量大，滩地糙率大，河道发生了明显的滩淤槽冲现象(见表 26-5)，滩地共淤积泥沙 1.796 亿 m^3，主

槽共冲刷 1.627 亿 m^3，全断面总量表现为淤积，共淤积 0.171 亿 m^3。从冲淤量的沿程分布看，河道淤积主要发生在二级悬河比较严重的夹河滩—孙口河段，共淤积泥沙 0.666 亿 m^3，其他河段均表现为冲刷。

(二)不同人工淤滩方案计算结果及其比较

对于初步选定的 4 个淤滩方案进行了洪水演进模拟计算，为比较方便，将主要水文站的最高洪水位、最大洪峰流量、洪水传播时间及河道冲淤量等计算结果分别列于表 26-2～表 26-5，夹河滩、高村、孙口、艾山、泺口、利津 6 站的流量及洪水位过程套绘于图 26-2～图 26-13。

表 26-5 "82·8"型洪水河道冲淤量计算成果 (单位：亿 m^3)

项目	方案		花园口—西河口	花园口—夹河滩	夹河滩—高村	高村—孙口	孙口—艾山	艾山—泺口	泺口—利津	利津—西河口
冲淤量	现状	全断面	0.171	–0.173	0.263	0.403	–0.017	–0.120	–0.101	–0.085
		主槽	–1.627	–0.478	–0.249	–0.255	–0.103	–0.168	–0.274	–0.100
		滩地	1.797	0.304	0.513	0.658	0.085	0.049	0.173	0.015
	方案 1	全断面	–0.660	–0.176	–0.043	0.013	–0.026	–0.155	–0.158	–0.115
		主槽	–2.012	–0.480	–0.337	–0.343	–0.114	–0.227	–0.378	–0.133
		滩地	1.352	0.304	0.294	0.356	0.088	0.071	0.220	0.019
	方案 2	全断面	–0.417	–0.174	0.052	0.141	–0.029	–0.147	–0.153	–0.106
		主槽	–1.882	–0.478	–0.289	–0.314	–0.122	–0.209	–0.347	–0.123
		滩地	1.464	0.304	0.341	0.455	0.092	0.062	0.193	0.017
	方案 3	全断面	–0.692	–0.175	–0.071	0.006	–0.026	–0.154	–0.156	–0.116
		主槽	–2.025	–0.479	–0.337	–0.348	–0.115	–0.229	–0.382	–0.135
		滩地	1.333	0.304	0.266	0.354	0.089	0.075	0.226	0.019
	方案 4	全断面	–0.744	–0.176	–0.098	–0.030	–0.028	–0.142	–0.157	–0.114
		主槽	–2.009	–0.480	–0.335	–0.340	–0.113	–0.226	–0.380	–0.135
		滩地	1.265	0.304	0.237	0.310	0.085	0.084	0.223	0.021
不同方案减淤量	方案 1	全断面	0.831	0.003	0.306	0.391	0.009	0.036	0.057	0.030
		主槽	0.385	0.003	0.087	0.088	0.011	0.058	0.104	0.033
		滩地	0.446	0.000	0.219	0.303	–0.003	–0.022	–0.047	–0.004
	方案 2	全断面	0.588	0.001	0.212	0.262	0.012	0.028	0.052	0.021
		主槽	0.255	0.001	0.039	0.059	0.019	0.041	0.073	0.024
		滩地	0.333	0.000	0.172	0.203	–0.007	–0.013	–0.020	–0.002
	方案 3	全断面	0.863	0.002	0.334	0.398	0.009	0.034	0.055	0.031
		主槽	0.398	0.002	0.087	0.094	0.013	0.060	0.108	0.035
		滩地	0.464	0.000	0.247	0.304	–0.004	–0.026	–0.053	–0.004
	方案 4	全断面	0.915	0.003	0.361	0.433	0.011	0.022	0.056	0.029
		主槽	0.383	0.003	0.086	0.085	0.010	0.058	0.106	0.035
		滩地	0.532	0.000	0.276	0.348	0.001	–0.035	–0.050	–0.006

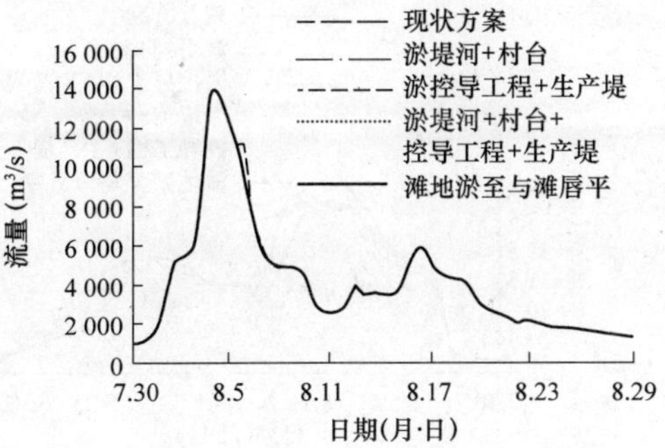

图 26-2 "82·8"型洪水不同方案夹河滩流量过程

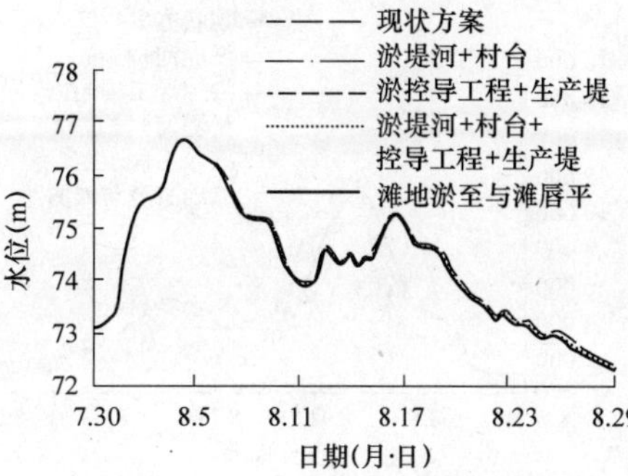

图 26-3 "82·8"型洪水不同方案夹河滩水位变化过程

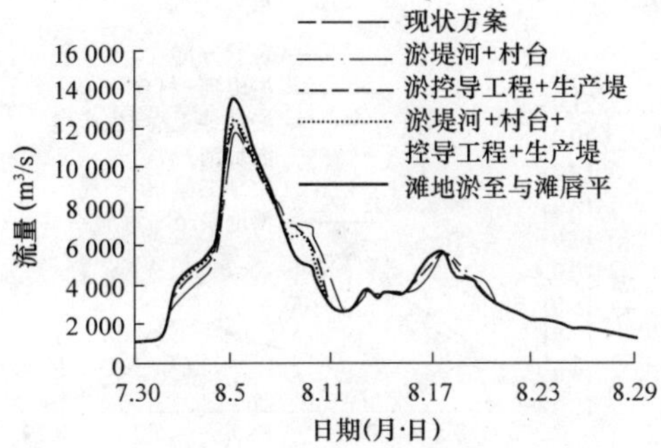

图 26-4 "82·8"型洪水不同方案高村流量过程

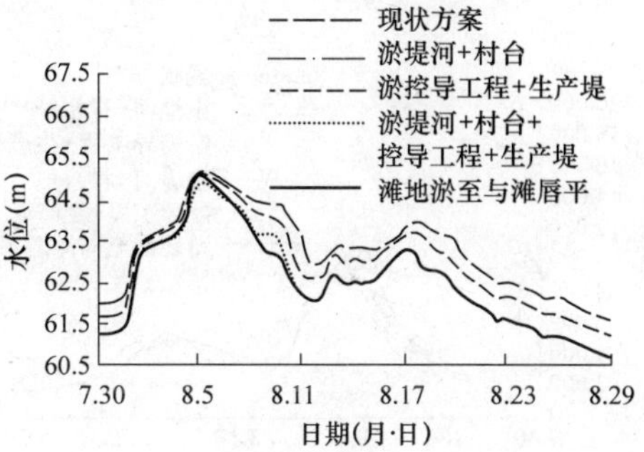

图 26-5 "82·8"型洪水不同方案高村水位变化过程

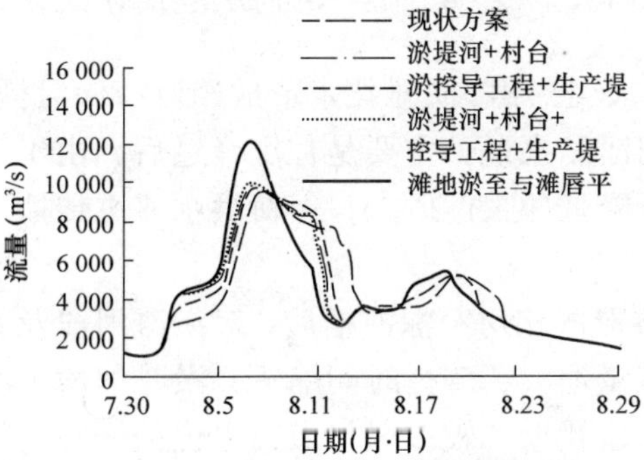

图 26-6 "82·8"型洪水不同方案孙口流量过程

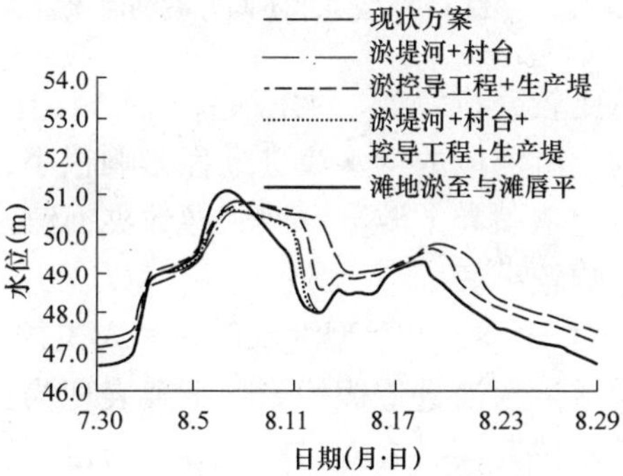

图 26-7 "82·8"型洪水不同方案孙口水位变化过程

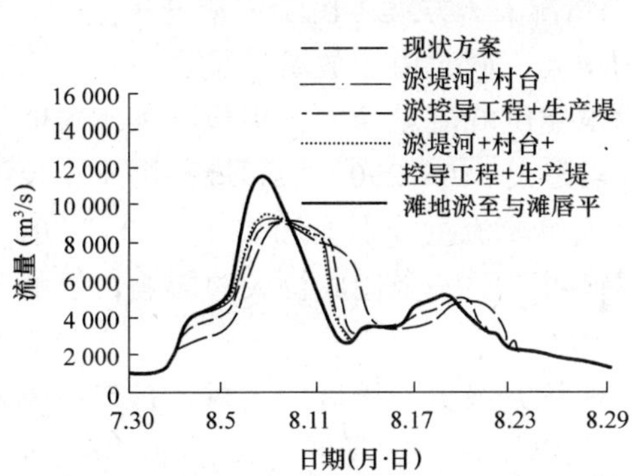

图 26-8 "82·8"型洪水不同方案艾山流量过程

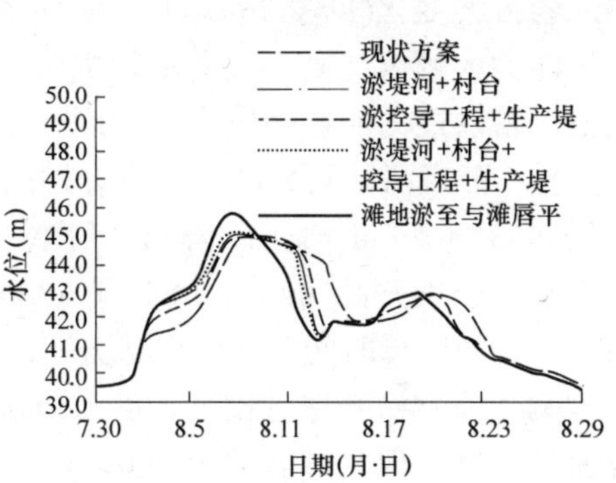

图 26-9 "82·8"型洪水不同方案艾山水位变化过程

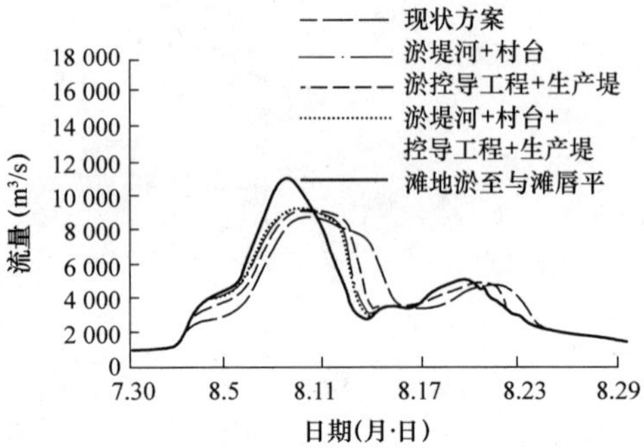

图 26-10　“82·8”型洪水不同方案泺口流量过程

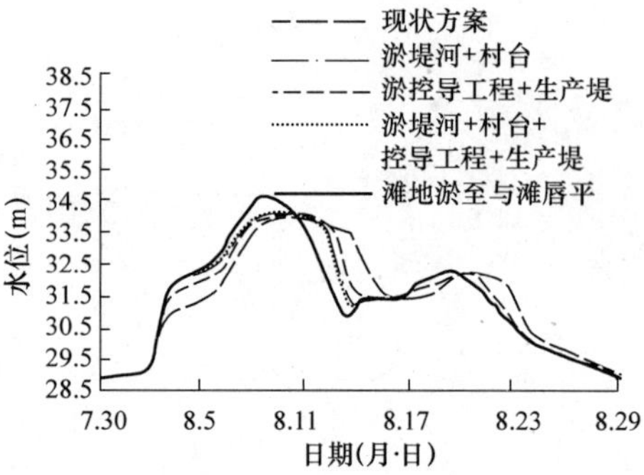

图 26-11　“82·8”型洪水不同方案泺口水位变化过程

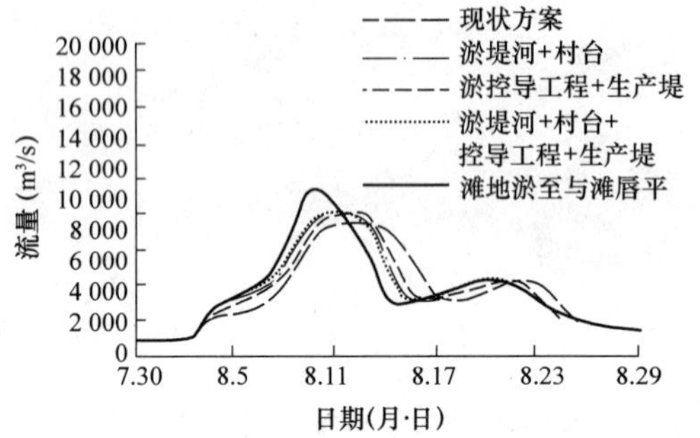

图 26-12　“82·8”型洪水不同方案利津流量过程

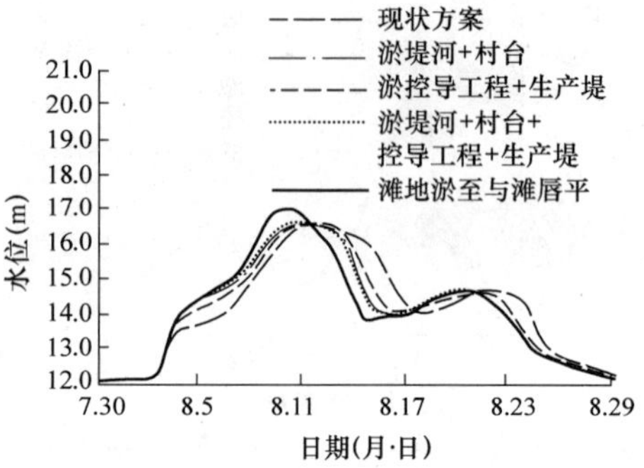

图 26-13　“82·8”型洪水不同方案利津水位变化过程

比较分析发现，对东坝头—陶城铺河段采用人工挖槽、淤滩技术形成相对窄深河槽后，对其上游河段的洪水演进过程影响很小，就夹河滩站来说，主要是在洪峰过后，由于下游河段挖槽引起上游溯源冲刷导致夹河滩水位有所降低(见图 26-3)，但对洪水演进传播过程的影响较小。

对于“82·8”型洪水而言，人工挖槽、淤滩形成相对窄深河槽后，对淤滩河段及其下游河道洪水演进造成的影响主要表现为：洪峰流量增大，传播时间缩短，淤滩河段下游最高洪水位升高，淤滩河段除方案 4 由于孙口洪峰流量增加较多引起最高水位抬升外，其余因主河槽的开挖，最高洪水位均有不同程度的降低。

从各方案变化(见表 26-2、图 26-2 ~ 图 26-13)情况看，方案 1 由于主槽开挖量大，挖槽后过洪能力大幅度提高，大洪水时主槽过洪比例增大，同时由于放淤的是堤河与村台，对滩区滞洪蓄洪能力的影响较小。因此，淤滩河段虽然洪峰流量增大，但最高洪水位明显降低。高村、孙口两站最大洪峰流量分别比现状方案增大 580、290 m^3/s，最高洪水位反而分别降低 0.33、0.29 m，艾山、泺口、利津 3 站的最大洪峰流量分别增加 230、270、370 m^3/s，最高洪水位分别升高 0.04、0.04、0.07 m，也不致对防洪安全造成特大的影响。洪峰到达艾山、利津的传播时间分别比现状方案缩短 15、10 h。

方案 2 因主槽开挖量较小，洪水演进情况与现状方案更为接近，高村、孙口两站最大洪峰流量分别比现状方案增大 300、130 m^3/s，最高洪水位分别降低 0.10、0.06 m，艾山、泺口、利津 3 站的最大洪峰流量分别增加 180、250、390 m^3/s，最高洪水位分别升高 0.04、

0.05、0.09 m，洪峰到达艾山、利津的传播时间分别比现状方案缩短 5、2 h。因此，该方案对洪水演进等影响最小，但同时处理泥沙的量也最小。

方案 3 因淤滩沙量略有增大，且不仅放淤了堤河、村台，还对现有控导工程背后及生产堤进行了加高加固，故此对洪水演进的影响程度增大，高村、孙口两站最大洪峰流量分别比现状方案增大 680、500 m^3/s，最高洪水位分别降低 0.32、0.24 m，艾山、泺口、利津 3 站的最大洪峰流量分别增加 430、420、500 m^3/s，最高洪水位分别升高 0.11、0.09、0.11 m，洪峰到达艾山、利津的传播时间分别比现状方案缩短 19、16 h。

对于方案 4，当滩地淤至滩唇平后，使滩区滞洪削峰的能力大大降低，从而对淤滩河段洪水演进造成较大的影响，高村、孙口两站最大洪峰流量分别比现状方案增大 1 730、2 560 m^3/s，最高洪水位高村降低 0.16 m、孙口升高 0.19 m，艾山、泺口、利津 3 站的最大洪峰流量分别增加 2 460、2 130、1 910 m^3/s，最高洪水位分别升高 0.75、0.60、0.52 m，这将对艾山以下河道的防洪带来巨大压力，使该河段的防洪形势变得更为严峻。洪水传播至艾山、利津的时间分别比现状方案缩短 27、43 h。说明，方案 4 的全滩区淤积并不可行，严重影响了滩区的蓄洪、滞洪作用。

从对河道冲淤演变的影响看，人工开挖主河槽、淤滩后，由于主槽的过洪能力增强，水流输沙能力加大，各方案均表现为减淤，其中方案 2 减淤量最小，为 0.588 亿 m^3，方案 4 减淤量最大，为 0.915 亿 m^3，方案 1、方案 3 减淤量分别为 0.831 亿、0.863 亿 m^3。从减淤量的沿程分布看，主要集中在夹河滩—孙口的淤滩河段，占总减淤量的 81%～87%，从滩槽分配情况看，主槽减淤量占 42%～46%，滩地减淤量占 54%～58%。

三、“96·8”型洪水计算结果及其分析

模型计算选用的时段为 1996 年 7 月 29 日 0 时~8 月 28 日 0 时，共 30 d。该时段花园口总来水量 71.07 亿 m^3，总来沙量 5.71 亿 t，水流平均含沙量 80.29 kg/m^3，花园口最大洪峰流量 7 860 m^3/s，实测最高水流含沙量 353 kg/m^3。该场洪水为黄河下游中常洪水，水流含沙量高，悬沙组成粗；当年，洪水在黄河下游大量漫滩，洪水位表现非常高，给滩区人民造成了较大的经济损失。

(一)现状方案计算结果

表 26-6 列举了现状方案计算得的黄河下游主要水文站最高洪水位。由于近几年夹河滩以上河道冲刷量大，花园口、夹河滩最高洪水位分别为 94.64、78.19 m，比 1996 年实测最高洪水位分别低 0.09、0.15 m；高村、孙口、艾山、泺口、利津站的最高洪水位为 64.45、50.00、43.42、32.84、15.27 m，分别比 1996 年当时最高洪水位高出 0.58、0.34、0.67、0.6、0.57 m。

表 26-7、表 26-8 分别给出了各水文站最大洪峰流量及自上而下洪水的传播时间。由于目前河槽排洪能力仍较小，洪水到来之后仍有一部分洪水上滩行洪。洪峰传播至夹河滩、高村、孙口、艾山、泺口、利津时，峰值分别削减至 7 190、6 260、5 340、5 230、5 220、5 040 m^3/s，与花园口相比，削峰率分别达 91.5%、79.6%、67.9%、66.5%、66.6%、64.1%。洪峰传播至夹河滩、高村、孙口、艾山、泺口、利津各站的时间分别为 36、106、215、244、255、289 h。图 26-14 绘制了沿程各水文站流量传播过程。通过对计算结果的细致分析发现，由于目前黄河下游严峻的二级悬河形势，下游各站的洪峰流量，特别是处于二级悬河

表 26-6　“96・8”型洪水最高洪水位计算成果　(单位：m)

项目	方案	花园口	夹河滩	高村	孙口	艾山	泺口	利津	西河口
最高洪水位	现状	94.64	78.19	64.45	50.00	43.42	32.84	15.27	9.90
	方案 1	94.64	78.19	63.79	49.48	43.30	32.72	15.17	9.86
	方案 2	94.64	78.19	64.20	49.79	43.26	32.69	15.15	9.85
	方案 3	94.64	78.18	63.86	49.54	43.37	32.80	15.26	9.89
	方案 4	94.64	78.19	64.00	49.77	43.77	33.13	15.48	9.97
与现状方案的差值	方案 1	0.00	0.00	–0.66	–0.52	–0.12	–0.12	–0.10	–0.04
	方案 2	0.00	0.00	–0.25	–0.21	–0.16	–0.15	–0.12	–0.05
	方案 3	0.00	–0.01	–0.59	–0.46	–0.05	–0.04	–0.01	–0.01
	方案 4	0.00	0.00	–0.45	–0.23	0.35	0.29	0.21	0.07

表 26-7　“96・8”型洪水最大洪峰流量计算成果　(单位：m^3/s)

方案	花园口	夹河滩	高村	孙口	艾山	泺口	利津
现状	7 860	7 190	6 260	5 340	5 230	5 220	5 040
方案 1	7 860	7 190	5 680	5 130	5 010	4 940	4 840
方案 2	7 860	7 190	5 930	5 060	4 970	4 910	4 830
方案 3	7 860	7 120	5 980	5 290	5 120	5 070	5 000
方案 4	7 860	7 180	6 510	6 010	5 870	5 790	5 470

表 26-8　“96・8”型洪水洪峰传播时间计算成果　(单位：h)

方案	花园口	夹河滩	高村	孙口	艾山	泺口	利津
现状	0	36	106	215	244	255	289
方案 1	0	36	90	143	162	176	202
方案 2	0	36	100	184	201	216	246
方案 3	0	36	68	110	138	154	187
方案 4	0	36	66	103	119	133	170

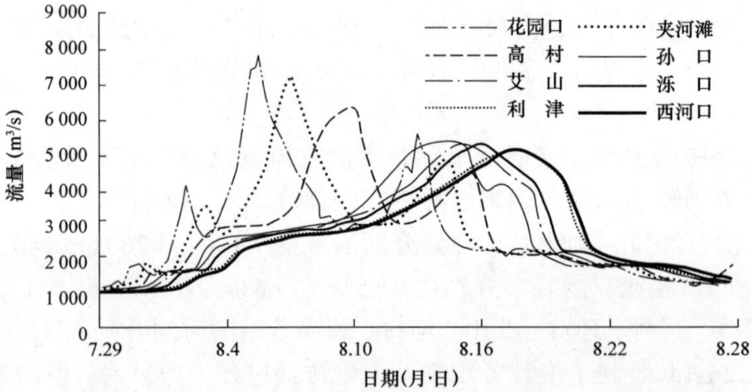

图 26-14　“96・8”型洪水现状方案洪峰流量传播过程

最为严重的河段高村、孙口两站洪峰流量是由上站主槽落峰期洪水和滩地涨峰期与洪峰期漫滩洪水滩地行洪、归槽叠加等多因素组合形成的，从而导致洪峰流量传播时间长、最大洪峰流量削减小、峰形变胖、涨峰坡度变缓、高水位持续时间增长等特点，这也与 1996 年当时实际情况十分接近。

从洪水过后的河道冲淤情况看，由于该场洪水含沙量较高，悬沙组成较粗，河道主槽与滩地均发生了明显的淤积(见表 26-9)，滩地共淤积泥沙 1.328 亿 m^3，主槽淤积泥沙 1.194 亿 m^3，全断面共淤积泥沙 2.522 亿 m^3。从冲淤量的沿程分布来看，全下游均表现为淤积，且泥沙主要淤积在孙口以上，共淤积了 2.137 亿 m^3，占总淤积量的 84.7%。

表 26-9 "96·8"型洪水河道冲淤量计算成果 (单位：亿 m^3)

项目	方案		花园口—西河口	花园口—夹河滩	夹河滩—高村	高村—孙口	孙口—艾山	艾山—泺口	泺口—利津	利津—西河口
冲淤量	现状	全断面	2.522	0.838	0.666	0.633	0.115	0.099	0.149	0.022
		主槽	1.194	0.466	0.211	0.216	0.085	0.089	0.104	0.021
		滩地	1.328	0.372	0.455	0.416	0.030	0.010	0.045	0.001
	方案 1	全断面	1.975	0.836	0.348	0.320	0.134	0.117	0.195	0.026
		主槽	1.233	0.466	0.185	0.218	0.111	0.103	0.125	0.025
		滩地	0.742	0.370	0.163	0.102	0.022	0.014	0.070	0.001
	方案 2	全断面	2.174	0.836	0.452	0.435	0.132	0.112	0.181	0.026
		主槽	1.238	0.466	0.202	0.224	0.102	0.100	0.120	0.024
		滩地	0.936	0.371	0.250	0.211	0.030	0.012	0.061	0.001
	方案 3	全断面	1.958	0.836	0.325	0.321	0.136	0.118	0.197	0.026
		主槽	1.235	0.466	0.184	0.219	0.112	0.104	0.125	0.025
		滩地	0.723	0.370	0.140	0.102	0.024	0.014	0.072	0.001
	方案 4	全断面	1.945	0.836	0.313	0.317	0.134	0.119	0.199	0.027
		主槽	1.246	0.465	0.186	0.222	0.113	0.105	0.128	0.025
		滩地	0.700	0.370	0.127	0.095	0.021	0.013	0.072	0.001
不同方案减淤量	方案 1	全断面	0.547	0.002	0.318	0.312	–0.019	–0.018	–0.046	–0.003
		主槽	–0.039	0.000	0.027	–0.002	–0.026	–0.014	–0.021	–0.003
		滩地	0.586	0.002	0.291	0.314	0.007	–0.004	–0.025	0.000
	方案 2	全断面	0.348	0.002	0.214	0.198	–0.017	–0.013	–0.032	–0.003
		主槽	–0.045	0.000	0.009	–0.008	–0.016	–0.011	–0.016	–0.003
		滩地	0.392	0.002	0.205	0.206	–0.001	–0.003	–0.016	0.000
	方案 3	全断面	0.564	0.002	0.341	0.312	–0.021	–0.019	–0.049	–0.003
		主槽	–0.041	0.000	0.027	–0.003	–0.026	–0.015	–0.021	–0.003
		滩地	0.605	0.002	0.314	0.315	0.006	–0.004	–0.027	0.000
	方案 4	全断面	0.576	0.002	0.353	0.316	–0.019	–0.020	–0.051	–0.004
		主槽	–0.052	0.000	0.025	–0.006	–0.028	–0.016	–0.024	–0.004
		滩地	0.629	0.002	0.327	0.322	0.008	–0.004	–0.027	0.000

(二)不同人工淤滩方案计算结果及其比较

黄河下游各水文站的最高洪水位、最大洪峰流量、洪水传播时间及河道冲淤量等计算结果见表 26-6 ~ 表 26-9，夹河滩、高村、孙口、艾山、泺口、利津 6 站的流量及洪水位过程套绘于图 26-15 ~ 图 26-26。比较分析发现，对于“96 · 8”型洪水，当东坝头—陶城铺河段采用人工挖槽、淤滩技术形成相对窄深河槽后，对其上游河段的洪水演进过程影响也很小，这一结果与“82 · 8”型洪水是一致的。

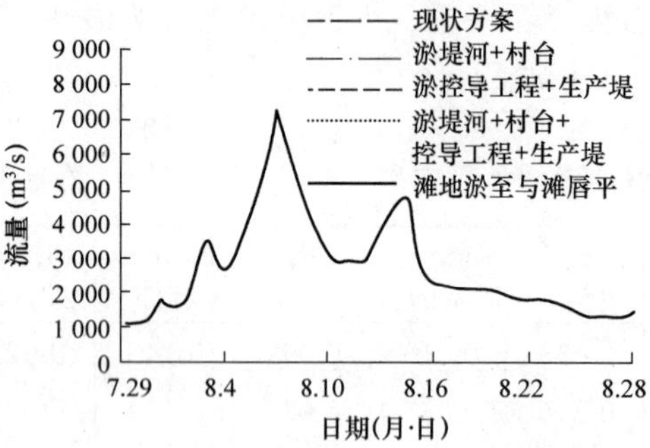

图 26-15 “96 · 8”型洪水不同方案夹河滩流量过程

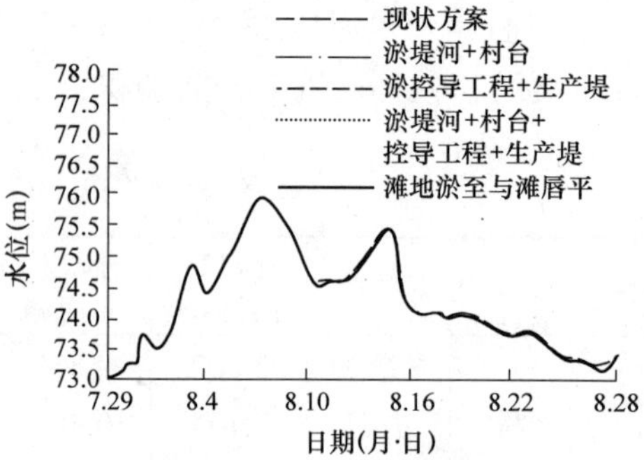

图 26-16 “96 · 8”型洪水不同方案夹河滩水位变化过程

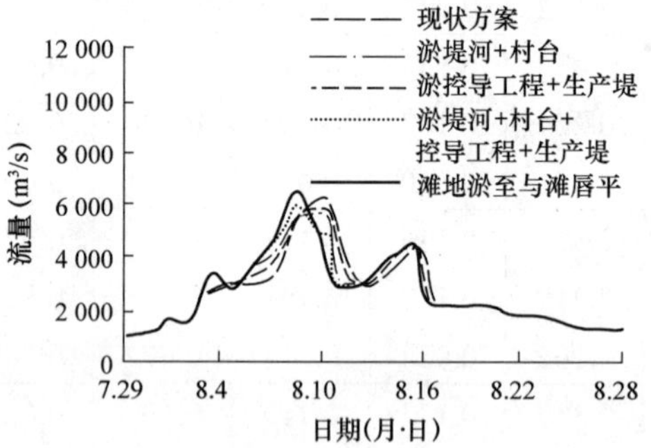

图 26-17 “96 · 8”型洪水不同方案高村流量过程

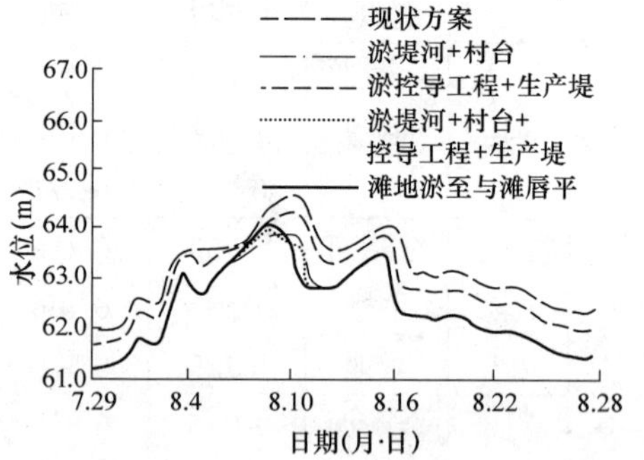

图 26-18 “96 · 8”型洪水不同方案高村水位变化过程

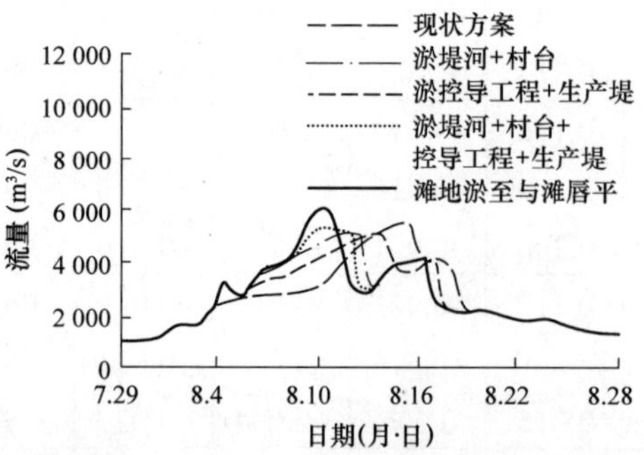

图 26-19 “96 · 8”型洪水不同方案孙口流量过程

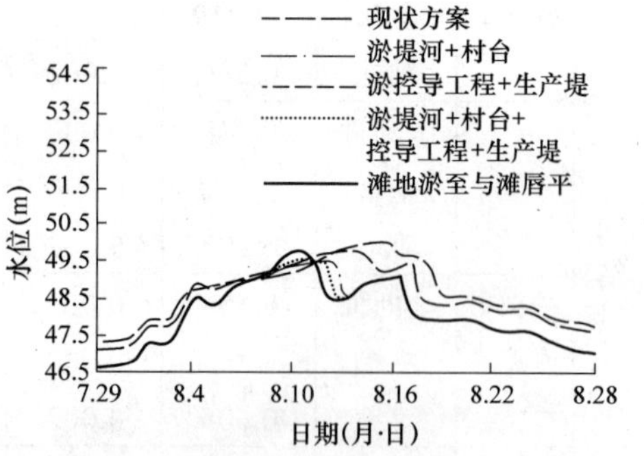

图 26-20 “96 · 8”型洪水不同方案孙口水位变化过程

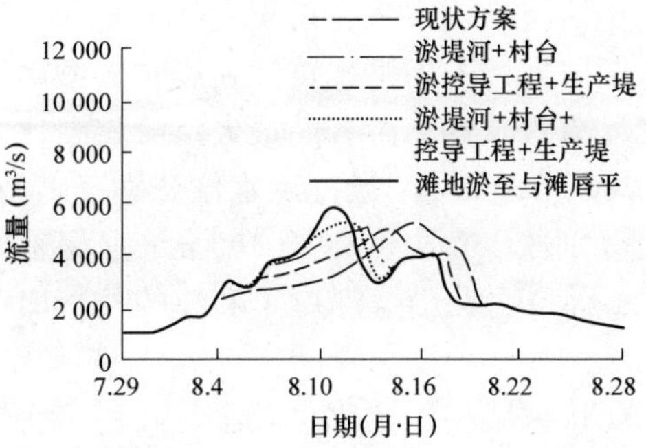

图 26-21 "96·8"型洪水不同方案艾山流量过程

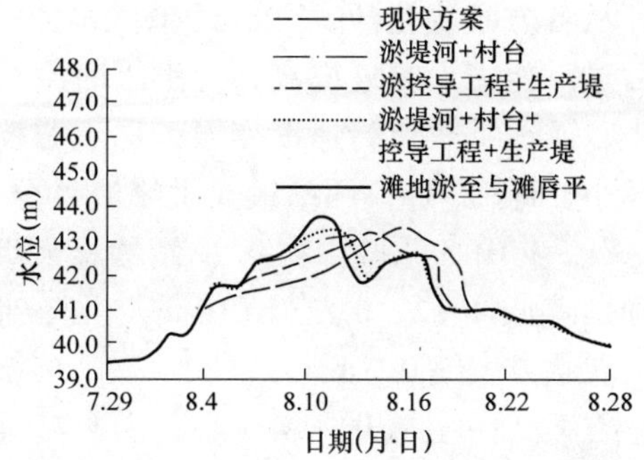

图 26-22 "96·8"型洪水不同方案艾山水位变化过程

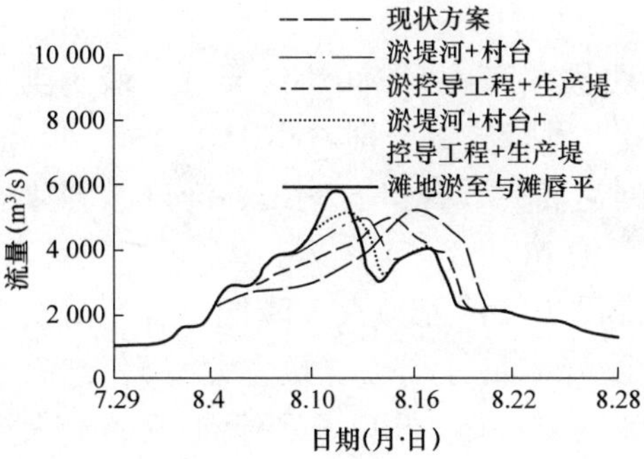

图 26-23 "96·8"型洪水不同方案泺口流量过程

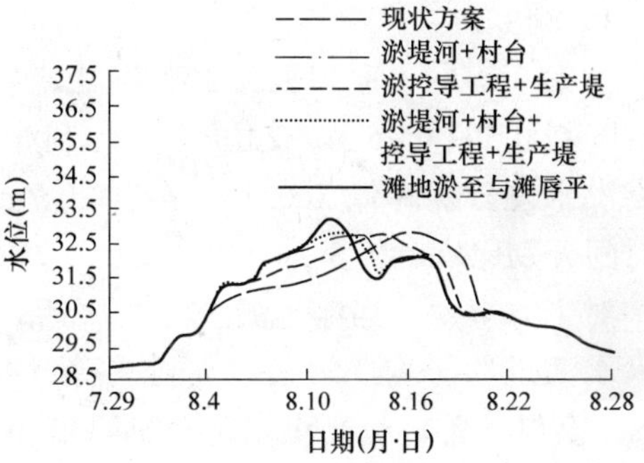

图 26-24 "96·8"型洪水不同方案泺口水位变化过程

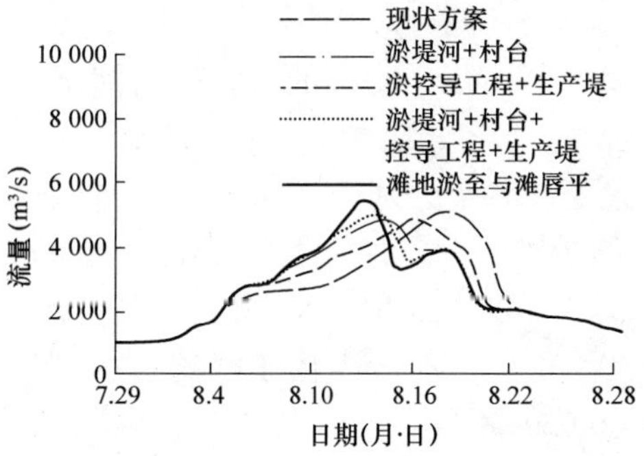

图 26-25 "96·8"型洪水不同方案利津流量过程

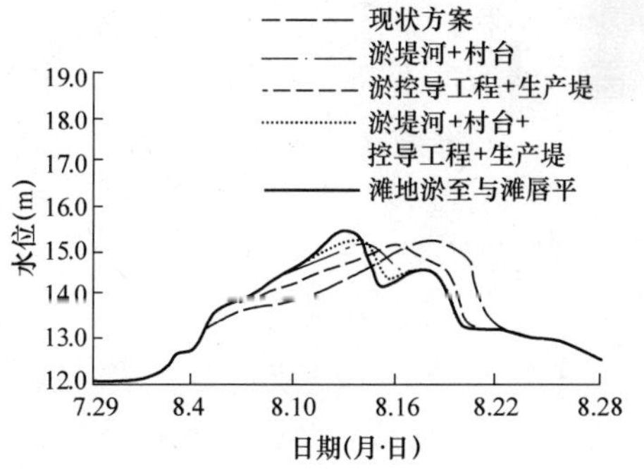

图 26-26 "96·8"型洪水不同方案利津水位变化过程

对于"96·8"型洪水而言，人工挖槽、淤滩形成相对窄深河槽后，由于主槽过洪能力增大，导致洪水传播时间明显减少，定性上与"82·8"型洪水一致，但由于该场洪水下游各站的洪峰流量是由上站主槽落峰期洪水和滩地涨峰期与洪峰期漫滩洪水滩地行洪、归槽叠加等多种因素组合形成的，因此在下游各站的表现与现状方案相比，并不一定是洪峰流量增大，与之对应的最高洪水位也不一定升高。高村、孙口两站最高洪水位因为河道开挖均表现为不同程度的降低。

从各方案变化(见表 26-6、图 26-15 ~ 图 26-26)情况看，方案 1 由于主槽开挖量大，挖槽后过洪能力大幅度提高，大洪水时主槽过洪比例增大，主槽洪水传播速度快，漫滩水量变小，滩地洪水运行速度变慢，退水归槽水量少，高村及其下游各站最大洪峰流量比现状方案小，高村、孙口两站最大洪峰流量分别减小 580、210 m^3/s，最高洪水位分别降低 0.66、0.52 m，艾山、泺口、利津 3 站的最大洪峰流量分别减少 220、280、200 m^3/s，最高洪水位分别降低 0.12、0.12、0.10 m，洪峰到达高村、孙口、艾山、泺口、利津的传播时间分别比现状方案缩短 16、72、82、79、87 h。

方案 2 因主槽开挖量较小，洪水演进情况与现状方案相比变化也较小，高村、孙口两站最大洪峰流量分别减小 330、280 m^3/s，最高洪水位分别降低 0.25、0.21 m，艾山、泺口、利津 3 站的最大洪峰流量分别减小 260、310、210 m^3/s，最高洪水位分别降低 0.16、0.15、0.12 m，洪峰到达高村、孙口、艾山、泺口、利津的传播时间分别比现状方案缩短 6、31、43、39、43 h。

方案 3 高村、孙口两站最大洪峰流量分别比现状方案减小 280、50 m^3/s，最高洪水位分别降低 0.59、0.46 m，艾山、泺口、利津 3 站的最大洪峰流量分别减小 110、150、40 m^3/s，最高洪水位分别降低 0.05、0.04、0.01 m，洪峰到达高村、孙口、艾山、泺口、利津的传播时间分别比现状方案缩短 38、105、106、101、102 h。

对于方案 4，当滩地淤至滩唇平后，使滩区滞洪削峰的能力大大降低，从而对淤滩河段洪水演进的影响非常大，高村、孙口两站最大洪峰流量分别比现状方案增大 250、670 m^3/s，高村、孙口最高洪水位分别降低 0.45、0.23 m，艾山、泺口、利津 3 站的最大洪峰流量相对于现状方案分别增加 640、570、430 m^3/s，最高洪水位分别升高 0.35、0.29、0.21 m，洪峰到达高村、孙口、艾山、泺口、利津的传播时间分别比现状方案缩短 40、112、125、122、119 h。洪峰流量增大、洪峰传播时间减少，这将对黄河下游特别是艾山以下河道的防洪十分不利。

从对河道冲淤演变的影响看，人工开挖主河槽、淤滩后，主槽的过洪能力提高，漫滩水量减少，水流输沙能力加大，各方案均表现为减淤。方案 2 减淤量最小，为 0.348 亿 m^3；方案 4 减淤量最大，为 0.576 亿 m^3；方案 1、方案 3 减淤量分别为 0.547 亿、0.564 亿 m^3。从减淤量的沿程分布看，主要集中在夹河滩—孙口的淤滩河段，减淤量为 0.411 亿 ~ 0.668 亿 m^3，孙口以下河段表现为增淤，增淤量为 0.066 亿 ~ 0.094 亿 m^3。从滩槽分配情况看，减淤效果主要表现在滩地减淤上，减淤量为 0.392 亿 ~ 0.629 亿 m^3，由于水流含沙量大，泥沙组成粗，主槽表现为增淤，增淤量为 0.039 亿 ~ 0.052 亿 m^3。

四、人工淤滩形成相对窄深河槽综合分析

从以上计算与分析结果看，通过人工淤滩，改善了下游河槽形态以后，总体上不同程度地改善了下游河道的输水输沙状况。尤其是对下游河道及其河槽极为不利的“96·8”型洪水，效果更为明显。首先，在整体上表现为主河槽过洪能力提高；第二，各方案均表现为减淤；第三，洪峰传播时间明显缩短。但是，也应该看到，“82·8”型洪水计算结果由于人工淤滩河段滩地滞蓄水量的减少，尤其是方案 4，造成艾山以下窄河段洪峰流量超过 10 000 m^3/s，洪水位明显提高，对行洪是非常不利的。

第三节 黄河下游人工淤滩形成相对窄深河槽试验方案对洪水演进的影响预测

一、试验方案选择概况

结合现场调查情况，提出淤筑模式不同的两种人工淤滩形成相对窄深河槽典型试验方案：

(一)引洪放淤辅助人工加沙淤筑堤河试验方案

东明南滩地处黄河下游著名的“豆腐腰”地段，易发生大洪水串沟夺流、滚河、顺堤行洪等重大险情。该滩与河南兰考滩区相连，下至谢寨闸，堤防长 25.74 km，滩面平均宽 7.3 km，总面积 188.2 km^2，耕地面积 0.86 万 hm^2，涉及 4 个乡镇 154 个自然村，人口 10.33 万人，滩内居住人口 6.8 万人。

东明南滩位于“二级悬河”较为严重的河段，滩面横比降达到 0.72‰，滩内有一堤河，桩号为 162+120 ~ 181+200，长 19.08 km，平均宽 300 m，最宽处达 800 m，水深 2 m 左右。由于堤沟河的存在，洪水进滩后，堤防全线偎水，部分堤沟河顺堤行洪走溜，堤根处极易出现险情。2003 年秋汛期，大河流量为 2 600 m^3/s，蔡集工程附近生产堤决口，洪水漫滩由兰考滩流入东明南滩，0.27 万 hm^2 耕地被淹，水围村庄 114 个，堤根水深最大达到 5 m，堤防出现风浪淘刷和严重渗水等险情。因此，东明南滩迫切需要利用引洪淤滩辅助人工加沙技术淤筑堤河。

淤区范围：本次堤河治理范围从阎潭引黄闸到谢寨引黄闸的东明南滩，右岸大堤桩号 162+120~181+200，长 19.08 km，淤区平均宽度 300 m，平均深 1.5 m。

淤面高程：按照《黄河下游 2001~2005 年防洪工程建设可行性研究报告》提出淤填堤河顶部高程比当地滩面高出 0.5 m。考虑顺堤行洪对堤防安全造成的危害以及淤筑体自然沉降等因素，确定淤面高于滩面平均高程 1.0 m。

东明南滩淤筑堤河工程平面布置见图 26-27。

(二)挖河淤滩试验方案

长期以来，由于受河道淤积萎缩的影响，黄河下游行洪能力不断降低。根据 2004 年汛前大断面测验资料分析，黄河下游各河段的平滩流量分别为：花园口以上 4 000 m^3/s 左右，花园口—夹河滩 3 500 m^3/s 左右，夹河滩—高村 3 000 m^3/s 左右，高村—艾山 2 500 m^3/s 左右，艾山以下 3 000 m^3/s 左右。其中，由于自然情况下泥沙在下游河道淤积的空间分布不合理，高村—艾山河段主河槽淤积偏多(或冲刷偏少)，平滩流量较小，部分断面平滩流量小于 2 600 m^3/s(2 600 m^3/s 为一般含沙水流在黄河下游河道冲淤的临界流量)，尤其是邢庙—杨楼(其间有史楼、李天开、徐码头、于庄等断面)和影唐—国那里(其间有梁集、大田楼、雷口等断面)平滩流量不足 2 400 m^3/s，徐码头和雷口断面平滩流量分别只有 2 260 m^3/s 和 2 390 m^3/s，是典型的卡口“驼峰”河段。徐码头河段(邢庙—杨楼)和雷口河段(影唐—国那里)长度分别为 20km 和 10km，见图 26-28。

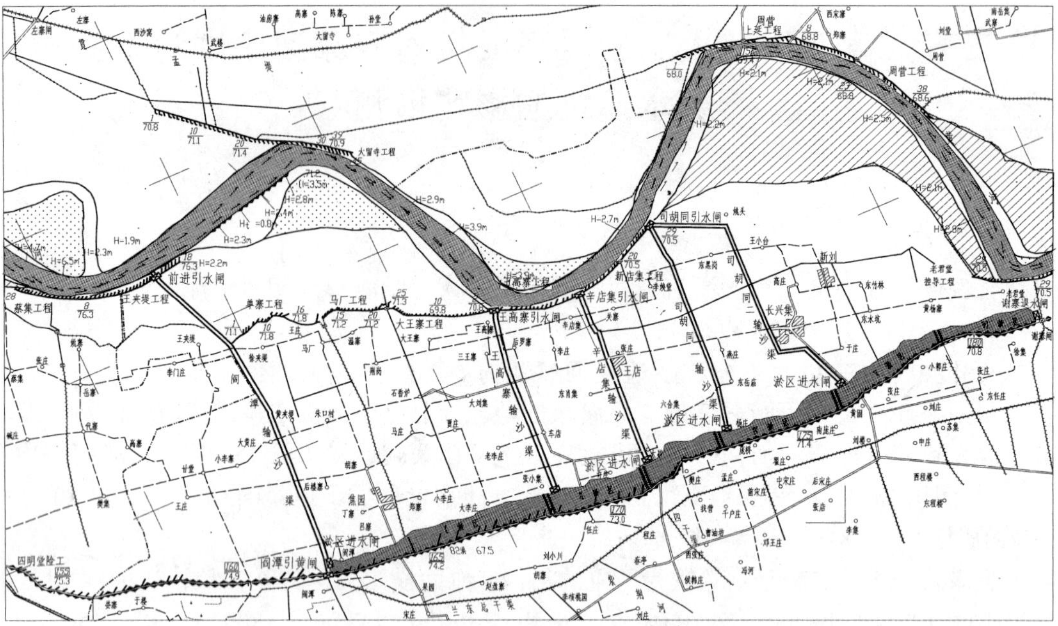

图 26-27　东明南滩淤筑堤河工程平面布置

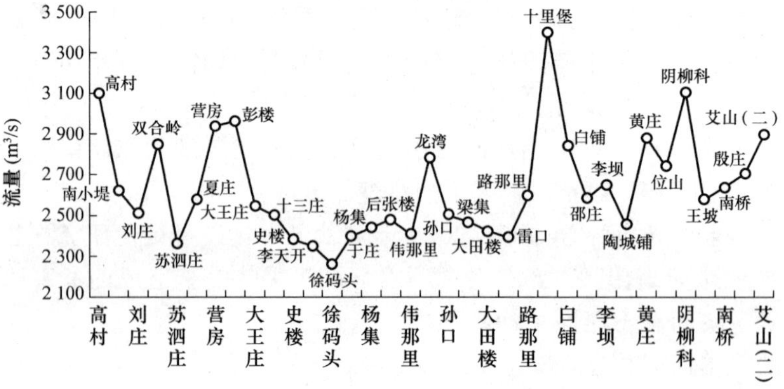

图 26-28　2004 年汛前黄河下游河道平滩流量沿程变化

2004 年 6 月 19 日~7 月 13 日黄河第 3 次调水调沙试验期间，分别在徐码头和雷口河段进行了人工扰沙试验。扰沙方式主要采用抽沙扬散和水下射流相结合的措施。

试验过程中，高村水文站流量达到 2 900 m^3/s 时，扰沙河段未出现漫滩，较扰沙前徐码头断面 2 260 m^3/s、雷口断面 2 390 m^3/s 的平滩流量分别增加了 640 m^3/s 和 510 m^3/s。

由于卡口段的形成是泥沙长期淤积的结果，虽然经过几次调水调沙，河段过流能力已恢复至 3 000 m^3/s 左右，但卡口段仍是黄河下游防洪的薄弱河段。

卡口河段的治理是一项长期任务，采用人工扰沙的方法扩大断面的过流能力是有条件限制的，必须与黄河调水调沙相结合。主槽河床泥沙一般较粗，被冲起的泥沙，还会在一定的距离内重新落淤在河床上，继续参加造床。要改善河床粗化局面，达到治本的目的，就要在卡口河段实施挖河试验，将较粗泥沙淤筑堤河、串沟、村台，实现既增大河道行洪能力，又改善滩区生态环境的双赢目标。

在进行挖河试验河段选择时，我们对“二级悬河”非常严重的徐码头河段与雷口河段，进行了对比分析，两河段情况统计见表 26-10。该河段滩区情况统计见表 26-11。

表 26-10　徐码头河段与雷口河段河道情况统计

河段名称	断面名称	断面间距(m)	左岸			右岸		
			平滩水位和临河滩面悬差(m)	滩面宽度(m)	滩地横比降(‰)	平滩水位和临河滩面悬差(m)	滩面宽度(m)	滩地横比降(‰)
徐码头	史楼	5 750				1.55	4 330	0.457
	李天开	4 567	1.55	4 242	0.571	2.96	2 677	1.105
	徐码头	6 291	2.45	4 680	0.852	2.90	3 803	0.927
	于庄		2.42	2 067	2.227			
雷口	梁集	3 940				2.25	3 418	0.859
	大田楼	2 890	1.84	1 338	1.679	2.12	2 680	0.892
	雷口	5 010				1.88	1 336	1.058
	路那里		1.57	2 135	1.866			

表 26-11　徐码头河段与雷口河段滩区情况统计

河段名称	滩区名称	岸别	面积(km^2)	耕地面积(万 hm^2)	村庄(个)	人口(万人)	堤河长(km)	串沟长(km)
徐码头	陆集滩	左岸	115.1	0.687	64	3.12	12 275	16(2 条)
	徐码头	右岸	14.46	0.123	18(外迁)	1.5	4 500	
	左营滩	右岸	103.43	0.807	54	4.4	16 775	
	合计		232.99	1.616	118	9.02	33 550	
雷口	梁集滩	左岸	10.84	0.078	9	0.75	13 000	
	于楼滩	右岸	10.90	1.47	9(外迁)	0.97	3 700	
	合计		21.74	1.548	9	1.72	16 700	

由上述两河段河道、滩区情况的分析比较可知：徐码头河段“二级悬河”较为严重，平滩流量比雷口河段小；徐码头河段中的陆集滩堤河较长，串沟与堤河相连，洪水漫滩后可直通堤河，堤河常年积水无法自排；徐码头河段滩区人口多，房台、村台多数达不到设防标准。

徐码头河段符合人工淤滩试点选择原则，由此确定徐码头河段为挖河试验河段，范县陆集滩为淤滩试点。徐码头河段挖河淤滩工程平面布置见图 26-29。

二、人工淤滩形成相对窄深河槽试验方案对河道洪水演进的影响

(一)引洪放淤方案对其上下游河道洪水演进的影响

东明南滩采用人工引洪放淤方案淤筑堤河，放淤量为 991.5 万 m^3。由于引洪放淤主要

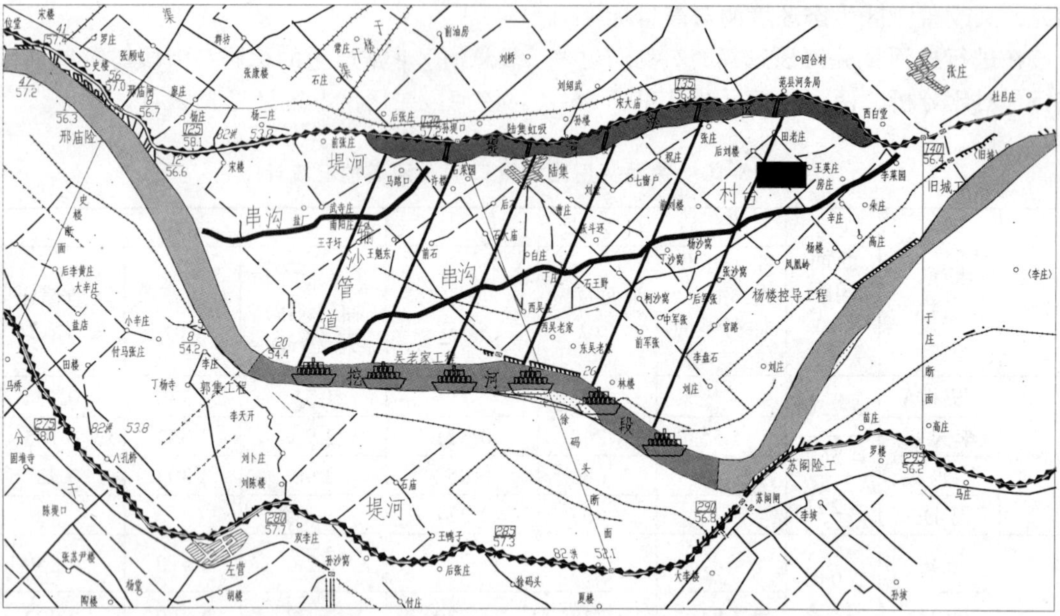

图 26-29 徐码头河段挖河淤滩工程平面布置图

利用上游洪水来沙，因此开展此方案计算时，只根据放淤方案规划情况对放淤河段断面的滩地部分进行了修正，而主槽仍采用 2003 年汛后地形。

表 26-12 列出了数学模型计算的“82·8”、“96·8”两场洪水试验方案实施后主要洪水要素及与现状方案的对比情况，表 26-13 给出了“82·8”、“96·8”两场洪水试验方案实施后河道冲淤量及与现状方案的对比情况。对表 26-12、表 26-13 分析可知，东明南

表 26-12 东明南滩引洪放淤方案主要洪水要素计算结果

洪水	项目		花园口	夹河滩	高村	孙口	艾山	泺口	利津
“82·8”	引洪放淤方案	最大洪峰流量(m^3/s)	15 300	13 930	11 670	9 610	9 120	8 900	8 740
		最高洪水位(m)	95.26	78.77	65.19	50.9	44.94	34.04	16.55
		洪峰到达时间(h)	0	29	54	110	132	164	204
	与现状方案的差值	最大洪峰流量(m^3/s)	0	0	50	50	40	40	50
		最高洪水位(m)	0	0	0.01	0.01	0.01	0.01	0.02
		洪峰到达时间(h)	0	0	0	−1	−1	−2	−3
“96·8”	引洪放淤方案	最大洪峰流量(m^3/s)	7 860	7 190	6 350	5 350	5 240	5 220	5 040
		最高洪水位(m)	94.64	78.19	64.47	50	43.43	32.84	15.27
		洪峰到达时间(h)	0	36	105	214	242	251	285
	与现状方案的差值	最大洪峰流量(m^3/s)	0	0	90	10	10	0	0
		最高洪水位(m)	0	0	0.02	0	0.01	0	0
		洪峰到达时间(h)	0	0	−1	−1	−2	−4	−4

表 26-13　东明南滩引洪放淤方案冲淤量计算结果　(单位：亿 m^3)

洪水	项目		花园口—西河口	花园口—夹河滩	夹河滩—高村	高村—孙口	孙口—艾山	艾山—泺口	泺口—利津	利津—西河口
"82·8"	冲淤量	全断面	0.167	–0.173	0.261	0.402	–0.017	–0.119	–0.102	–0.085
		主槽	–1.627	–0.478	–0.249	–0.255	–0.103	–0.169	–0.274	–0.100
		滩地	1.793	0.304	0.51	0.657	0.085	0.049	0.172	0.015
	减淤量	全断面	0.004	0.000	0.002	0.001	0.000	–0.001	0.001	0.000
		主槽	0.000	0.000	0.000	0.000	0.000	0.001	0.000	0.000
		滩地	0.004	0.000	0.003	0.001	0.000	0.000	0.001	0.000
"96·8"	冲淤量	全断面	2.521	0.838	0.665	0.634	0.115	0.099	0.148	0.022
		主槽	1.195	0.466	0.212	0.217	0.086	0.089	0.104	0.021
		滩地	1.326	0.372	0.453	0.417	0.029	0.01	0.044	0.001
	减淤量	全断面	0.001	0.000	0.001	–0.001	0.000	0.000	0.001	0.000
		主槽	–0.001	0.000	–0.001	–0.001	–0.001	0.000	0.000	0.000
		滩地	0.002	0.000	0.002	–0.001	0.001	0.000	0.001	0.000

滩引洪放淤方案的实施，对黄河下游河道洪水演进的影响很小，"82·8"型洪水高村及以下主要测站河道最大洪峰流量仅增加 40～50 m^3/s，最高洪水位仅增加 0.01～0.02 m，洪水传播至利津的时间缩短了 3 h；"96·8"型洪水高村及以下主要测站河道最大洪峰流量除高村站增加 90 m^3/s 外，其余各站差别不大，最高洪水位高村增加 0.02 m，艾山增加 0.01 m，其余各站没多大变化，洪水传播到利津的时间缩短了 4 h。河道冲淤方面，由于河道边界条件变化很小，两场洪水的河道冲淤量也与现状方案非常接近。

(二)挖河淤滩方案对其上下游河道洪水演进的影响

目前，徐码头河段主槽过洪能力较小，故此考虑采用人工挖河方案淤筑堤河、村台、串沟等，放淤量为 991.0 万 m^3。开挖河段为史楼—于庄断面，开挖方式与方案论证相同，并根据试验方案规划情况对开挖河段断面的滩地部分进行了修正。

表 26-14 列出了"82·8"、"96·8"两场洪水试验方案实施后主要洪水要素及与现状方案的对比情况，表 26-15 给出了"82·8"、"96·8"两场洪水试验方案实施后河道冲淤量及与现状方案的对比情况。对表 26-14、表 26-15 分析可知，徐码头河段人工挖槽放淤方案的实施，对黄河下游河道洪水演进的影响也不大，主要表现在试验河段以下，"82·8"型洪水孙口及以下主要测站河道最大洪峰流量增加 20~90 m^3/s，最高洪水位增加 0.01~0.03 m，洪水传播至利津的时间缩短了 4 h；"96·8"型洪水高村、孙口、艾山站最大洪峰流量分别增加 20、40、10 m^3/s，孙口、艾山站最高洪水位分别增加 0.01、0.01 m，其余各站没多大变化，洪水传播到利津的时间缩短了 10 h。

表 26-14　徐码头河段挖河淤滩方案主要洪水要素计算成果

洪水	项目		花园口	夹河滩	高村	孙口	艾山	泺口	利津
“82·8”	挖河淤滩方案	最大洪峰流量(m^3/s)	15 300	13 930	11 620	9 580	9 120	8 910	8 780
“82·8”	挖河淤滩方案	最高洪水位(m)	95.26	78.77	65.18	50.9	44.94	34.05	16.56
“82·8”	挖河淤滩方案	洪峰到达时间(h)	0	29	54	109	131	163	203
“82·8”	与现状方案的差值	最大洪峰流量(m^3/s)	0	0	0	20	40	50	90
“82·8”	与现状方案的差值	最高洪水位(m)	0	0	0	0.01	0.01	0.02	0.03
“82·8”	与现状方案的差值	洪峰到达时间(h)	0	0	0	–2	–2	–3	–4
“96·8”	挖河淤滩方案	最大洪峰流量(m^3/s)	7 860	7 190	6 280	5 380	5 240	5 220	5 040
“96·8”	挖河淤滩方案	最高洪水位(m)	94.64	78.19	64.45	50.01	43.43	32.84	15.27
“96·8”	挖河淤滩方案	洪峰到达时间(h)	0	36	106	211	239	247	279
“96·8”	与现状方案的差值	最大洪峰流量(m^3/s)	0	0	20	40	10	0	0
“96·8”	与现状方案的差值	最高洪水位(m)	0	0	0	0.01	0.01	0	0
“96·8”	与现状方案的差值	洪峰到达时间(h)	0	0	0	–4	–5	–8	–10

表 26-15　徐码头河段挖河淤滩方案冲淤量计算成果　　(单位：亿 m^3)

洪水	项目		花园口—西河口	花园口—夹河滩	夹河滩—高村	高村—孙口	孙口—艾山	艾山—泺口	泺口—利津	利津—西河口
“82·8”	冲淤量	全断面	0.068	–0.173	0.263	0.318	–0.02	–0.124	–0.109	–0.088
“82·8”	冲淤量	主槽	–1.665	–0.478	–0.249	–0.268	–0.107	–0.175	–0.285	–0.104
“82·8”	冲淤量	滩地	1.733	0.304	0.513	0.585	0.087	0.051	0.177	0.015
“82·8”	减淤量	全断面	0.103	0.000	0.000	0.085	0.003	0.004	0.008	0.003
“82·8”	减淤量	主槽	0.038	0.000	0.000	0.013	0.004	0.007	0.011	0.004
“82·8”	减淤量	滩地	0.064	0.000	0.000	0.073	–0.002	–0.002	–0.004	0.000
“96·8”	冲淤量	全断面	2.473	0.838	0.666	0.574	0.118	0.101	0.153	0.023
“96·8”	冲淤量	主槽	1.202	0.466	0.211	0.217	0.088	0.091	0.107	0.022
“96·8”	冲淤量	滩地	1.271	0.372	0.455	0.357	0.03	0.01	0.046	0.001
“96·8”	减淤量	全断面	0.049	0.000	0.000	0.059	–0.003	–0.002	–0.004	–0.001
“96·8”	减淤量	主槽	–0.008	0.000	0.000	–0.001	–0.003	–0.002	–0.003	–0.001
“96·8”	减淤量	滩地	0.057	0.000	0.000	0.059	0.000	0.000	–0.001	0.000

在河道冲淤方面，开挖主槽后，使该河段主槽过洪能力明显增加，特别是在目前黄河下游过洪能力最小的河段开挖主槽，使河道的输沙能力有所提高，表现出一定的减淤效果，“82·8”型洪水减淤量为 0.103 亿 m^3，“96·8”型洪水减淤量为 0.049 亿 m^3，减淤作用在挖槽河段表现的更为明显。

参 考 文 献

[1] 江恩惠，兰华林，苏运启，等. 黄河下游人工淤滩形成相对窄深河槽分析与试验方案研究[R]. 郑州：黄河水利科学研究院，2005.

第二十七章　宁夏河段洪水演进与河道冲淤演变预测

第一节　宁夏河段河道与模型计算概况

黄河在甘肃境内穿行于山区峡谷，进入宁夏平原后河道明显开阔。沿黄两岸平原地区土地辽阔，是宁夏社会经济发展的精华所在地，宁夏 77%以上的粮食产量和 96%以上的工业产值来源于沿黄灌区，因而宁夏经济和社会有“唯黄河而存在，唯黄河而发展，唯黄河而兴旺”之说。

宁夏平原河道坡降平缓，因受泥沙冲淤变化的影响，部分河段河势摆动频繁，两岸城镇、村庄、农田、灌溉渠系及铁路、公路、通讯和供电设施经常遭受洪水、凌汛危害[1]。随着刘家峡、龙羊峡水库相继生效运用，对黄河上游河段防洪、防凌减灾也发挥了重要作用。同时，由于水库汛期蓄水调节，改变了水沙条件，宁夏河段汛期出现大水的几率减小，造成了河道淤积加重的新情况[2]。特别是在仁存渡以下，改变了以往河道冲淤基本平衡的状况，造成主流摆动频繁，河道沙洲众多[3]。各河段枯水期均有分流串沟现象[4]。由于洪水灾害突出，防洪设施薄弱，沿河地区始终面临着严重的洪水威胁，经济发展亦受到了制约。宁夏平原作为全区工农业生产核心，确保该地区经济的正常发展，是宁夏迎接“西部大开发”，实现经济腾飞的关键所在。为加强宁夏黄河防洪工程的建设，我们采用泥沙数学模型计算预测了未来河床冲淤变化，并计算了现状和未来不利河床边界情况下，20 年一遇洪水(堤防设防标准)水位状况以及整治流量下沿程水位。本成果为宁夏“十五”期间黄河防洪工程建设的可行性研究工作提供了重要技术支撑。

预测计算，以 1999 年地形代表现状河床边界条件，首先采用 1981 年 9 月洪水水沙过程(相当于 20 年一遇洪水过程)，开展了洪水模拟计算；而后在宁夏河段水沙变化趋势分析的基础上，确定了未来 20 年水沙过程，并采用此成果开展了未来 20 年冲淤演变预测计算；最后以计算的 20 年中最不利的地形为基础，采用 1981 年 9 月典型水沙过程开展了洪水演进模拟。

在模型预测过程中，考虑到青铜峡水电站的影响，故分下河沿—青铜峡与青铜峡—石嘴山两河段分别进行计算。

第二节　宁夏河段现状地形条件下 20 年一遇洪水模拟

1981 年 9 月 9 日，青铜峡洪峰流量约为 6 000 m^3/s，流量在 5 000 m^3/s 以上的时间持续 617 天，冲毁码头 300 多座，中宁田家滩、吴忠陈袁滩、中卫刘庄及申滩等处防汛堤决口，经济损失严重。

表 27-1 与表 27-2 给出了“1981 年型”洪水沿程最高水位模拟结果。表 27-3 及表 27-4 为下河沿—白马河段及青铜峡—石嘴山河段典型断面处水位流量关系预测结果。由此可见，在现状地形 20 年一遇洪水条件下，新墩、铁路桥、中宁黄河大桥、白马、水管所、仁存渡、高仁镇、三棵柳等典型断面水位分别为 1 223.61、1 201.97、1 181.07、1 160.14、1 133.92、1 113.96、1 100.60、1 094.05 m。

表 27-1　下河沿—白马河段 20 年一遇洪水水位计算结果　　(单位：m)

断面名称	序号	断面间距(km)	累计河长(km)	现状地形水位(m)
下河沿水文站	WN1	0	0	
赵家营子—李营	WN2	4.65	4.65	1 129.53
迎水二队—高滩	WN3	3.45	8.10	1 228.40
大板七队—枣林	WN4	2.09	10.19	1 226.20
新墩	WN5	3.52	13.71	1 223.61
雍庄—杨滩	WN6	5.84	19.55	1 219.20
莫家楼—申滩	WN7	3.02	22.57	1 216.55
新庙—刘湾八队	WN8	3.42	25.99	1 212.66
冯庄—永丰八队	WN9	3.52	29.51	1 210.40
跃进渠口—永丰八队	WN10	1.81	31.32	1 208.69
铁路桥	WN11	8.65	39.97	1 201.97
永兴堡—陆家桥	WN12	3.89	43.86	1 197.95
郭庄—马滩	WN13	4.31	48.17	1 194.47
黄羊湾—清水河口	WN14	3.04	51.21	1 190.51
余丁乡—泵站	WN15	1.36	52.5	1 189.50
金沙沟口—康滩林场	WN16	2.39	54.96	1 188.08
赵家庄—田滩七队	WN17	2.89	57.85	1 185.55
中宁黄河大桥	WN18	5.28	63.13	1 181.07
黄庄—营盘滩码头	WN19	7.84	70.97	1 174.61
黎营—朱滩	WN20	5.44	76.41	1 169.35
胡麻滩—下滩三队	WN21	5.35	81.76	1 164.25
白马	WN22	6.90	88.66	1 160.14

表 27-2　青铜峡—石嘴山段 20 年一遇洪水水位计算结果　　(单位：m)

断面名称	序号	断面间距(km)	累计河长(km)	现状地形水位(m)
鹰嘴码头	1	0.00	0.00	1 136.85
水管所	2	2.70	2.70	1 133.92
蔡家河口	3	3.45	6.15	1 131.61
秦坝关	4	3.00	9.15	1 128.60
柳条滩	5	4.55	13.70	1 125.31
古城	6	6.20	19.90	1 121.43
叶盛	7	8.60	28.50	1 116.54
仁存渡	8	7.55	36.05	1 113.96
一排口	9	7.25	43.30	1 113.04
东河	10	3.50	46.80	1 112.18
黄家圈	11	4.65	51.45	1 111.16
东升桥	12	4.50	55.95	1 110.60
临河	13	6.25	62.20	1 109.16
横城	14	7.15	69.35	1 108.24
通昌渡	15	20.50	89.85	1 104.83
关渠十队	16	6.50	96.35	1 103.64
京星	17	6.20	102.55	1 102.50
永新六队	18	4.63	107.18	1 101.68
高仁镇	19	7.75	114.93	1 100.60
白台子	20	3.15	118.08	1 100.04
东来点扬水	21	8.50	126.58	1 098.42
马太沟	22	14.18	140.76	1 098.00
陶乐渡	23	10.13	150.89	1 096.96
五堆子	24	6.08	156.97	1 095.86
三颗柳	25	10.40	167.37	1 094.05
红崖子扬水	26	2.50	169.87	1 093.60
都思兔河	27	11.93	181.8	1 092.54
惠农农场	28	5.38	187.18	1 092.02
黄河大桥	29	15.10	202.28	1 091.18

表 27-3 下河沿—白马河段"1981 年型"洪水水位流量关系预测结果

断面号	断面名称	流量(m³/s)	现状地形水位(m)	断面号	断面名称	流量(m³/s)	现状地形水位(m)
2	赵家营子—李营	2 000	1 227.70	12	永兴堡—陆家桥	2 000	1 195.9
		2 500	1 228.06			2 500	1 196.30
		3 000	1 228.36			3 000	1 196.65
		4 000	1 228.85			4 000	1 197.20
		5 000	1 229.26			5 000	1 197.65
		5 770	1 229.53			5 745	1 197.95
6	雍庄—杨滩	2 000	1 217.25	17	赵家庄—田滩七队	2 000	1 184.06
		2 500	1 217.63			2 500	1 184.34
		3 000	1 217.96			3 000	1 184.58
		4 000	1 218.50			4 000	1 184.98
		5 000	1 218.93			5 000	1 185.32
		5 760	1 219.20			5 725	1 185.55
8	新苗—刘湾八队	2 000	1 211.45	20	黎营—朱滩	2 000	1 168.17
		2 500	1 211.66			2 500	1 168.39
		3 000	1 211.83			3 000	1 168.58
		4 000	1 212.19			4 000	1 169.80
		5 000	1 212.48			5 000	1 169.18
		5 753	1 212.66			5 715	1 169.35

注：进口小流量级的水沙条件参照下河沿水文站 1981 年实测资料给出，尾部水位流量关系依自动调整原理确定。

表 27-4 青铜峡—石嘴山河段"1981 年型"洪水水位流量关系预测结果

断面号	断面名称	流量(m³/s)	现状地形水位(m)	断面号	断面名称	流量(m³/s)	现状地形水位(m)
4	秦坝关	2 000	1 127.36	20	白台子	2 000	1 099.25
		2 500	1 127.60			2 500	1 099.45
		3 000	1 127.80			3 000	1 099.54
		4 000	1 128.11			4 000	1 099.75
		5 000	1 128.40			5 000	1 099.93
		5 800	1 128.60			5 655	1 100.04
11	黄家圈	2 000	1 110.10	24	五堆子	2 000	1 094.83
		2 500	1 110.34			2 500	1 095.04
		3 000	1 110.49			3 000	1 095.20
		4 000	1 110.78			4 000	1 095.50
		5 000	1 111.04			5 000	1 095.72
		5 728	1 111.16			5 630	1 095.86
15	通昌渡	2 000	1 103.90	28	惠农农场	2 000	1 089.75
		2 500	1 104.12			2 500	1 090.20
		3 000	1 104.30			3 000	1 090.58
		4 000	1 104.55			4 000	1 091.21
		5 000	1 104.72			5 000	1 091.75
		5 698	1 104.83			5 600	1 092.02

注：进口流量级的水沙条件参照青铜峡水文站 1981 年实测资料给出，尾部水位流量关系依自动调整原理确定。

第三节　宁夏河段未来 20 年河床冲淤演变预测

以 1999 年为基准年，参考文献[5]的研究成果，认为 2001～2020 年下河沿站来水仍维持偏枯趋势，其中 2001～2010 年下河沿站年均来水量预计为 255 亿～260 亿 m^3，2011～2020 年年均来水量预计为 260～280 亿 m^3。经过进一步分析，依据文献[5]，以 1986 年～1995 年 12 月加上 1984 年 1 月～1993 年 12 月作为未来 20 年设计水沙系列。

分别以下河沿及青铜峡水文站相应水沙资料作为进口条件，通过数学模型计算得出未来 20 年下河沿—白马河段及青铜峡—石嘴山河段河床冲淤变化结果见表 27-5～表 27-8。

表 27-5　下河沿—白马河段未来 20 年冲淤计算结果

年序	累计冲淤量(万 m^3)	年内冲淤量(万 m^3)	年内冲淤厚度(cm)	年序	累计冲淤量(万 m^3)	年内冲淤量(万 m^3)	年内冲淤厚度(cm)
1	2.1	2.1	0.027 9	11	2 183.7	–265.4	–3.52
2	7.1	5.0	0.066 3	12	2 029.9	–153.8	–2.04
3	535.6	528.5	7.01	13	1 986.6	–43.3	–0.575
4	232.2	–303.4	–4.03	14	2 027.7	41.1	0.545
5	239.6	7.4	0.098 2	15	2 471.9	444.2	5.89
6	602.3	362.7	4.81	16	2 086.3	–385.6	–5.12
7	1 292.5	690.2	9.16	17	2 027.3	–59.0	–0.783
8	1 232.0	–60.5	–0.803	18	2 327.9	300.6	3.99
9	1 795.0	563.0	7.47	19	2 933.5	605.6	8.04
10	2 449.1	654.1	8.68	20	2 818.8	–114.7	–1.52

注：淤积为“+”，冲刷为“–”。

表 27-6　下河沿—白马河段未来 20 年沿程冲淤计算结果

断面号	断面名称	断面间距(km)	断面间距冲淤量(万 m^3)	累计冲淤量(万 m^3)
1	下河沿水文站	0	0	0
2	赵家营子—李营	4.65	69.68	69.68
3	迎水二队—高滩	3.45	74.14	143.82
5	大板湾七队—枣林	5.61	103.16	246.98
6	新墩	5.84	62.7	309.68
7	雍庄—杨滩	3.02	82.13	391.81
8	刘庙—刘湾八队	3.42	129.93	521.74
10	跃进渠口—永丰八队	5.33	127.57	649.31
11	铁路桥	8.65	403.27	1 052.58
12	永兴堡—陆家桥	3.89	317.42	1 370.00
13	郭庄—马滩	4.31	229.52	1 599.52
14	黄羊湾—清水河口	3.04	50.74	1 650.26
16	金沙沟口—康滩林场	3.75	136.41	1 786.67
17	赵家庄—田滩七队	2.89	74.01	1 860.68
18	中宁黄河大桥	5.28	60.56	1 921.24
19	黄庄六队—营盘滩	7.84	322.79	2 244.03
20	黎营—朱滩	5.44	156.58	2 400.61
21	胡麻滩—下滩三队	5.35	163.17	2 563.78
22	白马	6.90	247.95	2 811.73

表 27-7 青铜峡—石嘴山河段未来 20 年冲淤计算结果

年序	累计冲淤量(万 m^3)	年内冲淤量(万 m^3)	年内冲淤厚度(cm)	年序	累计冲淤量(万 m^3)	年内冲淤量(万 m^3)	年内冲淤厚度(cm)
1	563.2	563.2	2.76	11	7 255.3	858.2	4.21
2	635.7	72.5	0.356	12	8 111.2	855.9	4.20
3	1 494.7	859.0	4.21	13	8 649.4	538.2	2.64
4	2 302.4	807.7	3.96	14	8 498.4	–151.1	–0.741
5	2 720.3	417.9	2.05	15	9 272.6	774.3	3.80
6	3 198.8	478.5	2.35	16	10 022.0	749.3	3.68
7	3 813.6	614.8	3.02	17	10 437.7	415.7	2.04
8	4 193.6	380.0	1.86	18	10 923.3	485.6	2.38
9	5 379.4	1 185.8	5.82	19	11 586.7	663.4	3.25
10	6 397.1	1 017.7	4.99	20	11 999.1	412.4	2.02

注：淤积为“+”，冲刷为“–”。

表 27-8 青铜峡—石嘴山河段未来 20 年沿程冲淤计算结果

断面号	断面名称	断面间距(km)	断面间距冲淤量(万 m^3)	累计冲淤量(万 m^3)	断面号	断面名称	断面间距(km)	断面间距冲淤量(万 m^3)	累计冲淤量(万 m^3)
1	鹰嘴码头	0	0	0	15	通昌渡	20.5	2 323.56	4 440.61
2	水管所	2.7	32.43	32.43	16	关渠十队	6.5	754.32	5 194.93
3	蔡家河口	3.45	78.66	111.09	17	京星	6.20	484.48	5 679.41
4	秦坝关	3	–4.53	106.56	18	永新六队	4.63	259.68	5 939.09
5	柳条滩	4.55	–96.07	10.49	19	高仁镇	7.75	359.76	6 298.85
6	古城	6.2	–3.665	6.825	20	白台子	3.15	135.23	6 434.08
7	叶盛	8.6	–18.695	–11.87	21	东来点	8.50	644.02	7078.10
8	仁存渡	7.55	43.8	31.93	22	马太沟	5.68	1 210.31	8288.41
9	一排口	7.25	671.52	703.45	23	陶乐渡	10.13	2 160.99	10 449.40
10	东河	3.5	314	1 017.45	24	五堆子	6.08	581.00	11 030.40
11	黄家圈	4.65	282.32	1 299.77	26	红崖子	12.90	322.68	11 353.08
12	东升桥	4.5	564.877	1 864.65	27	都思兔河	9.43	43.71	11 396.79
13	临河	6.25	245.963	2 110.61	28	惠农农场	5.38	99.17	11 495.96
14	横城	7.15	6.44	2 117.05	29	黄河大桥	15.10	503.51	11 999.47

注：淤积时为“+”，冲刷时为“–”。

根据表 27-5，如以加权河宽 850 m 计算，可求出下河沿—白马河段(简称上段)平均每年泥沙淤积厚度为 1.87 cm；根据表 27-7，如取加权平均河宽为 1 060 m，可计算出青铜峡至石嘴山河段(简称下段)平均每年泥沙淤积 2.95 cm。由两计算表还可看出，对于来沙较多的年份，河床冲淤颇为严重，例如在第 7 年时，上段年淤积厚度高达 9.16 cm；下段在第 9 年时淤积厚度为 5.82 cm。此外，由表 27-6 及表 27-8 看出，下段和上段相比，沿程淤积分布更不均匀，淤积主要发生在仁存渡以下河段。

第四节　宁夏河段未来20年设防水位计算

由上述河床冲淤计算结果看出，下河沿—白马河段在第7年时，河床淤积最为严重，青铜峡—石嘴山河段在第9年淤积最多。我们以河床淤积最高地形为初始边界条件，以1981年洪水过程为进口水沙条件(与设防洪水相当)，运用数学模型开展模拟计算，下河沿—白马河段及青铜峡—石嘴山河段沿程最高洪水位计算结果分别见表27-9、表27-10。由此可以看出，未来20年河床淤积最高地形边界条件下，“1981年型”洪水所对应的水位表现较高，防洪压力将进一步增大。此外，我们还依据涨水过程，计算了不同流量及其水位变化，相应给出了典型断面水位流量关系预测结果，如表27-11～表27-12。

表27-9　下河沿—白马河段20年一遇洪水水位计算结果

断面名称	序号	断面间距(km)	累计河长(km)	淤积最高地形水位(m)
下河沿水文站	WN1	0	0	
赵家营子—李营	WN2	4.65	4.65	1 230.04
迎水二队—高滩	WN3	3.45	8.10	1 228.34
大板七队—枣林	WN4	2.09	10.19	1 226.20
新墩	WN5	3.52	13.71	1 223.58
雍庄—杨滩	WN6	5.84	19.55	1 219.40
莫家楼—申滩	WN7	3.02	22.57	1 216.74
新庙—刘湾八队	WN8	3.42	25.99	1 212.85
冯庄—永丰八队	WN9	3.52	29.51	1 210.47
跃进渠口—永丰八队	WN10	1.81	31.32	1 208.87
铁路桥	WN11	8.65	39.97	1 202.03
永兴堡—陆家桥	WN12	3.89	43.86	1 198.16
郭庄—马滩	WN13	4.31	48.17	1 194.69
黄羊湾—清水河口	WN14	3.04	51.21	1 190.94
余丁乡—泵站	WN15	1.36	52.5	1 189.84
金沙沟口—康滩林场	WN16	2.39	54.96	1 188.53
赵家庄—田滩七队	WN17	2.89	57.85	1 186.01
中宁黄河大桥	WN18	5.28	63.13	1 181.59
黄庄—营盘滩码头	WN19	7.84	70.97	1 175.06
黎营—朱滩	WN20	5.44	76.41	1 169.70
胡麻滩—下滩三队	WN21	5.35	81.76	1 164.58
白马	WN22	6.90	88.66	1 160.30

表 27-10　青铜峡—石嘴山段 20 年一遇洪水水位计算结果

断面名称	序号	断面间距(km)	累计河长(km)	淤积最高地形水位(m)	断面名称	序号	断面间距(km)	累计河长(km)	淤积最高地形水位(m)
鹰嘴码头	1	0.00	0.00	1 136.89	关渠十队	16	6.50	96.35	1 104.13
水管所	2	2.70	2.70	1 133.96	京星	17	6.20	102.55	1 102.86
蔡家河口	3	3.45	6.15	1 131.51	永新六队	18	4.63	107.18	1 101.89
秦坝关	4	3.00	9.15	1 128.54	高仁镇	19	7.75	114.93	1 100.72
柳条滩	5	4.55	13.70	1 125.35	白台子	20	3.15	118.08	1 100.26
古城	6	6.20	19.90	1 121.59	东来点扬水	21	8.50	126.58	1 098.67
叶盛	7	8.60	28.50	1 116.79	马太沟	22	14.18	140.76	1 098.25
仁存渡	8	7.55	36.05	1 114.23	陶乐渡	23	10.13	150.89	1 097.16
一排口	9	7.25	43.30	1 113.30	五堆子	24	6.08	156.97	1 096.00
东河	10	3.50	46.80	1 112.37	三颗柳	25	10.40	167.37	1 094.22
黄家圈	11	4.65	51.45	1 111.39	红崖子扬水	26	2.50	169.87	1 093.70
东升桥	12	4.50	55.95	1 110.71	都思兔河	27	11.93	181.80	1 092.74
临河	13	6.25	62.20	1 109.34	惠农农场	28	5.38	187.18	1 092.44
横城	14	7.15	69.35	1 108.46	黄河大桥	29	15.10	202.28	1 091.18
通昌渡	15	20.50	89.85	1 105.21					

表 27-11　下河沿—白马河段“1981 年型”洪水水位—流量关系预测结果

断面号	断面名称	流量(m^3/s)	淤积最高地形水位(m)	断面号	断面名称	流量(m^3/s)	淤积最高地形水位(m)
2	赵家营子—李营	2 000	1 228.10	12	永兴堡—陆家桥	2 000	1 195.88
		2 500	1 228.55			2 500	1 196.36
		3 000	1 228.82			3 000	1 196.76
		4 000	1 229.36			4 000	1 197.36
		5 000	1 299.77			5 000	1 197.85
		5 770	1 230.04			5 745	1 198.16
6	雍庄—杨滩	2 000	1 217.42	17	赵家庄—田滩七队	2 000	1 184.13
		2 500	1 217.80			2 500	1 184.74
		3 000	1 218.14			3 000	1 185.00
		4 000	1 218.69			4 000	1 185.41
		5 000	1 219.13			5 000	1 185.78
		5 760	1 219.40			5 725	1 186.01
8	新苗—刘湾八队	2 000	1 211.59	20	黎营—朱滩	2 000	1 168.47
		2 500	1 211.82			2 500	1 168.70
		3 000	1 212.00			3 000	1 168.90
		4 000	1 212.36			4 000	1 169.23
		5 000	1 212.66			5 000	1 169.52
		5 753	1 212.85			5 715	1 169.70

注：进口小流量级的水沙条件参照下河沿水文站 1981 年实测资料给出，尾部水位流量关系依自动调整原理确定。

表 27-12　青铜峡—石嘴山河段“1981 年型”洪水水位—流量关系预测结果

断面号	断面名称	流量(m^3/s)	淤积最高地形水位(m)	断面号	断面名称	流量(m^3/s)	淤积最高地形水位(m)
4	秦坝关	2 000	1 127.23	20	白台子	2 000	1 099.53
		2 500	1 127.48			2 500	1 099.68
		3 000	1 127.70			3 000	1 099.75
		4 000	1 128.05			4 000	1 099.95
		5 000	1 128.33			5 000	1 104.14
		5 800	1 128.54			5 655	1 100.26
11	黄家圈	2 000	1 110.22	24	五堆子	2 000	1 094.93
		2 500	1 110.50			2 500	1 095.16
		3 000	1 110.68			3 000	1 095.33
		4 000	1 110.00			4 000	1 095.63
		5 000	1 111.27			5 000	1 095.86
		5 728	1 111.39			5 630	1 096.00
15	通昌渡	2 000	1 104.17	28	惠农农场	2 000	1 090.04
		2 500	1 104.42			2 500	1 090.52
		3 000	1 104.63			3 000	1 090.93
		4 000	1 104.9			4 000	1 091.60
		5 000	1 105.09			5 000	1 092.15
		5 698	1 105.21			5 600	1 092.44

注：进口流量级的水沙条件参照青铜峡水文站 1981 年实测资料给出，尾部水位流量关系依自动调整原理确定。

第五节　宁夏河段整治流量下沿程水位计算

为配合黄河宁夏河段 2001～2005 年防洪工程建设可行性研究，我们采用本泥沙数学模型，分别开展了黄河宁夏河段整治流量下下河沿—白马河段及青铜峡—石嘴山河段沿程水位的计算。

根据文献[6]的研究结果，并兼顾黄河宁夏河段防洪工程建设一期可行性研究阶段的设计成果，下河沿—白马河段、青铜峡—石嘴山河段的整治流量仍分别取为 2 500 m^3/s、2 200 m^3/s。我们以此作为进口流量条件，按恒定流考虑，分别计算两河段相应整治流量下的沿程水位，见表 27-13～表 27-14。

表 27-13　下河沿—白马河段 Q=2 500 m^3/s 水面线计算结果

断面号	断面位置	现状地形水位(m)	淤积最高地形水位(m)	断面号	断面位置	现状地形水位(m)	淤积最高地形水位(m)
1	下河沿水文站	1 232.12	1 232.47	7	莫家楼—申滩	1 215.18	1 215.35
2	赵家营子—李营	1 228.02	1 228.46	8	新庙—刘湾八队	1 211.64	1 211.80
3	迎水二队—高滩	1 226.59	1 226.95	9	冯庄—永丰五队	1 207.25	1 207.40
5	新墩	1 222.25	1 222.56	10	跃进渠口—永丰八队	1 207.26	1 207.39
6	雍庄—杨滩	1 217.63	1 217.80	11	铁路桥	1 200.00	1 200.09

续表 27-13

断面号	断面位置	现状地形水位(m)	淤积最高地形水位(m)	断面号	断面位置	现状地形水位(m)	淤积最高地形水位(m)
12	永兴堡—陆家桥	1 196.25	1 196.31	18	中宁黄河大桥	1 179.96	1 180.34
13	郭庄—马滩	1 192.84	1 192.99	19	黄庄六队—营盘滩码头	1 173.54	1 173.88
14	黄羊湾—清水河口	1 189.18	1 189.42	20	黎营—朱滩	1 168.39	1 168.70
15	余丁乡—泵站	1 186.66	1 186.94	21	胡麻滩—下滩三队	1 163.41	1 163.69
16	金沙沟口—康滩林场	1 186.63	1 186.96	22	白马断面	1 159.34	1 159.60
17	赵家庄—田滩七队	1 184.34	1 184.74				

注：进口断面含沙量按输沙平衡计算。

表 27-14　青铜峡—石嘴山河段 Q=2 200 m^3/s 水面线计算结果

断面号	断面位置	现状地形水位(m)	淤积最高地形水位(m)	断面号	断面位置	现状地形水位(m)	淤积最高地形水位(m)
1	鹰嘴码头	1 134.30	1 134.20	15	通昌渡	1 103.95	1 104.23
2	水管所	1 132.28	1 132.24	16	关渠十队	1 102.77	1 103.05
3	蔡家河口	1 129.90	1 129.87	17	京星	1 101.85	1 102.12
4	秦坝关	1 127.45	1 127.32	18	永新六队	1 100.96	1 101.23
5	柳条滩	1 124.05	1 123.95	19	高仁镇	1 099.85	1 100.11
6	古城	1 119.50	1 119.44	20	白台子	1 099.28	1 099.54
7	叶盛	1 114.54	1 114.53	22	马太沟	1 096.60	1 097.06
8	仁存渡	1 112.44	1 112.47	23	陶乐渡	1 096.12	1 096.24
9	一排口	1 111.51	1 111.60	24	五堆子	1 094.94	1 095.05
10	东河	1 111.02	1 111.13	26	红崖子	1 092.76	1 092.96
11	黄家圈	1 110.22	1 110.36	27	都思兔河	1 090.80	1 091.07
12	东升桥	1 109.56	1 109.72	28	惠农农场	1 090.00	1 090.30
13	临河	1 108.23	1 108.41	29	黄河大桥	1 088.66	1 088.91
14	横城	1 107.18	1 107.39				

注：进口断面含沙量按输沙平衡计算。

参 考 文 献

[1] 黄河流域及西北片水旱灾害编委会. 黄河流域水旱灾害[M]. 郑州：黄河水利出版社，1996.

[2] 赵业安，侯素珍，等. 80 年代黄河上游宁蒙河道的冲淤简况[J]. 人民黄河，1992(4):20-23.

[3] 程秀文，钱意颖，傅崇进，等. 黄河上游水沙变化及宁蒙河段河道冲淤演变分析[C] //汪岗，范昭. 黄河水沙变化研究论文集. 第 1 卷. 郑州：黄河水利出版社，2002:372-397.

[4] 杨赉斐. 黄河上游修建大型水库后兰州至河口镇河段河道冲淤特性及其变化趋势预测[C] //汪岗，范昭. 黄河水沙变化研究论文集. 第 1 卷. 郑州：黄河水利出版社，2002:347-371.

[5] 赵业安，刘晓岩，孙建书，等. 黄河宁夏河段河道冲淤情况分析及发展趋势预估[R] 北京：清华大学；银川：宁夏黄河整治工程指挥部研究报告，2000.

[6] 张仁，朱云，钟德钰，等. 黄河宁夏河段河道整治规划参数研究[R] //宁夏水利水电勘测设计院研究报告. 北京：清华大学; 银川：宁夏黄河整治工程指挥部, 2000.

第二十八章　泾河东庄水库运用对渭河下游及三门峡库区冲淤影响预测

第一节　泾河东庄水库与渭河下游及三门峡库区概况

一、泾河东庄水库简介与模型计算概况

东庄水库是泾河干流拟建的一座大型水库。根据黄河水利委员会 2002 年 6 月编制的渭河流域综合整治规划报告，泾河东庄水利枢纽工程的开发目标为：以防洪减淤为主，兼顾供水。实际上，东庄水库已成为解决渭河下游问题的一项上拦措施，对渭河下游的防洪、减淤和生态环境的改善将发挥重要的作用。围绕泾河东庄水库的开发目标，对水库运行方式的要求是，考虑入库水沙的特点和水库实际排沙及渭河下游河道的输沙规律，制订合理的水沙调度方式，使水库在确保长期有效库容的前提下，最大限度地满足减淤和供水的要求。

泾河是渭河下游泥沙的主要来源区，因而东庄水库建成运用以后，将改变泾河入渭的水沙条件，由此可能引起渭河下游河道一系列的冲淤调整。鉴于渭河下游河道演变规律的复杂性，水库的修建对渭河下游河道冲淤变化规律的影响一直受到水利部、陕西省及黄委会许多治黄工作者的广泛关注。

为系统研究东庄水库投入运用后对渭河下游及三门峡库区冲淤演变的影响，以充分发挥水库的综合效益，给水库运用方式的确定提供技术支撑，我们采用本准二维泥沙数学模型开展了多方案的预测计算。主要内容包括：①典型水沙时段与多年调水调沙系列预测计算；②50 年设计系列预测计算；③46 年校核系列预测计算；④50 年泾河水沙偏丰系列预测计算；⑤50 年咸阳水沙偏丰系列预测计算。

二、渭河下游河道概况与演变特征

(一)渭河下游河道概况

渭河是黄河最大的一级支流，干流全长 818 km。渭河属不对称水系，下游两岸支流分布为南多北少。北岸支流源远流长，有泾河、石川河和北洛河。其中，最大支流为泾河，长 455 km，流域面积 45 421 km^2；集水面积大，穿行于水土流失区，来沙量大。南岸的支流短而多，包括有沣、灞、浐、零、沋、赤水、遇仙、石堤、罗汶、茼峪、方山、葱峪、罗夫、柳叶、长涧、蒲峪等，多为间歇性河流。自咸阳(铁桥)至渭河口为下游，河道长约 210 km，于潼关附近汇入黄河。入黄口高程，在三门峡水库修建前为 323 m，三门峡水库建成蓄水运用后，最高曾达 329 m，三门峡水库两次改建后，相对稳定在 326～327 m 之间。

渭河下游河道按照河床平面形态及演变特点可进一步分为如下 3 段。自咸阳铁桥至耿

镇桥，河段全长 38 km，比降为 6.3‱。河道比较顺直，分汊系数 1.7 ~ 1.8，河宽 0.5 ~ 1.5 km。河床宽浅，$\sqrt{B}/H$ 大于 10，多心滩沙洲，易冲易淤，主流摆动不定，属游荡性河型。该河段河床组成较粗，为粗、中沙夹零星小砾石，河漫滩多为细沙，且北岸细南岸粗；自耿镇桥至赤水河口，河道长 63 km，河宽 0.5 ~ 1 km，比降为 4.6‱左右，弯曲系数 1.2，$\sqrt{B}/H$ =5 ~ 10。河道宽窄相间，宽段内有心滩，属介于游荡型和弯曲型之间的过渡性河段。河床物质组成为砾卵石，粗、中、细沙，沿程由粗变细；自赤水河口至渭河口，河道长 108 km，比降为 1.3‱。河道外形蜿蜒曲折，河弯发育，弯曲系数 1.6 ~ 1.7，最大可达 3.92。河床相对窄深，枯水河宽几十至 500 m，洪水漫滩后，河宽可达 6 km，属较典型的弯曲河型。随着河弯的发展，洪水期有自然裁弯现象发生。该河段河床物质主要为细沙、粉沙，河漫滩为粉沙、亚沙、亚黏土。

(二)渭河下游来水来沙概况

渭河大部分地区位于黄土高原沟壑区及丘陵沟壑区，水、沙来源于咸阳以上渭河干流、泾河、北洛河和南山诸多支流。据 1950 ~ 1996 年实测资料统计[1]，华县站多年平均年水量 75.36 亿 m^3，输沙量 3.75 亿 t，年平均含沙量 49.8 kg/m^3；咸阳站年水量 45.90 亿 m^3，年输沙量 1.31 亿 t，年平均含沙量 28.5 kg/m^3；泾河张家山站年水量 14.12 亿 m^3，年沙量 2.44 亿 t，年平均含沙量 172.8 kg/m^3。相对而言，渭河干流和南山支流水多沙少，含沙量低，泾河和北洛河水少沙多，含沙量高。华县站的水沙主要来自渭河干流和支流泾河[2]。咸阳站的来水量占华县站的 60.9%，张家山站的来水量占 18.7%；咸阳站的来沙量占华县站的 34.9%，张家山站占 65.1%。由此可以看出，渭河下游水量主要来自渭河干流，而沙量主要来自泾河。

渭河下游水量的年际变化幅度很大。咸阳站年水量最多达 111.7 亿 m^3(1964 年)，最少 5.3 亿 m^3(1995 年)，变幅为 21.1；张家山年水量最大值 38.8 亿 m^3(1964 年)，最小值 3.2 亿 m^3(1972 年)，变幅是 12.1；华县站年水量最大值 187.6 亿 m^3(1964 年)，最小值是 17.5 亿 m^3(1995 年)，变幅为 10.7。沙量的年际变化幅度更大，咸阳站年输沙量最大值达 3.89 亿 t(1973 年)，最小值仅为 0.20 亿 t(1972 年)，变幅是 19.5；张家山年输沙量最大值高达 11.7 亿 t(1933 年)，最小值为 0.32 亿 t(1972 年)，变幅为 36.6；华县站年输沙量最大值 10.64 亿 t(1964 年)，最小值是 0.50 亿 t(1972 年)，变幅为 21.3。而且，渭河水文变化具有持续丰水时段和持续枯水时段的特点，持续丰水时段为 2 ~ 3 年，持续枯水时段为 4 ~ 5 年。

进入渭河下游的洪峰流量变幅更大，咸阳水文站实测最大洪峰流量为 7 220 m^3/s(1954 年 8 月 18 日)，最小仅为 0.61 m^3/s(1995 年 7 月 9 日)；张家山水文站实测最大流量 9 200 m^3/s(1933 年 8 月 8 日)，最小仅有 1 m^3/s(1950 年 2 月 19 日)；华县水文站实测最大流量 7 660 m^3/s(1954 年 8 月 19 日)，最小仅为 0.5 m^3/s(1981 年 6 月 19 日)，据报汛资料，1997 年 8 月 15 日华县站断流。实测最大含沙量：咸阳水文站为 729 kg/m^3(1968 年 8 月 3 日)，张家山水文站高达 1 430 kg/m^3(1958 年 7 月 11 日)，华县水文站为 905 kg/m^3(1977 年 8 月 7 日)。

水、沙年内分配极不均衡，水沙量主要集中在汛期。咸阳汛期水量(1950 ~ 1996 年)多年平均 26.83 亿 m^3，占年水量的 58.5%；张家山多年汛期平均水量 9.64 亿 m^3，占年水量的 68.3%；华县多年汛期平均水量 45.4 亿 m^3，占年水量的 60.3%。沙量则更集中，咸阳多年平均汛期输沙量 1.12 亿 t，占年输沙量的 85.5%；张家山汛期输沙量 2.22 亿 t，占年输沙量的 91%；华县汛期输沙量 3.34 亿 t，占年输沙量的 89.1%。

全年水、沙量集中于汛期，汛期又集中于几次洪水过程。洪水过程与输沙过程相应，沙峰大致位于洪峰时段上。如泾河张家山站 1933 年 8 月 7～12 日洪水过程，输沙量高达 8.4 亿 t，占全年总输沙量的 72%。

由于受气侯变化与人类活动的双重影响[2]，近期渭河下游来水来沙条件发生了明显变化，其主要特点是来水来沙量均有不同程度的削减，而来水量减少的更多，引起水流含沙量的增加。1987～1996 的 10 年中，华县年均水量 54.5 亿 m^3，为多年平均年水量的 72.3%，其中 1995 年华县站水量只有 17.5 亿 m^3，仅占多年平均年水量的 23.2%；咸阳站年均水量为 29.6 亿 m^3，占多年平均年水量的 64.5%；泾河张家山站年均水量为 12 亿 m^3，占多年平均年水量的 85%。因此，华县站的水量减少主要是由于渭河干流水量的减少造成的。沙量方面，1987～1996 年的 10 年中，华县站年平均输沙量为 3.04 亿 t，占多年平均输沙量的 81.1%；咸阳站年平均输沙量为 0.59 亿 t，占多年平均输沙量的 45%；泾河张家山站年平均输沙量为 2.3 亿 t，占多年平均输沙量的 94.0%。因此，华县站沙量的减少也主要是由于渭河干流沙量的减少造成的。

(三)渭河下游河道冲淤演变特征

三门峡水库修建前，渭河下游处于动态冲淤平衡状态，但在某一时段内，河床淤积较为严重；河床的冲淤与来水来沙条件及河床前期边界条件密切相关。

自三门峡水库修建至 1997 年 10 月，渭河下游共淤积泥沙 13.19 亿 m^3。其中渭拦 1—渭淤 1 河段淤积泥沙 0.56 亿 m^3，渭淤 1—渭淤 10(华县)河段淤积 8.33 亿 m^3，渭淤 10—渭淤 26(临潼)淤积 3.99 亿 m^3，渭淤 26—渭淤 37(咸阳)淤积 0.30 亿 m^3，各段淤积量分别占渭河总淤积量的 4.3%、63.2%、30.2%和 2.3%。临潼以下淤积 12.88 亿 m^3，其中滩地淤积约占 75%，主槽淤积相应占 25%。绝大多数泥沙淤积在滩地上。

渭河下游泥沙淤积按三门峡水库不同运用期统计，1960 年 6 月～1966 年 5 月，为三门峡水库蓄水和滞洪排沙运用期，淤积泥沙 2.14 亿 m^3；第一次改建阶段 1966 年 6 月～1970 年 5 月，淤积 6.85 亿 m^3；第二次改建阶段 1970 年 5 月～1973 年 10 月，淤积 1.32 亿 m^3；水库蓄清排浑控制运用期 1973 年 11 月～1996 年 9 月共淤积 2.47 亿 m^3。各时期淤积量分别占总淤积量的 16.7%、53.6%、10.3%和 19.4%。

20 世纪 90 年代渭河下游多次发生小流量、高含沙量洪水，造成了主河槽严重淤积萎缩，如 1994 年汛期曾发生 5 次高含沙量小洪水，华县站洪峰流量 520～2 050 m^3/s，含沙量达 491～853 kg/m^3，其中 9 月 2 日洪水遭遇北洛河高含沙量大洪水顶托，当年渭河下游淤积 0.84 亿 m^3；1995 年汛期华县站出现了洪峰流量仅为 430 m^3/s、500 m^3/s，含沙量却高达 771、728 kg/m^3 的两次高含沙量小洪水，洪水历时 15 d，当年渭河下游就淤积 0.82 亿 m^3，并且大部分淤积在主槽内。主河槽淤积萎缩使主槽断面大幅度缩窄，如华县断面平槽河面宽度由 1986 年以前的 400～500 m 缩窄到 1991 年的 200～300 m，1995 年汛后最窄处竟达到 45～100 m。河槽萎缩使过水面积大幅度减少，如渭淤 9 断面 1974 年高程 335.7 m 以下主槽面积为 500 m^2，而到 1995 年相同高程下的面积仅有 50 m^2；詹家水位站 342 m 高程以下过水面积 1984 年为 1 200 m^2，到 1995 年减为 500 m^2。河道过水面积的减少，使渭河下游行洪能力急剧下降，三门峡水库建库前平滩流量为 5 500 m^3/s，1986 年为 4 000 m^3/s，1995 年汛前降到 800 m^3/s，不足三门峡水库建库前行洪能力的 20%[2]。特别需要指出的是，一旦主槽发生淤积萎缩，就很难冲刷恢复，其原因是渭河下游泥沙淤积物较细，其中黏土含量较多，抗冲蚀能力强，小水时不易崩塌冲蚀，加上有利于主槽发生冲刷的大洪水出现的几率愈来愈小，即使出现一次大洪水，又因平滩流量小，洪水漫滩出槽，主槽过流比例小，削弱了水流对主槽的冲刷能力。渭河下游主槽1996年以后，几年内虽然发生了一些冲刷扩宽，但至今河槽过洪能力仍然较低，目前的平滩流量仍只有1 000 ~ 1 500 m^3/s左右，对行洪安全十分不利。

三、三门峡水库运用及其对库区冲淤的影响

(一)入库水沙特点和近期来水来沙的变化

三门峡水库是以防洪为主的综合利用水利枢纽工程，承担着防洪、防凌、灌溉和发电的任务。现有研究成果已经表明，自20世纪70年代以来黄河水沙发生了较大变化。引起水沙变化的原因有自然因素和人类活动的影响。人类活动包括水利、水保、开矿、修路以及社会经济活动等，特别是大型水库投入运用对水沙的调节，影响作用较大。黄河上游干流大型水库投入运用后，各时段进入三门峡水库年、非汛期、汛期及汛期逐月和流量大于3 000 m^3/s洪水的水、沙量统计结果，分别列于表28-1和表28-2。

表28-1　不同时段入库水量及汛期逐月分配

时段(年)	项目	年均	非汛期	汛期	7月	8月	9月	10月	Q>3 000 m^3/s	说明
1960 ~ 1968	入库水量(亿m^3)	475.6	195.1	280.5	54.6	71.9	81.1	73.0	158.4	
	占年均入库水量的百分比(%)	100	41.0	59.0	11.5	15.1	17.1	15.3	33.0	
1969 ~ 1986	入库水量(亿m^3)	366.6	161.3	205.3	41.5	54.5	58.0	51.3	78.1	刘家峡水库投入运用
	占年均入库水量的百分比(%)	100	44.0	56.0	11.3	14.9	15.8	14.0	21.3	
1987 ~ 1989	入库水量(亿m^3)	324.1	168.4	155.7	32.4	54.0	45.5	23.8	93.8	龙羊峡水库蓄水运用阶段
	占年均入库水量的百分比(%)	100	52.0	48.0	10.0	16.7	14.0	7.2	28.9	
1990 ~ 1994	入库水量(亿m^3)	286.5	165.7	120.8	26.1	43.9	31.9	18.9	8.2	龙羊峡水库初期运用
	占年均入库水量的百分比(%)	100	57.8	42.2	9.1	15.3	11.2	6.6	2.9	
1994 ~ 1999	入库水量(亿m^3)	226	124	102	25.1	36.9	25.9	14.1	7.1	汛期发电试验
	占年均入库水量的百分比(%)	100	54.9	45.1	11.1	16.3	11.5	6.2	3.1	

表 28-2　不同时段入库沙量及汛期逐月分配

时段(年)	项目	年均	非汛期	汛期	7 月	8 月	9 月	10 月	Q>3 000 m^3/s	备注
1960~1968	入库沙量(亿 t)	14.5	2.27	12.27	3.94	4.5	2.60	1.23	7.64	
	占年均入库沙量的百分比(%)	100	15.6	84.4	27.1	30.9	17.9	8.5	52.5	
1969~1986	入库沙量(亿 t)	10.9	1.79	9.08	2.57	3.79	1.82	0.90	4.11	刘家峡水库投入运用
	占年均入库沙量的百分比(%)	100	16.4	83.3	25.6	34.8	16.7	8.3	37.7	
1987~1989	入库沙量(亿 t)	8.78	1.73	7.05	2.57	3.41	0.82	0.25	2.8	龙羊峡水库蓄水运用阶段
	占年均入库沙量的百分比(%)	100	19.7	80.3	29.4	38.8	9.3	2.9	31.9	
1990~1994	入库沙量(亿 t)	8.65	2.38	6.27	1.49	3.06	1.45	0.27	2.01	龙羊峡水库初期运用
	占年均入库沙量的百分比(%)	100	27.5	72.5	17.2	35.4	16.8	3.1	23.2	
1994~1999	入库沙量(亿 t)	8.26	1.73	6.53	2.45	2.99	0.93	0.16	1.48	三门峡水库汛期发电试验
	占年均入库沙量的百分比(%)	100	20.9	79.1	29.7	36.2	11.3	1.9	17.9	

从这两个表看出：上游大型水库投入运用以来，进入下游的水沙量不断减少，且汛期、非汛期的分配也发生较大变化：①在上游没有大水库调节径流量，汛期入库水量占年水量的 60%左右，非汛期为 40%左右。②1968 年 10 月刘家峡水库投入运用，该库为不完全调节运用，每年汛期蓄水平均 27.0 亿 m^3，非汛期泄水 26.2 亿 m^3，使三门峡水库汛期入库水量减少。汛期入库水量占年水量的百分数降为 56%；非汛期水量增加，占年水量的百分数增加到 44%。③1986 ~ 1989 年为蓄水运用阶段，水库共蓄水 160 亿 m^3，使三门峡入库水量减少很多。④1990~1999 年为初期调节运用，一般为汛期蓄水，非汛期泄水，使三门峡汛期入库水量减少。1990 ~ 1994 年汛期入库水量仅占年水量的 42.2%，非汛期水量增加，占年水量的 57.8%。年内分配与刘家峡水库运用前恰好相反。汛期各月分配的变化主要发生在龙羊峡水库投入运用以后，其中 9、10 月份水量减少百分数最多。10 月份水量减少百分数达一半多。沙量的变化在年沙量减少的过程中，年内分配的变化不大，一般汛期入库沙量占年沙量的 84%左右，非汛期为 16%左右，只有 1990 ~ 1994 年间非汛期入库沙量占年沙量的百分数增加到 27.5%，这可能与 1990 年和 1991 年连续两年 6 月份出现洪水有关，这是每年的第一场洪水，含沙量高，洪水沙量多。1986 ~ 1998 年平均每年只有 3 场 $Q_m \geqslant$ 2 500 m^3/s 的洪水，年平均历时 23 d，但沙量却占汛期的 2/3 以上。因此，只要把洪水排沙处理好，汛期排沙任务就能在较短时间内完成。

表 28-1 和表 28-2 中列出了汛期入库洪水的洪峰流量大于 3 000 m^3/s 的水、沙量。根据以往的资料和经验：当入库洪水的洪峰流量大于 3 000 m^3/s 时的水量大于 50 亿 m^3 时，潼关高程在汛期才能冲刷下降；当小于 50 亿 m^3 时，潼关高程在汛期还会继续升高。从表 28-1 中可以看出：刘家峡和龙羊峡水库投入运用后，三门峡入库洪峰流量大于 3 000 m^3/s 的水、

沙量减少很多，水量减少的幅度较沙量还要大；特别是龙羊峡水库运用后，1990 年后入库洪峰流量大于 3 000 m^3/s 的水量远小于 5 亿 m^3，如此，三门峡水库汛期运用要保持潼关高程年内不升高，有很大的困难。入库水沙较大的变化，必将造成库区发生相应的淤积调整，重新塑造河床，达到与来水来沙条件相适应的新的相对平衡。

三门峡水库 9、10 月份的洪水主要来自黄河上游。在刘家峡水库投入运用后，三门峡水库 9、10 月份洪水的出现天数和水沙量明显减少。龙羊峡水库投入运用后，洪水出现的天数、水量和沙量进一步减少，特别是 10 月份三门峡水库基本上就没有洪水入库，使得三门峡水库利用洪水排沙的机会在 9 月份大量减少，10 月份和非汛期一样基本没有排沙机会。

表 28-3 为不同时段平均每年汛期入库各级流量的含沙量。可以看出：龙羊峡水库投入运用以来，加上天然来水减少，三门峡水库汛期来水来沙量均减少，但含沙量增加，特别是近些年来，高含沙量小洪水增多，沙量集中于 $Q>1\ 500$ m^3/s 的时候，而流量小于 1 500 m^3/s 出现的天数大幅度增加，约占整个汛期的 3/4，相应水量、沙量也增加，但含沙量变化大，小于 30 kg/m^3。

表 28-3　不同时段平均每年各级流量的含沙量

时段(年)	流量级(m^3/s)	天数(d)	水量(亿 m^3)	沙量(亿 t)	含沙量(kg/m^3)
1974 ~ 1985	总量(汛期)	123	236.1	8.85	37.5
	$Q\geqslant3\ 000$	30.6	106.4	4.48	42.1
	3 000 ~ 2 500	11.4	26.8	1.16	43.3
	2 500 ~ 1 500	39.3	66.9	2.33	34.8
	$Q<1\ 500$	41.7	36.1	0.907	25.1
1986 ~ 1999	总量(汛期)	123	120.4	5.83	48.4
	$Q\geqslant3\ 000$	4.4	13.9	1.46	105
	3000 ~ 2 500	4.3	10.4	0.719	69.1
	2 500 ~ 1 500	21.7	35.1	2.06	58.7
	$Q<1\ 500$	92.6	61.0	1.59	26.1

(二)水库运用对库区排沙和冲淤的影响

如上所述，入库流量大于 2 500 m^3/s 的历时短，含沙量高；流量小于 2 500 m^3/s，特别是流量小于 1 500 m^3/s 的历时长，含沙量低。水库降低水位对排沙有一定作用，但冲刷流量也有较大影响。例如，1990 年 10 月水库二期改建的深水围堰施工时，水位降得很低，水库降低水位历时 12 d，出现溯源冲刷，其冲刷过程见表 28-4。在这次降低水位冲刷过程中，虽然坝前水位由 304.13 m 降到 291.05 m，降低了约 13 m，但是，由于冲刷流量小，冲刷历时只有 5 d，在这 5 d 内，潼关来水 4.739 亿 m^3，来沙 0.128 亿 t，平均含沙量为 27 kg/m^3，库区冲刷 0.185 亿 t，冲刷量主要集中在开始的 2 ~ 3 d，占总冲刷量的 85.9% ~ 96.2%，5 d 内平均每冲刷 1 t 泥沙需耗水 25.6 m^3。

表 28-4　1990 年 10 月投入深水围堰施工时间排沙过程

日期(日)	3	4	5	6	7	8	9
坝前水位(m)	304.13	300.11	294.98	295.6	291.05	293.44	300.36
出库流量(m^3/s)	955	1 370	1 200	1 160	817	555	666
冲淤量(亿 t)	0.000 2	−0.111	−0.048	−0.019	−0.006	−0.001	0.001

再如，1994 年 8 月 1～23 日洪水期有计划地降低库水位泄洪排沙，在这时段内库区通过两次洪水过程。洪水过程中坝前水位和库区排沙情况见表 28-5。在这两次洪水冲刷过程中，由于出库流量较大，坝前水位虽较高，库区还是发生了较大的冲刷，并且冲刷时间较长，为 4～7 d，但强烈冲刷的时间也只有 3～4 d。必须指出：表中 8 月 6 日发生严重淤积，这是计算冲淤量时没有考虑洪水传递时间引起的，因为 8 月 6 日潼关洪水起涨时间早，三门峡洪水起涨时间晚，用当天输沙量计算库区的冲淤量，产生的不合理现象。为了避免这种计算的不合理现象，考虑洪水传递会得到明显的改善。但是洪水传递很复杂，故将两次洪水的计算时段适当延长，分别为 8 月 6～10 日和 8 月 14～20 日，潼关来水量分别为 13.1 亿 m^3 和 12.8 亿 m^3，来沙量分别为 2.24 亿 t 和 1.00 亿 t，平均含沙量分别为 171 kg/m^3 和 78.0 kg/m^3，坝前水位降低值分别为 11.56 m 和 7.0 m，库区冲刷量分别为 0.55 亿 t 和 0.73 亿 t，每场洪水平均冲刷 1 t 泥沙的耗水量分别为 23.9 m^3 和 17.5 m^3。表明，洪水期降低库水位，即使来水含沙量很高，也不仅可以将洪水挟带的大量泥沙排出库外，还可以把库区前期淤积的泥沙冲出库外，其冲刷效果比小流量、低含沙量时要好得多，可大大节省输沙耗水量。小流量过程在坝前水位大幅度下降的情况下，虽然可以发生溯源冲刷，但冲刷作用较小，主要限于近坝区，而且输沙耗水量大；同时，如果库水位稍有上升，库区即由冲刷转为淤积。因此，对库区排沙来说，应该充分利用洪水期降低库水位造成强烈冲刷，进行排沙，可以在较短时间内取得较好的排沙效果；平水期由于流量小，排沙作用不大，来水含沙量又小，可以适当抬高库水位。

表 28-5　1994 年 8 月 5～22 日洪水过程中库区排沙情况

日期(日)	5	6	7	8	9	10	11	12	13
坝前水位(m)	302.48	305.04	307.55	300.45	297.63	295.99	300.11	304.47	302.20
出库流量(m^3/s)	889	3 120	5 070	2 370	1 600	1 850	1 670	3 230	2 890
冲淤量(亿 t)	−0.000 5	0.386 2	−0.485 6	−0.243 7	−0.105 4	−0.105 4	0.055 3	0.206 5	0.062 2
日期(日)	14	15	16	17	18	19	20	21	22
坝前水位(m)	304.79	302.16	298.02	299.03	301.58	301.58	297.79	299.69	301.98
出库流量(m^3/s)	3 400	2 830	1 890	1 550	1 910	1 630	1 580	1 670	1 410
冲淤量(亿 t)	−0.283 4	−0.275 6	−0.084 7	−0.029 5	−0.009 0	−0.041 6	−0.007 1	0.009 3	0.009 0

三门峡水库蓄清排浑运用的 1974～1985 年期间库区基本冲淤平衡。也就是说，汛期

四个月，可以把全年入库的泥沙排到水库下游。为此，我们统计分析了汛期不同流量时的水库排沙作用。表 28-6 为 1974 ~ 1985 年汛期不同流量时的水库冲刷量和冲刷强度。可以看出：流量小于 1 500 m^3/s 出现的天数占汛期总天数的 33.9%，库区冲刷强度均小于汛期平均冲刷强度，冲刷沙量仅占汛期冲刷量的 15%；流量大于 4 500 m^3/s 时，由于水库壅水，库区还发生了一定的淤积；流量在 1 500 ~ 4 500 m^3/s 时，库区的冲刷强度均大于汛期平均冲刷强度，冲刷量大于汛期冲刷量。

表 28-6　1974 ~ 1985 年汛期不同流量级的水库冲刷强度

流量级(m^3/s)	出现天数		冲刷沙量		冲刷强度	
	(d)	占总天数的百分数	(亿 t)	占总冲刷量的百分数	(亿 t/d)	占合计百分数
<500	2.3	1.8	–0.001	—	–0.000 3	1.9
500 ~ 1 000	16.7	13.6	–0.055	2.8	–0.003 3	20.9
1 000 ~ 1 500	22.8	18.5	–0.247	12.7	–0.010 8	68.4
1 500 ~ 2 000	20.9	17.0	–0.466	23.9	–0.223 0	1 411
2 000 ~ 2 500	18.4	14.9	–0.356	18.3	–0.019 3	122.2
2 500 ~ 3 000	11.4	9.3	–0.583	29.9	–0.051 0	322.8
3 000 ~ 3 500	9.5	7.7	–0.326	16.7	–0.034 3	217.1
3 500 ~ 4 000	8.8	7.2	–0.202	10.4	–0.023 0	145.6
4 000 ~ 4 500	6.4	5.2	–0.206	10.6	–0.032 1	203.2
>4 500	5.9	4.8	0.493	–25.3	0.083 3	–527.2
合计	123	100	–1.949	100		

由 1992 年 10 月 ~ 1993 年 10 月运用年内库区泥沙冲淤分布结果看，非汛期水库蓄水运用，平均库水位 314.67 m，最高库水位 321.61 m，库水位超过 320 m 的天数为 34 天，为水库蓄清排浑运用以来运用水位较低、高水位运用时间较短的一年；库区淤积 1.967 亿 m^3，却是水库蓄清排浑运用以来淤积最多的一年。由于水库运用水位较低，高水位运用历时短，泥沙淤积部位靠近坝前，北村以下的淤积量达 1.034 亿 m^3，占潼关以下库区总淤量的 52.6%，北村—大禹渡河段淤积 0.707 亿 m^3，占 35.9%，大禹渡以下的淤积量占潼关以下库区总淤积量的 88.5%。大禹渡—坫垮河段淤积 0.197 亿 m^3，占 10.0%，坫垮—潼关河段淤积 0.029 亿 m^3，占 1.5%，其中大禹—潼关河段的淤积量是水库蓄清排浑运用以来较少的年份之一。汛期 7、8 月份泄洪排沙运用，平均库水位 300.89 m(其中有 27 d 库水位低于 300 m)，该时段入库水量 83 亿 m^3，其中洪水期水量占 55.8%，库区冲刷 1.8 亿 m^3，大禹渡以下冲刷 1.69 亿 m^3，几乎将非汛期库区淤积的泥沙全部冲出库外。

根据实测断面资料计算，8 月 25 日之后库水位 305 m 以下的库容为 0.59 亿 m^3，至 10 月 4 日库水位继续抬高，北村以下受回水影响，淤积 0.38 亿 m^3，北村以上未受回水影响，河床继续冲刷，潼关—北村河段在前期冲刷基础上，又冲刷 0.24 亿 m^3。这就表明，汛期洪水期降低库水位，库区发生强烈的溯源冲刷；在溯源冲刷过程中，不断向上游发展，而后抬高库水位到 305 m 时，回水范围内泥沙淤积；在淤积过程中，一方面向坝前发展，一方面向上游发展，形成溯源淤积，在淤积范围以上还继续发生冲刷。库区泥沙冲淤变化的范围一般在北村以下。

综上所述，三门峡水库来水来沙的特点：洪水沙多、平水沙少；近期洪水次数、天数、水量骤减，沙量更集中于洪水期。三门峡水库的排沙特点是：大水冲刷强度大(即使含沙量高)，并且降低坝前水位，可以在短时间内取得很好的排沙效果；而在小水期，水流冲刷能力弱，即使降低库水位排沙也只能局限于坝前小范围内，当然淤积向上游的发展也较为缓慢。整体看，三门峡库区泥沙冲淤随着来水来沙条件的变化发生调整，既能在高水位时出现大的淤积，又会在低水位时发生大的冲刷。

(三)1993 年以来潼关高程变化

此时段内的来水来沙仍属枯水枯沙系列。从表 28-7 可以看出，汛期来水量不断减少，其水量均在 135 亿 m^3 以下，最大为 1994 年汛期水量 133.4 亿 m^3。1997 年、1998 年和 1999 年 3 年更为特殊，在这连续 3 年中，汛期来水量分别为 55.53 亿、85.9 亿 m^3 和 97.0 亿 m^3，连续 3 年出现汛期水量不超过 100 亿 m^3 的枯水时段，历史上并不多见，3 年汛期水量为历史最小值(在历史上只有 1928 年陕西县站汛期水量为 97.8 亿 m^3)。汛期大于 3 000 m^3/s 流量洪水水量及天数的减小也更为明显，1999 年汛期的最大洪峰流量只有 2 950 m^3/s(1999 年 7 月 25 日)。资料分析表明，潼关河床的冲刷主要靠大于 3 000 m^3/s 流量的洪水，而大于 3 000 m^3/s 洪水减少，就意味着冲刷潼关河床的机遇减少。

表 28-7　汛期潼关水、沙特征值及潼关高程变化

时段(年·月)	年平均		汛期平均		汛期洪峰水量(亿 m^3)	$Q>3\ 000\ m^3/s$		汛期潼关高程的升降值(m)
	水量(亿 m^3)	沙量(亿 t)	水量(亿 m^3)	沙量(亿 t)		水量(亿 m^3)	天数(d)	
1993.11 ~ 1994.10	297.00	12.40	133.40	10.30	37.10			–0.260
1994.11 ~ 1995.10	239.70	8.52	116.40	7.03	47.70	5.30	2.0	+0.160
1995.11 ~ 1996.10	252.6	11.91	126.50	9.87	47.20	10.60	3.0	–0.350
1996.11 ~ 1997.10	160.70	5.85	55.53	4.37	10.20	3.10	1.0	–0.350
1997.11 ~ 1998.10	193.00	6.64	85.90	4.37	38.80	4.00	2.0	–0.120
1998.11 ~ 1999.10	217.50	5.36	97.00	3.70	25.60	0	0	–0.310

该时段非汛期水库运用水位进一步降低，最高运用水位在 322.66 ~ 320.78 m 之间变化，6 年中只有 1993 年和 1997 年水位超过 322 m，其天数分别为 9 d 和 17 d，非汛期的大部分时间，库水位在 320.78 ~ 321.81 m 之间变化。表明，坫埼以上库段不受水库蓄水淤积的影响，潼关—坫埼河段属于畅流天然状态，该河段及潼关河床的冲淤主要受来水来沙条件影响。

自 1994 年汛期以来，汛期水库运用的特点是汛初洪水到来之前及汛期平水期，水库控制 305 m 水位运用，汛期洪峰期间降低水位排沙，其排沙期库水位由前期的 303 ~ 300 m，降至 300 ~ 298 m。此时期，潼关高程升高 0.34 m(见表 28-8)，年均升高 0.06 m，其中非汛期年升高 0.262 m，汛期年均下降 0.205 m。

表 28-8　1993～1999 年潼关高程

时段(年)	潼关高程(m)			高差(m)	
	汛期	汛后	非汛期	汛期	运用年
1993	327.78	327.78	0.48	0.00	0.48
1994	327.95	327.69	0.17	–0.26	–0.09
1995	328.12	328.28	0.43	0.16	0.59
1996	328.42	328.07	0.14	–0.35	–0.21
1997	328.40	328.05	0.33	–0.35	–0.02
1998	328.40	328.28	0.35	–0.12	0.23
1999	328.43	328.12	0.15	–0.31	–0.16

第二节　典型系列与东庄水库调水调沙运用条件下渭河下游冲淤预测

一、典型水沙时段渭河下游冲淤计算

本次计算所采用的典型水沙时段为 1954 年 10 月～1956 年 6 月、1959 年 10 月～1961 年 6 月两个时段。各时段水沙量列于表 28-9。计算初始地形边界条件为 1999 年地形。模型计算河段为咸阳—陈村。出口边界采用 1999 年陈村水位流量关系控制。

由两时段水沙量对比可知，1954 年 10 月～1956 年 6 月时段渭河下游来水量较 1959 年 10 月～1961 年 6 月时段相比多了 36.46 亿 m^3，沙量多了 1.20 亿 t，因此，前一时段水量明显偏丰，计算得渭河下游共冲刷 0.277 亿 m^3，咸阳—临潼、临潼—华县两河段分别冲刷了 0.069 亿、0.254 亿 m^3，而华县—陈村河段由于陈村水位较高，河道淤积了 0.046 亿 m^3。1959 年 10 月～1961 年 6 月时段由于水量偏枯，全下游仅冲刷了 0.026 亿 m^3，咸阳—临潼河段淤积 0.031 亿 m^3，临潼—华县河段表现为冲刷，冲刷了 0.108 亿 m^3，华县—陈村河段淤积了 0.051 亿 m^3。计算结果列于表 28-10。

表 28-9　典型时段水沙量统计

时段(年・月)	水量(亿 m^3)			沙量(亿 t)		
	咸阳	张家山	咸阳+张家山	咸阳	张家山	咸阳+张家山
1954.10～1956.6	66.93	17.31	84.24	1.72	1.67	3.39
1959.10～1961.6	30.47	9.87	40.34	0.97	1.28	2.19

表 28-10　典型时段渭河下游河道冲淤量计算成果　(单位：亿 m^3)

时段(年・月)	咸阳—陈村	咸阳—临潼	临潼—华县	华县—陈村
1954.10～1956.6	–0.277	–0.069	–0.254	0.046
1959.10～1961.6	–0.026	0.031	–0.108	0.051

二、东庄水库调水调沙运用三年系列渭河下游冲淤预测

(一)计算的条件

计算初始地形仍采用 1990 年实测地形。其中，泾河 1990 年 5 月 23 日 ~ 1992 年 6 月 30 日的水沙过程仍采用天然实测水沙过程；1992 年 7 月 1 日 ~ 1995 年 6 月 30 日泾河入渭水沙过程，根据有关部门提出的东庄水库调水调沙运用方案，采用第十八章第二节模型验证时段 1992 年 7 月 1 日 ~ 1995 年 6 月 30 日泾河天然来水来沙过程，经过东庄水库调节后的水沙系列作为计算水沙条件。水库调节后的出库水量为 17.466 亿 m^3，进入渭河下游的水量较天然情况减少了 16.314 亿 m^3；来沙量为 6.981 亿 t，较天然情况减少了 0.815 亿 t。不同时段水沙变化情况列于表 28-11。

表 28-11　东庄水库调水调沙运用出库水沙量统计

时　段 (年・月・日)	出库水沙量		天然河道水沙量		天然–出库	
	水量(亿 m^3)	沙量(亿 t)	水量(亿 m^3)	沙量(亿 t)	水量(亿 m^3)	沙量(亿 t)
1992.7.1 ~ 1992.9.8	6.125	2.991	8.75	3.075	2.625	0.084
1992.9.9 ~ 1993.5.9	0.631	0.012	5.21	0.026	4.579	0.014
1993.5.10 ~ 1993.9.22	3.115	0.975	5.98	1.191	2.865	0.216
1993.9.23 ~ 1994.5.22	0.219	0.002	4.43	0.044	4.211	0.042
1994.5.23 ~ 1994.11.10	7.376	3.001	8.13	3.455	0.754	0.454
1994.11.11 ~ 1995.6.30	0.000	0.000	1.28	0.005	1.28	0.005
1992.7.1 ~ 1995.6.30	17.466	6.981	33.78	7.796	16.314	0.815

(二)计算结果及其对比

根据上述计算条件，计算结果列于表 28-12。由此可知，东庄水库调水调沙运用后的 3 年中，渭河下游共淤积 0.608 9 亿 m^3，其中咸阳—临潼河段淤积 0.022 0 亿 m^3，临潼—华县河段淤积 0.161 5 亿 m^3，华县—陈村河段淤积 0.425 5 亿 m^3，分别占总淤积量的 3.6%、26.5%、69.9%。

表 28-12　东庄水库调水调沙运用方案渭河下游河道冲淤量计算结果　　(单位：亿 m^3)

时段(年・月・日)	咸阳—临潼	临潼—华县	华县—陈村	咸阳—陈村
1992.5.19 ~ 1992.9.8	0.013 0	0.219 4	0.245 1	0.477 3
1992.9.8 ~ 1993.5.9	0.006 5	–0.081 4	–0.076 2	–0.151 1
1993.5.9 ~ 1993.9.22	0.000 5	–0.105 7	–0.092 1	–0.197 3
1993.9.22 ~ 1994.5.22	–0.013 8	–0.023 0	0.019 1	–0.016 7
1994.5.22 ~ 1994.11.10	0.032 4	0.159 9	0.324 0	0.516 3
1994.11.10 ~ 1995.5.26	–0.017 5	–0.007 7	0.005 7	–0.020
1992.5.19 ~ 1995.5.26	0.022 0	0.161 5	0.425 5	0.608 9

与前述数学模型验证结果对比，东庄水库调水调沙运用后，渭河下游河道将减淤 0.202 1 亿 m^3，其中咸阳—临潼、临潼—华县、华县—陈村 3 个河段减淤量分别为 0.041 5 亿、0.125 6 亿、0.034 9 亿 m^3。从淤积分布上看，天然情况下，3 个河段的淤积量占总淤积量的百分比分别为 7.8%、35.4%、56.8%。由此可以看出，东庄水库调水调沙运用，渭河下游河道的减淤量主要是在咸阳—华县河段。

为了探索泾河东庄水库调水调沙运用后渭河下游河道冲淤变化的原因，我们统计了计算时段内东庄水库出库水沙组合情况(见表 28-13)。

与天然实测情况相比，虽然出库水量大幅度削减，而沙量减少较小，水沙过程发生了明显变化。其主要特点是将对渭河下游河道造床作用很小的非汛期小流量和可能造成河床淤积的小水大沙型小流量过程拦蓄起来，通过水库的调节，塑造出较大的出库流量过程进入渭河下游河道，以提高其输沙能力。在 1992 年 7 月 1 日 ~ 1995 年 6 月 30 日的 3 年时间里，水库拦水不下泄的时间长达 1 043 d，流量小于 100 m^3/s 的时间为 20 d，比天然实测少了 1 012 d，平均流量由 19.76 m^3/s 增大到 39.26 m^3/s，平均含沙量由 49.13 kg/m^3 降低到 27.46 kg/m^3；流量介于 100 m^3/s 与 300 m^3/s 之间的天数由天然实测的 47 d 减少到 12 d，平均流量由 167.55 m^3/s 增大到 178.2 m^3/s，平均含沙量由 276.90 kg/m^3 降低到 214.9 kg/m^3；输沙能力较强的流量大于 600 m^3/s 的天数由天然实测的 7 d 增大到 13 d。

另一方面，张家山站来水量仅占渭河下游来水量的 18.7%，泾河来水减少量相对于渭河下游来水量而言，减少幅度较小，对输沙影响相对不大。因此，经东庄水库调水调沙运用后，渭河下游河道减淤是必然的。

表 28-13　东庄水库调水调沙运用方案出库水沙情况统计

时段(年·月·日)	Q=0的天数(d)	$Q\leq100$ m^3/s			100 $m^3/s<Q\leq300$ m^3/s			300 $m^3/s<Q\leq600$ m^3/s			600 $m^3/s<Q\leq1\ 000$ m^3/s			$Q>1\ 000$ m^3/s		
		天数(d)	平均流量(m^3/s)	平均含沙量(kg/m^3)	天数(d)	平均流量(m^3/s)	平均含沙量(kg/m^3)	天数(d)	平均流量(m^3/s)	平均含沙量(kg/m^3)	天数(d)	平均流量(m^3/s)	平均含沙量(kg/m^3)	天数(d)	平均流量(m^3/s)	平均含沙量(kg/m^3)
1992.7.1 ~ 1992.9.8	58	3	59.13	94.81	2	136.2	148.7	3	456.5	387.4	1	927	599.0	3	1 447	533.9
1992.9.9 ~ 1993.5.9	236	3	60.0	4.07	4	137.5	23.62	0	0	0	0	0	0	0	0	0
1993.5.10 ~ 1993.9.22	124	5	28.22	1.45	4	221.8	179.9	1	316	369.4	1	980.5	311.7	1	1 280	426.8
1993.9.23 ~ 1994.5.22	234	8	31.70	9.27	0	0	0	0	0	0	0	0	0	0	0	0
1994.5.23 ~ 1994.11.10	159	1	33.2	46.92	2	214.5	574.4	3	335	687.7	5	766.0	196.2	2	1 619	553.2
1994.11.11 ~ 1995.6.30	232	0	0	0	0	0	0	0	0	0	0	0	0	0	0	0
1992.7.1 ~ 1995.6.30	1 043	20	39.26	27.46	12	178.2	214.9	7	384.4	494.1	7	819.6	281.0	6	1 477	525.5

第三节　50 年设计系列东庄水库运用对渭河下游及三门峡库区冲淤影响

一、模型计算概况

(一)模型计算边界条件

模型计算采用的初始地形边界条件如下：

(1)上边界为东庄水库下泄水沙过程线及咸阳站水沙过程线；下边界为三门峡坝前控制水位；

(2)洛河、南山支流按旁侧入流考虑，后者考虑各河段南山支流汇入渭河的流量过程；

(3)北干流在计算中考虑潼关高程下降后，对北干流比降及输沙量的影响；

(4)长系列计算的初始断面采用 1999 年实测大断面。

至于考虑东庄水库调节后出库泥沙级配的变化，按照张仁教授建议，根据黄河三门峡水库运用的经验，参照如下水库分组泥沙排沙比与全沙排沙比的平均关系(粒径计法颗粒分析)确定，如表 28-14 所示。

表 28-14　水库分组泥沙排沙比与全沙排沙比关系

全沙排沙比(%)	0	3	10	20	30	50	70	85	100	120	150	200	250	300	400
细沙(d<0.025 mm)排沙比(%)	0	12	30	49	62	79	90	96	100	109	126	159	197	242	353
中沙(d=0.025 ~ 0.05 mm)排沙比(%)	0	2	6	14	22	40	65	83	100	124	158	214	269	326	440
粗沙(d>0.05 mm)排沙比(%)	0	0	1	3	8	21	41	65	100	136	180	238	288	333	396

(二)设计水沙系列特征

1. 设计水沙系列简介

该系列为 1950 ~ 1974 年翻番 50 年水沙系列，包括未建东庄水库和东庄水库运用两种情况。

(1)泾河：1950 ~ 1974 年采用 2010 水平年东庄水库出库水沙资料，包括有库、无库的下泄水沙过程线，汛期按日计，非汛期按月计。

(2)渭河：咸阳站采用 2000 年设计水平 1950 ~ 1974 年水沙系列。

(3)北干流：采用黄河小浪底水库设计水平年的 1950 ~ 1974 年系列资料，并按最新设计系列年的资料进行适当修正。

(4)北洛河：采用 1950 ~ 1974 年实测水沙系列。

按照设计单位要求，对南山支流的来水，按 14.0 亿 m^3 考虑，其中汛期占 62%，非汛期 38%，分渭南以上、渭南至华县、华县至华阴三处入渭。

(5)泾惠渠引水、引沙资料由陕西省水利厅提供，列于表 28-15。东庄水库运用方案 50 年系列中咸阳站的水沙过程与不建东庄水库时的方案完全相同。

表 28-15　张家山渠首引水量统计(2015 年水平年，*P*=75%)

时间(月·日)	天数	引水流量(m^3/s)	时间(月·日)	天数	引水流量(m^3/s)
11.11 ~ 11.30	20	0.867	4.30 ~ 5.1	2	23.955
12.1 ~ 12.10	10	30.92	5.2 ~ 5.10	9	23.452
12.11 ~ 12.20	10	30.053	5.11 ~ 5.19	9	6.949
12.21 ~ 12.30	10	23.104	5.21 ~ 5.25	5	6.949
1.1 ~ 1.20	20	18.24	5.26 ~ 5.30	5	12.378
2.19	1	6.949	6.1 ~ 6.19	19	47.99
2.20 ~ 02.28	9	9.858	6.20	1	46.904
2.29 ~ 02.30	2	2.909	6.21 ~ 6.30	10	6.949
3.1 ~ 03.10	10	27.23	7.1 ~ 7.10	10	9.772
3.11 ~ 03.19	9	26.709	7.11 ~ 7.20	10	45.166
3.20 ~ 03.30	11	24.321	7.21 ~ 7.25	5	37.348
4.1 ~ 04.10	10	1.303	7.26 ~ 7.30	5	38.434
4.11 ~ 04.20	10	25.298	8.1 ~ 8.10	10	26.926
4.21 ~ 04.25	5	32.247	8.11 ~ 8.19	9	37.35
4.26 ~ 04.29	4	30.944	8.20 ~ 8.30	11	1.086

注：①过程线为泾惠渠灌区张家山渠首农作物灌溉需水量引水过程线，与张家山站来水过程对应扣水后，剩余水量即作为张家山(二)站下泄水沙过程；
②当张家山来水过程含沙量大于 10%时，灌区不再引水(即不扣水)。

2. 不建水库时 50 年水沙系列特点

对于设计的 50 年系列，咸阳来水来沙过程前 25 年与后 25 年相同现状条件下张家山站水沙过程前 25 年与后 25 年也完全相同。

1)咸阳站水沙特点

表 28-16 统计了现状方案条件下咸阳站水量、沙量。25 年中咸阳站总来水量为 815.60 亿 m^3，年均来水量为 32.62 亿 m^3；总来沙量为 28.42 亿 t，年均来沙量为 1.14 亿 t；水流平均含沙量为 34.95 kg/m^3。其中，最大年水量达 74.76 亿 m^3(第 15 年)，为年平均来水量的 2.29 倍。最小年水量为 5.09 亿 m^3(第 22 年)，仅为年均来水量的 0.16 倍，最大年水量为最小年水量的 14.69 倍；最大年沙量为 2.67 亿 t(第 17 年)，为年平均沙量的 2.34 倍，最小年沙量为 0.05 亿 t，为年平均沙量的 0.04 倍，年最大来沙量为年最小来沙量的 53.4 倍。

25 年系列中，咸阳站出现洪峰流量 2 000 m^3/s 以上洪水的年份为 4 年，其中大于 3 000 m^3/s 的洪水为 3 年，最大洪峰流量为 3 326 m^3/s(第 19 年)，最大含沙量为 589 kg/m^3(第 20 年)。

2)张家山(二)站水沙特点

表 28-17 统计了现状条件下张家山(二)站的水、沙量。25 年中，张家山(二)站总来水量为 255.29 亿 m^3，年均来水量为 10.21 亿 m^3，总来沙量为 53 亿 t，年均来沙量为 2.14 亿 t，水流平均含沙量为 209.6 kg/m^3。其中，最大年水量为 28.92 亿 m^3(第 15 年)，为年平均水量的 2.83 倍，最小年来水量为 1.92 亿 m^3(第 23 年)，为年平均来水量的 0.19 倍，年最大来水量为年最小来水量的 15.06 倍。最大年来沙量为 6.00 亿 t(第 15 年)，为年平均来沙量的 2.80 倍，最小来沙量为 0.24 亿 t (第 23 年)，为年平均来沙量的 0.11 倍，最大来沙量为最小来沙量的 25 倍。

表 28-16　不建水库时 50 年系列咸阳站水沙特征值

序号	水沙系列年份	水量(亿 m^3)	沙量(亿 t)	最大流量(m^3/s)	最大含沙量(kg/m^3)	平均流量(m^3/s)	平均含沙量(kg/m^3)
第 1 年	1950	20.87	0.71	322.82	337	66.18	34.14
第 2 年	1951	28.98	0.54	1 326.09	92	91.63	18.68
第 3 年	1952	34.99	0.53	1 802.52	81	110.95	15.25
第 4 年	1953	17.12	0.42	588.76	287	54.30	24.25
第 5 年	1954	39.02	1.83	3 082.94	260	123.72	46.84
第 6 年	1955	52.34	1.65	1 993.42	288	165.50	31.49
第 7 年	1956	36.87	1.19	1 757.00	299	116.90	32.33
第 8 年	1957	14.92	0.35	1 554.96	186	47.31	23.12
第 9 年	1958	50.36	1.56	3 173.40	233	159.68	30.96
第 10 年	1959	14.59	1.44	922.24	379	46.14	98.91
第 11 年	1960	25.81	0.87	627.49	468	81.83	33.78
第 12 年	1961	39.10	1.12	637.18	113	123.99	28.69
第 13 年	1962	49.99	1.31	1 349.15	353	158.52	26.23
第 14 年	1963	53.53	0.80	1 062.40	240	169.27	14.92
第 15 年	1964	74.76	2.17	2 205.07	525	237.06	29.07
第 16 年	1965	12.56	0.58	500.64	519	39.84	46.22
第 17 年	1966	48.72	2.67	1 980.00	370	154.49	54.77
第 18 年	1967	44.91	1.37	1 161.10	252	142.01	30.45
第 19 年	1968	55.38	2.11	3 326.40	584	175.62	38.05
第 20 年	1969	18.47	0.54	315.17	589	58.57	29.29
第 21 年	1970	34.08	2.16	1 696.90	437	108.07	63.52
第 22 年	1971	5.09	0.05	97.86	223	16.11	10.48
第 23 年	1972	7.42	0.27	329.68	152	23.53	35.97
第 24 年	1973	22.09	2.04	1 042.10	554	70.04	92.18
第 25 年	1974	13.64	0.14	693.42	119	43.26	10.12

表 28-17　不建水库时 50 年系列张家山(二)站水沙特征值

序号	水沙系列年份	水量(亿 m³)	沙量(亿 t)	最大流量(m^3/s)	最大含沙量(kg/m^3)	平均流量(m^3/s)	平均含沙量(kg/m^3)
第 1 年	1950	11.33	2.77	1 529.42	590.92	35.94	244.77
第 2 年	1951	3.87	0.41	205.40	527.80	12.22	105.46
第 3 年	1952	6.05	0.69	190.84	706.41	19.20	113.78
第 4 年	1953	4.66	1.21	395.64	947.56	14.77	260.54
第 5 年	1954	10.43	1.93	1 808.86	687.64	33.06	185.21
第 6 年	1955	9.64	1.76	551.19	655.90	30.48	182.14
第 7 年	1956	10.95	2.94	1 329.53	792.02	34.73	268.46
第 8 年	1957	4.10	1.11	526.93	561.76	13.01	271.33
第 9 年	1958	16.86	4.57	1 251.56	718.37	53.45	270.99
第 10 年	1959	7.80	1.98	692.76	1 059.28	24.67	381.43
第 11 年	1960	5.29	1.21	1 065.34	578.31	16.77	227.98
第 12 年	1961	11.37	1.03	575.11	756.88	36.06	90.91
第 13 年	1962	9.90	1.55	409.00	853.33	31.40	156.93
第 14 年	1963	10.82	1.07	267.03	841.00	34.21	99.13
第 15 年	1964	28.92	6.00	1 677.12	926.50	91.71	207.60
第 16 年	1965	3.70	0.90	140.48	696.94	11.72	243.95
第 17 年	1966	25.50	5.03	3 265.15	953.88	80.87	197.42
第 18 年	1967	8.11	0.89	499.92	1 014.10	25.64	109.76
第 19 年	1968	16.81	2.74	903.94	878.82	53.30	162.83
第 20 年	1969	6.64	1.41	513.74	685.18	21.06	212.55
第 21 年	1970	15.49	3.83	1 246.25	858.69	49.11	247.57
第 22 年	1971	5.09	1.23	936.68	897.58	16.09	241.69
第 23 年	1972	1.92	0.24	128.14	1 283.68	6.08	127.00
第 24 年	1973	14.00	4.79	2 201.36	831.20	44.38	342.61
第 25 年	1974	6.05	1.17	375.82	946.46	19.19	192.79

25 年系列中, 张家山(二)站出现洪峰流量大于 1 500 m^3/s 的洪水共 5 年,其中大于 3 000 m^3/s 的洪水有 1 年，最大洪峰流量 3 265 m^3/s(第 17 年)，最大含沙量高达 1 284 kg/m^3(第 23 年)。

3)现状条件下渭河下游河道来水来沙特点

咸阳站水沙与张家山(二)站水沙相加，即可认为是渭河下游的来水来沙，现将水沙量统计结果列于表 28-18。25 年内，渭河下游总来水量为 1 070.86 亿 m^3，年均来水量为 42.84 亿 m^3，总来沙量为 81.9 亿 t，年均沙量为 3.28 亿 t，来水平均含沙量为 76.6 kg/m^3。其中，年最大来水量为 103.68 亿 m^3(第 15 年),为年平均来水量的 2.42 倍,年最小来水量为 9.34 亿 m^3(第 23 年)，为年平均来水量的 0.22 倍，年最大来水量为年最小来水量的 11.1 倍。年最大来沙量为 8.18 亿 t(第 15 年)，为年平均来沙量的 2.49 倍，年最小来沙量为 0.51 亿 t(第

表 28-18　不建水库时咸阳+张家山(二)50 年系列的来水来沙特征

序号	水沙系列年份	水量(亿 m^3)	沙量(亿 t)	最大流量(m^3/s)	最大含沙量(kg/m^3)	平均流量(m^3/s)	平均含沙量(kg/m^3)	张家山(二)水量所占百分比(%)	张家山(二)沙量所占百分比(%)
第 1 年	1950	32.20	3.49	1 665.59	102.12	476.96	108.26	35.19	79.37
第 2 年	1951	32.84	0.95	1 531.49	103.86	216.81	28.89	11.78	43.16
第 3 年	1952	41.04	1.22	1 882.40	130.14	297.09	29.79	14.74	56.56
第 4 年	1953	21.78	1.63	767.71	69.06	922.48	74.77	21.40	74.23
第 5 年	1954	49.44	3.76	3 858.98	156.78	416.16	76.02	21.10	51.33
第 6 年	1955	61.97	3.40	2 125.28	195.98	549.79	54.92	15.56	51.76
第 7 年	1956	47.82	4.13	2 488.97	151.63	508.61	86.41	22.90	71.19
第 8 年	1957	19.02	1.46	1 617.24	60.32	329.12	76.64	21.56	76.03
第 9 年	1958	67.21	6.13	3 584.73	213.14	564.06	91.16	25.09	74.55
第 10 年	1959	22.39	4.42	966.39	70.80	631.38	197.34	34.84	67.42
第 11 年	1960	31.10	2.08	1 692.83	98.60	537.42	66.81	17.00	58.17
第 12 年	1961	50.47	2.16	878.31	160.04	657.68	42.70	22.53	47.68
第 13 年	1962	59.89	2.86	1 685.17	189.92	694.20	47.84	16.53	54.20
第 14 年	1963	64.35	1.87	1 252.09	203.48	538.62	29.08	16.81	57.22
第 15 年	1964	103.68	8.18	2 676.80	328.77	644.67	78.87	27.89	73.35
第 16 年	1965	16.26	1.48	641.12	51.56	557.99	91.16	22.76	60.81
第 17 年	1966	74.22	7.70	3 544.06	235.35	643.91	103.78	34.36	65.32
第 18 年	1967	53.02	2.26	1 281.42	167.66	622.61	42.58	15.30	39.38
第 19 年	1968	72.19	4.84	3 888.66	228.92	577.13	67.10	23.29	56.60
第 20 年	1969	25.11	1.95	551.93	79.63	576.33	77.76	26.44	72.31
第 21 年	1970	49.57	6.00	2 459.42	157.18	499.61	121.03	31.25	63.83
第 22 年	1971	10.18	1.28	937.63	32.20	894.65	126.02	50.00	96.09
第 23 年	1972	9.34	0.51	391.63	29.61	1 117.90	54.66	20.56	47.06
第 24 年	1973	36.08	6.83	3 243.46	114.42	704.03	189.31	38.80	70.13
第 25 年	1974	19.69	1.30	767.80	62.45	860.77	66.25	30.73	90.00

23 年)，为年平均来沙量的 0.16 倍，年最大来沙量为年最小来沙量的 16 倍。从张家山(二)站来水来沙量占渭河下游来水来沙量比例看，来水量最大占 50%(第 22 年)，最小占 11.78%(第 2 年)，平均为 23.84%；来沙量最大占 96.09%(第 22 年)，最小占 39.38%(第 18 年)，平均为 65.30%。

25 年水沙系列中，渭河下游大于 2 000 m^3/s 洪水的年份为 9 年，其中出现 3 000 m^3/s 以上洪水的有 5 年，最大洪峰流量为 3 889 m^3/s(第 19 年)，最大平均流量为 1 118 m^3/s(第 23 年)。

(三)模型计算方案

根据东庄水库运行方式及三门峡坝前控制水位，提出如表 28-19 所示的东庄水库与三门峡水库联合运行组合方案。其中，东庄水库库容为 26 亿 m^3；三门峡水库坝前水位，按非汛期与汛期分别考虑，在非汛期，坝前最高水位分别采用 305、310、315 m 3 种方案计算，最高水位下的坝前水位过程由北干流、渭河、北洛河的实测径流过程推算，在汛期，按坝前水位 305 m 和敞泄两种方案计算。50 年泾河来水来沙系列，经东庄水库调节后，多年平均水量为 8.93 亿 m^3，沙量为 1.78 亿 t，分别比不建水库时少了 1.27 亿 m^3、0.34 亿 t。

表 28-19　东庄水库与三门峡水库联合运用方案

方案	东庄水库库容(亿 m^3)	三门峡控制水位(m)		泄流规模
		汛期	非汛期	
1	26.0	305	315	现状加机组
2	26.0	305	310	现状加机组
3	26.0	敞泄	310	现状加机组
4	26.0	敞泄	305	现状加机组

注：泄流规模中机组泄量，310 m 水位以下按 3×5 万 kW 考虑；310 m 以上按 3×5 万 kW+1×7.5 万 kW 考虑。

二、设计系列方案 1 计算结果

(一)设计系列方案 1 不修建水库时计算结果

方案 1 无东庄水库时数模计算结果列于表 28-20。可以看出，咸阳—三门峡大坝共淤积

表 28-20　设计系列/305/315/方案无东庄水库时冲淤量计算结果　(单位：亿 m^3)

时段	渭淤 37—渭淤 26	渭淤 26—渭淤 10	渭淤 10—潼关	潼关—黄淤 31	黄淤 31—黄淤 22	黄淤 22—三门峡大坝	渭淤 37—潼关	潼关—三门峡大坝	渭淤 37—三门峡大坝
1～5 年	0.068	0.376	0.832	0.155	0.038	0.173	1.276	0.365	1.641
6～10 年	0.054	0.529	1.126	0.155	0.059	0.090	1.709	0.304	2.012
11～15 年	0.016	0.400	0.776	0.045	0.022	0.112	1.192	0.179	1.371
16～20 年	0.046	0.528	0.459	0.041	–0.010	0.123	1.032	0.154	1.186
21～25 年	0.047	0.362	0.112	–0.008	–0.006	0.172	0.521	0.158	0.679
26～30 年	0.106	0.413	0.318	0.067	0.040	0.196	0.837	0.302	1.139
31～35 年	0.129	0.247	0.458	0.110	0.026	0.113	0.834	0.249	1.084
36～40 年	–0.002	–0.022	0.218	0.017	–0.009	0.110	0.195	0.118	0.313
41～45 年	–0.023	0.039	0.063	0.002	–0.028	0.110	0.079	0.084	0.163
46～50 年	0.000	–0.025	–0.023	–0.053	–0.022	0.151	–0.047	0.076	0.029
1～25 年	0.230	2.195	3.305	0.387	0.103	0.669	5.729	1.160	6.889
26～50 年	0.211	0.653	1.034	0.144	0.007	0.679	1.898	0.830	2.728
1～50 年	0.441	2.848	4.339	0.531	0.110	1.348	7.627	1.989	9.617

泥沙 9.617 亿 m^3。其中，咸阳—潼关河段淤积 7.627 亿 m^3，占总淤积量的 79.3%；潼关—大坝段淤积 1.989 亿 m^3，占总淤积量的 20.7%；渭淤 26—渭淤 10、渭淤 10—潼关两河段淤积最为严重，分别淤积了 2.848 亿、4.339 亿 m^3。淤积量在时间分布上表现为前 25 年淤积泥沙 6.889 亿 m^3，占总淤积量的 71.6%，咸阳—潼关及潼关—三门峡大坝分别淤积 5.729 亿、1.160 亿 m^3。后 25 年共淤积 2.728 亿 m^3，占总淤积量的 28.4%，其中咸阳—潼关及潼关—三门峡大坝分别淤积了 1.898 亿、0.830 亿 m^3。

50 年后潼关高程随着泥沙淤积而逐渐增加到 328.4 m 左右。

(二)设计系列方案 1 修建水库后计算结果

模型计算建东庄水库后咸阳—三门峡大坝共淤积泥沙 8.476 亿 m^3(见表 28-21)，其中咸阳—潼关河段淤积了 6.611 亿 m^3，占总淤积量的 78%，潼关—三门峡大坝淤积了 1.865 亿 m^3，占总淤积量的 22%。前 25 年计算河段共淤积 4.009 亿 m^3，占总淤积量的 47%，咸阳—潼关及潼关—三门峡大坝分别淤积 2.907 亿、1.102 亿 m^3。后 25 年共淤积 4.468 亿 m^3，占总淤积量的 53%，其中咸阳—潼关及潼关—三门峡大坝分别淤积了 3.705 亿、0.763 亿 m^3。

50 年后潼关高程随着泥沙淤积而逐渐增加到 328.35 m 左右。

将泾河东庄水库运用后计算河段的减淤情况列于表 28-22，“+”号表示增淤，“–”号表示减淤。由表 28-22 可知，50 年咸阳—潼关表现为减淤，减淤量为 1.016 亿 m^3，潼关—三门峡大坝减淤 0.124 亿 m^3，全计算河段减淤量为 1.14 亿 m^3。时间分布表现为，前 25 年为减淤，共减淤 2.88 亿 m^3，后 25 年为增淤，共增淤 1.74 亿 m^3，泥沙增减变化主要在渭河下游。

表 28-21 设计系列/305/315/方案东庄水库运用条件下冲淤量 (单位：亿 m^3)

时段	渭淤 37—渭淤 26	渭淤 26—渭淤 10	渭淤 10—潼关	潼关—黄淤 31	黄淤 31—黄淤 22	黄淤 22—三门峡大坝	渭淤 37—潼关	潼关—三门峡大坝	渭淤 37—三门峡大坝
1～5 年	0.026	0.044	0.422	0.149	0.034	0.168	0.492	0.350	0.843
6～10 年	–0.005	0.079	0.558	0.168	0.053	0.089	0.632	0.309	0.941
11～15 年	–0.021	0.045	0.428	0.061	0.014	0.120	0.452	0.196	0.648
16～20 年	0.013	0.237	0.574	0.048	–0.024	0.104	0.824	0.129	0.953
21～25 年	–0.002	0.195	0.312	–0.018	–0.018	0.155	0.505	0.119	0.625
26～30 年	0.023	0.324	0.415	0.051	0.026	0.203	0.762	0.281	1.043
31～35 年	0.045	0.532	0.618	0.092	0.010	0.113	1.196	0.215	1.411
36～40 年	0.036	0.474	0.352	0.015	–0.012	0.133	0.862	0.135	0.997
41～45 年	0.058	0.454	0.207	0.001	–0.040	0.108	0.718	0.069	0.787
46～50 年	0.039	0.160	–0.032	–0.054	–0.029	0.146	0.167	0.063	0.229
1～25 年	0.011	0.601	2.294	0.408	0.059	0.636	2.907	1.102	4.009
26～50 年	0.201	1.944	1.559	0.105	–0.044	0.702	3.705	0.763	4.468
1～50 年	0.213	2.545	3.854	0.512	0.015	1.338	6.611	1.865	8.476

表 28-22　设计系列/305/315 方案东庄水库运用减淤计算结果　(单位：亿 m^3)

时段	渭淤 37—渭淤 26	渭淤 26—渭淤 10	渭淤 10—潼关	潼关—黄淤 31	黄淤 31—黄淤 22	黄淤 22—三门峡大坝	渭淤 37—潼关	潼关—三门峡大坝	渭淤 37—三门峡大坝
1～5 年	–0.042	–0.332	–0.410	–0.006	–0.004	–0.005	–0.783	–0.015	–0.799
6～10 年	–0.058	–0.450	–0.568	+0.013	–0.007	–0.001	–1.076	+0.005	–1.071
11～15 年	–0.037	–0.356	–0.347	+0.017	–0.008	+0.008	–0.739	+0.017	–0.723
16～20 年	–0.033	–0.290	+0.115	+0.007	–0.014	–0.019	–0.208	–0.025	–0.233
21～25 年	–0.049	–0.166	+0.200	–0.010	–0.012	–0.017	–0.015	–0.039	–0.054
26～30 年	–0.083	–0.089	+0.097	–0.016	–0.013	+0.008	–0.075	–0.021	–0.096
31～35 年	–0.084	+0.285	+0.160	–0.018	–0.016	–0.000	+0.361	–0.034	+0.327
36～40 年	+0.038	+0.496	+0.134	–0.003	–0.003	+0.023	+0.668	+0.017	+0.685
41～45 年	+0.080	+0.415	+0.144	–0.002	–0.011	–0.002	+0.639	–0.015	+0.624
46～50 年	+0.039	+0.184	–0.010	–0.001	–0.008	–0.005	+0.214	–0.014	+0.200
1～25 年	–0.218	–1.594	–1.010	+0.020	–0.044	–0.034	–2.822	–0.058	–2.880
26～50 年	–0.010	+1.291	+0.525	–0.039	–0.051	+0.023	+1.806	–0.067	+1.740
1～50 年	–0.228	–0.303	–0.485	–0.019	–0.095	–0.011	–1.016	–0.124	–1.140

注：“+”号表示增淤；“–”号表示减淤。

三、设计系列方案 2 计算结果

(一)设计系列方案 2 无水库计算结果

表 28-23 列出了设计系列方案 2 无东庄水库情况下模型计算结果。咸阳—三门峡大坝

表 28-23　设计系列/305/310/方案无东庄水库条件下冲淤量结果　(单位：亿 m^3)

时段	渭淤 37—渭淤 26	渭淤 26—渭淤 10	渭淤 10—潼关	潼关—黄淤 31	黄淤 31—黄淤 22	黄淤 22—三门峡大坝	渭淤 37—潼关	潼关—三门峡大坝	渭淤 37—三门峡大坝
1～5 年	0.068	0.376	0.732	0.152	–0.030	0.120	1.176	0.242	1.418
6～10 年	0.054	0.529	1.026	0.140	0.017	0.080	1.609	0.237	1.846
11～15 年	0.016	0.401	0.776	0.021	–0.067	0.073	1.192	0.027	1.219
16～20 年	0.046	0.528	0.459	0.010	–0.089	0.097	1.033	0.017	1.050
21～25 年	0.047	0.363	0.112	–0.033	–0.061	0.157	0.522	0.063	0.584
26～30 年	0.106	0.409	0.268	0.029	–0.044	0.161	0.783	0.146	0.929
31～35 年	0.126	0.241	0.410	0.059	–0.024	0.141	0.777	0.176	0.953
36～40 年	–0.009	–0.017	0.218	–0.048	–0.086	0.099	0.192	–0.035	0.157
41～45 年	–0.017	0.043	0.065	–0.065	–0.078	0.108	0.091	–0.036	0.056
46～50 年	0.002	–0.020	–0.022	–0.114	–0.039	0.150	–0.039	–0.003	–0.042
1～25 年	0.230	2.197	3.104	0.290	–0.231	0.527	5.531	0.585	6.116
26～50 年	0.208	0.656	0.940	–0.139	–0.271	0.659	1.804	0.249	2.053
1～50 年	0.437	2.853	4.044	0.151	–0.501	1.185	7.335	0.835	8.170

共淤积泥沙 8.17 亿 m^3，与方案 1 相比减少了 1.447 亿 m^3。其中，咸阳—潼关河段淤积 7.335 亿 m^3，约占总淤积量的 90%，与方案 1 相比减少了 0.292 亿 m^3；潼关—三门峡大坝淤积 0.835 亿 m^3，约占总淤积量的 10%，与方案 1 相比少淤了 1.154 亿 m^3。时间分布上表现为，前 25 年淤积 6.116 亿 m^3，约占总淤积量的 75%；咸阳—潼关及潼关—三门峡大坝分别淤积 5.531 亿、0.585 亿 m^3。后 25 年共淤积 2.053 亿 m^3，约占总淤积量的 25%，其中咸阳—潼关及潼关—三门峡大坝分别淤积了 1.804 亿、0.249 亿 m^3。

50 年后潼关高程约为 328.0 m。

(二)设计系列方案 2 修建水库后计算结果

方案 2 东庄水库运用后咸阳—三门峡大坝共淤积泥沙 7.047 亿 m^3(见表 28-24)，其中咸阳—潼关河段淤积了 6.305 亿 m^3，约占总淤积量的 90%，潼关—三门峡大坝淤积了 0.742 亿 m^3，约占总淤积量的 10%。前 25 年计算河段共淤积 3.259 亿 m^3，占总淤积量的 46.2%，咸阳—潼关及潼关—三门峡大坝分别淤积 2.707 亿、0.552 亿 m^3。后 25 年共淤积 3.788 亿 m^3，占总淤积量的 53.8%，其中咸阳—潼关及潼关—三门峡大坝分别淤积了 3.599 亿、0.190 亿 m^3。

50 年后潼关高程约为 327.95 m。

表 28-25 为泾河东庄水库运用后计算河段的减淤量统计情况。由表 28-25 可知，50 年咸阳—潼关表现为减淤，减淤量为 1.03 亿 m^3，潼关—三门峡大坝减淤 0.093 亿 m^3，计算河段内减淤总量为 1.123 亿 m^3。时间分布上，前 25 年表现为减淤，共减淤 2.858 亿 m^3，后 25 年表现为增淤，共增淤 1.735 亿 m^3，且淤积量的增减主要表现在咸阳—潼关河段。

表 28-24　设计系列/305/310/方案东庄水库运用时冲淤量计算结果　(单位：亿 m^3)

时段	渭淤 37—渭淤 26	渭淤 26—渭淤 10	渭淤 10—潼关	潼关—黄淤 31	黄淤 31—黄淤 22	黄淤 22—三门峡大坝	渭淤 37—潼关	潼关—三门峡大坝	渭淤 37—三门峡大坝
1～5 年	0.026	0.044	0.322	0.148	–0.027	0.117	0.393	0.238	0.630
6～10 年	–0.005	0.080	0.458	0.161	0.016	0.069	0.532	0.245	0.778
11～15 年	–0.021	0.045	0.428	0.048	–0.069	0.074	0.452	0.053	0.505
16～20 年	0.013	0.237	0.573	0.027	–0.103	0.072	0.824	–0.005	0.820
21～25 年	–0.002	0.195	0.313	–0.041	–0.074	0.135	0.505	0.021	0.526
26～30 年	0.023	0.324	0.365	0.032	–0.053	0.159	0.712	0.138	0.850
31～35 年	0.045	0.532	0.569	0.062	–0.040	0.119	1.146	0.141	1.286
36～40 年	0.036	0.473	0.350	–0.025	–0.101	0.109	0.860	–0.017	0.843
41～45 年	0.058	0.453	0.206	–0.042	–0.109	0.098	0.716	–0.054	0.663
46～50 年	0.039	0.159	–0.033	–0.094	–0.066	0.142	0.165	–0.019	0.146
1～25 年	0.012	0.601	2.094	0.342	–0.257	0.467	2.707	0.552	3.259
26～50 年	0.201	1.941	1.456	–0.067	–0.369	0.626	3.599	0.190	3.788
1～50 年	0.213	2.542	3.550	0.275	–0.626	1.093	6.305	0.742	7.047

表 28-25　设计系列/305/310/方案东庄水库运用时减淤量计算结果　(单位：亿 m^3)

时段	渭淤 37—渭淤 26	渭淤 26—渭淤 10	渭淤 10—潼关	潼关—黄淤 31	黄淤 31—黄淤 22	黄淤 22—三门峡大坝	渭淤 37—潼关	潼关—三门峡大坝	渭淤 37—三门峡大坝
1～5 年	–0.042	–0.332	–0.410	–0.004	+0.002	–0.003	–0.783	–0.004	–0.787
6～10 年	–0.058	–0.450	–0.569	+0.020	–0.001	–0.011	–1.077	+0.008	–1.068
11～15 年	–0.037	–0.356	–0.347	+0.027	–0.001	+0.001	–0.740	+0.027	–0.713
16～20 年	–0.032	–0.291	+0.114	+0.017	–0.014	–0.025	–0.209	–0.022	–0.231
21～25 年	–0.049	–0.167	+0.201	–0.008	–0.012	–0.022	–0.016	–0.042	–0.058
26～30 年	–0.083	–0.085	+0.097	+0.003	–0.010	–0.002	–0.071	–0.008	–0.079
31～35 年	–0.081	+0.291	+0.158	+0.003	–0.016	–0.022	+0.369	–0.035	+0.334
36～40 年	+0.046	+0.490	+0.132	+0.023	–0.015	+0.010	+0.668	+0.018	+0.686
41～45 年	+0.074	+0.410	+0.140	+0.024	–0.031	–0.011	+0.625	–0.018	+0.607
46～50 年	+0.037	+0.178	–0.011	+0.020	–0.027	–0.008	+0.204	–0.016	+0.188
1～25 年	–0.218	–1.596	–1.011	+0.052	–0.026	–0.060	–2.824	–0.033	–2.858
26～50 年	–0.007	+1.285	+0.517	+0.072	–0.099	–0.032	+1.795	–0.060	+1.735
1～50 年	–0.225	–0.311	–0.494	+0.124	–0.125	–0.092	–1.030	–0.093	–1.123

四、设计系列方案 3 计算结果

(一)设计系列方案 3 无水库计算结果

表 28-26 列出了方案 3 无东庄水库情况下模型计算结果。咸阳—三门峡大坝共淤积泥

表 28-26　设计系列/敞泄/310/方案无东庄水库条件下冲淤量结果　(单位：亿 m^3)

时段	渭淤 37—渭淤 26	渭淤 26—渭淤 10	渭淤 10—潼关	潼关—黄淤 31	黄淤 31—黄淤 22	黄淤 22—三门峡大坝	渭淤 37—潼关	潼关—三门峡大坝	渭淤 37—三门峡大坝
1～5 年	0.068	0.326	0.732	0.152	–0.032	–0.255	1.126	–0.135	0.991
6～10 年	0.054	0.479	1.026	0.140	–0.016	–0.271	1.559	–0.147	1.412
11～15 年	0.016	0.350	0.675	0.016	–0.178	–0.177	1.041	–0.340	0.702
16～20 年	0.046	0.528	0.459	–0.017	–0.276	–0.049	1.032	–0.343	0.689
21～25 年	0.047	0.362	0.112	–0.093	–0.207	–0.034	0.521	–0.334	0.187
26～30 年	0.106	0.412	0.216	–0.124	–0.187	0.047	0.733	–0.265	0.469
31～35 年	0.128	0.244	0.352	–0.239	–0.107	0.103	0.725	–0.243	0.482
36～40 年	–0.004	–0.028	0.096	–0.260	–0.034	0.078	0.063	–0.216	–0.153
41～45 年	–0.021	0.022	0.043	–0.219	0.008	0.113	0.044	–0.098	–0.054
46～50 年	0.001	–0.033	–0.020	–0.162	0.031	0.067	–0.052	–0.064	–0.116
1～25 年	0.230	2.045	3.003	0.197	–0.709	–0.786	5.278	–1.298	3.980
26～50 年	0.210	0.617	0.687	–1.005	–0.288	0.407	1.514	–0.886	0.628
1～50 年	0.440	2.662	3.691	–0.808	–0.997	–0.378	6.793	–2.183	4.608

沙 4.608 亿 m^3，与方案 2 相比减少了 3.562 亿 m^3，其中咸阳—潼关河段淤积 6.793 亿 m^3，与方案 2 相比减少了 0.542 亿 m^3；潼关—三门峡大坝表现为冲刷，共冲刷了 2.181 亿 m^3。冲淤量在时间分布上表现为，前 25 年淤积 3.98 亿 m^3，占总淤积量的 86.4%，渭河咸阳—潼关河段淤积 5.278 亿 m^3，黄河潼关—三门峡大坝河段冲刷 1.298 亿 m^3；后 25 年淤积 0.628 亿 m^3，占总淤积量的 13.6%，咸阳—潼关河段淤积 1.514 亿 m^3，潼关—三门峡大坝河段冲刷 0.886 亿 m^3。

50 年后潼关高程由于库区冲刷变为 327.5 m 左右。

(二)设计系列方案 3 修建水库后计算结果

方案 3 东庄水库运用后咸阳—三门峡大坝共淤积泥沙 3.714 亿 m^3(见表 28-27)。其中，咸阳—潼关河段淤积 5.895 亿 m^3，潼关—三门峡大坝冲刷 2.181 亿 m^3。前 25 年计算河段共淤积 1.188 亿 m^3，约占总淤积量的 32%。咸阳—潼关河段淤积 2.507 亿 m^3，潼关—三门峡大坝河段冲刷 1.318 亿 m^3。后 25 年共淤积 2.525 亿 m^3，约占总淤积量的 68%，咸阳—潼关河段淤积 3.388 亿 m^3，潼关—三门峡大坝河段冲刷 0.863 亿 m^3。

计算 50 年内，潼关高程出现较大变化，最后由于库区冲刷演变为 327.5 m 左右。

表 28-28 列举了泾河东庄水库运用后计算河段的减淤统计情况。整个 50 年渭河咸阳—潼关河段表现为减淤，减淤量为 0.947 亿 m^3，黄河潼关—三门峡大坝段变化不大。时间分布上，前 25 年表现为减淤，共减淤 2.842 亿 m^3，后 25 年表现为增淤，共增淤 1.897 亿 m^3。

表 28-27 设计系列/敞泄/310/方案东庄水库运用时冲淤量计算结果 (单位：亿 m^3)

时段	渭淤 37—渭淤 26	渭淤 26—渭淤 10	渭淤 10—潼关	潼关—黄淤 31	黄淤 31—黄淤 22	黄淤 22—三门峡大坝	渭淤 37—潼关	潼关—三门峡大坝	渭淤 37—三门峡大坝
1～5 年	0.026	–0.006	0.322	0.148	–0.029	–0.246	0.343	–0.127	0.216
6～10 年	–0.005	0.030	0.458	0.160	–0.006	–0.280	0.483	–0.126	0.357
11～15 年	–0.021	0.045	0.328	0.045	–0.173	–0.179	0.352	–0.306	0.046
16～20 年	0.013	0.237	0.573	0.007	–0.320	–0.048	0.824	–0.361	0.463
21～25 年	–0.002	0.195	0.313	–0.101	–0.259	–0.039	0.505	–0.399	0.106
26～30 年	0.023	0.324	0.315	–0.111	–0.204	0.035	0.662	–0.281	0.381
31～35 年	0.045	0.532	0.518	–0.140	–0.129	0.094	1.095	–0.174	0.921
36～40 年	0.036	0.473	0.246	–0.234	–0.025	0.081	0.755	–0.177	0.578
41～45 年	0.058	0.453	0.202	–0.227	0.005	0.114	0.712	–0.108	0.604
46～50 年	0.039	0.159	–0.035	–0.217	0.025	0.069	0.164	–0.123	0.041
1～25 年	0.012	0.501	1.994	0.260	–0.786	–0.792	2.507	–1.318	1.188
26～50 年	0.201	1.941	1.247	–0.928	–0.328	0.393	3.388	–0.863	2.525
1～50 年	0.213	2.442	3.241	–0.668	–1.114	–0.399	5.895	–2.181	3.714

表 28-28　设计系列/敞泄/310/方案东庄水库运用减淤量计算结果　（单位：亿 m^3）

时段	渭淤 37—渭淤 26	渭淤 26—渭淤 10	渭淤 10—潼关	潼关—黄淤 31	黄淤 31—黄淤 22	黄淤 22—三门峡大坝	渭淤 37—潼关	潼关—三门峡大坝	渭淤 37—三门峡大坝
1 ~ 5 年	–0.041	–0.332	–0.410	–0.004	+0.003	+0.009	–0.783	+0.008	–0.775
6 ~ 10 年	–0.058	–0.450	–0.568	+0.021	+0.010	–0.009	–1.076	+0.021	–1.055
11 ~ 15 年	–0.037	–0.356	–0.347	+0.030	+0.006	–0.002	–0.739	+0.033	–0.706
16 ~ 20 年	–0.033	–0.290	+0.115	+0.025	–0.044	+0.001	–0.208	–0.018	–0.226
21 ~ 25 年	–0.049	–0.166	+0.200	–0.009	–0.052	–0.005	–0.015	–0.065	–0.080
26 ~ 30 年	–0.083	–0.088	+0.099	+0.013	–0.017	–0.013	–0.072	–0.016	–0.088
31 ~ 35 年	–0.083	+0.288	+0.166	+0.099	–0.022	–0.008	+0.370	+0.069	+0.439
36 ~ 40 年	+0.041	+0.501	+0.151	+0.026	+0.009	+0.004	+0.692	+0.039	+0.731
41 ~ 45 年	+0.078	+0.431	+0.159	–0.007	–0.004	+0.001	+0.668	–0.010	+0.658
46 ~ 50 年	+0.038	+0.192	–0.015	–0.055	–0.007	+0.003	+0.216	–0.059	+0.157
1 ~ 25 年	–0.218	–1.594	–1.009	+0.063	–0.077	–0.006	–2.821	–0.021	–2.842
26 ~ 50 年	–0.009	+1.324	+0.560	+0.077	–0.040	–0.014	+1.874	+0.023	+1.897
1 ~ 50 年	–0.227	–0.270	–0.450	+0.140	–0.117	–0.020	–0.947	+0.002	–0.945

五、设计系列方案 4 计算结果

(一)设计系列方案 4 无水库计算结果

表 28-29 列出了方案 4 无东庄水库情况下模型计算结果。咸阳—三门峡大坝共淤积泥沙 3.204 亿 m^3，与方案 3 相比减少了 1.404 亿 m^3，其中咸阳—潼关河段淤积 6.453 亿 m^3，潼关—三门峡大坝表现为冲刷，共冲刷了 3.249 亿 m^3。时间分布上表现为，前 25 年共淤积 2.729 亿 m^3，约占总淤积量的 85%，咸阳—潼关河段淤积 5.125 亿 m^3，潼关—三门峡大坝河段冲刷 2.396 亿 m^3。后 25 年共淤积 0.474 亿 m^3，约占总淤积量的 15%，咸阳—潼关河段淤积 1.325 亿 m^3，潼关—三门峡大坝河段冲刷 0.854 亿 m^3。

50 年后潼关高程由于库区冲刷演变为 326.95 m 左右。

表 28-29　设计系列/敞泄/305/方案无东庄水库条件下冲淤量计算结果　（单位：亿 m^3）

时段	渭淤 37—渭淤 26	渭淤 26—渭淤 10	渭淤 10—潼关	潼关—黄淤 31	黄淤 31—黄淤 22	黄淤 22—三门峡大坝	渭淤 37—潼关	潼关—三门峡大坝	渭淤 37—三门峡大坝
1 ~ 5 年	0.068	0.326	0.732	0.151	–0.080	–0.436	1.126	–0.364	0.762
6 ~ 10 年	0.054	0.479	1.026	0.135	–0.092	–0.349	1.559	–0.307	1.253
11 ~ 15 年	0.016	0.350	0.676	–0.005	–0.314	–0.236	1.042	–0.555	0.487
16 ~ 20 年	0.046	0.478	0.358	–0.082	–0.342	–0.076	0.882	–0.499	0.382
21 ~ 25 年	0.047	0.361	0.109	–0.361	–0.232	–0.077	0.517	–0.670	–0.153
26 ~ 30 年	0.106	0.363	0.215	–0.216	–0.092	–0.006	0.684	–0.314	0.370
31 ~ 35 年	0.129	0.197	0.352	–0.167	–0.040	0.093	0.678	–0.114	0.564
36 ~ 40 年	–0.003	–0.079	0.099	–0.208	–0.031	0.042	0.017	–0.198	–0.181
41 ~ 45 年	–0.022	–0.027	0.048	–0.179	–0.024	0.070	–0.001	–0.132	–0.133
46 ~ 50 年	0.001	–0.032	–0.018	–0.133	0.003	0.033	–0.050	–0.096	–0.146
1 ~ 25 年	0.230	1.994	2.901	–0.161	–1.060	–1.174	5.125	–2.396	2.729
26 ~ 50 年	0.211	0.422	0.695	–0.903	–0.183	0.233	1.328	–0.854	0.474
1 ~ 50 年	0.441	2.416	3.596	–1.065	–1.243	–0.942	6.453	–3.249	3.204

(二)设计系列方案 4 修建水库后计算结果

方案 4 东庄水库运用后咸阳—三门峡大坝共淤积泥沙 2.172 亿 m^3(见表 28-30)。其中，咸阳—潼关河段淤积了 5.491 亿 m^3，潼关—三门峡大坝冲刷了 3.319 亿 m^3。前 25 年计算河段共淤积 0.10 亿 m^3，约占总淤积量的 5%。咸阳—潼关河段淤积 2.307 亿 m^3，潼关—三门峡大坝河段冲刷 2.207 亿 m^3。后 25 年共淤积 2.072 亿 m^3，约占总淤积量的 95%，咸阳—潼关河段淤积 3.184 亿 m^3，潼关—三门峡大坝段冲刷 1.113 亿 m^3。

50 年后潼关高程仍为 326.95 m 左右。

表 28-30　设计系列/畅泄/305/方案东庄水库运用条件下冲淤量计算结果表　(单位：亿 m^3)

时段	渭淤 37—渭淤 26	渭淤 26—渭淤 10	渭淤 10—潼关	潼关—黄淤 31	黄淤 31—黄淤 22	黄淤 22—三门峡大坝	渭淤 37—潼关	潼关—三门峡大坝	渭淤 37—三门峡大坝
1 ~ 5 年	0.026	−0.006	0.322	0.148	−0.069	−0.435	0.343	−0.356	−0.013
6 ~ 10 年	−0.005	0.030	0.458	0.159	−0.070	−0.361	0.482	−0.272	0.211
11 ~ 15 年	−0.021	−0.005	0.328	0.040	−0.311	−0.240	0.302	−0.511	−0.209
16 ~ 20 年	0.013	0.187	0.473	−0.047	−0.402	−0.090	0.674	−0.539	0.135
21 ~ 25 年	−0.002	0.195	0.312	−0.179	−0.269	−0.081	0.505	−0.529	−0.024
26 ~ 30 年	0.023	0.274	0.314	−0.188	−0.141	−0.034	0.611	−0.363	0.248
31 ~ 35 年	0.045	0.482	0.518	−0.132	−0.051	0.054	1.045	−0.129	0.915
36 ~ 40 年	0.036	0.422	0.243	−0.213	−0.042	0.017	0.702	−0.238	0.464
41 ~ 45 年	0.058	0.403	0.202	−0.211	−0.029	0.049	0.662	−0.191	0.471
46 ~ 50 年	0.039	0.159	−0.033	−0.210	−0.005	0.023	0.165	−0.192	−0.027
1 ~ 25 年	0.012	0.401	1.894	0.120	−1.120	−1.207	2.307	−2.207	0.100
26 ~ 50 年	0.201	1.739	1.244	−0.954	−0.267	0.109	3.184	−1.113	2.072
1 ~ 50 年	0.213	2.141	3.137	−0.834	−1.387	−1.098	5.491	−3.319	2.172

从泾河东庄水库运用减淤效果看(见表 28-31)，50 年咸阳—潼关表现为减淤，减淤量为 0.962 亿 m^3，潼关—三门峡大坝也表现为减淤，减淤量为 0.07 亿 m^3，全计算河段减淤 1.032 亿 m^3。时间分布上，前 25 年表现为减淤，共减淤 2.629 亿 m^3，后 25 年表现为增淤，共增淤 1.597 亿 m^3。

表 28-31　设计系列/畅泄/305/方案东庄水库运用减淤量计算结果　(单位：亿 m^3)

时段	渭淤 37—渭淤 26	渭淤 26—渭淤 10	渭淤 10—潼关	潼关—黄淤 31	黄淤 31—黄淤 22	黄淤 22—三门峡大坝	渭淤 37—潼关	潼关—三门峡大坝	渭淤 37—三门峡大坝
1 ~ 5 年	−0.042	−0.332	−0.410	−0.004	+0.011	+0.001	−0.783	+0.009	−0.775
6 ~ 10 年	−0.058	−0.450	−0.569	+0.024	+0.023	−0.012	−1.077	+0.035	−1.042
11 ~ 15 年	−0.037	−0.355	−0.347	+0.044	+0.003	−0.004	−0.739	+0.044	−0.695
16 ~ 20 年	−0.032	−0.290	+0.115	+0.035	−0.060	−0.014	−0.208	−0.039	−0.247
21 ~ 25 年	−0.049	−0.166	+0.203	+0.183	−0.037	−0.004	−0.012	+0.142	+0.130
26 ~ 30 年	−0.083	−0.089	+0.099	+0.028	−0.049	−0.028	−0.073	−0.049	−0.122
31 ~ 35 年	−0.084	+0.285	+0.166	+0.035	−0.011	−0.040	+0.367	−0.016	+0.351
36 ~ 40 年	+0.039	+0.501	+0.145	−0.005	−0.010	−0.025	+0.685	−0.040	+0.645
41 ~ 45 年	+0.079	+0.430	+0.154	−0.033	−0.005	−0.022	+0.663	−0.059	+0.604
46 ~ 50 年	+0.039	+0.191	−0.015	−0.077	−0.009	−0.010	+0.215	−0.095	+0.119
1 ~ 25 年	−0.218	−1.593	−1.007	+0.282	−0.060	−0.033	−2.818	+0.189	−2.629
26~50 年	−0.010	+1.317	+0.548	−0.051	−0.084	−0.124	+1.856	−0.259	+1.597
1~50 年	−0.228	−0.276	−0.459	+0.231	−0.144	−0.156	−0.962	−0.070	−1.032

第四节　校核 46 年系列东庄水库运用对渭河下游及三门峡库区冲淤影响

一、模型计算概况

(一)校核系列水沙特征

该系列为 1975 ~ 1997 年翻番为 46 年系列。渭河、北洛河及黄河北干流均采用天然实测水沙过程。泾河入渭水沙过程分为有库与无库两种情况。无库过程采用该系列天然实测资料，有库过程是经过水库调节后的水沙过程。无库条件下前 23 年与后 23 年水沙过程相同。

(二)计算范围、方案及边界条件

模型计算范围，初始边界条件及南山支流来水与泾惠渠引水、引沙处理方式与设计方案相同。

二、校核系列方案 1 计算结果

1975 ~ 1997 年翻番校核水沙系列，不建东庄水库时咸阳多年平均水量为 36.5 亿 m^3，沙量为 0.802 亿 t；张家山(二)多年平均水量为 13.03 亿 m^3，沙量为 2.25 亿 t。

该系列考虑东庄水库调节后出库多年平均水量为 12.14 亿 m^3，沙量为 1.86 亿 t。

(一)校核系列方案 1 无水库计算结果

将方案 1 无东庄水库情况下模型计算结果列入表 28-32 之中。可看出，咸阳—三门峡大坝共淤积 7.953 亿 m^3，其中咸阳—潼关河段淤积 6.569 亿 m^3，占总淤积量的 82.6%，潼关—大坝淤积 1.385 亿 m^3，占总淤积量的 17.4%，特别是渭淤 26—渭淤 10、渭淤 10—潼关两河段淤积较严重，分别淤积了 2.172 亿、4.074 亿 m^3。淤积量在时间分布上表现为，前 23 年共淤积 5.159 亿 m^3，占总淤积量的 64.9%，咸阳—潼关及潼关—三门峡大坝分别淤积 4.445 亿、0.714 亿 m^3；后 23 年共淤积 2.794 亿 m^3，占总淤积量的 35.1%，其中咸阳—潼关及潼关—三门峡大坝分别淤积了 2.124 亿、0.671 亿 m^3。

(二)校核系列方案 1 修建水库后计算结果

模型计算得出，东庄水库运用后咸阳—三门峡大坝河段共淤积泥沙 6.846 亿 m^3(见表 28-33)。其中，咸阳—潼关河段淤积 5.630 亿 m^3，占总淤积量的 82.2%；潼关—三门峡大坝淤积 1.216 亿 m^3，占总淤积量的 17.8%。前 23 年计算河段共淤积 2.672 亿 m^3，占总淤积量的 39.0%；咸阳—潼关及潼关—三门峡大坝分别淤积 2.000 亿、0.672 亿 m^3。后 23 年共淤积 4.174 亿 m^3，占总淤积量的 61.0%；其中咸阳—潼关及潼关—三门峡大坝分别淤积了 3.629 亿、0.545 亿 m^3。

将有、无东庄水库时冲淤量对比，即可分析泾河东庄水库修建后对计算河段的河床冲淤演变影响。现将建东庄水库后计算河段的减淤情况列于表 28-34。由表 28-34 可知，46 年咸阳—潼关段表现为减淤，减淤量为 0.939 亿 m^3，潼关—三门峡大坝减淤 0.168 亿 m^3，全计算河段减淤 1.108 亿 m^3。时间分布上，前 23 年表现为减淤，共减淤 2.488 亿 m^3，后 23 年表现为增淤，共增淤 1.380 亿 m^3，且淤积量的增减主要表现在咸阳—潼关河段，而潼

关—三门峡大坝减淤幅度较小。由此可见泾河东庄水库的运用对咸阳—潼关河段的河床冲淤变形影响较大，但对潼关—三门峡大坝河段的河床冲淤变形影响较小。

表 28-32 校核系列/305/315/方案无东庄水库运用下冲淤量计算结果 (单位：亿 m^3)

时段	渭淤 37—渭淤 26	渭淤 26—渭淤 10	渭淤 10—潼关	潼关—黄淤 31	黄淤 31—黄淤 22	黄淤 22—三门峡大坝	渭淤 37—潼关	潼关—三门峡大坝	渭淤 37—三门峡大坝
1～5 年	0.055	0.361	0.825	0.064	–0.045	0.074	1.242	0.093	1.335
6～10 年	0.029	0.344	0.737	–0.063	–0.016	0.099	1.110	0.021	1.130
11～15 年	0.010	0.205	0.443	–0.068	0.024	0.146	0.659	0.102	0.761
16～20 年	0.038	0.378	0.542	0.003	0.086	0.203	0.958	0.292	1.250
21～23 年	0.038	0.210	0.230	0.036	0.057	0.112	0.478	0.206	0.684
24～28 年	0.083	0.284	0.517	–0.016	–0.002	0.086	0.884	0.068	0.952
29～33 年	0.058	0.200	0.377	–0.052	–0.031	0.109	0.635	0.026	0.661
34～38 年	0.046	0.052	0.179	–0.031	–0.003	0.145	0.277	0.111	0.388
39～43 年	–0.021	0.109	0.173	0.035	0.048	0.199	0.260	0.282	0.543
44～46 年	–0.012	0.029	0.050	0.046	0.032	0.105	0.068	0.183	0.251
1～23 年	0.169	1.498	2.778	–0.028	0.107	0.635	4.446	0.714	5.159
24～46 年	0.154	0.674	1.296	–0.017	0.045	0.643	2.123	0.671	2.794
1～46 年	0.323	2.172	4.074	–0.045	0.152	1.278	6.569	1.385	7.953

表 28-33 校核系列/305/315/方案东庄水库运用下冲淤量结果 (单位：亿 m^3)

时段	渭淤 37—渭淤 26	渭淤 26—渭淤 10	渭淤 10—潼关	潼关—黄淤 31	黄淤 31—黄淤 22	黄淤 22—三门峡大坝	渭淤 37—潼关	潼关—三门峡大坝	渭淤 37—三门峡大坝
1～5 年	0.013	0.029	0.471	0.062	–0.033	0.080	0.513	0.109	0.623
6～10 年	–0.010	0.018	0.344	–0.063	–0.023	0.100	0.353	0.014	0.366
11～15 年	–0.002	0.039	0.299	–0.064	0.027	0.134	0.337	0.096	0.433
16～20 年	0.007	0.105	0.401	–0.005	0.083	0.194	0.513	0.272	0.784
21～23 年	0.002	0.069	0.213	0.030	0.056	0.095	0.285	0.181	0.465
24～28 年	0.011	0.261	0.589	–0.020	–0.004	0.077	0.860	0.052	0.912
29～33 年	0.010	0.308	0.499	–0.055	–0.036	0.100	0.817	0.009	0.826
34～38 年	0.019	0.336	0.416	–0.024	–0.009	0.133	0.771	0.101	0.871
39～43 年	0.028	0.411	0.325	0.025	0.032	0.186	0.764	0.244	1.008
44～46 年	0.014	0.262	0.141	0.037	0.018	0.085	0.418	0.140	0.557
1～23 年	0.011	0.260	1.729	–0.040	0.110	0.603	2.000	0.672	2.672
24～46 年	0.081	1.578	1.970	–0.037	0.001	0.581	3.629	0.545	4.174
1～46 年	0.093	1.838	3.699	–0.077	0.110	1.183	5.630	1.216	6.846

表 28-34 校核系列/305/315/方案东庄水库运用减淤量计算结果 (单位：亿 m^3)

时段	渭淤 37—渭淤 26	渭淤 26—渭淤 10	渭淤 10—潼关	潼关—黄淤 31	黄淤 31—黄淤 22	黄淤 22—三门峡大坝	渭淤 37—潼关	潼关—三门峡大坝	渭淤 37—三门峡大坝
1～5 年	−0.042	−0.332	−0.354	−0.002	+0.012	+0.007	−0.728	+0.016	−0.712
6～10 年	−0.039	−0.326	−0.393	−0.001	−0.007	+0.001	−0.757	−0.007	−0.764
11～15 年	−0.011	−0.166	−0.144	+0.004	+0.003	−0.013	−0.322	−0.006	−0.328
16～20 年	−0.031	−0.273	−0.141	−0.008	−0.003	−0.009	−0.445	−0.021	−0.465
21～23 年	−0.035	−0.141	−0.017	−0.006	−0.002	−0.017	−0.193	−0.025	−0.219
24～28 年	−0.073	−0.023	+0.072	−0.004	−0.002	−0.009	−0.024	−0.016	−0.040
29～33 年	−0.048	+0.109	+0.121	−0.003	−0.006	−0.010	+0.182	−0.018	+0.165
34～38 年	−0.027	+0.284	+0.237	+0.007	−0.006	−0.012	+0.494	−0.011	+0.484
39～43 年	+0.049	+0.302	+0.152	−0.010	−0.016	−0.013	+0.504	−0.039	+0.465
44～46 年	+0.026	+0.233	+0.091	−0.010	−0.014	−0.020	+0.350	−0.044	+0.307
1～23 年	−0.158	−1.238	−1.049	−0.013	+0.003	−0.032	−2.445	−0.042	−2.488
24～46 年	−0.072	+0.905	+0.674	−0.019	−0.044	−0.062	+1.506	−0.126	+1.380
1～46 年	−0.230	−0.334	−0.375	−0.032	−0.042	−0.095	−0.939	−0.168	−1.108

三、校核系列方案 2 计算结果

(一)校核系列方案 2 无水库计算结果

表 28-35 列出了方案 2 无东庄水库情况下模型计算结果。由于三门峡水库非汛期运用水位由方案 1 的 315 m 降至 310 m，计算的咸阳—三门峡大坝共淤积泥沙 6.714 亿 m^3，与方案 1 相比减少了 1.239 亿 m^3，其中咸阳—潼关河段淤积 6.245 亿 m^3，占总淤积量的 93%，与方案 1 相比减少了 0.324 亿 m^3，潼关—三门峡大坝淤积 0.469 亿 m^3，占总淤积量的 7%，与方案 1 相比减少了 0.916 亿 m^3。时间分布上表现为，前 23 年共淤积 4.534 亿 m^3，占总淤积量的 67.5%，咸阳—潼关及潼关—三门峡大坝分别淤积 4.247 亿、0.286 亿 m^3，后 23 年共淤积 2.181 亿 m^3，占总淤积量的 32.5%，其中咸阳—潼关及潼关—三门峡大坝分别淤积了 1.998 亿、0.183 亿 m^3。

(二)校核系列方案 2 修建水库后计算结果

方案 2 东庄水库运用后咸阳—三门峡大坝共淤积了 5.698 亿 m^3(见表 28-36)，其中咸阳—潼关河段淤积了 5.384 亿 m^3，占总淤积量的 94.5%，潼关—三门峡大坝淤积了 0.314 亿 m^3，占总淤积量的 5.5%。前 23 年计算河段共淤积 2.141 亿 m^3，占总淤积量的 37.6%，咸阳—潼关及潼关—三门峡大坝两段分别淤积 1.801 亿、0.24 亿 m^3。后 23 年共淤积 3.657 亿 m^3，占总淤积量的 64.2%，其中咸阳—潼关及潼关—三门峡大坝分别淤积了 3.583 亿、0.074 亿 m^3。

表 28-37 为泾河东庄水库运用后计算河段的减淤统计情况。由表 28-37 可知，46 年咸阳—潼关减淤量为 0.861 亿 m^3，潼关—三门峡大坝减淤量为 0.155 亿 m^3，全计算河段表现为减淤，减淤量为 1.016 亿 m^3。其中，前 23 年减淤 2.492 亿 m^3，后 23 年增淤 1.476 亿 m^3，且淤积量的变化主要表现在咸阳—潼关河段。

表 28-35　校核系列/305/310/方案无东庄水库时冲淤量结果　　(单位：亿 m^3)

时段	渭淤 37—渭淤 26	渭淤 26—渭淤 10	渭淤 10—潼关	潼关—黄淤 31	黄淤 31—黄淤 22	黄淤 22—三门峡大坝	渭淤 37—潼关	潼关—三门峡大坝	渭淤 37—三门峡大坝
1～5 年	0.055	0.361	0.725	0.060	–0.101	0.039	1.142	–0.002	1.140
6～10 年	0.029	0.344	0.687	–0.071	–0.081	0.070	1.060	–0.082	0.978
11～15 年	0.010	0.206	0.394	–0.076	–0.035	0.117	0.610	0.006	0.616
16～20 年	0.038	0.379	0.543	–0.008	0.025	0.177	0.959	0.193	1.152
21～23 年	0.038	0.212	0.228	0.029	0.035	0.106	0.477	0.171	0.648
24～28 年	0.083	0.283	0.452	–0.037	–0.080	0.062	0.818	–0.055	0.763
29～33 年	0.057	0.193	0.376	–0.077	–0.109	0.086	0.626	–0.099	0.527
34～38 年	0.046	0.044	0.171	–0.055	–0.066	0.128	0.261	0.007	0.268
39～43 年	–0.022	0.094	0.164	0.003	–0.013	0.188	0.236	0.178	0.414
44～46 年	–0.012	0.021	0.048	0.024	0.012	0.116	0.057	0.152	0.209
1～23 年	0.170	1.501	2.576	–0.066	–0.156	0.509	4.247	0.286	4.534
24～46 年	0.153	0.634	1.211	–0.142	–0.256	0.580	1.998	0.183	2.181
1～46 年	0.322	2.135	3.788	–0.207	–0.412	1.089	6.245	0.469	6.714

表 28-36　校核系列/305/310/方案东庄水库运用条件下冲淤量计算结果　　(单位：亿 m^3)

时段	渭淤 37—渭淤 26	渭淤 26—渭淤 10	渭淤 10—潼关	潼关—黄淤 31	黄淤 31—黄淤 22	黄淤 22—三门峡大坝	渭淤 37—潼关	潼关—三门峡大坝	渭淤 37—三门峡大坝
1～5 年	0.013	0.029	0.371	0.059	–0.091	0.048	0.413	0.016	0.429
6～10 年	–0.010	0.018	0.294	–0.073	–0.086	0.071	0.303	–0.087	0.216
11～15 年	–0.001	0.039	0.249	–0.077	–0.031	0.102	0.287	–0.005	0.282
16～20 年	0.007	0.106	0.401	–0.019	0.028	0.165	0.514	0.174	0.688
21～23 年	0.002	0.069	0.213	0.021	0.036	0.086	0.284	0.143	0.427
24～28 年	0.011	0.261	0.538	–0.048	–0.075	0.056	0.810	–0.067	0.743
29～33 年	0.010	0.309	0.499	–0.084	–0.106	0.080	0.817	–0.110	0.707
34～38 年	0.019	0.337	0.416	–0.054	–0.068	0.117	0.771	–0.006	0.766
39～43 年	0.028	0.412	0.327	–0.013	–0.021	0.177	0.767	0.144	0.911
44～46 年	0.014	0.262	0.141	0.013	0.002	0.099	0.418	0.113	0.531
1～23 年	0.011	0.261	1.529	–0.089	–0.144	0.472	1.801	0.240	2.141
24～46 年	0.082	1.580	1.921	–0.186	–0.268	0.528	3.583	0.074	3.657
1～46 年	0.093	1.841	3.450	–0.275	–0.411	1.000	5.384	0.314	5.698

表 28-37　校核系列/305/310/方案东庄水库运用减淤量结果　(单位：亿 m^3)

时段	渭淤 37—渭淤 26	渭淤 26—渭淤 10	渭淤 10—潼关	潼关—黄淤 31	黄淤 31—黄淤 22	黄淤 22—三门峡大坝	渭淤 37—潼关	潼关—三门峡大坝	渭淤 37—三门峡大坝
1～5 年	−0.042	−0.332	−0.354	−0.002	+0.010	+0.009	−0.729	+0.017	−0.711
6～10 年	−0.039	−0.326	−0.393	−0.002	−0.005	+0.002	−0.757	−0.005	−0.762
11～15 年	−0.011	−0.166	−0.145	−0.000	+0.004	−0.015	−0.323	−0.011	−0.334
16～20 年	−0.031	−0.273	−0.141	−0.011	+0.003	−0.012	−0.445	−0.019	−0.465
21～23 年	−0.035	−0.143	−0.015	−0.009	+0.001	−0.021	−0.193	−0.028	−0.221
24～28 年	−0.073	−0.022	+0.086	−0.011	+0.005	−0.006	−0.008	−0.013	−0.021
29～33 年	−0.048	+0.116	+0.123	−0.008	+0.003	−0.006	+0.191	−0.011	+0.180
34～38 年	−0.027	+0.293	+0.244	+0.001	−0.002	−0.012	+0.510	−0.012	+0.498
39～43 年	+0.050	+0.318	+0.163	−0.016	−0.008	−0.010	+0.531	−0.034	+0.497
44～46 年	+0.027	+0.241	+0.093	−0.011	−0.010	−0.018	+0.361	−0.039	+0.322
1～23 年	−0.158	−1.240	−1.048	−0.023	+0.013	−0.036	−2.446	−0.047	−2.492
24～46 年	−0.071	+0.946	+0.710	−0.044	−0.012	−0.052	+1.585	−0.108	+1.476
1～46 年	−0.229	−0.294	−0.338	−0.067	+0.001	−0.088	−0.861	−0.155	−1.016

四、校核系列方案 3 计算结果

(一)校核系列方案 3 无水库计算结果

表 28-38 列出了方案 3 无东庄水库的计算结果。三门峡水库非汛期运用水位与方案 2 均为 310 m，但方案 3 汛期采用敞泄方案。计算结果，咸阳—三门峡大坝共淤积 2.789 亿 m^3，与方案 2 相比减少了 3.925 亿 m^3。其中，咸阳—潼关河段淤积 5.567 亿 m^3，与方案 2 相比减少了 0.678 亿 m^3，潼关—三门峡大坝表现为冲刷，共冲刷了 2.779 亿 m^3。由此可知，三门峡水库汛期采用敞泄运用，不仅对咸阳—潼关河段冲淤有影响，而且对潼关—三门峡大坝河段冲淤量影响更大。时间分布上表现为，前 23 年共淤积 2.543 亿 m^3，占总淤积量的 91.2%，咸阳—潼关河段淤积 3.946 亿 m^3，潼关—三门峡大坝段冲刷 1.403 亿 m^3；后 23 年共淤积 0.245 亿 m^3，占总淤积量的 8.8%，咸阳—潼关河段淤积 1.621 亿 m^3，潼关—三门峡大坝段冲刷 1.376 亿 m^3。

(二)校核系列方案 3 修建水库后计算结果

方案 3 东庄水库运用后咸阳—三门峡大坝共淤积了 1.866 亿 m^3(见表 28-39)。其中，渭河咸阳—潼关河段淤积 4.725 亿 m^3，黄河潼关—三门峡大坝河段冲刷 2.859 亿 m^3。逐年分时段分析可看出，前 23 年计算河段共淤积 0.143 亿 m^3，占总淤积量的 7.7%，咸阳—潼关河段淤积 1.502 亿 m^3，潼关—三门峡大坝河段冲刷 1.359 亿 m^3；后 23 年共淤积 1.723 亿 m^3，占 46 年总淤积量的 92.3%，咸阳—潼关河段淤积较严重，达到 3.223 亿 m^3，潼关—三门峡大坝河段冲刷泥沙 1.50 亿 m^3。

表 28-40 给出了泾河东庄水库时计算河段的减淤统计情况。可看出，水库运用 46 年后，咸阳—潼关河段表现为减淤，减淤量为 0.842 亿 m^3，潼关—三门峡大坝变化不大，全计算河段总减淤量为 0.922 亿 m^3。从时间分布上看，前 23 年表现为减淤，共减淤 2.400 亿 m^3，后 23 年表现为增淤，共增淤 1.478 亿 m^3，且泥沙冲淤变化仍在咸阳—潼关河段。

表 28-38　校核系列/敞泄/310/方案无东庄水库条件下冲淤量计算结果　(单位：亿 m^3)

时段	渭淤 37—渭淤 26	渭淤 26—渭淤 10	渭淤 10—潼关	潼关—黄淤 31	黄淤 31—黄淤 22	黄淤 22—三门峡大坝	渭淤 37—潼关	潼关—三门峡大坝	渭淤 37—三门峡大坝
1～5 年	0.055	0.311	0.725	0.060	–0.103	–0.313	1.092	–0.356	0.736
6～10 年	0.029	0.294	0.637	–0.071	–0.102	–0.253	0.960	–0.427	0.533
11～15 年	0.010	0.206	0.344	–0.078	–0.091	–0.172	0.560	–0.340	0.219
16～20 年	0.038	0.378	0.442	–0.012	–0.090	–0.099	0.858	–0.201	0.657
21～23 年	0.038	0.211	0.228	0.023	–0.081	–0.021	0.477	–0.078	0.398
24～28 年	0.083	0.233	0.403	–0.087	–0.300	0.002	0.719	–0.386	0.333
29～33 年	0.058	0.143	0.275	–0.198	–0.226	0.045	0.476	–0.380	0.096
34～38 年	0.046	0.043	0.068	–0.499	–0.136	0.046	0.156	–0.589	–0.233
39～43 年	–0.024	0.091	0.155	–0.199	0.014	0.112	0.223	–0.074	0.150
44～46 年	–0.012	0.017	0.042	–0.055	0.021	0.085	0.048	0.051	0.099
1～23 年	0.169	1.400	2.377	–0.078	–0.467	–0.858	3.946	–1.403	2.543
24～46 年	0.152	0.527	0.943	–1.038	–0.627	0.290	1.621	–1.376	0.245
1～46 年	0.321	1.927	3.320	–1.116	–1.095	–0.568	5.567	–2.779	2.789

表 28-39　校核系列/敞泄/310/方案东庄水库运用条件下冲淤量计算结果　(单位：亿 m^3)

时段	渭淤 37—渭淤 26	渭淤 26—渭淤 10	渭淤 10—潼关	潼关—黄淤 31	黄淤 31—黄淤 22	黄淤 22—三门峡大坝	渭淤 37—潼关	潼关三门峡大坝	渭淤 37—三门峡大坝
1～5 年	0.013	–0.021	0.371	0.059	–0.093	–0.289	0.363	–0.323	0.04
6～10 年	–0.010	–0.032	0.244	–0.073	–0.105	–0.253	0.203	–0.431	–0.228
11～15 年	–0.001	0.039	0.199	–0.077	–0.085	–0.174	0.237	–0.336	–0.099
16～20 年	0.007	0.106	0.301	–0.022	–0.074	–0.094	0.414	–0.190	0.224
21～23 年	0.002	0.069	0.213	0.016	–0.073	–0.022	0.284	–0.079	0.205
24～28 年	0.011	0.211	0.488	–0.087	–0.307	–0.015	0.710	–0.409	0.301
29～33 年	0.010	0.259	0.398	–0.190	–0.241	0.027	0.667	–0.404	0.263
34～38 年	0.019	0.337	0.312	–0.489	–0.156	0.043	0.668	–0.602	0.066
39～43 年	0.028	0.427	0.345	–0.220	0.006	0.102	0.799	–0.112	0.687
44～46 年	0.014	0.256	0.109	–0.060	0.018	0.069	0.380	0.027	0.407
1～23 年	0.011	0.162	1.329	–0.098	–0.430	–0.831	1.502	–1.359	0.143
24～46 年	0.082	1.489	1.653	–1.046	–0.680	0.226	3.223	–1.500	1.723
1～46 年	0.093	1.651	2.981	–1.144	–1.110	–0.606	4.725	–2.859	1.866

表 28-40 校核系列/敞泄/310/方案东庄水库运用减淤量计算结果 (单位：亿 m^3)

时段	渭淤 37—渭淤 26	渭淤 26—渭淤 10	渭淤 10—潼关	潼关—黄淤 31	黄淤 31—黄淤 22	黄淤 22—三门峡大坝	渭淤 37—潼关	潼关—三门峡大坝	渭淤 37—三门峡大坝
1～5 年	−0.042	−0.332	−0.354	−0.002	+0.010	+0.024	−0.729	+0.033	−0.696
6～10 年	−0.039	−0.325	−0.393	−0.002	−0.002	0.000	−0.757	−0.004	−0.761
11～15 年	−0.011	−0.166	−0.145	0.000	+0.006	−0.002	−0.322	+0.004	−0.318
16～20 年	−0.031	−0.273	−0.141	−0.010	+0.016	+0.005	−0.445	+0.011	−0.433
21～23 年	−0.035	−0.142	−0.015	−0.007	+0.008	−0.002	−0.192	−0.001	−0.193
24～28 年	−0.073	−0.021	+0.085	0.000	−0.007	−0.017	−0.009	−0.024	−0.033
29～33 年	−0.048	+0.116	+0.124	+0.009	−0.015	−0.018	+0.191	−0.024	+0.167
34～38 年	−0.027	+0.294	+0.245	+0.010	−0.020	−0.003	+0.512	−0.014	+0.499
39～43 年	+0.052	+0.335	+0.189	−0.021	−0.008	−0.010	+0.576	−0.039	+0.537
44～46 年	+0.026	+0.239	+0.067	−0.005	−0.003	−0.016	+0.332	−0.024	+0.308
1～23 年	−0.158	−1.238	−1.048	−0.020	+0.037	+0.026	−2.444	+0.044	−2.400
24～46 年	−0.070	+0.963	+0.709	−0.008	−0.053	−0.064	+1.602	−0.124	+1.478
1～46 年	−0.228	−0.276	−0.338	−0.027	−0.015	−0.037	−0.842	−0.080	−0.922

五、校核系列方案 4 计算结果

(一)校核系列方案 4 无水库计算结果

表 28-41 列出了方案 4 无东庄水库情况下模型计算结果。三门峡水库汛期运用水位与方案 3 相同，均敞泄，非汛期运用水位由方案 3 的 310 m 进一步降至 305 m。计算结果，咸阳—三门峡大坝共淤积 1.613 亿 m^3，与方案 3 相比减少了 1.176 亿 m^3，其中咸阳—潼关河段淤积 5.268 亿 m^3，与方案 3 相比减少了 0.299 亿 m^3。潼关—三门峡大坝表现为冲刷，共冲刷了 3.655 亿 m^3，与方案 3 相比多冲了 0.876 亿 m^3。时间分布上表现为，前 23 年共淤积 1.60 亿 m^3，占总淤积量的 99%以上，咸阳—潼关河段淤积 3.845 亿 m^3，潼关—三门峡大坝河段冲刷 2.245 亿 m^3；后 23 年仅淤积 0.013 亿 m^3，不足总淤积量的 1%，咸阳—潼关河段淤积 1.423 亿 m^3，潼关—三门峡大坝河段冲刷 1.410 亿 m^3。

潼关高程一般位于 326.6～327.0 m。

(二)校核系列方案 4 修建水库后计算结果

方案 4 东庄水库运用后咸阳—三门峡大坝共淤积了 0.861 亿 m^3(见表 28-42)。其中，咸阳—潼关河段淤积 4.501 亿 m^3，潼关—三门峡大坝河段冲刷 3.640 亿 m^3。前 23 年计算河段冲刷 0.817 亿 m^3，其中咸阳—潼关河段淤积 1.392 亿 m^3，潼关—三门峡大坝段冲刷 2.209 亿 m^3。后 23 年共淤积 1.678 亿 m^3，其中咸阳—潼关河段淤积 3.109 亿 m^3，潼关—三门峡大坝段冲刷 1.431 亿 m^3。

从泾河东庄水库修建后的效果看(见表 28-43)，46 年时咸阳—潼关表现为减淤，减淤量为 0.767 亿 m^3，潼关—三门峡大坝表现为增淤，增淤量为 0.015 亿 m^3，全计算河段表现为减淤，减淤量为 0.752 亿 m^3。从时间分布上看，前 23 年表现为减淤，共减淤 2.418 亿 m^3，后 23 年表现为增淤，共增淤 1.665 亿 m^3，且淤积量的增减主要表现在咸阳—潼关河段。

表 28-41 校核系列/敞泄/305/方案无东庄水库条件下冲淤量结果 (单位：亿 m^3)

时段	渭淤 37—渭淤 26	渭淤 26—渭淤 10	渭淤 10—潼关	潼关—黄淤 31	黄淤 31—黄淤 22	黄淤 22—三门峡大坝	渭淤 37—潼关	潼关—三门峡大坝	渭淤 37—三门峡大坝
1 ~ 5 年	0.055	0.311	0.725	0.060	–0.146	–0.469	1.092	–0.556	0.536
6 ~ 10 年	0.029	0.294	0.637	–0.073	–0.191	–0.366	0.960	–0.630	0.330
11 ~ 15 年	0.010	0.156	0.344	–0.083	–0.208	–0.223	0.510	–0.514	–0.004
16 ~ 20 年	0.038	0.328	0.442	–0.035	–0.220	–0.135	0.807	–0.390	0.417
21 ~ 23 年	0.038	0.211	0.228	–0.005	–0.126	–0.025	0.477	–0.156	0.321
24 ~ 28 年	0.083	0.230	0.400	–0.437	–0.344	–0.047	0.714	–0.827	–0.113
29 ~ 33 年	0.058	0.140	0.263	–0.355	–0.066	0.005	0.461	–0.416	0.045
34 ~ 38 年	0.044	–0.012	0.054	–0.161	–0.016	0.038	0.086	–0.139	–0.053
39 ~ 43 年	–0.025	0.073	0.083	–0.108	–0.005	0.064	0.132	–0.049	0.083
44 ~ 46 年	–0.011	0.009	0.033	–0.043	0.004	0.060	0.031	0.021	0.051
1 ~ 23 年	0.169	1.300	2.377	–0.136	–0.891	–1.217	3.845	–2.245	1.600
24 ~ 46 年	0.150	0.440	0.833	–1.103	–0.427	0.120	1.423	–1.410	0.013
1 ~ 46 年	0.319	1.739	3.210	–1.240	–1.319	–1.097	5.268	–3.655	1.613

表 28-42 校核系列/敞泄/305/方案东庄水库运用条件下冲淤量结果 (单位：亿 m^3)

时段	渭淤 37—渭淤 26	渭淤 26—渭淤 10	渭淤 10—潼关	潼关—黄淤 31	黄淤 31—黄淤 22	黄淤 22—三门峡大坝	渭淤 37—潼关	潼关—三门峡大坝	渭淤 37—三门峡大坝
1 ~ 5 年	0.015	–0.022	0.371	0.060	–0.133	–0.452	0.364	–0.525	–0.161
6 ~ 10 年	–0.010	–0.034	0.243	–0.068	–0.189	–0.374	0.198	–0.631	–0.433
11 ~ 15 年	–0.003	–0.013	0.197	–0.082	–0.203	–0.229	0.181	–0.514	–0.333
16 ~ 20 年	0.006	0.057	0.301	–0.034	–0.222	–0.128	0.364	–0.384	–0.02
21 ~ 23 年	0.002	0.070	0.213	0.001	–0.130	–0.027	0.285	–0.155	0.131
24 ~ 28 年	0.010	0.214	0.490	–0.192	–0.347	–0.053	0.713	–0.592	0.121
29 ~ 33 年	0.009	0.261	0.397	–0.320	–0.127	–0.012	0.667	–0.459	0.208
34 ~ 38 年	0.019	0.291	0.313	–0.214	–0.032	0.032	0.623	–0.214	0.409
39 ~ 43 年	0.028	0.432	0.283	–0.186	–0.010	0.055	0.743	–0.141	0.602
44 ~ 46 年	0.015	0.254	0.094	–0.080	0.002	0.053	0.362	–0.025	0.337
1 ~ 23 年	0.010	0.057	1.325	–0.123	–0.877	–1.210	1.392	–2.209	–0.817
24 ~ 46 年	0.081	1.451	1.577	–0.992	–0.514	0.074	3.109	–1.431	1.678
1 ~ 46 年	0.091	1.509	2.901	–1.115	–1.390	–1.136	4.501	–3.640	0.861

表 28-43　校核系列/敞泄/305/方案东庄水库运用减淤量　(单位：亿 m^3)

时段	渭淤 37—渭淤 26	渭淤 26—渭淤 10	渭淤 10—潼关	潼关—黄淤 31	黄淤 31—黄淤 22	黄淤 22—三门峡大坝	渭淤 37—潼关	潼关—三门峡大坝	渭淤 37—三门峡大坝
1～5 年	–0.040	–0.333	–0.355	0.000	+0.013	+0.018	–0.728	+0.031	–0.697
6～10 年	–0.039	–0.328	–0.394	+0.005	+0.002	–0.009	–0.762	–0.001	–0.763
11～15 年	–0.013	–0.169	–0.148	+0.002	+0.004	–0.006	–0.329	0.000	–0.329
16～20 年	–0.031	–0.272	–0.141	+0.001	–0.002	+0.006	–0.444	+0.006	–0.438
21～23 年	–0.036	–0.141	–0.015	+0.006	–0.003	–0.002	–0.191	+0.001	–0.191
24～28 年	–0.074	–0.017	+0.090	+0.245	–0.003	–0.007	0.000	+0.235	+0.235
29～33 年	–0.049	+0.121	+0.134	+0.035	–0.061	–0.018	+0.206	–0.043	+0.163
34～38 年	–0.025	+0.304	+0.258	–0.053	–0.016	–0.006	+0.537	–0.075	+0.462
39～43 年	+0.053	+0.359	+0.200	–0.078	–0.005	–0.009	+0.612	–0.092	+0.520
44～46 年	+0.026	+0.245	+0.061	–0.037	–0.002	–0.007	+0.332	–0.046	+0.286
1～23 年	–0.159	–1.242	–1.052	+0.014	+0.014	+0.008	–2.453	+0.036	–2.418
24～46 年	–0.069	+1.012	+0.744	+0.111	–0.086	–0.046	+1.686	–0.021	+1.665
1～46 年	–0.228	–0.231	–0.309	+0.125	–0.072	–0.039	–0.767	+0.015	–0.752

第五节　泾河 50 年偏丰系列东庄水库运用对渭河下游及三门峡库区冲淤影响

泾河水沙偏丰系列是在 1950～1974 年翻番系列的基础上对张家山站出库水沙过程进行概化后生成的。该系列咸阳水沙过程与设计方案相同。张家山(二)多年平均水量为 11.53 亿 m^3，沙量为 2.97 亿 t，分别比设计系列多出 1.60 亿 m^3、1.19 亿 t。

一、水沙偏丰系列方案 1 计算

该水沙系列条件下咸阳—三门峡大坝共淤积泥沙 9.943 亿 m^3(见表 28-44)。其中，咸阳—潼关河段淤积泥沙 8.268 亿 m^3，占总淤积量的 83.2%；潼关—三门峡大坝河段淤积 1.675 亿 m^3，占总淤积量的 16.8%。前 25 年计算河段共淤积 6.055 亿 m^3，占总淤积量的 60.9%。咸阳—潼关及潼关—三门峡大坝两河段分别淤积 5.059 亿、0.995 亿 m^3。后 25 年共淤积 3.888 亿 m^3，占总淤积量的 39.1%，其中咸阳—潼关及潼关—三门峡大坝分别淤积了 3.208 亿、0.680 亿 m^3。

从潼关高程看，随着库区泥沙的不断淤积，潼关高程有所增加，进而又影响到渭河的淤积变化，经过 50 年的淤积，潼关高程增加到 328.5 m。

将计算结果同设计系列河段冲淤量比较可知，水沙偏丰的 50 年系列咸阳—潼关河段淤积量偏大，比设计系列多淤 0.640 亿 m^3，潼关—三门峡大坝少淤 0.314 亿 m^3，全计算河段多淤 0.324 亿 m^3。受来水来沙条件影响，前 25 年少淤 0.834 亿 m^3，后 25 年多淤 1.160 亿 m^3。

表 28-44　泾河水沙偏丰系列/305/315/方案冲淤量计算结果表　(单位：亿 m^3)

时段	渭淤 37—渭淤 26	渭淤 26—渭淤 10	渭淤 10—潼关	潼关—黄淤 31	黄淤 31—黄淤 22	黄淤 22—三门峡大坝	渭淤 37—潼关	潼关—三门峡大坝	渭淤 37—三门峡大坝
1～5 年	0.033	0.170	0.546	0.141	0.026	0.163	0.749	0.329	1.078
6～10 年	0.014	0.232	0.709	0.128	0.046	0.088	0.955	0.262	1.217
11～15 年	–0.006	0.204	0.546	0.031	0.020	0.112	0.744	0.163	0.907
16～20 年	0.052	0.602	0.905	0.014	–0.012	0.102	1.559	0.104	1.663
21～25 年	0.071	0.634	0.347	–0.022	–0.011	0.171	1.053	0.138	1.190
26～30 年	0.052	0.313	0.269	0.022	0.027	0.187	0.634	0.236	0.870
31～35 年	0.111	0.462	0.492	0.043	0.019	0.132	1.065	0.193	1.258
36～40 年	0.073	0.196	0.307	–0.010	0.007	0.116	0.576	0.114	0.689
41～45 年	0.028	0.346	0.338	–0.035	–0.008	0.107	0.712	0.064	0.776
46～50 年	0.018	0.235	–0.030	–0.084	–0.005	0.162	0.223	0.073	0.296
1～25 年	0.165	1.841	3.053	0.291	0.069	0.635	5.059	0.995	6.055
26～50 年	0.280	1.552	1.376	–0.063	0.039	0.704	3.208	0.680	3.888
1～50 年	0.445	3.394	4.429	0.228	0.108	1.339	8.268	1.675	9.943

二、水沙偏丰系列方案 2 计算结果

水沙偏丰系列的计算结果表明，方案 2 咸阳—三门峡大坝段共淤积 8.869 亿 m^3(见表 28-45)，其中咸阳—潼关河段淤积了 8.333 亿 m^3，占总淤积量的 94.0%，潼关—三门峡大坝段淤积了 0.537 亿 m^3，占总淤积量的 6%。从时间分布上讲，前 25 年计算河段共淤积 5.496 亿 m^3，占总淤积量的 62%，咸阳—潼关及潼关—三门峡大坝分别淤积 5.058 亿、0.438 亿 m^3；后 25 年共淤积 3.373 亿 m^3，占总淤积量的 38%，其中咸阳—潼关及潼关—三门峡大坝段分别淤积了 3.274 亿、0.099 亿 m^3。

与设计系列相应的计算结果(见表 28-23)比较可知，水沙偏丰的 50 年系列泥沙淤积量偏多，咸阳—潼关河段多淤 0.998 亿 m^3，潼关—三门峡大坝少淤 0.298 亿 m^3，全计算河段多淤 0.699 亿 m^3。从时间分布上看，前 25 年少淤 0.620 亿 m^3，后 25 年多淤 1.320 亿 m^3。

三、水沙偏丰系列方案 3 计算结果

方案 3 咸阳—三门峡大坝共淤积了 5.970 亿 m^3(见表 28-46)，其中咸阳—潼关河段淤积了 8.344 亿 m^3，潼关—三门峡大坝冲刷了 2.374 亿 m^3。前 25 年计算河段共淤积 3.454 亿 m^3，占总淤积量的 57.9%。咸阳—潼关河段淤积 5.063 亿 m^3，潼关—三门峡大坝河段冲刷 1.609 亿 m^3。后 25 年共淤积 2.516 亿 m^3，占总淤积量的 42.1%，咸阳—潼关河段淤积 3.281 亿 m^3，潼关—三门峡大坝河段冲刷 0.765 亿 m^3。

同设计系列方案 3 计算结果(见表 28-26)相比较，本系列 50 年咸阳—潼关河段多淤 1.551 亿 m^3，潼关—三门峡大坝少淤 0.191 亿 m^3，全计算河段多淤 1.362 亿 m^3。时间分布上，前 25 年少淤 0.526 亿 m^3，后 25 年多淤 1.888 亿 m^3。

表 28-45　泾河水沙偏丰系列/305/310/方案冲淤量计算结果　　(单位：亿 m^3)

时段	渭淤 37—渭淤 26	渭淤 26—渭淤 10	渭淤 10—潼关	潼关—黄淤 31	黄淤 31—黄淤 22	黄淤 22—三门峡大坝	渭淤 37—潼关	潼关—三门峡大坝	渭淤 37—三门峡大坝
1～5 年	0.033	0.170	0.546	0.139	−0.038	0.113	0.749	0.213	0.963
6～10 年	0.014	0.232	0.709	0.117	−0.001	0.076	0.955	0.192	1.147
11～15 年	−0.006	0.204	0.546	0.008	−0.061	0.075	0.744	0.022	0.765
16～20 年	0.052	0.602	0.904	−0.016	−0.097	0.081	1.559	−0.033	1.526
21～25 年	0.071	0.634	0.347	−0.053	−0.067	0.163	1.052	0.044	1.095
26～30 年	0.052	0.313	0.270	−0.016	−0.048	0.158	0.634	0.094	0.728
31～35 年	0.111	0.463	0.495	−0.013	−0.024	0.160	1.069	0.122	1.191
36～40 年	0.073	0.197	0.314	−0.082	−0.060	0.109	0.584	−0.032	0.551
41～45 年	0.029	0.348	0.356	−0.129	−0.058	0.111	0.733	−0.076	0.656
46～50 年	0.013	0.261	−0.018	−0.168	−0.016	0.175	0.256	−0.009	0.247
1～25 年	0.165	1.841	3.052	0.195	−0.265	0.507	5.058	0.438	5.496
26～50 年	0.276	1.582	1.416	−0.408	−0.205	0.713	3.274	0.099	3.373
1～50 年	0.442	3.423	4.468	−0.214	−0.470	1.220	8.333	0.537	8.869

表 28-46　水沙偏丰系列/畅泄/310/方案冲淤量计算结果　　(单位：亿 m^3)

时段	渭淤 37—渭淤 26	渭淤 26—渭淤 10	渭淤 10—潼关	潼关—黄淤 31	黄淤 31—黄淤 22	黄淤 22—三门峡大坝	渭淤 37—潼关	潼关—三门峡大坝	渭淤 37—三门峡大坝
1～5 年	0.033	0.170	0.546	0.139	−0.040	−0.253	0.749	−0.154	0.595
6～10 年	0.014	0.232	0.709	0.116	−0.031	−0.280	0.955	−0.195	0.761
11～15 年	−0.006	0.204	0.546	0.004	−0.165	−0.192	0.744	−0.354	0.390
16～20 年	0.052	0.603	0.906	−0.041	−0.308	−0.086	1.560	−0.434	1.126
21～25 年	0.071	0.634	0.349	−0.126	−0.254	−0.093	1.054	−0.472	0.582
26～30 年	0.052	0.313	0.269	−0.177	−0.181	0.060	0.634	−0.298	0.336
31～35 年	0.111	0.462	0.495	−0.211	−0.055	0.120	1.068	−0.146	0.922
36～40 年	0.073	0.197	0.315	−0.240	−0.008	0.091	0.585	−0.157	0.428
41～45 年	0.028	0.353	0.353	−0.232	0.021	0.125	0.734	−0.086	0.648
46～50 年	0.016	0.263	−0.019	−0.170	0.035	0.057	0.261	−0.078	0.183
1～25 年	0.165	1.842	3.056	0.092	−0.797	−0.904	5.063	−1.609	3.454
26～50 年	0.279	1.588	1.414	−1.030	−0.188	0.454	3.281	−0.765	2.516
1～50 年	0.444	3.430	4.470	−0.938	−0.985	−0.450	8.344	−2.374	5.970

四、水沙偏丰系列方案 4 计算结果

方案 4 咸阳—三门峡大坝共淤积了 5.048 亿 m^3(见表 28-47)。其中，咸阳—潼关河段淤积了 8.436 亿 m^3，潼关—三门峡大坝冲刷了 3.388 亿 m^3。前 25 年计算河段共淤积 2.474 亿 m^3，占总淤积量的 49.0%。咸阳—潼关河段淤积 5.063 亿 m^3，潼关—三门峡大坝河段冲刷 2.589 亿 m^3。后 25 年共淤积 2.574 亿 m^3，占总淤积量的 51.0%，咸阳—潼关河段淤积 3.373 亿 m^3，潼关—三门峡大坝河段冲刷 0.798 亿 m^3。

从与上述设计系列的比较结果看，50 年咸阳—潼关河段多淤 1.983 亿 m^3，潼关—三门峡大坝少淤 0.660 亿 m^3，全计算河段多淤 1.844 亿 m^3。在时间上的分布为前 25 年少淤 0.140 亿 m^3，后 25 年多淤 2.100 亿 m^3。

表 28-47　泾河水沙偏丰系列/畅泄/305/方案冲淤量计算结果　(单位：亿 m^3)

时段	渭淤 37—渭淤 26	渭淤 26—渭淤 10	渭淤 10—潼关	潼关—黄淤 31	黄淤 31—黄淤 22	黄淤 22—三门峡大坝	渭淤 37—潼关	潼关—三门峡大坝	渭淤 37—三门峡大坝
1~5 年	0.033	0.170	0.546	0.139	−0.083	−0.434	0.749	−0.378	0.371
6~10 年	0.014	0.232	0.709	0.113	−0.107	−0.359	0.955	−0.353	0.602
11~15 年	−0.006	0.204	0.546	−0.010	−0.311	−0.238	0.744	−0.559	0.185
16~20 年	0.052	0.602	0.905	−0.114	−0.379	−0.106	1.559	−0.599	0.961
21~25 年	0.071	0.634	0.351	−0.361	−0.229	−0.110	1.056	−0.700	0.356
26~30 年	0.052	0.315	0.274	−0.221	−0.068	0.012	0.640	−0.277	0.363
31~35 年	0.111	0.466	0.509	−0.193	−0.028	0.103	1.086	−0.118	0.967
36~40 年	0.073	0.204	0.320	−0.202	−0.030	0.048	0.597	−0.184	0.413
41~45 年	0.028	0.368	0.358	−0.173	−0.018	0.081	0.754	−0.111	0.643
46~50 年	0.015	0.285	−0.004	−0.152	0.006	0.038	0.296	−0.108	0.188
1~25 年	0.165	1.841	3.057	−0.234	−1.107	−1.248	5.063	−2.589	2.474
26~50 年	0.278	1.637	1.458	−0.941	−0.138	0.281	3.373	−0.798	2.574
1~50 年	0.443	3.478	4.515	−1.175	−1.245	−0.968	8.436	−3.388	5.048

通过本节水沙系列年计算及比较分析结果表明，来水来沙条件对渭河下游河床淤积有直接影响，同时在三门峡库区泥沙冲淤方面也有所反映。

第六节　咸阳 50 年偏丰系列东庄水库运用对渭河下游及三门峡库区冲淤影响

咸阳来水来沙偏丰系列也是在 1950~1974 年翻番设计系列的基础上概化生成的，咸阳多年平均沙量为 1.53 亿 t，水量为 32.62 亿 m^3。泾河及其他支流来水来沙条件，与设计系列相同。本节利用该水沙条件，按照方案 4 对三门峡水库进行调节，开展了修建东庄水

库时的减淤效果计算。

一、无水库计算结果

表 28-48 列出了方案 4 无东庄水库情况下模型计算结果。可看出，咸阳—三门峡大坝河段共淤积 3.643 亿 m^3，其中咸阳—潼关河段淤积 6.841 亿 m^3，潼关—三门峡大坝河段表现为冲刷，共冲刷了 3.198 亿 m^3。时间分布上表现为，前 25 年共淤积 2.953 亿 m^3，占总淤积量的 81%以上；咸阳—潼关河段淤积 5.322 亿 m^3，潼关—三门峡大坝河段冲刷 2.369 亿 m^3；后 25 年仅淤积 0.69 亿 m^3，不足总淤积量的 19%，咸阳—潼关河段淤积 1.519 亿 m^3，潼关—三门峡大坝河段冲刷 0.829 亿 m^3。

潼关高程比设计系列方案 4 计算结果略高，约为 327.05 m。

表 28-48　咸阳来水来沙偏丰系列/畅泄/305/方案

无东庄水库条件下冲淤量计算结果

（单位：亿 m^3）

时段	渭淤 37—渭淤 26	渭淤 26—渭淤 10	渭淤 10—潼关	潼关—黄淤 31	黄淤 31—黄淤 22	黄淤 22—三门峡大坝	渭淤 37—潼关	潼关—三门峡大坝	渭淤 37—三门峡大坝
1～5 年	0.082	0.345	0.747	0.156	−0.079	−0.435	1.173	−0.358	0.815
6～10 年	0.066	0.496	1.039	0.139	−0.091	−0.349	1.600	−0.301	1.299
11～15 年	0.025	0.363	0.685	−0.002	−0.313	−0.236	1.072	−0.551	0.521
16～20 年	0.056	0.491	0.369	−0.079	−0.341	−0.076	0.916	−0.495	0.421
21～25 年	0.060	0.378	0.123	−0.357	−0.231	−0.076	0.561	−0.664	−0.103
26～30 年	0.120	0.382	0.230	−0.212	−0.090	−0.005	0.732	−0.308	0.424
31～35 年	0.139	0.211	0.362	−0.164	−0.039	0.094	0.712	−0.109	0.603
36～40 年	0.009	−0.062	0.111	−0.205	−0.030	0.042	0.058	−0.192	−0.134
41～45 年	−0.011	−0.013	0.059	−0.175	−0.023	0.071	0.036	−0.127	−0.091
46～50 年	0.010	−0.020	−0.009	−0.130	0.004	0.034	−0.019	−0.092	−0.111
1～25 年	0.288	2.073	2.962	−0.144	−1.054	−1.171	5.322	−2.369	2.953
26～50 年	0.267	0.498	0.754	−0.886	−0.178	0.235	1.519	−0.829	0.690
1～50 年	0.555	2.570	3.716	−1.030	−1.232	−0.936	6.841	−3.198	3.643

二、修建水库后计算结果

方案 4 东庄水库运用后咸阳—三门峡大坝共淤积 2.629 亿 m^3(见表 28-49)。其中，咸阳—潼关河段淤积 5.895 亿 m^3，潼关—三门峡大坝段冲刷 3.266 亿 m^3。前 25 年计算河段淤积 0.336 亿 m^3，其中咸阳—潼关河段淤积 2.515 亿 m^3，潼关—三门峡大坝段冲刷 2.179 亿 m^3。后 25 年共淤积 2.793 亿 m^3，其中咸阳—潼关河段淤积 3.379 亿 m^3，潼关—三门峡大坝段冲刷 1.087 亿 m^3。

潼关高程与无水库时计算结果相同，为 327.05 m 左右。

从泾河东庄水库修建后的效果看(见表 28-50)，50 年时咸阳—潼关段表现为减淤，减淤量为

0.946 亿 m^3，潼关—三门峡大坝段减淤量为 0.067 亿 m^3，全计算河段减淤 1.014 亿 m^3。从时间分布上看，前 25 年表现为减淤，共减淤 2.616 亿 m^3；后 25 年表现为增淤，共增淤 1.603 亿 m^3。

表 28-49 咸阳来水来沙偏丰系列/畅泄/305/方案东庄水库运用条件下冲淤量计算结果

(单位：亿 m^3)

时段	渭淤 37—渭淤 26	渭淤 26—渭淤 10	渭淤 10—潼关	潼关—黄淤 31	黄淤 31—黄淤 22	黄淤 22—三门峡大坝	渭淤 37—潼关	潼关—三门峡大坝	渭淤 37—三门峡大坝
1～5 年	0.040	0.013	0.336	0.152	–0.067	–0.434	0.389	–0.350	0.039
6～10 年	0.008	0.046	0.470	0.163	–0.068	–0.361	0.524	–0.266	0.258
11～15 年	–0.010	0.011	0.340	0.043	–0.310	–0.239	0.342	–0.506	–0.164
16～20 年	0.025	0.203	0.485	–0.044	–0.400	–0.090	0.713	–0.534	0.179
21～25 年	0.011	0.212	0.326	–0.175	–0.268	–0.080	0.548	–0.523	0.025
26～30 年	0.037	0.293	0.329	–0.184	–0.140	–0.033	0.660	–0.356	0.304
31～35 年	0.055	0.495	0.528	–0.129	–0.050	0.054	1.078	–0.125	0.953
36～40 年	0.049	0.439	0.257	–0.209	–0.040	0.018	0.744	–0.232	0.512
41～45 年	0.069	0.418	0.113	–0.208	–0.027	0.049	0.700	–0.186	0.514
46～50 年	0.049	0.172	–0.023	–0.207	–0.004	0.024	0.197	–0.187	0.010
1～25 年	0.073	0.484	1.958	0.139	–1.114	–1.204	2.515	–2.179	0.336
26～50 年	0.259	1.817	1.304	–0.937	–0.262	0.112	3.379	–1.087	2.793
1～50 年	0.332	2.301	3.262	–0.798	–1.375	–1.092	5.895	–3.266	2.629

表 28-50 咸阳来水来沙偏丰系列/畅泄/305/方案东庄水库运用减淤量计算结果

(单位：亿 m^3)

时段	渭淤 37—渭淤 26	渭淤 26—渭淤 10	渭淤 10—潼关	潼关—黄淤 31	黄淤 31—黄淤 22	黄淤 22—三门峡大坝	渭淤 37—潼关	潼关—三门峡大坝	渭淤 37—三门峡大坝
1～5 年	–0.042	–0.333	–0.410	–0.004	+0.011	+0.001	–0.785	+0.008	–0.776
6～10 年	–0.058	–0.450	–0.568	+0.024	+0.023	–0.012	–1.076	+0.035	–1.041
11～15 年	–0.034	–0.352	–0.344	+0.045	+0.003	–0.003	–0.731	+0.045	–0.686
16～20 年	–0.031	–0.288	+0.116	+0.035	–0.060	–0.014	–0.203	–0.039	–0.242
21～25 年	–0.049	–0.166	+0.203	+0.182	–0.037	–0.004	–0.013	+0.141	+0.129
26～30 年	–0.083	–0.088	+0.099	+0.028	–0.049	–0.027	–0.072	–0.049	–0.121
31～35 年	–0.084	+0.284	+0.165	+0.035	–0.011	–0.040	+0.366	–0.016	+0.350
36～40 年	+0.040	+0.501	+0.145	–0.005	–0.010	–0.025	+0.686	–0.040	+0.647
41～45 年	+0.080	+0.430	+0.154	–0.033	–0.005	–0.021	+0.664	–0.059	+0.605
46～50 年	+0.039	+0.192	–0.015	–0.076	–0.009	–0.010	+0.216	–0.095	+0.121
1～25 年	–0.215	–1.589	–1.004	+0.283	–0.060	–0.033	–2.807	+0.191	–2.616
26～50 年	–0.009	+1.319	+0.550	–0.051	–0.084	–0.124	+1.861	–0.258	+1.603
1～50 年	–0.223	–0.269	–0.454	+0.232	–0.143	–0.156	–0.946	–0.067	–1.014

第七节　主要结论

(1)不建东庄水库时，若以 1999 年地形为初始边界条件，以 1950 ~ 1974 年的实测过程为水沙条件，50 年后咸阳—潼关、潼关—三门峡大坝河段相应淤积 7.627 亿、1.989 亿 m^3；以 1975 ~ 1998 年的实测过程为水沙条件，46 年后咸阳—潼关、潼关—三门峡大坝河段相应淤积 6.569 亿、1.385 亿 m^3。分析表明，不仅干支流来水来沙条件对原型河床冲淤变形影响较大，而且三门峡坝前控制水位对渭河下游泥沙淤积也有较多影响；

(2)东庄水库的修建对渭河下游河床淤积有直接影响，而对三门峡库区泥沙淤积及潼关高程无直接影响；三门峡水库运用方式对潼关高程及库区泥沙冲淤有较大影响，设计系列在方案 1~ 4 条件下，潼关高程由 328.4 m 降至 326.95 m；

(3)东庄水库运用前 20 年下游减淤作用明显，后 20 年明显增淤，其间减淤作用较小，东庄水库运用 46 ~ 50 年时整体上仍是减淤的。

总的来讲，按照新的开发目标，以防洪减淤为主，兼顾现状供水，修建东庄水库可减少渭河下游泥沙淤积，对抑制潼关高程的抬高甚至降低其高程有一定作用。

参 考 文 献

[1] 上海勘测设计研究院. 泾河东庄水利枢纽工程项目建议书阶段水库运行方式研究[R]. 上海：上海勘测设计研究院，2003.

[2] 赵业安，温善章. 21 世纪渭河下游防洪形势及对策研究[C] //陕西省三门峡库区防洪暨治理学术研讨会论文选编. 郑州：黄河水利出版社，2000:46-53.

第二十九章　小江调水济渭对渭河及三门峡库区冲淤影响预测

第一节　小江调水济渭与模型计算概况

一、研究背景

渭河是黄河最大的一级支流。在三门峡水库运用与上游来水量减少的双重影响下，渭河下游河道严重淤积萎缩，防洪形势十分严峻。

与黄河干流一样，渭河的主要问题是水沙不协调，反映在3个方面，其一是空间分布不协调，清水和泥沙来自不同地区；二是时间分布不协调，泥沙集中于汛期的7、8月份，华县站汛期7、8月份来沙量占年沙量的72%，来水量占年水量的30%；三是渭河是资源性缺水的多泥沙河流，输沙用水难以得到保证。为此，为维持渭河的健康生命不仅需要增水，而且需要调节来水过程。

引江济渭工程的方案之一就是从小江调水。小江调水是从长江三峡水库的支流小江(位于重庆市开县)调水，从渭河咸阳注入渭河下游，缓解渭河下游缺水的紧张局面，增加渭河下游的输沙用水，以实现渭河下游河道的减淤作用。

二、计算方案

为评估小江调水对渭河下游减淤作用，我们选取了渭河下游来水偏枯的 1986～1997 年水沙系列，三门峡水库采用汛期敞泄，非汛期315 m水位控制运用方式，小江调水300 m^3/s和600 m^3/s(每年6～9月)两种流量级，渭河下游华县站年水量分别达到81亿m^3和113亿m^3，入渭调节水库库容3亿m^3，结合渭河水沙过程，组成6种计算方案，利用数学模型研究了不同方案对渭河下游的减淤作用。

(一)计算边界条件

(1)计算范围：渭河咸阳—三门峡大坝。

(2)初始边界条件：1999年汛后地形。

(3)水沙系列：1986年7月1日～1998年6月31日实测水沙系列，入流边界包括渭河咸阳、泾河张家山、南山支流、北洛河洑头、黄河龙门。

(4)三门峡水库运用方式：汛期(7月1日～10月31日)敞泄、非汛期(11月1日～次年6月30日)控制水位不超过315 m。

(二)计算方案

根据汛期(6月1日～9月30日)日均从小江分别调水300、600 m^3/s两种情况(引水按清水考虑)，并结合不同的调节水库(以下简称“水库”)蓄水调节方式(蓄水库容3亿m^3，计算时给予简化处理，调水 300 m^3/s 方案按 12 d 蓄满，调水 600 m^3/s 方案按 6 d 蓄满)，共开展了 7 个方案的计算。

(1)方案 0。无引水方案。

(2)方案 1-1。从小江日均引水流量 300 m^3/s，不通过水库调节，直接加入渭河，即引水期间咸阳站流量每日加大 300 m^3/s。

(3)方案 1-2。从小江日均引水流量 300 m^3/s，通过水库调节，首先将水库蓄满，而后集中 3 d 放空。对于咸阳站来说，15 d 为一个周期，前 12 d 流量不增加，后 3 d 流量加大 1 500 m^3/s，每年 9 月 29 日与 9 月 30 日流量加大 300 m^3/s。

(4)方案 1-3。从小江日均引水流量 300 m^3/s，通过水库调节，结合泾河张家山站水流含沙量情况，当遇到泾河高含沙洪水(含沙量大于 200 kg/m^3)时，集中下泄。具体调节方式为：①进入 6 月份后，如泾河不发生高含沙洪水，水库首先蓄水，下泄流量为 0 m^3/s；②水库蓄满后仍无高含沙洪水，水库不再蓄水，将所引的 300 m^3/s 流量直接加入渭河咸阳站的流量过程；③如遇泾河高含沙洪水，水库集中下泄，与咸阳站水流叠加，控制流量 1 500 m^3/s，此时如水库蓄水量不足以叠加到该流量级，按泄空水库考虑；④水库泄空后，如泾河仍为高含沙洪水，按调水流量 300 m^3/s 敞泄；⑤高含沙洪水过后，如水库有蓄水库容，首先蓄水，下泄流量为 0 m^3/s，直至水库蓄满；⑥9 月底放空水库，下泄流量与咸阳站流量叠加，最大流量控制 1 500 m^3/s。

(5)方案 2-1。从小江日均引水流量 600 m^3/s，不通过水库调节，直接加入渭河。

(6)方案 2-2。从小江日均引水流量 600 m^3/s，通过水库调节，首先将水库蓄满，而后集中 3 d 放空，对于咸阳站来说，9 d 为一个周期，前 6 d 流量不增加，后 3 d 流量加大至 1 800 m^3/s，每年 9 月 26~30 日流量加大 600 m^3/s。

(7)方案 2-3。从小江日均引水流量 600 m^3/s，通过水库调节，结合泾河张家山水流含沙量情况，当遇到泾河高含沙洪水时，集中下泄。具体调节思路与方案 1-3 相同，即：①进入 6 月后，如泾河不发生高含沙洪水，水库首先蓄水，下泄流量为 0 m^3/s；②水库蓄满后仍无高含沙洪水，水库不再蓄水，将所引的 600 m^3/s 流量直接加入渭河咸阳站的流量过程；③如遇泾河高含沙洪水，水库集中下泄，叠加后的咸阳站流量控制 1 800 m^3/s，此时如水库蓄水量不足以满足下泄此流量级水量，按泄空水库考虑，④水库泄空后，如泾河仍为高含沙洪水，按调水流量 600 m^3/s 敞泄；⑤高含沙洪水过后，如水库有蓄水库容，首先蓄水，下泄流量为 0 m^3/s，直至水库蓄满；⑥9 月底放空水库，下泄流量与咸阳站流量叠加，最大流量控制 1 800 m^3/s。

三、调水前后不同系列年华县站水量变化

6 ~ 9 月实施小江调水后，不同系列年华县站水量变化如表 29-1。可见，在 1991 ~ 2000 年华县站年均来水只有 37.1 亿 m^3，调水 300 m^3/s 及 600 m^3/s 流量后，华县站年均水量达到 68.7 亿 m^3 和 100.3 亿 m^3。较枯的 1986 ~ 1997 年调水流量 300m^3/s，华县年均水量达到 81.02 亿 m^3，调水 600 m^3/s 华县年均水量达到 112.62 亿 m^3，遇丰、平水年份，水量更多一些。

四、不同调节方案水沙过程比较

6 ~ 9 月日均调水 300 m^3/s，经过 3.0 亿 m^3 库容的调节水库调节后，对于来水特枯的

1995 年，方案 1-2 及方案 1-3 华县站水沙过程计算结果如图 29-1 所示。可见，方案 1-2 形成了大于 1 500 m³/s 的洪峰，但是，由于当年来水特枯，洪峰流量仅仅略大于 1 500 m³/s，而且与沙峰遭遇几率也较少。方案 1-3 制造洪峰次数虽然只有 5 次，但与沙峰匹配较好，而且，由于沙峰期间渭河有小洪水发生，形成洪峰叠加，流量达到 2 000 m³/s 以上。

表 29-1　调水前后渭河下游华县站年均水量　（单位：亿 m³）

系列	1974 ~ 1990 年	1986 ~ 1997 年	1991 ~ 2000 年	1974 ~ 2000 年
调水前	73.35	49.42	37.10	59.92
调水 300 m³/s	104.95	81.02	68.70	91.52
调水 600 m³/s	136.55	112.62	100.30	123.12

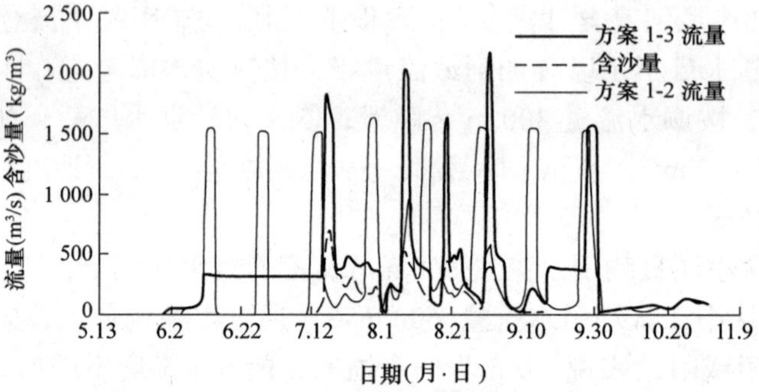

图 29-1　1995 年不同调水方案华县站流量过程

五、调水前后各级流量出现频次的变化

表 29-2 为 1991 ~ 2000 年枯水系列调水前后 6 ~ 10 月各级流量出现天数统计，调水后各方案和调水前方案 0 相比，大于 500 m³/s 流量级出现天数增大一倍多，其中方案 1-2 和方案 1-3 大于 2 000 m³/s 流量级的天数年均 3.5 ~ 3.7 d，达到了 20 世纪 50 ~ 80 年代的水平，大于 3 000 m³/s 流量级的天数，尚低于 20 世纪 50 ~ 80 年代。

表 29-2　调水前后各方案 1991 ~ 2000 年年均 6 ~ 10 月华县站各级流量出现天数

方案	年水量(亿 m³)	各级流量出现天数(d)						
		> 500 m³/s	> 1 000 m³/s	> 1 500 m³/s	> 2 000 m³/s	> 2 500 m³/s	> 3 000 m³/s	> 4 000 m³/s
0	37.1	15.2	2.5	0.7	0.5	0.3	0.0	0.0
1-1	63.32	36.3	6.1	1.5	0.5	0.3	0.3	0.0
1-2	63.32	37.6	27.6	24.4	3.5	0.8	0.4	0.2
1-3	63.32	30.0	16.5	13.3	3.7	0.9	0.3	0.2

图 29-2 为 1991 ~ 1995 年调水前后最大 3 d 及最大 5 d 流量对比，可见 1-3 方案调水后

最大 5 d、最大 3 d 平均流量达到 1 500 m^3/s 及 2 000 m^3/s 以上。

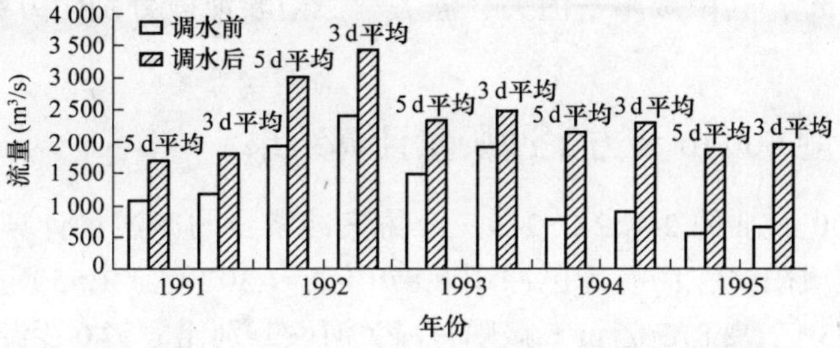

图 29-2　调水方案 1-3 最大 3 d 及 5 d 流量与引水前比较

第二节　小江调水济渭对渭河及三门峡库区冲淤影响预测

一、无调水方案冲淤量计算结果

表 29-3 给出了无调水方案(方案 0)模型计算冲淤量结果。12 年内，咸阳—三门峡大坝淤积 1.326 亿 m^3。其中，渭河下游咸阳—潼关河道主要表现为淤积，共淤积 1.585 亿 m^3；咸阳—临潼、临潼—华县、华县—潼关 3 河段分别淤积 0.036 亿、0.28 亿、1.269 亿 m^3。可见，淤积最为严重的是华县—潼关河段。由于三门峡水库采用汛期敞泄，非汛期 315 运用，水库运用水位较低，潼关—三门峡大坝将会发生冲刷，共冲刷 0.259 亿 m^3。从冲淤量时间分布看，渭河下游前 3 年淤积量较小，而后淤积量逐渐增大，受三门峡水库运用方式的影响，潼关—三门峡大坝前 9 年表现为冲刷，而后由冲转淤。

表 29-3　方案 0 渭河及三门峡库区冲淤量　　(单位：亿 m^3)

时段	咸阳—临潼	临潼—华县	华县—潼关	咸阳—潼关	潼关—三门峡	咸阳—三门峡
1～3 年	0.013	−0.004	0.148	0.157	−0.146	0.011
4～6 年	0.007	0.069	0.330	0.406	−0.060	0.346
7～9 年	0.002	0.093	0.343	0.438	−0.095	0.343
10～12 年	0.014	0.122	0.449	0.584	0.042	0.626
1～12 年	0.036	0.280	1.269	1.585	−0.259	1.326

二、调水流量 300 m^3/s 方案冲淤量计算结果

表 29-4、表 29-5、表 29-6 分别列出了调水流量为 300m^3/s 的方案 1-1、方案 1-2、方案 1-3 冲淤量及减淤量计算结果。方案 1-1 计算结果，12 年内咸阳—三门峡河段共淤积 0.019 亿 m^3，比方案 0 少淤积 1.307 6 亿 m^3。其中，咸阳—潼关河段淤积 0.699 亿 m^3，潼关—三门峡河段冲刷 0.681 亿 m^3，分别比方案 0 少淤(或多冲)0.886 亿、0.422 亿 m^3。方案 1-2，12 年内咸阳—三门峡河段共冲刷 0.328 亿 m^3，比方案 0 少淤(或多冲)1.654 亿 m^3，咸阳—潼关河段淤积 0.369 亿 m^3，潼关—三门峡河段冲刷 0.696 亿 m^3，分别比方案 0 少淤(或多

冲)1.217 亿、0.437 亿 m^3。方案 1-3，12 年内咸阳—三门峡河段共冲刷 0.476 亿 m^3，比方案 0 少淤 1.803 亿 m^3，其中咸阳—潼关、潼关—三门峡河段分别比方案 0 少淤 1.288 亿、0.514 亿 m^3。

三、调水流量 600 m^3/s 方案冲淤量计算结果

从调水流量 600 m^3/s 的 2-1、2-2、2-3 三个方案冲淤量与减淤量计算结果看(见表 29-7 ~ 表 29-9)，3 个方案咸阳—三门峡库区冲刷 0.870 亿、1.307 亿、1.550 亿 m^3，分别比方案 0 少淤 2.197 亿、2.633 亿、2.876 亿 m^3；咸阳—潼关河段分别比方案 0 少淤 1.452 亿、1.878 亿、2.008 亿 m^3，潼关—三门峡河段分别比方案 0 多冲 0.744 亿、0.755 亿、0.868 亿 m^3。

表 29-4　方案 1-1 渭河及三门峡库区冲淤量　　(单位：亿 m^3)

项目	时段	咸阳—临潼	临潼—华县	华县—潼关	咸阳—潼关	潼关—三门峡	咸阳—三门峡
冲淤量	1 ~ 3 年	–0.024	–0.073	0.081	–0.016	–0.250	–0.266
	4 ~ 6 年	–0.030	0.025	0.264	0.260	–0.160	0.100
	7 ~ 9 年	–0.034	0.028	0.199	0.193	–0.196	–0.004
	10 ~ 12 年	–0.021	0.064	0.219	0.263	–0.075	0.188
	1 ~ 12 年	–0.108	0.044	0.763	0.699	–0.681	0.019
减淤量	1 ~ 3 年	0.037 1	0.068 9	0.066 7	0.172 7	0.104 5	0.277 2
	4 ~ 6 年	0.036 8	0.044	0.065 3	0.146	0.099 7	0.245 7
	7 ~ 9 年	0.035 7	0.065 8	0.143 7	0.245 3	0.101 1	0.346 4
	10 ~ 12 年	0.034 5	0.057 4	0.229 9	0.321 8	0.116 4	0.438 3
	1 ~ 12 年	0.144 1	0.236 1	0.505 6	0.885 8	0.421 7	1.307 6

表 29-5　方案 1-2 渭河及三门峡库区冲淤量　　(单位：亿 m^3)

项目	时段	咸阳—临潼	临潼—华县	华县—潼关	咸阳—潼关	潼关—三门峡	咸阳—三门峡
冲淤量	1 ~ 3 年	–0.030	–0.093	0.048	–0.075	–0.266	–0.341
	4 ~ 6 年	–0.036	–0.007	0.204	0.161	–0.161	0.000
	7 ~ 9 年	–0.039	–0.012	0.143	0.092	–0.200	–0.108
	10 ~ 12 年	–0.025	0.037	0.178	0.190	–0.069	0.121
	1 ~ 12 年	–0.130	–0.074	0.573	0.369	–0.696	–0.328
减淤量	1 ~ 3 年	0.042 4	0.089 3	0.099 8	0.231 4	0.120 6	0.352 1
	4 ~ 6 年	0.043 4	0.076 1	0.125 1	0.244 6	0.101 5	0.346
	7 ~ 9 年	0.041 4	0.105	0.2	0.346 5	0.104 3	0.450 8
	10 ~ 12 年	0.038 7	0.084 4	0.271 1	0.394 1	0.110 7	0.504 9
	1 ~ 12 年	0.165 9	0.354 8	0.696	1.216 6	0.437 1	1.653 8

表 29-6　方案 1-3 渭河及三门峡库区冲淤量　　(单位：亿 m^3)

项目	时段	咸阳—临潼	临潼—华县	华县—潼关	咸阳—潼关	潼关—三门峡	咸阳—三门峡
冲淤量	1～3 年	–0.043	–0.102	0.030	–0.115	–0.294	–0.409
	4～6 年	–0.041	–0.002	0.204	0.162	–0.183	–0.021
	7～9 年	–0.044	–0.014	0.160	0.102	–0.202	–0.100
	10～12 年	–0.035	0.012	0.171	0.148	–0.095	0.054
	1～12 年	–0.163	–0.105	0.565	0.297	–0.773	–0.476
减淤量	1～3 年	0.056 1	0.097 8	0.118	0.272	0.148 4	0.420 4
	4～6 年	0.048	0.071 3	0.125 4	0.244 4	0.123 1	0.367 5
	7～9 年	0.045 9	0.107 1	0.182 7	0.335 9	0.106 5	0.442 5
	10～12 年	0.048 4	0.109 6	0.278	0.436	0.136 1	0.572 1
	1～12 年	0.198 4	0.385 8	0.704 1	1.288 3	0.514 1	1.8025

表 29-7　方案 2-1 渭河及三门峡库区冲淤量　　(单位：亿 m^3)

项目	时段	咸阳—临潼	临潼—华县	华县—潼关	咸阳—潼关	潼关—三门峡	咸阳—三门峡
冲淤量	1～3 年	–0.053	–0.136	0.018	–0.170	–0.338	–0.508
	4～6 年	–0.055	–0.021	0.194	0.118	–0.240	–0.122
	7～9 年	–0.055	–0.006	0.120	0.059	–0.271	–0.211
	10～12 年	–0.041	0.035	0.132	0.126	–0.154	–0.029
	1～12 年	–0.203	–0.128	0.464	0.133	–1.003	–0.870
减淤量	1～3 年	0.065 6	0.131 7	0.129 9	0.327 1	0.192 6	0.519 7
	4～6 年	0.062	0.089 9	0.135 8	0.287 7	0.180 5	0.468 1
	7～9 年	0.056 9	0.099 8	0.222 2	0.378 9	0.175 2	0.554 2
	10～12 年	0.054 6	0.087	0.317 1	0.458 7	0.195 7	0.654 5
	1～12 年	0.239 1	0.408 4	0.805	1.452 4	0.744	2.196 5

表 29-8　方案 2-2 渭河及三门峡库区冲淤量　　(单位：亿 m^3)

项目	时段	咸阳—临潼	临潼—华县	华县—潼关	咸阳—潼关	潼关—三门峡	咸阳—三门峡
冲淤量	1～3 年	–0.067	–0.155	–0.017	–0.238	–0.355	–0.593
	4～6 年	–0.074	–0.062	0.130	–0.005	–0.231	–0.236
	7～9 年	–0.077	–0.057	0.065	–0.069	–0.269	–0.338
	10～12 年	–0.060	–0.014	0.095	0.020	–0.160	–0.140
	1～12 年	–0.278	–0.288	0.273	–0.293	–1.014	–1.307
减淤量	1～3 年	0.079 7	0.151 1	0.164 3	0.395	0.209	0.604 1
	4～6 年	0.081 3	0.130 9	0.199 2	0.411 3	0.171 3	0.582 5
	7～9 年	0.079 1	0.150 7	0.277 4	0.507 4	0.173 4	0.680 8
	10～12 年	0.073 8	0.135 5	0.354 6	0.563 9	0.201 7	0.765 7
	1～12 年	0.313 9	0.568 2	0.995 5	1.877 6	0.755 4	2.633 1

表 29-9　方案 2-3 渭河及三门峡库区冲淤量　　(单位：亿 m^3)

项目	时段	咸阳—临潼	临潼—华县	华县—潼关	咸阳—潼关	潼关—三门峡	咸阳—三门峡
冲淤量	1 ~ 3 年	−0.095	−0.172	−0.039	−0.306	−0.392	−0.698
	4 ~ 6 年	−0.092	−0.060	0.126	−0.025	−0.266	−0.291
	7 ~ 9 年	−0.091	−0.059	0.077	−0.072	−0.290	−0.362
	10 ~ 12 年	−0.075	−0.028	0.084	−0.019	−0.179	−0.198
	1 ~ 12 年	−0.353	−0.318	0.248	−0.423	−1.127	−1.550
减淤量	1 ~ 3 年	0.107 9	0.168	0.187 2	0.463 1	0.246 3	0.709 4
	4 ~ 6 年	0.098 7	0.128 8	0.203 2	0.430 7	0.206 6	0.637 3
	7 ~ 9 年	0.093 4	0.151 9	0.265 2	0.510 5	0.194 7	0.705 2
	10 ~ 12 年	0.088 3	0.149 8	0.365 3	0.603 4	0.220 4	0.823 9
	1 ~ 12 年	0.388 3	0.598 5	1.020 9	2.007 7	0.868	2.875 8

四、不同方案潼关高程变化情况

表 29-10 统计了不同方案潼关高程变化情况。模型计算初始时刻潼关高程为 328.12 m，方案 0 在 3 年后降至 328.05 m，6 年后降至 327.93 m，12 年后降至 327.84 m，与初始时刻相比降低了 0.28 m。

调水 300m³/s 的 1-1、1-2、1-3 三方案 6 年后潼关高程分别降至 327.74、327.63、327.59 m，分别比初始时刻降低 0.38、0.49、0.53 m；12 年后潼关高程分别降至 327.51、327.40、327.35 m，分别比初始时刻降低 0.61、0.72、0.77 m。从降幅变化情况看，前 6 年降幅大于后 6 年降幅。

调水 600 m³/s 的 2-1、2-2、2-3 三方案 6 年后潼关高程分别降至 327.48、327.35、327.26 m，比初始时刻低 0.64、0.77、0.86 m；12 年后潼关高程分别降至 327.23、327.09、326.94 m，比初始时刻低 0.89、1.03、1.16 m。特别是方案 2-3，12 年后，潼关高程已降至 327 m 以下。从潼关高程随时间变化看，前 6 年的降幅也大于后 6 年的降幅。

表 29-10　不同方案潼关高程变化计算结果统计　　(单位：亿 m^3)

时段	方案 0	方案 1-1	方案 1-2	方案 1-3	方案 2-1	方案 2-2	方案 2-3
初始	328.12	328.12	328.12	328.12	328.12	328.12	328.12
3 年后	328.05	327.93	327.84	328.81	327.74	327.62	327.58
6 年后	327.93	327.74	327.63	327.59	327.48	327.35	327.26
12 年后	327.84	327.51	327.40	327.35	327.23	327.09	326.94

五、模型计算结果综合分析

图 29-3 ~ 图 29-8 点绘了不同河段各方案冲淤量对比情况，图 29-9 ~ 图 29-11 点绘了不同时段各方案减淤量对比情况。由此可见，小江调水由咸阳进入渭河，对渭河下游减淤效果是明显的。采用 1986 ~ 1997 年枯水系列计算，在没有调节水库调节时调水 300m³/s 和调

水 600 m³/s 的方案 1-1 和方案 2-1 减淤量分别为调水前方案 0 渭河下游淤积量 1.585 亿 m³ 的 48%和 81%。调水越多减淤量越大。各方案减淤效果与入渭调蓄水库调节方式有很大关系。以调蓄库容 3 亿 m³ 考虑，配合泾河沙峰的调水方案 1-3 及 2-3 减淤效果最佳。对于 6～9 月调水 300 m³/s 的 3 个调节方案，以不进行水库调节的方案 1-1 减淤量为 1，方案 1-2 和方案 1-3 为 1.44 和 1.61；对于调水 600 m³/s 的 3 个方案其减淤比例为 1∶1.35∶1.5。

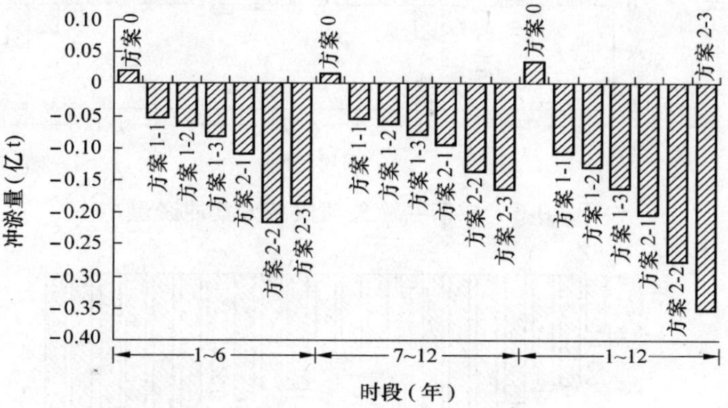

图 29-3　咸阳—临潼河段各方案冲淤量

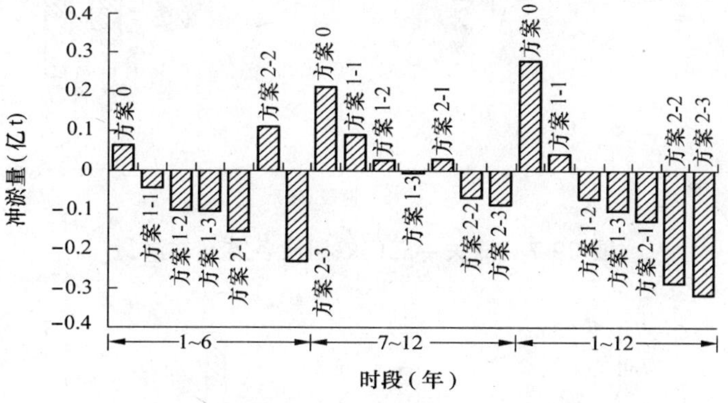

图 29-4　临潼—华县河段各方案冲淤量

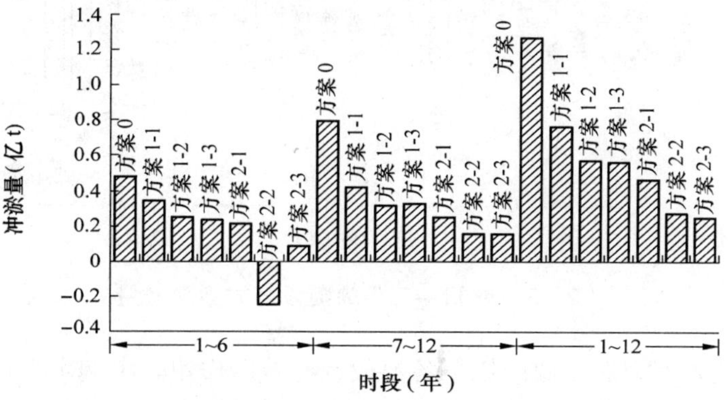

图 29-5　华县—潼关河段各方案冲淤量

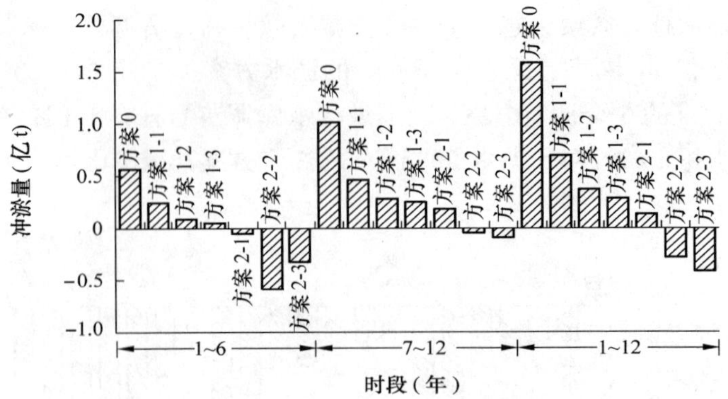

图 29-6 咸阳—潼关河段各方案冲淤量

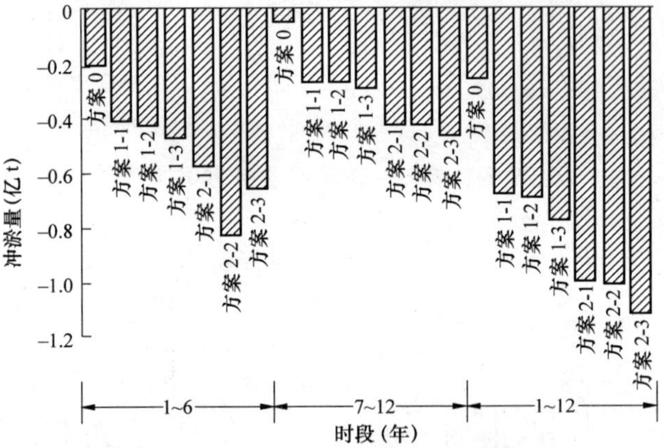

图 29-7 潼关—三门峡河段各方案冲淤量

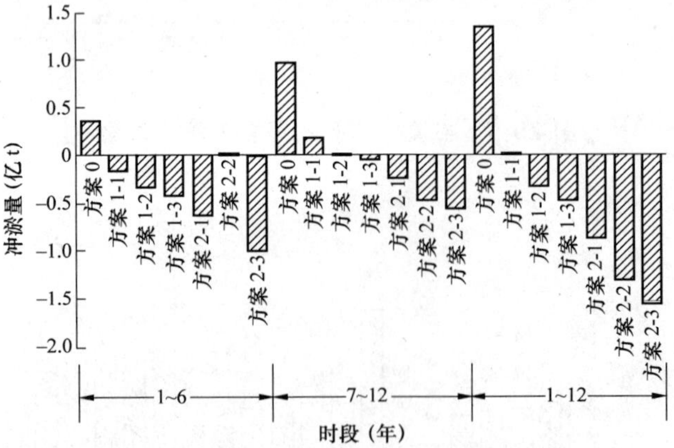

图 29-8 咸阳—三门峡河段各方案冲淤量

调水由咸阳进入渭河后，咸阳以下各河段都有减淤作用。由调水形成的沿程冲刷，上游首当其冲。故从计算的各河段冲淤量看，咸阳—临潼及临潼—华县两河段为冲刷，特别是方案 2-3 基本消除了三门峡水库运用以来咸阳—临潼河段的淤积。

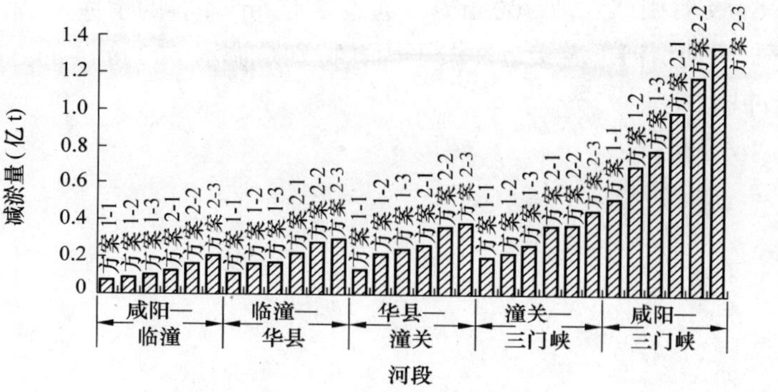

图 29-9　1~6 年各河段减淤量

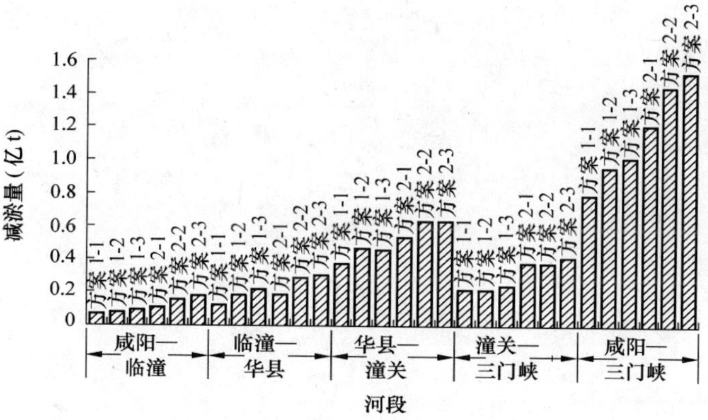

图 29-10　7~12 年各河段减淤量

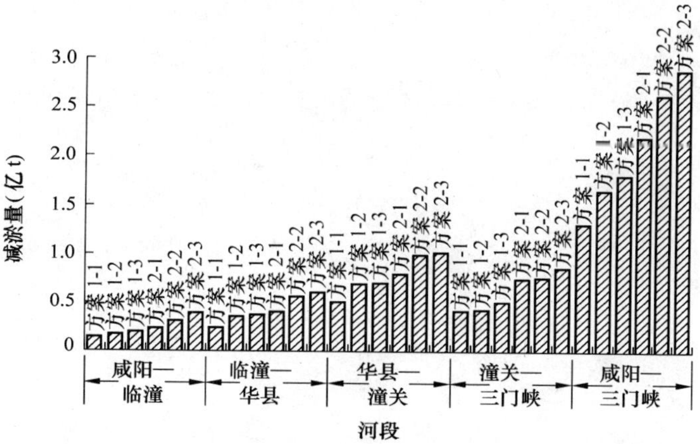

图 29-11　1~12 年各河段减淤量

从不同方案计算的潼关高程变化比较看，与河道减淤情况相对应，相同的调节水库调度方式下，调水 600 m^3/s 的方案潼关高程的降幅明显比调水 300 m^3/s 的方案大；对于相同调水流量，结合泾河来沙，当遇泾河高含沙时，集中下泄的方案 1-3、方案 2-3 降幅最大。

总体来看，6~9 月引江入渭 300 m^3/s，通过 3 亿 m^3 库容的水库调节，在 1986~1997 年枯水系列条件下，可使渭河下游接近冲淤平衡；特别是调水 600 m^3/s 的方案 2-2、方案 2-3，渭河下游均有所冲刷。

第三十章　南水北调中线沁河改道方案河道溯源冲刷计算

中线南水北调是缓解华北和京津地区水资源紧缺，关系到国计民生的战略性工程，对于国民经济的发展极为重要，因而受到了国家有关部门的高度重视。南水北调中线干渠在沿线要跨越很多河流，特别是在完成了沿线最大的交叉建筑物——穿黄工程，而后紧接着又要穿越黄河的一条重要支流——沁河。跨越一条河流，将增加工程投资上亿元，为降低工程造价，有关部门提出了让沁河改道的方案。沁河改道后，河道缩短，纵比降加大，再加上改道口附近变成了跌坎段，必将导致改道口以上原河道发生溯源冲刷。为此，我们开展了南水北调中线沁河改道方案河道溯源冲刷计算研究工作。主要内容包括：确定沁河的造床流量、床沙起动流速，并采用准二维数学模型计算研究本河段发生溯源冲刷后的河床变形及其最终稳定比降等问题。

第一节　沁河五龙口至武陟河段造床流量与床沙起动流速分析

一、沁河五龙口至武陟河段造床流量分析

造床流量是河床演变学及河道整治工作中最重要的参数之一，正确选用河道的造床流量对于研究沁河改道后的河床演变趋势非常重要，现在工程上常用的方法有平滩流量法和采用水文资料直接计算出的马卡维也夫法[1]。

前者河漫滩的高程不易准确确定，给实际应用带来一定的困难。后者在平原河流运用时，以 Q^2JP 最大时相应的流量定为造床流量(P 为各级流量出现的频率，J 为比降)。张红武、张清[2]等通过对一些河床冲淤幅度较大的河流资料分析后认为，马氏方法在某种程度上夸大了大洪水的造床作用，还含有一个精度难以保证的比降 J，这一因子与实测流量的相关关系极弱，因此该法不便于使用。此外，从学术角度上讲，对于多沙冲积河流，以 Q^mJ 代表输沙能力的做法也值得商榷。

实际上，不同的水沙过程，其塑造河床形态所起作用最大的造床流量也存在很大差异。张红武等在系统研究挟沙水流造床过程的基础上发现，不仅含沙量而且泥沙粗度、河床边界条件等因素，对造床过程及其河床形态都有显著的影响，因此认为在确定造床流量时，也应适当反映这些因子的作用。作为对马氏方法的改进，引入水流挟沙力 S_*，将输沙能力确切地表示为

$$G_{S_*} = QS_* \tag{30-1}$$

从而视 QS_*P^m 最大时所对应的流量为造床流量(取指数 m=0.6，输沙能力法[2])。为方便计算，取 P 为汛期各级流量出现的频率，其中水流挟沙力 S_*选用式(7-51)计算。

引入 S_*，可以使我们在确定造床流量时，不仅需要考虑流量的过程，而且还可通过引入含沙量 S_V (或 S)等水力泥沙因子，适当反映泥沙存在的影响，反映水流强度及泥沙粗度对造床作用的影响，亦即反映水沙条件等因素的影响，显然从概念上更完善一些。为使输沙能力法与马卡维也夫方法进行比较，我们曾采用黄河花园口、夹河滩两站 1988 年汛期水沙条件进行了计算[3]，结果表明，马卡维也夫法得出花园口及夹河滩的造床流量分别为 5 000 ~ 6 000 m³/s 和 6 000 ~ 7 000 m³/s，而采用输沙能力法相应得到的造床流量分别为 3 000 ~ 4 000 m³/s 和 4 000 ~ 5 000 m³/s，这两种方法得到的不同结果与平滩流量相比，前者偏大较多，后者较为接近。由此可见，本文采用的造床流量确定方法具有通用性和适应性强的优点，现有方法难以替代。

为此，采用 1979 ~ 1982 年水沙资料对沁河五龙口、武陟站进行了分析计算。由图 30-1 给出的分析结果可以看出，该计算河段造床流量一般为 500 ~ 600 m³/s。

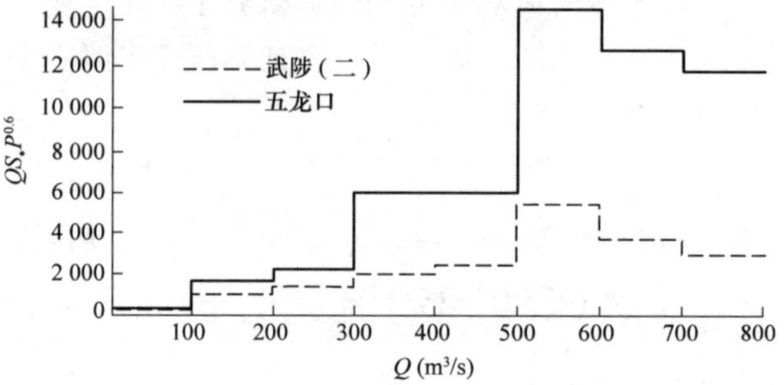

图 30-1　沁河五龙口至武陟河段造床流量分析结果

二、沁河五龙口至武陟河段床沙起动流速的确定

沁河五龙口至武陟河段的河床床沙较粗，表 30-1 列举了部分床沙级配资料，床沙 D_{50}=0.18 ~ 0.21 mm，非均匀系数 k_f=1.07 ~ 1.17，级配较为均匀。应该指出现有各家计算起动流速之类的公式仅是经过室内水槽资料率定，不适用于天然河流，特别是多沙河流情况，其计算结果往往比实际偏小很多[4]。天然河流床沙起动流速的确定，一般认为当水流含沙量为零时，河床不冲流速等于床沙起动流速[5, 6]。

表 30-1　沁河五龙口至武陟河段部分床沙颗粒级配

编号	D_{90} (mm)	D_{75} (mm)	D_{50} (mm)	D_{25} (mm)	D_{10} (mm)	非均匀系数 $k_f=\sqrt{\frac{D_{75}}{D_{25}}}$
1	0.240	0.215	0.205	0.190	0.145	1.07
2	0.300	0.230	0.213	0.180	0.135	1.13
3	0.210	0.190	0.180	0.160	0.125	1.09
4	0.320	0.240	0.205	0.175	0.130	1.17

我们采用五龙口站及武陟站不冲流速与含沙量资料，点绘了水深为 1 m 及 1.5 m 时河床不冲流速与床沙质含沙量的关系曲线(见图 30-2)，利用图 30-2 查出含沙量等于 0 的流速作为水深 1 m 时床沙起动流速，该起动流速 v_{c1}=0.65 m/s，水深为 1.5 m 时床沙起动流速为 0.72 m/s。因此参照文献[5]可采用下式计算不同水深时的床沙起动流速，即

$$v_c = v_{c1}h^m = 0.65h^m \tag{30-2}$$

由上两组不同水深的起动流速结果可初步确定 m=1/4。

当河槽遭受大洪水冲刷后，河床床沙将发生明显粗化。此时再用式(30-2)计算床沙的起动流速难免会带来较大误差。经分析认为，现应用较多计算散粒体泥沙起动流速的沙莫夫公式[7]虽然应用到该河段时计算结果偏小，但此公式反映的泥沙粒径因子对起动流速的影响关系还是正确的，只是在系数确定方面较天然情况出入较大。故可用如下式初步确定粗化后床沙的起动流速，即

$$v_c' = v_c\left(\frac{D_{50}'}{D_{50}}\right)^{\frac{1}{3}} = 0.65h^{\frac{1}{4}}\left(\frac{D_{50}'}{D_{50}}\right)^{\frac{1}{3}} \tag{30-3}$$

式中：v_c、v_c' 分别为河床粗化前、后床沙起动流速；D_{50}'、D_{50} 分别为河床粗化前、后床沙中值数径。

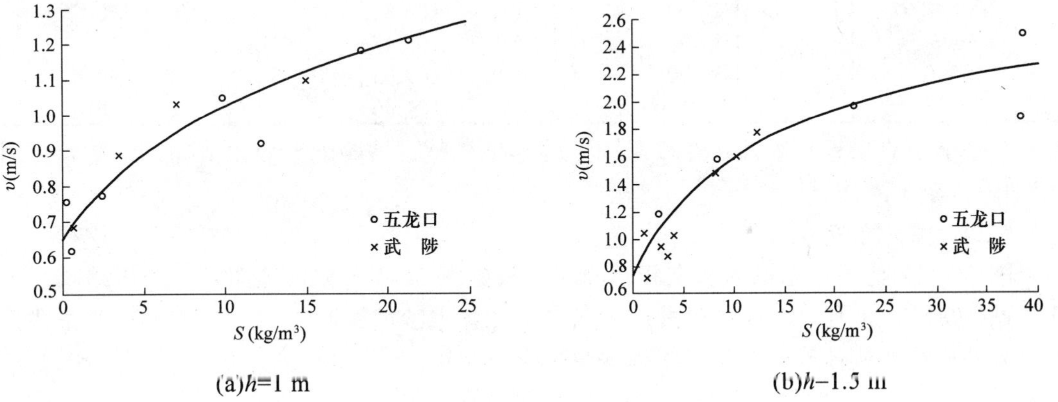

图 30-2 沁河五龙口—武陟河段起动流速分析

第二节 改道后河床溯源冲刷最终稳定纵剖面计算

一、计算条件

(一)河道地形条件

计算河段河道的初始地形条件为 1993 年汛前断面实测结果，图 30-3 为计算河段改道口以上平面图与改道口以上 1993 年汛前及改道口以下开挖断面纵剖面图。根据目前现有资料改道口以上取 CS6—CS15 为计算断面，河道平均纵比降为 0.5‰；改道口以下开挖断面形态详见表 30-2，粗取桩号 4+000、8+000、14+500、25+000 为计算断面。

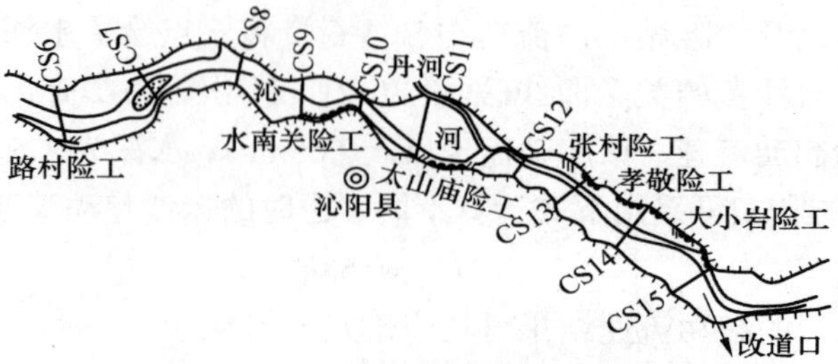

(a)河段平面图

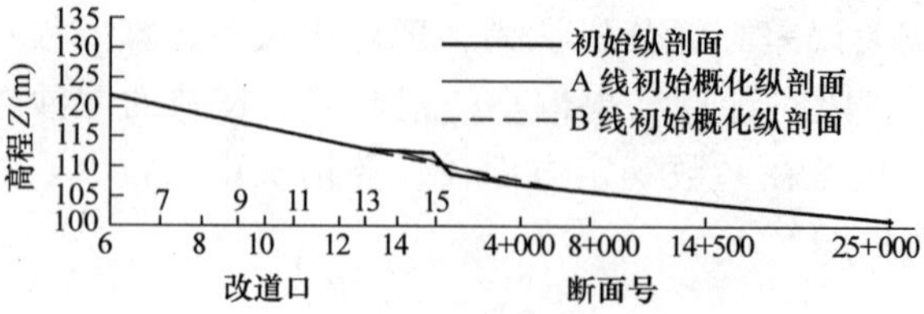

(b)河段纵剖图

图 30-3　沁河改道口以上计算河段平面及全河段纵剖面

表 30-2　沁河改道口以下开挖断面形态

桩号	河底纵比降	河底高程(m)	主槽宽(m)
0+000		108.81	
4+000	1/2 000	106.81	140
8+000	1/3 000	105.48	173
14+500	1/3 500	103.63	190
25+000	1/4 000	101.00	195

为了能更真实地反映河道在横断面上的形态调整，按照地形变化情况，将初始断面概化为 4 ~ 5 个子断面。

(二)计算水沙条件

图 30-4 为沁河小董站的水文频率曲线。根据图 30-4 及沁河造床流量分析结果，参照武陟站 1982 年 8 月洪水水文要素，拟定本次计算水沙过程见图 30-5，依此水沙条件，进行反复的连续冲刷计算，直至河床基本冲刷稳定为止。

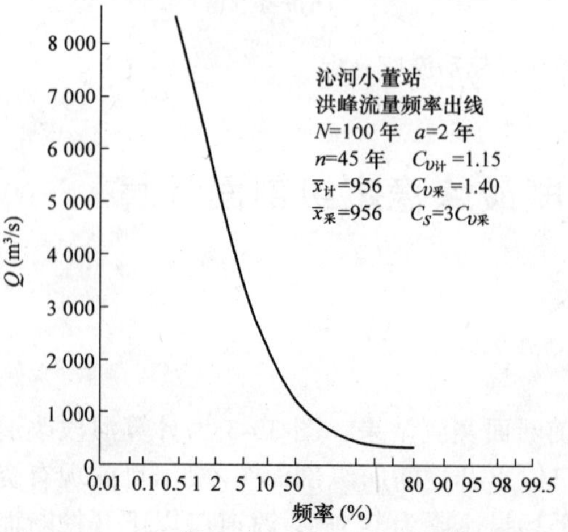

图 30-4　沁河小董站的水文频率曲线

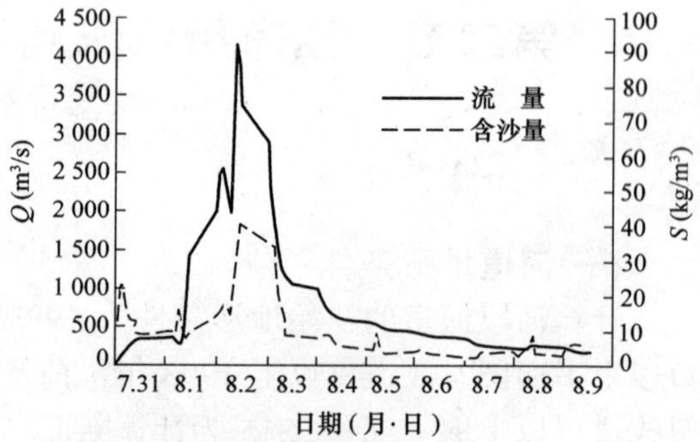

图 30-5　计算水沙过程(单次)

(三)出口水位控制

出口水位依照规划设计部门在进行初步设计时给出的桩号为 25+000 断面水位—流量关系控制(见图 30-6)。

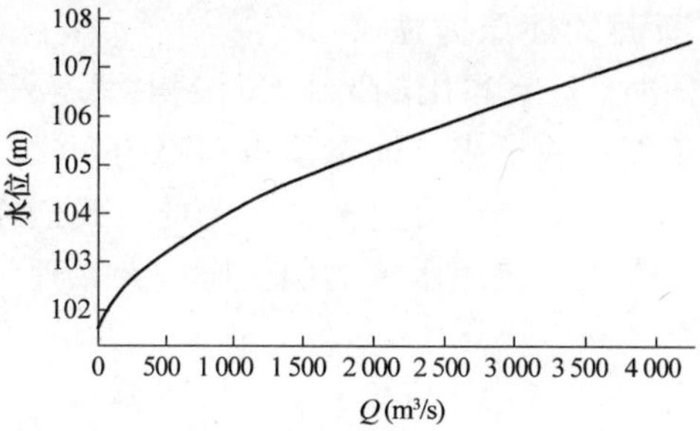

图 30-6　出口水位—流量关系

二、关键问题的处理

(一)改道口天然陡坎段的处理

沁河改道后，水流流路缩短，无疑增大了河床纵比降。图 30-3 点绘了原始河道深泓线与改道口以下设计开挖河道深泓线，由图 30-3 可知 CS15—改道口桩号 0+000 处，相距仅 1 km，而河底高程相差约 3.5 m，河床纵比降达 3.5‰，为原始河床比降 0.5‰的 7 倍左右。此时陡坎段有急变流或急流存在，这无疑给由渐变流基本方程构成的数学模型计算带来了一定的困难。

我们通过概化动床模型试验观测发现，对于天然河道的局部急变流或急流陡坎段，陡坎上游段总是先发生强烈冲刷且不断向上延伸，水流挟带的大量泥沙在陡坎下游落淤，也不断向下游推进，且变化速度较整体河道冲淤变化快得多。调整至与天然河道纵比降相近时上游的冲刷与下游的淤积均趋于缓慢。因本模型主要研究较长河段河道冲刷平衡时的稳定比降，故可对局部陡坎预先作一定的处理。根据目前研究水平，并对计算结果的合理性进行比较，如图 30-3 中点画线与虚线所示，按照陡坎段发展趋势，在初始纵剖面的基础上，初步选定 *A*、*B* 两条线作为陡坎段初始概化纵剖面，*A* 线从 CS14—改道口下桩号 4+000 之间取一直线作为初始比降，约为 0.8‰，*B* 线从 CS13—改道口下桩号 8+000 之间取一直线作为初始比降，约为 0.58‰。

同时由概化动床模型试验观测还发现，陡坎冲淤最快且幅度最大地方为水流最集中的主流带。只因目前对这方面具体研究较少，这里在初始纵剖面的基础上，只能粗略对陡坎断面作如下处理，第 1 子断面河床的升降Δh_i按图 30-3 中的线 *A* 或线 *B* 给出，第 2 子断面与第 3 子断面的升降Δh_i由$\Delta h_i/j$(j 为子断面号)求出，第 4、5 子断面为滩地，冲淤变化幅度较小，这里假定高程不变。同时还对初始概化河段的沙量变化进行了计算，作为初始冲淤量。

(二)河床在冲刷过程中的粗化问题

通过对大量天然黄河床沙粒径实测资料分析[8]及开展的大量黄河下游河道整体动床及局部冲刷模型试验[9]结果发现，河床经过一场少沙大洪水冲刷后，床沙粒径粗化为初始床沙粒径的 2 倍左右，而后再发生大洪水，床沙粗化明显减小，而该计算河段床沙较粗，且非均匀系数(见表 30-1)较黄河下游河段要小(黄河下游河段床沙粒径非均匀系数约为 1.6)，粗化影响相对较小，故该模型在计算中对河床粗化作了如下处理：第一次冲刷过程结束后，取床沙粒径 $D'_{50}=1.3D_{50}$；而后，认为床沙基本不再粗化。粗化倍数 1.3 初步考虑了非均匀系数的影响，如此处理不影响方法的本身。

(三)冲刷平衡后各子断面的还原方法

当河道冲刷发展到平衡时，计算得出的冲刷(或淤积)深度只能是各子断面的平均情况，对于各断面深泓点高程并不能反映出来，而深泓点高程的变化与子断面平均高程的变化幅度不同，且对确定最终稳定比降又是十分重要的。为此，我们作了如下处理，认为各子断面的形态在冲刷前后不发生变化，按照水深的同倍比放大原理，冲刷平衡后各子断面中任意点高程可由下式确定：

$$Z_{ijk2}=Z_{ij2}-H_{ijk1}\frac{H_{ij1}}{H_{ij2}} \tag{30-4}$$

式中：下角标 i、j、k 分别为断面、子断面及各子断面中计算点编号；Z_{ijk2} 为冲刷平衡后各子断面中计算点高程；Z_{ij2} 为冲刷平衡后造床流量时断面水位；H_{ijk1} 为冲刷前造床流量下各计算测点水深；H_{ij1}、H_{ij2} 分别为计算前及冲刷平衡后各概化子断面平均水深。本文在计算中，取造床流量为 600 m^3/s。

本次计算只对第 1、2、3 子断面利用上述方法进行回归，而对于上水几率比较少的第 4、5 子断面，因其冲淤幅度较小，且各测点相差不大，这里取为断面平均冲淤深度。

三、计算结果

(一)冲刷量计算结果及冲刷趋于稳定判别

表 30-3 给出了 A、B 两种初始纵剖面概化条件下各次冲淤量累积计算结果。

表 30-3 连续冲刷河段冲淤量累积计算结果

冲刷次数	A 线初始纵剖面累积冲淤量		B 线初始纵剖面累积冲淤量	
	断面法 (万 m^3)	输沙率法 (万 t)	断面法 (万 m^3)	输沙率法 (万 t)
初始冲淤量	–8.9	–12.9	–17.5	–25.4
第 1 次	–82.1	–120.1	–92.6	–132.8
第 2 次	–98.6	–140.6	–99.4	–148.1
第 3 次	–95.0	–135.2	–94.7	–142.7

从表中可看出，河床经两次连续冲刷过程已基本趋于稳定，第 3 次过程中当大洪水漫滩后还略有淤积。由表 30-3 还可以看出 A、B 两种初始断面概化，对最终冲刷量几乎无任何影响，因此说明，本文提出的对初始陡坎段的处理方法是合理的。

(二)冲刷趋于稳定后河道断面形态及河床纵剖面

图 30-7 为 A 线初始概化纵剖面冲刷平衡后改道口以上断面形态调整情况。

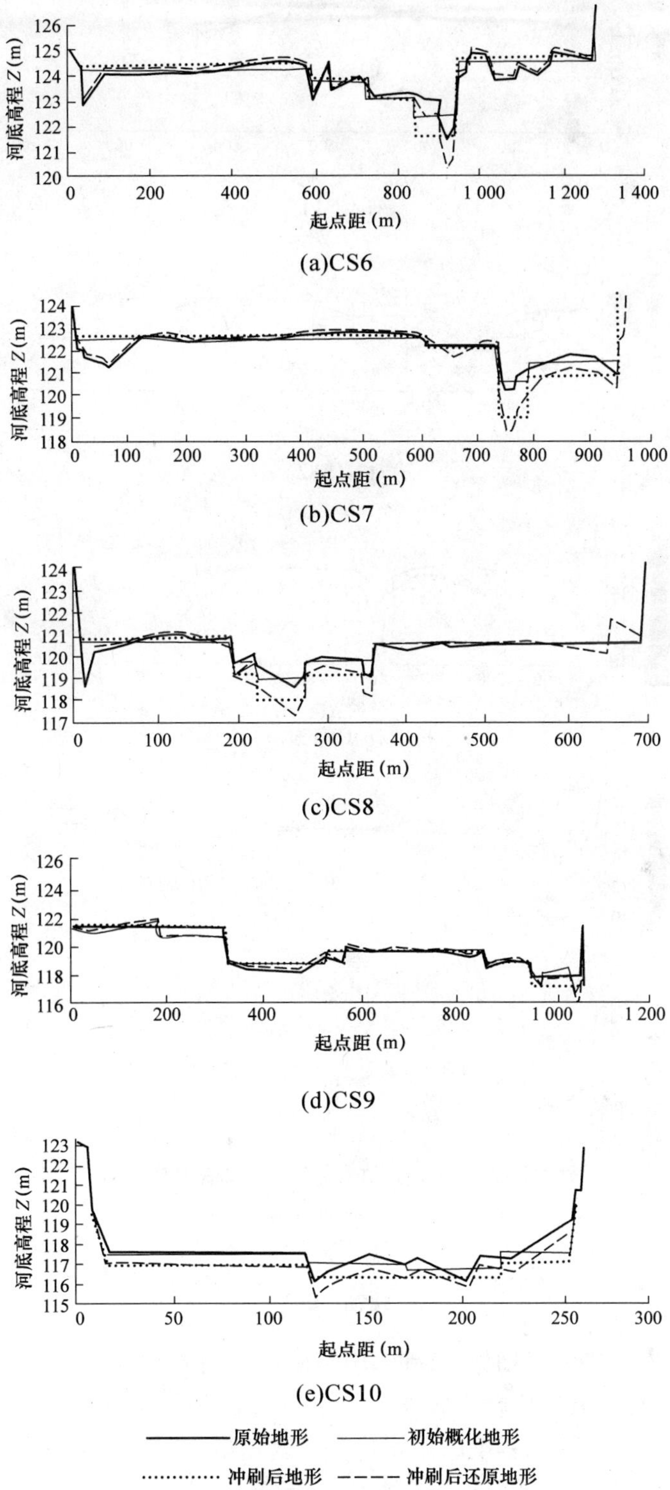

图 30-7 改道口以上各断面冲刷前后断面形态调整

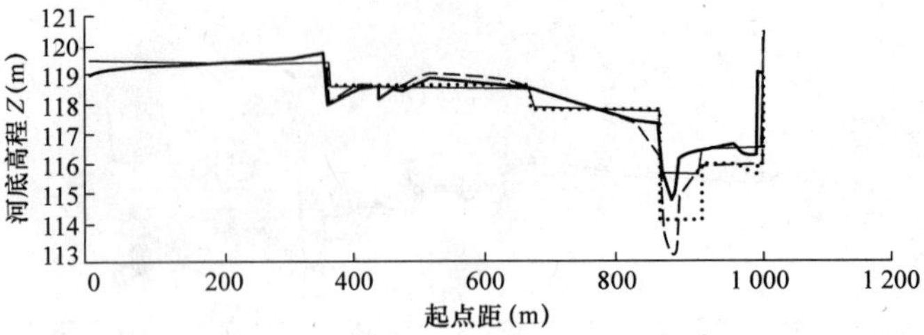

(f)CS11

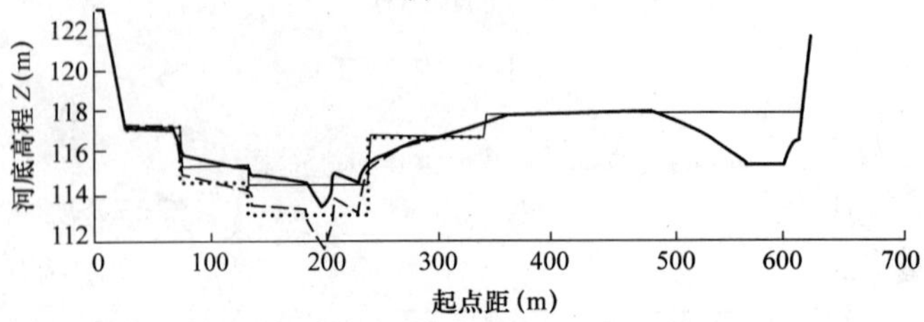

(g)CS12

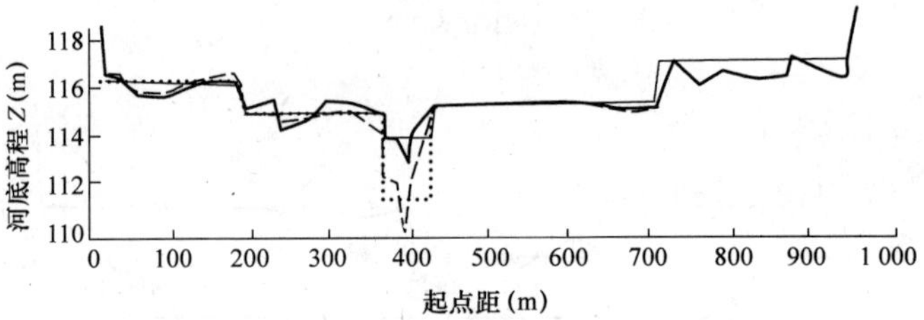

(h)CS13

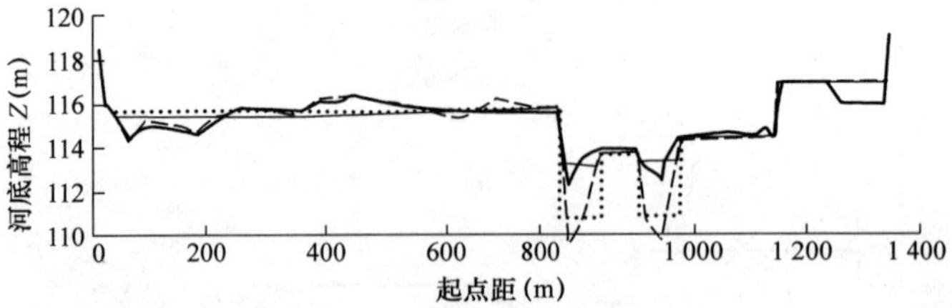

(i)CS14

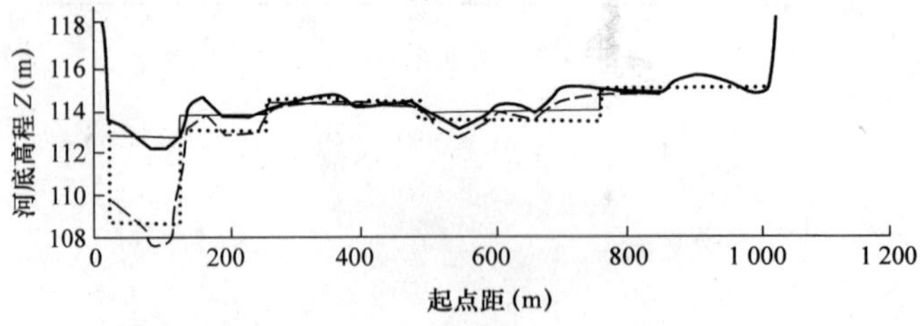

(j)CS15

续图 30-7

为便于比较，图中画出了初始断面与初始概化断面情况，由图可以看出：冲刷主要发生在第 1、2 子断面内，且冲刷幅度较大，而作为滩地的第 4、5 子断面，洪水上滩后基本无发生冲刷，部分断面有不同程度的淤积抬高，改道口处深泓点最大冲刷下切达 4.3 m 左右。表 30-4 给出了冲刷平衡后改道口以上 CS6—CS15 断面深泓点高程，并绘制了河床纵剖面图(见图 30-8)，为便于比较，还点绘了初始河床纵剖面图。由图 30-8 中可以看出，整个河段均发生了不同程度的冲刷，且下段冲刷更剧烈。同时也可看出，*A*、*B* 两种初始概化河床纵剖面条件下得出的最终河床纵剖面基本相同。由计算结果整理后得出：改道口以上河道平均河床纵比降由初始的 0.5‰演变为 0.68‰；全河段(至入黄口为 25+000 桩号)平均河床纵比降由初始的 0.46‰演变为 0.47‰。

表 30-4　冲刷平衡后改道口以上断面深泓点统计

断面号	CS6	CS7	CS8	CS9	CS10	CS11	CS12	CS13	CS14	CS15
A 线	120.29	118.34	117.33	115.74	115.34	113.29	111.65	110.31	109.33	107.54
B 线	120.26	118.33	117.31	115.74	115.14	113.12	111.48	110.05	109.02	107.92

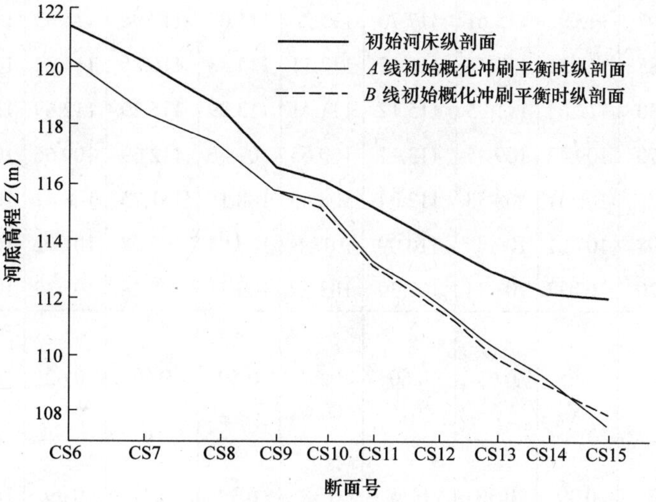

图 30-8　冲刷平衡后改道口以上河床纵剖面

(三)冲刷前后水位变化

随着河床的不断冲刷，水面比降也不断调整。当冲刷趋于平衡时水面比降也基本达到稳定。表 30-5 给出了 *A*、*B* 两种初始概化纵剖面条件下，前两个过程中涨水时流量 600 m^3/s、洪峰期流量 4 000 m^3/s 及落水时流量 600 m^3/s 这三种流量时沿程各断面水位值及平均比降。可以看出，随着冲刷的不断发展，改道口以上断面水位有明显的降低，而改道口以下各断面水位略有抬高。*A*、*B* 两种初始概化纵剖面条件下最终计算水位结果相差不大。

表 30-5　沿程水位变化

断面号	*A* 线初始纵剖面沿程水位(m)						*B* 线初始纵剖面沿程水位(m)					
	第一过程			第二过程			第一过程			第二过程		
	Q=600 (涨水)	*Q*=4 000 (洪峰)	*Q*=600 (落水)	*Q*=600 (涨水)	*Q*=4 000 (洪峰)	*Q*=600 (落水)	*Q*=600 (涨水)	*Q*=4 000 (洪峰)	*Q*=600 (落水)	*Q*=600 (涨水)	*Q*=4 000 (洪峰)	*Q*=600 (落水)
CS6	124.19	126.30	124.22	123.97	126.12	123.9	124.18	126.28	124.22	123.97	126.10	123.91
CS7	122.63	124.50	122.45	122.20	124.36	122.07	122.63	124.49	122.45	122.21	124.36	122.06

续表 30-5

断面号	A 线初始纵剖面沿程水位(m)						B 线初始纵剖面沿程水位(m)					
	第一过程			第二过程			第一过程			第二过程		
	Q=600 (涨水)	Q=4 000 (洪峰)	Q=600 (落水)	Q=600 (涨水)	Q=4 000 (洪峰)	Q=600 (落水)	Q=600 (涨水)	Q=4 000 (洪峰)	Q=600 (落水)	Q=600 (涨水)	Q=4 000 (洪峰)	Q=600 (落水)
CS8	120.73	123.10	120.75	120.65	123.02	120.69	120.74	123.08	120.75	120.66	123.01	120.70
CS9	119.63	122.53	119.65	119.52	122.46	119.49	119.63	122.52	119.66	119.51	122.44	119.46
CS10	119.02	121.70	118.88	118.72	121.60	118.50	119.03	121.71	118.90	118.58	121.59	118.37
CS11	118.32	121.07	117.95	117.79	120.93	117.53	118.32	121.07	117.91	117.63	120.90	117.45
CS12	116.88	118.82	116.65	116.72	118.57	116.46	117.01	118.83	116.57	116.29	118.60	116.35
CS13	115.95	117.97	115.96	115.61	117.70	115.20	115.67	117.98	115.53	115.15	117.68	115.00
CS14	114.94	116.85	114.51	113.74	116.47	113.11	114.48	116.86	114.24	113.83	116.49	113.31
CS15	112.96	115.30	112.07	111.75	115.12	111.41	113.29	115.29	112.69	112.37	115.14	111.64
4+000	109.27	112.70	109.42	109.45	113.17	109.65	109.66	112.69	109.66	109.65	113.18	109.78
8+000	108.15	111.75	108.41	108.33	112.04	108.65	108.18	111.75	108.42	108.40	112.04	108.66
14+500	106.80	109.98	107.01	106.87	110.09	107.1	106.84	109.98	107.02	106.88	110.11	107.13
25+000	106.35	107.20	103.37	103.34	107.30	103.37	103.31	107.28	103.37	103.40	107.31	103.37
改道口以上平均比降(‰)	0.61	0.59	0.65	0.65	0.60	0.68	0.59	0.60	0.62	0.63	0.60	0.66
全断面平均比降(‰)	0.39	0.37	0.39	0.38	0.35	0.38	0.39	0.37	0.39	0.38	0.36	0.38

注：Q 表示流量，单位为 m^3/s。

参考文献

[1] 谢鉴衡. 河流泥沙工程学(上册)[M]. 北京：水利出版社, 1981.

[2] 张红武，张清，江恩惠，等. 黄河下游河道造床流量的计算方法[J]. 泥沙研究, 1994(4):50-55.

[3] 张红武，钟绍森. 江恩惠，等. 黄河花园口至东坝头河道整治模型试验验证报告[R]. 郑州：黄河水利科学研究院，1991.

[4] 张红武，吕昕. 弯道水力学[M]. 北京：水利出版社，1995.

[5] 徐正凡，梁在潮，李炜，等. 水力计算手册[M]. 北京：水利出版社，1980.

[6] 华东水利学院. 水力学[M]. 北京：科学出版社，1979.

[7] 钱宁，万兆惠. 泥沙运动力学[M]. 北京：科学出版社，1983.

[8] 李保如，张红武，张清，等. 南水北调中线穿黄渡槽所在河段河床演变及选线问题的初步研究[R]. 郑州：黄河水利科学研究院, 1992.

[9] 赵连军，董年虎，张红武，等. 南水北调中线工程孤柏嘴渡槽方案槽墩局部冲刷模型试验报告[R]. 郑州：黄河水利科学研究院, 1996.

后 记

在《多沙河流洪水演进与冲淤演变数学模型研究及应用》一书即将付梓之即，我的心情很不平静。这本拙著是我们项目组集体智慧的结晶，是对我们这个研究团队十几年来潜心研究成果的归纳与总结。回想该项目从起步到这本书正式出版发行的整个历程，其中饱含了水利部、黄河水利委员会、黄河水利科学研究院各级领导对我们这个研究团队工作的大力支持和鼓励，饱含了兄弟单位同仁对我们的帮助，饱含了项目组同志刻苦攻关的艰辛、困难和挫折。因此，撰写并出版这本书是我们几年来的一个强烈愿望。在此，我代表我们项目组，向李国英主任、陈效国总工，郑重地道一声感谢，谢谢您欣然为本书作序，这是对我们极大的鼓励与鞭策。

正如前言所述，我们这个研究团队主要进行实体模型试验研究，介入数学模型，是在“黄河高含沙洪水模型相似律”研究取得突破性进展之后，面对当时黄河泥沙数学模型的研究状况，团队的学科带头人张红武教授，力主开展“黄河泥沙数学模型”的研究，切入点就是与当时正在开展而且取得了极大成功的实体模型模拟河段相对应的“花园口至东坝头河段”，因为他坚信数学模型与实体模型是相通的，只是研究手段不同而已。说心里话，在他提出要开展数学模型研究，而且要我担当这个项目负责人时，我是一百个反对，其一，项目组人手不足，而且研究任务已经饱和；其二，项目组当时根本没有计算机；其三，黄河水利科学研究院当时已经有人在做数学模型，我们再涉入，合适吗？其四，我丈夫在外地读研究生，我一个人带着年仅 5 岁的孩子。起步的艰难，常人难以想象。

好在，我们的研究并非从零开始，是在 20 世纪 80 年代武汉水利电力大学韦直林和黄河水利科学研究院刘月兰等研究的基础上深入的。经过认真分析与充分讨论，我们决定水流计算部分不动，重点攻关泥沙模块。张红武教授带领我们并亲自动手开展基础理论部分研究，针对泥沙输移模拟计算中的关键技术问题开展专项攻关。首先，在黄河高含沙洪水模型相似律研究成果的基础上，我们修正并完善了多沙河流河床变形方程与泥沙连续方程；第二，更重要的是，针对泥沙数学模型泥沙非饱和系数不能通用、模型预测性差的问题，在理论研究基础上，我们充分发挥实体模型的作用，建立了附加系数 K_1 及泥沙非饱和系数 f_1 通用表达式；第三，深入研究流速、含沙量及悬沙组成沿垂线分布规律、泥沙起动流速、水流紊动强度沿垂线分布规律，引入了张红武教授的水流挟沙力通用公式，建立了多沙河流动床阻力公式、含沙量与悬沙组成沿河宽分布公式等。很快就有了一个模型的初步框架，需要上机计算了，可是计算机在哪里？在华北水利水电学院、黄河勘测设计研究院、黄河水利委员会信息中心、黄河水利科学研究院其他项目组，中午的两个半小时、晚上时间、节假日，是我借机、上机的时间。在此，我衷心地感谢那些曾经帮助过我们的朋友。

一项好的科研成果，需要研究人员默默无闻、孜孜不倦的潜心攻关，也更需要领导的高瞻远瞩、慧眼识才和强有力的经济支撑。该项目 1994 年 1 月立项，1995 年底基本完成模型的构建，通过了花园口至东坝头河段“82・8”大水少沙型洪水、“88 年”典型的中水丰沙型洪水、“92・8”高含沙洪水的验证；1996 年在黄河水利委员会防汛项目的支持

lassic
WE LEAD.
WE LEARN.
UPM
UPM Finesse